T0014457

Diccionario
BÁSICO DE LA
lengua española

LIBSA

© 2023, Editorial LIBSA
C/ Puerto de Navacerrada, 88
28935 Móstoles (Madrid)
Tel. (34) 91 657 25 80
e-mail: libsa@libsa.es
www.libsa.es

ISBN: 978-84-662-4288-2

Queda prohibida, salvo excepción prevista en la ley, cualquier
forma de reproducción, distribución, comunicación pública
y transformación de esta obra sin contar con autorización de
los titulares de la propiedad intelectual. La infracción de los
derechos mencionados puede ser constitutiva de delito
contra la propiedad intelectual (arts. 270 y ss. Código Penal).
El Centro Español de Derechos Reprográficos vela por el
respeto de los citados derechos.

DL: M 5885-2023

PRÓLOGO

Al ser el lenguaje mutable y estar en continua evolución, un diccionario no puede tener un valor permanente, sino que al cabo de unos años se queda anticuado, insuficiente y obsoleto.

Ahora sacamos al mercado este diccionario básico de la lengua española con el deseo de satisfacer las necesidades del estudiante y de toda persona que precise un léxico de consulta rápida, que sea al mismo tiempo económica y suficiente en la mayoría de los casos.

No es trabajo fácil reducir a este pequeño volumen, manejable y de bajo costo, el diccionario de la lengua castellana. Nos hemos visto obligados a eliminar los términos y acepciones innecesarios que generalmente son variantes de una raíz que ya figura en otra palabra. Se ha seguido un criterio que permita dar la información más amplia posible ocupando el mínimo espacio. No obstante esta edición aumenta el número de vocablos incluidos, tomando como referencia las modificaciones e innovaciones que la Real Academia Española ha realizado en los últimos años. El objetivo de estas enmiendas no es otro que poner al día lo anticuado, ya sea en el concepto o en la formulación verbal.

En resumen, pretendemos ofrecer una obra básica de consulta, al mínimo precio y con el máximo de información válida, que, en nuestra opinión, puede satisfacer las necesidades de un amplio porcentaje de usuarios.

Deseamos que la ilusión puesta en este trabajo se vea compensanda con una repercusión positiva y eficaz en nuestra lengua castellana, indudablemente una de las más importantes de la tierra por su belleza, difusión y producción literaria.

Abreviaturas empleadas en este diccionario

abl.	ablativo.	excl.	exclamativo.
Abrev.	abreviación.	exclam.	exclamación.
abs.	absoluto.	explet.	expletivo.
acep. aceps.	acepción. acepciones.	expr.	expresión.
acus.	acusativo.	expr. elípt.	expresión elíptica.
adj.	adjetivo.	f.	femenino.
adv.	adverbio.	fam.	familiar.
adv. afirm.	adverbio de afirmación.	fest.	festivo.
adv. c.	adverbio de cantidad.	fig.	figurado.
adv. l.	adverbio de lugar.	frec. o frecuent.	verbo frecuentativo.
adv. m.	adverbio de modo.	fut.	futuro.
adv. neg.	adverbio de negación.	gén.	género.
adv. t.	adverbio de tiempo.	genit.	genitivo.
advers.	adversativa.	ger.	gerundio.
amb.	género ambiguo.	gr.	gramo.
ant.	anticuado o anticuada.	ilat.	ilativo.
Apl.	aplicado.	imper. o imperat.	imperativo.
Aplic.	Aplícase.	impers.	verbo impersonal.
arc.	arcaico.	incoat.	verbo incoativo.
art.	artículo.	indef.	indefinido.
aum.	aumentativo.	indet.	indeterminativo.
c.	como.	indic.	indicativo.
cat.	catalán.	infinit.	infinitivo.
cm.	centímetro.	infl.	influido, influencia.
com.	género común.	intens.	intensivo.
comp.	comparativo o comparativa.	interj.	interjección.
conc.	concesiva.	interrog.	interrogativo.
cond.	condicional.	intr.	verbo intransitivo.
conj.	conjunción.	inus.	inusitado.
Contracc.	Contracción.	invar.	invariable.
copul.	copulativo o copulativa.	irón.	irónico.
d.	diminutivo.	irreg.	irregular.
dat.	dativo.	iterat.	iterativo.
defect.	defectivo.	k. y kg.	kilo.
der.	derivado.	km.	kilómetro.
despect.	despectivo.	l.	litro.
desus.	desusado.	lat.	latín.
deter.	determinado.	loc.	locución.
dialect.	dialectal.	loc. adj.	locución adjetiva.
distrib.	distributivo.	loc. adv.	locución adverbial.
disyunt.	disyuntivo.	loc. conjunt.	locución conjuntiva.
esp.	español.	loc. interj.	locución interjectiva.

loc. prepos.	locución prepositiva.		cant.	pronombre correlativo de cantidad.
m.	metro.		pron. dem.	pronombre demostrativo.
m.	masculino.		pron. exclam.	pronombre exclamativo.
m. y f.	masculino y femenino.		pron. interrog.	pronombre interrogativo.
mod.	moderno.		pron. pers.	pronombre personal.
n.	neutro.		pron. poses.	pronombre posesivo.
neg.	negación.		pron. relat.	pronombre relativo.
negat.	negativo.		pron. relat. cant.	pronombre relativo de cantidad.
nominat.	nominativo.			
n. p.	nombre propio.		p. us.	poco usado.
núm., núms.	número, números.		refr., refrs.	refrán, refranes.
onomat.	onomatopeya.		reg.	regular.
p.	participio.		R. T. V.	Radio y Televisión.
p. a.	participio activo.		rur.	rural.
partic.	participio.		rúst.	rústico.
part. insep.	partícula inseparable.		s.	substantivo.
pers.	persona.		S.	siglo.
pl.	plural.		sent.	sentido.
poét.	poético.		sing.	singular.
pop.	popular.		subj.	subjuntivo.
Por antonom.	Por antonomasia.		suf.	sufijo.
Por ej.	Por ejemplo.		sup. o superl.	superlativo.
Por excel.	Por excelencia.		t.	temporal, tiempo.
Por ext.	Por extensión.		tecn.	tecnicismo.
p. p.	participio pasivo.		term.	terminación.
pref.	prefijo.		tr.	verbo transitivo.
prep.	preposición.		U. o ú.	Usase.
prep. insep.	preposición inseparable.		U. m.	Usase más.
pres.	presente.		Usáb. o usáb.	Usábase.
pret.	pretérito.		U. t.	Usase también.
priv. o privat.	privativo.		V.	Véase.
pml.	pronominal.		vocat.	vocativo.
pron.	pronombre.		vulg.	vulgar.
pron. correlat.				

A

a Primera letra del alfabeto y primera de las vocales. Es la preposición más común y menos específica. Señala movimiento, aproximación, dirección, fin, lugar, modo, provecho, etc. l Prefijo que denota negación o privación, ateísmo.

ábaco m. Cuadro de madera con diez cuerdas o alambres colocados en forma paralela por los que se desplazan otras tantas bolas movibles, usado para la enseñanza de aritmética. l En arquitectura, parte superior del capitel en que se apoya el arquitrabe. l Artesa para lavar minerales.

abad m. Título del superior de un convento o colegiata. El que gobierna una abadía.

abadejo m. Bacalao. l Pez de las Antillas.

abadía f. Iglesia, monasterio, territorio o jurisdicción de un abad o abadesa.

abajo adv. Hacia o en lugar o parte inferior. l En lugar posterior o que está después de otro.

abalorio m. Cuenta de vidrio que agujereada puede servir para hacer collares. l Objeto sin valor.

abanderado m. Portador de bandera o estandarte. l Portavoz de una causa, movimiento, etc.

abandonado adj. Desamparado, dejado, olvidado, descuidado, negligente, desidioso.

abandonar tr. Dejar, desamparar, olvidar a una persona o cosa. l Desistir de una acción. l Dejar un lugar, una costumbre, una institución, etc. l Dejarse llevar por pasiones o vicios.

abandono m. Acción y efecto de abandonar o abandonarse.

abanicar tr. Echar aire con el abanico.

abanico m. Instrumento para echar aire. l Conjunto de ideas, posibilidades, opciones a considerar.

abanto m. Ave rapaz. l Persona o animal torpe.

abaratar tr. Bajar o disminuir el precio o valor de una cosa.

abarcar tr. Contener, implicar, rodear encerrar en sí. l Tomar a su cargo muchas responsabilidades al mismo tiempo. l Acaparar.

abarrotar tr. Fortificar con barrotes. l Llenar por completo un espacio con personas u objetos. l Cargar un buque aprovechando todo el espacio de que se disponga.

abdicar tr. Renunciar a una dignidad, y especialmente a la realeza: la corona. l Ceder derechos, ventajas, etc.

abdomen m. Vientre, cavidad del cuerpo de los animales vertebrados y conjunto de los órganos contenidos en ella.

abducción f. Silogismo en que la mayor es evidente y la menor probable, pero más creíble que la conclusión. l Movimiento por el cual un miembro u otro órgano se aleja del plano medio del cuerpo.

abecedario m. Serie de las letras de un idioma. l Abecé, rudimentos.

abedul m. Árbol betuláceo, de corteza plateada y ramas flexibles y colgantes. l Madera de este árbol.

abeja f. Insecto himenóptero.

abejaruco m. Ave sindáctila..

abejero, ra m. y f. Colmenero, que cuida de las colmenas.

abejón m. Zángano, macho de la abeja.

abejorreo m. Zumbido de las abejas u otros insectos.

abejorro m. Insecto himenóptero. l fig. Persona de conversación pesada y molesta.

abemolar tr. Poner bemoles. l Suavizar dulcificar la voz.

aberración f. extravío l Desvío aparente de los astros, que proviene de la velocidad de la luz combinada con la de la Tierra en su órbita. l Desviación del tipo normal que en determinados casos experimenta un carácter morfológico o fisiológico.

aberrar intr, Errar, equivocarse.

abertura f. Acción de abrir o abrirse. l Hendidura o grieta.

abeto m. Árbol conífero, abietáceo, de tronco recto y muy elevado, ramas horizontales y copa cónica. l Madera de este árbol, blanda y no muy resistente.

abierto, ta adj. Llano, dilatado. No cercado. l fig. Ingenuo, franco. Tolerante.

abigarrar tr. Poner a una cosa varios colores mal combinados.

abiótico, ca adj. y s. Díc. de un medio o ambiente donde no es posible la vida de todas o de algunas especies animales o vegetales.

abisal adj. abismal. l Díc. de las zonas del mar que se extienden más allá del talud continental, y corresponden a profundidades mayores de 2.000 m.

abismal adj. Relativo al abismo.

abismo m. Profundidad grande, imponente y peligrosa. l infierno. l fig. Cosa inmensa, insondable o incomprensible.

abjurar tr. e intr. Desdecirse de un juramento; renunciar solemnemente.

ablación f. Acción y efecto de cortar, separar, quitar. l *aféresis.*

ablandar tr. Poner blanda una cosa. l Laxar, suavizar. l fig. Mitigar la fiereza o el enojo de alguno. l prnl. Acobardarse.

ablativo m. Caso de la declinación indoeuropea.

ablución f. lavatorio. l Acción de purificarse por medio del agua, según ritos de algunas religiones. l Ceremonia de purificar el cáliz y de lavarse los dedos el sacerdote tras consumir en la misa.

abnegación f. Sacrificio que uno hace de su voluntad o de sus intereses en servicio de Dios, del prójimo, de ideales, etc.

abnegar tr. Renunciar uno voluntariamente a sus deseos, pasiones o intereses.

abobado, da adj. Que parece bobo, o de bobo.

abocamiento m. Acto de abocar o abocarse.

abocar tr. Asir con la boca. l Acercar.

abochornar tr. y prnl. Causar bochorno el excesivo calor. fig. sonrojar.

abofetear tr. Dar de bofetadas.

abogado, da m. y f. Persona legalmente autorizada para defender en juicio los derechos o intereses de los litigantes, y también para dar dictamen sobre las cuestiones legales que se le consultan.

abogar intr. Defender en juicio, por escrito o de palabra. l Interceder, hablar en favor de alguno.

abolengo m. Ascendencia de abuelos o antepasados. l Patrimonio o herencia que viene de los abuelos.

abolicionista adj. y s. Partidario de la abolición de una ley o costumbre.

abolir tr. Derogar un precepto o costumbre.

abollar tr. Producir una depresión con un golpe.

abombar tr. Dar figura convexa.

abominar tr. Condenar y maldecir a personas o cosas. | Tener odio.

abonado, da adj. Que es de fiar por su caudal o crédito. | Dispuesto a decir o hacer una cosa. | m. y f. Persona que se ha inscrito para disfrutar continuadamente de un servicio. | m. Acción y efecto de abonar tierras laborales.

abonar tr. Acreditar de bueno. | Salir por fiador de alguno. | Hacer buena o útil alguna cosa, mejorarla. Dar por cierta una cosa. | Echar en la tierra materias que le aumenten la fertilidad.

abono m. Acción y efecto de abonar o abonarse. | Fianza, seguridad, garantía. Derecho que adquiere el que se abona. Lote de entradas o billetes que se compra conjuntamente, y que permiten el uso periódico de algún servicio o la asistencia a una serie predeterminada de espectáculos. | Sustancia con que se abona la tierra. | Cada uno de los pagos parciales de un préstamo o de una compra a plazos.

abordar tr. Rozar o chocar una embarcación con otra. | Atracar una navegación. | fig. Acercarse a alguno para tratar con él un asunto. | fig. Emprender o plantear un negocio que ofrezca dificultades. | intr. Tomar puerto, llegar a una costa, isla, etc.

aborigen adj. Originario del suelo en que vive.

aborrecer tr. Tener aversión a una persona o cosa. | Dejar o abandonar algunos animales, y especialmente las aves el nido los huevos o las crías. | Aburrir, fastidiar molestar.

aborregarse prnl. Cubrirse el cielo de nubes blanquecinas a modo de vellones de lana. | Volverse gregaria, vulgar una persona. | Ponerse tonto.

abortar intr. Parir antes del tiempo en que el feto puede vivir. | fig. Fracasar, malograrse alguna empresa o proyecto. | y tr. fig. Producir alguna cosa sumamente imperfecta, monstruosa o abominable. | fig. Hacer fracasar.

abortivo, va adj. y s. Nacido antes de tiempo. | Que hace aborto.

aborto m. Acción de abortar. | Cosa abortada. | Expulsión prematura y voluntariamente provocada del producto de la concepción y también su destrucción en el vientre de la madre.

abotagamiento m. Acción y efecto de abotagarse.

abotagarse prnl. Hincharse, inflarse el cuerpo o parte del cuerpo de un animal o el de una persona, generalmente por enfermedad.

abotonar tr. Ajustar una prenda de vestir, metiendo el botón o los botones por el ojal o los ojales.

abovedar tr. Cubrir con bóveda. Dar figura de bóveda.

aboyar tr. Poner boyas. | intr. Boyar o flotar un objeto en el agua.

abracadabra m. Palabra cabalística que se escribía en once renglones, con una letra menos en cada uno de ellos, de modo que formasen un triángulo, y a la cual se atribuía propiedades mágicas.

abrasar tr. Reducir a brasa, que

abrasión f. Acción y efecto de raer o desgastar por fricción. | Desgaste producido en la corteza terrestre por los agentes externos. | Acción irritante de los purgantes enérgicos. | Leve ulceración de las membranas.

abrazadera f. Pieza de metal u otra materia, que sirve para asegurar alguna cosa, ciñéndola.

abrazar tr. Ceñir con los brazos. | Estrechar entre los brazos en señal de cariño.

abrazo m. Acción y efecto de abrazar o abrazarse.

abrelatas m. Instrumento de metal que sirve para abrir las latas de conserva.

abrevadero m. Paraje donde se abreva al ganado.

abrevar tr. Dar de beber al ganado. | Remojar las pieles para adobarlas. | Hablando de personas, dar de beber, especialmente un brebaje.

abreviar tr. Acortar, reducir a menos tiempo o espacio. | Acelerar, apresurar.

abreviatura f. Representación de las palabras en la escritura con varias o una de sus letras. | Compendio o resumen.

abridor, ra adj. Que abre. | Abrelatas. | Instrumento para quitar las tapas metálicas de las botellas.

abrigar tr. Defender, resguardar del frío. Ú. t. c. prnl. | fig. Auxiliar, amparar. | fig. Tratándose de ideas o afectos, tenerlos.

abrigo m. Defensa contra el frío. | Cosa que abriga. | Prenda de vestir larga, provista de mangas, que se pone sobre las demás y sirve para abrigar.

abrillantar tr. Labrar en facetas como las de los brillantes. | Iluminar o dar brillantez. | fig. Dar más valor o lucimiento.

abrimiento Acción de abrir.

abrir tr. Descubrir o hacer patente lo que esta, cerrado, oculto o encogido. | Separar del marco la hoja, o las hojas de la puerta o quitar o separar cualquier otra cosa con que esté cerrada una abertura. | Descorrer el cerrojo, levantar la aldaba, o desencajar cualquiera otra pieza o instrumento semejante. |

abrochar tr. Cerrar, ajustar con broches, corchetes, etc.

abrojo m. Planta cigofilácea, cuyo fruto está armado de fuertes púas.

abroncar tr. fam. Aburrir, enfadar. Ú. t. c. prnl. | Avergonzar, abochornar. | Reprender ásperamente.

abrótano m. Planta herbácea de la familia de las compuestas.

abrumar tr. Agobiar con algún grave peso.

abrupto, ta adj. Escarpado, que tiene gran pendiente.

absceso m. Acumulación de pus en los tejidos orgánicos, que suele formar tumor.

abscisa f. Coordenada horizontal en un plano cartesiano rectangular. Es la distancia entre un punto y el eje vertical, medida sobre una paralela al eje horizontal.

abscisión f. Separación de una parte pequeña de un cuerpo con instrumento cortante. | Figura retórica consistente en la supresión de algún pensamiento fácilmente inteligible en una cláusula.

absentismo m. Falta de asistencia practicada habitualmente.

ábside com. Parte del templo, abovedada y comúnmente semicircular, que sobresale en la fachada posterior, y donde estaban el altar y el presbiterio.

absoluto, ta adj. Que excluye toda relación. | Independiente, ilimitado, sin restricción alguna.

absolutorio, ria adj. Díc. de fallo, sentencia, declaración, actitud, etc., que absuelve.

absolver tr. Dar por libre de algún cargo u obligación.

absorbente adj. y s. Dominante. | m. Sustancia que tiene un elevado poder de absorción.

absorber tr. Ejercer atracción una sustancia sólida sobre un fluido con el que está en contacto, de modo que las moléculas de éste penetren en ella.

absorto, ta adj. Admirado, pasmado, ensimismado.

abstemio, mia adj. y s. Que no bebe vino ni otros licores.

abstenerse prnl. Privarse de alguna cosa.

abstracción f. Acción o efecto de abstraer o abstraerse.

abstracto, ta adj. Que de una cualidad se ha extraído el sujeto o lo concreto, las circunstancias de un objeto. | Díc. de lo que no es práctico. | Díc. del arte y de los artistas que no representan objetos concretos o figurativos.

abstraer tr. Considerar aisladamente las cualidades de un objeto, o el mismo objeto en su pura esencia o noción. intr. y prnl. Con prep. de, hacer caso omiso, prescindir.

absuelto, ta adj. Liberado de cargo u obligación I fig. Perdonado.

absurdo, da adj. Contrario y opuesto a la razón. I m. Dicho o hecho repugnante a la razón, contrario al buen sentido, disparatado.

abubilla f. Ave insectívora, del tamaño de la tórtola con el pico largo y un penacho de plumas eréctiles en la cabeza.

abuela f. Respecto de una persona, madre de su padre o de su madre I fig. Mujer anciana.

abuelo m. Respecto de una persona, padre de su padre o de su madre. I fig. Hombre anciano.

abulia f. Falta de voluntad o disminución notable de su energía.

abultar tr. Aumentar el bulto de alguna cosa. I Hacer bulto o relieve. I Aumentar la cantidad, intensidad, grado, etc.

abundancia adj. Que denota abundancia.

abundar intr. Tener en abundancia. I Hallarse en abundancia. I Hablando de una idea u opinión, estar adherido a ella, persistir en ella.

aburrarse prnl. Embrutecerse.

aburrido adj. Que aburre.

aburrimiento m. Fastidio, tedio, cansancio.

aburrir tr. Molestar, fastidiar. I prnl. Cansarse de alguna cosa.

abusar intr. Usar mal, excesiva, injusta, impropia o indebidamente de algo o de alguien. I Hacer objeto de trato deshonesto a una persona de menor experiencia, fuerza o poder.

abusivo, va adj. Que se introduce o practica por abuso. I Que abusa, abusón.

abuso m. Acción y efecto de abusar.

abyecto, ta adj. Despreciable, vil en extremo.

acá adv. Indica lugar menos determinado que el que se denota con el adv. aquí.

acabado, da adj. Perfecto, completo, consumado. I Malparado, destruido. Díc. de la salud, la ropa, etc. I m. Perfeccionamiento o retoque de una obra o labor.

acabar tr. Dar fin a una cosa. Ú. t. c. prnl. Apurar, consumir. I Poner mucho esmero en la conclusión de una obra. I Matar. Extinguirse aniquilarse.

acacia f. Árbol o arbusto mimosáceo.

academia (Academia, jardín de Academo, donde enseñaba Platón). f. Sociedad científica, literaria o artística establecida con autoridad pública. I Junta o reunión de los académicos. I Casa donde los académicos tienen sus juntas. I Establecimiento docente. I Estudio de una figura entera y desnuda, tomada del natural.

academicismo m. Calidad de académico, que observa con rigor las normas clásicas.

académico, ca adj. Relativo a las academias. I Díc. que algunas cosas relativas a centros oficiales de enseñanza. I Díc. de las obras de arte en que se observan con rigor las normas clásicas. I m. y f. Individuo de una academia.

acaecer intr. Suceder.

acaloramiento m. Ardor, arrebato de calor. I fig. Arrebatamiento de una pasión violenta.

acalorar tr. Dar o causar calor. I Fatigar con el demasiado trabajo o ejercicio. I Promover, avivar. I prnl. fig. Enardecerse en la conversación.

acaloro acaloramiento.

acallar tr. Hacer callar. I fig. Aplacar, sosegar.

acampanada f. Acción y efecto de acampar. I Campamento.

acampanar tr. y prnl. Dar a una cosa forma de campana.

acampar intr., tr. y prnl. Detenerse en despoblados, alojándose o no en tiendas o barracas.

acanalado adj. Que pasa por canal o paraje estrecho. I de figura larga y abarquillada. De figura de estrías.

acanalar tr. Hacer estrías en alguna cosa. I Dar forma de canal o teja.

acanallado, da adj. Que participa de los defectos de la canalla.

acantilado, da adj. Díc. del fondo del mar cuando forma escalones o cantiles.

acanto m. Planta acantácea, perenne, con hojas largas y espinosas. I Ornato hecho a imitación de las hojas de esta planta.

acantocéfalo adj. y s. Díc. de los gusanos nematelmintos, sin intestino y parásitos. m. pl. Orden de estos animales.

acantonar r. y prnl. Alojar las tropas en diversos lugares. I prnl. Limitarse a una ocupación.

acantopterigio adj. y s. Díc. de los peces teleósteos, cuyas aletas, por lo menos las impares, tiene radios espinosos inarticulados. I m. pl. Suborden de estos peces.

acaparar tr. Adquirir y retener mercancías para controlar el precio en el mercado. I fig. Apropiarse en todo o en gran parte un género de cosas.

acaracolado, da adj. De figura de caracol.

acaramelar tr. Bañar de azúcar en punto de caramelo. I prnl. fig. y fam. Mostrarse uno extraordinariamente galante y dulce. I fig. y fam. Darse uno a otro visibles muestras de cariño.

acariciar tr. Hacer caricias. I Tratar a alguno con amor y ternura. I Rozar suavemente. I Pensar en hacer o conseguir algo.

ácaro m. Arácnido traqueal, parásito microscópico. I Orden de estos animales.

acarrear tr. Transportar en carro. I Por ext., transportar de cualquier manera. I fig. Producir o traer consigo algún daño.

acartonarse prnl. Ponerse como cartón. Se aplica especialmente a las personas que al llegar a cierta edad se quedan delgadas y enjutas.

acaso m. Casualidad, suceso imprevisto. adv. m. Por casualidad. I adv. de duda.

acatar tr. Tributar homenaje de sumisión y respeto. Obedecer. I ant. Mirar con atención.

acatarrar tr. Resfriar, constipar. prnl. Contraer catarro.

acaudillar tr. Mandar, como jefe gente de guerra.I Guiar, conducir. prnl. I Elegir caudillo.

acceder intr. Consentir en lo que otro quiere. I Ceder uno a la idea de otro. I Tener entrada o paso a un lugar. I Tener acceso a una situación, o llegar a alcanzarla.

accesible adj. Que tiene acceso. I De fácil acceso y trato. Inteligible, comprensible.

accésit m. Recompensa inferior al premio.

acceso m. Acción de llegar o acercarse.. I Entrada o paso.

accidentado, da adj. Turbado, agitado. I Hablando de terreno, escabroso, abrupto.

accidente m. Calidad o estado que aparece en alguna cosa sin que sea parte de su esencia.

acción f. Ejercicio de una potencia. I Efecto de hacer.

accionar tr. Poner en funcionamiento un mecanismo. I gesticular.

accionista com. Dueño de una o varias acciones de una empresa.

acebo m. Árbol aquifoliáceo..

acebuche m. Olivo silvestre. I Madera de este árbol.

acebuchina f. Fruto del acebuche.

acechanza f. Acecho, persecución sigilosa.

acechar tr. Observar, aguardar cautelosamente con algún propósito.

acecho m. Acción de acechar. | Lugar desde el cual se acecha.

acedo, da adj. ácido. | Que se ha acedado. | fig. Áspero, desapacible. | m. El agrio o zumo agrio.

acéfalo, la adj. Falto de cabeza.

aceitada f. Cantidad de aceite derramada. | Torta o bollo amasado con aceite.

aceitar tr. Untar con aceite.

aceitazo m. Aceite gordo y turbio.

aceite m. Grasa líquida de color verde amarillento, que se obtiene por presión de las aceitunas.

aceitería f. Tienda donde se vende aceite. | Oficio del aceitero.

aceitero, ra adj. Perteneciente al aceite. | m. El que vende aceite.

aceituna f. Fruto del olivo.

aceituno m. olivo.

aceleración f. Acción de acelerar o acelerarse. | Incremento de la velocidad en la unidad de tiempo.

acelerador, ra Que acelera. | m. Mecanismo que regula la entrada de la mezcla explosiva y permite acelerar las revoluciones del motor de explosión.

acelerar tr. Dar celeridad. Ú. t. c. prnl. | Aumentar la velocidad. | Accionar el mecanismo acelerador.

acelga f. Planta hortense quenopodiácea comestible.

acémila f. Bestia de carga, preferentemente el mulo, pero también el camello y otras bestias.

acento m. Mayor realce con que se pronuncia determinada sílaba de una palabra. | Signo ortográfico que se coloca en ciertos casos sobre alguna letra, para dar a la pronunciación algún matiz. Particulares inflexiones de voz de una región. Elemento constitutivo del verso..

acentuar tr. Poner acento prosódico u ortográfico a una palabra. | fig. Recalcar las palabras al pronunciarlas. | fig. Realzar abultar. | Tomar cuerpo.

aceña f. Molino harinero de aguas situado dentro del cauce de un río.

-áceo Elemento compositivo que significa "semejante a".

acepción f. Significado en que se toma una palabra o frase.

aceptable adj. Capaz o digno de ser aceptado.

aceptar tr. Recibir voluntariamente algo. | Aprobar. | Admitir las condiciones en un desafío.

acequia f. Canal por donde se conducen las aguas.

acera f. Orilla de la calle o de otra vía pública.

acerar tr. Dar al hierro las propiedades del acero. | Dar a algunos líquidos propiedades medicinales por mediación del acero. | Dar un baño de acero. | tr. y prnl. fig. Fortalecer, vigorizar.

acerbo, ba adj. Áspero al gusto. | fig. Cruel, riguroso, desapacible.

acercar tr. Poner a menor distancia de lugar o tiempo.

acero m. Aleación de hierro y carbono, en diferentes proporciones.

acérrimo, ma adj. fig. sup. de acre, muy fuerte.

acertar tr. Dar en el punto a que se dirige algo. Encontrar, hallar. | Hallar el medio apropiado para lograr algo. | Dar con lo cierto en lo dudoso, ignorado u oculto. Hacer algo con acierto.

acertijo m. Especie de enigma o adivinanza.

acervo m. Montón de cosas menudas. | Haber que pertenece en común a los socios de una colectividad de personas. | Conjunto de bienes morales o culturales.

acético, ca adj. Perteneciente o relativo al vinagre.

acetileno m. Hidrocarburo gaseoso que se obtiene de la acción del agua sobre el carburo de calcio.

achacar tr. Atribuir, imputar.

achacoso, sa adj. Que padece achaque. | Levemente enfermo. | Riguroso en la acusación. | Hablando de cosas, que tiene defecto.

acharolado adj. Semejante al charol.

achicar tr. Amenguar el tamaño de alguna cosa.

achicoria. f. Planta compuesta, de hojas ásperas y comestibles.

achicharrar tr. Freír, cocer, asar o tostar demasiado. Ú. t. c. prnl.

achispar tr. y prnl. Poner casi ebria a una persona.

achura Intestino del animal vacuno, lanar o cabrío, o todo otro pedazo de carne considerado como desperdicio.

aciago, ga adj. Infausto, infeliz, de mal agüero. | m. ant. Azar, desgracia.

acicalado, da adj. Extremadamente pulcro.

acicalar tr. Limpiar, bruñir, principalmente las armas blancas. | Dar en una pared el último pulimento. | fig. Adornar, aderezar a una persona..

acicate m. Espuela con una sola punta para montar a la jineta. | fig. incentivo.

acidez f. Calidad de ácido. Sensación de ácido en la boca o ardor de estómago. | Cantidad de ácido libre en los aceites, resinas, etc.

ácido adj. Que tiene sabor agrio. | fig. Áspero, desabrido. | m. Cualquiera de las substancias que pueden formar sales combinándose con algún óxido metálico u otra base de distinta especie.

acierto m. Acción y efecto de acertar. | fig. Habilidad en lo que se ejecuta.

acimut m. Ángulo que con el meridiano forma el círculo vertical que pasa por un punto de la esfera celeste o del globo terráqueo.

aclamar tr. Dar voces la multitud en honor y aplauso de alguna persona. | Conferir, por voz común, algún cargo y honor.

aclarado, da adj. Díc. de la figura rodeada de un cierto color.

aclarar tr. Quitar lo que ofusca la claridad o transparencia de alguna cosa. Ú. t. c. prnl. | Aumentar la extensión o el número de los espacios que hay en alguna cosa. | Declarar, explicar. | intr. Disiparse las nubes o la niebla..

aclimatar tr. y prnl. Acostumbrar a un ser orgánico a clima diferente. | fig. Hacer que una cosa medre en lugar distinto al que tuvo su origen.

acmé f. Período de mayor intensidad de una enfermedad.

acné. f. Enfermedad de la piel caracterizada por una inflamación crónica de las glándulas sebáceas.

acobardar tr., intr. y prnl. Amedrentar, causar o poner miedo.

acodado, da adj. Doblado en forma de codo.

acoger tr. Admitir a alguien en su casa o compañía. | Dar refugio una cosa a uno. | Admitir aceptar. | Admitir con un sentimiento determinado un hecho o a una persona.

acogida f. Afluencia de aguas, y p. ext. de otro líquido. | Hospitalidad que ofrece una persona o un lugar.

acogido, da m. y f. Persona a la que se admite y mantiene en un establecimiento benéfico.

acogotar tr. Matar con herida o golpe dado en el cogote.

acolchado, da m. Acción y efecto de acolchar. | Revestimiento de paja o caña trenzada con cuerdas. | Cobertor relleno de plumón o de otras cosas, que se pone sobre la cama.

acolchar tr. Poner algodón, lana, etc., entre dos telas y bastearlas.

acólito Ministro de la Iglesia que había recibido la antigua orden menor del acolitado.

acometer tr. Embestir con ímpetu. I Emprender, intentar..

acomodación f. Acción y efecto de acomodar. I Cambio del cristalino para ver bien a diferente distancia. I Asimilación parcial de una característica del sonido asimilado por otra del sonido asimilador.

acomodado, da adj. Conveniente, apto. I rico. Que está cómodo o a gusto.

acomodador, ra adj. Que acomoda. I m. y f. Persona que, en los espectáculos, designa el asiento.

acomodar tr. Ajustar o adaptar una cosa a otra. I Disponer o arreglar de modo conveniente. I Colocar en un lugar cómodo.

acomodo m. Colocación, ocupación o conveniencia. I Sitio donde se vive. I casamiento. I Arreglo, ornato.

acompañar tr. Estar o ir en compañía de otro. Ú. t. c. prnl. I fig. Juntar una cosa a otra.

acompasar tr. Compasar. Poner a compás.

acomplejar tr. Causar a una persona un complejo. I prnl. Padecer un complejo.

acondicionador, ra adj. Que acondiciona. I m. Aparato para acondicionar un espacio.

acondicionar tr. Dar cierta condición o calidad. I Climatizar. I Adquirir cierta condición o calidad.

acongojar tr. y prnl. Oprimir, fatigar, afligir. I fig. Apenar.

aconsejar tr. Dar consejo. I Inspirar una cosa algo a uno. I prnl. Tomar consejo o pedirlo a otro.

acontecer intr. suceder.

acontecimiento m. Hecho importante que sucede.

acoplar tr. Ajustar entre sí dos piezas o cuerpos. I Unir o parear dos animales para yunta o tronco. I Procurar la unión sexual de animales. Ú. t. c. prnl. I fig. Ajustar a unir entre sí a las personas o cosas entre las que había alguna discrepancia. Ú. t. e.

acoquinar tr. y prnl. Amilanar, acobardar.

acorazado, da m. Buque de guerra blindado y de grandes dimensiones.

acordar tr. Determinar algo de común acuerdo o por mayoría de votos.

acorde adj. conforme. I m. Sonidos combinados con armonía.

acordeón m. Instrumento músico de viento.

acordonar tr. Ceñir o sujetar con un cordón. I Formar el cordoncillo en el canto de las monedas. I fig. Incomunicar por medio de un cordón de gente.

acorralar tr. Meter el ganado en el corral. Ú. t. e. prnl. I fig. Encerrar a uno para que no pueda escapar.

acortar tr. intr. y prnl. Disminuir la longitud, duración o cantidad de alguna cosa. Hacer más corto el camino.

acosar tr. Perseguir, sin darle tregua ni reposo, a un animal o a una persona. I Hacer correr al caballo. I fig. Perseguir, fatigar a alguno.

acostar tr. y prnl. Echar o tender a alguno para que duerma o descanse. I Arrimar o acercar. I intr. Ladearse. Ú. t. c. prnl. I Pararse la balanza en posición que el fiel no coincida con el punto o señal de equilibrio.

acostumbrar tr. Hacer adquirir costumbre de alguna cosa. I intr. Tener costumbre de alguna cosa.

acotación f. acotamiento. I Nota que se pone al margen de algún escrito o impreso. I Cada una de las notas explicativas que se ponen en las obras teatrales.

acotada f. Terreno cercado que se destinaba en los pueblos para semillero de árboles.

acotar tr. Reservar el uso de un terreno manifestándolo por medio de cotos. I Reservar prohibir o limitar de otro modo. I Elegir, aceptar, tomar por suyo. I prnl. Ponerse en lugar seguro metiéndose en coto de otra jurisdicción. I Apoyarse en una razón o condición. I tr. Poner cotas, en los planos.

acotillo m. Martillo grueso de herrero.

ácrata adj. Partidario de la supresión de toda autoridad.

acre adj. áspero.

acrecentar tr. aumentar Ú. t. c. prnl. I Mejorar, enriquecer, enaltecer.

acreditar tr. Hacer digna de crédito alguna cosa.

acreedor, ra adj. Que tiene derecho a pedir el cumplimiento de alguna obligación. Ú. m. c. s. I Que tiene derecho a que se le satisfaga una deuda. Ú. m. c. s.

acribar tr. cribar. I fig. acribillar. Ú. t. c. prnl.

acribillar tr. Abrir muchos agujeros en alguna cosa. I Hacer muchas heridas o picaduras a una persona o a un animal. I fig. y fam. Molestar mucho y con frecuencia.

acrídido, da adj. y s. Díc. del insecto ortóptero saltador con antenas cortas y sólo tres artejos en los tarsos.

acrílico, ca adj. Díc. del producto que se obtiene por polimerización o copolimerización del ácido acrílico o de uno de sus derivados.

acrisolado, da adj. Díc. de ciertas cualidades humanas, que puestas a prueba, salen mejoradas o depuradas.

acrobacia f. acrobatismo. I Cada uno de los ejercicios que realiza un acróbata. I Cualquiera de las evoluciones espectaculares que efectúa un aviador en el aire.

acróbata Persona que da saltos, realiza habilidades sobre el trapecio, la cuerda floja o ejecuta cualesquiera otros ejercicios gimnásticos.

acrofobia Horror a las alturas.

acromático, ca adj. Díc. del cristal o del sistema óptico que no descompone la luz blanca.

acrónimo m. Palabra compuesta por la letra o sílaba inicial de un nombre compuesto.

acrópolis f. Parte más alta y fortificada de las ciudades griegas. Se dice por excelencia de la de Atenas.

acrosoma m. Porción apical del espermatozoide que rodea al núcleo y forma con él la cabeza.

acróstico, ca adj. y s. Aplícase a la composición poética en que las letras iniciales, medias o finales de los versos, forman un vocablo o una frase.

acrotera o acroteria f. Cualquiera de los pedestales que sirven de remate en los frontones.

acroterio m. Pretil que se hace sobre los cornisamentos para ocultar la altura del tejado.

acta f. Relación escrita de lo sucedido tratado o acordado en una junta.

actinia f. anémona de

actinio m. Cuerpo radiactivo hallado en algún compuesto de uranio.

actitud f. Postura del cuerpo humano o del animal. I Fig. Manifestada disposición del ánimo.

activar tr. Avivar, excitar. I *Fis*. Hacer radiactiva una sustancia.

actividad f. Facultad de obrar. I Diligencia, eficacia. I Prontitud en el obrar. I Conjunto de operaciones o tareas propias de una persona o entidad.

activista Miembro activo de un partido.

activo, va adj. Que obra o tiene virtud de obrar. I Diligente y eficaz. I Que obra sin dilación. I Díc. del funcionario mientras presta servicio. I Díc. del verbo transitivo. I m. *Com*. Importe total del haber de una persona natural o jurídica.

acto m. Hecho o acción. I Hecho público o solemne. I Disposición legal. I Concentración del ánimo en un sentimiento o disposición-formulación o expresión de ellos. I pl. Actas de un concilio.

actor m. El que representa. I Personaje de una acción o de una obra literaria.

actriz f. Mujer que representa en el teatro, el cine o la TV.

actual adj. Presente, en el mismo momento.

actualidad f. Tiempo presente.

actualizar tr. Poner en acto. I Hacer actual una cosa.

actuar tr. Poner en acción. I Hablando de algo que se ingiere, digerir, absorber. I Entender, enterarse de algo. Ú. t. c. prnl. I Ejercer funciones propias de su cargo u oficio. I Proceder judicialmente.

acuarela f. Pintura con colores diluidos en agua. I pl. Colores con los que se realiza esta pintura.

acuario m. Depósito de agua donde se tienen vivos animales o vegetales acuáticos. I Edificio destinado a la exhibición de animales acuáticos vivos.

acuartelar tr. Poner la tropa en cuarteles. Ú. t. c. prnl. I Obligar a la tropa a permanecer en los cuarteles.

acuático, ca y acuátil adj. Que vive en el agua. I Perteneciente o relativo al agua.

acuchillar tr. Cortar con el cuchillo y, p. ext., con otras armas blancas.

acuclillarse prnl. Ponerse en cuclillas.

acudir intr. Ir uno al sitio adonde le interesa o es llamado. I Ir o acudir con frecuencia a alguna parte.

acueducto m. Conducto artificial para conducir agua, y especialmente para abastecer de ella a una población.

acuerdo m. Resolución de una o varias personas. I Reflexión o madurez en la determinación de alguna cosa. Conocimiento de algo. I Parecer, dictamen, consejo.

acuífero ra adj. Díc. de la capa vena o zona del terreno que contiene agua.

acuitar tr. y prnl. Poner en cuita o en apuro.

aculado da adj. Díc. del caballo levantado del cuarto delantero y sentado con las patas encogidas.

acumulador, ra adj. y s. Que acumula. I m. Pila reversible que almacena energía durante la carga y la restituye parcialmente durante la descarga.

acumular tr. Juntar y amontonar.

acunar tr. Mecer al niño en la cuna.

acuñación f. Acción y efecto de acuñar.

acuñar tr. Imprimir y sellar una pieza de metal por medio de cuño o troquel. I Hacer o fabricar moneda. I tr. Meter cuñas. I fig. Dar forma a expresiones o conceptos.

acupuntura f. Técnica terapéutica de origen chino que consiste en clavar una o más agujas en el cuerpo con el fin de curar ciertas enfermedades o eliminar dolores.

acurrucarse prnl. Encogerse para resguardarse del frío.

acusación f. Acción de acusar o acusarse. I Escrito o discurso en que se acusa.

acusar tr. Imputar a uno algún delito, culpa etc. I Denunciar, delatar. Ú. t. c. prnl. I Notar, tachar.

acusativo m. Uno de los casos de la declinación. Indica el complemento directo.

acuse m. Acción y efecto de acusar.

acusica adj. Soplón.

acústica f. Parte de la física que trata de los sonidos. Propagación del sonido en un local.

acústico ca adj. Perteneciente o relativo al órgano del oído o a la acústica. I Favorable para la producción o propagación del sonido.

acutángulo adj. Que tiene ángulos agudos.

adagio m. Con movimiento lento.

adalid m. Caudillo de gente de guerra.

adaptador, ra adj. Que adapta. I m. Dispositivo o aparato que sirve para acomodar elementos de distinto uso, diseño, finalidad, etc.

adaptar tr. Acomodar, ajustar una cosa a otra. U. t. c. prnl. I Hacer que un objeto o mecanismo desempeñen funciones distintas de aquellas para las que fueron construidos.

adarga f. Escudo oval, o en forma de corazón, hecho de cuero.

adargar Cubrir con la adarga para defensa. I Defender, proteger.

adarve m. Camino detrás del parapeto y en lo alto de una fortificación. I Muro almenado de fortaleza. I fig. Protección, defensa.

adecentar tr. y prnl. Poner decente.

adecuar tr. Proporcionar, acomodar una cosa a otra.

adefesio m. fam. Despropósito, disparate. Ú. m. en pl. I fam. Traje o adorno ridículo y extravagante. I fam. Persona de exterior ridículo y extravagante.

adelantado, da adj. precoz. Aventajado, superior. Atrevido, imprudente. m. Descubridor, gobernador de una provincia fronteriza.

adelantar tr. Mover o llevar hacia adelante. Ú. t. c. prnl. I Acelerar, apresurar. I Anticipar. I Ganar la delantera a alguno o a algo. Ú. m. c. prnl. I intr. Andar el reloj con más velocidad de la debida.

adelante adv. Más allá.

adelanto m. anticipo. I Adelantamiento.

adelfa f. Arbusto apocináceo venenoso, muy ramoso y de hojas parecidas a las del laurel.

adelgazar tr. Poner delgada a una persona o cosa.

ademán m. Gesto, movimiento o actitud con que se manifiesta un afecto del ánimo.

además adv. c. A más de esto o aquello. I p. us. Con demasía o exceso.

adentrarse prnl. Penetrar en el interior de una cosa. I Pasar por dentro.

adentro adv. I. A, o en lo interior. I m. Lo interior del ánimo. I **adentro**. Voz que se usa para ordenar o invitar a alguien a que entre en alguna parte.

adepto, ta adj. y s. Iniciado en los arcanos de la alquimia. I Por ext., afiliado en alguna secta o asociación. I Partidario de alguna persona o ideología.

aderezado, da adj. Favorable, propicio.

aderezar tr. Componer, adornar. Ú. t. c. prnl. I guisar. I Disponer o preparar. Ú. t.c. prnl. I Remendar o componer alguna cosa.

aderezo m. Acción o efecto de aderezar. I Aquello con que se aderza alguna persona o cosa. I Juego de varias joyas con que se adornan las mujeres. I Arreos para ornato y manejo del caballo. I Guarnición de ciertas armas blancas, y boca y contera de su vaina.

adeudar tr. Deber, tener deudas. I Satisfacer impuesto o contribución. I cargar, anotar en el debe. I prnl. endeudarse.

adeudo m. deuda I Cantidad que se ha de pagar en las aduanas por una mercancía. I Acción y efecto de adeudar, cargar en cuenta.

adherencia f. Unión física, pegadura de las cosas. I Calidad de adherente.

adherir tr. Pegar una cosa a otra. I intr. Pegarse una cosa con otra. Ú. t. c. prnl. I fig. Convenir en un dictamen o partido y abrazarlo. Ú. m. c. prnl. I prnl. Utilizar, quien no lo había interpuesto, el recurso entablado por la parte contraria.

adhesión f. adherencia. I fig. Acción y efecto de adherir o adherirse. I Fuerza de atracción que mantiene unidas moléculas de distinta especie.

adhesivo, va adj. Capaz de adherirse o pegarse. I m. Sustancia que pega dos cuerpos. I Objeto que se pega a otro.

adiamantado, da adj. Parecido al diamante.

adicción f. Hábito de quienes se dejan dominar por el uso de alguna droga tóxica.

adición f. Acción y efecto de añadir o agregar. Operación de su l Reparo o nota que se pone a las cuentas.

adicional adj. Díc. de aquello con que se adiciona alguna cosa.

adictivo, va adj. Díc. de aquello cuyo empleo repetido crea necesidad y hábito; especialmente las drogas.

adicto, ta adj. y s. Dedicado, muy inclinado, apegado.

adiestrado, da p. p. de adiestrar. l adj. Díc. de la pieza a cuya diestra se pone a otra.

adiestrar tr. Hacer diestro. l Enseñar, instruir. l Guiar, encaminar.

adietar tr. Poner a dieta.

adinerado, da p. p. de adinerar. l adj. Que tiene mucho dinero.

¡adiós! Interj. que se emplea para despedirse. l m. Despedida de personas que se separan.

adiposis f. **obesidad**.

aditivo, va adj. Que puede o que debe añadirse. l Díc. de los términos de un polinomio que van precedidos de signo más.l *Fig.* Aplícase a toda magnitud o propiedad que, en una mezcla o combinación, aparece.

adivinanza f. adivinación. l acertijo.

adivinar tr. Predecir el futuro o descubrir las cosas ocultas o ignoradas, por medio de agüeros o sortilegios o por conjeturas. Acertar lo que quiere decir en enigma.

adivino, na m. y f. Persona que adivina.

adjetivar tr. Concordar una cosa con otra.l Aplicar adjetivos. l Dar al nombre valor de adjetivo.

adjetivo, va adj. Que dice relación a una cualidad o accidente del sustantivo al que acompaña, calificándolo y determinándolo.

adjudicar tr. Declarar que una cosa corresponde a una pena, o conferírsela en satisfacción de algún derecho. l prnl. Apropiarse alguno cosa en una subasta. l fig. En algunas competiciones, ganar.

adjuntar tr. Enviar, juntamente con una carta u otro escrito, notas, facturas. etc. l Poner inmediatamente un vocablo junto a otro.

adjunto, ta adj. Que va o está unido con otra cosa. l Díc. de la persona que acompaña a otra para algún asunto, o comparte con ella un cargo o función. Ú. t. c. s.

administración f. Acción de administrar. l Empleo de administrador. l Casa u oficina donde el administrador y sus dependientes ejercen su empleo. l Equipo de gobierno de un país.

administrar tr. Gobernar un territorio y a las personas que lo habitan. l Dirigir una institución. l Ordenar, organizar, en especial la hacienda o bienes.

admirar tr. Causar sorpresa la vista o consideración de alguna cosa extraordinaria o inesperada.

adobar tr. Componer, arreglar, aderezar.l Guisar. l Poner en adobo las carnes u otras cosas para sazonarlas y conservarlas.l Curtir las pieles.

admitir tr. Recibir o dar entrada. Aceptar.

adobe m. Masa de barro moldeada en forma de ladrillo y secado al sol.

adobo m. Acción y efecto de adobar. l Caldo o salsa con que se sazona un manjar.l Mezcla de varios ingredientes que se hace para curtir las pieles o para dar cuero y lustre a las telas.

adoctrinador, ra adj. Que adoctrina.

adolecer intr. Caer enfermo o padecer alguna enfermedad habitual. Condolerse.

adolescente adj. y s. Que está en la adolescencia.

adonde adv. A qué parte, o a la parte que.

adonis m. fig. Mancebo hermoso.

adopción f. Acción de adoptar.

adoptable adj. Que puede ser adoptado.

adoptar tr. Recibir como hijo al que no lo es naturalmente. l Recibir, haciéndolos propios, pareceres, métodos, ideologías, etc., creados por otros.

adoptivo, va adj. Díc. de la persona adoptada. l Díc. de lo que uno elige, para tenerlo por lo que realmente no es con respecto a él.

adoquín m. Piedra labrada en forma rectangular para empedrados.

adoquinado, da m. Suelo empedrado con adoquines. Conjunto de adoquines.

adoquinar tr. Empedrar con adoquines.

adorar tr. Reverenciar con sumo honor o respeto a un ser.

adoratorio m. Templo de las religiones indoamericanas.

adormecedor, ra. adj. Que adormece.

adormecer Dar o causar sueño. Ú. t. c.prnl.

adormidera f. Planta papaverácea originaria de Oriente, de cuyo fruto se extrae el opio. l Fruto de esta planta.

adormilarse prnl. adormitarse.

adornar tr. Engalanar con adornos.

adorno m. Lo que se pone para la hermosura de personas o cosas.

adosar tr. Poner una cosa contigua a otra.l Colocar espalda con espalda.

adquirir tr. Ganar, conseguir. l comprar. l Coger, lograr.

adquisición f. Acción de adquirir. l La cosa adquirida.

adrede adv. m. De propósito, con deliberada intención.

adrenal adj. Situado cerca del riñón.

adrenalina f. Hormona segregada principalmente por las glándulas suprarrenales.

adscribir tr. Inscribir, atribuir. l Agregar a una persona al servicio de un cuerpo o destino.

adsorber tr. Atraer un cuerpo y retener en su superficie moléculas o iones de otro cuerpo en estado líquido o gaseoso.

adsorción Concentración sobre la superficie de una sustancia, de gases, líquidos o coloides.

adstrato m. Lengua cuyo territorio es contiguo al de otra, sobre la cual influye.

aduana f. Oficina pública donde se registran los géneros y mercaderías que se importan o exportan, y cobran los derechos que adeudan.

aduanero, ra adj. Perteneciente o relativo a la aduana. l m. Empleado en la aduana.

aducción f. Movimiento por el cual se acerca un miembro u otro órgano al plano medio que divide imaginariamente el cuerpo en dos partes simétricas.

aducir tr. Presentar pruebas, razones, etc.

adueñarse Hacerse uno dueño de una cosa. l Hacerse dominante algo en una o varias personas.

adular tr. Hacer o decir con estudio lo que se cree puede agradar a otro.

adularia f. Variedad de feldespato.

adulterar intr. Cometer adulterio. l fig. Viciar, falsificar.

adulterio m. Ayuntamiento carnal voluntario entre persona casada y otra de distinto sexo que no sea su cónyuge. l Falsificación, fraude.

adúltero, ra adj. Que comete adulterio.l Perteneciente al adulterio o al que lo comete. l fig. Falsificado, corrompido.

adultez f. Condición de adulto; edad adulta.

adulto, ta adj. Llegado a su mayor crecimiento o desarrollo. l fig. Llegado a su mayor grado de perfección.

adumbrar tr. sombrear.

adunar tr. Unir, juntar. l unificar.

adunco, ca adj. Corvo, combado.

adusto, ta adj. Quemado, tostado. | fig. Austero, rígido, melancólico, hosco.

advenedizo, za adj. Extranjero o forastero. | No natural. | Díc. de la persona que va sin empleo u oficio a establecerse en un país o pueblo. | Díc. de la persona de humilde linaje que pretende figurar entre gente de más alta condición.

advenimiento m. Venida o llegada. | Ascenso de un sumo pontífice o un soberano al trono.

advenir intr. Venir o llegar.

advento m. ant. Venida o llegada.

adverbial adj. Perteneciente al adverbio. | V. locución, modo adverbial.

adverbio m. Parte invariable de la oración cuya función consiste en modificar la significación del verbo, de un adjetivo o de otro adverbio.

adversario, ria adj. ant. adverso. | m. y f. Persona contraria o enemiga. | colect. m. Conjunto de personas contrarias o enemigas.

adversidad f. Calidad de adverso. | Suerte adversa, infortunio. | Situación desgraciada en que se encuentra una persona.

adverso, sa adj. Contrario, enemigo, desfavorable. | Opuesto materialmente a otra cosa.

advertencia f. Acción y efecto de advertir.| Escrito breve que en una obra advierte algo al lector. | Escrito breve en el que advierte algo al público.

advertir tr. Fijar en algo la atención. Ú. t.c. intr. | Aconsejar, amonestar. | intr. Atender, aplicar el entendimiento. | Caer en la cuenta.

adviento m. Tiempo santo que celebra la Iglesia los cuatro domingos anteriores a la Navidad.

adyacente adj. Situado en la inmediación o proximidad de otra cosa.

aedo o aeda m. Bardo, poeta o cantor épico popular de la antigua Grecia.

aeración f. Acción del aire atmosférico en el tratamiento de las enfermedades. | Introducción del aire en las aguas potables o medicinales.

aerobio adj. y s. Aplícase al ser vivo que necesita del oxígeno para subsistir.

aerodinámica f. Parte de la mecánica, que estudia el movimiento de los gases y los movimientos relativos de gases y sólidos. | Díc. de los vehículos y otras cosas que tienen forma adecuada para disminuir la resistencia del aire.

aeródromo m. Sitio destinado al despegue y aterrizaje de los aviones.

aerofagia m. Deglución espasmódica del aire.

aerógrafo m. Aparato en forma de soplete o pistola, o de lápiz aerográfico, usado para pintar.

aerolínea f. Organización o compañía de transporte aéreo.

aerolito m. Meteorito compuesto esencialmente de silicatos, que cae sobre la tierra.

aeromancia f. Adivinación supersticiosa por las señales o impresiones del aire.

aerómetro m. Instrumento para medir la densidad el aire o de otros gases.

aeromodelismo m. Deporte que consiste en la construcción y prueba de pequeños modelos de aeronaves.

aeronauta com. Piloto o tripulante de una aeronave.

aeronáutica f. Ciencia o arte de la navegación aérea. | Conjunto de medios destinados al transporte aéreo.

aeronaval adj. Que se refiere conjuntamente a la aviación y a la marina.

aeronavegación f. Navegación aérea.

aeroplano m. Avión.

aeropuerto m. Aeródromo para tráfico regular de aviones.

aerosol m. Suspensión de partículas ultra microscópicas de sólidos o líquidos en el aire u otro gas. | Suspensión en un medio gaseoso de una sustancia medicamentosa pulverizada.

aerostática f. Parte de la mecánica, que estudia el equilibrio de los gases de los cuerpos en ellos inmersos, cuando sólo actúa sobre estos la fuerza de la gravedad.

aerovía f. Ruta establecida para el vuelo de los aviones comerciales.

afabilidad f. Calidad de afable.

afable adj. Agradable de conversación y trato.

afamar Hacer famoso, dar fama.

afán m. Trabajo excesivo. | Anhelo vehemente. | Tarea que requiere esfuerzo corporal.

afanar intr. Entregarse al trabajo con solicitud vehemente. Hacer diligencias con dedicación y anhelo. | Trabajar corporalmente. | Fig. y fam. hurtar.

afanoso, sa adj. Muy penoso. | Que se afana.

afasia f. Pérdida del habla a consecuencia de desorden cerebral. motora o motriz.

afear tr. y prnl. Hacer o poner feo. | fig. Tachar, vituperar.

afección f. Impresión que hace una cosa en otra. | Afición o inclinación. | En los beneficios eclesiásticos, reserva de su provisión.| enfermedad.

afectación f. Acción de afectar. | Falta de naturalidad.

afectar tr. Poner demasiado estudio o cuidado en las palabras, movimientos, adornos, etc. | fingir. | anexar. | Hacer impresión de una cosa en una persona causando en ella alguna sensación. Ú. t. c. prnl. | Apetecer con ahínco una cosa. | Imponer gravamen u obligación sobre alguna cosa. | Producir alteración en algún órgano.

afectividad f. Desarrollo de la propensión a querer. | Conjunto de los fenómenos afectivos.

afectivo, va Relativo al afecto. | Relativo a la sensibilidad.

afecto, ta adj. Inclinado a una persona o cosa. | Díc. de las posesiones o rentas sujetas a carga u obligación. | Díc. de la persona destinada a prestar servicios en determinadas dependencias. | m. Pasiones del ánimo, como amor, cariño, etc.

afectuoso adj. Amoroso, cariñoso.

afeitar tr. Adornar, hermosear con afeites. | Raer con navaja o maquinilla la barba, el bigote o el pelo en general. | Esquilar a uña caballería las crines y las puntas de la cola. | Recortar e igualar las ramas y hojas de una planta. | Cortar las puntas de los cuernos al toro de lidia.

afelio m. Punto que en la órbita de un planeta dista más del Sol.

afelpar tr. Dar a la tela el aspecto de felpa.| Recubrir con felpa.

afeminar tr. y prnl. Inclinar a alguien a que en sus modales se parezca a las mujeres.

aferencia f. Transmisión de sangre, linfa u otras sustancias, o de un impulso energético, desde una parte del organismo a otra que conduce a ella es considerada normal. Se llama también transmisión centrípeta.

aféresis f. Supresión de algún sonido al principio de un vocablo.

aferrar tr. Agarrar fuertemente. | fig. Insistir con tenacidad en algún dictamen u opinión.

afianzar tr. Dar fianza por alguno. | Afirmar o asegurar con cordeles, clavos, etc. | Asir, agarrar.

afición f. Inclinación, amor a una persona o cosa. | Ahínco, eficacia. | fam. Conjunto de personas aficionadas a las corridas de toros, torneos deportivos y otros espectáculos.

aficionar tr. Inducir a alguien a que guste de una persona o cosa. | prnl. Prendarse de una persona o cosa.

afijo, ja adj. y s. m. Díc. del pronombre personal pospuesto y unido al verbo, y también de las partículas que se emplean en la formación de palabras derivadas y compuestas.

afilador, ra adj. Que afila. | m. El que tiene por oficio afilar instrumentos cortantes. | Correa para afinar el filo.

afilar Sacar filo. | aguzar sacar punta. | fig. Afinar la voz. | prnl. Adelgazarse la cara, nariz o dedos.

afiliar tr. Juntar, asociar una persona a otras que forman corporación. | Ingresar a una sociedad, corporación, etc.

afiligranar tr. Hacer filigrana. | fig. Pulir, hermosear primorosamente.

afín adj. Próximo, contiguo. | Que tiene afinidad con otra cosa. | m. y f. Pariente por afinidad. | Semejante.

afinar tr. Perfeccionar, dar el último punto a una cosa. | Hacer fina o cortés a una persona. | Purificar los metales. Poner en tono los instrumentos músicos. Cantar o tocar entonando con perfección los sonidos. | Concordar.

afincar intr. fincar, adquirir fincas. | tr. Arraigar, fijar, establecer, asegurar, apoyar, clavar.

afinidad Grado de semejanza o relación de una cosa con otra.

afirmar tr. Poner firme, dar firmeza. Ú. t. c. prnl. | Asegurar o dar por cierta alguna cosa.

afirmativa f. Proposición u opinión afirmativa.

aflautado adj. De sonido semejante al de la flauta. | Fig. Melifluo, afeminado.

aflicción f. Efecto de afligir o afligirse.

afligir tr. Causar molestia o sufrimiento físico. | Causar tristeza o angustia moral prnl. Sentir sufrimiento físico o pesadumbre moral. | fig. Devastar, asolar.

aflojar tr. Disminuir la presión o la tirantez. Ú. t. c. prnl.

aflorar intr. Asomar, emerger a la superficie del terreno un filón o capa mineral.

afluencia f. Acción de afluir. | Abundancia, corriente copiosa. | fig. Convergencia, concurrencia de personas o cosas.

afluente Que afluye. | m. Arroyo o río secundario que desemboca en otro principal.

afluir intr. Acudir en abundancia o concurrir en gran número a un lugar o sitio. | Verter un río sus aguas en las de otro, o en un lago o | Fluir algo hacia un punto.

afonía f. Falta de voz.

afónico, ca o áfono, na adj. Falto de voz o de sonido.

aforado, da adj. y s. Aplícase a la persona que goza de fuero.

aforar tr. Dar o tomar a foro alguna heredad. | Dar, otorgar fueros.

aforismo m. Sentencia breve y doctrinal.

aforo m. Acción y efecto de aforar. | Capacidad total de las localidades de un teatro y otro recinto de espectáculos públicos.

afortunado, da adj. Que tiene buena suerte. | Que es resultado de la buena suerte. | Feliz, que produce felicidad o resulta de ella.

afrancesamiento m. Tendencia exagerada a las ideas o costumbres de origen francés.

afranelado, da adj. Parecido a la franela.

afrenta Vergüenza y deshonor que resulta de algún dicho, hecho o imposición de una pena.

afro pref. que sing. africano, y especialmente, negro.

afrodisiaco, ca o afrodisíaco, ca adj. Que excita el apetito sexual. | Díc. de la sustancia que tiene esta propiedad.

afrodita Aplícase a las plantas que se reproducen de modo asexual (por bulbos, estacas, etc.).

afrontar tr. Poner una cosa enfrente de otra. | Poner cara a cara. | Hacer frente al enemigo, a un peligro, etc.

afuera adv. | Fuera del sitio en el que uno está. | En la parte exterior. | f. pl. Alrededores de una población.

agachar tr. fam. Tratándose de una parte del cuerpo, inclinarla o bajarla. | prnl. fam. Encogerse. | fig. y fam. Dejar pasar un golpe o algún contratiempo sin defenderse. | fig. y fam. Agazaparse, humillarse.

agalla f. Excrecencia redonda que se forma en algunos árboles por la picadura de ciertos insectos. | amígdala. | Cada una de las branquias que tiene los peces a ambos lados y en el arranque de la cabeza. Ú. m. pl.

ágape m. Convite de caridad en común entre los primeros cristianos. | banquete.

agarradero m. Asa o mango. | fig. Parte de un cuerpo que ofrece proporción para asirlo o asirse de él. | fig. y fam. Amparo, protección o recurso con que se cuenta para algo.

agarrar tr. Asir fuertemente con la mano de cualquier modo. | Coger, to | fig. y fam. Conseguir lo que se intentaba. | prnl. Asirse fuertemente de alguna cosa.

agarrochar tr. Herir a los toros con garrocha.

agarrotar tr. Apretar fuertemente los fardos con cuerdas, que se retuercen por medio de un palo. | Apretar una cosa fuertemente. | Estrangular en el garrote. | Oprimir material o moralmente. | prnl. Quedarse rígido un miembro del cuerpo.

agasajar tr. Tratar con atención expresiva y cariñosa. | Halagar o favorecer a uno con regalos. | Hospedar.

ágata f. Variedad de sílice criptocristalina, dura, traslúcida y con franjas de colores.

agateador m. Pájaro cértido, de color pardo y pico largo.

agazapar tr. fig. y fam. Agarrar o prender a alguno. | prnl. fam. Agacharse, encogiendo el cuerpo hacia el suelo.

agencia f. Diligencia, solicitud. | Oficio de agente. | Oficina de agente. | Empresa destinada a gestionar asuntos ajenos o a prestar determinados servicios. | Sucursal de una empresa.

agenciar tr. Hacer las diligencias conducentes al logro de una cosa. Ú. t. c. prnl.

agenda f. Libro o cuaderno en que se apuntan, para no olvidarlas, aquellas cosas que se han de hacer. | Relación de los temas que han de tratarse en una reunión; orden del día.

agnesia o agénesis f. Imposibilidad de engendrar. | Desarrollo defectuoso.

agente adj. Que obra o tiene virtud de obrar. | Persona, animal o cosa que realiza la acción del verbo. | m. Persona o cosa que produce un efecto. | Persona que obra en poder de otro.

ageusia o ageustia f. Pérdida del sentido del gusto.

agigantar tr. fig. Dar a alguna cosa proporciones gigantescas.

ágil adj. Ligero, pronto, expedito. | Díc. de la persona que se mueve con soltura.

agilidad f. Calidad de ágil.

agilitar o agilizar tr. y prnl. Hacer ágil, dar facilidad para ejecutar alguna cosa.

agitación f. Acción y efecto de agitar o agitarse.

agitador, ra adj. Que se agita. Ú. t. c. s. | m. Instrumento que sirve para revolver líquidos.

agitato m. Voz it. que sig. *con animación*.

agitar tr. Mover violentamente. Ú. t. c. prnl. | Inquietar. Ú. t. c. prnl. | fig. Provocar la inquietud política o social.

aglomeración f. Acción y efecto de aglomerar o aglomerarse. | Cúmulo o multitud de personas o cosas.

aglomerado Prisma hecho en molde con hornaguera menuda y alquitrán, que se usa como combustible. l Cualquier producto obtenido por aglomeración.

aglomerar tr. Amontonar, juntar. l Unir fragmentos de una o varias sustancias con un aglomerante.

aglutinación f. Acción y efecto de aglutinar o aglutinarse. l Procedimiento en virtud del cual se unen dos o más palabras para formar una sola.

aglutinar tr. Pegar una cosa con otra. / Cir. Mantener en contacto, por medio de un emplasto, las partes cuya adherencia se quiere lograr. l Reunir o ligar entre sí fragmentos de modo que resulte un cuerpo compacto.

aglutinina f. Anticuerpo del suero de la sangre que provoca la aglutinación de las bacterias.

agnosia f. Pérdida de la facultad de reconocer a las personas o a las cosas.

agnosticismo m. Doctrina filosófica que declara inaccesible al entendimiento humano toda noción de lo absoluto, de Dios y sus atributos, y reduce la ciencia al conocimiento fenomenológico y relativo.

agnóstico, ca adj. Relativo al agnosticismo. l Que profesa esta doctrina.

agobiado, da adj. Cargado de espaldas. l Muy preocupado. Angustiado, sobrecargado.

agobiador, ra adj. Que agobia.

agobiante adj. Que agobia.

agobiar tr. Encorvar la parte superior del cuerpo hacia la tierra y hacer que se incline una cosa por peso excesivo. l fig. Rebajar, humillar. l fig. Rendir, deprimir o abatir. l fig. Causar gran molestia o fatiga.

agobio m. Acción y efecto de agobiar o agobiarse. l Sofocación, angustia.

agolpar tr. Juntar de golpe en un lugar. l prnl. Juntarse de golpe muchas personas o animales en un lugar. l fig. Venir juntas ciertas cosas, como penas, lágrimas, etc.

agonía f. Angustia y congoja del moribundo. l fig. Pena o aflicción extremada. l fig. Angustia provocada por conflictos espirituales.

agonizante adj. y s. Que agoniza. l Díc. del religioso que tiene por misión auxiliar a los moribundos.

agonizar tr. Estar en agonía. l Extinguirse o terminarse una cosa. l Sufrir angustiosamente.

ágora f. Plaza pública en las ciudades griegas. l Asamblea que en ellas se efectuaba.

agorafobia f. Sensación morbosa de angustia ante los espacios despejados y extensos.

agorar tr. Pretender predecir lo futuro. l fig. Presentir y anunciar desdichas con poco fundamento.

agorero, ra adj. Que adivina por agüeros o cree en ellos. l Que predice sin fundamento males o desdichas. l Aplícase al ave que se cree anuncia algún mal futuro.

agorgojarse prnl. Criar gorgojo las semillas.

agostar tr. Secar el excesivo calor las plantas.. l intr. Pastar el ganado en rastrojeras o en dehesas durante el verano del hemisferio Norte.

agotamiento m. Acción y efecto de agotar o agotarse.

agotar Extraer todo el líquido que hay en una capacidad cualquiera. l fig. Gastar del todo, consumir.

agracejo m. Uva que se queda muy pequeña y no llega a madurar.

agraciar tr. Dar a una persona o cosa grada y buen parecer. l Hacer o conceder alguna gracia o merced.

agradable adj. Que agrada.

agradar intr. Complacer, contentar, gustar. l Sentir agrado o gusto.

agradecer tr. Corresponder con gratitud a un favor.

agrado m. Afabilidad. l Voluntad o gusto.

agrafia f. Incapacidad para expresar las ideas por escrito.

ágrafo, fa adj. Que es incapaz de escribir o no sabe.

agramatical adj. Que no se ajusta a las reglas de la gramática.

agrandar Hacer más grande alguna cosa.

agrario, ria adj. Relativo al campo. l Que en política defiende los intereses de la agricultura.

agravante adj. y s. Que agrava. / Circunstancia que agrava el delito que se juzga.

agravar tr. Aumentar el peso de alguna cosa. l Oprimir con gravámenes o tributos. l Hacer alguna cosa más grave o molesta. l Ponderar.

agraviar tr. Hacer agravio. l Gravar con tributos. l Hacer más grave un delito o pena. l Agravarse una enfermedad. l Ofenderse.

agravio m. Ofensa que se hace a uno en su honra o fama. l Hecho o dicho con que se hace esta ofensa. l Perjuicio que se hace a uno en sus derechos o intereses.

agregado, da m. Conjunto de cosas homogéneas que forman un cuerpo. l Agregación o añadidura. l Empleado adscrito a un servicio del cual no es titular. l Funcionario diplomático encargado de asuntos de su especialidad. l Profesor numerario inferior al catedrático.

agregar tr. Unir unas personas o cosas a otras. l Añadir algo a lo ya dicho o escrito. l Destinar a alguna persòna a un cuerpo u oficina sin plaza efectiva.

agresión f. Acto de acometer a alguno para hacerle daño. l Acto contrario al derecho de otro. l Ataque armado de una nación a otra.

agresivo, va adj. Díc. del que obra con agresividad. l Propenso a provocar a los demás. l Que implica provocación.

agresor, ra adj. y s. Que comete agresión.

agreste adj. Perteneciente al campo. l Áspero, inculto. l fig. Rudo, tosco, grosero.

agriar tr. y prnl. Poner agria alguna cosa. l fig. Exasperar los ánimos.

agrícola adj . Concerniente a la agricultura o al que la ejerce. l com. agricultor, ra.

agricultor, ra m. y f. Persona que cultiva la tierra.

agricultura f. Cultivo de la tierra. l Arte de cultivar la tierra.

agridulce adj. Que tiene mezcla de agrio y de dulce.

agrietar tr. y prnl. Abrir grietas.

agrimensor, ra m. y f. Persona perita en agrimensura.

agrimensura f. Arte de medir tierras y levantar los planos correspondientes.

agrio, gria adj. Que actuando sobre el gusto o el olfato produce sensación de acidez. l agriado.

agro m. Campo, tierra de labranza.

agronomía f. Conjunto de conocimientos aplicables al cultivo de la tierra.

agrónomo, ma s. y adj. Persona que profesa la agronomía.

agropecuario, ria adj. Que tiene relación con la agricultura y la ganadería.

agroquímica f. Parte de la química que trata de la utilización industrial de materias orgánicas procedentes del campo.

agrupación f. Acción y efecto de agrupar o agruparse. l Conjunto de personas u organismos que se asocian con algún fin. l Unidad homogénea de importancia semejante a la del regimiento.

agrupar tr. y prnl. Reunir en grupo. l Constituir una agrupación.

agua f. Sustancia formada por la combinación de un volumen de oxígeno y dos de hidrógeno, líquida, inodora e insípida en pequeña cantidad, pero incolora y verdeazulada en grandes masas. Es el componente más abundante de la superficie terrestre y, más o menos pura, forma la lluvia, las fuentes, los ríos y los mares, es parte constituyente de todos los organismos vivos, aparece en compuestos naturales y, como agua de cristalización, en muchos cristales.

aguacal m. Lechada de cal.

aguacate m. Árbol laureáceo de América, cuyo fruto es parecido a una pera grande. I palto. I Fruto de este árbol.

aguacero m. Lluvia repentina, abundante, impetuosa y de poca duración.

aguacil m. Libélula, caballito del diablo.

aguada f. Tinta que se da a una pared enlucida de yeso. I Sitio en que hay agua potable. I Provisión de agua potable que lleva un buque. I Agua que inunda una mina. I Color diluido en agua sola, o en agua con ciertos ingredientes. I Diseño o pintura que se ejecuta con este color.

aguado, da adj. Díc. de lo que está mezclado con agua. I Díc. de la persona sin gracia. Ú. t. c. s. I Díc. de las caballería que, por haber bebido sudando, se constipan de modo que no pueden andar.

aguador, ra m. y f. Persona que tiene por oficio llevar o vender agua. I m. Cada palo que une los aros de la rueda vertical de la noria.

aguadura f. *Veter.* infosura. Absceso en el casco de las caballerías.

aguafiestas com. Persona que turba una reunión o diversión

aguafuerte com. Lámina obtenida por el grabado al agua fuerte. I Estampa hecha con esta lámina.

aguagoma f. Disolución de goma arábiga en agua, de que usan los pintores.

aguamanil m. Jarro con pico para echar agua en la palangana donde se lavan las manos. I Palangana o pila para lavarse las manos.

aguamarina f. Variedad de berilo transparente, muy apreciado en joyería.

aguanieve f. Agua que cae de las nubes mezclada con nieve.

aguantable adj. Que se puede aguantar.

aguantaderas f. pl. aguante, tómase por lo común en sent. despect.

aguantar Reprimir o contener. I Resistir. I Admitir o tolerar a disgusto algo modesto.

aguante m. Sufrimiento, paciencia, tolerancia.

aguar tr. Mezclar agua con vino u otro licor. Ú. t. c. prnl. I fig. Turbar, interrumpir una celebración alegre. I Atenuar lo molesto con algo agradable.

aguardar Esperar que llegue o suceda algo. I Detenerse.

aguardiente m. Bebida que, por destilación, se saca del vino y otras sustancias. I de caña. El que se obtiene de la destilación directa de las melazas o mieles de la caña de azúcar.

aguarrás m. Aceite volátil de trementina.

agudeza f. Sutileza o delgadez en el corte o punta de armas, instrumentos u otras cosas. I fig. Viveza, perspicacia, sutileza.

agudizar tr. Hacer aguda una cosa. I prnl. Tomar carácter agudo una enfermedad.

agudo, da adj. Delgado, sutil. Díc. del corte o punta de instrumentos. I fig. Sutil, perspicaz. I fig. Díc. de los sentidos prontos en sus sensaciones. I Díc. del olor subido y del sabor penetrante. I fig. Ligero, veloz. I Díc. del sonido alto. Ú. t. c. s. I Díc. de la palabra cuyo acento prosódico carga en la última sílaba..

agüero m. Presagio que algunos pueblos antiguos obtenían de ciertos indicios y señales. Presagio o señal de cosa futura. Pronóstico formado supersticiosamente.

aguerrido, da adj. Ejercitado en la guerra.

aguijar tr. Picar con la aguijada. I fig. estimular, incitar. I intr. Acelerar el paso.

aguijón m. Extremo puntiagudo de la aguijada. I Púa que tiene en el extremo del abdomen el escorpión y también algunos insectos himenópteros, como las abejas y avispas, y con el cual pi I intr. Acelerar el paso.

aguijonazo m. Punzada de aguijón. I fig. Estímulo vivo; burla o reproche hiriente.

aguijonear tr. aguijar. I Picar con el aguijón. I fig. Incitar, atormentar.

águila f. Ave rapaz diurna falconiforme.

aguileño, ña adj. Díc. del rostro largo y delgado. I Perteneciente al águila.

aguilucho m. Pollo del águila. I Águila bastarda.

aguinaldo m. Regalo que se da en Navidad o en la Epifanía.I Regalo que se da con ocasión de alguna fiesta.

aguja f. Barrita puntiaguda de metal, hueso o madera con un ojo por donde se pasa el hilo, cuerda, etc., con que se cose, borda o teje. I Tubito metálico que se enchufa en la jeringuilla para poner inyecciones. I Varilla de metal, concha, etc. utilizada en el tocado de las mujeres. I Púa metálica, manecilla del reloj.

agujerear o agujerar tr. y prnl. Hacer agujeros.

agujero m. Abertura más o menos redondeada en una cosa. I El que hace o vende agujas. I alfiletero. I u hoyo negro. Cuerpo celeste de extrema densidad y gran atracción gravitatoria que ni refleja ni emite ninguna radiación.

agujeta f. Correa o cinta con herretes que sirve para atar ciertas prendas de vestir. I Alfiler usado por las mujeres para sujetar el sombrero. I Aguja de hacer punto o tejer.

¡agur! interj. que se usa para despedirse.

agusanarse prnl. Criar gusanos alguna cosa.

aguzanieves f. Pájaro insectívoro de color ceniciento y blanco, que vive en sitios húmedos.

aguzar tr. Hacer o sacar punta. I Afilar. I fig. aguijar, estimular. I Preparar los animales los dientes o las garras para comer o despedazar. I fig. Despabilar o forzar el entendimiento para que preste más atención.

¡ah! interj. que denota pena, admiración o sorpresa.

aherrumbrar tr. Dar a una cosa color o sabor de hierro. I prnl. Tomar una cosa especialmente el agua, color o sabor de hierro. I Cubrirse de herrumbre.

ahí adv. En ese lugar, o a ese lugar.

ahijar tr. Adoptar al hijo ajeno. I fig. Atribuir o imputar a alguno la obra o cosa que no ha dicho. I intr. Procrear hijos. I Retoñar.

ahilar intr. Formar hilera. I Hacer hebra la levadura, el vino etc., por haberse maleado.

ahincar tr. Instar con ahínco y eficacia. I Apresurarse.

ahínco m. Eficacia, empeño o diligencia grande con que se hace o se pide una cosa.

ahíto, ta adj. Que padece indigestión. I fig. Cansado o fastidiado de alguna persona o cosa. I m. Indigestión.

ahogado, da adj. Díc. del sitio que no tiene ventilación m. y f. Persona que muere por falta de respiración, especialmente en el agua. I m. Estofado hecho de diversas formas.

ahogar tr. Matar a alguno impidiéndole la respiración. Ú. t. c. prnl. I fig. la lozanía de las plantas o simientes por exceso de agua, apiñamiento, etc. Ú. t. c. prnl. I Apagar, sofocar el fuego. I fig. Extinguir, apagar.

ahogo m. fig. Aprieto, congoja o aflicción grande. I fig. Apremio, prisa.

ahondar tr. Hacer más honda una cavidad o agujero. I Introducir una cosa muy dentro de otra. Ú. t. c. intr. y c. prnl. I fig. Escudriñar lo más profundo o recóndito de una cosa.

ahonde m. Acción de ahondar.

ahora adv. t. A esta hora, en este momento, en el tiempo actual o presente.

ahorcado, da m. y f. Persona ajusticiada en la horca.

ahorcar tr. Quitar la vida a uno echándole un lazo al cuello y colgándole de él en la horca u otra parte. Ú. m. c. prnl.

ahormar tr. Ajustar una cosa a su horma o molde. ahorquillado, da adj. Que tiene forma de horquilla.

ahorquillar tr. Afianzar con horquillas las ramas de los árboles. Dar a una cosa la figura de horquilla.

ahorrar tr. ant. Dar libertad al esclavo. I Guardar dinero o evitar un gasto o consumo mayor. Ú. t. c. prnl. I fig. Evitar o excusar. Ú. t. c. prnl.

ahorro m. Acción de ahorrar, economizar o evitar un trabajo. Lo que se ahorra.

ahuecar tr. Poner hueca o cóncava alguna cosa. I Mullir o hacer menos compacta alguna cosa. Ú. t. c. prnl. I fig. Dicho de la voz, hablar con afectación I intr. fam. Ausentarse de una reunión. I prnl. fig. fam. Hincharse, engreírse.

ahumado, da adj. Díc. de los cuerpos transparentes que tienen color sombrío. I m. y f. Embutidos o pescados sometidos al proceso del mismo nombre.

ahumar tr. Poner al humo alguna cosa. I Llenar de humo. intr. Someter al humo algún alimento para su conservación. I Tomar los guisos sabor a humo. I Ennegrecerse una cosa con el humo.

ahuyentar tr. Hacer huir. I fig. Desechar cualquiera pasión o afecto. I prnl. Alejarse huyendo.

airar tr. Mover a ira. I Agitar, alterar violentamente.

aire m. Fluido que forma la atmósfera de la Tierra. I fig. Parecido, semejante. I fig. Garbo, brío, gallardía y gentileza en las acciones. I fam. Ataque de parálisis.

aireación f. Acción y efecto de airear.

aireado, da adj. Ventilado.

airear tr. Poner al aire o ventilar alguna cosa. I fig. Dar publicidad o actualidad a una cosa. I prnl. Ponerse o estar al aire para refrescarse o respirar con más desahogo. I

airoso, sa adj. Díc, del tiempo o sitio en que hace mucho aire. I fig. Garboso o gallardo. I fig. Díc. del que lleva a cabo una empresa con honor, felicidad o lucimiento.

aislacionismo m. Tendencia opuesta al intervencionismo en los asuntos internacionales.

aislacionista adj. y s. Relativo al aislacionismo o partidario de él.

aislador, ra adj. y s. Que aísla. I Díc. de los cuerpos que interceptan el paso a la electricidad y al calor. I m. Pieza de material aislante que sirve para soportar o sujetar un conductor eléctrico.

aislar tr. Circundar o cercar de agua por todas partes algún sitio o lugar. I Dejar una cosa sola y separada de otras. Ú. t. c. prnl. I fig. Retirar a una persona del trato y comunicación de la gente. Ú. m. c. prnl. I Apartar por medio de aisladores un cuerpo electrizado de los que no lo están.

¡ajá! interj. fam. que se emplea para denotar complacencia o aprobación.

ajadizo, za adj. Que se aja con facilidad.

ajar tr. Maltratar, manosear, arrugar marchitar. I fig. Tratar mal de palabra a alguno para humillarle. I prnl. Deslucirse una cosa o una persona. I Tierra sembrada de ajos.

ajarafe m. Terreno alto y extenso. I Azotea o terrado.

ajardinar tr. Convenir en jardín un terreno.

ajear intr. Quejarse la perdiz cuando se ve acosada.

ajedrea f. Planta labiada muy olorosa.

ajedrecista com. Persona diestra en el ajedrez.

ajedrez m. Juego entre dos personas, cada una de las cuales dispone de 16 piezas movibles que se colocan sobre un tablero dividido en 64 casillas.

ajenjo m. Planta perenne compuesta. Es medicinal, amarga y aromática. I Bebida alcohólica aderezada con esencia de ajenjo y otras hierbas aromáticas..

ajeno, na adj. Perteneciente a Otro. I Extraño. I Diverso. I fig. Libre de alguna cosa. I fig. Impropio, no correspondiente.

ajete m. Ajo tierno. I Ajipuerro. Salsa que tiene ajo.

ajetrear tr. Molestar, mover mucho, cansar con órdenes diversas. I prnl. Fatigarse yendo y viniendo de una parte a otra.

ajetreo m. Acción y efecto de ajetrear o ajetrearse.

ajillo m. Guiso com mucho ajo.

ajo m. Planta liliácea de hojas ensiformes muy estrechas y bohordo con flores pequeñas y blancas. I Cada una de las partes o dientes en que esta dividido el bulbo de ajos.

ajonjolí m. Planta pedaliácea, de fruto elipsoidal de cuatro cápsulas y numerosas semillas amarillentas, muy menudas, oleaginosas y comestibles. Se llama también alegría y sésamo.

ajorca f. Argolla de metal que para adorno traían las mujeres en las muñecas, los brazos o sobre los tobillos.

ajornalar tr. y prnl. Ajustar a uno para que trabaje por un jornal.

ajuar m. Conjunto de muebles, enseres y ropas de uso común en la casa. I Conjunto de muebles, alhajas y ropas que aporta la mujer al matrimonio.

ajuglarar tr Hacer que uno proceda como juglar. I intr. Tener las condiciones de lo juglar.

ajuiciar tr. Hacer que otro tenga juicio. I Juzgar o enjuiciar.

ajustar tr. Poner alguna cosa de modo que venga justa con otra. Ú. t. c. prnl. I Conformar, acomodar, encajar. Ú. t. c. prnl. I Arreglar, moderar. Ú. t. c. prnl. y en sent. fig I Concertar, capitular, concordar. Reconciliar a los discordes o enemistados. Reconocer y liquidar una cuenta. I prnl. Acomodarse, conformar uno su opinión o su voluntad con la del otro. I Ponerse de acuerdo.

ajuste m. Acción y efecto de ajustar o ajustarse. I Medida proporcionada que tienen las partes de que se compone alguna cosa para el efecto de ajustar o cerrar. I de cuentas. fig. y fam. Venganza que alguien toma para saldar un agravio anterior.

ajusticiado, da m. y f. Reo en quien se ha ejecutado la pena de muerte.

ajusticiar tr. Castigar al reo con la pena de muerte.

al Contracc. de la prep. a y el art. el.

ala f. Parte del cuerpo de algunos animales, de que se sirven para volar. Hilera o fila. I helenio. Parte de una cosa que por su situación o forma se parece a una ala. I Alero del tejado. I Cada una de las partes que se extienden a los lados del cuerpo principal de un edificio. I Cualquiera de los pétalos laterales de la corola amariposada. I Cada una de las diversas tendencias de un partido, organización o asamblea, referidas, sobre todo, a sus posiciones extremas.

alabanza f. Acción de alabar o alabarse. I Expresión o conjunto de expresiones con que se alaba.

alabar tr. Elogiar, celebrar con palabras. Ú. t. c. prnl.

alabarda f. Arma ofensiva, que consta de un asta de madera y de una moharra con cuchilla transversal, aguda por un lado y de figura de media luna por el otro. I Arma insignia que usaban los sargentos de infantería.

alabardero m. Soldado armado de alabarda. I fig. y fam. El que aplaude en los teatros por asistir de balde a ellos por alguna otra recompensa.

alacena f. Hueco hecho en la pared, con puertas y anaqueles, a modo de armario.

alacrán m. Arácnido pulmonado con abdomen en forma de cola terminada en un aguijón curvo venenoso.

alado, da ad. Que tiene alas. | fig. Veloz ligero. | De figura de ala.

alagar tr. y prnl. Llenar de lagos o charcos.

alamar m. Presilla y botón, u ojal sobrepuesto, que se cose a la orilla del vestido o capa. | **cairel**, guarnición a modo de fleco.

alambicado, da adj. fig. Dado con escasez, y muy poco a poco. | fig. sutil, agudo, perspicaz.

alambicamiento m. Acción y efecto de alambicar.

alambicar tr. destilar. | fig. Examinar atentamente algo. | fig. Sutilizar excesivamente. | fig. y fam. Reducir todo lo posible el precio de una mercancía.

alambique m. Aparato de metal, vidrio u otra materia, para extraer al fuego, y por destilación, la esencia de cualquier sustancia líquida.

alambrada Red de alambre grueso, sujeta al suelo con piquetes, para impedir o dificultar el avance de las tropas enemigas.

alambrar tr. Cercar un sitio con alambre. | Poner los cencerros a una yeguada, recua o parada de cabestros.

alambre m. Hilo de cualquier metal obtenido por trefilado. | Cable.

alambrera f. Red de alambre que se pone en las ventanas y otras partes. | Cobertera de red de alambre, generalmente de figura de campana, que se pone sobre los braseros. | Cobertera de red de alambre para preservar los manjares.

alameda f. Sitio poblado de álamos. | Paseo con álamos u otros árboles.

álamo m. Árbol salicáceo, de tronco alto y madera blanca y ligera, que resiste mucho al agua.

alantoides adj. y s. Díc. de una de las membranas que rodean al embrión de los reptiles, aves y mamíferos.

alarde m. revista, inspección que hace un jefe. | Ostentación y gala que se hace de alguna cosa. | Examen periódico que hacen los tribunales de todos los negocios pendientes.

alardear intr. Hacer alarde, ostentación.

alargadera f. Pieza que sirve para alargar alguna cosa. Tubo de vidrio que se adapta al cuello de las retortas para algunas operaciones destilatorias.

alargador, ra adj. Que alarga.

alargar tr. Dar más longitud a una cosa. | Aplicar con interés la vista o el hacer que dure más tiempo. Ú. t. c. prnl. | Retardar diferir, dilatar Ú. t. c. prnl. | Alcanzar algo y darlo a otro.

alaria Chapa de hierro que usan los alfareros para pulir las vasijas.

alarido m. Grito de guerra de los moros. Grito lastimero.

alarma f. Señal que se da en un ejército o plaza para que se prepare inmediatamente a la defensa o al combate. | **rebato**. | fig. Inquietud, susto o sobresalto.

alarmar tr. Dar alarma o incitar a tomar las armas. | fig. Asustar, sobresaltar, inquietar.

alarmismo m. Tendencia a propagar rumores sobre peligros imaginarios o a exagerar los peligros reales.

alarmista adj. y s. Que hace cundir noticias alarmantes.

alazán, na o alazano, na adj. y s. Díc. del color más o menos rojo, o muy parecido a la de la canela. | Díc. especialmente del caballo o yegua que tiene el pelo de este color.

alazor m. Planta compuesta de flores de color de azafrán que se usan para teñir.

alba f. amanecer. | Primera luz del día antes de salir el sol. | Composición poética de origen provenzal.

albacea com. Persona encargada por el testador o por el juez de cumplir la última voluntad del finado.

albada f. alborada, composición poética o musical.

albahaca f. Planta labiada, muy olorosa, de hojas lampiñas y muy verdes, y flores blancas.

albalá amb. Carta o cédula real en que se concedía alguna merced, o se proveía otra cosa.

albañil m. Maestro u oficial de albañilería.

albañilería f. Arte de construir edificios u obras en que se empleen ladrillo, piedra, arena, yeso u otros materiales. | Obra de albañilería.

albar adj. blanco. | m. Terreno de secano.

albarán m. Papel que se pone en las casas en señal de que se alquila. | albalá documento. | Relación de mercancías que se entregan al cliente.

albarda f. Pieza principal del aparejo de las caballerías de carga que se compone de dos almohadas rellenas de paja.

albardear f. Domar potros salvajes.

albardilla f. Silla para domar potros. Lana muy tupida y apretada que las reses lanares crían a voces en el lomo.

albarico adj. y s. Candeal.

albaricoque m. Fruto del albaricoquero. | Albaricoquero.

albaricoquero m. Árbol rosáceo, originario de Armenia, de ramas sin espinas. hojas acorazonadas, flores blancas y cuyo fruto, el albaricoque, es de sabor agradable.

albariza f. Laguna salobre.

albarizo, za adj. Blanquecino. Se aplica al terreno. | m. albero, terreno albanzo.

albatros m. Ave palmípeda de color blanco muy voraz y buena voladora de tamaño mayor que el ganso.

albear intr. Blanquear tirar a blanco.

albedrío m. Potestad de obrar por reflexión y elección.

albéitar m. veterinario.

alberca f. Depósito artificial de agua con muros de fábrica para el riego. | poza, balsa para empozar el cáñamo. Piscina.

albergar tr. Dar albergue, hospedar. | intr. y prnl. Tomar albergue. | fig. Guardar en el pecho sentimientos, intenciones.

albergue m. Lugar en que una persona halla hospedaje o resguardo. | Cueva en que se recogen los animales, especialmente las fieras.

albero, ra adj. Albar. | m. Terreno albarizo. Paño para secar los platos.

albino, na adj. y s. Falto, por anomalía congénita, del pigmento que da a ciertas partes del organismo de los hombres y animales los colores propios de cada especie, raza, etc.

albita f. Feldespato de color generalmente blanco.

albo, ba adj. Blanco.

albogue m. Especie de dulzaina. | Instrumento pastoril de viento. | Antiguo instrumento de percusión.

albóndiga f. Bolita de carne o pescado picado.

albor m. albura, blancura. | Luz del alba. | fig. Comienzo, principio de la vida, o albores de la vida.

alborada f. Tiempo de amanecer. Composición poética o musical que canta a la mañana o la separación de los amantes a esa hora.

alborear intr. Amanecer o rayar el día.

albornoz m. Tela de estambre muy torcido y fuerte. | Especie de capa o capote con capucha. | Bata de tela que se utiliza después del baño.

alborotado, da adj. Díc. del pelo revuelto o enmarañado. | Que obra alborotadamente y sin reflexión. | Inquieto, díscolo, revoltoso.

alborotar tr. y prnl. Inquietar, alterar perturbar. I Amotinar, sublevar. I p. us.

alboroto m. Vocerío, estrépito. I Desorden, tumulto. I Asonada, motín. I Sobresalto, inquietud. I fig. y fam. Alborozo, alegría.

alborozo m. Gran regocijo, placer o alegría.

albriciar tr. Dar una noticia agradable.

albricias f. Regalo que se da a la primera persona que trae una buena noticia. I El que se da por fausto suceso. I Agujeros que los fundidores dejan en el molde para que salga el aire al tiempo de entrar el metal.

albufera f. Laguna litoral, en costa baja, de agua salina o ligeramente salobre, separada del mar por una lengua o cordón de arenas.

álbum m.I Libro en blanco cuyas hojas se llenan con breves composiciones literarias, sentencias, piezas de música, fotografías, firmas, etc.

albumen m. Tejido que envuelve el embrión de algunas plantas y le sirve de primer alimento.

albúmina f. Proteína natural simple, soluble en agua, presente en todos los seres vivos.

albuminoide m. Sustancia que, como ciertas proteínas, presenta en disolución el aspecto y las propiedades de la clara del huevo, de las gelatinas o de la cola de pescado.

albura f. Blancura perfecta. I clara de huevo.

alcabala f. Tributo de tanto por ciento del precio que cobraba el fisco por los contratos de compraventa y permuta.

alcachofa f. Planta hortense compuesta que produce unas cabezuelas comestibles.

alcahuete, ta m. y f. Persona que procura, encubre o facilita amores ilícitos. I fig. y fam. Correveidile, soplón.

alcaicería f. Sitio en que se vende seda cruda o en rama, u otras mercaderías.

alcaide m. El que tenía a su cargo la guarda de una fortaleza. I El que en las cárceles custodia a los presos.

alcaidía f. Empleo, casa o territorio de la jurisdicción del alcaide.

alcaldada f. Acción imprudente (de un alcalde que abusa de su autoridad).

alcalde m. Presidente del ayuntamiento.

alcaldía f. Oficio, cargo, oficina, territorio o distrito de la jurisdicción de un alcalde.

alcalescencia f. Alteración que experimenta un líquido al volverse alcalino.

álcali m. Cada uno de los óxidos, hidróxidos, o carbonatos de los metales alcalinos.

alcalino, na adj. De álcali o que tiene álcali.

alcaloide m. Cualquiera de los compuestos orgánicos nitrogenados de carácter básico, producidos por vegetales.

alcaloideo, a adj. Aplícase a los compuestos orgánicos que, a semejanza de los alcaloides, pueden combinarse con los ácidos para formar sales.

alcalosis f. Alcalinidad excesiva de la sangre.

alcance m. Seguimiento, persecución. Distancia a que llega el brazo de una persona. I En las armas arrojadizas o de fuego distancia a que llega el tiro.

alcancía f. Vasija cerrada con una hendidura por donde se echan monedas para guardarlas.

alcándara f. Percha donde se ponían las aves de cetrería o donde se colgaba la ropa.

alcanfor m. Producto sólido, cristalino blanco, urente, de olor penetrante característico, que se extrae del alcanforero. Se utiliza principalmente en la fabricación del celuloide y de la pólvora sin humo, como insecticida y, en medicina, como estimulante cardiaco.

alcanforada f. Planta perenne quenopodiácea cuyas hojas despiden olor a alcanfor.

alcanforar tr. Componer o mezclar con alcanfor alguna cosa.

alcántara f. En los telares de terciopelo, caja grande en forma de baúl que sirve para guardar la tela que se va labrando.

alcantarilla f. Puentecillo en un camino. I Acueducto subterráneo fabricado para recoger las aguas llovedizas o inmundas y darles paso. I Arca de agua.

alcantarillado, da m. Conjunto de alcantarillas. I Obra en forma de alcantarilla.

alcantarillero m. El que cuida las alcantarillas.

alcanzar tr. Llegar a juntarse con una persona o cosa que va delante. I Llegar a tocar o coger.

alcaparra f. Mata caparidácea, cuyo fruto es el alcaparrón.

alcaraván m. Ave zancuda de cuello muy largo y cola pequeña.

alcarraza f. Vasija de arcilla porosa y poco cocida, que deja rezumarse cierta porción de agua, cuya evaporación enfría lo que queda dentro.

alcarria f. Terreno alto, raso y de poca hierba.

alcatraz m. Pelícano americano de plumaje pardo amarillento en el dorso, y blanco en el pecho.

alcaucil m. Alcachofa silvestre.

alcaudón m. Pájaro carnívoro dentirrostro, de alas y cola negras, manchadas de blanco, y ésta larga y de figura de cuña. Fue empleado en cetrería.

alcayata f. Escarpia, clavo acodillado.

alcazaba r. Recinto fortificado, dentro de una población murada.

alcázar m. Fortaleza, recinto fortificado.

alce m. Cuadrúpedo muy corpulento de la familia del ciervo habita en los bosques de Norteamérica.

alcedón m. Alción, pájaro.

alcino m. Planta labiada, ramosa, con flores pequeñas y de color azul que tira a violado. Es de olor desagradable.

alción m. Martín pescador. I Antozoo colonial cuyos pólipos están unidos entre sí por un tejido de consistencia carnosa.

alcista adj. Relativo al alza de los valores en la bolsa. I com. Persona que juega al alza de estos valores.

alcoba f. Aposento destinado para dormir I Mobiliario de este aposento. I Caja, pieza de las balanzas. I Jábega.

alcohol m. galena. I Polvo finísimo negro que como afeite usaron las mujeres. I Cada uno de los cuerpos compuestos de carbono hidrógeno y oxígeno que derivan de los hidrocarburos al ser sustituidos uno o varios átomos de hidrógeno por otros tantos hidróxilos.

alcoholado, da adj. Díc. del animal que tiene el pelo alrededor de los ojos más oscuro que lo demás. I m. Compuesto alcohólico cargado de principios medicamentosos.

alcoholar tr. Ennegrecer con alcohol los bordes de los párpados, las pestañas, las cejas o el pelo. Ú. t. c. prnl. m Obtener alcohol de una sustancia.

alcoholemia f. Presencia de alcohol en la sangre.

alcohólico, ca adj. Que contiene alcohol. I Referente al alcohol o producido por él. I Alcoholizado, que padece saturación alcohólica.

alcoholímetro m. Aparato que sirve para apreciar la graduación alcohólica de un líquido o gas.

alcoholismo m. Abuso de bebidas alcohólicas. I Enfermedad, ordinariamente crónica, ocasionada por tal abuso.

alcoholizar tr. Echar alcohol en otro líquido. I Alcoholar, obtener alcohol.

alcornocal m. Sitio poblado de alcornoques.

alcornoque m. Árbol siempre verde, de la familia de las fagáceas. I Persona ignorante y zafia.

alcorque m. Chanclo con suela de corcho. | Alpargata. | m. Hoyo que se hace al pie de las plantas para detener el agua en los riegos.

alcrebite o alcribite m. Azufre.

alcurnia f. Ascendencia, linaje.

alcuza f. Vasija de forma cónica, en que se tiene el aceite para el uso diario.

aldaba f. Pieza de hierro o bronce que se pone en las puertas para lla | Pieza de hierro, fija en la pared para atacar una caballería.

aldabazo m. Golpe recio dado con la aldaba.

aldabilla f. Gancho que, entrando en una hembrilla, sirve para cerrar puertas, ventanas, cofrecillo, etc.

aldabón m. aum. de aldaba. | Aldaba; de lla | Asa grande de cofre, arca, etc.

aldea f. Pueblo de corto vecindario, y por lo común, sin jurisdicción propia.

aldeano, na adj. De una aldea. | Inculto, rústico.

aleación f. Acción y efecto de alear. | Producto homogéneo, de propiedades metálicas compuesto de dos o más elementos, uno de los cuales al menos, debe ser un metal.

alear intr. Mover las alas. | fig. Mover los brazos a modo de alas. | fig. Aspirar a una cosa o dirigirse con afán hacia ella. | tr. Producir una aleación, fundiendo sus componentes.

aleatorio, ria adj. Perteneciente o relativo al juego de azar. | Dependiente de algún suceso fortuito.

aleccionar tr. Instruir, amaestrar, enseñar.

aledaño, ña adj. Confinante, colindante. | m. Tierra o campo que se considera parte accesoria del pueblo o campo con que linda.

alefato m. Serie de las consonantes hebreas.

alegación f. Acción de alegar. | alegato.

alegar tr. Citar, traer uno a favor de su propósito, como prueba, disculpa o defensa, algún hecho, dicho, ejemplo, etc.

alegato m. Escrito en el que expone el abogado las razones que fundan el derecho de su cliente e impugna las del adversario. | Por ext., razonamiento o exposición de méritos o motivos. | Disputa, discusión.

alegoría f. Ficción en virtud de la cual una cosa representa o significa otra diferente. Obra literaria o artística de sentido alegórico.

alegorizar tr. Interpretar alegóricamente alguna cosa, darle sentido o significación alegórica.

alegra f. Barrena para taladrar maderas.

alegrar tr. Causar alegría. | fig. Avivar, hermosear las cosas inanimadas. | fig. Avivar la luz o el fuego. | En marina, aflojar un cabo. | En tauromaquia, excitar al toro para que acometa.

alegre adj. Poseído o lleno de alegría. | Que siente o manifiesta de ordinario alegría.

alegreto adv. m. Con movimiento menos vivo que el alegro. | m. Composición o parte de ella, con este movimiento.

alegría f. Grato y vivo movimiento del ánimo que, por lo común, se manifiesta con signos externos. | Palabras, gestos o actos con que se manifiesta alegría. | ajonjolí, planta pedaliácea y su simiente. | Canto y baile andaluz.

alegro adv. m. Con movimiento moderadamente vivo. | m. Composición o parte de ella, con este movimiento.

alejar prnl. Poner lejos o más lejos.

alelado, da adj. Díc. de la persona lela o tonta.

alelar tr. y prnl. Poner lelo.

alelomorfo, fa ad. Que se presenta bajo diversas formas..

aleluya Voz que usa la Iglesia en demostración de júbilo. Ú. t. c. s. ambiguo. | interj. que se emplea para demostrar júbilo.

alentar intr. respirar, aspirar el aire, cobrar aliento descansar del trabajo. | tr. y prnl. Animar, infundir aliento o esfuerzo, dar vigor.

alerce m. Árbol abietáceo cuya madera es aromática.

alergeno m. Sustancia que favorece la aparición de la alergia.

alergia f. Alteración del organismo producida por la absorción de ciertas sustancias que le dan una sensibilidad especial ante una nueva acción de esas sustancias aun en cantidades mínimas.

alero m. Parte inferior del tejado que sale fuera de la pared.

alerón m. Cada una de las extremidades laterales del puente de un buque. Aleta giratoria que se monta en la parte posterior de las alas de un avión.

alerta adv. m. Con vigilancia y atención. Ú. con los verbos estar, andar, vivir, etc. | Voz que se emplea para excitar a la vigilancia.

aleta f. Cada una de las membranas externas, a manera de alas, que tienen los peces para nadar. | Guardabarros que sobresale de la caja de un carruaje.

aletada f. Movimiento de las alas.

aletargamiento m. Acción y efecto de aletargar o aletargarse.

aletargar tr. Causar letargo. | prnl. Padecerlo.

aletazo m. Golpe de ala o de aleta.

aletear intr. Mover las aves las alas sin echar a volar | Mover los peces las aletas cuando se les saca del agua. | fig. Mover los brazos. | fig. Cobrar aliento.

alevín m. Cría de ciertos peces de agua dulce que se utiliza para repoblar. | fig. Joven principiante que se inicia en una disciplina o profesión.

alevosía f. Cautela para asegurar la comisión de un delito contra las personas. En es circunstancia que agrava la pena. | Traición, perfidia.

alevoso, sa adj. Díc. del individuo que comete alevosía. Ú. t. c. s. | Que implica alevosía o se hace con ella.

alexia f. Imposibilidad de leer causada por una lesión del cerebro. Llámase también *ceguera verbal.*

alfa f. Primera letra del alfabeto correspondiente a nuestra a. | alfa y omega. expr. fig. Principio y fin.

alfabetizar tr. Ordenar alfabéticamente. | Enseñar a leer y a escribir.

alfabeto m. abecedario. | Conjunto de los símbolos empleados en un sistema de comunicación.

alfaguara f. Manantial copioso.

alfajeme m. ant. barbero.

alfajor m. alajú. | Golosina compuesta de dos piezas de masa adheridas una a otra.

alfalfa f. Mielga común que se cultiva para forraje.

alfanje m. Especie de sable, corto y corvo. | pez espada.

alfanuméro En informática, símbolo que expresa la representación de la información y que está compuesto de letras, números o signos de una combinación de los tres.

alfaque m. Banco de arena, generalmente en la desembocadura de los ríos. U. m. e. plural.

alfaquí m. Doctor o sabio de la ley entre los musulmanes.

alfar m. Obrador de alfarero. | arcilla.

alfarda f. Cierta contribución que pagaban los moros y judíos en los reinos cristianos. | f. Par de una armadura.

alfarería f. Arte de fabricar vasijas de barro. | Obrador donde se fabrican y tienda donde se venden.

alfarero m. Fabricante de vasijas de barro.

alféizar o alfeiza m. Vuelta o derrame que hace la pared en el corte de una puerta o ventana. | Rebajo en angulo recto que forma el telar de una puerta o ventana con el derrame donde encajan las hojas de la puerta con que se cierra.

alfeñicarse prnl. fig. y fam. Afectar delicadeza y ternura remilgándose y repuliéndose. I fig. y fam. Adelgazarse mucho.

alfeñique Pasta de azúcar cocida y estirada en barras muy delgadas y retorcidas. I fig. y fam. Persona delicada de cuerpo y complexión. I fig. y fam. Remilgo, compostura, afeite.

alferazgo m. Empleo y dignidad de alférez.

alférez m. Oficial que llevaba la bandera en la infantería y el estandarte en la caballería. I Oficial del ejército español que sigue en categoría al teniente.

alfil m. pieza grande del juego de ajedrez que camina diagonalmente de una o otra casilla o recorriendo de una vez todas las que halla libres.

alfiler m. Clavillo metálico muy fino que sirve para sujetar alguna parte de los vestidos, tocados u otros adornos de la persona. I Joya, semejante en funciones al alfiler común.

alfiletero m. Canuto pequeño que sirve para tener en él alfileres y agujas. I acerico, almohadilla.

alfiz m. Recuadro del arco árabe.

alfolí m. Granero o depósito. I Almacén de la sal.

alfombra f. Tejido de lana o de otras materias con que se cubre el piso de las habitaciones y escaleras.

alfombrar tr. Cubrir el suelo con alfombra.

alfombrilla f. Erupción cutánea leve.

alfombrista m. Vendedor de alfombras. I El que las acomoda en las habitaciones.

alicíclico, ca adj. Dic. de ciertos hidrocarburos (v.). I Díc. de una serie de estos. I Díc. del compuesto orgánico derivado de un hidrocarburo de la serie alicíclica.

alforja f. Especie de talega abierta por el centro y cerrada por los extremos, los cuales forman dos bolsas grandes y ordinariamente cuadradas.

alga f. Planta tafolita que vive en el agua.

algarrobo m.Arbol de la familia de las papilionáceas.

álgebra f. Parte de las matemáticas.

álgido adj. Muy frío.

algo pron. indefinido con que se designa una cosa que no se quiere nombrar.

algodón m. Planta malvácea.

algoritmo m.Conjunto ordenado y finito de operaciones para hallar la solución de un problema.

alguacil m.Oficial inferior de justicia.

alguien pron. indef. con que se significa vagamente una persona cualquiera, que no se nombra ni determina.

algún adj. Apóc. de alguno.

alguno adj. que se aplica indeterminadamente a una persona o cosa con respecto a varias otras.

alhaja f. Joya.

alhelí m. planta crucífera.

aliado m. Persona con quien uno se ha unido o coaligado.

alianza f. Acción de aliarse dos o más naciones, gobiernos o personas.

alias m. Apodo.

alicate m. Tenaza pequeña de acero con brazos encorbados, que sirve para torcer alambres.

aliciente m. Atractivo o incentivo.

alidada f. Regla, fija o móvil con una pínula en cada extremo, que sirve para dirigir visuales.

alienable adj. enajenable.

alienación f. enajenación. I Proceso mediante el cual el hombre o una colectividad transforman su conciencia hasta hacerla contradictoria con lo que debía esperarse de su condición.

alienado, da adj. y s. Loco, demente.

alienar tr. y prnl. enajenar. I Producir alienación, transformación de conciencia.

alienígeno, na adj. s. extranjero. I Extraño, no natural. I Término utilizado en novelas de ciencia-ficción o fantasía científica para referirse a seres extraterrestres.

alienista adj. y s. Díc. del médico especializado en enfermedades mentales.

aliento m. Acción de alentar. I respiración, aire expulsado al respirar. I Vigor del ánimo, esfuerzo, valor.

alifato m. Serie de las consonantes árabes, conforme a un orden tradicional.

aligeramiento m. Acción y efecto de aligerar o aligerarse.

aligerar tr. y prnl. Hacer ligero o menos pesado I tr. Abreviar, acelerar. I fig. Aliviar, moderar.

alijar tr. Aligerar de peso, o descargar una embarcación. I Transbordar o desembarcar géneros de contrabando. I Separar la borra de la simiente del algodón.

alijo m. Acción y efecto de alijar. I Conjunto de géneros de contrabando.

alimaña f. Animal, y en especial el perjudicial a la caza menor o a la ganadería.

alimentación f. Acción y efecto de alimentar o alimentarse.

alimentador adj. y s. Que alimenta. m. I Cable utilizado en la transmisión de energía eléctrica para efectuar la interconexión de una estación generadora o de transformación con los centros de distribución. I Dispositivo que asegura la alimentación regular de un aparato.

alimentar Dar alimento. I Suministrar a una máquina lo necesario para seguir funcionando. I fig. Fomentar los vicios, virtudes, costumbres, etc. I Suministrar a una persona lo necesario para su subsistencia. I Nutrir, sustentar.

alimento m. Cualquier sustancia que sirve para nutrir. I fig. Lo que sirve para mantener la existencia de alguna cosa. I Tratándose de virtudes, vicios, sentimientos, etc., sostén, fomento. I pl. Asistencias que se dan para el sustento de una persona a quien se depone por ley.

alimoche m. abanto.

alindar tr. Poner o señalar los lindes de una heredad. I intr. Lindar. I tr. y prnl. Poner lindo o hermoso.

alineación f. Acción y efecto de alinear o alinearse. I Formación de un equipo deportivo.

alineamiento Acción de alinear. I Conjunto de menhires dispuestos en una o muchas hileras paralelas. I

alinear tr. Poner en línea recta. I Componer un equipo deportivo.

aliñar tr. aderezar, adornar, condimentar.

aliño m. Acción y efecto de aliñar o aliñarse. I Aquello con que se aliña. I Preparativo para hacer algo. I Condimento.

alioli m. ajiaceite.

alípede o alípedo, da adj. poét. Que lleva alas en los pies. I adj. y s. quiróptero.

alisador,ra adj. y s. Que alisa. I m. Útil con que se trabaja la parte inferior de un cilindro.

alisar o alisal m. Sitio poblado de alisos.

alisar tr. y prnl. Poner lisa una cosa. I Arreglar ligeramente el cabello.

alistado, da adj. Listado.

alistador m. El que alista o inscribe.

alistamiento m. Acción y efecto de alistar o alistarse. I Mozos a quienes cada año obliga el servicio militar.

alistar tr. y prnl. Sentar o inscribir en lista a alguno. I prnl. Sentar plaza en la milicia.

aliteración f. Repetición notoria del mismo o de los mismos sonidos, sobre todo consonánticos, en una frase.

aliviar tr. Aligerar, quitar a una persona o cosa parte de la carga o peso. Ú. t. c. prnl. | fig. Disminuir, mitigar una enfermedad, una pena o fatiga.

alivio m. Acción y efecto de aliviar o aliviarse.

aljaba f. Caja portátil para flechas.

aljama f. Junta de moros o judíos. | sinagoga. | Morería o judería.

aljibe m. cisterna | ant. Cárcel subterránea. | Embarcación o buque para el transporte de agua dulce. | Cada una de las cajas en que se tiene el agua en una embarcación.

aljófar f. Perla de figura irregular y pequeña. | Conjunto de estas perlas.

allá adv. | allí.

allanamiento m. Acción y efecto de allanar o allanarse. Acto de conformarse con una demanda o decisión.

allanar tr. Poner llana la superficie de un terreno u otra cualquiera cosa. Ú. t. c. intr. y c. prnl. | Reducir una construcción o un terreno al nivel del suelo. | fig. Vencer alguna dificultad. | Pacificar, aquietar.

allegado, da adv. Cercano, próximo. | Pariente. Ú. m. c. s. parcial, partidario.

allegar tr. Recoger, juntar. | Acercar una cosa a otra. | Entre labradores, recoger la parva en montones después de trillada. | Agregar, añadir.

allende adv. | De la parte de allá.

allí adv. | En aquel lugar.

alma f. Según ciertas religiones, sustancia espiritual e inmortal que informa al cuerpo y con él constituye la esencia del hombre.

almacén m. Casa o edificio donde se guardan en cantidad géneros de cualquier clase. | Local donde se venden los géneros al por mayor.

almacenaje m. almacenamiento. | Derecho que se paga por guardar las cosas en un almacén.

almacenar tr. Poner o guardar las cosas en almacén. | Reunir o guardar cosas.

almacenista com. Dueño de un almacén. | Persona que despacha los géneros en un almacén.

almáciga f. Resina aromática que se extrae de una variedad de lentisco.

almadraba f. Pesca de atunes. | Lugar donde se hace esta pesca. | Red o cerco de redes con que se pescan atunes.

almadreña f. Zueco de madera.

almagre m. Óxido de hierro que suele usarse en la pintura.

almanaque m. Registro o catálogo de todos los días del año con datos astronómicos, meteorológicos, religiosos, etc.

almarada f. Puñal agudo de tres aristas y sin corte. | Aguja grande para coser alpargatas.

almarcha f. Población en vega o tierra baja.

almazara f. Molino de aceite.

almeja f. Molusco lamelibranquio de carne comestible.

almena f. Cada uno de los prismas que coronan los muros de las antiguas fortalezas.

almenado, da adj. fig. Guarnecido o coronado de adornos en forma de almena. | m. Almenaje.

almenaje m. Conjunto de almenas.

almenar m. Pie de hierro sobre el que se clavaban las teas encendidas para alumbrar en las cocinas.

almendra f. Fruto de almendro. | Este fruto separado de las capas externas y media. | Semilla de este fruto. | Semilla de cualquier fruto drupáceo.

almendrada f. Bebida a base de leche de almendras y azúcar.

almendrado, da adj. De figura de almendra. | m. Pasta hecha con almendras, harina y miel o azúcar.

almendral m. Sitio poblado de almendros.

almendro m. Árbol rosáceo, cuyo fruto es la almendra dulce o amarga.

almendruco m. Fruto del almendro con la primera cubierta verde y la semilla a medio cuajarse.

almiar m. Pajar al descubierto, con un palo largo en el centro, alrededor del cual se va apretando la paja o el heno.

almíbar m. Azúcar disuelto en agua y espesado al fuego. | Dulce de almíbar.

almidón m. Sustancia hidrocarbonada que se encuentra especialmente en los cereales. | Compuesto químico líquido que se aplica a los tejidos para darles mayor rigidez.

almidonar tr. Mojar la ropa con almidón.

almirantazgo m. Alto tribunal o consejo de la armada. | Dignidad y jurisdicción del almirante.

almirante m. Oficial que ostenta el cargo supremo de la armada.

almirez m. Mortero de metal.

almizcle m. Sustancia grasa, untuosa, de olor intenso que algunos mamíferos segregan en glándulas situadas en el prepucio, o cerca del ano. Por su untuosidad y aroma se utiliza en cosmética y perfumería.

almizcleño, ña adj. Que huele a almizcle. | f. Planta liliácea cuyas flores despiden olor a almizcle.

almizclero m. Rumiante cérvido, gris por el lomo y blanquecino por el vientre, donde el macho tiene una bolsa que segrega el almizcle.

almocafre m. Instrumento para escardar la tierra y para transplantar.

almohada f. Colchoncillo para reclinar la cabeza sobre él. | Almohadilla para sentarse. | Funda en que se mete la almohada.

almohadilla f. Cojincillo unido a la caja de costura. | Cojincillo de las guarniciones y sillas de montar para no lastimar a las caballerías.

almohadillar tr. Labrar los sillares de modo que tengan almohadilla. | acolchar.

almohadón m. Colchoncillo a manera de almohada para sentarse o apoyarse en él.

almoneda f. Venta pública con licitación y puja, y p. ext., venta de géneros a bajo precio.

almorejo m. Planta gramínea, de flores en espiga y hojas con un nervio blanco longitudinal.

almorrana f. Dilatación de las venas en la extremidad del intestino recto o en el exterior del ano.

almorta f. Planta papilionácea, de flores moradas y blancas, y fruto en legumbre con semillas en forma de muela.

almorzada f. Porción que cabe en el hueco que se forma con las dos manos juntas.

almorzar intr. Tomar el almuerzo.

almotacén m. Persona encargada de contrastar las pesas y medidas. | Oficina del almotacén.

almotacenazgo m. Oficio de almotacén. | Oficina de almotacén.

almotacenía f. Derecho que se pagaba al almotacén.

almud m. Medida para áridos equivalente a un celemín o a media fanega, según los sitios.

almuédano o almuecín m. Musulmán que desde el almiar convoca al pueblo a oración.

almuerzo m. Comida que se toma por la mañana. | Comida del mediodía o primeras horas de la tarde.

alocado, da adj. Que tiene cosas de loco o lo parece.| Que tiene poca cordura. Atarantado, aturdido.

alocar tr. y prnl. Causar locura. | Causar perturbación en los sentidos, aturdir.

alocución f. Discurso breve dirigido por un superior.

áloe m. Planta liliácea, de hojas largas y carnosas de las que se extrae un jugo muy amargo y medicinal. | Jugo de esta planta.

alófono m. Cada una de las diversas realizaciones de un fonema.

alógeno, na adj. Díc. de la persona o cosa que procede de un lugar distinto de aquel en que se encuentra.

alojado, da m. Militar que recibe hospedaje gratuito. | m. y f. huésped.

alojamiento m. Acción y efecto de alojar o alojarse. | Lugar donde alguien está alojado. | Lugar dentro del cual está alojada o colocada una cosa.

alojar tr. Hospedar, aposentar Ú. t. c. prnl. y c. intr.

alomorfo m. Cada una de las variantes de un morfema.

alondra f. Pájaro aláudido, de color pardo y carne exquisita.

alopatía f. Terapéutica cuyos medicamentos producen, en un organismo sano, fenómenos diferentes de los que caracterizan las enfermedades en que se emplean.

alopecia f. Caída o pérdida del pelo.

aloque adj. y s. Díc. del vino clarete o de la mezcla de tinto y blanco.

alpaca f. Mamífero rumiante sudamericano, utilizado como bestia de carga. | Lana de este animal. | f. Aleación de cobre, cinc y níquel. | Metal blanco plateado.

alpargata f. Calzado de tela con suelo de cáñamo o de caucho.

alpax m. Aleación de aluminio y silicio.

alpechín m. Líquido oscuro y fétido que sale de las aceitunas apiladas y cuando se las exprime para extraer el aceite.

alpende o alpenche m. Cubierta o voladizo sostenido por postes.

alpinismo m. Deporte que consiste en la ascensión a las altas montañas.

alpiste m. Planta gramínea forrajera cuya semilla sirve para alimento de pájaros y para otros usos. | Semilla de esta planta.

alquería f. Casa de labranza lejos de poblado, granja. | Conjunto de estas casas.

alquibla f. Punto del horizonte, hacia la Meca, al que dirigen la vista los musulmanes cuando rezan.

alquilar tr. Dar o tomar alguna cosa para usar de ella, por un tiempo y precio determinados.

alquiler m. Acción de alquilar. | Precio en que se alquila alguna cosa.

alquimia f. Conjunto de especulaciones y experiencias generalmente de carácter esotérico, relativas a las transmutaciones de la materia, que influyó en el origen de la ciencia química.

alquitrán m. Sustancia untuosa oscura de olor fuerte y sabor amargo, que se obtiene como residuo de la destilación de la brea y de algunas maderas.

alquitranar tr. Dar de alquitrán alguna cosa.

alrededor adv. con que se denota la situación de personas o cosas que circundan a otras, o la dirección en que se mueven para circundarlas. | adv. c. fam. Cerca, sobre poco más menos.

alta f. En los hospitales, orden que se comunica al enfermo a quien se da por sano, para que vuelva a su vida normal. | Documento que acredita la entrada de un militar en servicio activo. | Acto en que el contribuyente declara a la Hacienda el ejercicio de industrias o profesiones sujetas a impuesto.

altanería f. Caza que se hace con halcones y otras aves de rapiña de alto vuelo. | fig. Altivez, soberbia.

altanero, ra adj. Aplícase al halcón y aves de rapiña de alto vuelo. | fig. Altivo, soberbio.

altano adj. y s. Díc. del viento que sopla alternativamente del mar a la tierra y viceversa.

altar m. Piedra sobre la que se ofrecen sacrificios a la divinidad. | Piedra que separa la plaza del hogar en los hornos de reverbero.

altavoz m. Traductor electroacústico que transforma la energía eléctrica en energía mecánica de un órgano vibrante y la difunde, de forma audible, en el espacio.

alteración f. Acción de alterar o alterarse. | Sobresalto, movimiento de la ira u otra pasión. | Alboroto, tumulto. | Altercado.

altercado, da m. Acción de altercar.

altercar intr. Disputar, porfiar.

alternador m. Máquina eléctrica generadora de corriente interna.

alternancia f. Acción y efecto de alternar. | Fenómeno que se observa en la reproducción de algunos animales y plantas, en la que alternan la generación sexual y la asexual.

alternar tr. Variar las acciones diciendo o haciendo ya unas cosas, ya otras, y repitiéndolas sucesivamente. | Distribuir alguna cosa entre personas o cosas que se turnan sucesivamente. | intr. Hacer una cosa o desempeñar un cargo varias personas por turno. | Sucederse unas cosas a otras repetidamente. | Tener comunicación amistosa unas personas con otras.

alternativa f. Opción entre dos cosas o más. | Por ext., cada una de las cosas entre las cuales se opta. | Efecto de alternar, hacer o decir algo por turno o sucederse unas cosas a otras repetidamente. | Ceremonia en la que un torero autoriza a un novillero a pasar al número de los matadores de toros.

alterno, na adj. alternativo. Dicho de días, meses, años, etc., uno sí y otro no. | Díc. de hojas y otros órganos de las plantas que, por su situación, corresponden al espacio que media entre una y otra del lado opuesto.

alteza f. altura; elevación de un cuerpo. | fig. Elevación, sublimidad.| Tratamiento honorífico de los príncipes e infantes.

altibajo m. Tela antigua | pl. fam. Desigualdades o altos y bajos de un terreno cualquiera. | fig. y fam. Alternativa de bienes y males o de sucesos prósperos y adversos.

altillo m. Cerrillo o sitio algo elevado. | Habitación situada en la parte más alta de la casa y, por lo general, aislada. | Parte más alta de un local destinado a almacén.

altimetría f. Parte de la topografía que enseña a medir las alturas.

altímetro, tra adj. Relativo a la altimetría. | m. Instrumento que indica la diferencia de altitud entre el punto en que está situado y un punto de referencia. Se emplea principalmente en la navegación aérea.

altiplanicie f. Meseta de mucha extensión y a gran altitud.

altiplano m. altiplanicie.

altisonante o altísono, na adj. Altamente sonoro; díc. del lenguaje o estilo en que se emplean con frecuencia o afectadamente voces de las más llenas y sonoras, del escritor que lo emplea.

altitonante adj. poét. Que truena de lo alto.

altitud f. **altura** elevación de un cuerpo. | Altura de un punto de la Tierra con relación al nivel del mar

altivez f. Orgullo, soberbia.

altivo, va adj. Orgulloso, soberbio.

alto, ta adj. Levantado, elevado sobre la Tierra. | Más elevado con relación a otro ténmino inferior. | Díc. de la porción de un país que se halla a mayor altitud. | Tratándose de ríos parte que está más próxima a su nacimiento.

altoparlante m. altavoz.

altorrelieve m. alto relieve.

altozano m. Monte de poca altura en terreno bajo.

altramuz m. Planta papilonácea.

altruismo m. Diligencia en procurar el bien ajeno aun a costa del propio.

altruista adj. y s. Que profesa el altruismo.

altura f. Elevación de cualquier cuerpo sobre la superficie de la Tierra.

alubia f. Judía planta papilonácea; fruto y semilla de esta planta.

alucinación f. Acción de alucinar o alucinarse. I Sensación subjetiva que no va precedida de impresión en los sentidos.

alucinante p. a de alucinar. Que alucina.

alucinar tr. y prnl. Seducir o engañar, haciendo que se tome una cosa por otra. I intr. Confundirse, ofuscarse, desvariar.

alucinógeno, na ad. Que produce alucinación. I Díc. especialmente de los productos, naturales o sintéticos, que actúan sobre el sistema nervioso central y que causan disturbios mentales o experiencias imaginarias.

alud m. Gran masa de nieve que se derrumba de los montes con violencia y estrépito. I Masa grande de una materia que se desprende de una vertiente precipitándose por ella. Ú. en sent. fig.

aluda f. Hormiga con alas.

aludir intr. Referirse a una persona o cosa sin nombrarla o sin expresar que se habla de ella. I Referirse a persona determinada, ya nombrándola, ya hablando de sus hechos, opiniones o doctrinas. I Referirse a personas o cosas, mencionarlas.

aludo, da adj. De grandes alas.

alumbrado, da adj. Díc. de ciertos herejes. I m. Conjunto de luces que alumbran algún pueblo o sitio.

alumbramiento m. Acción y efecto de alumbrar. I Parto de la mujer.

alumbrar tr. Llenar de luz y claridad. I Acompañar con luz a otro. I Aplicado a las facultades intelectuales, ponerlas en condición de ejercitarse acertadamente. I intr. Parir la mujer.

alumbre m. Sulfato usado como mordiente en tintorería como cáustico, en medicina después de calcinado.

alúmina f. Óxido de aluminio que se halla en la naturaleza a veces puro y cristalizado.

aluminio m. Metal de color y brillo similares a los de la plata, ligero y dúctil, muy maleable, buen conductor del calor y de la electricidad y resistente a la oxidación.

alumnado m. Conjunto de alunnnos de un centro docente.

alumno, na m. y f. Persona criada o educada desde su niñez por alguno, respecto de éste. I Cualquier discípulo, respecto de su maestro, de la materia que está aprendiendo o de la escuela, clase, colegio o universidad donde estudia.

alunizaje m. Acción y efecto de alunizar.

alunizar intr. Posarse en la superficie de la luna un aparato astronáutico.

alusión f. Acción de aludir.

aluvión m. Avenida fuerte de agua, inundación.

alveario m. Conducto auditivo externo.

álveo m. Madre del río o arroyo.

alveolar adj. Relativo a los alveolos. I Díc. del sonido que se pronuncia acercando o aplicando la lengua a los alveolos de los incisivos superiores. I Díc. de la letra que representa este sonido. Ú. t. c. s. f.

alveolo o alvéolo m. Celdilla, del panal. I Cavidad en que están engastados los dientes del hombre y de los animales..

alza f. Pedazo de suela que los zapateros ponen sobre la horma cuando el zapato ha de ser algo más alto o ancho de lo que corresponde al tamaño de ella. I Aumento de precio que toma alguna cosa.

alzacuello m. Tira de tela endurecida que, ceñida al cuello, obligada a llevarlo erguido.

alzada f. Estatura del caballo. I Recurso de apelación en lo gubernativo.

alzado, da adj. Díc. de la persona que quiebra maliciosamente, ocultando sus bienes para defraudar a los acreedores. I Díc. del ajuste o precio que se fija en determinada cantidad. I Rebelde, sublevado. I m. Diseño que representa la fachada de un edificio.

alzamiento m. Acción y efecto de alzar o alzarse. Puja que se hace en una subasta o almoneda. Levantamiento o rebelión.

alzar tr. **levantar.** I Sublevar, levantar en rebelión. Ú. t. c. prnl. I prnl. Levantar, sobresalir en una superficie.

ama f. Cabeza o señora de la casa o familia. I Dueña de algo. I La que tiene uno o más criados, respecto de ellos. I Criada principal de una casa. I **de cría.** La que amamanta una criatura ajena.

amable adj. Digno de ser amado. Afable, complaciente.

amado, da m. y f. Persona amada.

amador, ra adj. y s. Que ama.

amadrinar tr. Unir dos caballerías con la correa llamada madrina. I Ser madrina una mujer. II Unir o parear dos cosas para reforzar una de ellas o para que ambas ofrezcan mayor resistencia.

amaestrar tr. y prnl. Enseñar o adiestrar.

amagar tr. e intr. Dejar ver la intención de ejecutar próximamente alguna cosa. I intr. Estar próximo a sobrevenir. Hacer ademán de favorecer o hacer daño.

amago m. Acción de amagar. I Señal o indicio de alguna cosa. I hámago.

amainar tr. Recoger las velas de una embarcación para que no camine tanto. / Retirar de los pozos las cubas o vasijas que se emplean en ellos. I intr. Perder su fuerza el viento.

amalgama tr y prnl. Combinar el mercurio con otro u otros metales. I Mezclar cosas de naturaleza distinta.

amamantar tr. Dar de ma

amancebamiento m. Vida en común de hombre y mujer sin estar casados.

amancebarse prnl. Unirse en amancebamiento.

amanecer intr. Empezar a aparecer la luz del día.

amanerarse prnl. Contraer un artista, escritor u orador el vicio de dar a sus obras o a su palabra o expresión cierta uniformidad o monotonía. Ú. t. c. tr. I Contraer una persona vicio semejante en el modo de accionar, de hablar, etc.

amanita f. Hongo parecido a los agáricos. Hay especies comestibles.

amansar tr. y prnl. Hacer manso a un animal, domesticarlo. I fig. Sosegar, mitigar. I fig. Domar el carácter violento de una persona en su carácter.

amante p. a. de **a** Que ama. Ú. t. c. s. adj. Por ext., díc. de lo relativo al amor. I m. pl. Hombre y mujer que se aman. I m. y f. querido.

amanuense comp. Persona que escribe al dictado.

amañar tr. Componer mañosamente alguna cosa. Suele tener sentido peyorativo. I prnl. Darse maña, acomodarse con facilidad a hacer alguna cosa.

amaño m. Disposición para hacer con maña alguna cosa. fig. Traza o artificio.

amapola f. Planta papaverácea. I ababol.

amar tr. Tener amor a personas, animales o cosas. I Tener amor a seres sobrenaturales.I desear.

amarantáceo, a adj. y s. Díc. de las plantas dicotiledóneas, cuyo ejemplo mejor es el amaranto.

amaranto m. Planta amarantácea. l Color carmesí.

amargar intr. Tener alguna cosa sabor o gusto amargo. Ú. t. c. prnl. y tr. Comunicar sabor desagradable a una cosa, en sentido propio y figurado. l fig. Causar aflicción o disgusto. Ú. t. c. prnl.

amargo, ga adj. Díc. de lo que tiene el sabor característico de la hiel, de la quinina y de otros alcaloides. l fig. Que causa aflicción.

amargor Sabor amargo. l fig. amargura aflicción o disgusto.

amarilidáceo, a adj. y s. Díc. de las plantas angiospermas, monocotiledóneas, con semillas de albumen carnoso, como el narciso, el nardo y la pita. f. pl. Familia de estas plantas.

amarillear intr. Ir tomando una cosa color amarillo. l palidecer.

amarillento, ta adj. Que tira a amarillo.

amarillo, lla adj. De color semejante al del oro, el limón, etc. Ú. t. c. s. Pálido, demacrado.

amarra f. Correa que va desde la muserola al pretal, y se pone a los caballos para que no levanten la cabeza. l Cabo con que se asegura la embarcación en el puerto o paraje donde da fondo.

amarradero m. Poste, pilar o argolla donde se amarra alguna cosa. l Sitio donde se amarran los barcos.

amarrar tr. Atar con cuerdas, maromas, cadenas,etc. l Por ext., atar, sujetar. l Sujetar el buque en el amarradero.

amarre m. Acción y efecto de amarrar.

amarteladamente adv. m. enamoradamente.

amartelar tr. Atormentar, dar cuidado y especialmente atormentar con celos. Ú. t. c. prnl. l Dar cuidado amoroso; enamorar. l prnl. Enamorarse de una persona o cosa.

amasar tr. Hacer masa, mezclando harina, yeso, tierra o cosa semejante con agua u otro líquido.

amasijo m. Porción de harina amasada. l Acción de amasar y disponer las cosas necesarias para ello.

amatista f. Cuarzo transparente, de color violeta más o menos subido.

amaurosis f. Privación total de la vista, ocasionada por lesión en la retina, en el nervio óptico o en el encéfalo.

amatista f. cuarzo transparente.

amazona f. pl. Pueblo fabuloso de mujeres guerreras.

ámbar m. Resina fósil, de color amarillo más o menos obscuro, electrizable, con buen olor. l Perfume delicado.

ambición f. Deseo ardiente de conseguir poder, riquezas, dignidades o fama.

ambicionar tr. Desear ardientemente alguna cosa.

ambicioso, sa adj. Que tiene ambición. Ú. t. c. s. l Que ansía algo.

ambidextro, tra o ambidiestro, tra adj. Que usa igualmente de la mano izquierda y de la diestra.

ambientar tr. Sugerir los rasgos del medio en que ocurre la acción de una obra literaria. Proporcionar a un lugar un ambiente adecuado, mediante decoración, luces, objetos, etc.

ambiente adj. Apl. a cualquier fluido que rodea un cuerpo. l m. Condiciones o circunstacias de un lugar, que aparecen favorables o no para las personas, animales o cosas que en él están.

ambigüedad f. Calidad de ambiguo.

ambiguo, p adj. Que puede entenderse de varios modos. l Díc. de quien con sus palabras o comportamiento vela o no define sus actitudes u opiniones. l Incierto, dudoso.

ámbito m. Contorno de un espacio o lugar. Espacio comprendido dentro de límites determinados.

ambivalencia f. Condición de lo que se presta a dos interpretaciones opuestas.

ambivalente adj. Relativo a la ambivalencia.

ambos, bas adj. pl. El uno y el otro; los dos.

ambrosía o ambrosia f. poét. Manjar de los dioses. En la antigua Grecia se decía que daba la inmortalidad a quienes lo gustaban.

ambulancia f. Coche para el transporte de heridos y enfermos.

ambulante adj. Que va de un lugar a otro sin tener asiento fijo.

ambular intr. p. us. Andar, ir de una parte a otra.

ambulatorio, ria m. Dispensario que atiende estas enfermedades. l adj. Relativo a la práctica de andar.

ameba f. Protozoo rizópodo.

amebiasis f. Enfermedad producida por las amebas.

amedrentar tr. y prnl. Infundir miedo.

amelga f. Faja de terreno que se señala en una haza para esparcir la simiente con igualdad.

amelo m. Planta de la familia de las compuestas, cultivada para adorno.

amén Voz que se dice al fin de las oraciones de la Iglesia

amenaza f. Acción de amenazar. l Dicho o hecho con que se amenaza.

amenazar tr. Dar a entender con actos o palabras que se quiere hacer algún mal a otro. l fig. Dar indicios de estar inminente alguna cosa mala o desagradable; anunciarla, y presagiarla. Ú. t. c. intr.

amenguar tr. Disminuir, menoscabar. Ú. t. c. intr. l fig. Deshonrar.

amenizar tr. Hacer ameno algún sitio, alguna reunión, alguna cosa.

ameno, na adj. Grato por su frondosidad y hermosura. l fig. Se aplica también a las personas y cosas.

amenorrea f. Trastorno que consiste en la supresión del flujo menstrual.

americana f. chaqueta.

ameritar tr. Dar méritos.

ametralladora f. Arma de fuego automática, que dispara hasta mil disparos por minuto.

ametrallar tr. Disparar metralla contra el enemigo.

amianto m. Mineral que se presenta en fibras blancas y flexibles, de aspecto sedoso.

amida f. Cada uno de los compuestos nitrogenados que resultan de sustituir uno, dos o los tres hidrógenos del amoníaco por radicales ácidos.

amigable adj. Afable y que convida a la amistad. l Dicho de cosas, amistoso.

amígdala f. Órgano formado por la unión de numerosos módulos linfáticos.

amigdalitis f. Inflamación de las amígdalas.

amigo, ga adj. Que tiene amistad. l Amistoso. l fig. Que gusta mucho de alguna cosa.

amilanar tr. fig. Causar tal miedo a uno que quede aturdido y sin acción. l fig. Hacer caer de ánimo. l prnl. Caer de ánimo, abatirse.

amina f. Substancia química que se forma sustituyendo uno o dos átomos de hidrógeno del amoniaco por radicales alcohólicos.

aminoácido m. Sustancia orgánica en cuya composición molecular entran un grupo amínico y otro carboxílico.

aminorar tr. y prnl. Disminuir, reducir algo.

amistad f. Afecto personal, puro y desinteresado, ordinariamente recíproco, que nace y se fortalece con el trato.

amitosis f. División directa del núcleo celular, sin fases preparatorias como en la mitosis.

amnesia f. Pérdida o debilidad notable de la memoria.

amnios m. Membrana interna que envuelve al feto.
amniótico, ca adj. Relativo al amnios.
amnistía f. Olvido de los delitos políticos, otorgado por ley o decreto.
amnistiar tr. Conceder amnistía.
amo m. Cabeza o señor de la casa o familia. Dueño de alguna cosa. Quien tiene uno o más criados, respecto de ellos. l Mayoral o capataz. l Persona que tiene predominio o ascendente decisivo sobre otra u otras.
amodorrarse prnl. Caer en modorra.
amoldar tr. Ajustar una cosa al molde. Ú. t. c. prnl. l fig. Acomodar a la forma conveniente. t. t. c. prnl. l fig. Ajustar la conducta de alguien a una pauta determinada. Ú. m. c. prnl.
amonestar tr. Hacer presente alguna cosa para que se considere, procure o evite. l Advertir, prevenir. l
amoniaco, ca o amoníaco, ca adj. y s. sal amoníaca o amoníaco. l m. Gas incoloro, de olor irritante, soluble en agua, compuesto de tres átomos de hidrógeno y uno de nitrógeno (NH).
amontonar tr. Poner unas cosas sobre otras sin orden ni concierto. Ú. t. c. prnl.
amor m. Sentimiento que mueve a desear que la realidad amada, otra persona, un grupo humano o alguna cosa, alcance lo que se juzga su bien, a procurar que ese deseo se cumpla y a gozar como bien propio el hecho de saberlo cumplido. l Pasión que atrae un sexo hacia el otro.
amoral adj. Díc. de la persona desprovista de sentido moral.
amoralidad f. Condición de amoral.
amoratarse prnl. Ponerse morado.
amordazar tr. Poner mordaza. l fig. Impedir mediante coacción hablar o expresarse libremente.
amorfo, fa adj. Sin forma regular o bien determinada.
amorío m. fam. enamoramiento. l Relación amorosa que se considera superficial y pasajera. Ú. m. en pl.
amoroso, sa adj. Que siente amor. l Que manifiesta amor. l fig. Blando, fácil de labrar o cultivar.
amorrar intr. fam. Bajar o inclinar la cabeza. Ú. t. e. prnl.
amortajar tr. Poner la mortaja al difunto. l Por ext., cubrir, envolver.
amortecer tr. amortiguar. Ú. t. c. intr. l prnl. Desmayarse, quedar como muerto.
amortiguador, ra adj. Que amortigua. l m. Resorte o mecanismo para quitar el efecto de las sacudidas bruscas.
amortiguar tr. Dejar muerto. Ú. t. c. prnl. l fig. Hacer menos intensa o viva alguna cosa. Ú. t. c. prnl.
amortizar tr. Pasar los bienes a manos muertas. l Redimir o extinguir el capital de un censo o deuda. l Recuperar o compensar los fondos invertidos.
amotinar tr. Alzar en motín a cualquier multitud. Ú. t. c. prnl.
amparar tr. Favorecer, proteger. l prnl. Valerse del favor o protección de alguno. Defenderse, guarecerse.
amparo m. Acción y efecto de amparar o ampararse. l Abrigo o defensa.
ampelografía f. Descripción de las variedades de la vid y conocimiento de los modos de cultivarlas.
amperaje m. Cantidad de amperios que actúan en un aparato o sistema eléctrico.
amperio m. Unidad de intensidad de corriente eléctrica.
ampliar tr. Extender, dilatar. l Reproducir fotografías, planos, textos, etc., en tamaño mayor del original.
amplificador, ra adj. Que amplifica. Ú. t. c. s. l Aparato que aumenta la amplitud o intensidad de un fenómeno físico.
amplificar tr. ampliar, extender.

amplio, plia adj. Extenso, dilatado.
amplitud f. Extensión, dilatación. Capacidad de comprensión intelectual o moral. l En una magnitud oscilatoria, el valor máximo que alcanza.
ampolla f. Vejiga formada por la elevación de la epidermis. l Vasija de cuello largo y agosto y de cuerpo ancho y redondo.
ampuloso, sa adj. Hinchado y redundante.
amputación f. Acción y efecto de amputar.
amputar tr. Cortar en derredor o quitar del todo. lCortar y separar enteramente del cuerpo un miembro o parte de él.
amueblar tr. Dotar de muebles.
amuleto m. Objeto al que supersticiosamente se atribuye virtud sobrenatural.
amura f. Parte de los costados del buque donde este empieza a estrecharse para formar la proa. l Cabo que hay en cada uno de los puños bajos de las velas.
amurallado, da adj. Protegido o cercado por murallas.
ana f. Medida de longitud de un metro aproximadamente.
anabolizantes m. pl. Grupo de sustancias, que estimulan un mejor aprovechamiento de las proteínas.
anacoluto m. Inconsecuencia en el régimen, o en la construcción de una cláusula.
anaconda f. Boa americana.
anacoreta Persona que vive en lugar solitario, entregada a la contemplación y a la penitencia.
anacronismo m. Error que consiste en suponer acaecido un hecho antes o después del tiempo en que sucedió.
ánade amb. Pato.
anadiplosis f. Figura retórica que consiste en repetir la palabra final de un verso o de una frase al principio de la frase o del verso siguiente.
anafilaxia o anafilaxis f. Impresionabilidad exagerada del organismo a la acción de ciertas sustancias.
anáfora / Repetición.
anafrodita adj. y s. Díc. del que se abstiene de placeres sensuales.
anaglíptografía f. Escritura en relieve para los ciegos.
anagrama m. Palabra que resulta de la transposición de las letras de otra.
anal adj. Relativo al ano.
analéptico, ca adj. Que restablece las fuerzas.
analfabetismo m. Falta de instrucción el elemental en un país.
analfabeto, ta adj. y s. Que no sabe leer.
analgesia f. Ausencia de toda sensación dolorosa.
analgésico, ca adj. y s. Díc. del medicamento que produce analgesia.
análisis m. Distinción y separación de las partes de un todo hasta llegar a conocer sus principios o elementos.
analizar tr. Hacer análisis de alguna cosa.
analogía f. Relación de semejanza entre cosas distintas.
anamorfosis f. Pintura o dibujo que sólo ofrece una imagen regular desde un determinado punto de observación.
ananás o ananá m. Planta bromeliácea, de fruto grande en forma de piña. l Fruto de esta planta.
anapesto m. Pie de la poesía griega y latina formado por dos sílabas breves y una larga.
anaquel m. Tabla colocada horizontalmente en muros, armarios, etc.
anaranjado, da adj. y s. De color semejante al de la naranja.
anarquía f. Falta de todo gobierno en un Estado.
anarquismo m. Doctrina política que afirma la posibilidad de abolir el Estado y de hacer de la sociedad un conjunto de hombres libres, conforme a un orden natural espontáneo.

anarquista adj. Propio del anarquismo o de la anarquía. l Persona que profesa el anarquismo, o desea o promueve la anarquía.

anatema amb. Excomunión. l Maldición, imprecación.

anatematizar tr. Imponer el anatema. l Maldecir a alguno o hacer imprecaciones contra él. l fig Reprobar o condenar.

anatomía f. Ciencia que estudia el número, estructura, situación y relaciones de las diferentes partes de los cuerpos orgánicos especialmente el humano.

anatómico, ca adj. Perteneciente o relativo a la anatomía..

anatomizar tr. Realizar la anatomía de algún cuerpo.

anatoxina f. Toxina que ha perdido su poder nocivo, pero conserva intactos la propiedad antigénica y el poder inmunizante.

anca f. Cada una de las dos mitades laterales de la parte posterior de las caballerías y otros animales.l

ancestral adj. Relativo a los antepasados. l Tradicional y de origen remoto.

ancestro f. m. barb. por antepasado, Ú. m. en pl.

anchar tr. y prnl. fam. ensanchar.

ancho, cha adj. Que tiene más o menos anchura.

anchoa f. Boquerón curado en salmuera con parte de su sangre.

ancianidad Último período de la vida ordinaria del hombre.

anciano, na adj. y s. Díc. de la persona que tiene muchos años y de lo que es propio de tales personas.

ancla f. Instrumento de hierro, en forma de arpón o anzuelo doble, que sirve para sujetar las naves al fondo del mar.

anclar intr. Quedar sujeta la nave por medio del ancla. l fig. Sujetar algo firmemente al suelo.

áncora f. Ancla de la nave.

andador, ra adj. y s. Que anda mucho o con velocidad. l Artefacto para que los niños aprendan a andar.

andamiaje m. Andamiada.

andamio m. Armazón de tablones o vigas para trabajar en la construcción o reparación de edificios, pintar paredes o techos, etcétera.

andanada f. Descarga cerrada de toda una andana o batería de cualquiera de los dos costados de un buque. l Localidad cubierta y con diferentes órdenes de gradas en las plazas de toros.

andante adj. Que anda. adv. m. Con movimiento moderadamente lento. l Composición o parte de ella que se ha de ejecutar con este movimiento.

andantino adv. m. Con movimiento más vivo que el andante. l m. Composición o parte de ella que se de ha de ejecutar con este movimiento.

andanza f. Acción de recorrer diversos lugares, considerada como azarosa. l Suerte, buena o mala. l pl. Peripecias, aprietos, trances.

andar intr. Ir de un lugar a otro dando pasos. Ú. t. c. prnl. l Moverse un artefacto o máquina.

andar m. Andadura. l Manera de proceder. l pl. Modo de andar. especialmente cuando es airoso.

andariego, da adj. y s. Andador, que anda mucho.

andas f. pl. Tablero sostenido por dos barras horizontales para conducir imágenes, personas o cosas.

andén m. En las estaciones de los ferrocarriles, especie de acera a lo largo de la vía.

andorina f. Golondrina, pájaro.

andosco, ca adj. y s. Díc. de la res de ganado menor que tiene dos años.

andrajo m. Pedazo o jirón de ropa muy usada. l fig. y desp. Persona o cosa muy despreciable.

andrina f. Endrina.

androfobia f. Aversión de los individuos de sexo femenino hacia el varón.

andrógeno, na m. Hormona sexual masculina.

andrógino, na Díc. del organismo animal o vegetal que reúne en un mismo individuo los dos sexos.

androide m. Autómata de figura de hombre.

andropausia f. Climaterio masculino.

andurrial m. Paraje extraviado o fuera del camino. Ú. m. en pl.

anea f. Planta tifácea que crece en sitios pantanosos. l Espadaña. l Totora.

anécdota f. Relato breve de un suceso curioso que se hace como ilustración, ejemplo o entretenimiento.

anegar tr. Ahogar a uno sumergiéndolo en el agua. Ú. t. c. prnl. l Inundar de agua. Ú. m. c. prnl.

anejar t. Anexar.

anejo, ja adj. y s. anexo, agregado.

anélido adj. Díc. de animales del tipo de los gusanos que tienen el cuerpo casi cilíndrico, con anillos o pliegues transversales externos.

anemia f. Empobrecimiento de la sangre por disminución de su cantidad total, como ocurre después de las hemorragias, o por enfermedades que amenguan la cantidad de hemoglobina y el número de glóbulos rojos.

anemografía f. Parte de la meteorología que trata de la descripción de los vientos.

anemómetro m. Instrumento para medir la velocidad o la fuerza del viento.

anémona o anemona f. Planta herbácea ranunculácea . l de Pólipo hexacoralario de colores vivos.

anestesia f. Falta o privación general o parcial de la sensibilidad producida por una enfermedad o por un anestésico.

anestesiar tr. Insensibilizar por medio de un anestésico.

aneurisma f. Dilatación de un vaso sanguíneo, comúnmente una arteria.

anexar tr. Unir o agregar una cosa a otra con dependencia de otra.

anexo, xa adj. y s. Díc. de lo que está unido o agregado a otra cosa respecto de ella.

anfetamina f. Amina aromática que se usa como estimulante de los sistemas nervioso y cardiovascular.

anfibio, bia adj. Díc. de los animales y plantas que pueden vivir en el agua y fuera de ella. Ú. t. c. s. l

anfibología f. Doble sentido o manera de hablar a que puede darse más de una interpretación.

anfípodo adj. y s. Díc. de crustáceos acuáticos de pequeño tamaño.

anfiteatro m. Edificio de forma redonda u oval con gradas alrededor, y en el cual se celebran espectáculos.

anfitrión, na m. y f. fig, y fam. Persona que tiene convidados a su mesa.

ánfora f. Cántaro alto y estrecho, de cuello largo, con dos asas. l Medida antigua de capacidad.

angarillas f. pl. Armazón en que se llevan a mano materiales para edificios y otras cosas. l Armazón de cuatro palos clavados en cuadro, de los cuales penden una especie de bolsas grandes de redes, para transportar cosas delicadas, como vidrios, loza, etc.

ángel m. En algunas religiones monoteístas, espíritu celeste criado por Dios para su ministerio.

angelito m. dim. de ángel. l Niño de tierna edad.

angelote m. aum. de ángel. Figura grande de ángel. l Niño muy apacible y gordo.

Angelus m. Oración en honor del misterio de la Encarnación. Antigua devoción católica.

angiospermo, ma adj. Díc. de las plantas cuyos rudimentos seminales, que luego dan origen a las semillas, se hallan en ovarios cerrados. Ú. t. c. s.

angostar tr. y r. Hacer angosto, estrechar.

angosto, a adj. Estrecho o reducido.

angostura f. Estrechura o paso estrecho.

angra f. ensenada.

angstromio m. Unidad de longitud equivalente a la diezmillonésima parte del milímetro. Se utiliza para medir las longitudes de onda luminosa.

anguila f. Pez fisóstomo de agua dulce, con cuerpo largo y cilíndrico.

angula f. Cría de la anguila, de color oscuro y de unos seis cm de largo.

angular adj. Perteneciente al ángulo o que tiene su figura.

ángulo m. La menor o mayor abertura que forman entre si dos líneas o dos planos que se cortan. Las líneas que forman en ángulo se llaman lados, el punto de encuentro vértice. Su mayor o menor abertura se mide en grados.

angustia f. Congoja, aflicción.

angustiar tr. y r. Acongojar, afligir.

anhelar intr. Respirar con dificultad. | tr. Tener ansia o deseo vehemente de algo.

anhelo m. Deseo vehemente.

anhídrido m. Cuerpo que procede de la deshidratación de una base o de un ácido.

anhidro, dra adj. Díc. del cuerpo en cuya composición no entra el agua.

anidar intr. y r. Hacer nido las aves o vivir en él. | fig. Morar, habitar.

anilina f. Alcaloide artificial que se obtiene ya con el añil, ya con los productos de la destilación de la hulla, y que se usa mucho en tintorería.

anilla f. Anillo o argolla de colgadura, cortinaje, etc. | pl. Aros metálicos pendientes de cuerdas, para ejercicios gimnásticos y acrobáticos. | Vitola.

anillar tr. Formar anillos. | Sujetar con anillos, ponerlos.

anillo m. Aro pequeño. | Aro metálico, liso o con labores, que se coloca, generalmente por adorno, en un dedo de la mano. | Vitola.

ánima f. alma. | fig. alma. hueco del cañón de un arma de fuego, y parte vana de algunas cosas. | pl. Toque de campanas en las iglesias, a cierta hora de la noche, para que los fieles rueguen por las almas del purgatorio.

animador, ra adj. y s. Que anima. | m. y f. Persona que en ciertos locales públicos acompaña con el canto a las orquestas.

animadversión f. Enemistad. | Rencor, mala voluntad.

animal m. Ser viviente que siente y se mueve por propio impulso.

animalizar tr. Convertir los alimentos, en especial los vegetales, en materia apta para la nutrición. | r. Embrutecerse.

animar tr. Vivificar el alma al cuerpo. | Infundir vigor a un ser o energía moral a una persona. | Excitar a una acción.

ánimo m. Alma o espíritu como principio de la actividad humana. | Valor, esfuerzo, energía.

aniñado, da adj. Que tiene aspecto de niño; infantil, pueril.

aniquilamiento m. Aniquilación.

aniquilar tr. y r. Reducir a nada. | fig Destruir o arruinar enteramente.

anís m. Planta umbelífera.

anisado, da m. Aguardiente con anís.

aniversario, ra adj. Anual. | Cumpleaños.

ano m. Orificio al final del tubo digestivo por donde se expele el excremento.

anobio m. Carcoma.

anoche adv. En la noche pasada inmediata.

anochecer intr. Venir la noche. | m. Tiempo en que anochece.

anodino, na adj. y s. Que calma el dolor. | Insustancial, insignificante, ineficaz.

ánodo m. Polo positivo de un generador de electricidad.

anofeles m. Especie de mosquito de las zonas tropicales y subtropicales, cuyas hembras transmiten las fiebres palúdicas.

anomalía f. Irregularidad, calidad de irregular.

anómalo, la adj. Irregular, extraño.

anonáceo, a adj. y s. Díc. de las plantas dicotiledóneas, árboles o arbustos de hojas alternas y fruto seco o carnoso con pepitas duras, como la anona.

anonadar tr. Aniquilar, reducir a la nada. Ú. t. c. r. | fig. Apocar, disminuir mucho alguna cosa. | fig. Abatir, humillar.

anónimo, ma adj. Díc. de la obra o escrito que no lleva el nombre de su autor.

anorexia f. Falta de apetito.

anormal adj. Que no es normal. | Persona cuyo desarrollo físico o intelectual es inferior al que corresponde a su edad.

anotar tr. poner notas en un escrito, cuenta o libro.

anquilosarse r. Producirse una anquilosis. | fig. Detenerse una cosa en su progreso.

ánsar m. Ave palmípeda. | Ganso.

ansia f. Congoja, fatiga anhelo, angustia. | Náusea.

ansiar tr. Desear con ansia. | r. Llenarse de ansia.

ansiedad f. Ansia. | Estado de agitación, o inquietud del ánimo.

anta f. Rumiante parecido al ciervo, pero de la corpulencia del caballo. | Menhir.

antagónico, ca adj. Que denota o implica antagonismo.

antagonismo m. Contrariedad, rivalidad, oposición, especialmente en doctrinas y opiniones.

antagonista Persona o cosa opuesta o contraria a otra.

antaño adv. en el año próximo pasado. | En tiempo antiguo.

antártico, ca adj. Díc. del polo opuesto al ártico. | Perteneciente, cercano o relativo a este polo.

ante m. Anta, rumiante parecido al ciervo. | Piel de este animal adobada y curtida. | prep. En presencia de, delante de. | Respecto de.

anteanoche adv. f. En la noche de anteayer.

anteayer adv. t. Dos días antes del presente.

antebrazo m. Parte del brazo desde el codo hasta la muñeca.

antecedente p. a. de anteceder. | adj. que antecede o va delante. | m. Todo lo que sirve para juzgar hechos posteriores.

anteceder tr. Preceder.

antecesor, ra adj. Anterior en tiempo. | m. y f. Persona que precedió en algo a otra.

antedicho, cha En los escritos, decir antes o con anterioridad.

antediluviano na adj. Que existió antes del diluvio universal. | fig. Antiquísimo.

antelación f. Anticipación con que, en orden al tiempo, sucede una cosa con respecto a otra.

antemano (de) mod. adv. Con anticipación.

antemeridiano, na adj. Anterior al mediodía.

antena f. Entena. | Órgano esencial en las instalaciones que utilizan las ondas hertzianas, el cual permite la emisión de éstas o facilita su captación. | Cada uno de los apéndices articulados que tienen en la cabeza muchos artrópodos.

anteojera f. Caja para los anteojos. I Cada una de las piezas que se colocan a las caballerías de tiro junto a los ojos, para que vean sólo el frente.

anteojo m. Instrumento óptico que sirve para ver objetos lejanos.

antepasado, da adj. Díc. del tiempo pasado con respecto a otro también pasado. I m. pl. Abuelos o ascendientes.

antepecho m. Pretil que se pone en sitios altos y peligrosos.

antepenúltimo, ma adj. Inmediatamente anterior al penúltimo.

antepié m. Parte anterior del pie, formada por los cinco metarsianos y las falanges de los dedos correspondientes.

anteponer tr. y r. Preferir. I Poner delante.

anteproyecto m. Conjunto de trabajos preliminares para redactar el proyecto de una obra de arquitectura o de ingeniería.

antera f. Parte del estambre de las flores que contienen el polen.

anteridio m. Órgano masculino de las plantas criptógamas.

anterior adj. Que precede en lugar o tiempo.

antes adv. t. y l. Que denota prioridad de tiempo o lugar. I adv. ord. Que denota prioridad o preferencia. I

anteúltimo, ma adj. Penúltimo.

antevíspera f. El día antes de la víspera.

anti prep. insep. que denota oposición o contrariedad: Anticristo; antibiótico.

antiaéreo, a adj. Perteneciente o relativo a la defensa contra los ataques de aviones o de cualquier nave o ingenio aéreo.

antiartrítico, ca adj. Que previene o combate el artritismo.

antibiograma m. Método biológico por el que se determina qué antibióticos impiden el desarrollo de determinados microbios.

antibiótico, ca adj. y s. Díc. de las sustancias que impiden el desarrollo y la actividad de ciertos microorganismos, especialmente patógenos.

anticiclón m. Centro de máxima presión barométrica.

anticipación f. Acción y efecto de anticipar. Literatura de anticipación.

anticipar tr. Hacer que ocurra o tenga lugar una cosa antes del tiempo normal o señalado.

anticipo m. Dinero anticipado.

anticlinal adj. Díc. de la línea desde donde se dividen en dos partes las capas del terreno.

anticonceptivo, va adj. Que se opone a la fecundación o concepción.

anticonstitucional adj. Contrario a la constitución o ley fundamental de un Estado.

anticuario, ria m. y f. Persona que estudia las cosas antiguas. I La que las colecciona o negocia con ellas. I Experto en antigüedades.

anticuerpo m. sustancias que se producen en el organismo, natural o artificialmente, y que se opone a la acción de ciertos elementos (toxinas, bacterias, etc.).

antideslizante adj. Que impide el resbalar, por ejemplo, a las ruedas de un automóvil, a las suelas de los zapatos, etc.

antidiluviano, na adj. Contrario al hecho o a la teoría del diluvio.

antídoto m. Contraveneno y, por ext., cualquier medicina que preserve de algún mal.

antiemético, ca adj. Que contiene o impide el vómito.

antifaz m. Velo u otra cosa con que se cubre la cara.

antifermento m. Cualquiera de las sustancias que neutralizan la acción de los fermentos.

antífrasis f. Figura retórica consistente en designar personas o cosas con voces que signifiquen lo contrario de lo que se debiera decir.

antígeno, na adj. Antigénico.

antigualla f. Cosa antigua o pasada de moda.

antigubernamental adj. Enemigo de los gobiernos.

antigüedad f. Calidad de antiguo. I Tiempo antiguo. I Lo que sucedió en tiempo antiguo. I pl. Monumentos u objetos artísticos de tiempo antiguo.

antiguo, gua adj. Que existe desde hace mucho tiempo. I Que existió o sucedió en tiempo remoto.

antihelmíntico, ca adj. Que mata las lombrices intestinales.

antihigiénico, ca adj. Contrario a las leyes de la higiene.

antihipertensivo, va adj. Eficaz contra la hipertensión arterial. Ú.t.c.s.m.

antílope m. Género de mamíferos rumiantes.

antimateria f. Composición similar a la materia, cuyos átomos poseen, en vez de protones, antiprotones, y en vez de electrones, antielectrones.

antimonio m. Elemento químico o cuerpo simple, de aspecto y propiedades físicas de metal.

antineurálgico, ca adj. Que combate la neuralgia.

antinomia f. Contradicción entre dos preceptos de una ley, entre dos leyes vigentes o dos principios racionales.

antiparras f. pl. fam. Anteojos.

antipatía f. Repugnancia natural o instintiva que se siente hacia alguna persona o cosa.

antiperistáltico, ca adj. Fisiol. Díc. del movimiento de contracción del estómago y de los intestinos, contrario al peristáltico.

antipirético, ca adj. Febrífugo.

antipirina f. Sustancia pulverulenta blanca. Medicamento febrífugo, analgésico y calmante.

antípoda adj. y s. Díc. de los habitantes de un punto de la Tierra, con respecto a los de otro lugar diametralmente opuesto.

antirrábico, ca adj. Que previene o impide la rabia; útil contra esta enfermedad.

antisepsia f. Conjunto de medios que preservan contra la infección.

antiséptico, ca adj. y s. Antipútrido.

antítesis f. Oposición o contrariedad de dos juicios o afirmaciones.

antitetánico, ca adj. Que previene o impide el tétanos.

antitoxina f. Anticuerpo que se forma en el organismo a consecuencia de la introducción de una toxina determinada y sirve para neutralizar ataques posteriores de la misma toxina.

antivariólico, ca adj. Que previene e impide el desarrollo de la viruela.

antojarse r. Hacerse objeto de vivo deseo una cosa. I Ofrecerse algo como probable al entendimiento.

antojo m. Deseo vehemente y pasajero de alguna cosa, especialmente el sugerido por el capricho. I pl. Lunares o manchas que tienen en la piel algunas personas.

antología f. Florilegio.

antónimo, ma adj. Díc. de las voces de opuesto significado.

antonomasia f. Sinécdoque consistente en poner el nombre apelativo por el propio, y viceversa.

antorcha Hacha para alumbrar. I Tea.

antozoario adj. y s. Díc. de los celentéreos que en estado adulto viven fijos en el fondo del mar.

antozoo m. Antozoario.

antracita f. Carbón mineral; el más antiguo y de más potencia calorífica.

antropofagia f. Costumbre que tienen de comer carne humana algunos salvajes.

antropófago, ga adj. y s. Díc. del salvaje que come carne humana.

antropoide adj. y s. Díc. de los animales que exteriormente se parecen al hombre: especialmente se aplica a los monos antropoideos.

antropología f. Ciencia que trata del estudio del ser humano.

antropomorfismo m. Conjunto de creencias o de doctrinas que atribuyen a la divinidad la figura o las cualidades del hombre.

antropomorfo, fa adj. y s. Antropoideo. I Que tiene forma o apariencia humana.

antropopiteco m. Pitecántropo.

anual adj. Que sucede o se repite cada año. I Que dura un año.

anuario m. Libro que se publica cada año.

anubarrado, da adj. Cubierto de nubes.

anudar tr. Hacer nudos.

anuencia f. Consentimiento, acción de consentir.

anulación f. Acción de anular.

anular tr. Invalidar, dar por nulo. I fig. Incapacitar, desautorizar a uno. Ú. t. c. r. I adj. Relativo al anillo, que tiene su figura.

anunciar tr. Dar noticia o aviso de alguna cosa; publicar, proclamar, hacer saber.

anuncio m. Acción de anunciar. I Conjunto de palabras, signos o dibujos con que se anuncia algo.

anuria m. Falta de la secreción urinaria.

anuro, ra adj. Que carece de cola. I Díc. de los animales anfibios sin cola, como la rana y el sapo. Ú. t. c. s. m. pl. I Orden de estos animales.

anverso m. En las monedas y medallas, la haz principal donde está el busto, etc.

anzuelo m. Arponcillo pequeño para pescar. I fig. Atractivo o aliciente. I Cierta fruta de sartén.

añada f. Temporal que hace durante un año. I Hoja de una dehesa o tierra de labor.

añadir tr. Agregar, incorporar una cosa a otra. I Acrecentar, ampliar, aumentar.

añafea f. Papel muy basto y sin cola.

añejar tr. Hacer añeja una cosa. I r. Alterarse las cosas con el tiempo.

añejo, ja adj. Que tiene uno o más años.

añicos m. pl . Trozos pequeños de una cosa que se rompe.

añil m. Planta leguminosa de cuyos tallos y hojas se saca una pasta colorante azul oscura. I Esta pasta colorante. I Color azul de esta pasta.

año m. Tiempo que emplea la Tierra en recorrer su órbita, al girar alrededor del Sol. I Periodo de doce meses desde el día primero de enero hasta último de diciembre. I Periodo de doce meses a contar desde un día cualquiera.

añojo, ja m. y f. Becerro o cordero de un año cumplido.

añoranza f. Melancolía por la ausencia o perdida de una persona o cosa.

añorar tr. Echar de menos, con melancolía, alguna persona o cosa. Ú. t. c. intr.

aojar tr. Hacer mal de ojo. I Ojear, espantar la caza.

aoristo Tiempo verbal griego que indica un pasado indeterminado.

aorta f. Arteria mayor del cuerpo: nace del ventrículo izquierdo del corazón.

aortitis f. Inflamación de la aorta.

aovado, da adj. De figura de huevo.

aovar tr. Poner huevos las aves y otros animales.

aovillar tr. Hacer ovillo. I fig. Poner, colocar en forma de ovillos. I r. Hacerse ovillo.

apabullar tr. y fam. Aplastar, dejar a uno confuso.

apacentar tr. Dar pasto al ganado. I fig. Instruir, enseñar. I fig. Cebar los deseos o pasiones. Ú. t. c. r. I r. Pacer el ganado.

apacible adj. De genio o trato afable, tranquilo. I Agradable.

apaciguador, ra adj. y s. Que apacigua.

apaciguamiento m. Acción y efecto de apaciguar o apaciguarse.

apaciguar tr. y r. Pacificar, serenar, sosegar, aquietar.

apadrinar tr. Acompañar o asistir como padrino a una persona. I fig. Patrocinar, proteger.

apagado, da adj. De genio apocado. I De color o brillo poco vivo.

apagar tr. Extinguir el fuego o la luz. Ú. t. c. r. I Aplacar, disipar, extinguir. Ú. t. c. r.

apagón, na adj. Apagadizo. I m. Extinción repentina y pasajera del alumbrado eléctrico.

apaisado, da adj. De figura rectangular, con la base mayor que la altura.

apalabrar tr. Concertar de palabra dos o más personas alguna cosa.

apalancar tr. Levantar, mover alguna cosa con palanca.

apalear tr. Dar golpes con palo, vara o cosa semejante. I Sacudir ropas, alfombras, etc., con palo o con vara. I Varear los árboles.

apandillar tr. y r. Hacer pandilla.

apantanar tr. y r. Llenar de agua un terreno.

apañado, da adj. Díc. del tejido semejante al paño. I fig. Hábil, mañoso.

apañar tr. Asir; coger. I Apoderarse de una cosa ilícitamente. I Aderezar, asear, ataviar. I Colocar, guardar. I r. fam. Darse maña para hacer algo.

apaño m. Acción de apañar o apañarse. I fam. Compostura, remiendo. I fam. Maña o habilidad para hacer algo.

aparador, ra m. Mueble donde se guarda el servicio de mesa. I Escaparate de una tienda.

aparato m. Apresto, prevención, reunión de lo que se necesita para algún fin. I Circunstancia o señal que precede o acompaña a alguna cosa. I Pompa, ostentación, fausto. I Artificio mecánico compuesto de diferentes piezas combinadas para un determinado fin.

aparcamiento m. Acción de aparcar. I Lugar en donde se aparca.

aparcar tr. Colocar transitoriamente en un lugar público señalado al efecto, coches u otros vehículos.

aparcería f. Convenio de los que van a la parte en alguna granjería.

aparcero, ra m. y f. Persona que tiene aparcería con alguien.

aparear tr. Igualar, ajustar una cosa con otra. I Unir, juntar. I r. Ponerse de dos en dos.

aparecer intr. y r. Manifestarse, dejarse ver causando sorpresa u otro movimiento análogo del ánimo. I Parecer, encontrarse, hallarse.

aparecido, da m. Espectro de un difunto.

aparejador, ra adj. y s. Que apareja. I m. Oficial que en las obras de importancia prepara y dispone los materiales que han de entrar en ella y cuida de la buena ejecución de los trabajos.

aparejar tr. Preparar, prevenir, disponer. Ú. t. c. r. I Vestir con esmero, adornar. Ú. t. c. r. I Poner a un buque su aparejo para que pueda navegar.

aparejo m. Preparación, disposición para alguna cosa. Prevención de lo necesario para conseguir su fin. I

Arreo necesario para montar o cargar una caballería. I
Sistema de poleas, compuesto de dos grupos, uno fijo y
otro móvil. I Conjunto de palos, vergas, jarcias y velas
de un buque.

aparentar tr. Manifestar o dar a entender lo que no hay o
no es.

aparente adj. Que parece y no es.

aparición f. Acción de aparecer. I Visión de un ser sobrenatural o fantástico; espectro, fantasma.

apariencia f. Aspecto o parecer excesivo de una persona
o cosa. I Verosimilitud, probabilidad. Cosa que parece y
no es.

aparroquiar tr. Procurar parroquianos a una tienda. I r.
Hacerse feligrés de una parroquia.

apartadero m. Lugar en los caminos para dejar libre el
paso.

apartado, da adj. Retirado, distante I m. Correspondencia
que se aparta en la oficina de Correos, para que los in-
teresados la recojan. I Lugar de dicha oficina donde se
efectúa este servicio y sitio donde se deposita la correspondencia de cada interesado.

apartamento m. Apartamiento.

apartar tr. y r. Separar, desunir, dividir. I Alejar, retirar. I
fig.. Disuadir a uno de alguna cosa; hacer que desista de
ella.

aparte adv. En otro lugar. I A distancia. I Separadamente. I
m. Especie de división en un escrito; párrafo. I

aparvar tr. Hacer parva, tender la mies para trillarla. I
Amontonar la mies trillada.

apasionar tr. y r. Causar una pasión. I r. Aficionarse con
exceso a una persona o cosa.

apatía f. Dejadez, indolencia.

apátrida adj. Que no tiene o no reconoce patria. Ú. t. c. s.

apea f. Soga con una muletilla en un extremo y un ojal en
el otro, propia para trabar las caballerías.

apeadero m. Poyo o sillar para montar en una caballería
o para desmontarse. I En las vías férreas, lugar donde pueden aparcar los viajeros.

apeador m. El que señala los límites de fincas rústicas.

apear tr. Desmontar o bajar a alguno de una caballería o
carruaje.

apechugar intr. Empujar con el pecho. I Fig.. Apechar.

apedrear tr. Tirar piedras a una persona o cosa. I intr.
Granizar.

apego m. Afición, inclinación particular.

apelar intr. Recurrir contra una sentencia.

apelativo, va adj. Díc. del nombre común.

apellidar tr. Gritar convocando, excitando o proclaman-
do. I Nombrar, llal r. Tener tal nombre o apellido.

apellido m. Nombre de familia con que se distingue a las
personas.

apelmazado, da adj. Dicho de obras literarias, amaza-
cotado, falto de amenidad.

apelmazar tr. y r. Hacer que una cosa esté menos espon-
jada y hueca de lo que requiere para su uso.

apelotonar tr. y r. Formar pelotones.

apenar tr. y r. Causar penas, afligir.

apenas adv. Con dificultad. I Casi no. I Luego que, al
punto que.

apéndice m. Suplemento, adición. I Parte accesoria, unida a otra principal. I Apéndice cecal, vermicular o vermiforme. Prolongación delgada del intestino ciego.

apendicitis f. Inflamación del apéndice cecal.

apeo m. Acción de apear. I Puntal, sostén.

apepsia m. Falta de digestión.

aperar tr. Componer carros y aparejos para el acarreo.

apercibimiento m. Acción de apercibir o apercibirse.

apercibir tr. Disponer, prevenir, preparar. Ú. t. c. r. I
Amonestar, advertir. I Percibir, observar.

apergaminarse r. Acartonarse.

aperitivo, va adj . y s. Que tiene virtud para abrir el apetito. I Bebida que se toma antes de una comida principal. I
Manjares que suelen acompañar a esta bebida.

apero m. Conjunto de instrumentos y demás cosas necesarias para la labranza.

apersogar tr. Atar por el cuello a un animal.

apertura f. Acción de abrir.

apesadumbrar tr. y r. Causar pesadumbre, afligir.

apestar tr. Comunicar la peste. I intr. Echar mal olor.

apétala Díc. de la flor que carece de pétalos.

apetecer tr. Tener ganas de algo, desearlo. I intr. Gustar,
agradar una cosa.

apetencia f. Gana de comer. Movimiento natural que inclina a desear una cosa.

apetito m. Impulso instintivo que nos lleva a satisfacer
deseos o necesidades. I Gana de comer.

apiadar tr. Causar piedad. I r. Tener piedad.

ápice m. Punta o extremo superior. I fig. Mínima parte,
nonada.

apícola adj. Relativo a la apicultura.

apicultor, ra m. y f. Persona que se dedica a la apicultura.

apicultura f. Arte de criar abejas.

apilar tr. Amontonar.

apiñar tr. y r. Juntar mucho unas cosas con otras.

apio m. Planta umbelífera comestible, de flores pequeñas
y blancas.

apiparse r. Atracarse, hartarse, ahitarse.

apirexia f. Carencia de fiebre. I Intervalo entre dos ataques de fiebre.

apisonador, ra adj. y s. Que apisona. I Díc. de la máquina propia para apisonar. Ú. m. c. sustantivo f.

apisonar tr. Apretar con pisón la tierra u otra cosa.

aplacar tr. y r. Amansar, mitigar.

aplanadera f. Instrumento para aplanar.

aplanar tr. Allanar, poner llana una superficie. I fig. Perder una persona la animación o el vigor.

aplastar tr. y r. Deformar una cosa, aplanándola, por presión o golpe. I fam. Dejar confuso.

aplatanado, da adj. Indolente, inactivo.

aplatanar tr. Causar indolencia, restar actividad a alguien. I r. Entregarse a la indolencia o inactividad, especialmente por influjo del ambiente o de climas tropicales.

aplaudir tr. Palmotear en señal de aprobación o entusiasmo. I Celebrar con palabras o de otro modo a personas o
cosas.

aplauso m. Acción y efecto de aplaudir.

aplazar tr. y r. Convocar, citar para tiempo y sitio señalado. I Diferir, retardar.

aplebeyar tr. y r. Envilecer los ánimos o los modales; hacerlos bajos.

aplicación f. Acción de aplicar. I fig. Afición y asiduidad
con que se hace alguna cosa, especialmente el estudio. I
Ornamentación ejecutada en materia distinta de otra a la
cual se sobrepone.

aplicar tr. Poner una cosa en contacto con otra o sobre
otra. I fig. Atribuir o imputar a uno algún hecho o dicho. I
r. fig. Dedicarse a un estudio o ejercicio. I fig. Poner esmero, diligencia y cuidado en ejecutar alguna cosa.

aplique m. Cualquier pieza o trasto que se emplea para
completar una decoración. I Candelabro adosado a la pared.

aplomar intr. Poner perpendicularmente. I Examinar con
la plomada la verticalidad de las paredes que se van cons-
truyendo. I r. Desplomarse. I Ir adquiriendo aplomo, juicio, etc.

apnea f. Falta o suspensión de la respiración.

apo prep. insep. que significa contra, desde, fuera de.

apocado, da adj. De poco ánimo o espíritu.

apocalíptico, ca adj. Perteneciente al Apocalipsis. | fig. Terrorífico, espantoso.

apocar tr. Reducir a menos. fig. Limitar, estrechar. | fig. Humillar, tener en poco. Ú. t. c. r.

apocopar tr. Cometer apócope.

apócope f. Figura que se comete suprimiendo alguna letra o sílaba al fin de la palabra, como san por santo.

apócrifo, fa adj. Fabuloso, supuesto o fingido.

apodar tr. Poner apodos.

apoderar tr. Dar poder a una persona para que represente a otra. | r. Hacerse uno dueño de alguna cosa.

apodo m. Sobrenombre, mote.

ápodo, da adj. Falto de pies.

apódosis f. Segunda parte del período, que completa el sentido. La primera es la prótasis.

apófisis f. Parte saliente de un hueso.

apogeo m. Punto de la órbita de la Luna o de un satélite artificial, más distante de la Tierra. | fig. Grandeza o perfección suma.

apolillar tr. y r. Roer, penetrar o destruir la polilla las ropas u otras cosas.

apolíneo, a adj. Perteneciente o relativo al dios mitológico Apolo. | fig. Que es apuesto y hermoso.

apología f. Discurso en defensa o alabanza de alguien o de algo.

apoltronarse r. Hacerse comodón.

apoplejía f. Suspensión súbita y más o menos completa de la acción cerebral.

aporrear tr. y r. Golpear con porra o palo. | fig. Dar golp

aporreo m. Acción de aporrear.

aportación f. Acción de aportar. | Conjunto de bienes aportados.

aportar intr. Tomar puerto o arribar a él. | Llevar cada cual la parte que le corresponde a la sociedad de que es miembro.

aportillar tr. Romper una muralla o pared para poder pasar por la abertura hecha.

aposentar tr. Dar habitación y hospedaje. | r. Alojarse.

aposento m. Cuarto o pieza de una casa. | Hospedaje.

aposición f. Efecto de poner consecutivamente, sin conjunción, dos o más sustantivos que denoten una misma persona o cosa.

apósito m. Remedio que se aplica exteriormente y se sujeta con vendas.

apostar tr. Hacer apuestas. | Poner a uno o más en paraje señalado para algún fin. Ú. t. c. r.

apostatar intr. Negar la fe cristiana. | Por ext., cambiar de opinión o doctrina.

apostilla f. Acotación que aclara o completa un escrito.

apostillar tr. Poner apostillas. | r. Llenarse de apostillas.

apóstol m. Cualquiera de los principales discípulos de Jesucristo, a quienes envió a predicar el Evangelio por el mundo.

apostolado m. Oficio de apóstol.

apóstrofe f. Figura que consiste en cortar de pronto el hilo del discurso o la narración, para dirigir la palabra con vehemencia a alguna persona o a cosas inanimadas.

apóstrofo m. Signo ortográfico en figura de vírgula (') usado para indicar la elisión de una vocal.

apostura f. Gentileza, buena disposición en la persona.

apotegma m. Sentencia breve y aguda.

apotema f. Perpendicular trazada desde el centro de un polígono regular a cualquiera de sus lados. | Altura de cualquiera de las caras laterales de una pirámide regular.

apoteosis r. Concesión de la dignidad de dioses a los héroes entre los paganos. | fig. Ensalzamiento de una persona con grandes honores. | Cuadro final de gran espectáculo en una obra teatral.

apoyar tr. Hacer que una cosa descanse sobre otra. | Basar, fundar. | fig. Favorecer, ayudar | fig. Servirse de algo como razón de una opinión.

apoyatura f. Nota pequeña de adorno que, puesta delante de otra nota, hace que ésta retarde un poco su sonido para apoyarse en el de ella.

apoyo m. Lo que sirve para sostener. | Protección, favor. | fig. Fundamento, prueba.

apreciar tr. y r. Poner precio o tasa. | fig. Reconocer y estimar el mérito de las personas o de las cosas.

aprecio m. Apreciación. | Acción de apreciar o estimar el mérito de una persona o cosa.

aprehender tr. Prender, asir, coger. | Concebir las especies de las cosas sin haber juicio de ellas.

apremiar tr. Dar prisa a uno. | Oprimir, apretar.

apremio, m Acción de apremiar.

aprender tr. Adquirir conocimiento de algo por el estudio o la experiencia.

aprendiz, za m. y f. Persona que aprende un arte u oficio.

aprensión f. Aprehensión. | Escrúpulo, recelo de ponerse una persona próxima a o en contacto con otra o con cosa de la que pueda recibir contagio. | Miramiento, delicadeza, reparo.

aprensivo, va adj. y s. Díc. de las personas que tienen mucha aprensión o escrúpulo, y de las que imaginan que son graves sus más leves dolencias.

apresar tr. Asir, hacer presa. | Apoderarse de un barco. | Aprisionar.

apresurar tr. y r. Dar prisa, acelerar.

apretar tr. y r. Estrechar contra el pecho. | Estrechar ciñendo con la mano o los brazos. | Reducir algo a menor volumen. | Poner una cosa junto a otra haciendo fuerza o comprimiendo.

apretujar tr. y fa. Apretar mucho. | r. Oprimirse varias personas en un lugar demasiado estrecho para contenerlas.

apretura f. Opresión causada por el gentío. | Sitio estrecho.

aprieto m. Apretura, opresión que causa el gentío. | Estrecho, conflicto, apuro.

aprisa adv. Con presteza.

aprisco m. Sitio donde se recoge el ganado para resguardarlo del frío, etc.

aprisionar tr. Poner en prisión o con prisiones. | fig. Atar, sujetar.

aproar intr. Volver el buque la proa a alguna parte.

aprobar tr. Calificar o dar por bueno.

apropiar tr. Hacer propia de alguien una cosa. Ú. t. c. r. | Aplicar a cada cosa lo que es propio y más conveniente.

aprovechable adj. Que puede aprovecharse.

aprovechado, da adj. Que aprovecha lo que otros desprecian. | Aplicado, diligente.

aprovechar tr. Servir de provecho alguna cosa. | tr. Emplear útilmente alguna cosa.

aprovisionar tr. Abastecer, proveer.

aproximar tr. y r. Arrimar, acercar.

ápside m. Cada uno de los extremos del eje mayor de la órbita descrita por un astro.

áptero, ra adj. Que carece de alas.

aptitud f. Suficiencia o idoneidad para obtener y ejercer un empleo. | Capacidad y disposición para el buen desempeño o ejercicio de un negocio, industria, arte, etc.

apto, ta adj. Idóneo, capaz, hábil, a propósito para una cosa.

apuesta f. Acción de apostar. | Lo mismo que se apuesta.

apuesto, ta adj. Adornado, gallardo, de gentil disposición en la persona.

apuntador, ra adj. y s. Que apunta. | m. El que en el teatro, y oculto a la vista del público, va apuntando o leyendo a los actores lo que han de recitar.

apuntalar tr. Poner puntales. | fig. Sostener, afirmar.

apuntar tr. Asestar una arma arrojadiza o de fuego. | Señalar con el dedo hacia un sitio u objeto determinado. | Ir el apuntador leyendo a los actores teatrales lo que han de recitar.

apunte m. Apuntamiento, acción de apuntar. | Asiento, nota, etc., que se hace por escrito. | Pequeño dibujo tomado del natural.

apuntillar tr. Rematar al toro con la puntilla.

apuñalar tr. Dar de puñaladas.

apurar tr. Extremar llevar hasta el cabo. | Acabar o agotar. | Sufrir hasta el extremo. | fig. Apremiar, dar prisa. | r. Afligirse, acongojarse, preocuparse.

apuro m. Aprieto, escasez grande. | Aflicción, conflicto. | Apremio, prisa.

aquejar tr. Acongojar, afligir, fatigar.

aquel, lla, llo, llos, llas Formas de pron. dem. en los tres géneros m., f. y n. y en ambos números sing. y pl. Designan lo que física o mentalmente está lejos de la persona que habla y de la persona con quien se habla.

aquelarre m. Junta o reunión nocturna de brujos y brujas.

aquende adv. De la parte de acá.

aquí adv. En este lugar. | A este lugar. | Ahora.

aquiescencia f. Asenso, consentimiento.

aquietar tr. Apaciguar, sosegar.

aquifoliáceo, a adj. Ilicíneo. Díc. de los árboles y arbustos angiospermos dicotiledóneos.

aquilatar tr. y r. Graduar los quilates del oro. | fig. Examinar, apreciar debidamente el mérito de una persona o la verdad de una cosa.

aquilino, na adj. Aguileño, de rostro largo y delgado.

ara f. Altar en que se ofrecen sacrificios. | Piedra consagrada sobre la cual extiende el sacerdote los corporales para celebrar la misa.

arabesco, ca adj. Arábigo. | m. Adorno caprichoso que imita hojas, flores, frutas, cintas y animales.

aráceo, a Díc. de plantas monocotiledóneas, con rizomas o tubérculos, como la cala. | f. pl. Familia de estas plantas.

arácnido, da adj. Aracnoideo. | m. pl. Grupo de animales artrópodos, que constituyen un orden de los aracnoideos.

aracnoides adj. y s. Díc. de una de las tres membranas que envuelven el encéfalo situada entre la duramáter y la piamáter.

arado m. Instrumento con que se labra la tierra, abriendo surcos en ella. | Reja, labor agrícola que se da a la tierra con el arado.

aragonito m. Mineral, compuesto de carbonato de cal cristalizado.

araliáceas f. pl. Familia de plantas dicotiledóneas.

arana f. Embuste, trampa, engaño.

arancel m. Tarifa oficial de derechos o precios.

arándano m. Planta ericácea. | Fruto de esta planta.

arandela f. Platillo con un orificio central, que se pone en el candelero para que no gotee la vela. | Corona circular metálica que suele ponerse entre dos piezas de una máquina o artefacto, para evitar roces y desgastes.

araña f. Nombre que vulgarmente se da a cualquier artrópodo aracnoideo cuyo cuerpo está dividido en dos partes bien marcadas, unidas por un fino pedúnculo. | Pez acantopterigio marino. | Candelero con varios brazos y que cuelga del techo.

arañar tr. Herir ligeramente con las uñas, un alfiler u otra cosa. Ú. c. r. | Rayar ligeramente una superficie lisa.

arar tr. Labrar la tierra con arado.

araucaria f. Género de árboles coníferos.

arbitraje m. Acción y efecto de arbitrar. | Juicio arbitral.

arbitrar tr. Obrar con libertad. | Juzgar como árbitro | r. Ingeniarse.

arbitrariedad f. Acto contrario a la razón, a las leyes o a la justicia.

arbitrio m. Facultad que tenemos de adoptar una resolución con preferencia a otra. | Autoridad, poder.

árbitro, tra adj. y s. Díc. de quien puede hacer una cosa por sí solo sin dependencia de otro. | Díc. del juez en quien las partes se comprometen para que ajuste y transija sus diferencias. | m. El que en algunas contiendas deportivas cuida de la aplicación del reglamento.

árbol m. Planta perenne de tronco leñoso y más o menos elevado, que se ramifica a mayor o menor altura del suelo.

arboladura f. Conjunto de palos de un navío.

arbolar tr. Enarbolar. | Poner mástiles a la nave. | intr. Elevarse mucho las olas del Ú. t. c. r. | Encabritarse.

arboleda f. Sitio poblado de árboles.

arborecer intr. Hacerse árbol.

arbóreo, a adj. Perteneciente, relativo o parecido al árbol.

arboricultura f. Cultivo de los árboles. | Tratado que lo enseña.

arbotante m. Pilar que termina en forma de medio arco y sirve para sostener un muro o bóveda.

arbusto m. Planta leñosa más pequeña que el árbol y que se ramifica desde la base.

arca f. Caja grande con tapa llana y cerradura.

arcabuz m. Antigua arma de fuego semejante al mosquete.

arcada f. Movimiento violento del estómago, excitador del vómito. Ú. m. en pl.

arcaico, ca adj. Perteneciente al arcaísmo.

arcaísmo m. Voz o frase anticuada.

arcángel m. En el cristianismo, espíritu celeste del octavo coro, intermedio entre los ángeles y los principados.

arcano, na adj. Recóndito, reservado, secreto.

arce m. Árbol aceráceo.

arcén m. Margen u orilla.

archi Prefijo de ciertas voces compuestas. Indica superioridad.

archipiélago m. Parte del mar poblada de islas.

archivador, ra adj. y s. Que archiva. | m. Mueble adecuado para archivar documentos, fichas u otros papeles.

archivar tr. Poner y guardar documentos en un archivo.

archivo m. Lugar donde se guardan papeles o documentos. | Conjunto de estos.

archivolta f. Conjunto de molduras que adornan un arco.

arcilla f. Silicato de alúmina hidratado; sustancia que, empapada en agua, se hace muy plástica.

arcipreste m. Dignidad en las iglesias catedrales.

arco m. Porción de curva. | Arma hecha de una varilla elástica, sujeta por los extremos con una cuerda para disparar flechas. | Varilla con cerdas para tocar ciertos instrumentos de cuerda.

arder intr. Estar encendido. | fig. Sentir vivos deseos de algo.

ardid m. Medio empleado con arte y maña para lograr algo.

ardiente Que arde | adj. Que causa ardor o parece que abrasa. | f. Fervoroso, eficaz, activo.

ardilla f. Mamífero roedor, muy inquieto, vivo y ligero, que se cría en los bosques.

ardor m. Calor grande. I fig. Enardecimiento de los afectos y pasiones. I fig. Intrepidez, denuedo.

ardoroso, sa adj. Que tiene ardor. I fig. Ardiente, vigoroso.

arduo, a adj. Muy difícil.

área f. Medida de superficie equivalente a cien metros cuadrados. I Superficie limitada por un perímetro.

arena f. Conjunto de partículas disgregadas de las rocas, sobre todo si son silíceas. Suele acumularse en las orillas del mar abundante en las playas y en los desiertos. I fig. Redondel de la plaza de toros.

arenal m. Extensión grande de terreno arenoso.

arenga f. Discurso generalmente solemne y de elevado tono.

arenilla f. Arena muy menuda o polvos para secar lo escrito. I Cálculo en la vejiga.

arenisca f. Roca formada con granillos de cuarzo unidos por un cemento silíceo, arcilloso, calizo o ferruginoso.

arenque m. Pez fisóstomo marino parecido a la sardina.

areómetro m. Instrumento que mide la densidad de los líquidos.

arete m. dim. de aro. I Anillo o arito que por adorno llevan las mujeres en las orejas.

argamasa f. Mezcla de arena agua y cal, con que se unen las piedras de los edificios.

argentar tr. Platear. I fig. Dar brillo semejante al de la plata.

argénteo adj. De plata. I Dado o bañado de plata. I fig. De brillo como el de la plata.

argolla f. Aro metálico grueso.

argot m. Caló. I Jerigonza. I Jerga.

argucia f. Sutileza, sofisma, argumento falso presentado con agudeza.

argüir tr. Sacar en claro, dedul Probar, dejar ver con claridad. I Echar en cara. I intr. Disputar impugnando la opinión ajena.

argumentación r. Acción de argumentar. I Argumento o razonamiento demostrativo o probatorio.

argumento m. Razonamiento que se emplea para probar o demostrar un proposición, o para convencer a otro de algo.

aria f. Composición musical para una sola voz.

aridez f. Calidad de árido.

árido, da adj. Seco, estéril, de poco jugo y humedad.

ariete m. Máquina militar antigua, consistente en una viga reforzada por un extremo, propia para batir murallas.

arisco, ca adj. Áspero, intratable. I Indómito, montaraz.

arista f. Línea que resulta de la intersección de dos caras contiguas de un poliedro o de dos planos cualesquiera.

aristocracia f. Gobierno en que sólo ejercen el poder las personas más notables y más poderosas. I Clase noble.

aristócrata Persona perteneciente a la aristocracia.

aritmética f. Parte de las Matemáticas que trata de los números y de las operaciones que con ellos pueden efectuarse.

arlequín m. Personaje cómico de la antigua comedia italiana que llevaba antifaz y traje de cuadros de colores.

arma f. Todo instrumento ofensivo y defensivo.

armada f. Conjunto de fuerzas marítimas de una nación.

armadillo m. Mamífero desdentado americano, que tiene hocico puntiagudo y el cuerpo protegido por un caparazón de placas.

armador, ra m. y f. Persona que arma las piezas de un artefacto. I m. El que arma a avía alguna nave. I Corsario. I Jubón.

armadura f. Conjunto de armas de hierro con que se vestían para su defensa los combatientes. I Pieza o conjunto de piezas unidas con otras, sobre la que se arma alguna cosa.

armamentista adj. Referente a la industria de armas de guerra. I Partidario de la política de armamento. Ú.t.c.s.

armamento m. Prevención o apresto de todo lo necesario para la guerra.

armar tr. proveer de armas.

armario m. Mueble con puertas y anqueles o perchas, para guardar libros, ropas u otras cosas.

armazón f. Conjunto de piezas sobre las que se arma algo.

armero, ra m. y f. Fabricante o vendedor de armas. I m. Técnico o perito encargado de la conservación y arreglo de las armas en las unidades del Ejército, buques de guerra, etc.

armilar adj. Dícese de la esfera movible que representa los círculos astronómicos.

armiño m. Mamífero carnicero de piel muy suave. I Piel de este animal.

armisticio m. Suspensión de hostilidades, pactada entre pueblos o ejércitos beligerantes.

armonía f. Combinación de sonidos simultáneos y diferentes, pero acordes. I Arte de formar y enlazar los acordes. I fig. Conveniente proporción y correspondencia de unas cosas con otras. I fig. Amistad y buena correspondencia.

armónico, ca adj. Perteneciente a la armonía. I Sonido agudo, concomitante, producido por la resonancia de otro fundamental. I f. Instrumento músico provisto de una serie de orificios con lengüeta. Se toca soplando o aspirando por estos orificios.

armonio m. Órgano pequeño parecido a un piano.

armonioso, sa adj. Que tiene armonía. Agradable al oído.

armonizar tr. Poner en armonía dos o más partes de un todo o dos o más cosas que deben concurrir aun mismo fin. I intr. Estar en armonía.

arnés m. Conjunto de armas defensivas que se sujetan al cuerpo. I pl. Guarniciones de las caballerías.

aro m. Pieza de metal o de otra materia, en figura de circunferencia. I Juguete infantil que tiene esa figura y al que se hace rodar dándole con un palo. I Arete, zarcillo.

aroma f. Flor del aromo. I Perfume, olor muy agradable.

aromaterapia f. Utilización médica de los aceites esenciales.

aromático, ca adj. Que tiene aroma o perfume.

aromatizar tr. y r. Dar o comunicar aroma a alguna cosa.

arpa f. Instrumento músico triangular con cuerdas verticales que se toca con ambas manos.

arpegio m. Sucesión rápida de los sonidos de un acorde.

arpeo m. Instrumento de hierro con garfios, que sirve para rastrear, o para aferrarse dos embarcaciones.

arpía f. Ave fabulosa, cruel y sucia, con rostro de mujer y cuerpo de ave de rapiña. I fig. Persona codiciosa que se vale de artimañas para obtener cuanto puede.

arpillera f. Tejido por lo común de estopa muy basta.

arpón m. Instrumento formado por un astil de madera armado en un extremo con una punta de hierro para herir y otras dos en sentido contrario para hacer presa.

arponear tr. Pescar o cazar con arpón.

arquear tr. Dar forma de arco. Ú. t. c. r. I Sacudir la lana. I Medir la cabida de un buque.

arqueología f. Ciencia que estudia cuanto se refiere a las artes y a los monumentos de la antigüedad.

arqueozoología f. Parte de la arqueología que se ocupa especialmente del estudio de restos de animales en yacimientos de antiguas culturas.

arquería f. Conjunto de arcos.

arquero m. El que hace arcas. I Cajero, el encargado de la caja de caudales. I El que hace arcos o aros. I Soldado armado de arco.

arquetipo m. Modelo original y primario de alguna cosa.

arquibanco m. Banco largo con uno o más cajones a modo de arcas, cuyas tapas sirven de asiento.

arquidiócesis f. Diócesis arzobispal.

arquitecto, ta m. y f. Persona que profesa o ejerce la arquitectura.

arquitectura f. Arte de proyectar y construir edificios.

arquitrabe m. Parte inferior del cornisamiento, que descansa sobre el capitel de la columna.

arrabal m. Barrio situado fuera del recinto de la población a que pertenece I Cualquiera de los sitios extremos de una población. I pl. Afueras.

arrabalero, ra adj. y s. Habitante de un arrabal.

arracimar tr. y r. Juntar en forma de racimo.

arraigar intr. Echar raíces. Ú. t. c. r. I r. Establecerse en un lugar, adquiriendo en él, bienes, parentesco, etc.

arramblar tr. Cubrir el suelo de arena de los ríos en sus crecidas. I fig. Arrastrarlo todo, llevándoselo con violencia. I fig. Recoger y llevarse codiciosamente cuanto hay en algún lugar.

arramplar tr. fam. Arramblar. Llevarse cuanto hay en un lugar. Ú. t. c. intr.

arrancar tr. Sacar de raíz. I Sacar con violencia una cosa del sitio en que está. I fig. Conseguir algo de una persona con trabajo, violencia o astucia. I intr. Partir de carrera para seguir corriendo. I Iniciarse el funcionamiento de una máquina o el movimiento de un vehículo. Ú. t. c. tr.

arranchar tr. e intr. Pasar el barco cerca de la costa o de un bajo. I r. Juntarse en ranchos.

arranque m. Acción de arrancar. I Ímpetu de cólera, piedad, amor y otro afecto.

arrasar tr. Allanar una superficie. I Echar por tierra, destruir, no dejar piedra sobre piedra.

arrastrar tr. Llevar por el suelo a una persona o cosa, tirando de ella. I fig. Impulsar un poder irresistible. I fig. Traer uno a otro a su dictamen o voluntad. I fig. Soportar algo penosamente. intr. I fig. Humillarse vilmente.

arrayán m. Arbusto mirtáceo.

¡arre! interj. usada para hacer andar a las bestias.

arrear tr. Estimular a las bestias con la voz, la espuela, el látigo o de otra manera, para que anden o aviven el paso. I Dar prisa, estimular.

arrebañar tr. Rebañar.

arrebatar tr. Quitar o tomar con violencia y fuerza alguna cosa. I fig. Conmover poderosamente excitando una pasión. Ú. t. c. r. I Arrobar el espíritu. Ú. t. c. r. I Enfurecerse, dejarse llevar por alguna pasión.

arrebato m. Arrebatamiento, furor, enajenamiento, éxtasis.

arrebol m. Color rojo de las nubes.

arrebozar tr. Rebozar. t fig. Ocultar con maña.

arrebujar r. Coger mal y sin orden alguna cosa flexible. I r. Cubrirse y abrigarse bien en la ropa.

arreciar intr. Cobrar fuerza y vigor. I Irse haciendo cada vez más fuerte o violenta alguna cosa. Ú. t. c. r.

arrecife m. Banco o bajo formado en el mar por peñascos casi a flor de agua.

arredrar tr. y r. Apartar, separar. I fig. Retraer, hacer volver atrás, amedrentar.

arreglar tr. Reducir a regla; ajustar, conforÚ. t. c. r. I Componer, ordenar, concertar.

arreglo m. Acción de arreglar o arreglarse. I Regla, orden, coordinación. I Avenencia.

arrellanarse. r. Extenderse en el asiento con toda comodidad. I Vivir uno en su empleo sin ánimo de dejarlo.

arremangar tr. y r. Remangar.

arremeter intr. Acometer con ímpetu y furia. I Arrojarse con presteza.

arremolinarse r. fig. Amontonarse o apiñarse desordenadamente las gentes.

arrendajo m. Pájaro córvido, más pequeño que el cuervo y parecido a él.

arrendamiento m. Acción de arrendar algo, y también el precio en que se arrienda.

arrendatario, ra adj. y s. Que toma algo en arriendo.

arreo m. Atavío, adorno. I pl. Guarniciones o jaeces de las caballerías.

arrepentimiento m. Pesar de haber hecho alguna cosa.

arrepentirse r. Pesarle a uno de haber hecho o dejado de hacer alguna cosa.

arrestar tr. Poner preso. I r. Arrojarse a ejecutar una acción ardua o peligrosa.

arresto m. Acción de arrestar. I Reclusión por un tiempo breve, como corrección o pena. I Arrojo.

arriar tr. Bajar velas o banderas.

arriate m. Espacio levantado junto a las paredes de un patio o jardín, para cultivar plantas de adorno. I

arriba adv. En la parte superior. I En lo alto; hacia lo alto; a lo alto.

arribada f. Llegada de una embarcación.

arribar intr. Llegar la nave al puerto. I Llegar por tierra a cualquier parte. Ú. t. c. r.

arribista m. Persona que progresa en la vida por medios rápidos y sin escrúpulos.

arriero m. El que trajina con bestias de carga de un punto a otro.

arriesgado, da adj. Osado, imprudente. I Aventurado, peligroso.

arriesgar tr. y r. Poner a riesgo.

arrimado, da m. y f. Persona que vive en casa ajena, a costa o al amparo de su dueño.

arrimar tr. Acercar o poner una cosa junto a otra, tocándose. Ú. t. c. r. I r. Apoyarse, juntarse a otros. I fig. Acogerse a la protección de alguien. I Amancebarse.

arrimo Acción de arrimar o arrimarse. I Apoyo, sostén. I Ayuda, auxilio. I Apego, afición, inclinación.

arrinconar Poner alguna cosa en un rincón o lugar retirado. I Estrechar a una persona hasta que halle obstáculo para seguir retrocediendo. I fig. Dejar, abandonar alguna cosa. I r. fig. Retirarse del trato de gentes.

arriscado, da adj. Atrevido, resuelto. I Formado o lleno de riscos.

arriscar tr. y r. Arriesgar. I r. Despeñarse las reses por los riscos.

arritmia f. Falta de ritmo. I Irregularidad en los movimientos del corazón.

arroba Peso de 25 libras, unos once kilos y 502 g.

arrobamiento m. Acción de arrobar o arrobarse. I Éxtasis. Enajenarse, quedar fuera de sí.

arrodillar tr. Hacer que uno hinque la rodilla o las rodillas. I intr. y r. Ponerse de rodillas.

arrogador, ra adj. y s. Que se arroga algo.

arrogancia f. Altanería.

arrogante adj. Altanero, soberbio. I Valiente, brioso. I Gallardo, airoso.

arrogar r. Atribuirse, apropiarse atribuciones.

arrojar tr. Impeler con violencia una cosa. I Echar, despedir de sí, sacar a uno de un lugar, brotar las plantas de sus hojas, flores, frutos o raíces. I Dar tal o cual resultado una cuenta.

arrojo m. fig. Osadía, intrepidez.

arrollador, ra adj. y s. Que arrolla.

arrollar tr. y r. Envolver una cosa, de modo que resulte en forma de rollo. I Llevar rodando la violencia del agua o del viento alguna cosa sólida.

arropar tr. y r. Cubrir o abrigar con ropa.

arrope m. Mosto cocido hasta la consistencia de miel, al que suelen echarse trozos de frutas.

arrostrar tr. Hacer cara, resistir a la adversidad o a los peligros.

arroyo Caudal corto de agua. | Cauce por donde corre.

arroz m. Planta gramínea, propia de terrenos muy húmedos, que tiene por fruto un grano oval, blanco y harinoso, que cocido, es alimento muy usual. | Fruto de esta planta.

arruar intr. Gruñir el jabalí cuando se ve acosado.

arruga Pliegue o surco en la piel del cuerpo y también en la ropa u otra cosa flexible.

arrugar tr. y r. Hacer arrugas. | r. Encogerse.

arruinar tr. y r. Causar ruina. | fig. Destruir, causar grave daño.

arrullar tr. Atraer con arrullos el palomo o el tórtolo a la hembra, o al contrario. | fig. Enamorar con arrullos. | fig. Adormecer al niño con arrullos.

arrullo Canto monótono con que se enamoran las palomas y las tórtolas.

arrumacos m. pl. fam. Demostraciones de cariño hechas con gestos y ademanes.

arrumar tr. Distribuir la carga de un buque.

arrumbar tr. Poner algo como inútil en un lugar retirado. | Fijar el rumbo.

arsenal m. Lugar donde se construyen y reparan los buques. | Depósito de armas. | Conjunto o depósito de informaciones, datos, etc.

arsénico adj. Díc. de un ácido muy venenoso que resulta de la combinación del arsénico con el hidrógeno y el oxígeno.

arte amb. Virtud e industria para hacer algo, habilidad. | Facultad mediante la cual expresa el hombre lo material o lo inmaterial, valiéndose de la imagen, sonido o la materia. | Cautela, maña, astucia.

artefacto m. Obra mecánica hecha según arte.

artejo m. Nudillo de los dedos. | Cualquier pieza articulada de los artrópodos.

artemisa f. Planta compuesta, de flores blancas con el centro amarillo, aromática y medicinal.

arteria f. Vaso o conducto que lleva la sangre del corazón a las demás partes del cuerpo.

artería f. Amaño, astucia, que se emplea para algún fin, generalmente malo. Tiene carácter peyorativo.

arteriología f. Parte de la Anatomía que trata de las arterias.

arteriosclerosis f. Endurecimiento de las arterias.

artero, ra adj. Mañoso, astuto

artesa f. Cajón cuadrilongo para amasar el pan y otros usos.

artesanado m. Artesanía, clase social constituida por los artesanos. | Artesanía, arte u obra de artesanos.

artesanía f. Trabajo o labor de artesanos. | Conjunto, clase de los artesanos.

artesano, na m. y f. Persona que posee habilidades en algún arte u oficio manual.

artesón m. Artesa para fregar. | Adorno cuadrado o poligonal en los techos y bóvedas.

artesonado, da adj. Adornado con artesones. | m. Techo así adornado.

ártico, ca adj. Septentrional. | Perteneciente, cercano o relativo al Polo Norte.

articulación f. Acción o efecto de articular o articularse. | Unión de dos piezas de una máquina o instrumento. | Pronunciación clara y distinta de las palabras. | Unión de un hueso u órgano esquelético con otro. | Posición y movimientos de los órganos de la voz para pronunciar una letra.

articulado, da adj. y s. Que tiene articulaciones. | m. Serie de artículos de una ley, tratado, reglamento, etc

articular tr. Unir, enlazar. Ú. t. c. r. | Colocar los órganos de la voz en la forma que requiere la pronunciación de cada sonido.

articulista m. Escritor de artículos para publicaciones periódicas.

artículo m. Artejo. | Una de las partes en que se divide un escrito. | Escrito más o menos extenso que se inserta en los periódicos. | Cada una de las divisiones de un diccionario encabezada con distinta palabra. | Cada una de las disposiciones numeradas de una ley, reglamento, etc. | Mercancía, cosa con que se comercia. | Parte de la oración que se antepone al nombre para enunciar su género y número.

artífice m. Artista, persona que ejercita alguna arte bella. | Persona que ejecuta científicamente una obra mecánica o aplica a ella una de las bellas artes.

artificial adj. Hecho por mano y arte del hombre. | No natural, falso.

artificio m. Arte primor, ingenio con que está hecha una cosa.

artillar. tr. Armar, proveer de artillería las fortalezas o los buques.

artillería f. Arte de construir y manejar armas y máquinas de guerra. | Una de las Armas que forman parte del Ejército.

artilugio m. fam. Aparato o mecanismo de poca importancia y duración. | Ardid.

artimaña f. Trampa para cazar. | fam. Artificio o astucia.

artiodáctilo, la adj. y s. Díc. de los animales mamíferos, ungulados que tienen los dedos en número par.

artista Persona que ejercita alguna de las bellas artes, o que esta dotado para ellas.

artístico, ca adj. Perteneciente o relativo a las artes.

artralgia f. Dolor en las articulaciones.

artritis f. Inflamación de las articulaciones.

artritismo m. Enfermedad general que se manifiesta por litiasis, gota, obesidad, etc., y se atribuye a deficiencias de la nutrición.

artrología f. parte de la Anatomía que trata de las articulaciones.

artropatía f. Nombre genérico de toda afección articular.

artrópodo adj. Díc. de animales invertebrados de cuerpo con simetría bilateral formado por una serie de segmentos colocados en sentido longitudinal y provisto de apéndices constituidos por diversos artejos.

artrosis f. Afección articular crónica de naturaleza degenerativa,

arundíneo, a adj. Relativo a las cañas.

arúspice m. Sacerdote de la antigua Roma, que examinaba las entrañas de las víctimas para hacer presagios.

aruspicina f. Arte de los arúspices.

arveja f. Algarroba, planta leguminosa. | Su fruto o semilla.

arvejo m. Guisante.

arzobispado m. Dignidad de arzobispo, y territorio de su jurisdicción.

arzobispo m. Obispo metropolitano, prelado superior de una arquidiócesis.

as m. Naipe que representa el número uno de cada palo. | Punto único en una cara del dado. | fig. Primero o preeminente en su especie.

asa f. Parte que sobresale en las vasijas, cestas, etc., y sirve para asirlas.

asador m. Varilla en que se clava una cosa para asarla.

asadura f. Conjunto de las entrañas de un animal. | Hígado y bofes.

asaetar tr. Tirar saetas. | Herir con ellas.

asalariado, da s. Persona que percibe un salario por su trabajo.

asaltar tr. Acometer impetuosamente una posición enemiga para desalojar de ella a sus defensores. | Acometer repentinamente y por sorpresa a una o más personas.

asalto m. Acción de asaltar. | En boxeo, cada una de las partes o tiempos de que consta un combate.

asamblea f. Reunión numerosa de personas convocadas para algún fin. | Cuerpo político y deliberante.

asar tr. Poner al fuego un manjar crudo para que se cueza. | fig. Tostar, abrasar.

asaz adj. Bastante, harto, muy.

asbesto m. Mineral parecido al amianto, pero de fibras duras y rígidas.

ascendencia f. Serie de ascendientes. | Estirpe, cuna.

ascender intr. Subir, pasar de un lugar a otro más alto. | Importar una cuenta. | fig. Adelantar en empleo o dignidad.

ascendiente Padre, madre o cualquiera de los abuelos de quien desciende una persona.

ascensión f. Acción de ascender.

ascenso m. Promoción o mayor empleo.

ascensor m. Aparato para subir personas o cosas. | Montacargas.

asceta m. Persona que hace vida ascética.

ascético, ca adj. Díc. de quien se dedica a practicar y ejercitar la perfección espiritual. | Perteneciente a este ejercicio.

ascetismo m. Práctica de la vida ascética.

ascitis f. Acumulación de líquido en la cavidad abdominal.

asclepiadáceo, a adj. Díc. de plantas dicotiledóneas, como la cornicabra. Ú. t. c. s. | f. pl. Familia de estas plantas.

asco m. Alteración del estómago por repugnancia. | fig. Impresión desagradable por algo que repugna.

ascua f. Materia incandescente y sin llama.

asear tr. y r. Poner limpio, aseado.

asechanza f. Engaño o artificio para dañar.

asechar tr. Poner asechanza

asedar tr. Poner suave como la seda.

asediar tr. Cercar un punto fortificado, para impedir que salgan los que están en él o que les lleguen socorros. | fig. Importunar a uno sin descanso con pretensions.

asedio m. Acción y efecto de asediar.

asegurado, da adj. Díc. de la persona que ha contratado un seguro.

asegurador, ra adj. y s. Que asegura. | Díc. de la persona que asegura riesgos ajenos.

asegurar tr. Dejar firme y seguro; fijar sólidamente. | Poner a una persona en condiciones que le imposibiliten la huida o la defensa. | Afirmar la certeza de lo que se refiere. Ú. t. c. r. | Poner una cosa a cubierto de la pérdida que por cualquier accidente pueda sufrir.

asemejar tr. hacer una cosa semejante a otra. | intr. Tener semejanza. | r. Mostrarse semejante.

asentado, da adj. Sentado, juicioso, sesudo. | fig. Estable, permanente.

asentador m. El que asienta o cuida de que asiente una cosa. | Suavizador. | Instrumento de herrería, a modo de formón para pulir la obra hecha.

asentar tr. Sentar, poner a uno en algún asiento. Ú. m. c. r. | Poner alguna cosa de modo que permanezca firme. | situar, fundar, establecer, tratándose de pueblos o edificios. | Afirmar, dar por cierto. | Establecerse en un sitio o lugar.

asentimiento m. Asenso.

asentir intr. Convenir con otro en un mismo dictamen.

aseo m. Limpieza. | Esmero, cuidado.

asépala f. Díc. de la flor que no tiene sépalos.

asepsia f. Conjunto de procedimientos destinados a preservar de gérmenes infecciosos al organismo.

aséptico, ca adj. Perteneciente a la asepsia.

asequible adj. Que puede conseguirse.

aserción. f. Afirmación.

aserradero m. Paraje donde se asierra.

aserrador, ra adj. Que sierra. | m. El que tiene por oficio aserrar. | f. Máquina para aserrar.

aserrar tr. Cortar o dividir con sierra.

asertivo, va adj. Afirmativo.

asertorio, ria adj. Díc. del juramento que afirma.

asesinar tr. Matar alevosamente, o por precio, o con premeditación.

asesinato m. Acción de asesinar.

asesino, na adj. Que asesina, homicida. Ú.t.c.s.

asesor, ra adj. y s. Que aconseja.

asesorar tr. dar consejo o parecer. | r. Tomar consejo una persona de otra, o ilustrarse con su parecer.

asesoría f. Empleo de asesor. | Su oficina. | Honorarios del asesor.

asestar tr. Dirigir una arma hacia el objeto que se quiere amenazar u ofender con ella. | Descargar contra un objeto el proyectil o el golpe de una arma o cosa que haga su oficio.

aseveración f. Acción de aseverar.

aseverar tr. Asegurar lo que se dice.

asexual adj. Sin sexo; ambiguo. | Díc. de la reproducción que se verifica sin intervención de los dos sexos, como la gemación.

asfaltar tr. Revestir de asfalto.

asfalto m. Betún sólido, negro y lustroso, derivado del petróleo, que se emplea mezclado con arena, en pavimentación.

asfixia f. Suspensión de la respiración que puede llegar a ocasionar la muerte, por sumersión, estrangulación, acción de gases no respirables, etc.

asfixiar tr. y r. Causar asfixia. | Por ext., sofocar, ahogar.

así adv. De este modo, de esta suerte. | De ese modo. | Aunque, conj. comp. Tanto, de igual modo.

asidero m. Parte por donde se ase. | fig. Ocasión, pretexto.

asiduidad f. Frecuencia, puntualidad o aplicación constante a una cosa.

asiduo, dua adj. Frecuente, constante, perseverante.

asiento m. Silla, taburete, banco u otra cosa para sentarse en ella. | Lugar que tiene alguno en una junta. | Parte plana de algunos utensilios, sobre la que se mantienen derechos. | Anotación de una cosa para que no se olvide.

asignación f. Acción y efecto de asignar. | Pensión, sueldo, etc.

asignar tr. Señalar lo que corresponde a una persona o cosa. | Señalar, fijar.

asignatura f. Cada una de las materias que se enseñan en un establecimiento docente.

asilar tr. Dar asilo, albergar. | r. Acogerse a un asilo.

asilo m. Establecimiento benéfico en que se recogen menesterosos, o donde se les da alguna asistencia. fig. Amparo, protección, favor.

asimilación f. Acción de asimilar o asimilarse.

asimilar intr. Ser semejante una cosa a otra. | r. Parecerse, asemejarse.

asimismo adv. También. | Del mismo modo.

asíndeton m. Figura retórica que consiste en omitir conjunciones copulativas.

asíntota f. Línea recta que se acerca indefinidamente a una curva, sin encontrarla nunca.

asir tr. Tomar, coger con la mano o de otro modo, prender. I f. Agarrarse de algo.

asistencia r. Acción de asistir. I Socorro, favor, ayuda.

asistir intr. Estar o hallarse presente; concurrir con frecuencia a algún lugar. I Socorrer, favorecer, ayudar. I Cuidar a un enfermo; procurar su curación. I Estar de parte de una persona la razón, el derecho,

asistolia f. Enfermedad del corazón debida a insuficiencia de la sístole.

asma f. Enfermedad de los bronquios, que origina tos, respiración difícil y anhelosa y expectoración escasa.

asna f. Hembra del asno. I pl. Vigas menores de una techumbre.

asno m. Animal solípedo que se emplea como cabalgadura y como bestia de carga y de tiro. I Persona muy ruda y de poco entendimiento.

asociación f. Acción y efecto de asociar. I Conjunto de asociados.

asociar tr. Dar a uno un compañero que le ayude en algún cargo o comisión. I Juntar dos cosas de modo que tiendan al mismo fin. I Tomar un compañero que le ayude. I r. Juntarse, reunirse para algún fin.

asolador, ra adj. y s. Que asuela.

asolapar tr. Asentar una teja sobre otra, cubriéndola sólo en parte.

asolar tr. Poner por el suelo, destruir, arruinar. I Secar los campos, o echar a perder sus frutos el calor o la sequía. Ú. m. c. r. I r. Posarse los líquidos.

asolear tr. Poner al sol. I Acalorarse con el sol.

asomar intr. Empezar a mostrarse algo. I tr. y r. Sacar o mostrar alguna cosa por una abertura o por detrás de algo.

asombrar tr. Hacer sombra una cosa a otra. I tr. y r. Causar admiración muy grande.

asombro m. Espanto, terror. I Grande admiración.

asomo m. Indicio. I Sospecha.

asonada f. Tumulto, motín.

asonancia f. Correspondencia de un sonido con otro.

asonante adj. Que asuena o hace asonancia. I adj. y s. Díc. de cualquier voz con respecto de la misma asonancia.

asonar tr. Ensordecer a uno con ruido o con voces.

asónico, ca adj. Díc. de lo que impide la transmisión de las ondas sonoras. Aplícase a los cuerpos que, por sus propiedades, son aislantes del sonido.

aspa f. Cruz en forma de X. I Instrumento para aspar el hilo. I Aparato giratorio, en forma de cruz, que mueve la máquina de los molinos de viento.

aspaviento m. Demostración afectada o excesiva de algún sentimiento.

aspecto m. Apariencia, modo de presentarse a la vista una persona o cosa. I Semblante, apariencia de las cosas.

aspereza f. Calidad de áspero. I Desigualdad del terreno.

asperjar tr. Hisopear.

áspero, ra adj. Que no es suave al tacto. I fig. Desapacible al gusto o al oído. I fig. Poco afable, de carácter seco. I Díc. del terreno desigual, escabroso.

aspersión f. Acción de asperjar.

aspersorio m. Instrumento con que se rocía.

áspid m. Víbora venenosa.

aspidistra f. Planta liliácea..

aspillera f. Abertura estrecha en un muro para disparar contra el enemigo.

aspiración f. Acción de aspirar.

aspirador, ra adj. y s. Que aspira. I m. Aparato para aspirar o absorber gases, polvo u otras cosas.

aspirante adj. m. y f. Que aspira. I m. Persona que ha obtenido derecho a ocupar un cargo. I Persona que pretende un empleo, distinción, título, etc.

aspirar tr. Atraer el aire a los pulmones. I Pretender con ansia. I Pronunciar con aspiración.

aspirina f. Sustancia medicamentosa antineurálgica y antipirética.

asquear tr. e intr. Sentir asco.

asquerosidad f. Suciedad que mueve a asco.

asta f. Lanza o pica. I Cuerno de un animal. I Palo de bandera.

ástaco m. Cangrejo de agua dulce.

astado, da adj. Que tiene asta o cuernos.

astático, ca adj. Díc. de un sistema de agujas imantadas, dispuesto de tal modo que la acción de la Tierra no tenga influencia sobre él.

ástato m. Elemento químico obtenido al bombardear bismuto con partículas alfa.

astenia f. Decaimiento muy grande de fuerzas, debilidad.

asterisco m. Cierto signo ortográfico en forma de estrella (*) que se usa en impresos o escritos para hacer llamada a nota o explicación.

asteroide adj. De forma de estrella.

astigmatismo m. *Opt.* y Imperfección de los instrumentos dióptricos o del ojo, que hace confusa la visión.

astilla f. Fragmento que salta de la madera.

astillero m. Sitio donde se construyen barcos.

astracanada f. Bufonada. I Pieza teatral cómica, grotesca en demasía.

astrágalo m. Tragacanto. I Uno de los huesos del tarso, que está articulado con la tibia y el peroné.

astral adj. Perteneciente a los astros.

astringente p. a. de astringir. Que astringe.

astringir tr. Apretar, contraer alguna sustancia los tejidos orgánicos. I fig. Constreñir, obligar.

astro m. Cuerpo celeste.

astrofísica Parte de la Astronomía que se ocupa de las características físicas de los cuerpos celestes.

astrolabio m. Antiguo instrumento para observar la altura, lugar y movimiento de los astros.

astrología f. Ciencia del conocimiento de los astros. I Arte de pronosticar los sucesos por la situación y aspecto de los planetas.

astrólogo, ga adj. Astrológico. I m. y f. Persona que profesa la astrología.

astronauta Persona que navega por el espacio sideral o cósmico. I Tripulante de una astronave.

astronáutica f. Ciencia y técnica de la navegación por el espacio interplanetario, interestelar e intergaláctico.

astronomía f. Ciencia que trata de cuanto se refiere a los astros, y principalmente a las leyes de sus movimientos.

astroso, sa adj. Infausto, desgraciado. I fig. Desaseado, roto. I fig. Vil, abyecto.

astucia f. Ardid, maña.

astuto, ta adj. Que tiene astucia o que la implica. I Hábil para engañar o evitar el engaño o para lograr cualquier fin.

asueto m. Vacación corta.

asumir tr. Atraer a sí, tomar para sí.

asunción f. Acción de asumir. I Por excelencia, elevación de la Virgen al cielo.

asunto m. Materia de que se trata. I Tema o argumento de una obra.

asurar tr. Requemar por falta de jugo I prnl. Asarse.

asurcar tr. Hacer surcos.

asustar tr. y r. Dar y causar susto. I Producir desagrado o escándalo. Ú. t. c. r.

atabal m. Timbal, instrumento músico. Tamboril. | Atabalero.

atabalear intr. Producir los caballos con las manos el ruido de los atabales. | Imitar con los dedos este ruido.

atacadera f. Instrumento para atacar la pólvora de los barrenos.

atacar tr. y r. Atar, abrochar. | Meter y apretar el taco en un arma, barreno, etc. | Acometer, embestir. | fig. Impugnar, refutar.

atadijo m. fam. Lío pequeño mal hecho.

atafagar tr. y r. Sofocar, aturdir. | r. Estar sobrecargado de trabajo.

ataguía f. Macizo de material impermeable con que se ataja el paso del agua mientras se construye una obra hidráulica.

ataire m. Moldura en los tableros de puertas o ventanas.

atajadero m. Obstáculo que se pone en acequias, regueras, etc. para dirigir o distribuir el agua.

atajadizo m. Tabique o división de tablas o lienzo.

atajar intr. Ir o tomar por el atajo. | tr. Tratándose de personas o animales que huyen o caminan, salirles al encuentro por algún atajo. | Detener a alguna persona en su acción; o el curso de alguna cosa.

atajo m. Senda o paraje por donde se abrevia el camino. | fig. Procedimiento o medio rápido. | Pequeño grupo de cabezas de ganado. | fig. Conjunto o copia.

atalaya f. Torre en lugar alto para descubrir y dar aviso de lo que se vea. | Eminencia o altura. | m. el encargado de atalayar.

ataludar tr. Dar talud o inclinación.

atanasia f. Hierba de Santa María planta compuesta medicinal.

atañer intr. impers. Incumbir, tocar, pertenecer.

ataque m. Acción de atacar, acometer o embestir. | fig. Acceso o acometimiento de un estado morboso.

atar tr. Unir o sujetar con ligaduras. | fig. Impedir el movimiento. | fig. Juntar, conciliar, relacionar. | r. fig. No saber como salir de un negocio o apuro.

atarantar tr. y r. Aturdir.

ataraxia f. Imperturbabilidad de espíritu.

atarazana f. Arsenal.

atarazar tr. y r. Morder o herir con los dientes.

atardecer m. Último período de la tarde.

atarear tr. Señalar tarea. | r. Entregarse mucho al trabajo.

atarugar tr. Asegurar con tarugos un ensamblado. | r. fig. Atollarse, atragantarse.

atasajado, da adj. fam. Díc. de la persona que va tendida sobre una caballería.

atasajar tr. Hacer tasajos de la carne.

atascadero m. Lodazal donde se atascan los carruajes o las caballerías. | fig. Estorbo que impide la continuación de un negocio.

atascar tr. Tapar con tascos o estopones. | Obstruir o cegar un conducto con alguna cosa. U. m. c. r. | pr. Quedarse detenido en un pantano o lugar de difícil salida.

atasco m. Impedimento que no permite el paso. | Obstrucción de un conducto, con materias sólidas que no dejan pasar las líquidas.

ataúd m. Caja para el cadáver.

ataujía f. Obra de adorno que se hace embutiendo hilos de oro o plata en ranuras abiertas en otro metal.

ataurique m. Cierta labor en yeso, representando hojas y flores, con que los moros españoles adornaban los edificios.

ataviar tr. y r. Componer, asear.

atávico, ca adj. Perteneciente o relativo al atavismo.

atavío m. c. Adorno, compostura.

atavismo m. Semejanza con los antepasados. | Tendencia, en los seres vivos, a la reaparición de caracteres propios de sus ascendientes más o menos remotos.

ataxia f. Perturbación de las funciones del sistema nervioso.

ateísmo m. Opinión que niega la existencia de Dios.

atelaje m. Tiro, conjunto de caballerías que tiran de un carruaje.

atelana adj. Entremés o sainete de los latinos.

atemorizar tr. y r. Causar temor.

atemperar tr. y r. Moderar, templar. Acomodar una cosa a otra.

atenazado, da adj. De forma de tenaza.

atenazar tr. Atenacear. | Poner los dientes apretados.

atención Acción de atender. | Cortesanía, urbanidad. | Demostración de cariño, respeto u obsequio.

atender intr. y tr. Aplicar el entendimiento a algo. | Cuidar de alguna persona o cosa. | Esperar o aguardar. | Acoger favorablemente, satisfacer un deseo o mandato.

ateneo m. Nombre de algunas asociaciones. generalmente científicas y literarias.

atenerse r. Adherirse a algo. | Ajustarse, sujetarse uno en sus acciones a alguna cosa.

atentado, da adj. Cuerdo, prudente. | m. Agresión al Estado o a una persona constituida en autoridad; desacato grave a los mismos. | Agresión contra la vida o la integridad física o moral de una persona. | Acción contraria a un principio u orden que se considera recto.

atentar tr. Emprender o ejecutar algo ilícito. | Intentar, especialmente hablando de un delito. | intr. Cometer atentado.

atento, ta adj. Que tiene fija la atención. | adv. En atención a alguna cosa.

atenuar tr. Poner tenue o sutil una cosa. | fig. Minorar o disminuir alguna cosa.

ateo, a adj. y s. Que niega la existencia de Dios.

aterciopelado, da adj. Parecido al terciopelo.

aterirse r. Pasmarse de frío.

atérmano, na adj. Que difícilmente deja pasar calor.

aterrador, ra adj. Que aterra o aterroriza.

aterrajar tr. Labrar tuercas y tornillos, o hacer molduras, con la terraja.

aterrar tr. Bajar al suelo. | Derribar, abatir. | Aterrorizar. U. t. c. r. | Cubrir con tierra. | Aterrerar. | intr. Llegar a tierra. | Acercarse a tierra.

aterrerar tr. Echar escorias y escombros en los terrenos.

aterrizaje m. Acción de aterrizar.

aterrizar v. intr. Establecer contacto con el suelo un avión, como resultado de una maniobra de ascenso.

aterrorizar tr. y r. Causar terror.

atesoramiento m. Acción de atesorar.

atesorar tr. Reunir y guardar dinero o cosas de valor. | fig. Tener muchas buenas cualidades.

atestado, da adj. Testarudo. | m. Instrumento, documento en que una autoridad da fe de algún hecho.

atestar tr. Henchir algo hueco apretando lo que se mete en él. | Meter una cosa en otra.

atestiguar tr. Deponer, declarar, afirmar como testigo.

atetar tr. Dar la teta.

atezar tr. Poner liso, terso o lustroso. Ennegrecer. U. t. c. r.

ático adj. Último piso de un edificio, de techo más bajo que los demás.

atiesar tr. y r. Poner tiesa una cosa.

atigrado, da adj. Que tiene manchas parecidas a las de la piel del tigre.

atildado, da adj. Pulcro, aseado.

atildar tr. Poner tildes a las letras. | fig. Componer, asear, U. t. c. r.

atinar intr. Encontrar lo que se busca a tientas, sin ver el objeto. I Acertar o dar en el blanco. I Acertar una cosa por conjeturas.

atincar m. Bórax.

atiparse v. r. Atracarse, hartarse.

atiplado, da adj. Que participa de las cualidades de la voz de tiple.

atiplar tr. Levantar el tono de un instrumento hasta el de tiple I r. Elevarse del tono grave al agudo.

atirantar tr. Poner tirante. I Asegurar con tirantes.

atisbar tr. Observar, mirar con cuidado. I Acechar, explorar.

atisbo m. Atisbadura. I Barrunto.

atizador, ra adj. Que atiza. U. t. c. s.

atizar tr. Remover el fuego o añadirle combustible. I fig. Avivar pasiones o discordias. I fig. Dar, arrimar, arrear, tratándose de golpes.

atlante m. Estatua de hombre que sirve de columna.

atlas m. Colección de mapas geográficos, en un volumen. I Primera vértebra cervical, que sostiene inmediatamente la cabeza

atleta m. El que tomaba parte en los antiguos juegos públicos de Grecia y Roma. I Persona que practica ejercicios o deportes que requieren el empleo de la fuerza.

atlético, ca adj. Relativo al atleta.

atletismo m. Práctica de ejercicios o juegos atléticos.

atmósfera f. Masa de aire que rodea la Tierra. I Por extensión, fluido gaseoso que rodea un cuerpo cualquiera. I fig. Espacio en que ejerce su influjo una persona o cosa.

atmosférico, ca adj. Perteneciente o relativo a la atmósfera.

atoar tr. Remolcar una nave.

atocha f. Esparto.

atolladero m. Atascadero.

atollar intr. y r. Dar en un atolladero. I r. fig. Meterse en un empeño de no fácil salida.

atolón m. Isla de coral, de forma anular que circunda una laguna interior.

atolondrado, da adj. Que obra sin reflexión.

atolondrar tr. y r. Aturdir o causar aturdimiento.

atómico, ca adj. Relativo al átomo.

atomizador m. Instrumento o aparato para pulverizar.

atomizar tr. Dividir en partes una cosa. I Pulverizar un líquido.

átomo m. Partícula mínima de materia que puede intervenir en una reacción química. I Partícula material de pequeñez extremada. I Fig. Cualquier cosa muy pequeña.

atonal adj. Díc. de la composición musical en que no existe una tonalidad bien definida.

atonía f. Debilidad de los tejidos orgánicos.

atónito, ta adj. Pasmado, asombrado.

átono, na adj. Falto de tono o acentuación prosódica.

atontamiento m. Acción de atontar o atontarse.

atontar tr. y r. Aturdir, atolondrar.

atorar tr. Atascar, obstruir. I tr. intr. y c. r. I Atragantarse.

atormentar tr. causar dolor o molestia corporal. I Dar tormento. I fig. Afligir, causar disgusto o enfado. I Torturar.

atornillar tr. Introducir un tornillo haciéndole girar. I Sujetar con tornillos.

atoro m. Atasco.

atorrante m. Vago, callejero, golfo, vagabundo.

atosigar tr. Emponzoñar con tósigos o veneno. I fig. Fatigar a prisa para que haga una cosa. U. t. c. r.

atrabiliario, ria adj. Relativo a la atrabilis. I De genio destemplado y violento. Usase también c. s.

atrabilis f. Bilis negra y acre.

atracadero m. Sitio donde las embarcaciones menores pueden atracar.

atracador m. El que para robar, atraca o asalta en las poblaciones.

atracar tr. fam. Hacer comer y beber con exceso, hartar. U. t. c. r. I Asaltar, saltear un poblado. I Animar unas embarcaciones a otras, o a tierra. Ú. t. c. intr.

atracción f. Acción de atraer. I Fuerza que atrae.

atraco m. Acción de atraer, asaltar o saltear.

atracón m. fam. fig. Acción de atracarse comiendo y bebiendo.

atractivo, va adj. Que atrae o tiene fuerza para atraer. I m. Gracia, donaire, incentivo.

atraer tr. Traer hacia sí. I Inclinar o reducir una persona a otra a su voluntad u opinión.

atragantar tr. Ahogar o producir ahogos a uno por detenerse algo en la garganta. Ú. m. c. r. I r. fig. y fam. Cortarse o turbarse en la conversación.

atrampar tr. Coger o pillar en la trampa o en un lugar del que no se puede salir. I Caerse el pestillo de la puerta, de modo que no se pueda abrir.

atrancar tr. Asegurar la puerta por dentro con una tranca. I intr. Dar trancos o pasos largos.

atrapar tr. fam. coger al que huye o va de prisa. I fig. Coger alguna cosa. I fig. Atraer a alguien con maña.

atrás adv. En la parte posterior.

atrasar tr. Retardar. Ú. t. c. r. I Hacer que retrocedan las agujas del reloj. I intr. No marchar el reloj con la debida velocidad. Ú. t. c. r. I r. Quedarse atrás.

atraso m. Efecto de atrasar o atrasarse. I pl. Cantidades vencidas y no cobradas.

atravesar tr. Poner una cosa de modo que pase de una parte a otra. I Pasar cruzando de una parte a otra. I Poner o estar una cosa oblicuamente sobre otra. I r. Ponerse una cosa entremedias de otra.

atrepsia f. Atrofia general de los recién nacidos.

atreverse r. Arriesgarse, aventurarse a hacer o decir algo arriesgado. I Insolentarse. I fig. Llegar a ofender.

atribución f. Acción de atribuir. I Cada una de las facultades que a una persona da el cargo que tiene.

atribuible adj. Que se puede atribuir. Imputable.

atribuir tr. Aplicar hechos o cualidades a alguna persona. Ú. t. c. r. I Asignar una cosa a alguno como de su competencia. I r. Imputar, achacar.

atribular tr. Causar tribulación. I r. Padecer tribulación.

atributivo, va adj. que indica o anuncia un atributo o cualidad.

atributo m. Cada una de las cualidades o propiedades de un ser. I Símbolo que denota el carácter y representación de las figuras de una obra artística. I Lo que se enuncia del sujeto.

atril m. Mueble en forma de plano inclinado, para sostener libros o papeles abiertos y leer cómodamente.

atrincar tr. Trincar, sujetar, asegurar con cuerdas y lazos. I Apretar.

atrincherar tr. Fortificar una posición con atrincheramientos. I r. Ponerse en trincheras a cubierto del enemigo.

atrio m. Espacio descubierto, por lo común de pórticos, a la entrada de un edificio. I Zaguán.

atrocidad f. Crueldad grande. I fam. Exceso, demasía. I fam. Dicho o hecho muy necio o temerario.

atrofia f. Falta de desarrollo de cualquier parte del cuerpo.

atrofiar tr. Producir atrofia. I r. Padecer atrofia.

atronar tr. Asordar con gran ruido.

atropellar tr. Pasar precipitadamente por encima de alguien. I Derribar o empujar violentamente a alguno. I fig. Agraviar a alguno abusando de la fuerza o poder que se tiene.

atropello m. Acción de atropellar o atropellarse.

atropina f. Alcaloide venenoso de la belladona, que se emplea en medicina para dilatar la pupila.

atroz adj. Enorme. l Cruel, inhumano. l fig. Desmesurado, muy grande.

atuendo m. Aparato, ostentación. l Atavío, vestido.

atún m. Pez marino acantopterigio de gran tamaño y carne bastante apreciada.

aturar tr. Tapar y cerrar muy apretadamente.

aturdir tr. y r. Causar aturdimiento. l fig. Desconcertar. pasmar

aturrullar tr. fam. Confundir, desconcertar. Ú. t. c. r.

atusar tr. Recortar o igualar el pelo. l Alisar el pelo, con la mano o con el peine mojados.

audacia f. Osadía, atrevimiento.

audaz adj. Osado, atrevido.

audición f. Acción de oír. l Concierto, recital o lectura en público.

audiencia f. Acto de oír una autoridad a los que reclaman algo, l Tribunal de justicia, su distrito y edificio donde se reúne.

audífono m. Instrumento para favorecer la percepción de los sonidos en las personas que padecen cierta clase de sordera.

audio Usase a veces como prefijo para indicar las partes del aparato directamente relacionadas con la señal acústica.

audiograma f. Curva que representa el grado de agudeza con que percibe los sonidos un individuo.

audioprótesis f. Adaptación de audífonos u otras piezas artificiales para la corrección de deficiencias del aparato auditivo. l Pieza o dispositivo electroacústico destinado a esta corrección.

audioprotesista com. Profesional especializado en audioprótesis.

audiovisual adj. Que se refiere conjuntamente al oído y a la vista, o lo emplea a la vez.

auditivo, va adj. Que tiene virtud para oír. l Relativo al oído.

auditor m. Funcionario del Cuerpo Jurídico Militar que informa sobre la interpretación y aplicación de las leyes en los procedimientos judiciales instruidos en el ejército o en la Armada. l Revisor de cuentas colegiado.

auditorio m. Concurso de oyentes. l Local acondicionado para escuchar conferencias, discursos, lecturas, etc.

auge m. Prosperidad grande. l Apogeo.

augurar tr. Adivinar como los augures. l Presagiar, presentir.

augurio m. Presagio, anuncio, indicio de algo futuro.

augusto, ta adj. Digno de veneración.

aula f. Sala donde se enseña o se da clase.

aulaga f. Planta leguminosa, espinosa, de flores amarillas.

áulico, ca adj. y s. Cortesano, o perteneciente a palacio.

aullar tr. Dar aullidos.

aullido m. Voz triste y prolongada de ciertos animales como el perro y el lobo.

aumentar tr. y r. Acrecentar, dar mayor extensión, número o materia. l Adelantar, mejorar en empleos o riquezas.

aumentativo, va adj. Que aumenta. l Díc. del vocablo que aumenta y acrecienta el significado de otro.

aumento m. Acrecentamiento.

aún adv. Todavía. l Hasta, también, inclusive. l Siquiera (con negación).

aunar tr. y r. Unir, confederar. l Unificar. l Armonizar varias cosas.

aunque conj. advers. con que se denota oposición, a pesar de lo cual puede ser, ocurrir o hacerse algo.

aupar tr. y r. fam. Levantar o subir a una persona. l Fig. Ensalzar, enaltecer.

aura f. Viento suave y apacible. l Hálito, aliento. l irradiación luminosa que rodea a ciertos seres.

áureo adj. De oro. l Dorado.

aureola f. Disco o círculo de luz que fulgura en la cabeza de las imágenes santas.

aureolar tr. Adornar con aureola.

áurico, ca adj. De oro.

aurícula f. Parte de las dos cavidades superiores del corazón que reciben sangre de las venas.

auricular adj. Perteneciente al oído. l Perteneciente o relativo a las aurículas. l m. Receptor del teléfono, al cual se aplica el oído.

aurífero, ra adj. Que lleva o contiene oro.

aurora f. Luz sonrosada que precede inmediatamente a la salida del Sol.

auscultar tr. Aplicar el oído sobre el pecho, la espalda o el vientre de una persona, directamente o mediante un estetoscopio.

ausencia f. Acción o efecto de ausentarse o de estar ausente. l Tiempo en que alguno está ausente.

ausentar tr. Hacer que una persona parta o se aleje de un lugar. l r. Separarse de una persona o lugar, especialmente de la población en que reside.

auspiciar tr. Patrocinar, favorecer.

auspicio m. Agüero. l Protección, favor.

austero, ra adj. Agrio, áspero al gusto. Rígido, severo.

austral adj. Relativo al austro. l Perteneciente o relativo al hemisferio terrestre comprendido entre el ecuador y el polo antártico.

australopiteco m. Antropoide fósil de África del Sur, que vivió hace más de un millón de años y era capaz de tallar guijarros.

austro m. Viento del Sur. l Sur, punto cardinal opuesto al Norte.

autenticidad f. Calidad de auténtico.

auténtico, ca adj. Acreditado de cierto y positivo. l Autorizado o legalizado.

autentificar tr. Autenticar.

autismo m. Concentración de la atención de una persona en su propia identidad, con desinterés hacia el mundo exterior.

autillo m. Ave rapaz nocturna, mayor que la lechuza.

auto Voz que se usa como prefijo con la significación de propio, por uno mismo. l m. Composición dramática breve y en la que intervienen personajes alegóricos. l fam. Automóvil. l Forma de resolución judicial que decide cuestiones secundarias o incidentales para las que no se requiere sentencia.

autobiografía f. Vida de una persona escrita por ella misma.

autobombo m. Elogio desmesurado y público que uno hace de sí mismo.

autobús m. Ómnibus automóvil para el transporte de pasajeros.

autocar m. Automóvil de gran capacidad, para uso de turistas.

autocarril m. Autovía, coche de ferrocarril.

autoclave m. Aparato que sirve para esterilizar, destruyendo así los gérmenes patógenos que existen en determinadas sustancias o instrumentos.

autocracia f. Gobierno en el cual un solo hombre ostenta todo el poder como déspota absoluto.

autócrata m. Persona que ejerce por sí sola la autoridad suprema en un Estado.

autocrítica f. Crítica de una obra por su autor.

autóctono, na adj. y s. Aplícase a los pueblos y gentes, animales y plantas, originarios del país en que viven.

autodeterminación f. Facultad de obrar o disponer obedeciendo sólo a la propia reflexión o determinación. l Libre decisión de los pobladores de una unidad territorial acerca de su futuro estatuto político.

autodidacto, ta adj. y s. Que se instruye por sí mismo, sin maestro.

autofinanciación f. Proceso mediante el cual una empresa financia su propia expansión destinando beneficios u otros ingresos a este fin de forma permanente y duradera.

autógeno, na adj. Díc. de la soldadura de metales que se hace, sin intermedio de materia extraña, fundiendo con soplete las partes donde ha de hacerse la unión.

autogiro m. Aparato de aviación que puede elevarse y aterrizar con poca velocidad y casi verticalmente, para lo cual lleva una hélice horizontal de grandes palas que giran por la acción del viento.

autografía f. Procedimiento por el cual se traslada un escrito a una piedra preparada al efecto, para tirar con ella muchos ejemplares del mismo escrito.

autógrafo, fa adj. y s. Aplícase a lo escrito por la mano de su autor.

autoinducción f. Producción de una fuerza eléctrica en un circuito por la variación de la corriente que pasa por él.

autómata m. Instrumento o aparato que encierra dentro de sí el mecanismo que le imprima determinados movimientos.

automático, ca adj. Relativo al autómata. l Díc. de los mecanismos que funcionan en todo o en parte por sí solos; también de su funcionamiento.

automatismo m. Ejecución de actos sin participación de la voluntad.

automatizar tr. Convertir movimientos corporales en automáticos. l Utilizar aparatos o máquinas automáticas en la industria para disminuir la mano de obra.

automóvil adj. y s. Que se mueve por sí mismo. Díc. principalmente de los carruajes provistos de un motor que los pone en movimiento y que pueden ser guiados para marchar por una vía ordinaria.

automovilismo m. Conjunto de conocimientos teóricos y prácticos referentes a la construcción, funcionamiento y manejo de automóviles.

automovilista Persona que conduce un automóvil.

autonomía f. Estado y condición del pueblo que goza de entera independencia política. l Condición del individuo que no depende de nadie.

autónomo, ma adj. Que goza de autonomía.

autopista f. Carretera para alta velocidad, con dos direcciones separadas por un seto y desviaciones a distinto nivel.

autoplastia f. Operación que restaura un tejido con otro del mismo individuo.

autopropulsión f. Acción de trasladarse una máquina por su propia fuerza motriz.

autopsia f. Examen anatómico de un cadáver.

autor, ra m. y f. Persona que es causa de alguna cosa. l Persona que ha hecho alguna obra científica, literaria o artística.

autoridad f. Carácter o representación de una persona por su empleo, mérito o nacimiento. l Potestad, facultad. l Persona revestida de algún poder, mando o magistratura. l Crédito y fe que, por su mérito y fama, se da a una persona en determinada materia. l Texto o expresión de un escrito que se cita en apoyo de lo que se dice.

autoritarismo m. Sistema fundado en sumisión incondicional a la autoridad.

autorización f. Acción de autorizar.

autorizar tr. Dar a uno facultad para hacer alguna cosa. l Permitir.

autorretrato m. Retrato de una persona hecho por ella misma.

autoservicio m. Sistema de venta en el que el mismo comprador toma los artículos que le interesan.

autosuficiencia f. Calidad o condición de bastarse uno a sí mismo, de subsistir por sí.

autosugestión f. Sugestión que se origina de manera espontánea en una persona, independiente de influencias extrañas.

autotomía f. Mutilación espontánea que algunos seres efectúan sobre alguna parte de su cuerpo, generalmente para huir de un peligro.

autótrofo Díc. del organismo que es capaz de elaborar su propia materia orgánica a partir de sustancias inorgánicas.

autovía m. Automotor. l Coche de ferrocarril con motor propio, no unido a otra unidad ni a máquina alguna. l f. Autopista.

auxiliar tr. Dar auxilio. l adj. y s. Que auxilia. l En algunas dependencias del Estado, funcionario técnico o administrativo de carácter subalterno.

auxilio m. Ayuda, socorro, amparo.

avadar intr. y r. Menguar los ríos y hacerse vadeables.

aval m. Firma con que se afianza o garantiza un documento de crédito. l Escrito en que uno responde de la conducta de otro.

avalancha f. Alud. l Irrupción, invasión de muchas cosas, tropel.

avalar tr. Garantizar por medio de aval.

avalorar tr. y r. Dar valor o precio a una cosa. l Aumentar el valor de una cosa.

avance m. Acción de avanzar. l Anticipo de dinero. l Conjunto de fragmentos de una película proyectados antes de su estreno con fines publicitarios.

avante adv. adelante

avanzar intr. Ir hacia adelante especialmente las tropas. Ú. t. c. r. l fig. Progresar o mejorar en alguna cosa.

avaricia f. Apetito desordenado de riquezas.

avaricioso, sa adj. Avariento.

avariento, ta adj. Que tiene avaricia. Ú. t. c. s.

avaro, ra adj. y s. Avariento.

avasallador, ra adj. y s. Que avasalla.

avasallar tr. Sujetar, rendir o someter a obediencia. l r. someterse por alguna causa al que tiene poder.

avatar o avatara m. Palabra india que significa descendimiento. l fig. Cambio, vicisitud. Ú. m. en pl.

ave f. Animal vertebrado, bípedo, ovíparo, de respiración pulmonar y sangre caliente, pico córneo, cuerpo cubierto de plumas excepto en las patas y en los dedos, y apto para el vuelo.

avecinar pr. y r. Acercar. l Dar vecindad en un pueblo.

avecindar tr. Dar vecindad o admitir a alguno en el número de los vecinos de un pueblo. l Establecerse en algún pueblo en calidad de vecino.

avechucho m. Ave o figura desagradable. l fig. Sujeto despreciable.

avejentado, da adj. Que parece más viejo de lo que es.

avellana f. Fruto de avellano.

avellanal m. Sitio poblado de avellanos.

avellano m. Arbusto betuláceo, cuyo fruto es la avellana. l Madera de este arbusto.

avena f. Planta gramínea de cuyo grano se obtiene una harina alimenticia. l Grano de esta planta. l

avenar tr. Dar salida a las aguas muertas mediante zanjas.

avenencia f. Convenio, transacción. Conformidad.

avenida f. Crecida impetuosa de un río o arroyo. | Camino que conduce a un paraje determinado. | Vía ancha con árboles a los lados

avenir tr. Ajustar, concordar las partes discordes. Ú. m. c. r. | r. Entenderse bien con alguna persona o cosa. | Ajustarse, ponerse de acuerdo.

aventajar tr. y r. Adelantar, poner en mejor estado, conceder alguna ventaja

aventar tr. Hacer o echar aire. | Echar al viento alguna cosa. Díc. generalmente de los granos que se limpian en la era. | Impeler el viento alguna cosa.

aventura f. Acaecimiento o lance extraño. | Casualidad, contingencia. | Riesgo, empresa de resultado incierto.

aventurado, da adj. Arriesgado, atrevido, inseguro.

aventurar tr. Arriesgar, poner en peligro. Ú. t. c. r. | Decir alguna cosa atrevida o de la que se tiene duda o recelo.

aventuradamente adv. Al azar, a la ventura. | A modo del aventurero.

aventurero, ra adj. y s. Que busca aventuras.

averdugar tr. Apretar o ajustar con exceso hasta causar lesión las herraduras.

avergonzar tr. Causar vergüenza. | r. Tener vergüenza o sentirla.

avería f. Daño que padecen las mercancías. | fam. Daño o perjuicio.

averiarse f. Echarse a perder alguna cosa.

averiguación f. Acción de averiguar.

averiguador, ra adj. y s. Que averigua.

averiguar tr. Buscar la verdad hasta descubrirla.

averío m. Conjunto de muchas aves.

averno m. Infierno.

aversión f. Oposición y repugnancia que se tiene a alguna persona o cosa.

avestruz m. Ave corredora, con hermosas plumas en la cola y en las alas.

avetoro m. Ave zancuda parecida a la garza.

avezar tr. y r. Acostumbrar.

aviación f. Locomoción aérea por medio de aparatos más pesados que el aire. | Cuerpo militar que utiliza este medio de locomoción para la guerra.

aviador, ra adj. y s. Díc. de la persona capacitada para gobernar un aparato de aviación. | m. Individuo que presta servicio en la aviación militar.

aviar tr. Disponer o prevenir para el camino. | fam. Alistar, aprestar, arreglar, componer. Ú. t. c. r. | fam. Apresurar y avivar la ejecución de lo que se está haciendo.

avícola adj. Perteneciente a las aves o a la avicultura.

avicultura f. Arte de criar y reproducir aves y de aprovechar sus productos.

avidez f. Ansia inmoderada, codicia.

aviejar tr. Avejentar.

avieso, sa adj. Torcido, fuera de regla. | fig. Malo o mal inclinado.

avinagrado, da adj. fig. De condición acre y áspera.

avinagrar tr. y r. Poner agria una cosa.

avío m. Apresto, prevención. | Silla y aparejo del caballo. | pl. fam. Utensilios necesarios para una cosa.

avión m. Aeroplano. | Especie de vencejo.

avioneta f. Avión de pequeñas dimensiones.

avisado, da adj. Sagaz, advertido.

avisar tr. Dar noticia de algún hecho. | Advertir o aconsejar.| Llamar a alguien para que preste un servicio. | Prevenir a alguien de alguna cosa.

aviso m. Noticia dada a alguno. | Indicio señal. | Advertencia, consejo. | Precaución, atención, cuidado.

avispa f. Insecto himenóptero amarillo provisto de un aguijón, cuya picadura produce escozor e inflamación.

avispado, da adj. fam. Vivo, agudo, sagaz.

avispar tr. Avivar las caballerías.

avispero m. Panal fabricado por avispas y sitio donde lo colocan. | Multitud de avispas.

avispón m. aum. de avispa. | Insecto himenóptero de mayor tamaño que la avispa común.

avistar tr. Alcanzar con la vista. | r. Verse uno con otro para tratar algo

avitaminosis f. Deficiencia de vitaminas.

avituallar tr. Proveer de vituallas.

avivar tr. Dar viveza, excitar, anil fig. Encender, acalorar. | fig. Hacer que el fuego arda más, o que la luz dé más claridad. | fig. Hablando de colores, ponerlos más vivos, subidos o brillantes.

avizor adj. Que acecha. | m. El que avizora. | Ojo avizor. expr. fam. que se usa para significar que hay que estar alerta.

avizorar tr. Acechar.

avo, a Terminación que se añade a los números cardinales para significar las partes en que se ha dividido una unidad.

avocar tr. Llamar a sí un tribunal superior la causa que se estaba litigando ante otro inferior.

avutarda f. Ave zancuda de vuelo corto y pesado.

axial adj. Axil.

axil adj. Perteneciente o relativo al eje.

axila f. Ángulo que la articulación de una parte del vegetal forma con el tronco o con la rama. | Sobaco del brazo.

axioma m. Principio, verdad clara y evidente, que no necesita demostración.

axiomática f. Conjunto de definiciones, axiomas y postulados en que se basa una teoría científica.

axiomático, ca adj. Evidente, incuestionable.

axiómetro m. Instrumentos que sirve para indicar la posición del timón

axis m. Segunda vértebra cervical, sobre la que gira la cabeza.

axoideo, a adj. Perteneciente o relativo al axis.

axón m. Prolongación filiforme de la célula nerviosa, que establece contacto con otra célula mediante ramificaciones terminales.

¡ay! interj. con que se expresan diversos movimientos del ánimo, y más generalmente pena o dolor.

ayer adv. En el día anterior inmediato al del que se habla.

ayermar tr. Convertir en yermo.

ayo, ya m. y f. Persona encargada de la crianza y educación de niños o jóvenes.

ayotera f. Calabacera, planta cucurbitácea.

ayuda f. Acción y efecto de ayudar. | Persona o cosa que socorre o presta cooperación.

ayudante m. Oficial, maestro o profesor subalterno, que ayuda a un superior o está a sus órdenes.

ayudar tr. Prestar cooperación. | Auxiliar, socorrer. | r. Poner los medios para el logro de alguna cosa.

ayunar intr. Abstenerse de comer.

ayuno m. Acción y efecto de ayunar.

ayuno, na adj. Que no ha comido. | fig. Que no tiene noticia de lo que se habla.

ayuntamiento m. Acción de juntar o de juntarse. | Corporación compuesta de un alcalde y varios concejales para la administración de un municipio.

ayustar tr. Unir dos cabos por sus chicotes.

azabache m. Variedad de lignito, negro y lustroso, que se usa para hacer botones, dijes, etc.

azada f. Instrumento a modo de pala que sirve para remover la tierra.

azadón m. Especie de azada grande.

azafata f. Camarera de la reina, a quien servía los vestidos y alhajas. l Profesional que presta sus servicios en un avión, atendiendo a los viajeros durante el vuelo.

azafate m. Canastillo, bandeja o fuente con borde de poca altura. l Jofaina de madera.

azafrán m. Planta iridácea. l Estigma de esta planta, que se usa como condimento, para teñir de amarillo y en medicina como estimulante.

azafranar tr. Teñir de azafrán. l Poner azafrán en un líquido. l Mezclar con azafrán.

azagaya f. Lanza o dardo arrojadizo.

azahar m. Flor del naranjo, del limonero y del cidro.

azalea f. Arbolillo ericáceo.

azar m. Casualidad. l Desgracia imprevista, caso fortuito.

azarbe m. Cauce por donde sale el agua que sobra después de regar.

azarja f. Instrumento para coger la seda cruda.

azaroso, sa adj. Que tiene en sí azar o desgracia. l Turbado, temeroso.

azcona f. Antigua arma arrojadiza, a modo de venablo.

azeuxis f. Hiato, encuentro de dos vocales que se pronuncian en sílabas diferentes.

ázimo adj. Díc. del pan sin levadura.

azoe m. Nitrógeno.

azófar m. Latón.

azogado, da adj. Que tiene azogue. l Persona cuya agitación se asemeja a la volubilidad del azogue.

azogar tr. Cubrir alguna cosa con azogue. l prnl. Enfermedad prodicida por absorber azogue.

azolar tr. Debastar la madera con azuela.

azolve m. Lodo o basura que obstruye un conducto de agua.

azor m. Ave rapaz falcónida diurna que se usó en cetrería.

azorar tr. Asustar, perseguir o alcanzar el azor a las aves. l fig. Conturbar, sobresaltar, avergonzar. l fig. Irritar, encender, infundir ánimo.

azotaina f. fam. Zurra de azotes.

azotar tr. Dar azotes a uno. Ú. t. c. r. l Dar golpes con la cola o con las alas.

azote m. Instrumento formado con cuerdas anudadas con que se castigaba a los delincuentes. l Golpe dado con él. l Vara, vergajo o tira de cuero que sirve para azotar. l Golpe dado en las nalgas con la mano.

azotea f. Cubierta llana de un edifico, dispuesta para poder andar por ella.

azotera f. Látigo de varios ramales.

azúcar amb. Sustancia dulce, cristalizable, de color blanco, cuando es pura, y soluble en agua y en el alcohol, que se extrae de la caña dulce, de la remolacha y de otros vegetales.

azucarar tr. Bañar con azúcar. l Endulzar con azúcar. l fig. Suavizar y endulzar alguna cosa.

azucarero, ra adj. Relativo al azúcar. l m. Vasija para poner el azúcar.

azucena f. Planta liliácea de flores blancas, muy olorosas. l Flor de esta planta.

azuela f. Herramienta de carpintero de figura de azadilla, a propósito para desbastar madera.

azufrar tr. y r. Sahumar con azufre.

azufre m. Elemento químico o cuerpo simple, de color amarillo claro y olor característico. Es insoluble en el agua, muy poco en el alcohol y en el éter y mucho en el sulfuro de carbono.

azufrín m. Mecha azufrada que se quema en las cubas y toneles antes de llenarlos de vino.

azul adj. y s. Del color del cielo sin nubes. Es el quinto color del arco iris.

azular tr. y r. Dar o teñir de azul.

azulejo, ja adj. dim. de azul. l Ladrillo pequeño vidriado, de varios colores.

azur adj. y s. Azul.

azuzador, ra adj. y s. Que azuza.

azuzar tr. Incitar a los perros para que embistan. l fig. Irritar, estimular.

B

b f. Letra consonante, segunda del alfabeto.

baba f. Saliva espesa y abundante que a veces fluye de la boca de diversos mamíferos. I Líquido viscoso segregado por el tegumento de la babosa, el caracol y otros invertebrados.

babear intr. Expeler la baba.

babel amb. fig. lugar de gran desorden y confusión.

babero m. Pedazo de lienzo y otra materia que para limpieza se pone a los niños colgando del cuello.

bable m. Lengua hablada en Asturias.

babor m. Costado izquierdo de una embarcación, mirando la popa a proa.

babosa f. Molusco gasterópodo.

babosear tr. Llenar de babas. I fig. Mostrarse muy enamorado.

babucha f. Zapato ligero y sin tacón, usado principalmente por los árabes.

baca f. Sitio en lo alto de un automóvil para colocación de equipaje.

bacalada f. Bacalao curado. I Cazuela de bacalao guisado.

bacaladero, ra adj. Perteneciente o relativo al bacalao, a su pesca o a su comercio.

bacalao m. Pez anarcantino.

bacanal adj. Ceremonia orgiástica y misteriosa del culto al dios Baco. I fig. Orgía con mucho desorden y tumulto.

bacante f. Mujer que tomaba parte en los bacanales; sacerdotisa de Baco.

bache m. Hoyo que se hace en una calle o camino a causa del mucho tránsito de carruajes y caballerías.

bachiller com. Persona que ha obtenido el grado que se concede al terminar los estudios de enseñanza media.

bachillerato m. Grado de bachiller. I Estudios necesarios para obtener dicho grado. I Exámenes requeridos para alcanzar el grado de bachiller.

bacía f. Vasija poco honda y de borde muy ancho. I La que usan los barberos para bañar la barba.

bacilo m. Bacteria de forma de bastoncito, recto o curvo.

bacín m. Vaso para los excrementos. I Bacineta para pedir limosnas.

bacinero, ra m. y f. Persona que pide limosna para obra pía.

bacteria f. Seres unicelulares, con células sueltas o reunidas, con flagelos o sin, de los que dependen gran parte de las transformaciones de la materia orgánica.

bacteriáceas f. pl. Familia de bacterias, cuya forma típica es la célula a manera de cilindro corto.

bactericida adj. y s. Que mata las bacterias.

bacteriología f. Rama de la microbiología, que estudia las bacterias.

bacteriólogo, ga m. y f. Persona versada en bacteriología.

bacteriostático, ca adj. Díc. de las substancias que impiden e inhiben la actividad vital de las bacterias. Ú. t. c. s.

báculo m. Bastón o vara propia de los antiguos sacerdotes y magos. I Palo o cayado en que se apoyan las personas débiles a ancianas. I fig. Arrimo, consuelo.

badajo m. Pieza metálica que pende en el interior de las campanas, con la cual se golpean éstas para hacerlas sonar.

badana f. Piel curtida de carnero u oveja.

badén m. Zanja que deja en el terreno la corriente de ias aguas llovedizas. I Cauce ensolado que se abre en un camino para dar paso a un corto caudal de agua.

badián m. Árbol magnoliáceo.

badil m. Paleta para remover y recoger la lumbre.

badilejo m. Llana de albañil.

baga f. Cápsula del lino en que está la semilla. I Cuerda para asegurar las cargas de las caballerías.

bagacera f. Lugar de los ingenios de azúcar en que se tiende el bagazo para que se seque.

bagaje m. Bestia de carga que para conducir el equipaje militar se toma en los pueblos. I fig. Conjunto de conocimientos y noticias de que dispone una persona.

bagatela f. Cosa de poca importancia y valor.

bagre m. Pez fisóstomo.

bagual m. Caballo no domado.

bagualón, na adj. y s. Díc. del caballo o yegua recién domados, o que conservan aún alguna fiereza.

bailable adj. Díc. de la música compuesta para bailar.

bailar intr. Hacer mudanzas con los pies, el cuerpo y los brazos, en orden y a compás.

bailarín, na adj. y s. Que baila. I s. Persona que baila por oficio.

baile m. Acción de bailar. I Cualquier danza. I Fiesta que se reúnen varias personas para bailar.

bailongo m. Baile popular.

baivel m. Escuadra falsa que tiene un brazo recto y otro curvo, y que usan los canteros.

baja f. Disminución del precio, valor y estimación de una cosa. I Pérdida o falta de un individuo. I Cese de una persona en un cuerpo, profesión, carrera, etc.

bajada f. Acción de bajar. I Camino por donde se baja.

bajamar f. Término del reflujo del mar. Tiempo que éste dura.

bajar intr. Ir desde un lugar a otro que esté más bajo. I Disminuirse o atenuarse alguna cosa. I tr. Poner alguna cosa en lugar inferior al que estaba. I Apear, desmontar a alguno de una caballería o carruaje.

bajel m. Buque, embarcación.

bajeza f. Hecho vil o acción indigna.

bajillo m. Tonel o cuba en que se guarda el vino en las bodegas.

bajío m. Banco de arena en el mar. Terreno bajo.

bajista m. Bolista que juega a la baja. I El que toca el contrabajo.

bajo, ja adj. Que tiene poca altura. I Díc. de lo que está en lugar inferior respecto a otras cosas análogas. I prep. Debajo.

bajorrelieve m. Bajo relieve.

bala f. Proyectil de plomo, hierro u otro metal para cargar armas de fuego. I Fardo apretado de mercaderías.

balada f. Composición poética cuyo objeto es cantar leyendas y tradiciones. I Balata.

baladí De poca sustancia y aprecio, de clase inferior.

balador, ra adj. y s. Que bala.

baladre m. Adelfa.

balandrón, na adj. Fanfarrón, que blasona de valiente.

baladronada f. Dicho o hecho propio de baladrón.

balaje m. Rubí de clase inferior, de color rosado o violáceo.

balalaica f. Instrumento músico parecido a la guitarra pero con caja triangular y con tres cuerdas.

balance m. Movimiento que hace un cuerpo inclinándose ya a un lado ya a otro. I Cuenta comercial demostrativa del estado del capital.

balancear intr. Dar o hacer balances. Ú. t. c. r. I Equilibrar.

balancín m. Madero que atraviesa paralelamente el eje de las ruedas delanteras de un coche. I Palo largo de que usan los volatines para mantenerse en equilibrio sobre la cuerda. I Mecedora.

balandra f. Embarcación pequeña que sólo tiene un palo con vela mayor y foque.

bálano m. Crustáceo cirrípedo sin pedúnculo que vive fijo sobre las rocas.

balanza f. Aparato que tiene por objeto comparar pesos.

balanzario m. Pesador de metales en las casas de monedas.

balar intr. Dar balidos.

balata f. Composición poética que se cantaba en lo antiguo. I Superficie antideslizante que se utiliza como freno en los vehículos aplicándola a presión sobre las ruedas.

balate m. Terreno pendiente de muy poca anchura. I Borde exterior de una acequia.

balausta f. Nombre que en Botánica recibe el fruto del granado.

balaustra f. Granado de flores dobles.

balaustrada f. Serie de balaustres colocados entre dos barandales.

balaustre Columnita para formar las barandillas.

balazo m. Disparo con arma de fuego. I Herida causada por una bala.

balcón m. Hueco abierto al exterior desde el suelo de la habitación, con barandilla, por lo común saliente. I Esta barandilla.

balconaje m. Juego de balcones en un edificio.

baldado, da p. p. de baldar. I adj. y s. Que tiene uno o más miembros impedidos. Tullido, impedido.

baldaquín m. Especie de dosel o palio hecho de tela de seda. I Pabellón generalmente sostenido por pilares que cubre un altar.

baldar tr. Privar una enfermedad o accidente el uso de los miembros o algunos de ellos. Ú. t. c. r.

balde m. Cubo, de lona, latón u otro material, que se emplea para sacar y transportar agua, sobre todo en las embarcaciones.

baldear tr. Regar con baldes cualquier suelo o pavimento.

baldés m. Piel de oveja curtida y suave.

baldío, a adj. y s. Díc. del terreno que no se cultiva.

baldón m. Palabra afrentosa. I Aprobio.

baldonear tr. y r. Injuriar a alguno de palabra en su cara.

baldosa f. Ladrillo pulimentado y duro, propio para solar.

baldosar tr. Embaldosar.

baldragas m. Hombre flojo, sin carácter ni energía.

balea f. Escoba para barrer las eras.

balénido adj. Mamíferos cetáceos.

balido m. Voz del carnero, del cordero, la oveja, la cabra, el gamo y el ciervo.

balista f. Ballesta. I Máquina de guerra de los antiguos, propia para arrojar piedras.

balistario m. Soldado que servía la balista.

balística f. Ciencia que estudia el movimiento de los proyectiles disparados por las armas de fuego.

baliza f. Boya u otra señal que se coloca para indicar bajos, direcciones de canales o cualquiera otra cosa que convenga advertir.

ballena f. Cetáceo balénido, el mayor de todos los animales vivientes.

ballenato m. Hijuelo de la ballena.

ballenero, ra adj. Perteneciente o relativo a la caza de la ballena. I m. Cazador de ballenas.

ballesta f. Antigua máquina de guerra para arrojar piedras y saetas gruesas. I Arma portátil antigua usada para disparar saetas y bodoques. I Cada uno de los muelles en que descansa la caja de los coches y que sirven para amortiguar los movimientos bruscos.

ballestería f. Arte de la caza mayor. I Conjunto de ballestas. I Gente armada de ballestas.

balneario, ria adj. Relativo a los baños públicos, especialmente medicinales o de mar. I m. Edificio con baños medicinales y en el cual suele darse hospedaje.

balompié m. Fútbol.

balón m. aum. de bala. I Fardo grande de mercancías. I Pelota grande, llena de aire, que se usa para muchos juegos.

baloncesto m. Deporte colectivo que se juega entre dos equipos de cinco jugadores y hasta siete suplentes en un campo rectangular de piso duro, en cuyos extremos cortos se colocan dos cestos elevados sobre postes.

balonmano m. Juego de balón análogo al fútbol, pero en el que la pelota se impulsa con cualquier parte del cuerpo, excepto con la comprendida entre las pantorrillas y los pies.

balonvolea m. Deporte colectivo que se juega en un campo rectangular dividido por una red.

balsa f. Poza de agua represada artificialmente. I Conjunto de maderos fuertemente unidos que se usan para navegar.

balsámico, ca adj. Que tiene bálsamo o cualidades de tal.

balsamina f. Planta balsaminácea.

balsamináceo, a adj. y s. Díc. de las plantas dicotiledóneas, de tallos generalmente carnosos, flores cigomorfas y fruto capsular carnosos.

bálsamo Medicamento compuesto de substancias aromáticas, que se usa para curar heridas, llagas y otras enfermedades. I fig. Cosa que da tranquilidad y bienestar.

baluarte m. Obra de fortificación de figura pentagonal, que sobresale en el encuentro de dos murallas.

balurdo, da f. Bobo.

bambalear intr. y r. Bambolear.

bambalina f. Lienzo pintado que cuelga del telar del teatro y forma la parte alta de una decoración.

bambochada f. Cuadro que representa borracheras y banquetes rídiculos.

bamboche m. Persona rechoncha y de rostro abultado y encendido.

bambolear intr. y r. Moverse una persona de un sitio a otro sin perder el sitio en que está.

bambú m. Planta gramínea, originaria de la India.

bananero, ra adj. Perteneciente o relativo al banano.

banano m. Plátano, planta musácea.

banasta f. Cesto grande.

banca f. Asiento de madera sin respaldo. I Cajón de lavandera. I Comercio que consiste en operaciones de giro, cambio y descuento, en abrir créditos, en la compra y venta de efectos públicos, etc.

bancal m. Potrero. Pedazo de tierra cuadrilongo, dispuesto para plantar en él. I Rellano de tierra en un terreno dependiente, que se utiliza para algún cultivo.

bancarrota f. Pérdida de solvencia financiera o moral. I Quiebra de mercader u hombre de negocios. I fig. Desastre o descrédito de un sistema o doctrina.

banco m. Asiento hecho generalmente de madera, en que pueden sentarse varias personas. I Asiento para los remeros en las embarcaciones de remo. IEstablecimiento público de crédito, constituido en sociedad por acciones. I Bajo de gran extensión en los mares, ríos y lagos navegables.

banda f. Insignia consistente en una cinta ancha que atraviesa desde un hombro al costado opuesto. I Faja o lista. I Porción de gente armada. I Parcialidad o conjunto de gente que sigue el partido de uno.

bandeador m. Travesaño que cruza por el ojo alto de una barrena con el cual se hace girar.

bandearse f. Saberse gobernar o ingeniar para satisfacer las necesidades de la vida.

bandeja t. Pieza de metal o de otra materia, plana o algo cóncava, para servir, presentar o depositar cosas.

bandera f. Símbolo de cada nación. I Lienzo u otra tela, de diversos colores, que sirve como adorno en ciertas festividades, y para hacer señales en los buques y torres de la costa.

banderilla f. dim. de bandera. I Especie de dardo que usan los toreros para ir hiriendo. I Dicho satírico; pulla.

banderola f. Bandera pequeña.

bandidaje m. Bandolerismo.

bandido m. Bandolero.

bando m. Edicto publicado solemnemente de orden superior. I Facción o partido. I Bandada.

bandolera f. Mujer que vive con bandoleros, o que toma parte en sus delitos. I Correa que cruza el pecho y la espalda desde un hombro hasta la cadera del lado opuesto, para suspender alguna arma para otros usos.

bandolerismo m. Existencia de muchos bandoleros en una comarca. I Desafueros y violencias propias de los bandoleros.

bandolero m. Salteador de caminos, ladrón.

bandolín m. dim. de bandola.

bandolón m. aum. de bandola. I Instrumento músico parecido a una bandurria grande.

bandoneón m. Instrumento músico de viento, especie de acordeón perfeccionado.

bandujo m. Tripa grande rellena de carne.

bandurria f. Instrumento músico de doce cuerdas, semejante a una guitarra, que se toca con una púa.

banjo m. Instrumento músico de cuerdas, cuya caja es un tamborcillo.

banqueo m. Desmonte de un terreno en planos escalonados.

banquero m. Jefe de una casa de banca. I El que se dedica a operaciones comerciales de banca.

banqueta f. Asiento de tres o cuatro pies y sin respaldo. I Banquillo muy bajo para poner los pies.

banquete m. Comida espléndida. I Comida a que concurren muchas personas, generalmente para celebrar algo como homenaje a una persona.

banquillo m. Banco pequeño. I Asiento del procesado ante el tribunal.

banzo m. Cada uno de los listones más gruesos del bastidor para bordar. I

bañadero m. Charco donde se bañan animales monteses.

bañar tr. Meter el cuerpo o parte de él en el agua, por limpieza, para refrescarse o con fines medicinales. Ú. t.c.r. I Sumergir alguna cosa en un líquido.

bañista com. Persona que concurre a tomar baños.

baño m. Acción de bañar o de bañarse. I Agua para bañar o de bañarse. I Pila que sirve para bañar o para bañarse. I Sitio donde hay aguas para bañarse.

bao m. Cada una de las piezas que colocadas de un costado a otro del buque, para sostener las cubiertas.

baobab m. Árbol bombacáceo.

baptisterio m. Sitio donde esta la pila baustismal. I La misma pila.

baquelita f. Nombre comercial de una resina sintética.

baqueta f. Varilla para asear las armas de fuego. I pl. Palillos con que se toca al tambor.

báquico, ca adj. Perteneciente al dios Baco.

bar m. Local donde se despachan bebidas que suelen tomarse en pie, ante el mostrador.

barahúnda f. Baraúnda. Ruido y confusión grandes.

barajar tr. Mezclar los naipes antes de repartirlos.

barajustar intr. Corcovear un caballo.

baranda f. Barandilla. I Borde de las mesas de billar.

barandal m. Listón en que se asientan y enlazan los balaustres. I El que los sujeta por arriba.

barandilla f. Antepecho compuesto de balaustres y de los barandales que los sujetan.

barata f. Baratura. I Trueque, cambio.

baratería f. Engaño, fraude en compra ventas o trueques.

baratija f. Cosa menuda de poco valor.

baratillero, ra m. y f. Persona que tiene baratillo.

baratillo m. Conjunto de cosas de poco precio, que se venden en lugar público. I Tienda o puesto en que se venden.

báratro m. Infierno.

baraustar tr. Asestar una arma. I Desviar el golpe de una arma.

barba f. Parte de la cara debajo de la boca. I Pelo de la cara.

barbacana r. Obra avanzada de fortificación para defensa de puertas, puentes, etc. I Muro bajo que rodea una plazuela.

barbacoa f. Parrilla usada para asar al aire libre carne o pescado. I Zarzo que, sostenido por puntales, sirve de camastro.

barbada f. Quijada inferior de las caballerías. I Cadenilla que se pone a las caballerías por debajo de la barba.

barbado, da p.p. de barbar. I adj. Que tiene barbas. I m. Vegetal con raíces para plantar.

barbar intr. Empezar a tener barbas. I Criar las abejas. I Poner púas a un arpón o a una alambrada.

barbaridad f. Crueldad. I Temeridad. I Falta de cultura. I Necedad. I Atrocidad, exceso, demasía.

barbarie f. Rusticidad, incultura. I fig. Fiereza, crueldad.

barbarismo m. Vicio del lenguaje que consiste en escribir o pronunciar mal las palabras, o en emplear vocabios impropios. I fig. Dicho o hecho necio o temerario.

bárbaro, ra adj. Entre los antiguos, extranjero. I Díc. del individuo de cualquiera de los puebios que en el siglo I abatieron el Imperio romano. I Perteneciente a estos puebios. I fig. Fiero, cruel.

barbechar tr. Arar la tierra disponiéndola para la siembra, o para que se meteorice y descanse.

barbecho m. Tierra que se deja descansar uno o mas años.

barbería f. Tienda del barbero. I Oficio de barbero.

barbilampiño, na adj. Que no tiene barba o la tiene poco poblada.

barbilla f. Punta de la barba. I Apéndice carnoso que algunos peces tienen en la parte inferior de la cabeza.

barbillera f. Rollo de estopa que se pone alrededor de las cubas para recoger el mosto que pueda salir al fermentar. I Especie de barboquejo que a veces se pone a los cádaveres para cerrarles la boca.

barbiquejo m. Barboquejo.

barbitúrico adj. Díc. de un ácido derivado del úrico.

barbo m. Pez fisóstomo de río. | *Zool.* Salmonete.

barboquejo m. Cinta que sujeta por debajo de la barba el sombrero u otra prenda de cabeza.

barca f. Embarcación pequeña, para pescar, pasar ríos o traficar en las costas.

barcal m. Artesa de una pieza que se usa para recoger vino.

barcarola f. Canción popular italiana que comenzaron a usar los gondoleros venecianos.

barcaza f. Lanchón muy grande, construido especialmente para varar en playas.

barcia f. Desperdicios que se obtienen al limpiar el grano.

barco m. Obra o artefacto de madera, hierro u otra materia, que puede flotar, mantenerse en el agua ,por el impulso de algún artificio y conducir en su interior personas y cosas.

barda f. Cubierta o protección de ramas, a modo de vallado.

bardana m. Barda, cubierta de espinos que se pone a las tapias. | Seto o vallado de espinos.

bardar tr. Poner bardas a las tapias.

bardo m. Poeta de los antiguos celtas.

baria f. Unidad cegesimal de presión, equivalente a una dina por centímetro cuadrado.

baricéntrico, ca adj. Perteneciente al centro de gravedad.

baricentro m. Centro de gravedad. | Punto en que se encuentran las tres medianas de un triángulo.

Barimetría f. Tratado de la medida y peso de los cuerpos.

bario m. Metal blanco argentino que tira a amarillento.

barisfera f. Núcleo central de la Tierra.

barita f. Sustancia mineral pesada, constituida por el óxido de bario.

barítono m. Voz media entre las de tenor y bajo. | El que la posee.

barloventear intr. Navegar un velero a la bolina, es decir, aprovechando la fuerza del viento para ir contra el viento.

barlovento m. Parte de donde viene el viento, con respecto a un lugar determinado.

barniz m. Disolución de una o más sustancias resinosas en un líquido, para dar brillo a las pinturas o preservar algún objeto de la acción de ciertos agentes nocivos. | Baño que se da en crudo al barro, loza y porcelana y que se vitrifica con la cocción.

barnizar tr. Dar un baño de barniz.

barola f. Cable con que se sujetan los buques abarloados.

barometría f. Parte de la física que trata de la teoría y aplicaciones del barómetro.

barométrico, ca adj, Perteneciente o relativo al barómetro.

barómetro m. Instrumento para medir la presión atmosférica.

barón m. Título de nobleza.

baroscopio m. Balanza propia para demostrar la presión atmosférica y el empuje que sufren los cuerpos en el aire.

barquilla f. dim. de barca. | Cesto pendiente del aeróstato, y en el que va el aeronauta.

barquillero, ra m. y f. Persona que hace o vende barquillos. | m. Molde de hierro con se hacen.

barquillo m. Hoja de pasta de harina con azúcar y canela, que se tuesta arrollada en moldes calientes dándoles la forma de canuto

barquín m. Fuelle grande que se usa en las herrerías.

barquinazo m. fam. Tumbo o vaivén recio de un carruaje, y también vuelco del mismo.

barra f. Pieza de metal u otra materia prismatica o cilíndrica y mucho más larga que gruesa. | Palanca de hierro para mover cosas muy pesadas. | Rollo de oro, plata u otro metal sin labrar. | Pieza de hierro, alargada que por juego se tira desde un lugar determinado, ganando el que la lanza más lejos. | Mostrador de un bar.

barrabasada r. fam. Travesura o fechoría grave.

barraca f. Caseta o albergue construido toscamente. | Vivienda rústica.

barragana f. Manceba, concubina.

barranco m. Despeñadero, precipicio.

barredera f. Escoba mecánica que sirve para barrer.

barrena f. Instrumento de acero con una rosca de bordes cortantes en forma de espiral cónica en su punta, que sirve para taladrar o hacer agujeros haciéndole girar.

barrendero m. Persona que tiene por oficio barrer.

barreno m. Barrera grande. | Agujero que hace la barrena. | Agujero que se llena de una sustancia explosiva para volar alguna cosa.

barreño m. Vasija de barro para fregar loza y para otros usos.

barrer tr. Limpiar el suelo con la escoba.

barrera f. Valla de madera. | Sitio de donde se saca el barro que usan los alfareros. | Antepecho en las plazas de toros. | fig. Obstáculo entre dos cosas.

barrero m. Alfarero.

barretón m. Azadón de minero.

barriada f. Barrio. | Parte de un barrio.

barrica f. Especie de tonel mediano.

barricada f. Especie de parapeto que se hace con barricas, vigas, carros, etc.

barriga f. Vientre (cavidad del cuerpo que contiene los intestinos, y conjunto de las vísceras).

barrigudo, da adj. Que tiene gran barriga.

barriguera f. Correa que se pone en la barriga a las caballerías de tiro.

barril m. Vasija de madera que se usa para transportar líquidos u otras cosas.

barrilería f. Taller donde se fabrican bariles.

barrilete m. dim. de barril. | Instrumento de hierro en forna de siete, que usan los carpinteros. | Cangrejo de mar. | Cometa de papel que forma un cilindro o un cubo con dos extremos abiertos.

barrilla f. Planta salsolácea cuyas cenizas contienen sosa. | Sus cenizas.

barrillar m. Sitio poblado de barrilla. | Paraje donde se quema.

barrillo m. Barro, granillo del rostro.

barrio m. Cada una de las partes en que se divide un pueblo grande. | Arrabal, cualquiera de los sitios extremos de una población.

barrista m. Artista y gimnasta circense que ejecuta diversos ejercicios en la barra fija.

barritar intr. Berrear el elefante o el rinoceronte.

barrizal m. Terreno lleno de barro.

barro m. Masa de tierra y agua. | Lodo que la lluvia forma en las calles.

barroco adj. Denomínase Barroco a la modalidad artística que perdura desde principios del siglo XVII hasta mediados del XVIII.

barroquismo m. Tendencia a lo barroco.

barroso, sa adj. Que tiene barro o es de su color.

barrote m. Barra de hierro para asegurar una cosa. | Barra gruesa.

barrueco m. Perla irregular. | Nódulo esferoidal que suelen tener algunas rocas.

barrujo m. Acumulación de hojas secas de pino que suele cubrir, más o menos completamente, el suelo de los pinares.

barruntar tr. Prever con algún indicio.

barrunte m. Indicio, noticia.

bártulos m. pl. fig. Enseres que se manejan.

baruca f. fig. Impedimento artificioso.

barullero, ra adj. y s. enredador, que promueve barullo.

barullo m. fam. Confusión, desorden.

barzal m. Terreno cubierto de zarzas y malezas.

basa f. Asiento sobre el que se pone la columna o estatua.

basada f. Aparato que se pone en la grada debajo del barco para botarlo al agua.

basáltico, ca adj. Formado de basalto.

basalto m. Roca volcánica, compuesta de feldespato y augita.

basamento m. Cuerpo situado debajo de la caña de la columna, que comprende la basa y el pedestal.

basanita f. Basalto.

basar tr. Asentar algo sobre una base.

basca f. Ansia, desazón, náusea que se siente cuando se va a vomitar.

bascosidad f. Inmundicia.

báscula f. Especie de balanza para pesar.

base f. Fundamento o apoyo principal en que estriba o descansa alguna cosa. I Cantidad que se repite varias veces por factor para obtener una potencia. I Línea o superficie en que se supone descansa una figura o un poliedro. I Cualquiera de los cuerpos que al combinarse con un ácido forman sales.

básico, ca adj. Perteneciente a la base o bases sobre que se sustenta una cosa; fundamental.

basílica f. Iglesia notable por su antigüedad o manificencia, o que goza de ciertos privilegios.

basilisco m. Animal fabuloso que mataba con la vista. I Reptil saurio muy común en América.

basquiña f. Saya que con ciertos trajes usan las mujeres sobre la ropa interior.

basta f. Hilván. I Cada una de las puntadas que atraviesan el colchón. I Doblez que se cose en el borde inferior de algunas prendas de vestir.

bastante p. a. de bastar. Que basta. I adv. Ni mucho ni poco, ni más ni menos de lo regular o preciso. I No poco.

bastar intr. Ser suficiente y proporcionado para alguna cosa. Ú. t. c. r.

bastarda f. Lima de cerrajero para pulir.

bastardilla f. Especie de flauta.

bastardillo, lla adj. y s. Díc. del signo o de la letra cursiva.

bastardo, da adj. Que degenera de su origen o naturaleza. I Que no es legítimo.

basteza f. Calidad de basto. I Grosería, rusticidad, tosquedad.

bastida f. Antigua máquina militar en forma de torre.

bastidor m. Armazón de barras o listones, en la cual se fijan lienzos para pintar o bordar, se arman vidrieras, etc.

bastilla f. Nombre que se daba en la Edad Media a los pequeños fuertes y a las fortalezas guarnecidas de torreones.

bastimento m. Provisión, alimento. I Buque, barco en general.

bastión m. Baluarte.

basto, ta adj. Grosero, tosco, sin pulimento. I fig. Díc. de la persona rústica o grosera. I pl. Uno de los cuatro palos de la baraja.

bastón m. Palo o vara de cualquier materia, generalmente con puño y contera, que sirve para apoyarse al andar. I Insignia de mando o de autoridad.

bastonazo m. Golpe dado con el bastón.

bastonero m. El que hace o vende bastones. I El que en un baile designa el lugar y orden en que las parejas bailan.

basura f. Inmundicia, estiércol, suciedad.

basurero m. El que recoge la basura. I Paraje donde se echa.

bata f. Ropa talar con mangas para estar cómodamente en casa. I Prenda de ropa talar, de tela fina y blanca, con mangas, que usan los cirujanos, los que trabajan en laboratorios, etc.

batacazo m. Golpe con estruendo que uno da al caer.

batalla f. Lid, enfrentamiento armado de ejércitos

batallador, ra adj. y s. Que batalla.

batallar intr. Reñir, pelear con armas.

batallón m. Unidad compuesta de varias compañías de una misma Arma o Cuerpo, cuyo jefe es un teniente coronel o un comandante.

batán m. Máquina para golpear, desengrasar y curtir los paños. I Edificio donde funciona esta máquina.

batanar tr. Abatanar.

batanero m. El que cuida del batán o trabaja en él.

batata f. Planta convolvulácea, de raíz con grandes tubérculos comestibles de sabor dulce.

batatal m. Terreno plantado de batat·

bate m. Palo con que se golpea la p···a en el juego de béisbol.

batea f. Bandeja o azafate de diferentes formas y tamaños. I Dornajo. I Artesa para lavar.

bateador m. En el juego del béisbol, jugador que golpea la pelota con el bate.

batel m. Bote, barco pequeño.

batería f. Unidad táctica del Arma de Artillería, compuesta de cierto número de piezas o de los artilleros que las sirve. I Obra de fortificación destinada a contener algunas piezas de artillería. I Conjunto de instrumentos de percusión de una orquesta. I Reunión de varios acumuladores, condensadores o pilas, puestos en comunicación unos con otros.

baticola f. Correa de la silla de montar que pasa por debajo de la cola de la caballería.

batida f. Acción de batir el monte para que salga la caza. I Acción de batir o acuñar moneda. I fig. Redada policial.

batidera f. Instrumento para mezclar la cal y la arena.

batido, da p. p. de batir. I Bebida que se hace batiendo helado, leche u otros ingredientes.

batidor, ra adj. Que bate. I m. Instrumento para batir. I Explorador que reconoce el campo para ver si está libre de enemigos.

batiente p. p. de batir. Que bate I m. Parte del marco donde baten las hojas o puertas o ventanas cuando se cierran.

batimán m. Movimiento de la danza consistente en alzar una pierna y llevarla enseguida hacia la otra.

batimetría f. Arte de medir las profundidades del mar y estudio de la distribución de la fauna y la flora en sus diversas zonas.

batimétrico, ca adj. Perteneciente o relativo a la batimetría.

batín m. Bata con haldillas que llega un poco más abajo de la cintura.

batintín m. Gong pequeño y de sonido claro.

batir tr. Golpear, dar golpes. I Golpear para derruir. I Mover y revolver alguna cosa para que se disuelva o licúe. I Derrotar al enemigo. I Acuñar moneda. I r. Combatir, pelear.

bastiscafo m. Aparato sumergible, capaz de resistir grandes presiones y destinado a la exploración submarina.

batista f. Lienzo fino muy delgado.

batolito m. Masa de roca eruptiva.

batómetro m. Instrumento para medir las profundidades del mar.

batracio, cia Anfibio. Ú. m. c. s.

baturro, rra adj. Díc. de la gente del pueblo, en Aragón. Ú. t. c. s.

batuta f. Bastón corto del director de orquesta.

baúl m. Cofre, especie de arca. I fam. El vientre.

bausán, na m. y f. Figura humana embutida de paja. I fig. Bobo, simple.

bautismal adj. Perteneciente al bautismo.

bautismo m. Rito purificador común a muchas religiones, por el cual mediante el agua consagrada, una persona es purificada o liberada de cargas espirituales.

bautista m. El que bautiza.

bautizar tr. Administrar el bautismo. I fig. Poner nombre a una cosa.

bautizo m. Acción de bautizar. I Fiesta con que se celebra.

bauxita f. Roca blanda de la que se extrae el aluminio.

baya f. Fruto de ciertas plantas, carnoso y jugoso, como la uva.

bayadera r. Bailarina y cantora de la India.

bayeta f. Tela de lana floja y rala.

bayo, ya adj. De color blanco amarillento.

bayoneta f. Arma blanca que se fija en la boca del fusil.

baza f. Número de cartas que recoge el que gana la mano.

bazar m. Mercado público o lugar destinado al comercio.

bazo, za adj. De color moreno y que tira a amarillo. I m. Víscera que poseen los vertebrados a la izquierda del estómago.

bazooka Arma anticarro portátil, con la forma de un largo tubo.

be Onomatopeya del balido de la res lanar. I f. Nombre de la letra b.

beata f. Mujer que viste hábito religioso sin ser monja. I La mujer que frecuenta mucho los templos.

beaterio m. Casa en que viven beatas en comunidad.

beatificación f. Acción de beatificar.

beatificar tr. Declarar el Sumo Pontífice digno de culto a algún siervo de Dios.

beatitud f. La bienaventuranza eterna.

beato, ta adj. Feliz, bienventurado. I Díc. de la persona beatificada por el Papa. Ú. m. c. s.

bebé m. Nene, niño pequeño.

bebedero, ra m. Vasija en la que se pone agua para que beban las aves y animales domésticos.

bebedizo, za adj. Que se puede beber. I m. Filtro, elixir de amor. I Pócima, bebida preparada con drogas o veneno.

beber intr. Ingerir un líquido. Ú. t. c. tr. I fig. Hacer uso frecuente de bebidas alcohólicas.

bebida f. Líquido del que se bebe. I Medicamento líquido. I Vino u otro licor alcohólico.

beca f. fig. Estipendio o pensión temporal que se concede a uno para que continúe o complete sus estudios o investigaciones.

becante adj. Que sufraga u otorga una beca. Ú. t. c. s.

becar tr. Conceder a alguien una beca.

becario, ria m. y f. Persona que disfruta de una beca.

becerra f. Vaca que aún no tiene un año.

becerro m. Toro hasta que cumple uno o dos años. I Piel de ternero o de ternera, curtida.

becuadro m. Signo que anula los signos de sostenido y bemol, y hace recobrar a una nota su sonido natural.

bedel m. Especie de celador, en las universidades y otros centros de enseñanza.

befa f. Grosera e insultante expresión de desprecio.

befar tr. Mover los caballos el befo, alargándolo. I tr. Mofar, escarnecer.

begonia Planta begoniácea.

begoniáceo, a adj. Díc. de plantas dicotiledóneas que constituyen una familia cuyo tipo es la begonia.

béisbol m. Deporte colectivo. Se juega entre dos equipos en un campo que tiene en uno de sus ángulos en cuadrado, en cuyo vértice más exterior se encuentra la meta.

bejuco m. Nombre dado a ciertas plantas tropicales que suelen contener poderosos alcaloides.

belcho m. Planta de la familia de las efedráceas.

beldad f. Hermosura, belleza. I Dícese de algo muy hermoso.

belduque m. Cuchillo grande de hoja puntiaguda.

belemnita f. Concha interna fosilizada de ciertos moluscos cefalópodos.

belén m. Representación del nacimiento de Jesucristo en un pesebre.

belenista com. Persona que por oficio o afición proyecta o fabrica belenes.

beleño m. Planta solanácea muy narcótica.

belfo, fa adj. Díc. del que tiene el labio inferior más grueso que otro. Ú. t. c. s. I m. Cualquiera de los dos labios del caballo y otros animales.

belicismo m. Tendencia a provocar conflictos armados o a tomar parte en ellos.

belicista adj. y s. Partidario de la guerra.

bélico, ca adj. Perteneciente a la guerra.

beligerante adj. y s. Díc. de la nación que está en guerra.

belio m. Unidad de potencia sonora, con que se expresa la diferencia entre dos sonidos cuyas intensidades se hallan en la relación de 10 a 1.

belísibino, na adj. De ruido marcial o bélico.

belitre adj. y s. fam. Pícaro, ruin.

bellaco adj. Malo, pícaro, ruin.

belladona f. Planta solanácea venenosa.

belleza f. Propiedad de las cosas que nos provoca una sensación digna de amor por su armonía y perfección, infundiendo en nosotros deleite espiritual.

bello, lla adj. Que tiene belleza.

bellota f. Fruto de la encina, del alcornoque, del roble y otros árboles cupulíferos.

bemol m. Alteración que hace bajar la nota un semitono. I Signo que indica esta alteración.

bemolado, da adj. Con bemoles.

benceno m. Hidrocarburo volátil e inflamable que se obtiene de la destilación de la hulla.

bencina f. Líquido volátil de olor penetrante y muy inflamable, constituido por una mezcla de hidrocarburos.

bendecir tr. Alabar, engrandecer. I Invocar el favor divino para una persona o cosa. I Consagrar al culto divino alguna cosa.

bendición f. Acción de bendecir.

bendito, ta p.p. irreg de bendecir. I adj. y s. Santo o bienaventurado. I Dichoso,feliz.

benefactor, ra adj. y s. Bienhechor.

beneficencia f. Virtud de hacer bien. I Conjunto de establecimientos benéficos y de los servicios relativos a ellos y a sus fines.

beneficiado, da p.p. de beneficiar. I m. y f. Persona en cuyo beneficio se ejecuta una función teatral u otro acto público. I m. Presbítero que goza algun beneficio eclesiástico.

beneficiar tr. Hacer bien. Ú. t. c. r. I Mejorar una cosa para que fructifique. I Sacar beneficio de algo.

beneficio m. El bien que se hace o se recibe. | Utilidad, provecho. | Acción de beneficiar minas o minerales.
benemérito, ta adj. Digno de un honor o empleo.
beneplácito m. Aprobación, permiso.
benevolencia f. Buena voluntad, ánimo favorable.
benevolente adj. Benévolo.
benévolo, la adj. Que tiene buena voluntad o afecto.
benignidad f. Calidad de benigno.
benigno, na adj. Afable, benévolo.
benjamín m. fam. El hijo menor y por lo común el más querido.
benjuí m. Bálsamo oloroso y medicinal.
bentónico, ca adj. Perteneciente al fondo del mar.
benzoico, ca adj. Perteneciente o relativo al benjuí.
beodez f. Embriaguez, borrachera.
beodo, da adj. y s. Borracho, ebrio.
berberecho m. Molusco lamelibranquio.
berberidáceo, a adj. y s. Díc. de plantas dicotiledóneas, de flores hermafroditas y fruto en baya, como el agracejo.
bérbero m. Agracejo. | Confección hecha con agracejina.
berbiquí m. Instrumento para taladrar.
berenjena f. Planta solanácea de color violeta, cuyo fruto,largo y de piel morada, es un buen alimento.
bergamota f. Variedad de lima muy aromática. | Pera de agua, jugosa y aromática.
bergantín m. Especie de buque con dos palos y velas cuadrangulares.
beriberi m. Enfermedad caracterizada por debilidad, general y rigidez dolorosa de los miembros. Especie de avitaminosis
berilio m. Elemento químico, parecido al aluminio. Se llama también glucinio.
berkelio Elemento químico artificial, radiactivo e inestable
berlinga f. Pértiga de madera verde con que se remueve la masa metálica fundida en los hornos. | Palo que sostiene la cuerda en que se cuelga la ropa.
berlingar tr. Remover con la berlinga la masa metálica fundida en los hornos.
berma f. Espacio al pie de la muralla, donde quedan detenidas las piedras que de esta se desprendan. | Franja a ambos costados de los caminos y carreteras, reservada para el tránsito de peatones.
bermejear intr. Tirar a bermejo.
bermejo, ja adj. Rubio rojizo.
bermejuela f. Pez fisóstomo de río.
bermellón m. Cinabrio reducido a polvo. | Color rojo característico de esa sustancia.
bernegal m. Taza para beber, ancha de boca y de figura ondeada.
berquelio Ver berkelio.
berrear intr. Dar berridos los becerros y otros animales. | Llorar o gritar desaforadamente un niño.
berrendo, da adj. Manchado de dos colores.
berretín m. Capricho.
berrido m. Voz del becerro y otros animales. | fig. Grito desaforado de persona o nota alta y desafinada al cantar.
berrinche m. fam. Enojo grande y comúnmente el de los niños.
berro m. Planta de la familia de las crucíferas.
berroqueña adj. Díc. de la piedra dura, especie de granito, que se usa en obras de cantería.
berrueco m. Tumorcillo que sale en el iris de los ojos. | Roca, peñasco. | Barrueco.
berza f. Col.
besamel f. Salsa que se hace con harina, leche y mantequilla.

besar tr. Tocar u oprimir con un movimiento de labios, a impulso del amor o en señal de amistad o reverencia.
beso m. Acción de besar.
bestia f. Animal cuadrúpedo. | Persona ruda e ignorante.
bestializarse r. Hacerse bestial, portarse como irracional.
bestiario m. Hombre que luchaba con fieras en los circos romanos.
besugo m. Pez marino de carne blanca y apreciada. | En la literatura medieval, colección de fábulas referentes a animales reales o quiméricos.
besuquear tr. fam. Besar repetidamente.
beta f. Segunda letra del alfabeto griego, que corresponde a la be.
betatrón m. Dispositivo para producir aceleración de electrones o partículas beta que se emplea para bombardear con ellos el núcleo del átomo.
betel m. Planta piperácea trepadora
betuláceo, a adj. Díc. de árboles o arbustos dicotiledóneos, como el abedul y el avellano. Ú. t. c. s. f.
betún m. Mezcla que sirve para lustrar el calzado y darle color. | Asfalto.
betuliáceos, as La familia de los abedules.
bezo m. Labio grueso. | Labio, aunque no sea grueso.
bezoar m. Concreción calcárea o pilosa que se encuentra en el estómago de algunos animales.
bi pref. insep. que significa dos, o dos veces.
biangular adj. Que tiene dos ángulos.
biauricular adj. Perteneciente o relativo a ambos oídos.
biatómico, ca adj. Díc. de la molécula de un cuerpo cuyo peso molecular es doble del peso atómico.
bibásico, ca adj. Díc. del ácido que tiene dos átomos de hidrógeno reemplazables por los metales.
biberón m. Utensilio para la lactancia artificial.
bíblico adj. Perteneciente o relativo a la Biblia.
bibliofilia f. Pasión por los libros.
bibliófilo, la m. y f. Persona amante de los libros.
bibliografía f. Descripción de libros, de sus ediciones, etc. | Catálogo o relación de libros o escritos referentes a materia determinada.
bibliográfico, ca adj. Relativo a la bibliografía.
bibliógrafo, fa m. y f. Persona versada en bibliografía.
bibliología f. Estudio general del libro en su aspecto histórico y técnico.
bibliomanía f. Manía de tener muchos libros.
biblioteca f. Institución encargada de reunir gran número de libros, catalogarlos y tenerlos dispuestos para la lectura. | Conjunto de estos libros. | Armario o mueble especial para libros.
bibliotecario, ria m. y f. Persona encargada de una biblioteca.
biblioteconomía f. Arte de conservar, ordenar y administrar una biblioteca.
bicarbonato m. Sal del ácido carbónico en la que el metal sólo ha sustituido a un átomo de hidrógeno del ácido.
bicéfalo, la adj. y s. Con dos cabezas.
bíceps adj. Que tiene dos cabezas, dos cimas o dos puntas. | A Díc. de los músculos pares que tienen por arriba dos porciones o cabezas. Ú. t. c. s.
bichero m. Palo largo con un gancho y una punta de hierro en un extremo, que se usa para atracar y desatracar las embarcaciones menores.
bicho m. Cualquier sabandija o animal pequeño. | Toro de lidia. | fig. Persona o figura ridícula.
bichozno m. Quinto nieto, o sea hijo del cuadrinieto.
bicicleta f. Vehículo de dos ruedas propulsado por las piernas mediante un mecanismo de pedales.

bicípite adj. Bicéfalo.

bicoca f. fig. Cosa de poca estima. I fig. y fam. Ganga, cosa que se adquiere a poca costa o con poco trabajo.

bicolor adj. De dos colores.

bicóncavo, va adj. Que tiene dos superficies convexas opuestas.

bicornio, nia adj. Bicorne. I m. Sombrero de dos picos.

bicromato m. Sal que resulta de la combinación del ácido bicrómico o dicrómico, con una base.

bicromía f. Impresión en dos tintas transparentes, cuya superposición produce un tercer color intermedio.

bicuento m. Billón o millón de millones.

bidé m. Bidet, sanitario provisto de agua corriente sobre el que una persona puede sentarse a horcajadas para lavarse la parte baja del abdomen.

bidente adj. Que tiene dos dientes.

bidón m. Recipiente cilíndrico, generalmente de chapa de hierro o palastro.

biela r. Barra que algunas máquinas transforma el movimiento de vaivén en otro de rotación o de viceversa.

bielda f. Instrumento agrícola que sirve para recoger, cargar y encerrar la paja.

bieldar tr. Aventar con el bieldo las mieses, legumbres, etc., trilladas para separar la paja del grano.

bieldo m. Instrumento agrícola para bieldar.

bien m. Aquello que en sí mismo tiene el complemento de la perfección en su propio género, o lo que es objeto de la voluntad. IUtilidad, beneficio. ICon buena saludad, sano.

bienal adj. Que sucede o se repite cada bienio. I Que dura dos años.

bienandanza f. Felicidad, fortuna.

bienaventurado, da adj. y s. Que goza de Dios en el cielo. I Feliz, dichoso.

bienaventuranza f. Vista y posesión de Dios en el cielo. I Prosperidad o felicidad humana.

bienestar m. Comodidad, conjunto de cosas necesarias para vivir a gusto y con descanso. I Satisfacción, sosiego, tranquilidad, paz.

bienhechor, ra adj. y s. Que hace bien a otro.

bienintencionado, da adj. Que tiene recta intenclón.

bienio m. Tiempo de dos años.

bienquistar tr. y r. Poner bien a varios entre sí.

bienquisto, ta adj. Estimado de todos y de buena fama.

bienvenida f. Parabién por la feliz llegada.

bies m. Oblicuidad, sesgo. I Trozo de tela cortado en sesgo respecto al hilo, que se aplica a los bordes de prendas de vestir.

bifásico, ca adj. Se dice de un sistema de dos corrientes eléctricas alternas iguales, procedentes del mismo generador y desplazadas en el tiempo un semiperíodo.

bífero, ra adj. Díc. de la planta quc fructifica dos veces al año.

bífido, da adj. Dic. de lo que se hiende en dos partes o se bifurca.

bifloro, ra adj. Que tiene o encierra dos flores.

bifocal adj. Que tiene dos focos.

bifronte adj. De dos frentes.

bifurcarse r. Dividirse en dos ramales, brazos o puntas una cosa.

biga f. Carro romano tirado por dos corceles.

bigamia Estado del hombre casado con dos mujeres al mismo tiempo, o de la mujer casada con dos hombres.

bígaro adj. Caracol marino.

bigeminado, da adj. Díc. de las hojas cuyo pecíolo común se divide en dos.

bigornia f. Yunque con dos puntas opuestas, de forma cónica.

bigote m. Pelo que nace sobre el labio superior. Ú. t. en pl.

bigudí m. Laminilla que usan las mujeres para rizarse el cabello.

bija f. Arbol bixáceo.I Fruto de dicho árbol. Su semilla.

bilabiado, da adj. Díc. del cáliz o corola cuyo tubo está dividido por el extremo superior en dos partes.

bilabial adj. Díc. del sonido en cuya pronunciación intervienen los dos labios.

bilateral adj. Perteneciente o relativo a los dos lados, partes o aspectos que se consideran.

biliario, ria adj. Relativo a la bilis.

bilingüe adj. Que habla dos idiomas. I Escrito en dos lenguas.

bilioso, sa adj. Que abunda en bilis.

bilis f. Humor viscoso, amarillento o verdoso, de sabor amargo, segregado por el hígado.

bilítero, ra adj. De dos letras.

billar m. Juego que se ejecuta impulsando con tacos bolas de marfil y haciéndolas rodar sobre una mesa rectangular.

billarista com. Persona diestra en el billar o entendida en él.

billete m. Carta breve. I Tarjeta o cédula que da derecho para entrar u ocupar asiento. I Cédula que acredita participación en una rifa o lotería. I Papel moneda.

billetero, ra m. Cartera de bolsillo propia para guardar billetes.

billón m. Un millón de millones.

billonésimo, ma adj. Díc. de cada una de las partes iguales de la unidad dividida en un billón de ellas.

bilobulado, da adj. Que tiene dos lóbulos.

bilocular adj. Que tiene dos cavidades.

bimembre adj. Que tiene dos miembros.

bimensual adj. Que se hace, sucede o aparece dos veces cada mes.

bimestral adj. Que se hace, sucede o aparece cada dos meses. I Que dura un bimestre.

bimotor m. Vehículo u otro ingenio provisto de dos motores.

binar tr. Repasar con el arado las tierras de labor. I Celebrar un sacerdote dos misas en un mismo día.

binario, ria adj. Que se compone de dos elementos, unidades o guarismos.

binocular adj. Díc. de la visión con los dos ojos y de los aparatos que la permiten.

binomio m. Expresión algebraica que consta de dos términos.

bínubo, ba adj. y s. Persona viuda que contrae segundas nupcias.

biodegradable adj. Díc. de la propiedad que presentan la mayor parte de los compuestos orgánicos, por la cual son degradados a compuestos más sencillos mediante la acción de seres vivos.

biodinámica f. Ciencia de las fuerzas vitales.

bioelectricidad f. Conjunto de fenómenos eléctricos que se producen en los procesos biológicos.

biofísica f. Ciencia que estudia la física del globo terrestre en relación con la aparición de la vida animal.

biogénesis r. Generación de los seres vivos.

biogeografía f. Ciencia que estudia la distribución geográfica de los seres vivientes, animales y vegetales.

biografía f. Historia de la vida de una persona.

biología f. Ciencia de los problemas generales de la vida relativos al desarrollo de los seres, a las condiciones de existencia y a su adaptación al ambiente, a su reproducción y a las transformaciones de las especies.

biomasa f. Masa total de los seres vivos en un ecosistema determinado, expresada habitualmente en peso estimado por unidad de área o de volumen.
biombo m. Especie de mampara suelta compuesta de varios bastidores unidos por goznes, que cierra y despliega.
biomecánica f. Ciencia que estudia la aplicación de las leyes de la mecánica a las estructuras y los órganos de los seres vivos.
biomedicina f. Medicina clínica basada en los principios de las ciencias naturales (biología, biofísica, bioquímica, etc.).
biometría f. Parte de la biología que aplica los métodos estadísticos y las fórmulas del cálculo de las probabilidades a los seres vivos.
biónica f. Ciencia que estudia los principios de la organización de los seres vivos para su aplicación a las necesidades técnicas.
bioprótesis f. Pieza de tejido animal destinada a reparar o sustituir una parte del cuerpo humano; como una válvula cardíaca, etc.
bioquímica f. Parte de la química que estudia la composición y las transformaciones químicas de los seres vivos.
biotipo m. Forma típica de animal o planta que puede considerarse característica de su especie, variedad o raza.
biotipología f. Ciencia que trata de los biotipos.
bióxido m. Combinación de un radical con dos átomos de oxígeno.
bípedo, da adj. De dos pies.
bipétalo, la adj. Que tiene dos pétalos.
biplano m. Avión con cuatro alas que, dos a dos, forman planos paralelos.
biquini m. conjunto de dos prendas femeninas de baño, constituido por un sujetador y una braguita.
birimbao m. Instrumento músico compuesto de una barrita de acero, que se coloca entre los dientes y se hace vibrar.
birlar En el juego de bolos, volver a tirar la bola desde el sitio donde se detuvo antes. I Estafar, quitar, robar.
birlí m. Parte inferior que queda en blanco en las páginas de un libro impreso.
birlocha f. Cometa, juguete que se eleva en el aire.
birlocho m. Coche ligero y descubierto, de cuatro ruedas y cuatro asientos.
birrectángulo adj. Díc. del triángulo esférico que tiene dos ángulos rectos.
birreme adj. y s. Díc. de una antigua embarcación que tenía dos órdenes de remos.
birreta f. Bonete cuadrangular que usan los clérigos.
birrete m. Birreta.
birria f. Mamarracho, facha, adefesio.
bis adv. c. que se usa para indicar repetición. I pref. insep. que significa dos veces.
bisabuelo, la m. y f. Padre o madre del abuelo o de la abuela de una persona.
bisagra f. Herraje de dos piezas unidas o combinadas que, con un eje común y sujetas una a un sostén fijo y otra a la puerta o tapa, permiten el giro de éstas.
bisar tr. Repetir a petición de los oyentes la ejecución de un número musical o cualquier otra actuación pública.
bisecar tr. Dividir en dos partes iguales.
bisectro, triz adj. Que divide una figura en dos partes iguales.
bisel m. Corte oblicuo en el borde o en el extremo de una lámina.
bisexual adj. Hermafrodita.
bisiesto adj. Díc. del año de 366 días.
bisílabo, ba adj. De dos sílabas.

bismuto f. Elemento químico considerado generalmente entre los metales, pero con algunas propiedades de metaloide.
bisnieto, ta m. y f. Respecto de una persona, hijo o hija de su nieto o de su nieta.
biso m. Substancia viscosa, segregada por algunos moluscos para adherirse a los cuerpos sumergidos.
bisojo, ja adj. y s. Díc. de la persona que padece estrabismo.
bisonte m. Animal rumiante bóvido, parecido al toro.
bisoñada f. Dicho o hecho de quien no tiene experiencia.
bisoñé m. Peluca que cubre sólo la parte anterior de la cabeza cuando comienza la calvicie.
bisoño, ña adj. y s. Díc. del soldado nuevo. I fig. Que es nuevo e inexperto en algún oficio.
bistec m. Trozo de carne de vacuno, asado en parrilla o frita.
bisturí m. Instrumento en forma de cuchillo pequeño, para hacer incisiones en cirugía.
bisulco, ca adj. Que tiene las pezuñas partidas.
bisuteria f. Joyería de metales y piedras semipreciosas. I Imitación de joyería fina.
bit m. Unidad básica de información que puede tomar los dos valores de 1 ó 0, utilizada en la numeración binaria.
bitácora f. Caja situada ante la vista del timonel, donde se coloca la brújula, de modo que permanezcan siempre horizontal. I Libro en que el capitán o piloto de un barco anota los incidentes de la navegación.
bíter m. Licor alcohólico en cuyos ingredientes entran la genciana y el ruibarbo.
bitoque m. El tarugo redondo con que se cierra el agujero de los toneles. I En las jeringas hipodérmicas, parte saliente en que se inserta la aguja.
bituminoso, sa adj. Que tiene betún o participa de su naturaleza.
bivalvo, va adj. Que tiene dos valvas.
bivetelino, na adj. Que está constituido por dos óvulos.
bizantino fig. Dícese de las discusiones baldías, intempestivas o demasiado sutiles.
bizarría f. Valor, gallardía. I Generosidad, lucimiento, esplendor.
bizco, ca adj. Bisojo, estrábico.
bizcochada f. Sopa de bizcochos.
bizcocho m. Pan sin levadura, que se cuece por segunda vez para que dure mucho tiempo.
bizcotela f. Bizcocho cubierto de un baño blanco de azúcar.
biznieto, ta m. y f. Bisnieto.
bizquear intr. Mirar bizco.
bizquera r. Estrabismo.
blanca f. Nota musical equivalente a dos negras o a la mitad de una redonda.
blanco, ca adj. De color de nieve o leche. Es el color de la luz solar no descompuesta en los varios colores del espectro.
blancura f. Albura condición de lo blanco. I Calidad de blanco.
blancuzco, ca adj. Blanquizco.
blandengue adj. Blando, suave. Díc. de personas.
blandir tr. Esgrimir en forma amenazante un arma u otra cosa.
blando, da adj. Tierno y suave, al tacto o al oído. I fig. Suave, dulce, benigno.
blandón m. Hacha de cera de un pabilo. I Candelabro donde se coloca.
blanquear tr. Poner blanca una cosa.
blanquecino, na adj. Que tira a blanco.
blanquillo, lla adj. y s. Candeal.

blanquizco, ca adj. Blanquecino.

blasfemar intr. Decir blasfemias. | Maldecir, vituperar.

blasfemia f. Cosa que sea ofensiva para aquello que uno considera sagrado.

blasfemo,ma adj. y s. Que blasfema. | adj. Que contiene blasfemia.

blasón m. Arte de explicar los escudos de armas. | Cada figura o pieza de las que se colocan en un escudo.

blasonar tr. Disponer el escudo de armas según reglas del arte.

blastema m. Conjunto de células embrionadas, que pueden proliferar y formar algún tejido.

blastodermo m. Conjunto de las células procedentes de la segmentación del huevo de los animales.

blástula f. Huevo fecundado, especialmente en el periodo de la evolución en que forma el blastodermo.

blenda f. Sulfuro natural de cinc.

blenia f. Pez acantopterigio.

blénidos m. pl. Familia de peces acontopterigios.

blenorragia f. Flujo mucoso ocasionado por la inflamación de una membrana.

blindaje m. Conjunto de planchas y materiales de gran dureza que sirven para blindar.

blindar tr. Proteger exteriormente con diversos materiales las cosas o los lugares, contra los efectos de las balas, las explosiones, etc.

blocao m. Caseta fortificada que se puede desmontar y volver a montar donde convenga.

blonda f. Especie de encaje de seda propio para guarniciones.

blondo, da adj. Rubio, de color rojo.

bloque m. Trozo grande de piedra sin labrar.

bloquear tr. Asediar. | Inmovilizar. | Cortar todo género de comunicaciones a uno o más puertos o a una parte determinada del litoral del país enemigo. | Paralizar un movimiento del adversario.

blusa f. Prenda exterior, a modo de jubón holgado, que usan las mujeres y los niños.

blusón m. aum. de blusa. | Blusa larga que llega hasta más abajo de las rodillas.

boa f. Reptil ofidio, no venenoso.

boato m. Ostentación en el porte exterior.

bobear intr. Decir o hacer boberías. | fig. Gastar el tiempo en cosas vanas.

bobería f. Dicho o hecho necio.

bobina f. Carrete para devanar o arrollar en él hilos, alambre, etc.

bobinar tr. Arrollar o devanar hilos, alambre, etc., en una bobina.

bobo, ba adj. y s. De muy corto entendimiento y capacidad. | Extremada y neciamente candoroso.

boca f. Abertura del tubo digestivo por donde se introducen los alimentos en el cuerpo. | Cavidad donde está colocada la lengua y los dientes cuando existen. | Entrada o salida. | fig. Abertura,agujero.

bocacalle f. Calle secundaria que afluye a otra.

bocacaz m. Abertura en la presa de un río.

bocadillo m. Panecillo relleno de queso, jamón u otro manjar.

bocado m. Porción de alimento que cabe en la boca.

bocal m. Jarro de boca ancha y cuello corto.

bocamanga f. Parte de la manga más cercana a la muñeca.

bocamina f. Boca de la galería o pozo que sirve de entrada a una mina.

bocana f. Paso estrecho de mar que sirve de entrada a un puerto o bahía.

bocanada f. Porción de humo que se echa al fumar.

bocateja f. La primera teja de los canales de un tejado.

bocaza f. aum. de boca. Boca muy grande.

bocazas Quien habla más de lo conveniente.

bocel m. Moldura convexa de sección semicilíndrica.

boceto m. Obra de arte solamente bosquejada.

bocha f. Bola de madera para el juego de bochas. | Juego de bolos.

bochar tr. Dar con una bocha tirada por el aire un golpe a otro.

bochinche m. Tumulto, asonada, gritería, alboroto,

bochorno m. Aire caliente y molesto que se levanta en el verano. | Calor sofocante. | Sofocamiento producido por algo que ofende, molesta o avergüenza.

bocín m. Pieza de esparto que se pone en el cubo de las ruedas. | Agujero por donde cae el agua al rodezno.

bocina f. Especie de trompeta que se hace sonar mecánicamente en los automóviles y otros artefactos.

bocio m. Hipertrofia de la glándula tiroides.

bocoy m. Barril grande para envase.

boda f. Casamiento.

bodega f. Lugar destinado para guardar el vino. | El espacio interior de los buques entre la quilla y la cubierta inferior.

bodegón m. Tienda donde se guisa y dan de comer viandas ordinarias. | Taberna. | Pintura o cuadro donde se representan cosas comestibles, vasijas y utensilios vulgares.

bodocazo m. Golpe que da el bodoque disparado con la ballesta.

bodoque m. Relieve redondo que se hace en algunos bordados.

bodorrio m. fam. Boda ostentosa y de mal gusto.

bodrio m. Comida mal aderezada. | Cosa mal hecha o de mal gusto.

bofe m. Pulmón.

bofetada f. Golpe dado con la mano abierta en el carrillo.

boga f. Acción de bogar o remar. | fig. Buena aceptación, fortuna o felicidad creciente. | Pez acantopterigio.

bogar intr. Remar.

bogavante m. Primer remero de cada banco de la galera. |Crustáceo marino parecido en su forma a la langosta.

bohemia f. Vida de bohemio.

bohemio, mia adj. y s. Bohemo. | Gitano. | Díc. de la vida apurada o desordenada de artistas y literatos. | Díc. de la persona que lleva este tipo de vida. Ú. t. c. s.

bohordo m. Junco de la espadaña. | Lanza arrojadiza.

boicot m. Acción y efecto de boicotear.

boicotear tr. Declarar o imponer a alguien el boicoteo, para obligarle a ceder en lo que se le pide.

boina f. Gorra redonda, chata, de una sola pieza y sin visera.

boira f. Niebla.

boj m. Arbusto buxáceo. | Esta madera.

bojar tr. Medir el perímetro de una isla, cabo o parte saliente de la costa.

boje m. Boj.

bojeo m. Acción de bojar. | Perímetro de una isla, cabo, etc.

bol m. Taza grande y sin asa.

bola f. Cuerpo esférico. | fam. Mentira, patraña que se hace correr de boca en boca.

bolado m. Azucarillo.

bolchevique adj y s. Partidario del bolcheviquismo.

boleadoras f. pl. Instrumento que se arroja a los pies o al pescuezo de los animales para capturarlos.

bolera

56

bolera f. Boliche, lugar en que se juega a los bolos.
bolero, ra adj. y s. Que hace bolas. | fig. Que miente mucho. | Baile musical popular español, cantable y bailable y de movimiento majestuoso.
boletín m. Periódico especial de un ramo o de una corporación. | Periódico que contiene disposiciones oficiales.
boleto m. Billete que sirve para entrar en algún lugar, para viajar o para tomar parte en alguna rifa).
boliche m. Bola pequeña.
bólido m. Masa mineral, que atraviesa rápidamente la atmósfera, se inflama al rozar con ella, haciéndose visible, y suele estallar y dividirse en pedazos o volatizarse.
bolígrafo m. Estilográfica que en su punta lleva una bola.
bolillo m. Palillo para hacer encajes. | pl. Barritas de masa dulce.
bolina f. Cabo con que se hala hacia proa la relinga de una vela. | Sonda para conocer la profundidad del mar.
bollo m. Panecillo amasado con leche huevos, etc. | Abolladura.
bollón m. Resalto más o menos esférico que se hace repujando o estampando piezas de metal o piel. | Clavo de cabeza grande redonda.
bolo m. pl. Juego en que se ponen en el suelo nueve bolos y se tira sobre ellos con una bola.
bolsa f. Especie de talega, saco o saquillo para guardar algo. | Lugar donde ciertos agentes de finanzas compran y venden acciones y títulos comerciales.
bolsillo m. Corte que en las prendas de vestir da acceso a bolsa pequeña. | Bolsa, saquillo. | Caudal.
bolso m. Bolsa para guardar dinero. | Bolsa de mano, generalmente pequeña, de cuero, tela u otras materias, provista de cierre y frecuentemente de asa, usada por las mujeres para llevar dinero, objetos de uso personal, etc..
bomba f. Máquina para extraer, elevar e impulsar algún líquido. | Proyectil hueco y lleno de una materia explosiva.
bombacho adj. Díc. de los pantalones muy anchos y ceñidos por la parte inferior.
bombardear tr. Batir o atacar un objetivo cualquiera con granadas o bombas explosivas, y a veces incendiarias, lanzadas por la artillería terrestre o naval o desde aparatos de aviación.
bombarda f. Antigua máquina militar de artillería, usada para arrojar piedras o bombas de gran calibre, utilizando una trayectoria de curva muy pronunciada, que le permitía actuar a la manera de un mortero.
bombardero, ra Díc. del avión militar cuya principal misión es la de arrojar bombas. Ú. t. c. s.
bombear tr.Elevar agua u otro líquido por medio de una bomba.
bombeo m. Comba, convexidad. | Acción y efecto de bombear un líquido.
bombero m. El que tiene por oficio manejar alguna bomba para extraer líquidos. | Cada uno de los individuos encargados de extinguir los incendios.
bómbice m. Nombre científico de la mariposa cuya oruga es el gusano de seda.
bombilla f. Receptáculo de cristal, esférico o piriforme, en cuyo interior se ha hecho el vacío y se ha colocado un hilo de platino o de otra materia adecuada, que al paso de una corriente eléctrica se pone incandescente y sirve para alumbrar.
bombín m. Sombrero hongo.
bombo, ba adj. fam. Aturdido, atolondrado por alguna causa. | m. Tambor muy grande que se toca con una maza.

bombón m. Pieza pequeña de chocolate o azúcar, que en el interior suele contener licor o crema.
bonachón, na adj. y s. fam. De genio dócil, crédulo y amable.
bonanza f. Tiempo tranquilo en el mar. Prosperidad.
bondad f. Calidad de bueno. | Natural inclinación a hacer el bien.
bondadoso, sa adj. Lleno de bondad.
bonete m. Especie de gorra usada por los eclesiásticos y seminaristas. | Parte del estómago de los rumiantes.
boniato m. Batata, camote. | Tubérculo de esta planta.
bonificación f. Aumento de valor o mejora.
bonito, ta adj. Lindo, agraciado, de cierta proporción y belleza. | m. Pez acantopterigio, marino, semejante al atún.
bono m. Vale canjeable por artículos de consumo. | Título de deuda emitido comúnmente por una tesorería pública.
bonzo m. Sacerdote budista en el Asia oriental.
boñiga f. Excremento del ganado vacuno y semejante de otros animales herbívoros.
boquear intr. Abrir la boca.
boquerón m. aum. de boquera. | Abertura grande. | Pez fisóstomo, marino.
boquete m. Entrada angosta. | Brecha.
boquiabierto, ta adj. Que tiene la boca abierta. | fig. Que está embobado mirando algo.
boquilla f. Abertura inferior del calzón. | Pieza por donde se sopla en algunos instrumentos de viento. | Tubito para fumar cigarros.
boquillero, ra adj. Jactancioso, que habla de boquilla. | Charlatán.
borato m. Sal del ácido bórico.
bórax m. Tetraborato de sosa.
borbollar intr. Hacer borbollones.
borbollón m. Erupción que hace de abajo arriba el agua.
borborigmo m. Ruido producido por los gases encerrados en el abdomen.
borbotar intr. Nacer o hervir impetuosamente el agua o haciendo ruido.
borbotón m. Grandes burbujas que producen ciertos líquidos, al entrar en ebullición. | Borbollón.
borceguí m. Calzado que llega hasta más arriba del tobillo, abierto por delante y que se ajusta mediante cordones.
borda f. Choza. | Borde superior del costado del barco.
bordado, da m. Acción de bordar. | Bordadura, labor de relieve ejecutada con aguja en tela o piel.
bordar tr. Adornar con bordadura una tela o piel.
borde m. Extremo u orilla de alguna cosa.
bordear tr. Ir por el borde, o cerca del borde u orilla de una cosa. | Hablando de una serie o fila de cosas, hallarse en el borde u orilla de otra.
bordillo m. Encintado, faja o cinta de piedra que forma el borde de una acera.
bordón m. Bastón o palo más alto que una persona y adornado en la parte superior con unos botones o resaltos.| Cuerda gruesa de los instrumentos músicos de cuerda, y también la que atraviesa diametralmente el parche infenor del tambor.
bordonear intr. Tentar la tierra con el bordón. | Dar palos con él. | Pulsar el bordón de la guitarra. | Vagabundear.
bordoneo m. Sonido ronco del bordón de las guitarras.
boreal adj. Perteneciente al bóreas. | Septentrional.
bóreas m. Viento del norte.
bórico adj. Díc. de un ácido que el boro forma con el oxígeno y el hidrógeno.

borla f. Conjunto de hebras o hilos reunidos por uno de sus extremos y sueltos por el otro, que penden en forma de cilindro o de media bola. ǀ Insignia de los graduados de doctores y maestros en las universidades.

borne m. Extremo de la lanza de justar. ǀ Botón mecánico a que va unido el hilo conductor en ciertos aparatos eléctricos.

bornero, ra adj. Díc. de la piedra negra con que se muele el grano. ǀ Díc. del trigo que se muele con ella.

bornizo, za adj. Díc. del corcho que se obtiene de la primera pela de los alcornoques.

boro m. Metaloide de color pardo obscuro, que sólo se representa combinando, como el bórax y el ácido bórico.

borona f. Mijo. ǀ Maíz. ǀ Pan de maíz.

borracha f. fam. Bota de vino.

borrachera f. Efecto de emborracharse, embriaguez.

borracho, cha adj. Ebrio, embriagado. Ú. t. c. s.

borrador m. Escrito de primera intención en el que se pueden hacer correcciones o enmiendas.

borradura f. Acción de borrar o tachar.

borragináceo a adj. y s. Díc. de plantas dicotiledóneas, generalmente herbáceas, cubiertas de pelos ásperos, con hojas sencilla, flores en espiga, racimo o panoja y fruto vario, con una sola semilla.

borrar tr. y r. Hacer rayas cruzadas sobre un escrito para que pueda leerse o para indicar que no sirve. Hacer desaparecer por cualquier medio lo escrito o dibujado con lápiz, tinta,etc. ǀ Desvanecer, hacer que desaparezca una cosa no material. Borraré cualquier duda.

borrasca f. Tempestad, tormenta, temporal fuerte.

borrascoso, sa adj. Que produce borrascas. ǀ Que tiene propension a ellas. ǀ Ruidoso, turbulento; licencioso, desenfrenado.

borregada f. Rebaño de corderos.

borrego, ga m. y f. Cordero o cordera de uno o dos años. ǀ fig. Persona sencilla e ignorante.

borrén m. Encuentro del arzón y de las almohadillas de la silla de montar.

borrica f. Asna, hembra del asno.

borricada f. Conjunto de borricos. ǀ fig. y fam. Dicho o hecho necio.

borrilla f. Primer pelo de los corderos. ǀ Pelusa de las frutas.

borro m. Cordero que tiene más de un año y menos de dos. ǀ Tributo que se paga por el ganado lanar.

borrón m. Mancha de tinta en el papel. ǀ fig. Acción indigna que mancha la reputación

borroso, sa adj. Confuso, medio borrado. ǀ Que no se distingue con claridad.

boscaje m. Bosque de corta extensión. ǀ cuadro o tapiz que representa un país poblado de árboles, matas y animales.

bosque m. Sitio poblado de árboles y matas. ǀ fig. Abundancia desordenada de alguna cosa; confusión, cuestión intrincada.

bosquejar tr. Pintar o modelar sin definir los contornos ni dar la última mano a la obra.

bosta f. Excremento del ganado vacuno o del caballar

bostezar tr. Reflejo involuntario que consiste en aspirar lentamente, abriendo voluntariamente la boca más de lo regular, y aspirar luego ruidosa y prolongadamente.

bota f. Recipiente pequeño de cuero empegado interiormente, que tiene un cuello con brocal de cuerno o madera por donde se llena de vino y se bebe. ǀ Calzado, generalmente de cuero, que resguarda el pie y parte de la pierna.

botador, ra adj. Que bota. ǀ m. Palo largo, pertiga que sirve a los barqueros para hacer fuerza en el fondo del agua y hacer andar a la embarcación. ǀ Instrumento de hierro para sacar pasadores o clavos.

botadura f. Acción de botar. Se aplica sobre todo al lanzamiento al agua de los buques recién construidos.

botafuego m. Palo en cuya planta se ponía la mecha encendida, para aplicar lumbre a la carga explosiva.

botafumeiro m. Incensario.

botalón m. Palo largo que se saca hacia fuera de la embarcación.

botánica f. Ciencia que trata del reino vegetal.

botar tr. Echar fuera o arrojar. ǀ Echar al agua una embarcación despuésde construida o carenada. ǀ intr. Saltar o levantarse la pelota u otra cosa después de haber chocado con el suelo. ǀ Saltar, levantarse del suelo con impulso y ligereza.

botarate m. Persona de poco juicio. ǀ Persona derrochadora, manirrota. U. t. c. adj.

botavara m. Palo horizontal de las velas cangrejas y marconi.

bote m. Golpe dado con arma enastada, como lanza o pica. ǀ Salto que da el caballo cuando desahoga su alegría o quiere tirar al jinete. ǀ Salto que da la pelota al chocar con el suelo. ǀ Salto que da una persona, o una cosa cualquiera, botando como la pelota. ǀ Barco pequeño y sin cubierta.

botella f. Vasija de cristal, vidrio o barro con el cuello angosto, que sirve para contener líquidos. ǀ Todo el líquido que cabe en esta vasija.

botellazo m. Golpe dado con una botella.

botero m. El que hace o vende botas o pellejos. ǀ Patrón en un bote.

botica f. Establecimiento en que se hacen y despachan las medicinas o remedios para la curación de las enfermedades.

boticaria f. Profesora de farmacia que separa y expende las medicinas. ǀ fam. Mujer del boticario.

botijo m. Vasija de barro poroso, barriguda y con asa, con boca para echar el agua y pitón para beber.

botín m. Calzado de cuero, paño o lienzo, que cubre la parte superior del pie y parte de la pierna. ǀ Conjunto de las armas, provisiones objetos valiosos y demás efectos de una plaza o de un ejército vencido y de los cuales se apodera el vencedor.

botiquín m. Mueble o caja para guardar medicinas o transportarlas donde convenga.

botón m. Yema, renuevo que nace en el tallo de los vegetales. ǀ Flor cerrada, capullo. ǀ Pieza pequeña de forma varia, que se hace de diversas materias, y sirve para abrochar los vestidos o adornarlos.

botonadura f. Juego de botones para un vestido.

botones m. Muchacho que en hoteles, cafés, casinos etc., está para hacer recados.

botriomicosis m. Enfermedad de los caballos transmisible al hombre, que se manifiesta por tumores botriformes en los dedos.

botrión m. Ulceración profunda de la córnea.

botulina f. Principio tóxico que se halla en las carnes putrefactas y que, durante la absorción intestinal, obra enérgicamente sobre los tejidos.

botulismo m. Conjunto de alteraciones y accidentes ocasionados en el organismo por la toxina botulínica.

bóveda f. Obra de fábrica con que se cubre el espacio comprendido entre dos muros o varios pilares.

bóvido m. Mamífero rumiante, con cuernos óseos cubiertos por un estuche córneo.

bovino, na adj. Perteneciente al ganado vacuno.

boxear intr. Batirse a puñetazos.

boxeo m. Acción de boxear. l Pugilato. Deporte que consiste en combatir dos hombres golpeándose con los puños.

boya f. Cuerpo flotante sujeto al fondo del agua, que se coloca como señal, para indicar un sitio peligroso o los puntos donde hay elementos de amarre sumergidos.

boyante p. a. de boyar. Que boya. l adj. fig. Que tiene fortuna o facilidad creciente. l Dícese de los barcos que tienen gran flotabilidad y remontan fácilmente las olas mayores.

boyar intr. Volver a flotar la embarcación que ha estado en seco.

bozal s. m. Esportilla de esparto que se pone en la boca de las bestias de labor para que no se paren a comer. l Artificio que se coloca a los perros en la boca para que no muerdan.

bozo m. Vello que apunta a los jóvenes sobre el labio superior.

bracamarte m. Antigua espada de un solo filo.

bracear intr. Mover repetidamente los brazos, por lo común con esfuerzo y gallardía. l Nadar sacando los brazos fuera del agua y volteándolos hacia adelante.

bracero, ra m. El que da el brazo a otro para que se apoye. l Peón, jornalero.

braco, ca adj. y s. Díc. del perro perdiguero. l Díc. de la persona de nariz roma y algo levantada.

bráctea f. Brácea pequeña.

bradicardia f. Ritmo excesivamente lento de la contracción cardiaca.

braga f. pl. Calzoncitos que usan las mujeres y los niños pequeños.

bragada f. Cara interna del muslo del caballo y de otros animales.

bragado, da adj. Díc. de la bestia que tiene la bragadura de otro color que el resto del cuerpo. l fig. Aplícase a la persona de resolución enérgica y firme.

braguero m. Aparato o vendaje para contener las hernias o quebraduras.

bragueta f. Abertura que tienen los pantalones por delante.

braguillas m. pl. Niño que empieza a usar los calzones.

bramadera f. Juguete infantil, que al ser agitado con fuerza en el aire brama como el viento.

bramar intr. Dar bramidos. l fig. Manifestar uno su ira con voces y gran violencia. l fig. Hacer ruido estrepitoso el viento, el mar, etc.

bramido m. Voz del toro y de otros animales salvajes. l fig. Grito del hombre colérico.

branquia f. Agalla, órgano respiratorio de muchos animales acuáticos.

branquial adj. Relativo a las branquias.

braquicéfalo, la adj. y s. Díc. de la persona que tiene el cráneo ancho y casi redondo.

braquícero adj. y s. Díc. de los insectos dípteros que tienen las antenas más cortas que la cabeza.

braquegrafía f. Estudio de las abreviaturas.

braquíopodo, da adj. Que tiene los pies cortos. l Que tiene pecíolos cortos. l m. pl. Clase de moluscoideos que viven en el mar y tienen concha con dos valvas.

braquiuro adj. Díc. de los crustáceos decápodos que tienen el abdomen corto. Ú. t. c. s.

brasa f. Carbón encendido. l Materias que arden en combustión lenta, sin producir llamas.

brasca f. Mezcla de arcilla y polvo de carbón con que se revisten interiormente algunos aparatos metalúrgicos.

brasero f. Vasija de metal para poner brasas.

brasil m. Color encarnado que usaban las mujeres como afeite.

brasilado, da adj. De color encarnado.

brasmología f. Tratado sobre el flujo y reflujo del mar.

bravata f. Amenaza con arrogancia, baladronada.

bravera f. Respiradero que tienen algunos hornos.

bravío, a adj. Feroz, indómito.

bravo, va adj. Valiente. l Bravío. l Excelente. l Áspero, inculto, fragoso. l interj. de aplauso y entusiasmo.

bravucón, na adj. fam. Esforzado sólo en apariencia. Ú. t. c. s.

bravura f. Esfuerzo o valentía.

braza f. Medida de longitud, generalmente usada en la marina, equivalente a 1,87 metros.

brazada f. Movimiento que se hace con los brazos, extendiéndolos y recogiéndolos.

brazalete m. Aro de metal u otra materia que como adorno suelen colocarse las mujeres en el antebrazo.

brazo m. Miembro del cuerpo desde el hombro a la mano.

brea f. Sustancia obtenida por destilación de la madera de ciertos árboles coníferos.

brebaje m. Bebida medicinal, veneno o poción mágica, que puede o no tener aspecto, sabor u olor desagradable.

brecha f. Abertura que hace en la muralla la artillería u otro ingenio.

brécol m. Col de color oscuro y cuyas hojas no se apiñan.

brecolera f. Brécol con pellas como la coliflor.

brega f. Acción de bregar. l Riña, contienda.

breña f. Tierra quebrada y poblada de maleza.

bresca f. Panal de miel.

brescar tr. Castrar las colmenas.

brete m. Cepo o prisión que se pone a los reos en los pies para que no puedan huir. l fig. Aprieto sin refugio ni evasiva.

breva f. Primer fruto que anualmente da la higuera.

breve adj. De corta extensión o duración.

breviario m. Libro que contiene el rezo eclesiástico de todo el año.

brezal m. Sitio poblado de brezos.

brezo m. Arbusto ericáceo.

bribón, na adj. y s. Pícaro, rufián, bellaco.

bribonada f. Picardía, bellaquería.

bricolage m. Armar utensilios, muebles u otros objetos, utilizando elementos construidos con otros fines. Por ejemplo, hacer lámparas con botellas o columpios con ruedas viejas de automóvil.

brida f. Freno del caballo, con las riendas y el correaje propio de él.

bridge m. Juego de naipes.

brigada f. Gran unidad homogénea, integrada por dos o más regimientos de un arma determinada.

brillante p. a. de brillar.

brillantina f. Preparación cosmética que se usa para dar brillo al cabello.

brillar intr. Resplandecer, despedir rayos de luz, como las estrellas y los diamantes. l fig. Lucir o sobresalir en talento, hermosura, etc.

brillo m. Lustre o resplandor.

brincar intr. Dar brincos o saltos.

brinco m. Movimiento que se ejecuta levantando rápidamente los pies del suelo.

brindar intr. Manifestar, al ir a beber vino u otro licor, el bien que se desea a personas o cosas.

brindis m. Acción de brindar o desear bienandanzas al ir a beber.

brío m. Pujanza. l Valor, resolución. Gallardía, garbo. l Empuje, arranque.

briofito, ta adj. y s. Díc. de plantas criptógamas que tienen tallos y hojas, pero carecen de vasos y raíces, fijándose al suelo mediante unos filamentos que absorben el agua con las sales que necesitan para nutrirse.

brisa f. Viento suave y persistente.

brisca f. Cierto juego de naipes en que se dan tres cartas a cada jugador.

briscado, da adj. Díc. del hilo de plata y oro tejido con seda.

briscar tr. Tejer o hacer labores con hilo briscado.

brizna f. Filamento o partecilla delgada de una cosa.

broca f. Barrena de boca cónica. I Clavo con que los zapateros afianzan la suela a la horma.

brocado m. Tela de seda entretejida con oro o plata, formando flores y otros dibujos.

brocal m. Antepecho en la boca del pozo.

brocatel adj. Díc. del mármol que presenta manchas y vetas de colores.

brocha f. Especie de pincel ancho, plano y de pelaje áspero que los pintores usan para pintar fondos o superficies planas.

brochado, da adj. Díc. del tejido que tiene labor de oro, plata, etc.

broche m. Conjunto de dos piezas hechas de modo que encaje la una en la otra para abrochar.

broma f. Bulla, algazara, diversión. I Chanza, burla. I *Zool.* Molusco lamelibranquio, marino.

bromatología f. Ciencia que trata de los alimentos.

bromazo m. aum. de broma. que se aplica cuando resulta particularmente molesta o desagradable.

bromear intr. y r. Usar de bromas o chanzas.

bromo m. Elemento químico líquido, de color pardorrojizo, de sabor cáustico y olor irritante.

bronca f. Rencor o ira acumulada. I Riña o disputa entre varios. I Manifestación colectiva y ruidosa de desagrado en un espectáculo público.

bronce m. Aleación del cobre con el estaño de color amarrillento, dura, muy tenaz y sonora.

bronceado, da p. p. de broncear. I adj. De color de bronce. I m. Acción de broncear.

broncear tr. Dar color de bronce. I Hacer que la piel adquiera un color más o menos moreno por medio de baños de sol u otro procedimiento.

bronco, ca adj. Áspero, tosco; sin desbastar. I Aplícase a los metales quebradizos y poco dúctiles.

bronconeumonía f. Inflamación de los bronquios y del pulmón.

bronquial adj. Perteneciente o relativo a los bronquios.

bronquio m. Cada uno de los conductos fibrocartilaginosos en que se bifurca la tráquea y que entran en los pulmones. Ú. m. en plural.

bronquiolo m. Cada uno de los pequeños conductos en que se dividen y subdividen los bronquios.

bronquitis f. Irritación de la membrana de los bronquios.

brontosaurio m. Reptil dinosaurio fósil, de colosales dimensiones.

brotar intr. Nacer o salir la planta de la tierra. I Nacer o salir en la planta renuevos, hojas, flores, etc. I Manar, salir el agua de los manantiales.

brote m. Pimpollo o renuevo que empieza a desarrollarse.

broza f. Conjunto de hojas, ramas, y otros despojos de las plantas. I Desecho o desperdicio de alguna cosa.

brujería f. Acción sobrenatural que según las tradiciones, hacen los brujos voluntariamente en virtud de sus poderes mágicos.

brujo, a adj. Persona que tiene poderes sobrenaturales adquiridos por sus conocimientos de las ciencias ocultas o por pactos con entidades espirituales que pueden ser diabólicas.

brújula f. Barrita o flechilla imanada que, puesta en equilibrio sobre un púa señala siempre el Norte magnético.

brulote m. Embarcación llena de materias combustibles o explosivas, utilizada para incendiar los buques enemigos.

bruma f. Niebla en el mar.

brumo m. Cera blanca muy purificada.

bruñidera f. Tabla para bruñir la cera.

brusco, ca adj. Áspero, desapacible. I Rápido, repentino, pronto.

brutal adj. Que imita o se parece a los brutos. I m. Bruto. I De gran fuerza e intensidad.

bruto, a adj. Necio, incapaz, que obra como falto de razón. Ú. t. c. s. I Vicioso, torpe, o excesivamente desarreglado en sus costumbres. I Díc. de las cosas toscas y sin pulimiento.

buba f. Postilla, tumorcillo.

bubón m. *Pat.* Tumor grande lleno de materia.

bubónico, ca adj. Relativo al bubón.

bucal adj. Perteneciente a la boca.

bucanero m. Hombre de mar dedicado al tráfico y cabotaje independiente, y, eventualmente, a actividades de corso.

búcaro m. Especie de arcilla olorosa. I Vasija hecha con ella.

bucear intr. Nadar y mantenerse debajo del agua, conteniendo la respiración o respirando mediante ingenios especiales.

buche m. Bolsa de las aves que comunica con el esófago, destinada a recibir la comida. I Estómago. I Porción de líquido que cabe en la boca.

bucólica f. Composición poética en que se trata de la vida pastoril.

bucólico, ca adj. Díc. del género poético de la poesía en que se trata de la vida pastoril.

budín m. Torta hecha de miga de pan, huevos, canela, limón y pasas.

buenaventura f. Buena suerte, dicha de alguno. I Adivinación supersticiosa, que hacen las gitanas.

bueno, na adj. Que tiene bondad en su género. I Útil y a propósito para alguna cosa. I Gustoso, agradable. I Que posee virtudes morales.

buey m. Macho vacuno castrado, que suele emplearse como cabestro.

bufa f. Ventosidad sin ruido. I Burla, bufonada.

bufado, da p. p. de bufar. I adj. Díc. del vidrio fundido en que se sopla formando una ampolla que revienta.

búfalo, la m. y f. Nombre aplicado a una serie de animales rumiantes de la familia de los bóvidos.

bufanda f. Prenda con que se envuelve y abriga el cuello y la boca.

bufar intr. Resoplar con ira y furor el toro el caballo y otros animales. I fig. Manifestar el hombre su enojo con fuertes resoplidos.

bufete m. Mesa de escribir con cajones. I fig. Despacho de un abogado.

bufo, fa adj. Aplícase a lo cómico que llega a resultar grotesco y burdo. I Bufón, chocarrero.

bufón, na adj. Chocarrero. I m. y f. Truhán que se ocupa en hacer reír.

bufonada f. Acción o dicho de bufón. Chanza satírica.

bungavilia f. Planta nictaginácea enredadera espinosa.

bugle m. Instrumento músico de viento.

buhardilla f. Ventana que se levanta por encima de un tejado, para dar luz a las pequeñas habitaciones que suele haber en los desvanes. I Desván.

búho m. Ave rapaz nocturna.

buhonero m. Vendedor ambulante de utensilios domésticos y mercancías modestas.

buitre m. Ave de rapiña que se alimenta de carne muerta.

buitrón m. Arte de pescar en forma de cono prolongado, construido de modo que los peces puedan entrar, pero no salir. I Red para cazar perdices.

buje m. Pieza metálica que guarnece interiormente el cubo de las ruedas de los carruajes.

bujía f. Vela de cera blanca de esperma de ballena o esteárica. I Dispositivo que sirve para producir la chispa eléctrica que inflama la mezcla explosiva en los cilindros de los motores de explosión.

bula f. Documento pontificio relativo a materia de fe o de interés general, concesión de gracias o privilegios o asuntos judiciales o administrativos.

bulbo m. Parte abultada,más o menos esférica, del tallo de algunas plantas, generalmente subterránea cubierta de hojas.

bulevar m. Paseo público; gran vía de comunicación adornada con árboles.

bulimia f. Hambre insaciable.

bullicio m. Rumor de mucha gente. Tumulto. alboroto.

bullicioso, sa adj. Díc. de lo que causa bullicio, estrépito o ruido. I Aplícase al paraje en que lo hay. I Inquieto, desasosegado, que se mueve constantemente. U. t. c. s.

bullir intr. Hervir el agua u otro líquido. I Agitarse una cosa con movimiento parecido al del agua que hierve.

bulo m. Noticia falsa propagada con algún fin.

bulto m. Volumen o tamaño de alguna cosa.

bululú m. Cómico que antiguamente representaba solo todos los personajes de una comedia mudando la voz.

bumerang m. Arma arrojadiza, usada por los indígenas de Australia, que describe extrañas trayectorias pudiendo incluso volver a la mano del que lo lanza.

bungalow m. Casa que solo tiene planta baja y está rodeada de jardines.

buñuelo m. Postre de sartén hecho de masa de harina, bien batida y frita.

buque m. Barco con cubierta, adecuado para navegaciones de importancia.

burato m. Tejido de lana de que se hacen manteos y trajes de alivio de luto.

burbuja f. Glóbulo de aire u otro gas que se forma en el interior de un líquido y sube a la superficie.

burdégano m. Hijo de caballo y burra.

burdel m. Mancebía, casa de mujeres públicas.

burdo, da adj. Tosco, basto.

bureta f. Tubo graduado y dispuesto a modo de pipeta.

burga f. Manantial de agua caliente.

burgués, sa adj. ant. Natural o habitante de un burgo. I m. y f. Ciudadano de la clase media acomodada u opulenta.

burguesía f. El conjunto de burgueses o ciudadanos de las clases medias sociales.

buril m. Instrumento de acero para grabar en metales.

burla f. Acción, ademán o palabra con que se procura poner en ridículo a personas o cosas. I Chanza. I Engaño.

burladero, ra adj. ant. Burlón. I m. Trozo de valla, paralelo a la barrera para defensa de los toreros.

burlar tr. Chasquear, zumbar. Ú. t. c. r. I Engañar, dar a la mentira apariencia de verdad o inducir a otro a tener por cierto lo que no es. I

burlería f. Burla. I Cuento fabuloso. Engaño, ficción. I Irrisión, mengua.

burlón, na adj. y s. Inclinado a decir o hacer burlas.

buró m. Escritorio o papelera con tablero para escribir. I Despacho, oficina destinada a atender determinados asuntos. Por ejemplo, Buró de Informaciones.

burocracia f. Aparato administrativo a cargo de empleados públicos y los procedimientos seguidos por estos para dar curso a los asuntos de la administración.

burrajo m. Estiércol seco.

burro m. Asno, animal solípedo. I fam. Sujeto necio o ignorante.

bursátil adj. Concerniente a la bolsa, a las operaciones que en ella se hacen y a los valores cotizables.

busardo m. Ave de rapiña, especie de halcón.

buscapleitos Persona de actitudes agresivas y de provocación.

buscar tr. Inquirir, hacer diligencias para encontrar alguna persona o cosa.

buscavidas com. fig. Persona que procura su subsistencia de maneras inusuales.

busco m. Umbral de la puerta de una esclusa.

busto m. Escultura o pintura de la cabeza y parte superior del tórax.

bustrófedon m. Escritura de derecha a izquierda y viceversa.

butaca f. Sillón de brazos entapizado, y, por lo común, con el respaldo reclinable o algo inclinado hacia atrás. I Silla de platea, en los teatros.

butano m. Hidrocarburo gaseoso cuya molécula se compone de cuatro átomos de carbono y diez de hidrógeno.

butifarra f. Cierto embuchado que se hace en Catalunya, Baleares y Valencia.

buzcorona f. Burla consistente en dar a besar la mano y asestar un bofetón.

buzo m. Hombre que trabaja sumergido bajo las aguas.

buzón m. Canal de desagüe. I Agujero por donde se echan las cartas en el correo. I Caja o receptáculo que las recoge.

C

c f. Letra consonante, tercera del abecedario. | Letra numeral romana que equivale a cien.

cabal adj. De justo peso o medida. | Completo, perfecto. | Fig. La parte completa que toca a cada uno en un reparto. | adv. Cabalmente.

cábala f. Tradición oral que entre los judíos fijaba y explicaba el sentido de los libros del Antiguo Testamento.

cabalgadura f. Bestia para cabalgar, especialmente caballares, asnos y mulas. | Impropiamente, bestia de carga.

cabalgar intr. Montar a caballo o en otra clase de cabalgadura | intr. Montar a horcajadas sobre un animal, una viga u otro objeto.

caballa f. Pez acantopterigio de carne oscura; son apreciadas sobre todo sus conservas.

caballar adj. Perteneciente o parecido al caballo.

caballerete m. dim. de caballero. Úsase generalmente con sentido despectivo. | Joven presumido en sus modales y vestimenta.

caballería f. Cualquier animal solípedo que sirve de cabalgadura. |Una de las Armas que forma parte constitutiva del Ejército, que se distinguía originalmente por movilizarse y combatir a caballo.

caballeriza f. Sitio o lugar cubierto destinado a la estancia de los caballos y bestias de carga. | Conjunto de estos animales que hay en tal lugar. | Conjunto de personas encargadas del cuidado de esos animales. | Femenino de caballerizo.

caballero, ra adj. Que cabalga. | m. Persona de nobleza calificada. | Perteneciente a una Orden Militar o de Caballería. | El que se comporta siempre con nobleza, generosidad y cortesía. | Persona de consideración respetable.

caballito m. dim. de caballo. | pl., ejercicio ecuestre circense. | Tiovivo, calesita de las ferias de juegos infantiles.

caballo m. Animal solípedo, de cuello y cola poblados de crines largas y abundantes, fácilmente domesticable y de hermosa apariencia.

cabaña f. Choza o caseta rústica. | Casa, generalmente de campo, con afectación de rusticidad.

cabaret m. Local de diversiones y sala de bailes con expendio de bebidas alcohólicas y espectáculos frívolos.

cabe prep. Cerca de, junto a. | Tercera persona singular del presente indicativo del verbo caber.

cabecear intr. Mover la cabeza, especialmente en forma vertical. | Movimientos que da con la cabeza quien está quedando dormido sentado.

cabecera f. Principio o parte principal de alguna cosa. | Lugar de una mesa, o de un estrado, en que se sitúa el dueño de casa con las personas más importantes de una reunión. | Parte de la cama donde se colocan las almohadas.

cabecilla f. dim de cabeza. | m. Jefe de una banda.

cabellera f. El pelo de la cabeza, especialmente el pelo largo. Rastro o estela luminosa de los cometas.

cabello m. Cada uno de los pelos del ser humano, en especial los de la cabeza. | Conjunto de los pelos de la cabeza.

caber intr. Poder contenerse una cosa dentro de otra. | Tener lugar o entrada. | Tocarle a uno o pertenecerle alguna cosa. | Ser algo posible o natural. | tr. Coger, tener capacidad, admitir.

cabestrillo m. Banda de tela que se cuelga del hombro para sostener un brazo lastimado.

cabestro m. Cuerda o ramal que se ata a la cabeza de un animal para conducirle. | Buey manso que sirve de guía a los otros.

cabeza f. Parte superior del cuerpo humano, y superior o anterior de los animales, donde suelen situarse los órganos de la los sentidos. |Principio o parte extrema de una cosa.

cabezal m. Almohada, especialmente la que ocupa toda la cabecera de la cama. | Parte delantera de un mecanismo o que contiene una cabeza en cualquier sentido.

cabezota f. aum. de cabeza. | Persona que tiene la cabeza muy grande. | Fig. Persona terca, testaruda. | Cabezudo. Figura cómica con la cabeza muy grande.

cabida f. Espacio o capacidad que tiene una cosa para contener otra.

cabildo m. Comunidad de capitulares de una catedral o colegiata. | Ayuntamiento.

cabina f. Camarote. | Locutorio telefónico. | Recinto aislado en cines y otros lugares públicos donde se ubican los operadores, aparatos de proyección, etc.

cabizbajo, ja adj. fam. Dícese de la persona que lleva la cabeza inclinada hacia adelante a causa de sus preocupaciones.

cable m. Maroma o jarcia gruesa.

cableado m. Operación de establecer conexiones eléctricas mediante cables. | Conjunto de los cables que forman parte de un sistema o aparato eléctrico.

cablear tr. Unir mediante cables las diferentes partes de un dispositivo eléctrico.

cabo m. Cualquiera de los extremos de una cosa. | Cuerda, maroma o jarcia hecha de fibras textiles, cáñamo o fibras de resinas sintéticas. |Lengua de tierra que penetra en el mar. |Individuo de las clases de la tropa, inmediatamente superior al soldado.

cabotaje m. Navegación o tráfico que hacen los buques entre los puertos de su nación sin perder de vista la costa. | Tráfico marítimo costero.

cabra f. Mamífero rumiante cavicornio.

cabrear tr. Meter el ganado caprino en un terreno. | Fam. vulg. Enfadar, aburrir, amostazar.

cabrero m. Pastor de cabras. | Pájaro del Caribe poco más grande que el canario, con plumas blancas, negras, amarillas, rojas y verdes.

cabrestante m. Torno de eje vertical que se hace girar con palancas o mediante motores para levantar grandes pesos.

cabria f. Máquina para levantar grandes pesos, que es una combinación de cabrestante y poleas.

cabrilla f. Pez marino acantopterigio, muy dado a saltar, de carne blanda e insípida. | Trípode o caballete en que los carpinteros sujetan los maderos grandes. | Manchitas que aparecen en las piernas por estar mucho tiempo cerca del fuego. | Pequeñas olas blancas y espumosas que se forman en el mar cuando comienza a arreciar el viento.

cabriola f. Brinco cruzando varias veces los pies en el aire. | Voltereta en el aire. | Salto que da el caballo dando un par de coces mientras está en el aire.

cabriolé m. Cabriolet, especie de coche ligero con sólo dos ruedas.

cabritilla

62

cabritilla f. Piel de cualquier animal pequeño, curtida y aderezada para confeccionar guantes, zapatos, etc. Se caracteriza

cabrón m. Macho de la cabra o macho cabrío.

caca f. fam. Excrementos, especialmente de los niños.

cacahuate m. Cacahuete, maní. Planta leguminosa, de flores amarillas. Su semilla es oleaginosa y se come tostada.

cacao m. Árbol esterculiáceo de América.

cacarear int. Gritar la gallina o el gallo. I fig. Hacer aspavientos.

cacatúa f. Ave prensora de pico corvo.

cacería f. Partida, excursión de caza. I Conjunto de los animales cazados.

cacerola f. Vasija de metal, con asas o mango, para guisar en ella.

cachalote m. Cetáceo de gran tamaño, cabeza muy grande y cuya mandíbula inferior va provista de enormes dientes cónicos de buen mar.

cacharro m. Vasija de arcilla o loza ordinaria. I Vehículo viejo y destartalado. I pl. Utensilios de cocina.

cachear tr. Registrar palpando a las personas sospechosas para quitarle algún arma u otro objeto que pudiera llevar oculto.

cachete m. Bofetada. I Carrillo de la cara, mejilla, especialmente si está abultada. I Amér. Nalga.

cachetero m. Puñal corto y afilado. I Puntilla con que se remata a las reses. I El que remata al toro usando este instrumento.

cachicuerno, na adj. Aplícase a los cuchillos u otros utensilios que tienen el mando hecho o cubierto de cuerno.

cachimba f. Pipa de fu I Ojo de agua, manantial.

cachiporra f. Palo enterizo, con un abultamiento en un extremo, gue se utiliza como arma contundente. I Amér. meridional. Fanfarrón.

cachirulo m. Vasija para guardar aguardiente u otros licores. I

cachivache m. despectivo. Vasija, utensilio de poco valor o muy viejo.

cacho m. I Pedazo de alguna cosa.

cachondearse r. vulg. Jugar, bromear, travesear con cierta malicia. I Despertar en uno apetencia erótica.

cachondo, da adj. Que tiene fuerte apetito sexual. Aplícase sobre todo a las perras en celo.

cachorro, rra m. y f. Perro joven. I Crías de los mamíferos.

cacique m. Señor de vasallos o jefe en algunas comunidades de indios. I fig. El que en un pueblo ejerce mucha influencia política o administrativa. I Pájaro colombiano parecido al mirlo, notable por su coloración y por las plumas que coronan su cabeza.

caco m. fig. Ladrón muy diestro.

cacofonía f. Vicio del lenguaje que consiste en la repetición frecuente de unas mismas letras o sílabas. I Asociación de sonidos discordantes.

cactáceo, a adj. Dícese de las plantas dicotiledóneas de tallos carnosos, alargados o en forma de bolas, a veces aplanados, sin hojas pero llenos de espinas,como el cactus.

cacumen m. fam. Perspicacia, agudeza, inteligencia.

cada m. Enebro.

cada adj. Úsase para designar, separadamente, a una o mas personas o cosas de la misma especie.

cadalso m. Tablado que se levanta para la ejecución de un castigo o pena corporal, especialmente para la pena de muerte.

cadáver m. Cuerpo muerto de animal o ser humano.

cadena f. Serie de eslabones o anillos enlazados entre sí. I Atadura de presidianos que van a cumplir sus condenas. I fig. Sujección forzada. I Continuación de cosas o sucesos relacionados entre sí.

cadencia f. Sucesión de sonidos o movimientos que se siguen de manera medida y regular, conforme al ritmo. I Medida rítmica que regula los movimiendos de la danza.

cadeneta f. Labor de tejido con hilo que forma una especie de cadena muy delgada. I La cadenita tejida que hacen los encuadernadores para reforzar los lomos.

cadera f. Cada una de las dos partes salientes que se forman a los lados del cuerpo humano por los huesos superiores de la pelvis.

cadete m. Alumno de una academia militar. I Amér. Aprendiz de comercio o de trabajos de escritorio, que suele servir de mensajero y asistente.

cadmio m. Metal de color blanco con tonalidades azulencas dúctil y maleable, parecido al estaño.

caducar intr. Perder su fuerza algún derecho, ley, costumbre, creencia, religión, moralidad, etc. I Fig. Hablar u obrar desatinadamente por efectos de la avanzada edad.

caduco,ca adj. Decrépito, senil. I De corta duracion. I Hoja caduca, hoja que cae cada año.

caer intr. Venir un cuerpo hacia otro mayor por efecto de la fuerza de gravitación. I Venir un cuerpo de arriba abajo llevado por su propio peso.

café m. Cafeto. I Semilla de ese árbol. I Bebida que se prepara con la semilla de ese árbol tostada y molida. I Establecimiento público donde se sirve esa bebida.

cafeína f. Alcaloide que se obtiene de las hojas y semillas del café, del té y otros vegetales, utilizada como estimulante cardíaco.

cafetal m. Plantación de cafetos.

cafetera f. Mujer que recoge la simiente en los cafetales. I Vasija utilizada para preparar la bebida de café. I Vendedora de café.

cafeto m. Árbol originario de Etiopía que tiene como fruto una baya roja cuya semilla es el café.

cagachín m. Avecilla más pequeña que el jilguero.

cagada f. Excremento propio de la evacuación del vientre. I fig. fam. Acción torpe e inconveniente.

cagar intr. Evacuar el vientre. I Actuar torpemente, echar a perder una cosa.

cagarruta f. Bolas de excremento del ganado menor y de ciervos, gamos, corzos, conejos y liebres.

cagueta f. fam. Diarrea. I fam. Persona asustadiza, que tiene tendencia a evacuar involuntariamente el vientre.

caída f. Acción y efecto de caer. I Declinación o declive de alguna cosa. I Forma en que cuelgan piezas de tela o vestimentas. I Fig. fam. Insinuaciones, dichos oportunos, en especial los que ocurren naturalmente y en forma espontánca. I En religión, la culpa del primer hombre y de los ángeles malos.

caído, da p. p. de caer. I adj. desfallecido. I Fuera de combate, perecido.

caimán m. Reptil hidrosaurio americano, parecido al cocodrilo.

cainita adj. Perteneciente o relativo a Caín. I Dícese especialmente del odio o enemistad contra allegados o afines, o de quien se diga llevar por tal impulso. Apl. a pers., ú.t.c.s.

cairel m. Cabellera postiza. I Cerco de flecos colgantes en los extremos o bordes de algunas prendas de vestir.

caja f. Pieza hueca que sirve para guardar o transportar cosas. I Mueble para guardar dinero.

cajero m. El que hace cajas. I El que, en tesorerías y casas comerciales está encargado de atender la caja, hacer pagos y recibir pagos.

cajetilla f. Paquete de cigarrillos o tabaco picado, envuelto en papel protector y convenientemente sellado.

cajista com. Oficial de imprenta que, juntando y ordenando las letras, compone el molde de lo que se va a imprimir.

cajón m. Aum. de caja. Caja grande. l Compartimentos corredizos dc los muebles destinados a guardar ropas u otros objetos.

cal f. Óxido de calcio, sustancia liviana, blanca, cáustica y alcalina.

cala f. l Paraje distante de la costa, bueno para pescar con anzuelo. l Ensenada pequeña y tranquila, fondeadero. l Planta acuática de la familia de las aráceas, común en los jardines.

calabacín m. Calabaza pequeña, de corteza verde y pulpa blanca. l Fig. Persona inepta e ignorante.

calabaza f. Calabacera. l Fruto de esta planta en cualquiera de sus variedades. l Fruto seco y hueco, que se utiliza para llevar ciertos líquidos. l Fig. fam. Persona torpe, ignorante.

calabozo m. Lugar seguro, muchas veces subterráneo, donde se encierra a determinados presos. l Aposento en una cárcel donde se mantiene a un prisionero incomunicado.

caladero m. Lugar adecuado para calar las redes.

calado m. Labor de aguja sobre una tela sacando o juntando hilos para imitar un encaje o randa. l Labor que se hace perforando de parte a parte láminas de madera o metales, formando dibujos. l Profundidad del agua.

calafatear tr. Cerrar, taponear las junturas de las maderas de las naves con estopa y brea para que no entre el agua.

calamar m. Molusco cefalópodo comestible.

calambre m. Contracción espasmódica dolorosa e involuntaria de una masa muscular, generalmente de corta duración.

calamidad f. Desgracia o infortunio. l fig. Persona molesta o perjudicial.

calamina f. Silicato de zinc.

calamitoso,sa adj. Que causa calamidades o es propio de ellas. l Infeliz, desdichado.

cálamo m. Especie de flauta antigua. l Caña que usaban los antiguos para escribir.

calandria f. Ave canora semejante a la alondra.

calaña f. Muestra, modelo, forma. l fig. Naturaleza, índole de una persona o cosa. l Abanico muy ordinario con varillaje de cañas.

calañés, sa Sombrero de ala vuelta hacia arriba y copa baja, algo más estrecha por la parte superior que por la inferior.

calar tr. Penetrar un líquido un cuerpo permeable. l Hundirse un cuerpo en otro. l Hacer labor de calado en telas, láminas de madera o de metal. l Embutirse el sombrero en la cabeza hasta muy adentro. l Descubrir el carácter o las intenciones de una persona.

calavera f. Armazón de los huesos de la cabeza, despojada de todo tejido blando.l Hombre dado a fiestas, de poco juicio.

calcado, da p. p. de calcar. l m. Acción de calcar.

calcáneo m. Hueso del tarso, en la parte posterior del pie, donde forma el talón.

calcañar m. Calcañal, talón.

calcañuelo m. Cierta enfermedad que ataca a las abejas.

calcar tr. Sacar copia idéntica de un dibujo o relieve por contacto del original sobre un papel o tela. l Imitar servilmente.

calcáreo, a adj. Que tiene cal.

calce m. Cerco de llantas de hierro que proteje las ruedas de carruajes. l Cuña para ensanchar el espacio entre dos cuerpos.

calceta f. Media de punto que llega hasta bajo la rodilla.

calcetín m. Media corta, que no cubre más arriba de la pantorrilla.

calcificación f. Acción o efecto de calcificar o calcificarse. l Alteración de los tejidos orgánicos debido a depósitos de carbonato y fosfato de calcio en ellos.

calcificar tr. Producir carbonato de cal. l Modificar los tejidos orgánicos mediante la adición de sales de calcio. l Incorporar calcio a un proceso bioquímico.

calcímetro m. Instrumento que sirve para determinar el contenido de calcio en las tierras de labranza.

calcinar tr. Reducir a cal viva los minerales calcáreos por medio de altas temperaturas. l Cometer minerales al calor para que de ellos se desprendan todas las sustancias volátiles. l fig. Quemar sometiendo algo a temperaturas muy altas. l f. Calcinación.

calcio m. Metal blanco, de brillo argénteo, que reacciona en contacto con el agua a temperatura ordinaria.

calco m. Copia que se obtiene calcando. l Papel entintado que se utiliza para calcar.

calcografía f. Oficio de estampar mediante láminas metálicas estampadas. l Taller u oficina donde se hace ese trabajo.

calcomanía f. Sistema que permite traspasar una figura impresa para tal objeto en un papel preparado especialmente, a cualquier otra superficie. l Papel que contiene la figura de calcomanía. l Imagen aplicada que se obtiene por ese medio.

calcopirita f. Sulfuro natural de cobre y hierro, principal mena del cobre.

calcotipia f. Cierto procedimiento de grabado en cobre.

calculador, ra adj. Que calcula. Ú. t. c. s. l Máquina que puede efectuar operaciones matemáticas mecánica o electrónicamente.

cálculo m. Investigación que se hace por medio de operaciones matemáticas. l Conjetura, análisis por anticipado de efectos que aún no se producen. l Concreción anormal que se forma en diferentes partes del cuerpo, principalmente en vejiga urinaria, vesícula biliar y riñones.

caldear tr. Calentar mucho. Ú. t. c. r. l Poner los metales como ascuas para forjarlos, labrarlos o soldarlos unos con otros.

caldera f. Vasija metálica grande que sirve para calentar el agua u otra cosa.

calderero m. El que hace, arregla o vende calderas.

calderilla f. Monedas de poco valor. l Arbusto grosulario de fruto insípido y pulposo. l Caldera pequeña.

caldero m. Caldera pequeña y con asa, para cocinar. l Lo que cabe en él.

calderón m. aum. de caldera. l Signo que indica la suspensión del movimiento de un compás.

caldo m. Líquido sabroso y nutritivo que resulta de cocer alimentos bien sazonados.

calé adj. Gitano, na. Ú. t. c. s.

caleidoscopio m. Instrumento óptico formado por un tubo dentro del cual hay varios espejos que multiplican simétricamente las imágenes proyectadas por su interior.

calendario m. Almanaque, carta que indica los días de la semana, los meses y las fechas correspondientes.

calentador, ra adj. Que calienta. l m. Artefacto para calentar.

calentar tr. Comunicar calor a un cuerpo haciendo subir su temperatura.

calentura f. Fiebre.

calera f. Horno de cal. l Cantera de cal.

calesa f. Especie de coche de caballos, de dos o cuatro ruedas.

caleta f. dim. de cala, ensenada pequeña.

calibrar tr. Medir el calibre. l Ajustar el calibre.

calibre Diámetro de la bala. l fig. Tamaño, importancia.

caliciflora adj. y s. Dícese de las plantas dicotiledóneas cuyos pétalos y estambres se insertan en forma que recuerda a un cáliz.

calículo m. Conjunto de brácteas simulando un cáliz, en torno del verdadero cáliz, como en el clavel.

calidad f. Manera de ser de una persona o cosa. l Naturaleza, índole. l Estado de una persona, su edad y de más circunstancias que se requieren para un cargo o dignidad. l Nobleza del linaje. l fig. Importancia o dignidad de alguna cosa.

cálido, da adj. Que da calor.

calidoscopio m. Tubo que encierra interiormente dos o tres espejitos inclinados, entre cuyos extremos hay trocitos de colores, cuyas imágenes se ven multiplicadas simétricamente.

caliente adj. Que tiene calor. l fig. Acalorado, fogoso. l *Amér.* airado, irritado.

calificar tr. Apreciar o determinar las calidades, méritos o circunstancias de una persona o cosa. l f. Calificación.

calificativo, va adj. Que califica.

caligrafía f. Arte de dibujar letras con belleza y siguiendo ciertas normas. l fig. Los diversos alfabetos y modos de escritura.

calígrafo, fa Persona versada en caligrafía. l Persona que por oficio manuscribe con letra clara y hermosa.

calima f. Calina.

calina f. accidente atmosférico que enturbia el aire y suele producirse por partículas en suspensión en el aire en calma.

cáliz m. Vaso sagrado de los ritos católicos u ortodoxo, destinado a recibir el vino durante la misa. l Cubierta exterior de ciertas flores, del mismo material que las hojas y casi siempre verde.

caliza f. Piedra compuesta principalmente por carbonato de calcio. Entre sus variedades se cuentan los mármoles y la creta.

callado, da p. p. de callar. l adj. Reservado, silencioso. l Se dice de lo hecho con silencio o reserva.

callar intr. y r. Guardar silencio una persona. l Cesar de hablar. l Cesar de sonar un instrumento, una voz, o de producirse una bulla.

calle f. Espacio para transitar, entre hileras de casas o a través de un poblado. l Espacio alargado que hay entre hileras de cosas análogas.

callejear intr. Andar en la calle con excesiva frecuencia y sin necesidad.

callejón m. aument. de calle. l Paso estrecho y largo entre paredes, casas rocas u otras cosas.

callo m. Engrosamiento duro que se forma en la piel por roce o presión constante con otro cuerpo. l pl. Pedazos del estómago de res que se guisan.

callosidad f. Dureza más extensa y menos profunda que el callo, pero del mismo origen.

calma f. Estado del aire cuando no hay viento y de las aguas cuando no están agitadas. l Tranquilidad, paz.

calmante m. Dícese de los medicamentos que disminuyen o eliminan las sensaciones dolorosas, que relajan la excitación nerviosa o que producen somnolencia.

calmar intr. Quedar en calma o tender a la calma. l tr. y r. Sosegar, templar, adormecer.

caló m. Lengua de los gitanos españoles.

calor m. Manifestación de la energía consistente en una aceleración del movimiento molecular, que puede fácilmente transformarse en energía dinámica y trabajo mecánico. l Sensación que experimenta el cuerpo cuando su temperatura es mayor que la del medio que le rodea.

caloría f. Unidad de calor. Calor necesario para elevar en un grado centígrado la temperatura de un gramo de agua.

calorimetría f. Parte de la física que estudia la medición del calor.

calostro m. Primera leche que produce la madre que ha parido, de composicion distinta que la leche definitiva.

calumnia f. Acusación falsa hecha con propósito dañino. l adj. Calumnioso, sa.

calumniar tr. Atribuir faisa y maliciosamente a alguno, palabras, acciones o intenciones deshonrosas o ilícitas.

calva f. Parte de la cabeza que ha perdido su cabello.

calvicie f. Pérdida rápida y acentuada del cabello.

calvo, va adj. y s. Persona que ha perdido el cabello.

calza f. Prenda de vestir ajustada que en un tiempo cubría pierna y muslo, y posteriormente sólo el muslo de las personas.

calzada f. Camino pavimentado y ancho. l Parte de la calle destinada al transito de vehículos, flanqueada por las aceras.

calzado m. p.p. de calzar. l m. Prenda que cubre y resguarda el pie o la pierna.

calzador m. Instrumento para calzar zapatos ajustados.

calzar tr. Cubrir el pie o la pierna con calzado. Ú. t. c. r. l Usar o llevar guantes los guantes, las espuelas, etc. l Poner calces. l Poner una cuña, piedra u otro obstáculo junto a una rueda para impedirle el movimiento. l Poner una cuña o taco bajo un mueble para que no cojee.

calzo m. Calce, llanta de rueda. l Calza, cuña con que se calza.

calzón m. aum. de calza. l Prenda de vestir del hombre en forma de pantalón corto.

calzoncillos m. pl. Calzones interiores, prendas íntimas del hombre.

cama f. Mueble que, acondicionado con elementos mullidos y cobertores, sirve para dormir, descansar y otros menesteres afines.

camada f. Todos los hijuelos que paren de una vez las hembras de ciertos animales. l Conjunto o serie de cosas extendidas horizontalmente. l Piso en las galerías de las minas.

camafeo m. Figura en relieve en una piedra preciosa. l La misma piedra labrada.

camaleón m. Reptil saurio de cuerpo comprimido y cola prensil, muy característico por su larga lengua protráctil con la que caza insectos. Puede cambiar muy rápidamente la coloración de su piel para fines miméticos.

cámara f. Pieza principal de una casa. l Instrumento en forma de caja que contiene los elementos destinados a fijar imágenes de cine, fotografías o electromagnéticas.

camarada s. com. Quien anda en compañía de otros, tratándose con amistad y confianza. l Compañero fiel en una empresa.

camarero Persona que sirve en los lugares públicos o en los barcos, cafés, fondas, etc. l Oficial de la Cámara del Papa. l Jefe de la Cámara del Rey. l Criado distinguido en las casas principales.

camarilla f. Grupo de personas que influyen en las decisiones de una persona de autoridad, o de una corporación. Suele usarse en sentido peyorativo.

camarón m. Crustáceo marino decápodo, macruro, de antenas largas y cuerpo comprimido y algo encorvado, de carne muy apreciada.

camarote m. Aposento pequeño en los buques, destinado a servir de alcoba.

camastro m. Lecho pobre o improvisado.

cambalache m. Intercambio de especies de poco valor.

cambiante p.a. de cambiar. Que cambia.l adj. Que cambia a menudo, persona veleidosa. l Persona que se dedica al cambio de monedas.

cambiar tr. Dar, tomar o poner una cosa por otra. l Mudar, alterar, transfor Ú. t. c. intr. l Dar o tomar un documento o dinero de una especie por un valor equivalente en dinero efectivo o de otras de nominaciones. l r. Mudarse de ropa, de casa, etc.

cambio m. Acción de cambiar. l Dinero menudo. l Control del mecanismo de transmisión de los vehículos automóviles.

cámbrico, ca adj. y s. Perteneciente o relativo al primero de los cinco períodos geológicos en que se halla dividida la era primaria o peleozoica.

cambrón Arbusto ramnáceo de ramas espinosas. l Espino cerval. l Zarza.

cambronera f. Arbusto solanáceo que se utiliza en setos vivos.

cambuj m. Antifaz.

cambur m. Planta musácea, parecida al plátano, de fruto muy apreciado.

camelar tr. fam. Galantear, requebrar. l fam. Seducir, engañar adulando.

camelia f. Arbusto teáceo originario del Japón, de flores muy bellas, pero inodoras, blancas, rojas o rosadas. l Flor de este arbusto.

camélido adj. y s. Dícese de mamíferos rumiantes, artiodáctilos, que tienen una excrecencia callosa en la parte inferior del pie; como el camello y el granaco. l m. pl. Familia de estos animales.

camelote m. Tejido fuerte que se hacía con pelo de camello y hoy se hace con lana.

camello m. Mamífero rumiante camélido, más alto y corpulento que el caballo, con el cuello largo y dos gibas en el dorso.

camilla f. Cama estrecha y portátil para conducir enfermos o heridos. l Mesa con tarima para el brasero.

camillero m. Cada uno de los que transportan la camilla. l Soldado práctico en el transporte de heridos.

caminar Intr. Ir de viaje. l Andar, dar pasos para ir de un lugar a otro.

caminata f. fam. Paseo o recorrido largo y fatigoso.

caminero, ra adj. Relativo al camino. l Dícese del peón encargado de la reparación de las carreteras y caminos públicos.

camino m. Tierra hollada por donde se transita habitualmente. l Vía que se construye para transitar. l Viaje, jornada que se hace de un lugar a otro.

camión m. Vehículo de cuatro o más ruedas, grande y fuerte, para transportar cargas muy pesadas.

camioneta f. Pequeño camión automóvil.

camisa f. Vestidura interior de lienzo, algodón u otra tela. l Camisola. l Revestimiento interior de una pieza mecánica o de un artefacto.

camiseta Camisa corta, ajustada y sin cuello que se pone sobre la piel.

camisola Camisa fina de hombre, de la cual se planchan especialmente el cuello, puños y pechera. l Camisa de dormir de tela fina y liviana.

camisón aum. de camisa. l Camisa larga. l Camisa de dormir.

camomila f. Manzanilla.

camorra f. fam. Pendencia, riña.

campa f.Dícese de la tierra que carece de arbolado.

campamento m. Espacio de terreno donde están situados los barracones o las tiendas que sirven de alojamiento, más o menos transitorio, a fuerzas militares o, por extensión, a cualquier agrupación de personas.

campana f. Instrumento metálico con forma de campana invertida que suena golpeado por un martillo o resorte.

campanada f. Golpe que se da el badajo en la campana. l Sonido que hace. l fig. Escándalo o novedad ruidosa.

campanario m. Torre o armadura donde se colocan las campanas.

campanela En la danza española, salto que se da describiendo un círculo en el aire con un pie.

campanilla f. dim. de campana. l Campana pequeña y manual, que tiene varios usos. l Úvula. l Flor de figura de campana.

campanólogo, ga m. y f. Persona que toca piezas musicales haciendo sonar campanas.

campante p. a. de campar. Que campa o sobresale. l adj. fam. Ufano, satisfecho.

campanuláceo, a adj. Dícese de plantas dicotiledóneas, herbáceas de hojas alternas, flores vistosas con la corola generalmente campaniforme y fruto capsular con muchas semillas.

campaña f. Campo llano. l Conjunto de actos o esfuerzos aplicados a la consecución de un fin determinado.

campar intr. Acampar. l Sobresalir.

campear intr. Salir y andar por el campo los animales. l Verdear ya las sementeras. l Campar, sobresalir. l Estar en campaña.

campechano, na adj. fam. Franco, dispuesto para cualquier broma o diversión.

campeón m. Héroe famoso en armas. l El que obtiene la primacía en un campeonato.

campeonato m. Certamen o contienda en que se disputa el premio en ciertos juegos o deportes. l Primacía obtenida en las competiciones deportivas.

campesinado m. Conjunto o clase social de los campesinos.

campesino, na adj. Dícese de lo que es propio del campo. l Que trabaja en él. Ú. t. c. s.

campestre adj. Relativo al campo.

camping m. Terreno especialmente dispuesto para que en él planten los turistas sus tiendas o remolques.

campiña f. Espacio grande de tierra llana, labrantía.

campo Terreno extenso fuera de poblado. l Tierra laborable. l Sembrados, árboles y demás cultivos. l fig. Espacio real o imaginario donde cabe o tiene lugar una cosa.

camposanto m. Campo santo, cementerio.

camuflar v. tr. Disimular la presencia de armas, tropas, material de guerra, barcos, etc., dándoles una apariencia que pueda engañar al enemigo. l Disimular, dar a una cosa el aspecto de otra. l m. Camuflaje.

can m. Perro, mamífero doméstico.

cana f. Medida catalana equivalente a dos varas. l Cabello que se ha vuelto blanco.

canal amb. Cauce artificial para conducir agua.l Cualquiera de los conductos por donde corre el agua en los tejados. l Cualquier conducto del cuerpo. l Res muerta y abierta, sin las tripas y demás despojos.

canaladura f. Moldura hueca y vertical que se hace en algunas columnas u otros miembros arquitectónicos.

canalete m. Cierto remo corto y de pala muy ancha.

canalla f. adj. Gente baja y ruin. l m. fig. Hombre ruin y despreciable.

canallesco, ca adj. Propio de la canalla o de un canalla. l f. Canallada.

canalón m. Canal largo que recibe y vierte el agua en los tejados.

canana f. Cinto para llevar cartuchos.

canapé m. Escaño que tiene acolchado el asiento y el respaldo. l Rebanada de pan tostado cubierta de caviar u otro manjar delicado y aderezada con huevo picado, embutidos, etc.

canario m. Pájaro fringílido, originario de Canarias.

canasta f. Cesto de mimbre con dos asas y ancho de boca. l Juego de naipes. l Tanto conseguido en el juego de baloncesto.

canasto m. Canasta recogida de boca.

cáncamo m. Pieza de hierro en forma de armella, que sirve para amarrar cabos o enganchar motores.

cancán Baile francés de ritmo rápido e intención picaresca.

cancel m. Contrapuerta colocada de modo que impida el paso de las corrientes de aire en un local.

cancela f. Verjilla que se pone en la entrada de algunas casas o jardines. l Verja de hierro muy labrada, que en algunas casas de Andalucía sustituye a la puerta de entrada al patio.

cancelar tr. Anular una escritura pública o una obligación. l fig. Olvidar, derogar. l Pagar una deuda.

cáncer Enfermedad celular que destruye los tejidos orgánicos. Cuando forma tumores, se conoce también por carcinoma.

cancerbero m. Perro mitológico de tres cabezas que guardaba la puerta de los infiernos. l fig. Portero incorruptible.

cancha f. Sitio o local destinado para juego de pelota, riñas de gallos, etc.

canciller m. Empleado auxiliar en las embajadas, legaciones y consulados. l Magistrado supremo en algunos países. l Funcionario de alta jerarquía.

cancillería f. Oficio de canciller. l Oficina especial en las embajadas, legaciones y consulados.

canción f. Composición en verso para cantar. l Música con que se canta.

cancionero m. Colección de canciones y poesías, por lo común entre varios autores.

cancroide Tumor semejante al cáncer.

candado m. Cerradura suelta que se une con armellas a una puerta, mueble, etc.

cande adj. Dícese del azúcar cristalizado.

candeal adj. Dícese del trigo o pan de superior calidad.

candela f. Vela para alumbrar. l Lumbre, fuego.

candelabro m. Candelero de dos o más brazos.

candelero m. Utensilio para sostener la vela. l El que hace o vende candelas.

candente adj. Que blanquee por la acción del fuego.

candidato, ta m. f. Persona que pretende alguna dignidad o cargo. l Persona propuesta para algún cargo.

candidatura f. Reunión de candidatos. l Papeleta en que figura el nombre de uno o varios candidatos. l Propuesta de persona para una dignidad o cargo.

cándido, da adj. Sencillo, ingenuo, sin doblez. l Simple, poco advertido.

candil m. Utensilio para alumbrar, compuesto de dos recipientes metálicos superpuestos, cada cual con un pico por donde asoma la mecha. l Lamparilla de barro.

candileja f. Recipiente interior del candil. l Vaso en que se pone alguna materia combustible para que ardan una o más mechas. l Línea de luces del proscenio del teatro.

candor m. Blancura extremada. l Sinceridad, sencillez. l Dureza de ánimo.

canela f. Segunda corteza del canelo, de color rojo amarillento, muy agradable y aromática.

canaláceo, a adj. y s. Dícese de plantas dicotiledóneas, leñosas, propias de los países tropicales.

canelo, la adj. De color de canela. l m. Árbol lauráceo, de flores blancas y aromáticas y fruto en drupa. Es originario de Ceilán y la segunda corteza de sus ramas es la canela.

canelón m. Rollo de pasta de harina relleno de carne, pescado, etc., y también la pasta preparada para hacerlo.

canesú m. Cuerpo de vestido femenino, ligero y sin mangas. l Pieza superior de las prendas, a donde se pegan el cuello, las mangas, etc.

cangilón m. Vaso grande de barro o metal. l Cada una de las vasijas que tienen las norias para sacar el agua, o ciertas dragas para extraer el fango y las piedras.

cangrejera f. Nido de cangrejos.

cangrejo m. Nombre común a diversos crustáceos decápodos.

canguro Mamífero didelfo herbívoro, que tiene las patas posteriores y la cola muy desarrolladas, anda a saltos.

caníbal adj. y s. Aplícase a cualquier animal que devora a otros de su misma especie

canibalismo m. Costumbre que tienen algunos hombres o animales de comer carne de su misma especie.

canica f. Cierto juego de niños que se hace con bolitas duras. l Cualquiera de estas bolitas.

canícula f. Período del año en que son más fuertes los calores.

cánidos Familia de mamíferos carniceros digitígrados cuyo tipo es el perro.

canijo, ja adj. y s. fam. Débil, enfermizo, escuchimizado.

canilla f. Parte de la pierna que corresponde al borde anterior de la tibia. l Carrete de la lanzadera en que se devana el hilo.

canino, na adj. Relativo al can o perro. l Dícese del diente agudo y fuerte, colocado entre el último de los incisivos y la primera muela de cada lado.

canje m. Trueque, cambio.

canjear tr. Efectuar canjes.

cannáceo, a adj. y s. Dícese de plantas monocotiledóneas, con raíz fibrosa, hojas envainadoras, flores en racimo o panoja y fruto capsular.

cano, na adj. Lleno de canas. l fig. Anciano. l Blanco, color de nieve.

canoa Embarcación de remo, muy estrecha y de igual forma la proa y la popa.

canon m. Regla, precepto.

canónica f. Vida conventual de los canónigos.

canónico, ca adj. Arreglado a los cánones. Úsase especialmente en materias de la religión católica.

canónigo m. El que obtiene y desempeña una canonjía. l Clérigo que se desempeña en alguna prebenda conventual.

canonizar tr. Declarar solemnemente santo el Papa a un siervo de Dios, ya beatificado.

canonjía f. Prebenda del canónigo. l fig. Cargo de poco trabajo y bien retribuido.

canope m. Vaso que se encuentra en las tumbas egipcias, destinado a contener las vísceras de los cadáveres momificados.

canoro, ra adj. Dícese de las aves de canto grato y melodioso. l Armonioso, sonoro, melodioso.

canoso, sa adj. Que tiene muchas canas.

cansancio m. Falta de fuerzas que resulta de haberse haberse fatigado física o mentalmente.

cansar tr. y r. Causar cansancio.l fig. Molestar, enfadar.

cansino, na adj. Aplícase a la persona o animal cuya capacidad de trabajo está disminuida por el cansancio.
cantador, ra m. y f. Persona hábil en cantar coplas populares. | fig. Campana, instrumento u objeto que emite un sonido bello.
cantalear intr. Gorjear, arrullar las palomas.
cantar intr. Formar sonidos melodiosos con la voz. Dícese refiriéndose a personas o animales. Ú. t. c. tr. | Producir algunos insectos sonidos estridentes, como la cigarra. | m. Poema puesto en música.
cantárida f. Insecto coleóptero, cuyo polvo y tintura se emplean como afrodisíaco y vesicatorio.
cántaro m. Vasija grande, ventruda y con una o dos asas. | Todo el líquido que cabe en ella. | Úsase también cántara.
cantata f. Poema para canto. | El mismo canto.
cante m. En Andalucía, cualquier género de canto popular.
cantear intr. Labrar los cantos de una piedra. | Poner de canto los ladrillos.
cantera f. Sitio de donde se saca piedra o cosa análoga para obras varias.
cantería f. Arte de labrar la piedra. | Obra hecha de piedra labrada. | Porción de piedra labrada.
cantero m. El que labra piedra. | Extremidad de algunas cosas duras que se pueden partir fácilmente.
cántico m. Canto de acción de gracias o de alabanzas a Dios.
cantidad f. Todo lo que es capaz de aumento o disminución, y por lo tanto susceptible de medida. | Porción grande de alguna cosa. | Porción indeterminada de dinero.
cantiga f. Antigua composición poética, destinada a ser cantada.
cantilena f. Canción o copla breve. | fig. y fam. Repetición importuna y molesta de alguna cosa.
cantimplora f. Frasco aplanado y revestido de fieltro o cosa parecida, que se usa para llevar agua u otra bebida.
cantina f. Sótano donde se guarda el vino. | Puesto de bebidas en campamentos, estaciones, etc.
cantinero, ra m. y f. Persona que tiene a su cargo una cantina. | f. Mujer que acompaña a la tropa para tareas auxiliares.
canto m. Acción de cantar. | Arte de cantar. | Poema corto del género heroico y también de otros géneros. | Extremidad, punta, esquina o remate de una cosa.
cantón m. Provincia, región. | Acantonamiento.
cantueso m. Planta perenne, labiada, llamada también azaya.
canturrear intr. fam. Cantar a media voz.
cánula f. Tubo corto que tiene diferentes usos.
canuto m. Cañuto. | Mango de la pluma de escribir.
caña f. Tallo de las plantas gramíneas, por lo común hueco y con nudos.
cañada f. Espacio entre dos montes poco distantes entre sí.
cañamazo m. Estopa de cáñamo. | Tela clara sobre la que se borda.
cáñamo m. Planta canabínea textil cuya simiente es el cañamón. | Filamento textil de esta planta.
cañaveral m. Sitio poblado de cañas o cañaveras.
cañería f. Conducto formado de caños.
cañí adj. De raza gitana.
cañizar m. Cañaveral.
caño m. Tubo para agua u otros líquidos. | Chorro de un líquido.
cañón m. Pieza hueca y larga a modo de caña. | Arma de fuego para disparar grandes proyectiles. | Paso estrecho o garganta profunda entre dos altas montañas.

cañuto m. Parte entre nudo y nudo en las cañas. | Tubo pequeño.
caoba f. Arbol meliáceo americano cuya madera es oscura y muy estimada en ebanistería.
caolín m. Silicato de alúmina hidratado, especie de arcilla, de uso en cerámica.
caos m. Según Hesíodo, estado de confusión en que estaban las cosas cuando fueron creadas y antes de que los dioses las ordenasen. | fig. Confusión, desorden.
capa f. Ropa larga y suelta sin mangas. | Sustancia diversa que se sobrepone a una cosa para cubrirla o bañarla. | Porción de algunas cosas que están extendidas unas sobre otras. | Cubierta con que se preserva de daño alguna cosa. | Estrato, masa mineral que forma los terrenos sedimentarios.
capacha f. Sera pequeña de esparto.
capacho m. Espuerta de juncos o mimbres. | Capacha.
capacidad f. Espacio hueco de una cosa, suficiente para contener otra u otras. | Aptitud o suficiencia para alguna cosa. | fig. Talento o disposición para comprender bien las cosas.
capacitar tr. Hacer a uno apto, habilitarle para alguna cosa.
capar tr. Extirpar o inutilizar órganos genitales.
caparazón m. Cubierta quitinosa de muchos crustáceos e insectos. | Cutícula de los protozoos. | Coraza que protege el cuerpo de los quelonios.
caparrosa f. Sal compuesta de ácido sulfúrico y de cobre o hierro.
capataz m. El que gobierna y vigila cierto número de operarios. | Persona que tiene a su cargo la labranza y administración de las haciendas de campo.
capaz adj. Que tiene capacidad para contener algo. | Espacioso. | fig. Apto, suficiente para alguna cosa determinada. | fig. Inteligente, instruido, diestro.
capear tr. Robarle a uno la capa. | Hacer suertes con ella al toro. | Entretener a uno con evasivas, o eludir mañosamente un compromiso u otra cosa. | Sortear el mal tiempo con maniobras adecuadas.
capellán m. Sacerdote que dice misa en un oratorio privado. | Sacerdote que ejerce sus funciones en las Fuerzas Armadas.
capelo m. Sombrero rojo de cardenal.
caperuza f. Bonete terminado en punta hacia atrás.
capicúa f. Número, palabra o frase que tiene el mismo significado cualquiera que sea el sentido en que se lea.
capilar adj. Perteneciente o parecido al cabello. | Dícese del vaso o tubo muy estrecho.
capilaridad f. Calidad de capilar. | Fenómeno de ascenso o descenso propio de los líquidos en los tubos capilares.
capilla f. Capucha prendida al cuello de una prenda. | Edificio pequeño contiguo a una iglesia o parte integrante de ella, con altar y advocación particular.
capirotazo m. Golpe que se da en la cabeza haciendo resbalar con violencia la uña de un dedo sobre la yema del pulgar.
capital adj. Perteneciente a la cabeza o relativo a ella. | Dícese de la población principal y cabeza de un Estado, provincia o distrito. | m. Hacienda, caudal, patrimonio. | Cantidad de dinero que se presta y produce interés.
capitalismo m. Sistema económico en el que el comercio y la industria de un país se fundamentan sobre el derecho a la propiedad privada y la libertad de mercado.
capitalista adj. Propio del capital o del capitalismo. | com. Persona acaudalada, principalmente en dinero y valores.
capitalizar tr. Fijar el capital que corresponde a determinado interés.

capitán m. Empleo militar inmediatamente superior al de teniente e inferior al de comandante. l Oficial del ejército que tiene este empleo. l El que manda un buque mercante.

capitana f. Nave en que va el jefe de la escuadra. l fam. Mujer del capitán.

capitanear Gobernar como capitán.

capitanía f. Empleo de capitán. Capitanía general.

capitel m. Parte que corona la columna.

capitolio m. fig. Edificio majestuoso y elevado.

capitulación f. Pacto o convenio. l Convenio en que se estipula la rendición de un ejército o de una plaza fuerte.

capitular adj. Relativo a un cabildo o al capítulo de una orden. l int. Pactar, hacer algún ajuste o convenio. l Entregarse una fuerza militar o una plaza fuerte bajo determinadas condiciones.

capítulo m. Junta que hacen los religiosos o clérigos seglares, para algún asunto. l División que se hace en los libros y en cualquier escrito.

capó m.Cubierta del motor del automóvil.

capón m. Pollo castrado que se ceba para comerlo.

caporal m. Jefe o cabeza de alguna gente.

capota f. Cubierta plegable de un coche.

capote m. Capa de mangas. l Prenda militar de abrigo. l Capa corta del torero.

capricho m. Idea o propósito que uno forma de las reglas corrientes. l Antojo, deseo vehemente.

caprichoso, sa adj. Que obra o está hecho por capricho.

cápsula f. Estuche cilíndrico de papel o metal blando con que se cubre la boca de las botellas. l Cilindro pequeño hueco con fulminante para las armas.

captar tr. Percibir por medio de los sentidos. l Recibir, recoger sonidos, imágenes, ondas, emisiones radiodifundidas. l Darse cuenta, percatarse de algo.

captura f. Acción de capturar.

capturar tr. Prender al delincuente.

capucha f. Capilla que cae ordinariamente sobre la espalda.

capullo m. Envoltura sedosa dentro de la cual se encierran las orugas para transformarse en crisálidas, y en especial la del gusano de seda. l Botón de las flores.

caquexia f. Decoloración de las partes verdes de las plantas por falta de luz.

caqui m. Tela de color pardo amarillento o verdoso, suele usarse para uniformes militares. l Color de esta tela. l Arbol abenáceo.

cara f. Parte anterior de la cabeza. l Semblante, representación de un afecto en el rostro. l Fachada o frente de alguna cosa. l Anverso de una moneda o medalla.

carabao m. Mamífero rumiante parecido al búfalo.

cárabe m. Ámbar.

carabela f. Antigua embarcación velera, muy apta para la navegación oceánica, con cubierta y tres mástiles.

carabina f. Arma de fuego portátil análoga al fusil, pero de calibre más corto.

carabinero m. Soldado de un cuerpo especial destinado a perseguir el contrabando.

caracol m. Cualquier molusco gasterópodo, marino, terrestre o de agua dulce, que tiene la concha arrollada en espiral. l Cualquiera de estas conchas. l Rizo de pelo.

caracola f. Concha de un caracol marino de gran tamaño y forma cónica, que soplando por un orificio abierto en su ápice suena como una trompa.

caracolillo m. Planta leguminosa de flores enroscadas.

carácter m. Signo de escritura. l Conjunto de rasgos o circunstancias que distingue a una cosa de las demás. l Modo de ser peculiar y privativo de cada persona, de un conjunto de ellas o de un pueblo.

característica f. Rasgo permanente del carácter de una persona, fenómeno o cosa.

caracterizar tr. Determinar los atributos peculiares y distintivos de una persona o cosa. l Autorizar a una persona con algún empleo o dignidad. l Pintarse la cara o vestirse el actor conforme al personaje que ha de representar.

caramanchel m. Cubierta en los buques en forma de tejadillo. l Tugurio, desván.

carámbano m. Pedazo de hielo largo y puntiagudo.

carambola f. Lance del juego de billar consistente en hacer que una bola toque a las otras dos.

carambolo m. Arbol oxalidáceo de flores rojas, y fruto amarillo.

caramelo m. Pastilla de almíbar cocido. l Azúcar derretida.

caramillo m. Flautita de sonido agudo. Zampoña.

caramujo m. Caracol pequeño que se pega a los fondos de los buques.

carantoñas f. pl. Halagos, caricias que se hacen para conseguir algo.

carapacho m. Caparazón de la tortuga, del cangrejo, etc.

carátula f. Careta o mascarilla.

caravana f. Reunión de viajeros que en Asia y África se juntan para hacer el viaje con menos riesgo que yendo solos. l fig. Grupo o reunión de personas que van juntas, principalmente de campo.

carbón m. Cuerpo sólido y combustible que queda de la combustión incompleta de la leña o de otros cuerpo orgánicos.

carbonarios Sociedad patriótica secreta fundada en Italia a fines del siglo XVIII y que actuó durante el primer tercio del siglo XIX.

carboncillo m. Palillo de carbón que sirve para dibujar.

carbónico, ca adj. Dícese de muchas combinaciones en que entra el carbono. l Dícese de un ácido formado por la combinación del carbono con oxígeno y el hidrógeno, que no se ha podido obtener estando en libertad.

carbonífero, ra adj. Dícese del terreno que contiene carbón mineral. l Dícese de todo lo relativo al período geológico de la era paleozoica, en que se han formado las grandes masas de carbón, la piedra que existe en la corteza terrestre.

carbonilla f. Carbón mineral menudo. l Carboncillo a medio quemar que cae en la ceniza.

carbonizar tr. Reducir a carbón un cuerpo orgánico.

carbono m. Metaloide, sólido, insípido e inodoro, que funciona generalmente formando parte de todos los compuestos o sustancias orgánicas, así como de numerosos minerales o sustancias inorgánicas.

carboxilo m. Radical compuesto de un átomo C_2 de carbono, otro de hidrógeno y dos de oxígeno, que funciona en muchos ácidos orgánicos.

carbunclo m. Ántrax, enfermedad cutánea rebelde.

carbúnculo m. Rubí.

carburador m. Aparato para carburar. l Pieza de los motores de explosión donde se efectúa la carburación.

carburante adj. m. a de carburar. l Que carbura. m. Mezcla de hidrocarburos que se emplea en los motores de explosión y de combustión interna.

carburar tr. Mezclar los gases o el aire con hidrocarburos para hacerlos combustibles o detonantes. l Carburación.

carburo m. Combinación de carbono con otro cuerpo.

carcajada f. Risa impetuosa y ruidosa.

carcamal m. fam. Persona decrépita y achacosa.

cárcava f. Hoya grande hecha en la tierra por la avenida impetuosa de aguas. l Zanja, trinchera, fosa.

cárcel f. Edificio destinado para la custodia y seguridad de los presos. I Ranura donde corren los tablones de una compuerta.

carcelera f. Canto popular andaluz cuyo asunto son las penas de los presos.

carcinoma m. Tumor canceroso.

cárcola f. Pieza del telar, de cuyo movimiento depende el de la lanzadera.

carcoma f. Insecto coleóptero muy pequeño y de color casi negro, cuya larva roe y talla la madera. I Polvo que produce esta larva. I fig. Cuidado grave y continuo que mortifica y consume.

carcomer tr. Roer la carcoma la madera. I fig. Consumir lentamente alguna cosa.

carda f. Acción de cardar. I Cabeza terminal del tallo de la cardencha. I Instrumento de cardar.

cardar tr. Preparar una materia textil para el hilado, desenmarañándola con la cerda. I Sacar suavemente el pelo con la carda a los paños y felpas.

cardenal m. Cada uno de los prelados que componen el Sacro Colegio o Consejo del Papa, y forman el cónclave para la elección del sumo pontífice. I Pájaro americano, de color ceniciento, con una faja negra alrededor del pico y un alto penacho rojo, al que debe su nombre.

cardenalicio, cia adj. Perteneciente al cardenal, prelado del Sacro Colegio.

cárdeno, na adj. Amoratado.

cardiaco, ca adj. Perteneciente o relativo al corazón. Que padece del corazón.

cardialgia f. Dolor en la boca del estómago.

cardias m. Orificio que comunica el esófago con el estómago, en los vertebrados terrestres.

cardinal adj. Principal, fundamental. I Dícese de unos puntos imaginarios del horizonte (norte, sur, este y oeste) que sirven para orientarnos. I Dícese de los números que expresan cantidad y no orden.

cardinas f. pl. Hojas parecidas a las del cardo, que se usan como adorno en el estilo ojival.

cardiógrafo m. Instrumento para registrar gráficamente los movimientos cardiacos.

cardiología f. Tratado del corazón y de sus enfermedades. I adj. Cardiólogo, ga.

cardiopatía f. Enfermedad del corazón.

cardizal m. Sitio donde abundan los cardos.

cardo m. Planta compuesta de hojas espinosas, y flores azules en cabezuela. I fig. Persona arisca.

cardumen m. Multitud de peces que van juntos.

carear tr. Poner a una o varias personas en presencia de otras, con objeto de averiguar la verdad de un dicho o hecho.

carecer intr. Estar privado de alguna cosa.

carena f. Obra viva, parte normalmente sumergida de la nave. I Reparo y compostura que se hace en el casco de una embarcación.

carenar tr. Reparar o componer el casco de la nave.

carencia f. Falta, privación de algo. I adj. Carente.

careo m. Acción de carear.

carestía Subida de precio de las cosas de uso común.

careta f. Máscara o mascarilla para cubrir la cara.

carey m. Tortuga marina, de un metro de longitud, cuya carne y huevos son comestibles. I Materia córneaque se obtiene de la concha de la tortuga de igual nombre.

carga f. Acción de cargar. I Cosa que hace peso sobre otra. I Cosa que se transporta en hombros, a lomos o en algún vehículo. I Peso sostenido por una estructura. I Cantidad de pólvora que contiene el cartucho de un proyectil.

cargador m. El que por oficio lleva cargas. I Pieza donde se colocan los cartuchos que han de ser disparados por ciertas armas de fuego.

cargamento m. Conjunto de mercancías que transporta una embarcación.

cargante p. a. De cargar. I adj. Que carga o molesta.

cargar tr. Poner o echar peso sobre una persona o una bestia. I Poner en un vehículo mercancías para transportarlas. I Introducir en la recámara de un arma de fuego un cartucho con su proyectil para ser disparado.

cargo m. Acción de cargar. I Carga, peso. I fig. Falta que se imputa a uno en su comportamiento.

carguero, ra adj. Que lleva carga. I m. Barco de carga.

cariado, da p. p. De cariar. I adj. Dícese de huesos dañados o podridos.

cariar intr. Corroer, producir caries.

cariátide f. Estatua que sirve de columna.

caricato m. El que suele hacer papeles bufos en la ópera.

caricatura f. Pintura o dibujo satírico. I Figura de una persona, en la que se exageran o deforman sus ragos más característicos.

caricaturizar tr. Representar por medio de caricatura a una persona o cosa. I adj. Caricaturesco, ca.

caricia f. Demostración cariñosa que se hace pasando suavemente la mano por el cuerpo de una persona o un animal. I fig. Cualquier demostración suave de cariño.

caridad f. Virtud cristiana opuesta a la envidia y a la animadversión y que infunde el amor al prójimo.

caries m. Úlcera de un hueso.

carilla f. Máscara o careta de alambre. Plana, página.

carillón m. Juego de campanas, tubos o planchas vibrátiles que funcionan emitiendo sonidos armoniosos mediante un aparato cualquiera.

cariño m. Inclinación de amor o buen afecto que se siente hacia una persona o cosa. I fig. Esmero y cuidado con que se hace o trata de una cosa. I adj. Cariñoso, sa.

cariotipo m. Dotación cromosómica que caracteriza una especie y que representa el conjunto de sus caracteres.

carisma m. Don de atraer o subyugar por mera presencia o palabra.

caritativo, va adj. Que ejercita la caridad. I Relativo a ella.

cariz m. Aspecto que presenta alguna cosa.

carlanca f. Collar con puntas de hierro para mastines. I pl. fig. Maula, picardía.

carlinga f. Hueco en que se encaja alguna pieza. I Espacio destinado en el interior de los aviones para los pasajeros y la tripulación.

carmenar tr. Desenredar la lana o el cabello. I Repelar, tirar del pelo.

carmesí adj. y s. De color de grana.

carmín m. Materia de color rojo encendido, que suele obtenerse de la cochinilla. I Este mismo color.

carminativo, va adj. y s. Dícese del medicamento que facilita la expulsión de los gases acumulados en el tubo digestivo.

carminita f. Arseniato anhidro de hierro y de plomo.

carnada f. Cebo animal para pescar o cazar.

carnal adj. Perteneciente a la carne. I fig. Erótico, lascivo. I fig. Que sólo mira a las cosas del mundo.

carnaval m. Carnestolendas. I Fiesta popular que se celebra en tales días, que consiste en mascaradas, comparsa y bailes.

carnaza f. Revés de las pieles. I fam. Abundancia de carnes de una persona.

carne f. Parte muscular del cuerpo de los animales. I Por antonomasia, lo que se vende para el abasto común del pueblo. I Parte de la fruta que está bajo la cáscara o el pellejo.

carné m. Tarjeta de identificación, licencia de conducir, etc.

carnero m. Mamífero rumiante, cavicornio, ovino de cuernos arrollados en espiral y lana espesa, blanca o negra.

carnestolendas f. Los tres días que preceden al miércoles de ceniza.

carnicería f. Tienda donde se vende carne al por menor. I Gran mortandad de gente causada por la guerra u otra catástrofe.

carnicero, ra adj. Dícese de los animales mamíferos terrestres que tienen algunos molares agudos, cortantes y mayores que los demás y caninos largos y puntiagudos. I m. y f. Persona que vende carne.

carnívoro, ra adj. Que se alimenta con carne. Ú. t. c. s. m. I Aplícase a ciertas plantas, que se nutren de los insectos que atrapan mediante órganos especiales.

carnosidad f. Carnes que sobresalen. Gordura.

caro, ra adj. De mucho valor. I Subido de precio. I Amado, querido. I adv. A un precio alto.

carótida f. Cada una de las dos arterias que llevan la sangre al cerebro por los lados del cuello.

carotina m. Materia colorante de la zanahoria.

carozo m. Raspa de la mazorca del maíz. I Hueso del durazno y otras frutas.

carpa f. Pez fisótomo fluvial, de carne muy apreciada. I Toldo, tienda de campaña.

carpelo m. Hoja transformada para formar un pistilo o parte de él.

carpeta f. Tapete, cubierta que se pone a las mesas. I Cubierta plegadiza grande para escribir sobre ella y guardar papeles.

carpetazo m. Golpe de carpeta. I dar carpetazo. frs. Dejar arbitrariamente sin curso ni solución un expediente.

carpintería f. Arte de labrar madera. I Taller de carpintero. I Obra o labor del carpintero. I Oficio de carpintero.

carpo m. Conjunto de ocho huesos íntimamente unidos y dispuestos en dos filas que forman la muñeca en el hombre. I Parte análoga del esqueleto de otros vertebrados.

carpología f. Parte de la Botánica cuyo objeto es el estudio de los frutos.

carquesa f. Horno para templar objetos de vidrio.

carra f. En los teatros, plataforma deslizante.

carraca f. Instrumento de madera usado en los templos de muchas religiones para ahuyentar los espíritus malignos y significar el final de las tinieblas. I Embarcación antigua de transporte.

carraleja f. Insecto coleóptero.

carrasco f. Encina, en especial si es pequeña.

carraspera f. Aspereza en la garganta.

carrejo m. Pasillo.

carrera f. Acción de correr el hombre o el animal cierto espacio. I Sitio destinado para correr. I Pugna de velocidad entre personas que corren a pie, montadas o guiando algún vehículo. I Pugna de velocidad entre animales no cabalgados, como avestruces, canes, liebres, etc. I fig. Profesión de las armas, letras, ciencias, etc.

carreta f. Carro largo y bajo.

carretaje m. Trajín que se hace con carros y carretas.

carrete m. Cilindro taladrado por el eje con bordes en sus bases, que sirve para enrollar hilos, alambres, etc. I Cilindro hueco de cobre cubierto de una materia aisladora.

carretera f. Camino público para carruajes.

carretero adj. Dícese del camino propio para carruajes. I m. El que hace o guía carros o carretas.

carretilla f. Carro pequeño de mano con una sola rueda.

carricera f. planta perenne de la familia de las gramíneas.

carnicerín m. Pájaro insectívoro.

carril m. Señal que dejan las ruedas en el suelo. I Surco. I Cada una de las barras de hierro que, en las vías férreas, sustentan y guían las locomotoras y vagones.

carrillada f. Grasa que tiene el cerdo a uno y otro lado de la cara.

carrillo m. Parte carnosa de la cara.

carrizo m. Planta gramínea, propia de lugares húmedos, con cuyos tallos se construyen cielos rasos.

carro m. Armazón montado sobre ruedas que sirve para llevar carga.

carrocería f. Parte de los vehículos automóviles o ferroviarios que, asentada sobre el bastidor, reviste el motor y otros órganos y sirve para transportar pasajeros o carga.

carroña f. Carne corrompida.

carroza f. Coche grande y lujoso.

carruaje Cualquier vehículo montado sobre ruedas.

carrusel m. Cabalgata. I Tiovivo, caballitos. I Cierto ejercicio vistoso ejecutado por fuerzas de caballería.

carta f. Papel, escrito que una persona envía a otra para comunicar con ella. I Cada uno de los naipes de la baraja. I Mapa, representación topográfica de un territorio.

cartabón m. Escuadra en forma de triángulo rectángulo isósceles. I Instrumento para reproducir entalladuras en hueco y en relieve que usan los carpinteros navales.

cartapacio m. Cuaderno para tomar apuntes. I Especie de cartera que usan los muchachos que van a la escuela.

cartear tr. Jugar cartas sin valor, como tanteo. I r. Corresponderse por cartas.

cartel m. Papel, pieza de tela o lámina de otra materia, en que hay inscripciones o figuras y que se exhibe con fines noticieros, de anuncio, propaganda, etc.

cartela f. Cada uno de los hierros que sostienen un balcón, cuando no tiene repisa de albañilería.

cartelera f. Armazón donde se fijan los carteles o anuncios públicos. I Cartel anunciador de funciones teatrales o de otros espectáculos.

cartelista com. Persona que tiene por oficio diseñar o pintar carteles, anuncios, etc.

cárter m. Pieza que protege la cadena de una bicicleta o algún órgano de una máquina cualquiera.

cartera f. Utensilio a modo de libro, con divisiones para guardar en ellas documentos, billetes, etc., que suele llevarse en el bolsillo o en la mano, según sus dimensiones. I fig. Cargo de ministro, y también el ejercicio de sus funciones en su ministerio gubernamental. I Bolso de las mujeres.

carterista m. Ratero que hurta carteras de bolsillo.

cartero m. El que reparte las cartas.

cartilagíneo, a adj. Dícese de ciertos peces de esqueleto sin osificar y la piel sin escamas.

cartilaginoso, sa adj. Relativo a los cartílagos. I Semejante al cartílago o de su naturaleza.

cartílago m. Pieza o parte del esqueleto de los vertebrados, formada por una materia sólida, compacta y elástica, cruzada a veces por numerosas fibras.

cartilla f. Librito que contiene el abecedario y los rudimentos para aprender a leer. I Tarjeta grande, trozo de cartulina que se utiliza para computación y exámenes.

cartografía f. Arte de trazar mapas geográficos. I Ciencia que los estudia.

cartografiar tr. Levantar y trazar la carta geográfica de una porción de superficie terrestre.

cartomancia f. Adivinación por las cartas o naipes.

cartón m. Conjunto de hojas de pasta de papel unidas por presión.

cartonista com. Persona que tiene por oficio proyectar tapices y alfombras mediante dibujos en colores.

cartuchera f. Cajoncito para llevar cartuchos. I Canana.

cartucho m. Cilindro metálico o de papel fuerte que contiene la pólvora necesaria para efectuar un disparo con un arma de fuego. I Este mismo cilindro con la pólvora y las municiones o el proyectil. I Envoltorio cilíndrico de monedas de una misma clase. I Bolsa de papel con caramelos, bombones o cosas semejantes.

cartulina f. Cartón delgado.

carvallo m. Roble.

casa f. Edificio para habitar. I Piso o parte de este edificio en que vive un individuo o una familia. I Esta familia. I Descendencia o linaje que tiene un mismo apellido y origen. I Establecimiento industrial o mercantil.

casaca f. Vestidura con mangas hasta la muñeca, faldones, y ceñida al cuerpo.

casación f. Acción de casar o anular.

casal m. Casería, casa de campo. I Pareja de macho y hembra.

casamata f. Bóveda resistente que protege del fuego enemigo a una o más piezas de artillería.

casamentero, ra adj. y s. Que propone boda e interviene en su ajuste.

casar intr. y r. Contraer matnmonio. I tr. Autorizar el sacerdote el sacramento del matrimonio.I fig. Unir o juntar una cosa con otra. I m. Casamiento.

casca f. Hollejo de la uva después de pisada y comprimida.

cascabel m. Bolita hueca de metal con asa y una ranura, que lleva dentro un pedacito de hierro suelto para que suene. I Crótalo.

cascabeleo m. Ruido de cascabeles o de voces o risas que lo asemejan.

cascada f. Caída de agua desde cierta altura por rápido desnivel del cauce.

cascajo m. Fragmentos de piedras y de otras cosas que se quiebran.

cascanueces m. Instrumento para partir nueces.

cascar tr. Quebrantar, romper una cosa quebradiza. Ú. t. c. r. I fam. Dar a uno golpes.

cáscara f. Corteza, cubierta o envoltura de ciertas cosas.

cascarón m. aum. de cáscara. I Cáscara de huevo.

cascarrabias Persona que fácilmente se enoja.

casco m. Cráneo. I Pedazo de vasija rota. I Pieza de la armadura que cubre la cabeza. I Pieza generalmente metálica y de forma más o menos semiesférica, que usan los militares, bomberos, mineros, etc., para cubrir y proteger la cabeza. I Tonel, pipa, botella. I El cuerpo del buque, sin contar el aparejo ni las máquinas. I Uña de la caballería, donde se sujeta la herradura. I

caseificar tr. Separar o precipitar la caseína de la leche.

caseína f. Substancia albuminoidea de la leche, sólida, blanca, muy soluble en los líquidos alcalinos, y que es el principal componente del queso.

caserío m.Casa aislada en el campo, con edificios dependientes y fincas rústicas unidas o cercanas a ellas.

caserna f. Bóveda construida a prueba de bombas.

casero m. Dueño de alguna casa que alquila a otro.

caseta f. dim. de casa. Especie de garita que sirve en los balnearios para que se cambien de ropa los bañistas.

casete m. Recipiente a modo de caja, en el que se contiene una cinta magnética con un doble juego de carretes para bobinado y rebobinado, y que se utiliza en un tipo determinado de magnetófonos.

casi adv. Cerca de. I Poco menos de, aproximadamente, con corta diferencia, por poco.

casida f. Composición poética arábiga.

casidulina f. Foraminífero microscópico, habitante en muchos mares.

casilla f. Albergue pequeño y aislado de un guarda. I Escaque del tablero de damas o de ajedrez.

casimir m. Tela fina de lana.

casina f. Planta arbórea de las aquifoliáceas.

casino m. Local o club en que se practican juegos de azar.

casitéridos m. pl. Grupo de elementos que comprende el estaño, el antimonio, el cinc y el cadmio.

casiterita f.Bióxido de estaño.

caso m. Suceso, acontecimiento. ICada uno de los atacados por una misma enfermedad, en especial si es epidémica. I Oficio que desempeñan en la oración las partes declinables de ésta.

caspa f. Escamilla que se forma en la raíz de los cabellos.

casquero m. Persona que vende vísceras y otras partes comestibles de la res que no son carne.

casquete m. Casco de la armadura. I Gorro, muy ajustado. I Parte de la superficie de la esfera cortada por un plano que no pasa por el centro de ella.

casquillo m. Cápsula de las armas de fuego.

casta f. Generación o linaje. I fig. Especie o calidad de una cosa.

castaña f. Fruto del castaño, cubierto de una cáscara correosa de color caoba, muy nutritivo y sabroso.

castañeta f. Castañuela.

castañetear intr. Tocar las castañuelas. I Sonarle a uno los dientes, chocando entre sí los de ambas mandíbulas

castaño, na adj. Del color de la cáscara de la castaña. I Arbol cupulífero, de fruto espinoso, cuya simiente es la castaña.

castañola f. Pez grande teleósteo.

castañuela f.Castañeta. Instrumento musical de percusión, compuesto de dos pequeñas láminas cóncavas de madera o marfil, que se repican con los dedos.

castellano, na adj. m. Español, lengua española. I Dialecto románico nacido en Castilla la Vieja y origen de la lengua española.

casticismo m.Amor a lo castizo, en las costumbres, usos y modales.

castidad f. Abstinencia sexual. I fig. Pudor.

castigar tr. Ejecutar algún castigo en un culpado. I Mortificar y afligir.

castigo m. Pena que se impone por alguna falta.

castillo m. Lugar fuerte, cercado de murallas, baluartes, fosos y otras fortificaciones. I Cubiertas altas de proa y popa, en los navíos.

castizo, za adj. De buena casta. I Dícese del lenguaje puro y sin voces ni giros extraños.

casto, ta adj. Puro, honesto.

castor Mamífero roedor de costumbres acuáticas que construye nidos en forma de diques.

castrar tr. Extirpar las glándulas sexuales de un macho. I Secar o enjugar las llagas. Ú. t. c. r. I Podar. I Quitar de la colmena parte de los panales con su miel.

castrense adj. Dícese de algunas cosas pertenecientes al ejército, y al estado o profesión militar.

castro m. Aldea fortificada en lo alto de algún cerro o colina.

Casual adj. Que sucede por casualidad.

casualidad f. Combinación de circunstancias, en forma aleatoria, que no se pueden prever ni evitar.

casuista adj. y s. Dícese del autor que expone casos prácticos de teología moral o de cualquiera de las ciencias morales o jurídicas.

casuística r. Parte de la moral, relativa a los casos de conciencia.

casulla f. Vestidura sagrada que el sacerdote se pone sobre las demás para celebrar la misa.

cata f. Acción de catar. | Porción de una cosa que se prueba. | Prueba, ensayo, exploración.

catabolismo m. Fase del metabolismo en que predominan las reacciones químicas desintegradoras.

cataclismo m. Trastorno grande del globo terráqueo. | fig. Gran trastorno social o político.

catacumbas f. pl. Subterráneos en que los primitivos cristianos practicaban las ceremonias del culto y enterraban a sus muertos.

catacústica f. Parte de la acústica que trata de la reflexión del sonido.

catador m. El que cata o prueba.

catadura f. Acción y efecto de catar. | fam. Gesto, semblante.

catafalco m. Túmulo adorado con magnificencia.

catafilo m. Nombre que se da a ciertas hojas, a menudo en forma de escamas, o de consistencia membranosa o coriácea, que se encuentren en órganos subterráneos.

catalejo m. Anteojo para ver a larga distancia.

catalepsia f. Alteración nerviosa, que suspende las sensaciones e inmoviliza el cuerpo.

catalina adj. Dícese de la rueda que hace mover el volante de cierta clase de relojes.

catálisis f. Transformación química ocasionada por cuerpos que, cuando termina la reacción, aparecen inalterados.

catalizador m. Cuerpo capaz de producir la catálisis.

catalogar tr. Apuntar, registrar ordenadamente libros, manuscritos, etc., formando catálogo de ellos.

catálogo m. Memoria, inventario o lista de personas, cosas o sucesos, puestos en orden.

catamarán m. Nombre que se da a un tipo de barcos de una cubierta apoyada sobre un doble casco.

cataplasma f. Tópico de consistencia blanda, que se usa como calmante o emoliente. | fig. y fam. Persona sumamente molesta.

catapulta f. Máquina militar para lanzar por impulso inercial objetos pesados, piedras y saetas, y, en la actualidad, aviones y cargas de profundidad.

catar tr. Gustar una cosa para examinar su sabor o sazón. | Ver, examinar, registrar, explorar.

catarata f. Salto grande de agua. | Opacidad del cristalino del ojo, que produce ceguera.

catártico, ca adj. Aplícase a ciertos medicamentos purgantes.

catarro m. Inflamación de las membranas mucosas, con aumento de la secreción habitual de moco.

catarsis f. Para los antiguos griegos, purificación ritual de personas o cosas afectadas de alguna impureza. | Efecto que causa la tragedia en el espectador.

catastro m. Antigua contribución sobre toda clase de riqueza. | Censo y padrón estadístico de las fincas.

catástrofe f. Última parte del poema dramático, con el desenlace. | Desenlace desgraciado de otros poemas. | fig. Suceso trágico, grave y de trascendencia.

catatipia f. Procedimiento fotográfico para obtener pruebas por medio de la catálisis.

cataviento m. Grímpola para indicar la dirección del viento.

cate m. Golpe, bofetada. | Nota de suspenso en los exámenes.

catear tr. Buscar, descubrir, acechar, espiar. | Allanar la casa de alguno. | fig. y fam. Suspender en los exámenes a un alumno.

catecismo m. Libro que contiene la explicación de la doctrina cristiana, redactada en preguntas y respuestas.

catecúmeno, na m. y f. Persona que se instruye en el catolicismo.

cátedra f. Asiento elevado desde donde los catedráticos o maestros explican las lecciones a sus discípulos. | fig. Empleo y ejercicio del catedrático.

catedral adj. y s. Dícese de la iglesia principal de una diócesis en que reside el prelado. | Iglesia catedral.

catedrático, ca m. y f. Profesor o profesora titular de una cátedra.

categorema f. Cualidad por la que se clasifica un objeto.

categoría f. Cada una de las diez nociones abstractas y generales de la lógica aristotélica. | fig. Clase, rango, condición de personas o cosas con respecto a las demás.

categórico, ca adj. Claro y decisivo, sin ninguna duda.

catenaria adj. y s. Dícese de la curva formada por la cadena o cuerda suspendida de dos puntos que no están en la misma vertical.

catequesis f. Catequismo.

catéresis f. Debilitación producida por una enfermedad.

caterva f. Multitud de personas o cosas desordenadas, o de poca importancia.

catéter m. Sonda que se emplea para explorar el interior del cuerpo.

cateto m. Cada uno de los lados que forman el ángulo recto en el triángulo rectángulo.

catín m. Crisol en que se refina el cobre.

catión m. Elemento electropositivo de una molécula que en la electrolisis se dirige al cátodo.

catirrino adj. Dícese de los simios cuyas fosas nasales están divididas por un tabique cartilaginoso muy estrecho.

catleya f. Género de plantas de la familia de las orquídeas.

cátodo m. Polo negativo de un generador de electricidad o de una batería eléctrica. | adj. Catódico, ca.

catolicismo m. Religión católica. | Comunidad de católicos.

católico, ca Que profesa la religión católica.

catóptrica f. Parte de la óptica que trata de la reflexión de la luz.

catóptrico, ca adj. Dícese de los aparatos que muestran los objetos por medio de la luz refleja.

catorce adj. y s. Diez más cuatro. | Decimocuarto.

catorzavo, va adj. y s. Dícese de cada una de las catorce partes iguales de un todo.

catrecillo m. Silla pequeña de tijera con asiento de lona y generalmente sin respaldo.

cauce m. Lecho de un río o arroyo. | Acequia.

caución f. Prevención.

caucho m. Árbol euforbiáceo, llamado también cauchera o árbol del hule. | Goma elástica obtenida del jugo de esta planta.

cauchotina f. Compuesto de caucho.

caudal adj. Relativo a la cola. | Caudaloso. | Dícese de una especie de águila de gran tamaño. | m. Hacienda, dinero, bienes. | Cantidad de agua que mana o corre.

caudillaje m. Mando o gobierno de un caudillo.

caudillo m. Jefe de un ejército. | Capitán, adalid, héroe. | El que dirige algún gremio, comunidad o cuerpo.

cauri m. Molusco gasterópodo.

causa f. Lo que es origen o fundamento de algo. | Empresa o doctrina en que se toma interés o partido. | Proceso criminal.

causal adj. Dícese dc la conjunción que precede a la oración que expresa el motivo de lo dicho en la precedente.

causar tr. Producir la causa su efecto. | Ser causa, razón y motivo de que suceda algo, o dar ocasión para ello.

casualidad f. Causa, origen, principio.

cáustico, ca adj. Dícese de lo que quema y desorganiza los tejidos animales. l fig. Mordaz, agresivo.

cautela f. Precaución, reserva. l Astucia y maña para engañar.

cautelar tr. Precaver. l r. Precaverse, recelarse. l adv. Cautelosamente.

cauterio m. Medio empleado en cirugía para producir una escara mediante metal muy caliente. l Instrumento para cauterizar. l f. Cauterización.

cauterizar tr. Restañar la sangre y tratar otras enfermedades con el cauterio.

cautín m. Aparato para soldar con estaño.

cautivar tr. Aprisionar al enemigo. l fig. Ejercer irresistible influencia en el ánimo por medio de atractivo personal.

cautiverio m. Cautividad. Privación de libertad en manos del enemigo.

cautivo, va adj. y s. Aprisionado en la guerra.

cauto, ca adj. Sagaz, precavido.

cava f. Acción de cavar. l ant. Cueva u hoyo. l Bodega, por lo general subterránea, en la que se guardan y elaboran ciertos vinos.

cavar tr. Mover la tierra con la azada, pico, etc. l intr. Ahondar, penetrar.

caverna f. Cavidad subterránea, grande y profunda.

cavernario, ria adj. Propio de las cavernas, o que tiene sus caracteres. l Dícese del hombre prehistórico que vivía en cavernas. l Ú. t. cavernícola.

cavernoso, sa adj. Relativo o parecido a la caverna. l Aplícase al sonido bronco y sordo. l Abundante en cavernas.

caviar m. Manjar compuesto de huevas de esturión.

cavicornio m. Familia de rumiantes que comprende los bueyes, carneros, antílopes, etc.

cavidad f. Espacio hueco dentro de un cuerpo.

cavilar tr. Reflexionar, pensar tenazmente y con sutileza. l f. Cavilación.

cavitación f. Fenómeno por el que se forman espacios vacíos en el interior de un líquido, debido al movimiento de un cuerpo sólido sumergido en aquél.

cavo, va adj. ant. Cóncavo. l f. Dícese de cada una de las dos venas mayores del cuerpo.

cayado m. Palo o bastón corvo por la parte superior que suelen usar los pastores. l Báculo de los obispos.

cayo m. Isleta baja y arenosa.

cayuco m. Embarcación de una pieza, más pequeña que la canoa y sin quilla.

caz m. Canal que toma agua de un río.

caza f. Acción de cazar. l Animales salvajes, antes y después de ser cazados.

cazabe m. Torta americana de harina de raíz de mandioca.

cazador m. Que caza.

cazadora f. Chaqueta deportiva abrochada hasta el cuello.

cazar tr. Perseguir animales para matarlos o cogerlos. l fig. Sorprender a alguien en un descuido, error o acción que hubiera deseado ocultar.

cazcalear intr. fam. Moverse mucho y afectar diligencia sin hacer nada.

cazcarria f. Lodo, barro.

cazo m. Recipiente de la cocina, generalmente más ancho por la boca que por el fondo, pero a veces cilíndrico y con mango largo.

cazoleta f. dim. de cazuela. Pieza metálica puesta bajo el puño de la espada o del sable para resguardar la mano. l Especie de perfume. l Pequeño receptáculo de algunas cosas.

cazón m. Pez selacio marino, muy voraz y temible.

cazuela f. Vasija de barro que sirve para guisar. l Guisado de patatas, calabaza y carnes.

cazumbre m. Cordel de estopa poco retorcida.

cazurro, rra adj. y s. fam. Persona de pocas palabras y que guarda sus pensamientos.

cazuz m. Hiedra.

ce f. Nombre de la letra c.

cea f. Hueso.

cebada f. Planta gramínea, parecida al trigo, que sirve de alimento a las bestias y para destilar varias clases de alcoholes. l Su semilla.

cebadera f. Morral para dar cebada a las bestias.

cebado, da p. p. de cebar.

cebar tr. Dar cebo a los animales, para alimentarlos o atraerlos. l fig. Alimentar, l t. fig. Poner ciertos aparatos o máquinas en condiciones de empezar a funcionar. l fig. Fomentar un efecto o pasión. Ú. t. c. r. l r. fig. Encarnizarse, ensañarse.

cebellina adj. y s. Dícese de una marta cuya piel es muy estimada.

cébidos m. pl. Familia de monos platirrinos americanos.

cebo m. Comida que se da a los animales para engordarlos o atraerlos. l En la pesca, alimentos apetecidos por los peces, que el pescador les ofrece para atraerlos y cogerlos.

cebolla f. Planta liliácea, de tallo hueco, flores verdosas, en umbela, y raíz fibrosa que nace de un bulbo.l Bulbo de esta planta, que es comestible y muy usado como condimento.

cebolleta f. planta muy parecida a la cebolla.

cebollino m. Planta pequeña de cebolla para trasplantar. l Simiente de la cebolla.

cebra f. Animal solípedo, parecido al asno, de pelo amarillento con listas negras transversales.

cebrado, da adj. Dícese del animal que tiene manchas negras transversales.

cebú m. Mamífero rumiante, bóvido, parecido al toro, pero con una giba adiposa en la parte más alta del lomo.

ceca f. Fábrica de moneda.

cecear intr. Pronunciar la s como c.

cecina f. Carne salada y seca.

cecografía f. Escritura y modo de escribir de los ciegos.

cecógrafo m. Aparato con que escriben los ciegos.

cedazo m. Instrumento compuesto de un aro y de una tela más o menos clara, para separar las partes delgadas de las gruesas de algunas cosas.

ceder tr. Transferir, dar, traspasar una cosa, acción o derecho. l Intr. Rendirse, sujetarse. l Mitigarse, disminuirse la fuerza de ciertas cosas. l Disminuir o cesar la resistencia de una cosa.

cedria f. Resina del cedro.

cédride f. Fruto del cedro.

cedro m. Árbol conífero de ramas horizontales y hojas casi punzantes. Su madera es compacta y aromática.

cedrón m. Planta verbenácea.

cédula f. Papel escrito o para escribir en él algo. l Ciertos documentos que dan constancia de hechos, preferencias, etc.

cefalalgia f. Dolor de cabeza.

cefalea f. Cefalalgia violenta y tenaz.

cefálico, ca adj. y Perteneciente a la cabeza. l Dícese de la vena del brazo.

cefalocordios m. pl. Clase de animales procordados caracterizados por tener su notocordo extendido de un extremo a otro del cuerpo.

cefalópodo adj. y s. Dícese de los moluscos marinos que tienen una glándula que segrega un líquido negruzco, con el que enturbian el agua cuando se ven perseguidos.

cefalorraquídeo adj. Suele aplicarse al sistema nervioso cerebroespinal.

cefalotórax Parte del cuerpo de los crustáceos y arácnidos que está formada por la unión íntima de la cabeza y el tórax.

céfiro m. Viento de Poniente.

cefo m. Mono de cuerpo rojo y nariz blanca.

cegar intr. Perder la vista. l tr. Quitar la vista. l fig. Ofuscar el entendimiento, turbar o extinguir la luz de la razón.

cegesimal adj. Dícese del sistema métrico adoptado por la ciencia moderna, cuyas unidades fundamentales son el centímetro, el gramo y el segundo.

ceiba m. Árbol bombacáceo.

ceja f. Parte cubierta de pelo en el borde inferior de la frente y más arriba del ojo.

cejar intr. Retroceder, andar hacia atrás. l fig. Aflojar o ceder en un negocio o discusión.

cejijunto adj. Que tiene las cejas muy pobladas de pelo en el entrecejo.

cejilla f. dim. de ceja. l Listón de los instrumentos de cuerda, y abrazadera que se pone al mástil de la guitarra.

cejo m. Niebla que suele levantarse sobre los ríos después de salir el sol.

celada f. Pieza de la armadura, que cubría la cabeza. l Emboscada de gente armada en paraje oculto. l Engaño o fraude dispuesto con artificio y disimulo.

celador, ra adj. Que cela, que vigila. l m. y f. Persona destinada a vigilar.

celar tr. Procurar cuidadosamente el cumplimiento de las leyes u otras obligaciones. l Cuidar que los subordinados cumplan con sus obligaciones.

celastráceo, a adj. y s. Dícese de plantas dicotiledóneas, árboles o arbustos de fruto seco y dehiscente. l f. pl. Familia de estas plantas.

celda f. Aposento del religioso o religiosa en su convento. l Aposento del preso en la cárcel. l Casilla de la abeja en el panal.

celdilla f. dim. de celda. l Célula, cavidad. l Celda de la abeja. l Hueco que ocupa la simiente en el fruto.

celebrar tr. Alabar, encarecer una persona o cosa. l Festejar un acontecimiento o recordarlo con alegría. l Decir misa.

célebre adj. Que tiene fama.

celemín Medida de capacidad para áridos equivalente a 4,5 l aproximadamente.

celentéreo adj. y s. Dícese de los animales de simetría radiada, provistos de una cavidad digestiva central con un orificio, rodeado de tentáculos, que hace de boca y ano.

célere adj. poét. Rápido, presto, veloz. l f. Celeridad.

celeste adj. Perteneciente al firmamento o al cielo. l Color azul pálido.

celestial adj. Perteneciente al cielo. l Perfecto. l Delicioso.

celestina f. Alcahueta.

celíaco, a adj. Perteneciente al vientre. l Dícese de la arteria que lleva la sangre al vientre.

celibato m. Estado de soltero.

célibe s. Soltero.

celidonia f. Género de plantas papaveráceas.

cellisca f. Temporal de agua y nieve menuda, con fuerte viento.

cello m. Instrumento de cuerdas, de la familia del violín, de sonido grave y de tamaño menor que el contrabajo pero mayor que el de la viola.

celo m. Impulso íntimo que promueve las buenas obras. l Instinto que une a los animales para criar a sus hijos. l pl. Sospecha de que la persona amada mude su cariño poniéndolo en otra.

celofán m. Sustancia viscosa solidificada en forma de hojas o tiras impermeables, finas y transparentes de mucho uso para envolver confituras, alimentos, etc.

celosía f. Enrejado de listoncillos de madera o de hierro, que suele ponerse en las ventanas.

celsitud f. Elevación, grandeza, excelencia.

celtídeo, a adj. y s. Ulmáceo. l f. pl. Ulmáceas.

célula f. Pequeña celda, cavidad o seno. l Elemento, generalmente microscópico, que forma el cuerpo de los animales y los vegetales, el más simple dotado de vida propia y que es el elemento anatómico y fisiológico del ser vivo.

celular adj. Perteneciente o relativo a las células. l Dícese de la prisión que tiene celdas para guardar a los presos.

celuloide m. Sustancia sólida, casi transparente, inflamable y muy elástica, que tiene en la industria múltiples aplicaciones.

celulosa f. Subtancia que, en unión de otra llamada lignina, constituye el principal componente de las paredes celulares de los vegetales.

cementar tr. Calentar un metal en contacto con otra sustancia en polvo o pasta. l Aplicar cemento.

cementerio m. Lugar donde se inhuman los cadáveres.

cemento m. Mezcla formada de arcilla y materiales calcáreos, sometida a cocción y muy finamente molida, que mezclada a su vez con agua se solidifica y endurece.

cena f. Última comida del día que se hace al atardecer o por la noche. l Acción de cenar.

cenáculo m. La sala en que Jesucristo celebró su última cena. l fig. Reunión poco numerosa de personas de las mismas ideas.

cenador, ra m. Espacio cercado y adornado con plantas trepadoras o enredaderas, que suele haber en los jardines.

cenagal m. Sitio lleno de cieno.

cenar intr. Tomar la cena. l tr. Comer en la cena uno u otro manjar.

cenceño, ña adj. Delgado, enjuto.

cencerro m. Campanilla tosca, hecha con chapa de hierro al de cobre, que suele atarse al pescuezo de las reses.

cencerrón m. Racimo que queda en la cepa después de la vendimia.

cendal m. Tela de mucho precio, delgada y transparente, generalmente hecha de seda.

cendolilla f. Mozuela de poco juicio.

cendra f. Pasta de ceniza de huesos con que se hacen las copelas.

cenefa f. Lista sobrepuesta o tejida en los bordes de las cortinas, pañuelos, etc. l Dibujo de ornamentación que se pone a lo largo de los muros, pavimentos y techos.

cenia f. Azuda, máquina para elevar agua.

cenicero m. Sitio para la ceniza. l Recipiente para dejar la ceniza del cigarro y las colillas.

cenicienta f. Persona a quien se cargan los trabajos más penosos, o es postergada o despreciada injustamente.

ceniciento, ta adj. De color ceniza. l Cubierto de cenizas.

cenismo m. Mezcla de dialectos.

cenit m. Punto de la esfera celeste que corresponde verticalmente a un punto determinado de la Tierra.

cenital adj. Relativo al cenit.

ceniza f. Polvo de color gris claro, que queda después de una combustión completa. l pl. fig. Restos de un cadáver.

cenizal adj. Sitio donde se echa la ceniza.

cenobio m. Monasterio aislado.

cenobita com. Persona que profesa la vida monástica.

cenotafio m. Monumento funerario en el cual no está el cadáver de la persona a quien se dedica.

cenozoico, ca adj. Geog. Dícese del terreno más moderno de la corteza terrestre.

censal adj. Censual. l m. Censo, canon anual.

censo m. Padrón de la población, riqueza, etc., de una nación o pueblo. I Registro general de los ciudadanos con derecho a sufragio o voto.

censor m. Magistrado romano que estaba encargado del censo y de velar por las costumbres. I El que por orden de una autoridad está encargado de examinar los escritos o las noticias que se destinan a la publicidad. I El que es propenso a criticar las acciones de los demás.

censura f. Restricción de la expresión de las ideas antes de su publicación, o enjuiciamiento de ellas después de haber sido publicadas.I Murmuración, detracción.

censurar tr. Corregir, reprobar o notar por mala alguna cosa. I Murmurar, vituperar.

centavo, va adj. y s. Centésimo, centésima parte. I m. Moneda americana de cobre o níquel que vale un céntimo de la unidad.

centella f. El rayo. I poét. Chispa de fuego.

centellear intr. Despedir rayos de luz intermitentes o trémulos. I Fulgurar.

centena m. Conjunto de cien unidades, personas o cosas. I Sitio sembrado de centeno.

centenario, ria adj. Que tiene cien años de existencia. I Siglo. I Fiesta que se celebra cada cien años.

centeno, na adj. Centésimo. I m. Planta gramínea muy parecida al trigo. I Su simiente.

centesimal adj. Dícese de cada uno de los números del 1 al 99 inclusive. I Dividido en 100 partes iguales.

centésimo, ma adj. Que sigue inmediatamente en orden al nonagésimo noveno. I Dícese de cada una de las cien partes iguales de un todo.

centi Prefijo, que significa cien o centésima parte.

centímetro m. Centésima parte del metro.

céntimo, ma m. Moneda divisionaria que vale la centésima parte de la unidad monetaria.

centinela amb. Soldado que vela para la custodia y defensa del puesto que se le confía.

centolla f. Crustáceo decápodo marino, braquiuro, de caparazón redondo y peludo y patas largas y vellosas.

centón m. Manta hecha de retazos. I Obra literaria compuesta de expresiones ajenas.

central adj. Perteneciente al centro. I Que está en el centro. I Edificio donde se produce la energía eléctrica.

centralista adj. y s. Partidario de la centralización política o administrativa. I m. Encargado de una red de comunicaciones, en especial de una centralita telefónica.

centralita f. Aparato que conecta una o varias líneas telefónicas con diversos teléfonos instalados en los locales de una misma entidad.

centralizar tr. Reunir varias cosas en un centro común. Ú. t. c. r. I Hacer que varias cosas dependan de un poder central. Ú. t. c. r. I Asumir el poder público facultades atribuidas a organismos locales.

centrar tr. Determinar el centro de una cosa. I Disponer una cosa de modo que su centro esté en la posición conveniente.

céntrico, ca adj. Central.

centrifugador, ra adj. y s. Dícese del aparato o de la máquina en que se aprovecha la fuerza centrífuga para separar los componentes de una mezcla.

centrifugar tr. Aprovechar la fuerza centrífuga para secar ciertas sustancias o separar los componentes de una mezcla por la acción de la fuerza centrífuga.

centrífugo, ga adj. Que aleja del centro. I Energía que hace que un cuerpo sometido a rotación tienda a alejarse del centro de rotación.

centrípeto, ta adj. Que atrae o impele hacia el centro.

centro m. Punto situado en el interior de un círculo o de una esfera del cual equidistan todos los de la circunferencia. I En las líneas y superficies curvas, punto de intersección de todos los diámetros. I En los polígonos y poliedros regulares, punto que divide en dos partes iguales todas las diagonales que pasan por él. I Lugar de donde parten o hacia donde convergen acciones particulares coordinadas. I fig. Lugar o calle más concurrido de una población.

centrobárico, ca adj. Relativo al centro de gravedad.

centuplicar tr. Multiplicar una cantidad por ciento. I Hacer una cantidad cien veces mayor. I Hacer una cosa cien veces mayor.

céntuplo, pla adj. y s. Dícese del producto de la multiplicación de una cantidad por ciento.

centuria f. Siglo. I Compañía de cien hombres en la milicia romana.

centurión m. Jefe de una centuria romana.

ceñidor m. Faja o tira de cuero o tela con que se ciñe el cuerpo por la cintura.

ceñir tr. Rodear o apretar la cintura el cuerpo u otra cosa. I r. Reducirse en los gastos, en las palabras, etc.

ceño m. Conjunto formado por las cejas, el entrecejo y la parte inferior de la frente utilizado para expresar estados de ánimo. I Cierto gesto de enojo.

cepa f. parte del tronco de cualquier árbol o planta, que está dentro de la tierra y unida a las raíces.

cepillar r. Acepillar.

cepillo m. Instrumento cortante para pulir la madera. I Instrumento que contiene varios manojitos de cerdas para limpiar de polvo la ropa u otros menesteres.

cepo m. Trampa para cazar animales. I Instrumento de castigo que sujetaba la garganta a las piernas del reo. I Madero grueso donde se fija el yunque o la bigornia.

cequí m. Antigua moneda de oro.

cera f. Sustancia que segregan las abejas para formar las celdas de los panales. I Sustancia análoga a la anterior que producen algunas plantas. I Sustancia crasa que segregan ciertas glándulas del oído.

cerámica f. Arte de fabricar objetos de barro, loza o porcelana.

ceramita f. Especie de piedra preciosa.

cerasta f. Víbora africana muy venenosa.

cerbatana f. Canuto para disparar flechas o proyectiles ligeros, soplando por uno de sus extremos. I Trompetilla para los sordos.

cerca f. Vallado, tapia, muro que circunda una heredad u otra cosa. I adv. Próxima o inmediatamente.

cercado, da p. p. de cercar. I Heredad circundada de valla, tapia o muro que la cierre. I Cerca, vallado o muro circundante.

cercanía f. Inmediación. I Proximidad.

cercar tr. Circunvalar con cercas. I Poner cerco o sitio a una plaza.

cercenadura f. Acción de cercenar.

cercenar tr. Cortar las extremidades de alguna cosa. I Acortar o disminuir violentamente o en forma abusiva.

cerceta f. Ave palmípeda del tamaño de una paloma.

cerciorar tr. Asegurar a alguno, mediante pruebas, la verdad de una cosa.

cerco m. Lo que ciñe o rodea. I Asedio o sitio que pone un ejército a una plaza.

cercopiteco m. Mono catirrino africano, de formas ligeras y graciosas.

cerchar tr. Acodar las vides.

cerda f. Pelo recio de la cola y crin de las caballerías u otros animales. I Hembra del cerdo.

cerdamen m. Manojo de cerdas dispuestas para hacer brocha.

cerdo m. Puerco mamífero paquidermo. | Puerco, hombre sucio, o grosero.

cereal m. Aplícase a las plantas gramíneas que dan frutos farináceos, o a estos mismos frutos, como el trigo, la cebada y el centeno.

cerebelo m. Porción del encéfalo que ocupa la parte posterior de la cavidad craneal.

cerebral adj. Relativo al cerebro. | Intelectual, en oposición a emocional, apasionado, vital, etc. | Imaginario, en oposición a vivido. Ú. t. c. s. aplicado a personas.

cerebro m. Parte anterior y superior del encéfalo. | fig. Juicio, talento, capacidad.

cerebroespinal adj. Que tiene relación con el cerebro y con la espina dorsal.

ceremonia f. Acción exterior arreglada para dar culto a las cosas divinas, o reverencia y honor a las profanas. | Además muy formal en honor de una persona o cosa.

ceremonial adj. Relativo al uso de las ceremonias. | m. Conjunto de formalidades para cualquier acto público o solemne.

céreo adj. De cera.

cereza f. Fruto del cerezo, muy parecido a la guinda, pero más dulce. | Color rojo oscuro.

cerezo m. Árbol frutal rosáceo, cuyo fruto es la cereza. | Madera de este árbol.

cerífero, ra adj. Que produce o da cera.

cerífica adj. Dícese de la pintura hecha con cera de varios colores.

cerilla f. Vela de cera, larga y muy delgada. | Fósforo. | Cera de los oídos.

cerio m. Metal pardo rojizo que se oxida en el agua hirviendo Se emplea en la industria del vidrio y como núcleo de carbones para arco voltaico.

cermeña f. Pera pequeña, temprana y muy aromática.

cermeño m. Peral cuyo fruto es la cermeña.

cerne adj. Aplícase a lo que es sólido y fuerte. | m. Parte más dura del tronco de los árboles.

cernedero m. Sitio donde se cierne harina. | Delantal que se pone quien cierne harina.

cernedor, ra m. y f. Persona que cierne. | m. Torno de cerner harina. | Coladera o cedazo.

cerner tr. Separar la harina del salvado, pasándola por el cedazo. | r. Mover las alas manteniéndose en el aire sin moverse del sitio en que están. | fig. Amenazar de cerca algún mal.

cernícalo m. Ave rapaz, de cabeza abultada y cola en forma de abanico.

cero m. Cifra aritmética sin valor absoluto, que en la numeración arábiga ocupa los lugares en que no ha de haber guarismo, y que, colocada a la derecha de un número entero, decuplica su valor, mientras que a la izquierda de una fracción decimal, disminuye su valor a la décima parte. | Punto de partida de las escalas termométricas.

ceroferario m. Acólito que lleva el cirial.

cerón m. residuo, escoria o heces de los panales de la cera.

cerote m. Mezcla de pez y cera para uso de los zapateros.

cerquillo m. Corona de cabello.

cerrado fig. Dícese del cielo muy cargado de nubes. | fig. Se aplica a la persona de corto entendimiento. | fig. Dícese del acento o pronunciación que presentan rasgos nacionales o locales muy marcados.

cerradura m. Mecanismo que se pone en puertas, tapas de cofres, cajones, etc., para mantenerlos cerrados y sólo puedan abrirse mediante una llave especial.

cerrajería f. Oficio de cerrajero. | Tienda o taller donde se venden o fabrican cerraduras.

cerrajero m. El que hace cerraduras, cerrojos, candados, etc.

cerrar tr. Hacer que lo que estaba abierto deje de estarlo. | Correr el pestillo o cerrojo, echar la llave, etc. | Juntar las partes de ciertas cosas que se hallan separadas, como los párpados, los labios, las hojas de un libro, las tijeras. | Pegar un sobre o la cubierta de un paquete. | Hacer entrar en su hueco los cajones de un mueble. | Hacer desaparecer una abertura cualquiera. | Cercar, vallar, acordonar. | Colocar el tapón de una llave, grifo, espita, etc., de modo que por ellas no pueda salir o pasar fluido. | Plegar una cosa que estaba extendida. | Cicatrizar las llagas o heridas. Ú. t. c. r. | fig. Ir en el último lugar de un grupo de gente que marcha o camina. | Llegar la noche a su plenitud. Ú. t. c. r. |Cargarse de nubes oscuras el cielo.

cerrazón f. Oscuridad que precede a las tempestades.

cerril adj. Dícese del terreno áspero y escabroso. | Dícese del ganado no domado. | fig. Tosco, grosero.

cerrillar tr. Poner el cordoncillo a la moneda.

cerro m. Montaña pequeña y aislada.

cerrojo m. Barreta, generalmente de hierro, para ajustar y cerrar las puertas, etc. | En los fusiles y otras armas ligeras, cilindro metálico que contiene los elementos de percusión, de obturación y extracción del casquillo.

certamen m. fig. Función literaria en que se discute un tema. | fig. Concurso abierto por una corporación para estimular con premios el cultivo de las ciencias, las letras o las artes.

certero, ra adj. Diestro y seguro en tirar. | Cierto, bien informado.

certeza f. Conocimiento seguro. | Cualidad de lo cierto.

certificación f. Acción de certificar. | Instrumento acreditativo de la verdad de un hecho.

certificado, da p. p. de certificar. | adj. y s. Dícese de la carta o paquete cuyo envío por correos se certifica por escrito.

certificar tr. Asegurar, afirmar, dar por cierta alguna cosa. | Obtener, mediante franqueo especial, un resguardo que acredite haber remitido por correo una carta o un paquete.

cerúleo, a adj. De color azul del cielo o de la alta

cerumen m. Cera de los oídos.

cerusa f. Carbonato natural de plomo, que se presenta en cristales translúcidos de color blanco.

cervario, ra adj. Perteneciente o relativo al ciervo.

cervato m. Ciervo de menos de seis meses.

cervecería f. Fábrica o tienda de cerveza.

cerveza f. Bebida hecha con granos germinados de cebada fermentados en agua y aromatizada con lúpulo.

cervical adj. Relativo a la cerviz.

cérvido, da adj. y s. Dícese de mamíferos artiodáctilos rumiantes, cuyos machos tienen cuernos ramificados.

cerviz f. Parte posterior del cuello.

cesación f. Acción de cesar.

cesante p. a. de cesar. | adj. y s. Que está privado de su empleo.

cesantía f. Estado de cesante. | Proporción estadística de cesantes en relación a la fuerza laboral de una nación.

cesar intr. Suspenderse o acabarse una cosa. | Dejar de desempeñar algún cargo. Dejar de hacer lo que se está haciendo.

cesáreo, a adj. Perteneciente al imperio o a la majestad imperial.

cesarismo m. Gobierno absoluto de una sola persona.

cese m. Nota que indica cesación en el cargo que desempeña un empleado público, o una faena.

cesio m. Metal del grupo de los alcalinos, blando, ligero y parecido al potasio.

cesión f. Renuncia de alguna cosa, posesión, acción o derecho que una persona hace a favor de otra.

césped m. Hierba menuda que cubre el suelo. l Tepe.

cesta f. Tejido de mimbres, cañas, etc., de figura redonda y cóncava, que se usa como recipiente para colocar y llevar cosas. l Especie de pala de tiras de madera entretejidas, que se sujeta a la mano para jugar a la pelota.

cestería f. Sitio donde se hacen cestas o cestos, y tienda donde se venden.

cesto m. Cesta grande y más alta que ancha.

cestodo adj. y s. Dícese de gusanos platelmintos de cuerpo largo y aplanado, semejante a una cinta, que generalmente viven en el intestino de los vertebrados, como la solitaria.

cesura f. Pausa en los versos después de los acentos métricos.

cetáceo adj. y s. Dícese de los mamíferos pisciformes, nasales en lo alto de la cabeza, las extremidades anteriores ransformadas en aletas, las posteriores atrofiadas y el cuerpo terminado en una aleta horizontal, como la ballena.

cetario m. Sitio donde los cetáceos crían a sus hijos.

cetina f. Esperma de ballena.

cetrería f. Arte de criar, domesticar y enseñar halcones y otras aves de caza. l Caza que con ellos se hacía.

cetrino, na adj. Aplícase al color amarillo verdoso. l fig. Melancólico y adusto.

cetro m. Vara o bastón de mando que usan reyes y emperadores como insignia de su dignidad.

chabacanería f. Falta de gusto, arte y mérito estimable.

chabacano, na adj. Grosero, sin arte.

chabola f. Choza, cabaña.

chacal m. Mamífero carnicero, cánido, parecido al zorro y también al lobo y algo más pequeño que éste.

chacó m. Morrión de la caballería ligera, aplicado después a tropas de otras armas.

chacolí Vino ligero y que se consume todavía fresco.

chacota f. Bulla y alegría mezclada de chanzas y carcajadas. l fam. Burla, broma.

cháchara f. Charla inútil o frívola.

chafarrinar tr. Deslucir, deslustrar algo, manchándolo o emborronándolo.

chafarrocas m. Pez marino teleósteo de pequeño tamaño, que se adhiere a las rocas por sus aletas pectorales y abdominales convertidas en ventosas.

chaflán m. Cara resultante en un sólido de cortar por un plano una esquina o ángulo diedro.

chagual m. Planta bromeliácea de tronco escamoso y flores verdosas.

chajá m. Ave zancuda que habita las regiones pantanosas de América Meridional.

chal m. Paño de seda o lana, bastante más largo que ancho que, puesto sobre los hombros y cubriendo parte de la espalda, sirve a las mujeres como abrigo o adorno.

chala f. Hoja o espata que envuelve la mazorca de maíz.

chalado, da adj. fam. Loco.

chalana f. Embarcación de fondo plano, propia para parajes de poco fondo.

chalar tr. y r. Enloquecer, alelar.

chalé m. Casa de madera a estilo suizo. l Casa de recreo no muy grande. l Chalet.

chaleco m. Prenda de vestir sin mangas, que se lleva sobre la camisa.

chalote m. Planta liliácea muy parecida al ajo, que se usa como condimento.

chalupa f. Embarcación pequeña.

chamaco m. Niño, muchacho.

chamán m. Hechicero al que se supone dotado de poderes sobrenaturales.

chamariz m. Pajarillo de color verdoso por encima y amarillento por el pecho y vientre, con algunas manchas pardas.

chambelán m. Camarlengo, gentilhombre de cámara.

chambón, na adj. y s. Poco hábil en cualquier arte o facultad. l fam. Que consigue por casualidad alguna cosa.

chamicera f. Monte con la leña a medio que

chamico m. Arbusto solanáceo, variedad de estramonio.

chamiza f. Planta gramínea silvestre y medicinal, que sirve para techar chozas. l Leña menuda que sirve para los hornos.

chamizo m. Arbol medio quemado o chamuscado. l Choza cubierta de chamiza. l Tugurio sórdido.

chamorro, rra adj. y s. Que tiene la cabeza trasquilada.

champa f. Raigambre, cepellón.

champaña m. Vino blanco espumoso originario de Francia.

champiñón m. Hongo comestible, del que existen diversas variedades.

champú m. Preparación jabonosa que se emplea para lavar la cabeza.

chamuscar tr. y r. Quemar algo por la parte exterior.

chanca f. Trituración. l Tunda, paliza.

chancar tr. Triturar, machacar, moler, especialmente minerales. l Apalear, golpear, maltratar.

chancear intr. y r. Usar de chanzas.

chancillería f. Antiguo tribunal superior de apelación.

chanchada f. Cochinada, mala acción.

chancho m. Cerdo.

chanchullo m. fam. Manejo ilícito para lucrarse.

chanfaina f. Guisado de asaduras de cordero.

chanquete m. Pez muy pequeño.

chantaje m. Amenaza de pública difamación o daño semejante que se hace contra alguno, para obtener de él dinero u otro provecho.

chantajear m. Ejercer chantaje.

chantar tr. Vestir, poner. l Clavar, hincar.

chantillí m. Crema hecha de nata batida.

chantre m. Dignidad de catedrales o colegiatas a cuyo cargo estaba antiguamente la dirección del coro.

chanza f. Dicho festivo y gracioso.

chanzoneta f. Copla ligera y festiva que se cantaba en ciertas festividades.

chapa f. Hoja de metal, madera, etc. l fig. Seso, formalidad. l fam. Identificación. l Cerradura.

chapar tr. Chapear, guarnecer con chapas. l fig. Asentar, encajar.

chaparra f. Coscoja, especie de encina. Chaparro.

chaparral m. Sitio poblado de chaparros.

chaparro m. Mata de encina poblada de ramas y de poca altura.

chaparrón m. Lluvia recia de corta duración.

chapatal m. Lodazal o ciénaga.

chapear tr. Guarnecer o cubrir con chapas.

chapeca f. Trenza de pelo. l En Argentina, ristra de ajos.

chapeo m. Sombrero.

chapería f. Adorno de chapas.

chaperón m. Alero de madera que se suele poner en los patios para apoyar en él los canalones.

chapista m. El que trabaja la chapa.

chapistería f. Taller donde se trabaja la chapa.

chapitel m. Remate de las torres en figura piramidal. l Capitel.

chapó m. Juego de billar que se juega en mesa grande.

chapodar tr. Cortar ramas o sarmientos para dar paso al aire.

chapotear tr. Humedecer repetidas veces una cosa con esponja o paño mojado, sin estregarla. | intr. Sonar el agua batida por los pies o las manos.

chapucería f. Tosquedad, imperfección en un artefacto. | Obra hecha sin pulidez.

chapurrar tr. Hablar mal un idioma.

chapuz m. Acción de chapuzar. | Chapucería. | Obra o labor de poca importancia.

chapuza f. Chapuz, obra de poca monta o mal hecha.

chapuzar tr. y r. Meter de cabeza en el agua; zambullir.

chapuzón m. Acción de chapuzar o chapuzarse.

chaqué m. Prenda de vestir, con faldones a manera de levita sin cerrar.

chaqueta f. Prenda de vestir, con mangas, ajustada al cuerpo, y que pasa poco más abajo de la cintura.

chaquetear intr. Cambiar de bando o partido.

chaquetilla f. Chaqueta más corta que la ordinaria, algo diferente y con adornos.

chaquetón m. aum. de chaqueta | Prenda exterior algo más larga y de más abrigo que la chaqueta.

chara f. Ñandú, avestruz joven.

charabón, na adj. Díc. del pichón del avestruz joven.

charada f. Pasatiempo. | Enigma resultante de formar con las sílabas de una palabra otras voces que se han de adivinar, así como la principal llamada todo.

charal Pez teleósteo filosóstomo.

charanga f. Música militar de las unidades ligeras que consta sólo de instrumentos de viento.

charango m. Especie de bandurria, de cinco cuerdas, cuya caja se construye con un caparazón de armadillo o quirquincho.

charca t. Charco grande de agua detenida en el terreno.

charco m. Agua u otro líquido detenido en un hoyo o concavidad de la tierra o del piso.

charla f. fam. Acción de charlar. | Disertación oral de carácter artístico.

charlar intr. fam. Hablar mucho sin substancia y fuera de propósito. | fam. Conversar por mero pasatiempo.

charlatán, na adj. y s. Hablador indiscreto. | adj. y s. Que habla mucho y sin sustancia. | Embaucador.

charlestón m. Cierto baile originario de los negros de América del Norte.

charnela f. Bisagra. | Gozne. | Articulación de las valvas de ciertas conchas.

charol m. Barniz muy lustroso, de brillo duradero. | Cuero preparado con este barniz.

charolado, da adj. Lustroso.

charqui m. Tasajo, carne salada y secada al sol.

charrasca f. fam. Arma arrastradiza, por lo común, sable. | Instrumento musical, dentado del que se arrancan sonidos restregándolo con un palito.

charrán adj. y s. Pillo, tunante.

charretera f. Divisa militar a modo de pala, que se sujeta al hombro, habitualmente con flecos.

charro m. Jinete o caballista mexicano que viste traje especial y usa sombrero de ala ancha y copa alta y cónica. | Díc. de lo recargado de adornos, abigarrado o de mal gusto.

charrúa f. Arado compuesto.

chasca f. Leña menuda. | Ramaje que se coloca sobre la leña dispuesta para hacer carbón.

chascar intr. Separar súbitamente del paladar la lengua haciendo ruido.

chascarrillo m. fam. Anécdota ligera y picante, cuentecillo agudo y gracioso. | Chiste.

chasco m. Burla o engaño. | fig. Decepción que causa un suceso contrario a lo que se esperaba.

chasis m. Bastidor en que se colocan las placas fotográficas para ser impresionadas. | Armazón del automóvil.

chaspe m. Señal que se hace sobre los troncos de los árboles, mediante un superficial golpe de hacha.

chasquido m. Sonido o estallido que se hace con el látigo o la honda cuando se sacuden en el aire con violencia. | Ruido seco y súbito que produce al romperse, rajarse o desgajarse alguna cosa.

chatarra f. Escoria que deja el mineral de hierro. | Hierro viejo.

chato, ta adj. Que tiene la nariz poco prominente. Ú. t. c. s. | Díc. de la nariz que tiene esta figura. | Vaso ancho y bajo de vino u otra bebida.

chaval, la s. Popularmente, niño o joven.

chaveta f. Especie de clavija o pasador que sirve para sujetar ciertas piezas de un mecanismo u otras cosas. | Perder la chaveta. fr. fig. y fam. Perder el juicio.

chayotera f. Planta cucurbitácea americana que da el chayote.

che f. Nombre de la letra ch. | ¡**Che**! interj. con que se llama, se hace detener o se pide atención a una persona. También manifiesta asombro o sorpresa.

cheli m. pop. Jerga que contiene elementos castizos y contraculturales.

chepa f. Joroba, corcova.

cheque m. Documento comercial que equivale a una orden escrita de pago, para cobrar cantidad determinada de los fondos que quien lo expide tiene disponibles en un banco.

chequeo m. Internamiento en un centro sanitario de un individuo aparentemente sano con el fin de descubrir en él una posible enfermedad o asegurarse de un perfecto estado de salud.

chercán Pajarillo semejante al ruiseñor.

chibalete m. Armazón en que se colocan las cajas de caracteres para componer.

chibora Botarga que en ciertas fiestas acompaña y va delante de los danzantes.

chicana f. Artimaña, procedimiento de mala fe.

chicarrón, na adj. y s. fam. Díc. del niño o del adolescente muy crecido y desarrollado.

chicha f. fam. Carne comestible. | Bebida alcohólica americana hecha con maíz fermentado.

chicharra f. Cigarra.

chichón m. Bulto en la cabeza que resulta de un golpe.

chichonera f. Gorro especial que se pone a los niños para protegerles la cabeza.

chiclán adj. ciclán, de un solo testículo.

chicle m. Gomorresina que fluye del tronco del zapote y otras sapotáceas propias de Honduras y Nicaragua, y suele usarse como masticatorio.

chico, ca adj. Pequeño. | Niño o muchacho. Ú. t. c. s.

chicoriaceo, a adj. Relativo a la achicoria.

chicozapote m. Árbol sapotáceo americano que produce un fruto parecido al melocotón.

chifla f. Acción de chiflar. | Cierta especie de silbato. | Cuchilla de guantero y de encuadernador.

chiflado, da adj. fam. Díc. de la persona que tiene algo perturbada la razón.

chiflar intr. Silbar con la chifla o imitar su sonido con la boca. | Adelgazar y raspar con la chifla las badanas y pieles finas. | r. fam. Perder uno la energía de las facultades mentales. | fam. Tener la voluntad muy sometida al influjo de una persona o cosa.

chifle m. Silbato. | Reclamo para cazar aves. | El cuerno donde se guardaba la pólvora para cebar los cañones.

chiflón m. *Amér*. Viento colado.

chilaba f. Pieza de vestir con capucha, de que usan los moros.

chile m. Pimiento, ají.

chilla f. Instrumento que sirve a los cazadores para imitar el chillido de algunos animales. | f. Tabla delgada de ínfima calidad. | f. Zorra de pequeño tamaño.

chillar intr. Dar chillidos. | Chirriar.

chillido m. Sonido inarticulado de la voz, agudo y desapacible.

chillón adj. Que chilla mucho.

chimenea f. Hogar o fogón. | Conducto para dar salida al humo que resulta de la combustión.

chimpancé m. Mono antropomorfo africano, de cabeza grande y brazos largos, muy inteligente y domesticable.

china f. Piedra pequeña. | Porcelana. Loza fina. | Raíz medicinal de una hierba del mismo nombre.

chinarro m. Piedra algo mayor que una china.

chinche f. Insecto hemíptero, nocturno, de cuerpo aplastado, maloliente y color rojo oscuro, que chupa la sangre humana. | Clavito de cabeza chata, propio para sujetar papeles. | fig. y fam. Persona fastidiosa.

chinchilla f. Roedor americano parecido a la ardilla, de piel muy estimada suave y de color gris.

chinchorro m. Embarcación pequeña de remos.

chiné adj. Se dice de cierta clase de telas rameadas o de varios colores.

chinela f. Calzado casero de suela ligera. | Chapín con que las mujeres preservaban del lodo el calzado.

chingar tr. fam. Beber con frecuencia vino o licores. | Practicar el coito, fornicar. | Importunar, molestar. | r. Embriagarse. | Frustrarse una cosa. | Fallar, errar.

chingua f. Trenza de pelo. | Rollo de fique destinado a la venta.

chino m. piedrecita, china.

chipa f. Cesto de paja que se emplea para recoger legumbres y frutas. | Rollo, materia enrollada.

chipile m. Planta herbácea, vivaz.

chipirón m. Nombre que en las costas cantábricas dan al cala

chiquero m. Pocilga. | Toril.

chiquilín adj. y s. Chiquillo.

chirca f. Árbol de la familia de las euforbiáceas.

chiribico m.Pez pequeño. | Arácnido de las tierras calientes.

chiribita f. Chispa, pequeña partícula encendida. Ú. m. en pl. | pl. fam. Motas que vagan dentro del ojo y ofuscan la vista.

chiribitil m. Desván, escondrijo bajo y estrecho. | fam. Pieza o cuarto muy pequeño.

chirigota f. fam. Cuchufleta, chanza, pulla.

chirimbolo m. fam. Utensilio, baratija.

chirimía f. Instrumento músico de viento, parecido al clarinete. | m. El que lo toca.

chirimoya f. Fruto del árbol anonáceo conocido como chirimoyo.

chiringa f. Volatín, cometa pequeña.

chiringo m. Vaso de aguardiente. |Caballo pequeño,de inferior calidad. |Harapo.

chiringuito m. Quiosco o puesto de bebidas al aire libre.

chiripa f. En el juego de billar, suerte favorable por casualidad. | fam. Casualidad favorable.

chirivía f. Planta umbelífera de raíz comestible.

chirivisco m. Zarzal seco.

chirla f. Molusco lemelibranquio bivalvo.

chirona f. fam. Cárcel, presidio.

chirpia f. Plantío de árboles, antes del transplante.

chirriar intr. Emitir un sonido agudo. | fig. y fa. Cantar desentonadamente.

chirrión m. Carro fuerte de dos ruedas cuyo eje gira con ellas. | Látigo o rebenque fuerte hecho de cuero.

chisguete m. trago o corta cantidad de vino que se bebe.

chisme m. Murmuración, o noticia, cuento. | fam. Baratija o trasto pequeño.

chispa s. Partícula de fuego que salta de la lumbre, pedernal, etc. | Diamante muy pequeño. | Gota de lluvia menuda y escasa. | Partícula pequeña de cualquier cosa. | fig. Penetración, viveza, ingenio. | fig. Borrachera, efecto de embriagarse. | Descarga luminosa entre dos cuerpos cargados con muy diferente potencial eléctrico.

chispazo m. Acción de saltar la chispa del fuego. | Daño que causa. | Chisme, cuento.

chispeante p. a. de chispear. Que chispea. | adj. Ingenioso, agudo, muy gracioso.

chispear intr. Echar chispas. | Lloviznar débilmente. | Relucir mucho.

chisporrotear intr. Fam. Despedir chispas continuamente.

chisquero m. Esquero. | Encendedor de bolsillo.

chisquete m. Trago de vino. | Chorrillo de un líquido que sale con fuerza.

chiste m. Dicho agudo y gracioso. | Burla o chanza.

chistera f. fig. y fam. Sombrero de copa alta.

chistu m. Flauta de madera.

chitón m. Túnica interior en forma de camisa, sin mangas, usada entre los antiguos griegos.

chitón interj. con la que se impone silencio.

chivarse prnl. Irse de la lengua. decir algo que perjudica a otro.

chivatazo m. Soplo, delación. Dar el chivatazo, poner en antecedentes, delatar.

chivo, va m. y f. Cría de la cabra desde que deja de mamar hasta que llega a la edad adulta.

chocante p. a. de chocar. Que choca. | adj. Raro, extraño. | Ridículo, irrisorio. | Sorprendente. | Fastidioso, empalagoso.

chocar intr. Encontrarse con violencia dos cuerpos. | fig. Pelear, combatir. | fig. Provocar, enojar a uno. | Causar extrañeza o enfado.

chocarrería f. Gracieta grosera.

chocha f. Ave zancuda menor que la perdiz.

chochear intr. Tener debilitadas las facultades mentales por efecto de la edad. | fig. Extremar el cariño a personas o cosas.

chochez f. Calidad de chocho. | Debilidad del juicio por la edad.

chocho m. Altramuz. | Árbol leguminoso. | Que chochea. | fam. Lelo de puro cariño.

choclo m. Mazorca tierna de maíz.

chocolate m. Pasta alimenticia de cacao y azúcar molidos, a la que suele añadirse canela o vanilla. | Bebida que se hace con esta pasta desleída y cocida en agua o leche.

chófer o chofer m. Conductor de automóviles.

cholla m. fam. Cabeza, parte del cuerpo. | fam. Entendimiento, juicio.

chollo m. Ganga, trabajo o negocio que produce beneficio con muy poco esfuerzo.

chopera f. Sitio poblado de chopos.

chopo m. Nombre de varias especies de álamos.

choque m. Encuentro violento de una cosa con otra. | Estado de profundo desequilibrio nervioso.

chorizo m. Trozo corto de tripa lleno de carne picada y adobada.

chorlito m. Ave zancuda, de pico largo y recto, muy apreciada por su carne.

chorlo m. Turmalina. Silicato natural de alúmina.

chorrada f. Necedad, tontería.

chorrear intr. Caer un líquido formando chorro. | Salir un líquido lentamente y goteando.

chorrera f. Guarnición de encaje que se pone en la abertura de la camisola por la parte del pecho. | En algunas partes, cascada, caída de agua

chorro m. Golpe de un líquido que sale con fuerza por una parte estrecha.

chortal m. Lagunilla formada por un manantial que brota en el fondo de ella.

chotacabras f. Pájaro fisirrostro, de pico pequeño y algo corvo en la punta.

chotis m. Baile por parejas, como la mazurca, pero más lento. | Música con que se baila.

choto, ta m. y f. Cría de la cabra mientras mama. | Ternero, ra.

choza f. Cabaña de estacas cubiertas de ramas y paja.

chozno, na m. y f. Cuarto nieto.

chozo m. Choza pequeña.

chubasco m. Aguacero o chaparrón con mucho viento.

chubasquero m. Impermeable.

chuca f. Uno de los cuatro lados de la tabla.

chuchería f. Cosa de poca importancia.

chucho m. Perro.

chuchurrido adj. fam. marchitado, ajado, agostado.

chufa f. Tubérculo de las raíces de junca.

chufar intr. Hacer escarnio de una cosa.

chulada f. Chulería.

chulapo m. Chulo.

chulear tr. Zumbar o burlar a uno con gracia y chiste. Ú. t. c. r.

chulería f. Cierta gracia y aire en dichos o hechos. | Conjunto de chulos.

chuleta f. Costilla de ternera, carnero o puerco. | fig. y fam. bofetada

chulo, la adj. Esp. Que hace y dice las cosas con chulería. | m. y f. Individuo del pueblo bajo de Madrid, afectado en el traje y en el modo de comportarse. | rufián.

chumacera f. Pieza metálica o de madera con una muesca en que descansa y gira cualquier eje de maquinaria.

chumbera f. Nopal, tunera. | Higuera, chumba.

chumbo, ba adj. Higo chumbo.

chunga f. fam. Burla, zumba, broma.

chuña f. Ave zancuda de cola larga plumaje grisáceo y una serie de plumas finas alrededor del pico, dispuestas en abanico.

chuño m. Fécula de la patata.

chupa f. Chaqueta, chaquetilla.

chupado, da adj. fig. Muy flaco, extenuado.

chupaflor m. Especie de colibrí.

chupalla f. Planta bromeliácea.

chupar tr. Sacar o atraer con los labios el jugo o la substancia de una cosa. Ú. t. c. intr. | Embeber en sí los vegetales el agua o la humedad. | fig. Absorber. | r. Irse enflaqueciendo o desmedrando.

chupatintas m. fam. Oficinista de poca categoría.

chupete m. Pieza de goma elástica en forma de pezón que se pone en el biberón.

chupetear tr. Chupar con frecuencia.

chupinazo m. Disparo hecho con una especie de mortero en los fuegos artificiales, cuya carga son candelillas.

chupón, na adj. y s. Que chupa. | m. Vástago que brota en las ramas, tronco o raíces de un árbol y lo perjudica chupándole la savia.

churo m. Rizode pelo. | Caracol.

churrasco m. Carne asada a la plancha o a la parrilla.

churre m. Suciedad en el cuerpo. | Pringue gruesa y sucia.

churriento, ta adj. Que tiene churre.

churro m. Dulce de sartén hecha de masa de harina de forma cilíndrica.

churumbel m. Niño, muchacho.

chusco, ca adj. Que tiene gracia. | fig. y fam. Díc. de lo que es vulgar.

chusma f. Conjunto de galeotes que servían en las galeras reales. | Conjunto de gente soez.

chutar tr. En el fútbol, lanzar fuertemente el balón con el pie.

chuzar tr. Punzar, herir, pinchar.

chuzo m. Palo armado con un pincho de hierro. | Barra de hierro para abrir los suelos. | Carámbano, pedazo de hielo.

chuzón adj. Astuto, recatado, difícil de engañar.

cian adj. Dícese, sobre todo en fotografía, del color azulverde, complementario del rojo.

cianhídrico adj. Dícese de un ácido extremadamente venenoso, que se obtiene destilando con agua almendras amargas machacadas.

cianita f. Silicato natural de alúmina, que se presenta en cristales tabulares de color azul.

cianosis f. Coloración de la piel azul, negruzca o lívida.

cianuro m. Sal del ácido cianhídrico.

ciar intr. Remar hacia atrás.

ciática f. Enfermedad caracterizada por dolor del nervio ciático.

ciático, ca adj. Relativo a la cadera. | Dícese del nervio más grueso del cuerpo, que se extiende por los músculos del muslo, de la pierna y del pie.

cibernética f. Ciencia que estudia el funcionamiento de las conexiones nerviosas en los seres vivos. | Arte de construir y manejar aparatos que por medios eléctricos efectúan automáticamente cálculos complicados.

ciberespacio El ámbito de la realidad virtual.

cíbolo m. Bisonte.

cicadáceas f. pl. Orden de plantas fanerógamas gimnospermas semejantes en unos casos a los helechos arborescentes y en otros a las palmeras.

cicádido adj. y s. Dícese de insectos hemípteros, cuyos machos producen un sonido estridente y monótono, como la cigarra.

cicatero, ra adj y s. Ruin, miserable, mezquino. | Que da importancia a pequeñas cosas o se ofende por ellas.

cicatriz f. Señal que queda en la piel después de curada una herida o llaga.

cicatrizar tr. y r. Sanar las llagas y heridas hasta quedar bien cerradas.

cícero m. Unidad de medida tipográfica.

cicerone m. Persona que enseña las curiosidades de una localidad, paraje o edificio.

cíclico, ca adj. Relativo al ciclo. | Aplícase a la enseñanza o instrucción gradual y de carácter enciclopédico. | Cualquier cosa que se produce y repite cada cierto tiempo.

ciclismo m. Deporte de los aficionados a la bicicleta.

ciclista Persona que anda en bicicleta. | Persona que practica el ciclismo.

ciclo m. Período de cierto número de años, meses, etc., que terminado se vuelve a repetir. | Serie de fases por las que pasa un fenómeno físico periódico hasta que se reproduce una fase anterior. | Serie de conferencias u otros actos de carácter cultural relacionados entre sí por el tema, las personas, la entidad organizadora, etc.

cicloide f. Curva descrita por un punto de la circunferencia que rueda sobre una recta.

ciclomotor Motocicleta cuya cilindrada es de 50 cc.

ciclón m. Huracán.

cíclope m. Cada uno de los gigantes fabulosos que, según la mitología griega, fabricaban rayos para Júpiter y tenían un solo ojo en medio de la frente.

ciclópeo, a adj. Relativo a los cíclopes. I fig. Gigantesco. I Dícese de ciertas construcciones antiquísimas, hechas con piedras enormes yuxtapuestas.

ciclóstomo m. pl. Orden de peces de cuerpo largo y cilíndrico, esqueleto cartilaginoso, piel sin escamas y boca circular apta para chupar, como la lamprea.

ciclotimia f. Psicosis maniaco-depresiva.

ciclotrón m.Aparato que utiliza fuerzas electromagnéticas a dar movimiento circular a protones o a neutrones y acelerar su velocidad, a fin de utilizarlos como proyectiles, dentro del mismo aparato, para bombardear y desintegrar el átomo.

cicuta f. Planta umbelífera de hojas verdinegras y fétidas y zumo venenoso y medicinal.

cid m. Hombre fuerte y valeroso.

cidra f. Fruto del cidro, parecido al limón, pero mayor.

cidro m. Arbol de la familia de las rutáceas.

cidronela f. Toronjil.

ciego adj. y s. Privado de la vista. I Dícese del primero y mayor de los intestinos gruesos.

cielo m. Atmósfera de la Tierra. I Clima. I Para cristianos y musulmanes, mansión en que los ángeles, los santos y los bienaventurados gozan la presencia de Dios.

ciemo m. Estiércol.

ciempiés m. Nombre vulgar de la escolopendra y de otros miriápodos semejantes.

cien adj. Apócope de ciento.

ciénaga f. Cenagal, pantano.

ciencia f. Conocimiento cierto de las cosas por sus principios, causas y fenómenos en que participan. I fig. Saber o erudición. I fig. Habilidad, conjunto de conocimientos en cualquier cosa.

cienmilésima Dícese de cada una de las 100.000 partes iguales en que se divide un todo.

cienmillonésima Dícese de cada una de las cien millones de partes en que se divide un todo.

cieno f. Lodo blando que se deposita en el fondo de las aguas tranquilas.

científico, ca adj. Perteneciente a la ciencia. I Que la posee. Ú. t. c. s.

ciento adj. y m. Diez decenas. I m. Signo o conjunto de signos que las representan.

ciernes (en) loc. adv. En flor. I Dícese de algo que aún no se ha producido pero que se espera con el curso natural del tiempo.

cierre m. Acción de cerrar o cerrarse. I Lo que sirve para cerrar.

cierto, ta adj. Verdadero, seguro. I Un, algún. Í adv. Ciertamente, indudablemente.

ciervo m. Mamífero rumiante, cérvido, de cuerpo esbelto y pelo corto.

cierzas f. pl. Vástagos o renuevos de la vid.

cierzo m. Viento septentrional, generalmente frío, más o menos inclinado a levante o a poniente.

cifosis f. Encorvadura defectuosa de la espina dorsal.

cifra f. Cada uno de los signos con que se representan los nueve primeros números y el cero. I Escritura convencional.

cifrado, da p. p. de cifrar. I adj. Dícese de lo que está escrito en cifra o símbolos convencionales cuyo significado se mantiene en un código secreto.

cifrar tr. Escribir en cifra. I tr. y r. Compendiar.

cigala f. Forro que se pone al arganeo del ancla. I Crustáceo decápodo marino, parecido a la langosta y al cangrejo de río.

cigarra f. Insecto hemíptero de alas membranosas, que produce un ruido estridente y monótono.

cigarrera f. Mujer que por oficio vende cigarros. I Caja o mueblecito en que se guardan cigarros puros. I Petaca.

cigarrillo m. dim. de cigarro. I Cigarro de tabaco picado, envuelto en una hoja de papel de fumar.

cigarro m. Rollo de hojas de tabaco para fumar.

cigofiláceo, a adj. y s. Dícese de plantas dicotiledóneas, de hojas compuestas, flores actinomorfas y fruto en drupa o en baya, como el abrojo.

cigomático, ca adj. Relativo a la mejilla.

cigomorfa adj. Dícese de la flor que sólo tiene un plano de simetría que pasa por el eje.

cigoñal m. Instrumento para sacar agua de pozos poco profundos.

cigoñino m. Pollo de la cigüeña.

cigüeña f. Ave zancuda, de un metro de altura, que con el pico hace un ruido seco y fuerte. I Manubrio para mover los tornos.

cigüeñal m. Cigoñal. I Doble codo en el eje de ciertas máquinas.

cija f. Cuadra para encerrar el ganado lanar durante mucho tiempo.

ciliado, da adj. y s. Que tiene cilios. I m. pl. Clase de protozoarios que comprende los que están provistos de cilios.

ciliar adj. Relativo a cejas o a los cilios.

cilicio m. Vestidura áspera que se usó para mortificación y penitencia.

cilíndrico, ca adj. Perteneciente al cilindro. I De forma de cilindro.

cilindro m. Cuerpo sólido limitado por una superficie cilíndrica cerrada y dos planos que forman sus bases. I Tubo en que se mueve el émbolo de una máquina.

cilio m. Filamento delgado y permanente que tienen en el cuerpo ciertos protozoarios y algunas células.

cima f. La parte más alta de un monte, de la copa de un árbol, etc. I Tallo del cardo. I Fin o terminación de una obra, tarea, etc. I Conjunto de flores de una inflorescencia cuyo eje echa una flor en su extremo y las demás nacen sobre ramitas laterales.

cimarrón, na adj. y s. Dícese del animal doméstico que huye al campo y se hace montaraz, o de la planta silvestre de cuya especie hay otra cultivada.

cimbalero m. Tocador de címbalos.

címbalo m. Campana pequeña. I Instrumento musical antiguo, especie de platillos.

cimbel m. Cordel con que se ata el ave que sirve de señuelo. I Ave o figura de ella que se usa con tal objeto.

cimborrio m. Parte de la cúpula que descansa en los arcos torales. I Cúpula.

cimbra f. Armazón para construir sobre ella los arcos y bóvedas.

cimbre m. Galería subterránea.

cimbrear adj. Mover una vara larga u otra cosa flexible asiéndola por un extremo y oscilándola. I Caminar una persona con paso flexible y ondulando las caderas.

cimentación f. Acción de cimentar.

cimentado, da p. p. de cimentar. I m. Afinamiento del oro mediante el cimiento real.

cimentar tr. Poner los cimientos de un edificio. I Fundar, edificar.

cimero, ra adj. Dícese de lo que está en la parte superior de una cosa determinada.

cimiento m. Parte en que se apoya el edificio, situada debajo de la tierra. I Principio, raíz, origen. I Cimiento real. Composición de vinagre, sal y ladrillo pulverizado que se usó para afinar el oro al fuego.

cimitarra f. Sable corvo y ancho.

cimógeno, na adj. Dícese de las bacterias que originan fermentaciones.

cinabrio m. Sulfuro natural de mercurio. I Bermellón.

cinamomo m. Árbol meliáceo de cuyas drupas se hacen cuentas de rosario. I Sustancia aromática de los antiguos que debía ser la mirra o la canela.

cinc m. Metal de color blanco azulado, maleable y bastante dúctil, buen conductor del calor y de la electricidad.

cincel m. Instrumento para cincelar, consistente en una barra de material muy duro afilada en uno de sus extremos, cuyo extremo opuesto se golpea con un martillo.

cincelar tr. Labrar, grabar piedras, metales u otros materiales con el cincel.

cincha f. Ceñidor con que se asegura la silla, el aparejo o la albarda en las caballerías.

cinchar tr. Asegurar con la cincha. I Asegurar con cinchos.

cinchera r. Parte por donde se cinchan las caballerías.

cincho m. Aro de hierro en las ruedas de los carruajes. I

cinco adj. Cuatro más uno. I Signo que representa este número.

cincuenta adj. Cinco decenas. I m. Signo o conjunto de signos con que se representa dicho número.

cincuentenario, ria adj. Relativo al número 50. I m. Conmemoración del día en que se cumplen 50 años de un suceso.

cincuentón, na adj. y s. Dícese de quien tiene cincuenta años cumplidos.

cine m. fam. Apócope de cinematógrafo.

cineasta m. Actor cinematográfico. I Productor o director de obras cinematográficas.

cinéfilo, la adj. Aficionado al cine. Ú.t.c.s.

cinegético, ca adj. Relativo a la caza.

cinema m. fam. Cinematógrafo.

cinemascopio m. Sistema especial de filmación y proyección cinematográfica

cinemática f. Parte de la mecánica que estudia el movimiento, sin tener en cuenta sus causas.

cinematografía f. Sucesión de fotografías que, por efecto del fenómeno de la persistencia de las imágenes en la retina, recomponen las series de fotogramas estáticos y dan la ilusión de movimiento.

cinematógrafo m. Aparato con el cual se proyectan imágenes en movimiento sobre una pantalla.

cinerario, ria adj. Destinado a contener cenizas de cadáveres. I f. Flores ornamentales, de variados colores.

cinético, ca adj. Perteneciente o relativo al movimiento.

cíngaro, ra adj. y s. Gitano.

cingiberáceo, a adj. y s. Dícese de plantas monocotiledóneas que constituyen una familia a la cual pertenece el jengibre.

cíngulo m. Cordón con que el sacerdote se ciñe el alba.

cínico, ca adj. Impúdico, procaz. I Dícese del que miente con desfachatez.

cinocéfalo m. Mono africano, que tiene el hocico parecido al del perro dogo.

cinoglosa f. Planta borragínea.

cinta f. Tejido largo y muy angosto que sirve para atar, ceñir o adornar. I Tira de papel, celuloide u otra materia semejante.

cinto p. p. irreg. de ceñir. I m. Faja, correa, etc., que ciñe la cintura con una sola vuelta.

cintra f. Curvatura de una bóveda o de un arco.

cintrel m. Cuerda o regla que usan los albañiles en la construcción de arcos.

cintura f. Parte más estrecha del cuerpo humano, llamada también talle, situada encima de las caderas.

cinturón m. aum. de cintura. I Cinto. I fig. Serie de cosas que circuyen a otra. I Cinturón de seguridad. El que unido al asiento asegura a tripulantes y pasajeros.

ciperáceo, a adj. y s. Dícese de las plantas monocotiledóneas, que constituyen una famila a la cual pertenece la juncia. I f. pl. Familia de estas plantas.

cipo m. Pilastra erigida en memoria de alguna persona difunta. I Poste en los caminos, para indicar algo. I Hito, mojón.

cipote m. Mojón de piedra. I Porra, cachiporra. Ivulg. Miembro viril

ciprés m. Arbol conífero, cupresíneo, de tronco derecho, ramas erguidas y cortas, copa cónica, hojas persistentes y madera rojiza y olorosa, que pasa por incorruptible.

cipsílidos m. pl. Familia de pájaros fisirrostros, cuyo tipo es el vencejo.

circense adj. Aplícase a los juegos y espectáculos que hacían los romanos en el circo.

circo m. Lugar destinado por los romanos para ciertos espectáculos públicos. I Local, generalmente circular, con gradería para los espectadores, donde se ejecutan ejercicios ecuestres y gimnásticos, juegos malabares y se exhiben animales amaestrados.

circón m. Silicato de circonio, que se presenta en cristales de color amarillo rojizo y se usa como piedra fina.

circonio m. Metal con brillo de plata; no es atacado por los gases comunes a la temperatura ambiente y presenta buena resistencia a los ácidos, con excepción del ácido fluorhídrico.

circuito m. Terreno, comprendido dentro de un perímetro. I Contorno. I Conjunto de conductores que recorre una corriente eléctrica.

circulación f. Acción de circular. I Ordenación del tránsito por las vías urbanas. I Proceso que consiste en la salida de la sangre arterial del corazón y, después de distribuirse por todo el cuerpo, volver al mismo órgano convertida en venosa.

circular adj. Perteneciente al círculo, o de su figura. I fig. Cada uno de los escritos, órdenes o comunicaciones iguales que se dirigen a diversas personas con algún fin. I intr. Andar o moverse en derredor. I Ir y venir. I Correr o pasar alguna cosa de unas personas a otras.

círculo m. Parte de plano contenida dentro de la circunferencia. I Circunferencia. I Circuito, corro. I Casino, sociedad de personas que se reúnen en una casa con fines culturales o de mero pasatiempo, y casa donde se reúnen.

circuminceción f. Presencia recíproca de las tres personas de la Trinidad.

circumpolar adj. Que está alrededor del polo.

circun prep. insep. que significa alrededor.

circuncidar tr. Cortar circularmente determinada parte del cuerpo.

circuncisión f. Acción de circuncidar.

circunciso, sa p. p. irreg. de circundar.

circuncisión Cir. Extirpación quirúrgica del prepucio, tradicional entre los pueblos semíticos.

circundar tr. y r. Circuir, rodear, circundante.

circunferencia f. Curva plana, cerrada, cuyos puntos equidistan de otro inferior, llamado centro, situado en el mismo plano.

circunflejo adj. Díc. del acento compuesto de agudo y grave unidos por arriba.

circunloquio m. Rodeo de palabras.

circunscribir tr. Reducir a ciertos límites. I Trazar una figura de modo que otra quede dentro de ella tocando a todas las líneas o teniendo en ellas todos sus vértices.

circunscripción f. Acción de circunscribir. I División

83

administrativa, militar, electoral o eclesiástica de un territorio.

circunsolar adj. Que rodea al Sol.

circunspección f. Cordura, prudencia. I Seriedad y decoro en acciones y palabras.

circunstancia f. Accidente de tiempo, lugar, etc., que acompaña a algún hecho o dicho. I Conjunto de lo que está en torno a uno.

circunvalar tr. Cercar, ceñir, rodear una población, fortaleza, etc. I f. Circunvalación.

circunvolución f. Vuelta o rodeo de una cosa.

cirial m. Cada uno de los candeleros altos que llevan los acólitos en funciones de iglesia.

cirio m. Vela grande de cera.

cirrípedo adj. y s. Díc. de los crustáceos marinos que viven fijos sobre rocas u objetos sumergidos de varias placas calcáreas.

cirro m. Zarcillo, órgano voluble de ciertas plantas trepadoras I Nube blanca y ligera, en forma de barbas de pluma o filamentos de lana cardada. I Cada uno de los apéndices de los crustáceos cirrípedos, que son delgados, articulados y divididos en dos ramas.

cirrópodo adj. y s. Cirrípedo. I m. pl. Cirrípedos.

cirrosis f. Enfermedad del hígado en que éste se presenta granuloso, duro y amarillo rojizo.

ciruela m. Fruto del ciruelo. Es una drupa de piel lisa, carne jugosa y hueso con una almendra amarga.

ciruelo m. Árbol rosáceo de flores blancas, cuyo fruto es la ciruela.

cirugía f. Parte de la Medicina que trata de la curación de ciertas enfermedades mediante operaciones.

cirujano, na m. y f. Persona que profesa la cirugía.

cis prep. insep. De la parte o del lado de acá. Cismontano.

ciscar tr. y r. fam. Ensuciar. I Evacuarse el vientre.

cisco m. Carbón vegetal menudo. I Bullicio, alboroto, disputa.

cisípedo, da adj. Que tiene el pie dividido en dedos.

cisma amb. División o separación de un cuerpo o comunidad. I Discordia, desavenencia.

cismático, ca adj. y s. Que se aparta de su legítimo superior o cabeza.

cisne m. Ave palmípeda grande y hermosa de cuello muy largo y flexible.

cispadano, na adj. Situado entre Roma y el río Po.

cisquero m. Muñequilla con polvo de carbón para estarcir. I El que hace o vende cisco.

cistáceo, a adj. y s. Díc de plantas dicotiledóneas de hojas sencillas, flores en corimbo o en panoja y fruto capsular.

cisterna f. Depósito subterráneo para recoger y conservar el agua.

cisticerco m. Larva de tenia o solitaria.

cistíneo, a adj. y s. Cistáceo. I f. pl. Cistáceas.

cistitis f. Inflamación de las vías urinarias y vejiga.

cistoscopia f. Examen del interior de la vejiga de la orina por medio del cistoscopio.

cistoscopio m. Instrumento con que se practica la exploración de la vejiga de la orina.

cisura f. Abertura sutil que se hace en cualquier cosa.

cita f. Asignación de día, hora y lugar para verse y hablarse dos o más personas. I Referencia que se hace a una ley o documento autorizado para prueba de lo que se dice.

citación f. Acción de citar.

citar tr. Avisar a uno señalándole día, hora y lugar para tratar de algún asunto. I Referir, anotar o mencionar los autores, textos o lugares que se alegan o discuten en lo que se dice o escribe.

cítara f. Instrumento músico semejante a la lira, pero con caja de resonancia de madera.

citerior adj. De la parte de acá.

cítola f. Tablilla que golpea constantemente la piedra del molino y sirve de aviso, pues deja de golpear si aquél se para.

citología f. Ciencia que estudia las células.

citoplasma m. Parte del protoplasma que envuelve el núcleo de la célula.

citoplásmico, ca adj. Perteneciente o relativo al citoplasma.

citostoma m. Orificio bucal de los unicelulares.

cítrico, ca adj. Perteneciente o relativo al limón. I Dícese de las plantas de la subfamilia aurantioídea a la que pertenecen el naranjo, limón, pomelo, lima y otras especies.

citrina f. Aceite esencial del limón.

citrón m. Limón.

ciudad f. Población importante.

ciudadanía f. Calidad y derecho de ciudadano.

ciudadano, na adj. Natural o vecino de una ciudad. Ú. t. c. s. I Perteneciente a la ciudad o a sus naturales o vecinos. I m. El habitante de las ciudades como sujeto de derechos políticos.

ciudadela f. Fortaleza que domina una plaza o ciudad.

cívico, ca adj. Perteneciente o relativo al civismo. I Patriótico.

civil adj. Perteneciente a la ciudad. I Sociable, urbano, atento. I Aplícase a la persona que no es militar.

civilización f. Acción y efecto de civilizar. I Conjunto de manifestaciones culturales, artísticas e ideológicas que caracterizan el estado social de un pueblo, de una raza, de una época.

civilizar tr. y r. Salir del estado salvaje, pueblos o personas. I Educar, ilustrar.

civismo m. Celo por las instituciones e intereses de la patria.

cizalla f. Instrumento a modo de tijeras para cortar metales. Ú. m. en pl. I Cortadura o fragmento de metal.

cizaña f. Planta gramínea venenosa que crece en los sembrados. I fig. Discordia, disensión.

cizañar Sembrar la enemistad y la discordia. Encizañar.

clac m. Sombrero de copa alta, que puede plegarse por medio de muelles.

clamar intr. Dar voces lastimeras, pidiendo favor y ayuda.

clámide Capa corta y ligera de los griegos y romanos.

clamor Grito, o voz que se profiere con esfuerzo.

clamoreo m. Clamor continuado. I Ruidos de muchas personas que claman juntas.

clamoroso, sa adj. Dícese del rumor producido por las voces o quejas de una multitud.

clan f. Familia o tribu. I Grupo de personas unidas por un interés común.

clandestino, na adj. Secreto, oculto, ilegítimo.

clara f. Materia albuminoidea, líquida y transparente, que rodea a la yema del huevo.

claraboya f. Ventana sin postigos y con cristales, en los tejados.

clarear intr. Empezar a amanecer. I Irse disipando el nublado. I r. Transparentarse.

clarete adj. y s. Dícese de una especie de vino tinto algo claro.

claridad f. Calidad de claro. I Efecto de la luz que hace distinguir bien los objetos.

clarificar tr. Iluminar, dar luz. I Aclarar alguna cosa. I Poner claro, limpio, y purgar de heces lo que está turbio o espeso.

clarín m. Instrumento músico de metal, parecido a la trompeta, pero más pequeño y de sonidos más agudos. I El que toca el clarín.

clarinada f. fam. Dicho desentonado o intempestivo. I t. Toque del clarín.

clarinete m. Instrumento músico de boquilla y lengüeta, tubo de madera con llaves y pabellón de clarín.

clarión m. Pasta de yeso y greda para escribir en pizarra o encerado. Tiza.

clarividencia Facultad de comprender y discernir claramente las cosas. I Facultad extrasensorial de percibir cosas lejanas u ocultas, como si se las estuviese viendo.

claro, ra adj. Bañado de luz. I Que se distingue bien. I Limpio, puro, desembarazado. I Transparente y terso. I Poco espeso. I Dícese del color poco subido. I Inteligible. I Expresado sin rebozo. I m. Espacio que hay entre ciertas cosas donde faltan éstas.

claroscuro m. Conveniente distribucion de la luz y de las sombras en un cuadro.

clase f. Conjunto de seres del mismo oficio, grado o calidad. I Orden de cosas de una misma especie. I Conjunto de alumnos que reciben un mismo grado de enseñanza o estudian la misma asignatura.

clasicismo m. Sistema literario o artístico que imita a los clásicos.

clásico, ca adj. y s. Dícese del autor o de la obra que se tiene por modelo en cualquier literatura o arte. I Perteneciente a la literatura o al arte de la antigüedad griega y romana.

clasificar tr. Ordenar o disponer por clases.

claudicar intr. Cojear. I fig. Faltar uno a sus deberes, principios o convicciones.

claustro m. Galería que rodea el patio principal de un convento o iglesia. I Junta formada por el rector y profesores de una universidad. I fig. Estado monástico.

claustrofobia f. Temor a permanecer encerrado.

cláusula f. Cada una de las disposiciones de un contrato, testamento u otro documento análogo.

clausura f. Recinto interior de un convento donde sólo pueden entrar los religiosos o religiosas que lo habitan, y si es de monjes, donde sólo pueden entrar hombres. I Obligación que tiene algunas personas religiosas de no salirse de cierto recinto. I Obligación que la autoridad impone a algún establecimiento industrial o comercial, de cerrar sus puertas y suspender actividades, a modo de castigo.

clausurar tr. Cerrar, poner fin a sus tareas una asamblea o tribunal. I Imponer el castigo de clausura.

clava f. Palo que va engrosando desde la empuñadura hasta el otro extremo, que es redondo.

clavado, da p. p. de clavar I adj. Guarnecido con clavos. I Fijo, puntual, exacto. I Adecuado, proporcionado.

claval adj. Dícese de la articulación de dos huesos entrando el uno en el otro a modo de clavo.

clavar tr. y r. Introducir un clavo u otra cosa aguda, en un cuerpo, a fueza de golpes. I Asegurar con clavos. I Introducir una cosa alargada en un orificio. Ú. t. c. r.

clavazón f. Conjunto de clavos para asegurar.

clave m. Clavicordio. I f. Explicación de los signos para escribir en cifra. I Aquello que hace comprender algo enigmático. I Piedra central con que se cierra un arco. I Signo puesto al principio del pentágrama para determinar el nombre de las notas.

clavel m. Planta cariofilácea de tallos nudosos, hojas largas, estrechas y puntiagudas y flores muy olorosas.

clavellina f. Planta parecida al clavel, pero de tallos y flores menores.

clavera f. Molde para hacer la cabeza de los clavos.

clavero, ra m. y f. Llavero, persona que guarda las llaves. I Árbol mirtáceo americano que produce la especia llamada clavo.

claveta f. Estaquilla o clavo de madera.

clavete m. dim. de clavo. I Púa con que se tañe la bandurria.

clavicémbalo m. Instrumento músico de teclado, del siglo XV, de cuerdas pulsadas por picos de plumas a guisa de plectros.

clavicordio m. Piano antiguo cuyas cuerdas, de alambre, se hacían sonar con puntas o lengüetas de cobre y no con macillos como en los pianos modernos.

clavícula f. Cada uno de los dos huesos transversales de uno y otro lado de la parte superior del pecho.

clavija f. Pieza compuesta de un vástago cilíndrico o ligeramente cónico, que puede introducirse en un taladro adecuado, y de una cabeza lateralmente comprimida. Tarugo.

clavijero m. Parte de un instrumento músico donde están las clavijas.

clavo m. Pieza de hierro con cabeza y punta. I Capullo seco de la flor del clavero, que se usa como especia. I fig. y fam. Persona o cosa molesta, engorrosa. I fig. y fam. Artículo de comercio que no se vende.

claxon m. Especie de bocina de automóvil.

clemátide f. Planta ranunculácea, cuyas hojas se emplean contra la sarna.

clemencia f. Virtud que modera el rigor de la justicia.

clemente adj. Que tiene clemencia.

clepsidra f. Reloj de agua.

cleptomanía f. Tendencia irresistible al hurto.

clerecía f. Conjunto de eclesiásticos que componen el clero. adj. Clerical.

clericalismo m. Intervención excesiva del clero en los asuntos políticos.

clérigo m. El que ha recibido las órdenes sagradas. I El que tiene la primera tonsura. I ant. Hombre de letras, persona con educación.

clero m. Conjunto de los clérigos.

cleuasmo m. Figura retórica cuando se atribuyen a otro las buenas acciones del que habla o éste se atribuye las malas de otro.

cliché m. Imagen fotográfica negativa obtenida mediante una cámara obscura.

cliente m. Persona que utiliza los servicios de otra.

clima f. Es la representación de las condiciones atmosféricas diarias de un país generalizadas a lo largo del año.

climaterio m. Periodo de la vida que precede y sigue a la extinción de la función sexual.

climatizar v. tr. Dar un espacio limitado como el interior de un edificio o sala, de un avión, de un vagón de ferrocarril, etc. Las condiciones necesarias para obtener la presión, temperatura y humedad del aire convenientes para la salud o comodidad.

climatología f. Tratado de los climas.

clímax m. Gradación. I Momento culminante de un poema o de una acción dramática. I Momento culminante de una acción o fenómeno cualquiera.

Climena Mit. Ninfa, hija del Océano y de Tetis, esposa de Japeto y madre de Atlas, Prometeo, Menesio y Epimeteo. I Esposa de Apolo y madre de Faetón.

clínica f. Enseñanza práctica de la medicina. I Departamento donde se da esta enseñanza en los hospitales. I Hospital privado, regido por algún médico.

clinómetro m. Instrumento para medir la inclinación de un plano.

clípeo m. Escudo redondo que usaron los antiguos.

clíper m. Buque de vela fino y de mucho andar.

clisar tr. Reproducir con planchas de metal la composición de imprenta, o grabado en relieve.

clisé m. Plancha clisada y particularmente la que representa algún grabado.

clíster m. Lavativa.

clitómetro m. Instrumento para medir pendientes y declives.

clítoris m. Cuerpecillo carnoso eréctil, que sobresale en la parte más elevada de la vulva.

cloaca f. Conducto para aguas sucias e inmundicias. l Parte final, ensanchada, del intestino de las aves y otros animales.

clon m. Conjunto de individuos que descienden de un individuo único por vía vegetativa o asexual. Así son clones el conjunto de infusorios procedentes de uno solo, o las plantas derivadas de una de ellas por vía vegetativa o el conjunto de células originadas de una. l Reproducciones idénticas de un producto industrial, casi siempre de electrónica avanzada, con otra marca de fábrica.

clónico, ca adj. Irregular, desordenado, convulsivo.

cloquear intr. Hacer clo, clo, la gallina.

cloquera f. Estado de la gallina clueca.

cloral m. Líquido obtenido por la acción del cloro sobre el alcohol y que con el agua forma un hidrato sólido.

clorhídrico adj. Dícese de un ácido compuesto de hidrógeno y de cloro; es gaseoso y suele emplearse disuelto en agua.

clorita m. Silicato natural de magnesio y hierro, que suele contener tambien aluminio. Es de color verdoso.

cloro m. Metaloide gaseoso verde amarillento.

clorofila f. y Materia colorante que se encuentra en las partes verdes de las plantas. En el proceso de fotosíntesis, la clorofila absorbe la energía luminosa procedente del Sol, que la planta para formar los diferentes principios nutritivos que necesita para su crecimiento.

cloroformizar tr. Administrar el cloroformo para anestesiar.

cloroformo m. Líquido incoloro de olor agradable y sabor azucarado y picante, cuya molécula se compone de un átomo de carbono, otro de hidrógeno y tres de cloro, y se emplea como poderoso anestésico.

clorosis m. Enfermedad de los adolescentes, caracterizada por empobrecimiento de la sangre.

cloruro m. Sal del ácido clorhídrico. l Cloruro de sodio. Sal común o de cocina.

club m. Junta de individuos de una sociedad política. l Sociedad de personas que comparten gustos, opiniones, modos de entrenerse, etc.

clueco, ca adj. y s. Dícese del ave cuando siente la necesidad de echarse sobre los huevos para empollarlos.

cneoráceo, a adj. Dícese de plantas angiospermas dicotiledóneas, afines a las cigofiláceas, como el olivo. l f. pl. Familia de estas plantas.

cnidarios m. pl. Subtipo de celentéreos que comprende pólipos y medusas.

co prep. inseparable que equivale a con e indica unión o compañía.

coacción f. Fuerza o violencia que se hace para precisar a hacer o decir algo.

coaccionar tr. Ejercer coacción.

coadjutor, ra m. y f. Persona que ayuda a otra.

coadjutoría f. Cargo de coadjutor.

coadunar tr. Unir, mezclar cosas.

coagular tr. y r. Condensar lo líquido. l Cuajar, espesar.

coágulo m. Sangre cuajada.

coalición f. Confederación, liga, unión.

coartada f. Justificar el reo su ausencia del lugar en que se cometió el delito, para demostrar que estaba coartado de cometerlo él.

coartar tr. Limitar, restringir.

coatí m. Mamífero carnicero, úrsido, americano, de hocico prolongado y larga cola, que trepa fácilmente a los árboles.

coautor, ra m. y f. Autor o autora, con otro.

coba f. Embuste gracioso. Halago o adulación fingidos.

cobalto m. Metal de color gris,duro, de elevada resistencia a la tensión, y al que no afectan el aire ni el agua. Posee la propiedad del ferromagnetismo.

cobarde adj. Pusilánime, sin valor ni espíritu, y que se deja sobrecoger por el miedo. Ú. t. c. s. l Hecho con cobardía.

cobardía f. Falta de valor.

cobayo m. Conejillo de indias.

cobertera f. Tapadera de las ollas.

cobertizo m. Sitio cubierto ligera y rústicamente, para resguardarse de la intemperie.

cobertor m. Colcha.

cobertura f. Cubierta, cosa que tapa o resguarda.

cobija f. Manta de cama.

cobijar tr. y r. Tapar o cubrir. l fig. Albergar, dar albergue.

cobra f. Serpiente venenosa tropical.

cobrador m. El encargado de cobrar.

cobrar tr. Percibir uno la cantidad que otro le debe. l Recuperar. l Tomar o sentir algún afecto. Cobrar cariño. l Adquirir.

cobre m. Metal rojizo, brillante, muy dúctil y maleable.

cobrizo, za adj. Que contiene cobre. l De color de cobre.

cobro m. Cobranza.

coca f. Arbusto eritroxiláceo, americano, de hojas tónicas que suelen mascar los indios. l Hoja de este arbusto.

cocaína f. Alcaloide de la coca, sustancia psicoactiva cuyo consumo produce una excitación intensa del sistema nervioso central y a la larga una marcada adicción psicológica.

cocainómano, na adj. y s. Que abusa de la cocaína. l Persona que sufre de toxicomanía cocaínica.

cocar tr. Hacer gestos.

coccidio adj. y s. Dícese de protozoos esporozoos que casi siempre viven parásitos dentro de células, y algunos son patógenos. l m. pl. Orden de estos animales.

cóccido adj. y s. Dícese de insectos hemípteros parásitos de vegetales, cuyos machos son alados y ápteras las hembras, muchos de los cuales producen sustancias útiles como la cochinilla de la goma laca.

coccígeo, a adj. Relativo al cóccix.

coccinélido adj. y s. Dícese de insectos coleópteros, de pequeño tamaño y cuerpo, semiesférico y de colores vivos, la mayoría útiles a la agricultura por los pulgones que destruyen.

coccineo, a adj. Purpúreo.

cocción f. Acción de cocer o cocerse.

cóccix m. Hueso pequeño unido al sacro y en el cual termina el espinazo.

cocear tr. Dar o tirar coces. l fig. Resistir, repugnar, no querer convenir en algo.

cocer tr. Mantener un manjar dentro de un líquido en ebullición hasta que sea comestible. l Someter cosas a la acción del calor de un horno para que pierdan humedad y adquieran determinadas propiedades.

cochambre amb. Suciedad, cosa puerca, grasienta y de mal olor.

cochambrera f. Habitación desordenada y sucia.

cochastro m. Jabalí pequeño de leche.
coche m. Carruaje de cuatro ruedas, con asientos. | Coche cama. Vagón de ferrocarril provisto de literas.
cochecillo m. dim. de coche. | Cuna portátil montada sobre ruedas, que se hace andar empujándola.
cochera adj. Dícese de la puerta por donde pueden entrar y salir carruajes. | f. Paraje donde se encierran coches.
cochinada f. Cochinería.
cochinería f. Porquería, suciedad. | fig. Acción grosera.
cochinilla f. Crustáceo isópodo, pequeño, que cuando se le toca se hace una bola. | Insecto hemíptero, cóccido, que vive sobre el nopal. Seco y reducido a polvo sirve para teñir de grana.
cochinillo m. Lechón, cerdo de leche.
cochino, na m. y f. Cerdo o cerda. | fig. Persona puerca y desaseada.
cochitril m. fam. Pocilga. | Habitación estrecha y desaseada.
cocido m. Plato preparado con carne, tocino, patatas y garbanzos.
cociente m. Resultado de dividir una cantidad por otra.
cocina f. Pieza donde se guisa la comida. | Conjunto de muebles propios de una cocina. | Aparato que hace las veces de fogón, con hornillos o fuegos y a veces horno.
cocinar tr. Guisar, aderezar los manjares.
cocinero, ra m. y f. Persona que guisa las viandas por oficio.
coco m. Cocotero. | Su fruto. | La semilla de este fruto. | fam. Gesto, mueca, expresión cariñosa. | Fantasma que figura para amedrentar a los niños. | Gorgojo.
cocobolo m. Árbol poligonáceo americano.
cocodrilo m. Reptil hidrosaurio que nada velozmente y es muy voraz.
cocotal m. Sitio poblado de cocoteros.
cocotero m. Palmera tropical, americana, que produce un fruto de forma y tamaño de un melón regular, con un hueco lleno de un líquido refrescante.
cocotología f. Papiroflexia.
cóctel m. Bebida espirituosa, hecha generalmente a base de whisky y sazonada con varios ingredientes.
coctelera f. Recipiente que sirve para prepara cócteles.
cocuyo m. Insecto coleóptero americano que despide una luz bastante viva. Luciérnaga.
coda f. Trozo triangular de madera, para reforzar las uniones que forman ángulo. | Apéndice musical, agregado al término de una pieza, en el que se repiten algunos de los temas anteriores.
codal adj. Que consta de un codo. | Madero atravesado entre dos jambas o entre dos paredes.
codear intr. Dar codazos. | Mover los codos. | r. fig. Tratarse de igual a igual con otra persona.
codeína f. Alcaloide del opio usado como calmante y antitusígeno.
codera f. Pieza de refuerzo en la manga de una chaqueta, sobre la parte que cubre el codo.
codeudor, ra m. y f. Persona que contrae deudas en compañía de otra u otras.
códice m. Librito manuscrito de cierta antigüedad y de importancia histórica y literaria.
codicia f. Apetito desordenado de riqueza. | Deseo vehemente de cosas placenteras.
codiciar tr. Desear con ansia las riquezas u otras cosas.
codicilio m. Escritura adicional que enmienda o aclara un testamento.
codicioso, sa adj. y s. Que tiene codicia. | fig. Hacendoso.
codificar tr. Formar códigos. | Escribir un mensaje en algún código de signos especiales.

código m. Cuerpo de leyes. | Recopilación de las leyes de un país. | fig. Conjunto de reglas o conceptos sobre cualquier materia. | Cuerpo de signos de comunicación entre personas. Las mismas palabras escritas y su gramática constituyen un código, así como cualquier escritura o sistema de signos criptográficos para enviar comunicaciones de las llamadas «en clave».
codillo m. Coyuntura del brazo junto al pecho en los cuadrúpedos. | Codo de un tubo.
codo m. Parte posterior y prominente de las articulaciones del brazo con el antebrazo. | Codillo de los cuadrúpedos. | Trozo de tubo que forma ángulo. | Medida lineal tomada de la distancia entre el codo y la punta de los dedos.
codorniz f. Ave gallinácea menor que la perdiz, de carne muy fina.
coeducación f. Educación que se da en común a jóvenes de uno y otro sexo.
coeficiente adj. Que juntamente con otra causa produce un efecto. | m. cantidad que acompaña a otra como factor.
coercer tr. Contener, refrenar, sujetar.
coetáneo, a adj. y s. Aplícase a las personas o a algunas cosas que viven o coinciden en una misma edad, época o tiempo. | Por extensión, contemporáneo.
coevo, va adj. Díc. de cosas que existen en una misma época.
coexistir intr. Existir una persona o cosa a la vez que otra.
cofa f. Meseta colocada horizontalmente en el cuello de un palo, para que allí se instalen marineros.
cofia f. Red para el cabello. | Especie de gorra de mujer.
cofrade Persona que pertenece a una cofradía.
cofradía f. Hermandad o congregación que forman algunos devotos. | Gremio, compañía.
cofre m. Arca sólida para guardar ropa u otras cosas de valor.
cogechar tr. Barbechar, binar y, en algún caso, terciar.
cogecho m. Barbecho. | Arada que, con las primeras lluvias, se da a la tierra en el otoño para sembrarla sin que descanse. | Acción de barbechar.
coger tr. Asir, agarrar. | Recibir en sí alguna cosa. | Ocupar cierto espacio. | Recoger los frutos del campo u otras cosas. | Hallar, encontrar. Me cogió de buen humor. | Descubrir un engaño sorprender en un descuido.
cogida f. Acto de coger el toro a un torero.
cogitativo, va Que tiene facultad de pensar.
cognación f. Parentesco de consaguinidad por la línea femenina y por extensión, cualquier parentesco.
cognición f. Acción de conocer.
cognoscitivo, va adj. Díc. de lo que es capaz de conocer.
cogollo m. Lo más interior y apretado de las hortalizas. | Renuevo de los árboles.
cogote m. Parte posterior del cuello.
cogotera f. Trozo de tela que se pone en la parte posterior del ros, tricornio, sombrero etc., para preservar del sol el cogote.
cogujada f. Pájaro muy parecido a la alondra, pero con un penacho en la cabeza.
cogulla f. Hábito que visten ciertos monjes.
cohabitar tr. Habitar juntamente con otro u otros.
cohechar tr. Sobornar, corromper con dádivas a un funcionario público. | Alzar el barbecho.
coherencia f. Conexión, enlace de unas cosas con otras.
coherente adj. Que tiene coherencia.
cohesión f. Acción y efecto de adherirse las cosas entre sí o la materia de que están formadas.
cohete m. Tubo, lleno de alguna sustancia combustible que se enciende por su parte inferior y se eleva en el

aire. | Artificio de uno o más cuerpos destinado a lanzar al espacio una astronave o un ingenio mécanico.

cohibir tr. Refrenar, reprimir, contener, desalentar.

cohombro m. Variedad de pepino, de fruto largo y retorcido.

cohonestar tr. Dar visos de buena a una acción.

cohorte m. Cuerpo de infantería romana, que solía constar de 500 hombres. | f. Conjunto, serie.

coima f. Dádiva con intención de soborno.

coincidencia f. Acción de coincidir.

coincidir intr. Convenir dos cosas entre sí. | Ocurrir dos o más cosas simultáneamente. | Coincidir dos o más personas en un mismo lugar.

coito m. Cópula sexual.

cojear tr. Andar inclinando el cuerpo más a un lado que a otro, por no poder sentar con igualdad ambos pies. | Moverse un mueble por no poder tener apoyadas a la vez todas sus patas en el suelo.

cojera f. Acción de cojear.

cojín m. Almohadón.

cojinete m. dim. de cojín. | Almohadilla. | Pieza o conjunto de piezas en que se apoya y gira algún eje de maquinaria.

cojo, ja adj. y s. Aplícase a la persona o animal que cojea, o a quien falta una pierna o pie, y por extensión a ciertas cosas inanimadas, como un banco o una mesa.

cojón m. vulg. Testículo.

col f. Planta crucífera comestible, de hojas anchas y pencas gruesas.

cola f. Extremidad posterior del cuerpo y del espinazo de muchos animales. | Conjunto de plumas que tienen las aves en la rabadilla. | Apéndice luminoso que suelen tener los cometas. | Apéndice prolongado que se une a alguna cosa. | Porción del traje que arrastra. | Hilera de gente que espera. | Pasta que sirve para pegar.

colaboración f. Acción de colaborar.

colaboracionismo m. Participación de grupos políticos de ideología distinta en el gobierno de un país. | Colaboración de los súbditos de un país ocupado por tropas enemigas con las autoridades de ocupación.

colaborador, ra m. y f. Persona que colabora con otra u otras en una obra.

colaborar intr. Trabajar con otra u otras personas en una misma tarea.

colación f. Refacción ligera.

colada f. Acción de colar. | Ropa colada.

coladero m. Manga, cedazo o vasija en que se cuela un líquido. | Camino o paso estrecho.

colador m. El que confiere un beneficio eclesiástico o un grado universitario. | Coladero.

colágeno f. Sustancia albuminoidea de los cartílagos y en los huesos que se transforma en gelatina por efecto de la cocción.

colapso m. Postración súbita de las fuerzas vitales. | Desmoronamiento de un edificio, de una reputación, de un puente, etc.

colar tr. Pasar un líquido por cedazo, etc. | intr. Pasar por sitio estrecho. | fam. Pasar una cosa mediante engaño. | r. Introducirse furtivamente o sin permiso en alguna parte. Colación.

colateral adj. Que está a los lados de una cosa. | Pariente que no lo es por línea recta.

colcha f. Cobertura exterior de la cama.

colchón m. Especie de cojín grande que ocupa todo el largo y ancho de la cama.

colchonería f. Tienda donde se hacen o venden colchones.

colchoneta f. Cojín largo y delgado que se pone encima de un sofá. | Colchón estrecho.

colear intr. Mover con frecuencia la cola. | tr. Sujetar el torero al toro por la cola, al hacer un quite.| Tirar de la cola a una res para derribarla. | Dejar a otro en último lugar en una competición.

colección f. Conjunto de cosas de una misma especie.

coleccionar tr. Formar colección.

colecistitis f. Inflamación aguda o crónica de la vesícula biliar.

colecta f. Recaudación de los donativos voluntarios de los concurrentes a una reunión.

colectar tr. Recaudar.

colectividad f. Conjunto de personas reunidas para un fin.

colectivismo m. Teoría social que suprime la propiedad individual y la hace colectiva y confía al Estado la administración de la riqueza.

colectivizar v. tr. Transformar evolutiva o coactivamente lo individual en colectivo.

colectivo, va adj. Relativo a cualquier agrupación de individuos. | Que tiene virtud de reunir. | Díc. del nombre que en singular significa pluralidad.

colector adj. Que recoge. | m. Coleccionista. | Recaudador. | Conducto subterráneo en el cual desembocan las alcantarillas. | Canal o caño que recoge las aguas. | Anillo de cobre que recoge todas las corrientes producidas en una dínamo y sobre el cual se aplican las escobillas.

colédoco adj. y s. Díc. del conducto que lleva la bilis al duodeno.

colega m. Compañero de profesión.

colegiado, da p. p. de colegiarse. | adj. Díc. del individuo que pertenece a una corporación que forma colegio.

colegial adj. Perteneciente al colegio. | m. y f. El o la que tiene plaza en un colegio.

colegiarse r. Reunirse en colegio los individuos de una misma profesión o clase.

colegio m. Comunidad destinada a la enseñanza. | Casa que ocupa. | Corporación de individuos de la misma profesión, destinada a reglamentarla y perfeccionarla.

colegir tr. Inferir una cosa de otra. | Unir, juntar las cosas sueltas y esparcidas.

colemia f. Presencia de bilis en la sangre.

coleóptero adj. Aplícase a los insectos que tiene boca apta para masticar y cuatro alas; las dos anteriores coriáceas y fuertes, llamadas élitros, sirven de protección a las otras dos, membranosas y flexibles, que se pliegan bajo aquéllas durante el reposo.

cólera f. fig. Ira, enojo, enfado. | m. Enfermedad infecciosa y epidémica, muy grave, a menudo mortal, caracterizada por vómitos, diarrea, y calambres.

colesterina f. Colesterol.

colesterol m. Sustancia grasa -esterol animal- contenida en la sangre, la bilis y en otros humores, y también en la yema del huevo.

coleta f. Parte posterior del cabello envuelto en forma de cola.

coletazo m. Golpe dado con la cola. | Efecto inesperado y colateral de algún acontecimiento.

coletilla f. dim. de coleta. | fig. Adición breve a lo hablado o escrito.

coleto m. Vestidura de piel, ajustada y con unos faldoncitos.

colgadura f. Conjunto de tapices o telas con que se cubren y adornan las paredes.

colgajo m. Trapo que cuelga. | Injerto.

colgar tr. Suspender, poner una cosa pendiente de otra sin que llegue al suelo. | fig. Ahorcar.

colibacilo m. Bacilo que vive en el intestino del hombre y de los animales yque puede provocar enfermedades.

colibrí m. Pájaro troquílido americano, de pico largo y débil, plumaje muy vistoso, y de tamaño tan pequeño que se llama vulgarmente pájaro mosca. Hay varias especies.

cólico, ca adj. Relativo al colón. I m. Enfermedad intestinal caracterizada por violentos retortijones, ansiedad y vómitos.

coliflor f. Variedad de col caracterizada por una pella comestible compuesta de numerosas cabezuelas blancas.

coligado, da p. p. de coligarse. I adj. y s. Unido, aliado, confederado.

coligarse r. y tr. Unirse, confederarse.

colilla f. Resto del cigarro o cigarrillo que se ha fumado y se tira.

colimador m. Anteojo que va montado sobre los grandes telescopios astronómicos para facilitar su puntería. I En ciertos aparatos, como espectroscopios y goniómetros, la parte que tiene por misión colimar los rayos luminosos.

colimar tr. Obtener un haz de rayos paralelos a partir de un foco luminoso.

colimbo m. Ave palmípeda.

colina f. Cerro no muy alto y de formas suaves. I Simiente de coles.

colinabo m. Berza cuyas hojas no forman repollo.

colindante p. a. de colindar. Que colinda. I adj. Díc. de los campos o edificios contiguos entre sí, y de sus propietarios.

colindar intr. Lindar entre sí dos o más fincas.

colirio m. Medicamento líquido para los ojos.

colisa f. Plano giratorio para cañones. I Armazón en gue se monta el cañón giratorio. I El mismo cañón.

coliseo m. Anfiteatro de la antigua Roma. Cualquier teatro.

colisión f. Roce o choque de dos cuerpos. I fig. Oposición y pugna de ideas e intereses, o de las personas que los representan.

colitis f. Inflamación del colon.

colla f. Gorjal, pieza de la armadura antigua que cubria el cuello. I Cuadrilla de jornaleros que trabaja en la carga de los buques.

collado m. Cerro, colina.

collar m. Adorno para el cuello. I Aro que se coloca en el pescuezo de algunos animales domésticos para adorno, sujeción o defensa.

collarino m. Anillo que termina el fuste de la columna.

colleja f. Planta cariofilácea comestible.

colmado, da p. p. de col I Abundante, copioso. I m. Bodegón, figón, donde se sirven comidas.

colmar tr. Llenar un recipiente de modo que lo que se echa en él exceda su capacidad y levante más de los bordes. I fig. Satisfacer plenamente deseos o aspiraciones.

colmena f. Especie de caja en que las abejas labran los panales.

colmenar m. Paraje donde están las colmenas.

colmenero, ra adj. Díc. del oso que roba las colmenas. I m. y f. Persona que posee colmenas o está encargada de ellas.

colmillo m. Diente agudo y fuerte entre los incisivos y molares. I Cada uno de los dos grandes dientes de los elefantes que se proyectan fuera de la boca.

colmo, ma adj. Que está colmado, que tiene exceso. I m. Porción de ciertas cosas que sobresale por encima de los bordes del recipiente que las contiene.

colobo m. Mono catirrino africano.

colocación f. Acción de colocar. I Situación. I Empleo, destino.

colocar tr. y r. Poner en su lugar. I fig. Acomodar a uno poniéndole en un empleo.

colodión m. Disolución piroxilina de éter.

colofón m. Nota al final de un libro con el nombre del impresor, la fecha, etc.

colofonia f. Resina amarillenta, sólida y traslúcida, que queda como residuo de la destilación de la trementina.

colofonita f. Granate verde claro o rojo rosáceo.

coloide adj. y s. Díc. del cuerpo que al disgregarse en un líquido aparece como disuelto en él sin estarlo.

colombófilo, la m. y f. Persona aficionada a la cría de palomas.

colon m. Parte del intestino comprendida entre el ciego y el recto. I Parte o miembro principal del período.

colonia f. Porción de gente que se establece en otro país. I Este mismo país. I Territorio conquistado o adquirido por otra nación y que suele estar bajo un régimen especial. I Gente que se establece en un territorio inculto de su país para cultivarlo. I Agrupación de células o de pequeños animales, a veces microscópicos que viven juntos. I Perfume compuesto de aguas, alcohol y esencias aromáticas.

colonial adj. Perteneciente a la colonia. I Ultramarino, de ultra

colonialismo m. Sistema o política colonial, de expansión territorial. I Tendencia a conservar un territorio dentro del régimen colonial.

colonialista adj. Perteneciente o relativo al colonialismo. I Partidario del colonialismo.

colonizar tr. Formar o establecer colonia en un país. I Fijar en un terreno la morada de sus cultivadores.

colono m. El habitante de una colonia. I Labrador que cultiva la heredad que tiene en arriendo y suele vivir en ella.

coloquíntida f. Planta cucurbitácea de fruto amargo y purgante.

color m. Impresión que produce en la vista la luz reflejada por un cuerpo.

colorado, da p. p. de colorar. I adj. Que tiene o es de color más o menos rojo.

colorante p. a. de colorar. Que colora o tiñe.

colorear tr. Dar color, teñir de color. I fig. Pretextar algún motivo para hacer una cosa poco justa. I fig. Cohonestarla después de hecha.

colorete m. Color encarnado que se ponen las mujeres en el rostro.

colorido, da p. p. de colorir. I m. Disposición y grado de intensidad del color de las dlsoluciones.

colorimetría f. Procedimiento de análisis químico fundado en la intensidad del color de las disoluciones.

colorímetro m. Instrumento que se usa para la colorimetría.

colorismo m. Tendencia de algunos pintores a dar preferencias al color sobre el dibujo.

colosal adj. Perteneciente al coloso. I fig. Muy grande, grandioso. I fig. Extraordinario.

coloso m. Estatua de tamaño que excede lo natural.

colquicáceo, a adj. y s. Díc. de ciertas plantas monocotiledóneas de la familia de las liliáceas, como el cólquico. I r. Familia de estas plantas.

cólquico m. Hierba colquicácea de raíz amarga y medicinal, y frutos parecidos a la nuez.

colúbridos m. pl. Familia de reptiles ofidios.

columbario m. Palo I Serie de nichos donde los romanos depositaban las urnas cinerarias.

columbino, na adj. Perteneciente o parecido a la paloma.

columbrar tr. Divisar, ver desde lejos una cosa, sin distinguirla bien. I fig. Conjeturar por indicios una cosa.

columelar adj. Díc. de los dientes caninos, denominados colmillos.

columna f. Pieza arquitectónica, de mucha mayor altura que diámetro, que sirve para sostén y apoyo o sólo para adorno, y consta de base, fuste y capitel. I Pieza semejante que se emplea para adorno de algunos muebles. I Cualquiera de las partes en que suelen dividirse verticalmente algunos escritos. I Unidad de tropas independientes y constituida provisoriamente, sin sujeción a normas reglamentarias. I Formación de una tropa con mucho fondo y poco frente. I Conjunto óseo formado por todas las vértebras, que se articulan una sobre otra y están fuertemente adheridas mediante un sistema de ligamentos.

columnata f. Serie de columnas que sostienen o adornan un edificio.

columpiar tr. y r. Imprimir movimiento al columpio en que está uno sentado. I r. fig. y fam. Mover el cuerpo de un lado a otro cuando se anda.

columpio m. Cualquier cosa suspendida para mecerse.

colusión f. Confabulación, complot para engañar a alguien.

colutorio f. Enjuagatorio usado para fines medicinales.

colza f. Col silvestre cuyas semillas dan un aceite industrial.

com prep. insep. Con. Combatir, compadre.

coma f. Signo ortográfico (,) que indica una breve pausa en la lectura de una frase, y también se usa para separar la parte entera de la decimal en la escritura de los números decimales. I Sopor más o menos profundo, que suele acompañar a algunas enfermedades.

comadre f. Partera. I Nombre que se dan recíprocamente la madrina y la madre de una criatura.

comadreja f. Mamífero mustélido, carnicero nocturno, mayor que la rata.

comadrona f. Partera.

comalia f. Hidropesía del ganado lanar.

comandancia f. Empleo de comandante. Territorio sujeto a su jurisdicción. I Edificio o departamento donde se halla su despacho y oficinas.

comandante m. Empleo militar superior al de capitán e inferior al de coronel. I Militar que tiene este empleo. I Jefe de determinadas fracciones de tropa. I capitán u otro oficial que tiene el mando de una embarcación.

comandar tr. Mandar un cuerpo de tropas o una embarcación.

comanditar intr. Aprontar los fondos necesarios para una empresa comercial o industrial, sin contraer obligación comercial alguna.

comando m. Mando Militar. I Grupo pequeño de fuerzas de choque destinado a hostigar al enemigo dentro y fuera del territorio.

comarca f. Extensión territorial que presenta una misma característica geográfica. I División territorial que comprende varias poblaciones.

comba f. Inflexión, convexidad de un cuerpo sólido encorvado. I Juego de niños consistente en saltar una cuerda en movimiento. I Esta misma cuerda.

combar tr. y r. Encorvar, tocer.

combate m. Lucha, pelea.

combatiente p.a. de combatir. Que combate. I m. Soldado de un ejército.

combatir intr. y r. Pelear. I tr. Acometer, embestir.

combativo, va adj. Inclinado o dispuesto al combate, a la contienda o a la polémica.

combés m. Espacio descubierto, ámbito. I Espacio en la cubierta del buque, comprendido entre el palo mayor y el castillo de proa.

combinación f. Acción de combatir. I Prenda interior del traje femenil. I Cada uno de los grupos que se pueden formar con varios elementos de modo que cada grupo tenga el misma número de ellos y se diferencie de los demás por lo menos en un elemento.

combinar tr. Unir cosas diversas, de manera que formen un compuesto o agregado.

combo, ba adj. Combado. I Tronco o piedra que sirve de asiento a las cubas. I Mazo grande de hierro. I fig. Golpe de puño.

combretáceo, a adj. y s. Díc. de plantas dicotiledóneas, árboles o arbustos de flores en espiga y fruto en drupa, como el mirobálano.

comburente adj. y s. Que provoca o activa la combustión. I Oxidante.

combustible adj. Que puede arder. I Que arde con facilidad. I m. Leña, carbón u otra cosa destinada a alimentar el fuego en cocinas, hornos, estufas, etc.

combustión f. Acción de arder o que I Combinación de un cuerpo combustible con otro comburente.

comecome m. Comezón, picazón en el cuerpo.

comedero, ra adj. Comestible. I m. Vasija para la comida de las aves.

comedia f. Poema dramático de enredo y desenlace placentero. I Farsa, ficción.

comediante, ta m. y f. Actor o actriz. I fig. Persona que finge lo que no siente.

comedido, da p.p. de comedirse. I adj. Cortés, prudente, moderado.

comediógrafo,fa m. y f. Autor y autora de comedias. I Por ext., dramaturgo.

comedirse r. Mostrarse atento y bien dispuesto a ayudar. I Moderarse, contenerse.

comedor, ra adj. y s. Que come mucho. I m. Pieza o habitación destinada para comer. I Conjunto de muebles de esta habitación.

comején m. Termes.

comejenera f. Lugar donde se cría el comején. I Guarida de gente mala.

comendador m. Caballero que tiene encomienda en alguna de sus órdenes militares o en otras análogas.

comendadora f. Superiora de los conventos de las órdenes militares, o de religiosas de la Merced.

comensal m. Cualquiera de los que comen en la misma mesa.

comentar tr. Explanar, explicar el contenido de un escrito, para que se entienda mejor. I fig. Hacer comentarios.

comentario m. Escrito que sirve de explicación a una obra. I pl. fam. Conversación.

comenzar tr. Empezar, dar principio a una cosa. I intr. Tener una cosa principio.

comer intr. Masticar el alimento y tragarlo. Ú. t. c. tr. I Tomar la comida principal del día. I tr. Tomar por alimento una u otra cosa. I fig. En ciertos juegos, ganar una pieza al contrario.

comercial adj. Perteneciente al comercio. I Díc. de aquello que tiene fácil aceptación en el mercado que le es propio.

comercializar tr. Dar a un producto industrial, agrícola, etc., condiciones y organización comercial para su venta.

comerciante p. a. de comercial. Que comercia. I La persona dedicada al comercio.

comerciar intr. Hacer negocio comprando, vendiendo o permutando. I Tener trato entre sí dos o más personas.

comercio m. Acción de comerciar o negociar. I Comunicación y trato de unos pueblos con otros. I Tienda, almacén, establecimiento comercial.

comestible adj. Que se puede comer. I m. pl. Toda clase de víveres.

cometa m. Cuerpo celeste que va acompañado de una atmósfera en forma de cola o cabellera luminosa, que describe una órbita muy excéntrica alrededor del Sol. l f. Armazón plana y muy ligera, generalmente de cañas, a la que se pega un papel extendido y se añade una especie de cola hecha con una cinta, que se hace volar sujetándola con un cordel largo.

cometer tr. Dar uno sus veces a otro poniendo a su cuidado algún negocio. l Incurrir en alguna falta, culpa o yerro.

cometido, da p. p. de cometer. l m. Comisión, encargo. y Incumbencia, obligación moral.

comezón f. Picazón en alguna parte del cuerpo. l fig. Desazón interior producida por algún apetito o deseo.

comicidad f. Calidad de cómico.

comicios m. pl. Asamblea para tratar de los negocios públicos, en la antigua Roma. Reuniones y actos electorales.

cómico, ca adj. Relativo a la comedia. Divertido, gracioso. l m. y f. Comediante.

comida f. Alimento que se toma al mediodía o primeras horas de la tarde.

comidilla f. Tema preferido en una murmuración.

comienzo m. Principio, origen.

comillas r. dim. de coma. l pl. Signo ortográfico («) que se pone al principio y fin de citas o ejemplos.

comilona f. Comida abundante, extraordinaria.

comino m. Planta umbelífera de semillas aromáticas que se usan en medicina y para condimento. l Su semilla.

comisaría f. Empleo del comisario. l Oficina del comisario.

comisario m. El que tiene poder y facultad para ejecutar alguna orden o entender en algún negocio. l Jefe local de policía.

comisión f. Acción de cometer. l Encargo que una persona da a otra para que haga alguna cosa. l Conjunto de personas encargadas de estudiar o resolver un asunto. l Tanto por ciento del importe de una venta que se da al comisionista.

comisionar tr. Dar comisión a una persona para entender en un negocio.

comisionista Persona que tiene a su cargo alguna comisión mercantil.

comiso m. Confiscación de géneros de contrabando. l Los mismos géneros decomisados.

comisura f. Punto de unión de los labios, párpados, etc.

comité m. Comisión o conjunto de personas encargadas del estudio o resolución de un asunto.

comitiva f. Acompañamiento o séquito.

cómitre m. El que vigilaba y dirigía la boga en las galeras.

comiza f. Especie de barbo mayor que el común.

como adv. De qué modo o manera; o del modo o de la manera que. l En sentido comparativo significa el modo o a la manera que, o a modo o manera de. l Según al arreglo a lo que. l En calidad de. l Por qué motivo o razón. l Así que. l A fin de que, o de modo que. l Empléase como conjunción equivaliendo a que o a si.

cómoda f. Mueble en forma de caja, con tablero de mesa y cajones que ocupan todo el frente.

comodidad f. Calidad de cómodo. l Abundancia de las cosas necesarias para vivir bien. l Buena disposición de las cosas para el uso que están destinadas.

comodín m. fig. Lo que se hace servir para todo. l En algunos juegos de naipes, carta que se puede aplicar a cualquier suerte favorable.

cómodo, da adj. Conveniente, oportuno.

comodoro m. Título que se da en algunos países al marino que manda cierto número de buques.

compactar tr. Hacer compacta una cosa.

compacto, ta adj. Tupido, trabajo. l fig. Sólido, firme.

compadecer tr. Compartir la desgracia ajena. l Inspirar a una persona lástima o pena la desgracia de otra.

compadrazgo m. Parentesco espiritual que el padrino de una criatura contrae con los padres de ésta. l fig. Asociación personal de empleados que se favorecen unos a otros, a menudo en forma ilícita.

compadre m. Nombre que se dan recíprocamente el padrino y el padre de una criatura. l Amigo, compañero.

compadrear intr. Presumir, fanfarronear.

compaginar tr. Ordenar cosas que tienen relación entre sí. l Ajustar y ordenar las galeradas para formar páginas.

compañerismo m. Armonía entre compañeros.

compañero, ra m. y f. Persona que acompaña a otra. l Colega. l fig. Cosa que hace juego con otra.

compañía f. Efecto de acompañar. l Persona o personas que acompañan a otra u otras. l Sociedad, junta de personas unidas para un fin. l Agrupación de actores formada para representar en un teatro. l Unidad de infantería, de ingenieros o de un servicio, que casi siempre forma parte de un batallón. Es mandada normalmente por un capitán.

comparación f. Acción de comparar.

comparador m. Instrumento que señala las menores diferencias entre las longitudes de dos reglas.

comparar tr. Fijar la atención en dos o más objetos para descubrir sus relaciones o estimar sus diferencias o semejanza. l Cotejar.

comparativo, va adj. Que sirve para comparar.

comparecer intr. Parecer, presentarse uno ante otro, personalmente o por el poder, para un acto formal.

comparsa f. Acompañamiento en representación teatrales. l Conjunto de personas que en ciertos regocijos públicos van vestidas con trajes de una misma clase. l Persona que forma parte del acompañamiento en las representaciones teatrales.

compartimiento m. Acción de compartir. l Departamento.

compartir tr. Repartir, dividir, distribuir las cosas en partes. l Participar uno en alguna cosa.

compás m. Instrumento compuesto de dos piernas articuladas y que sirve para tomar distancias trazar circunferencias,etc. l fig. Regla o medida de alguna cosa. l Brújula. l Cada uno de los periodos de tiempo iguales en que se marca el ritmo de una frase musical. l Ritmo o cadencia de una pieza musical.

compasadamente adv. Con medida o con regla.

compasar tr. Medir con el compás. l Arreglar, proporcionar las cosas para que no sobren ni falten.

compasible adj. Digno de compasión.

compasillo m. Compás que tiene la duración de cuatro negras.

compasión f. Lástima que causan los males y trabajos ajenos.

compasivo, va adj. Propenso a compasión. l Que tiene compasión.

compatibilidad f. Posibilidad de ser una cosa compatible con otra.

compatible adj. Que puede unirse, concurrir con otro.

compeler tr. Obligar a uno a que haga lo que no quiere.

compendiar tr. Reducir a compendio.

compendio m. Resumen de lo más selecto de una obra.

compenetración f. Acción de compenetrarse.

compenetrarse rec. Penetrar las partículas de una sustancia entre las de otra y recíprocamente. l fig. Identificarse las personas en ideas y pensamientos.

compensación f. Acción de compensar.

compensador, ra adj. Que compensa. l m. Péndulo de reloj formado por barritas de metales diversamente dilatables, combinadas de modo que su longitud permanezca constante cualquiera que sea la temperatura ambiente.

compensar tr. y r. Igualar el efecto de una cosa con el de otra que obra en sentido opuesto. l Dar alguna cosa en reparación del daño que se ha causado.

competencia f. Contienda entre dos o más personas. l Acción y efecto de competir, competición deportiva. l Rivalidad. l Aptitud, idoneidad.

competente m. Bastante, adecuado. l Apto, idóneo.

competer intr. Tocar o incumbir a uno alguna cosa.

competición f. Competencia. l Acción de competir, principalmente en deportes.

competir intr. Contender dos o más personas entre sí, aspirando todas a la misma cosa. Ú. t. c. s. rec.

compilación f. Colección de varias noticias, leyes o materias.

compilar tr. Reunir en una sola obra partes, extractos o materias de otros varios libros o documentos.

compinche fam. Camarada.

complacer tr. Acceder uno a lo que otro desea y puede serle últil o agradable. l r. Alegrase y tener satisfacción en alguna cosa.

complaciente p. a. de complacer. Que complace o siente complacencia. l adj. Propenso a complacer.

complejidad f. Calidad de complejo.

complejo, ja adj. Díc. de lo que se compone de elementos diversos. l Díc. del número compuesto de otros concretos de distintos órdenes, pero de la misma especie; como 8 días 4 horas 30 minutos. l m. Conjunto o unión de dos o más cosas. l Conjunto de establecimiento fabriles que funcionan bajo una dirección técnica y financiera común. l Ideas y tendencias que actúan en el subconsciente o influyen en la personalidad.

complementar tr. Dar complemento a una cosa.

complementario, ria adj. Que sirve para completar o perfeccionar alguna cosa. l Díc. del ángulo, o del arco, que sumado con otro totaliza noventa grados o un cuadrante.

complemento m. Cosa, cualidad o circunstancia que se añade a otra cosa para hacerla perfecta.

completar tr. Integrar, hacer cabal una cosa. l Hacerla perfecta en su clase.

completo, a adj. Lleno, cabal. l Acabado, perfecto.

complexión f. Constitución física del individuo.

complicación f. Acción de complicar. l Concurrencia y encuentro de cosas diversas.

complicado, da p. p. de complicar. l adj. Oscuro, enredado, de difícil solución. l Compuesto de muchas piezas.

complicar tr. Mezclar, unir cosas entre sí diversas. l fig. Enredar, dificultar. Ú. t. c. r. l r. Confundirse, enmarañarse.

cómplice Persona que toma parte con otra en la ejecución de un delito, o la que sin ser autora de él coopera a su perpetración por actos anteriores o simultáneos.

complot m. Confabulación, intriga.

compluvio m. Abertura en la techumbre de las casas romanas, para dar luz y recoger las aguas de lluvia.

componedor, ra m. y f. Persona que compone. l m. Regla con un borde a lo largo, en la cual se colocan las letras y signos que componen un renglón.

componenda f. Arreglo o transacción censurable o inmoral.

componente p. a. de componer. Que compone o contribuye, en unión de otros elementos, a formar un todo.

componer tr. Formar de varias cosas una. l Constituir, formar, dar ser a un cuerpo, o agregado de varias cosas o persona. Ú. t. c. r. l Aderezar alguna bebida. l Ordenar, reparar lo desordenado, descompuesto o roto. l Adornar una cosa. l Engalanar a una persona. Ú. t. c. r. l Moderar, corregir, arreglar. l Hacer o producir alguna obra científica artista, o literaria. l Formar las palabras, líneas y planas, juntando las letras o caracteres. l Restituir a su lugar los huesos dislocados. l intr. Hacer versos. l Producir obras musicales.

comporta f. Canasta más ancha por arriba que por abajo, propia para transportar las uvas en la vendimia.

comportamiento m. Manera de portarse, conducta.

composición f. Acción de componer. l Ajuste, convenio. l Obra científica, literaria o musical.

compositor, ra adj. y s. Que compone, y especialmente que compone obras musicales.

compostura f. Reparo de una cosa descompuesta o rota. l Aseo, adorno, aliño de una persona o cosa. l Mesura, circunspección.

compota f. Dulce de fruta cocida en agua y azúcar.

compra f. Acción de comprar. l Cosa comprada. l Conjunto de comestibles comprados para el consumo diario.

comprar tr. Adquirir algo por dinero. l Sobornar, corromper.

compraventa f. Contrato por el cual el vendedor da la cosa vendida y el comprador la paga.

comprender tr. Abrazar, ceñir, rodear. l Contener, incluir en sí alguna cosa. Ú. t. c. r. l Entender, penetrar, alcanzar.

comprensible adj. Que se puede comprender.

comprensión f. Acción de comprender. Facultad de entender o penetrar las cosas.

compresa f. Tira de lienzo que se aplica bajo vendaje, con fines terapéuticos.

compresible adj. Que se puede comprimir o reducir a menor volumen.

compresión f. Acción de comprimir.

comprimido, da p. p. de comprimir. l m. Pastilla pequeña obtenida por compresión.

comprimir tr. y r. Oprimir. l Apretar, reducir a menor volumen. l Reprimir, contener.

comprobar tr. Verificar, confirmar una cosa, cotejándola con otra o repitiendo las demostraciones que acreditan su certeza.

comprometer tr. y r. Poner la decisión de algo en manos de un tercero. l Exponer a alguno, ponerle a riesgo. l r. Obligarse a algo.

compromiso m. Convenio entre litigantes, para resolver su litigio, y escritura en que consta. l Obligación contraída, palabra dada, fe empeñada. l Dificultad, embarazo, empeño.

compuerta f. Media puerta a manera de antepecho. l Plancha fuerte de madera o de hierro, que se desliza por correderas verticales, y sirve en canales, diques, etc., para graduar o cortar el paso del agua.

compulsa f. Acción de compulsar. l Copia autorizada de un documento.

compulsar tr. Sacar compulsa. l Examinar dos o más documentos, cotejándolos o comparándolos entre sí.

compulsión f. Apremio para compeler. l Acción de compeler.

compulsivo, va adj. Capaz de compeler.

compunción f. Sentimiento que causa dolor ajeno.

compungir tr. Mover a cumpunción. l r. Contristarse o dolerse de alguna culpa o pecado propio, o de la aflicción ajena.

computación f. Cómputo.

computador, ra adj. Que computa o calcula. Ú. t. c. s. l m. y f. Calculador o calculadora, aparato o máquina de calcular.

computar tr. Calcular por números.

cómputo m. Cuenta, cálculo.

comulgar tr. Recibir la comunión. l fig. Coincidir en ideas o sentimientos con otra persona.

común adj. Díc. de lo que no siendo privativamente de ninguno, pertenece o se extiende a varios. l Corriente, admitido de todos o de la mayor parte. l Ordinario, vulgar, frecuente y muy sabido. l m. Todo el pueblo de cualquier territorio, ciudad o lugar. l Comunidad, generalidad de personas. l Retrete, letrina.

comuna f. Municipio.

comunal adj. Común, propio de todos.

comunicación f. Acción de comunicar o comunicarse. l Trato, correspondencia entre dos o más personas. l Unión que se establece entre ciertas cosas, tales como mares, pueblos, casas o habitaciones, mediante pasos, crujías, escaleras, vías, canales, cables, etc. l Cada uno de estos medios de unión. l Papel escrito en que se comunica algo oficialmente.

comunicado, da p. p. de comunicar. l m. Artículo de periódico que se publica a petición de una o más personas a quienes interese dar a conocer algo.

comunicar tr. Hacer a otro partícipe de algo. l Descubrir, manifestar o hacer saber a uno alguna cosa. l Conversar, tratar con alguno de palabra o por escrito. Ú. t. c. r. l r. Tener correspondencia o paso ciertas cosas inanimadas con otras.

comunidad f. Calidad de común o de lo que pertenece a varios. l Junta o congregación de personas que viven unidas bajo ciertas reglas.

comunión f. Participación en lo común. l Para los católicos, acto de recibir la Eucaristía.

comunismo m. Doctrina social y política, basada en el principio de que la propiedad pertenece al estado y debe ser usada para el bienestar de todos sus miembros.

comunista adj. y s. Partidario del comunismo o relativo a él.

comúnmente adv. De uso o acuerdo común. l Con frecuencia.

con prep. Por medio de. l En compañía de, juntamente. l prep. insep. que expresa reunión o cooperación.

conato m. Empeño, esfuerzo. Propensión, tendencia, propósito. En las cosas, preparación o comienzo visible de una acción, especialmente si no llega a cumplirse. l Acto delictivo que se comenzó y no llegó a consumarse.

concatenación f. Acción de concatenar.

concatenar tr. y r. Enlazar causas, situaciones, ideas o cosas unas con otras.

concavidad f. Calidad de cóncavo. l Parte o sitio cóncavo.

cóncavo, a adj. Díc. de lo que aparece a la vista más deprimido en el centro que en las orillas.

concavoconvexo, xa adj. Que tiene una de las superficies cóncavas y la otra convexa.

concebir intr. y tr. Empezar a formarse un nuevo ser. l fig. Formar idea, hacer concepto de una cosa, comprenderla. l fig. Comenzar a sentir alguna pasión o afecto.

conceder tr. Otorgar, dar, hacer merced de una cosa. l Asentir.

concejal m. Individuo de un concejo o ayuntamiento.

concejo m. Ayuntamiento de un pueblo. Casa donde se reúne. l Municipio.

concentración f. Acción de concentrar o concentrarse.

concentrar tr. y r. Reunir en un centro o punto lo que estaba separado. l Aumentar la proporción de materia disuelta en un líquido.

concepción f. Acción de concebir.

conceptible adj. Que se puede concebir o imaginar.

concepto m. Idea que concibe o forma el entendimiento. l Pensamiento expresado con palabras. l Significado de las palabras. l Opinión, juicio. l Crédito en que se tiene a una persona o cosa.

conceptualismo m. Sistema filosófico que defiende la realidad de las nociones universales y abstractas, en cuanto son conceptos de la mente.

conceptuar tr. Formar concepto.

concernir intr. Tocar, atañer, pertenecer.

concertar tr. Componer, ordenar, arreglar las partes de una cosa. l Ajustar, tratar del precio de una cosa. l Pactar, acordar un negocio. Ú. t. c. r. l Acordar entre sí voces o instrumentos músicos. l Concordar una cosa con otra. l Concordar los accidentes gramaticales de dos o más palabras.

concertina f. Instrumento músico parecido a un acordeón, pero de forma hexagonal.

concertista m. Persona que toma parte en un concierto como solista.

concesión f. Acción de conceder. l Otorgamiento gubernativo a favor de particulares o empresas, para aprovechar, construir o explotar algo.

concesionario m. Persona que ha obtenido una concesión.

concha f. Cubierta quitino-calcárea que protege el cuerpo de la mayoría de los moluscos como en los caracoles, lapas y almejas. l Caparazón de las tortugas.

conchabar tr. Unir, juntar, asociar. l r. fam. Unirse dos o más personas para algún fin, generalmente no muy lícito.

conchífero, ra adj. y s. Díc. del terreno triásico más antiguo, que se distingue por su abundancia de conchas fósiles de moluscos.

conchil m. Molusco gasterópodo que segrega un jugo usado antiguamente en tintorería.

conciencia f. Conocimiento interior del bien que debemos hacer y del mal que debemos evitar. l Conocimiento exacto y reflexivo de las cosas.

concienzudo, da adj. Que es de recta y estrecha conciencia. l Díc. de la persona que estudia o hace las cosas con mucha atención y cuidado.

concierto m. Buen orden y disposición de las cosas. l Ajuste o convenio entre dos o más personas o entidades. l Sesión musical en que se ejecutan composiciones sueltas. l Composición musical para diversos instrumentos en que uno o varios llevan la parte principal.

conciliábulo m. Concilio que se realiza entre pocas personas y en secreto. l fig. Junta para tratar algo poco lícito.

conciliación f. Acción de conciliar.

conciliar adj. Perteneciente a los concilios. l m. El que asiste a un concilio. l tr. Componer y ajustar los ánimos desavenidos.

concilio m. Junta o congreso para estudiar materias importantes. l Colección de los decretos resueltos en tales juntas. l Junta o congreso de los obispos y otros eclesiásticos para deliberar sobre materia de dogma y de disciplina.

concisión f. Brevedad en el modo de expresar los conceptos.

conciso, sa adj. Que tiene concisión.

concitar tr. Instigar a uno contra otro. l Excitar sediciones.

conciudadano, na m y f. Ciudadano de la misma ciudad que otro, respecto de éste. l Compatriota.

cónclave o conclave m. Asamblea de cardenales para elegir al Papa. l fig. Asamblea secreta de personas de gran autoridad para tomar decisiones de importancia.

concluir tr. Acabar una cosa. Ú. t. c. r. l Determinar y resolver sobre lo que se ha tratado. l Inferir, deducir una verdad de otra.

conclusión r. Acción de concluir o concluirse. l Fin y terminación de una cosa. l Resolución que se ha tomado sobre un asunto.

concoide adj. Concoideo. l m. Cierta curva que se aproxima indefinidamente a una recta sin cortarla nunca.

concoideo, a adj. Parecido a la concha.

concomitar tr. Acompañar una cosa a otra u obrar con ella.

concordancia f. Conformidad de una cosa con otra. l Correspondencia entre las palabras sobre asuntos eclesiásticos.

concordar tr. Poner de acuerdo lo que no lo esta. l intr. Convenir una cosa con otra.

concordato m. Convenio entre el Vaticano y un Estado sobre asuntos eclesiásticos.

concordia f. Conformidad, unión.

concreción f. Acumulación de partículas que forman masa.

concrescencia f. Crecimiento simultáneo de varios órganos de un vegetal, tan cercanos que se confunden en una sola masa.

concretar tr. fig. Combinar, concordar. l Reducir a lo más esencial la materia sobre que se habla o escribe. l r. Reducirse a tratar de hablar de una cosa sola.

concreto, ta adj. Díc. de cualquiera objeto considerado en si mismo, con exclusión de cuanto pueda serle extraño. l Díc. de las cosas que sufren concreción. l Díc. del número que expresa la especie a que pertenece. l m. Hormigón armado.

concubina f. Mujer que vive y cohabita con un hombre como si fuera su marido.

conculcar tr. Hollar, pisotear. l Infringir.

concuñado, da m. y f. Cónyuge de una persona respecto del cónyuge de otra persona hermana de aquélla. l Hermano o hermana de una de las dos personas unidas en matrimonio respecto de las hermanas de la otra.

concupiscencia f. Apetito desmedido de bienes terrenos. l Apetito desordenado de placeres, sobre todo los carnales.

concupiscente adj. Persona desenfrenada en sus inclinaciones sexuales.

concurrencia f. Reunión de varias personas en un mismo lugar.

concurrir intr. Reunirse en el mismo lugar o tiempo muchas personas, cosas o sucesos. l Tomar parte en un concurso.

concursar intr. Tomar parte en un concurso.

concurso m. Afluencia grande de gente en un lugar. l Reunión simultánea de sucesos o cosas diferentes. l Oposición que por medio de ejercicios científicos, literarios o artísticos, se hace para conseguir ciertas cosas. l Llamamiento o los que quisieran ejecutar una obra o prestar un servicio bajo ciertas condiciones.

concusión f. Sacudimiento, con moción violenta. l Exacción arbitraria hecha por un funcionario público en su provecho.

condado m. Dignidad honorífica de conde. l Territorio en que antiguamente ejercía autoridad un conde.

conde m. Título de nobleza, superior al de barón e inferior al de márques.

condecoración f. Insignia de honor y distinción.

condecorar tr. Dar honores, otorgar condecoraciones a alguien.

condena f. Testimonio de sentencia condenatoria. l La pena y el tiempo que ha de durar. l Sentencia judical.

condenar tr. Pronunciar sentencia que imponga pena. l Imponer pena al culpable una potestad distinta de la judi-

cial. l Forzar a uno a hacer algo penoso. l Reprobar una doctrina u opinión. l Desaprobar una cosa. l Cerrar permanentemente u tapiar una puerta, ventana, pasadizo, etc. l Echar a perder alguna cosa. l r. Confesarse culpable.

condensador, ra adj. Que condensa. l m. Aparato para reducir los gases a menor volumen. l Recipiente de ciertas máquinas de vapor donde se liquida éste. l Aparato para acumular electricidad estática.

condensar tr. y r. Reducir una cosa a menor volumen y darle más consistencia si es líquida.

condesa f. Mujer del conde, o la que por sí tiene un condado.

condescendencia f. Acción y efecto de condescender.

condescender tr. Acomodarse a la voluntad de otro.

condestable m. Antiguo título militar equivalente al de capitán general. l En la Armada, suboficial de Artilleria.

condición f. Indole, naturaleza de las cosas. l Carácter o genio de las personas. l Calidad del nacimiento o estado de las personas; como noble, plebeyo, etc. l pl. Aptitud o disposición.

condicional adj. Que incluye y lleva consigo un requisito o condición.

condicionar intr. Convenir una cosa a otra. l tr. Hacer depender una cosa de alguna condición.

cóndilo m. Eminencia redondeada, en la extremidad de un hueso, que forma articulación encajando en el hueco de otro.

condimentar tr. Sazonar los manjares.

condimento m. Lo que sirve para sazonar la comida y darle buen sabor.

condiscípulo, la m. y f. Persona que ha estudiado o estudia con otra u otras asistiendo a las mismas clases.

condolencia f. Participación en el pesar ajeno. l Pésame.

condominio m. Dominio de una cosa que pertenece en común a dos o más personas.

condonar tr. Remitir o perdonar una pena o una deuda.

cóndor m. Ave de rapiña diurna de América del Sur.

condritis f. Inflamación del tejido cartilaginoso.

condrología f. Parte de la organología que estudia los cartílagos.

condroma f. Tumor producido a expensas del tejido cartilaginoso.

conducción f. Acción de conducir. l Conjunto de conductos dispuestos para el paso de alguna cosa, generalmente un fluido.

conducir tr. Llevar de un sitio a otro. l Guiar o dirigir hacia un paraje o sitio. l Dirigir un negocio l Guiar un vehículo automóvil. l r. Portarse, comportarse, proceder de esta o de la otra manera.

conducta f. Conducción. l Porte o manera con que las personas gobiernan su vida y dirigen sus acciones.

conductibilidad f. Propiedad que tienen los cuerpos de dejar pasar a través de su masa el calor o la electricidad.

conductismo Doctrina psicológica que considera fundamental el estudio de los comportamientos y la búsqueda objetiva de las respuestas a estímulos conocidos.

conducto m. Canal, generalmente cubierto, que sirve para dar paso y salida a las aguas y otras cosas. l Cada uno de los tubos que se encuentran en los seres orgánicos y sirven para las funciones fisiológicas. l fig. Persona por medio de la cual se dirige algo.

conductor, ra adj. y s. Que conduce. l m. Todo cuerpo que conduce bien o mal el calor o la electricidad.

condumio m. Manjar que se come con pan.

conectar tr. Combinar el movimiento de una máquina con el de un aparato que depende de ella. l Poner en contacto, unir.

conejera f. Madriguera de conejos.

conejero, ra adj. Que caza conejos. I m. y f. Persona que los cría o vende.

conejo m. Mamífero roedor de orejas muy largas, que vive en madrigueras, es domesticable, y que por su carne y su piel es de utilidad al hombre.

conexión f. Atadura, trabazón. I pl. Amistades, relaciones.

conexo, xa adj. Díc. de lo que está enlazado o relacionado con algo.

confabulación f. Acción de confabular. I Conspiración, traba.

confabular intr. Tratar una cosa entre varios. I r. Ponerse de acuerdo dos o más personas sobre un asunto, que interesa también a otras con las que no se ha contado.

confalón m. Pendón, estandarte.

confaloniero m. El que lleva el confalón.

confección f. Acción de confeccionar. I Hechura de un traje. I Ropa de vestir hecha en serie.

confeccionar tr. Hacer, preparar, componer, acabar una obra material.

confederación f. Alianza, liga, unión o pacto entre personas, grupos o Estados. I El conjunto resultante, sea un organismo, o una entidad, o un Estado.

conferedar tr. Hacer alianza.

conferencia f. Disertación en público sobre algún punto doctrinal. IComunicación telefónica.

conferir tr. Conceder, asignar a uno dignidad, empleo, facultades o derechos. I Cotejar, comparar.

confesa f. Viuda que ingresaba en religión.

confesar tr. Manifestar uno sus hechos, ideas o sentimientos. I Reconocer y declarar uno, obligado por algo, lo que de otro modo no declararía. I Decir el penitente los pecados al confesor. Ú. t. c. r. I Oír el confesor al penitente en el sacramento de la penitencia. I Declarar el reo o el litigante ante el juez.

confesión f. Declaración de lo que se sabe. I Declaración que se hace al confesor de los pecados cometidos. I Credo religioso y conjunto de personas que lo profesan.

confesionario Mueble desde cuyo interior oye al penitente el confesor.

confeso, sa adj. Que ha confesado su delito. I Díc. del judío converso.

confeti m. Pedacitos de papel de color que se arrojan en ocasiones festivas.

confianza f. Esperanza firme que se tiene de una persona o cosa. I Ánimo y vigor para obrar. I Familiaridad o libertad excesiva. Ú. m. en pl. I. I Loc. Díc. de la persona en quien se puede confiar, y de aquella con quien se tiene trato familiar.

confiar intr. Esperar con firmeza y seguridad. I tr. Encargar o poner al cuidado de uno algún asunto. I Depositar en uno, por la buena opinión de él se tiene, la hacienda, el secreto u otra cosa. Ú. t. c. r.

confidencia f. Confianza. I Revelación secreta, noticia reservada.

confidencial adj. Hecho o dicho confiadamente.

confidente, ta m. y f. Persona a quien uno fía sus secretos o le encarga cosas reservadas. I Persona que hace de espía.

configuración f. Forma de relación de las partes de una cosa.

configurar tr. y r. Dar determinada figura a una cosa.

confín adj. Confinante. I m. Límite o término que divide las poblaciones, provincias o estados. I Último término a que alcanza la vista.

confinación f. Confinamiento.

confinamiento m. Acción de confinar. I Pena consistente en relegar al condenado a un lugar seguro para que viva en libertad, pero vigilado.

confinar intr. Lindar. I tr. Desterrar a lugar determinado.

confirmación f. Acción de confir Nueva prueba de la medida de una cosa. I Sacramento que al católico lo confirma en su doctrina.

confirmar tr. Corroborar la certeza o probabilidad de una cosa. I Asegurar, dar mayor firmeza o seguridad. Ú. t. c. r. I Administrar el sacramento de la confirmación.

confiscar tr. Incautarse el fisco de los bienes de uno.

confitar tr. Cubrir con baño de azúcar frutas o semillas.

confite m. Bolilla de pasta de azúcar. I Confidente policial.

confitero, ra m. y f. Persona que hace o vende dulces.

confitura r. Fruta u otra cosa confitada.

conflagración f. Incendio, fuego grande. I fig. Perturbación repentina y violenta de las naciones.

conflagar tr. Entrar en combustión violenta un explosivo. I Incendiar, abrasar.

conflicto m. Lo más recio de un combate. I fig. Apuro, situación desgraciada y de difícil salida.

confluencia r. Acción de confluir. I Lugar donde confluyen ríos o caminos.

confluir intr. Juntarse dos o más corrientes de agua en un mismo paraje. I fig. Juntarse en un mismo punto dos o más caminos. I fig. Concurrir en un mismo sitio gentes que vienen de diversas partes.

conformador m. Aparato con que los sombreros toman la medida y configuración de la cabeza.

conformar tr. Ajustar, concordar una cosa con otra. Ú. t. c. intr. y c. r. I Ser una persona de la misma opinión que otra. Ú. m. c. r. I r. Sujetarse uno voluntariamente a hacer o sufrir a una cosa que repugna.

conforme adj. Igual, proporcionado. I Acorde con otro en un mismo dictamen. I Resignado y paciente en las adversidades.I m. Asentimiento que se pone al pie de un escrito.

conformidad f. Semejanza entre personas. I Igualdad entre cosas. I Buena correspondencia entre dos o más personas. I Debida proporción entre las partes de un todo. I Tolerancia y sufrimiento en las adversidades.

confort m. Comodidad.

confortable adj. Que conforta, o es cómodo.

confortar tr. Dar vigor. I Alentar, consolar al afligido.

confraternidad r. Hermandad o amistad íntima.

confrontar tr. Carear una persona con otra. I Cotejar una cosa con otra, en especial escritos.

confulgencia f. Brillo simultáneo.

confundir tr. y r. Mezclar cosas diversas. I Perturbar, desordenar una cosa. I fig. Dejar a uno sin saber qué hacer o decir. I fig. Humillar, avergonzar.

confusión f. Acción de confundir o mezclar cosas diversas. I Desorden, desconcierto, oscuridad. I fig. Abatimiento, humillación.

confuso, sa p. p. irreg. de confundir. I adj. Revuelto, mezclado. I Oscuro, dudoso. I Difícil de distinguir. I fig. Turbado, temeroso.

confutar tr. Impugnar de modo convincente la opinión contraria.

conga f. Danza popular cubana.

congelador m. Vasija para congelar. I En las neveras o refrigeradoras, compartimiento especial donde se produce hielo y se guardan los alimentos cuya conservación requiere temperatura baja.

congelar tr. y r. Helar un líquido. I Someter la carne, el pescado, etc., a muy baja temperatura para facilitar su congelación, es decir, la transformación en hielo del agua contenida en ellos.

congénere adj. y s. Del mismo género.

congeniar intr. Ser de un mismo genio. | Simpatizar.

congénito, la adj. Engendrado juntamente. | Connatural, nacido con uno.

congestión f. Acumulación excesiva de sangre en alguna parte del cuerpo. | fig. Aglomeración anormal de vehículos, mercancías, etc. que producen perturbación.

congestionar tr. Producir congestión. | r. Acumularse excesivamente la sangre en una parte del organismo.

conglomerar tr. Aglomerar. | r. Unirse diversos fragmentos en un solo cuerpo, aunque sigan siendo diferentes.

conglutinar tr. Unir, pegar.

congoja f. Desmayo, aflicción, tristeza.

congraciar tr. y r. Ganar la benevolencia de alguien.

congratular tr. y r. Mostrar alegría a alguien por haberle ocurrido algún suceso feliz.

congregación f. Cofradía, hermandad de devotos de alguna religión. | Entre católicos, cuerpo o institución religiosa cuyos miembros viven en comunidad y emiten votos comunes. | Junta para tratar de algún asunto.

congregar tr. y r. Juntar, reunir.

congresista s. Persona que forma parte de un congreso científico, económico, etc.

congreso m. Junta de varias personas para deliberar sobre algún asunto. | Edificio donde los diputados a Cortes celebran sus sesiones. | En algunos países, Parlamento, asamblea nacional.

congrio m. Pez fisóstomo marino, parecido a la anguila, de apreciada carne blanca.

congruencia f. Conveniencia, oportunidad. | Expresión que indica que dos números son congruentes. Se representa con tres rayitas horizontales y con indicación del módulo.

cónico, ca adj. Perteneciente al cono. | De forma de cono.

conífero, ra adj. y s. Díc. de plantas gimnospermas, árboles o arbustos, de hojas aciculares o en forma de escama, persistentes, copa generalmente cónica y fruto también cónico.

conivalvo, va adj. De concha cónica.

conjetura f. Juicio probable que se forma por las señales que se observan.

conjugación f. Acción de conjugar. | Serie ordenada de todas las voces con que el verbo expresa sus modos, tiempos, números y personas.

conjugar tr. Poner o decir en serie ordenada una o todas las palabras con que en el verbo se denotan sus diferentes modos, tiempos, números y personas.

conjunción f. Unión, junta. | Parte de la oración que indica relación o enlace.

conjuntiva f. Membrana mucosa que reviste la cara interna del párpado y cubre parte del globo del ojo.

conjuntivo, va adj. Que une y junta.

conjunto, ta adj. Contiguo. | Allegado. | Juego de vestir femenino hecho generalmente con tejido de punto y compuesto de jersey y chaquetas o también de otras prendas. | Reunión de varios elementos en razón de ciertas características compartidas, formando un todo o universo.

conjuración f. Acuerdo entre personas, generalmente secreto y bajo juramento, hecho contra el Estado o alguna autoridad. | Trama urdida contra alguien.

conjurar intr. Ligarse con otro mediante juramento con algún fin. Ú. t. c. r. | fig. Conspirar, uniéndose muchas personas o cosas contra uno. | tr. Juramentar, tomar juramento. | Exorcizar. | Rogar, pedir con instancia y cierta autoridad. | fig. Impedir, alejar un riesgo o daño. | Invocar ciertos espíritus, espectros o demonios, mediante oraciones o fórmulas mágicas, a fin de obtener de ellos algo.

conjuro m. Acción de exorcizar. | Oración o fórmula mágica para conjurar un espíritu, demonio o espectro.

conllevar tr. Ayudar a llevar a otro los trabajos. | Sufrirle el genio.

conmemoración f. Memoria o recuerdo que se hace de algo o de alguien.

conmensurable adj. Sujeto a medida y evaluación. | Aplícase a la magnitud que tiene con otra una medida común.

conmesurar tr. Medir con igualdad y proporción.| Valuar, calcular.

conmigo Ablativo de sing. del pron. pers. de primera persona en género m. y f. Se origina en las formas latinas *con me co* (con mí junto).

conmilitón m. Soldado que hace o ha hecho la guerra con otro.

conminar tr. Amenazar, quien puede hacerlo, con penas temporales o espirituales.

conminatorio, ria adj. Díc. del mandato que incluye amenaza de alguna pena. Ú. t. c. s.

conmiseración f. Compasión que uno tiene del mal del otro.

conmoción f. Movimiento o perturbación violenta del ánimo o del cuerpo. | Tumulto, levantamiento, gran alteración del orden público. | Terremoto.

conmonitorio m. Memoria o relación escrita de algunas cosas o noticia

conmover tr. y r. Perturbar, mover, inquietar fuertemente.

conmutador, ra adj. Que conmuta | m. Pieza que sirve para que una corriente eléctrica cambie de conductor. | Centralita telefónica.

conmutar tr. y r. Trocar, permutar.

conmuntativo, a adj. Díc. de la justicia que regula la proporción que debe haber en las cosas.

connivencia f. Disimulo o tolerancia en el superior acerca de las transgresiones de los subordinados. | Acción de confabularse.

connivente adj. Díc. de las hojas y otros órganos vegetales que tienden a aproximarse. | Que forma connivencia.

connubio m. Matrimonio. | Unión carnal.

cono m. Fruto de las plantas coníferas. | Cuerpo limitado por una superficie cónica y por un plano que forma su base.

conocer tr. Percibir con claridad a través de la mente. | Adquirir la noción de las cosas mediante el ejercicio del entendimiento. | Entender, advertir, saber, echar de ver. | Percibir el objeto como distinto de todo lo que no es él. | Entender en un asunto legítimamente autorizado para ello. | Reconocer, confesar. | r. Formar de sí propio exacto juicio.

conocido, da p. p. de conocer. | adj. Afamado, ilustre. | m. y f. Persona a quien se trata sin tener amistad con ella.

conocimiento m. Acción de conocer. | Entendimiento, inteligencia. | Sentido, entendimiento o razón | pl. Ciencia, sabiduría.

conoide m. Cuerpo parecido al cono.

conopial adj. Díc. del arco cuya se semeja a un pabellón o cortina.

conque conj. lat. que denota consecuencia. | De manera que. | m. fam. Condición, calidad. | Motivo, pretexto.

conquiforme adj. De figura de concha.

conquiliología f. Parte de la Zoología que trata de los moluscos, y principalmente de las conchas que los protegen.

conquista f. Acción de conquistar. | Cosa conquistada.

conquistar tr. Adquirir o ganar a fuerza de armas un Estado o cualquier territorio. | fig. Ganar la voluntad de una persona, o traerla a un partido.

consabido, da adj. Díc. de la persona o cosa de que ya se ha tratado anteriormente, y por ello no es menester nombrarla.

consagración f. Acción de consagrar o consagrarse.

consagrar tr. Hacer sagrada a una persona o cosa. l Pronunciar con intención el sacerdote las palabras de la consagración sobre la debida materia. l Dedicar, ofrecer a Dios por culto o voto una persona o cosa. Ú. t. c. r. l fig. Erigir un monumento para conmemorar algo.

consanguinidad f. Unión, por parentesco natural, de varias personas que descienden de un mismo trono. l adj. Consanguíneo, a.

consciente adj. Que siente, piensa y quiere con plena conciencia.

conscripción m. Reclutamiento

consecución f. Acción de conseguir.

consecuencia f. Proposición que se deduce de otra o de otras. l Hecho o acontecimiento que resulta de otro. l Correspondencia lógica entre la conducta de un individuo y los principios que profesa. l Log. Ilación, nexo.

consecuente adj. Díc. de la persona cuya conducta guarda correspondencia con los principios que profesa. l m. Segundo término de una razón.

consecutivo, va adj. Que sigue a continuación.

conseguir tr. Lograr lo que se pretende.

conseja f. Historia, fábula, cuento de sabor antiguo.

consejero, ra m. y f. Persona que aconseja o sirve para aconsejar. l Persona que tiene plaza en algún consejo.

consejo m. Dictamen, parecer que se da o toma. l Nombre de ciertos tribunales y corporaciones que entienden en asuntos de gobierno, justicia o administración. l Cuerpo administrativo y consultivo en las sociedades o compañías.

consenso m. Asenso, consentimiento.

consentimiento m. Acción de consentir. l Anuencia, beneplácito.

consentir tr. Permitir una cosa, condescender en que se haga. Ú. t. c. intr. l Mimar demasiado.

conserje m. El que cuida de la custodia y limpieza de una cosa o establecimiento.

conserva f. Fruta y otra cosas conservadas con almíbar, vinagre, etc.

conservador, va adj. y s. Que conserva. l Díc. del partido político inclinado a la conservación de los intereses creados por las instituciones seculares. l m. El que cuida de los intereses y efectos, de ciertas dependencias.

conservar tr. Mantener una cosa o cuidar de su permanencia. Ú. t. c. r. l Hacer que no se pierdan ciertas costumbres y prácticas. l Hacer conservas.

conservatorio, ria m. Establecimiento donde se enseña música, declamación y otras artes relacionadas.

conservería f. Arte de hacer conservas.

considerable adj. Digno de consideración. l Grande. l Cuantioso.

consideración m. Acción de considerar. Meditación. l Urbanidad, respeto.

considerando m. Cada uno de los motivos en que se apoya una ley, fallo o dictamen.

considerar tr. Meditar, pensar, reflexionar una cosa con atención. l Tratar a una persona con urbanidad o respeto.

consigna f. Órdenes que se dan al comandante de un puesto, y las que éste da al centinela. l Hablando de agrupaciones políticas, sindicales, etc., orden que una persona u organismo dirigente da a los subordinados o afiliados. l Local propio de las estaciones de ferrocarril para depositar temporalmente maletas y otros bultos.

consignar tr. y r. Señalar una cantidad para un pago. l Entregar en depósito. l Destinar un sitio para algo. l Asen-

tar por escrito ciertas cosas.l Enviar mercaderías a un revendedor, para que sean pagadas después de su venta al público.

consignatario m. El que recibe en depósito una cosa consignada. l Aquel a quien se consigna un cargamento.

consigo Ablativo de singular y plural de la forma reflexiva se, si, del pron, personal de la tercera persona en género m. y f.

consiguiente adj. Que sigue o se infiere de otra cosa. l m. Segunda proposición del entimema.

consistencia f. Duración, estabilidad. l Firmeza. l Solidez.

consistir intr. Estribar, estar fundada una cosa en otra.

consistorio m. Consejo que celebra el Papa con asistencia de los cardenales. l Ayuntamiento, corporacion municipal.

consola f. Mesa propia para estar adosada a la pared y con segundo tablero bajo.

consolar tr. y s. Aliviar la pena o aflicción de alguien.

consolidación f. Acción de consolidar.

consolidar tr. y r. Dar solidez y firmeza a una cosa. l fig. asegurar bien, afianzar más y más una cosa.

consomé m. Caldo muy concentrado y sustancioso.

consonancia f. Cualidad de aquellos sonidos que, oídos a la vez, producen efecto agradable. l Identidad de sonido en la terminación de dos palabras, a partir de la vocal que lleva el acento.

consonante adj. Díc. de voces de igual consonancia. Ú. t. c. s. l Díc. de la letra que no es una vocal, en cuyo sonido participan varios órganos de la boca como principales determinantes de la pronunciación, a diferencia de las vocales que se pronuncian principalmente por vibración de la faringe y la posición de los labios. Ú. t. c. s. l Que tiene relación de conformidad.

consonar intr. Formar consonancia. l Aconsonantar. l fig. Tener algunas cosas relación mutua.

consorcio m. Participación de una misma suerte con otro. Unión y compañía de los que viven juntos. l Unión de empresas.

consorte Partícipe de la misma suerte con otro u otros. l Cualquiera de los esposos, respecto del otro.

conspicuo, cua adj. Ilustre, sobresaliente.

conspiración f. Acción de conspirar. l Reunión de personas que conspiran.

conspirar intr. Conjurarse, unirse contra alguien o algo. l fig. Concurrir varias cosas a un mismo fin.

constancia f. Tesón, firmeza, perseverancia.

constante p. a. de constar. Que consta. l adj. Que tiene constancia. l Persistente, durable.

constar intr. Ser cierta y manifiesta una cosa. l Tener un todo determinadas partes.

constatar tr. Comprobar un hecho, establecer su veracidad, dar constancia de él.

constelación f. Se da este nombre a los grupos de estrellas en que se ha dividido la esfera celeste, a cada uno de los cuales se le atribuyó en la antigüedad un figura determinada.

consternar tr. y r. Conturbar, abatir mucho el ánimo.

constipado, da p. p. de constipar. l r. Acatarrarse, resfriarse.

constipar tr. Cerrar los poros impidiendo la traspiración. l r. Acatarrarse, resfriarse.

constitución f. Acción de constituir. l Esencia y calidades de una cosa que la constituyen y la diferencia de las demás. l Ley fundamental de la organización de un Estado. l Forma o sistema de gobierno que tiene cada Estado. l Naturaleza y relación de los sistemas y aparatos orgánicos cuyas funciones determinan el grado de vitalidad de cada individuo.

constitucional adj. Perteneciente a la Constitución o Carta Fundamental de un Estado, de la que emanan sus leyes. I Adicto a ella. Ú. t. c. s. I Propio de la constitución de un individuo o perteneciente a ella.

constituir tr. Formar, componer. I Establecer, ordenar. Ú. t. c. r.

constituyente p. a. de constituir. Que constituye, establece y ordena. I adj. Díc. de las cortes convocadas para reformar la Constitución.

constreñir tr. Obligar, presisar, compeler. I Apretar y cerrar, como oprimiendo.

constricción f. Apretamiento. I Encogimiento, acción de encoger.

constrictor, ra adj. Que constriñe o aprieta.

construcción f. Acción de construir. I Arte de construir. I Edificio construido. I Ordenamiento y disposición que han de tener las palabras para expresar un concepto.

constructivo, va adj. Díc. de que construye o sirve para construir.

construir tr. Fabricar, edificar y hacer de nuevo una cosa. I Ordenar las palabras para expresar un concepto.

consuegro, gra m. y f. Padre o madre de uno de los cónyuges con respecto a los del otro.

consuelo m. Descanso y alivio de la pena, molestia o fatiga que oprime el ánimo.

consuetudinario, ria adj. Díc. de lo que establece la costumbre.

cónsul m. Cada uno de los magistrados que ejercían en Roma durante un año la suprema autoridad. I Persona autorizada en un puerto u otra población de un Estado extranjero para proteger las personas e intereses de los individuos de la nación que lo nombra.

consulado m. Dignidad de cónsul romano. I Tiempo que duraba esta dignidad. I Cerco de consul, territorio en que ejerce su autoridad y oficina en que despacha.

consulta f. Acción de consultar. I Parecer o dictamen que se pide o se da acerca de una cosa. I Conferencia entre facultativos para resolver alguna cosa.

consultar tr. Tratar y discurrir con otros lo que se debe hacer en un asunto. I Pedir parecer, dictamen y consejo. I Someter una duda, caso o asunto a la consideración de otra persona.

consultivo, va adj. Díc. de las juntas establecidas para ser consultadas por los gobernantes, y de las materias que las juntas y consejos deben consultar con el jefe del Estado.

consultorio m. Establecimiento donde se despachan infomes o consultas. I Sección que en periódicos o en las emisoras de radio está destinada a contestar preguntas que les hace el público.

consumación f. Acción de consu I Extinción, acabamiento total.

consumar tr. Llevar a cabo completamente una cosa.

consumición f. Lo que se consume en café, bar o establecimiento.

consumido, da p. p. de consumir. I adj. fig. y fam. Extenuado, muy flaco.

consumir tr. Destruir, extinguir. Ú. t. c. r. I Gastar comestibles y otros géneros. I Desazonar, apurar, afligir. Ú. t. c. r.

consumo m. Gasto de cosas que con el uso se extinguen o destruyen.

consunción f. Consumimiento. I Extenuación, enflaquecimiento.

consustancial adj. Que es de la misma sustancia y esencia con otro.

contabilidad f. Aptitud de las cosas para poder reducirlas a cálculo. I Sistema adoptado para llevar las cuentas en los establecimientos públicos y particulares.

contable adj. Que puede ser contado. I m. Tenedor de libros.

contacto m. Acción de tocarse los cuerpos. I Roce, trato.

contador, ra adj. y s. Que cuenta. I m. El que lleva las cuentas. I Aparato que cuenta el número de revoluciones de una rueda, o mide el gas o el agua que pasa por una cañería, o la electricidad que atraviesa un conductor.

contagiar tr. y r. Pegar una enfermedad. I Pervertir dando mal ejemplo.

contagio m. Transmisión de una enfermedad, por contacto o de otra forma. I fig. Perversión que resulta del mal ejemplo o de la mala doctrina.

contáiner m. Contenedor (recipiente para transporte de mercancías).

contaminación f. Acción de contaminar. I Polución (impurezas que se encuentran en el aire y en las aguas).

contaminar tr. y r. Penetrar la inmundicia un cuerpo. I Contagiar, inficionar. I fig. Pervertir, corromper.

contar tr. y r. Numerar o computar las cosas. I Referir un suceso, verdadero o fabuloso. I Poner a uno entre los de su clase o condición determinada. I intr. Hacer o formar cuentas según reglas aritméticas.

contemplación f. Acción de contemplar.

contemplar tr. Mirar atentamente, examinar con atención. I Complacer a una persona, ser condescendiente con ella. I *Teol.* Ocuparse el alma con intensidad y atención en considerar las cosas divinas o los misterios de la religión.

contemplativo, va adj. Perteneciente o acostumbrado a la contemplación. I Que contempla.

contemporáneo, a adj. y s. Que existe simultáneamente con otra persona o cosa.

contención f. Acción y efecto de contener o reprimir el movimiento de un cuerpo.

contender intr. Pelear, lidiar, batallar. I fig. Disputar, altercar, debatir.

contendiente p. a. de contender. Que contiene. Ú. t. c. s.

contenedor, ra adj. Que contiene. I Recipiente, por lo general metálico, grande y recuperable, destinado a contener mercancías y construidos de tal manera que pueden adaptarse unos a otros para facilitar la estiba.

contener tr. y r. Llevar o encerrar dentro de sí una cosa a otra. I Reprimir o suspender el movimiento o impulso de un cuerpo. I fig. Reprimir una pasión.

contenido, da p. p. de contener. I adj. Moderado. I m. Lo que una cosa contiene dentro de sí.

contentadizo, za adj. Con los adjetivos bien o mal, fácil o difícil de contentar.

contentar tr. Satisfacer el gusto o las aspiraciones de uno. I r. Darse por contento.

contento, a adj. Satisfecho, alegre. I m. Satisfacción, alegría.

conteo m. Cálculo, valoración.

contera f. Pieza de metal con que se remata el bastón, vaina de las espada, etc.

conterráneo adj. Natural de la misma tierra que otro.

contertulio, lia m. y f. Persona que asiste con otras a una tertulia.

contestar tr. Responder a lo que se pregunta, se habla o se escribe. I Declarar y atestiguar una cosa que otros han dicho. I Comprobar o confir I Adoptar actitud polémica y a veces de oposición o polémica y a veces de oposición o protesta violenta, contra lo establecido, ya sean las autoridades y sus actos, ya formas de vida, posiciones ideológicas, ete.

constestatario, a adj. El que contesta, disputa o expresa una actitud de protesta.

contexto m. Orden de composición de ciertas obras. I fig. Serie, hilo del discurso.

contextura f. Compaginación, disposición y unión de las partes de un todo. I Configuración corporal del hombre.

conticinio m. Hora de la noche en que todo está en silencio.

contienda f. Pelea, disputa.

contigo Ablativo de singular del pronombre personal de segunda persona en género masculino y femenino.

contigüidad f. Inmediación, proximidad, cercanía.

contiguo, gua adj. Inmediato.

continencia f. Sobriedad, templanza. I Moderación de pasiones y afecto. I Acción de contener.

continente p. a. de contener. Que contiene. I adj. Sobrio, moderado, templado, I m. Cosa que contiene en sí otra. I Aire del semblante y actitud y compostura del cuerpo. I Extensión muy grande de tierra que, aunque rodeada de mar, no puede llamarse isla ni península debido a su gran tamaño.

contingencia f. Posibilidad de que una cosa suceda o no suceda. I Cosa que puede suceder o no suceder. I Riesgo.

contingente adj. Que puede suceder o no suceder. I m. Cuota con que cada uno contribuye a un mismo fin.

continuación f. Acción de continuar.

continuar tr. Proseguir lo comenzado. I intr. Durar, permanecer. I r. Extenderse, seguir.

continuidad f. Unión natural de las partes de un todo. I Calidad o condición de las funciones o transformaciones continuas.

continuo, nua adj. Que dura, obra, se extiende o se hace sin interrupción. I Díc. de las cosas gue tienen unión. I Díc. de una funcion o de una transformación que conserva la relación matemática de proximidad. I m. Todo compuesto de partes unidas.

contonearse f. Mover afectadamente los hombros y caderas.

contorcerse r. Sufrir contorsiones o fingirlas.

contorción f. Retorcimiento.

contornear tr. y r. Dar vueltas aíredador. I Perfilar, hacer los contornos de una figura.

contorno m. Conjunto de parajes que rodean un lugar. I Conjunto de las líneas que limitan una figura o composición.

contorsión r. Contracción convulsiva de los músculos. I Ademán grotesco.

contorsionista Persona que hace movimientos difíciles en los circos.

contra prep. Con que se denota oposición y contrariedad. Tiene uso como prefijo en voces compuestas. I Enfrente. I Hacia, en dirección de. I m. Concepto opuesto o contrario a otro. I pl. r. Dificultad, inconveniente.

contraataque m. Reacción ofensiva contra el ataque del enemigo.

contrabajo m. Instrumento músico, el mayor y más grave de los de cuerda. I Persona que toca este instrumento. I Voz más grave que la del bajo ordinario.

contrabandista adj. y s. Que practica el contrabando.

contrabando m. Comercio o producción de géneros prohibidos. I Esos mismos géneros.

contrabarrera f. Segunda fila de asientos en los tendidos de las plazas de toros.

contrabasa f. Pedestal.

contrabatería f. Batería en oposición de otra enemiga.

contracarril m. Carril que se pone al lado del ordinario para facilitar el cambio o cruce de vías.

contracción r. Acción de contraer. I Sinéresis.

contracorriente f. Corriente contraria a otra.

contráctil adj. Que se puede contraer fácilmente.

contractilidad f. Calidad de contráctil. I Facultad de contraerse de ciertas partes de los seres orgánicos.

contractual adj. Perteneciente al contrato. I Procedente de él.

contractura f. Contracción involuntaria, duradera o permanente, de uno o más grupos musculares.

contradecir tr. y s. Decir lo contrario de lo que otro afirma, o negar lo que da por cierto.

contraer tr. Estrechar, juntar dos cosas. I Tratándose de costumbres, vicios, enfermedades, resabios, deudas, etc., adquirirlos, caer en ellos, tratándose de obligaciones o compromisos, asumirlos. I r. Reducirse a menor tamaño. Ú. t. c. tr.

contrafilo m. Filo opuesto al corte de las armas blancas.

contrafuerte m. Fuerte opuesto a otro. I Refuerzo saliente en un muro. I Elevaciones menores que se adelantan de una cordillera.

contrahecho, cha p. p. irreg. de contrahacer. I adj. Corvocado, torcido de cuerpo.

contraindicar tr. Señalar como perjudicial en ciertos casos detemínado remedio, aliento o acción.

contralmirante m. Contraalmirante.

contralto m. Voz media entre tiple y tenor. I Persona que tiene esta voz.

contraluz r. Vista o aspecto de las cosas desde el lado opuesto a la luz.

contramaestre m. Jefe de los oficiales y obreros de un taller o fábrica. I Oficial de mar, que manda la marinería, bajo las órdenes del oficial de guerra.

contramarco m. Segundo marco que se pone sobre el que esta clavado en la pared, para sujetar en él las puertas vidrieras.

contraofensiva f. Ofensiva que se emprende para contrarrestar la del enemigo.

contrapartida f. Asiento con que en la contabilidad se corrige algún error. I Asiento que en el haber y tiene su compensación en el debe, o viceversa.

contrapás m. Cierto paseo o figura en la contradanza.

contrapaso m. Paso dado en sentido opuesto del dado antes.

contrapear tr. Aplicar unas maderas contra otras, con las fibras cruzadas. I Terciado.

contrapesar tr. Servir de contrapeso I fig. Igualar, compensar una cosa con otra.

contrapilastra Resalto que se hace en el paramento de un muro a uno y otro lado de una pilastra o media columna unida a él.

contraponer tr. Comparar o cotejar una cosa con otra contraria o diversa. I Oponer. Ú. t. c. r.

contraproducente adj. Díc. de aquello que produce un efecto contrario al que se pretendía.

contrapuesto, ta p. p. irreg. de contraponer.

contrapuntear tr. Cantar de contrapunto. I r. Picarse, resentirse unas personas con otras.

contrapunto m. Concordancia armoniosa de voces contrapuestas.

contrariar tr. Contradecir, resistir las intenciones y propósitos de los demás; procurar que no se cumplan.

contrariedad f. Oposición de dos cosas I Obstáculo que se opone a los deseos de uno.

contrario, ria adj. Opuesto a una cosa. Ú. t. c. s. I m. y f. Persona que tiene enemistad con otra. I m. Impedimento, obstáculo, contradicción.

contrarrestar Volver la pelota desde la parte del saque. | Hacer frente y oposición, resistir. | Tener una cosa efecto contrario a otra anterior.

contrarroda f. Pieza parecida a la roda.

contrasentido m. Interpretación contraria al sentido natural de las palabras.

contraseña f. Señal reservada que se dan unas personas a otras para entenderse.

contrastar tr. Resistir, hacer frente. | Comprobar y fijar la ley de un objeto de metal precioso. Comprobar pesos y medidas. | intr. Mostrar notable diferencia, o condiciones opuestas, dos cosas que se comparan.

contraste m. Acción de contrastar. | Oposición, diferencia notable entre personas o cosas | fig. Contienda, combate.

contrata f. Escritura o simple obligación firmada, con que las partes aseguran los contratos que han hecho. | Contrato, ajuste o convenio.

contratapa f. Carne de vaca que está entre la babilla y la tapa.

contratar tr. Pactar, convenir, comerciar, hacer contratos o contratas.

contratiempo m. Accidente perjudicial y por lo común inesperado.

contratista Persona que ejecuta una obra o presta un servicio por contrata.

contrato m. Pacto o convenio entre partes que se obligan sobre cosa determinada.

contraveneno m. Medicamento contra el veneno.

contravenir intr. Obrar contra lo que está mandado.

contraventana f. Puerta que interiormente cierra sobre la vidriera.

contrayente p. a. de contraer. Que contrae.

contribución f. Acción de contribuir. | Cuota que se paga al Estado para satisfacer sus cargas.

contribuir tr. Pagar contribución. | fig. Ayudar y concurrir con otros al logro de algo.

contribuyente p. p. de contribuir. Que contribuye.

contrición f. Pesar de haber ofendido.

contrincante m. Cualquiera de los opositores de una trinca, respecto de los otros de. | El que compite con otros para lograr algo.

contrito, ta adj. Que siente contrición.

control m. Acción de controlar.

controlar tr. Comprobar, examinar, inspeccionar, revisar. | Dirigir, gobernar, dominar.

controversia f. Disputa, discusión especialmente sobre materias religiosas.

controvertir intr. y tr. Discutir extensa y detenidamente sobre una materia.

contubernio m. Habitación con otra.| fig. Alianza o liga vituperable.

contumacia f. Tenacidad en sostener un error.| Rebeldía.

contumaz adj. Que tiene contumacia.

contundente adj. Que produce contusión. | Convincente, concluyente.

contundir tr. y r. Golpear, magullar.

conturbar tr. y r. Alterar, inquietar. | Intranquilizar el ánimo.

contusión f. Daño exterior sin herida, que resulta de un golpe.

contuso, sa adj. y s. Que ha sufrido contusión.

convalecencia f. Estado del que convalece. | Acción de convalecer.

convalecer intr. Recobrar las fuerzas después de una enfermedad.

convalidar tr. Confirmar, revalidar.

convencer tr. y r. Precisar a uno con razones eficaces a que mude de dictamen. | Probarle una cosa de modo que racionalmente no pueda negarla.

convencimiento m. Acción y efecto de convencer o convencerse.

convención f. Ajuste y concierto entre dos o más personas o entidades. | Convenencia, conformidad. | Asamblea de los representantes de un país que asume todos los poderes.

convencional adj. Relativo a la convención, convenio o pacto. | Que resulta o se hace en virtud de precedentes o de costumbre.| m. Individuo de una convención.

convencionalismo m. Conjunto de opiniones o procedimientos basados en ideas falsas que en el trato social se admiten como ciertas por comodidad o conveniencia.

conveniencia t. Conformidad entre dos cosas.| Utilidad, provecho.| Conformidad.

conveniente adj. Útil, oportuno. | Concorde, decente.

convenio m. Ajuste, convención.

convenir m. Ser de un mismo parecer y dictamen. | Corresponder, pertenecer. | Ser adecuado, convincente. | r. Ajustarse, componerse, concordarse.

convento m. Casa donde vive una comunidad religiosa.

convergencia f. Acción de converger. | fig. Concordancia de pareceres.

converger intr. Concurrir en un punto dos líneas. | fig. Concurrir a un mismo fin dos o más cosas.

conversación f. Acción de conversar.

conversar intr. Hablar familiarmente dos o más personas.

conversión f. Acción de convertir o convertirse.

converso, sa adj. p. p. irreg. de convertir. | adj. Convertido.

convertir tr. y r. Transformar una cosa en otra. | Devolver a la buena conducta al que va errado. | Volver musulmán al infiel. | Volver cristiano al infiel.

convexo, xa adj. Que es más prominente o abombado en el medio que por las orillas o extremos.

convicción f. Convencimiento.

convicto, ta p. p. irreg. de convencer. | adj. Díc. del reo cuya culpabilidad se ha probado.

convidar tr. Rogar una persona a otra que le acompañe a comer o a una función. | fig. Mover, incitar. | r. Ofrecerse voluntariamente para alguna cosa.

convincente adj. Que convence.

convite m. Acción de convidar. | Banquete a que uno es invitado.

convivir intr. Vivir en compañía de otro o de otros.

convocar tr. Citar, llamar a varias personas para que concurran a un lugar o acto determinado.

convocatoria f. Anuncio o escrito con que se convoca.

convolvuláceo, a adj. y s. Díc. de plantas dicotiledóneas, de hojas alternas, flores con la corola en forma de tubo o de campana y semillas con albumen mucilaginoso.

convoy m. Escolta que protege algún transporte. | Lo que se transporta escoltado.

convoyar tr. Escoltar lo que se conduce de una parte a otra, para que vaya resguardado.

convulsión f. Movimiento y agitación alternada de contracción y estiramiento de uno o más músculos o miembros del cuerpo. | fig. Agitación violenta de agrupaciones políticas o sociales. | Sacudida de la tierra o del mar por efecto de los terremotos.

convulsionar tr. Producir convulsiones.

convulso, sa adj. Que padece convulsiones.| fig. Trémulo.

conyugal adj. Perteneciente al matrimonio.

cónyuge Cualquiera de los dos esposos, con respecto del otro.

coñac m. Aguardiente muy estimado que se obtiene por destilación de vinos flojos y se madura en toneles de roble.

coño m Parte externa del aparato genital de la hembra.

cooperación f. Acción de cooperar.

cooperar intr. Obrar juntamente con otro para algún fin.

cooperativismo m. Sistema que tiende a la cooperación en el orden económico y social.

cooperativo f. Sociedad que se forma para un objeto de utilidad común de los asociados.

coordenada Díc. de las líneas que sirven para determinar la posición de un punto, y a los ejes o planos a que se refieren aquellas líneas. Ú. m. c. s. f.

coordinar tr. Disponer cosas metódicamente. I Conjuntar y orientar actos diversos dirigidos a un fin de modo que dicho fin se consiga.

copa f. Vaso con pie, para beber. I Todo el líquido que cabe en él. I Conjunto de ramas y hojas que forman la parte superior de un árbol. I Premio que se concede en algunos certámenes deportivos. I Parte hueca del sombrero. I pl. Palo de la baraja en que hay figuras de copas.

capaiba f. Resina o bálsamo del copayero.

copal adj. y s. Díc. de una resina que se emplea en los barnices finos, y se obtiene de diversos árboles leguminosos tropicales.

copar tr. fig. Conseguir en una elección todos los puestos. I Sorprender y hacer prisionera a una fuerza militar.

copayero m. Arbol de la familia de las papilonáceas.

cope m. Parte más tupida de la red de pescar.

copela f. Pequeño crisol hecho con cenizas de huesos calcinados, para ensayar y purificar los minerales de oro y plata.

copelación f. Acción de copelar.

copépodos m. pl. Gran grupo de crustáceos muy pequeños, que constituyen un orden de los entomostráceos.

copero m. Criado que tenía por oficio traer la copa y dar de beber a su señor. Mueble para las copas.

copete m. Cabello levantado sobre la frente. I Moño o penacho de plumas que tienen algunas aves en la cabeza. I Mechón de crin que cae al caballo sobre la frente.

copetín m. Aperitivo a modo de cóctel.

copey m. Árbol gutífero de América tropical.

copia f. Abundancia o gran cantidad de una cosa. I Traslado o reproducción de un escrito. I Obra de pintura o escultura que se ejecuta procurando imitar la original. I Imitación servil del estilo o de las obras de escritores o artistas.

copiar tr. Escribir en una parte lo que está escrito en otra. I Sacar copia de una obra de pintura o escultura. I Imitar servilmente el estilo o las obras de escritores o artistas. I Imitar o remedar a una persona.

copiloto m. Piloto auxiliar.

copioso, sa adj. Muy abundante.

copla f. Estrofa. I Composición poética, breve, que sirve de letra en canciones populares.

coplanario, ria adj. Díc. de los puntos, líneas y figuras que están en un mismo plano.

coplero, ra m. y f. Persona que vende coplas, romances y otras poesías. I fig. Poeta ramplón.

copo m. Mechón de lana, seda, lino, etc., dispuesto para hilarse. I Cada una de las pequeñas porciones de nieve que caen al nevar.

copón m. Vaso donde se guardan las hostias consagradas.

copra f. Médula del coco de la palma.

coprófago, ga adj. y s. Díc. de ciertos animales que se nutren de excrementos y otras inmundicias.

coprolito m. Excremento fósil.

copudo, da adj. Que tiene mucha copa.

cópula f. Atadura. I Unión, acto sexual.

copular intr. Unirse o juntarse carnalmente.

coque m. Carbón procedente de la combustión incompleta o de la destilación de la hulla.

coqueta adj. y s. Díc. de la mujer que por vanidad procura agradar a muchos hombres.

coquetear intr. Procurar, agradar a muchos por pura vanidad, valiéndose de medios estudiados.

coquetería f. Acción de coquetear. I Afectación en los modales para agradar.

coquina f. Molusco acéfalo.

coracero m. Soldado de a caballo armado de coraza.

coracoides adj. y s. Díc. de la apófisis del omóplato, encorvada en forma de pico de cuervo, situada en la parte más prominente del hombro.

coraje m. Impetuosa decisión y esfuerzo del ánimo; valor. I Irritación, ira.

corajina f. fam. Explosión de cólera.

corajudo, da adj. Colérico, irascible. I Valiente.

coral adj. Perteneciente al coro. I m. Celentéreo antozoario, octocoralario, que vive en colonias formando pólíperos calcáreos de color generalmente rojo o rosado. I Cualquiera de estos pólíperos que, pulimentado, se usa en joyería. I Coralillo. I Arbusto leguminoso de semillas rojas, con las que se hacen collares.

coralífero, ra adj. Que tiene coral o lo produce.

coralina f. Coral, celentéreo ,antozoo. I Alga ramosa, articulada.

corambre f. Conjunto de cueros o pellejos.

coraza f. Armadura que protege el pecho y la espalda. I Blindaje. I Cubierta dura que protege el cuerpo de los reptiles quelonios.

corazón m. Órgano musculoso, impulsor de la circulación de la sangre. I fig. Cosa que tiene o a la que se le da la figura de este órgano. I fig. Ánimo, valor, espíritu. I fig. Amor, benevolencia. I fig. Medio o centro de una cosa; interior de una cosa inanimada.

corazonada f. Impulso espontáneo que nos mueve a ejecutar algo arriesgado o difícil. I Presentimiento.

corbata f. Tira de lienzo, seda, etc., que por adorno se pone o anuda alrededor del cuello de la camisa. I Banda o cinta adornada que, como insignia de honor, se ata en el asta de la bandera o estandarte, en el cuello de la moharra.

corbato m. Depósito de agua que rodea el serpentín del alambique.

corbeta f. Buque ligero de guerra, con tres palos y vela cuadrada.

corcel m. Caballo de mucha alzada, ligero y brioso.

corcha f. Corcho arrancado del alcornoque, todavía sin labrar.

corchar tr. Unir las filásticas de un cordón o los cordones de un cabo, torciéndolos uno sobre otro.

corchea f. Nota musical cuyo valor es la mitad de una negra.

corchete m. Broche de metal compuesto de macho y hembra, y también se entiende por el macho solo. I Signo ortográfico ([])equivalente al paréntesis.

corcho m. Corteza del alcornoque. I Tapón hecho de esta corteza.

corcova f. Joroba.

corcovear intr. Dar corcovos.

corcovo m. Salto que da un animal encorvando el lomo.

cordado, da adj. Díc. de los animales que poseen columna vertebral, o al menos notocordio. Ú. t. c. s. m.

cordaje m. Jarcias.

cordal adj. y s. Díc. de la muela o muelas de juicio. I m. Pieza donde se atan las cuerdas de un instrumento.

cordel m. Cuerda delgada.

corderina f. Piel de cordero.

cordero m. Hijo de la oveja, que no pasa de un año. | Su piel adobada. | fig. Hombre apacible, dócil y humilde.

cordial adj. Que tiene virtud para fortalecer el corazón. | Afectuoso, sinceramente cariñoso.

cordiforme adj. Acorazonado.

cordilla f. Trenza de tripas de carnero.

cordillera f. Serie de montañas enlazadas entre sí.

corditis f. Inflamación de las cuerdas vocales.

cordobán m. Piel de macho cabrío o de cabra curtida.

cordón m. Cuerda redonda. | Conjunto de individuos puesto de trecho en trecho para impedir el paso.

cordoncillo m. Raya o labor que forma un tejido. | Cierta labor en el canto de las monedas.

cordura f. Prudencia, juicio, madurez.

corea f. Danza acompañada de canto. | Enfermedad del sistema nervioso, que se manifiesta por movimientos desordena- dos, bruscos e involuntarios.

corear tr. Componer música para ser cantada con acompañamiento de coros. | fig. Asentir varias personas sumisamente al parecer ajeno.

coreografía f. Arte de componer bailes y, en general, arte de la danza.

coreógrafo m. Compositor de bailes.

coriáceo, a adj. Relativo al cuero, o parecido a él.

corifeo m. Director del coro en la tragedia antigua. | fig. El que es seguido de otros en una opinión o partido.

coriláceo, a adj. y s. Díc. de ciertas plantas betuláceas, de flores en amentos y fruto indehiscente, como el avellano.

corimbo m. Inflorescencia en la que los pedúnculos florales nacen en distintos puntos del eje de aquella y terminan aproximadamente a la misma altura.

corindón m. Sesquióxido natural de aluminio, el mineral más duro que se conoce después del diamante. Entre sus variedades se encuentra el esmeril y el zafiro.

corión m. Membrana que protege el embrión de los reptiles, aves y mamíferos.

corista m. Cantante que forma parte del coro. | En espectáculos frívolos, bailarinas y cantantes que se presentan y actúan en grupo.

cormorán m. Cuervo marino.

cornáceo, a adj. y s. Díc. de plantas dicotiledóneas, árboles o arbustos, de fruto en drupa carnosa.

cornada f. Golpe dado por un animal con la punta de un cuerno. | Estocada que se tira hacia arriba.

cornalina f. Ágata roja o rojiza.

cornamenta f. Los cuernos de un animal astado.

cornamusa f. Trompeta larga, con una rosca en medio del tubo. | Gaita compuesta de un odre y varios canutos.

córnea f. Parte anterior transparente de la membrana externa del globo del ojo.

cornear tr. Herir con los cuernos.

corneja f. Especie de cuervo grande.

cornejo m. Arbusto cornáceo de madera muy dura, que se cría entre matorrales.

córneo, a adj. De cuerno o parecido a él. / Cornáceo.

córner m. Término usado en el fútbol para designar cada una de las cuatro esquinas del campo.

corneta f. Instrumento músico parecido al clarín, pero mayor y de sonidos menos agudos. | El que toca este instrumento. | Cuerno que usan los porqueros para llamar a los cerdos.

cornete m. dim. de cuerno. | Cualquiera de las dos laminillas óseas y encorvadas de las fosas nasales.

cornezuelo m. dim. de cuerno. | Instrumento de albeitería. | Hongo pequeño que vive parásito en las flores del centeno y las destruye.

cornicabra f. Terebinto. | Variedad de aceituna larga y puntiaguda.

corniforme adj. De figura de cuerno.

cornijal m. Punta, ángulo, esquina. | Lienzo con que se enjuga los dedos el sacerdote en la misa.

cornijón m. Cornisamiento. | Esquina de una casa.

cornisa m. Coronamiento compuesto de molduras, o cuerpo voladizo con molduras, que sirve de remate a otro. | Parte superior del cornisamiento de un pedestal, edificio o habitación.

cornisamiento f. Conjunto de molduras que coronan un edificio u otra obra arquitectónica, compuesto de arquitrabe, friso y cornisa.

cornucopia f. Cierto vaso con figura de cuerno, rebosando flores y frutas, que se toma como símbolo de la abundancia. | Espejo de marco dorado, con brazos para poner bujías, etc.

cornúpeta adj. y s. Díc. del animal que embiste con los cuernos.

cornuto adj. Díc. del argumento o del silogismo consistente en un dilema.

coro m. Conjunto de personas reunidas para cantar, alabar o celebrar alguna cosa. | Conjunto de personas que en una función musical cantan simultáneamente una pieza concertada. | Esta misma pieza. | Conjunto de religiosos o religiosas congregados en el templo para rezar los divinos oficios. | Paraje del templo donde se hace este rezo.

corografía f. Descripción de un país.

coroideo, a adj. Díc. de ciertas membranas muy vasculares, y aplícase también a lo relativo a ellas.

coroides f. Membrana que tapiza todo el globo del ojo menos la parte correspondiente a la córnea transparente.

corola f. Cubierta interior de la flor completa que protege a los órganos reproductores, generalmente de bellos colores.

corolario m. Proposición que por sí se infiere de lo demostrado.

coroliflora adj. y s. Aplícase a la planta que tienen los estambres soldados con la corola.

corona f. Círculo de metal precioso, ramas o flores con que se ciñe la cabeza. | Tonsura. | Aureola, disco de luz que se figura en las imágenes sagradas | fig. Reino o monarquía . | Halo. | Porción de círculo comprendido entre dos circunferencias concéntricas. | Parte de los dientes que sobresale de la encía. | Parte exterior del sol dos veces mayor que el tamaño aparente del astro, fácilmente visible en los eclipses totales.

coronación f. Acción de coronar o coronarse un soberano. | Coronamiento.

coronar tr. Poner la corona en la cabeza. Ú. t. c. r. | fig. Completar una obra.

coronario, ria adj. Relativo a la corona. | Díc. del oro muy fino. | De figura de corona. | Díc. de las arterias y venas del corazón.

coronel m. Empleo militar superior al de teniente coronel e inferior al de general de brigada.

coronilla f. Parte más eminente de la cabeza.

coronio Nombre que se da a un cuerpo desconocido en la Tierra, pero que el espectroscopio revela como existente en la parte más externa de la superficie o corona del Sol.

corpiño m. dim. de cuerpo. | Jubón sin mangas. | Prenda interior que viste el busto de las mujeres.

corporación f. Cuerpo, comunidad, asociación.

corporal adj. Perteneciente al cuerpo.

corporativo, va adj. Relativo a la corporación.

corpóreo, a adj. Que tiene cuerpo. | Perteneciente a él.

corpulencia f. Magnitud y grandeza de un cuerpo.

corpulento, ta adj. Que tiene mucho cuerpo.

corpúsculo m. Cuerpo muy pequeño, partícula, célula, elemento.

corral m. Lugar cerrado y descubierto, contiguo a la casa y dependiente de ella. | Lugar cercado y descubierto donde se reúne al ganado para diversas faenas. | Patio donde se representaban las comedias.

corralero, ra m. y f. Persona que posee corrales de los que saca utilidad. | Caballo muy ágil y brioso, apropiado para rodeos y manejo de reses en los corrales.

corralón m. aum. de corral. | Almacén de maderas, barracón.

correa f. Tira de cuero. | Flexibilidad.

correaje m. Conjunto de correas que tiene una cosa, y en especial las que sostienen las cartucheras del soldado.

corrección f. Acción de corregir o enmendar lo errado o defectuoso. | Represión. | Calidad de correcto.

correccional adj. Perteneciente a la corrección. | m. Establecimiento penitenciario destinado al cumplimiento de ciertas penas de prisión.

correctivo, va adj. y s. Que tiene virtud de corregir, atenuar o subsanar.

correcto, ta p. p. irreg. de corregir. | adj. Libre de errores o defectos, conforme a las reglas. | Educado, atento, fino.

corredera f. Tabla corrediza para cerrar. | Ranura o carril por donde corre o resbala una pieza en ciertas máquinas. | Aparato para medir la velocidad de la naves. | Pieza que abre y cierra alternativamente los orificios por donde entra y sale el vapor de los cilindros de las máquinas de vapor.

corredor, ra adj. Que corre mucho. | Díc. de las aves de gran tamaño, con alas muy cortas e inútiles para el vuelo como el avestruz. | m. El que por oficio interviene en almonedas, ajustes, compras y ventas de cualquier género de cosas. | Pasillo, pieza larga y angosta de un edificio. | Galería que tienen algunas casas alrededor del patio, en cualquiera de sus pisos.

corregidor, ra adj. y s. Que corrige. | m. Antiguo magistrado, especie de gobernador con amplias atribuciones.

corregir tr. Enmedar lo errado. | Amonestar, advertir, reprender. | fig. Disminuir, moderar la actividad de una cosa.

correhuela f. dim. de correa. | Mata convolvulácea de raíz medicinal.

correlación f. Relación recíproca entre dos o más cosas.

correligionario, ria adj. y s. Que profesa la misma religión, o es de las mismas ideas políticas que otro.

correntía f. Diarrea.

correntoso, sa adj. Díc. del río de corriente muy rápida.

correo m. El que transporta la correspondencia. | Servicio público que tiene por objeto el transporte de la correspondencia. Ú. t. en pl. | Casa donde está establecido este servicio. | Conjunto de cartas que se despachan o se reciben. | Tren que normalmente lleva la correspondencia pública.

correoso, sa adj. Que fácilmente se dobla y extiende sin romperse. | Dícese de un alimento difícil de mascar.

correr intr. Caminar con velocidad. | Moverse progresivamente de una parte a otra los fluidos, tanto líquidos como gaseosos. | Ir, pasar, extenderse de una parte a otra. | Transcurrir el tiempo. | Ir rápido o poner en ejecución alguna cosa.

correría f. Incursión hecha por tierra enemiga, talando y saqueando el país. | Viaje corto a varios puntos, regresando al de partida.

correspondencia f. Acto de corresponder. | Conjunto de cartas que se despachan o se reciben. | Relación que realmente existe o convencionalmente se establece entre los elementos de distintos conjuntos o colecciones. | Sinonimia. | Comunicación entre habitaciones, estancias o ámbitos.

corresponder intr. Pagar con igualdad, relativa o proporcionalmente, afectos, beneficios o agasajos. Ú. t. c. tr. | Tocar o pertenecer. | Tener relación, realmente existente o convencionalmente establecida, un elemento de otro. | r. Comunicarse por escrito dos personas. | Amarse recíprocamente.

corresponsal adj. y s. Correspondiente, que tiene correspondencia con alguien. | Representante de un periódico, casa comercial, etc.

corretaje m. Gestión del corredor y estipendio de su trabajo.

corretear tr. fam. Andar de calle en calle o de casa en casa. | fam. Correr en varias direcciones dentro de limitado espacio, por entretenimiento.

correveidile m. Persona chismosa.

corrida f. Acción de correr el hombre o el animal cierto espacio. | Lidia de toros en plaza cerrada.

corrido, da p. p. de correr. | adj. Que excede un poco del peso o de la medida de que se trata. | fig. Avergonzado, confundido. | fam. Díc. de la persona de mundo, experimentada y astuta.

corriente p. a. de correr. Que corre. | adj. Díc. del siglo, mes o semana que transcurre. | Admitido por el uso. | f. Movimiento de traslación continuado de las aguas de un río o del mar, en dirección determinada. | fig. Curso que llevan algunas cosas. | fig. Curso, movimiento o tendencia de los sentimientos o de las ideas. | Movimiento de la electricidad a lo largo de un conductor. | Masas de agua que, a modo de grandes ríos, recorren los océanos.

corro m. Cerco que forma la gente. | Espacio que incluye. | Espacio más o menos circular. | Cierto juego de niñas.

corroborar tr. Vivificar, restablecer las fuerzas orgánicas. | Confirmar la razón o el argumento, con nuevos raciocinios o datos.

corroer tr. Desgastar lentamente como royendo. Ú. t. c. r. | fig. Sentir los efectos de una gran pena o del remordimiento.

corromper tr. Alterar, dañar, echar a perder, pudrir, Ú. t. c. r. | Pervertir, viciar. | Seducir. sobornar.

corrosión f. Acción de corroer.

corrosivo, va adj. Que corroe o tiene virtud de corroer.

corrupción f. Acción de corromper.

corruptela f. Corrupción. | Mala costumbre o abuso ilegal.

corrupto, ta p. p. de irreg. de corromper.

corruptor, ra adj. y s. Que corrompe.

corsario, ria adj. y s. Díc. de la nave armada en corso, y de quien la manda. | m. Pirata.

corsé m. Cotilla interior que usaban las mujeres para ajustar bien el talle.

corta f. Acción de cortar árboles, arbustos y otras plantas.

cortaalambres m. Especie de cortafrío.

cortacésped m. Aparato para cortar el césped.

cortacircuitos m. Aparato destinado a cortar automáticamente el paso de una corriente eléctrica cuando su intensidad es excesiva.

cortadera f. Instrumento para cortar hierro caliente.

cortador, ra adj. Que corta. | m. Carnicero vendedor de carne. | El que en las sastrerías y zapaterías corta las piezas de los trajes y zapatos.

cortadura f. Acción de cortar. | Herida que causa un objeto afilado.

cortafrío m. Instrumento para cortar hierro frío.

cortafuego m. Vereda ancha que se hace en un monte, o pared alta en un edificio, para evitar la propagación de fuego.

cortapicos m. Insecto ortóptero, llamado también tijereta.

cortapisa f. fig. Restricción con que se concede algo. ‖Impedimento, traba.

cortaplumas m. Navaja pequeña.

cortar tr. Dividir una cosa o separar sus partes con algún instrumento.‖ Alzar parte de los naipes dividiendo de baraja. ‖ Atajar detener, impedir el curso o paso de las cosas. Recordar. ‖ fig. Suspender. interrumpir. ‖ r. Turbarse, no saber qué decir. ‖Separarse el suero de la leche de la caseína. Ú. t. c. tr. ‖ Separarse los ingredientes que debían estar trabados en ciertas salsas y otras preparaciones culinarias.

cortauñas m.Especie de tenacillas con la boca poco afilada y curvada hacia dentro para cortar las uñas.

cortaviento m. Aparato colocado delante de un vehículo para cortar el viento. ‖ Especie de casaquilla delgada.

corte m. Filo de un instrumento. ‖ Acción de cortar. ‖ Población donde habitualmente reside el soberano en las monarquías. ‖ Tribunal de justicia. ‖ pl. Junta general de los antiguos reinos de España. ‖ Cámaras legislativas españolas. ‖ Cantidad de tela necesaria para hacerlo.

cortejar tr. Asistir, acompañar, hacer cortejo a alguien. ‖ Galantear a una mujer.

cortejo m. Acción de cortejar. ‖ Comitiva, séquito. ‖ Fineza, obsequio, agasajo. ‖ fam. Persona que tiene amores con otra.

cortés adj. Atento, comedido, afable.

cortesano, na adj. Perteneciente a la corte. ‖ Cortés. ‖ m. Palaciego de la corte.

cortesía f. Cortesanía. ‖ Regalo. ‖ Prueba de atención y respeto.

corteza f. Capa exterior de árboles y frutas. ‖ Parte exterior y dura de ciertas cosas, como el pan y el queso. ‖ fig. Exterioridad de una cosa.

cortijo m. Posesión de tierra y casa de labor.

cortina f. Paño con que se cubren y adornan las puertas, ventanas, camas, etc. ‖ Lienzo de muralla entre dos baluartes.

cortinaje f. m. Juego o conjunto de cortinas.

cortisona f. Hormona de la corteza de las glándulas suprarrenales, que también se obtiene sintéticamente. Se usa en el tratamiento de la artritis y reumatismo.

corto, ta adj. Falto de la extensión debida. ‖ De poca duración, estimación o entidad. ‖ Que no alcanza al punto de su destino. ‖ fig. Tímido, apocado. ‖ fig. Falto de palabras para explicarse. ‖ fig. De poco talento.

cortocircuito m. Circuito eléctrico que ofrece una resistencia sumamente pequeña, y que se produce accidentalmente por contacto entre los conductores y suele determinar una descarga.

cortometraje m. película cuya duración no es mayor de 30 minutos.

cortón m. Insecto ortóptero parecido a un grillo grande.

corva f. Parte de la pierna opuesta a la rodilla.

corvato m. Pollo del cuervo.

corvejón m. Articulación situada en la parte media de la pata posterior de un cuadrúpedo. ‖ Espolón de un ave.

corveta f. Movimiento del caballo que anda sobre las patas traseras.

corvetear intr. Hacer corvetas al caballo.

córvido adj. y s. Díc. de pájaros dentirrostros, de tamaño relativamente grande, pico grande y fuerte y que se alimentan de cadáveres, como el cuervo. ‖ m. pl. Familia de estas aves.

corvina f. Pez acantopterigio marino.

corvo, va adj. Combado, arqueado. ‖ m. Garfio.

corzo m. Mamífero rumiante cérvido, algo mayor que la cabra, rabón y con las cuernas pequeñas y ahorquilladas.

cosa f. Todo lo que tiene entidad, ya sea corporal o espiritual real o abstracta.

coscoja f. Arbol cupulífero, achaparrado, parecido a la encina.

coscorrón m. Golpe dado en la cabeza sin sacar sangre.

cosecante f. Secante del complemento de un ángulo o de un arco.

cosecha f. Conjunto de frutos agrícolas. ‖ Temporada en que se recogen. ‖ Ocupación de recogerlos. ‖ fig. Producto del trabajo. ‖ Conjunto de cosas materiales.

cosechadora f. Máquina agrícola que es al mismo tiempo segadora y trilladora.

cosechar intr. y tr. Recoger la cosecha.

coselete m. Antigua coraza ligera. ‖ Soldado que llevaba esta coraza. ‖ Tórax de ciertos insectos.

coseno m. Seno del complemento de un ángulo o de arco.

coser tr. Unir con hilo, generalmente enhebrado en la aguja, dos o más pedazos de tela, cuero o cosa análoga. ‖ Engrapar papeles uniéndolos con máquina. ‖ fig. Producir a uno varias heridas en el cuerpo con arma punzante o proyectiles.

cosido, da p. p. de coser. ‖ m. Acción coser. ‖ Calidad de la costura.

cosificar tr. Convertir algo en cosa.

cosmético m. Preparación para hermosear la tez y alisar el pelo.

cósmico, ca adj. Perteneciente al cosmos.

cosmódromo m. Campo de despegue o lanzamiento de los vehículos espaciales tripulados destinados a realizar vuelos cósmicos.

cosmogonía f. Ciencia que estudia el origen y transformación del Universo.

cosmografía f. Descripción astronómica del mundo, o astronomía descriptiva.

cosmología f. Ciencia que trata de las leyes generales que rigen el mundo físico, considerado como una unidad, y que abarca todo lo en él contenido, desde los diminutos átomos a las más remotas y gigantescas galaxias.

cosmonauta Astronauta.

cosmonave f. Astronave.

cosmopolita adj. y s. Díc. de quien considera como patria el mundo entero o la humanidad entera.

cosmos m. Mundo, universo. ‖ Espacio sideral.

coso m. Carcoma, insecto coleóptero. ‖ Plaza para diversiones públicas. ‖ Calle principal en algunas poblaciones.

cospe m. Cualquiera de los cortes hechos a trechos con un hacha en una pieza de madera, para marcar lo que ha de quitarse.

cospel m. Disco de metal preparado para ser acuñado.

cosquillas f. pl. Sensación que provoca la risa voluntaria, producida cuando se tocan ligeramente ciertas partes del cuerpo.

cosquillear tr. Hacer cosquillas. ‖ Picarle a uno la curiosidad, avivarle el deseo, darle comezón.

costa f. Cantidad que se da o se paga por una cosa. ‖ Orilla del mar y tierra que está cerca de ella.

costado m. Cada una de las dos partes laterales del tronco humano. ‖ Flanco derecho o izquierdo de un ejército. ‖ Lado. ‖ Cada uno de los dos lados del casco de un buque, llamados estribor y babor.

costalero m. Esportillero, mozo de cordel. ‖ Cada uno de las que llevan a hombros los pasos de las procesiones.

costanero, ra adj. Que está en cuesta. ‖ Perteneciente a la costa.

costar intr. Ser adquirida una cosa por tal o cual precio. ‖ Causar una cosa cuidado, desvelo, perjuicio, etc.

coste m. Costa, lo que se paga por una cosa.

costear tr. Ir navegando a la vista de la costa. | Hacer el gasto o la costa. Ú. t. c. r.

costero, ra adj. Costanero, perteneciente o relativo a la costa, próximo a ella. | Lateral, situado a un costado. | Pendiente, situado en cuesta o desnivel. | m. Terreno pendiente.

costilla f. Cada uno de los huesos largos y encorvados que van de la columna vertebral hacia el esternón. | fig. Cosa que tiene algún parecido con uno de dichos huesos.

costillar m. Conjunto de costillas.

costo m. Planta cingiberácea tropical de raíz medicinal. | Raíz de esta planta. | Costa, lo que se paga por una cosa.

costra f. Cubierta o corteza exterior endurecida sobre una cosa blanda o húmeda. | Postilla de llaga o grano.

costumbre f. Hábito adquirido por la repetición de actos de las misma especie. | Práctica muy usada que ha adquirido fuerza de precepto. | Lo que por propensión se hace más comúnmente. | pl. Conjunto de cualidades o inclinaciones y usos que forman el carácter distintivo de una nación o persona.

costumbrismo m. Atención especial que se presta en las obras literarias a la descripción de las costumbres típicas de un país o región.

costura f. Accion y efecto de coser. | Ropa que se está cosiendo y se halla sin acabar. | Serie de puntadas que une dos piezas cosidas.

costurero m. Cajón o mesita con almohadilla, para la costura.

cota f. Armadura a modo de almilla, de mallas de hierro, etc.

cotana f. Agujero cuadrado que se hace en un madero para encajar en él otro. | Escoplo con que se hace este agujero.

cotangente f. Tangente del complemento de un ángulo o de un arco.

cotarro m. Albergue de pobres. | Ladera de un barranco.

cotejar tr. Confrontar una cosa con otra u otras; compararlas teniéndolas a la vista.

cotidiano, na adj. Diario, de todos los días.

cotila Cavidad de un hueso en que entra la cabeza de otro.

cotiledón m. Hoja embrionaria contenida en la semilla de una planta fanerógama.

cotiledóneo, a adj. Relativo al cotiledón. | Que tiene cotiledones. | f. pl. Uno de los dos grandes grupos en que se dividió el reino vegetal, que comprendía las plantas fanerógamas.

cotillo m. Parte del martillo con que se dan golpes.

cotillón m. Baile con figuras, ejecutado en compás de vals. | Adornos y objetos para jugar, de bajo precio, que se utilizan en ciertas fiestas.

cotizar tr. Publicar en la bolsa el precio de los valores públicos. | Pedir información sobre precios de mercaderías, insumos y servicios.

coto m. Terreno acotado. | Mojón que señala la división de los términos o heredades. | Limete, tasa.

cotorra f. Papagayo pequeño.

coturnicultura f. Explotación industrial de la cría de codornices.

coturno m. Calzado de lujo, usado por griegos y romanos que cubría hasta la pantorrilla y se encordonaba por delante.

covacha f. Cueva pequeña. | Casilla de perro. | Albergue mísero.

covalencia f. Especie de enlace químico en el que los átomos quedan unidos mediante pares de electrones comunes.

cowboy m. Vaquero.

coxa f. Cadera, primera pieza de la pata de un insecto.

coxal adj. Relativo a la cadera. | Díc. del hueso innominado o ilíaco.

coxalgia f. Dolor de la cadera.

coyote m. Especie de lobo que se cría en México y otros países de América del tamaño de un perro grande.

coyunda f. Correa con que se unen los bueyes. | Sujeción conyugal.

coyuntura f. Articulación movible de un hueso con otro. | fig. Sazón, oportunidad para alguna cosa.

coz f. Sacudimiento violento que hacen las bestias con alguna de sus patas. | Golpe que dan con este movimiento.

cran m. Muesca que tiene la letra para servir de guía al cajista.

craneano, na adj. Relativo al cráneo.

cráneo m. Parte de la calavera formada por huesos que limitan la cavidad o caja que contiene el encéfalo y lo protege.

craneometría f. Medida del cráneo.

craneómetro m. Instrumento para medir el cráneo.

craneoscópico, ca adj. Relativo a la craneoscopia.

craneoscopia f. Arte de conocer las facultades intelectuales y afectivas de una persona, por la inspección de la superficie exterior del cráneo.

crápula f. Embriaguez o borrachera. | fig. Disipación, libertinaje.

crapuloso, sa adj. Dado a la crápula.

craqueo m. Procedimiento por el que se disocian las complejas moléculas de petróleo para obtener otros hidrocarburos más ligeros.

crascitar intr. Graznar el cuervo.

crasitud f. Gordura. | Grasa del cuerpo.

craso, sa adj. Grueso, espeso. | fig. Díc. del error o ignorancia indisculpable.

crasuláceo, a adj. y s. Díc. de plantas dicotiledóneas. con hojas carnosas y por frutos folículos dehiscentes con semillas de albumen carnoso: como la uva de gato. | f. pl. *Bot* Familia de estas plantas.

cráter m. Boca por donde los volcanes arrojan humo, ceniza, lava, etc.

crátera f. Vasija grande y ancha donde se mezclaba el vino y el agua para servirlo en las copas durante las comidas en Grecia y Roma.

craticula f. Ventanita por donde se da la comución a las monjas.

craza f. Crisol en que se funden el oro y la plata para amonedarlos.

crea f. Cierto lienzo entrefino.

creación f. Acción de crear o sacar Dios una cosa de la nada. | El cosmos, el universo. | Acción de instituir nuevos cargos o dignidades. | fig. Obra literaria, artística o de otra clase original y de mérito relevante.

creacionismo m. Doctrina que supone que todas y cada una de las especies de seres vivos son resultado de un acto de creación.

creador, ra adj. y s. Que crea.

creatina f. Materia nitrogenada de carácter básico, inodora, e insípida, que existe en la carne.

crecer intr. Tomar alimento natural los seres orgánicos. Aplicado a personas se refiere principalmente a la estatura | Recibir aumento una cosa por añadírsele nueva materia. | Adquirir aumento algunas cosas. | Aumentar la parte iluminada de la Luna. | Aumentar su valor la moneda.

creces f. pl. Aumento, ventaja. | Con creces. m. adv., Amplia, colmadamente.

crecida f. Aumento de caudal en los ríos y arroyos.

creciente p. a. de crecer. Que crece. | m. *Blas.* Media luna con las puntas hacia arriba. | Crecida.

credencial adj. Que acredita. | f. Documento que confiere un destino. | pl. Cartas que un soberano da a su embajador.

credibilidad f. Calidad de creíble.

crédito m. Ascenso. | Derecho que uno tiene a recibir de otro alguna cosa. | Reputación, fama, autoridad. | Opinión que goza una persona de que cumplirá los compromisos que contraiga. | Préstamo concedido por un banco o empresa financiera

creencia f. Fe y crédito que se da a una cosa. | Tener por cierta una cosa que el entendimiento no alcanza o que no está comprobada. | Dar firme asenso a las verdades reveladas por Dios y propuestas por la Iglesia. | Pensar, juzgar, sospechar una cosa o estar persuadido de ella. | Tener una cosa por verosímil o probable. Ú. t. c. r.

crema f. Sustancia crasa contenida en la leche. | Nata de leche. | Natillas tostadas con hierro candente. | Diéresis. | fig. Lo más selecto de una cosa.

cremación f. Acción de que Aplícase especialmente a los cuerpos de los difuntos.

cremallera f. Barra dentada que engrana con un piñón. | Cierre formado por dos tiras flexibles guarnecidas de dientes metálicos y una abrazadera que puede unirlos o desunirlos, y se usa en prendas de vestir, llamado también cierre relámpago.

crematorio, ria adj. Que sirve para incinerar. | Lugar donde se efectúa la cremación solemne de los cadáveres.

cremor m. Tartrato ácido de potasa. Díc. también crémor tártaro.

cremoso, sa adj. Que contiene crema. | De aspecto o consistencia de crema.

crencha f. Raya que divide el cabello en dos mitades. | Cada una de éstas.

creosota f. Líquido incoloro, oleaginoso, de sabor urente y cáustico, que se extrae del alquitrán y se usa en medicina para contener las hemorragias y contra el dolor de muelas, y en la industria como antipútrido.

crepitar intr. Hacer ruido semejante al chasquido de la leña que arde.

crepúsculo m. Claridad que precede a la salida y sigue al ocaso del Sol. | Tiempo que dura esta claridad.

cresa f. Conjunto de huevecillos que pone la abeja, la mosca y otros insectos.

creso m. fig. Hombre inmensamente rico.

crespo adj. Ensortijado o rizado. | Irritado o alterado.

crespón m. Gasa de urdimbre más retorcida que la trama.

cresta f. Carnosidad roja que tienen en la cabeza el gallo y algunas otras aves. | Copete, penacho de plumas que tienen en la cabeza algunas aves. | Protuberancia de poca altura que tiene algunos animales. | fig. Cumbre peñascosa de una montaña. | Cima de una ola.

crestería f. Adorno de calados, muy usado en el estilo ojival, para coronamiento de los edificios. | Almenaje de las fortificaciones antiguas.

crestomatía f. Colección de trozos literarios escogidos para la enseñanza.

crestón m. aum. de cresta. | Parte elevada de la celada, donde se ponen plumas. | Parte superior de un filón, que sobresale en el terreno.

creta f. Caliza terrosa, de color blanco, formada por la acumulación de un número incalculable de microscópicas conchas de foraminíferos.

cretáceo, a adj. Aplícase al terreno más moderno de la era mesozoica o secundaria. Es más antiguo que el eoce-no y más moderno que jurásico. Ú. t. c. s. | Perteneciente o relativo a este terreno, y al período de tiempo en que tuvo lugar su formación.

cretinismo m. Enfermedad caracterizada por un peculiar retraso de la inteligencia acompañado de defectos del desarrollo orgánico.

cretino adj. Estúpido, necio.

cretona f. Tela de algodón muy fuerte.

creyente p.a. de creer. Que cree. Ú. t. c. s. | Para musulmanes y cristianos, los fieles de sus respectivas religiones.

cría f. Acción de criar. | Niño o animal durante la época que manza. | Conjunto de hijos que tienen de una vez los animales.

criadero, ra adj. Fecundo en criar. | m. Vivero, plantel. | Lugar destinado para la cría de animales.

criadilla f. Testículo.

criado, da p. p. de criar. | adj. De buena o mala crianza, según se use con el adv. *bien* o con el adv. *mal.* | m. y f. Persona que sirve por salario, especialmente en el servicio doméstico.

criador, ra adj. y s. Que cría. | m. y f. Persona dedicada a criar animales. | f. Nodriza.

crianza f. Acción y efecto de criar. | Epoca de la lactancia. | Urbanidad, atención, cortesía; suele usarse con los adjetivos *buena* o *mala.*

criar tr. Producir, procrear. Ú. t. c. r. | Alimentar la madre o la nodriza al niño con la leche de sus pechos, o con biberón. | Cuidar y alimentar a sus hijuelos. | Alimentar, cuidar y cebar aves u otros animales. | Instruir, educar y dirigir.

criatura f. Toda cosa criada. | Niño de poca edad.

criba f. Instrumento para cribar formado por un aro de madera cubierto por una parte con una membrana llena de agujeros o un tejido ralo. | Cualquier otro aparato que tenga igual objeto.

cribar tr. Limpiar las semillas con la criba. | Pasar semillas, minerales y otras materias por la criba para separar las partes menudas de las gruesas.

cribelo m. Organo que tienen muchas arañas en el abdomen y que produce seda.

criboso adj. Aplícase a los vasos que tienen cribas y sirven para conducir la savia descendente de los vegetales.

cric m. Gato, máquina para levantar peso.

cricoides adj. y s. Díc. de un cartílago situado en la parte interior de la laringe.

crimen m. Acción voluntaria de herir o matar gravemente a una persona.

criminal adj. Perteneciente al crimen. | Díc. de las leyes, institutos o acciones destinadas a perseguir y castigar los crímenes o delitos. | Díc. de quien ha cometido un crimen. Ú. t. c. s.

criminalidad f. Calidad o circunstancia que hace que una acción sea más o menos criminosa. | Cómputo de los crímenes cometidos en un territorio y tiempo determinado.

criminalista adj. Abogado que ejerce su profesión preferentemente en asuntos relacionados con el derecho penal. | Dícese de la persona especializada en el estudio del crimen.

crimno m. Harina gruesa de espelta y trigo.

crin f. Conjunto de cerdas que tienen algunos animales en la parte superior del cuello.

crinar tr. Peinar, desenredar el cabello.

crinoideo, a adj. Parecido al lirio. | m. pl. Clase de equinodermos, que viven fijos en el fondo del mar, por un extremo de un largo pedúnculo.

crío m. fam. Criatura; niño o niña que se está criando.

criobiología f. Ciencia que estudia la vida a bajas temperaturas.

criollismo m. Afición a las costumbres o cosas propias de los criollos.

criollo, lla adj. y s. Hijo de europeos, nacido en otra parte del mundo. | Díc. de los americanos descendientes de europeos. | Aplícase a la cosa o costumbre propia de los países americanos.

crioterapia f. Método curativo basado en el fuerte enfriamiento de una parte del cuerpo.

cripta f. Lugar subterráneo en que es costumbre enterrar a los muertos. | Piso subterráneo destinado al culto en una iglesia.

criptógamo, ma adj. y s. Díc. de las plantas que carecen de flores o que no tienen órganos sexuales visibles a simple vista, como las muscíneas y las talofitas. | Acotiledóneas.

criptografía f. Arte de escribir con clave secreta o de un modo enigmático.

criptograma m. Documento cifrado.

criptón m. Gas noble que se encuentra en pequeña cantidad en la atmósfera terrestre.

criptorquidia f. Ausencia de uno o ambos testículos en el escroto.

criptúridas f. pl. Familia de aves gallináceas de pequeño tamaño, propias de América del Sur.

críquet m. Juego de pelota que se juega con paletas de madera.

cris m. Puñal de hoja ondulada usado en Filipinas.

crisálida f. Ninfa de los insectos lepidópteros.

crisantemo m. Planta compuesta, oriunda de China, que se cultiva por sus bellas flores.

crisis f. Momento de la decisión de una enfermedad o negocio. | Mutación importante en el desarrollo de otros procesos, ya de orden físico, ya históricos o espirituales. | Situación de un asunto o proceso cuando está en duda su continuacion, modificación o cese. | Dificultad que obliga a dimitir a un ministerio.

crisma amb. Aceite y bálsamo mezclados que consagran los obispos para ungir a los que se bautizan y confirman, y también a los obispos y sacerdotes cuando se consagran o se ordenan.

crisocola f. Sustancia con que los antiguos soldaban el oro. Era un silicato hidratado de cobre.

crisol m. Vaso para fundir metales. | Cavidad de los hornos donde se recoge el metal fundido. | fig. Lo que purifica.

crisolar tr. Acrisolar, depurar el crisol.

crisólito m. Nombre de dos piedras distintas: el crisólito de los volcanes, y el crisolito oriental, que es un silicato de alúmina de color verdoso, que se usa como piedra preciosa.

crisomélidos m. p. Familia de insectos coleópteros, de cuerpo ovalado, generalmente con colores vivos de brillo metálico.

crisoprasa f. Agata de color verde.

crispamiento m. Crispadura.

crispar tr. y r. Contraer convulsivamente los músculos.

crispir tr. Salpicar una superficie con una brocha dura para imitar la piedra de grano.

cristal m. Cualquier cuerpo sólido y de gran dureza gue tiene naturalmente forma poliédrica mas o menos regular. | Vidrio muy transparente que resulta de la mezcla y fusión de arena silícea con potasa y minio.

cristalería f. Fábrica o tienda de objetos de cristal, y conjunto de estos objetos. | Conjunto de vasos, copas, etc., para el servicio de mesa.

cristalino, na adj. De cristal, o que se le parece. | Dícese del agua u otra cosa que presenta una transparencia de gran pureza. | m. Cuerpo de forma lenticular, situado detrás de la pupila del ojo, por donde atraviesan los rayos de la luz para formar la imagen en la retina.

cristalizar intr. Tomar ciertas substancias la forma cristalina. Ú. t. c. r. | fig. Tomar forma clara y precisa las ideas, sentimientos o deseos de una persona o colectividad. | tr. Hacer tomar la forma cristalina a ciertas sustancias.

cristalografía f. Ciencia que estudia la descripción geométrica, la organización interna y las propiedades de los sólidos poliédricos llamados cristales.

cristaloide adj. y s. Díc. del cuerpo que, disuelto en el agua, atraviesa láminas porosas que no dan paso a los coloides.

cristalomancia f. Arte de la clarividencia a través de cristales, especialmente esferas, cuencos o espejos, en los que se mira hasta tener la visión de ciertas cosas lejanas u ocultas.

cristiandad f. Conjunto de los cristianos. | Observancia de la ley de Cristo.

cristianismo m. La religión cristiana. | Cristiandad o gremio de los cristianos.

cristiano, na adj. Perteneciente a la religión de Cristo. | Que profesa esta religión. Ú. t. c. s.

Cristo n.p.m. El hijo de Dios, hecho hombre, según la teología cristiana.

crisuela f. Cazoleta inferior del candil.

criterio m. Pauta, norma, regla para conocer la verdad. | Juicio, discernimiento.

criteriología f. Parte de la lógica que estudia los criterios de la verdad.

crítica f. Juicio sobre la bondad, verdad y belleza de las cosas. | Cualquier juicio formado sobre una obra literaria o artística. | Censura de las acciones o de la conducta de alguno. | Murmuración.

criticar tr. Juzgar sobre las cosas fundándose en principios cientificos o artísticos. | Censurar, vituperar las acciones o la conducta de alguno.

criticismo m. Sistema filosófico kantiano fundado en la critica de todos los conocimientos humanos, en forma de una discusión razonada y sistemática.

crítico, ca adj. Relativo a la crítica. | Perteneciente o relativo a la crisis. Dícese del estado, punto, etc., en que ésta se produce. | Dícese de las condiciones con que en un reactor se inicia la reacción en cadena. | Relativo a la crisis. | m. y f. Persona que juzga según las reglas de la crítica.

critiqueo m.fam. Murmuración.

croar intr. Cantar la rana.

crochet m. Labor de aguja de gancho.

croco m. Azafrán.

croissant m. Bollo de pasta hojaldrada en forma de media luna.

crol m. Forma de nadar en la que el nadador saca la cabeza del agua sólo para respirar y avanza con el cuerpo de costado moviendo alternativamente los dos brazos.

cromado, da p. p. de cro | adj. Revestido de una capa de cromo.

cromar tr. Dar un baño de cromo a los objetos metálicos para que no se oxiden.

cromática f. Parte de la óptica que comprende el estudio de la dispersión, descomposición y recomposición de la luz.

cromático, ca adj. Dícese del sistema músico que procede por semitonos, etc. | Dícese del cristal o instrumento óptico que presenta irisados los objetos.

107 **cruzada**

cromatografía f. Método de análisis que permite la separación de gases o líquidos o sólidos en disolución por adsorción selectiva, produciendo manchas diferentemente coloreadas en el medio adsorbente.

crómico, ca adj. Dícese de un anhídrido cuya molécula consta de tres átomos de oxígeno y uno de cromo. I Dícese de un ácido que se origina disolviendo en el agua el anhídrido crómico.

cromlech Dolmen.

cromo m. Metal blanco muy duro y quebradizo, de gran tenacidad.

cromo m. Cromolitografía, estampa.

cromolitografía f. Arte de litografiar en varios colores, los cuales se obtienen por impresiones sucesivas.

cromometría f. Procedimiento para medir la intensidad de coloración de algunos cuerpos.

cromosfera f. Zona superior de la envoltura gaseosa del Sol, de color rojo y constituida principalmente por higrógeno inflamado

cromosoma m. Cada uno de ciertos corpúsculos, generalmente en forma de filamentos, que existen en el núcleo de la células y controlan el desarrollo genético de los seres vivos y sus órganos.

cromotipia f. Impresión hecha en colores.

crónica f. Relación de los hechos históricos por orden cronológico. I Artículo periodístico sobre temas de actualidad.

crónico, ca adj. Aplícase a las enfermedades largas o dolencias persistentes que, sin hacer crisis, no pueden curarse por si solas. I Díc. de ciertos vicios cuando son inveterados. I Que viene de tiempo atrás.

cronicón m. Breve narración histórica por el orden de los tiempos.

cronista Persona que escribe crónicas.

crónlech m. Monumento megalítico consistente en una serie de piedras verticales o menhires, y dolmenes formando círculo, en un terreno llano.

cronología f. Ciencia que tiene por objeto determinar el orden y fechas de los sucesos históricos. I Serie de personas o sucesos históricos por orden de fechas.

cronológico, ca adj. Relativo a la cronología.

cronometrador, ra m. y f. Persona designada para determinar por medio del cronómetro, el tiempo empleado en una carrera, vuelo, etc., o en cualquier fenómeno o proceso que se esté observando.

cronometraje m. Acción de cronometrar.

cronometrar v. tr. Medir con el cronómetro.

cronometría f. Ciencia de la medida del tiempo.

cronómetro m. Reloj de mucha precisión.

cronoscipio m. Cronógrafo, aparato para medir tiempos muy pequeños.

croquet m. Juego consistente en impulsar con un mazo bolas de madera, para hacerlas pasar bajo unos aros.

croqueta f. Manjar que se hace con carne muy picada, harina y leche, mezclado todo, condimentado y frito en pequeños trozos ovalados después de rebozados con clara de huevo y pan rallado. También se hace de pescado, de verduras y de otras cosas.

croquis m. Diseño ligero de un terreno, paisaje o posición militar, hecho a ojo y sin instrumentos topográficos ni geométricos. I Dibujo ligero, apunte.

crotálidos m. pl. Familia de reptiles ofidios, cuyo tipo es el crótalo.

crótalo m. poét. Castañuela. I Serpiente venenosa sudamericana, llamada vulgarmente, serpiente de cascabel.

crotorar intr. Producir la cigüeña el ruido peculiar de su pico.

croupier m. El que ayuda al banquero, en el juego.

cruce m. Acción de cruzar o cruzarse. I Punto donde se cortan dos líneas. I Interferencia de comunicaciones telefónicas.

crucería f. Arquitectura gótica.

crucero adj. Díc. del arco que va de un ángulo al opuesto en las bóvedas por arista. I m. El que lleva la cruz en proce-siones y entierros. I Encrucijada. I Espacio en que se cruzan la nave mayor de una iglesia y la que la atraviesa. I Buque de guerra de gran velocidad y radio de acción compatibles con fuerte armamento y blindaje. I Porción de mar en que cruzan uno o más buques.

crucial adj. Cruciforme. I fig. Díc. del momento o trance crítico en que se decide una cosa que podía tener resultados opuestos.

crucífero, ra Díc. de las plantas dicotiledóneas que tienen flores con la corola de cuatro pétalos, libres entre sí y colocados en forma de cruz.

crucificar tr. Clavar en una cruz. I fam. Molestar con exceso.

crucifijo m. Imagen de Jesús crucificado.

crucifixión m. Acción y efecto de crucificar.

cruciforme adj. De forma de cruz.

crucigrama m. Pasatiempo que consiste en adivinar, mediante breves indicaciones, las palabras que corresponden a una serie de casillas colocadas cruzándose horizontal y verticalmente en un dibujo. I Este dibujo.

crudeza f. Aspereza, vigor. I fig. Valentía y guapeza afectadas. I Dícese del lenguaje o la narración que no elude utilizar imágenes o palabras malsonantes.

crudo, da adj. Díc. de los comestibles que no están preparados por la acción del fuego, o que no lo están hasta el punto conveniente. I Se aplica a la fruta que no está en sazón. I Aplícase a algunas cosas cuando no están preparadas o curadas. I Díc. del color amarillo claro, como el de la paja. I fig. Cruel, áspero, despiadado.

cruel adj. Que se deleita en hacer mal a un ser vivo. I Que se complace en los padecimientos ajenos. I fig. Insufrible, excesivo. I fig. Sangriento, duro, violento.

crueldad f. Complacencia en causar sufrimiento. I Aspereza, rigor. I Acción cruel.

cruento, ta adj. Sangriento.

crujía f. Tránsito largo de algunos edificios que da acceso a las piezas laterales. I Sala larga de los hospitales, con camas a uno y otro lado. I Paso cerrado con verjas que en algunas catedrales va del coro al presbiterio.

crujido m. Acción y efecto de crujir.

crujir intr. Hacer cierto ruido algunos cuerpos cuando luden entre sí o se rompen, como las maderas y los dientes.

crúor m. Coágulo sanguíneo.

crural adj. Perteneciente o relativo al muslo.

crustáceo, a adj. Que tiene costra. I Díc. de los artrópodos de respiración branquial, cubiertos generalmente con un caparazón, y que tiene dos pares de antenas un par de fuertes mandíbulas, dos pares de patas, según las especies.

cruz f. Figura formada por dos líneas que se cortan perpendicularmente. I Patíbulo formado por un madero hincado verticalmente y atravesado por otro menor en su parte superior en los cuales se clavaban o sujetaban las manos y los pies de los condenados a este suplicio. I Insignia y señal del cristiano. I Reverso de las monedas o parte donde figura el escudo de armas. I Parte del tronco del árbol donde empiezan las ramas. I fig. Peso, carga o trabajo. I Constelación circumpolar del hemisferio austral.

cruzada f. Expedición militar contra los musulmanes.

cruzado, da p. p. de cruzar. I adj. y s. Que lleva cruz. I Díc. de quien se alistaba en una cruzada. I Díc. del animal nacido de padres de distintas castas.

cruzamiento m. Cruce. I Acción de cruzar las razas.

cruzar tr. Atravesar una cosa sobre otra en forma de cruz. I Atravesar un camino, calle, etc., pasando de una parte a otra. I Investir a una persona con la cruz y el hábito de alguna orden. I Unir animales de la misma especie pero de distinta procedencia para mejorar las castas. I Pasar por un sitio dos personas, animales o cosas en direcciones opuestas. I Atravesar, ponerse alguna cosa entremedias de otras. I Pasar una línea a cierta distancia de otra sin tocarla ni ser paralela.

cu Nombre de la letra Q.

cuaco m. Harina de la raíz de la yuca.

cuaderna f. Doble pareja en el juego de las tablas. I Cada una de las piezas curvas que partiendo de la quilla, por cada costado, forman como las costillas del casco de la embarcación.

cuadernal m. Conjunto de poleas paralelas de una misma armadura.

cuadernillo m. Conjunto de cinco pliegos de papel.

cuaderno m. Conjunto de pliegos de papel cosidos a modo de libro. I Conjunto de cuatro pliegos impresos metidos uno dentro del otro.

cuadra f. Sala o pieza espaciosa. I Sala de un hospital o cuartel donde duermen muchos. I Caballeriza, lugar para estancia de caballos y bestias de carga. I Conjunto de caballos de carrera de un mismo dueño. I Grupa. I Manzana de casas, y también la distancia entre dos esquinas de esta manzana.

cuadrada f. Breve, nota musical que vale dos compases mayores.

cuadrado, da adj. Perfecto, cabal. I m. Paralelogramo rectángulo cuyos lados son todos iguales. I producto de un número multiplicado por sí mismo.

cuadragésimo, ma adj. Que sigue en orden al trigésimo nono. I díc. de cada una de las cuarenta partes iguales de un todo. Ú. t. c. s.

cuadragenario, ria adj. y s. De cuarenta años.

cuadral m. Madero colocado diagonalmente entre dos vigas.

cuadrángulo, la m. y adj. Que tiene cuatro angulos

cuadrantal Díc. del triángulo esférico que tiene por lados uno o más cuadrantes. I m. Antigua medida romana de capacidad para líquidos, equivalente al ánfora de los griegos.

cuadrante p. a. de cuadrar. Que cuadra. I m. Cuarta parte del círculo comprendido entre dos radios perpendiculares. I Cada una de las cuatro partes en que se consideran divididos el horizonte y la rosa náutica, denominados primero, segundo, tercero y cuarto, contando desde el norte hacia el este. I Reloj de sol.

cuadrar tr. Dar a una cosa figura de cuadrado. I Elevar una cantidad a la segunda potencia, o sea multiplicarla una vez por sí misma. I Determinar o hallar una figura equivalente a un cuadrado dado. I intr. Conformarse o ajustarse una cosa con otra. I Convenir una cosa con el intento o deseo.

cuadratín m. Pieza pequeña de metal, más baja que las letras, que se coloca entre éstas para espaciar.

cuadratura f. Acción de cuadrar una figura.

cuadrícula f. Conjunto de los cuadrados que resultan de cortarse perpendicularmente dos series de rectas paralelas.

cuadrifoliado, da adj. Que se compone de cuatro hojas.

cuadriforme adj. Que tiene cuatro formas o cuatro caras.

cuadriga f. Tiro de cuatro caballos enganchados de frente. I Carro tirado por cuatro caballos de frente.

cuadril m. Hueso del anca, y también la misma área. I Madera.

cuadrilátero, ra adj. Que tiene cuatro lados. I Polígono de cuatro lados.

cuadrilla f. Reunión de personas para el desempeño de algunos oficios o para ciertos fines.

cuadrillero Jefe o individuo de una cuadrilla.

cuadrilongo, ga adj. y s. Díc. del paralelogramo rectángulo.

cuadrinomio m. Expresión algebraica que consta de cuatro términos.

cuadrisílabo adj. Cuatrisílabo.

cuadrivalvo, va adj. Que tiene cuatro valvas.

cuadrivio m. Encrucijada de cuatro calles o caminos. I En la Edad Media, conjunto de las cuatro artes matemáticas: aritmética, música, geometría y astrología o astronomía.

cuadro, dra adj. Cuadrado. Ú. t. c. s. I Rectángulo. I Lienzo, lámina, etc., de pintura. I Marco, cerco que rodea algunas cosas. I Cada una de las partes en que se dividen los actos de ciertos poemas dramáticos. I Conjunto de nombres, cifras u otros datos presentados gráficamente, para que pueda verse la relación que hay entre ellos. I Conjunto de los profesores de un centro docente, de los mandos de un batallón o regimiento, etc.

cuadrúmano, na adj. y s. Díc. de los animales mamíferos que tienen manos en las cuatro extremidades, como los monos.

cuadrúpedo adj. y s. Aplícase al animal que tiene cuatro pies.

cuádruple adj. y s. Que contiene un número cuatro veces.

cuadruplicar tr. Multiplicar por cuatro.

cuádruplo, pla adj. y s. Que es cuatro veces mayor en relación a otra cosa.

cuaima f. Serpiente muy ágil y venenosa.

cuajada f. Parte caseosa de la leche que, al cuajarse ésta, se separa del suero, y con ella se hace el queso.

cuajadura f. Acción de cuajar o cuajarse.

cuajar m. Última cavidad del estómago de los rumiantes. I tr. Unir y trabar las partes de un líquido, para convertirlo en sólido. Ú. t. c. r. I fig. Recargar de adornos una cosa. I intr. fig. Lograrse, tener efecto una cosa. Ú. t. c. r.

cuajarón m. Porción de líquido cuajado.

cuajo m. Fermento que existe en la mucosa del estómago de los mamíferos en el período de la lactancia y sirve para cuajar la leche. I Efecto de cuajar. I Sustancia con que se cuaja un líquido.

cuákero, ra m. y f. Cuáquero, cuáquera.

cual pron. relat. de género masculino, femenino y neutro en singular, que con el artículo determinado equivale al pronombre **que** y en el plural hace **cuales**. I Se usa con acento en frases interrogativas o dubitativas. I adv. m. Cómo, de que modo. I **a cual más.** loc. en que se pondera que una cualidad es tan viva en unos individuos que no se sabe quién aventaja a los otros.

cualesquiera pron. indet. pl. de cualquiera.

cualidad f. Cualquiera de las circunstancias o caracteres por que se distingue una persona o cosa. I Calidad, manera de ser.

cualificado adj. Calificado, que posee autoridad y merece respeto. I Manera de ser de una persona o cosa.

cualitativo, va adj. Que denota cualidad. I díc. del análisis en que se pone de manifiesto la composición de los cuerpos.

cualquier pron. indet. Apócope de cualquiera.

cualquiera pron. indet. Una persona indeterminada, alguno, sea el que fuere.

cuán adv. c. que se usa para encarecer la significación del adjetivo, el participio y otras partes de la oración, excepto el verbo, precediéndolas siempre. | Como correlativo de tan denota idea de equivalencia.

cuando adv. t. En el tiempo en que, o en qué, si, aunque, puesto que. | En caso de que, si, aunque, puesto que. | Se usa como conjuncion con la significación de aunque, puesto que, unas veces, otras veces. | Con carácter de sustantivo va precedido del artículo el.

cuantía f. Cantidad, suma, valor, importe, coste.

cuántico, ca adj. Relativo a los cuantos. | Díc. de la teoría expuesta por el físico alemán Max Planck y confirmada despues, según la cual la absorción y emisión de energía se efectúa, no de un modo continuo sino por intervalos, a cada uno de los cuales corresponde la absorción o emisión de una cierta cantidad de ella llamada cuanto.

cuantificar tr. Expresar numéricamente una magnitud.

cuantioso, sa adj. Grande en cantidad o número.

cuantitativo, va adj. Relativo a la cantidad.

cuanto, ta adj. Que incluye cantidad indeterminada. | Es correlativo de *tanto*. | Expresión enfática con que se pondera la grandeza, número, etc., de una cosa. | Todo lo que. | m. Según la teoría cuántica, unidad elemental de energía. | adv. t. En qué grado o manera, hasta que punto, qué cantidad.

cuáquero, ra m. y f. Miembro de una secta religiosa protestante, célebre por lo riguroso de su moral y por jamás quitarse el sombrero.

cuarcita f. Roca formada por cuarzo.

cuarenta adj. Cuatro veces diez. | Cuadragésimo, que sigue en orden al treinta y nueve. | Signos del número 40.

cuarenteavo adj. Cada una de las cuarenta partes en que se puede dividir un todo.

cuarentena f. Conjunto de cuarenta unidades. | Tiempo que están en el lazareto, o privados de comunicación, los que viene de lugares infectos o sospechosos de algún mal contagioso. | Cuaresma. | Tiempo de cuarenta días, meses o años.

cuaresma f. Tiempo de cuarenta y seis días comprendido entre el miércoles de ceniza inclusive y la pascua de Resurrección.

cuarta f. Cada una de las cuatro partes iguales de un todo. | Palmo, cuarta parte de la vara. | En México, látigo corto para las caballerías.

cuartago m. Caballo de mediano cuerpo.

cuartana f. Fiebre intermitente cuyos accesos se repiten de cuatro en cuatro días.

cuartear tr. Dividir en cuatro partes. Descuartizar. | r. Agrietarse.

cuartel m. Distrito de una ciudad. | Cuarta parte. | Porción de un terreno acotado para objeto determinado. | *Blas.* Cada una de las cuatro partes de un escudo. | Edificio destinado para alojamiento de la tropa. | Buen trato que los vencedores dan a los vencidos que se rinden. | Úsase también fuera de la milicia refiriéndose a la piedad con que se acoge al que se rinde o cede en algo.

cuarteo m. Esguince para evitar un golpe o atropello. | Acción de cuartear o cuartearse.

cuarterón, na adj. y s. Nacido en América de español y mestiza o al contrario. | m. Cuarta parte. | Cualquiera de los cuadritos de puertas y ventanas que suelen labrarse como adorno.

cuarteta f. Redondilla. | Combinación métrica de cuatro versos octosílabos, de los cuales asonantan el segundo y el cuarto. | Cualquier otra estrofa de cuatro versos.

cuarteto m. Estrofa de cuatro versos endecasílabos, de los cuales aconsonantan o asonantan sólo el segundo y el tercero o bien el segundo con el cuarto y el primero con el tercero. | Composición para cuatro voces o instrumentos distintos. | El conjunto de estas cuatro voces o instrumentos.

cuartilla f. Cuarta parte de una fanega, de una arroba, de un pliego de papel. | Parte entre el menudillo y el casco de las bestias.

cuartillo m. Medida de una capacidad para áridos, cuarta parte de un celemín, equivalente a 1.156 mililitros. | Cuarta parte de un real.

cuarto, ta adj. Que sigue en orden al tercero. | Díc. de cada una de las cuatro partes iguales de un todo. Ú. t. c. s. | m. Aposento, alcoba. | Cada una de las cuatro partes iguales en que se divide la hora. | Pequeña habitación con lavabo, retrete y a veces otros servicios. | Habitación con pila de baño, lavabo, retrete y otros servicios higiénicos.

cuartogénito adj. Nacido en cuarto lugar.

cuarzo m. Sílice anhidra que se presenta en cristales de fractura concoidea, lustre craso, incoloros cuando es puro y tan duros que rayan el acero.

cuasi adv. Casi.

cuasidelito m. Daño hecho sin intención.

cuasimodo m. Domingo de la octava de pascua.

cuaterna f. Lance de la lotería que consiste en sacar cuatro números de una combinación de cinco.

cuaternario, ria adj. Que consta de cuatro unidades o elementos. Ú. t. c. s. | Díc. del terreno sedimentario más moderno, en el que se han encontrado los vestigios más antiguos de la especie humana, hace unos tres millones de años, y del período geológico en que se formó este terreno. Ú. t. c. s. | Perteneciente a dicho terreno o al período de en que se formó.

cuatí m. Mamífero carnicero plantígrado.

cuatrero m. Ladrón de bestias. | Díc. del que al hablar comete muchos barbarismos.

cuatri Prefijo que tiene igual uso y significado que cuadri.

cuatricromía f. Impresión de un grabado a cuatro colores, los de tricromía más un gris o negro.

cuatrienio m. Tiempo y espacio de cuatro años.

cuatrillizo adj. Dícese de cada uno de los hermanos nacidos de un parto cuádruple.

cuatrillón m. Un millón de trillones.

cuatrimestre m. Espacio de cuatro meses.

cuatrisílabo adj. De cuatro sílabas.

cuatro adj. Tres y uno. | Cuarto, que sigue al o a lo tercero. | m. Signo del número cuatro. | Instrumento a modo de guitarra pequeña, de cuatro cuerdas, que utilizan en Venezuela las orquestas típicas.

cuatrocentista adj. Díc. de lo que se refiere o pertenece al siglo XV.

cuatrocientos, tas adj. Cuatro veces ciento. | Cuadringentésimo. | Conjunto de signos del número 400.

cuba f. Recipiente de madera, parecido al barril, pero mayor, que se hace con duelas unidas y aseguradas con aros y los extremos se cierran con tablas. | fig. Todo el líquido que cabe en este recipiente. | fig. Persona que bebe mucho vino.

cubatura f. Acción de cubar una cantidad o volumen. | Operación mediante la cual se transforma un cuerpo en un cubo equivalente.

cubeba m. Arbusto piperáceo, cuyo fruto es depurativo enérgico. | Este fruto.

cubero, ra   110

cubero, ra m. y f. Persona que hace o vende cubas.
cubertería f. Conjunto de cubiertos que constituyen el servicio de mesa.
cubeta f. dim. de cuba. I Herrada pequeña, con asa. I Receptáculo inferior de los barómetros de mercurio. I Recipiente propio para operaciones químicas y fotográficas.
cubeto, a adj. Díc. de la res cornigacha y que tiene los cuernos casi juntos por los pitones.
cubicar tr. Multiplicar un número por su cuadrado. I Valuar el número de unidades cúbicas que contiene un sólido o un recipiente.
cubichete m. Caballete de tablas que impide al agua entrar en el combés cuando el buque se inclina.
cúbico, ca adj. Relativo al cubo. I Díc. de la raíz cuyo índice vale tres unidades. I De figura de cubo geométrico o parecido a él. I Díc. de las unidades que expresan volúmenes.
cubículo m. Aposento, alcoba.
cubierta f. Lo que se pone encima de una cosa para taparla o resguardarla. I Forro de papel del libro en rústica. I Especie de llanta de caucho vulcanizado que envuelve y protege los neumáticos de los automóviles, bicicletas, etc. I Cada uno de los suelos de una embarcación, especialmente el primero, que queda a la intemperie.
cubierto, ta p. p. irreg. de cubrir. I Servicio de mesa para cada comensal. I Comida por precio determinado que se da en las fondas. I Juego compuesto de cuchara, tenedor y cuchillo. I loc. adv. Resguardado, defendido, protegido.
cubil m. Lugar donde se recogen las fieras.
cubilete m. Especie de vaso de metal en forma de cono truncado, que sirve para muchos usos y es muy empleado por los prestidigitadores.
cubilote m. Horno pequeño donde se refunde el hierro colado procedente de los altos hornos para echarlo en los moldes.
cubismo m. Escuela moderna de arte pictórico, que presenta geométricamente la tercera dimensión, de modo que los objetos aparecen simultáneamente de frente y de perfil, y esta caracterizada por la imitación, empleo o predominio de figuras geométricas.
cubital adj. Relativo al codo. I De un codo de largo.
cúbito m. El mayor y más grueso de los dos huesos del antebrazo, y cuyo extremo superior forma el codo.
cubo m. Vasija de madera o metal en forma de tronco de cono. I Pieza central en que se encajan los rayos de una rueda. I Tercera potencia de un número. I Hexaedro regular.
cuboides adj. y s. Díc. del hueso del tarso situado en el borde externo del pie.
cubrecadena m. Cubierta que resguarda la cadena de transmisión de los motores y mecanismos que las usan.
cubrecama m. Colcha o cobertor.
cubrenuca f. Parte del casco que resguarda la nuca. I Cogotera.
cubreobjeto m. Lámina delgada de cristal con que se cubren las preparaciones microscópicas, para su examen.
cubrimiento m. Acción de cubrir. I Lo que sirve para cubrir.
cubrir tr. Ocultar y tapar una cosa con otra. Ú. t. c. r. I Tapar la superficie de una cosa total o parcialmente. Ú. t. c. r. I fig. Disimular una cosa con arte, de modo que parezca otra. I Techar un edificio. I r. Ponerse el sombrero u otra prenda de cabeza. I fig. Precaverse de cualquier responsabilidad, riesgo o perjuicio. I Protegerse de los fuegos u ocultarse de la vista del enemigo. I Anublarse.
cucaña f. Palo alto, enjabonado, que en su extremo tiene un premio. I Diversión consistente en trepar por él. I fig. Lucro que se consigue fácilmente o a costa ajena.

cucar tr. Guiñar, hacer guiños. I Hacer burlas, mofar, zaherir.
cucaracha f. Insecto ortóptero, corredor, que vive en sitios húmedos y oscuros. I fam. Coche pequeño y destartalado.
cucarda f. Escarapela.
cuchara f. Utensilio de mesa, en forma de palita cóncava con mango, que sirve para llevar a la boca los alimentos y medicamentos líquidos, blandos o menudos. I Cualquier otro utensilio semejante. I Achicador.
cucharada f. Lo que cabe en una cuchara.
cucharón m. aum. de cuchara. I Cacillo o cuchara grande.
cuchichear intr. Hablar al oído a una persona delante de otros.
cuchiciar intr. Cantar la perdiz.
cuchilla f. Instrumento cortante de hoja ancha y corta. I Hacha. I Hoja de afeitar. I fig. Montaña escarpada.
cuchillada f. Golpe de cuchillo, espada, etc., y herida que causa.
cuchillería f. Oficio, taller o tienda del cuchillero.
cuchillero, ra adj. Díc. del hierro forjado en barras. I m. y f. Persona que hace o vende cuchillos.
cuchillo m. Instrumento cortante con mango. I Cualquiera de las seis plumas del ala del halcón inmediatas a la principal.
cuchufleta f. fam. Dicho de chanza. I Pulla, broma.
cuclillas (en) m. adv. Acción de doblar el cuerpo, de suerte que las asentaderas descansen en los talones.
cuclillo m. Ave trepadora, algo menor que una tórtola.
cuco, ca adj. vulg. Lindo, pulido. I Sagaz, ladino, astuto, taimado. I Coco, fantasma que asusta a los niños. I Cuclillo.
cucúlidos m. pl. Familia de aves trepadoras cuyo tipo es el cuclillo.
cucúrbita f. Retorta, vasija de cuello encorvado.
cucurbitáceo, a adj. y s. Díc. de plantas dicotiledóneas de tallo sarmentoso y fruto carnoso, como la calabaza. I f. pl. Familia de estas plantas.
cucurucho m. Papel arrollado en forma de cono.
cuélebre m. Dragón, animal fabuloso.
cuellicorto adj Que tiene corto el cuello.
cuellilargo adj. Que tiene largo el cuello.
cuello m. Parte del cuerpo que une la cabeza al tronco. I Parte del vestido que la rodea. I La parte más estrecha y delgada de un cuerpo, especialmente si es redondo como el palo de una embarcación, etc.
cuelmo m. Tea, astilla resinosa.
cuenca f. Escudilla de madera. I Cavidad del cráneo, en que está el ojo. I Territorio cuyas aguas afluyen todas a un mismo río, lago o
cuenco m. Vaso hondo y ancho, y sin labio o borde. I Concavidad, oquedad.
cuenda f. Cordoncillo que divide la madeja.
cuenta f. Acción de contar. I Cálculo aritmético. I Bolilla ensartada, de rosario o collar. I Razón, satisfacción de alguna cosa. I Cuidado, incumbencia, cargo, obligación, deber.
cuentagotas m. Instrumento para verse un líquido gota a gota y poder contarlas.
cuentahilos m. Instrumento para contar los hilos de un tejido. I Instrumento para observar detalles en los talleres gráficos.
cuentakilómetros m. Aparato que marca o señala el número de kilómetros recorridos, y que suelen ser usado por los automovilistas.
cuentapasos m. Podómetro.
cuentista adj. y s. Chismoso. I Persona que narra o escribe cuentos.

cuento m. Relación, de palabras o por escrito, de un suceso cierto, falso o de pura invención. | Fábula o conseja. | Cómputo del tiempo. | fig. Chisme, hablilla. | Contera o regatón de una lanza, báculo o bastón.

cuerda f. Reunión de hilos, que, torcidos, forman un solo cuerpo, largo y flexible. | Hilo de tripa o metal que se usa en muchos instrumentos músicos para producir los sonidos. | Mecanismo del reloj u otro análogo como el de algunos juguetes. | Cordel. | Porción de recta que une los extremos de un arco, o dos puntos cualesquiera de la circunferencia.

cuerdo, da adj. y s. Que está en su juicio. | Prudente, reflexivo.

cuerna f. Vaso hecho con un cuerno de res vacuna | Cuerno que algunos animales mudan anualmente. | Cornamenta. | Trompa de caza, hecha con un cuerno.

cuerno m. Prolongación ósea cubierta por la piel o por una vaina dura y consistente, que tienen algunos animales en la región frontal. | Materia de que está formada esta vaina | Protuberancia dura y puntiaguda que tiene el rinoceronte sobre la nariz. | Antena de los insectos. | Cualquiera de las puntas de la luna en creciente o menguante. | Instrumento sonoro hecho de una cuerna, a modo de trompeta.

cuero m. Pellejo que cubre la carne de los animales. | Este mismo pellejo después de curtido y preparado para sus diversos usos | Odre, pellejo cosido para contener un líquido.

cuerpo m. Porción limitada de materia. | En el hombre y en los animales, materia orgánica que constituye sus diferentes partes. | Parte del vestido que cubre desde los hombros hasta la cintura. | Conjunto de lo que se dice en una obra escrita, con excepción del índice y preliminares. | Grandor o tamaño. | | Crasitud o espesura de un líquido. | Cadáver. | Extensión de tres dimensiones, largo, ancho y grueso.

cuervo m. Pájaro córvido, mayor que la paloma, de pico cónico, grueso y más largo que la cabeza y de plumaje negro.

cuesco m. Hueso de fruta. | Pedo, ventosidad del vientre.

cuesta f. Terreno en pendientes. | Cuestación, colecta.

cuestación f. Petición de donativos para un fin benéfico o piadoso.

cuestión f. Pregunta que se hace para averiguar la verdad de una cosa. | Gresca, riña, pendencia. | Punto o materia dudosos o discutibles. | Problema.

cuestionable adj. Dudoso, discutible.

cuestionar tr. Controvertir un punto dudoso proponiendo las razones y pruebas de una y otra parte.

cuestionario m. Libro o lista de cuestiones.

cuestor m. Magistrado romano que desempeñaba funciones, principalmente fiscales, en organismos civiles o militares. | El que pide limosnas para fines piadosos.

cueto m. Sitio alto y defendido. | Colina cónica, aislada y peñascosa.

cueva f. Cavidad subterránea. | Sótano.

cuévano m. Cesto grande, hondo y casi cilíndrico.

cuezo m. Artesilla de madera para amasar el yeso.

cúfico, ca adj. Díc. de ciertos caracteres de la escritura arábiga antigua.

cuicacoche f. Ave mexicana, muy cantora.

cuidado m. Solicitud y atención para hacer bien una cosa. | Dependencia o negocio que está a cargo de uno. | Recelo, sobresalto, temor.

cuidar tr. Poner atención y solicitud en la ejecución de una cosa. | Asistir, guardar, conservar. | r. Mirar uno por su salud, darse buena vida.

cuin m. Conejillo de indias.

cuino m. Cerdo.

cuita f. Aflicción, trabajo, desventura.

cuitado, da adj. Afligido, desventurado.

cuja f. Bolsa para meter el cuento de la lanza o bandera y llevarla más cómodamente.

culada f. Golpe dado con las asentaderas.

culantrillo m. Helecho polipodiáceo que se cría en los sitios húmedos, en particular en las paredes de los pozos; su infusión suele usarse como pectoral.

culata f. parte posterior del tubo de cualquier arma grande o pieza de artillería. | Pieza metálica de los motores de explosión que cierra el cuerpo de los cilindros.

cular adj. Perteneciente al culo.

culatazo m. Golpe dado con la culata de un arma. | Golpe que da la escopeta, el fusil, etc., al tiempo de disparar, debido al retroceso del arma.

culate m. Parte más gruesa de una bomba, que es la opuesta a la boca.

culebra f. Reptil ofidio, colúbrido de cabeza aplastada y piel pintada. | Serpentín del alambique.

culebrear intr. Andar formando eses. | Deslizarse en forma rastrera y sigilosa para obtener algún beneficio.

culebrilla f. Enfermedad cutánea quue se extiende formando líneas onduladas. | Anfisbena, reptil saurio.

culebrina f. Antigua pieza de artillería, de poco calibre. | Relámpago de línea ondulada.

culebrón m. aum. de culebra. | fam. Hombre astuto y solapado.

culera f. Mancha que dejan los excrementos en las mantillas de los niños. | Remiendo en los fondillos de los calzones o pantalones.

culícido adj. Díc. de insectos dípteros, nematóceros, de patas largas y provistos de una trompa con la que las hembras chupan la sangre y los machos los jugos vegetales de que respectivamente se alimentan. Sus larvas se desarrollan en el agua. | m. pl. Familia de estos animales, entre los que se hallan los mosquitos.

culinario, ria adj. Que se refiere o es relativo a la cocina.

culinegro adj. De culo negro.

culminación f. Acción de culminar. | Momento en que un astro ocupa el punto más alto a que puede llegar sobre el horizonte.

culminante p. a. de culminar. Que culmina. | adj. Díc. de lo más elevado de una cosa, y del punto más alto que puede alcanzar. | Superior, sobresaliente, principal. | Punto o instante de mayor intensidad en una acción.

culminar intr. Llegar una cosa a la posición más elevada que puede tener. | Pasar un astro por el meridiano superior del observador.

culo m. Conjunto de las asentaderas. | Orificio anal. | fig. Porción de líquido que queda en el fondo de un vaso. | fig. Extremo inferior o posterior de una cosa.

culombio m. Unidad física representada por la cantidad de electricidad que, pasando por una disolución de plata, puede separar un miligramo y 118 milésimas de metal.

culote m. Casquete esférico de los morteros que termina la pieza por su parte posterior. | Parte posterior del cartucho, en cuyo centro se coloca la cápsula con el fulminante.

culpa f. Falta, delito, pecado.

culpable adj. Aplícase a aquel a quien se puede echar o echa la culpa. Ú. t. c. s. | Díc. también de las acciones y de las cosas inanimadas. | Delincuente responsable de un delito.

culpar tr. y r. Echar la culpa.

culteranismo m. Afectación, rebuscamiento y falta de sencillez y claridad en el lenguaje y estilo.

cultipicaño, ña adj. y s. Culterano y picaresco.

cultismo m. Palabra culta o erudita.

cultivar tr. Dar a la tierra y a las plantas las labores necesarias. l fig. Poner los medios precisos para mantener o estrechar el conocimiento, el trato o la amistad. l fig. Ejercitar la memoria, el ingenio, etc. l fig. Ejercitarse en alguna ciencia, arte, etc. l Sembrar y hacer producir, en medios apropiados, microbios o sus gérmenes.

cultivo m. Denomínase así el conjunto de labores o trabajo que se realizan en el suelo con el fin de obtener del mismo el máximo rendimiento en cosechas.

culto, ta adj. Cultivado. l Que posee cultura o ilustración. l m. Homenaje que el hombre tributa a sus dioses y a los bienaventurados. l Conjunto de actos y ceremonias con que se tributa este homenaje.

cultura f. Cultivo. l fig. Resultado o efecto de cultivar los conocimientos humanos y de ejercitar las facultades intelectuales.

cultural adj. Perteneciente o relativo a la cultura.

culturizar tr. Civilizar, incluir en una cultura.

cumbia f. Cumbiamba.

cumbiamba F. Danza popular.

cumbre f. Cima de un monte. l fig. Punto culminante, último grado de elevación de una cosa.

cúmel m. Bebida alcohólica alemana y rusa, que tiene por base el comino.

cuminol m. Aceite esencial que se extrae del comino.

cumpleaños m. Aniversario del nacimiento de una persona.

cumplidamente adv. Cabalmente, enteramente.

cumplido, da p. p. de cumplir. l adj. Completo, cabal. l Acabado, perfecto. l Largo o abundante. l Atento, educado, fino, cortés. l m. Acción obsequiosa o muestra de urbanidad.

cumplimentar m. Acción de cumplir. l Muestra de urbanidad.

cumplir tr. Ejecutar, llevar a efecto. l Llegar a tener una edad determinada. l intr. Hacer uno aquello que debe o a que está obligado. l Terminar uno su obligación militar. l Ser el tiempo en que termina una obligación o plazo. Ú. t. c. r. l r. Verificarse.

cumquibus m. Dinero.

cúmulo m. Montón, multitud de cosas. l Nube grande, de aspecto de montaña nevada.

cuna f. Cama para niños. l fig. Origen o principio de una cosa. l fig. Patria o lugar donde se ha nacido. l fig. Estirpe, familia, linaje.

cundir intr. Extenderse hacia todas partes una cosa. l Propagarse o multiplicarse una cosa. l Dar mucho de sí una cosa, aumentarse.

cunear tr. Mecer la cuna.

cuneiforme adj. De figura de cuña. Aplícase a los caracteres asirios y de otros pueblos antiguos.

cuneta f. Zanja en cada uno de los lados de un camino para recoger las aguas llovedizas. l Zanja de desagüe que se hace en medio de los fosos secos de las fortificaciones.

cunicultura f. Arte de criar conejos para aprovechar sus productos.

cuña f. Prisma triangular de poca altura y con un ángulo diedro muy agudo, que sirve para hender, ajustar, apretar o calzar cuerpos sólidos o para llenar una raja o hueco. l Publicidad hecha en radio y televisión al principio o final de un programa y a veces dentro del mismo interrumpiendo éste. l Parte de esfera comprendida entre dos planos que pasan por uno de sus diámetros.

cuñado, da m y f. Hermano o hermana de un cónyuge con respecto al otro.

cuñar tr. Acuñar.

cuño m. Troquel con que se sella la moneda, las medallas y otras cosas análogas. l Señal que deja este sello.

cuota f. Parte que corresponde a cada uno en el repartimiento o división de una cantidad.

cupana f. Arbol pequeño, frondoso, de la familia de las sapindáceas.

cupé m. Berlina. l Compartimiento situado delante de la baca, en las diligencias.

cupido m. Dios del Amor, en la mitología romana, que representa a Eros de la mitología griega. l Hombre enamoradizo y galanteador.

cuplé m. Canción ligera o frívola.

cupo m. Cuota, parte asignada a alguien en un impuesto o servicio. l Cabida. l Plaza en un vehículo.

cupón m. Cualquier documento que representa títulos o valores o descuentos especiales en los precios, que se van cortando para cobrar el interés en los vencimientos o hacer válidas las ofertas de disminución de precios.

cupresíneas f. pl. Tribu de plantas de la familia de las coníferas, cuyo tipo es el ciprés.

cúprico, ca adj. De cobre, o relativo a él. l Díc. del óxido de cobre más oxigenado.

cuprífero, ra adj. Que contiene o lleva cobre.

cuproníquel m. Cuerpo metálico, parecido al metal blanco, que resulta de la aleación del cobre con el níquel, y sirve para fabricar moneda divisionaria. l fam. Moneda de este metal.

cuproso, sa adj. Díc. del óxido de cobre menos oxigenado.

cúpula f. Bóveda hemisférica l Involucro a modo de copa que cubre más o menos el fruto de ciertas plantas, como el avellano y la encina.

cupulífero, ra adj. y s. Díc. de plantas dicotiledóneas, de hojas sencillas, flores monoicas y fruto indehiscente más o menos cubierto por la cúpula, como el avellano, la encina y el castaño. l f. pl. Familia de estas plantas.

cupulino m. Cuerpo superior añadido a la cúpula.

cuquero m. Pícaro, astuto.

cura m. Sacerdote encargado de una feligresía. l fam. Sacerdote católico.

cura f. Curación.

curación f. Acción y efecto de curar o curarse.

curadillo m. Bacalao.

curador, ra adj. y s. Que cuida de algo. l Que cura. l m. y f. Persona nombrada para cuidar los bienes de un menor.

curandero, ra m. y f. persona que se dedica a curar sin ser médico. l Persona dotada de poderes curativos inexplicables.

curar intr. Sanar, recobrar la salud. Ú. t. c. r. l Con la preposición de, cuidar de, poner cuidado. Ú. t. c. r. l tr. Aplicar al enfermo los remedios convenientes para que recobre la salud. l Preparar las carnes, pescados, etc., para que pierdan su humedad y se conserven mucho tiempo. l Curtir y preparar las pieles.

curare m. Veneno en que empapan sus flechas los indígenas de la Amazonia, extraído del bejuco llamado maracure.

curasao m. Licor fabricado con corteza de naranja y otros ingredientes.

curativo, va adj. Que sirve para curar.

curato m. Oficio del párroco. l Feligresía, parroquia.

curbaril m. Arbol leguminoso, de las regiones tropicales de América, con flores amarillas, y de cuyo tronco o ramas se obtiene el copal.

curculiónido, da adj. Parecido al gorgojo. l m. pl. Familia de insectos coleópteros, de cabeza prolongada en forma de pico y antenas acodadas.

cúrcuma f. Planta vivaz monocotiledónea, procedente de la India, cuya raíz se parece al jengibre.

curda f. fam. Borrachera. | fam. Persona borracha.

cureña f. Afuste o montaje propio del cañón.

curí m. Árbol conífero, especie de araucana, que produce unas piñas con piñones muy grandes y comestibles.

curia f. Tribunal donde se trata de negocios contenciosos. | Conjunto de abogados y funcionarios judiciales. | Cuidado, solicitud, esmero. | Conjunto de congregaciones y tribunales de la corte pontificia para el gobierno de la Iglesia.

curial adj. perteneciente a la curia. | m. Oficial de la curia romana. | Empleado subalterno de los tribunales de justicia.

curiana f. Cucaracha, insecto ortóptedo.

curiara f. Embarcación de remo y vela de los indios de América Meridional.

curio m. Elemento radiactivo artificial que se obtiene por bombardeo del plutonio 239 con iones de helio.

curiosear intr. Ocuparse en averiguar lo que otros hacen o dicen. | Fisgonear.

curiosidad f. Deseo de saber y averiguar alguna cosa. | Vicio que nos lleva a inquirir lo que no debiera importarnos. | Aseo, limpieza.

curricán m. Aparejo de pesca, de un solo anzuelo, que se larga por la popa del buque en marcha.

currículo m. Plan de estudio. | Currículum vitae.

curriculum vitae m. Conjunto de indicaciones relativas al estado civil, a la situación de un candidato, de un estudiante, etc. | Hoja o cuaderno de servicios.

curruca f. Pájaro canoro de plumaje pardo y pico delgado.

cursar tr. Frecuentar. | Estudiar una materia en un centro docente. | Dar curso a una instancia, etc.

cursi adj. y s. fam. Que presume de fino y elegante sin serlo.

cursilería f. Cosa cursi. | Conjunto de cursis.

cursillista com. Persona que interviene en un cursillo.

cursillo m. Curso breve en las universidades, después del regular. | Breve serie de conferencias acerca de una materia determinada.

cursivo, ca adj. Díc. de la letra bastardilla.

curso m. Dirección o carrera. | Serie, continuación. | En los establecimientos docentes, tiempo señalado en cada año para asistir a oír las lecciones. | Serie de informes, consultas, etc., que precede a la resolución de un expediente. | Circulación, difusión entre las gentes.

cursómetro m. Aparato que se aplica para medir la velocidad de los trenes de ferrocarril.

cursor m. Pieza pequeña que se desliza a lo largo de otra mayor en algunos aparatos.

curtidor, ra s. Persona que curte pieles.

curtir tr. Adobar las pieles. | fig. Tostar o endurecer el sol o el aire el cutis de las personas. Ú. m. c. r. | fig. Acostumbrar a uno a la vida dura y a las inclemencias del tiempo. Ú. t. c. r.

curucú m. Pájaro de América Central, de plumaje muy vistoso.

curuguá m. Planta cucurbitácea americana que produce un fruto parecido a la calabaza y de agradable olor, cuya cáscara se usa como casija.

curva f. Línea que no tiene ninguna porción recta. | Tramo curvo en las carreteras, caminos, etc.| Cada una de las líneas que en los planos topográficos une los puntos en una misma cota.

curvadura f. Laxitud dolorosa ocasionada por trabajos penosos.

curvar tr. Encorvar, poner corva una cosa.

curvatura f. Calidad de curvo, desviación continua respecto de la dirección recta. En una circunferencia es la inversa del radio, en otra curva cualquiera es la inversa del radio de la circunferencia osculatriz.

curvilíneo, a adj. Que se dirige en línea curva.

curvímetro m. Instrumento para medir con facilidad las líneas de un plano.

curvo, va adj. Que se aparta continuamente de la dirección recta, sin formar ángulo. Ú. t. c. s.

cuscurro m. Cantero de pan, pequeño y cocido.

cuscuta f. Planta convolvulácea, de tallos filiformes, sin hojas y con flores rosadas, que vive parásita sobre el cáñamo, la alfalfa y otras plantas.

cuspidado, da adj. Díc. de las hojas, brácteas, etc., cuyo extremo se va estirando insensiblemente hasta terminar en punta aguda.

cúspide f. Cumbre puntiaguda de un monte. | Remate superior de alguna cosa que tiende a formar punta.

custodia f. Acción de custodiar. | Persona encargada de custodiar a alguien. | Receptáculo de oro o plata u otro metal en que se expone el Santísimo Sacramento. | Templete o trono, generalmente de plata y de grandes dimensiones, en que se coloca la custodia u ostensorio para ser conducido procesionalmente en andas o sobre ruedas.

custodiar tr. Guardar con cuidado y vigilancia.

cutáneo, a adj. Perteneciente al cutis.

cúter m. Barco ligero cuyo palo mayor va colocado hacia popa.

cutícula f. Película, piel delgada y delicada. | Epidermis. | Membrana formada por ciertas sustancias que segrega el protoplasma de la célula, que sirve a ésta de protección.

cutis m. Cuero o pellejo que cubre el cuerpo humano. Se dice principalmente hablando del rostro. | Dermis.

cutra f. Dícese del buey cansado y viejo y de la vaca que ha dejado de parir.

cutre adj Tacaño, miserable.

cuy m. Conejillo de Indias.

cuyo, ya pron. Relativo con terminaciones distintas para los géneros masculino y femenino, y con ambos números singular y plural. De quien. Tiene también un carácter de posesivo y concierta, no con el poseedor, sino con la persona o cosa poseída. Este árbol, cuya fruta es tan dulce.

cuzma f. Sayo de lana, sin cuello ni mangas, que cubre hasta los muslos, usado en algunas partes de América por los indios de serranías.

cuzo m. Perro pequeño.

D

d Cuarta letra del alfabeto español y tercera de sus consonantes. Su nombre es *de*.

dable adj. Hacedero, posible.

dacha f. Casa u hotelito campestre de recreo. Voz rusa.

dacriocistitis f. Inflamación del saco lagrimal, que puede dar lugar a la rija.

dactilado, da adj. De figura de dedo.

dactilar adj. Digital, que pertenece o se refiere a los dedos.

dactilioglifia f. Parte de la arqueología que trata de los anillos y piedras preciosas grabadas.

dactilología f. Arte de hablar por medio de los dedos.

dactiloscopia f. Estudio de las impresiones digitales, utilizadas para la identificación de las personas.

dadaísmo Movimiento artístico promovido por Tristan Tzara. Fue el movimiento precursor del surrealismo.

dádiva f. Algo que se otorga graciosamente.

dado m. Instrumento de juego en forma de pequeño cubo rectangular en cuyas caras hay grabados puntos de uno a seis. I Pieza cúbica de maquinaria, que sirve de apoyo a los tornillos, ejes, etc.

dador, ra adj. y s. Que da. I m. y f. Persona portadora de una cosa para alguien.

daga f. Arma blanca antigua, de hoja corta.

daguerrotipia f. Arte de fijar en placas metálicas, convenientemente preparadas, las imágenes recogidas con la cámara obscura.

daguerrotipo m. Daguerrotipia. Aparato que se emplea en este arte. I Fotografía obtenida por su medio.

daimio m. Señor feudal en el antiguo régimen japonés.

dalia f. Planta compuesta, de hermosas flores de botón central amarillo y corola grande con muchos pétalos. I Flor de esta planta.

dalle m. Cuchilla de la guadaña.

dalmática f. Túnica blanca adornada de púrpura, de los romanos. I Vestidura sagrada que se pone encima del alba. I Túnica de los reyes de armas y meceros.

daltonismo m. Defecto de la vista, que consiste en no percibir determinados colores o en confundir algunos de los que se perciben.

dama f. Mujer notable o de calidad distinguida. I Mujer galanteada o pretendida por un hombre. I Actriz que hace los papeles principales. I Reina, en el juego de ajedrez. Pieza coronada en el juego de damas. I pl. Juego que se ejecuta en un tablero con 24 piezas redondas, ganando el juego el que logra comer todas las del contrario.

damajuana f. Bombona.

damasco m. Tela de seda o lana, con labores de realce. I Nombre que se da a una variedad del albaricoque y a su fruto.

damasonio m. Azúmbar, planta.

damasquinado, da m. Ataujía, embutido de metales finos sobre hierro o acero.

damasquinador, ra m. y f. Persona que por oficio ejecuta el damasquinado.

damasquinar tr. Hacer labores de ataujía en armas y otros objetos de hierro y acero.

damero m. Tablero del juego de damas.

damisela f.Moza bonita, alegre y que presume de dama.

damnificar tr. Causar daño.

danta f. Anta. I Tapir.

dante m. Anta, mamífero parecido al ciervo. I Búfalo.

dantesco, ca adj. Propio y característico de Dante. I Díc. de lo que inspira terror.

danto m. Pájaro de unos tres centímetros de largo.

danza f. Baile, acción de bailar. I fig. Enredo intriga

danzar intr. Bailar, hacer movimientos a compás.

danzarín, na m. y f. Persona que danza con destreza.

dañar tr. y r. Causar detrimento, perjuicio, menoscabo, dolor o molestia. I Maltratar, echar a perder una cosa.

dañiño adj. Que daña o hace perjuicio. Dícese comúnmente de algunos animales.

daño m. Perjuicio, menoscababo. I Dolor.

dar tr. Donar. I Proponer, indicar. I Entregar. I Conferir, proveer en alguno un empleo u oficio. I Con- ceder, otorgar. I Convenir en una proposición. I Suponer, considerar. I Producir fruto. I Soltar una cosa, desprenderse de ella. I Sonar en el reloj las campanadas correspondientes a una hora. Ú. t. c. intr. I Declarar, descubrir, poner en cono- cimiento.

dardo m. Arma arrojadiza, semejante a una lanza pequeña y delgada que se tira con la mano. I fig. Dicho satírico o agresivo y molesto.

dársena f. La parte más resguardada de un puerto.

darvinismo m. Doctrina biológica de Darwin, naturalista inglés, que explica el origen de las especies por selección natural.

dasonomía f. Ciencia que trata del cultivo, conservación y aprovechamiento de los montes.

data f. Fecha.

datar tr. Poner la data. I Poner en las cuentas lo correspondiente a la data. Ú. m. c. r. I intr. Haber tenido principio una cosa en el tiempo que se determina.

dataría f. Tribunal de la curia romana que despacha gracias, dispensas, etc.

dátil m. Fruto de la palma.

datilera f. Aplícase a la palmera que da dátiles.

dativo, va adj. Díc. del tutor nombrado judicialmente, y de su tutela. I m. Uno de los casos de la declinación, que indica la persona o cosa a la cual afecta o se aplica la significación del verbo, y generalmente va precedido de las preposiciones a o para.

dato m. Documento, fundamento antecedente, noticia que sirve de punto de partida en la investigación.

daza f. Zahína, planta de las gramíneas.

de f. Nombre de la letra **d**. I Preposición. Denota posesión, *la o* procedencia.

de- Elemento compositivo que indica una modificación del vocable al que se antepone, bien precisándolo, bien negando su significación.

dea f. poét. Diosa.

deambular intr. Pasear, ir de un lado a otro sin rumbo fijo.

deán m. Canónigo que hace de cabeza de cabildo en las catedrales.

debajo adv. En puesto o lugar inferior. I fig. Con sumisión, con sujeción.

debate m. Controversia, discusión, disputa.

debatir tr. Discutir, disputar, altercar. I Combatir, emplear.

debe m. Parte que comprende las partidas de cargo en una cuenta.

debelación f. Acción de debelar.

debelar tr. Rendir al enemigo a fuerza de armas.

deber tr. Estar obligado a algo por ley divina, natural o humana. Ú. t. c. r. | Tener obligación de satisfacer una cantidad. Tener por causa, ser consecuencia. Ú. t. c. r. | m. Aquello a que está obligado el hombre por algún precepto religioso, natural o humano.

débil adj. De poco vigor o poca fuerza o resistencia. Ú. t. c. s. | fig. Que por su escaso ánimo cede inmediatamente ante la resistencia o el afecto. Ú. t. c. s.

debilidad f. Falta de vigor. | fig. Falta de energía en las resoluciones del animo.

debilitar tr. Disminuir la fuerza, el vigor, el poder. de una persona o cosa. Ú. t. c. r.

débito m. Deuda.

debó m. Instrumento para adobar las pieles.

debutar intr. Dar principio en el ejercicio de algún arte. | Estrenarse ante el público.

deca- Prefijo que significa diez.

década f. Periodo de diez días, o de diez años. | Serie de diez.

decadencia f. Declinación, principio de ruina.

decadentismo m. Estilo literario de los que propenden a un refinamiento exagerado en el empleo de las palabras.

decaedro m. Cuerpo que tiene diez caras.

decaer intr. Ir a menos; perder alguna persona o cosa parte de su fuerza, bondad, Importancia o valor.

decágono, na adj. y s. Díc. del polígono de diez lados.

decagramo m. Peso de diez gramos.

decalcificación f. Descalcificación.

decalitro m. Medida de capacidad que tiene diez litros.

decálogo m. Los diez mandamientos de la Ley de Dios.

decámetro m. Medida de longitud igual a diez metros.

decampar intr. Levantar el campo un ejército.

decano, na m. y f. Persona más antigua de una corporación. | Persona que con tal título es nombrada para presidir una corporación o una facultad universitaria, aunque no sea la más antigua.

decantar tr. Propalar, ponderar. | Inclinar suavemente una vasija para que caiga el líquido sin el poso.

decapitación f. Acción de decapitar.

decapitar tr. Cortar la cabeza

decápodo, da adj. Díc. de los crustáceos que tienen cinco pares de patas y de los moluscos cefalópodos que tienen diez tentáculos.

decasílabo, ba adj. De diez sílabas.

decatlón Conjunto de diez pruebas; cuatro carreras, tres saltos y tres lanzamientos.

decena f. Conjunto de diez unidades.

decenal adj. Que sucede o que se repite cada decenio. | Que dura diez años.

decencia f. Aseo, compostura. | Recato, honestidad.

decente adj. Honesto, justo. | Digno. | De buena reputación. | Con limpieza y aseo. De buena calidad, en cantidad suficiente.

decepción f. Engaño, chasco. | Pesar causado por un desengaño.

decepcionar tr. Desilusionar, desengañar, chasquear.

deceso m. Muerte, defunción.

dechado m. Ejemplar, muestra que se tiene presente para imitar. | fig. Ejemplo y modelo de virtudes y perfecciones, o de vicios y maldades.

deci- Partícula que se usa como prefijo y significa décima parte.

decibelio m. Unidad práctica de potencia sonora, décima parte del bel.

decidir tr. Formar juicio definitivo sobre algo dudoso. | Resolver, tomar determinación fija y decisiva. Ú. t. c. r. | Mover a uno la voluntad a fin de que tome cierta determinación.

decigramo m. Décima parte de un gramo.

decilitro m. Décima parte de un litro.

décima f. Cada una de las diez partes iguales de un todo. | Combinación métrica de diez versos octosílabos. | diezmo.

decimal adj. Díc. de la décima parte de un todo. | Díc. del sistema de numeración cuya base es diez. | Díc. del sistema métrico de pesas y medidas, cuyas unidades son múltiplos o divisores de diez con respecto a la principal de cada clase. | Díc. de las cifras de una fracción decimal.

decímetro m. Décima parte del metro.

decir tr. Manifestar con palabras el pensamiento. Ú. t. c. prnl. | Asegurar, sostener, opinar. | Nombrar o lla | fig. Denotar una cosa. Su cara lo dice. | m. dicho, sentencia.

decisión f. Determinación, resolución que se toma o se da en una cosa dudosa. | Firmeza de carácter.

decisorio adj. Díc. de lo que tiene virtud para decidir.

declamación f. Acción de decla | Recitación estudiada. | Oración o discurso. | Arte de representar obras escénicas.

declamar intr. Hablar en público. | Representar en el teatro. | Recitar con la entonación, los ademanes y el gesto convenientes. Ú. t. c. tr.

declaración f. Acción de declarar. | Manifestación del ánimo o de la intención.

declarar tr. Explicar lo que está oculto o no se entiende. | intr. Manifestar el reo o los testigos ante el juez lo que sepan acerca de los hechos que originaron el expediente o causa judicial. | r. Manifestar el ánimo, la intención o el afecto. | Manifestarse una cosa o empezar a advertirse su acción.

declinación f. Caída, descenso o declive. | fig. Decadencia. | Distancia de un astro al ecuador de la esfera celeste. | Acción de declinar. | Serie ordenada de los casos gramaticales. | Angulo variable que forma la dirección de la brújula con la línea meridiana de cada lugar.

declinar intr. Inclinarse hacia abajo o hacia un lado u otro. | fig. Decaer, menguar, ir perdiendo en salud, inteligencia, riqueza, lozanía, etc. | fig. Caminar o aproximarse una cosa a su fin y término. fig. Ir cambiando de naturaleza o de costumbres hasta tocar en el extremo contrario. | tr. Rehusar, no admitir o renunciar. | Poner en los casos gramaticales las palabras declinables.

declinómetro m. Instrumento para medir la inclinación magnética.

declive m. Pendiente, cuesta o inclinación del terreno o de la superficie de otra cosa.

decocción f. Acción de cocer en agua substancias vegetales o animales. | Producto líquido que de este modo se obtiene.

decodificación f. Descodificación.

decodificador, ra m. Descodificador.

decoloración f. Acción de decolorar o decolorarse.

decolorar tr. y r. Descolorar.

decomisar tr. Declarar que una cosa ha caído en decomiso.

decomiso m. Pena de perdimiento de la cosa, en que incurre el que comercia en géneros u objetos prohibidos.

decoración f. Acción de decorar o adornar. | Conjunto de telones, bastidores y servicio escénico en el teatro.

decorar tr. Adornar, hermosear una cosa o un sitio. | Condecorar.

decoro m. Honor, respeto. I Circunspección. I Recato. I Gravedad. I Honra. I Pureza.

decrecer intr. Disminuir, menguar.

decrecimiento m. disminución.

decrepitar tr. Crepitar por la acción del fuego.

decrépito, a adj. Aplícase a la edad muy avanzada y a la persona que por su vejez suele tener muy amenguadas las potencias. Ú. t. c. r. I fig. Dic. de las cosas que han llegado a su última decadencia.

decretal f. Epístola o decisión pontificia. I pl. Colección de ellas.

decretalista m. Intérprete de las decretales.

decretar tr. Resolver, deliberar, decidir quien tiene facultades para hacerlo. I Determinar el juez acerca de las peticiones de las partes.

decreto m. Decisión, resolución o determinación del jefe del Estado, de su gobierno o de un tribunal o juez sobre cualquier materia. I Disposición de carácter legislativo que, sin ser sometida al órgano adecuado, se promulga por el poder ejecutivo, en virtud de alguna excepción circunstancial o permanente.

decúbito m. Posición del cuerpo cuando el hombre o el animal está acostado o echado.

decumbente adj. Díc. de la persona que yace en la cama.

decuplicar tr. Hacer décupla o multiplicar por diez una cantidad.

decurrente adj. Díc. de las hojas cuyo limbo se prolonga a lo largo del tallo como si estuvieran adheridas a él.

decurso m. Sucesión del tiempo.

dedada f. Porción que puede tomarse con un dedo.

dedal m. Utensilio pequeño con que se guarda la extremidad del dedo para empujar la aguja sin herirse.

dédalo f. fig. laberinto. Cosa o lugar confuso y enmarañado.

dedeo m. Destreza de los dedos al tocar un instrumento músico. I Indicación de los dedos que han de usarse para ejecutar un pasaje.

dedicar tr. Consagrar, destinar una cosa al culto religioso, o también a uso profano. I Dirigir a una persona, por modo de obsequio, un objeto cualquiera. I Emplear, destinar, aplicar. Ú. t. c. r.

dedicatoria f. Carta o nota dirigida a la persona a quien se dedica una obra.

dedignar tr. Desdeñar, despreciar.

dedo m. Cada una de las cinco partes prolongadas en que terminan la mano y el pie del hombre y, en número variable, en muchos animales.

deducción f. Acción de deducir. I Derivación, acción de separar o sacar una parte del todo.

deducir tr. Sacar consecuencias de un principio, proposición o supuesto. I Inferir, sacar alguna consecuencia de una cosa.

defatigante adj. Que quita la fatiga. Ú. t. c. s. m.

defecar tr. Quitar las heces o impurezas. Expeler los excrementos. Ú. m. c. intr.

defección f. Acción de separarse con deslealtad uno o más individuos de la causa o del partido a que pertenecían.

defectible adj. Dícese de lo que puede faltar.

defecto m. Carencia o falta de cualidades propias y naturales de una cosa. I Imperfección natural o moral.

defender tr. Amparar, librar, proteger. Ú. t. c. r. I Mantener, conservar, sostener una cosa contra el dictamen ajeno. I Vedar, prohibir. I Abogar, alegar en favor de uno.

defenecer tr. Dar el finiquito a una cuenta.

defenestrar Arrojar a alguien por una ventana I fig. Destituir o expulsar a alguien de un puesto, cargo, situación, etc.

defensa f. Acción de defender o defenderse. I Arma, instrumento u otra cosa con que uno se defiende. I Amparo, protección, socorro. I Abogado defensor del reo o del litigante.

defensiva f. Situación o estado del que sólo trata de defenderse.

defensor, ra adj. y s. Que defiende, ampara, protege. I Persona que en juicio está encargada de una defensa.

deferencia f. Adhesión al dictamen o proceder ajeno, por respeto o por excesiva moderación. I fig. Muestra de respeto o de cortesía.

deficiencia f. Defecto o imperfección.

déficit m. En el comercio, descubierto resultante de la comparación entre el capital puesto en una empresa y el existente en el momento de tal comparación. I En la administración pública, parte que falta para levantar o satisfacer todas las cantidades destinadas a cubrirlas.

definición f. Acción de definir. I Proposición que expone con claridad y exactitud los caracteres genéricos y diferenciales de una cosa material o inmaterial. I Declaración de cada uno de los vocablos y frases que contiene un diccionario.

definir tr. Fijar con claridad y exactitud la significación de una palabra o la naturaleza de una persona o cosa. I Resolver una cosa dudosa.

definitivo, va adj. Decisivo, resolutivo, concluyente.

definitorio m. Que sirve para definir o diferenciar.

deflagrador, ra adj. Que deflagra. I m. Aparato eléctrico que se emplea para hacer estallar los barrenos.

deflagrar r. Arder súbitamente una substancia con llama y sin explosión.

deflegmar tr. Separar de un cuerpo su parte acuosa.

defoliación f. Caída prematura de las hojas de los vegetales.

deforestar tr. Despojar un terreno de plantas forestales.

deformación f. Acción de deformar o deformarse.

deformar tr. y r. Desfigurar, descomponer la proporción o simetría.

defraudar tr. Privar a uno, con abuso de su confianza o con infidelidad, de lo que le toca de derecho. I Eludir o burlar el pago de los impuestos o contnbuciones. I fig. Frustrar, hacer inútil o dejar sin efecto una cosa en que se confiaba.

defunción f. Muerte.

degeneración f. Acción y efecto de degenerar. I Alteración de los tejidos o elementos anatómicos, con cambios de la substancia constituyente y pérdida de sus caracteres funcionales.

degenerado, da adj. Díc. del individuo de condición mental y moral anormal o depravada, acompañada por lo común de peculiares estigmas físicos.

degenerar intr. Decaer, declinar, no corresponder una persona o cosa a su primitiva calidad.

deglutir int. Pasar de la boca al estómago cualquier substancia sólida o líquida.

degollar tr. Cortar la garganta o el cuello a una persona o a un animal.

degradación f. Acción de degradar o degradarse. I Humillación, bajeza.

degradar tr. Privar a una persona de las dignidades, honores empleos y privilegios gue tiene. I Humillar, rebajar, envilecer. Ú. t. c. r. I Pint. Disminuir de tamaño; I la luz o el color, con arreglo a las leyes de la perspectiva.

degüello m. Acción de degollar.

degustación f. Acción de probar los licores y los alimentos.

dehesa f. Porción de tierra acotada para pasto.

dehiscente f. Díc. del fruto cuyo pericarpio se abre naturalmente, al llegar la madurez, para dar salida a la semilla.

deicida adj. y s. Díc. de los que mataron a Cristo o contribuyeron a su muerte.

deidad f. Ser divino o esencia divina.

deificar tr. Divinizar. I fig. Alabar, ensalzar, ponderar.

deiforme adj. Poét. Que se parece en la forma a las deidades.

deísmo m. Doctrina que reconoce un Dios como autor de la naturaleza, pero sin admitir revelación ni culto externo.

deixis f. señalamiento que se realiza mediante ciertos elementos lingüísticos.

deja f. Parte que queda y sobresale entre dos muescas.

dejación f. Acción de dejar. I Cesión, abandono de bienes, acciones, etc.

dejadez f. Pereza, negligencia, abandono de sí mismo o de sus cosas propias.

dejar tr. Soltar una cosa, apartarse de ella. Consentir, permitir, no impedir. I Desemparar, abandonar. I Disponer u ordenar una cosa a otro el que se ausenta o hace testamento. I Cesar, no proseguir lo empezado. Ú. t. c. r. I r. Descuidarse de sí mismo; olvidar sus conveniencias o aseo. I Abandonar, caer de ánimo.

dejo m. Fin o término. I Modo particular de pronunciación y de inflexión de la voz que acusa un estado de ánimo transitorio o peculiar del hablante. I Acento peculiar del habla de determinada región. I Gusto o sabor que queda de la comida o bebida.

del Contracción de la preposición de y el altículo el. De el.

delación f. Acusación, denuncia.

delantal m. Prenda de vestir que, atada a la cintura, usan las mujeres para cubrir la delantera de la falda, y por analogía, el que usan algunos artesanos, criados, camareros y niños.

delante adv. En lugar anterior. I Con prioridad de lugar. I Enfrente. I En presencia.

delatar tr. Revelar a la autoridad un delito, designando al autor. I Descubrir, poner de manifiesto alguna cosa o acción reprochable.

delator, ra adj. y s. Acusador, denunciador.

delco m. Distribuidor eléctrico que produce el encendido en los motores de explosión.

dele m. Signo con el que el corrector indica al margen de las pruebas que ha de quitarse una palabra, letra o nota.

deleble adj. Que puede borrarse.

delectación f. Deleite.

delegación f. Acción de delegar. I Cargo y oficina de delegado.

delegado, da adj. y s. Díc. de la persona en quien se delega una facultad o jurisdicción.

delegar tr. Dar una persona a otra la jurisdicción que tiene, para que haga sus veces o conferirse su representación.

deleitar tr. Agradar.

deleite m. Placer del ánimo. I Placer sensual.

deletéreo, a adj. Mortífero, venenoso.

deletrear intr. Pronunciar cada letra y sílaba por separado.

deleznable adj. Que se rompe, disgrega o deshace fácilmente. I fig. Poco durable, de poca resistencia.

delfín m. Cetáceo carnívoro, con una sola abertura nasal encima de los ojos. Es común en todos los mares. I Título que se daba al primogénito del rey de Francia.

delfinario m. Establecimiento destinado a la exhibición de delfines vivos.

delga f. cada una de las láminas de cobre que forman el colector de una máquina de corriente continua.

delgadez f. Calidad de delgado.

delgado, da adj. Flaco, cenceño, de pocas carnes. I Tenue, de poco espesor.

deliberar intr. Considerar, examinar, discutir una decisión o resolución antes de adoptarla. I tr. Resolver algo premeditadamente.

delicadeza f. Finura, ternura. I Atención y exquisito miramiento con las personas o las cosas. I Sensibilidad. I Escrupulosidad.

delicado, da adj. Fino, atento, suave, tierno. I Débil, flaco, enfermizo. I Quebradizo, fácil de deteriorarse. I Sabroso, gustoso. I Difícil, expuesto a contingencia. I Primoroso, fino, exquisito. I Agraciado, bien parecido. I Sutil, agudo, ingenioso. I Suspicaz, fácil de enojarse. I Difícil de contentar.

delicia f. Placer muy intenso del ánimo. I Lo que causa este placer.

delictivo, va adj. Perteneciente o relativo al delito. I Que implica delito.

delicuescente adj. Díc. de los cuerpos que tienen la propiedad de atraer la humedad de la atmósfera y licuarse lentamente.

delimitar tr. Fijar límites, deslindar. I fig. Aclarar, depurar.

delincuencia f. Calidad de delincuente. I Comisión de un delito. I Conjunto de delitos.

delincuente p. a. de delinquir. Que delinque. Ú. t. c. s.

delineante p. a. de delinear. Que delinea.I com. Persona que traza planos.

delinear tr. Trazar las líneas de una figura.

delinquir intr. Cometer un delito.

deliquio m. Desmayo, desfallecimiento.

delirar intr. Desvariar, perturbarse la razón. I fig. Decir o hacer disparates.

delitescencia f. Desaparición de una afección loca. I Pérdida o eliminación del agua en partículas menudas que experimenta un cuerpo al cristalizarse.

delito m. Culpa, crimen, violación o quebrantamiento de la ley.

delta f. Letra del alfabeto griego que corresponde a nuestra d. I m. Terreno comprendido entre los brazos de un río en su desembocadura; llámase así por la semejanza con la figura de aquella letra.

deltoides adj. De forma de delta mayúscula o sea de triángulo equilátero. I Díc. del músculo triangular que va en el hombro desde la clavícula al omoplato.

deludir tr. Engañar, burlar.

demacrarse r. Enflaquecer, perder carnes. Ú. t. c. tr.

demagogia f. Dominación tiránica de la plebe.

demagogo, ga m. y f. Cabeza o caudillo de una facción popular. I Orador extremadamente revolucionario.

demanda f. Súplica, petición. I Pregunta. I Intento o empresa. I Empeño o defensa.

demandado, da m. y f. persona a quien se demanda o pide algo en juicio.

demandante m. Persona que demanda o pide una cosa en juicio.

demandar tr. Pedir, rogar. I Apetecer, desear. I Preguntar. I Entablar demanda.

demarcación f. Acción de demarcar. Terreno de límites señalados.

demarcar tr. Señalar los límites o confines de un país o terreno.

demás adj. Precedido de los artículos lo, la, los, las, la otro, la otra, los otros o los restantes, las otras. En plural se usa muchas veces sin artículo. I adv. c. Además.

demasía f. Exceso. I Atrevimiento. I Insolencia, descortesía, desafuero. | Maldad.| En demasía. m. adv. Demasiadamente.

demasiado, da adj. Excesivo, sobrado. | adv. En demasía.

demasiarse r. Excederse, desmandarse.

demencia f. Locura, transtorno de la razón.

demérito m. Falta de mérito. | Acción por lo cual se desmerece.

demiurgo m. Según los gnósticos, alma universal, principio activo del mundo.

democracia f. Doctrina política favorable a la intervención del pueblo en el gobierno.

demócrata adj. y s. Partidario de la democracia.

democrático, ca adj. Perteneciente a la Democracia

demografía f. Parte de la estadística que trata de la población de un país y de su clasificación.

demoler tr. Deshacer, arruinar. | fig. Destruir, echar abajo.

demoníaco, ca o demoniaco, ca adj. Perteneciente o relativo al demonio. | Endemoniado, poseído del demonio. Ú. t. c. s.

demonio m. Diablo, espíritu del mal.

demonomanía f. Manía que padece el que se cree poseído por el demonio.

demorar tr. Retardar. | intr. Detenerse en un lugar.

demostración f. Acción y efecto de demostrar. | Prueba de una cosa, partiendo de verdades evidentes. | Ostentación o manifestación pública de fuerza, poder riqueza, habilidad, etc.

demostrar tr. Manifestar, declarar. | Probar sirviéndose de cualquier género de demostración.

demótico, ca adj. Aplícase a la escritura que empleaban los egipcios para diversos actos privados.

demudar tr. Alterar, disfrazar, desfigurar. | Mudar, variar. |Alterarse, inmutarse.

denario, ria adj. y s. Relativo al número diez o que lo contiene. | m. Nombre de dos monedas romanas, una de plata y otra de oro.

dendriforme adj. Que tiene figura de árbol.

dendrita f. Concreción mineral en forma de ramas de árbol. | Arbol fósil. | Prolongación protoplásmica ramificada de la célula nerviosa.

dendrítico, ca adj. Que tiene forma de dendrita.

dendroforias f. pl. *Mit.* Fiestas griegas que consistían en llevar procesionalmente los árboles simbólicos o consagrados a ciertas divinidades.

dendrografía f. Tratado o descripción de los árboles.

dendroideo, a adj. Arborescente.

dendrómetro m. Instrumento para medir las dimensiones de los árboles en pie.

denegar tr. No conceder lo que se pide o solicita.

denegatorio, ria adj. Que incluye denegación.

denegrecer tr. y r. Ennegrecer.

denegrido, da p.p. de denegrir. | adj. De color que tira a negro.

dengoso, sa adj. Melindroso.

dengue m. Melindre mujeril, afectando o fingiendo delicadezas exageradas. | Enfermedad parecida a la gripe.

denigrar tr. Deslustrar, ofender la opinión o fama de una persona. | Injuriar, agraviar, ultrajar.

denodado, da adj. Intrépido, atrevido o esforzado.

denominación f. Nombre o título o renombre con que se distinguen las personas y las cosas.

denominador, ra adj. Que denomina. | m. Número que en un quebrado o fracción expresa las partes iguales en que se considera dividida la unidad. Se escribe bajo la raya de la fracción.

denominar tr. y r. Nombrar, señalar con título particular.

denostador, ra adj. y s. Que denuesta.

denostar tr. Injuriar gravemente.

denostación f. Acción de denostar.

denotar tr. Indicar, significar, anunciar.

densidad f. Calidad de denso. | Relación entre el peso y el volumen de un cuerpo.

densímetro m. Areómetro.

denso, sa adj. Craso, espeso. | Compacto, apretado. | fig. Apiñado, unido, cerrado. | fig. Oscuro, confuso.

dentadura f. Conjunto de diente, muelas y colmillos de la boca de personas o animales.

dental adj. Relativo a los dientes. | *Fon.* Díc. de la letra que se pronuncia tocando los dientes la lengua, como la t. Ú. t. c. s. f. | m. Palo en el que se encaja la reja del arado.

dentario, ria adj. Perteneciente a la dentadura.

dentejón m. Yugo con que se unen los bueyes a la carreta.

dentellada f. Acción de mover la quijada con frecuencia con alguna fuerza sin mascar nada. | Herida que dejan los dientes donde muerden.

dentellar intr. Dar diente con diente por temblor. etc.

dentellón m. Diente grande que suelen tener las cerraduras maestras.

dentera f. Sensación desagradable que se experimenta en los dientes y encías al comer ciertas substancias amargas o ácidas, oír ciertos ruidos, tocar determinadas cosas.

denticina f. Medicamento que favorece la dentición.

dentición f. Acción de echar la dentadura, y tiempo en que esto ocurre. | Clase y número de dientes que caracterizan a un mamífero, según su especie.

dentiforme adj. De forma de diente.

dentífrico, ca adj. y s. Díc. de la substancia destinada a limpiar y conservar la dentadura.

dentina f. Marfil de los dientes.

dentirrostro adj. Dic. del pájaro que tiene escotaduras y puntas a modo de dientes en los bordes del pico, como el tordo. | m. pl. Suborden de estos pájaros.

dentista adj. y s. Díc. del profesor o profesora dedicados a curar las enfermedades de la dentadura y reponer artificialmente sus faltas.

dentro adv. En el interior de.

dentudo, da adj. y s. Que tiene dientes desproporcionados.

denuedo m. Valor, intrepidez.

denuesto m. Injuria de palabra.

denuncia f. Acción de denunciar.

denunciante p. a. de denunciar.

denunciar tr. Noticiar, avisar. | Publicar solemnemente, promulgar. | Manifestar oficialmente el estado ilegal, irregular o inconveniente de una cosa. | fig. Delatar. | Dar noticia a la autoridad de un daño hecho.

deontología f. Ciencia o tratado de los deberes.

deparar tr. Suministrar, Proporcionar, conceder. | Presentar, poner delante.

departamento m.Cada una de las partres en que se divide un territorio cualquiera, un edificio, un vehículo, una caja, etc. |Ministerio o ramo de la administración pública.

departir intr. Hablar, conversar.

depauperar tr. Empobrecer.

dependencia f. Subordinación. | Relación de parentesco o amistad. | Negocio, encargo.

depender tr. Estar subordinado a una persona o cosa. | Estar conexa un cosa con otra. | Necesitar una persona auxilio o pro- tección de otra.

dependiente p. a. de depender. Que depende. | m. Empleado de comercio encargado de atender a los clientes en las tiendas.

depilación f. Acción de depilar o depilarse.

depilar tr. y r. Arrancar o hacer caer el pelo o vello por medio de substancias depilatorias.

deplorable adj. Lamentable.

deplorar tr. Sentir mucho un suceso.

deponer tr. Dejar, separar, apartar de sí. I Privar a una persona de su empleo, o degradarla de los honores o dignidad que tenía. I Afirmar, aseverar. I Declarar ante el juez.

deportar tr. Desterrar.

deporte m. Pasatiempo, diversión. I Ejercicio físico, ejercido como juego o competición, cuya práctica supone entrenamiento y sujeción a normas.

deportista com. Persona aficionada a los deportes.

deposición f. Declaración que se hace de una cosa. I Privación o desgradación de empleo o dignidad. I Evacuación de vientre. I Declaración hecha verbalmente ante un juez o tribunal.

depositar tr. Poner algo bajo la custodia de alguien. I Encerrar, contener. I Colocar algo en sitio determinado y por tiempo indefinido. I Sedimentar. Ú. t. c. r.

depositario, ria adj. Que contiene alguna cosa. I m. y f. Persona en quien se deposita algo.

depósito m. Acción de depositar. I Cosa depositada. I Lugar en donde se depositan cosas.

depravación f. Acción de depravar o depravante.

depravar tr. y r. Corromper, viciar. Adulterar.

deprecar tr. Rogar, pedir, suplicar con instancia o eficacia.

depreciar tr. Disminuir o rebajar el valor o el precio de una cosa.

depredación f. Pillaje. robo con violencia, devastación. I Malversación o exacción injusta.

depredar tr. Robar, saquear con violencia y destrozo.

depresión f. Acción y efecto de deprimir o deprimirse. I Concavidad de alguna extensión en un terreno y otra superficie. I I Síndrome caracterizado por una tristeza profunda e inmotivada y por la inhibición de todas las funciones psíquicas I Periodo de baja actividad económica general.

depresor, ra m. y f. Que abate o humilla. I Que deprime.

deprimir tr. Disminuir el volumen de un cuerpo por medio de la presión. I fig. Abatir, humillar. I Producir decaimiento del ánimo.

deprisa adv. m. Con celeridad, presteza o prontitud.

depurar tr. Limpiar, purificar. Ú. t. c. r.

depurativo, va adj. y s. Díc. del medicamento que purifica los humores y principalmente la sangre.

derecha f. mano derecha I En las asambleas parlamentarias, los representantes de los partidos conservadores. I Por ext., conjunto de personas que profesan ideas conservadoras.

derechista adj. Díc. de las personas, partidos, adictos, instituciones, etc., que comparten las ideas de la derecha política.

derecho adj. Recto, igual, seguido. I Justo, razonable, fundado, legítimo. I adv. m. Derechamente, en derechura. I m. Facultad natural del hombre para hacer legítimamente lo que conduce a los fines de su vida. I Facultad de hacer o exigir todo lo que legalmente está establecido en nuestro favor. I Justicia, razón. I Exención, franquicia, privilegio. I Lado de una tela, papel, etc., por el cual aparece la labor y el color con la perfección debida.

deriva f. Abatimiento o desvío de la nave de su verdadero rumbo por efecto del viento, del mar o de la corriente.

derivado m. Dícese del producto que se obtiene de otro.

derivar intr. traer su origen de alguna cosa. IAbatir, desviarse el buque de rumbo. IEncaminar una cosa a otra. I Traer una palabra de cierta raíz.

dermalgia f. Dolor nervioso de la piel.

dermatitis f. Inflamación de la piel.

dermatología f. Tratado de las enfermedades de la piel.

dermis f. Capa intermedia de la piel, situada entre la epidermis y la hipodermis.

derogar tr. Abolir.

derramamiento m. Acción y efecto de derramar.

derramar tr. Verter. esparcir cosas líquidas o menudas. Ú. t. c. r. I fig. Divulgar una noticia. I r. Esparcirse. desmandarse por varias partes desordenadamente. I Desaguar, desembocar una corriente de agua.

derrame m. Derramamiento. I Porción de líquido o semilla que se desperdicia al medirlos, o que los contiene. I Sesgo o corte oblicuo que se forma en los muros para que las puertas y ventanas puedan abrirse más. I Declive de la tierra por donde corre o puede correr el agua.

derrapar intr. Desviarse lateralmente un automóvil por deslizamiento de sus ruedas.

derredor m. Contorno o circuito.

derrengado, da p. p. de derrengar. I adj. Torcido, inclinado a un lado más que a otro.

derrengar tr. y r. Descaderar, lastimar gravemente el espinazo o lomos. I Torcer, inclinar a un lado.

derretimiento m. Accion de derretir o derretirse. I fig. Afecto vehemente, amor intenso.

derretir tr. Liquidar por medio del calor una cosa sólida. Ú. t. c. r.

derribar tr. Arruinar, demoler, echar a tierra. I Tirar contra el suelo. I Trastornar, echar a rodar lo que está levantado o puesto en alto. I Hacer caer en tierra a toros o vacas corriendo tras ellos a caballo y empujándolos con la garrocha.

derribo m. Acción de derribarse o demoler. I Conjunto de materiales de demolición.

derrocar tr. Despeñar, precipitar desde una peña o roca. I fig. Echar por tierra, deshacer, arruinar un edificio. I fig. Arrojar a uno del estado o fortuna que tiene.

derrochador, ra adj. y s. Que derrocha.

derrochar tr. Malgastar, destruir bienes.

derrota f. Rumbo de las embarcaciones. I Camino, vereda. I Vencimiento completo de un ejército, seguido por lo común de fuga desordenada.

derrotado, da p. p. de derrotar. I adj. Que anda con vestidos rotos o raídos.

derrotar tr. Disipar, romper. destrozar hacienda, muebles o vestidos. I Destruir, arruinar a uno en la salud o en los bienes. I Vencer y hacer huir desordenadamente al ejército enemigo.

derruir tr. Derribar, destruir, arruinar un edificio.

derrote m. Cornada que da el toro alzando la cabeza al acometer.

derrotero m. Línea señalada en la carta demarear para que sirva a los pilotos en los viajes. I Derrota, rumbo de una barcación. I Libro que contiene estas derrotas. I fig. Camino, rumbo, medio que uno sigue para llegar al fin que se ha propuesto.

derrotismo m. Tendencia a propagar el desaliento en el propio país con noticias o ideas pesimistas acerca del resultado de una guerra o de cualquiera otra empresa.

derrubiar tr. y r. Desgastar, llevarse poco a poco las aguas la tierra de las riberas, tapias,etc.

derrumbar tr. Precipitar, despeñar.

derviche m. Especie de monje musulmán.

des- Prefijo que denota negación, inversión, privación, exceso, demasía o fuera de. A veces indica afirmación.

desabarrancar tr. Sacar de un barranco, barrizal o pantano lo que está atascado. I fig. Sacar de un dificultad o apuro.

desabastecer tr. Desproveer, dejar de surtir a una persona o a un pueblo de los bastimentos necesarios.

desabollar tr. Quitar abolladuras.

desabotonar tr. y r. Sacar los botones de los ojales. l intr. fig. Abrirse las flores.

desabrido, da p. p. de desabrir. l adj. Díc. de cualquier manjar que carece de gusto, lo tiene malo o es muy soso. l Díc. del tiempo destemplado, desigual. l fig. Áspero y desapacible en el trato.

desabrigar tr. y r. Descubrir, quitar el abrigo.

desabrimiento m. Falta de sabor, sazón o buen gusto en cualquier manjar. l fig. Dureza de genio, aspereza en el trato.

desabrochar tr. y r. Desasir los broches o botones.

desacatar tr. y r. Faltar a la reverencia o al respeto debido.

desacato m. Irreverencia para con las cosas sagradas. l Falta del debido respeto a los superiores. l Delito que se comete insultando o amenazando a una autoridad en el ejercicio de sus funciones.

desacerbar tr. Templar, quitar lo áspero a una cosa.

desacertar intr. Errar, no tener acierto.

desacobardar tr. Alentar, quitar el miedo.

desaconsejar tr. Disuadir.

desacordar tr. Destemplar un instrumento músico. l r. Olvidarse.

desacostumbrar tr. y r. Hacer perder o dejar una costumbre.

desacotar tr. Levantar, quitar el coto. l Apartarse de lo que se está concertando o tratando. l Rechazar, no admitir una cosa.

desacreditar tr. Quitar o disminuir la reputación de una persona, o el valor y la estimación de una cosa.

desacuerdo m. Discordia o disconformidad en los dictámenes o acciones. l Olvido de una cosa. l Privación del sentido.

desafiar tr. Retar, provocar a pelea. Competir, contender.

desafinar intr. y r. Desviarse algo la voz o el instrumento del punto de la perfecta entonación, causando desagrado al oído. l adj. Decir algo indiscreto o inoportuno.

desafío m. Acción y efecto de desafiar. l Competencia, rivalidad.

desaforar tr. Quebrantar los fueros. l Privar a uno del fuero o exención que goza. l r. Atreverse, descomedirse.

desafortunado, da adj. Desgraciado.

desafuero m. Acto violento contra la ley. l Acción contraria a las buenas costumbres o a lo que dieta la sana razón.

desagradable adj. Que desagrada.

desagradar intr. y r. Disgustar, fastidiar, causar desagrado.

desagrado m. Expresión, en el trato o en el semblante, del disgusto que nos causa una persona o cosa. l Disgusto, descontento.

desagraviar tr. resarcir o compensar el perjuicio causado.

desaguadero m. Conducto que da salida a las aguas.

desaguar tr. Extraer el agua de un lugar. l fig. Disipar, consumir. l intr. Entrar los ríos en el l Dar salida un recipiente o concavidad a las aguas que contiene. Ú. t. c. r.

desagüe m. Acción y efecto de desaguar. Desaguadero.

desaguisado, da adj. Hecho contra la ley o la razón. l m. Agravio, denuesto.

desahogar tr. Dilatar el ánimo a uno; aliviarle en su trabajos o aflicciones. l Aliviar el ánimo de aquello que le oprime. Ú. t. c. r. l r. Repararse, recobrarse del calor o fatiga. l Decir una persona a otra la queja que tiene de ella. l Confiar uno a otro sus penas.

desahogo m. Alivio de la pena o trabajo. l Esparcimiento. l Desembarazo, desenvoltura.

desahuciar tr. y r. Quitar toda esperanza. l Despedir a un inquilino.

desairado, da p. p. de desairar. l adj. Que no tiene garbo. l fig. Que no queda airoso. l fig. Menospreciado, desatinado.

desairar tr. Deslucir, desatender a una persona. l Desestimar una cosa.

desaire m. Falta de garbo. l Acción y efecto de desairar.

desajustar tr. Desigualar, desconcertar l r. Apartarse del ajuste o concierto convenido.

desalar tr. Quitar las alas. l Hablando del agua del mar, quitarle la sal para hacerla potable o para otros fines. l Sentir vivo anhelo. l Quitar la sal a una cosa.

desalentar tr. Embarazar el aliento, hacerlo dificultoso. l fig. Quitar el ánimo, acobardar.

desaliento m. Decaecimiento del ánimo, falta de vigor.

desaliñar tr. y r. Descomponer, ajar el adorno atavio o compostura.

desaliño m. Desaseo, descompostura, falta de aliño. l fig. Negligencia, descuido.

desalmado adj. Falto de conciencia. l Cruel, inhumano.

desalojar tr. Sacar de un lugar. l Abandonar un puesto o lugar. l Desplazar. l intr. Dejar el hospedaje.

desamar tr. Dejar de a l Aborrecer, querer mal.

desamarrar tr. Quitar las amarras.

desamor m. Falta de amor. l Enemistad.

desamortizar tr. y r. Dejar libres los bienes amortizados.

desamparar tr. Abandonar, dejar sin amparo a la persona o cosa que lo pide o necesita.

desamurar tr. Soltar las amuras de las velas.

desandar tr. Retroceder en el camino ya andado.

desangrar tr. Sacar la sangre a una persona o animal en gran abundancia. l r. Perder toda la sangre o gran parte de ella.

desanidar intr. Dejar las aves el nido, después de haber criado.

desanimar tr. y r. Desalentar, acobardar.

desánimo m. Desaliento, falta de ánimo.

desapacible adj. Que causa disgusto o enfado o es desagradable a los sentidos.

desaparecer tr. Ocultar, quitar de delante con presteza una cosa. Ú. t. c. r. l intr. Ocultarse, quitarse de la vista con rapidez una persona o cosa.

desaparición f. Acto de desaparecer.

desapasionado, da p. p. de desapasionar. l adj. Imparcial, no apasionado.

desapasionar tr. y r. Desarraigar la pasión que se tiene a una persona o cosa.

desapego m. fig. Falta de afición o interés, alejamiento, desvío.

desapercibido, da adj. Desprevenido, descuidado, desprovisto.

desapacible adj. Desagradable.

desaplicado, da p. p. de desplicar. l adj. y s. Que no se aplica.

desapolillar tr. Quitar la polilla. l r. fam. Salir de casa cuando hace aire fuerte.

desaprensión f. Falta de aprensión, delicadeza o reparo.

desaprensivo, va adj. y s. Que tiene desaprensión.

desaprobar tr. Reprobar, no asentir a una cosa.

desapropiar tr. Quitara uno la propiedad de una cosa. l r. Desposeerse uno del dominio sobre lo propio.

desaprovechamiento m. Atraso en lo bueno. l Desmedro o desperdicio de las conveniencias.

desaprovechar tr. Desperdiciar o emplear mal una cosa. I intr. Perder lo que se había adelantado.

desarbolar tr. Tronchar o derribar los palos de una embarcación.

desarenar tr. Quitar la arena de una parte.

desarmado, da p. p. de desarmar I adj. Desprovisto de armas.

desarmar tr. Quitar o hacer entregar las armas. I Desceñir a una persona las armas que lleva. I Reducir las fuerzas del Ejército o de la Armada. I Desunir las piezas de que consta una cosa. I fig. Templar, apaciguar.

desarme m. Acción de desar

desarraigar tr. y r. Arrancar de raíz un vegetal. I fig. Extirpar una pasión, vicio o costumbre.

desarrapado, da adj. Desharrapado.

desarreglado, da p. p. de desarreglar. I adj. Desordenado, que no guarda régimen ni regla.

desarreglar tr. y r. Trastornar, desordenar, sacar de regla.

desarreglo m. Desorden.

desarrollar tr. Descoger lo que está arrollado, deshacer un rollo. Ú. t. c. r. I fig. Acrecentar, dar incremento a una cosa. Ú. t. c. r. I fig. Explicar un tema en toda su extensión. I Transformar una expresión matemática en otras equivalentes hasta llegar a una determinada. I r. fig. Suceder, ocurrir, acontecer de un modo, en un lugar.

desarrollo m. Acción de desarrollar.

desarticular tr. y r. Separar dos huesos articulados entre sí. I fig. Separar las piezas de una máquina o artefacto.

desaseado, da p. p. de desasear. I adj. Falto de aseo.

desasear tr. Quitar el aseo y compostura.

desasimilación f. Catabolismo.

desasir tr. Soltar lo asido. Ú. t. c. r. I r. Desapropiarse, desprenderse de una cosa.

desasosiego m. Falta de sosiego.

desastrado, da adj. Desgraciado. I Roto, desaseado. Ú. t. c. s.

desastre m. Desgracia grande, suceso lamentable.

desatar tr. Soltar lo que está atado. Ú. t. c. r. I r. Excederse en hablar. I fig. Proceder desordenadamente. I fig. Perder el encogimiento.

desatascar tr. Sacar del atascadero. Ú. t. c. r. I Desatrancar, desobstruir.

desatención f. Falta de atención, distracción. I Falta de urbanidad y respeto, descortesía.

desatender tr. No prestar atención. I No hacer caso o aprecio de una persona o cosa. I No corresponder, no asistir con lo que es debido.

desatibar tr. Limpiar una mina de los escombros que la obstruyen.

desatinar tr. Hacer perder el tino. I intr. Decir o hacer desatinos.

desatino m. Falta de tino, tiento o acierto. I Despropósito, locura o error.

desatolondrar tr. y r. Hacer volver en sí al atolondrado.

desatornillar tr. y r. destornillar. Sacar un tornillo dándole vueltas.

desatracar tr. y r. Separar una nave de donde se atracó.

desatrampar tr. Desembarazar un caño o conducto.

desatrancar tr. Quitar la tranca a la puerta.

desautorizar tr. y r. Quitar la autoridad, estimación, poder o crédito.

desavenencia f. Oposición, discordia.

desayunar r. Tomar el desayuno.

desayuno m. Primer alimento que se toma por la mañana.

desazón f. Desabrimiento, falta de sabor o sazón. I Pesadumbre. I Inquietud, zozobra. I Picazón.

desazonar tr. Quitar la sazón o el sabor a un manjar. I fig. Disgustar, enfadar. Ú. t. c. r. I r. fig. Sentirse indispuesto.

desbabar intr. y r. Purgar o expeler las babas. I tr. Hacer que las suelte el caracol.

desbancar tr. y r. Desembarazar un lugar de bancos. I fig. Hacer perder a uno el aprecio de otra persona ganándolo para sí.

desbandada f. Acción de desbandarse.

desbarajustar tr. Poner en desorden una cosa.

desbarajuste m. Desorden.

desbaratar tr. Arruinar una cosa. I Malgastar los bienes. I fig. Impedir o estorbar algo inmaterial. I Desconcertar al enemigo.

desbarbar tr. fam. Afeitar. I Quitar las hilachas de una cosa, las raíces de las plantas, etc.

desbardar tr. Quitar la barda a una tapia.

desbastar tr. Quitar las partes bastas. I Gastar, disminuir.

desbloquear tr. Com. Levantar el bloqueo de una cantidad o crédito.

desbloqueo m. Com. Acción de desbloquear.

desbocado, da p. p. de desbocar, I Aplícase a cualquier instrumento que tiene gastada o mellada la boca. I fig. Que suele decir palabras indecentes y desvergonzadas. Ú. t. c. s.

desbocar tr. Quitar o romper la boca a una cosa. I intr. Desembocar. I r. Hacerse una caballería insensible a la acción del freno y dispararse. I fig. Desvergonzarse, prorrumpir en denuestos.

desbordar intr. Salir de los bordes, derramarse. Ú. t. c. r. I r. Exaltarse, desmandarse las pasiones o los vicios.

desborrar tr. Quitar la borra a los paños. I Quitar a los árboles los vástagos.

desbraguetado adj. fam. Que trae desabrochada la braguета.

desbravar tr. Domar potros o mulos. I intr. Perder braveza. Ú. t. c. r. I Perder fuerza los licores. Ú. m. c. r.

desbravecer r. Desbravar, perder braveza.

desbridar tr. Quitar la brida. I Cir. Ensanchar una herida o llaga para curarla.

desbriznar tr. Desmenuzar una cosa. Sacar los estigmas a la flor del azafrán.

desbrozar tr. Quitar la broza.

desbrozo m. Acción y efecto de desbrozar. I Conjunto del ramaje o de la broza que se saca de la poda de los árboles o de la limpieza de las tierras o las acequias.

desca f. Recipiente plano de madera a modo de bandeja.

descabalgar intr. Apearse de una caballería.

descabellado, da p. p. de descabellar. I adj. Que va o se hace sin orden ni concierto y fuera de razón.

descabellar tr. y r. Desgreñar, despeinar. I Matar instantáneamente al toro hiriéndole en la cerviz con la punta de la espada.

descabezado, da p. p. de descabezar. I adj. y s. Que procede desatinadamente.

descabezamiento m. Acción de descabezar o descabezarse.

descaderar tr. y r Hacer a uno grave daño en las caderas.

descafilar tr. Perfilar los cantos de los ladrillos y baldosas para que ajusten bien al unirlos.

descalabrado, da p. p. de descalabrar. Ú. t. c. s. I adj. y s. Que ha salido mal parado de una pendencia o perdiendo en algún asunto.

descalabrar tr. Herir ligeramente en la cabeza, y por ext., en otro sitio. Ú. t. c. r. I fig. Causar daño o perjuicio.

descalabro m. Contratiempo infortuito, daño o pérdida.

descalcar tr. Sacar las estopas viejas de las costuras de un buque.

descalce m. Socava.

descalcificación f. Disminución anormal de la substancia calcárea contenida en los tejidos orgánicos.

descalificación f. Acción de descalificar.

descalificar tr. Desacreditar, desautorizar o incapacitar.

descalzar tr. Quitar el calzado. Ú. t. c. r. I Quitar uno o más calzos. I Socavar.

descalzo, za p. p. irreg. de descalzar I adj. Que va sin calzado.

descamación f Renovación y desprendimiento de la epidermis seca en forma de escamillas.

descamar tr. Escamar, quitar escamas al pescado. I r. Caerse la piel en forma de escamillas.

descaminar tr. y r. Apartar a uno del camino que debe seguir, o hacer que yerre. I fig. Desharrapado. Ú.t.c.s.

descamisado, da adj. fam. Sin camisa. I fig. y despect. Muy pobre, desharrapado.

descampado,da p. p. de descampar. I adj. y s. Desembarazado, libre de tropiezos, de malezas. I Terreno baldío, normalmente urbano.

descampar intr. Escampar.

descansar intr. Cesar en el trabajo, reposar, reparar las fuerzas con la quietud. I fig. Tener algún alivio en los cuidados. I Reposar, dormir. I Reposar en el sepulcro. I Estar una cosa apoyada sobre otra. I tr. Aliviar a uno en el trabajo. I Asentar o apoyar una cosa sobre otra.

descansillo m. Meseta o rellano de la escalera.

descanso m. Quietud, reposo o pausa en el trabajo o fatiga. I Descansillo.

descantar tr. Limpiar de cantos o piedras.

descantillar tr. Romper o quebrar las aristas o cantos de alguna cosa. Ú. t. c. r.

descantillón m. Escantillón.

descañonar tr. Quitar los cañones a las aves. I Afeitar a contrapelo para cortar más de raíz la barba.

descapotable m. Dícese del coche que tiene capota plegable.

descapotar tr. Plegar o bajar la capota de un coche.

descarado, da p.p. de descararse. I adj. y s. Desvergonzado.

descararse r. Hablar u obrar con desvergüenza, descortésmente o sin pudor.

descarbonatar tr. Quitar el ácido carbónico.

descarburar tr. Quitar el carbono que contiene algún cuerpo.

descarga f. Acción de descargar. I Fenómeno que consiste en la neutralización total o parcial de las cargas opuestas con- tenidas en las armaduras de un condensador eléctrico.

descargador, ra adj. y s. Persona que por oficio descarga.

descargar tr. Quitar o aliviar la carga. I Disparar una arma de fuego. I Extraer la carga a un arma de fuego o a un barreno. Anular la tensión elétrica de un cuerpo. Dar golpes con violencia. I fig. Librar a uno de un cargo u obligación. I fig. Deshacerse una nube y caer en lluvia y granizo.

descargo m. Acto de descargar. I Data o salida que en las cuentas se contrapone al cargo. I Satisfacción, respuesta o excusa del cargo que se hace a uno.

descariñarse r. Perder el cariño que se tenía a una persona.

descarnada f. Por antonom., la muerte como símbolo.

descarnar tr. y r. Separar la carne del hueso. I fig. Quitar parte de una cosa o desmoronarla. I fig. Apartar a uno de las cosas terrenas.

descaro m. Desvergüenza, atrevimiento.

descarriar tr. Apartar a uno del carril, echarlo fuera de él. I Apartar del rebaño algunas reses. Ú. t. c. r. I r. Separarse o perderse una persona de las que le acompañaban. I fig. Apartarse de lo justo y razonable.

descarrilar intr. Salir de su carril un vehículo.

descarrío m. Acción de descarriar.

descartar tr. Desechar un cosa. I r. Deshacerse de cartas inútiles en el juego.

descarte m. Cartas que se desechan en varios juegos de naipes, o que quedan sin repartir.

descasar tr. y r. Declarar nulo un matrimonio. I fig. Descomponer la disposición de cosas que armonizan.

descascarar tr. Quitar la cáscara. I r. Levantarse y caerse la cáscara.

descaque m. Acción de descascar o descortezar los árboles.

descastado, da p. p. de descastar. I adj. s. Que tiene poco cariño a sus parientes. Ingrato, desafecto.

descastar tr. Acabar con una casta de animales.

descebar tr. Quitar el cebo a las armas de fuego.

descendencia f. Conjunto de hijos, nietos y demás generaciones descendientes de éstos.

descender intr. Bajar, pasar de un lugar alto a otro bajo. I Caer, correr una cosa líquida. I Proceder, venir un ser orgánico de otro. I Derivarse una cosa de otra.

descendiente p. a. de descender. Que desciende. I com. Cualquier persona que desciende de otra.

descenso m. Acción de descender. I Bajada. I fig. Paso de una dignidad o estado a otro inferior.

descentrado, da p. p. de descentrar. I adj. Díc. del instrumento o de la pieza de una máquina cuyo centro no tiene la posición que debe ocupar.

descentralización f. Acción de descentralizar.

descentralizar tr. Transferir a diversas corporaciones parte de la autoridad que antes ejercía el gobierno supremo del Estado.

descepar tr. Arrancar de raíz los árboles o plantas que tienen cepa.

descercar tr. Derribar la muralla o cerca. I Levantar o hacer levantar el cerco puesto a una plaza.

descerrajar tr. Arrancar o violentar una cerradura. I Fig. Disparar uno o más tiros con arma de fuego.

deschuponar tr. Quitar los chupones a un árbol.

descifrar tr. Declarar lo escrito en cifra. I fig. Interpretar los oscuro, intrincado o difícil intelingencia.

descimbrar tr. Quitar las cimbras.

descimentar tr. Deshacer los cimientos.

descinchar tr. Quitar las cinchas.

desclavador, ra adj. y s. Que desclava.

desclavar tr. Arrancar clavos. I Desprender una cosa del clavo o clavos con que está asegurada.

descocado, da p. p. de descocar o descocarse. I adj. y s. Que muestra demasiada libertad y desenvoltura.

descocarse Manifestar demasiada libertad o desenvoltura.

descodificación f. Acción y efecto de descodificar.

descodificador, ra adj. Que descodifica. I Dispositivo para descodificar.

descodificar tr. Aplicar inversamente a un mensaje codificado las reglas de su código para obtener la forma primitiva del mensaje.

descogotar tr. Quitar o cortar de raíz las astas al venado.

descolgar tr. Bajar lo que está colgado. I Bajar o hacer que descienda poco a poco una cosa pendiente de una cuerda. I prnl. Écharse de alto abajo, valiéndose de una cuerda u otra cosa.

descollar intr. Sobresalir.

descolmillar tr. Quitar o quebrantar los colmillos.

descolocar tr. Quitar o separar a alguna persona o cosa del lugar que ocupa.

descolonización f. Supresión de la condición colonial de un territorio.

descolonizar tr. Poner fin a una situación colonial.

descolorar tr. y r. Quitar o amortiguar el color.

descolorido, da p. p. de descolorir. | adj. Que tiene el color bajo.

descombrar tr. Despejar un sitio, librarlo de estorbos. | fig. Despejar, desembarazar, en general.

descomedirse r. Faltar al respeto de obra o palabra.

descompasado, da p. p. de descompasarse. | adj. Descomedido, desproporcionado.

descompensar tr. Hacer perder la compensación. Ú. t. c. r.

descomponer tr. Desordenar y desbaratar. Ú. t. c. r. | Separar las diversas partes que forman un compuesto. | r. Corromperse, estar un cuerpo en estado de putrefacción. | fig. Perder uno, en las palabras o en las obras, la serenidad o la circunspección habitual.

descompresión f. Disminución o cesación de la presión del aire o del agua sobre la superficie del cuerpo humano.

descompuesto, ta p. p. de descomponer. | adj. Atrevido, descortés, iracundo.

descomulgar tr. Excomulgar.

descomunal adj. Extraordinario, enorme, monstruoso.

descomunión f. Excomunión.

desconceptuar tr. y r. Desacreditar.

desconcertante p.a. de desconcertar. Que desconcierta.

desconcertar tr. y r. Turbar el orden, concierto y composición de una cosa. | Dislocar algún hueso. | fig. Sorprender suspender el ánimo. | Hacer perder la serenidad y el miramiento.

desconchado, da p. p. de desconchar. | m. Parte en que falta el revestimiento de una pared. | Parte en que una pieza de loza o porcelana ha perdido el vidriado.

desconchar tr. y r. Perder una pared parte de su revestimiento.

desconcierto m. Descomposición de las partes de un cuerpo o de una máquina. | fig. Desorden, desavenencia. | fig. Falta de gobierno y economía.

desconcordia f. Desunión, desconformidad.

desconectar tr. Interrumpir, interceptar la comunicación eléctrica establecida entre dos aparatos y con la línea general. | Dejar independientes dos partes de ciertos mecanismos.

desconfianza f. Falta de confianza

desconfiar intr. No confiar, tener poca seguridad o esperanza.

desconforme adj. disconforme. No conforme.

descongelar tr. Deshelar. | Com. Desbloquear.

descongestionar tr. Quitar la congestión.

desconocer tr. No conservar la idea de una cosa, haberla olvidado. | No conocer. | Negar uno que una cosa es suya. | Afectar ignorancia de algo.

desconsideración f. Acción de desconsiderar.

desconsiderar tr. No guardar la consideración debida.

desconsolado, da p. p. de desconsolar. | adj. Que no tiene o no recibe consuelo. | fig. Melancólico, triste.

desconsolar tr. y r. Afligir, privar consuelo. | Desalentar.

desconsuelo m. Angustia y aflicción profunda por falta de consuelo.

descontar tr. y r. Rebajar una cantidad al tiempo de pagar una cuenta o factura. | fig. Rebajar algo del mérito o virtudes que se atribuyen a una persona. | fig. Dar por cierto o por acaecido.

descontentar tr. y r. Disgustar, desagradar.

descontento, ta p. p. irreg. de descontentar.| m. Disgusto, desagrado.

desconveniente p.a. de desconvenir. Que desconviene. | adj. No conveniente, ajustado o proporcionado.

desconvenir intr. y r. No convenir en las opiniones; no concordar entre sí dos personas o dos cosas.

descorazonar tr. Arrancar, quitar, sacar el corazón. | fig. Desanimar, acobardar, amilanar. Ú. t. c. r.

descorchador, ra m. y f. Persona que descorcha. | m. Sacacorchos.

descorchar tr. Quitar o arrancar el corcho al alcornoque. | Sacar el tapón de corcho de una botella.

descornar tr. y r. Quitar los cuernos del animal.

descoronar tr. Quitar la corona.

descorrer tr. Volver uno a correr el espacio que antes había corrido. | Plegar o reunir lo que está estirado.

descortés adj. y s. Falto de cortesía.

descortezar tr. y r. Quitar la corteza. | fig. Quitarle a uno la rusticidad.

descortinar tr. Destruir la muralla a cañonazos o de otro modo.

descosedura f. Descosido, parte descosida.

descoser tr. Soltar, cortar, desprender las puntadas de las cosas cosidas. Ú. t. c. r.

descosido, da p. p. de descoser. | adj. fig. Díc. de quien es poco discreto al hablar. | m. Parte de una prenda de vestir o de otro uso que tiene sueltas las puntadas con que estaba cosida.

descostillar tr. Dar golpes a uno en las costillas. | r. Caerse de espaldas con violencia.

descostrar tr. Quitar la costra.

descote m. Escote (escotadura, y también la parte del busto que queda descubierta por estar escotado el vestido).

descoyuntar tr. y r. Desencajar los huesos.

descrecer tr. Decrecer.

descrédito m. Pérdida de la reputación.

descreer tr. Faltar a la fe. | Dejar de creer. | Negar crédito a una persona.

descreído, da p. p. de descreer. | adj. Incrédulo, falto de fe.

descremar tr. *Amér.* Desnatar.

descrestar tr. Quitar la cresta.

descriarse r. Desmejorarse.

describir tr. Representar a personas o cosas gráficamente, o por medio del lenguaje o la escritura, con los detalles suficientes para dar una idea cabal de ellas.

descripción f. Acción de describir. | Inventario.

descriptivo, va adj. Que describe.

descristianizar tr. Apartar de la fe cristiana a un pueblo o a un individuo.

descrito, ta p. p. irreg. de describir.

descuadernar tr. Desencuadernar. Ú. t. c. r. | fig. Desbaratar, descomponer.

descuadrillarse r. Derrengarse las bestias por el cuadril.

descuajaringar tr. Desvencijar, desunir alguna cosa. Ú. t. c. r. | r. fam. Relajarse las partes del cuerpo por efecto de la fatiga.

descuartizar tr. Dividir en cuatro partes un cuerpo. | fam. Despedazar una cosa.

descubierta f. Reconocimiento del campo que hace la tropa para ver si hay enemigos próximos.

descubierto, ta p. p. irreg. de descubrir. | adj. Que lleva sin cubrir la cabeza. | Expuesto a cargos o reconvenciones por alguna acción u omisión. | m. Déficit.

descubridero m. Lugar desde donde se descubre mucho terreno.

descubridor, ra adj. y s. Que descubre o encuentra algo oculto o ignorado. | Díc. de quien ha descubierto tierras ignoradas o desconocidas.

descubrimiento m. Hallazgo o encuentro de lo que estaba oculto o secreto o era desconocido. | Hallazgo o encuentro de una tierra o un mar no descubierto o ignorado.

descubrir tr. Manifestar, hacer patente. Destapar lo que está tapado o cubierto. | Hallar lo que estaba ignorado o escondido. | Venir en conocimiento de una cosa que se ignoraba. | Alcanzar a ver.| r. Quitarse de la cabeza el sombrero o cosa análoga.

descuello m. Exceso en la elevación o estatura.| fig. Superioridad. | fig. Altanería.

descuento m. Acción de descontar. | *Com.* Cantidad que se rebaja o deduce de una letra o pagaré, en concepto de intereses, cuando se cobra antes de su vencimiento.

descuerar tr. Despellejar.

descuernacabras m. Viento frio y recio que sopla de la parte del Norte.

descuidado, da p. p. de descuidar. | adj. y s. Negligente, omiso. | Desaliñado. | Desprevenido.

descuidar intr. y r. No cuidar de las cosas o no poner en ellas la atención necesaria.

descuido m. Omisión, negligencia, falta de cuidado. | Olvido, inadvertencia. | Desliz, tropiezo vergonzoso.

desde prep. que denota el momento o el lugar a partir del cual ha de empezar a contarse una cosa. | Después de.

desdecir intr. fig. Degenerar, decaer una persona o cosa de su origen, educación o clase. | Desmentir. | r. Retractarse de lo dicho.

desdén m. Indiferencia y despego que denotan menosprecio.

desdentado, da p. p. de desdentar. | adj. Que ha perdido los dientes. | Díc. de los animales mamíferos que no tienen dientes o carecen por lo menos de los incisivos. Ú. t. c. s. | Orden de estos animales.

desdentar tr. Quitar los dientes.

desdeñable adj. Digno de desdén.

desdeñar tr. Tratar con desdén. | r. Tener a menos hacer o decir algo.

desdeñoso, sa adj. y s. Que manifiesta desdén.

desdevanar tr. y r. Deshacer el ovillo.

desdibujar tr. Esfumar, desvanecer, hacer borrosa una imagen. Ú. t. c. r. | r. fig. Perder una cosa la claridad y precisión de sus perfiles y cortornos.

desdicha f. Desgracia. | Pobreza suma.

desdichado, da adj. Infeliz, desgraciado. Ú. t. c. s. | fig. Cuitado, pusilánime.

desdoblamiento m. Acción de desdoblar o desdoblarse. | Descomposición por evolución natural o artificial de una sustancia en sus elementos componentes.

desdoblar tr. Extender una cosa que está doblada; descoger. Ú. t. c. r. | r. Separarse los elementos de un compuesto para formar otros. Ú. t. c. tr.

desdorar tr. y r. Quitar el oro a una cosa dorada. | fig. Deslucir, mancillar la virtud o la fama.

desdoro m. Mancilla en la virtud, reputación o fama.

deseable adj. Apetecible, codiciable.

desear tr. Aspirar con vehemencia el conocimiento posesión o disfrute de una cosa. | Anhelar que acontezca o deje de acontecer un suceso.

desecación f. Desecamiento.

desecador, ra adj. y s. Desecante, que deseca.

desecar tr. y r. Quitar la humedad.

desechable adj. Excluir, reprobar. | Menospreciar, desestí | Renunciar, no admitir una cosa. | Expeler, arrojar. | Apartar de sí un pesar, temor, sospecha o mal pensamiento | Dejar una cosa para no volver a hacer uso de ella.

desecho m. Residuo después de escogido lo mejor. | Cosa que ya no sirve.

deselectrizar tr. Descargar de electricidad los cuerpos electrizados.

desellar tr. Quitar el sello.

desembalar tr. Desenfardar.

desembaldosar tr. Quitar las baldosas.

desembalsar tr. Dar salida al agua contenida en un embalse, o a parte de ella.

desembalse m. Acción y efecto de desembalsar.

desembarazado, da p.p. de desembarazar. | adj. Despejado, libre. | Desenfadado, desenvuelto.

desembarazar tr. Quitar el impedimento que se opone a una cosa. Ú.t.c.r. | Evacuar, desocupar.

desembarazo m. Despejo, desenfado

desembarcadero m. Lugar destinado para desembarcar.

desembarcar tr. Sacar de la nave lo embarcado. | intr. Salir de una embarcación. Ú. t. c. r.

desembarco m. Acción de desembarcar las personas. | Operación bélica en al que generalmente intervienen barcos de guerra y tropas desembarcadas y protegidas por ellos.

desembargar tr. Quitar el impedimento. | Alzar el embargo.

desembarque m. Acción y efecto de desembarcar.

desembarrar tr. y r. Quitar, limpiar el barro.

desembebecerse prnl.Recobrarse de la suspensión y embargo de los sentidos.

desembelesar tr. Quitar el embeleso. | r. Salir del embelesamiento.

desembocadero m. Abertura o estrecho por donde se sale de un lugar a otro. | Desembocadura.

desembocadura f. Punto por donde una corriente de agua desemboca en otra, en el mar o en un lago.

desembocar intr. Salir por una abertura o estrecho | Desaguar una corriente de agua en otra, en el mar o en un lago.

desembojar tr. Quitar de las bojas los capullos de seda.

desembolsar tr. Sacar de la bolsa. | fig. Entregar dinero.

desembolso m. fig. Entrega de dinero. | Dispendio, gasto, coste.

desemboque m. Desembocadura.

desemboscar tr. Hacer salir la caza del bosque. | Desalojar al enemigo de una emboscada.| r. Salir del bosque o de la emboscada.

desembotar tr. y r. fig. Hacer que lo embotado deje de estarlo.

desembozar tr. y r. Quitar el embozo.

desembragar tr. Separar, desconectar un mecanismo del eje del motor.

desembravecer tr. y r. Amansar, quitar la braveza.

desembridar tr. Quitar la brida de una caballería.

desembrollar tr. fam. Desenredar, aclarar.

desembrujar tr. Deshacer el embrujamiento o hechizo que uno cree tener.

desembuchar tr. Echar las aves lo que tienen en el buche. | fam. Decir uno cuanto sabe y tenía callado.

desemejante adj. Diferente, no semejante.

desemejar intr. No parecerse una cosa a otra de su especie; diferenciarse de ella. | tr. Desfigurar, mudar de figura.

desempacar tr. Sacar de las pacas las mercaderías.

desempachar tr. y r. Quitar el empacho.

desempañar tr. Quitar los pañales a los niños. Ú. t. c. r. I Limpiar lo empañado.

desempapelar tr. Quitar el papel que envuelve una cosa, o el que reviste las paredes de una habitación.

desempaquetar tr. Desenvolver lo empaquetado.

desemparejar tr. y r. Desigualar lo igual y parejo.

desemparentado, da adj. Que no tiene parentela.

desempastar tr. Quitar de una muela la pasta que llenaba la parte cariada.

desempatar tr. Deshacer el empate.

desempeñar tr. Sacar lo que está empeñado, pagando lo convenido. I Libertar a uno de las deudas que tiene contraídas. Ú. t. c. r. I Cumplir las obligaciones inherentes a una profesión, cargo u oficio.

desempeño m. Acción de desempeñar.

desempernar tr. Quitar los pernos que sujetan una cosa.

desempleo m. Paro forzoso.

desemplomar tr. y r. Quitar el plomo.

desempolvadura f. Acción de desempolvar.

desempolvar tr. y r. quitar el polvo.

desemponzoñar tr. Quitar la ponzoña.

desenastar tr. Quitar el mango o el asta a una herramienta.

desencabestrar tr. Sacar el pie o la mano de la bestia que se ha enredado en el cabestro.

desencadenar tr. Quitar la cadena al que está sujeto con ella. I Desunir el vínculo de las cosas inmateriales. I fig. Estallar, romper u obrar con violencia algunas cosas.

desencajar tr. y r. Sacar de su lugar un cosa, desunirla del encaje. I prnl. Desfigurarse, descomponerse el semblante por enfermedad o por pasión del ánimo.

desencajonar tr. Sacar del cajón.

desencalcar tr. Anojar lo apretado.

desencallar tr. e intr. Poner a flote una embarcación encallada.

desencaminar tr. Descaminar.

desencanto m. Acción de desencantar o desencantarse.

desencapotar tr. Quitar el capote. Ú. t. c. r. I r. fig. Despejarse, aclararse el cielo. I fig. Desenojarse, deponer el ceño.

desencarcelar tr. Excarcelar.

desencarnar tr. Quitar a los perros las reses muertas para que no se encarnicen. I Perder la afición a una cosa, desprenderse de ella.

desenchufar tr. Separar o desencajar lo que esta enchufado.

desencintar tr. Quitar las cintas. I Quitar el encintado.

desencolar tr. y r. Despegar lo pegado con cola.

desenconar tr. y r. Mitigar, templar, quitar la inflamación. I fig. Moderar, corregir el encono o enojo.

desencordar tr. Quitar las cuerdas a un instrumento, generalmente músico.

desencordelar tr. Quitar los cordeles que atan una cosa.

desencuadernar tr. y r. Deshacer la encuadernación. I fig. Descomponer.

desendiosar tr. fig. Abatir la vanidad o altanería del que se cree superior a los demás.

desenfadado, da p.p. de desenfadar. I adj. Desembarazado, libre.

desenfadado m. Despejo y desembarazo. I Desahogo del ánimo.

desenfardar tr. Abrir y desatar los fardos.

desenfilar tr. y r. Poner a cubierto del fuego enemigo tropas, buques y posiciones fortificadas.

desenfrenar tr. Quitar el freno a las caballerías. I r. fig. Entregarse desordenadamente a los vicios y maldades.

desenfreno m. Acción de desenfrenarse.

desenfundar tr. Quitar la funda a una cosa.

desenfurruñar tr. y r. Desenfadar, desenojar, quitar el enfurruñamiento.

desenganchar tr. Soltar, desprender una cosa que está enganchada. Ú. t. c. r. I Quitar de un carruaje las caballerías de tiro.

desengañar tr. Hacer conocer el engaño o el error. Ú. t. c. r. I Quitar esperanzas o ilusiones.

desengaño m. Conocimiento de la verdad, con que se sale del engaño o error.

desengarzar tr. y r. Desprender lo engarzado.

desengastar tr. y r. Sacar una cosa de su engaste.

desengomar tr. Quitar la goma de algún tejido.

desengoznar tr. y r. Desgoznar.

desengranar tr. Quitar o soltar el engranaje de alguna cosa con otra.

desengrasar tr. y r. Quitar la grasa. I intr. Enflaquecer. I fig. Desensebar, quitar el sabor de la grosura que se ha comido.

desengrosar tr. Adelgazar, enflaquecer.

desenhebrar tr. Sacar la hebra de la aguja.

desenlace m. Acción de desenlazar o desenlazarse. I Solución que se da al poema dramático o al narrativo.

desenladrillar tr. Arrancar los ladrillos del suelo.

desenlazar tr. y r. Desatar los lazos; desasir y soltar lo que está atado con ellos. I fig. Dar solución a un asunto o a una dificultad.

desenlutar tr. y r. Quitar el luto.

desenmallar tr. Sacar de las mallas el pescado.

desenmarañar tr. Desenredar, deshacer el enredo o maraña. I fig. Poner en claro lo oscuro.

desenmascarar tr. y r. Quitar la máscara. I fig. Dar a conocer a una persona tal como es moralmente.

desenmudecer intr. y r. Libertarse del impedimento que se tenía para hablar. I fig. Romper un largo silencio.

desenredar tr. Deshacer el enredo. I fig. Poner en orden lo que está enredado. I r. fig. Salir de una dificultad o apuro.

desenrollar tr. y r. Desarrollar, descoger lo que está arrollado.

desenroscar tr. Descoger, extender lo que está enroscado. Ú. t. c. r. I Sacar de su lugar lo que está introducido en él a la vuelta de rosca.

desensamblar tr. y r. Desunir las piezas de madera ensambladas.

desensebar tr. Quitar el sebo. I intr. fig. Quitar el sabor de la grosura que se ha comido, tomando fruta o cosa semejante.

desensillar tr. Quitar al caballo la silla.

desentablar tr. Arrancar las tablas; deshacer el tablado.

desentenderse r. Fingir que no se entiende algo. I Prescindir de un asunto o negocio. No tomar parte en él.

desenterrar tr. Exhumar, sacar lo que está debajo de tierra. I fig. Desempolvar, traer a la memoria lo olvidado.

desentoldar tr. Quitar los toldos I fig. Despojar de adornos.

desentonar tr. Abatir el entono de uno o humillar su orgullo. I intr. Subir o bajar la entonación de la voz o de un instrumento fuera de oportunidad. I r. Salirse del tono y punto que compete.

desentono m. Desproporción en el tono de la voz. I fig Descompostura y descomedimiento en el tono de la voz.

desentrañar tr. Arrancar las entrañas. I fig. Averiguar, penetrarlo más dificultoso y recóndito de una materia.

desentronizar tr. y r. Destronar.

desentumecer tr. y r. Hacer que un miembro entorpecido recobre su agilidad.

desenvainar tr. Sacar de la vaina un arma blanca. I fam. Sacar lo oculto.

desenvendar tr. desvendar.

desenvoltura f. Desembarazo desenfado. I fig. Desvergüenza, deshonestidad. I fig. Despejo, facilidad en el decir.

desenvolver tr. Desarollar, descoger lo envuelto. Ú. t. c. r. I fig. Desarrollar, explicar una teoría. I r. fig. Desenredarse

deseo m. Acción y efecto de desear. I Movimiento de la voluntad que apetece algo.

desequilibrado, da p. p. de desequilibrar. I adj. y s. Que no tiene sensatez y cordura.

desequilibrar tr. Hacer perder el equilibrio. Ú. t. c. r.

desequilibrio m. Falta de equilibrio.

deserción f. Acción de desertar. I Falta grave que comete el individuo de las clases de tropa, entre otros casos, cuando deja de asistir a tres listas consecutivas.

desertar intr. Cometer el delito o la falta grave de deserción. I Abandonar el soldado sus banderas.

desértico, ca adj. Desierto, despoblado, inhabitado. I Perteneciente o relativo al desierto o propio de él.

desertor m. El que comete el delito o la falta grave de deserción. I fig. Persona que se retira de una opinión o causa que servía o de una concurrencia que solía frecuentar.

desespaldar tr. y r. Herir, romper o desconcertarle a uno la espalda.

desesperación f. Pérdida total de la esperanza. I fig. Alteración grande del ánimo causada por cólera, despecho o enojo.

desesperado, da p. p. de desesperar. I adj. Lleno de desesperación.

desesperante p. a. de desesperar. Que desespera o impacienta.

desesperanza f. Falta de esperanza.

desesperar intr. Perder la esperanza. I tr. Desesperanzar. I r. Impacientarse, exasperarse.

desestimar tr. No hacer aprecio de cosa que lo merece. I Desechar, denegar.

desfachatez f. Descaro, desvergüenza, insolencia.

desfalcador, ra adj. Que desfalca.

desfalcar tr. Quitar parte de una cosa, descabalarla. I Tomar para sí un caudal que se tiene en depósito o bajo custodia.

desfallecer tr. Causar desfallecimiento. I intr. Perder el aliento, el vigor y las fuerzas.

desfallecimiento m. Disminución de ánimo o fuerzas, desmayo.

desfasado, da adj. fig. Que no se ajusta a las corrientes, condiciones o circunstancias del momento.

desfasar tr. Producir una diferencia de fase.

desfase m. fig. Falta de correspondencia o ajuste respecto a las corrientes, condiciones o circunstancias del momento.

desfavorable adj. Poco favorable, perjudicial, contrario, adverso.

desfavorecer tr. Dejar de favorecer, desairar.

desfiguración f. Acción de desfigurar, o desfigurarse.

desfigurar tr. Afear, ajar la composición y hermosura de las facciones y el semblante. Ú. t. c. r. I Referir una cosa alterando sus circunstancias. I r. Inmutarse por algo que conmueve el ánimo.

desfiladero m. Paso estrecho entre montañas.

desfilar intr. Marchar gente en fila. I fam. Salir varios, uno tras otro, de alguna parte.

desfile m. Acto de desfilar las tropas.

desflecar tr. Sacar flecos destejiendo las orillas de una tela.

desflemar tr. Echar o expeler las flemas.

desflorar tr. Ajar, quitar la flor o el lustre. I Desvirgar.

desflorecer intr y r. Perder la flor.

desfogar tr. Dar salida al fuego. I fig. Manifestar con ardor una pasión. Ú. t. c. r.

desfogonar tr. y r. Quitar los fogones a las armas de fuego.

desfondar tr. Romper el fondo de algún recipiente. Ú. t. c. r.

desforrar tr. Quitar el forro a una cosa.

desfruncir tr. Deshacer el fruncido.

desgaire m. Desaliño. desaire en el manejo del cuerpo y en las acciones, generalmente afectado. I **al desgaire.** m. adv. Con descuido, afectado o no.

desgajadura tr. y r. Desgarrar, arrancar la rama del tronco. I r. fig. Apartarse, desprenderse una cosa de otra a que está unida por alguna parte.

desgalgar tr. despeñar. precipitar.

desgalichado, da adj. Desaliñado, desgarbado.

desgana f. Inapetencia. I fig. Tedio, repugnancia a una cosa.

desganar tr. Quitar la gana de hacer algo. I r. Perder el apetito.

desganchar tr. Arrancar las ramas o ganchos de los árboles.

desgañitarse r. fam. Esforzarse uno violentamente gritando o voceando.

desgarbado, da adj. Falto de garbo.

desgargantarse r. fam. Desgañitarse.

desgarrador, ra adj. Que desgarra o tiene fuerza para desgarrar.

desgarradura f. Desgarrón.

desgarrar tr. Rasgar, romper. Ú. t. c. r.

desgarro m. Rotura. I fig. Arrojo, desvergüenza.

desgarrón m. Jirón o tira del vestido al desgarrarse la tela.

desgastar tr. y r. Quitar o consumir poco a poco parte de una cosa, por el uso o roce. I r. fig. Perder fuerza, vigor o poder.

desgaste m. Acción de desgastar o desgastarse.

desgatar tr. Quitar o arrancar el labrador las hierbas llamadas gatas.

desgay m. Retal.

desglosar tr. Quitar la glosa o nota a un escrito. I Separar un impreso de otros con los cuales está encuadernado.

desgobernar tr. Deshacer, disociar, perturbar el buen orden del gobierno. I r. Afectar movimientos desordenados.

desgolletar tr. Quitar el gollete a una vasija.

desgomar tr. Quitar la goma a los tejidos.

desgoznar tr. Arrancar los goznes. I prnl. fig. Desgobernarse.

desgracia f. Suerte adversa. I Suceso funesto o adverso. I Pérdida de gracia, favor o voluntad.

desgraciado, da p. p. de desgraciar. I adj. y s. Que padece desgracias o una desgracia. I Desafortunado.

desgraciar tr. y r. Echar a perder una persona o cosa o impedir su normal desarrollo.

desgranar tr. y r. Sacar el grano de una cosa. I r. Soltarse las piezas ensartadas.

desgrasante adj. Dícese de cualquier aditivo de los que se emplean para hacer más maleable la arcilla. Ú.t.c.s.

desgrasar tr. Quitar la grasa a las lanas o a los tejidos que se hacen con ellas.

desgravación f. Acción de desgravar.

desgravar tr. Rebajar los derechos arancelarios o ciertos impuestos.

desgreñar tr. Desordenar los cabellos.

desguace m. Acción de desguazar.

desguarnecer tr. Quitar la guarnición o adorno. l Quitar la fuerza o la fortaleza a una cosa; retirar la tropa que guarnece una plaza u otro lugar. l Ocultar todo aquello que es necesario para el uso de un instrumento.

desguazar tr. Desbastar con el hacha un madero. l Deshacer una embarcación.

deshabitado, da p. p. de deshabitar. l adj. Que habiendo estado habitado, ya no lo está.

deshabitar tr. Dejar la habitación. l Dejar sin habitantes una población o un territorio.

deshabituar tr. y r. Hacer perder el hábito o la costumbre.

deshacer tr. Quitar la forma a una cosa descomponiéndola. Ú. t. c. r. l Desgastar atenuar. Ú. t. c. r. l Derrotar a una fuerza enemiga. l Derretir, liquidar. Ú. t. c. r. l Desleir, disolver. l fig. Descomponer un trato o negocio.

desharrapado, da adj. y s. Andrajoso, roto.

deshebrar tr. Sacar las hebras de una tela. l fig. Deshacer una cosa en partes muy delgadas como hebras.

deshecho, cha p. p. irreg. de deshacer. adj. Violento, impetuoso, fuerte.

deshelar tr. y r. Liquidar los helados. l fig. Animar, excitar.

desherbar tr. Arrancar las hierbas.

desheredado, da p. p. de desheredar. l adj. y s. Desprovisto de dones naturales o de las ventajas que todo el mundo posee.

desheredar tr. Excluir a uno de la herencia.

deshermanar tr. Destruir la conformidad, igualdad o semejanza de dos cosas. l r. Faltar a la unión fraternal y el cariño de hermano.

desherrar tr. y r. Quitar los hierros al preso. l Quitar las herraduras.

desherrumbrar tr y r. Quitar la herrumbe.

deshidratación f. Acción de deshidratar.

deshidratar tr. y r. Quitar a un cuerpo o a un organismo el agua que contiene.

deshielo m. Acción de deshacerse el hielo.

deshilachar tr. y r. Sacar hilachas.

deshilado, da p. p. de deshilar. l m. Labor consistente en sacar hilos de una tela formado calados.

deshiladura f. Acción de deshilar.

deshilar tr. y r. Sacar los hilos de un tejido. l Cortar la fila de las abejas para sacar de la colmena un enjambre.

deshilvanado, da p. p. de deshilvanar. adj. Falto de unión o enlace.

deshipotecar tr. Cancelar o suspender la hipoteca.

deshojar tr. y r. Quitar las hojas a una planta o los pétalos a una flor.

deshoje m. Caída de las hojas de las plantas.

deshollinador, ra adj. y s. Que deshollina. l m. Instrumento para deshollinar.

deshollinar tr. Quitar el hollín de las chimeneas.

deshonesto, ta adj. Impúdico, falto de honestidad.

deshonor m. Pérdida de la reputación. l Afrenta, deshonra.

deshonra f. Pérdida de la honra. l Cosa deshonrosa.

deshonrar tr. Quitar la honra. Ú. t. c. r. l Injuriar.

deshonroso, sa adj. Afrentoso, indecoroso, poco decente, falto de honra.

deshora f. Tiempo inoportuno.

deshuesadora f. Aparato para quitar el hueso a la aceituna u otros frutos.

deshuesar tr. y r. Quitar los huesos a un animal o una fruta.

deshumanizar tr. Privar, especialmente a las obras de

arte, de las características humanas.

deshumedecer tr. y r. Desecar.

desiderativo, va adj. Que expresa deseo.

desiderátum m. Objeto que se desea ardientemente alcanzar. l Lo más digno de ser apetecido en su línea.

desidia f. Negligencia, inercia.

desidioso, sa adj. y s. Que tiene desidia.

desierto, a adj. Despoblado, solo, inhabitado. l Aplícase a la subasta o concurso en que nadie toma parte. l m. Lugar despoblado.

designación f. Acción de designar o destinar para un fin determinado.

designar tr. Señalar, destinar para un fin determinado. l Denominar, indicar.

designio m. Pensamiento, intención, propósito.

desigual adj. Que no es igual l Barrancoso, que tiene quiebras y cuestas. l Lleno de asperezas. l fig. Dificultoso. l fig. lnconstante.

desigualdad f. Calidad de desigual. l Cada una de las asperezas de un terreno o de una superficie cualquiera. l Expresión de la falta de igualdad entre dos cantidades, que se indica colocando entre éstas un pequeño ángulo con el vértice junto a la menor, 6>4 y también 3<7, que se leen 6 mayor que 4 y 3 menor que 7.

desilusión f. Pérdida de la ilusión; desencanto, desengaño.

desilusionar tr. Quitar las ilusiones. l f. Perder las ilusiones. l Desengañarse.

desimantar tr. y r. Hacer que el imán pierda la imantación.

desincrustante p. a. de desincrustar. l adj. y s. Díc. de la substancia que sirve para desincrustar.

desincrustar tr. Separar lo incrustado. Ú. t. c. r. l Quitar las incrustaciones que se forman en el interior de las calderas, tuberias, radiadores, etc.

desinencia f. terminación de una palabra.

desinfectante p. a. de desinfectar. Que desinfecta o sirve para desinfectar. Ú. t. c. r.

desinfectar tr. y r. Quitar a una cosa la infección o la propiedad de causarla, destruyendo los gérmenes que la producen.

desinflamar tr. y r. Quitar la inflamación.

desinflar tr. y r. Sacar de un cuerpo el aire o gas que lo inflaba. l v. r. Perder el entusiasmo por una persona o cosa.

desinsectar tr. Limpiar de insectos, especialmente los parásitos nocivos.

desintegración m. Acción de desintegrar o desintegrarse. l Acción por la cual los átomos de ciertos elementos químicos se desprenden natural o artificialmente de algunos de los corpúsculos de que están compuestos.

desintegrar tr. y r. Separar todos los elementos que componen una cosa.

desinterés m. Desprendimiento de todo interés.

desinteresado, da adj. Desprendido del interés.

desintoxicar tr. y r. Combatir la intoxicación o sus efectos.

desistir intr. Renunciar a una empresa.

desladrillar tr. Quitarle el lastre a un buque o a un globo.

deslastrar tr. Quitarle el lastre a un buque o a un globo.

deslatar tr. Quitar las latas o listones a una casa, o a una embarcación., etc.

deslateralizar tr. Transformar una consonante lateral en otra que no lo es.

deslavar tr. y r. Lavar muy por encima. l Desubstanciar, quitar fuerza y color.

deslavazar

128

deslavazar tr. Deslavar.

desleal adj. y s. Que obra sin lealtad.

deslealtad f. Falta de lealtad.

deslechugar tr. Limpiar de hierbas perjudiciales los viñedos | Despuntar los sarmientos para mejorar la cantidad y calidad del fruto

desleír tr. y r. Disolver en un líquido.

deslendrar tr. Quitar las liendres.

deslenguado, da adj. fig. Desvergonzado, mal hablado.

deslenguar tr. Quitar o cortar la lengua. | r. fig. Desvergonzarse.

desliar tr. y r. Deshacer el lío, desatar lo liado. | Quitar las lías del mosto. | Desatar.

desligar tr. Desatar, soltar las ligaduras.

deslindar tr. Señalar y distinguir los términos de un lugar, provincia o heredad.

deslinde m. Acción de deslindar.

desliz m. Acción y efecto de deslizar o deslizarse.

deslizadero, ra adj. Deslizadizo. | m. Paraje resbaladizo.

deslizamiento m. Desliz, acción de deslizar; resbalón, descuido.

deslizar intr. y r. Irse los pies por encima de una superficie lisa o mojada; correrse con celeridad un cuerpo sobre otro liso o mojado. | fig. Decir o hacer una cosa con descuido e indeliberadamente. | r. fig Escaparse, evadirse. | fig. Caer en una flaqueza.

deslomar tr. y r. Romper o maltratar los lomos.

deslucido, da p. p. de deslucir. | adj. Que se hace sin lucimiento ni gracia.

deslucir tr. y r. Quitar el atractivo, lustre o gracia a una cosa. | fig. Desacreditar.

deslumbramiento m. Acción de deslumbrar o deslumbrarse.

deslumbrar tr. y r. Ofuscar la vista con la demasiada luz. | fig. Producir impresión con estudiado exceso de lujo.

deslustrar tr. Quitar el lustre. | fig. Deslucir, desacreditar. | Quitar la transparencia al vidrio o al cristal.

deslustroso, sa adj. Deslucido, feo.

desmadejar tr. y r. Causar flojedad en el cuerpo.

desmadrado adj. Dícese del animal abandonado por la madre.

desmadrar tr. Separar de la madre las crías del ganado para que no mamen. | prnl. Salirse de madre un arroyo, un torrente, etc. |fig. y fam. Exceso desmesurado de palabras o acciones.

desmadre m. fig. y fam. Acción y efecto de desmadrarse, perder las formas, excederse.

desmalladura Acción de desmallar.

desmallar tr. y r. Deshacer las mallas.

desmán m. Exceso, demasía.

desmanarse prnl. Apartarse o salirse el ganado de la manada o rebaño.

desmandado, da p. p. de desmandar. | adj. Desobediente, descomedido.

desmandar tr. Revocar la orden o mandato, o la manda. | r. Descomedirse, propasarse.

desmangar tr. y r. Quitar el mango. | Quitar las mangas de un vestido.

desmanotado, da adj. Atado, encogido, falto de habilidad.

desmantecar tr. Quitar la manteca. | Extraer la grasa.

desmantelado, da p. p. de desmantelar. | adj. Díc. de una casa, habitación, etc., mal cuidada y desamueblada.

desmantelamiento m. Acción de desmantelar.

desmantelar tr. y r. Destruir los muros y fortificaciones de una plaza. | Desamueblar una casa. | Desarbolar. | Desaparejar un buque.

desmañado, da adj. Falto de industria destreza y habilidad. Ú. t. c. s.

desmañar tr. Estorbar, impedir.

desmarrido, da adj. Desfallecido, mustio triste.

desmaterializar tr. Separar de la materia; espiritualizar.

desmayar tr. Causar desmayo. | intr. fig. Acobardarse. | r. Perder el sentido.

desmayo m. Desfallecimiento, privación de sentido.

desmazalado adj. Flojo, caído, dejado.

desmedido, da p. p. de desmedirse. | adj. Desproporcionado.

desmedirse r. Desmandarse, excederse.

desmedrado, da p. p. de desmedrar. | adj. Desmejorado, flaco, enteco, débil, delgado.

desmedrar tr. Deteriorar. Ú. t. c. r. | intr. Descaecer, ir a menos.

desmejora f. Deterioro, menoscabo.

desmejoramiento m. Acción de desmejorar o desmejorarse.

desmejorar tr. y r. Hacer perder el lustre y perfección. | intr. y r. Ir perdiendo la salud.

desmelar tr. Quitar la miel a la colmena.

desmelenar tr. Descomponer el cabello.

desmembrar tr. Dividir y separar los miembros del cuerpo. | Dividir, separar una cosa de otra.

desmemoriado, da p. p. de desmemoriarse. | adj. y s. Falto de memoria; que olvida las cosas con frecuencia; que tarda en re- cordar.

desmemoriarse r. Olvidarse, no acordarse; faltar a uno la memoria.

desmentir tr. Decir a uno que miente. | Demostrar o sostener la falsedad de un dicho o hecho.

desmenuzar tr. y r. Deshacer dividiendo en partes menudas. | fig. Examinar con atención.

desmeollar tr. Sacar el meollo o tuétano.

desmerecer tr. Hacerse indigno de premio o alabanza. | intr. Perder una cosa parte de su mérito o valor. | Ser una cosa inferior a otra con la que se compara.

desmerecimiento m. Demérito.

desmesura f. Descomedimiento, falta de mesura.

desmesurar tr. desarreglar. | r. Descomedirse, excederse.

desmicar tr. Mirar, observar.

desmidiáceas f. pl. Familia de algas cloröfíceas y microscópicas, propias de las aguas dulces estancadas.

desmigar tr. Desmigajar el pan.

desmilitarizar tr. Quitar el carácter militar a una cosa. | Desguarnecer de tropas e instalaciones militares un territorio obedeciendo a un acuerdo internacional.

desmineralización f. Disminución o pérdida de una cantidad anormal de principios minerales.

desmirriado, da adj. y fam. Flaco, extenuado.

desmitificar tr. Disminuir o privar de atributos míticos a aquello que los tenía o pretendía tenerlos.

desmochar tr. Quitar, cortar, arrancar o desgajar la parte superior de algo, como la copa de un árbol, el chapitel de una torre, etc.

desmoche m. Acción de desmochar.

desmogar intr. Mudar los cuernos el venado y otros animales.

desmolado, da adj. falto de muelas.

desmonetizar tr. Abolir el uso de un metal para acuñar moneda.

desmontadura f. Acción de desmontar.

desmontar tr. Cortar en un monte o parte de él los árboles o matas. | Deshacer un montón de cualquier cosa. | Rebajar un terreno. | Desarmar, desunir, separar las piezas de que se compone una cosa. | Colocar el disparador

de un arma de fuego cn posición de que no funcione. |
Inutilizar al enemigo los montajes de las piezas de artille-
ría. | Bajar a uno de una caballería o de otra cosa. Ú. t. c.
intr. y c. r.

desmonte m. Despojos de lo desmontado. | Acción de
desmontar. | Paraje de terreno desmontado.

desmoñar tr. y f. fam. Quitar el moño.

desmoralizar tr. y r. Corromper las constumbres con
malos ejemplos o doctrinas perniciosas. | Perder la moral,
ánimo o confianza en sí mismo.

desmoronamiento m. Acción de desmoronar o desmo-
ronarse.

desmoronar tr. y r. Deshacer, arruinar poco a poco un
edificio u otras cosas. | r. fig. Venir a menos, irse destru-
yendo imperios, caudales, bienes, etc.

desmostarse r. Perder mosto la uva.

desmotar tr. Quitar las motas a la lana o al paño.

desmovilizar tr. Licenciar a las personas o a las tropas
movilizadas.

desmullir tr. Descomponer lo mullido.

desnacionalizar tr. y r. Quitar el carácter nacional.

desnarigado, da p. p. de desnarigar. | adj. Que no tiene
narices o las tiene pequeñas.

desnarigar tr. Quitar a uno las narices. | fig. Golpear la
nariz.

desnatadora f. Máquina para desnatar.

desnatar tr. y r. Quitar la nata. | fig. Escoger lo mejor.

desnaturalizado, da p. p. de desnaturalizar. | adj. Que
falta a los deberes que la naturaleza impone a padres, hijos, hermanos, etc. Ú. t. c. r.

desnaturalizar tr. y r. Privar del derecho de naturaleza
y patria; desterrar. | Desfigurar, pervertir.

desnevar intr. Derretirse la nieve.

desnivel m. Falta de nivel. | Diferencia de altura entre
dos puntos.

desnivelar tr. y r. Descomponer la nivelación.

desnucar tr. y r. Sacar de su lugar los huesos de la
nuca. | Matar dando un golpe en la nuca.

desnudar tr. Quitar todo el vestido o parte de él. Ú. t. c.
r. | fig. Despojar una cosa de lo que la cubre o adorna.

desnudez f. Calidad de desnudo.

desnudo, da adj. Sin vestido. | fig. Muy mal vestido e
indecente. | fig. Falto de lo que cubre o adorna. | fig. Sin
bienes de fortuna. | fig. Patente, claro, sin rebozo ni do-
blez. | m. En las artes, figura humana sin vestir, o cuyas
formas se perciben aunque esté vestida.

desnutrición f. Depauperación del organismo cuando la
desasimilación es mayor que la asimilación.

desobedecer tr. y r. No hacerlo que manda la ley o el superior.

desobediencia f. Acción de desobedecer.

desobstruir tr. Quitar obstrucciones.

desocupación f. Falta de ocupación. | *Amer.* Paro forzo-
so, desempleo.

desocupado, da p. p. de desocupar. | adj. y s. Ocioso,
falto de ocupación.

desocupar tr. Dejar libre un lugar. | r. Desembarazarse
de algo.

desodorante adj. y s. Que quita los malos olores.

desodorizar tr. Quitar los malos olores.

desoír tr. Dejar de oír.

desojar tr. Romper el ojo de la aguja, azada, etc. | r. fig.
Mirar con ahínco.

desolación f. Destrucción, ruina. | Aflicción, angustia
grande.

desolar tr. Destruir, arruinar. | r. Desconsolarse, angus-
tiarse.

desoldar tr. y r. Quitar la soldadura.

desollado, da p. p. de desollar. | adj. Descarado, desver-
gonzado, insolente.

desollador, ra adj. y s. Que desuella. | Que vende o hace
pagar las cosas a precio exorbitante.

desollar tr. Quitar la piel del cuerpo de un animal o de
alguno de sus miembros. Ú. t. c. r. | fig. Causar a uno
grave daño.

desorbitar tr. y r. Hacer que una cosa se salga de su
órbita.

desorden m. Confusión, desconcierto. Demasía; exceso.

desordenar tr. y r. Turbar el orden, confundir, alterar el
buen concierto de las cosas.

desorejado, da p. p. de desorejar. | adj. Abyecto, in-
fame.

desorejar tr. Cortar las orejas.

desorganización f. Acción de desorganizar y desorga-
nizarse.

desorganizar tr. y r. Desordenar,descomponer en sumo
grado.

desorientar tr. Hacer perder la orientación. | fig. Ofus-
car, confundir, extraviar.

desorillar tr. Quitar al paño las orillas.

desovar tr. Poner los huevos o huevas los peces o los anfibios.

desovillar tr. Deshacer los ovillos. | fig. Desenredar y
aclarar lo muy oscuro.

desoxidar tr. Quitar a una substancia el oxígeno con que
está combinada. | Limpiar un metal oxidado.

desoxigenación f. Desoxidación.

desoxigenar tr. y r. Desoxidar.

despabiladeras f. pl. Tijeras para despabilar.

despabilado, da p. p. de despabilar. | adj. Desvelado,
sin sueño. | fig. Vivo, despejado.

despabiladura f. Extremo del pabilo que se quita de
la luz.

despabilar tr. Quitar la pavesa o la parte ya quemada del
pabilo o mecha a velas y candiles a fin de avivar la luz. |
fig. Despachar brevemente, acabar con presteza. | fig.
Avivar el ingenio. Ú. t. c. r. | r. fig. Sacudir el sueño.

despachar tr. Concluir un negocio, abreviado. | Resolver
los negocios. | Remitir enviar. | Vender los géneros. | Des-
pedir apartar o alejar de sí a alguien. | fig. Despabilar,
matar. | intr. Darse prisa. Ú. t. e. r. | fam. Decir uno cuan-
to le viene en gana.

despacho m. Acción de despachar. | Comunicación es-
crita, entre un príncipe y sus representantes en el ex-
tranjero. | Comunicación transmitida por telégrafo o te-
léfono. | Título o comisión que se da a uno para algún
empleo. | Aposento que se destina en una casa para des-
pachar los negocios o para el estudio, y también los
muebles que se ponen en él. | Tienda donde se venden
determinados efectos.

despachurrar tr. y r fam. Aplastar una cosa estrujándola o apretándola con fuerza.

despacio adv. Poco a poco. | Por tiempo dilatado.

despajar tr. Apartar el grano de la paja.

despaldar tr. Desespaldar.

despaldillar tr. y r. Desconcertar la espaldilla de un
animal.

despalillar tr. Quitar a la hoja del tabaco antes de picarlo
o torcerlo, sus palillos o venas gruesas. | Quitar los pali-
llos a las pasas o el escobajo a la uva.

despalmador, ra adj. y s. Que despalma. | m. Lugar
donde se despalman los barcos. | Cuchillo corvo de herra-
dor, propio para despal

despalmadura f. Acción de despalmar.

despalmar tr. Limpiar y dar sobo a los fondos de ciertas embarcaciones. I Cortar la palma córnea de las bestias.

despalme m. Despalmadura.

despampanante p. a. de despampanar. Que despampana o desconcierta.

despampanar tr. Quitar los pámpanos a las vides. I Despimpollar. I fig. Desconcertar, dejar atónita a una persona.

despanzurrar tr. y r. fam. Romper la panza.

desparejar tr. y r. Deshacer una pareja.

desparpajo m. fam. Facilidad en el hablar o en las acciones.

desparramado, da p. p. de desparra I adj. Ancho, espacioso, abierto.

desparramar tr. Esparcir, extender por muchas partes lo que estaba junto. I fig. Malgastar la hacienda.

desparvar tr. Levantar la parva para aventarla.

despasar tr. Sacar o retirar una cinta o cordón de un ojal, jareta, etc.

despatarrar tr. fam. Abrir excesivamente las piernas a uno. Ú. t. c. r. I fam. Llenar de asombro o espanto. I r. Caerse al suelo abierto de piernas.

despatillar tr. Cortar los rebajos en los maderos para que entren en las muescas.

despavonar tr. Quitar el pavón de una superficie de hierro o acero.

despavorido, da p. p. de despavorir. I adj. Lleno de pavor.

despavorir intr. y r. Sentir pavor.

despeamiento m. Efecto de despearse.

despearse r. Maltratarse los pies por haber andado mucho.

despechado, da p. p. de despechar. I adj. Furioso, lleno de despecho.

despechar tr. Causar pesar, furor o desesperación. I Destetar al niño.

despecho m. Desesperación. I Malquerencia causada por desengaños sufridos. I Destete.

despechugado, da p. p. de despechugar. I adj. fam. Que lleva el pecho descubierto.

despechugar tr. Quitarle a un ave la pechuga. I r. fig. Mostrar el pecho, traerlo descubierto.

despectivo, va adj. Despreciativo.

despedazar tr. y r. Hacer pedazos algún cuerpo. I fig. Estropear, maltratar.

despedida f. Acción de despedir a uno o despedirse. I Copia final de ciertos cantos populares.

despedir tr. Soltar, arrojar, desprender una cosa. I Alejar de sí a uno. I Acompañar durante algún rato al que se va. I fig. Esparcir, difundir.

despedrar tr. Despedregar.

despegado, da p. p. de despegar. I adj. Áspero en el trato.

despegar tr. Desprender una cosa de otra a la que está pegada o junta. I intr. Se pararse del suelo o del agua el avión al iniciar el vuelo. I r. fig. desapegarse.

despeinar tr. y r. Deshacer el peinado.

despejado, da p. p. de despejar. I adj. Que tiene soltura, desembarazo. I De ingenio claro. I Espacioso, ancho.

despejar tr. Desocupar o desembarazar un sitio. I fig. Aclarar, explicar. I Separar una incógnita de las otras cantidades que la acompañan en una ecuación para conocer su valor. I Aclararse, serenarse el tiempo, el cielo, etc.

despeluzar tr. Enmarañar el cabello. I r. Erizarse los cabellos.

despeluznante adj. de despeluznar. Que despeluzna. I Pavoroso, horrible.

despender tr. y r. Gastar, dilapidar.

despensa f. Lugar donde se guardan los comestibles. I Provisión de ellos. I Almacén, emporio.

despensería f. Oficio de despensero.

despeñadamente adv. Precipitadamente.

despeñadero m. Precipicio, lugar peñascoso y escarpado.

despeñamiento m. Despeño.

despeñar tr. y r. Precipitar, arrojar de lo alto.

despepitar tr. Quitar las pepitas o semillas de algún fruto. I r. Hablar o gritar con vehemencia.

despercudir tr. Avivar, despabilar.

desperdiciar tr. y r. Malbaratar, emplear mal una cosa. I No aprovechar debidamente una cosa.

desperdicio m. Derroche de una cosa. I Residuo no aprovechable.

desperdigar tr. y r. Separar, esparcir.

desperecerse f. Consumirse, desvivirse por alguna cosa.

desperezarse r. Extenderse y estirar los miembros para quitarse la pereza.

desperfecto m. Pequeño deterioro.

despernar tr. y r. Cortar o estropear las piernas.

despertador, ra adj. Que despierta. I m. Reloj que hace sonar una campana o timbre a la hora que se desee.

despertar tr. Interrumpir el sueño. Ú. t. c. r. I fig. Renovar, excitar los recuerdos. I fig. Mover, excitar. despertar el apetito. I intr. Dejar de dormir.

despezar tr. Adelgazar un tubo por un extremo para que se pueda enchufar otro.

despezonar tr. Quitar el pezón a ciertas cosas.

despiadado, da adj. Impío, inhumano.

despichar tr. Despedir de sí el humor o la humedad. I intr. fam. Morir.

despido m. Despedida, acción de despedir a uno o despedirse.

despierto, ta p. p. irreg. de despertar. I adj. Libre del sueño. I Avisado, advenido.

despilfarrar tr. y r. Malgastar, derrochar.

despilfarro m. Gasto excesivo y superfluo; derroche.

despimpollar tr. Quitar los pimpollos a las plantas.

despinochar tr. Quitar las hojas a las mazorcas de maíz.

despintar tr. Borrar lo pintado. Ú. t. c. r. I r. Desfigurar, desvanecer un asunto o cosa. I r. Borrarse fácilmente los colores que tiñen las cosas.

despinzar tr. Quitar con pinzas las motas y pelos a los paños y pieles.

despiojar tr. y r. Quitar los piojos. I fam. Sacar de miseria a alguien.

despioje m. Acción y efecto de despiojar o despiojarse.

despique m. Desagravio.

despistado, da adj. fig. Que está fuera de la realidad que le rodea.

despistar tr. Hacer perder la pista a quien la sigue. Ú. t. c. r. I v. r. Por ext., salirse de la pista un vehículo; despeñarse. I Engañar con astucia.

despiste m. fig. Distracción.

despitorrado m. Dícese del toro de lidia que tiene rota una o las dos astas, siempre que quede punta en ellas.

desplacer tr. y r. Disgustar, desagradar. I m. Pena, desazón, disgusto.

desplantador, ra adj. y s. Que desplanta. I m. Instrumento para arrancar plantas con su cepellón.

desplante m. fig. Dicho o acto lleno de arrogancia y descaro.

desplatar tr. Separar la plata de otro metal.

desplayar intr. Retirarse el mar de la playa.

desplazamiento m. Acción de desplazar.

131

destajador, ra

desplazar tr. Quitar a una persona o cosa de un lugar para ponerla en otro. I Desalojar el buque un volumen de agua igual al de la parte sumergida de su casco, y cuyo peso es igual al peso total del buque. Díc. también de cualquier otro cuerpo sumergido en un líquido.

desplegar tr. desdoblar, extender lo que está plegado. Ú. t. c. r. I fig. Ejercitar poner en práctica una actividad o manifestar una calidad. I Cambiar la formación de una tropa adoptando otra de frente más extenso con intervalos grandes entre los hombres. Ú. t. c. r.

despliegue m. Acción de desplegar, en especial tratándose de tropas.

desplomar tr. Hacer perder la posición vertical. I r. Perder la posición vertical una cosa. I Caerse una pared. I fig. Caer verticalmente una cosa de gran peso. I fig. Caerse sin vida o sin conocimiento una persona.

desplome m. Acción de desplomar o desplomarse.

desplomo m. Desviación de la posición vertical de una pared, edificio, etc.

desplumadura f. Acción de desplumar o desplumarse.

desplumar tr. Quitar las plumas a un ave. Ú. t. c. r. I fig. **pelar**, quitar los bienes, dejar a uno sin dinero, o ganarle a alguien todo el dinero en el juego.

despoblado, da p. p. de despoblar. I m. Desierto, yermo, o sitio no poblado.

despoblar tr. Reducir a yermo y desierto lo poblado, o hacer que disminuya mucho la población de un lugar. Ú. t. c. r. I r. Saltarse de un lugar gran parte de su vecindario.

despoetizar tr. Despojar del ropaje poético una cosa.

despojar tr. Privar a uno de lo que goza y tiene; desposeerle de ello con violencia. I prnl. Desnudarse, quitarse las vestiduras. I Desposeerse de una cosa.

despojo m. Acción de despojar o despojarse. I Vientre, asadura, cabeza y manos de las reses. I pl. Sobras o residuos. I Alones, molleja, cabeza, pescuezo y patas de las aves muertas. I Restos mortales, cadáver.

despolarizar tr. Destruir el estado de polarización.

despolvar tr. Quitar el polvo.

despopularizar tr. Hacer perder la popularidad. I r. Perder la popularidad.

desportilladura f. Fragmento o astilla que se desprende del borde o canto de una cosa. I Mella que deja.

desportillar tr. Deteriorar una cosa, quitándole parte del canto o boca. Ú. t. c. r.

desposado, da p. p. de desposar. I adj. y s. Recién casado. I Aprisionado con esposas.

desposar tr. Autorizar el párroco el matrimonio. I r. Contraer esponsales. I Contraer matrimonio.

desposeer tr. Privar a otro de lo que posee. I r. Renunciar uno voluntariamente a lo suyo.

desposorio m. Promesa mutua de contraer matrimonio. Ú. m. en pl.

despostar tr. Destazar, descuartizar una res o una ave.

déspota m. Soberano que gobierna sin sujeción a ley alguna. I fig. Persona que trata con dureza a sus inferiores.

despotismo m. Autoridad que no está limitada por las leyes. I Abuso de superioridad, poder o fuerza en el trato con las demás personas.

despotricar intr. y r. fam. Hablar sin consideración ni reparo cuanto a uno se le ocurre.

despreciable adj. Digno de desprecio.

despreciar tr. Desestimar, tener en poco. I Desairar o desdeñar. I r. Tener a menos el hacer o decir una cosa.

desprecio m. Desestimación, falta de aprecio. I Desaire, desdén.

desprender tr. Desunir, desatar lo que está fijo o unido. I

Echar de sí alguna cosa. Ú. t. c. r. I r. fig. Apartarse o desapropiarse de una cosa. I fig. Deducirse, inferirse.

desprendido, da p. p. de desprender. I adj. Desinteresado, generoso.

desprendimiento m. Acción de desprenderse trozos de una cosa: tierras, rocas gases, etc I Desapego, desasimiento de las cosas. I fig. Desinterés, liberalidad.

despreocupación f. Estado del ánimo cuando está libre de preocupaciones.

despreocuparse r. Salir o librarse de una preocupación. I Desentenderse, apartar la atención de una persona o cosa.

desprestigiar tr. y r. Quitar o perder el prestigio.

desprevenido, da adj. Desapercibido, falto de lo necesario.

desproporción f. Falta de la proporción debida.

desproporcionado, da p. p. de desproporcionar. I adj. Que no tiene la proporción debida.

desproporcionar tr. y r. Quitar la proporción, sacar de regla y medida.

despropósito m. Dicho o hecho fuera de razón, de sentido o de conveniencia.

desprovisto, ta p. p. irreg. de desproveer. I adj. Falto de lo necesario.

después adv. Que denota posterioridad de tiempo, lugar o situación. I Denota asimismo posterioridad en el orden, jerarquía o preferencia. I Se usa con valor adversativo.

despulpar tr. Extraer o deshacer la pulpa de ciertos frutos.

despumar tr. espu

despuntar tr. Quitar o gastar la punta. Ú. t. c. r. I intr. empezar a brotar y entallecer las plantas. I fig. Manifestar ingenio. I fig. Adelantarse, descollar. I Hablando de la aurora, del alba o del día, empezar a amanecer.

desquejar tr. Formar esquejes de los retoños de las plantas.

desquiciado, da p. p. de desquiciar. I adj. Desordenado.

desquiciar tr. y r. Desencajar o sacar de quicio una cosa. I fig. Descomponer una cosa quitándole la firmeza con que se mantenía.

desquijerar tr. Serrar por dos lados un madero hasta el paraje señalado, donde se ha de sacar la espiga.

desquilatar tr. Bajar de quilates el oro.

desquitar tr. y r. Recuperar la pérdida, reintegrarse de lo perdido, particularmente en el juego. I fig. Tomar satisfacción o desquite, o vengarse de un pesar, disgusto o mala obra que se ha recibido de otro.

desquite m. Acción de desquitar o desquitarse.

desrabotar tr. Quitar el rabo o cola, especialmente a las crías de las ovejas.

desraizar tr. Arrancar las raíces de un terreno.

desramar tr. Quitar las ramas a un árbol.

desraspado, da p. p. de desraspar. I adj. Díc. del trigo chamorro, cuya espiga no tiene aristas.

desraspar tr. Quitar las raspas o escobajo de la uva pisada.

desratizar v. tr. Destruir, exterminar las ratas y ratones en algún lugar.

desriñonar tr. Derrengar, descaderar, deslo

desrizar tr. y r. Deshacer los rizos; descomponer lo rizado.

destacamento m. Porción de tropa destacada.

destacar tr. y r. Separar del cuerpo principal una porción de tropa para algún servicio. I fig. Poner de relieve los méritos o cualidades de una persona o cosa.

destachonar tr. Desclavar los tachones.

destaconar tr. Gastar los tacones del calzado.

destajador, ra adj. y s. Que destaja. I m. Martillo grande con que los herreros moldean el hierro calentado.

destajar tr. Ajustar las condiciones de un trabajo.

destajo m. Obra u ocupación que se ajusta por un tanto.

destalonar tr. Quitar o descomponer el talón del calzado. l Quitar el talón a un documento, o cortarlo del libro talonario.

destapadura f. Acción de destapar.

destapar tr. Quitar la tapa.

destapiar tr. y r. Derribar las tapias.

destaponar tr. Quitar el tapón.

destarar tr. Rebajar o descontar la tara de lo que se ha pesado con ella.

destartalado, da adj. y s. Descompuesto y sin orden.

destartalar tr. Desconcertar las diversas partes de un todo.

destazar tr. Hacer piezas o pedazos.

destechar tr. Quitar el techo a un edificio.

destejar tr. Quitar las tejas a una techumbre.

destejer tr. Deshacer lo tejido.

destellar tr. Despedir destellos.

destello m. Resplandor vivo y efímero; ráfaga luminosa, que aparece y desaparece instantáneamente.

destemplado, da p. p. de destemplar. adj. Falto de temple o de mesura.

destemplanza f. Intemperie, desigualdad del tiempo. l Sensación general de malestar, con alguna alteración en el pulso. l fig. Alteración en las palabras o acciones; falta de moderación.

destemplar tr. Alterar, desconcertar la armonía o el buen orden de una cosa. l r. Sentir malestar, acompañado de ligera alte- ración del pulso. l Perder el temple el acero. Ú. t. c. tr. l Perder la armonía con que están templados los instrumentos músicos. Ú. t. c. tr. l fig. Descomponerse, perder la moderación en acciones o palabras.

destemple m. Disonancia de las cuerdas de un instrumento músico. l fig. Alteración, desconcierto de algunas cosas. l Acción de destemplar o destemplarse el acero.

desteñir tr. y r. Quitar el tinte; borrar o apagar los colores.

desternillarse r. Romperse las ternillas.

desterrar tr. Echar a uno por justicia de un territorio o lugar. l Deponer o apartar de sí. l prnl. expatriarse.

desterronar tr. y r. Deshacer los terrones.

destetadera f. Instrumento para destetar animales.

destetar tr. y r. Quitar la teta a un niño o a un animal; hacer que deje de ma

destiempo m. adv. Fuera de tiempo, sin oportunidad.

destiento m. Sobresalto, alteración.

destierro m. Pena que consiste en expulsar a una persona de lugar o territorio determinado, para que temporal o perpetuamente resida fuera de él. l Pueblo o lugar en que vive el desterrado. l fig. Lugar muy distante de lo más céntrico y concurrido de una población, o de otro lugar que por algún motivo o razón se prefiere.

destiladera f. Instrumento para destilar. Filtro, vaso poroso para filtrar el agua, y por extensión, mueble en que se coloca.

destilador, ra adj. Que tiene por oficio destilar agua o licores. Ú. t. c. s. l m. Filtro, vaso poroso para filtrar el agua. l Alambique.

destilar tr. Separar por medio del calor, en alambiques u otros aparatos, una substancia volátil de otra u otras más fijas, enfriando luego su vapor l Filtrar, hacer pasar un líquido por un filtro. Ú. t. c. r. intr. y tr. Correr el líquido gota a gota.

destilería f. Sitio donde se destila.

destinar tr. Señalar algo para un fin. l Designar a una persona para un destino o cuerpo. l Designar el empleo en que ha de servir una persona, o el lugar o establecimiento donde ha de servirlo.

destinatario, ria m. y f. Persona a quien va destinada alguna cosa.

destino m. Hado, serie de causas que producen un efecto. l Encadenamiento de los sucesos, considerado como necesario y fatal. l Señalamiento o aplicación de un lugar o una cosa para determinado fin. l Empleo, ocupación. l Divinidad ciega que representa la necesidad fatal de que todo debe ocurrir en el mundo.

destiño m. Pedazo de panal que las abejas dejan sin miel.

destituir tr. Privar de algo. l Exonerar de un empleo.

destocar tr. y r. Deshacer el tocado. l r. Descubrirse.

destornillador, ra adj. Que destornilla. m. Instrumento para destornillar.

destornillar tr. Sacar un tornillo dándole vueltas. r. Desconcertarse obrando o hablando sin juicio.

destrabar tr. y r. Quitar las trabas. l Desasir, desprender una cosa de otra.

destral m. Hachuela, hacha pequeña que se maneja por lo general con sólo una mano.

destramar tr. Sacar la trama de la tela.

destrenzar tr. y r. Deshacer la trenza.

destreza f. Habilidad, arte, primor o propiedad con que se hace una cosa.

destrincar tr. y r. Desamarrar cualquier cosa.

destripar tr. Quitar o sacar las tripas. l fig. Sacar lo interior de una cosa. l fig. Despachurrar, aplastar.

destrocar tr. Deshacer el trueque.

destronar tr. Privar del reino a uno; echarle del trono.

destroncar tr. Cortar, tronchar un árbol por el tronco. l fig. Cortar o descoyuntar el cuerpo.

destrozar tr. Despedazar, destruir, hacer trozos una cosa. Ú. t. c. r. l fig. Estropear, maltratar, deteriorar. l fig. Aniquilar, causar gran quebranto moral. l Derrotar al enemigo.

destrozo m. Acción de destrozar o destrozarse.

destrucción f. Ruina, asolamiento. l Acción de destruir.

destructivo, va adj. Que destruye o puede destruir.

destructor, ra adj. y s. Que destruye. l Buque de guerra, que constituye la unidad de mínimo tamaño capaz de acompañar a las escuadras. Su misión fundamental es la escolta antitorpedera. Operan frecuentemente reunidos por flotillas, cuyo guía o cabeza suele ser un destructor grande o un crucero pequeño.

destruir tr. Deshacer, arruinar o asolar. Ú. t. c. r. l fig. Deshacer, inutilizar una cosa no material. l fig. Malgastar la hacienda.

desuello m. Acción de desollar o desollarse. l fig. Descaro, osadía.

desuncir tr. Quitar el yugo a las bestias.

desunión f. Separación de las partes que componen un todo, o de las cosas que están unidas. l fig. Discordia, desavenencia.

desunir tr. y r. Apartar, separar. l fig. Introducir discordia.

desusado, da p. p. de desusar. l adj. Que no se usa, que no se acostumbra.

desusar tr. y r. Desacostumbrar, perder o dejar el uso.

desuso m. Falta de uso o de ejercicio de una cosa.

desustanciar tr. y r. Quitar la fuerza y vigor a una cosa sacándole la sustancia o desvirtuándola por cualquier otro medio.

desvaído, da adj. Díc. del color bajo y como disipado. l Díc. de la persona alta y desgarbada.

desvainadura f. Acción de desvainar.

desvainar tr. Sacar ciertas legumbres de las vainas en que se crían.

desvalido, da adj. y s. Desamparado, falto de ayuda.

desvalijar tr. Quitar o robar el contenido de una maleta o valija. I fig. Despojar a uno de todo o de la mayor parte de sus bienes.

desvalimiento m. desamparo, abandono.

desvalorar tr. Quitar valor o estimación a una cosa, despreciar.

desván m. Parte más alta de la casa, inmediatamente debajo del tejado.

desvanecedor, ra adj. y s. Que desvanece. I m. Aparato usado para desvanecer parte de una fotografía, al sacarla en papel.

desvanecer tr. y r. Atenuar una cosa gradualmente. I fig. Deshacer o anular. I Quitar de la mente un recuerdo, una idea, etc. I Inducir a presunción y vanidad. I r. Evaporarse, exhalarse una cosa espiritosa. I Desmayarse, perder el sentido. Ú. t. c. tr.

desvanecido, da p. p. de desvanecer. I adj. Vanidoso, presumido, sober

desvanecimiento m. Acción de desvanecerse. I Perturbación del sentido. I Presunción, vanidad.

desvarar intr. y r. Resbalar, deslizarse. I Poner a flote la nave varada.

desvariar intr. Delirar, decir despropósitos.

desvarío m. Dicho o hecho fuera de concierto. I Delirio.

desvedar tr. Alzar la prohibición.

desvelamiento m. Desvelo.

desvelar tr. Quitar el sueño. I prnl. fig. Poner gran cuidado en lo que se desea hacer o coseguir. I fig. Descubrir, poner de manifiesto.

desvenar tr. y r. Quitar las venas a la carne. I Sacar el mineral de la vena. I Quitar las fibras a las hojas.

desvencijar tr. y r. Aflojar, desunir las partes de una cosa que estaban y debían estar unidas.

desveno m. Arco del freno en que se aloja la lengua del caballo.

desventaja f. Mengua o perjuicio que se nota en una persona o cosa al compararla con otra.

desventura f. Desgracia, desdicha.

desventurado, da adj. y s. Desgraciado, infeliz.

desvergonzado, da p. p. de desvergonzarse. I adj. Que habla u obra con desvergüenza.

desvergonzarse r. Descomedirse, faltar al respeto.

desvergüenza f. Descomedimiento, falta de vergüenza, insolencia; descarada ostentación de faltas y vicios. I Dicho o hecho impúdico o insolente.

desvestir tr. y r. Desnudar.

desviación f. Acción de desviar o desviarse. I Separación lateral de un cuerpo de su posición media o de la que normalmente ocupa.

desviacionismo m. Doctrina o práctica que se aparta de una ortodoxia determinada.

desviacionista adj. Perteneciente o relativo al desviacionismo.

desviar tr. y r. Apartar, alejar, separar una cosa de su lugar o camino. I fig. Disuadir o apartar de un intento.

desviejar tr. Separar del rebaño las reses viejas.

desvincular tr. Sacar del perpetuo dominio de una familia los bienes sujetos a él.

desvío m. Acción de desviar o desviarse. I fig. Despego, desagrado. I Apartadero de línea una férrea.

desvirar tr. recortar la suela del zapato después de cosida. I Recortar el libro en encuadernación. I Dar vueltas a un torno o cabrestante en sentido contrario a las que se dieron para virar.

desvirgar tr. Quitar la virginidad auna doncella.

desvirtuar tr. y r. Quitar la virtud, sustancia o vigor a alguna cosa.

desvitrificar tr. Hacer que el vidrio pierda su transparencia recociendolo.

desvivirse r. Mostrar gran interés, solicitud o amor por una persona o cosa.

desvolver tr. Alterar una cosa, darle otra figura. I Arar la tierra.

desyemar tr. Quitar las yemas a las plantas.

desyerbar tr. Desherbar o escardar.

deszocar tr. y r. Maltratar el pie, inutilizándolo.

detallado, da p. p. de detallar. I adj. Prolijo, extenso, circunstanciado.

detallar tr. Referir, tratar algo circunstanciadamente.

detalle m. Pormenor, relación circunstanciada.

detallista m. Persona que se cuida mucho de los detalles. I Comerciante que vende por menor.

detectar tr. Poner de manifiesto, por métodos físicos o químicos, lo que no puede ser observado directamente.

detective m. Agente de policía secreta. I Policía particular que practica averiguaciones reservadas y en ocasiones interviene en la investigación judicial.

detector m. Aparato que acusa la presencia del grisú en las minas. I Aparato que revela la presencia de ondas hertzianas.

detención f. Acción de detener o detenerse. I Dilación, tardanza. I Privación de la libertad.

detener tr. Suspender una cosa, impedir que pase adelante. Ú. t. c. r. I Arrestar poner en prisión. I Retardarse o irse despacio. I fig. Pararse o considerar algo.

detentar tr. Retener uno su derecho lo que no le pertenece.

detergencia f. Limpiar, por medio de un agente, partículas extrañas adheridas a un objeto, que separan poniéndose en suspensión o dispersión.

detergente p. a. de deterger. I adj. y s. Detersorio. I m. Producto natural o químico que se utiliza para lavar.

deterger tr. Lavar, limpiar una úlcera o herida. I Limpiar un objeto sin producir abrasión ni corrosión.

deteriorar tr. y r. Estropear, menoscabar.

deterioro m. Deterioración.

determinación f. Acción de determinar o determinarse. I Decisión. I Audacia, valor.

determinado, da p. p. de determinar. I adj. Resuelto, valeroso. I Díc. del artículo que determina el nombre. I Díc. del verbo regido por otro que forma oración con él.

determinante p. a. de determinar. I Que determina. I adj. Díc. del verbo que rige a otro formando oración con él.

determinar tr. Fijar los términos de una cosa. I Distinguir, discernir. I Señalar, fijar una cosa para algún efecto. I Tomar una resolución. Ú. t. c. r.

determinismo m. Sistema filosófico según el cual los actos humanos están determinados por Dios. I Sistema filosófico según el cual los actos humanos obedecen a influencias irresistibles.

detersivo, va adj. y s. Detersorio.

detersorio, ria adj. y s. Que tiene virtud de limpiar o purificar.

detestable adj. Abominable, execrable, pésimo.

detestar tr. Aborrecer, tener aversión a muscular violenta.

detonador adj. Que provoca o causa detonación. I m. Artificio con fulminante que sirve para hacer estalalr una carga explosiva.

detractor adj. maldiciente o infamador.

detraer tr. Restar, substraer, apartar o desviar. Ú. t. c. r. I fig. Detractar.

detrás adv. En la parte posterior. I Con posterioridad de lugar. I Después de. I fig. En ausencia.

detrimento m. Destrucción leve o parcial. | Pérdida, quebranto de la salud o de los intereses. | fig. Daño moral.

detrítico, ca adj. Compuesto de detritos.

detrito m. Resultado de la descomposición de una masa sólida en partículas.

deturpar tr. Afear, manchar, estropear, deformar.

deuda f. Obligación de pagar o reintegrar algo. | Lo que se debe. | Culpa u ofensa.

deudo, da m. y f. Pariente familiar. | m. Parentesco.

deudor, ra adj. y s. Que debe o está obligado a pagar una deuda.

deuteragonista com. personaje que sigue en importancia al protagonista, en las obras literarias o análogas.

deutergia Efecto secundario o colateral de los medicamentos.

deuterio m. Cuerpo simple, isótopo del hidrógeno.

deuterón m. Núcleo de deuterio.

deuto- Elemento compositivo de voces españolas tomado del griego, que significa 'segundo_ y que se emplea en la nomenclatura científica.

devaluar tr. Rebajar el valor de una moneda o de otra cosa, depreciarla.

devanadera f. Máquina para devanar.

devanado m. Hilo de cobre aislado que, arrollado en forma conveniente forma parte del circuito de algunos aparatos eléctricos.

devanador, ra adj. y s. Que devana. | m. Alma de madera, cartón, etc., sobre la que se devana el hilo.

devanagari m. Nombre de la escritura sánscrita moderna y de los caracteres de su alfabeto.

devanar tr. Ir dando vueltas sucesivas a un hilo, alambre, cuerda, etc., alrededor de un eje, carrete, etc.

devanear intr. Decir o hacer devaneos, disparatar.

devaneo m. Delirio, desatino. | Amorío pasajero.

devastacion f. Destrucción, desolación.

devastar tr. Destruir, asolar, arrasar.

devengar tr. Adquirir derecho a alguna percepción o retribución por algún servicio o trabajo.

devengo m. Cantidad devengada.

devenir intr. Sobrevenir, acaecer. | Llegar a ser.

devoción f. Veneración y fervor religiosos. | Manifestación externa de estos sentimientos.

devocionario m. Libro de preces sagradas.

devolución f. Acción de devolver.

devolver tr. Volver a una cosa al estado que tenía. | Restituirla a quien la poseía. Corresponder a un favor o a un negocio. | fam. vomitar, arrojar.

devónico, ca adj. Relativo al tercero de los cinco períodos geológicos en que se considera dividida la era primaria o paleozoica.

devorar tr. Tragar con ansia y apresuradamente. | fig. Consumir, destruir.

devotería f. Beatería.

devoto, ta adj. Dedicado con fervor a obras de piedad y religión. Ú. t. c. s. | Aplícase a lo que mueve a una persona a devoción. | Muy afecto a una persona. Ú. t. c. s.

dexiocardia f. Desviación del corazón hacia la derecha.

dextrina f. Substancia sólida, amorfa, dextrógira y de color blanco amarillento, que se forma calentando almidón con un ácido diluido, y que se convierte en glucosa si la operación se prolonga.

dextrógiro, ra adj. Díc. de la substancia que desvía a la derecha la luz polarizada.

dextrorso, sa adj. Que gira de izquierda a derecha, como las manecillas de un reloj.

dextrosa f. Nombre de la glucosa, por ser dextrógira.

deyección f. Conjunto de materias arrojadas por un volcán o desprendidas de una montaña. | Defecación de los excrementos. | Los excrementos mismos. Ú. m. en pl.

deyector m. Aparato para evitar las incrustaciones en las calderas.

dezmería f. territorio del que se cobraba el diezmo.

di Prefijo que indica oposición o contrariedad, origen o procedencia, y extensión o dilatación. También significa dos en la composición de algunos términos.

día Prefijo que unas veces indica separación; otras, a través de; otras, entre; y otras, con.

día m. Tiempo determinado por el nacimiento y la muerte de un ser órganico.

diabasa f. Diorita.

diabetes f. Enfermedad caracterizada por excesiva presencia de glucosa en la sangre.

diabético, ca adj. Relativo a la diabetes. | Que la padece. Ú. t. c. s.

diabeto m. Sifón intermitente consistente en un vaso que, si se llena hasta cierta altura, se vacía por sí solo.

diabla f. Máquina para cardar lana o algodón.

diablillo m. dim. de diablo. | Persona traviesa.

diablo m. Cualquiera de los ángeles rebeldes arrojados al abismo. | Por antonomasia Lucifer, príncipe de estos ángeles. | fig. Persona muy traviesa, o la muy astuta y sagaz.

diablura f. Travesura extraordinaria o temeraria.

diabólico, ca adj. Propio del diablo. | fig. Excesivamente malo. | fig. Enrevesado.

diábolo m. Juguete que tiene la forma de dos conos unidos por sus vértices, al cual se hace girar mediante el movimiento alternativo de una cuerda atada al extremo de dos varillas.

diaconato m. Orden sagrada anterior al sacerdocio.

diaconisa f. Mujer dedicada al servicio de la iglesia.

diacrítico, ca adj. Díc. de los signos ortográficos que sirven para dar a una letra un valor especial, como la diéresis.

diacronía f. Desarrollo de hechos a través del tiempo.

diacústica f. Parte de la acústica que trata de la refracción de los sonidos.

diadelfo adj. pl. Díc. de los estambres de una flor cuando están soldados entre sí por sus filamentos, formando dos haces distintos.

diadema f. Faja o cinta blanca, con que antiguamente ceñían su cabeza los reyes como insignia de su dignidad. | Corona, cerco de ramas o flores o de metal, con que se ciñe la cabeza, en forma de media corona abierta por detrás.

diafanidad f. Calidad de diáfano.

diáfano, na adj. Transparente. | fig. Claro, limpio.

diáfisis f. Parte media de los huesos largos. | Tabique, separación, división.

diaforético, ca adj. y s. Sudorífico.

diafragma m. Membrana musculosa que separa la cavidad del pecho de la del vientre. | Separación que intercepta la comunicación entre dos partes de un aparato. | Membrana que establece divisiones interiores en algunos frutos. | Disco pequeño horadado con el que se regula la cantidad de luz que se ha de dejar pasar.

diagnosis f. Conocimiento diferencial de los síntomas de una enfermedad. | diagnóstico. arte o acto de reconocer una enfermedad. | Biol. Descripción característica y diferencial abreviada de una especie, género, etc.

diagnosticar tr. Determinar el carácter de una enfermedad mediante el examen de sus signos.

diagnóstico, ca adj. Relativo a la diagnosis. | m. Conjunto de síntomas de una enfermedad. | Calificación que da el médico a la enfermedad según los signos que advierte.

diagonal adj. y s. Díc. de la recta que une en un polígono dos vértices no inmediatos, y en un poliedro dos vértices situados en distinta cara. I Que pasa o divide oblicuamente. I Aplícase a los tejidos en que los hilos no se cruzan en ángulo recto, sino oblicuamente. I Aplícase a las calles o avenidas que cortan oblicuamente a otras paralelas entre sí.

diágrafo m. Instrumento que sirve para reproducir en papel separado un dibujo siguiendo sus contornos.

diagrama m. Dibujo geométrico que sirve para demostrar una proposición, resolver un problema o representar de manera gráfica la ley de variación de un fenómeno. I Dibujo donde se muestran las relaciones entre las diferentes partes de un conjunto o sistema.

dial adj. Perteneciente o relativo a un día. I m. Escala graduada de forma variable sobre la cual se mueve un indicador (aguja punto luminoso, etc.) que mide o señala una determinada magnitud, como peso, voltaje, longitud de onda, velocidad, etc..

dialectalismo m. Préstamo procedente de un dialecto que se incorpora a la lengua general.

dialéctica f. Ciencia filosófica que trata del raciocinio y de sus leyes, formas y modos de expresión. I Ordenada serie de verdades o teoremas que se desarrolla en la ciencia o en la sucesión y encadenamiento de los hechos.

dialecto m. En lingüística, cualquier lengua en cuanto se la considera con relación al grupo de las varias derivadas de un tronco común. I Estructuras lingüísticas, simultáneas a otras, que no alcanzan la categoría de lengua.

dialefa f. Hiato o azeuxis, encuentro de dos vocales que se pronuncian en sílabas distintas.

diálisis f. y Separación de los coloides y cristaloides cuando están juntamente disueltos.

dialítico adj. Relativo a la diálisis.

dializar tr. Analizar por medio de la diálisis.

dialogar intr. Hablar en diálogo. I tr. Escribir una cosa en forma de diálogo.

dialogismo m. Figura que se da cuando la persona que habla lo hace como si hablara consigo misma, o cuando refiere textualmente sus propios dichos o discursos o los de otras personas, o los de cosas personificadas.

diálogo m. Plática entre dos o más personas, que alternativamente manifiestan sus ideas o afectos. I Género de obra literaria, prosaica o poética, en que se finge una plática o controversia entre dos o más personas. I Discusión o trato en busca de su avenencia.

diamagnético, ca adj. Díc. de los cuerpos repelidos por los imanes.

diamante m. Piedra preciosa, la más estimada, formada de carbono cristalizado, diáfana y de gran brillo, generalmente incolora y tan dura que raya todos los demás cuerpos, por lo cual no puede labrarse sino con su propio polvo.

diamantífero, ra Díc. del terreno que contiene diamantes.

diametral adj. Perteneciente al diámetro.

diámetro m. Recta que pasa por el centro de un círculo y termina por ambos extremos en la circunferencia. I Línea recta que pasa por el centro de una curva y divide en dos partes iguales a un sistema de cuerdas paralelas. I Recta que une dos puntos de una superficie esférica, pasando por el centro.

diana f. Toque militar al amanecer para hacer que se levante la tropa. I Parte central de un blanco de tiro.

diantre m. fam. Eufemismo por diablo.

diapasón m. Intervalo que consta de cinco tonos, tres mayores y dos menores, y de dos semitonos mayores: diapente y diatesarón. I Regla en que están determinadas las medidas convenientes, en la cual se ordena con debida proporción el diapasón de los instrumentos, y es la dirección para cortar los cañones de los órganos, las cuerdas de los clavicordios, etc. I Trozo de madera que cubre el mástil en sobre el cual se pisan con los dedos las cuerdas del violín y de otros instrumentos análogos. I Regulador de voces e instrumentos, que consiste en una lámina de acero doblada en forma de horquilla con pies y que cuando se hace sonar da un la fijado en 435 vibraciones por segundo.

diapédesis f. Paso de los leucocitos a través de las paredes de los vasos.

diapente m. Intervalo de quinta.

diapositiva f. Fotografía positiva, sacada en cristal, y que se mira por transparencia.

diaprea f. Ciruela redonda.

diaquenio m. Fruto compuesto de dos aquenios unidos.

diario, ria adj. Correspondiente a cada día. I Díc. del libro en que se anotan las operaciones comerciales día por día, y cronológicamente. Ú. t. c. s. I Relación de sucesos narrados día por día. I Periódico que se publica todos los días.

diarquía f. Gobierno simultáneo de dos reyes. I Autoridad dividida y ejercida simultáneamente entre dos personas, dos instituciones o dos poderes.

diarrea f. Flujo de vientre.

diarreico, ca adj. Relativo a la diarrea.

diartrosis f. Articulación móvil.

diásporo m. Hidróxido de aluminio que se presenta cristalizado y en masas hojosas translúcidas, blancas o verdosas.

diaspro m. Nombre dado algunas variedades de jaspe.

diastasa f. Fermento que se encuentra en la saliva, en muchas semillas, tubérculos y otras partes vegetales, que actúa sobre el almidón transformándolo en azúcar.

diástole m. Movimiento de dilatación del corazón y las arterias.

diatermano, na adj. Que deja pasar el calor con facilidad a través de su masa.

diatermia f. Aplicación de corrientes eléctricas de baja tensión y alta intensidad que producen calor en las partes profundas del cuerpo, con fines terapéuticos.

diatersarón m. Intervalo de cuarta.

diátesis f. Predisposición a contraer ciertas enfermedades.

diatomea f. Cualquiera de las algas unicelulares que viven en el mar, en el agua dulce o en la tierra húmeda, con caparazón silíceo formado por dos valvas de tamaño desigual, de modo que la más pequeña encaja en la mayor.

diatónico, ca adj. Díc. de aquel de los tres géneros del sistema músico, que procede por dos tonos y un semitono.

diatriba f. Discurso o escrito violento e injurioso contra personas o cosas.

dibujar tr. Delinear en una superficie, y sombrear imitando la figura de un cuerpo. Ú. t. c. r. I fig. Describir una pasión del ánimo o una cosa inanimada.

dibujo m. Arte que enseña a dibujar. I Proporción que debe tener en sus partes y medidas la figura del objeto que se dibuja o pinta. I Delineación, figura o imagen dibujada en claro y oscuro, que toma nombre del material con que se hace.

dicaz adj. Decidor agudo y mordaz.

dicción f. palabra, sonido o conjunto de sonidos articulados que expresan una idea. I Manera peculiar de hablar o escribir. I Manera de pronunciar.

diccionario m. Libro en que por orden alfabético se contiene o definen o explican todas las dicciones de uno o más idiomas, o las de una ciencia o materia determinada.

dicha f. Felicidad, ventura.

dicho, cha p. p. de decir. | m. Palabra o frase que expresa un concepto cabal. | Ocurrencia chistosa y oportuna. | pl. Declaración de la voluntad de los que van a contraer matrimonio.

dichoso, sa adj. Feliz, afortunado. Que incluye o tiene en sí dicha. | fam. Enfadoso, molesto.

dicotiledóneo, a adj. Díc. de las plantas cuyas semillas tiene dos cotiledones.

dicotomía f. Bifurcación, división en dos partes. | Aplicación de este método, división en dos.

dicótomo, ma m. Propiedad que tienen algunos cuerpos de presentar dos coloraciones diferentes según la dirección en que se los mire.

dicromático, ca adj. Que tiene dos colores.

dicrómico, ca adj. Díc. de un ácido derivado del crómico, que no se encuentra en estado libre.

dictado, da p. p. de dictar. | m. Título de honor, dignidad o señorío, y también de cualquier calificativo aplicado a una persona. | Acción de dictar lo que otro debe escribir.

dictador m. Magistrado supremo entre los antiguos romanos, nombrado por los cónsules en tiempos de peligro para la república. | En los tiempos modernos, magistrado supremo con facultades extraordinarias.

dictadura f. Dignidad y cargo de dictador.| Tiempo que dura. | Gobierno que, invocando el interés público, se ejerce fuera de las leyes constitutivas de un país.

dictáfono m. Magnetófono.

dictamen m. Opinión y juicio que se forma o emite sobre una cosa.

dictaminar intr. Dar dictamen.

díctamo m. Arbusto de la familia de las labiadas.

dictar tr. Decir uno algo con las pausas necesarias o convenientes para que otro la vaya escribiendo. | Expedir una ley, fallo, precepto, etc. | fig. Inspirar, sugerir.

dictatorial adj. dictatorio. | fig. Absoluto, arbitrario, no sujeto a las leyes.

dicterio m. Dicho denigrante.

didáctica f. Arte de enseñar.

didáctilo, la adj. Que tiene dos dedos o dos apéndices oponibles en forma de dedos.

didascálico, ca adj. Didáctico.

didelfo, fa adj. y s. Díc. de aquellos mamíferos cuyas hembras tienen una bolsa donde están las mamas y se guarecen las crias, como el canguro. | m. pl. Orden de estos animales.

dídimo, ma adj. Díc. de cualquier órgano formado por dos lóbulos iguales y simétricos.

dieciochesco, ca adj. Perteneciente o relativo al siglo XVIII.

diedro adj. y s. Díc. del ángulo formado por dos planos que se cortan.

dieléctrico, ca adj. Díc. del cuerpo mal conductor a través de cuya masa se ejerce la inducción eléctrica.

diente m. Cada uno de los huesos que, engastados en las mandíbulas, sirven como órganos de masticación o de defensa, y, más particularmente, cada uno de los que tienen fonma de cuña y están en la parte más saliente de las mandíbulas. | Cada una de las puntas o resaltos que presentan algunas cosas, en especial ciertas herramientas o algunas piezas de determinados aparatos.

diéresis f. División de un diptongo en dos sílabas. | Signo ortográfico (ü) que se coloca sobre la u de las sílabas *gue*

y *gui* para indicar que esta letra debe pronunciarse (vergüenza), y sobre la primera vocal de un diptongo que se quiere deshacer (ruido).

diesi f. Sostenido.

diestra f. La mano derecha.

diestro, tra adj. Derecho, que cae o mira hacia la mano derecha, o está a su lado. | Hábil, experto en un arte u oficio. | Sagaz y avisado para manejar los negocios. | Favorable, benigno. | Torero o matador de toros. | Ronzal, cabestro o rienda.

dieta f. Régimen en el comer y beber. | fam. Privación de comer | Antigua asamblea nacional de algunos países de Europa.

dietética f. Ciencia que trata de la alimentación conveniente.

dietético, ca adj. Relativo a la dieta de los enfermos y convalecientes.

diezmar tr. Sacar de diez uno. | Pagar el diezmo. | Castigar de cada diez uno cuando son muchos los delincuentes, o cuando son desconocidos entre muchos. | fig. Causar gran mortandad en un país las enfermedades, la guerra, el hambre o cualquier otra calamidad; también por ext., se dice de los animales.

diezmesino, na adj. De diez meses.

diezmilésimo, ma adj. Díc. de cada una de las diez mil partes iguales de un todo.

diezmilímetro m. Décima parte de un milímetro.

diezmillonésimo, ma adj. Díc. de cada una de las diez millones de partes iguales de un todo.

diezmo m. Décima parte de los frutas que se pagaban a la Iglesia.

difamar tr. Desacreditar a uno, publicando cosas contra su buena fama.

difamatorio, ria adj. Que difama, que incluye difamación.

diferencia f. Cualidad o accidente que distingue una cosa de otra. | Variedad entre cosas de una misma especie. | Disensión u oposición de dos o más personas entre sí. | Residuo o resto.

diferencial adj. Perteneciente a la diferencia de las cosas. | Díc. del cálculo que se emplea para determinar las funciones derivadas y las diferencias infinitamente pequeñas de las variables. | f. Diferencia infinitamente pequeña de una variable. | Mecanismo que **se** usa en los automóviles para que, en las curvas, la rueda motriz que ha de recorrer el arco de mayor longitud gire con más velocidad que la otra.

diferenciar tr. Hacer distinción, conocer la diversidad de las cosas, dar a cada una su correspondiente y legítimo valor. | Hallar la diferencial de una variable. | intr. No convenir en un mismo parecer. | r. Diferir, distinguirse una cosa de otra.

diferente adj. Diverso, distinto.

diferir tr. Dilatar, retardar la ejecución de una cosa. | intr. Distinguirse.

difícil adj. Que no se logra, ejecuta o entiende sin mucho trabajo.

dificultad f. Embarazo, obstáculo, inconveniente o contrariedad que impide conseguir, ejecutar o entender bien pronto una cosa. | Duda o argumento que se propone contra una opinión.

dificultar tr. Poner dificultades. | Tener por difícil la ejecución de alguna cosa. | Hacer difícil una cosa introduciendo inconvenientes que no tenía.

difidación f. Manifiesto con que se justifica la declaración de guerra. | La misma declaración.

difidencia f. Desconfianza. | Falta de fe.

difidente adj. Desconfiado.

difluente adj. Que se esparce o derrama por todas partes.

difluir intr. Difundirse, derramarse por todas partes.

difracción f. División e inflexión de un rayo luminoso al pasar por el borde de un cuerpo opaco o por una abertura estrecha.

difractar tr. y r. Hacer sufrir difracción.

difteria f. Enfermedad infecciosa de la garganta.

difuminar tr. Esfumar las líneas o colores con el difumino.

difundir tr. Extender, esparcir, propagar físicamente. Ú. t. c. r. I Introducir en un cuerpo corpúsculos extraños con tendencias a formar una mezcla homogénea. Ú. t. c. r. I Transformar los rayos procedentes de un foco luminoso en luz que se propaga en todas las direcciones. Ú. t. c. r. I fig. Propagar o divulgar conocimientos, noticias, actitudes, costumbres, modas, etc.

difunto, ta adj. y s. Muerto, privado de la vida. I m. Cadáver.

difuso, sa p. p. irreg. de difundir. I adj. Ancho, dilatado.

digerir tr. Convertir los alimentos, en el aparato digestivo, en substancias asimilable. I fig. Meditar cuidadosamente una cosa.

digestible adj. Que puede ser digerido.

digestión f. Acción de digerir.

digestivo, va adj. Díc. de las operaciones y de las partes del organismo que se refieren a la digestión.

digitado, da adj. Díc. de la hoja compuesta cuyas hojuelas nacen del peciolo común, separandose a manera de los dedos de las animales que tienen sueltos los dedos de los cuatro miembros.

digital adj. Relativo a los dedos. I Díc. del aparato o instrumento de medida que la representa con números dígitos. I Planta herbácea escrofulariácea.

digitalina f. Glucósido medicinal, muy venenoso, que se extrae de las hojas de la digital.

digitígrado, da adj. y s. Díc. de aquellos animales que al andar sólo apoyan los dedos, como el gato.

digitilización f. Acción de digitalizar una imagen, descomponiéndola en un conjunto de puntos muy próximos entre si y simbolizando cada punto con un código.

dígito adj. Díc. del número menor de diez.

diglosia f. Disposición de la lengua en forma doble o bífida. I I Bilingüismo.

dignarse r. Servirse, tener a bien hacer una cosa.

dignatario, ria m. y f. Persona investida de una dignidad.

dignidad f. Calidad de digno. I Excelencia, realce. I Gravedad y decoro de las personas en la manera de comportarse.

dignificar tr. y r. Hacer digna o presentar como tal a una persona o cosa.

digno, na adj. Que merece algo, en sentido favorable o adverso. I Correspondiente, proporcionado a las cualidades de una persona o cosa.

digresión f. Efecto de interrumpir, por poco tiempo, el tema de un discurso para hablar de algo accidental que no tiene conexión o íntimo enlace con aquello de que se está tratando.

dilación f. Retardación o detención temporal de una cosa.

dilapidación f. Acción de dilapidar.

dilapidar tr. Malgastar los bienes propios, o los que uno tiene a su cargo.

dilatación f. Acción de dilatar. I Procedimiento empleado para aumentar o restablecer el calibre de un conducto, de una cavidad o de un orificio, o mantener libre un trayecto fistuloso. I Aumento de volumen de un cuerpo por apartamiento de sus moléculas y disminución de su densidad.

dilatado, da p. p. de dilatar. I adj. Extenso, amplio, vasto, numeroso.

dilatar tr. y r. Extender, alargar y hacer mayor una cosa, o que ocupe más lugar o tiempo. I Diferir, retardar. I fig. Propagar, extender, I r. Extenderse mucho en un discurso o escrito.

dilatorio, ria adj. Que sirve para prorrogar la tramitación de un asunto.

dilección f. Voluntad honesta, amor reflexivo.

dilema m. Argumento formado de dos proposiciones contrarias disyuntivamente, con tal artificio, que negada o concedida cualquiera de las dos, queda demostrado lo que se intenta probar.

dileniáceo, a adj. y s. Díc. de plantas dicotiledóneas, árboles o arbustos siempre verdes, con hojas coriáceas y ásperas, flores solitarias y fruto capsular.

diletante adj. Aficionado a las artes, especialmente a la música. Conocedor de ellas. Ú. t. c. s. I Que cultiva algún campo del saber, o se interesa por él, como aficionado y no como profesional. Ú. t. c. s. I Ú. a veces en sentido peyorativo.

diligencia f. Cuidado y actividad de ejecutar una cosa. I Prontitud, agilidad, prisa. I Coche grande, arrastrado por caballos, destinado a transponar viajeros y mercancías. I Trámite de un asunto administrativo, y constancia escrita de haberlo efectuado. I fam. Negocio, solicitud, empeño.

diligenciar tr. Poner los medios para el logro de una solicitud.

diligente tr. Cuidadoso, exacto y activo. I Pronto, ligero en el obrar.

dilogía f. Ambigüedad o doble sentido.

dilucidar tr. Aclarar, explicar.

diluir tr. y r. Desleír.

diluvial adj. y s. Aplícase al terreno constituido por materias arenosas que fueron arrastradas por grandes corrientes de aguas. I Relativo a este terreno.

diluviano, na adj. Que tiene relación con el diluvio universal.

diluviar intr. Llover mucho.

diluvio m. Inundación precedida de lluvias copiosas. I fig. Lluvia copiosa. I fam. Excesiva abundancia.

dimanar intr. Proceder el agua de sus manantiales. I Provenir, proceder una cosa de otra.

dimensión f. Cada una de las magnitudes de un conjunto que sirven para definir un fenómeno. I Longitud, extensión o volumen de una línea, una superficie o un cuerpo respectivamente. I Extensión de un objeto en dirección determinada.

dimensional adj. Perteneciente o relativo a la dimensión.

diminutivo, va adj. Que disminuye. I Aplícase al vocablo que disminuye o mengua la significación del que procede.

diminuto, ta adj. Defectuoso, falto de perfección. I Muy pequeño.

dimisión f. Renuncia, desapropio de una cosa que se posee.

dimitente p.a. de dimitir. Que dimite. Ú. t. c. s.

dimitir tr. Renunciar, hacer dejación de una cosa; como empleo, comisión, etc.

dimorfismo m. Calidad de dimorfo.

dimorfo, fa adj. Susceptible de presentarse bajo dos formas diferentes. I Díc. del órgano vegetal que puede tomar dos formas diferentes en la misma planta. I Aplícase a la sustancias que puede critalizar en dos sistemas diferentes.

dina f. Unidad de fuerza, representada por la fuerza capaz de imprimir la aceleración de un centímetro a la masa de un gramo en el tiempo de un segundo.

dinamia f. Unidad de medida, expresiva de la fuerza capaz de elevar un kilogramo de peso a la altura de un metro en tiempo determinado.

dinámica f. Parte de la mecánica que estudia las leyes del movimiento en relación con las fuerzas que producen.

dinámico, ca adj. Relativo a las fuerzas o a la dinámica. l fig. Díc. de la persona notable por su energía y actividad.

dinamismo m. Energía activa y propulsora. l Sistema que considera los elementos materiales como fuerzas cuya acción combinada determina la extensión y demás propiedades de los cuerpos.

dinamita f. Mezcla explosiva de nitroglicerina con una substancia porosa que disminuya los riesgos de su manejo.

dinamitero, ra adj. y s. Dícese de quien sistemáticamente destruye o trata de destruir personas o cosas por medio de la dinamita. Ú. t. c. s.

dínamo o dinamo f. Máquina destinada a transformar la energía mecánica en energía eléctrica, o viceversa, por inducción electromagnética, debida generalmente a la rotación de cuerpos conductores en un campo magnético.

dinamometría f. Arte de medir las fuerzas motrices.

dinamómetro m. Instrumento para medir fuerzas.

dinar m. Antigua moneda árabe de oro, cuyo valor fue variable. l Unidad monetaria de Libia.

dinastía f. Serie de príncipes soberanos en un país, perteneciente a una misma familia. l Familia en cuyos individuos se perpetúa el poder o la influencia política, económica, cultura, etc.

dineral m. Gran cantidad de dinero.

dinero m. Moneda corriente. l Caudal bienes, riqueza.

dingo m. Mamífero carnicero, de la familia de los cánidos, que vive en Australia.

dinornis m. Género de aves corredoras, fósiles sin alas y de grandes dimensiones que vivían en Nueva zelanda.

dinosaurio adj. y s. Díc. de ciertos reptiles fósiles, que vivieron durante los periodos jurásico y cretáceo, cuyas especies tenían formas muy variadas, y en general cabeza pequeña cuello largo y cola robusta y también larga, llegando algunas a alcanzar los cuarenta metros de largo y ocho de altura.

dinoterio m. Mamífero proboscídeo fósil semejante a un elefante, y de unos cinco metros de largo.

dintel m. Parte superior de las puertas, ventanas y otros huecos, que carga sobre las jambas.

dintorno m. Delineación de las partes de una figura contenidas dentro de su contorno, o de las contenidas en el interior de la planta o de la sección de un edificio.

diocesano, na adj. Perteneciente a la diócesis. l Díc. del obispo o arzobispo que tiene diócesis. Ú. t. c. s.

diócesis f. Distrito en que tiene jurisdicción espiritual un prelado.

diodo m. Válvula electrónica que consta de un ánodo frío y de un cátodo caldeado. Se emplea como rectificador.

dioico, ca adj. Díc. de las plantas que tienen en pie separado las flores de cada sexo, y díc. también de estas flores.

dionea f. Planta droserácea, cuyas hojas se cierran rápidamente el más leve roce de un insecto, dejándolo prisionero, al propio tiempo que segregan un jugo digestivo que facilita la absorcion por la planta de las partes asimilables de dicho insecto.

dionisia f. Piedra negra con manchas rojas, que, según los antiguos, comunicaba el agua sabor de vino.

dionisíaco, ca o dionisíaco, ca adj. Perteneciente o relativo a Baco, llamado también Dioniso o Dionisio.

dioptría f. Unidad de medida usada en óptica que equivale al poder de una lente cuya distancia focal es de un metro.

dióptrica f. Parte de la Óptica que estudia la refracción de la luz.

diorama m. Panorama en que el telón es transparente y está pintado por las dos caras, las cuales se iluminan alternativamente para hacer ver en el mismo sitio dos diferentes cosas.

diorita f. Roca de estructura granosa, formada por feldespato y proxeno, anfíbol o mica negra.

dios m. Para los creyentes, nombre del supremo ser.

diosa f. Deidad de sexo femenino. l fig. Mujer de extraordinaria belleza.

dioscoreáceo, a adj. y s. Aplícase a plantas monocotiledóneas, herbaceas, de hojas grandes en forma de corazón o de flecha: flores dioicas y poco vistosas; frutos capsulares o abayados y rizomas voluminosos.

dipétala adj. Díc. de la corola que tiene dos pétalos. y de la flor que tiene esta corola.

diplodoco m. Reptil dinosaurio de tamaño gigantesco.

diploide Dícese de la dotación cromosómica de un célula o de un organismo, caracterizada por la presencia en el núcleo celular de un número par de cromosomas morfológicamente iguales.

diploma m. Despacho bula u otro documento autorizado con sello de un soberano, cuyo original se archiva. l Título o credencial que expide una corporación, facultad o sociedad para acreditar algo.

diplomacia f. Ciencia o conocimiento de los intereses y relaciones de unas naciones con otras. l Servicio de los Estados en sus relaciones internacionales.

diplopía f. Fenómeno morboso que consiste en ver dobles los objetos.

dipneo, a adj. y s. Que está dotado de respiración branquial y pulmonar.

dipsacáceo, a adj. y s. Díc. de plantas dicotiledóneas, herbáceas de hojas opuestas, flores en espiga o cabezuela y frutos indehiscentes y coriáceos.

dipsomanía f. Tendencia irrestible al abuso de la bebida.

díptero, ra adj. Díc. del edificio que tiene dos costados salientes, y también de la estatua que tiene dos alas. l Díc. del insecto que sólo tiene dos alas. Ú. t. c. s.

dipetrocarpáceo, a adj. y s. Díc. de las plantas dicotiledóneas, leñosas, con flores axilares en racimo o en espiga y fruto capsular con una semilla.

díptico m. Cuadro o bajo relieve formado con dos tableros que se combinan con un libro.

diptongar tr. Unir dos vocales formando una sílaba. l intr. Convertirse en diptongo una vocal, como la o de volar en vuelo.

diptongo m. Conjunto de dos vocales diferentes que se pronuncian en una sola sílaba.

diputación f. Acción o efecto de diputar. l Cuerpo de diputados.

diputado, da p. p. de diputar. l m. y f. Persona nombrada por un cuerpo para representarle.

diputar tr. Destinar, señalar o elegir a una persona o cosa para algún uso o ministerio.

dique m. Muro construido para contener las aguas. l Cavidad o espacio cerrado en los puertos para reparar, los buques en seco.

dirección f. Acción de dirigir o dirigirse. l Consejo, enseñanza y preceptos con que se encamina a uno. l Camino o rumbo que un cuerpo sigue al moverse. l Conjunto de personas que dirigen una sociedad o negocio. I Cargo de director. I Oficina donde éste despacha. I Señas escritas sobre una carta o paquete, para ndicar a quien se envía. I Mecanismo que sirve para guiar los vehículos automóviles.

directo, ta adj. Derecho o en línea recta. I Que va de un punto a otro sin detenerse en los intermedios. I Que va derechamente a un fin.

director, ra m. y f. Persona a cuyo cargo está la dirección de un negocio.

directorio, ria adj. y m. Propio para dirigir. I m. Junta directiva de algunas colectividades.

directriz adj. y s. Terminación femenina de director, aceptación geométrica de esta voz.

dirigible adj. Que puede ser dirigido. I m. Globo dirigible.

dirigir tr. Enderezar, llevar rectamente una cosa hacia un término o lugar señalado. Ú. t. c. r. I Guiar, mostrando o dando las señas de un camino.

dirimir tr. y r. Deshacer, disolver, desunir cosas inmateriales. I Poner fin a una controversia.

dis- Prefijo que denota oposición, contrariedad o separación.

discal adj. Perteneciente o relativo al disco intervertebral.

discente adj. Dícese de la persona que recibe enseñanza.

discernimiento m. Juicio por cuyo medio percibimos y declaramos la diferencia que hay entre las cosas.

discernir tr. Distinguir una cosa de otra, señalando las diferencias que hay entre ellas.

disciplina f. Doctrina, enseñanza, especialmente de la moral.

disciplinar tr. Instruir, enseñar.I Imponer, hacer guardar la disciplina o sea el cumplimiento de las leyes y reglamentos.

discípulo, la m. y f. Persona aprende una doctrina de un maestro o que cursa en una escuela. I Persona que sigue la opinión de una escuela.

disco m. Tejo de metal o piedra, de un pie de diámetro, que en los juegos gimnásticos sirve para ejercitar los jovenes sus fuerzas y destreza arrojándolo. I Cuerpo cilíndrico cuya base es muy grande respecto a su altura. I Lámina circular de ebonita, aluminio u otra materia adecuada, en la que están inscritas las vibraciones de un sonido, para que pueda ser reproducido por el gramófono. I Figura circular y plana con que se presentan a nuestra vista el Sol, la Luna y los planetas.

discóbolo m. Atleta que arroja el disco.

discográfico, ca adj. Perteneciente o relativo al disco o a la discografía.

discoidial adj. A manera de disco.

díscolo, la adj. y s. Indócil, avieso.

disconformidad f. Diferencia de unas cosas con otras en cuanto a su esencia, forma o fin. I Oposición, contrariedad en los dictámenes o en las voluntades.

discontinuar tr. Romper o interrumpir la continuación de una cosa.

discontinuo, nua adj. Interrumpido, intermitente. I No continuo.

discordar intr. No convenir uno en opiniones con otro. I Ser opuestas, desavenidas o diferentes entre sí o dos o más cosas.

discorde adj. Disconforme, desavenido, opuesto. I Disonante.

discordia f. Oposición, desavenencia de voluntades. I Diversidad y contrariedad de opiniones.

discoteca f. Colección de discos impresionados, formada con un fin especial. I Local público para escuchar música grabada, bailar y consumir bebidas.

discreción f. Sensatez para formar juicio y tacto para hablar u obrar.

discrecional adj. Que se hace libre y prudencialmente.

discrepancia f. Desigualdad, diferencia que resulta de la comparación de dos cosas. I Disentimiento personal en opiniones o en conducta.

discrepar intr. Desdecir una cosa de otra, diferenciarse. I Disentir una persona del parecer o de la conducta de otra.

discreto, la adj. Dotado de discreción. I Cuerdo, juicioso. I Que incluye o denota discreción.

discriminación f. Acción de discriminar.

discriminar tr. Separar, distinguir, diferenciar una cosa de otra. I Dar trato de inferioridad a una persona o colectividad, por motivos raciales, religiosos, políticos, económicos, etc.

disculpa f. Razón que se da o causa que se alega para excusarse y purgarse de una culpa.

disculpable adj. Que merece disculpa.

disculpar tr. Dar razones o pruebas que descargen de una culpa o delito. Ú. t. c. r. I fam. No tomar en cuenta o perdonar las faltas y omisiones que otro comete.

discurrir intr. Andar, correr, caminar por diversas partes y lugares. I Correr, transcurrir el tiempo. I fig. Reflexionar, pensar acerca de una cosa. I tr. Inventar una cosa

discurso m. Facultad racional con que se infieren unas cosas de otras, sacándolas por consecuencia de sus principios o conociéndolas por indicios y señales. I Acto de la facultad discursiva. I uso de razón. I Reflexión, raciocinio sobre algunos antecedentes o principios. I Serie de palabras empleadas para expresar lo que se piensa o siente. I Razonamiento de alguna extensión dirigido por una persona a otra u otras. I Oración, palabra o conjunto de palabras con que se expresa un concepto cabal.

discutir Examinar y ventilar atenta y particularmente una materia. I Contender y alegar razones contra el parecer de otro. Ú. t. c. intransitivo.

disecar tr. Preparar un animal muerto para que conserve la apariencia de vivo.

disección f. Acción de disecar.

diseminar tr. y r. Sembrar, esparcir.

disensión f. Oposición o contrariedad de varios sujetos en los pareceres o en los propósitos. I fig. Contienda, riña, alteración.

disentería f. Diarrea con pujos y mezcla de sangre.

disentir intr. No ajustarse al sentir o parecer de otro; opinar de modo distinto.

diseñador, ra m. y f. Persona que diseña.

diseñar tr. Hacer un diseño.

diseño m. Traza, delineación de un edificio o de una figura. I Bosquejo oral de alguna cosa.

disertar intr. Razonar, discutir con método.

disestesia f. Perversión de la sensibilidad que se observa especialmente en el histerismo.

disfagia f. Dificltad o imposibilidad de tragar.

disfavor m. Desaire o desatención usada con alguno. I Acción o dicho no favorable. I Pérdida del favor.

disforme adj. Que carece de forma regular, proporción y medida en sus partes. I Muy grande y desproporcionado. I Feo, horroroso.

disfraz m. Artificio para desfigurar o disimular una cosa para que no se conozca. Vestido de máscaras. I Simulación.

disfrazar tr. Desfigurar la forma natural de las personas o de las cosas para que no se conozcan. Ú. t. c. r. I fig. Disimular, desfigurar con palabras y expresiones lo que se siente.

disfrutar tr. Percibir o gozar los productos o utilidades de una cosa. I Gozar de salud, comodidad o conveniencia. | Tener el favor, protección o amistad de alguno. | intr. Gozar, sentir placer o gratas emociones.

disfunción f. Alteración cuantitativa o cualitativa de una función orgánica.

disgregar tr. y r. Separar. Apartar, desunir.

disgustado, da p. p. de disgustar. | adj. Desazonado, incómodo, enojado. | Apesadumbrado, pesaroso.

disgustar tr. Causar disgusto y desabrimiento al paladar. | fig. Causar enfado o pesadumbre. Ú. t. r. c. | Desazonarse uno con otro, o perder la amistad por enfados o contiendas.

disgusto m. Desazón, o desabrimiento del paladar. | fig. Encuentro enfadoso con uno; contienda. | fig. Sentimiento, pesadumbre e inquietud causados por un accidente o una contrariedad.

disidencia f. Acción de disidir. | Grave desacuerdo de opiniones.

disidir intr. Separarse de la común doctrina, creencia o conducta.

disílabo, ba adj. Bisílabo.

disimetría f. Falta de simetría.

disímil adj. Desemejante, diferente.

disimilar tr. Alterar la articulación de un sonido del habla diferenciándolo de otro, igual o semejante, ya estén ambos contiguos, ya meramente cercanos.

disimilitud f. Desemejanza.

disimular tr. Encubrir con astucia la intención. | Hacerse el desentendido. | Ocultar, encubrir algo que uno siente y padece; como miedo, pena, pobreza, etc. |Ocultar una cosa, mezclándola con otras.

disimulo m. Arte con que se oculta lo que se siente. | Cautela, reserva. | Tolerancia, indulgencia.

disipar tr. y r. Esparcir y desvanecer las partes que forman por aglomeración un cuerpo.

dislalia f. Dificultad de hablar.

dislate m. Disparate.

dislexia f. Incapacidad parcial de leer comprendiendo lo que se lee, ebido a una lesión cerebral.

dislocar tr. y r. Sacar una cosa de su lugar.

disloque m. fam. el colmo, cosa excelente.

disminución f. Merma, mengua, menoscabo.

disminuir tr. y r. Hacer menor la extensión, intensidad o número de alguna cosa.

dismnesia f. Debilitación de la memoria.

disnea f. Dificultad de respirar.

disociar tr. Separar una cosa de otra a la que estaba unida. | Separar los diversos componentes de una substancia.

disolución f. Acción de disolver o disolverse. | Compuesto que resulta de disolver cualquier substancia en un líquido.

disoluto, ta adj. Vicioso, licencioso.

disolvente p. a. de disolver. Que disuelve Ú. t. c. s.

disolver tr. y r. Desunir, separar las moléculas de un cuerpo sólido o espeso, por medio de un líquido. | Separar, desunir las cosas que están unidas.

disonante p. a. de disonar. Que disuena. | adj. Que discrepa de aquello con que debiera guardar conformidad.

disosmia f. Dificultad en la percepción de olores.

dispar adj. Desigual, diferente.

disparador, ra adj. y s. Que dispara. | m. Pieza de las armas de fuego, que sirve para dispararlas. | Pieza de las máquinas fotográficas que hacen funcionar el obturador.

disparar tr. Despedir con un arma u otro instrumento un proyectil o cuerpo arrojadizo. Ú. t. c. r. | Arrojar o despedir con violencia una cosa. | Hacer funcionar un disparador.

disparatar intr. Decir o hacer una cosa fuera de razón y regla. | Desatinar.

disparate m. Hecho o dicho fuera de razón. | fam. Atrocidad, demasía.

disparidad f. Desemejanza, desigualdad.

disparo m. Acción de disparar. | fig. Disparate.

dispendio m. Gasto considerable, por lo general innecesario. | fig. Uso o empleo excesivo de hacienda, tiempo o cualquier caudal.

dispensar tr. Eximir de una obligación. Ú. t. c. r. | Dar, conceder. | Absolver una falta.

dispensario m. Establecimiento destinado a prestar asistencia médica y farmacéutica a enfermos que no se alojan en él.

dispepsia f. Enfermedad caracterizada por la digestión laboriosa e imperfecta.

dispersar tr. y r. Diseminar, esparcir, separar lo reunido. | Desordenar, desbaratar al enemigo.

dispersión f. Acción de dispersar o disporsarse. | Separación de los diversos colores espectrales de un rayo de luz, por medio de un prisma u otro medio adecuado.

displicencia f. Desagrado e indiferencia en el trato. | Desaliento en la ejecución de un hecho.

disponer tr. Colocar, poner las cosas en orden y situación conveniente. Ú. t. c. r. | Deliberar, determinar, mandar lo que ha de hacerse. | Preparar, prevenir. Ú. t. c. r.

disponible adj. Díc. de aquello de que se puede disponer libremente o de los que está pronto para utilizarse.

disposición f. Acción de disponer. | Aptitud, proporción para algún fin. | Gallardía y gentileza de la persona.

disprosio m. Metal del grupo de las tierras raras

disputar tr. Debatir. | Porfiar y altercar con calor y vehemencia. Ú. t. c. intr. | Contender, emular con otro para alcanzar o defender algo.

disquisición f. Examen riguroso que se hace de alguna cosa, considerando cada una de sus partes.

disruptivo, va adj. Que produce ruptura brusca.

distancia f. Espacio o intervalo de lugar o tiempo entre dos cosas o sucesos.

distanciar tr. y r. Apartar, separar, poner a distancia.

distante p. a. de distar. Que dista. | adj. Muy apartado, remoto.

distar intr. Estar apartada una cosa de otra cierto espacio de lugar o de tiempo. | Fig. Diferenciarse mucho una cosa de otra.

distender tr. y r. Causar una tensión violenta.

distermia f. temperatura anormal del organismo.

distensión f. Acción de distender o distenderse.

dístico, ca adj. Díc. de las hojas flores, espigas, etc., cuando están situadas en un mismo plano y miran alternativamente a uno y otro lado de un eje. | m. Composición poética que consta sólo de dos versos que expresan un concepto cabal.

distinción f. Acción de distinguir o distinguirse. | Diferencia en virtud de la cual una cosa no es igual ni semejante a otra. | Prerrogativa y honor concedido a uno. | Elegancia y buenas maneras.

distinguir tr. Conocer la diferencia entre dos o más cosas. | Hacer que una cosa se diferencie de otra análoga. Ú. t. c. r. | fig. Hacer particular estimación de alguna persona. | Otorgar a uno alguna dignidad, prerrogativa, etc.

distinto, ta adj. Que no es lo mismo; que no es parecido, que tiene diferentes cualidades. | Inteligible, claro, sin confusión.

distomo, ma adj. Que tiene dos bocas. | m. duela, gusano platelminto.

distorsión f. Torsión de una parte del cuerpo. | Deformación de una onda durante su propagación, y cuyo resultado puede apreciarse, por ejemplo, en las imágenes ópticas y en las trasmisiones telefónicas, de radio, de televisión.

distracción f. Acción de distraer o distraerse. l Cosa que atrae la atención apartándola de aquello a que está aplicada. l Diversión.

distraer tr. Divertir. Ú. t. c. r. l Apartar la atención de una persona de aquello a que la tiene dedicada. Ú. t. c. r. l Tratándose de fondos, malversarlos, defraudarlos.

distraído, da p. p. de distraer. l adj. y s. Díc. de quien se distrae con facilidad.

distribuir tr. Dividir una cosa entre varios designando lo que a cada uno corresponde. l Dar a cada cosa su oportuna colocación o el destino conveniente. Ú. t. c. r.

distrito m. Cada una de las demarcaciones en que se divide un territorio o una población, para distribuir y ordenar mejor los servicios.

distrofia f. Estado patológico que afecta a la nutrición y al crecimiento.

disturbio m. Perturbación de la paz y concordia.

disuadir tr. Inducir, mover a uno con razones a mudar de dictamen o a desistir de un propósito.

disuria f. Expulsión difícil, dolorosa e incompleta de la orina.

disyunción f. Acción de separar y desunir. l Separación de dos realidades, cada una de las cuales está referida intrínsecamente a la otra.

disyuntiva Alternativa entre dos cosas por una de las cuales hay que optar.

disyuntor m. Aparato que abre e interrumpe automáticamente el paso de una corriente eléctrica.

ditirambo m. Composición poética laudatoria, escrita con apasionamiento. l fig. Alabanza exagerada, encomio excesivo. l Composición poética del antiguo pueblo romano en loor de Laco.

ditono m. Intervalo de dos tonos.

diuresis f. Secreción de la orina.

diurético, ca adj. Que sirve para aumentar la secreción y excreción de la orina. Ú. t. c. s. m.

diurno, na adj. Perteneciente al día.

divagar intr. Separarse del asunto de que se trata; hablar o escribir sin idea fija y determinada.

diván m. Sofá con almohadones y generalmente sin respaldo. l Colección de poesías de uno o de varios autores, en alguna de las lenguas orientales, especialmente en árabe, persa o turco.

divergencia f. Acción de divergir. l fig. Diversidad de opiniones o pareceres.

divergir intr. Irse separando progresivamente unas de otras dos o más líneas o superficies. l fig. Discordar, discrepar.

diversidad f. Variedad, desemejanza, diferencia.

diversificar tr. y r. Hacer diversa una cosa de otra.

diversión f. Recreo, pasatiempo, solaz.

diverso, sa adj. De distinta naturaleza especie, número, figura, etc. l Desemejante. l pl. Varios, muchos.

divertido, da p. p. de divertir. l adj. Alegre, festivo, de buen humor. l Que divierte.

divertimiento m. Diversión. l Distracción momentánea de la atención.

divertir tr. y r. Apartar, desviar. l Entretener, recrear.

dividendo m. Cantidad que ha de dividirse por otra. l Cantidad que una compañía mercantil distribuye, como ganancia, a cada acción.

dividir tr. Partir, separar en partes.

divieso m. Tumor inflamatorio, pequeño, puntiagudo y doloroso, que se forma en el espesor de la dermis y termi-

na por supuración seguida del desprendimiento de una pequeña masa blanda a manera de raíz.

divinidad f. Naturaleza divina. l fig. Persona o cosa dotada de gran beldad, hermosura y preciosidad.

divinizar tr. Hacer o suponer divina a una persona o cosa o tributarle culto y honores divinos. l fig. Ensalzar desmedidamente. l fig. Santificar, hacer sagrada una cosa.

divino, na adj. Perteneciente a Dios. l fig. Muy excelente, extraordinariamente primoroso.

divisa f. Señal exterior para distinguir personas, grados y otras cosas. l Moneda extranjera reterida a la unidad monetaria del país de que se trata.

divisar tr. Ver, percibir confusamente una cosa lejana.

división f. Acción de dividir, separar o repartir. l fig. Discordia, desunión de los ánimos y opiniones. l Operación de dividir. l Gran unidad formada por dos o más brigadas o regimientos homogéneos y provista de servicios auxiliares.

divisor, ra adj. y s. Que divide. l Submúltiplo, factor. l m. Cantidad por la cual ha de dividirse otra.

divisorio, ria adj. Que sirve para dividir o separar. l Aplícase a la línea que señala límites territoriales.

divo, va adj. poét. Divino. l Cantante de mérito extrordinario. Ú. t. c. s.

divorciar tr. y r. Separar judicialmente dos casados. l Disolver el matrimonio la autoridad pública. l fig. Separar personas o cosas que viven o están estrechamente relacionadas.

divorcio m. Separación judicial de dos casados. l Separación.

divulgar tr. y r. Publicar, extender, poner al alcance del público un asunto o noticia.

do m. Primera nota de la escala musical.

dobladillo m. Pliegue que se hace en los bordes de la ropa.

doblado, da p. p. de doblar. l adj. De baja estatura, pero recio y fuerte de miembros. l fig. Que demuestra cosa distinta o contraria de lo que siente y piensa. l m. Medida de la marca del paño.

doblar tr. Aumentar una cosa otro tanto de lo que era. l Aplicar una sobre otra dos partes dc una cosa flexible. l Volver una cosa sobre otra. Ú. t. c. intr. y c r. l Torcer una cosa encorvándola. Ú. t. c. r. l Tratándose dc un cabo, promontorio, punta, etc., pasar la embarcación por delante y ponerse al otro lado. l En el cine sonoro, sustituir las palabras del actor que aparece en la pantalla, por las de otra persona que no se ve y que habla en la misma lengua que éste o en otra diferente.

doble adj. Duplo. Ú. t. c. s. l Toque de cámpanas por los difuntos.

doblegar tr. y r. Doblar o torcer encorvando. l fig. Hacer a uno que desista de un propósito y se preste a otro. l fig. Vencer, sujetar a alguno.

doblez f. Parte que se dobla, y señal que queda. l amb. fig. Astucia con que uno obra, dando a entender lo contrario de lo que siente.

doblón m. Moneda antigua de oro.

docena f. Conjunto de doce cosas.

docencia f. Instrucción, enseñanza. l Conjunto de profesores.

docente adj. Que enseña o instruye. Perteneciente o relativo a la enseñanza.

dócil adj. Suave, blando, apacible, obediente.

docimasia Arte de ensayar o analizar los minerales para determinar los metales que contienen y en qué proporción.

docto, ta adj. y s. Sabio, erudito.

doctor, ra m. y f. Persona a quien se ha conferido el más alto grado académico que concede una universidad u otro establecimiento.

doctorar tr. y r. Conferir el grado de doctor.

doctrina f. Enseñanza. l Sabiduría o ciencia. l Opinión de uno o varios autores en cualquier materia.

doctrinar tr. Enseñar, dar instrucción.

doctrino m. Niño huérfano recogido en un colegio con el fin de criarlo y educarlo hasta que esté en edad de aprender un oficio.

documentación f. Acción de documentar. l Conjunto de documentos que sirven para documentar.

documental adj. Referente a documentos o que se basa en ellos. l Díc. de la película cinematográfica que reproduce escenas, hechos, experimentos, etc., tomados de la realidad y con fines meramente informativos.

documentar tr. Justificar la verdad de una cosa con documentos. l Instruir, informar a uno de cuanto atañe a un asunto. Ú. t. c. r.

documento m. Cualquier escrito que ilustra acerca de algún hecho, principalmente histórico. l fig. Todo aquello que sirve para ilustrar o comprobar algo.

dodecaedro m. Sólido de doce caras.

dodecafonía Sistema atonal en el que se emplean indistintamente los doce intervalos cromáticos en que se divide la escala.

dodecasílabo, ba adj. y s. Que tiene doce sílabas.

dogal m. Cuerda o soga a la cual se ha formado un lazo con un nudo, para atar caballerías. l Cuerda para ahorcar a un reo.

dogma m. Proposición que se tiene como principio innegable de una ciencia. l Fundamento de todo sistema ciencia, doctrina o religión.

dogmático, ca adj. Perteneciente a los dogmas de la religión. l Díc. del autor que trata los dogmas. l Aplícase al filósofo que profesa el dogmatismo. Ú. t. c. s.

dogo, ga adj. y s. Díc. del perro alano y aplícase al mastín fuerte y valeroso.

dolador m. Artífice que aplana o cepilla madera o piedra.

dolaje m. Vino absorbido por la madera de las cubas o toneles.

dolar tr. Labrar madera o piedra con la doladera o el dolobre.

dólar m. Moneda de los Estados Unidos de Norteamérica, Canadá, Liberia, Australia.

dolencia f. Achaque, indisposición.

doler intr. Padecer dolor. l Causar sentimiento al hacer una cosa o pasar por ella. l r. Arrepentirse de haber hecho una cosa y tener pesar por ello. l Compadecerse del mal que otro padece.

dolicocéfalo, la adj. y s. Que tiene el cráneo alargado, de figura oval.

dolmen m. Monumento megalítico en forma de mesa, compuesto de una o más lajas colocadas de plano sobre dos o más piedras verticales.

dolo m. Engaño, fraude.

dolomía f. Roca parecida a la caliza, formada por el carbonato doble de calcio y de magnesio.

dolor m. Sensación molesta y aflictiva en alguna parte del cuerpo. l Sentimiento, pena y congoja que se padece en el ánimo.

dolora f. Composición poética en que se halla unida la ligereza con el sentimiento y la concisión con la importancia filosófica.

doloroso,sa adj. Engañoso, fraudulento.

doma f. Domadura de potros.

domador, ra m. y f. Persona que doma o domestica animales.

domar tr. Sujetar, amansar y hacer dócil a un animal. l fig. Sujetar, reprimir.

domeñar tr. Sujetar, rendir.

domesticar tr. Acostumbrar a un animal a la compañía del hombre.

domiciliar tr. Dar domicilio. l Establecer, fijar su domicilio en un lugar.

domicilio m. Morada fija y permanente. l Lugar en que legalmente se considera establecida una persona.

dominación f. Señorío de un soberano sobre reino o provincia. l Acción de dominar.

dominante p.a. de dominar. Que domina. l adj. Aplícase a la persona que quiere avasallar a otras, y a la que no sufre que la contradigan.

dominar tr. Tener dominio sobre personas o cosas. l Sujetar, contener, repnmir. l fig. Conocer a fondo una ciencia o arte. l intr. Sobresalir ciertas cosas por encima de otras. l r. Reprimirse, ejercer dominio sobre sí mismo.

domingo m. Primer día de la semana que está especialmente dedicado al Señor y a su culto.

dominio m. Facultad que uno tiene de disponer de una cosa. l Superioridad legitima sobre las personas. l Territorio que está bajo la dominación de un soberano o de una república.

dominó m. Juego de 28 fichas divididas en dos cuadros cada uno de los cuales lleva marcado con puntos un número o no lleva ninguno. l Conjunto de fichas de este juego.

domo m. Cúpula, bóveda semiesférica.

dompedro m. Dondiego, planta. l Bacín, orinal.

don m. Dádiva, presente o regalo. l Gracia especial o habilidad para hacer algo. l Tratamiento de respeto, muy generalizado, que se antepone a los nombres propios masculinos.

donaire m. Gracia en lo que se dice. l Chiste o dicho gracioso. l Gallardía, gentileza y soltura de cuerpo.

donar tr. Traspasar uno graciosamente a otro el dominio de una cosa.

donativo m. Dádiva, regalo, cesión, en especial la que se hace con fines benéficos.

doncel m. Joven soltero. l Joven noble que aún no estaba armado caballero.

doncella f. Mujer que no ha practicado el coito. l Criada que se ocupa de los menesteres domésticos ajenos a la cocina.

donde adv. l. En qué lugar, en el lugar en que, a qué lugar, hacia qué lugar, por qué lugar, o de qué lugar. l A veces hace oficio de pronombre relativo y equivale a en que, de lo cual. l Adonde, a que parte o a la parte que. l A donde. m. adv. Adonde.

dondequiera adv. l. En cualquier parte.

dondiego Planta nictaginácea de flores fragantes, blancas, amarillas o encarnadas, que se abren al anochecer y se cierran al salir el Sol.

donosura f. Donaire, gracia.

doña f. Tratamiento de respeto que se aplica y precede a un nombre propio. Actualmente su aplicación va limitándose a la mujer casada o viuda.

dopar v. tr. Drogar.

doquiera adv. Dondequiera.

dorada f. Pez acantopterigio que tiene una mancha dorada entre los ojos y es comestible muy estimado.

dorado p. p. de dorar. l adj. De color de oro.

dorador, ra m. y f. Persona que dora.

dorar tr. Cubrir una superficie con oro. I Dar el color del oro a una cosa. I fig. Tostar ligeramente. Ú. t. c. r. I r. Tomar color dorado.

dormilona f. Ariete redondo, con alguna piedra preciosa, pero sin adorno colgante.

dormir intr. Reposar quedando naturalmente inactivos y en suspenso los sentidos. Ú. t. c. s. y c. r. I Pernoctar. I fig. Descuidarse, no atender un asunto o negocio con la solicitud que requiere. Ú. m. c. r. I r. Adormecerse, entumecerse.

dormitorio m. Pieza destinada para dormir en ella.

dornajo m. Especie de artesa, pequeña y redonda, que sirve para dar de comer a los cerdos, para fregar y para otros menesteres.

dorsal adj. Perteneciente al dorso, espalda o lomo.

dorso m. Revés o espalda de una cosa.

dos adj. Uno y uno.

dosalbo adj. Aplícase a la caballería que tiene blancos los pies.

dosel m. Mueble de adorno, que a cierta altura resguarda el sitial o el altar, adelantándose en pabellón horizontal y que cae por detrás a modo de colgadura.

dosificar tr. Determinar, poner o distribuir las dosis de un medicamento.

dosimetría f. Sistema terapéutico que emplea los medicamentos en gránulos que contienen siempre la misma dosis para cada substancia.

dosis f. Toma de medicina que se da al enfermo cada vez.

dotación f. Acción de dotar. I Aquello con se que se dota. I Tripulación de un buque.

dotar tr. Constituir dote a la mujer que va a casarse o a profesar en una orden religiosa. I Señalar bienes para una fundación. I fig. Adornar la naturaleza a uno con dones particulares.

dote amb. Caudal que lleva la mujer cuando se casa. I Patrimonio que se entrega al convento u orden religiosa donde va a profesar una mujer. I f. Excelencia, prenda calidad apreciable de una persona. Ú. m. en pl.

dovela f. Piedra labrada en figura de cuña para formar arcos o bóvedas principalmente.

dracma f. Moneda griega de plata, que usaron también los romanos y valía cuatro sestercios.

draconiano adj. Díc. de las leyes excesivamente severas.

draga f. Embarcación provista de un dispositivo capaz de limpiar el fondo de los puertos de mar, ríos, estuarios, canales, etc.

dragaminas m. Buque destinado a recoger las minas submarinas.

dragar tr. Ahondar o limpiar los ríos, los puertos, etc. por medio de la draga.

drago m. Arbol liliáceo, originano de Canarias.

dragomán m. Intérprete de idiomas.

dragón m. Animal fabuloso de figura de serpiente con pies y alas.

dragonites f. Piedra fabulosa que se suponía hallarse en la cabeza de los dragones.

drama m. Composición literaria representable. I Poema dramático que tiene por asunto un conflicto de la vida humana y participa de las condiciones de la tragedia y de la comedia. I Género dramático.

dramático, ca adj. Perteneciente al drama. I Díc. del autor que escribe dramas, y también del actor que los representa. I Teatral, afectado.

dramatizar tr. Dar forma y condiciones dramáticas a alguna cosa. I Exagerar con apariencias dramáticas o afectadas.

dramaturgo m. Persona que escribe obras dramáticas.

drástico, ca adj. y s. Que purga con prontitud y eficacia.

drenaje m. Acción de dar salida a las aguas muertas por medio de zanjas o cañerías. I Procedimiento para asegurar la salida de líquidos o exudados de una herida, absceso o cavidad natural.

dril m. Tela de hilo o algodón crudos.

driza f. Cuerda para izar y arriar las vergas.

droga f. Estupefaciente, substancia o preparado medicamentoso de efecto estimulante, deprimente o narcótico.

drogadicto, ta adj. Díc. de la persona adicta a las drogas. Toxicómano.

drogar tr. Administrar a personas o animales un estupefaciente o droga. Ú. t.c.r.

droguería m. Comercio en drogas, o tienda donde se vende

dromedario m. Animal rumiante camélido muy parecido al camello pero con una sola giba.

dropacismo m. Cierta untura depilatoria.

drosera f. Planta droserácea.

droseráceo a adj. y s. Díc. de plantas dicotiledóneas herbáceas de flores pentámeras, hojas provistas de glándulas secretoras de un líquldo viscoso que contiene un fermento que les sirve para capturar los insectos y otros animalillos que a ellas llegan y digerirlos después.

druida m. Sacerdote de los antiguos galos y britanos.

drupa f. Fruto de mesocarpio carnoso y endocarpio leñoso y una sola semilla.

drupáceo a adj. Parecido a la drupa o de su naturaleza.

drusa f. Conjunto de cristales que cubren la superficie de una piedra o alguna concavidad de ella.

dualidad f. Condición de reunir dos caracteres distintos una misma persona o cosa.

dualismo m. Doctrina filosófica que explica el origen y naturaleza del universo por la acción de dos esencias o principios diversos y continuos.

duba f. muro o cerca de tierra.

dubitación f. Duda.

ducado m. Título de duque, y territorio sobre el que recala este título.

ducal adj. Perteneciente al duque.

ducha f. Chorro de agua que se hace caer sobre el cuerpo para limpieza o refresco.

duchar tr. y r. Dar baño de ducha.

ducho, cha adj. Experimentado, diestro.

dúctil adj. Aplícase a los metales que pueden extenderse en hilos mecánicamente. I fig. Acomodadizo, condescendiente.

ductilidad f. Calidad de dúctil.

duda f. Indeterminación del ánimo entre dos juicios o dos decisiones, o bien acerca de un hecho.

dudar intr. Estar el ánimo perplejo y suspenso entre resoluciones y juicios contradictorios. I tr. Dar poco crédito a una especie que se oye.

duela f. Cada una de las tablas de que se componen los barriles pipas cubas etc. Distomo, gusano platelminto.

duelo m. Combate o pelea entre dos previo desafío o reto. I Dolor, lástima, aflicción. I Demostraciones de sentimiento que se hacen por la muerte de alguien. I Reunión de parientes o amistades que asisten al entierro de una persona o a sus funerales.

duende m. Espíritu fabuloso que, según creencia vulgar, travesea en algunas casas.

dueña f. Mujer que tiene el dominio de una cosa. I Mujer viuda que para autoridad y respeto habita en las casas principales.

dueño m. El que tiene dominio o señorío sobre persona o cosa. I Amo, respecto del criado.

dula f. Turno de riego.

dulcamara f. Planta sarmerntosa, solanácea.

dulce adj. Que causa cierta sensación agradable al paladar; como la miel y el azúcar. I Que no es agrio o salobre. I Díc. del manjar soso y falto de sal. I fig. Grato gustoso y apacible. I fig. Naturalmente afable y dócil. I adv. Dulcemente. I Manjar. hecho con azúcar, fruta confitada, etc.

dulcémele m. Salterio, instrumento musical.

dulcificar tr. Volver dulce una cosa. I fig. Mitigar la amargura o la acrimonia.

dulcinea f. fig. y fam. Mujer querida.

dulzaina f. Instrumento músico de viento parecido a la chirinmía, pero de tonos más agudos.

dulzarrón, na adj. Que empalaga por lo muy dulce.

dulzor m. Dulzura.

dulzura f. Calidad de dulce. I fig. Suavidad, deleite. I fig. Afabilidad, bondad, docilidad. I Palabra cariñosa, placentera.

duna f.Colina de arena movediza que en los desiertos y en las playas forma y empuja el viento.

dúo m. Composición que se canta o toca entre dos.

duodécuplo, pla adj. y s. Díc. del número que contiene a otro doce veces exactamente.

duodenario, ria adj. Que dura doce días.

duodenitis f. Inflamación del duodeno.

duodeno, na adj. Duodécimo. I m. Nombre de la primera porción del intestino delgado, empieza en el piloro y termina desembocando en el yeyuno.

dúplica f. Escrito en que se contesta a la réplica.

duplicar tr. Hacer doble una cosa. Ú. t. c. r. I Multiplicar por dos.

dúplice adj. Doble.

duplicidad f. Doblez, falsía. I Calidad de dúplice o doble.

duplo adj. Que contiene un número dos veces exactamente.

duque m. Título de honor que significa la nobleza más alta.

duquesa f. Mujer del duque, o poseedora de un título ducal.

duración f. Acción y efecto de durar. I Tiempo que dura una cosa. I Tiempo que transcurre entre el comienzo y el fin de un proceso.

duraluminio m. Aleación del aluminio con el magnesio, ligera y muy resistente, que se emplea mucho en la construcción aeronáutica.

duramadre m. Meninge externa de las tres que tienen los batracios, reptiles, aves y mamíferos.

duramen m. Parte más seca, fuerte y obscura, de la madera de un árbol.

durante p. a. de durar. Que dura. I adv. Mientras.

durar intr. Continuar siendo, obrando, viviendo, etc. I Subsistir, permanecer.

duraznero m. Árbol, variedad del melocotón, de fruto más pequeño que el comun.

durazno m. Duraznero, y su fruto.

dureza f. Calidad de duro. I Tumor o callosidad que se forna en alguna parte del cuerpo. I Propiedad de los cuerpos que se caracteriza por la resistencia que oponen a ser rayados por otros.

durina f. Enfermedad contagiosa de las caballerías.

durlines m. pl. Criados de la justicia.

durmiente p. a. de dormir. Que duerme. Ú. t. c. s. I m. Madero horizontal sobre el que descansan otros.

duro, ra adj. Díc. del cuerpo que se resiste a ser labrado. I Díc. de aquello que no está todo lo blando que debiera estar. I fig. Fuerte, que resiste bien la fatiga. I fig. Aspero, muy severo. I fig. Díc. del estilo falto de suavidad y armonía. I Esp. m. Moneda de plata u otro metal, que vale cinco pesetas.

E

e f. Quinta letra del abecedario español, y segunda de sus vocales. I conj cop. Se usa ante palabras que comienzan por i o hi.I Elemento compositivo que denota origen o procedencia, o extensión o dilatación.

¡ea! interj. Con que se anima o se indica una resolución.

ebanista com. Persona que trabaja en ébano y otras maderas finas.

ebanistería f. Taller del ebanista. I Arte de ebanista.

ébano m. Arbol ebanáceo, cuya madera es negra y muy apreciada en ebanistería.

ebonita f. Caucho endurecido con azufre y aceite de linaza.

ebrio, bria adj. y s. Embriagado, borracho.

ebullición f. Acción de hervir.

ebulloscopia f. Parte de la física que determina la temperatura de ebullición de los cuerpos.

ebúrneo, a adj. De marfil, o parecido a él.

eccema m. Afección de la piel.

echar tr. Hacer que una cosa vaya a parar a alguna parte, o caiga en sitio determinado.

echarpe f. Especie de banda que a modo de chal que usan las mujeres.

eclecticismo m. Escuela filosófica que procura conciliar las doctrinas que parecen mejores o más verosímiles, aunque procedan de diversas sistemas.

eclesiástico, ca Adj. Perteneciente a la Iglesia. I m. Clérigo.

eclímetro m. Instrumento propio para medir la inclinación de un terreno.

eclipsar tr. Causar un astro el eclipse de otro.

eclipse m. Ocultación transitoria total o parcial de un astro, o pérdida de la luz que recibe y refleja, por interposición de otro cuerpo celeste.

eclíptica f. Círculo máximo de la esfera celeste.

eclosión f. En el lenguaje literano o técnico, acción de abrirse un capullo de flor o de crisálida. I fig. Hablando de movimientos culturales o de otros fenómenos históricos, psicológicos, etc., brote, manifestación, aparición súbita. I Acción de abrirse el ovario al tiempo de ovulación para dar salida al óvulo.

eco m. Repetición del sonido, cuando la onda sonora es reflejada por algún obstáculo.

eco- Elemento compositivo que entra en la formación de algunas palabras españolas con el significado de 'casa'o 'morada' o 'ámbito vital'.

ecolocación f. Detección de un objeto mediante la reflexión de ondas: es fenómeno común entre los animales, como múrciélagos y cetáceos, y aplicado por el hombre en sistemas como el radar y el sonar.

ecología f. Parte de la biología que estudia las relaciones existentes entre los organismos y el medio en que viven.

economía f. Administración y prudente de los bienes.

económico, ca adj. Perteneciente a la economía. I Que cuesta poco, barato.

economizar tr. Ahorrar.

éctasis f. Acción de alargar sílabas breves.

ectópago, ga adj. y s. Aplícase al monstruo compuesto de dos individuos que tienen un ombligo común y están unidos lateralmente por el tronco.

ectoparásito adj. y s. Dícese del parásito que vive en la superficie de otro organismo, como el piojo.

ectopión m. Inversión hacia fuera del párpado inferior, generalmente de origen inflamatorio o paralítico.

ecu m. Unidad monetaria de la Comunidad Económica Europea.

ecuación f. Igualdad condicional en la que intervienen cantidades conocidas y desconocidas o incógnitas.

ecuador m. Círculo máximo que se considera en la esfera celeste, perpendicular al eje de la Tierra.

ecuanimidad f. Igualdad y constancia de ánimo. I Imparcialidad en el juicio.

ecuatorial adj. Relativo al ecuador.

ecuestre adj. Perteneciente o relativo al caballero, o a la orden de la caballería, o al caballo.

ecuménico, ca adj. Universal, que se extiende a todo el orbe.

edad f. Tiempo que ha vivido una persona o que ha durado una cosa. I Cualquiera de los periodos de la vida.

edafología f. Ciencia que trata del suelo desde el punto de vista físico, químico y biológico.

edema m. Hinchazón blanda de una parte del cuerpo.

edén m. Paraíso terrenal.

edición f. Impresión o estampación de una obra o escrito para su publicación.

edicto m. Decreto, mandato publicado por la autoridad.

edificar tr. Fabricar, hacer un edificio o mandarlo construir. I fig. Inducir en otros sentimientos nobles.

edificio m. Cualquier obra arquitectónica con techumbre.

edil m. Magistrado romano que ejercía el cargo de inspector de obras públicas. I Concejal, miembro de un ayuntamiento.

editar tr. Publicar una obra por medio de la imprenta.

editorial adj. Perteneciente o relativo al editor o a las ediciones. I m. Artículo periodístico de opinión que se inserta en lugar preferente y sin firma. I f. Casa editora.

edredón m. Plumón de ciertas aves del Norte. I Almohadón relleno de pluma, que se coloca a los pies de la cama para abrigo.

educación f. Acción de educar. I Crianza, enseñanza, instrucción. I Cortesía, urbanidad.

educador, ra adj. y s. Dícese de la persona que se educa en un colegio.

educar tr. Enseñar, dirigir, instruir.

edulcorar tr. Endulzar.

efe Nombre de la letra f.

efebo m. Mancebo, adolecente.

efectista adj. y s. Que busca ante todo producir efecto o impresión en el ánimo.

efectismo m. Afán de causar grande efecto.

efectivo, va adj. Real y verdadero, que no es nominal ni dudoso. Dícese del empleo o cargo de plantilla. fig. Eficaz. I m. Numerario, moneda acuñada. I pl. Fuerzas militares.

efecto m. Lo producido por una causa. I Impresión hecha en el ánimo.

efectuar tr. Ejecutar una cosa. I r. Hacerse efectiva una cosa.

efemérides f. pl. Libro donde se refieren los sucesos de cada día. I Sucesos notables ocurridos en diferentes épocas, pero un número exacto de años antes de un día determinado.

eferencia f. Transmisión de sangre, linfa u otras sustancias, o de un impulso energético, desde una parte del organismo a otra que con respecto a ella es considerada periférica. Se llama también transmisión centrífuga.

eferente adj. Dícese del vaso conductor de sangre o del nervio que sale de un órgano determinado conduciendo sangre o impulsos bioeléctricos fuera de él.

efervescencia f. Desprendimiento de burbujas gaseosas a través de un líquido. l fig. Agitación de los ánimos.

efervescente adj. Que está o puede estar en efervescencia.

eficacia f. Virtud, fuerza y poder para obrar

eficaz adj. Activo, poderoso para obrar. l Que logra hacer efectivo un intento o propósito.

eficiencia f. Virtud, y facultad para lograr un efecto determinado.

efigie f. Imagen, figura, retrato.

efímero, ra adj. Que dura sólo un día. l Pasajero. poco estable.

efluvio m. Emanación de partículas sutilísimas.

efugio m. Recurso para salir de una dificultad.

efundir Derramar, verter un líquido, especialmente sangre.

efusión f. Derramamiento de un líquido, y más comúnmente de la sangre.

égloga f. Poema bucólico breve en que se describen escenas campestres.

egocentrismo m. Exagerada exaltación de la propia personalidad.

egoísmo Excesivo amor que uno tiene a sí mismo y que le hace atender desmedidamente a su propio interés, sin cuidarse del de los demás. l Acto sugerido por este personal modo de ser.

egoísta adj. y s. Que tiene egoísmo.

egolatría f. Culto, adoración, amor excesivo de sí mismo.

egregio, gia adj. Ilustre, insigne.

¡eh! interj. Que sirve para llamar, reprender, advertir, amenazar, etcétera.

einstenio m. Elemento químico perteneciente a la serie de los actínicos.

eje m. Varilla que atraviesa un cuerpo giratorio y le sirve de sostén en su movimiento. l Barra horizontal dispuesta en los carruajes para colocar en sus extremos las ruedas l Línea que divide por mitad la anchura de una cosa, como calle, camino río, etc. l Diámetro principal de una curva.

ejecutante p. a. de ejecutar. Que ejecuta. Ú. t. c. s. l con. Persona que ejecuta una obra musical.

ejecutar tr. Poner por obra una cosa. l Ajusticiar. l Desempeñar con arte y facilidad algo.

ejecutivo, va adj. Que no da espera ni permite que se difiera a otro tiempo la ejecución. l Que ejecuta. l f. Junta directiva de una corporacion o sociedad.

ejecutoria f. Título o diploma de nobleza. l Despacho de sentencia sin apelación.

ejemplar adj. Que da buen ejemplo. l m. Cada una de las copias de un escrito o dibujo. l Cada uno de los individuos de una especie o de un género l Prototipo, norma representativa.

ejemplo m. Caso, hecho o comportamiento que se refiere y propone para que se siga o imite. l Texto o cláusula que se cita para comprobar, ilustrar o autorizar un aserto u opinión.

ejercer Practicar un oficio, facultad, etc.

ejercicio m. Acción de ejercitarse u ocuparse en una cosa. l Acción de ejercer.

ejercitar tr. Dedicarse a la práctica de una arte, oficio, o profesión. l Hacer que uno aprenda una cosa mediante la enseñanza y práctica de ella. l r. Repetir muchos actos para adiestrarse en la ejecución de una cosa.

ejército m. Conjunto o totalidad de las fuerzas armadas de una nación.

ejido m. Campo comunal de un pueblo; no se labra.

el Art. determinado en género masculino y núm. singular.

él Pron. personal de tercera persona, en gén. masculino y núm. singular.

elaborar tr. Preparar un producto por medio de un trabajo adecuado.

elación f. p. us. Altivez presunción, soberbia. l Elevación, grandeza de ánimo. l Hinchazón de estilo y lenguaje.

elasticidad f. Calidad de elástico. l Propiedad de los cuerpos en virtud de la cual tienden a recobrar su forma y extensión cuando cesa de obrar la fuerza que los modificaba.

elástico, ca adj. Que tiene elasticidad.

elayómetro m. Instrumento para determinar la cantidad de aceite de una materia oleaginosa.

ele f. Nombre de la letra l.

elección f. Acción de elegir. l Nombramiento de una persona, que regularmente se hace por votos.

electivo, va adj. Que se hace o se da por elección.

electo, ta p. p. irreg. de elegir. l m. El elegido o nombrado para un cargo, etc.

elector, ra adj. Que elige o tiene el derecho de elegir. Ú. t. c. s.

electoral adj. Perteneciente a la dignidad o a la calidad de elector. l Relativo a electores o elecciones.

electricidad f. Agente fundamental constitutivo de la materia en forma de electrones y protones que normalmente se neutralizan.

electricista adj. y s. Perito en las aplicaciones científicas y mecánicas de la electricidad.

electrificar tr. Hacer que funcione eléctricamente lo que hasta entonces funcionaba por otros medios.

electrizar tr. y r. Comunicar o producir la electricidad en un cuerpo.

electro- Elemento compositivo que significa electricidad.

electrobiología f. Estudio de los fenómenos eléctricos en el cuerpo vivo.

electrocutar tr. y r. Matar por medio de la electricidad.

electrodinámica f. Parte de la física que estudia los fenómenos y leyes de las corrientes eléctricas.

electrodo m. Elemento terminal de un circuito eléctrico, y también cada uno de los polos de un electrólito.

electroencefalografía f. Ciencia que estudia los fenómenos eléctricos aplicados a la corteza cerebral.

electroencefalografista com. Persona especializada en electroencefalografía.

electroencefalógrafo m. Registrador gráfico de las descargas eléctricas de la corteza cerebral.

electrógeno, na adj. Que engendra electricidad. l m. Generador eléctrico.

electrofisiología f. Ciencia que estudia los fenómenos eléctricos en los animales y el hombre.

electroimán m. Barra de hierro dulce, situada en el interior de un carrete que se imanta mientras por éste pasa una corriente eléctrica.

electrólisis f. Descomposición química de ciertas sustancias que se hallan en solución o en estado de fusión, por medio de una corriente eléctrica.

electrolizar tr. Descomponer un cuerpo por medio de la electricidad.

electromagnetismo m. Parte de la Física, que estudia la acción de las corrientes eléctricas sobre los imanes y las de éstos sobre aquéllos.

electromecánica Técnica de las máquinas y dispositivos mecánicos que funcionan eléctricamente.

electromecánico, ca adj. Dícese de los dispositivos o aparatos mecánicos accionados o controlados por medio de corrientes eléctricas. l m. y f. Profesional de la electromecánica.

electrómetro m. Instrumento para medir diferencias de potencial eléctrico.

electrón m. Partícula elemental de carga eléctrica negativa que entra en la constitución del átomo, y que se encuentra en la envoltura que rodea al núcleo de éste.

electrónica Nueva rama de la física que estudia todo cuanto está relacionado con el electrón y su comportamiento, así como también los fenómenos a que da lugar en estado libre, tales como la conducción de la electricidad a través de los gases o el vacío, o creación del flujos y nubes de cargas negativas en los conductores.

electroscopio m. Aparato para conocer si un cuerpo está electrizado.

electrotecnia f. Estudio de las aplicaciones de la electricidad.

electroterapia f. Uso de la electricidad con fines terapéuticos.

electrotermia f. Producción de calor mediante la electricidad.

electrotipia f. Arte de reproducir por medio de la electricidad los caracteres tipográficos.

elefante, a m. y f. Mamífero proboscidio, el mayor animal terrestre.

elefantiasis f. Enfermedad que se caracteriza por el aumento enorme de algunas partes del cuerpo, especialmente de las piernas.

elegancia f. Calidad de elegante.

elegante adj. Dotado de gracia, nobleza y sencillez; airoso, bien proporcionado, de buen gusto.

elegía f. Composición lírica en que se lamenta un suceso digno de ser llorado.

elegiaco,ca adj. Perteneciente o relativo a la elegía. l Lastimero, triste.

elegir tr. Escoger, preferir a una persona o cosa para un fin. l Nombrar por elección para un cargo o dignidad.

elemental adj. Perteneciente o relativo al elemento. l fig. Fundamental, primordial. l Evidente.

elemento m. Pnncipio que entra en la composición de los cuerpos.

elenco m. Catálogo, índice. l En teatro, nómina de actores que participan en la representación de una obra dramática.

elevación f. Acción de elevar o elevarse. l Altura, encumbramiento en lo material o en lo moral.

elevado, da p. p. de elevar. l adj. fig. Alto, levantado sobre la tierra. l fig. Sublime.

elevar tr. Alzar o levantar una cosa. Ú. t. c. s. l fig. Mejorar la condición social o política de uno. l Aumentar el número de voltios, de una corriente eléctrica. l r. fig. Enajenarse, quedar fuera de sí.

elfo m. En la mitología escandinava, cada una de las divinidades subalternas benéficas o malignas.

elidir tr. Frustrar, debilitar algo. l Suprimir la vocal final de una palabra, cuando la siguiente también comienza con vocal.

eliminar tr. y r. Separar, quitar una cosa de otra.l Excluir a una o varias personas de una agrupación o de un asunto.

elipse f. Curva cerrada y plana, resultante de cortar un cono por un plano que encuentra todas las generatrices a un mismo lado del vértice.

elipsis f. Figura retórica que consiste en la omisión de palabras, sin perjudicar a la claridad de la frase.

elipsógrafo m. Instrumento que sirve para trazar elipses.

elípticamente adv. Con elipsis o de manera elíptica.

elisión f. Acción de elidir.

élite f. Conjunto de personas o cosas escogidas, superiores en su género.

elixir m. Licor, a veces medicinal, compuesto de diversas sustancias disueltas en vino o alcohol. l fig. Remedio maravilloso.

ella f. Pron. personal de tercera persona en gén. fem. y núm. singular.

elle f. Nombre de la letra ll.

ello Pron. personal de la tercera persona en género neutro.

ellos, ellas m. y fem. del pron. pers. de 3ª pers. en núm. pl.

elocución f. Manera de hacer uso de la palabra para expresar los conceptos.

elocuencia Facultad de expresarse con eficacia para deleitar, conmover o persuadir.

elocuente adj. Dícese de quien se expresa con elocuencia, o de aquello que la tiene.

elogiable adj. Digno de elogio.

elogiar tr. Hacer elogios de una persona o cosa.

elogio m. Alabanza, testimonio del mérito y buenas cualidades de una persona o cosa.

elongación f. Diferencia de longitud entre un planeta y el sol.

elucidación f. Explicación racional, aclaración.

elucidar tr. Poner en claro, dilucidar.

elucubración f. Lucubración.

eludir tr. Esquivar la dificultad, o salir de ella con algún artificio.

emanación f. Acción de emanar. l Efluvio.

emanantismo Doctrina panteística según la cual todas las cosas proceden de Dios por emanación.

emanar intr. Proceder, derivar, traer origen de una cosa de cuya substancia se participa. l Desprenderse de los cuerpos las substancias volátiles.

emancipar tr. y r. Libertad de la patria potestad, de la tutela o de la servidumbre. l r. fig. Salir de la sujeción en que se estaba, especialmente de la esclavitud.

emascular tr. Castrar. Mutilar los órganos genitales del hombre. Utilízase especialmente para la oblación del pene.

embadurnar tr, y r. Untar, embarrar, manchar, y pintarrajear, cubrir de brea o de untos repugnantes.

embaír tr. Ofuscar, embuscar, hacer creer lo que no es.

embajada f. Mensaje para tratar un asunto importante. l Cargo de embajador. l Casa en que reside el embajador. l Conjunto de los empleados que a sus órdenes.

embajador m. Agente diplomático que representa la persona misma del jefe de un Estado cerca del otro. l Mensajero, emisario.

embalador, ra m. y f. Persona que tiene por oficio embalar.

embalar tr. Hacer que adquiera gran velocidad un motor desprovisto de regulación automática, cuando se suprime la carga. Ú. t. c. r.

embaldosar tr. Solar con baldosas.

emballestarse r. Ponerse uno a punto de disparar la ballesta.

embalsadero m. Paraje hondo donde se recogen las aguas embalsamador, ra adj. y s. Que embalsama.

embalsamamiento m. Acción de embalsamar.

embalsamar tr. Preparar los cadáveres con substancias balsámicas o antisépticas, para preservarlos de la putrefacción.

embalsar tr. y r. Meter una cosa en balsa. l Rebalsar.

embalse m. Acción de embalsar o embalsarse. | Gran depósito que se forma artificialmente, por lo común, cerrando la boca de un valle mediante un dique o presa, con el fin de almacenar las aguas de un río o arroyo.

embancar Producir bancos de arena en un puerto, a veces por efecto de aluviones fluviales, que dificultan o imposibilitan la navegación.

embarazado, da p. p. de embarazar. | adj.y s. Dícese de la mujer que espera ser madre.

embarazar tr. y r. Impedir, retardar, estorbar una cosa. | r. Hallarse impedido con cualquier embarazo.

embarazo m. Impedimento, dificultad, obstáculo. | Estado de la mujer que espera ser madre. | Tiempo que dura la gestación. | Falta de soltura en los modales o en la acción.

embarazoso, sa adj. Que embaraza.

embarbecer intr. Barbar el hombre.

embarcación f. Nave, barco.

embarcadero m. Lugar destinado para embarcar personas o cosas.

embarcar tr. y r. Dar ingreso a personas, mercancías, etc., en una embarcacion. | fig. Incluir a uno en un negocio.

embargador m. El que embarga o secuestra.

embargo m. Indigestión, empacho de estómago. |Retención o secuestro de bienes por mandato judicial.

embarque m. Acción de embarcar géneros, provlsiones, etc.

embarrado, da p. p. de embarrar. | m. Revoco de barro o tierra en paredes, muros y tapias.

embarrancar intr. y tr. Encallar, varar violentamente una embarcación.

embarrar tr. y r. Cubrir, untar o manchar con barro.

embarullar tr. fam. Enredar, confundir, mezclar las cosas desordenadas.

embaste m. Hilván.

embastecer intr. Engordar. | r. Ponerse basto o tosco.

embate m. Golpe violento de mar. | Acometida impetuosa.

embaucar tr. Engañar, alucinar aprovechando la ingenuidad del engañado.

embaular tr. Meter en un baúl.

embebecer tr. Embelesar, entretener. | r. Quedarse embelesado.

embeber tr. Absorber un cuerpo sólido otro que se halla en estado líquido. | Empapar, llenar de líquido una cosa porosa o esponjosa. | Contener, encerrar dentro de sí.

embeleco m. Engaño, mentira.

embelesar tr. y r. Arrebatar, cautivar los sentidos.

embeleso Efecto de embelesar o embelesarse. | Cosa que embelesa.

embellecer tr. y r. Hacer o poner bella a una persona o cosa.

embermejecer tr. Teñir de color bermejo. | Poner colorado, avergonzar. | intr. Ponerse una cosa de color bermejo.

emberrincharse r. fam. Encolerizarse, emperrarse.

embestida r. Acción de embestir. Acometimiento, choque violento.

embestir intr. Ir violentamente sobre una persona o cosa hasta llegar a ella, generalmente con ánimo hostil.

embetunar tr. Cubrir con betún.

emblandecer tr. e. intr. Ablandar. | r. fig. Enternecerse.

emblanquecer tr. Poner blanco. | r. Volverse blanco.

emblema m. Cualquier cosa que es representación simbólica de otra.

embobar tr. Tener admirado a alguien. | r. Quedarse absorto.

embocadura m. Acción de embocar una cosa por una parte estrecha. | Boquilla, parte de algunas cosas que entre en la boca.| Paraje por donde los buques pueden entrar en los ríos que desaguan en el mar. | Boca o abertura del escenario de un teatro.

embojo m. Enramada, en general de hoja, que se pone a los gusanos de seda.

embolada f. Cada uno de los movimientos del émbolo.

embolar tr. Poner bolas de madera en las astas de los toros.

embolia f. Obstrucción de un vaso sanguíneo ocasionado por un coágulo.

émbolo m. *Mer.* Disco que se ajusta y corre en el interior de un cuerpo de bomba, enrareciendo y comprimiendo alternativamente el fluido contenido en éste, o dentro de un cilindro de una máquina para recibir el empuje de un gas a vapor que lo mueva.

embolsar tr. Guardar una cosa en la bolsa. | Cobrar una deuda.

emboquillar tr. Poner boquilla a los cigarrillos.

emborrachar tr. y r. Causar embriaguez.| Atontar, perturbar los sentidos.

emborrascar r. Hacerse borrascoso el tiempo.

emborronar tr. Llenar de borrones un papel o escrito.

emboscada f. Gente apostada en un sitio para sorprender a alguien.

embosquecer intr. Convertirse un terreno en bosque.

embotadura f. Efecto de embotar los

embotar tr. Quitar filo y punta a un arma.

embotellamiento m. Acción de embotellar. | Falta de fluidez en el tránsito automovilístico.

embotellar tr. Echar vino u otro liquido en botellas.

embozar tr. Cubrir el rostro por la parte inferior hasta los ojos o poco menos. Ú. m. c. r.

embozo m. Parte de la capa u otra prenda con que se cubre el rostro.

embragar tr. Hacer que un eje participe del movimiento de otro mediante un mecanismo adecuado.

embrague m. Acción de embragar. | Mecanismo dispuesto para que un eje participe o no, según se desee, del movimiento de otro.

embravecer tr. y r. Irritar, enfurecer.

embriagar tr. y r. Emborrachar, intoxicar.

embriaguez Turbación que el vino produce en la inteligencia. | fig. Enajenamiento del ánimo, exaltación.

embriología f. Ciencia que estudia la formación y vida de los embriones.

embrión m. Germen o rudimento de un ser vivo, desde que empieza el desarrollo del huevo o de la espora hasta que adquiere capacidad para llevar vida independiente.

embrollar tr. y r. Enredar, confundir.

embrollo m. Enredo, confusión, maraña.

embromar tr. Meter broma y gresca.

embrujar tr. Hechizar. Someter a embrujo.

embrujo m. Embrujamiento. | fig. Hechizo, embeleso, fascinación, encanto.

embrutecer tr. y r. Entorpecer y casi privar del uso de la razón.

embuchar tr. Introducir comida en el buche de un ave. | Embutir carne picada en una tripa de animal.

embudo m. Instrumento cónico con un apéndice tubular, para trasvasar líquidos.

embuste m. Mentira disfrazada con artificio.

embustero,ra adj. y s. Que dice embustes.

embutido, da p. p.de embutir. | Embuchado, tripa rellena de carne picada. Instrumento que sirve para la colocación de los clavos en los artefactos metálicos.

embutir tr. Hacer embutidos. I Meter una cosa dentro de la otra y apretarla. I Dar a una chapa metálica la forma de un molde o matriz prensándola o golpeándola sobre ellos.

eme Nombre de la letra m.

emergencia f. Acción de emerger. I Ocurrencia, accidente que sobreviene.

emerger intr. Brotar, salir del agua.

emérito, ta Dícese de la persona jubilada que disfruta algún premio por sus servicios.

emersión f. Salida de un astro por detrás de otro.

emético, ca adj. y m. Que causa vómito, vomitivo.

emigración f. Acción de emigrar.

emigrante p. a. de emigrar. I Que emigra. Ú. t. c. s. I com. Persona que por motivos no políticos abandona su país para residir en otro.

emigrar tr. Dejar la patria para domiciliarse en el extranjero.

emigratorio, ria adj. Relativo a la emigración.

eminencia f. Altura o elevación del terreno. I Excelencia y superioridad de ingenio o virtud. I Persona eminente en su línea.

emir m. Príncipe o caudillo árabe.

emisario, ria m. y f. Mensajero.

emisión f. Acción de emitir.

emisor, ra adj. Que emite. Ú. t. c. s. I m. Aparato productor de onda hertzianas.

emitir tr. Arrojar, exhalar o echar hacia afuera una cosa. I Producir y poner en circulación papel moneda, valores, etc. I Producir ondas hertzianas y lanzarlas para hacer oír señales, noticias, música, etc.

emoción f. Estado de ánimo caracterizado por una conmoción orgánica consiguiente a impresiones de los sentidos, ideas o recuerdos.

emocionante p. a. de emocionar. IQue causa emoción.

emoliente adj. y s. Dícese del medicamento que sirve para ablandar una dureza o tumor.

emolumento m. Gaje, renumeración, propina.

emotivo, va adj. Emocional. I Que produce emoción. I Que se emociona pronto.

empacador, ra adj. y s. Que empaca. I f. Máquina para empacar.

empacar tr. Hacer pacas o fardos; empaquetar, embalar, enfardar.

empachar t. y r. Embarazar, estorbar. Causar indigestión.

empacho Cortedad, vergüenza, turbación. I Indigestión.

empadronar tr. y r. Inscribir en el padrón.

empajar tr. Cubrir o rellenar con paja. I r. Echar mucha paja y poco o ningún grano los cereales.

empalagar tr. y r. Causar hastío un manjar, principalmente si es dulce.

empalagoso, sa adj. Que empalaga.

empalar tr. Espetar con un palo a uno como se espeta a un ave en el asador.

empalizada f. Estancia, obra hecha de estacas clavadas en tierra.

empalmadura f. Empalme.

empalmar Juntar dos cosas análogas por sus extremos, ingiriéndolas o entrelanzándolas de modo que formen un todo.

empalme m. Acción de empalmar, y sitio donde se empalma.

empalomadura f. Ligadura fuerte con que se une la relinga a su vela.

empanada f. Manjar hecho de vianda cubierta con pan o masa y cocido al horno.

empanadilla f. dim. de empanada. I Pastel pequeño cuyo relleno hecho de cualquier manjar, se cubre doblando la masa sobre sí misma.

empanar tr. Encerrar algo en pan o masa para cocerlo en el horno. I Rebozar con pan rallado un manjar para freírlo.

empantanar tr. y r. Llenar de agua un terreno. I Meter en un pantano. I fig. Detener el curso de un negocio.

empañado, da p. p. de empanar. I adj. Dícese de la voz que no es bastante clara y sonora.

empañar tr. Envolver en pañales una criatura. I Ouitar la tersura, brillo o diafinidad. Ú. t. c. r. I fig. Manchar el honor o la fama, menguar el mérito de una persona o de una acción.

empapar tr. y r. Mojar o humedecer una cosa de modo que quede penetrada de un líquido. I Penetrar un líquido los poros o huecos de un cuerpo.

empapelar tr. Envolver en papel. I Recubrir de papel una pared u otra superficie.

empapujar tr. y r. Hacer comer con exceso.

empaque m. Acción de empaquetar. I Seriedad, gravedad, con algo de afección.

empaquetar tr. Hacer paquetes. I Colocar convenientemente los paquetes dentro de bultos mayores.

emparamentar tr. Adornar con paramentos.

emparar tr. prov. Embargar, secuestrar judicialmente.

emparedado, da p. p. de emparedar. I adj. y s. Recluso. I m. fig. Loncha de carne u otras viandas entre dos pedazos de pan.

emparedar tr. y r. Encerrar una persona entre paredes.

emparejar tr. Formar una pareja. Ú. t. c. r. I Poner una cosa a nivel con otra.

emparentar intr. Producir una relación de parentesco, general mentea través de matrimonio.

emparrado, da p. p. de emparrar. I m. Conjunto formado por una o más parras y la armazón que sostiene sus vástagos, para formar cubierta y dar sombra.

emparrillado m. Conjunto de maderos cruzados y trabados para dar base firme a los cimientos de un terreno flojo.

emparrillar tr. Asar en las parrillas. I Zampear.

emparvar tr. Poner en parva las mieses.

empastar tr. Cubrir de pasta. I Encuadernar en pasta un libro. I Rellenar con pasta adecuada el hueco producido por la caries en un diente o muela.

empastelar tr. fig. Transigir un negocio o zanjar un agravio sin arreglo a justicia, para salir del paso.

empatar tr. Obtener dos o más contrincantes el mismo número de votos, de puntos o de tantos en un concurso, oposición o competicion.

empate m. Acción de empatar.

empavonar tr. Pavonar.

empecer intr. Impedir, obstar.

empecinado, da p. p. de empecinar o empecinarse. I adj. Obstinado, terco. I m. Peguero.

empecinamiento Terquedad, obstinación.

empecinar tr. Llenar de lodo. I Empogar. I r. Obstinarse, mostrar porfía o terquedad, aferrarse, encapricharse.

empedernir tr. y r. Endurecer mucho. I r. fig. Hacerse imprescindible, duro de corazón.

empedrado, da p. p. de empedrar. I adj. Duro de corazón, insensible. I m. Pavimento hecho de piedras.

empedrar tr. Pavimento con piedras. I fig. Llenar de desigualdades una superficie con objetos extraños a ella.

empega f. Materia para empegar. I Marca hecha con pez al ganado lanar.

empegar tr. Cubrir con pez derretida ciertos recipientes. I Marca con pez las reses lanares.

empeine m. Parte superior del pie. | Enfermedad de la piel, que la pone áspera y escamada, causando picazón.

empelar intr. Echar, criar pelo.

empella f. Pala de calzado, que cubre el pie desde la punta hasta la mitad.

empellejar tr. Cubrir con pellejos.

empellón m. Empujón fuerte que se da con el cuerpo.

empenachar tr. Adornar con penachos.

empenaje m. Parte trasera del avión.

empenta f. Puntal, apoyo, sostén. | prov. Empujón.

empentar tr. prov. Empujar. | Unir las excavaciones o las obras de fortificación.

empeñar tr. Dar o dejar una cosa en prenda para seguridad de la satisfacción o pago. | Precisar, obligar. Ú. t. c. r. | r. Endeudarse, llenarse de deudas.

empeoramiento m. Acción de empeorar o empeorarse.

empeorar tr. Hacer que se ponga o sea peor la persona o cosa que ya estaba o era mala. | intr. Irse haciendo o poniendo peor el que o la que ya era o estaba malo.

empequeñecer tr. y r. Minorar una cosa, hacerla más pequeña o disminuir su importancia y estimación.

emperador m. Título de dignidad dado a ciertos soberanos, en especial a los que tenían otros reyes o príncipes como súbditos suyos.

emperadora f. Emperatriz. Mujer que tiene el título imperial o esposa del emperador.

emperatriz f. Emperatriz.

emperejilar tr. y r. Adornar a una persona con mucho esmero.

empergaminar tr. Cubrir o forrar con pergamino.

emperifollar tr. y r. Emperejilar.

empestillarse prnl. Mantenerse uno en su resolución y tema, empeñarse, no ceder.

empetro m. Hinojo marino.

empezar tr. e intr. Dar principio a una cosa.

empicarse r. Aficionarse, apasionarse demasiado.

empicotar tr. Poner en la picota.

empinado, da p. p. de empinar. | adj. Muy alto.

empinar tr. Levantar en alto. | fig. Beber mucho. | r. Ponerse sobre las puntas de los pies y erguirse.

empingorotado, da p. p. de empingorotar. | adj. Elevado en su posición social, por fortuna o linaje.

empingorotar tr. y r. fam. Levantar una cosa poniéndola sobre otra.

empíreo, a adj. Perteneciente al cielo. | Dícese del cielo en que los ángeles y bienaventurados gozan la presencia de Dios.

empireuma m. Olor y sabor particulares de las substancias orgánicas quemadas.

empírico, ca adj. Relativo a la experiencia o fundado en ella.

empirismo m. Procedimiento basado en la práctica o rutina.

empitonar tr. Coger la res al torero entre los pitones.

empizarrar tr. Cubrir con pizarras el techo de un edificio.

emplastar tr. Poner emplastos.

emplástico, ca adj. Pegajoso, glutinoso. | Supurativo, disolutivo.

emplasto m. Medicamento sólido plástico y adhesivo, a base de materias grasas y resinas.

emplazamiento m. Acción de emplazar o citar. | Situación, colocación, ubicación.

emplazar tr. Citar a una persona en determinado tiempo y lugar. | Colocar un objeto en un lugar de donde no será quitado en mucho tiempo. Ubicar un edificio.

empleado, da p. p. de emplear. | m. y f. Persona que desempeña un destino, cargo o empleo.

emplear tr. Ocupar a uno en algo. Ú. t. c. r. | Destinar a uno al servicio público. Gastar el dinero en una compra. | Gastar consumir, ocupar. | Usar, hacer servir una cosa para algo.

emplenta f. Pedazo de tapia que se hace de una vez, según el tamaño del tapial con que se fabrica.

empleo m. Acción de emplear. | Destino, ocupación, oficio.

emplomado, da p. p. de emplomar. | m. Acción de emplomar. | Plomo con que está emplomado algo.

emplomar tr. Cubrir, soldar o asegurar con plomo.

emplumar tr. Poner plumas a ciertas cosas. | intr. Emplumarse.

emplumecer intr. Echar plumas las aves.

empobrecer tr. Hacer a uno pobre. | intr. Caer en la pobreza. Ú. t. c. r. | Decaer, venir a menos una cosa material o inmaterial.

empodrecer intr. y r. Pudrir o corromper.

empolladura f. Cría de las abejas.

empollar tr. Calentar el ave los huevos colocándose sobre ellos para sacar pollos.

empollón, na adj. Dícese del estudiante de más aplicación que talento, que prepara mucho más sus lecciones.

empolvar tr. Echar polvo. | Echar polvos en los cabellos, en el rostro o en otra parte del cuerpo. Ú. t. c. r. | r. Llenarse de polvo.

emponzoñar tr. y r. Dar ponzoña a uno, o inficionar una cosa con ponzoña. | fig. Echar a perder, dañar.

empopar intr. y r. Dar la popa al viento.

emporcar tr. y r. Llenar de porquería.

emporio m. Lugar donde concurren para el comercio gentes de diversas naciones. | fig. Ciudad notable por el florecimiento del comercio, o de las ciencias, las artes, etc.

empotrar tr. Meter una cosa en la pared o en el suelo, asegurándola con fábrica.

emprender tr. y r. Comenzar una cosa, generalmente ardua y difucultosa. | Acometer a uno con algún fin.

empresa f. Acción ardua y dificultosa que se comienza. | Cierto símbolo o figura enigmática. | Sociedad mercantil o industrial fundada para llevar a cabo negocios o proyectos de importancia.

empresariado m. Conjunto de empresas o empresarios.

empresario, ria m. y f. Persona que por concesión o contrato ejecuta una obra o explota un servicio público. | Persona que es propietaria de una empresa.

empréstito m. Préstamo que toma el Estado o una corporación o empresa. Cantidad que importa este préstamo.

empujar tr. Hacer fuerza contra una cosa para moverla o contenerla. | fig. Hacer presión, influir, intrigar para conseguir o para dificultar una cosa.

empuje m. Acción de empujar. | Resultante de las presiones que un fluido ejerce sobre un cuerpo sumergido en él, o sobre las paredes del recipiente que lo contiene. | fig. Brío, arranque, resolución.

empujón m. Impulso dado con fuerza, que apartar o mover a una persona o cosa.

empulguera f. Extremidad de la verga de la ballesta.

empuñadura f. Puño de la espada, o de otra cosa.

empuñar tr. Asir por el puño. | Coger una cosa abarcándola con la mano.

empurrar tr. Empujar a una persona de modo que dé insistentemente en la cara en algún sitio. | prnl. Hundir u ocultar la cara por disgusto o mohína.

emulación f. Acción de emular.

emular tr. y r. Imitar las acciones de otro para igualarle o excederle.

émulo, la adj. y s. Competidor de una persona o cosa que procura excederse o aventajarla.

emulsión f. Líquido que se obtiene mezclando íntimamente con agua substancias insolubles en ella, como aceite o resinas, que divididas en pequeñísimas partículas quedan en suspensión en dicho líquido.

emulsionar tr. Hacer una emulsión con una substancia.

emulsivo, a adj. Dícese de la substancia propia para hacer emulsiones.

emulsor m. Aparato propio para emulsionar.

emuntorio m. Todo conducto u órgano del cuerpo que sirve para evacuar los humores superfluos.

en prep. que indica dónde, cuándo, o cómo se determina la acción verbo. l prep. insep. que significa 'dentro de'.

enagua f. Prenda de vestir de la mujer, especie de saya, generalmente de tela blanca, que se lleva debajo de la falda exterior. Ú. m. en pl.

enaguazar tr. Encharcar.

enagüillas f. pl. Saya de bayeta negra que los hombres usaban en lutos y procesiones. l Especie de falda corta que se usa en algunos trajes de hombres, como el escocés o el griego.

enajenación f. Acción de enajenar o enajenarse. l fig. Embelesamiento, distracción.

enajenar tr. Pasar o traspasar a otro el dominio de una cosa o algún derecho sobre ella. l fig. Sacar a uno fuera de sí, turbarle el uso de la razón o de los sentidos.

enalbardar tr. Poner la albarda.

enaltecedor, ra adj. Que enaltece.

enaltecer tr. y r. Ensalzar.

enamoradizo, za adj. Propenso a enamorarse.

enamoramiento m. Acción de enamorar.

enamorar tr. Excitar amor a alguien. l Prenderse de amor por alguien. l Aficionarse a una cosa.

enanismo m. Trastorno del crecimiento caracterizado por una talla bastante inferior a la normal.

enano, na adj. fig. Diminuto. l m. y f. Persona muy pequeña.

enarbolado, da p. p. de enarbolar l m. Conjunto de maderas ensambladas que forman la armadura de una bóveda.

enarbolar tr. Levantar en alto estandarte, bandera o cosa análoga.

enarcar tr. Arquear dar figura de arco. Ú. t. c. r. l Echar cercos o arcos a las cubas, toneladas, etc. l r. Encogerse, achicarse.

enardecer tr. y r. Excitar una pasión del ánimo, una disputa, etc.

enardecimienio m. Acción de anardecer o enardecerse.

enarenar tr. y r. Echar arena cubrir o ella una cosa. l r. Encallar o varar una embarcación.

enartrosis f. Articulación movible de una parte esférica de un hueso que encaja en una cavidad.

enastar tr. Poner mango o asta a una arma o herramienta.

encabalgar intr. Apoyarse una cosa sobre otra. l tr. Proveer de caballos.

encabestrar tr. Poner el cabestro a los animales. l Conducir el ganado vacuno por medio de cabestros.

encabezamiento m. Acción de encabezar o empadronar. l Registrar o padrón vecinal, para la imposicion de tributos. l Cada una de las frases formularias con que se empiezan determinados escritos.

encabezar tr. Registar, empadronar, poner en la matrícula de los tributos. l Iniciar una subscripción o lista. l Poner el encabezamiento de un libro u otro escrito.

encabritarse r. Ponerse el caballo sobre los pies levantando las manos.

encachado m. Revestimiento de piedra con que se fortalece el cauce de una corriente, bajo los puentes o alcantarillas.

encadenación f. Encadenamiento.

encadenado m. En cinematografía, yuxtaposición de un fundido de cierre y otro de abertura para pasar gradualmente de un plano a otro.

encadenamiento m. Acción de encadenar. l Conexión y enlace de las cosas.

encadenar tr. Atar con cadena. l fig. Trabar entre sí cosas, razones, etc. l fig. Dejar a uno sin movimiento.

encajar tr. Meter ajustadamente una cosa dentro de otra. l Unir ajustadamente una cosa con otra. Ú. t. c. intr. l fig Decir una cosa con más o menos oportunidad.

encaje m. Acción de encajar una cosa con otra; hueco donde se encaja algo. l Cierto tejido de mallas, lazadas o calados, que se hace con bolillos, aguja de gancho, máquina, etc.

encajonado, da p. p. de encajonar. l m. Obra de tapia que se hace encajonando y apisonando la tierra dentro de tapiales.

encajonamiento m. Acción de encajonar.

encajonar tr. Meter en un cajón. l Meter en un sitio estrecho Ú. m. c. r. l r. Ahocinarse, correr el río o el arroyo por una angostura.

encalar tr. Blanquear con cal.

encalladero m. Paraje donde pueden encallar las naves.

encalladura f. Acción de encallar.

encallar intr. Atascarse la nave en arena o piedras.

encallecer intr. y r. Criar callos.

encallecido, da p. p. de encallecer. l adj. Muy habituado.

encallejonar tr. y r. Meter por un callejón, o por un lugar largo y angosto.

encalvecer intr. Quedar calvo.

encamación f. Cierta especie de entibación hecha en las minas.

encamar tr. Tender en el suelo. l Rellenar huecos con ramaje. l r. Meterse en la cama especialmente por enfermedad. l Echarse las reses, agazaparse, las piezas de caza perseguidas. l Echarse o abatirse las mieses.

encamarar tr. Poner y guardar en la cámara los granos y frutos.

encaminar tr. Enseñar a uno por donde ha de ir, ponerle en camino. Ú. t. c. r. l Dirigir una cosa hacia un punto determinado. l fig. Enderezar la intención de determinado fin.

encamisar tr. Poner la camisa. Ú. t. c. r. l Encubrir, disfrazar, paliar.

encanalar tr. y r. Conducir el agua por canales.

encanallar tr. y r. Corromper, envilecer.

encandecer tr. Hacer ascua una cosa hasta que quede blanca.

encandilar tr. Deslumbrar con un golpe de luz. l fig. Alucinar con apariencias o falsas razones. l r. Encenderse los ojos por la bebida o los deseos torpes.

encanecer intr. Ponerse cano. l fig. Envejecer una persona.

encanijar tr. y r. Poner flaco y enfermizo. l Anquilosar, perder la flexibilidad de los miembros.

encantador, ra adj. Que encanta o hace encantamientos. Ú. t. c. r.

encantamiento m. Sortilegio, hechizo. l Acción de encantar.

encantar tr. Hacer cosas maravillosas mediante fórmulas o palabras mágicas, según creencia tradicional. l fig. Cautivar la atención de uno por medio de la hermosura, la gracia o el talento.

encanto m. Encantamiento. I fig. Cosa que embelesa. I m. pl. Atractivos físicos, gracias femeninas.

encañar tr. Conducir el agua por caños. I Encanillar. I Poner cañas para sostener las plantas. I intr. Empezar a formar caña los tallos tiernos de los cereales.

encañizar tr. Poner cañizos a los gusanos de seda. I Cubrir con cañizos.

encañonar tr. Dirigir una cosa para que entre en un cañón.

encapotar tr. Cubrir con la capa.

encapullado, da adj. Que está encerrado como la flor en su capullo.

encarado, da p. p. de encarar.

encarajina tr. y r. Volver una reyerta extremadamente amarga, furiosa o violenta. I Despertarse una odiosidad cruel.

encaramar tr. y r. Levantar, poner en alto, por lo común de modo dificultoso o precipitado. I fig. Elevar, colocar en altos puestos. I Treparse encima.

encarar intr. Ponerse cara a cara enfrente y cerca de otro. Ú. t. c. r. I fig. Hacer frente a una dificultad. Ú. t. c. r.

encarcelar tr. Poner preso en la cárcel.

encarecer r. Subir o aumentar el precio de una cosa. I fig. Ponderar las cosas alabándolas. I Recomendar con empeño.

encarecidamente adv. Con encarecimiento.

encargado, da p. p. de encargar. I adj. Que ha recibido algún encargo. I m. y f. Persona que tiene algo a su cargo.

encargar tr. y r. Poner una cosa al cuidado de alguien. Ú. t. c. r. I Recomendar, aconsejar. I Pedir que se traiga o envíe de otro lugar alguna cosa.

encargo m. Acción de encargar. I Cosa encargada. I Cargo, empleo.

encariñar tr. y r. Despertar o excitar cariño.

encarnación f. Acción de encarnar o encarnarse. I fig. Personificación, representación o símbolo de una idea, doctrina, etc.

encarnado, da p. p. de encarnar. I adj. De color de carne. Ú. t. c. s. I Colorado de color más o menos rojo.

encarnar intr. Revestir una idea, una sustancia espiritual, etc. de un cuerpo. I Criar carne la herida que se va curando. I Cebarse el perro en el animal que coge, sin dejarlo hasta que lo mata. Ú. t. c. r. I tr. fig. Personificar, representar alguna idea, doctrina, etc. I Colocar la carnada en el anzuelo.

encarne m. Primer cebo que se da a los perros de las reses muerta en montería.

encarnecer intr. Tomar carnes, hacerse más grueso.

encarnizar tr. Cebar un animal en la carne de otro para que se haga fiero. I fig. irritar, enfurecer. Ú. t. c. r. I r. Cebarse con ansia en la carne los lobos y animales hambrientos cuando matan una res. I Batirse con furor dos fuerzas enemigas.

encarpetar tr. Guardar papeles en carpetas.

encarriladera f. Pieza de hierro cuyo objeto es encarrilar los coches que están fuera de carriles, en las vías férreas.

encarrilar tr. Encaminar, dirigir una cosa para que siga el camino o carril que debe. I Colocar sobre los carriles o rieles un vehículo descarrilado.

encarrillar tr. Encarrilar. I Salirse la correa o cuerda de una polea produciendo atascamiento.

encartar tr. Proscribir a un reo constituido en rebeldía. I Incluir a uno en una dependencia, compañía o negocio. I Incluir y sentar a uno de los padrones o matrículas para los repartimientos de tributos o servicios. I Jugar un naipe al cual pueda servir de palo otro jugador.

encartonar tr. Poner cartones o resguardar con cartones. I Encuadernar con cartones empapelados.

encasar tr. Volver un hueso dislocado a su lugar.

encasillado, da p. p. de encasillar. m. Conjunto de casillas.

encasillar tr. Poner en casillas. I Clasificar personas o cosas distribuyéndolas en sus sitios correspondientes.

encasquetar tr. Encajar bien el sombrero, gorra, etc. en la cabeza. I r. Obstinarse uno en una cosa.

encasquillar tr. Poner casquillos. I Herrar una bestia. I r. Quedarse la vaina o casquillo de un cartucho adherido a la recámara de un arma de fuego.

encastillar tr. Fortificar con castillos. I Hacerse fuerte en un castillo. I fig. Preservar con tesón en un parecer.

encastrar tr. Endentar dos piezas. Introducirse algo entre dos cosas.

encauchar tr. Cubrir con caucho.

encausar tr. Formar causa a uno, proceder contra él judicialmente.

encáustico, ca adj. Dícese de la pintura hecha con fuego, al encausto. I m. Preparado de cera que sirve para abrillantar las paredes, el pavimento, los muebles etc.

encausto m. Tinta roja que usaban sólo los emperadores. I Combustión.

encauzamiento m. Acción de encauzar.

encauzar tr. Dar cauce a las aguas. I Fig. Dirigir por buena vía una cosa, asunto discusión, etc.

encebollar tr. Echar abundante cebolla a un manjar.

encefalitis f. Inflamación del encéfalo.

encéfalo m. Parte superior de los centros nerviosos, de forma ovoide, encerrado dentro de la cavidad craneal.

encefalografía f. Radiografía del cerebro.

encelar tr. Dar celos. I Concebir celos.

enceldar tr. y r. Encerrar en una celda.

encella f. Molde para quesos y requesones.

encenagarse r. Meterse en el cieno. I Ensuciarse, mancharse con cieno.

encendajas f. pl. Ramaje seco con que se enciende fuego en los hornos.

encendedor, ra adj. Que enciende. I m. Aparato mecánico que sirve para encender, mediante la llama producida por la electricidad o por una piedra especial.

encender tr. Hacer que una cosa arda. I Pegar fuego, incendiar. I Causar ardor y encendimiento. Ú. t. c. r. I fig. Suscitar guerras. Ú. t. c. r. I fig. Incitar, inflamar, enardecer. Ú. t. c. r. I r. fig. Ponerse colorado, ruborizarse.

encendido, da p. p. de encender. I adj. De color encarnado subido. I m. Conjunto de la instalación eléctrica y aparatos destinados en los motores de explosión a producir la chispa.

encenizar tr. y r. Echar ceniza; cubrir o llenar de cenizas.

encerado, da p. p. de encerar. I adj. De color de cera. I m. Lienzo aderezado con cera o cualquiera materia bituminosa para hacerlo impermeable. I Cuadro de hule, lienzo barnizado, madera u otra sustancia apropiada, que se usa en las escuelas para escribir o dibujar con él con clarión o tiza.

encerador, ra m. y f. Persona que se dedica a encerar pavimentos. I fig. Máquina eléctrica para dar cera y lustre a los pavimentos.

encerar tr. Aderezar, o manchar con cera alguna cosa.

encerrar tr. Meter a una persona, animal o cosa en parte de que no pueda salir. I fig. Incluir, contener.

encerrona f. fam. Retiro voluntario para algún fin. I Situación, previamente preparada, en que se coloca a una persona para obligarla a hacer algo en contra de su voluntad.

encestar tr. Poner o guardar algo en una cesta. | En el juego del baloncesto, introducir el balón en el cesto o red de la meta contraria.

enchancletear tr. y r. Poner o ponerse las chancletas, o los zapatos, a medio calzar.

encharcar tr. y r. Inundar o inundarse en parte un terreno.

enchilada f. Torta de maíz aderezada con chile.

enchinar tr. Empedrar con chinas o guijarros.

enchiquerar tr. Encerrar al toro en el chiguero.

enchironar tr. fam. Enchiquear, encarcelar, meter a uno en chirona.

enchufar tr. Ajustar la boca de un caño en la de otro | Establecer conexión o contacto eléctrico encajando las dos piezas del enchufe una en otra.

enchufe m. Acción de enchufar. | Aparato compuesto de dos piezas que se encajan una dentro de otra cuando se quiere establecer una conexión eléctrica.

encía f. Carne que guarnece la dentadura.

encíclica f. Carta o documento que el Papa dirige a todos los obispos católicos.

enciclopedia f. Obra que trata de muchas ciencias.

encierro m. Acción de encerrar o encerrarse. | Lugar donde se encierra. | Clausura, recogimiento. | Acto de conducir los toros a encerrar en el toril. | Toril.

encima adv. En lugar o puesto superior respecto de otro inferior. | Descansando o apoyándose en la parte superior de una cosa. | Además sobre otra cosa. | por encima. m. adv. Superficialmente, de pasada, a bulto.

encina r. Arbol cupulífero que produce bellotas.

encinar m. Terreno poblado de encinas.

encinta adj. Dícese de la mujer que espera un hijo.

encintado, da p. p. de encintar. | Faja o cinta de piedra que forma el borde de una acera, de un andén, etc.

encintar tr. Adornar con cintas. | Poner el encintado a una acera, andén, etc.

enciso m. Terreno donde pacen las ovejas con sus crías.

enclaustrar tr. y r. Encerrar en un claustro.

enclavar tr. Fijar con clavos. | fig. Traspasar, atravesar de parte a parte.

enclave m. Terreno o Territorio comprendido o encerrado dentro de otro. | Grupo étnico, político o ideológico que convive o se encuentra inserto dentro de uno más extenso y de características diferentes.

enclenque adj. y s. Enfermo. Débil, delicado.

enclítico, ca adj. y s. Dícese de la partícula o parte de la oración que se une al vocablo precedente formando con él una palabra.

enclocar intr. y r. Ponerse clueca un ave.

encobar intr. y r. Echarse las aves sobre los huevos para empollarlos.

encobrar tr. Cubrir con una capa de cobre | Enrollar el lazo en un árbol, piedra, etc. para sujetar mejor al animal enlazado.

encofrado, da p. p. de encofrar. | m. Revestimiento de maderos para contener las tierras en las galerías de las minas.

encofrar tr. Revestir con madera las galerías de las minas. una cornisa.

encoger tr. y r. Retirar algo contrayéndose, en especial el cuerpo y sus miembros. | fig. Apocar el ánimo. | intr. Disminuir las dimensiones de algunas telas o ropas, cuando se mojan, o el de otras cosas, como el cuero, cuando se secan.

encogimiento m. Acción de encoger o encogerse. | fig. Cortedad de ánimo.

encolado, da p. p. de encolar. | m. Clarificación del vino mediante una disolución gelatinosa.

encolar tr. Pegar con cola. | Clarificar vinos. | Dar uno o más capas de cola caliente a una superficie que ha de pintarse al temple.

encolerizar tr. y r. Poner colérico.

encomendar tr. Encargar a uno que haga alguna cosa o que cuide de alguien o de algo. | intr. Llegar a tener encomienda de orden. | r. Entregarse en manos de uno y fiarse de su amparo.

encomendero, ra m. y f. Persona que lleva encargos.

encomiar tr. Alabar con encarecimiento a una persona o cosa.

encomiasta s. Panegírista.

encomiástico, ca adj. Que alaba o contiene alabanzas.

encomienda f. Encargo. | Dignidad dotada de renta que se otorga a algunos caballeros en las órdenes militares. | Recomendación, elogio.

encomio m. Alabanza, elogio.

encompadrar intr. fam. Contraer compadrazgo.

enconamiento m. Inflamación de una herida o llaga. | Encono.

encono m. Animadversión, rencor arraigado en el ánimo.

encontradizo, za adj. Dícese de una persona o cosa que se encuentra o topa con otra en forma casual.

encontrado adj. Puesto frente a otro. | Opuesto, contrario, antitético.

encontrar tr. Topar, tropezar, dar con una persona o cosa que se busca. | Hallar, dar con una persona u cosa sin buscarla. | intr. Tropezar con otro. | r. Hallarse de uno ú otro modo.

encontrón Golpe o empujón involuntario que se dan dos personas, o golpe que se dan dos cosas impelidas.

encontronazo m. Encontrón.

encopetar tr. y r. Alzar, elevar en alto o formar copete. | r. Engreírse, presumir demasiado.

encorajar tr. Dar ánimo y coraje. | r. Encenderse en coraje.

encorajinarse r. fam. Encolerizarse.

encorchar tr. Coger y cebar enjambres de abejas. | Poner tapones de corcho a las botellas. | Cubrir o forrar de corcho, circuir con él.

encorchetar tr. Poner corchetes.

encordadura f. Conjunto de cuerdas de un instrumento músico.

encordar tr. Poner cuerdas a los instrumentos de música.

encordonar tr. Poner cordones a una cosa, para sujetarla o para adornarla.

encornadura f. Forma y disposición de los cuernos de una res. | Cornamental.

encorsetar tr. y r. Poner corsé.

encortinar tr. Adornar con cortinas.

encorvar tr. Doblar y torcer una cosa poniéndola corva. Ú. t. c. r. | r. Bajar el caballo la cabeza, arqueando el cuello, el lomo y el espinazo.

encostrar tr. Cubrir con costra una cosa. | intr. Formar costra una cosa. Ú. t. c. r.

encrasar tr. y r. Poner craso o espeso un líquido. | Abonar las tierras.

encrespar tr. y r. Rizar, ensortijar, en especial el cabello. | Erizar el pelo, plumaje, etc., por alguna impresión fuerte. | Levantar y alborotar las ondas del agua

encrestarse r. Poner tiesa la cresta las aves.

encristalar tr. Colocar cristales o vidrios en una ventana, galería, etc.

encrucijada f. Punto de intersección de dos o más calles o caminos.

encrudecer tr. y r. Hacer que una cosa tenga apariencia u otra condición de cruda.

encuadernacion f. Acción de encuadernar. | Forro o cubierta de cartón pergamino u otra cosa, que se pone a los libros.

encuadernador, ra m. y f. Persona que encuaderna.

encuadernar t. Unir y conservar los pliegos y cuadernos y ponerles cubierta.

encuadrar tr. Encerrar en un cuadro o marco.

encuadre m. Campo abarcado por el objetivo fotográfico o cinematográfico.

encubridor, ra adj. y s. Que encubre.

encubrir tr. Ocultar una cosa o no manifestarla. Ú. t. c. r. | Impedir que llegue a saberse una cosa.

encuentro m. Acto de coincidir en un punto dos o más cosas, por lo común chocando. | Acto de encontrarse dos o más personas. | Oposición, contradición. | Competición deportiva.

encuesta f. Averiguación, indigación, pesquisa. | Acopio de datos obtenidos mediante consulta o interrogatorio, referentes a estados de opinión, costumbres, nivel económico o cualquier o cualquier otro aspecto de actividad humana.

encuestador, ra m. y f. Persona que lleva a cabo consultas o interrogatorios para una encuesta.

enculatar tr. Echar la cubierta a una colmena.

encumbrar tr. Levantar en alto. Ú. t. c. r. | fig. Ensalzar, engrandecer a uno colocándolo en puestos honoríficos.

encunar tr. Poner al niño en la cuna. | Coger al toro al torero entre las astas.

encurtir tr. Conservar ciertos frutos en vinagre.

endeble adj. Débil, poco resistente.

endecágono, na adj. y s. Dícese del polígono de once lados.

endecasílabo, ba adj. y s. Verso de once sílabas.

endecha f. Acción triste. Expresión poética a la vez enamorada y plañidera.

endehesar tr. Meter el ganado a pastar libremente en la dehesa.

endemia f. Enfermedad propia de un área geográfica.

endemoniar tr. Introducir el espíritu maligno en el cuerpo de alguien. | fig. Encolerizar.

enderezar tr. Poner derecho lo que esta torcido.

endeudarse r. Adeudarse. Contraer deudas.

endiablar tr. y r. Endemoniado. | Pervertir, dañar. | r. Encolarizarse uno o irritarse demasiado.

endíadis f. Figura pleonástica, consistente en expresar innecesariamente con dos palabras una sola idea.

endibia f. Variedad de achicoria.

endilgar tr. fam. Dirigir, encaminar. Encajar, endosar a otro algo molesto.

endiosar tr. Divinizar. | r. fig. Ensoberbecerse. | fig. Embebecerse devotamente.

endocardio m. Membrana interna de las cavidades del corazón.

endocarpio m. Capa interna del pericarpio.

endocrino, na adj. Perteneciente o relativo a las hormonas o a las secreciones internas. | Dícese de la glándula que vierte directamente en la sangre los productos que segrega.

endocrinología f. Estudio de las secreciones internas y de las glándulas que las producen.

endodermo m. Capa u hoja interna de las tres en que se disponen las células del blastodermo.

endogénesis f. Reproducción por escisión del elemento primitivo en el interior del órgano que lo engendra.

endolinfa f. Líquido acuoso que llena el laberinto del oído de los vertebrados.

endoparásito adj. y s. Dícese del parásito que vive dentro del cuerpo de un animal o vegetal, como la tenía.

endosar tr. Ceder un documento de crédito, expresándolo así al dorso. | fig. Trasladar a otro un asunto o trabajo.

endoscopio m. Instrumento que sirve para explorar las cavidades del cuerpo humano.

endosfera f. Parte central de la Tierra, situada bajo la corteza.

endriago m. Monstruo fabuloso, con facciones humanas y otros elementos tomados de varias fieras.

endrina f. Fruto del endrino.

endrino, na adj. De color negro, parecido al de la endrina. | m. Ciruelo silvestre, espinoso, de fruto pequeño, negro y áspero.

endulzar tr. y r. Poner o ponerse dulce una cosa.

endurecer tr. Poner dura una cosa. Ú. t. c. r. | tr. Robustecer los cuerpos.

endurecimiento m. Dureza, calidad de duro. | fig. Tenacidad.

ene f. Nombre de la letra n.

eneágono, na adj. y s. Dícese del polígono de nueve ángulos y nueve lados.

enesílabo, ba adj. y s. De nueve sílabas.

enebro m. Arbol conífero, de madera rojiza.

enema m. Medicamento que se aplicaba sobre las heridas sangrientas.

enemigo, ga adj. Contrario, opuesto. | m. y f. Persona que desea mal a otra. | m. El contrario en la guerra.

enemistad f. Aversión u odio entre dos o más personas.

enemistar tr. y r. Hacer a uno enemigo de otro, o hacer perder la amistad.

éneo, a adj. poét. De cobre o bronce.

eneolítico, ca adj. Dícese del último periodo neolítico en que se usaron simultáneamente utensilios de cobre y de pedernal.

energía f. Eficacia poder, virtud para obrar. | Fuerza de voluntad, vigor y tesón. | Causa capaz de trasformarse en trabajo mecánico.

energúmeno, na m. y f. Persona endemoniada. | fig. Persona frenética, furiosa.

enervar tr. y r. Debilitar, quitar las fuerzas.

enésimo, ma adj. Aplícase al número indeterminado de veces que se repite una cosa.

enfadar tr. y r. Causar enfado.

enfado m. Impresion desagradable y molesta que hacen en el ánimo algunas cosas.

enfangar tr. Cubrir de fango una cosa o meterla en él.

enfardar tr. Hacer fardos. | Empaquetar mercaderías.

énfasis amb. Fuerza de expresión o de entonación con que se quiere realzar la importancia de lo que se dice o se lee. Ú. m. c. m.

enfatizar intr. Expresarse con énfasis.

enfermar intr. Contraer enfermedad una persona o animal.

enfermedad f. Alteración más o menos grave de la salud.

enfermería f. Casa o sala para primera atención de enfermos.

enfermero, ra m. y f. Persona que asiste a los enfermos.

enfermizo, za adj. Que tiene poca salud; que enferma con frecuencia. | Propio de un enfermo.

enfermo, ma adj. y s. Que padece enfermedad.

enfervorizar tr. y r. Infundir ánimo, fervor, celo o entusiasmo.

enfistolarse r. Convertirse una llaga en fístula.

enflaquecer tr. Poner flaco a uno, minorando sus fuerzas.

enfocar tr. Hacer que la imagen de un objeto producida en el foco de una lente se recoja con claridad sobre una superficie determinada. I fig. Descubrir y comprender bien la esencia de un asunto, para resolverlo con acierto.

enfrascar tr. Echar un líquido en frascos. I r. fig. Aplicarse con mucha intensidad a alguna cosa, sin dedicar tiempo a otra.

enfrentar tr. y r. Afrontar, poner frente a frente. Ú. t. c. intr.

enfrente adv. A la parte opuesta, un punto que mira a otro, que está delante de otro.

enfriamiento m. Acción y efecto de enfriar o enfriarse. I Indisposición que se caracteriza por síntomas catarrales.

enfriar tr. y r. Poner o hacer que se ponga fría una cosa, Ú. t. c. intr. I fig. Entibiar los efectos, templar el ardor de las pasiones. I r. Quedarse fría una persona.

enfundar tr. Poner una cosa dentro de su funda. I Llenar, henchir.

enfurecer tr. y r. Irritar, encolerizar. I r. fig. Alborotarse, alterarse. Se usa hablando del mar, del viento, etc.

enfurruñarse r. fam. Ponerse enfadado sin dar muestras violentas.

engaitar tr. fam. Engañar con promesas y con palabras deslumbradoras.

engalanar tr. y r. Poner galana una cosa. I Adornar, embellecer.

engalgar tr. Calzar las ruedas de un carruaje con la plancha para que no giren.

engallado, da p. p. de engallar. I fig. Altanero, soberbio.

engallarse r. fig. Ponerse erguido y arrogante. ú.t.c.tr.

enganchar tr. Agarrar una cosa con gancho y colgarla o dejarla sujeta con él. Ú. t. c. r. y c. intr. I Poner las caballerías en los carruajes de modo que puedan tirar de ellos. Ú. t. c. intr. I fig. Atraer a uno con arte, captar su afecto o su voluntad.

enganche m. Acción de enganchar o engancharse. I Pieza o aparato que sirve para enganchar.

engañabobos com. Persona engañadora, embaucadora.

engañar tr. Dar a la mentira apariencia de verdad. I Inducir a otro a creer y tener por cierto lo que no es.

engañifa f. Engaño artificioso, con apariencia de utilidad.

engaño m. Falta de verdad en lo que se dice, hace, cree o piensa.

engarbarse r. fam. Encaramarse las aves en lo más alto de un árbol.

engarce m. Acción de engarzar. I Metal o manera en que se engarza.

engargantar tr. Meter algo por la garganta. I intr. Meter todo el pie en el estribo o barra delantera. I Engranar.

engargolar tr. Ajustar unas a otras las piezas que tienen gárgoles o ranuras.

engaritar tr. Fortificar o adornar con garitas. I fig. Engañar con astucia.

engarrafar tr. fam. Agarrar fuertemente.

engarzar tr. Trabar una cosa en otra. Úsase especialmente en el arte de la joyería indicando la forma en que una piedra preciosa es trabada en una joya de metal.

engaste m. Encajar, embutir una cosa en otra.

engatusar tr. fam. Ganar la voluntad de uno con halagos, para lograr algo.

engendrar tr. y r. Procrear. I fig. Ocasionar, causar, formar.

engendro m. Criatura informe que nace sin la proporción debida.

englobar tr. Incluir, juntar, considerar reunidas varias cosas o partidas en una.

engolfar intr. Entrar una embarcación muy adentro del mar.

engolosinar tr. Excitar el deseo con algún atractivo.

engomar tr. Untar con goma los papeles y otros objetos que se han de pegar.

engordar tr. Cebar, dar mucho de comer para poner gordo. I intr. Ponerse gordo.

engorro m. fam. Embarazo, estorbo.

engoznar tr. Poner, clavar los goznes. Encajar en un gozne.

engranaje m. Efecto de engranar. I Conjunto de piezas que engranan entre sí.

engranar intr. Endentar una cosa con la otra. I Unir, enlazar, trabar.

engrandecer tr. Aumentar, hacer grande una cosa. I Alabar, exagerar.

engrasar tr. Dar sustancia o crasitud a una cosa. I Encrasar, abonar las tierras. I Untar, manchar con pringue o grasa.

engrase m. Engrasación. I Materia lubricante.

engreído, da p. p. de engreír o engreírse. adj. y s. Lleno de vanidad o soberbia.

engreír tr. y r. Envanecer.

engrifar tr. y r. Encrespar y crizar. I Intoxicar con grifa o marihuana.

engrillar tr. Sujetar con grillos a un preso. I fig. Aprisionar, sujetar. I r. Echar grillos o tallos las patatas.

engrosar tr. Hacer gruesa y más corpulenta una cosa, o darle espesor o crasitud. Ú. t. c. r.

engrudo m. Masa que se hace cociendo en agua, harina o almidón, y sirve para pegar. I Cola de pegar.

engrumecerse r. Hacer grumos un líquido.

engrupir intr. Engañar, decir mentiras.

enguirnaldar tr. Adornar con guirnaldas.

engullir tr. e intr. Tragar sin mascar. Comer en forma voraz y grosera.

enharinar tr. y r. Cubrir con harina.

enhebrar tr. Pasar la hebra por el ojo de la aguja. I Ensartar, pasar un hilo por el agujero de las cuentas perlas, etc.

enhestar tr. y r. Levantar en alto, poner derecha y levantada una cosa.

enhiesto, ta p. p. irreg. de enhestar. I adj. Levantado, derecho, tieso.

enhorabuena f. Felicitación. I En hora buena.

enhoramala adv. En hora mala.

enigma m. Dicho o expresión de interpretación difícil, por estar encubierto su sentido.

enigmático, ca adj. Oscuro, misterioso.

enjabonar tr. Jabonar. I fig. Dar jabón, adular.

enjaezar tr. Poner los jaeces a las caballerías.

enjalbegar tr. Blanquear las paredes con cal o yeso. I fig. Componer el rostro con afeites. Ú. t. c. r.

enjalma f. Aparejo de bestia de carga, a modo de albardilla ligera.

enjalmar tr. Aparejar una bestia con la enjalma. I Hacer enjalmas.

enjambrar tr. Encerrar los enjambres en colmenas.

enjambre m. Conjunto de abejas con su maestra o reina, que salen juntas de una colmena para formar otra colonia. I fig. Muchedumbre de personas o cosas juntas.

enjarciar tr. Poner jarcias o encorduras a una embarcación.

enjardinar tr. Disponer los árboles como en un jardín.

enjaretar tr. Hacer pasar por jareta un cordón, cinta o cuerda. I fig. Endilgar, encajar algo molesto o inoportuno.

enjaular tr. y r. Encerrar en jaula.

enjoyar 156

enjoyar tr. y r. Adornar con joyas. | fig. Adornar, hermosear.
enjoyelado, da adj. Dícese del metal precioso convertido en joyas. | Adornado de joyeles.
enjuagar tr. y r. Limpiar la boca y la dentadura con una bocanada de líquido. | Limpiar con agua clara lo enjabonado.
enjugar tr. Quitar la humedad a una cosa, secarla.
enjuiciar tr. fig. Someter una cuestion a examen, discusion y juicio.
enjundia f. Gordura de cualquier animal y en especial la que las aves tienen en la overa. | fig. Lo más sustancioso e importante de alguna cosa material.
enjutez f. Sequedad.
enjuto, ta p. p. irreg. de enjugar. | adj. Delgado, flaco.
enlace m. Acción de enlazar. | Unión, conexión. | Empalme ferroviario. | fig. Parentesco, casamiento.
enladrillar tr. Solar con ladrillos.
enlagunar tr. y r. Convenir en laguna un terreno, cubrirlo de agua.
enlazar tr. Coger o juntar una cosa con lazos. | Dar enlace, unión o conexión a unas cosas con otras. Ú. t. c. r. | Aprisionar un animal arrojándole el lazo. | r. Casarse, contraer matrimonio.
enlechar tr. Cubrir con una lechada de cal.
enllantar tr. Poner llantas a las ruedas.
enlodar tr. Ensuciar con lodo. Ú. t. c. r.
enlomarse r. Arquear el lomo el caballo preparándose para dar un bote.
enloquecer tr. y r. Hacer perder el juicio. | intr. Volverse loco.
enlosar tr. Pavimentar con losas.
enlucido, da p. p. de enlucir. | adj. Blanqueado para mejorar su aspecto. | m. Capa de yeso, estuco u otra mezcla que se da a algunas paredes.
enlucir tr. Dar una capa de yeso, estuco u otra mezcla a una pared o techo.
enlutar tr. y r. Cubrir de luto. | fig. Obscurecer.
enmaderar tr. Cubrir con madera. | Construir o poner el maderamen en un edificio.
enmadrarse r. Encariñarse demasiado el niño con la madre.
enmagrecer tr. Hacer perder la gordura. | intr. y r. Enflaquecer, adelgazar.
enmallarse r. Quedarse un pez sujeto por las agallas entre las mallas de una red.
enmangar tr. Poner mango a un instrumento.
enmarañar tr. y r. Enredar revolver alguna cosa haciendo con ella una maraña.
enmarcar tr. Encuadrar, encerrar en un marco.
enmaromar tr. Atar o sujetar con maromas.
enmascarar tr. Cubrir el rostro con máscara. Ú. t. c. r. | fig. Disfrazar, encubrir.
enmansillar tr. Cubrir con masilla los repelos o grietas de la madera. | Sujetar con masilla los vidrios de las ventanas.
enmelar tr. Untar con miel. | fig. Endulzar, hacer grata una cosa. | Producir la miel las abejas.
enmendar tr. Corregir, quitar defectos. Ú. t. c. r. | Resarcir, subsanar los daños.
enmienda f. Corrección de un defecto o error. | Satisfacción y pago del daño hecho. | Propuesta de variante, adición o reemplazo de un proyecto, dictamen o informe, ley o carta constitucional. | Rectificación perceptible de errores materiales en los escritos.
enmohecer tr. y r. Cubrir de moho. | fig. Inutilizar algo por falta de uso.

enmudecer tr. Hacer callar. | intr. Perder el habla, quedar mudo. | fig. Guardar silencio cuando pudiera o debiera hablar.
enmugrecer tr. y r. Cubrir de mugre.
enmustiar tr. Poner mustio.
ennegrecer tr. y r. Teñir de negro, poner negro.
ennoblecer tr. Hacer noble a uno. Ú. t. c. r. | fig. Adornar enriquecer, dignificar.
enojar Ir. Causar enojo. Ú. m. c. r. | Molestar, desazonar. | r. fig. Alborotarse, enfurecerse el mar, el viento, etc.
enojo m. Movimiento del ánimo que suscita ira contra una persona. | Molestia, pesar, trabajo.
enólico, ca adj. Que tiene el vino por excipiente. | Relativo al vino o derivado de él.
enología f. Conjunto de conocimientos relacionados con la elaboración de los vinos.
enólogo, ga m.y f. Persona versada en la enología.
enorgullecer tr. y r. Llenar de orgullo.
enorme adj. Excesivo, descomunal. | Perverso, torpe.
enormidad f. Tamaño irregular y desmedido.
enotecnia f. Arte de elaborar vinos y de organizar su comercio.
enquistado, da p. p. de enquistarse. | adj. De forma de quiste. | fig. Encajado, embutido, metido dentro.
enquistarse r. Formarse un quiste.
enraizar intr. Arraigar. Echar raíces. Contraer vínculos hacia un lugar.
enramada f. Conjunto de ramas de árboles espesas y enlazadas naturalmente. | Cobertizo hecho de estas ramas.
enramar tr. Adornar o cubrir con ramaje.
enrarecer tr. y r. Dilatar un cuerpo gaseoso haciéndolo menos denso.
enredadera adj. Dícese de las plantas de tallo voluble o trepador que se enreda en los tallos próximos o en otros objetos.
enredar tr. Prender con red. | Enmarañar una cosa con otra. Ú. t. c. r. | fig. Meter a uno en asuntos comprometidos o peligrosos.
enredo m. Maraña que resulta de trabarse entre sí desordenadamente hilos u otras cosas flexibles. | fig. Travesura o inquietud. | fig. Engaño, mentira que ocasiona disensiones y pleitos.
enrejar tr. Cerrar con rejas.
enrielar tr. Hacer rieles. | Encarrilar.
ensaimada f. Bollo de pasta hojaldrada, arrollada en espiral.
ensalada f. Cualquiera hortaliza aderezada con sal, aceite, vinagre, etc.
ensaladera f. Plato o fuente para servir la ensalada.
ensalmo m. Conjunto de palabras, conjuros u oraciones a las que se atribuye poder mágico.
ensalzar tr. Engrandecer, exaltar. | Alabar, elogiar, Ú. t. c. r.
ensamblar tr. Unir, juntar, especialmente piezas de madera.
ensanchar tr. y r. Extender, dilatar, aumentar la anchura de una cosa.
ensanche m. Dilatación extensión. | Terreno que se urbaniza en las afueras de una población.
ensangrentar tr. y r. Manchar con sangre.
ensañar tr. Irritar, encolerizar. | r. Cebarse cruelmente en la víctima.
ensartar tr. Pasar por un hilo o alambre perlas, cuentas u otras cosas. | Enhebrar.
ensayar tr. Probar, reconocer una cosa antes de hacer uso de ella. | Hacer la prueba de algún espectáculo antes de ejecutarlo en público.

ensayo m. Acción de ensayar. | Escrito, estudio generalmente breve, sobre determinada materia, en que se da cuenta más o menos suscintamente de nuevos descubrimientos o puntos de vista para su comprensión.

enseguida m. En seguida. Inmediatamente después.

ensenada f. Lengua de mar que se extiende hacia el interior de una costa, generalmente flanqueada por cabos o puntas, formando fondeaderos o puertos para embarcaciones.

enseña f. Bandera, estandarte, insignia.

enseñanza f. Acción de enseñar o instruir. | Método de enseñar o instruir.

enseñar tr. Instruir, doctrinar, amaestrar con reglas o preceptos. | Mostrar una cosa para que sea vista y apreciada.

enseres m. pl. Muebles, utensilios, instrumentos.

ensilar tr. Encerrar el grano en silos.

ensillar tr. Poner la silla a una caballería.

ensimismarse r. Abstraerse. | Sumirse o recogerse en la propia intimidad.

ensoberbecer tr. y r. Excitar, causar soberbia en alguno.

ensombrecer tr. y r. Obscurecer, cubrir de sombras. | r. fig. Entristecerse.

ensoñar tr. Tener sueños estando despierto.

ensordecer tr. Causar sordera. | intr. Contraer sordera, quedarse sordo. | Callar, no responder.

ensortijado, da p. p. de ensortijar. | adj. Rizado, crespo. | Revuelto, confuso.

ensuciar tr. y r. Poner sucia una cosa, mancharla.

ensueño m. Situación o historia, generalmente placentera, que se representa en la imaginación. | Ilusión, fantasía.

entablar r. Cubrir, cercar o asegurar con tablas una cosa. | Entablillar. | Disponer, preparar, emprender una pretensión o negocio.

entalladura f. Acción de entallar. | Corte que se hace en los pinos para que salga la resina, y en las palmeras para ensamblarlas.

entallar tr. Hacer figura en relieve en madera, mármol, etc. | Esculpir o grabar.

entallecer intr. y r. Echar tallos las plantas.

entarimar tr. Cubrir, pavimentar con tarimas.

entarugado, da p. p. de entarugar. | m. Pavimento de tarugos de maderas.

ente m. Lo que es, lo que puede ser, lo que existe o puede existir.

enteco, ca adj. Enfermizo, débil, flaco.

entelequia f. Cosa que lleva en sí el principio de su acción y tiende por sí misma a su fin propio. | fig. Cosa o ser que, sin perder su identidad íntima, puede manifestarse de formas distintas.

entendederas f. pl. fam. Entendimiento, facultad de entender.

entender tr. Tener idea clara de las cosas, comprenderlas. | Conocer, penetrar. | Conocer el ánimo o la intención de uno. | Discurrir, inferir, deducir. | Creer, pensar, juzgar.

entendido, da p. p. de entender. | adj. y s. Sabio, docto, perito, diestro.

entendimiento m. Facultad del alma por la cual concebimos, comparamos y juzgamos las cosas, o inducimos y deducimos unas de otras. | Alma, en cuanto discurre y raciocina. | Razón humana.

enteramente adv. Cabal, plenamente, del todo.

enterar tr. Informar, instruir a uno de un negocio.

entereza f. Integridad, perfección. | fig. Fortaleza, constancia, firmeza de ánimo.

entérico, ca adj. Relativo a los intestinos.

enternecer tr. y r. Ablandar, poner tierna y blanda una cosa. | fig. Mover a ternura.

entero, ra adj. Cabal, íntegro, que no le falta nada.

enterrador m. Sepulturero. | Persona que entierra.

enterramiento m. Entierro. | Sepulcro, sepultura.

enterrar tr. Poner debajo de tierra. | Dar sepultura a un cadáver.

entesar tr. Dar mayor fuerza, mayor vigor, a una cosa. | Poner tirante y tersa una cosa.

entibar intr. Estribar. | tr. Apuntalar excavaciones.

entidad f. Lo que constituye la esencia o la forma de una cosa. | Ente o ser. | Colectividad, corporación.

entierro m. Acción de enterrar los cadáveres. | Sepulcro o sitio en que se ponen los difuntos. | El cadáver que se lleva a enterrar y su acompañamiento.

entimema m. Silogismo, que consta de dos proposiciones: antecedente y consiguiente.

entintar tr. Manchar o teñir con tinta. | Teñir, dar a una cosa color distinto del que tiene. | Cubrir o cargar de tinta un instrumento pasa escribir, dibujar o imprimir.

entófilo, la adj. Que crece sobre las hojas de las plantas.

entoldar tr. Cubrir con toldos, para dar sombras. | Cubrir las nubes al cielo. | r. fig. Engreírse.

entomófilo, la adj. Aficionado a los insectos. | Dícese de las plantas en las que la polinización se efectúa por intermedio de los insectos.

entomología f. Parte de la zoología que trata de los insectos.

entonación f. Acción de entonar. | Inflexión de la voz según el sentido de lo que se dice, la emoción que se expresa y el estilo o acento en que se habla.

entonar tr. Cantar ajustando su tono, afinar la voz. Ú. t. c. intr. | Dar determinado tono a la voz. | Dar viento al órgano. | Empezar uno a cantar una cosa para que los demás continúen en el mismo tono. | Dar vigor al organismo.

entonces adv. t. En aquel tiempo u ocasión. | adv. m. En ese caso, siendo así.

entorchar tr. Retorcer las velas formando antochas. | Cubrir un hilo o cuerda enroscándole otro de metal.

entornar tr. Volver la ventana o puerta dejándola medio cerrada. | Colocar los párpados de modo que los ojos queden algo cerrados.

entorpecer tr. y r. Poner torpe. | fig. Turbar el espíritu, obscurecer el entendimiento. | fig. Retardar, difundir.

entozoario m. Endoparásito.

entozoología f. Parte de la zoología que comprende el estudio de los entozoarios.

entrada f. Espacio por donde se entra. | Acción de entrar. | Billete para entrar en un lugar. | Producto de cada función. | Cada uno de los ángulos entrantes que forma el pelo en la frente.

entramado, da p. p. de entramar. | m. Armazón de madera que sirve para hacer una pared, tabique o suelo, rellenando los huecos con fábrica o tablas.

entrambos, bas adj. pl. Ambos.

entrampar tr. Hacer que un animal caiga en la trampa. Ú. t. c. r. | fig. Engañar con artificio. | fig. Contraer muchas deudas | r. Meterse en un atolladero. | fig. Empañarse, endeudarse.

entraña f. Cada uno de los órganos contenidos en las principales cavidades del cuerpo humano y de los animales.

entrañable adj. Muy íntimo.

entrañar tr. y r. Introducir en lo más hondo. | r. Unirse íntimamente, de todo corazón, con alguno.

entrapar tr. Enterrar trapo viejo en la raíz de las cepas para abono.

entrar intr. Pasar desde fuera adentro. | Pasar por una parte para introducirse en otra.

entre prep. Denota la situación o estado en medio de dos o más cosas o acciones. I Dentro de, en lo interior. I Expresa estado intermedio.I Indica cooperación de dos o más personas o cosas. I En composición con otro vocablo limita o atenúa su composición, o indica situación o calidad intermedia.

entreabrir tr. y r. Abrir un poco o a medias alguna cosa.

entreacto m. Intermedio teatral.

entrecejo m. Espacio entre las cejas. I fig. Ceño, sobrecejo.

entrecerrar tr. y r. Entornar una puerta, ventana, etc.

entrecortado, da p. p. de entrecortar. I adj. Aplícase a la voz o al sonido que se emite con intermitencias.

entrecortar tr. Cortar una cosa sin acabar de dividirla.

entredicho, cha adj. Cosa prohibida. I m. Prohibición.

entrega f. Acción de entregar. I Cuaderno impreso que forma parte de un libro y se reparte periódicamente.

entregar tr. Poner en manos o en poder de otro a una persona o cosa. I r. Someter a la dirección o arbitro de alguien. I Ceder a la opinión ajena.

entrelazar tr. Enlazar, entretejer. I Unirse los cuerpos enlazando los miembros.

entremedio adv. Entre uno y otro tiempo. I Entre una y otra cosa. I Ú. t. entremedias.

entremés m. Plato de encurtidos, aceitunas, etc., que se sirve como aperitivo. I Obra escénica, jocosa o de un solo acto.

entremeter tr. Meter una cosa entre otras. I r. Meterse uno donde no lo llaman.

entremezclar tr. Mezclar una cosa con otra sin confundirlas.

entrenador, ra adj. y s. Que entrena o adiestra.

entrenar tr. y r. Ejercitar, amaestrar, desarrollar la habilidad para algo. Úsase generalmente para los deportes.

entrenervios m. pl. Espacios comprendidos entre los nervios del lomo de un libro.

entrepaño m. Lienzo de pared comprendido entre dos pilares o dos huecos.

entrepernar intr. Meter las piernas entre las de otro.

entrepiernas f. pl. Parte interior de los muslos. Ú. t. en sing. I Piezas que a guisa de refuerzo se cosen en los calzones y pantalones hacia la horcajadura.

entresacar tr. Sacar unas cosas de entre otras.

entresijo m. fig. Cosa oculta, interior, escondida.

entresuelo m. Habitación entre el cuarto bajo y el principal. I Cuarto bajo levantado más de un metro sobre el nivel de la calle, y que debajo tiene sótanos.

entretanto adv. Entre tanto, mientras. Interin.

entretejer tr. Injerir que se pone entre la tela que se teje I Trabar y enlazar una cosa con otra.

entretener tr. Tener a uno detenido y en espera. Ú. t. c. r. I Hacer menos molesta y más llevadera una cosa. I Divertir, distraer, recrear.

entretenimiento m. Acción de entretener o entretenerse. I Cosa que sirve para entretener o divertir. I Mantenimiento o conservación de una persona o cosa.

entretiempo m. Tiempo de primavera y otoño.

entrever tr. Ver confusamente una cosa. Conjeturarla, sospecharla, adivinarla.

entreverar t. Mezclar interpolar una cosa entre otras.

entrevista f. Concurrencia y conferencia de dos o más personas en lugar determinado para tratar de un asunto.

entristecer tr. Causar tristeza. I r. Poner triste.

entrojar tr. Meter el grano en las trojes.

entrometer tr. y r. Entremeter.

entroncar tr. Probar que se desciende de un mismo tronco o linaje. I intr. Contraer parentesco.

entronerar tr. y r. Meter la bola de billar en las troneras.

entronizar tr. Colocar en el trono. I fig. Ensalzar a uno.

entronque m. Relación de parentesco entre personas que tienen un tronco común.

entropión m. Inversión del párpado, pero hacia adentro.

entubar tr. Colocar tubos en alguna cosa.

entuerto m. Agravio.

entumecer tr. y r. Entorpecer, impedir el movimiento de un miembro o nervio. I r. Hincharse el mar o los ríos.

enturbiar tr. y r. Hacer o poner turbia una cosa.

entusiasmar tr. y r. Llenar de entusiasmo, inspirarlo, infundirlo.

entusiasmo m. Exaltación y fogosidad del ánimo, excitado por algo que lo cautiva o admira.

entusiasta adj. y s. Que siente entusiasmo por una persona o cosa.

enumeración f. Enunciación o expresión sucesiva de las partes de un todo o de una serie de cosas.

enumerar tr. Hacer enumeración.

enunciar tr. Expresar una idea en forma exacta, breve y sencilla.

enuresis Incontinencia urinaria.

envainar tr. Meter un arma blanca en la vaina.

envalentonar tr. Infundir valentía o arrogancia.

envanecer tr. y r. Infundir o causar soberbia o vanidad.

envasar tr. Echar los líquidos en las vasijas. I Colocar un género en su envase.

envase m. Acción de envasar. I Recipiente o vasijas en que se guardan o transportan ciertas cosas.

envejecer tr. Hacer vieja a una persona o cosa.

envenenar tr. Emponzoñar, inficionar con veneno. Ú. t. c. r.

envergadura f. Distancia entre las puntas de las alas abiertas de un ave.I fig. Importancia, trascendencia.

envés m. Revés, parte de atrás. I fam. Espalda.

enviado, da p. p. de enviar. I m. El que va por mandato de otro a un mensaje, recado, o comisión.

enviar tr. Hacer que una persona o cosa vaya o sea llevada a algún lugar.

enviciar tr. Corromper con vicio. I r. Aficionar con exceso a una cosa.

envidar tr. Hacer envite en el juego, desafiando o invitando a alguna jugada.

envidia f. Tristeza, pesar o ira del bien ajeno. I Emulación, deseo honesto.

envidiar tr. Tener envidia, dolerse del bien ajeno.

envigar tr. Asentar las vigas de un edificio.

envilecer tr. Hacer vil y despreciable una cosa. I r. Abatirse, volverse vil.

envío m. Acción de enviar; remesa.

envite m. Apuesta en ciertos juegos naipes. I Envión, empujón.

envoltorio m. Lío de ropa o de otras cosas.I Envoltura.

envoltura f. Capa exterior que cubre una cosa.

envolver tr. Cubrir una cosa ciñéndola con tela, papel, etc. I Arrollar un hilo, cinta, etc., en alguna cosa.

enyesar tr. Tapar, cubrir con yeso.

enzainarse r. fam. Hacerse zaino, traidor, falso.

enzarzar tr. Poner zarzas en una cosa o cubrirla de ellas. I fig. Enredar a algunos entre sí, sembrando discordias.

enzima f. Substancia proteínica que proceden las células vivas y queactúa como catalizador en los procesos del metabolismo.

eñe f. Nombre de la letra ñ.

eoceno adj. Aplícase al terreno que forma la base del terreno terciario, y es, por lo tanto, el primero y más antiguo de los cuatro correspondientes a la época terciaria.

eólico, ca adj. Dícese del proceso erosivo o sedimentario originado por el viento.

eón m. Entre los gnósticos, cada una de las inteligencias eternas o entidades divinas emanadas de la divinidad suprema.

epanadiplosis f. Figura que consiste en la repetición al fin de una cláusula del mismo vocablo con que empieza.

epéntesis f. Adición de algún sonido dentro de una palabra.

epi pref. insep. que significa sobre; como en epicarpio.

épica f. Poesía épica. l adj. Cosa, hecho o acontecimiento digno de admiración y renombre.

epicarpio m. Película o piel que cubre el fruto de las plantas.

epiceno, na adj. Dícese del género de los nombres de animales, cuando con una misma terminación y artículo designan el macho y la hembra.

epicentro m. Punto de la superficie terrestre, situado verticalmente sobre el hipocentro o lugar en que tuvo su origen una perturbación sísmica.

épico, ca adj. Dícese de la epopeya o de la poesia heroíca y del poeta que la cultiva.

epicureísmo m. Sistema filosófico según el cual el placer era el fin supremo del hombre

epidemia f. Cualquier enfermedad que acomete a un mismo tiempo a muchas personas.

epidermis f. Membrana epitelial que envuelve el cuerpo de los animales, y que junto con la dermis forma la piel.

epífisis f. Órgano nervioso pequeño y rudimentario situado en el encéfalo. l Cada una de las partes terminales de los huesos largos.

epifitia f. Cualquier epidemia de las plantas.

epifonema f. Exclamación o reflexión sentenciosa que cierra una narración o discurso y compendia su pensamiento general.

epigastrio m. Parte superior del vientre, entre el esternón y el ombligo.

epiglotis f. Cartílago situado detrás de la lengua de los mamíferos, y que tapa la glotis al tiempo de la deglución.

epígono m. El que sigue las huellas del otro, en especial una escuela o estilo de una generación anterior.

epígrafe m. Resumen, cita o sentencia con que suelen encabezarse los capítulos o divisiones de una obra, o los discursos o escritos. l Título, rótulo.

epigrafía f. Ciencia que estudia las inscripciones.

epigrama m. Composición poética breve e ingeniosa, festiva y satirica.

epilepsia f. Enfermedad cerebral caracterizada por convulsiones y pérdida del conocimiento.

epílogo m. Conclusión de un discurso, con que se resume lo dicho.

episcopado m. Dignidad de obispo. l Conjunto de obispos de una nación o del orden católico.

epístola f. Carta misiva.

epitafio m. Inscripción sepulcral.

epitalamio m. Composición poética en celebridad de una boda.

epítasis f. Nudo o enredo del drama.

epitelio m. Tejido formado por células en contacto mutuo, que constituye la epidermis, la capa externa de las mucosas, la porción secretoria de las glándulas y forma parte de los órganos de los sentidos.

epíteto m. Adjetivo o participio que caracteriza al nombre y da fuerza a la oración.

epítome m. Resumen, compendio de una obra extensa.

época f. Era cronológica. l Período de tiempo que se señala por los hechos históricos acaecidos en él. l Cualquier espacio de tiempo.

epodo m. Último verso de la estancia, repetido muchas veces.

epopeya Poema narrativo extenso, de elevado estilo, acción grande y pública, personajes heroicos o de suma importancia y en el cual interviene lo sobrenatural o maravilloso.

epsilon m. Nombre de la e breve del alfabeto griego.

equi- part. prep. que indica igualdad.

equidad f. Igualdad de ánimo. lSentimiento natural de la justicia.

equidistar intr. Hallarse uno o más puntos, líneas planos o cuerpos a igual distancia de otro determinado, o entre sí.

équido adj. y s. Dícese de los mamíferos pensodáctilos de cabeza alargada con un solo dedo, cubierto por una pezuña, en cada pata como el caballo. l pl. familia de estos animales.

equilátero, ra adj. Que tiene todos los lados iguales.

equilibrar tr. Hacer que una cosa se ponga o quede en equilibrio.

equilibrio m. Estado de un cuerpo que se mantiene en reposo por la acción que sobre él ejercen fuerzas que se compensan. l fig. Ecuanimidad, mesura.

equilibrista adj. y s. Diestro en juegos o ejercicios de equilibrio.

equimosis adj. y s. Mancha lívida de la piel, resultante de la extravasación de la sangre.

equinoccio m. Cualquiera de las dos épocas del año en que el Sol cruza aparentemente el punto de intersección de la eclíptica con ecuador celeste, en las cuales la duración de los días es igual a la de las noches en toda la Tierra.

equipaje m. Conjunto de cosas que se llevan en los viajes.

equipar tr. Proveer a uno de las cosas necesarias para su uso particular.

equiparar tr. Comparar dos cosas considerándolas iguales o equivalentes.

equipo m. Acción de equipar. l Conjunto de personas organizado para un fin determinado. l Cada uno de los grupos que se disputan el triunfo de ciertos deportes.

equis f. Nombre de la letra x. l adj. Denota un número desconocido.

equitación f. Arte de montar y manejar bien el caballo.

equivalencia f. Igualdad en el valor, estimación, potencia o eficacia de dos o más cosas.

equivalente adj. Que equivale a otra cosa. Ú. t. c. r.

equivaler intr. Ser igual una cosa a otra en la estimación, valor, potencia o eficacia.

equivocación f. Acción de equivocar o equivocarse. l Cosa hecha de manera equivocada.

equivocar tr. y r. Tomar o tener una cosa por otra, juzgando u obrando con desacierto.

equívoco, ca adj. Que se puede entender o interpretar en varios sentidos. l m. Palabra de varios significados.

era f. Punto fijo y fecha de un suceso, que sirve de punto de partida para los cómputos cronológicos. l f. Espacio de tierra limpia y firme donde se trillan las mieses.

eral, la m. y f. Res vacuna de más de un año y que no pasa de dos.

erario m. Tesoro público de una nación provincia o Estado.

erbio m. Elemento químico que pertenece al grupo de las tierras raras. Sus sales son paramagnéticas y los iones trivalentes.

ere f. Nombre de la letra r en su sonido suave.

erección f. Acción de levantarse, enderezarse o ponerse rigida una cosa.

eréctil adj, Que puede levantarse, enderezarse o adquirir rigidez.

erecto, ta adj. Erguido, tieso, rígido, levantado.

eremita m. Ermitaño.

eretismo m. Exaltación de la vitalidad de un órgano.

ergio m. Unidad de trabajo, equivalente al que efectúa una dina para trasladar su punto de aplicación una longitud igual a un centímetro.

ergonomia f. Ciencia que trata de la adaptación de las máquinas al hombre.

ergonomista com. Persona especializada en ergonomía.

ergónomo, ma m. y f. Persona especializada en ergonomía.

ergoterapia f. Método curativo que utiliza el trabajo manual en la reeducación de los enfermos o impedidos, para su reinserción en la vida social.

erguir tr. Levantar y poner derecha una cosa.

erial adj. t. s. Tierra inculta.

erigir tr. Fundar, instituir o levantar.

erina f. Instrumento quirúrgico con que se mantiene separados los tejidos en una operación.

erisipela f. Enfermedad infecciosa y contagiosa de la piel.

eritema m. Inflamación superficial de la piel, caracterizada por manchas rojas.

erizar tr. Levantar, poner tiesa y rígida una cosa, especialmente el pelo, o las espinas de plantas o animales.

erizo m. Mamífero insectívoro que tiene el dorso y los costados cubiertos de púas, y cuando se ve perseguido se contrae formando una bola espinosa. | Pez plectognato que tiene el cuerpo erizado.

ermita f. Santuario en despoblado. | Lugar de alojamiento y oración de religiosos que desean alejarse de la comunidad humana.

ermitaño m. El que vive en soledad. | Crustáceo decápodo marino que se aloja en la concha vacía de un molusco.

erogar tr. Repartir, distribuir bienes o caudales.

erosión f. Desgaste de terrenos en general, o de las rocas en particular, a consecuencia de la acción de los agentes geológicos externos (agua, hielo, viento, etc).

erosionar tr. Producir erosión.

erótico, ca adj. Perteneciente o relativo a Eros, dios del amor y el apetito sexual.

erotismo m. Amor sensual.

erotomanía f. Neurosis caracterizada por una compulsión irrefrenable hacia la cópula.

errabundo, da adj. Errante.

erradicar tr. Arrancar de raíz.

errante p. p. de error. Que yerra. | adj. Que anda de una parte a otra sin tener asiento fijo.

errar intr. No acertar. Ú. t. c. tr. | Andar vagando de una parte a otra. | Divagar el pensamiento, la imaginación, la atención. | r. Equivocarse.

errata f. Equivocación material cometida en lo impreso o manuscrito.

erre f. Nombre de la letra r en su sonido fuerte.

erróneo, a adj. Que contiene error.

error m. Concepto equivocado. | Juicio falso. | Acción desacertada o equivocada.

eructar intr. Expeler ruidosamente por la boca los gases del estómago.

eructo m. Acción de eructar.

erudición f. Instrucción en varias ciencias, artes y otras materias. | adj. erudito, ta.

erupción f. Aparición y desarrollo en la piel, o las mucosas, de granos, manchas o vesículas.

erupcionar tr. Hacer erupción un volcán.

es- Elemento compositivo de las palabras que denota fuera o más allá; privación; atenuación del significado del simple

esbeltez f. Estatura airosa y buena proporción de los cuerpos y figuras. | Delgadez hermosa, liviandad.

esbirro m. Alguacil, corchete.

esbozo m. Bosquejo sin perfilar.

escabechar tr. Echar en escabeche. | Guisar en una salsa que contiene vinagre o vino blanco.

escabeche m. Adobo con vinagre, hierbas aromáticas, etc., para conservar pescado y otras cosas.

escabel m. Taburete, mueble alto y sin respaldo para sentarse.

escabroso, sa adj. Desigual, lleno de tropiezos y embarazos. | fig. Áspero, duro, de mala condición.

escabullirse tr. Escaparse de entre las manos. | fig. Desaparecer sin dejarse ver.

escafandra m. Aparato usado por los buzos, compuesto de un vestido impermeable y un casco perfectamente cerrado y tubos para renovar el aire.

escafoides adj. y s. Dícese del hueso más extenso y grueso de la primera fila del carpo.

escala f. Escalera de mano, hecha de madera, de cuerda o de ambas cosas. | Gradación para medir los efectos de diversos instrumentos. | Línea dividida en partes iguales que representan unidades de medida, generalmente de longitud. | Sucesión diatónica o cromática de las notas musicales.

escalada f. Acción de escalar (subir por escalas, trepar).

escalar tr. Entrar en un lugar valiéndose de escalas. | Subir trepar por una gran pendiente o a gran altura.

escaldar tr. Bañar con agua hirviendo una cosa. | r. Escocerse alguna parte del cuerpo.

escaleno adj. Dícese del triángulo de tres lados desiguales.

escalera r. Serie de escalones que sirve para subir y bajar.

escalfar tr. y r. Cocer los huevos en agua hirviendo o en el caldo sin cáscara.

escalinata f. Escalera amplia, generalmente de piedra o mármol.

escalio m. Terreno yermo puesto en cultivo.

escalofrío m. Sensación de frío, por lo común repentina, violenta y acompañada de estremecimientos. Ú. m. en pl.

escalón m. Peldaño. | Grado de ascenso. | fig. Paso o medio con que se avanza en un designio.

escalonar tr. Disponer ordenadamente de las cosas o las personas de trecho en trecho.

escalope m. Loncha de carne frita y empanada.

escalpelo m. Instrumento agudo y muy cortante, que se usa en cirugía, disecciones anatómicas y autopsias.

escama f. Membrana córnea, en forma de escudete que, imbricada con otras, suele cubrir la piel de peces y reptiles.

escamar tr. Quitar las escamas a los peces. | Labrar en figura de escamas. | fig. Hacer que uno entre en cuidado, recelo o desconfianza. Ú. m. c. r.

escamonea f. Gomorresina muy purgante que se extrae de una planta convolvulácea que lleva el mismo nombre.

escamotear tr. Hacer el prestigiador que desaparescan a ojos vista las cosas que maneja. | fig. Quitar una cosa con agilidad y astucia. | Hurtar.

escampar intr. Cesar de llover. | tr. Desembarazar.

escanciar intr. Beber vino. | tr. Servir el vino en las mesas.

escandalizar tr. Causar escándalo. | r. Enojarse, encolerizarse.

escandallo m. Parte de la sonda que lleva en su base una cavidad rellena de sebo, para reconocer el fondo del agua, mediante las partículas que saca adheridas.

escándalo m. Acción o palabra que es causa de que uno obre mal o piense mal de otro. I Alboroto, tumulto, ruido. I Desvergüenza, mal ejemplo.

escandaloso, sa adj. y s. Que causa escándalo. I Ruidoso, bullicioso.

escandio m. Elemento metálico del grupo de las tierras raras.

escaño m. Banco con respaldo.

escapar intr. Salir de un encierro o un peligro. Ú. t. c. r. I Salir uno deprisa y ocultamente. Ú. t. c. r. I tr. Librar, sacar a uno de un trabajo, mal o peligro. I r. Salir un líquido o un gas de un depósito o tubería por algún resquicio.

escaparate m. Alacena con puertas de cristales o vidrios. I Hueco resguardado con cristales en las fachadas de las tiendas, donde se exponen las mercancías.

escaparatista com. Persona que dispone los escaparates en forma atractiva y de buen gusto.

escapatoria f. Acción de evadirse y escaparse. I fam. Excusa, efugio.

escape m. Acción de escapar.

escapulario m. Distintivo de algunos religiosos consistentes en un trozo de tela con una abertura por donde se mete la cabeza, y que cuelga sobre el pecho y la espalda.

escarabajo m. Insecto coleóptero, de color negro.

escaramujo m. Rosal silvestre.

escaramuza f. Combate entre jinetes que tan pronto acometen como huyen. I Ligera pelea entre las avanzadas de los ejércitos.

escarapela f. Divisa en forma de rosa, lazo, etc., que se coloca en el morrión, sobre el pecho, o en el sombrero.

escarbar tr. Remover superficialmente la tierra.

escarcela f. Mochila del cazador, a manera de red.

escarceo m. Movimiento en la superficie del mar, con pequeñas olas que se levantan donde hay corrientes.

escarcha f. Rocío congelado.

escarchar tr. Preparar confituras revistiéndolas de una capa de azúcar cristalizado.I intr. Helarse el rocío.

escardar tr. Arrancar los cardos y malas hierbas de los sembrados. I fig. Separar lo malo de lo bueno.

escarioso, sa adj. Aplícase a los órganos vegetales delgados y semitrasparentes y con aspecto de escamas.

escarlata f. Color carmesí más bajo que el de la grana.

escarlatina f. Fiebre eruptiva, contagiosa, caracterizada por un exantema difuso de color rojo, alta temperatura y angina.

escarmentar tr. Corregir con rigor, de obra o de palabra al que ha errado.

escarmiento Desengaño, aviso y cautela, adquiridos con la experiencia del perjuicio que uno ha reconocido en sus acciones o en las ajenas.

escarnio m. Belfa que se hace con el propósito de afrentar. I tr. Escarnecer.

escaro, ra adj. y s. Que tiene los pies y los tobillos torcidos y pisa mal. I m. Pez acantoptengio.

escarola f. Achicoria cultivada.

escarpado, da adj. Que tiene escarpa o gran pendiente. I Dic. de las alturas cuya subida o bajada es muy áspera, peligrosa, difícil o imposible.

escarpelo m. Escalpelo. I Instrumento acerado y dentado propio para limpiar y raspar las obras de talla.

escarpia m. Clavo de cabeza acodillada.

escarpín m. Zapato de una suela y de una costura.

escasez f. Cortedad, mezquindad. I Poquedad, falta de una cosa. I Pobreza, necesidad.

escaso, sa adj. Corto, poco, limitado. I Falto, no cabal ni entero. I Mezquino, nada dadivoso. Ú. t. c. s.

escatimar tr. Cercenar, disminuir lo que se ha de dar o hacer, acortándolo todo lo posible.

escatofilia f. Síntoma neurótico consistente en una inclinación morbosa hacia la suciedad y los excrementos.

escatología f. Conjunto de creencias y doctrinas referentes a la vida de ultratumba. I Tratado de cosas excrementicias.

escayola f. Yeso cristalizado calcinado. Estuco.

escayolar tr. Endurecer por medio de la escayola los apósitos y vendajes.

escena f. Parte del escenario donde se representa la obra dramática. I Lo que allí se representa por medio de las decoraciones. I Parte del acto de la obra, en que actúan unos mismos personajes.

escenario m. Parte del teatro donde se disponen las decoraciones y se representa la obra dramática.

escenificar tr. Dar forma dramática a una obra literaria para ponerla en escena.

escenografía f. Delineación en perspectiva de los objetos. I Arte de pintar decoraciones escénicas.

escepticismo m. Doctrina filosófica que niega la existencia de la verdad o de la capacidad del hombre para conocerla I Incredulidad o duda acerca de la verdad o eficacia de una cosa.

escindir tr. Cortar, dividir, separar.

escisión f. Rompimiento, desvanecimiento.

esclarecer tr. Iluminar, poner clara la cosa. I fig. Ilustrar el entendimiento I Poner en claro, dilucidar.

esclavina f. Vestidura de piel o tela que se sujeta al cuello, como una pequeña capa, y cae sobre los hombros.

esclavitud f. Estado condición de esclavo.

esclavizar tr. Hacerle a uno esclavo.

esclavo, va adj. y s. Aplícase a la persona que está bajo el dominio de otra, y se halla privada de libertad.

esclerosis f. Endurecimiento patológico de los tejidos.

esclerótica f. Membrana blanquecina que cubre en gran parte el globo del ojo.

esclusa f. Recinto de fábrica con puertas, que se construye en un canal para que los barcos puedan pasar de un tramo a otro de distinto nivel.

escoba f. Manojo de ramas flexibles atadas generalmente a un mango, que sirve para barrer.

escocer intr. Producirse una sensación muy desagradable, parecida a la quemadura.

escofina tr. Lima grande de dientes gruesos y triangulares, para trabajar la madera.

escoger tr. Tomar o elegir una o más personas o cosas entre cosas.

escolar adj. Relativo a la escuela o al estudiante. I m. Estudiante que cursa y sigue las escuelas.

escolio n. Nota u observación explicativa de un texto.

escollera f. Obra de resguardo que se hace con grandes piedras arrojadas sin orden al fondo del agua.

escollo m. Peñasco que está a flor de agua o que no se descubre bien.

escolopendra f. pl. Miriápodo quilópodo, llamado vulgarmente ciempiés.

escolta f. Partida de soldados o embarcación destinada a escoltar. I Acompañamiento en señal de honra o reverencia.

escoltar tr. Resguardar, convoyar, conducir, acompañar a una persona o cosa para que camine sin riesgo.

escombro m. Desecho de alguna obra de albañilería. I Desechos de una mina o de una cantera.

esconder tr. y r. Ocultar encubrir. I fig. Incluir, contener en sí una cosa. I m. Escondite (juego).

escondite m. Escondrijo.

escondrijo m. Lugar oculto.

escopeta f. Arma de caza con uno o dos cañones.

escopetazo m. Tiro de escopeta. | La herida que causa.

escoplo m. Instrumento de hierro acerado y boca en bisel con que los carpinteros hacen cortes y rebajos en la madera.

escora f. Línea céntrica del buque. | Inclinación lateral de la nave, por el esfuerzo de las velas o por otras causas.

escorbuto m. Enfermedad ocasionada por la falta o escasez en la alimentación de ciertas vitaminas, sobre todo la vitamina C.

escoria f. Substancia vítrea que sobrenada en el crisol de los hornos de fundir metales, procedente de impurezas. | Lava esponjosa de los volcanes. | fig. Cosa vil desechada y sin estimación.

escorpina f. Pez acantopterigio.

escorpión m. Alacrán (arácnido venenoso).

escorzar tr. Reducir la longitud de un cuerpo, según las reglas de la perspectiva.

escorzo tr. Acción de escorzar. | Figura o parte de ella escorzada.

escotar tr. Cercenar y cortar una cosa para acomodarla, de manera que llegue a la medida necesaria. | Pagar la parte que toca a cada uno de todo el coste hecho en común por varias personas.

escote m. Escotadura, y en especial la hecha en los vestidos de mujer alrededor del cuello. | Parte del busto que tal escotadura deja al descubierto.

escotilla f. Cada una de las aberturas de hay en la cubierta de un buque para acceder a los niveles interiores del casco, a modo de puertas-trampa.

escozor m. Sensación dolorosa, como la que produce una quemadura.

escriba m. Doctor e intérprete de textos entre los egipcios y, posteriormente, los hebreos.

escribano m. El que está autorizado para dar fe en las actuaciones judiciales. | Antiguamente notario. | Secretario.

escribir tr. Representar las palabras o las ideas con letras u otros signos trazadas en papel u otra superficie. | Trazar las nota y demas signos de la música.

escripía f. Cesta de pescador de caña.

escrito, ta p. p. irreg. de escribir. | Carta, documento o cualquier papel manuscrito. | Obra literaria.

escritorio m. Mueble cerrado, propio para guardar papeles, y a veces con tablero para escribir sobre él. | Habitación donde tienen su despacho los hombres de negocios.

escritor, ra m. y f. Persona que por oficio escribe. | Autor de obras o escritos.

escritura f. Acción de escribir. | Arte de escribir. | Representación de las palabras o de las ideas por medio de signos gráficos convencionales. | Documento público, autorizado por notario.

escriturar v. tr. Asegurar con escritura pública un contrato.

escrófula f. Tumefacción fría de los ganglios linfáticos.

escroto m. Bolsa formada por la piel que cubre los testículos en el aparato genital masculino.

escrúpulo m. Duda o recelo que punza la conciencia sobre si una cosa es o no cierta o si es buena o mala, y pone inquieto y desasosegado el ánimo.

escrupulosidad f. Exactitud, minuciosidad, esmero y sumo cuidado.

escrutar tr. Indagar, examinar cuidadosamente. | Hacer el recuento de votos en las elecciones.

escrutinio m. Examen y averiguación exacta de una cosa. | recuento de votos.

escuadra f. Instrumento de dibujo de figura de triángulo rectángulo, o de ángulo recto. | Conjunto de buques de guerra para determinado servicio | Corto número de soldados a las órdenes de un cabo.

escuadrón m. Unidad de caballería que puede ser independiente o formar parte de un grupo. | Unidad aérea equiparable en importancia o jerarquía al batallón o grupo terrestre.

escuálido, da adj. Sucio, asqueroso. | Flaco, hambriento. Díc. de peces selacios de cuerpo fusiforme, boca grande, situada en la parte inferior de su cabeza, con muchos dientes triangulares y cola robusta, a cuyas especies se les llama vulgarmente tiburones.

escualo m. Cualquier pez selacio del suborden de los escuálidos.

escuchar intr. Aplicar el oído. | tr. Prestar atención a lo que se oye. | Atender a un aviso, consejo o sugestión.

escudar tr. Resguardar con escudo. Ú. t. c. r. | fig. Proteger a uno, ampararlo.

escudero m. Sirviente que llevaba al caballero. | Hidalgo, persona de la clase noble.

escudilla f. Vasija semiesférica, propia para servir sopa y caldo.

escudo m. Arma defensiva que se llevaba en al brazo izquierdo para resguardar el cuerpo.

escudriñar tr. Examinar, inquerir y averiguar cuidadosamente una cosa y sus circunstancias.

escuela f. Establecimiento público donde se da a los niños la instrucción primaria. | Establecimiento público donde se da cualquier género de instrucción.

escuerzo m. Sapo.

escueto, ta adj. Descubierto, libre, desembarazado. | Sin adornos, seco, estricto.

esculpir tr. Labrar a mano una obra de escultura.

escultismo m. Movimiento de juventud que pretende la educación integral del individuo por medio de la autoformación y el contacto con la naturaleza.

escultista adj. Perteneciente o relativo al escultismo. | com. Persona que practica el escultismo.

escultor, ra m. y f. Persona que profesa el arte de la escultura.

escultura f. Arte de modelar, tallar y esculpir en barro, piedra, metal u otra materia conveniente alguna forma o asunto. | Obra hecha por el escultor.

escupidera f. Vasija donde se escupe.

escupir intr. Arrojar la saliva por la boca.

escupitajo m. Materias que escupen las personas.

escurreplatos m. Mueble usado para poner a escurrir los platos y otras cosas fregadas.

escurrir tr. Apurar las últimas gotas de un líquido que han quedado en un vaso u otro recipiente. | Hacer que una cosa mojada despida la parte de líquido que contiene. Ú. t. c. r. | intr. Destilar y caer gota a gota el licor que estaba en un vaso, etc. | r. Escarparse, escabullirse.

escusado m. Cuarto destinado a letrinas.

esdrújulo, la adj. y s. Vocablo que se acentúa en la antopenúltima sílaba.

ese f. Nombre de la letra s.

ese, esa, eso, esos, esas Formas de prom. dem. en los tres géneros m.f. y n., y en ambos núms. sing. y pl. Designan lo que está cerca de la persona con quien se habla, o representan a la persona o señalan lo que acaba de mencionar.

esencia f. Naturaleza de las cosas. | Lo permanente e invariable en ellas; lo que el ser es. | Substancia volátil de olor intenso.

esencial adj. Perteneciente a la esencia. | Principal, substancial, notable.

esfenoides adj. y s. Díc. del hueso del cráneo que concurre a formar las fosas nasales y las órbitas.

esfera f. Cuerpo limitado por una superficie curva cuyos puntos equidistan de otro interior llamado centro, y que puede considerarse engendrado por el giro de un semicírculo alrededor de un diámetro.

esfigmógrafo m. Instrumento que registra la forma de las pulsaciones arteriales.

esfinge amb. Monstruo fabuloso, con cabeza, cuello y pecho de mujer, cuerpo y pies de león y alas.

esfínter m. Anillo muscular con que se abre y cierra algún orificio del cuerpo.

esforzado, da p. p. de esforzar. l adj. Valiente, arrojado, animoso.

esforzar tr. Dar fuerza o vigor. l Infundir ánimo o valor. l intr. Tomar ánimo. l r. Hacer esfuerzos físicos o morales.

esfuerzo m. Empleo enérgico de la fuerza física contra algún impulso o resistencia.

esfumar tr. Extender el dibujo trazado a lápiz, con el esfumino. l r. fig. Disiparse, desvanecerse.

esgarrar intr. y tr. Toser haciendo esfuerzos para expulsar la flema de las vías respiratorias.

esgrima f. Arte de manejar la espada, el sable y otras armas blancas.

esgrimir tr. Jugar la espada el sable y otras armas blancas, parando los golpes del contrario, o acometiéndole.

esguazar tr. Vadear, pasar de una parte a otra en un río o un brazo de mar. l Desviar el agua de un río hacia otro cauce.

esguín m. La cría del salmón, antes de salir al mar.

esguince m.Torcedura o distensión de una articulación.

eslabón m. Anillo de la cadena.

eslinga f. Maroma provista de ganchos para levantar grandes pesos.

eslora f. Longitud de un buque contada de proa a popa.

esmaltar Cubrir con esmalte de uno o varios colores el oro, la plata, etc.

esmalte m. Barniz vítreo que se adhiere, una vez fundido, a la porcelana, loza, metales y otras sustancias.

esmeralda f. Silicato natural de aluminio y berilio, más duro que el cuarzo, con pequeñas cantidades de óxido de cromo que le da un color verde.

esmerar tr. Pulir, ilustrar l r. Extremarse, poner sumo cuidado en ser cabal y perfecto.

esmeril m. Variedad ferruginosa de corindón, muy dura, cuyo polvo se usa en la industria para pulimentar metales, deslustrar el vidrio y labrar piedras preciosas.

esmerilar tr. Pulir o deslustrar con esmeril.

esmero m. Sumo cuidado y atención diligente en hacer bien las cosas.

esmirriado, da adj. De contextura débil y asténica. l Mal desarrollado, desnutrido.

esmoquin m. Chaqueta de paño negro y solapas de seda que se usa para las cenas y veladas de media ceremonia.

esófago m. Conducto músculomembranoso que, partiendo de la faringe, va a desembocar en el estómago.

esotérico, ca adj. Misterioso, oculto, reservado, secreto; lo contrario de exotérico.

espaciador m. Tecla de las máquinas de escribir que se usan para dejar espacios en blanco.

espacial adj. Relativo o perteneciente al espacio.

espacio m. Continente de todos los objetos sensibles.

espada f. Arma blanca, larga, recta, puntiaguda y cortante. l Naipe de palo de espadas de la baraja. l Torero, estoqueador. l pl. Palo de la baraja en cuyos naipes se representan espadas.

espadachín m. El que maneja bien la espada.

espadaña f. Planta tifánea de hojas ensiformes, propias para hacer esteras, asientos, etc. l Campanario de una sola pared.

espagírica f. Arte de depurar los metales.

espagueti m. Pasta alimenticia de harina de trigo en forma de cilindros macizos, largos y delgados, pero más gruesos que los fideos.

espalda f. Parte posterior del cuerpo, desde los hombros hasta la cintura.

espaldar m. Parte de la coraza que cubre la espalda. l Respaldo del asiento. l Espalda. l Enrejado sobrepuesto a una pared para las plantas trepadoras.

espantada f. Huida repentina de una animal. l Desestimiento súbito, ocasionado por el miedo.

espantajo m. Lo que se pone en un sitio para espantar, especialmente a los pájaros.

espantalobos m. Planta leguminosa cuyas vainas producen mucho ruido al chocar unas con otras.

espantapájaros m. Espantajo que se coloca en los sembrados y en los árboles para ahuyentar los pájaros.

espantar tr. Causar espanto, dar susto infundir miedo. l Echar de un lugar. l Sentir espanto,asustarse.

espanto m. Terror, asombro. l Amenaza o demostración con que se infunde miedo.

esparadrapo m. Tira de tela o de papel que tiene una cara cubierta de un emplasto adherente, que suele usarse para sujetar vendajes.

esparcir tr. y r. Separar, extender lo que está junto o amontonado: derramar extendiendo.

espárrago m. Planta esmilácea de fruto en baya roja, cuya raíz produce muchas yemas de tallo recto y blando y cabezuelas de color verde morado.

espárter, ra adj. Dícese de la aguja grande y fuerte, y que usan los esparteros l m. y f. Persona que fabrica o vende obras de esparto.

esparto m. Planta gramínea de hojas filiformes y muy resistentes, que sirven para hacer sogas, esteras, alpargatas y pasta de papel.

espasmo m. Pasmo, efecto de un enfriamiento. l Contracción involuntaria de los músculos.

espático, ca adj. Díc. de los minerales que fácilmente se dividen en láminas.

espátula f. Paleta de mango largo que usan los farmacéuticos y los pintores.

especia f. Toda sustancia vegetal aromática, útil para sazonar manjares.

especial adj. Singular, particular; que se diferencia de lo común, ordinario o general.

especializar intr. Cultivar con especialidad un ramo determinado de una ciencia o de un arte. l Limitar una cosa a uso o fin determinado.

especie f. Conjunto de cosas semejantes entre sí por tener uno o varias carácteres comunes.l Cada uno de los grupos en que se dividen los géneros y que se componen de individuos dotados con idénticos caracteres esenciales.

especiero, ra m. y f. Persona que comercia especias. l m. Armario con cajones para guardar las especias.

especificar tr. Explicar con individualidad una cosa.

específico, ca adj. Que caracteriza una especie y la distingue de otra.

espécimen m. Muesca, modelo, señal l Ejemplar tomado como representativo de una especie zoológica.

espectáculo m. Función o diversión pública.

espectador, ra adj. Que mira con atención. l Que asiste a un espectáculo público. Ú. m. c. s.

espectro m. Imagen. fantasma, espíritu de un muerto. l Conjunto de los siete colores del Iris, que resulta de la descomposición de un rayo de luz blanca al atravesar un prisma de cristal u otro cuerpo refractor.

espectrograma m. Fotografía o diagrama de un espectro luminoso. | Imagen fotográfica del espectro de una radiación.

especulación f. Acción de especular. | Operación bursátil o comercial destinada a obtener ganancias manipulando la ley de oferta y demanda.

especular intr. Comerciar, traficar. | Procurar provecho o ganancia fuera del tráfico mercantil normal.

espéculo m. Instrumento que se usa para examinar, por reflexión luminosa, ciertas cavidades del cuerpo.

espejismo m. Fenómeno óptico que produce la ilusión de ver invertidas, a corta distancia, las imágenes de objetos distantes, debido a la reflexión total de la luz al atravesar capas de aire de distancia densidad. | Ilusión, concepto o imagen no real.

espejo m. Plancha de cristal azogada por una de sus partes, o metal bruñido, a propósito para que refleje y se representen en él los objetos que tenga delante.

espeleología f. Ciencia que estudia las cavidades naturales de la corteza terrestre.

espeleólogo, ga m. y f. Persona que se dedica a la espeología.

espeluznante p. a. de espeluznar. Que pone los pelos de punta.

esperanto m. Nombre de un idioma inventado para que pudiese servir como lengua universal.

esperanza f. Confianza de lograr una cosa. | Virtud teologal por la que confiamos y esperamos en Dios.

esperar tr. Tener esperanza de conseguir lo que se desea. | Creer que ha de suceder alguna cosa.

esperma amb. Semen.

espermatozoide m. Gameto masculino de los animales destinado a la fecundación del óvulo.

esperpento m. Ente o persona rara, fea y ridícula. | Desatino, absurdo.

espesar tr. Condensarlo líquido. | Unir, apretar una cosa con otra, haciéndola más tupida.

espeso, sa adj. Díc. de la masa o de la sustancia fluida o gaseosa que tiene mucha densidad o condensación.

espesor m. Grueso de un cuerpo. | Densidad o condensación de un fluído o una masa.

espetar tr. Atravesar con el asador carne, aves, etc., para asarlas. | fig. Decir a uno alguna cosa, causándole sorpresa o molestia.

espiar tr. Observar con disimulo lo que se dice o hace para comunicarlo a otro.

espiga f. Inflorescencia que se distingue por tener sus flores sentadas, o sostenidas por cabillos muy cortos, a lo largo de un eje común, como la del trigo.

espigado, da p. p. de espigar. | adj. Esbelto, de formas graciosas y clmbreantes.

espigar tr. Coger las espigas que han quedado sin segar, o las que han quedado en el rastrojo.

espigón m. Construcción saliente a la orilla de un río o en la costa del mar, como obra portuaria.

espina f. Púa de ciertas plantas. | Astilla pequeña y puntiaguda. | Parte dura y puntiaguda del esqueleto de los peces.

espinaca f. Planta salsolácea cuyas hojas constituyen un buen alimento.

espinazo m. Fila de vértebras desde la nuca a la rabadilla.

espinela f. Décima (combinación métrica de diez versos).

espineta f. Clavicordio pequeño.

espinilla f. dim. de espina. | Parte anterior de la canilla de la pierna. | Pequeño absceso cutáneo.

espino m. Arbusto rosáceo de ramas espinosas y madera dura.

espira f. Parte de la base de la columna, que está encima del plinto.

espiral adj. Perteneciente a la espira. | f. Curva abierta que da vueltas alrededor de un punto, alejándose de él cada vez más.

espirar t. Exhalar buen o mal olor. Infundir espíritu, animar, mover, excitar.| intr. Expeler el aire aspirado..

espíritu m. Ser inmaterial y dotado de razón. | Alma racional. | Animo, valor, esfuerzo.

espirómetro m. Aparato para medir la fuerza respiratoria de los pulmones.

espita f. Canuto que se coloca en el agujero de una cuba u otra vasija, para dar salida por él al líquido que contiene.

esplendor m. Resplandor. | fig. Lustre, nobleza.

esplenio m. Músculo que une las vértebras cervicales con la cabeza.

espliego m. Planta labiada muy aromática.

espolear tr. Picar con la espuela a la cabalgadura.

espoleta f. Detonador colocado en la boquilla de las bombas, granadas y torpedos.

espolón m. Apófisis que en forma de pequeño cuerno tienen en el tarso algunas aves gallináceas. | Malecón que suele hacerse a orillas de los ríos o del mar, y también al borde los barrancos y precipicios.

espolvorear tr. Despolvorear. Ú. t. c. r. | Esparcir sobre una cosa otra pulverizada.

espongiario adj. y s. Díc. de animales invertebrados acuáticos, que viven reunidos en colonias fijas sobre objetos sumergidos formando las esponjas.

esponja f. Masa elástica, ligera y llena de huecos y agujeros, producida por ciertos espongiarios, que absorbe fácilmente los líquidos y tiene aplicaciones domésticas e industriales.

esponsales m. pl. Mutua promesa de casamiento hecha solemnemente.

espontaneidad f. Calidad de espontáneo.

espontáneo, a adj. De propio movimiento. voluntario. | Que se produce sin cultivo o sin cuidado del hombre.

espora f. Corpúsculo reproductor de las plantas criptógamas, y de los esporozoarios.

esporádico, ca adj. Dícese de las enfermedades que no tienen carácter epidémico ni endémico. | fig. Díc. de lo que es ocasional o accidental.

esporangio m. Espora de segunda generación.

esposar tr. Sujetar a uno con esposas.

esposas f. pl. Manillas de hierro con que se sujeta a los presos por las muñecas.

esposo, sa m. y f. Persona que ha contraído esponsales. | Persona casada, respecto de su cónyuge.

espuela f. Instrumento que se ajusta al talón de la bota, y se sujeta al pie con correas, y lleva una espiga metálica y una ruedecita con puntas para picar al caballo.

espuerta f. Cesta grande y poco cóncava con dos asas.

espulgar tr. Limpiar de pulgas o piojos. Ú. t. c. r.

espuma f. Conjunto de burbujas formadas en la superficie de un líquido.

espumadera f. Paleta circular y algo cóncava, llena de agujeros, para espumar.

espumante p. a. de espumar. Que hace espuma.

esputar intr. Expectorar.

esputo m. Lo que se escupe en cada expectoración.

esqueje m. Cogollo o tallo separado de la planta que sirve para formar otra nueva.

esquela f. Carta breve. I Aviso del fallecimiento de una persona que se publica en los periódicos en recuadro de luto.

esqueleto m. Conjunto de piezas duras y resistentes que da consistencia al cuerpo de los animales, sosteniendo o protegiendo sus partes blandas.

esquema m. Representación gráfica y simbólica de una cosa inmaterial.

esquí m. Especie de patín muy largo, de madera, que sirve para deslizarse sobre la nieve.

esquiar intr. Patinar con esquís.

esquila f. Cencerro pequeño y en forma de campana. I Campana pequeña, que se usa en los conventos.

esquilar tr. Cortar el pelo o lana de las reses, perros y otros animales.

esquilmar tr. Coger el fruto de las heredades, ganados y haciendas. I Chupar excesivamente los vegetales el jugo de la tierra.

esquina f. Arista, ángulo saliente, principalmente en un edificio.

esquinar tr. Hacer o formar esquina. Ú. t. c. intr. I Encuadrar un madero.

esquirla f. Astilla de hueso, de piedra de cristal, etc.

esquirol m. Ar. Ardilla. I Obrero que reemplaza a un huelguista.

esquivar tr. Evitar, rehusar. I r. Retraerse, retirarse, excusarse.

esquizofrenia f. Enfermedad mental caracterizada por un proceso de disociación de la personalidad.

esquizomiceto m. Nombre genérico de los microorganismos vegetales que se producen por la fisiparidad, como las bacterias.

estabilidad f. Permanencia, duración. I Firmeza, seguridad en el espacio o el tiempo. I Estado de imperturbabilidad o resistencia al cambio.

estabilizar tr. Dar estabilidad a una cosa.

estable adj. Firme, durable, permanente.

establecer tr. Fundar, instruir. I Ordenar decretar. I r. Avecindarse uno a fijar su residencia en alguna parte. I Abrir por su cuenta un establecimiento mercantil o industrial.

establecimiento m. Fundación, institución o erección. I Colocación o suerte estable de una persona. I Lugar donde se ejerce una industria, comercio o profesión.

establo m. Lugar cubierto en que se encierra ganado para su descanso y alimentación, y, en el caso de establos de vacas, para su ordeña.

estaca f. Palo con una punta en una extremidad para fijarlo en alguna parte.

estacada f. Cualquier obra hecha de estacas clavadas en la tierra para reparo o defensa, o para atajar un paso.

estacha f. Cable atado al arpón que se clava a la ballena.

estación f. Estado actual o una cosa. I Temporada. I Sitio donde hacen parada los trenes y se admiten viajeros y mercancías. I Cualquiera de las cuatro partes del año que vienen determinadas por diferencias astronómicas y con consecuencias meteorológicas.

estacionar tr. y r. Situar en un lugar, colocar, asentar. I r. Quedarse estacionario, estancarse. I Dejar un vehículo detenido en un lugar adecuado.

estacionario, ria adj. Que permanece en el mismo sitio, estado o condición, sin mudanza perceptible.

estadificación f. Acción y efecto de estadificar.

estadificar tr. Clasificar la extensión y gravedad de una enfermedad tumoral maligna.

estadio m. Recinto destinado a competiciones deportivas.

estadista com. Persona versada en estadísticas. I Persona entendida en los negocios de Estado.

estadística f. Censo o recuento de la población, de los recursos naturales o industriales o de otra manifestación de un Estado, comarca, etc. I Estudio de los hechos que se pueden numerar o contar, y, del significado de la comparación de las cifras que a ellos se refieren.

estado m. Situación en que está una persona o cosa. I Orden, clase, jerarquía y calidad de las personas que componen una nación o pueblo. I Nación, territorio regido por un mismo gobierno.

estafa f. Acción de estafar.

estafar tr. Pedir o sacar dinero u otras cosas de valor con engaños, y con ánimo de lucro ilícito.

estafermo m. Figura giratoria de un hombre armado usada en ciertos juegos de habilidad y destreza.

estafeta f. Casa u oficina del correo, especialmente cada una de las sucursales que ésta tiene en las poblaciones.

estafilococo m. Género de bacterias de forma redeada, que se agrupan como en racimo, algunas de cuyas especies producen el pus en heridas, diviesos, etc.

estalactita f. Concreción, de forma casi siempre cónica, que pende del techo de algunas cavernas, y es debida a la filtración lenta de aguas que llevan en disolución alguna sal, generalmente bicarbonato cálcico o cloruro sódico.

estalagmita f. Concreción análoga a la estalactita, pero que se forma sobre el suelo de las cavernas.

estallar intr. Reventar una cosa con estruendo.

estambre m. Organo sexual masculino de las plantas fanerógamas, que se halla hacia el centro de las flores.

estameña f. Tejido ordinano de estambre puro.

esfaminífero, a adj. Díc. de las flores que tienen estambres, y de plantas que tienen estas flores.

estampa f. Efigie o figura impresa.

estampado, da p. p. de estampar. I adj. y s. Díc. de tejidos en que se estampan labores o dibujos.

estampar tr. Imprimir, sacar en estampas una cosa.

estampida f. Estampido. I Carrera rápida o impetuosa, especialmente del ganado vacuno.

estampido m. Ruido fuerte y seco como el cañonazo.

estancar tr. Detener el curso o corriente de una cosa y hacer que no pase adelante. Ú. t. c. r.

estancia f. Mansión, habitación y asiento en un lugar, casa o paraje. I Aposento, sala o cuarto donde se habita. I Estrofa de una composición poética.

estanciero, ra m. y f. Persona que posee una estancia o cuida de ella.

estanco, ca adj. Perfectamente cerrado y sin comunicación con alguna otra parte. I m. Sitio donde se venden géneros estancados, en especial tabaco y sellos.

estandarte m. Bandera cuadrada de los cuerpos montados. I Bandera cuadrilonga de las corporaciones civiles y religiosas.

estanque m. Depósito artificial de agua, para proveer al riego u otros fines.

estanquero, ra m. y f. Persona que cuida de los estanques. I Persona encargada de un estanco.

estante p. a. de estar. Que esta en un lugar.I m. Mueble con anaqueles.

estañar tr. Cubrir o bañar con estaño objetos hechos de otro metal. I Soldar con estaño.

estaño m. Metal brillante, de color parecido al de la plata, más duro y dúctil que el plomo, de igual peso específico que el hierro.

estar intr. Existir actualmente en determinado lugar, situación, condición o modo. Ú. t. c. r. I Sentir, tener actualmente alguna cualidad.

estarcir tr. Estampar dibujos, letras o cifras en una superficie de modo que quede estarcido.

estatal Perteneciente o relativo al estado.

estática f. Parte de la mecánica que tiene por objeto el estudio de las leyes del equilibrio.

estático, ca adj. Relativo a la estática | Que permanece en un mismo estado. | fig. Que se queda parado de asombro o de emoción.

estatua f. Figura de bulto labrada a imitación del natural.

estatuir tr. Establecer, ordenar, determinar. | Asentar como verdad una doctrina o un hecho.

estatura f. Altura de una persona o animal.

estatuto m. Regla u ordenanza por la que se rige una colectividad. | Ley especial para el régimen de una región, dictada por el Estado.

este m. Oriente. | Viento que viene de esta parte.

este, esta, esto, estos, estas Formas de pron. dem. en los tres géneros, m. f. y n. ambos números sing. y pl. Indican aquello que está cerca de la persona que habla, o representan y señalan lo que acaba de mencionar.

esteatita f. Siliciato de magnesia, de color blanco o verde, suave y tan blanco que se raya con la uña.

estela f. Señal que deja en el agua una embarcación u otro cuerpo que se mueve en ella. | Rastro que deja en el aire un cuerpo luminoso en movimiento.

estelar adj. Sidéreo. | Propio de las estrellas.

estelión m. Salamanquesa. | Piedra fabulosa, a la cual se atribuían virtudes antitóxicas.

estenosis f. Estrechez de un conducto orgánico.

estentóreo, a adj. Díc. de la voz muy alta y ruidosa.

estepa f. Erial llano y de mucha extensión.

estera f. Tejido de esparto, juncos, plama, etc., con que se cubre el suelo.

estercolero m. El que recoge el estiércol. | Depósito de estiércol.

estereoducto m. Cinta trasportadora de cuerpos sólidos por medio de correas kilométricas.

estereofonía f. Reproducción de los sonidos destinada a dar la sensación de relieve acústico.

estereografía f. Arte de representar los sólidos proyectados sobre un plano.

estereoscopio m. Instrumento óptico, en el cual, una imagen duplicada, vista en cada ojo, por distinto conducto, aparece como una sola imagen de relieve.

estéril adj. Que no da fruto. | Que no produce.

esterilizar tr. y r. Hacer estéril e infecundo lo que no lo es. | Destruir los gérmenes que contiene alguna cosa.

esternón n. Hueso plano de la parte anterior del tórax, con la cual se articulan por delante las costillas.

estertor m. Respiración anhelosa que produce un sonido involuntario, casi siempre ronco. Suele presentarse en los moribundos.

esteta m. El que posee o estudia la ciencia de la estética.| Persona que afecta el culto a la belleza.

estética f. Ciencia que trata de la belleza y de la teoría fundamental del arte.

estetoscopio m. Instrumento para auscultar la cavidad torácica mediante el sonido.

estiaje m. Nivel más bajo o caudal mínimo que en ciertas épocas tienen las aguas de un río o laguna a causa de las sequía.

estibar tr. Colocar o distribuir ordenada y convenientemente toda la carga de una embarcación.

estiércol m. Excremento de cualquier animal. | Materias orgánicas descompuestas, que sirven de abono.

estigma m. Señal o marca en el cuerpo. | Cuerpo glanduloso situado en el extremo del pistilo, que recoge el polen fecundado. | Huella impresa de modo sobrenatural en el cuerpo de algunos Santos.

estigmatizar tr. Marcar a alguien con hierro candente. | Afrentar, infamar.

estilar intr. Usar, practicar acostumbrar como un modo o estilo particular.

estilete m. Estilo, punzón o gnomon pequeño. | Puñal de hoja muy estrecha y aguda.

estilista com. Escritor de estilo esmerado y elegante.

estilística f. Estudio del estilo o de la expresión lingüística en general.

estilizar v. tr. Interpretar convencionalmente la forma de un objeto haciendo resaltar solamente sus rasgos característicos.

estilo m. Punzón que usaban los antiguos para escribir. | Modo, manera. | Modo de expresión peculiar de un escritor, o de un orador o de en artista. | Parte del pistilo que sostiene el estigma.

estilográfico, ca adj. Díc. de la pluma para escribir, en cuyo mango hay un depósito de tinta, la cual, al escribir, baja a los puntos. | f. Esta pluma.

estima f. Consideración y aprecio.

estimación f. Aprecio y valor que seda a una cosa. Ú. t. c. r. | Juzgar, conjeturar.

estimular tr. Aguijonear, picar. | fig. Incitar, avivar una actividad o función.

estímulo m. fig. Incitamiento para obrar o funcionar.

estinco m. Reptil saurio, escínico, de color amarillento.

estío m. Estación del año comprendida entre el solsticio de verano y el equinoccio de otoño.

estipendio m. Paga o remuneración.

estipular tr. Hacer contrato verbal. Convenir, concertar, acordar.

estique m. Instrumento de madera, que usan los escultores para modelar el barro.

estirar tr. Alargar, dilatar una cosa, extendiéndola con fuerza. Ú. t. c. r.

estirpe f. Raíz y tronco de una familia o linaje.

estivación f. Estado de somnolencia a que están sujetos algunos animales de las regiones desérticas tropicales durante la estación más cálida.

estocada f. Golpe dado de punta con la espada o estoque y herida que causa.

estofado, da p. p. de estofar. | m. Guisado de carne u otro manjar hecho a fuego lento bien sazonado.

estoico, ca adj. fig. Fuerte, ecuánime ante la desgracia.

estola f. Banda larga de piel usada por las mujeres para abrigarse el cuello.

estoma m. Cualquiera de las pequeñísimas aberturas que hay en la epidermis de las hojas de has plantas.

estómago m. Órgano del aparato digestivo situado en el abdomen. Se encuentra por debajo del diafragma y del hígado, por encima del colon transverso y del mesocolon.

estomatología f. Tratado de las enfermedades de la boca.

estopa f. Parte basta del lino o cáñamo. Tela que se hace con ellas.

estoque m. Espada angosta, con punta pero sin filo.

estorbar tr. Poner obstáculo a la ejecución de una cosa.

estornino m. Pájaro estúrnido de plumaje negro con pintas blancas.

estornudar intr. Despedir con estrépito y de un modo involuntario y repentino el aire aspirado.

estornudo m. Acción de estornudar.

estrabismo m. Enfermedad de los ojos por la cual los dos ejes visuales no se dirigen a la vez al mismo objeto.

estrado m. Sala de ceremonias, donde las mujeres recibían las visitas. | Tarima cubierta con alfombra sobre la que se pone el trono real o la mesa presidencial en actos solemnes.

estrafalario, ria adj. y s. Desaliñado en el vestido o en el porte. I fig. Extravagente en el modo de pensar o en las acciones.

estragar tr. Viciar, corromper. Ú. t. c. r. I Causar estrago.

estrago m. Daño hecho en guerra; destrucción, matanza, ruina, asolamiento.

estragón m. Planta compuesta, con tallos ramosos, que se usa como condimento.

estrambote m. Conjunto de versos, de sentido sorprendente y generalmente ridículo, que se añade al final de una composición, y especialmente del soneto.

estramonio m. Planta solanáceas, de tallos ramosos, hojas anchas y flores grandes, blanca y en forma de embudo.

estrangular tr. Ahogar, oprimiendo el cuello hasta impedir la respiración. Ú. t. c. r.

estratagema f. Ardid de guerra. I Engaño hecho con astucia y destreza.

estrategia f. Arte de dirigir las operaciones militares. I fig. Arte para dirigir un asunto.

estratificación f. Acción de estratificar. I Disposición de las capas o estratos de un terreno. I Disponer las cosas en estratos por categorías.

estrato m. Masa mineral en forma de capa de espesor casi uniforme, que constituye los terrenos sedimentarios.

estratosfera f. Parte de la atmósfera comprendida entre los doce y los cien Kilómetros de altura.

estrechar tr. Reducir a menor ancho o espacio una cosa. I fig. Apretar, reducir a estrechez.

estrechez f. Escasez de anchura de alguna cosa.

estregar tr. y r. Frotar, pasar con fuerza una cosa sobre otra para darla calor, limpieza, tersura, etc.

estrella f. Cualquiera de los astros que brillan con luz propia en el firmamento y guardan siempre entre sí la misma distancia sensible.

estrellado, da p. p. de estrellar. I adj. De forma de estrella. I Díc. del animal que tiene una estrella en la frente.

estrellar adj. Perteneciente a las estrellas I tr. Sembrar o llenar de estrellas. Ú. t. c. r. I fam. Arrojar con violencia una cosa contra otra haciéndola pedazos.

estrelluela f. dim. de estrella. I Ruedecita con puntas de las espuelas y espolines.

estremecer tr. Hacer temblar, conmover.

estrenar tr. Hacer uno por primera vez de una cosa. I Representar o ejecutar por primera vez ciertos obstáculos públicos. I r. Empezar uno a desempeñar un empleo o profesión. I Hacer un vendedor la primera venta del día. I m. Estreno.

estreñir tr. y r. Retrasar el curso del contenido intestinal y dificultad su evacuación.

estrépito m. Ruido grande, estruendo. I adj. Estrepitoso, sa.

estreptococo m. Género de bacterias de forma redondeada que se agrupan en forma de cadenita.

estría f. Media caña en hueco labrada verticalmente en la columna, y, en general, acanaladura, raya en hueco.

estribación f. Estribo de una cordillera.

estribar tr. Descansar el peso de una cosa en otra sólida y firme I fig. Fundamentarse, apoyarse.

estribillo m. Letrilla que se repite al final de cada estrofa. I fam. Bordón, muletilla.

estribo m. Pieza, generalmente metálica, pendiente de la acción, en que el jinete apoya el pie. I Hierro anular que se fija en la cabeza de la ballesta. I Escalón para subir y bajar del coche.

estribor m. Costado derecho de una embarcación mirando hacia la proa.

estricnina f. Alcaloide muy venenoso, que se produce naturalmente en la nuez vómica y el haba de San Ignacio.

estricto, ta adj. Estrecho, riguroso, ajustado a la ley.

estridencia f. Estridor. Sonido agudo, desapacible y chirriante, I Violencia de la expresión o de la acción.

estrofa f. Parte de la división de una composición poética, compuesta por varios versos.

estroncio m. Metal de aspecto plateado que en contacto con el aire se cubre rápidamente de una capa de óxido.

estropajo m. Planta curbitácea, cuyo fruto, que tiene la forma de un pepino grande, es muy fibroso y una vez desecado se usa para fregar y como cepillo de aseo para fricciones. I Porción de esparto o de otra materia para fregar.

estropear tr. Lisiar. Ú. t. c. r. I Deteriorar una cosa. Ú. t c. r. I Echar a perder cualquier asunto o proyecto.

estropicio m. fam. Destrozo, rotura estrepitosa, trastorno ruidoso.

estructura f. Distribución y orden de las partes importantes de un edificio, máquina u otro conjunto funcional.

estructurar tr. Distribuir, ordenar las partes de una obra o de un cuerpo.

estruendo m. Ruido muy grande.

estrujar tr. Apretar para sacar el jugo. Apretar a alguien con violencia.

estuario m. Estero, terreno que se inunda con las mareas.

estuche m. Caja para guardar y proteger un objeto o varios análogos.

estuco m. Masa de yeso y agua de cola, que se usa para fabricar diversos objetos.

estudiante p. a. de estudiar. Que estudia. I m. y f. Persona que cursa estudios en un establecimiento docente.

estudiantina f. Comparsa musical de estudiantes.

estudiar tr. Aplicar el entendimiento a la adquisición de conocimientos. I Cursar estudios en los establecimientos docentes.

estudio m. Aplicación del entendimiento a aprender una ciencia o arte.

estufa f. Aparato que sirve para calentar las habitaciones.

estulticia f. ram. Necedad, tontería.

estupefacción f. Pasmo de estupor. I adj. Estupefacto, ta.

estupefaciente adj. Que produce estupefacción. I m. Sustancia narcótica que hace perder la sensibilidad.

estupendo, da adj. Asombroso, pasmoso, admirable.

estupidez f. Torpeza en comprender. fam. Sandez, necedad.

estupor m. Disminución de la actividad intelectual acompañada de cierto aire de asombro o de indiferencia. I fig. Pasmo, asombro.

estupro m. Seducción sexual sobre una persona que, por edad o por estado mental, no se considera en condiciones de aceptar o rechazar libremente una relación de cópula. I fig. Violación.

esturión m. Pez ganoideo con cuyas huevas se prepara el caviar.

esvástica f. Cruz, cuyas extremidades se tuercen en ángulo recto hacia la derecha.

eta f. Nombre de la e larga en el alfabeto griego.

etano m. Hidrocarburo cuya molécula se compone de dos átomos de carbono y seis de hidrógeno.

etapa f. Avance parcial en el desarrollo de una acción u obra.

etcétera Voz que se usa en el discurso para indicar que se omite lo que queda por decir cuando ello se sobreentiende.

éter m. Compuesto que resulta de un ácido sobre el alcohol.

eternidad f. Duración sin fin. I fig. Duración ilimitada de siglos y edades.

eternizar tr. Perpetuar la vida de una cosa. | Hacer durar o prolongar demasiado una cosa. Ú. t. c. r.

eterno, na adj. Que no tuvo principio ni tendrá fin. | Que dura mucho.

ética f. Parte de la filosofía que, a partir de principios, vivencias, o actitudes, intenta determinar las normas o el sentido del obrar humano, tanto individual como social.

etimología f. Origen de las palabras y estudio del mismo.

etiqueta f. Ceremonial de los usos y costumbres que se deben guardar en las casas reales y en los actos públicos solemnes. | Marbete, trozo de papel impreso que se adhiere a las mercancias o a sus envases para identificar el producto y a sus productores.

etmoides adj. y s. Díc. del hueso de las cavidades nasales, lleno de agujerillos.

etnografía Ciencia que tiene por objeto la descripción de las diferentes razas humana aportando con ello el material necesario para el posterior estudio y síntesis de las mismas, cuya labor corre a cargo de la etnología.

etnógrafo, fa m. y f. Persona versada en etnografía.

etnología f. Es la ciencia que estudía a los diferentes pueblos y razas, su localización relaciones y manifestaciones culturales tanto en su aspecto material como espiritual.

eucalipto m. Árbol mirtéaceo.

eucaristía f. Para los cristianos, el Santísimo Sacramento del altar.

eudiómetro m. Aparato que se usa para analizar un gas por medio de la chispa eléctrica.

eufemismo m. Modo de decir con suavidad y decoro ideas cuya expresión directa sería dura y malsonante.

euforia f. Sensación de bienestar, resultado de una perfecta salud. | Estado de ánimo propenso al optimismo.

eugenesia f. Aplicación de las leyes biológicas de la herencia al perfeccionamiento de la especie humana.

eunuco m. Esclavo castrado que en culturas antiguas tenían para la custodia de sus mujeres.

euskera m. Nombre vasco de la lengua vascuence.

eutanasia f. Muerte tranquila, dulce, sin padecimientos, producida voluntariamente sobre ciertas personas, especialmente enfermos incurables.

evacuar tr. Desocupar alguna cosa. | Expeler un ser orgánico humores o excrementos.

evadir tr. y r. Evitar un daño o peligro inminente, eludir con arte o astucia una dificultad prevista. | r. Escaparse, fugarse.

evaluar tr. Valorar. | Estimar el valor de las cosas no materiales.

evanescente adj. Que se desvanece o esfuma como luz o niebla.

evangelio m. Vida de Jesucristo, referida por los evangelistas. | Capítulo de uno de los evangelistas que se dice en la misa.

evangelista m. Cada uno de los cuatro autores de los Evangelios Sinópticos.

evangelizar tr. Predicar la fe de Jesucristo o las virtudes cristianas.

evaporación f. Acción de evaporar. | Evaporacion del agua.

evaporar tr. y r. Convertir en vapor. | fig. Disipar, desvanecer. | r. fig. Desaparecer sin ser notado, fugarse.

evasivo, va adj. Que facilita la evasión. | f. Medio para eludir una dificultad.

evento m. Acontecimiento, suceso imprevisto o contingente. | Acontecimiento o suceso pasado o no contingente.

eventualidad f. Calidad de eventual. | Hecho o circunstancia de realización incierta.

evidencia f. Certeza clara y manifiesta. | tr. videnciar. | adj. Evidente.

evitar tr. Precaver, impedir que suceda algún daño, peligro o molestia, apartarlo.

evocar tr. Llamar a los espíritus y a los muertos. | fig. Traer algún recuerdo a la memoria. | f. Evocación.

evolución f. Acción de evolucionar. | Desarrollo de las cosas o de los organismos por medio del cual pasan gradualmente de un estado a otro más complejo. | fig. Transformación de las ideas o de las teorías.

ex prep. de significación varia, y que suele denotar fuera de cierto espacio o límite de lugar o de tiempo, manifestación, negación o privacion, encarecimiento. Comúnmente es inseparable y cuando se usa separadamente, antepuesta a una voz, significativa de algún empleo, dignidad, etc., indica que el sujeto cesó ya en las funciones de su cargo.

exabrupto m. Dicho o ademán inesperado o incoveniente.

exacción f. Acción de exigir impuestos multas, etc. | Cobro injusto y violento.

exacerbar tr. y r. Irritar, enojar mucho.

exactitud f. Puntualidad y fidelidad en la ejecución de una cosa.

exacto, ta adj. Puntual, fiel y cabal.

exagerar tr. Encarecer, dar proporciones excesivas a una cosa.

exaltar tr. Elevar a una persona a mayor dignidad. | fig. Encarecer el mérito o circunstancias de alguien. | Hacer notar una acción gloriosa. | Dejarse arrebatar de una pasión, perdiendo la moderación.

examen m. Indagación y estudio que se hace de las cualidades y circunstancias de una cosa o de un hecho. | Prueba que se hace de la idoneidad de una persona para el ejercicio de una profesión, o para demostrar el aprovechamiento en los estudios. |

exangue adj. Desangrado, falto de sangre.

exánime adj. Que está sin vida o no da señales de ella. | fig. Muy debilitado, desmayado.

exasperar tr. y r. Irritar una parte dolorida o delicada. | fig. Enfurecer, dar motivo de enojo grande a uno.

excarcelar tr. Poner en libertad al preso.

excavar tr. Hacer desmontes, hoyos o zanjas.

excedente p. a. de exceder. Que excede adj. Excesivo. | Sobrante. Ú. t. c. s.

exceder tr. Ser una persona o cosa más grande o aventajada que otra con la que se compara. | intr. y r. Propasarse, ir mas allá de lo lícito o razonable.

excelencia f. Superior calidad o bondad que da a una cosa especial aprecio. | Excepcional bondad o mérito. | Tratamiento que se da a algunas personas por su dignidad o empleo.

excelso, sa adj. Muy elevado, eminente. | Muy excelente.

excentricidad f. Rareza o extravagancia de carácter.

excéntrico, ca adj. De carácter raro, extravagante. | Que está fuera del centro o que tiene distinto centro.

excepción f. Acción de exceptuar. | Cosa que se aparta de la regla general.

excepto, ta adv. m. A. excepción de, menos, salvo, fuera de.

exceptuar tr. y r. Excluir a una persona o cosa de la generalidad de lo que se trata o de la regla común.

exceso m. Parte que excede de la medida o regla. | Lo que traspasa los límites de lo lícito o de lo ordinario. | Aquello en que una cosa excede a otra.

excipiente m. Substancia inerte que se mezcla con los medicamentos para darles forma, sabor u otra cualidad que facilite su uso.

excitación f. Acción o efecto de excitar o excitarse.

excitar tr. Estimular, provocar, inspirar algún sentimiento, pasión o movimiento.

exclamar tr. Proferir gritos o expresiones vehementes, para expresar una emoción del ánimo o para dar vigor a lo que se dice.

excluir tr. No admitir una persona o cosa con otras, o echarla del lugar que ocupaba. I Descartar, rechazar o negar la posibilidad de una cosa.

exclusiva f. Repulsa para no admitir a uno en alguna parte. I Monopolio, privilegio.

exclusivo, va adj. Único, sólo, excluyendo a cualquier otro. I Que excluye o puede excluir. I adv. Exclusivamente.

excogitar tr. Hallar alguna cosa con el discurso o la meditación.

excomulgar tr. En el catolicismo, apartar expulsar a alguien de la comunión de los fieles.

excrecencia f. Carnosidad supérflua que altera la superficie de un tejido vegetal o animal.

excremento m. Heces de alimentos que despide el cuerpo por el ano, después de hecha la digestión. I Cualquier materia asquerosa que expele el cuerpo.

excretar intr. Expeler las substancias elaboradas por las glándulas.

excretor m. Es el conjunto de órganos destinados a recoger y eliminar del cuerpo de los animales los productos de desecho del metabolismo celular.

exculpar tr y r. Descargar de culpa. I f. Exculpación.

excursión f. Correría. I Ida a algún paraje para estudio, recreo, o ejercicio físico.

excusa f. Acción de excusar o excusarse. I Motivo o pretexto que se utiliza para eludir una obligación o disculpar una omisión.

excusar tr. Exponer y alegar causas o razones para disculpar a uno. Ú. t. c. r. I Evitar, impedir, precaver. I Rehusar hacer una cosa. Ú. t. c. r.

execrar tr. Condenar y maldecir una autoridad sacerdotal o en nombre de cosas sagradas.

exención f. Acción de eximir o de eximirse.

exento, ta p. p. irreg. de eximir. I adj. Libre, desembarazado, franco, exceptuado de algo. I Dícese del sitio descubierto por todas partes.

exequias f. pl. Honras fúnebres.

exergo m. Parte de una medalla o moneda donde va la inscripción.

exfoliación f. Acción de exfoliar o exfoliarse. I Pérdida o caída de un tejido en forma de capas o escamas.

exfoliar tr. y r. Dividir en hojas, láminas o escamas.

exhalar tr. Despedir olores, gases o vapores. I fig. Lanzar suspiros, quejas, etc.

exhaustivo, va adj. Que agota o consume por completo.

exhausto, ta adj. Enteramente agotado. falto de todo.

exhibicionismo m. Compulsión neurótica a exhibirse. I Aberracion neurótica que compulsa al enfermo a exhibir sus partes genitales.

exhibir tr. Manifestar, mostrar en público. Ú. t. c. r.

exhortación f. Acción de exhortar. I Sermón o plática familiar y breve.

exhortar tr. Inducir a uno con razones o ruegos a que haga o deje de hacer alguna cosa.

exhumar tr. Desenterrar, sacar de la sepultura restos humanos. I fig. Recordar o sacar a luz cosas olvidadas. I f. Exumación.

exigir tr. Cobrar, percibir. I fig. Pedir necesitar una cosa aígún requisito. I fit. Demandar imperiosamente.

exiguo, gua adj. Insuficiente, escaso.

exiliado, da p. p. de exiliar o exiliarse. I adj. Dícese de quien, voluntariamente o no, vive alejado de su patria.

exiliar tr. Desterrar. I r. Expatriarse.

eximente p. a. de eximir. Que exime. I adj. y s. Dícese de la circunstancia que libra de responsabilidad criminal.

eximio, mia adj. Muy excelente.

eximir tr. y r. Libertar a uno de una obligación, cuidado o culpa.

existencia f. Acto de existir. I Vida del hombre. I pl. cosas almacenadas, dispuestas para su venta o empleo.

existir intr. Tener una cosa ser real y verdadero. I Tener vida. I Haber, estar, hallarse.

éxito m. Resultado feliz de un asunto.

exódo m. En la Biblia, segundo libro del Pentatenco, en que se refiere la salida de los israelitas de Egipto. I fig. Emigración de un pueblo.

exonerar tr. Aliviar del cargo, peso u obligación. Ú. t. c. r. I fig. Destituir, desposeer del empleo.

exorbitante adj. Que excede mucho del orden regular.

exorcismo m. Conjuro contra los demonios o el espíritu maligno.

exorcizar tr. Usar de los exorcismos dispuestos y ordenados por la Iglesia contra el espíritu maligno.

exordio m. Introducción, preámbulo.

exornar tr. y r. Adornar, hermosear.

exótero, ca adj. Común, accesible para el vulgo, lo contrario de esotérico.

exótico, ca adj. Extranjero, de país extraño. I Extraño, extravagante.

expandir tr. y r. Extender, dilatar.

expansión f. Acción de dilatarse. Diversión, esparcimiento.

expansivo, va adj. Que puede o que tiende a dilatarse. I fig. Afable, comunicativo.

expatriarse r. Abandonar su patria una persona.

expectación f. Espera, generalmente curiosa o tensa, de un acontecimiento que interesa o importa. I Contemplación de lo que se expone o muestra al público.

expectativa f. Esperanza de conseguir algo, si se presenta la oportunidad que se desea u ocurre una eventualidad o suceso **que se prevee.**

expectorar tr. Arrancar y arrojar por la boca las secreciones del aparato respiratorio.

expedición f. Acción de expedir. I Facilidad, presteza, desembarazo en decir o hacer. I Excursión organizada con algún fin.

expediente m. Asunto que se sigue sin juicio contradictorio en algún tribunal. I Conjunto de papeles concernientes a un asunto. I Medio para salir de una dificultad, I Procedimiento por el que se enjuicia la actuación de una persona cualquiera, dentro de su ámbito de ocupación.

expedir tr. Dar curso a los negocios. I Extender bulas, privilegios, etc. I Enviar mercaderías, telegramas, etc.

expedito, ta adj. Desembarazado, libre de todo estorbo.

expeler tr. Arrojar, lanzar, echar de sí, despedir, expulsar.

expensas f. pl. Gastos, costas.

experiencia f. Aprendizaje que se adquiere con el uso, la práctica o sólo con el vivir.

experimentación f. Experimento o serie de ellos.

experimental adj. Fundado en la experiencia, o que se sabe por ella.

experimentar tr. Probar y examinar prácticamente las propiedades de una cosa. I Hacer operaciones destinadas a descubrir o comprobar determinados fenómenos o principios científicos. | Sufrir, padecer.

experimento m. Acción y efecto de experimentar.

experto, ta adj. Práctico, ducho. | m. Perito.

expiar tr. Borrar las culpas con algún sacrificio. | Sufrir el delincuente la pena impuesta.

expirar intr. Morir, acabar la vida. | fig. Acabarse, llegar a su término una cosa.

explanada f. Espacio de terreno allanado. | Declive desde el camino cubierto hasta la campaña.

explayar tr. y r. Ensanchar, extender. | r. Dilatarse, espaciarse. | Franquearse, espontanearse.

explicación f. Exposición clara de una materia para hacerla más comprensible.

explicar tr. Manifestar lo que se piensa. Ú. t. c. r. | Declarar, exponer cualquier materia en forma clara y comprensible. | Justificar palabras o acciones, declarando que en ellas no hubo intención de agravio. | Dar a conocer la causa o motivo de alguna cosa. | r. Llegar a comprender la razón de una cosa; darse cuenta de ella.

explícito, a adj. Que expresa una cosa con claridad.

explorar tr. Reconocer, registrar, inquirir o averiguar con diligencia.

explosión f. Acción de reventar con estruendo un cuerpo por la fuerza expansiva de un gas contenido o rápidamente formado en su interior. | Dilatación repentina de un gas expelido del cuerpo que lo contiene, sin que éste estalle ni se rompa.

explosivo, va adj. Que hace o puede hacer explosión.

explotación f. Acción de explotar. 0 Conjunto de elementos destinados a una industria o granjería.

explotar tr. Beneficiar alguna mina. | fr. Sacar utilidad o provecho de un negocio o industria o de una persona o cosa. | Estallar, reventar, hacer explosión.

expoliar intr. Despojar con violencia o con iniquidad.

exponencial adj. Dic. de la cantidad que tiene un exponente variable.

exponente p.a. de exponer. Que expone | m. Número o letra que se coloca en la parte superior derecha de una cantidad e indica la potencia a que debe elevarse dicha cantidad.

exponer tr. Poner de manifiesto una cosa, presentarla para que sea vista. | Arriesgar, aventurar una cosa, ponerla en peligro.

exportar tr. Enviar mercancías del propio país a otros.

exposición f. Acción de exponer o exponerse. | Manifestación pública de objetos de industria o arte.

expositivo, va adj. Que expone, declara o interpreta.

expósito, ta adj. y s. Dic. de la criatura recién nacida abandonada en un paraje público.

expositor, ra adj. Que expone, interpreta y declara una cosa. Ú. t. c. s. | m. y f. Persona que concurre a una exposición pública con objetos de su propiedad o industria.

expresar tr. Decir, manifestar con alabras lo que uno quiere dar a entender.

expresión f. Declaración de una cosa para darla a entender. | Palabra o locución.

expresionismo m. Tendencia artística y literaria que busca el modo de expresar las sensaciones.

expresivo, va adj. Que manifiesta con gran viveza de expresión una cosa. | Afectuoso, cariñoso.

expreso, sa p. p. de irreg. de expresar. | adj. Claro, especificado. | Dic. del tren de viajeros muy rápido y que se detiene en pocas estaciones. Ú. t. c. s.

exprimir tr. Extraer el zumo o líquido que contiene una cosa, apretándola o retorciéndola.

expropiar tr. Desposeer legalmente de una cosa a su propietario, por razones de utilidad pública, indemnizándole en cambio.

expugnar tr. Tomar una plaza por la fuerza de las armas.

expulsar tr. Expeler, arrojar, echar.

expulsor, ra adj. Que expulsa. | m. Mecanismo de algunas armas de fuego que expulsa los cartuchos vacíos.

exquisito, ta adj. Primoroso, selecto, delicioso.

extasiarse r. Arrobarse.

éxtasis m. Estado del alma embargada por un sentimiento de admiración, alegría, etc.

extender tr. y r. Hacer que una cosa aumentando su superficie, ocupe más lugar que antes. | Desenvolver, desdoblar. | Dar una cosa mayor alcance o amplitud. | fig. Propagarse, irse difundiendo.

extensión f. Acción de extender. | Capacidad para ocupar un lugar en el espacio. | Medida del espacio ocupado por un objeto.

extenuar tr. y r. Debilitar, adelgazar. | f. Extenuación.

exterior adj. Que está por la parte de fuera. | m. Traza y porte de una persona. | Superficie externa de los cuerpos.

exteriorizar tr. y r. Hacer patente, revelar o mostrar algo al exterior.

exterminar tr. fig. Desolar, devastar. | fig. Acabar con una cosa, extirparla.

exterminio m. Acción de exterminar.

externo, na adj. Dic. de lo que obra o se manifiesta al exterior.

extinguir tr. y r. Hacer que cese el fuego o la luz. | fig. Hacer que cesen o se acaben del todo ciertas cosas.

extinto, ta p. p. irreg. de extinguir. | Dic. del volcán apagado. | Difunto, muerto, finado.

extintor m. Aparato portátil propio para la extinción de incendios.

extirpar tr. Arrancar de raíz o de cuajo. | fig. Acabar del todo con una cosa.

extorsionar tr. Usurpar, arrebatar por presiones ilícitas. | Causar perjuicio o daño.

extra prep. insep., que significa 'fuera de'. | adj. Extraordinario, óptimo.

extracorpóreo, a adj. Que está situado u ocurre fuera del cuerpo.

extracto m. Resumen en que sólo se expresa lo esencial de un escrito. | r. Producto sólido o espeso que se obtiene evaporando un zumo o una disolución de materias vegetales o animales.

extractor, ra s. y adj. Que extrae. | Pieza de un mecanismo que sirve para extraer.

extradición f. Entrega de un reo refugiado en país extranjero al gobierno del suyo que lo reclama.

extraer tr. y r. Sacar una cosa de donde está. | Separar alguna de las partes de que se compone un cuerpo.

extralimitarse r. fig. Excederse en el uso de las facultades o atribuciones, abusar de la benevolencia ajena.

extramuros adv. Fuera del recinto de una población.

extranjería f. Calidad y condición legal del extranjero residente y no naturalizado en un país.

extranjero adj.Que es o viene de país de otra soberanía.

extrañar tr. y r. Desterrar a país extranjero. | Apartar a uno del trato. | Ver u oír algo con extrañeza. | Echar de menos a una persona o cosa, sentir su falta.

extrañeza f. Calidad de raro, extraño. | Cosa rara, extraña, extraordinaria. | Admiración, novedad.

extraño, ña adj. De distinta nación, familia o profesión de la que se habla o sobrentiende. | Raro, singular. | Extravagante. |

extraordinario, ria adj. Que traspasa los límites de lo ordinario, que sale fuera del orden común.

extrapolación f. Averiguar el valor de una magnitud para valores de la variable que se hallan fuera del intervalo en que dicha magnitud ha sido medida.

extraterritorial adj. Que está o se considera fuera del territorio de la propia jurisdicción.

extrauterino, na adj. Que está situado u ocurre fuera del útero.

extravagante adj. Que se hace o dice fuera del orden o común modo de obrar. I Que habla, viste o procede así.

extraviado, da p. p. de extraviar. I adj. Aplícase a la persona de costumbres desordenadas. I Díc. del lugar apartado, poco transitable.

extraviar tr. Hacer perder el camino. No fijar la vista o la mirada en un punto determinado. I r. No encontrarse una cosa en su sitio e ignorarse su paradero.

extremar tr. Llevar al extremo una cosa. I r. Esmerarse en la ejecución de una cosa.

extremaunción f. Sacramento que se administra a los moribundos y consiste en la unción con óleo sagrado.

extremidad f. Parte extrema, punta, fin de una cosa. I Lo último a que puede llegar una cosa. I pl. Cabeza, pies, manos o cola de los animales. I Pies y manos del hombre.

extremismo m. Tendencia a adoptar, ideas extremas o exageradas, especialmente en la política.

extremo, ma adj. último. I Aplícase a los más intenso, elevado o activo de una cosa.

extrínseco, ca adj. Externo, no esencial.

exuberante adj. Muy abundante y copioso. I f. Exuberancia.

exudar intr. y tr. Salir un líquido fuera de sus vasos o continentes propios.

exultar intr. Saltar de alegría, trasportarse de gozo.

exultación f. Acción de exultar.

exundar tr. Quedar enjuto un terreno al retirarse las aguas después de una inundación.

exutorio m. Ulcera abierta artificialmente para determinar una supuración curativa.

exvoto m. Ofrenda que los fieles cuelgan en los muros de los templo, en recuerdo de algún beneficio recibido.

eyacular tr. Lanzar con rapidez y fuerza el contenido de un órgano o depósito. Aplícase principalmente a la emisión seminal de los machos.

eyector m. Aparato que produce la evacuación de un fluído por medio de un chorro de vapor. I Dispositivo para la evacuación inmediata de una persona o cosa contenida dentro de algo, por ejemplo, el piloto de una aeronave.

f f. Sexta letra del abecedario español, y cuarta de sus consonantes. Su nombre es efe.

fa m. Cuarta voz de la escala musical.

fabada f. Potaje de alubias con tocino, morcilla y otros ingredientes, típico de Asturias.

fábrica f. lugar donde se fabrica una cosa.

fabricar tr. Proceso de transformación de materias primas en productos semielaborados, o de estos en productos finales ya acabados.

fábula f. Rumor, hablilla. l Composición literaria, generalmente en verso, que contiene una anécdota, a menudo con animales por protagonistas, y envuelve una enseñanza moral o moraleja.

fabuloso adj. dícese de relatos, personas o cosas maravillosas, fantásticas o extraordinarias.

faca f. Cuchillo corvo.

facción f. Parcialidad de gente amotinada o rebelada

faceta f. Cada una de las caras de un poliedro cuando son pequeños. Díc. especialmente de las caras de una piedra preciosa tallada. l fig. Cada uno de los aspectos de un asunto.

facial adj. Perteneciente al rostro. l Díc. del ángulo del rostro formado por dos rectas que vayan desde la frente hasta los alveolos del maxilar superior y desde aquí hasta el conducto auditivo.

fácil Que se puede hacer sin mucho trabajo.

facilidad f. Disposición para hacer una cosa sin gran trabajo.

facilitar tr. Hacer fácil o posible la ejecución de una cosa o la consecución de un fin. l Proporcionar o entregar.

facineroso, sa adj. y s. Delincuente habitual. l m. Hombre malvado.

facistol m. Atril grande que se usa en las iglesias.

facón m. Cuchillo grande, de punta muy aguda y afilada.

facsimilar adj. Díc. de las reproducciones, ediciones, etc. en facsímile.

facsímile m. Exacta imitación de un escrito, dibujo, firma, etc.

facticio, cia adj. Que se hace por arte, y no naturalmente.

factitivo, va adj.. Díc. del verbo o perífrasis verbal cuyo sujeto no ejecuta por sí mismo la acción, sino la hace ejecutar por otro y otros.

factor m. Cada una de las cantidades que se multiplican para formar un producto.

factoría f. Establecimiento de comercio, especialmente el situado en país colonial.

factura f. Hechura. l Cuenta detallada de las mercaderías comprendidas en una venta o remesa.

facturadora f. Máquina electrónica para hacer facturas.

facturar tr. Extender las facturas. l Registrar en las estaciones de ferrocarriles los equipajes o mercancías para su expedición.

fácula f. Mancha brillante en el Sol.

facultad f. Aptitud, potencia física moral. l Poder, derecho para hacer alguna cosa. Ciencia o arte. l En las universidades, cuerpo de doctores o maestros de una ciencia. l Licencia o permiso. l Fuerza, resistencia.

facultar tr. Conceder facultades o poderes a alguno; autorizar.

facultativo, va adj. Perteneciente a alguna facultad. l Perteneciente a la facultad, o poder que uno tiene para hacer alguna cosa. l Potestativo; aplícase al acto que libremente se puede hacer u omitir. l Que profesa alguna facultad. l m. Médico o cirujano.

facundia f. Abundancia, facilidad en el hablar.

facha f. fam. Traza, aspecto, porte.

fachada f. Aspecto exterior de conjunto que ofrece un edificio, buque, etc. por cada uno de los lados que puede mirarse. l fig. Presencia, figura y disposición del cuerpo.

fado m. Cierta canción popular portuguesa.

faena f. Trabajo, textensión, quehacer. l En la plaza de toros, las operaciones que efectúa el diestro durante la lidia. l fig. fam. Jugada, trastada, mala pasada.

faenar tr. Matar reses y descuartizarlas o prepararlas para el consumo.

-fagia Elemento compositivo que significa "acción de comer o tragar".

-fago, fago- Elementos compositivos que entran en la formación de algunas voces españolas con el significado de 'que come'.

fagocista com. Persona que toca el fagot.

fagocito m. Elemento orgánico que se halla en la sangre y en los tejidos y que destruye las bacterias y cuerpos nocivos o inútiles para el organismo.

fagocitosis f. Función que desempeñan los fagocitos.

fagot m. Instrumento músico de viento.

faisán m. Ave gallinácea, fasiánida, que tiene la cola muy larga y tendida, la cabeza con un penacho, los ojos rodeados de una carúncula encarnada y el plumaje de vistosos colores.

faja f. Pieza de tela larga y estrecha, que se arrolla al cuerpo por la cintura.

fajar tr. Ceñir o envolver con faja o venda. Ú. t. c. r.

fajín m. dim. de faja. l Faja, insignia de algunos cargos.

fajina f. Conjunto de haces de mies que se pone en las eras. l Leña ligera para encender.

fajo m. Haz o atado. l pl. Conjunto de ropa y paños en que se envuelve a los niños recién nacidos.

fakir m. Faquir.

falacia f. Engaño, mentira para dañar a alguien.

falange f. Cada uno de los huesos de los dedos.

falangeta f. Tercera falange de los dedos.

falángidos m. pl. Orden de arácnidos, cuyo cuerpo, oval y articulado, queda como suspendido por las patas, en extremo largas.

falangina f. Segunda falange de los dedos.

falaz adj. Aplícase a cuanto tiene el vicio de la falacia.

falca f. Defecto de una tabla o madero que les impide ser perfectamente lisos o rectos.

falcado, da p. p. de falcar. l adj. Díc. del antiguo carro de guerra armado de cuchillas. l Que tiene forma de hoz.

falce f. Hoz, guadaña o cuchillo corvo.

falciforme adj. De figura de hoz.

falcirrostro, ra adj. Díc. del ave que tiene el pico de forma de falce.

falcón m. Antiguo cañón de artillería.

falcónido, da adj. y. s. Díc. de aves de rapiña diurnas, de pico corto y encorvado y dedos con uñas fuertes.

falda f. Parte de vestido talar o del traje de mujer desde la cintura abajo. | Regazo.

faldar m. Parte de la armadura que colgaba del peto.

faldellín m. Falda corta. | Refajo.

faldero, ra adj. Relativo a la falda. | Díc. del perro pequeño. Ú. t. c. s. | fig. Díc. del hombre aficionado a estar entre las mujeres.

faldillas f. pl. Partes que cuelgan de la cintura en ciertos trajes.

faldón m. aum. de falda. | Falda suelta al aire, que pende de alguna ropa.

falena f. Mariposa de cuerpo delgado cuyas orugas suelen vivir en los árboles.

falible adj. Que puede engañarse o engañar. | Que puede faltar o fallar.

falla f. Defecto material de una cosa que merma su resistencia. | Hoguera que en Valencia se enciende en las calles la noche de la festividad de San José. | Quiebra en un terreno producida por algún movimiento geológico.

fallar intr. Frustrarse, faltar o salir fallida una cosa, no respondiendo a lo que se esperaba de ella. | Perder una cosa su resistencia rompiéndose o dejando de servir.

falleba f. Varilla acodillada y giratoria entre anillos, con que cierran puertas y ventanas.

fallecer intr. Morir, dejar de existir.

fallecimiento m. Acción de fallecer.

fallido, da adj. Frustrado. | Quebrado, sin crédito.

fallir intr. Faltar o acabarse una cosa. | No corresponder una cosa a lo que se esperaba de ella.

fallo m. Frustración, fracaso o deficiencia, con incumplimiento de lo que se esperaba. | For. Dictamen de un tribunal.

fallo, lla adj. Acción y efecto de fallar, frustrarse o faltar una cosa, de no responder a lo que de ella se espera o tener algún defecto que le resta perfección.

falo m. Pene. | Especie de hongo.

falsario, ra adj. y s. Que falsea o falsifica una cosa. | Que dice o hace falsedades o mentiras.

falsear tr. Adulterar, contrahacer una cosa material o inmaterial.

falsedad f. Falta de verdad o autenticidad.

falseta f. Interludio, adorno o floreo que hace el tocador de guitarra entre copla y copla en los cantos andaluces.

falsete m. Voz que canta en tono más alto que el natural.

falsificación f. Acción de falsificar.

falsificar tr. Falsear, adulterar, contrahacer.

falsilla f. Papel rayado que se pone debajo de otro para escribir derecho.

falso, sa adj. Engañoso, fingido, falto de ley, de realidad o veracidad. | Contrario a la verdad, incierto.

falta f. Defecto o privación de una cosa necesaria o útil. | Quebrantamiento de la obligación de cada uno.

faltar intr. No existir una cosa allí donde debe estar. | Incurrir en una falta. | Fallar no respondiendo una cosa al efecto que de ella se esperaba. | No cumplir uno con lo que debe, no corresponder a lo que es.

falto adj. Defectuoso, necesitado de algo. | Escaso, mezquino.

faltriquera f. Bolsillo del vestido.

falúa f. Bote grande, cómodo y con carroza a popa.

falucho m. Barco costanero, con una vela latina.

falún m. Depósito marino compuesto de arena silícea y restos de conchas.

fama f. Noticia o voz pública. | Opinión que las gentes tienen de una persona. | Opinión común de la excelencia de un sujeto en su profesión o arte.

famélico, a adj. Hambriento.

familia f. Gente que vive en una casa. | Conjunto de los parientes. | Parentela inmediata a uno. | Prole. | Conjunto de individuos que tienen alguna condición común.

familiar adj. Perteneciente a la familia. | Se dice de lo que uno tiene muy sabido o en que es muy experto. | Llano y sin ceremonia. | Pariente.

familiarizada f. Llaneza, confianza con que algunas personas se tratan.

familiarizar tr. Hacer familiar o común una cosa. | r. Introducirse en el trato familiar de alguno. | Habituarse, acostumbrarse.

famoso, sa adj. Que tiene fama. | fam. Perfecto, excelente.

fámula f. Criada, doméstica.

fámulo m. Sirviente de la comunidad de un colegio. | fam. Criado, doméstico.

fan com. Díc. del partidario exaltado de algo, de un deporte, de un artista de cine, etc. Equivale a hincha. Es anglicismo.

fanal m. Farol grande de los faros o torres de los puertos.

fanático adj. y s. Que defiende tenaz y ciegamente opiniones o creencias religiosas. | Preocupado, entusiasmado grandemente por una cosa.

fanatismo m. Tenacidad o preocupación del fanático. | Entusiasmo excesivo por una cosa.

fandango m. Antiguo baile español. Música de este baile. | Bullicio.

fané adj. Feo, marchito, descolorido.

fanega f. Medida de capacidad para áridos..

fanerógamo, ma adj. y s. Díc. de las plantas cuyos órganos sexuales se distinguen a simple vista.

fanfarria f. fam. Vana arrogancia, baladronada, bravata.

fanfarrón, na adj. y s. Jactancioso, que alardea de lo que no es. | Díc. de las cosas que tienen mucha apariencia y hojarasca.

fanfarronear intr. Hablar con arrogancia echando fanfarronadas.

fangal m. Sitio lleno de fango.

fango m. Lodo o cieno glutinoso.

fantasear intr. Dejar correr la fantasía o imaginación.

fantasía f. Facultad anímica de reproducir con imágenes las cosas pasadas, o de dar forma sensible a las ideales, o de idealizar las reales.

fantasma m. Visión quimérica.

fantasmagoría f. Arte de representar figuras por medio de una ilusión óptica. | fig. Vana figuración de la inteligencia, desprovista de todo fundamento.

fantástico, ca adj. Quimérico, fingido. | Perteneciente a la fantasía. | fig. Presuntuoso, entonado.

fantoche m. Títere, muñeco, y también sujeto de figura ridícula.

faquir m. Santón mahometano muy austero que vive de limosnas. | por ext., asceta hindú.

faradio m. Unidad práctica de capacidad eléctrica que equivale a la de un condensador cuyo potencial aumenta en un voltio con la carga de un culombio.

farallón m. Roca alta y rajada que sobresale en el mar o en tierra firme.

farándula f. Profesión de los farsantes. | Compañía de cómicos.

farandulear intr. Farolear.

farandulero, ra m. y f. Persona que recitaba comedias. | fig. Hablador, trapacero.

faraón m. Nombre o título de gloria de cada uno de los antiguos soberanos de Egipto anteriores a la dominación persa.

fardar tr. y r. fam. Surtir, abastecer a uno, en especial de ropa.

fardel m. Saco o talego de mendigo o caminante.

fardo m. Lío grande y apretado de ropa u otra cosa.

farfulla f. Defecto de quien habla balbuciente y de prisa. I com. Persona que tiene este defecto.

farfullar tr. Hablar muy de prisa y atropelladamente. I fig. Hacer algo con atropello y confusión.

faria m. Cigarro baratopeninsular de tripa de hebra larga.

faringe f. Segunda porción del tubo digestivo, situado detrás de las fosas nasales y de la boca y que termina por abajo en la laringe y la tráquea, en su parte anterior, y en el esófago en su parte posterior.

faringitis f. Inflamación de la faringe.

farmacéutico, ca adj. Perteneciente a la farmacia. I m. y f. Persona que, provista del correspondiente título académico, profesa o ejerce la farmacia.

farmacia f. Ciencia que enseña a conocer y preparar los medicamentos. I Profesión de esta ciencia. I Botica, establecimiento donde se preparan y venden medicinas.

fármaco m. Medicamento.

farmacología f. Tratado de los medicamentos y de su empleo.

farmacólogo, ga m. y f. Persona versada en farmacología.

farmacopea f. Libro donde están expresados los medicamentos más usuales, y el modo de prepararlos.

farmacopsicología f. Estudio de las modificaciones determinadas en el psiquismo normal por los psicofármacos.

farmacopsiquiatría f. Estudio de los efectos terapéuticos de los fármacos aplicables en psiquiatría.

farmacoterapia f. Tratamiento de las enfermedades mediante drogas.

faro m. Torre alta, en las costas, con luz de noche, que sirve de guía a los navegantes.

farol m. Caja formada de vidrios o de otra materia transparente o translúcida, dentro de la cual se pone luz para que alumbre. I fig. Fachenda, papelón.

farola f. Farol grande. I Fanal.

farolear intr. fam. Fachendear.

farolero, ra adj. y s. fig. Vano, ostentoso, fachendoso. I m. y f. Persona que hace faroles o los vende. I Persona que cuida de los faroles del alumbrado.

farolillo m. Nombre vulgar de una planta sapindácea trepadora de flores de color blanco amarillento, frutos globosos y semillas negras.

farpa f. Cada una de las puntas que quedan al hacer escotaduras en el borde de algunas cosas.

farra f. Juerga, jarana, parranda.

fárrago m. Conjunto de cosas confusas y desordenadas, o de especies inconexas y mal comprendidas.

farragoso, sa adj. Que tiene fárrago; recargo de cosas superfluas.

farrear intr. Parrandear.

farro m. Cebada a medio moler, remojada y sin cascarilla.

farsa f. Nombre que se dio a las comedias. I Pieza cómica y breve.

farsante, ta m. y f. El que representa farsas; comediante. I fig. Díc. de quien finge lo que no siente Ú. t. c. s.

farseto m. Jubón acolchado que se ponía debajo de la armadura.

fascículo m. Entrega, cada uno de los cuadernos en que se divide un libro que se publica por partes.

fascinar tr. Aojar, hacer mal de ojo. I fig. Alucinar, ofuscar, engañar.

fase f. *Astr.* Cada uno de los diferentes aspectos que presenta la Luna y algunos planetas durante su revolución, I fig. Cualquiera de los aspectos o cambios de un fenómeno, negocio, etc.

fastial m. La piedra más alta de un edificio.

fastidiar tr. Causar asco o hastío una cosa. Ú. t. c. r. I fig. Enfadar, disgustar o ser molesto a alguien. I Perjudicar.

fastidio m. Hastío, repugnancia asco, cansancio. I fig. Enfado, disgusto, molestia.

fasto, ta adj. Memorable, feliz. I m. Fausto, pompa.

fastuosidad f. Suntuosidad, ostentación vana.

fatal adj. Perteneciente al hado, inevitable. I Desgraciado, infeliz.

fatalismo m. Doctrina que atribuye al hado o destino todos los sucesos.

fatídico, ca adj. Aplícase a las personas o cosas que anuncian el porvenir, y especialmente a las que pronostican desgracias.

fatiga f. Cansancio, trabajo excesivo. I Molestia ocasionada por la respiración frecuente o difícil. I pl. Náuseas. I fig. Molestias, penalidades.

fatigar tr. y r. Causar fatiga.

fatimí adj Fatimista.

fatuidad f. Falta de razón o de entendimiento.

fatuo, a adj. y s. Falto de entendimiento o de razón. I fig. Lleno de presunción ridícula.

fauces f. pl. Parte posterior de la boca, que comprende la faringe y partes adyacentes.

fauna f. Conjunto de animales propios de un país o comarca.

fauno m. Semidiós de los prados y las selvas.

fausto, ta adj. Feliz, afortunado. I m. Grande pompa exterior, lujo extraordinario.

fautor, ra m. y f. Persona que favorece y ayuda a otra.

favila f. poét. Pavesa.

favonio m. Céfiro, viento suave y apacible.

favor m. Ayuda, socorro de un personaje. I Honra, beneficio, gracia.

favorable adj. Que favorece. I Propicio, benévolo.

favorecer tr. Ayudar, socorrer. I Apoyar un intento u opinión. I Dar o hacer un favor.

favoritismo m. Preferencia dada al favor sobre el mérito o la equidad.

favorito, ta adj. Estimado con preferencia.

faya f. Tejido grueso de seda.

fax m. Aparato que permite enviar documentos por la línea telefónica.

faz f. Rostro, cara. I Vista o lado de una cosa.

fe f. Buen concepto, confianza que se tiene en una persona o cosa I Creencia, crédito. I Seguridad, aseveración de que una cosa es cierta.

fealdad f. Calidad de feo. I fig. Torpeza, deshonestidad.

feble adj. Débil, flaco.

febricitante adj. Febril.

febrífugo, ga adj. y s. Que quita la calentura.

febril adj. Relativo a la fiebre. I fig. Ardoroso, violento.

fecal adj. Perteneciente o relativo al excremento intestinal.

fécula f. Sustancia blanca, ligera y suave al tacto, que se extrae de las semillas y raíces de varias plantas, y que hervida con agua forma el engrudo. Es un hidrato de carbono que se utiliza como alimento y con fines industriales.

fecundación f. Acto de fecundar. I Proceso por el cual se unen el óvulo y el espermatozoide dando lugar al huevo fecundado o cigoto.

fecundar tr. Fertilizar, hacer productiva una cosa.

fecundidad f. Virtud y facultad de producir. I Cualidad de fecundo. I Abundancia, fertilidad.

fecundizar tr. Hacer una cosa susceptible de producir.

fecundo, da adj. Fértil, abundante. I Que produce o se reproduce por medios naturales.

fecha f. Nota o indicación del lugar y tiempo en que se hace o sucede una cosa. I Tiempo o momento actual.

fechador m. Matasellos.

fechar tr. Poner fecha a un escrito.

fechoría f. Acción mala, trastada.

federación f. Acción de federar. I Organismo, entidad o estado resultante de dicha acción. I Estado federal.

federalismo m. Sistema de confederación entre Estados o corporaciones.

federativo, va adj. Perteneciente a la confederación. I Aplícase al sistema de varios estados que, rigiéndose cada uno por leyes propias, están en ciertos casos sujetos a un gobierno central.

fehaciente adj. Que hace fe en juicio.

felación f. Excitación bucal del pene.

feldespato m. Silicato de aluminio con potasio, sodio y calcio y algo de magnesio y óxido de hierro.

felicidad f. Estado del ánimo que se complace en la posesión de un bien. I Satisfacción, gusto, contento. I Suerte feliz.

felicitación f. Acción de felicitar.

felicitar tr. Manifestar a alguna persona la satisfacción que se siente por algún suceso fausto para ella. Ú. t. c. r. I Expresar el deseo de que una persona sea venturosa.

félido adj. y s. Díc. de los mamíferos carniceros, de cabeza redondeada, hocico ancho y corto, colmillos bien desarrollados, lengua escamosa y dedos con uñas agudas y retráctiles como el león, el tigre y el gato. m. pl..

feligrés, sa s. Persona que pertenece a una parroquia.

feligresía f. Conjunto de feligreses de una parroquia. I Parroquia rural, compuesta de varios barrios.

felino, na adj. Relativo al gato. I Que parece de gato.

feliz adj. Dichoso, afortunado.

felón, na adj. y s. Desleal, traidor.

felonía f. Deslealtad, traición; acción indigna.

felpa f. Tejido aterciopelado que tiene pelo por la haz. I fam. Rapapolvo. I fig. Zurra, paliza, azotaina.

felpudo, da adj. Afelpado. I m. Ruedo, esterilla afelpada.

femenino, na adj. Propio de mujeres. Díc. del ser capacitado para ser fecundado. I Díc. del género del nombre que significa mujer o animal hembra.

fementido, da adj. Desleal, falto de fe y palabra.

feminidad f. Calidad de femenino.

feminismo m. Doctrina social que concede a la mujer los mismos derechos que al hombre.

feminista adj. Relativo al feminismo. com. Partidario del feminismo.

femoral adj. Perteneciente al fémur.

fémur m. Hueso del muslo.

fenaquistoscopio m. Aparato de física recreativa, a través del cual se ve a las figuras adquirir movimiento, debido a la persistencia de las imágenes en la retina.

fenecer tr. Poner fin a una cosa I intr. Morir o fallecer I Acabarse terminarse.

fenecimiento m. Acción de fenecer.

fénico adj. Díc. de un ácido que se extrae de la brea de la hulla y que se emplea como desinfectante y energético.

fénix m. Ave fabulosa.

fenol m. Cualquiera de los cuerpos orgánicos, procedentes de hidrocarburos, que tienen a la vez propiedades de alcoholes y de ácidos.

fenomenal adj. Perteneciente o relativo al fenómeno. I Que participa de la naturaleza del fenómeno. I fam. Tremendo, muy grande

fenómeno m. Toda manifestación de la materia o de la energía. I Cosa extraordinaria y sorprendente. I fam. Persona o animal monstruoso.

fenotipo m. Conjunto de caracteres hereditarios, cuya aparición es debida a la existencia de sendos genes, que posee cada individuo perteneciente a una determinada especie vegetal o animal.

feo, a adj. Que carece de belleza. I fig. De aspecto malo o desfavorable. I m. Desaire grosero.

feraz adj. Fértil, copioso de frutos.

féretro m. Caja o andas en que se llevan a enterrar los difuntos.

feria f. Cualquier día que no es sábado ni domingo. I Mercado en sitio público y días señalados, de más importancia que el ordinario. I Paraje público en que tiene lugar este mercado, y también las fiestas que se celebran con tal ocasión.

feriante adj. y s. Concurrente a la feria, como comprador o vendedor.

feriar tr. Comprar, vender, permutar, etc. I intr. Suspender el trabajo por uno o varios días.

ferino, na adj. Perteneciente a la fiera o que tiene sus propiedades.

fermentar intr. Transformarse o descomponerse una sustancia orgánica por la acción de otra que queda inalterable. I fig. Agitarse y enardecerse los ánimos. I tr. Hacer la fermentación u ocasionarla.

fermento m. Sustancia orgánica que tiene virtud fermentativa.

fermio m. Elemento radiactivo artificial..

ferocidad f. Fiereza, crueldad.

feroz adj. Que obra con ferocidad.

ferrada f. Maza armada de hierro.

ferrar tr. Guarnecer con hierro.

férreo, a ad. De hierro o que tiene sus propiedades. I fig. Duro, tenaz.

ferrete m. Sulfato de cobre que se emplea en tintorería.

ferretería f. Comercio de hierro; tienda donde se venden artefactos de hierro. Conjunto de éstos.

ferricianógeno m. Radical hipotético constituido por dos átomos de hierro y doce moléculas de cianógeno.

férrico, ca adj. Díc. de las combinaciones del hierro en las que el cuerpo unido a este metal lo está en la proporción máxima en que puede efectuarlo.

ferrificarse r. Reunirse las partes ferruginosas de una sustancia formando hierro.

ferrocarril m. Camino de hierro formado por dos rieles o raíles paralelos sujetos con traviesas. I Tren, conjunto de carruajes o vagones arrastrados por una locomotora que rueda sobre estos carriles.

ferroso, sa adj. Díc. de las combinaciones de hierro en las que el cuerpo unido a este metal lo está en la proporción mínima en que puede efectuarlo.

ferroviario, ria adj. Relativo a las vías férreas. I m. Empleado de ferrocarriles.

ferruginoso, sa adj. Que contiene hierro.

fértil adj. Díc. de la tierra que produce mucho fig. Fecundo, rico.

fertilidad f. Virtud que tiene la tierra para producir abundantes frutos.

fertilizante p. a de fertilizar. Que fertiliza. I m. Se da este nombre a las sustancias que se agregan a las tierras de cultivo para proveerlas de los elementos esenciales para la vida vegetal.

fertilizar tr. Fecundizar la tierra.

férula f. Palmatoria, instrumento de castigo en las escuelas.

erviente adj. Fervoroso.

fervor m. Calor vehemente. I fig. Celo religioso ardiente. I fig. Eficacia en el obrar.

fervorizar tr. y r. Enfervorizar.

festejar tr. Agasajar, obsequiar. | Galantear.

festejo m. Acción de festejar. | Galanteo. | pl. Regocijos públicos.

festín m. Fiesta que se da en una casa, con banquete, música y baile. | Banquete espléndido.

festival m. Gran fiesta, especialmente musical.

festividad f. Fiesta o solemnidad con que se celebra una cosa.

festón m. Cierto bordado en forma de ondas. | Adorno arquitectónico a manera de guirnalda.

fetal adj. Relativo al feto.

fetiche m. Ídolo.

fetidez f. Hedor, hediondez.

fétido, da adj. Hediondo, maloliente.

feto m. Producto de la concepción de una hembra vivípara, antes de nacer.

feudal adj. Perteneciente al feudo.

feudalismo m. Denomínase así al régimen político-social dominante en la Europa occidental entre los siglos IX al XIII.

feudo m. Contrato por el cual un soberano o un gran señor medieval daba a alguien tierras, rentas, etc., en usufructo, a cambio de un juramento de fidelidad de vasallaje y obligación de prestarle servicio militar y concurso personal siempre que lo necesitare.

fez m. Gorro de filtro viejo y figura de cubilete, que suelen usar los musulmanes.

fiable adj. Díc. de la persona a quien se puede fiar, o de quien se puede responder.

fiaca f. Pereza, desidia, indolencia.

fiador, ra m. y f. Persona que fía a otra y responde por ella en una obligación.

fiambre adj. y s. Díc. del manjar guisado que se come frío. | fam. Cadáver.

fiambrera f. Cacerola o conjunto de cacerolas sobrepuestas para llevar la comida.

fianza f. Obligación que uno contrae para garantizar otra ajena. | Prenda, dinero, etc. que da el contratante para asegurar el buen cumplimiento de su obligación.

fiar tr. Asegurar uno que cumplirá lo que otro promete, o pagará lo que debe, obligándose, en caso de que no lo haga, a satisfacer por él. | Vender sin tomar el precio de contado, para recibirlo en adelante.

fibra f. Cada uno de los filamentos de un tejido orgánico, animal o vegetal, o de la textura de un mineral.

fibrocartílago m. Tejido constituido por células cartilaginosas pequeñas y ovoideas, separadas una de otras por numerosos y apretados haces de fibras.

fibroma m. Tumor formado por tejido fibroso.

fíbula f. Hebilla o broche muy usado por los griegos y romanos.

ficción Acción de fingir. | Invención poética. | Ilusión de la fantasía.

ficoideo, a adj. y s. Díc. de las plantas angiospermas dicotiledóneas, con hojas gruesas, flores de colores vivos y frutos capsulares. | f. pl. Subfamilia de estas plantas.

ficticio, cia adj. Fingido o fabuloso. | Aparente, convencional.

ficha f. Pieza de hueso, madera, etc., para señalar los tantos en el juego. | Cualquiera de las piezas del dominó. | Cédula de cartulina o papel fuerte que puede con otras ser clasificada y guardada. | Cédula en la que la policía consigna medidas antropométricas y señas individuales de identificación.

fichar tr. Tomar medidas antropométricas y hacer la ficha correspondiente. | Comprometerse un Jugador a actuar en determinado equipo. | Registrar la hora de entrada y salida del trabajo del personal. | fig. Poner a una persona entre las que se miran con prevención y desconfianza.

fichero m. Caja o mueble donde se guardan las fichas o cédulas.

fidedigno, na adj. Digno de fe y crédito.

fideicomiso m. Disposición por la cual el testador deja bienes encomendados a alguien para que en caso y tiempo determinados ejecute su voluntad.

fidelidad f. Lealtad, observancia de la fe debida a otro.

fideo m. Pasta alimenticia para sopa hecha de harina de trigo y en forma de cuerda delgada. Ú. m. en pl.

fiebre f. Fenómeno patológico que se manifiesta por elevación de la temperatura normal del cuerpo y frecuencia del pulso y de la respiración.

fiel adj. Leal que guarda fe. | Exacto, verdadero. | Cristiano, católico. Ú. t. c. s. | m. Aguja que acusa el equilibrio o el desequilibrio de las balanzas y romanas.

fieltro m. Especie de paño no tejido que resulta de conglomerar borra, lana o pelo.

fiera f. Orden de animales mamíferos llamados también carniceros.

fiereza f. Saña y braveza en los brutos; inhumanidad y crueldad en las personas.

fiesta f. Alegría diversión. | Día de gran solemnidad religiosa o civil. | Regocijo público. | Agasajo, caricia, halago.

figle m. Instrumento músico de viento consistente en un tubo de latón doblado por la mitad y provisto de llaves o pistones.

figón m. Casa donde se guisan y venden cosas ordinarias de comer.

figulino, na adj. De barro cocido.

figura f. Forma exterior de un cuerpo, que lo diferencia de otro.

figurado, da adj. Díc. del lenguaje o del estilo abundante en figuras retóricas. | Díc. del sentido en que se toman las palabras para que denoten idea distinta de la que literalmente significan, y también del vocablo o frase que tiene este sentido.

figurante, ta m. y f. Comparsa en un representación teatral.

figurar tr. Representar una cosa trazando su figura. | Aparentar, simular. | Tener autoridad y representación. | r. Imaginarse, suponerse algo.

figurín m. Dibujo, modelo o patrón de las modas.

fijador, ra adj. que fija. | m. Líquido que sirve para fijar. | Líquido esparcido con un pulverizador sirve para fijar dibujos hechos con carbón o con lápiz.

fijar tr. Hincar, clavar, asegurar un cuerpo en otro. | Pegar con engrudo anuncios y carteles en la pared. | Hacer firme y estable alguna cosa. Ú. t. c. r. | Precisar, designar o aplicar intensemente. | Hacer que una imagen fotográfica quede inalterable a la acción de la luz. | r. Determinarse, resolverse. | Atender, reparar, notar.

fijeza f. Firmeza, seguridad de opinión. Persistencia, continuidad.

fijo, ja adj. Firme, asegurado. | Permanentemente establecido, no expuesto a alteraciones.

fila f. Orden que guardan varias personas o cosas colocadas en línea.

filamento m. Hililllo, fibra.

filandria f. Género de gusanos nematelmintos, filiformes, que viven parásitos en los intestinos de las aves.

filanteo, a adj. Díc. de las plantas cuyas flores brotan sobre las hojas.

filantropía f. Amor al prójimo.

filántropo m. y f. Persona que se distingue por su amor al prójimo.

filaria m. Género de gusanos nematelmintos, parásitos de varios animales, y a veces también del hombre, y casi todos patógenos.

filariosis f. *Pat.* Enfermedad producida por la filana.

filarmonía f. Amor a la música o al canto.

filatelia f. Arte que trata del conocimiento de los sellos, principalmente de los de correos.

filatería f. Demasía de palabras para expresar una idea.

filete m. Moldura en forma de lista larga y estrecha. | Remate de hilo enlazado que refuerza la orilla de algunas ropas. | Solomillo. | Lonja de carne magra o de pescado sin espinas.

filfa f. Mentira, engaño.

-filia f. Apasionada simpatía por algo. Forma parte de algunas voces compuestas para indicar afición.

filiación f. Acción de filiar. | Procedencia, descendencia; ilación. | Señas personales de cualquier individuo.

filial adj. Perteneciente al hijo. | Aplícase al establecimiento dependiente de otro.

filiar tr. Tomar la filiación a alguien. | r. Inscribirse en el asiento militar. | afiliarse.

filibustero m. Pirata del mar de las Antillas en el siglo XVII.

filicíneo, a adj. y s. Díc. de plantas teridofitas, herbáceas o leñosas, con tallo subterráneo horizontal, del cual nacen por un lado las raíces y por el otro hojas compuestas con muchos folíolos; como los helechos. | f. pl. Clase de estas plantas.

filiforme adj. De forma de hilo.

filigrana f. Obra primorosa o delicada, hecha de hilos de oro o plata. | fig. Cosa delicada y pulida. | Marca transparente hecha en el papel al fabricarlo.

filigranista com. Persona que tiene por oficio realizar filigranas en oro y plata.

filípica m. Invectiva, censura acre y violenta.

film m. filme.

filmar tr. Tomar vistas cinematográficas para obtener una película.

filme m. Película, cinta cinematográfica.

filmografía f. Descripción o conocimiento de filmes o microfilmes.

filmoteca f. Lugar donde se guardan ordenados para su exhibición y estudio, filmes que ya no suelen proyectarse comercialmente. | Conjunto o colección de filmes.

filo m. Afijo que se usa, ya como prefijo, ya como sufijo, para indicar inclinación hacia algo o alguien.

filo m. Arista o borde delgado de un instrumento cortante. | Punto o línea que divide una cosa en dos partes iguales.

filodio m. Peciolo muy ensanchado, parecido a la hoja.

filogenia f. Historia de la evolución de un grupo de organismos.

filología f. Estudio científico de un idioma o lengua, y en particular, de su parte gramatical y léxica.

filolumenia f. Afición a coleccionar estampas de cajas de cerillas.

filón m. Masa mineral que rellena una quiebra de las rocas de un terreno o forma una capa de éste.

filopluma f. Pluma filiforme, con unas pocas barbas libres en el apéndice.

filosofal adj. Díc. de la piedra o sustancia con que los alquimistas pretendían hacer oro.

filosofar tr. Examinar, analizar una cosa o discurrir acerca de ella con razones filosóficas. | Meditar, reflexionar.

filosofastro m. Falso filósofo.

filosofía f. Ciencia que trata la esencia, propiedades, causas y efectos de las cosas naturales.

filosófico, ca adj. Perteneciente a la filosofía.

filósofo, fa ad. Filosófico. | Afilosofado. | m. y f. Persona que estudia, profesa o sabe la Filosofía

filoxera f. Insecto hemíptero, muy pequeño, que ataca y destruye los viñedos

filtrar tr. Hacer pasar algún líquido por un filtro.

filtro m. Utensilio a través del cual se hace pasar un líquido u otro fluido, para clarificarlo.

fimo m. Estiércol.

fimosis f. Estrechez del orificio del prepucio.

fin amb. Término, remate o consumación de una cosa. Ú. m. c. m. | m. Objeto o motivo con que se hace una cosa.

finado, da m. y f. Persona muerta.

final adj. Que remata, cierra o perfecciona.

final f. fig. fam. Fin, motivo, móvil de una acción.

finalista com. Cada uno de los equipos o personas que llegan a la prueba final de un concurso o campeonato, después de haber triunfado en las pruebas anteriores.

finalizar tr. Concluir o dar fin a una obra.

financiar tr. Crear o fomentar una empresa aportando el dinero.

financiero, ra adj. Relativo a la hacienda pública, a las cuestiones económicas bancarias o a los grandes negocios mercantiles. | m. y f. Persona entendida en tales cuestiones y materiales.

finanzas f. pl. Cuestiones económicas; hacienda pública.

finar intr. Fallecer o morir.

finca f. Propiedad inmueble.

fineza f. Pureza y bondad de una cosa.

fingimiento m. Simulación, engaño, para hacer que una cosa aparezca distinta de lo que es.

fingir tr. Simular, aparentar. | tr. y r. Dar a entender lo que no es cierto.

finiquito m. Remate, saldo de cuentas, o certificación de un ajuste.

finir intr. Acabar, terminar, finalizar.

finito, ta adj. Que tiene fin, término o límite.

fino, na adj. Delicado y de buena calidad. | Delgado, sutil. | Esbelto y de facciones delicadas. | Cortés, bien educado. | Que hace las cosas con primor. | Díc. del metal muy depurado o acendrado.

finura f. Primor, delicadeza, buena calidad. | Urbanidad, cortesía.

fiordo m. Golfo en las costas noruegas estrecho y profundo, entre montañas y laderas abruptas.

fique m. Fibra de la pita.

firma f. Nombre y apellido, o título, que una persona pone con rúbrica (o sin ella cuando así debe o puede hacerlo) al pie de un documento u otro escrito, para darle autenticidad o con otro objeto. | Razón social, casa de comercio.

firmamento m. Bóveda celeste.

firmar tr. Poner uno su firma.

firme ad. Estable, fuerte, que no se mueve ni vacila.

firmeza f. Estabilidad, fortaleza. | fig. Entereza, fuerza moral.

fiscal adj. Perteneciente al fisco, o al oficio de quien ejerce el ministerio público en los tribunales. | m. | El que representa y ejerce el ministerio público en los tribunales.

fiscalizar tr. Hacer el oficio de fiscal. | fig. Criticar y sindicar las acciones u obras de otro.

fisco m. Tesoro público, erario.

fisga f. Arpón tridente para pescar peces grandes.

fisgar tr. Pescar con fisga. | Husmear indagar, curiosear, atisbar. | intr. y r. Burlarse, hacer fisga.

fisgón, na adj. y s. Que suele hacer fisga o burla. l fig. Husmeador.

fisgonear tr. Fisgar, curiosear.

fisiatría f. Naturismo.

física f. Ciencia que estudia las propiedades de la materia, los agentes naturales que influyen sobre ella sin alterar su composición, los fenómenos originados por esta influencia y las leyes que lo rigen.

físico, ca adj. Perteneciente a la Física. l Perteneciente a la constitución y naturaleza corpórea. l m. y f. Persona que profesa la física o tiene en ella especiales conocimientos.

fisio- Elemento compositivo que antepuesto a otro, entra en la formación de algunas palabras españolas, con referencia a la naturaleza de aquello a que el compuesto alude.

fisiócrata com. Partidario de la escuela económica que atribuía exclusivamente a la naturaleza la fuente de toda riqueza.

fisiología f. Ciencia que estudia las funciones y los fenómenos vitales de los seres organizados.

fisiólogo, ga m. y f. Persona que cultiva o enseña la fisiología.

fisión f. Segmentación, división rotura, escisión, principalmente refiriéndose al núcleo del átomo.

fisicoquímica f. Parte de las ciencias naturales que estudia los fenómenos comunes a la física y a la química.

fisioterapia f. Tratamiento de las enfermedades por medio de los agentes naturales.

fisiparidad f. Modo de reproducción asexual en que un individuo se divide en dos partes, cada una de las cuales se transforma en un nuevo ser.

fisirrostro, tra adj. Díc. del pájaro que tiene el pico corto, ancho, aplastado y muy hendido.

fisonomía f. Aspecto particular del rostro de una persona.

fisóstomo adj. s. Díc. de los peces teleósteos que tienen las aletas con radios blandos y flexibles y la vejiga natatoria en comunicación con el tubo digestivo.

fístula f. Cañería por donde pasa un líquido. l instrumento músico a modo de flauta. l Conducto anormal abierto en la piel o en las mucosas.

fisura f. Fractura longitudinal de un hueso. l Hendedura en una masa mineral.

fito- o -fito Elemento compositivo que forma parte de palabras españolas, con el significado de 'planta' o 'vegetal'.

fitófago, ga adj. y s. Que se nutre de materias vegetables. l Herbívoro.

fitogeografía f. Parte de la biogeografía que trata de la distribución de los vegetales por la superficie de la Tierra.

fitografía f. Parte de la botánica que trata de la descripción de las plantas.

fitolacáceo, a adj. y s. Díc. de plantas dicotiledóneas, de hojas simples y membranosas o algo carnosas, flores casi siempre hermafroditas, fruto abayado y semilla de albumen harinoso.

fitopatología f. Estudio de las enfermedades de las plantas.

fitoterapeuta com. Persona especializada en fitoterapia.

fitoterapia f. Tratamiento de las enfermedades mediante plantas o sustancias vegetales.

flabelo m. Abanico de gran tamaño con mango largo.

flaccidez f. Calidad de fláccido. l Laxitud, flojedad.

fláccido, da adj. Flojo, laxo.

flaco, ca adj. De pocas carnes. l fig. Flojo, sin fuerzas. l m. Defecto moral o afición dominante.

flagelado, da adj. Que tiene uno o más flagelos. Ú. t. c. s. m. l m. pl. Subclase de infusorios que están provistos de uno o más flagelos que les sirven de órganos de locomoción, cuyas especies viven en las aguas dulces o marinas y otras son parásitas. l adj. Díc. de la persona o animal que ha sido azotada, golpeada o torturada.

flagelar tr. y r. Azotar.

flagelo m. Azote, látigo. l Filamento que sirve de órgano locomotor de algunos infusorios y de ciertas bacterias, algas unicelulares y esporas en un medio líquido.

flagrante adj. Que se está ejecutando actualmente.

flama f. Llama que se eleva de los cuerpos que arden. l Reflejo o reverberación de ella.

flamante adj. Lúcido, resplandeciente. l Nuevo, reciente. l Acabado de hacer o de estrenar.

flamear tr. Despedir llamas. l Ondear, las grimpolas o la vela de la nave.

flamen m. Antiguo sacerdote romano destinado al culto de determinada deidad.

flamenco, ca adj. Natural de la antigua región europea de Flandes, o de las modernas provincias belgas de este nombre. Ú. t. c. s. l Perteneciente a ellas. l Díc. del andaluz que tiende a hacerse agitanado. Achulado. Ú. t. c. s. l m. Idioma flamenco. l Ave palmípeda, con pico, cuello y patas muy largas y plumaje blanco y rojo.

flamencología f. Conjunto de conocimientos, técnicas etc., sobre el cante y el baile flamencos.

flamígero, ra adj. poét. Que arroja llamas, o imita su figura.

flámula f. Especie de grimpola o banderola.

flan m. Plato de dulce, hecho con huevos, leche y azúcar batidos y cuajados en un molde.

flanco m. Costado, lado de un cuerpo. l Cualquiera de los costados de una tropa o posición, o el espacio que se extiende a sus costados.

flanqueado, da p.p. de flanquear. l adj. Díc. del objeto que tiene en sus flancos otras cosas que le acompañan. l Defendido o protegido por los flancos.

flanquear tr. Estar colocado al flanco o lado de una cosa. l Colocarse al flanco de una fuerza para defenderla o para atacarla.

flaquear intr. Debilitarse, perder la fuerza o la energía.

flaqueza f. Extenuación, mengua de carnes. l fig. Falta de vigor.

flash m. Destello repentino empleado para hacer fotografías en lugares poco iluminados. l dispositivo para producir estos destellos.

flato m. Acumulación molesta de gases en el tubo digestivo.

flatulencia f. Indisposición del flatulento.

flatulento, ta adj. Que causa flatos. l Que los padece. Ú. t. c. s.

flauta f. Instrumento músico de viento consistente en un tubo de madera o metal, con embocadura y agujeros.

flautillo m. Caramillo, pequeña flauta, una octava más alta que la ordinaria.

flautista com. Persona que tiene por profesión tocar la flauta.

flebitis f. Inflamación de las venas.

flebotomía f. Arte de sangrar y la sangría misma.

fleco m. Adorno de hilos o cordoncillos colgantes. l Flequillo, cabello recortado que cae sobre la frente.

flecha f. Saeta.

flechar tr. Poner la flecha en el arco. l Herir con flecha. l fig. Inspirar amor repentinamente.

flechazo m. Acción de disparar la flecha. l Golpe o herida de flecha. l fig. Amor que repentinamente se concibe o se inspira.

flechero m. El que usa arco y flecha o las hace. l carcaj, aljaba.

fleje m. Tira de chapa de hierro con que se hacen arcos para asegurar las duelas de cubas y toneles, y las balas o fardos.

flema f. Mucosidad de las vías respiratorias que se arroja por la boca. l fig. Tardanza, lentitud, pachorra.

flemático, ca adj. Perteneciente a la flema. l Tardo, lento en las acciones.

flemón m. Tumor en las encías..

fleo m. Planta de las gramíneas.

flequillo m. dim. de fleco. l Porción de cabello recortado que cae sobre la frente.

fleta f. Azotaina, zurra.

fletar tr. Alquilar una nave o parte de ella para conducir mercaderías. l Alquilar una bestia de carga, carro o carruaje.

flete m. Precio de alquiler de la nave o de una parte de ella. l Carga de un buque. l *Amér.* Precio del alquiler de cualquier medio de transporte.

flexibilidad f. Calidad de flexible. l Disposición de ciertas cosas para doblarse con facilidad sin romperse. l fig. Disposición del ánimo o ceder y acomodarse fácilmente a un dictamen.

flexible adj. Que se dobla con facilidad. l fig. Díc. del ánimo o genio dispuestos a ceder o acomodarse fácilmente al dictamen o parecer de otro.

flexión f. Acción de doblar o doblarse. l Alteración que experimentan las voces conjurables y las declinables con el cambio de desinencias.

flexura f. Curva, pliegue o repliegue.

flirtear intr. Coquetear, galantear.

flirteo m. Acción de flirtear.

flocadura f. Guarnición de flecos.

floculación f. Proceso por el cual una substancia dispersa coloidalmente se separa del líquido que la contiene en forma de partículas discretas, y no como masa continua.

flojear intr. Flaquear. l Obrar o trabajar con pereza y descuido.

flojedad f. Debilidad, flaqueza. l fig. Pereza, descuido, negligencia.

flojera f. fam. Flojedad.

flojo, ja adj. Mal atado, poco apretado o poco tirante. l Falto de actividad y vigor. Perezoso, descuidado.

flor f. Parte de las plantas fanerógamas que contiene los órganos de la reproducción, y suele estar compuesta de cáliz, corola, estambres y pistilos.

flora f. Conjunto de las plantas de un país.

floración f. Florescencia. l Duración de las flores en cada especie de plantas.

florear tr. Adornar con flores.

florecer intr. Echar flor. l Prosperar. l Existir en determinada época una persona o cosa insigne o esclarecida.

floreciente p. a. de florecer. Que florece. l adj. fig. Próspero.

florecimiento m. Acción de florecer.

flore m. Conversación de pasatiempo. l Vibración de la punta de la espada.

florero, ra adj. y s. Que dice palabras lisonjeras. l m. Vaso para poner flores.

florescencia f. Eflorescencia. l Acción de florecer. l Época en que las plantas florecen.

floresta f. Terreno frondoso y ameno poblado de árboles. l fig. Conjunto de cosas bellas, agradables y de buen gusto.

florete m. Esgrima con espadín. l Espadín destinado a la enseñanza; es de cuatro aristas y no suele tener aro en la empuñadura.

floricultor, ra m. y f. Persona que se dedica a la floricultura.

floricultura f. Arte de cultivar las flores.

floridez f. Abundancia de flores. l fig. Calidad de florido, en el estilo.

florido, da adj. que tiene flores. l fig. Díc. de lo más escogido de una cosa. l fig. Díc. del lenguaje o estilo ameno y galano.

florilegio m. Colección de trozos selectos de materias literarias.

florín m. Moneda de plata equivalente al escudo de España, que se usa en algunos países, especialmente en Austria y Holanda.

florista com. Persona que fabrica flores de mano. l Persona que vende flores.

floristería f. florería

floritura f. Adorno en el canto. l por ext., adorno en varios otros ejercicios y en otras cosas diversas.

florón m. aum. de flor. l Adorno hecho a manera de flor muy grande, que se usa en pintura y arquitectura en el centro de los techos de las habitaciones, etc.

flósculo m. Cada una de las florecitas de una flor compuesta.

flota f. Conjunto de buques mercantes de un país, compañía de navegación o línea marítima. l Conjunto de aviones para un destino determinado.

flotar intr. Sostenerse un cuerpo en equilibrio en la superficie de un líquido o en suspensión, sumergido en un fluido aeriforme.

flotador, ra adj. y s. Que flota. l m. Cuerpo destinado a flotar en un líquido.

flote m. Flotación.

flotilla m. dim. de flota. l Flota de embarcaciones menores.

fluctuación f. Acción de fluctuar. l Irresolución, duda.

fluctuar intr. Vacilar un cuerpo sobre las aguas. l fig. Dudar, titubear, vacilar.

fluidez f. Calidad de fluido. l Facilidad de movimiento y operación de los factores económicos.

fluídica f. Técnica de control basada en la acción mutua o recíproca de dos chorros de un fluido que se cruzan.

fluido, da adj. y s. Díc. del cuerpo cuya moléculas tienen entre sí poca o ninguna coherencia y toma la forma del recipiente que lo contiene; como los líquidos y los gases.

fluir intr. Correr un líquido o un gas.

flujo m. Acción de fluir. l movimiento de ascenso de la marea.

flúor m.. Metaloide gaseoso, más pesado que el aire, de olor sofocante y desagradable y color amarillo verdoso.

fluorescencia f. Propiedad que tienen algunos cuerpos de absorber luz de un color y emitirla de otro, fenómeno que cesa en cuanto se suprime la fuente de luz.

fluorescente adj. Díc. del cuerpo que presenta el fenómeno de la fluorescencia.

fluorhídrico, ca adj. Díc. de un ácido muy enérgico, resultante de la combinación del flúor con el hidrógeno.

fluorita f. Fluoruro natural de calcio, que se presenta cristalizado en cubos u octaedros incoloros o blancos, verdes, violados o rosados y con brillo vítreo.

fluoruro m. Sal del ácido fluorhídrico.

fluvial adj. Perteneciente a los ríos.

fluxión f. Acumulación morbosa de humores en una parte del cuerpo.

fluyente adj. Que fluye.

fobia f. Apasionada aversión hacia alguna cosa.

foca f. Mamífero carnicero pinnípedo.

focal adj. Perteneciente o relativo al foco.

focino m. Aguijada de punta corva para gobernar elefantes.

foco m. Punto donde convergen o se reúnen los rayos luminosos y caloríficos, reflejados por un espejo cóncavo o refractados por una lente convexa. I Punto, aparato o reflector de donde parte un haz de rayos luminosos o caloríferos. I fig. Lugar que es o se supone ser centro activo de alguna cosa, desde donde ésta se propaga o ejerce influencia.

fóculo m. Hogar pequeño. I Cavidad donde se encendía el fuego, en el ara de los antiguos pueblos.

fofo, fa adj. Blando, esponjoso, de poca consistencia.

fogarada f. Llamarada.

fogaril m. Jaula de hierro en cuyo interior se enciende lumbre y se cuelga para que ilumine o sirva de señal.

fogata f. Fuego hecho con combustible que levanta llama.

fogón m. Lugar donde se hace lumbre en las cocinas. I Sitio destinado al combustible en las máquinas de vapor.

fogonadura f. Cualquiera de los agujeros de la cubierta de una embarcación por donde pasan los palos.

fogonazo m. Llama que levanta la pólvora.

fogonero, ra s. Persona que cuida del fogón, principalmente en las máquinas de vapor.

fogosidad f. Ardimiento y viveza demasiada.

fogoso, sa adj. fig. Ardiente, demasiado vivo.

foguear tr. Limpiar un arma de fuego cargándola con poca pólvora y disparándola.

foja f. Ave zancuda, nadadora, de plumaje negro con reflejos grises.

folgo m. Bolsa de pieles para abrigar los pies y las piernas cuando se está sentado.

folía f. Canto popular de las islas Canarias. I Baile canario. I pl. Baile portugués.

foliáceo, a adj. Perteneciente o relativo a las hojas de las plantas. I Que tiene estructura laminar.

foliación f. Acción de foliar. I Acción de echar hojas un vegetal.

foliar tr. Numerar los folios u hojas de libros, legajos o cuadernos.

folicular adj. En forma de folículo.

folículo m. Fruto seco y sencillo en forma de pequeña vaina, con una sola cavidad donde se hallan las semillas. I Glándula situada en el espesor de la piel o de las mucosas.

folio m. Hoja del libro, legajo o cuaderno.

folíolo m. Cada una de las hojuelas de una hoja compuesta.

folclore m. Folclor. I Conjunto de las tradiciones, creencias y costumbres populares.

folclorista m. y f. folclorista. I Persona versada en el folclore.

follaje m. Conjunto de hojas de los vegetales.

follar tr. Afollar, soplar con los fuelles.

folletín m. Tipo de relato frecuente en las novelas publicadas como **folletín**, caracterizado por una intriga emocionante y a veces poco verosímil, pero de gran efecto para lectores ingenuos, en que se enfrentan personajes perversos y bondadosos, sin apenas elaboración psicológica y artística.

folleto m. Obra impresa de poca extensión.

follón m. Alboroto, enredo, jaleo.

fomentar tr. Dar calor natural o templado. I fig. Excitar, promover, proteger una cosa. I fig. Atizar, dar pábulo a una cosa. I Aplicar fomentos a una parte enferma.

fonación f. Emisión de la voz.

fonda f. Casa donde se da hospedaje y se sirven comidas. Por lo general de categoría inferior a la del hotel, o de tipo más antiguo.

fondeadero m. Paraje situado en la costa, puerto o ria, donde puede dar fondo un buque.

fondear tr. Reconocer el fondo del agua. I fig. Examinar a fondo. I intr. Anclar un buque.

fondillos m. pl. Parte de los pantalones correspondiente a las posaderas.

fondo m. Parte interior de una cosa hueca. I Superficie sólida sobre la cual está el agua del mar, de un río, lago o estanque. I Hondura. I Extensión interior de un edificio. I Caudal o conjunto de bienes que posee una persona. I pl. Caudales, dinero, papel moneda, etc.

fonema m. Cada uno de los sonidos simples del lenguaje hablado, sea letra o sílaba.

fonendoscopio m. Estetoscopio perfeccionado que permite auscultar con ambos oídos a la vez.

fonética f. Estudio o tratado acerca de los sonidos o elementos de una o más lenguas, bien sea en la filosofía y acústica de los mismos, o bien en su evolución histórica. I Ciencia que estudia los sonidos de la voz humana.

fonético, ca adj. Relativo a la voz humana o al sonido en general. I Aplícase al alfabeto o escritura cuyos elementos o letras representan sonidos, de cuya combinación resultan palabras.

fonetismo m. Conjunto de caracteres fonéticos de un idioma. I Adaptación de la escritura a la más exacta representación de los sonidos de un idioma.

foniatría f. Parte de la medicina dedicada a las enfermedades de los órganos de la fonación.

fónico, ca adj. Perteneciente a la voz o al sonido.

fonil m. Embudo para envasar un líquido en pipas.

fono m. Auricular telefónico.

fono- o -fono elemento compositivo que entra en la formación de algunas voces españolas con el significado de 'voz, sonido'.

fonocaptor m. Instrumento que se adapta al fonógrafo y transforma en tensiones eléctricas las vibraciones registradas por el disco fonográfico y las transmite a un altavoz.

fonografía f. Arte de inscribir sonidos para reproducirlos, por medio del fonógrafo.

fonógrafo m. Aparato que sirve para registrar las vibraciones sonoras grabándolas sobre una superficie cilíndrica que gira accionada por un mecanismo de relojería, reproduciéndolo después el sonido.

fonograma m. Sonido representado por una o más letras. I Cada una de las letras del alfabeto.

fonolita f. Roca compacta, de color gris azulado, compuesta de ortosa y de un silicato de alúmina.

fonología f. Rama desde la lingüística, que estudia los elementos fónicos atendiendo a su valor dentro de cada idioma.

fonómetro m. Instrumento para medir la intensidad de los sonidos.

fonóptico, ca adj. Díc. de las cintas magnetofónicas que además del sonido registran imágenes ópticas.

fonoteca f. Colección o archivo de cintas o alambres magnetofónicos, discos, etc., impresionados con la palabra hablada, con música u otros sonidos.

fonovisión f. Transmisión simultánea de imagen y sonido a distancia.

fontal adj. Relativo a la fuente.

fontana f. poét. Fuente.

fontanal adj. Perteneciente a la fuente. I m. Fontanar. I Sitio que abunda en manantiales.

fontanar m. Manantial.

fontanela f. Espacio membranoso que media entre algunos huesos del cráneo antes de su completa osificación. I

Instrumento quirúrgico para abrir las fuentes en el cuerpo humano.

fontanería f. Arte de encañar y conducir aguas. I Conjunto de cañerías para conducir el agua.

foque m. Cualquiera de las velas triangulares que se orientan y amuran sobre el bauprés.

forajido, da adj. y s. Aplícase a la persona facinerosa que anda fuera de poblado huyendo de la justicia.

foral adj. Perteneciente al fuero.

foramen m. Agujero.

foraminífero adj. y s. Díc. de protozoarios rizópodos, generalmente marinos, cubiertos por un caparazón de forma variable y con uno o varios oficios por los cuales el animal se pone en comunicación con el medio ambiente. I m. pl. Orden de estos animales.

foráneo, a adj. Forastero, extraño.

forastero, ra adj. Que es o viene de fuera del lugar.

forcejar intr. Hacer fuerza. I fig. Resistir, hacer oposición.

forcejear intr. forcejar.

fórceps m. Instrumento que se usa para la extracción de las criaturas en los partos difíciles.

forcípula f. Instrumento utilizado para medir el diámetro del tronco de los árboles.

forense adj. Perteneciente al foro.

forestación f. Acción de poblar de árboles un terreno.

forestal adj. Que se refiere a los bosques.

forja f. Fragua. I acción de forjar.

forjar tr. Dar la primera forna con el martillo a una pieza de metal I fig. Inventar, fingir, fabricar.

forma f. Figura externa de las cosas. I Disposición de las partes de un todo. I Molde en que se vacía y forma alguna cosa. I Formato. I Modo, manera de hacer una cosa. I Modo de expresar las ideas.

formación f. Acción de formar. I Educación en general, o enseñanza de cierta actividad. I Reunión ordenada de tropas. I Conjunto de rocas o masas minerales que presentan caracteres geológicos comunes.

formal adj. Relativo a la forma. I Díc. de la causa que hace que una cosa sea formalmente lo que es. I Juicio, que tiene formalidad. I Expreso, determinado.

formalidad f. Exactitud, puntualidad. I Cada uno de los requisitos que se han de observar para ejecutar un acto público. I Seriedad, compostura en algún acto.

formalismo m. Aplicación y observancia rigurosa del metodo y fórmulas de una escuela en la enseñanza o en la investigación científica.

formalizar tr. Ultimar la forma de una cosa. I revestir una cosa de los requisitos legales. I concretar, precisar. I r. Ponerse serio.

formar tr. Dar forma a una cosa. I Poner en orden la tropa. I Juntar diferentes personas o cosas para obtener una corporación o un todo. I Criar, educar, adiestrar.

formatear tr. Dar un formato o presentación a un disquete u otro soporte informático.

formato m. Tamaño de un impreso, expresado en relación con el número de hojas que comprende cada pliego (folio, cuarto, octavo, dieciseisavo), o indicando la longitud y anchura de la plana.

formeno m. Metano.

formero m. Cualquiera de los arcos que sostiene una bóveda vaída.

formicante adj. Lento, tardo. I Díc. del pulso débil y frecuente.

formícidos m. pl. Familia de insectos himenópteros, de mandíbulas fuertes y antenas acodadas en su parte media, que viven formando sociedades en galerías. Sus especies son las hormigas.

fórmico adj. Díc. de un ácido que se encuentra en varias especies de hormigas y en las ortigas y que se obtiene oxidando la esencia de tremetina.

formidable adj. Muy temible. I Excesivamente grande.

formol m. Líquido incoloro, de olor fuerte y desagradable.

formón m. Instrumento de carpinteria, parecido al escoplo pero de boca más ancha y menos grueso. I Sacabocados con que se cortan cosas circulares.

fórmula f. Modo para explicar, pedir, ejecutar o resolver una cosa con palabras determinadas. I Receta, prescripción facultativa, y también nota que expresa el modo de hacer una cosa. I *Mat.* Resultado de un cálculo, cuya expresión simplificada sirve para la resolución de todos los casos análogos. I Representación abreviada de los átomos que intervienen en la formación de un compuesto químico.

formular tr. Expresar algo en términos claros y precisos. I Recetar. I expresar, manifestar.

formulario m. Libro o cuaderno con fónmulas para la resolución o ejecución de ciertas cosas.

formulismo m. Sistema de reducirlo todo a fórmulas. I Tendencia a preferir la apariencia de las cosas a su esencia.

fornáceo-a ad. poet. Perteneciente o parecido al horno.

fornicar intr. y tr. Cometer un acto impuro contrario de la castidad.

fornido, da adj. Robusto, de gran musculatura.

fornitura f. Piezas de repuesto de un reloj. I Conjunto de botones, trencillas, corchetes y otros elementos accesorios usados en la confección de prendas de vestir.

foro m. Plaza donde en la antigua Roma se trataban los asuntos públicos. I Reunión para discutir asuntos de intéres actual ante un auditorio que a veces interviene en la discusión. I En el teatro, fondo del escenario.

forondotella f. Dícese del arte de coleccionar billetes de tranvía, autobús y demás medios de locomoción y transporte colectivos.

forraje m. Pasto verde que se da al ganado.

forrajero, ra adj. Díc. de las plantas que sirven para forraje.

forrar tr. Poner forro a alguna cosa. I Cubrir una cosa con funda o forro que la resguarde y conserve.

forro m. Resguardo, cubierta, revestimiento interior o exterior que se pone a una cosa.

forrocino m. Hijo bastardo. I Vástago sin fruto de la vid.

fortalecimiento m. Acción de fortalecer o fortalecerse. I Conjunto de fortificantes de un lugar o poblacion.

fortaleza f. Fuerza y vigor. I Virtud cardinal consistente en dominar el temor sin caer en la temeridad. I Defensa natural que a un lugar le presta su situación. I Recinto fortificado.

fortificación f. Acción de fortificar. I Obra u obras con que se fortifica un lugar cualquiera.

fortificar tr. Dar vigor y fuerza material o moralmente. I Hacer fuerte con obras de defensa un pueblo o un sitio cualquiera, para que pueda resistir mejor a los ataques del enemigo. Ú. t. c. r.

fortín m. Obra en los atrincheramientos para su mayor defensa. I Fuerte pequeño.

fortuito, ta adj. Causa, inopinado.

fortuna f. Divinidad mitológica que presidía los sucesos de la vida, distribuyendo ciegamente los bienes y los males. I Casualidad. I Buena suerte. I Felicidad, ventura. I Bienes, hacienda.

forúnculo m. Diveso.

forzal m. Banda de donde arrancan las púas del peine.

forzar tr. Hacer fuerza o violencia. | tomar u ocupar por fuerza una cosa. | fig. Obligar o precisar a que se ajuste una cosa. Ú. t. c. r.

forzoso, sa adj. Que no se puede evitar o excusar.

forzudo, da adj. Que tiene grandes fuerzas.

fosa f. Sepultura. | Cualquiera de ciertas cavidades en el cuerpo de los animales. | Trozo de la corteza terrestre, por lo general más larga que ancha, que se ha hundido con relación al terreno en que se encuentra.

fosar tr. Hacer foso alrededor de una cosa.

fosca f. Obscuridad de la atmósfera. | Bosque o selva enmarañada.

fosco, ca adj. Hosco. | Fusco, oscuro.

fosfatina f. Sustancia alimenticia, compuesta de fosfato de cal, azúcar, fécula y otros ingredientes.

fosfato m. Sal del ácido fosfórico.

fosfatura f. Pérdida excesiva de ácido fosfórico por la orina.

fosfeno m. Sensación luminosa a que da lugar la excitación mecánica de la retina o la presión del globo ocular.

fosforecer intr. Manifestar fosforescencia o luminiscencia.

fosforescencia f. Luminosidad, especialmente la del fósforo. | Propiedad de algunos cuerpos de resplandecer después de haber sido expuestos a la acción de la luz.

fosfórico, ca adj. Relativo al fósforo. | Dícese de un ácido que se obtiene oxidando el fósforo con ácido nítrico, y que también puede obtenerse de los huesos.

fosforita f. Mineral compuesto de fosfato y flururoro de cal, que fosforece sobre las ascuas. Es compacto o terroso y de color blanco amarillento, y disuelto en ácido sulfúrico se usa como abono.

fósforo m. Elemento químico que encuentra en la naturaleza en forma de fosfatos y es uno de los elementos más importantes en los procesos vitales. | cerilla con cabeza de fósforo y un cuerpo oxidante, propia para encender luz.

fosforoscopio m. Instrumento propio para averiguar si un cuerpo es o no fosforecente.

fósil adj. y s. Díc. de la sustancia de origen orgánico que se halla petrificada en las capas terrestres. | por ext., se dice del organismo o del mineral que existió en una época geológica anterior a la actual.

fosilizarse r. Convertirse en fósil.

foso m. Hoyo. | piso inferior del escenario. | Excavación que circunda la fortaleza.

foto f. Apócope de fotografía

fotocélula f. Célula fotoeléctrica.

fotocomposición f. Procedimiento de composición mecánica que se sirve de matrices transparentes y película fotográfica.

fotocopia f. Fotografía especial obtenida directamente sobre el papel.

fotocopiadora f. Dispositivo para obtener fotocopias rápidas de documentos.

fotocromía f. Procedimiento fotográfico para reproducir los objetos con sus colores naturales.

fotofobia f. Horror a la luz.

fotófono m. Aparato que transmite el sonido por medio de la luz. | Lámina grabada por este procedimiento.

fotogenia f. Arte de producir imágenes por medio de la luz.

fotograbado m. Procedimiento para obtener planchas grabadas por medio de la luz.

fotograbador, ra m. y f. Persona que tiene por oficio efectuar operaciones de grabado fotomecánico.

fotografía f. Arte de fijar y reproducir, en superficies convenientemente preparadas, las imágenes recogidas en la cámara oscura.

fotógrafo, fa m. y f. Persona que se dedica a la fotografía.

fotograma m. Cualquiera de las imágenes que se suceden en una película cinematográfica considerada aisladamente.

fotolitografía f. Arte de obtener imágenes fotográficas en la piedra litográfica. | Estampa obtenida con este arte.

fotología f. Tratado sobre la luz.

fotometría m. Parte de la óptica, que trata de las leyes relativas a la intensidad de la luz y de los métodos para medir la intensidad de la luz.

fotón m. Partícula elemental de la luz que se propaga con la velocidad de 300.000 kilometros por segundo, carece de carga eléctrica y sale del átomo cuando éste se desintegra.

fotonovela f. Relato, normalmente amoroso, formado por una sucesión de fotografías.

fotosfera f. Zona luminosa y más interior de la envoltura gaseosa del Sol.

fotosíntesis f. Formación de carbohidratos a partir del anhídrido carbónico y agua que tiene lugar en los vegetales que contienen ciorofila por la acción de la luz solar.

fototipia f. Procedimiento de reproducir clisés fotográficos sobre una capa de gelatina con bicromato extendida sobre cristal o cobre, y arte de estampar esas reproducciones.

fototipografía f. Arte de obtener y de estampar clisés tipográficos por medio de la fotografía.

fototropismo m. Acción de la luz en el crecimiento de las plantas.

frac m. Vestidura de hombre que por delante llega hasta la cintura y por detrás termina en dos faldones.

fracasar intr. Romperse, hacerse pedazos y desmenuzarse una cosa. | fig. Frustarse una pretensión o un proyecto. | Tener un resultado adverso en un negocio.

fracción f. División en partes. | Parte de un todo con relación a él.

fraccionar tr. Dividir una cosa en partes o fracciones.

fractura f. Acción de fracturar o fracturarse. | Aspecto que presenta la parte fracturada o quebrada de un mineral.

fracturar tr.y r. Romper o quebrantar una cosa con esfuerzo.

fraga f. Frambueso. | Breñal.

fragancia f. Olor suave y delicioso.

fragata f. Buque de tres palos con cofas y vergas en todos ellos.

frágil adj. Quebradizo y que con facilidad se hace pedazos.

fragmentar tr. y r. Fraccionar, reducir a fragmentos.

fragmento m. Parte o porción pequeña de una cosa quebrada o partida. | fig. Parte que ha quedado, o que se publica, de un libro o escrito.

fragor m. Ruido grande, estruendoso.

fragosidad f. Aspereza y espesura de los montes.

fragua f. Fogón para forjar metales, en el cual se activa el fuego mediante una corriente de aire producida por un fuelle a propósito.

fraguar tr. Forjar, dar forma con el martillo a una pieza de metal. | fig. Idear, discurrir y trazar la disposicion de alguna cosa, generalmente mala.

fraile m. Religiosos de ciertas órdenes monásticas.

frambuesa f. Fruto de frambueso parecido a la zarzamora, de color rojo, olor fragante y sabor agridulce.

frambueso m. Planta rosácea de flores blancas, cuyo fruto es la frambuesa.

frámea f. Lanza de los antiguos germanos.

francachela m. Comida alegre de dos o más personas.

francio m. Elemento químico en formas radiactiva de vida muy corta.

franco, ca adj. Liberal, dadivoso. I Desembarazado, limpio de estorbos. I libre, exento; exceptuado de contribuciones y derechos. I Aplícase a los puertos y otros lugares que gozan de esta excepción. I Sencillo y leal en su trato.

francolín m. Ave gallinácea del tamaño y forma de la perdiz.

francotirador m. Combatiente que no pertenece al ejército regular.

franela f. Tejido fino de lana. I fig. *Taurom*. Muleta.

frangollo m. Trigo machacado y cocido, que puede servir de potaje.

franja f. Guarnición tejida de hilo de oro, plata, seda, lino o lana, que sirve para adorno de vestidos u otras cosas. I Faja, lista o tira en general.

franquear tr. Libertar, exceptuar de un tributo. I Conceder una cosa con liberalidad. I Desembarazar, librar de estorbos. I Pagar previamente en sellos el porte de cualquier objeto que se remite por correo.

franqueza m. Libertad, exención. I Liberalidad. I fig. Sinceridad y llaneza.

franquía f. Situación del buque que tiene paso franco para zarpar o tomar determinado rumbo.

franquicia f Libertad, exención que se concede a una persona para alguna cosa.

frasca f. Hojarasca y ramas pequeñas de los árboles.

frasco m. Vaso alto y angosto de cuello recogido. I Vaso de cuerno para llevar la pólvora.

frase f. Conjunto de palabras que basta para formar sentido.

fraseología f. Modo de ordenar las frases peculiar de cada escritor. I Exceso de palabras; verbosidad redundante.

fraternal adj. Propio de hermanos.

fraternidad f. Unión y buena correspondencia entre hermanos o entre los que se tratan como tales.

fratricida adj. y s. Que mata a su hermano.

fraude m. Engaño, inexactitud consciente, abuso de onfianza, que produce o prepara un daño, generalmente material.

fraudulento, a adj. Engañoso.

fray m. Apócope de fraile.

frazada f. Manta que se echa sobre la cama.

freático, ca adj. Díc. de las aguas acumuladas en el suelo sobre una capa impermeable y que pueden aprovecharse por medio de pozos. I Díc. de la capa del susuelo que contiene estas aguas.

frecuencia f. Repetición a menudo de un acto o suceso. I Número de ondulaciones de un movimiento ondulatorio en la unidad de tiempo.

frecuentar tr. y r. Concurrir a menudo a un lugar. I Repetir un acto muchas veces.

frecuente adj. Repetido a menudo. I Usual, común.

fregadero m. Pila de fregar.

fregado, da m. Acción de fregar. I fig. Embrollo, enredo, asunto difícil.

fregar tr. Restregar con fuerza una cosa con otra. I Limpiar alguna cosa restregándola con estropajo, cepillo etc. empapado en agua y jabón, o cosa análoga.

fregona f. Criada que friega. I Conjunto de cubo y escoba para fregar.

freiduría f. Puesto o tienda de venta de pescado frito.

freír tr. Preparar un manjar echándolo en aceite o grasa hirviendo. Ú. t. c. r.

fréjol m. Judía, alubia.

frenar tr. Moderar o parar con el freno el movimiento de una máquina o de un carruaje.

frenesí m. Vesanía, delirio furioso. I Furioso, rabioso.

frenillo m. Repliegue membranoso de la base de la lengua.

freno m. Instrumento de hierro que, introducido en la boca de la caballería, sirve para gobernarla. I Aparato para moderar o detener el movimiento de una máquina o de un carruaje.

frenopatía f. Parte de la medicina que estudia las enfermedades mentales.

frente f. Parte superior de la cara, desde encima de los ojos hasta que empieza la vuelta del cráneo. I fig. Semblante. I Parte anterior de una cosa.

frentero m. Almohadilla propia para preservar la frente de los niños.

freo m. Canal estrecho entre dos islas, o entre una isla y tierra firme.

fresa f. Planta rosácea de tallos rastreros y fruto rojo, suculento y fragante. I Fruto de esta planta. I Herramienta de movimiento circular continuo, formada por una serie de buriles o cuchillas que trabajan uno después de otro en la fresadora.

fresadora f. Máquina para fresar o labrar metales.

fresal m. Terreno plantado de fresas.

fresar tr. Guarnecer con frisos. I Abrir agujeros y, en general, labrar metales por medio de la herramienta llamada fresa.

fresca m. Frío moderado. I fam. Expresión resuelta y desagradable.

frescal adj. Díc. del pescado conservado con poca sal.

frescales com. fig. y fam. Persona desenvuelta y desvergonzada.

fresco, ca adj. Moderadamente frío. I Reciente, acabado de hacer, de coger o de suceder. I fig. De buen color y abultado de carnes. I fig. Desvergonzado, desenvuelto, descocado. Ú. t. c. s.

frescura f. Calidad de fresco. I fig. Desembarazo, desenfado. I fig. Descuido, negligencia.

fresno m. Árbol oleáceo, muy ramoso, de madera blanca y elástica y corteza y hojas medicinales.

fresón m. Fresa grande de sabor más agrio que el de la fresa común.

freza f. Desove de los peces. I Huevos de los peces, y pecillos que nacen de ellos. I Época del desove. I Tiempo que come el gusano de seda entre dos mudas.

frezar intr. Arrojar o despedir el excremento los animales. I Desovar.

friable adj. Que se desmenuza fácilmente.

frialdad f. Sensación que proviene de falta de calor. I fig. Indiferencia.

fricar tr. Restregar, frotar.

fricativo, va adj. y s. Díc. de la letra cuyo sonido puede prolongarse por el rozamiento del aire contra los labios y los dientes.

fricción f. Acción de friccionar.

friega f. Acción de estregar una parte del cuerpo con paño, cepillo, etc.

friera f. Sabañón.

frigidez f. Frialdad. I Incapacidad de la mujer para experimentar el orgasmo.

frigorífico adj. Que produce artificialmente gran descenso de temperatura. I m. Instalación eléctrica o química para la producción de frío artificial aplicada a la conservación de sustancias alimenticias o materias para la industria.

fringílido adj. y s. Díc. de pájaros conirrostros que tienen en la parte posterior de los tarsos dos surcos laterales.

frío, a adj. fig. Díc. del cuerpo cuya temperatura es muy inferior a la del ambiente. | fig. Que muestra indiferencia o desafecto. fig. Falto de gracia, espíritu y agudeza.

friolento, ta adj. Muy sensible al frio.

friolera f. Cosa de poca monta.

frisar tr. Levantar y rizar el pelo de los tejidos.

friso m. Parte media entre la cornisa y el arquitrabe, donde suelen ponerse adornos.

fritada f. Conjunto de cosas fritas.

frito, ta m. Fritada. | Cualquier manjar frito. | Estar frito. Hallarse en situación difícil. | fastidiado, harto.

fritura f. Fritada.

frívolo, la adj. Ligero, veleidoso, insustancial. | Fútil.

friz f. Flor del haya.

fronda f. Hoja de una planta. | Parte foliácea de los helechos. | pl. Conjunto de hojas o ramas que forman espesura.

frondosidad f. Abundancia de hojas y ramas.

frondoso, sa adj. Abundancia de hojas y ramas. | Abundante en árboles que forman espesura.

frontal m. adj. Relativo a la frente. | m. Paramento de la parte delantera del altar. | Hueso de la parte anterior del cráneo.

frontera f. Confín de un Estado.

fronterizo, za adj. Que está en la frontera. | Que está enfrente de otra cosa.

frontil m. Pieza acolchada que se pone a los bueyes entre su frente y la coyuntura.

frontis m. Fachada o frontíspicio.

frontispicio m. Fachada delantera de un edificio, portada de un libro, etc. | fig. Cara, rostro. | Frontón de una fachada.

frontón m. Pared principal del juego de pelota.

frotar tr. y r. Pasar una cosa sobre otra con fuerza muchas veces.

fructificar intr. Dar fruto los vegetales. | fig. Producir utilidad una cosa.

fructuoso, sa adj. Que da fruto o utilidad.

frugal adj. Parco en comer y beber.

frugalidad f. Templanza, moderación prudente en la comida y la bebida.

frugívoro, ra adj. Que se alimenta de frutos.

fruición f. Goce muy vivo del bien que se posee. | Gusto, complacencia.

frumentario, ria adj. Relativo o perteneciente al trigo y otros cereales.

frunce m. Pliegue o arruga, o conjunto de pliegues menudos en una tela.

fruncir tr. Arrugar el entrecejo. | Recoger una tela, haciendo en ella arrugas pequeñas.

fruslería f. Cosa de poco valor o entidad. | fig. Dicho o hecho insustancial.

frustrante adj. Que produce frustración.

frustrar tr. Dejar sin efecto, malograr un intento. Ú. t. c. r. | Privar a uno de lo que esperaba.

fruta f. Fruto comestible de los vegetales. | fig. Producto de una cosa o consecuencia de ella.

frutal adj. y s. Díc. del árbol que produce fruta.

frutería f. Tienda o puesto donde se vende fruta.

frutero, ra adj. Que sirve para licuar o contener fruta. | m. y f. Persona que vende fruta. | m. Plato para servir la fruta.

fruticoso, sa adj. Dic. del tallo leñoso y delgado.

frutilla f. dim. de fruta | Fresón.

fruto m. Producto de la fecundación de los vegetales, en el cual están contenidas las semillas.

fucáceas f. pl. Familia de algas marinas feofíceas.

fucilazo m. Relámpago sin ruido que a veces ilumina el horizonte.

fuco m. Alga fucácea de color pardo.

fucsia f. Arbusto onagrariáceo originario de América del Sur, de flores colgantes de color rojo oscuro. | m. Color de la flor de esta planta.

fucsina f. Materia colorante sólida con que se tiñen de color rojo oscuro los tejidos.

fudre m. Pellejo, cuba.

fuego m. Calor y luz producidos simultáneamente por la combustión. | Materia encendida en brasa o llama. | Efecto de disparar las armas de fuego.

fuel m. Fracción del petróleo natural obtenida por refinación y destilación, que se destina a la calefacción.

fuelle m. Instrumento para soplar recogiendo aire y lanzándolo después. | Bolsa de cuero de la gaita gallega.

fuente f. Manantial de agua. | Artificio con que se hace salir el agua en los jardines, casas, calles o plazas, para diferentes usos. | Plato grande, para servir las viandas. | fig. Principio, fundamento, origen.

fuera adv. A o en la parte exterior de cualquier espacio o término real o imaginario.

fuero m. Ley o código dado para un municipio durante la Edad Media. | Privilegio,exención.

fuerte adj. Que tiene fuerza y resistencia. | Robusto, corpulento.

fuerza f. Vigor, energía, capacidad para mover algo que tenga peso o haga resistencia. | Virtud, energía, eficacia natural. | Toda causa capaz de modificar el estado de reposo o de movimiento de un cuerpo.

fufar intr. Dar bufidos el gato.

fuga f. Huida apresurada. | Escape accidental de un fluido. | Composición musical que gira sobre un tema y su imitacion.

fugarse Escaparse.

fugaz adj. Que desaparece con rapidez. | fig. Muy poco duradero.

fugitivo, va adj. y s. Que anda huyendo y escondiéndose.

fulano, na m. y f. Voz con que se designa a una persona cuyo nombre se ignora o se calla. | Persona indeterminada u imaginaria.

fular m. Tela de seda muy fina, por lo general con dibujos estampados. | Pañuelo para el cuello o bufanda de este tejido.

fulcro m. Punto de apoyo de la palanca.

fulero, ra adj. fam. Chapucero, inaceptable, poco útil.

fulgente adj. Resplandeciente, brillante.

fulgor m. Resplandor y brillantez con luz propia.

fulguración f. Acción de fulgurar.

fulgurar intr. Brillar, resplandecer, despedir rayos de luz.

fulgurita f. Tubo vitrificado producido por el rayo al penetrar en la tierra fundiendo las sustancias silíceas que encuentra.

fúlica f. Ave zancuda.

fuliginosa, so adj. Renegrido, tiznado, oscurecido.

fulminar tr. Arrojar rayos. | fig. Arrojar bombas y balas. | fig. Dictar o imponer sentencias, excomuniones, censuras, etc.

fulminato m. Cualquiera de las sales explosivas formadas por el ácido fulmínico. | Cualquier explosivo.

fulmíneo, a adj. Que participa de las propiedades del rayo.

fulmínico, ca adj. Díc. de un ácido muy venenoso, compuesto de cianógeno, hidrógeno y oxigeno.

fulla f. Mentira.

fullero, ra adj. y s. Tramposo en el juego.

fumadero m. Sitio para fumar.

fumador, ra adj. y s. Que tiene costumbre de fumar.

fumar intr. Humear. I Aspirar y despedir el humo del tabaco, del apio y otras sustancias que se hacen arder en cigarros o en pipas.

fumaria f. Hierba papaverácea de jugo amargo, medicinal.

fumarola f. Grieta de la tierra en las regiones volcánicas, por donde salen gases sulfurosos o vapor de agua mezclado con otras sustancias.

fumífugo, ga adj. Que extingue el humo.

fumigar tr. Desinfectar con sustancias reducidas a gas.

fumígeno, na adj. Que produce humo.

fumistería f. Tienda donde se venden cocinas o estufas.

fumívoro, ra adj. Díc. del horno o chimenea con dispositivos especiales para que se efectúe la combustión sin salida de humo.

funámbulo, la m. y f. Díc. de la persona que hace ejercicios en la cuerda o el alambre. I Volatinero.

función f. Ejercicio de un órgano o aparato de los seres vivos, máquinas o instrumentos. I Ejercicios de un cargo o facultad. I Espectáculo, diversión, fiesta.

funcional adj. Relativo a las funciones, especialmente a las vitales.

funcionar intr. Ejercer sus funciones una persona o cosa.

funcionario, ria m. y f. Persona que desempeña un empleo público.

funda f. Cubierta de cuero, paño, etc., con que se cubre una cosa para conservarla.

fundación f. Acción de fundar. I Principio, erección, estable cimiento y origen de una cosa. I Documento en que constan las cláusulas de una institución.

fundador, ra adj. y s. Que funda.

fundamental adj. Que sirve de fundamento, o es lo primero o principal de una cosa.

fudamentar tr. Echar los cimientos a un edificio. I fig. Establecer una cosa sobre base firme y sólida.

fundamento m. Principio, base o cimiento de un edificio o de otra cosa. I Seriedad, formalidad. I Razón o motivo con que se pretende afianzar y asegurar una cosa. I fig. Raíz y origen en que estriba y tiene su mayor fuerza una cosa no material.

fundar tr. Construir, edificar materialmente. I Establecer, crear. I Apoyar con motivo y razones eficaces una cosa. Ú. t. c. r.

fundíbulo m. Antigua máquina de guerra con que se disparaban las piedras muy pesadas.

fundición f. Acción de fundir. I Fábrica de fundir metales. I Hierro colado.

fundido, da adj. Díc. del hierro colado y del acero obtenido por combustión parcial del carbono que tiene el hierro colado.

fundidor, ra m. y f. Persona que tiene por oficio fundir.

fundir tr. Derretir y liquidar metales, minerales u otros cuerpos metales. I Dar forma en moldes al metal en fusión.

fundo m. Heredad, finca rústica.

fúnebre adj. Relativo a los muertos. I fig. Triste, lamentable, funesto.

funeral adj. Perteneciente a entierro. I m. Solemnidad con que se hacen las exequias. I Exequias.

funeraria f. Empresa encargada de proveer las cosas propias de los entierros.

funéreo, a adj. poet. Fúnebre.

funesto, ta adj. Aciago, que es origen de pesares. I Triste y desgraciado.

fungible adj. Que se consume o sufre gran menoscabo con el uso.

fungicida m. Producto destinado a matar hongos.

fungístático, ca adj. Díc. del agente que tiene la facultad de frenar el desarrollo de los hongos.

fungosidad f. Porosidad de las cosas esponjosas.

fungoso, sa adj. Muy esponjoso y fofo.

funicular adj. Aplícase al vehículo o artefacto en el cual la tracción se hace por medio de una cuerda, cable o cadena.

funículo m. Adorno propio de la arquitectura románica, en forma de cuerda o maroma. I Conjunto de vasos nutritivos que unen la semilla al pericarpio. I Cordoncito que une cada óvulo a la placenta.

fúrfura f. Conjunto de laminillas epidérmicas, muy tenues, que se desprenden en forma de escamas.

furfuráceo, a adj. Parecido al salvado.

furgón m. Carruaje fuerte, de cuatro ruedas y cubierto, para transporte.

furgoneta f. Vehículo automóvil, cerrado más pequeño que el camión, destinado al transporte.

furia f. Ira exaltada. I fig. Violenta actividad de las cosas insensibles. I fig. Prisa y vehemencia con que se hace una cosa.

furibundo, da adj. Airado, colérico. I Que denota furor.

furioso, sa adj. Poseído de furia. I Loco peligroso. I fig. Violento, terrible.

furo, ra adj. Huraño. I m. Orificio que, para dar salida al agua y melaza, tienen las hormas cónicas en que se lavan los panes de azúcar.

furor m. Cólera, furia ira exaltada. I Agitación violenta del ánimo. I fig. Estro, entusiasmo, inspiración.

furriel m. Cabo de escuadra que en cada compañía, escuadrón o batería distribuye diariamente el pan y nombra el servicio.

furriera f. Oficio de llavero y guardamuebles en la casa real.

furtivo, va adj. Que se hace a escondidas y como a hurto.

furtivismo m. Actividad del cazador, pescador o leñador furtivo.

furúnculo m. Divieso.

fusa f. Nota musical que vale media semicorchea.

fusca f. Pato negro.

fuscipénneo, a adj. Que tiene el pico pardo.

fusco, ca adj. Oscuro, de color casi negro.

fuselado, da adj. Fusado.

fuselaje m. Armazón de los aviones.

fusente adj. Díc. de la marea descendente.

fusible adj. Que puede fundirse. I m. Hilo o chapa metálica, fácil de hundirse, que se coloca en un circuito eléctrico para que se funda cuando la corriente es excesiva y la interrumpa.

fusiforme adj. De forma de huso.

fusil m. Arma de fuego portátil, propia de los soldados de Infantería.

fusilamiento m. Acción de fusilar.

fusilar tr. Ejecutar a alguien con una descarga de fusilería. I fig. Copiar trozos o ideas de un original sin citar el nombre del autor.

fusilazo m. Tiro de fusil.

fusilería f. Conjunto de fusiles o de fusileros. I fuego de fusiles.

fusión m. Efecto de fundir o fundirse. I fig. Unión de intereses, ideas o partidos. I Fenómeno mediante el cual tiene lugar la condensación de núcleos atómicos ligeros en otros más pesados.

fusionar tr. Unir, fundir, refundir, unificar.

fusique m. Pomo con agujeros para sorber el rapé por la nariz.

fuslina f. Lugar donde se funden minerales.

fusta f. Látigo largo y delgado que se usa para castigar a los caballos.

fustado, da adj. Díc. del árbol y de la lanza que tiene dos colores.

fustán m. Tela gruesa de algodón con pelo por una cara.

fuste m. Madera de los árboles. I Vara, palo. I Asta de la lanza. I Cualquiera de las dos piezas de madera de la silla de montar. I fig. Fundamento de una cosa no material. I fig. Sustancia, nervio, entidad. I Parte de la columna que media entre el capitel y la basa. I Vástago, conjunto del tallo de las hojas.

fustete m. Arbusto terebintáceo aromático, especie de zumaque cuya corteza sirve para teñir de amarillo las pieles.

fustigador, ra adj. y s. Que fustiga.

fustigar tr. Azotar, dar azotes. I fig. Vituperar, censurar con dureza.

fútbol m. Juego entre dos equipos, de once jugadores cada uno, que consiste en lanzar un balón, según determinadas reglas, con objeto de introducirlo en la meta o portería del equipo contrario.

futbolista com. Persona que se dedica a jugar al fútbol.

futbolístico, ca adj. Relativo al fútbol.

futesa f. Fruslería, nadería.

fútil adj. De poca importancia.

futilidad f. Poca o ninguna importancia de una cosa

futraque m. fam. p. us. Levita, casaca.

futre m. Persona mal vestida.

futura f. Derecho a la sucesión de un empleo antes de estar vacante. I fam. Novia, prometida.

futurible adj. Díc. de lo futuro condicionado, que no será con seguridad, sino que seria si se diese una condición determinada.

futurición f. Condición de estar orientado o proyectado hacia el futuro, como la vida humana.

futurario, ria adj. Relativo a la futura sucesion.

futurismo m. Actitud espiritual, cultural, política, etc., orientada hacia el futuro.

futuro, ra adj. Que está por venir. I Díc. del tiempo verbal con que se denota la acción que no ha sucedido todavia.

futurología f. Ciencia de la exploración del futuro.

fututo m. Pan. Fotuto, instrumento de viento, pito de caña o bocina hecha con un caracol.

G

g f. Séptima letra del abecedario español y quinta de sus consonantes. Su nombre es ge.

gabán m. Abrigo, capote con mangas.

gabardina f. Sobretodo de tela impermeable.

gabarra f. Barco chato usado para la carga y descarga.

gabarro m. Nódulo de diferente composición de la masa de la piedra en cuyo interior se halla. I fig. Error en las cuentas. I Defecto en la urdimbre o trama de un tejido.

gabato m. Cría menor de un año de los ciervos y de las liebres.

gabela f. Tributo o impuesto. I fig. Carga, gravamen.

gabinete m. Aposento menor que la sala donde se reciben visitas de confianza. I Conjunto de muebles para el antedicho aposento. I Ministerio (gobierno o cuerpo de ministros del Estado).

gacel m. Macho de la gacela.

gacela f. Antílope algo menor que el corzo, muy ágil y de hermosos ojos, grandes, negros y vivos.

gaceta f. Papel periódico que trata de algún ramo especial de literatura, administración etc.

gacetilla f. Sección de un periodico dedicada a la inserción de noticias cortas. I Cualquiera de estas noticias.

gacha m. Masa casi líquida. I pl. Manjar de harina cocida con agua y sal que puede aderezarse con leche, miel, etc.

gacho, cha adj. Encorvado o inclinado hacia la tierra.

gachumbo m. Cubierta dura de algunos frutos, que sirve para hacer vasijas.

gádidos m. pl. Familia de peces anacantinos, a la cual pertenece el bacalao.

gafa f. Especie de tenaza para suspender objetos pesados I pl. Anteojos con manecillas para afianzarlos en las orejas.

gafar tr. Agarrar o arrebatar algo con uñas, con un gancho o instrumento curvo. I Maleficiar, aojar.

gafe m. Persona que tiene fama de atraer la mala suerte.

gafedad f. Contracción permanente de los dedos. I Lepra que encorva los dedos.

gafete m. Corchete, broche

gaita f. Instrumento de viento, al parecer de origen céltico, que se compone de un cuero a manera de odre, al cual van unidos tres tubos de boj.

gaje m. Emolumento u subvención que corresponde a un destino Ú. m. en pl.

gajo m. Rama de árbol. I Parte del racimo de uvas. I Racimo apiñado de alguna fruta.

gala f. Ropajes y adornos reservados para las ocasiones más solemnes y elegantes. I pl. Trajes, joyas, adornos de lujo.

galabardera f. Rosal silvestre.

gálactico, ca adj. Perteneciente o relativo a la galaxia

galactita f. Arcilla jabonosa que pone lechosa el agua

galáctofago, ga adj. y s. Que se alimenta con leche

galactómetro m. Instrumento que mide la densidad de la leche.

galafate m. Ladrón sagaz que roba con arte.

galalita f. Materia plástica que se obtiene tratando la caseína por el formol, que la hace insoluble.

galán m. Hombre gallardo.

galante adj. Atento, cortesano, amable.

galantear tr. Procurar captarse el amor de una mujer.

galantina Ave deshuesada, rellena, que se sirve prensada y fría.

galapagar m. Lugar en que se crían muchos galápagos.

galápago m. Reptil quelonio, especie de tortuga de agua dulce, cuya concha tiene sólo dos aberturas, una para la cabeza y los brazos y otra para las patas y la cola. I Silla de montar para señoras.

galardón Premio, recompensa.

galardonar tr. Premiar, recompensar los servicios o méritos de alguien.

galaxia f. Inmenso conjunto de astros, nebulosas, etc., del que forma parte nuestro sistema solar.

galayo m. Prominencia de roca pelada en un monte.

galbana f. fam. Pereza, indolencia.

galbano m. Gomorresina gris amarillenta, aromática y medicinal.

gálbula f. Fruto de algunas plantas gimnospermas, como el ciprés que tiene forma redondeada y es un caso particular de la piña.

galea f. Casco con carrilleras que usaban los soldados romanos.

galena f. Sulfuro natural de plomo, que constituye la principal mena de este metal.

galeno, na adj. Díc. el viento o brisa suave y apacible I m. Médico.

galeón m. Bajel grande de vela, parecido a la galera, con tres o cuatro palos y cañones pequeños.

galeota f. Galera menor de dieciséis o veinte remos por banda dos palos y cañones pequeños.

galeote m. El que remaba forzado en las galeras.

galera f. Embarcación impulsada por remos, a veces con auxilio de velas, la de la quilla más larga y de menores calado y manga entre las de aparejo latino.

galerada f. Carga de una galera o carruaje de este nombre. I Trozo de composición que se pone en una galera o prueba de ella que se saca para corregirla.

galería f. Pieza larga y espaciosa con muchas ventanas o sostenida por una columnata. I Corredor descubierto o con vidrieras. I Colección de pinturas.

galerna f. Rafaga súbita y borrascosa

galfarro m. Gavilán.

galga f. Volandera del molino de aceite. I Piedra grande que rueda cuesta abajo. I Palo grueso que, pasando bajo el cubo de las ruedas sirve de freno a un carruaje.

galgo, ga adj. y s. Díc. de una especie de perros de caza de hocico puntiagudo, orejas largas y colgantes, cuello delgado y muy veloces en la carrera.

galgueño, ña adj. Parecido o perteneciente al galgo.

galibar tr. Trazar el contorno de las piezas de los buques con arreglo a los gálibos o plantillas.

gálibo m. Arco de hierro usado en los ferrocarriles para comprobar si los vagones cargados pueden circular por los túneles y bajo los pasos superiores. I Plantilla para hacer las piezas de un barco.

galilea f. Pórtico o atrio de las iglesias.

galillo m. Úvula.

galimatías m. Lenguaje oscuro, confuso.

galináceo, a adj. s. Gallináceo. I Gallináceas.

galio m. Metal gris azulado, muy fusible, de la familia del aluminio.

galiparla f. Lenguaje de los que emplean voces y giros afrancesados.

galipote m. Especie de brea o alquitrán que se usa para calafatear.

galón m. Distintivo de grados militares, que se lleva en el brazo, el hombro o en la bocamanga. | Medida inglesa de capacidad, para líquidos, equivalente a unos cuatro litros y cuarto.

galopar intr. Ir a caballo a galope. | Montar una cabalgadura que va a galope.

galope m. Marcha levantada y rápida del caballo, que, sin ser la carrera franca, es mucho más veloz que el trote.

galopín m. Muchacho mal vestido, sucio y roto. | Pícaro, bribón.

galpón m. Tinglado. | Cobertizo amplio, con o sin muros, destinado a guardar enseres, forraje y otros artículos de labranza o industria. | Bodega de almacenaje.

galvanismo m. Propiedad de excitar movimientos en los nervios y músculos de animales mediante corrientes eléctricas.

galvanizar tr. Aplicar el galvanismo a un animal vivo o muerto. | Dar un baño de cinc fundido a un alambre, plancha de hierro, etc., para que no se oxide.

galvanómetro m. Instrumento para apreciar la intensidad y el sentido de una corriente eléctrica.

galvanoplastia f. Arte de sobreponer a un cuerpo sólido una capa metálica por medio de corrientes eléctricas.

galladura f. Pinta sanguinolenta que se halla en la yema del huevo fecundado.

gallar tr. Fecundar a la gallina.

gallarda f. Cierta danza española muy airosa, y su tañido.

gallardear intr. y r. Ostentar gallardía.

gallardete m. Bandera estrecha y rematada en una punta.

gallardía f. Bizarría, desenfado y garbo. | Esfuerzo, arresto, valor. | Altivez, elegancia natural.

gallardo, da adj. Bizarro, airoso, apuesto.

gallaruza f. Capote con capucha, propio de los montañeses.

gallear intr. fig. Alzar la voz con amenazas.

galleo m. Desigualdad en la superficie de algunos metales por haberse enfriado rápidamente después de fundidos.

gallera f. Gallinero para gallos de pelea. | Jaula para transportarlos. | Local constituido para las riñas de gallos.

galleta f. Pan sin levadura y dos veces cocido. | Especie de pasta dulce y seca.

gallina f. Hembra del gallo. | com. Persona cobarde y pusilánime.

gallináceo, a adj. Relativo a la gallina.

gallinazo m. Aura, ave carroñera y a veces rapaz.

gallinero m. Lugar donde se crían y se recogen estas aves.

gallito m. Hombre presuntuoso o jactancioso.

gallo m. Ave gallinácea de lustroso plumaje, con cresta y carúnculas rojas y tarsos con espolones. | Pez acantopterigio.

gallofa f. Comida que se daba a los pobres que iban peregrinando a Santiago.

gallofear intr. Mendigar, pordiosear.

gallofo, fa adj. y s. Gallofero.

gama f. Hembra del gamo. | Escala musical.

gamada adj. Díc. de la cruz que tiene los cuatro brazos iguales y acodados hacia la derecha.

gamarra f. Correa que va de la cincha a la muserola, por entre los brazos del caballo.

gamba f. Crustáceo parecido al langostino.

gámbaro m. Camarón.

gambax m. Jubón acolchado que se llevaba debajo de la coraza.

gamberro, rra adj. y s. Persona, especialmente joven, que se divierte cometiendo actos vandálicos.

gambeta f. Danza. Movimiento que se hace jugando y cruzando las piernas con aire. | Corveta.

gambia f. Garabato o bichero para detener o atajar leña en los ríos, o manipular los troncos flotantes.

gamboa f. Variedad de membrillo blanco, jugoso y suave.

gambusino m. Buscador de filones mineros, minero práctico.

gamela f. Especie de cesto o canasta.

gamella f. Arco en cada extremo del yugo de los bueyes. | Vasija o artesa grande de madera.

gameto m. Cada una de las dos células masculina y femenina que se unen para formar el huevo de los vegetales y los animales.

gamelocida f. Destructor de gametos.

gametogénesis f. Origen y formación de los elementos sexuales, llamados gametos, pertenecientes a ambos sexos.

gamezno m. Gamo pequeño y nuevo.

gámico, ca adj. Aplícase a los huevos que sólo se desarrollan después de fecundados.

gamillón m. Pila en que se pisa la uva.

gamin m. Golfillo, pilluelo.

gamino m. Lamparón que ataca al ganado lanar.

gamitido m. Balido del gamo o voz que lo imita.

gamma f. Tercera letra del alfabeto griego, correspondiente a nuestra g.

gammagrafía f. Radiografía efectuada mediante los rayos gamma que emiten ciertos cuerpos.

gamo m. Rumiante cérvido de pelo rojizo oscuro con manchas blancas, y cuernos en forma de pala.

gamocricia f. Arte adivinatoria que consiste en hacer pronósticos acerca de matrimonios.

gamogénesis f. Reproducción sexual.

gamología f. Tratado acerca del matrimonio.

gamón m. Planta liliácea de hojas ensiformes.

gamonito m. Retoño corto que echan en torno de sí algunas plantas.

gamopétalo adj. Díc. de la corola cuyos pétalos estan soldados entre sí y de la flor que tiene esta clase de corola.

gamosépalo, la adj. Díc. del cáliz cuyos sépalos estan soldados entre sí y de la flor que tiene esta clase de cáliz.

gampsodactilia f. Deformidad de los dedos del pie.

gamucería f. Fábrica de pieles de gamuza.

gamuno, na adj. Díc. de la piel del gamo.

gamusino m. Animal imaginario cuyo nombre se usa para dar bromas a los cazadores novatos.

gamuza f. Especie de antílope bóvido, del tamaño de una cabra, que tiene las astas lisas y derechas, y da prodigiosos saltos. | Piel delgada que después de adobada queda muy flexible y de color amarillo claro.

gana f. Deseo, apetito, voluntad de una cosa.

ganadería f. Copia de ganado.

ganadero, ra adj. Perteneciente o relativo al ganado. | m. y f. Propietario de ganados y tratante en ellos.

ganado, da p. p. de ganar. | m. Conjunto de bestias mansas de una especie que se crían y andan juntas.

ganancia f. Acción de ganar. | Provecho o utilidad que resulta de un trato, del comercio o de otra acción.

ganar tr. Adquirir caudal o aumentarlo obteniendo utilidades en algún negocio, trabajo, etc.

ganchillero,ra adj. Persona que por oficio o afición realiza trabajos de ganchillo.

ganchillo m. Aguja de gancho o crochet. | Labor o acción de trabajar con esta aguja.

gancho m. Instrumento corvo y puntiagudo, propio para prender o colgar cosas.

gándara f. Tierra baja, inculta y llena de maleza.

gandul, la adj. y s. Holgazán, vagabundo.

gandulear intr. Holganazear.

ganga fig. Cosa apreciable que se adquiere a poca costa. | Materia inútil que acompaña a los minerales.

gangliectomía f. Excisión, de uno o de varios glanglios.

gangliforme adj. De aspecto o forma de ganglio.

ganglio m. Nudo o abultamiento intercalado en el trayecto de los nervios o de los vasos linfáticos, que desempeña diversas funciones fisiológicas. | Tumor pequeño que se forma en los tendones y los músculos.

gangliocito m. Célula ganglionar.

ganglioma m. Tumor de ganglios linfáticos.

ganglión m. Pequeño tumor globuloso, que se forma particularmente alrededor de las articulaciones del pie y de la mano.

ganglionuroma adj. Que tiene el sistema nervioso compuesto de ganglios. | m. Célula del ganglio nervioso.

ganglionitis f. Inflamación de uno o más ganglios.

gangoso, sa adj. Que habla guangueando. Ú. t. c. s. | Díc. de este modo de hablar.

gangrena f. Desorganización y privación de vida (necrosis) en cualquier tejido de un cuerpo animal.

gángster m. Individuo de una de las bandas de contrabandistas de alcohol organizadas en los Estados Unidos, célebres por sus luchas y desmanes.

ganguear intr. Hablar con marcado sonido nasal.

ganoideo, a adj. Díc. de peces que tienen escamas romboidales esmaltadas, brillantes, duras y estriadas o placas óseas boca ventral y cola heterocerca, como el esturión.

gansada f. fig. y fam. Dicho o hecho propio de ganso o persona torpe, incapaz, ineducada.

ganso, sa m. y f. Ave palmípeda algo menor que el ánsar y resultado de la domesticidad de éste.

ganzúa f. Alambre fuerte y doblado por una punta, a modo de garfio, con el que pueden abrirse las cerraduras.

gañán m. Mozo de labranza.

gañido m. Gemido del perro cuando pide caricias o está sufriendo, o quejido de otros animales.

gañir intr. Gemir el perro, u otro animal, cuando se queja. | Graznar las aves.

gañote m. Garganta, gaznate.

garabatear intr. Echar el garabato para asir algo. | Garrapatear. Ú. t. c. tr.

garabato m. Garfio de hierro propio para asir o colgar cosas. | pl. Escarabajos, garrapatos en la escritura.

garaje m. Cochera de automóviles.

garante adj. y s. com. Que da garantía.

garantía f. Acción de afianzar lo estipulado. | Fianza, prenda. | Cosa que asegura y protege contra algún riesgo o necesidad.

garantizar tr. Dar garantía.

garañón m. Semental.

garapiña f. Estado del líquido congelado en grumos.

garbanza f. Garbanzo mayor, más blanco y de mejor calidad que el corriente.

garbanzal m. Tierra sembrada de garbanzos.

garbanzo m. Planta leguminosa de flores blancas y fruto en vaina inflada, pelosa, con una o dos semillas comestibles.

garbear intr. Afectar garbo o bizarría. | fam. Trampear, buscarse la vida. Ú. t. c. r. | tr. Andar al pillaje.

garbeo m. Paseo, acción de pasearse.

garbillar tr. Ahechar grano. | Limpiar minerales con el garbillo.

garbillo m. Harnero o zaranda de esparto para ahechar el grano. | Criba con aro de esparto y fondo de lona o tela metálica para limpiar minerales.

garbo m. Gallardía, gentileza. | Cierta gracia que se da a las cosas. | fig. Bizarría, desinterés.

garbullo m. Confusión o barullo de muchas personas.

garceta Ave zancuda, algo menor que la cigueña.

gardenia f. Planta rubiácea, de flores blancas y olorosas. | Flor de esta planta.

garduña f. Mamífero carnicero, mustélido, algo mayor que la comadreja.

garfada f. Acción de procurar coger con las uñas.

garfear intr. Echar los garfios, para asir con ellos una cosa.

garfio m. Instrumento de hierro corvo y puntiagudo, propio para asir o sujetar algo.

gargajear intr. Arrojar gargajos.

gargajo m. Flema espesa que se expele por la boca.

garganta f. Parte anterior del cuello. | fig. Angostura de montes o ríos.

gargantear intr. Gorgoritear, cantar haciendo gorgoritos.

gargantil m. La escotadura que tiene las bacías de barbero.

gargantilla f. Collar que por adorno ciñe la garganta.

gárgara f. Acción de mantener un líquido en la entrada de la garganta, con la boca arriba, sin tragarlo y arrojando el aliento.

gargarismo m. Accion de gargarizar. | Licor para hacer gárgaras.

gárgol adj. Díc. del huevo huero.

gárgola f. Escultura que decora un tubo de tejado o fuente.

garita f. Torrecilla de las fortificaciones para resguardo del centinela. | Casilla de madera para el centinela, vigilante, guarda frenos, etc.

garito m. Casa o lugar donde concurren a jugar los tahures o fulleros.

garlito m. fig. Celada o asechanza. | Trampa para atrapar pequeñas presas sin matarlas.

garlocha f. Especie de forro de hule con que se cubre el calzado para mantenerlo seco. | Garrocha.

garlopa f. Cepillo largo y con asa carpintero, propio para igualar y pulir madera.

garnacha f. Especie de uva roja que tira a morada de la cual hacen un vno especial.

garra f. Mano o pata armada de uñas muy fuertes corvas y agudas. | fig. Mano del hombre.

garrafa f. Vasija ancha y redonda, de cuello largo y estrecho.

garrafal adj. fig. Grande, extraordinario

garrafón m. aum. de garrafa. | Damajuana, castaña.

garrancho m. Parte aguda y saliente del tronco o rama de una planta.

garrapata f. Arácnido acárido que vive parásito de animales a los cuales chupa la sangre.

garrapatear intr. Hacer garrapatos.

garrapato m. Rasgo caprichoso hecho en la escritura.

garrar intr. Cejar o retroceder el buque arrastrando el ancla que no ha hecho presa firme en el fondo.

garrir intr. Gritar el loro.

garroba f. Algarroba, fruto del algarrobo.

garrobal m. Terreno poblado de algarrobos.

garrobo m. Saurio de fuerte piel escamosa.

garrocha f. Pértiga larga, muy liviana y flexible, utilizada como propulsora para saltos a gran altura.

garrochón m. Rejón, asta con moharra para rejonear.

garrofa f. Algarroba.

garrón m. Espolón de ave.

garrota f. Cayado de pastor, o bastón que tiene esta forma. I Garrote, palo grueso y fuerte.

garrotazo m. Golpe dado con garrote.

garrote m. Palo grueso y fuerte que puede manejarse a modo de bastón.

garrotillo m. Difteria que suele atacar con preferencia a los niños y puede causar la muerte por asfixia.

garrotín m. Cierto baile gitano.

garrucha f. Polea.

gárrulo, la adj. Díc. del ave que canta mucho. I Díc. de la persona muy habladora o charlatana. I fig. Díc. de cosas que hacen ruido continuado.

garuar intr. Lloviznar.

garupa f. Juerga, vida disoluta.

garza f. Ave zancuda, de cabeza pequeña con moño largo y gris, que vive a orillas de los ríos y pantanos.

garzo, za adj. De color azulado. I m. Agárico.

garzón m. Joven, mancebo, mozo.

gas m. Cualquier fluido aeriforme a la presión y temperatura ordinarias.

gasa f. Tela muy clara y sutil.

gasear tr. Saturar de gases un líquido. I Intoxicar, matar con gases. I Hacer sufrir los efectos de los gases de combate o inficionar algo con ello.

gaseiforme adj. Que se encuentra en estado de gas.

gaseosa f. Bebida efervescente natural o por inyección de anhídrido carbónico, refrescante y generalmente sin alcohol.

gasificable adj. Que puede convertirse en gas.

gasificación f. Acción de gasificar.

gasificar tr. Hacer pasar un cuerpo del estado sólido o líquido al gaseoso.

gasoducto m. Conducto destinado a llevar el gas natural desde el lugar donde surge hasta el lugar en que ha de utilizarse.

gasógeno, na adj. Que produce gas. I m. Aparato para obtener gases.

gasóleo m. Compuesto líquido, resultado de la mezcla de varios productos volátiles procedentes de la destilación del petróleo, que se usa como carburante en ciertos motores como los Diesel.

gasolina f. Mezcla de hidrocarburos, líquida, muy volátil e inflamable, producto de la primera destilación del petróleo.

gasolinera f. Lugar donde se vende gasolina al público.

gasómetro m. Instrumento para medir el gas.

gastado, da adj. Debilitado, erosionado, disminuido, borrado con el uso. I Díc. de la persona cuyo vigor físico o prestigio moral han decaído.

gastador, ra adj. y s. Que gasta mucho. I m. Soldado antiguamente encargado de franquear el paso en las marchas y que hoy desfila en cabeza de su batallón.

gastar tr. Emplear el dinero en adquisición de bienes no productivos económicamente. I Consumir, destruir, extinguir. Ú. t. c. r. I Tener habitualmente. I Poseer, usar, llevar.

gasterópodo adj. y s. Aplícase a los moluscos que tienen en el vientre un pie carnoso, mediante el cual se arrastran; como el caracol y la lapa. I m. pl. Clase de estos moluscos.

gástrico, ca adj. Perteneciente al estómago.

gastritis f. Inflamación del estómago.

gastrointestinal adj. Perteneciente o relativo al estómago y a los intestinos.

gastronomía f. Arte de preparar una buena comida. I Afición a comer regaladamente.

gastrónomo, ma m. y f. Persona versada en gastronomía. I Persona que come opíparamente.

gástrula f. Forma larvaria inicial, común a todos los animales metazoarios.

gata f. Hembra del gato.

gatear intr. Trepar como los gatos. I Andar a gatas.

gatera f. Agujero para los gatos en una puerta, pared, etc.

gatillo m. Instrumento para sacar muelas. I Disparador de una arma de fuego portátil.

gato m. Mamífero carnicero, félido, de pelaje suave, que vive en domesticidad y es muy útil en las casas, porque persigue a los ratones. I Máquina compuesta de un engranaje de piñón y cremallera, que sirve para levantar grandes pesos a poca altura. I fig. Rateo que hurta con astucia. I fig. Hombre sagaz y astuto.

gatuno, na adj. Relativo al gato.

gatuña f. Planta leguminosa de tallos duros y espinosos, común en los sembrados.

gatuperio m. Mezcla de cosas incoherentes. I fam. Embrollo, enjuague.

gaucho, cha adj. Díc. de los vaqueros, habilísimos jinetes, de las pampas del Río de la Plata, en la Argentina, Uruguay y Río Grande do Sul (Brasil). Ú. m. c. s.

gaudeamus m. fam. Fiesta, regocijo grande.

gaveta f. Cajón corredizo que hay en los escritorios y papeleras.

gavia f. Zanja que se abre para desagüe o linde de propiedades.

gavial m. Reptil hidrosaurio, de hocico largo y estrecho, parecido al cocodrilo y muy peligroso.

gaviero m. Marinero que cuida de la gavia y hace en ella de vigía.

gavilán m. Ave rapaz de plumaje gris azulado por encima, blanco con fajas pardas por debajo, y cola parda con rayas negras.

gavilla f. Atado de sarmientos, mieses, ramas, hierbas, etc. mayor que el manojo y menor que el haz.

gaviota f. Ave palmípeda, de plumaje casi todo blanco, que habita en las costas.

gaya f. Lista de otro color que el fondo.

gayo, ya adj. Alegre, vistoso.

gayuba f. Mata erecácea, tendida, cuyo fruto, rojo y del tamaño de un guisante, se usa como diurético.

gaza f. Lazo en el extremo de un cabo.

gazapa f. fam. Mentira. I Embuste.

gazapina f. Junta de truhanes y gentes ordinarias. I fam. Pendencia, riña, alboroto.

gazapo m. Conejo de corta edad. I Palabra equivocada que se dice casualmente. I Error casual de imprenta o doble sentido intencionado en la construcción de una frase.

gazmoñería f. Afección de modestia, devoción o escrúpulo.

gazmoño, ña adj. y s. Que afecta devoción, escrúpulos y virtudes que no posee.

gaznápiro, ra adj. y s. Palurdo, simplón, bobo.

gaznate m. Garguero.

gazpacho m. Sopa fría, hecha con pan, aceite, agua, vinagre, tomate, ajo y cebolla. I Migas hechas de la torta cocida en las brasas.

gazuza f. fam. Hambre.

ge f. Nombre de la letra g. I Símbolo del germanio.

geco m. Género de reptiles saurios cuyas especie más conocidas es la salamanquesa.

gecónido adj. y s. Díc. de saurios de pequeño tamaño.

gefíreo, a adj. y s. Dícese de animales moluscoides marinos que viven en el fango.

géiser m. Surtidor termal, especie de volcán acuoso.

geisha f. Bailarina y cantante del Japón, que recibe una esmerada educación.

gel m. Gelatina precipitada de una solución coloidal.

gelatina f. Sustancia sólida, incolora, transparente, muy coherente, que se saca de los huesos, cartílagos, cuernos y raeduras de pieles mediante cocción.

gelivación f. Fragmentación de las rocas a causa de las alternancias del hielo y el deshielo.

gema f. Cualquier piedra preciosa.

gemación f. Modo de reproducción asexual.

gemebundo, da adj. Que gime.

gemelo, la adj. y s. Díc. de cada uno de los hermanos nacidos en un mismo parto a partir de un mismo óvulo. I m. Anteojos de teatro. I Juego de botones para los puños.

gemir intr. Expresar con voz lastimosa la pena que aflige. I fig. Aullar algunos animales, o sonar algunas cosas, de modo parecido al gemido del hombre.

gemología f. Ciencia que trata de las gemas opiedras preciosas.

gemoterapia f. Utilización médica de las yemas o tejidos embrionarios vegetales.

gen m. Cada una de las partículas que están dispuestas en un orden fijo a lo largo de los cromosomas y que determinan la aparición de los caracteres hereditarios en los virus, bacterias, las plantas y los animales.

genciana f. Planta gencianácea, de flores amarillas, fruto capsular y raíz gruesa, carnosa, de olor fuerte y sabor amargo, que se usa como tónica y febrífuga.

gencianáceo, a adj. y s. Gencianáceo. I f. pl. Tribu de plantas gencianáceas.

gendarme m. Individuo de un Cuerpo o Instituto que en Francia y otros países está destinado a mantener el orden y la seguridad pública.

genealogía f. Serie de ascendientes de un individuo. I Escrito que la contiene.

generación f. Acción de engendrar. I Especie. I Línea de descendientes directos. Conjunto de todos los vivientes coetáneos.

generador, ra adj. Que engendra. Ú. t. c. s. I m. Parte de una máquina que produce la fuerza o la energía.

general adj. Común y esencial a todos los individuos que constituyen un todo, o a muchos objetos. I Común, frecuente, usual I m. Jefe militar perteneciente a las jerarquías superiores del ejército.

generalidad f. Mayoría de los individuos y objetos de una clase o todo.

generalizar tr. Hacer general o común una cosa.

generar tr. Engendrar.

generativo, va adj. Que tiene virtud de engendrar.

generatriz adj. Generadora. Ú. t. c. s. I Díc. de la máquina que convierte la energía mecánica en eléctrica.

genérico, ca adj. Común a varias especies. I Díc. del nombre apelativo o común.

género m. Especie, conjunto de cosas que tienen caracteres comunes. I Modo o manera de hacer una cosa. I Clase, orden en que se consideran comprendidas diferentes cosas. I En el comercio, cualquier mercancía. I Accidente gramatical que indica el sexo de las personas o de los animales y el que se atribuye a las cosas, o bien para indicar que no se les atribuye ninguno.

generosidad f. Nobleza heredada. I Liberalidad, largueza.

generoso, sa adj. Noble y de ilustre prosapia. I Liberal, dadivoso. I Excelente, añejo, y mejor elaborado que el común.

génesis f. Origen o principio de una cosa.

genética Parte de la Biología que trata de los problemas de la herencia.

genial adj. Propio del genio, o inclinación de uno. I Sobresaliente, extremado, que revela genio creador.

genialidad f. Singularidad o rareza propia del genio de alguien.

genio m. Indole o inclinación según la cual dirige uno comúnmente sus acciones.

genital adj. Que sirva para la generación.

genitivo adj. Capaz de engendrar. I m. Caso de la declinación que indica posesión o pertenencia.

genitourinario, ria adj. Perteneciente o relativo a las vías y órganos genitales urinarios.

genocidio m. Exterminio o eliminación sistemática de un grupo social por motivos raciales, religiosos o políticos.

genoma m. Conjunto de los cromosomas de una célula.

genotipo m. Conjunto de genes existentes en cada uno de los núcleos celulares de los individuos pertenecientes a una determinada especie vegetal o animal.

gente f. Pluralidad de personas

gentil adj. y s. Para los judíos y los católicos, todos los que no profesan su religión. I Gallardo, gafán, gracioso.

gentileza f. Gallardía , buen aire y disposición del cuerpo. I Desembarazo y garbo en la ejecución de alguna cosa. I Ostentación, bizarría. I Urbanidad, cortesía.

gentilhombre m. Buen mozo. I Antiguo tratamiento de urbanidad equivalente a señor o caballero.

gentilicio, cia adj. Relativo a las gentes o naciones. I m. Perteneciente a la familia o el linaje.

gentío m. Concurrencia de mucha gente a un sitio.

genuflexión f. Acción de doblar la rodilla, bajándola hacia el suelo.

genuino, na adj. Puro, propio, legítimo, natural.

geocarpia f. Fenómeno consistente en la maduración de los frutos dentro del suelo.

geocéntrico, ca adj. Relativo al centro de la Tierra.

geocronología f. Parte de la geología que determina la duración de los acontecimientos geológicos.

geoda f. Hueco en una roca, tapizado de una sustancia que suele estar cristalizada.

geodesia f. Ciencia matemática cuyo objeto es determinar la figura y magnitud del globo terrestre o de una parte de él, y confeccionar los mapas correspondientes.

geodésico, ca adj. Relativo a la geodesia.

geodinámica f. Parte de la geología que trata de las fuerzas que obran sobre el globo terrestre.

geoestacionario, ria adj. Relativo a cualquier satélite artificial que viaja de oeste a este a una altura de unos 36.000 km. sobre el Ecuador y a la misma velocidad que la rotación de la tierra, por lo que parece que está siempre en el mismo sitio.

geofagia f. Hábito de comer tierra o sustancias similares no nutricias.

geófago, ga adj. y s. Que come tierra. Aplícase a seres fabulosos que devoran un planeta.

geogenia f. Parte de la geología que estudia la génesis de la Tierra.

geognosia f. Parte de la geología que estudia la estructura y composición de las rocas que forman la Tierra.

geognosta Com. Persona que cultiva o que enseña la geognosia.

geografía f. Ciencia que trata de la descripción de la Tierra.

geógrafo, fa m. y f. Persona que profesa la geografía o es versada en ella.

geoide m. Forma teórica de la Tierra determinada por la geodesia.

geología f. Ciencia que trata de la forma exterior e interior del globo terrestre, de la naturaleza de las materias que lo componen y su formación.

geomancia Arte adivinatorio que utiliza la interpretación de ciertos cuerpos terrestres y ciertas líneas, círculos o puntos en ella.

geometría f. Recibe este nombre la parte de las matemáticas que trata del estudio del espacio, de sus propiedades y de las formas que en él se encuentran.

geopolítica f. Ciencia que estudia la política de las naciones en una relación sistemática con los factores geográficos, económicos y raciales.

geotécnica f. Aplicación de principios de ingeniería a la ejecución de obras públicas en función de las características de los materiales de la corteza terrestre.

geotécnico, ca adj. Perteneciente o relativo a la geotecnia.

geotectónico, ca adj. Perteneciente o relativo a la forma, disposición y estructura de las rocas y terrenos que constituyen la corteza terrestre.

geotropismo m. Tropismo en que el factor predominante es la fuerza de la gravedad.

geraniáceo, a adj. y s. Díc. de las plantas dicotiledóneas, herbáceas, de hojas alternas u opuestas y flores solitarias o en umbela; como el geranio. I f. pl. Familia de estas plantas.

geranio m. Planta geraniácea de flores en grandes y coloridas umbelas y frutos capsulares unidos de cinco en cinco, que se cultiva en los jardines.

gerente m. Funcionario ejecutivo de una empresa comercial, industrial, etc., que desempeña la máxima autoridad en su área o, eventualmente, en la administración total.

geriatría f. Parte de la medicina que trata de la vejez y sus enfermedades.

gerifalte m. Especie de halcón, el mayor que se conoce. I Culebrina de poco calibre. I fig. Persona que descuella en alguna cosa.

germanía f. Jerga o manera de hablar propia de ladrones y rufianes.

germanio m. Elemento químico de color gris, que se obtiene recuperándolo de los minerales de cinc.

germen m. Principio rudimental de un nuevo ser orgánico.

germinicultura f. Cultivo artificial de bacterias.

germinar intr. Brotar y comenzar a crecer las plantas.

gerontología f. Ciencia que trata de la vejez en general y estudia sus caracteres y fenómenos propios.

gerundio m. Forma verbal invariable del infinitivo, que denota la acción del verbo en abstracto y, por lo común, como ejecutándose en el presente, pero puede referirse a cualquier tiempo.

gesneriáceo, a adj. y s. Díc. de plantas dicotiledóneas, herbáceas, rara vez leñosas que viven casi todas en países cálidos, y muchas se cultivan en los jardines.

gesta f. Conjunto de hechos memorables excelentes de algún personaje. I

gestación f. Tiempo comprendido entre la concepción de un ser y su nacimiento.

gesticulación r. Movimiento del rostro, que indica afecto o pasión, o que intenta comunicar algo sin palabras.

gesticular intr. Hacer gestos. I adj. Perteneciente al gesto.

gestionar intr. Hacer diligencias para el logro de algún objeto.

gesto m. Expresión del rostro. I Movimiento muy visible e intencionado del rostro. I Mueca. I Rostro, semblante. I Acto o hecho.

gestor, ra adj. y s. Que gestiona. I m. Socio o accionista que dirige o administra una empresa o sociedad.

giba f. Corcova, joroba.

gibón m. Mono de brazos muy largos, de la India y Malasia.

gibosidad f. Cualquiera protuberancia en forma de giba.

giga- Elemento compositivo que con el significado de mil millones (10,9) se emplea para formar nombres de múltiplos de determinadas unidades.

gigante m. Seres de inmenso tamaño y fuerzas descomunales. I fig. Hombre muy alto.

gigantea f. Girasol.

gigantismo m. Anomalía del desarrollo caracterizada por un crecimiento excesivo, generalmente acompañada de deformidades.

gilipollas adj. vulg. Gilí, tonto, lelo. Ú.t.c.s.

gilipollez f. vulg. Dicho o hecho propios de un gilipollas.

gilvo, va adj. Díc. del color leonado.

gimnasia f. Arte de desarrollar, fortalecer y dar flexibilidad al cuerpo por medio de ciertos ejercicios. I Estos ejercicios tomados en conjunto.

gimnasio m. Lugar destinado a ejercicios gimnásticos. I Lugar destinado a la enseñanza pública.

gímnico, ca adj. Relativo a las luchas atléticas y a los bailes en que se imitaba a los guerreros y atletas.

gimnospermo, ma adj. Díc. de las plantas fanerógramas cuyos carpelos no llegan a constituir una cavidad cerrada y, por tanto, las semillas quedan al descubierto; como el pino, el ciprés y el helecho. I fig. pl. Subtipo de estas plantas.

gimnoto m. Pez fisótomo, parecido a la angula, notable por su facultad de generar descargas eléctricas.

gimotear intr. fam. Gemir con frecuencia o por poco motivo.

ginebra f. Alcohol de semillas aromatizado y con bayas de enebro.

gineceo m. Aposento de las mujeres entre los griegos.

ginecocracia f. Gobierno de las mujeres.

ginecología f. Estudio de las enfermedades de la mujer.

ginesta f. Hiniesta, retama.

gingivitis f. Inflamación de las encías.

gira f. Paseo, excursión recreativa, o con otro fin, emprendida por un grupo más o menos numeroso de personas.

giralda f. Veleta de torre cuando tiene figura humana o de animal.

girar intr. Moverse alrededor o circularmente.

girándula f. Rueda giratoria de cohetes, usada en los fuegos artificiales.

girasol m. Planta compuesta de grandes flores amarillas que tienen la propiedad de irse volviendo hacia donde el sol se mueve; sus semillas son comestibles y oleaginosas.

giro m. Movimiento circular. I Acción de girar.

girola f. Nave que rodea interiormente el ábside en la arquitectura románica y gótica.

girómetro m. Aparato para medir la velocidad de rotación de una máquina.

giroscopio m. Aparato para apreciar los movimientos circulares del viento.

giróvago, ga adj. Vagabundo.

giste m. Espuma de la cerveza.

gitano, na adj. Díc. del individuo de un pueblo errante que parece proceder del norte de la India.

glacial adj. Helado, muy frío. I Que hace helar o helarse.

glaciar m. Masa de hielo acumulada en las zonas más altas de las cordilleras, por en cima del límite de las nieves perpetuas, y cuya parte interior se desliza muy lentamente, como si fuese un río de hielo.

gladiador m. Guerrero que en los juegos públicos de los romanos combatía con otro o con una fiera.

gladiolo m. Planta iridácea con flores en espiga de colores diversos.

glande m. Cabeza de miembro viril.

glándula f. Cualquiera de los órganos celulares, situados generalmente en la epidermis de algunos vegetales, que segregan algún líquido acre o aromático.

glasear tr. Dar brillo a la superficie de alguna cosa.

glauco adj. De color verde claro, con cierta tonalidad celeste.

glaucoma m. Enfermedad gravísima de los ojos, debida a la producción exagerada de humores.

gleba f. Tierra de labranza. | Terrón que levanta el arado.

glicerina f. Líquido incoloro, de sabor azucarado, de consistencia siruposa, muy higroscópico y soluble en el agua y en el alcohol en todas proporciones, que se encuentra en los cuerpos grasos como base de su composición.

glicina f. Planta leguminosa, trepadora, que se cultiva en los jardines por sus flores azules en grandes racimos.

glicol m. Compuesto químico que posee grupos alcohólicos sobre átomos de carbono adyacentes.

glíptica f. Arte de grabar en piedras finas.

gliptodonte m. Especie de armadillo gigantesco fósil.

global adj. Tomado en conjunto.

globo m. Esfera, cuerpo esférico. | Tierra, planeta que habitamos. | Bomba, pieza hueca de cristal con que se cubre la luz de un lámpara.

globulariáceo, a adj. y s. Díc. de plantas dicotiledóneas, hierbas, matas o arbustos con hojas alternas, flores en cabezuelas y frutos cariópsides con semilla de albumen carnoso. | f. pl. Familia de estas plantas.

glóbulo m. dim. de globo. | Corpúsculo esférico.

gloria f. Bienaventuranza entera. | El cielo o empíreo. | Reputación, fama y honor. | Gusto y placer vehemente. | Majestad, esplendor, magnificencia. | Lo que ennoblece, honra o ilustra. | m. Cántico o rezo de la misa.

gloriar tr. Glorificar. | Preciarse demasiado o alabarse.

glorieta f. Plazoleta redonda en un jardín, donde suele haber un cenador. | Plaza donde desembocan varias calles o alamedas.

glorificar tr. Hacer glorioso a quien no lo era. | Ensalzar a quien lo es. | r. Gloriarse.

glosa f. Composición poética en que se incluyen versos elegidos de antemano para remate de ella o de sus estrofas. | Explicación, interpretación, comentario de un texto.

glosar tr. Hacer, poner o escribir glosas.

glosario m. Catálogo o vocabulario de palabras oscuras o desusadas.

glotis f. Orificio superior de la laringe

glotón, na ad j. y s. Que come mucho y con ansia.

glotonería f. Guía, voracidad, acción de glotonear. | Calidad de glotón.

gloxínea f. Planta generiácea, de flores acampanadas. que se cultiva en los jardines.

glucemia f. Presencia anormal de azúcar en la sangre.

glucógeno, na ad. Que engendra azúcar o glucosa. | m. Hidrato de carbono semejante al almidón.

glucosa f. Especie de azúcar que se encuentra en la uvas y otros frutos, en varios jugos vegetales y en la sangre.

glucosuria f. Enfermedad caracterizada por la presencia de glucosa en la orina.

gluma f. Cubierta floral de las plantas gramíneas, formada por dos valvas.

gluten m. Cualquier sustancia pegajosa que sirve para unir cosas. | Sustancia albuminoidea que se encuentra en las semillas de las gramíneas.

glúteo, a adj. Nalgas. | Relativo a los músculos de las nalgas.

gneis m. Roca de estructura pizarrosa y de igual composición que el granito.

gnetáceo, a adj. y s. Díc. de plantas gimnospermas con hojas laminares de figura de escama o aovadas, flores en amento y frutos abayados, como el belcho. | f. pl. Orden de estas plantas.

gnomo m. Ser fantástico, reputado como espíritu o genio de la Tierra, que se representa en figura de enano.

gnosis f. Ciencia superior a los conocimientos vulgares; el saber por excelencia.

gnosticismo m. Doctrina filosófica y religiosa, relacionada con la concepción dualista de la divinidad, que plantea la existencia de un dios doble o de dos dioses iguales, uno de los cuales es el creador del bien y otro el del mal.

gnu m. Especie de antílope de África del Sur, de cuello encorvado y con crines.

gobernador, ra adj. y s. Que gobierna. | m. Jefe superior, civil, militar o eclesiástico, de una provincia, ciudad o territorio.

gobernalle m. Timón de rueda de la nave. La palabra se aplica sólo a la rueda del timón, no al resto del mecanismo ni a la pala.

gobernar tr. Mandar con autoridad o regir una cosa.

gobierno m. Acción de gobernar o gobernarse. | Orden de regir y gobernar una nación, provincia, plaza, etc.| conjunto de los ministros superiores de un estado. | Empleo, ministerio y dignidad de gobernador.

goce m. Acción de gozar una cosa. | El placer sensual que se produce al experimentar estímulos sutiles como la belleza, la gratitud, el amor filial, etc., con una intensidad que parece propia de las sensaciones físicas.

gol m. En el juego de fútbol y otros semejantes, suerte de entrar el balón en la portería contraria.

golear intr. Marcar goles un equipo de fútbol, sobre todo si son muchos en relación con los que marca el equipo contrario.

goleta f. Embarcación fina de dos palos y un cangrejo en cada uno.

golf m. Dep. juego consistente en introducir en un hoyo una pelota pequeña y dura golpeándola con diferentes palos, a manera de mazos.

golfo, fa m. y f. Pilluelo, vagabundo. m. Porción de mar que se interna en la tierra entre dos cabos. | Cierto juego de envite

goliardo m. Nombre dado en la Edad media a estudiantes y clérigos que recorrían Europa haciendo de juglares.

golondrina f. Pájaro fisirrostro, hirundínido, de plumaje negro azulado por encima y blanco por debajo, alas puntiagudas y cola larga y muy ahorquillada. | Pez acantopterigio, marino. | Barca pequeña de motor para transporte de viajeros.

golondrino m. Pollo de la golondrina. | Infarto glandular en el sobaco que suele terminar por supuración.

golosina f. Manjar delicado que sirve más para el gusto que para el sustento.

goloso, sa adj. Aficionado a comer golosinas. Ú. t. c. s. | Apetitoso, que excita el apetito o deseo.

golpe m. Encuentro violento de dos cuerpos. | Efecto de este encuentro.

golpear 194

golpear tr. e intr. Dar repetidos golpes. | Dar un golpe con fuerza.
golpismo m. Situación política interna de un país, caracterizada por la inestabilidad, en la que son frecuentes los golpes de estado.
golpiza f. Paliza.
gollería f. Manjar exquisito y delicado.
gollete m. Parte superior de la garganta.
goma f. Sustancia viscosa que fluye de algunos vegetales y que disuelta en agua sirve para pegar. | Tira de caucho a modo de cinta.
gomero, ra adj. Relativo a la goma. | m. Recolectar el caucho.
gomina f. Fijador del cabello.
gomorresina f. Jugo de ciertas plantas compuesto de una resina mezclada con una materia gomosa y un aceite volátil que se solidifica por contacto con el aire.
goncear tr. Mover una articulación.
góndola f. Embarcación pequeña de recreo con una carroza en el centro, que se usa principalmente en Venecia.
gong m. Especie de campana china, de bronce, con forma de un gran disco de metal, que se hace sonar golpeándola con un mazo.
goniómetro m. Instrumento empleado para medir ángulos.
gonorrea f. Flujo mucoso de la uretra.
gordo, da adj. De muchas carnes. | Graso y mantecoso. | Muy abultado.
gordolobo m. Planta escrofulariácea de flores amarillas, cuyo cocimiento se ha usado contra la tisis.
gordura f. Grasa, tejido adiposo que normalmente existe en el cuerpo. | Abundancia de carnes y grasas en las personas y animales.
gorfe m. Remanso profundo de un río en que hay hoyas donde las aguas forman remolino.
gorgojo m. Insecto coleóptero de pequeño tamaño.
gorgorito m. Quiebro que se hace con la voz en la garganta al cantar.
gorgoteo m. Ruido que el movimiento de un líquido o un gas produce en alguna cavidad angosta y profunda.
gorguera f. Cuello de lienzo alechugado que se usó antiguamente.
gorila m. Mono antropomorfo, membrudo y muy fiero, y de estatura igual a la del hombre, que habita en África.
gorja f. Garganta.
gorjear intr. Hacer gorjeos. | Se dice de la voz humana y de los pájaros. | r. Empezar a hablar el niño.
gorjeo m. Quiebro que se hace con la voz en la garganta.
gorra f. Prenda de tela, piel, etc., para cubrir la cabeza, sin copa ni alas y con visera o sin ella. | Gorro de niño.
gorrino, ña m y f. Cerdo que aún no tiene cuatro meses. | Cerdo. | fig. Persona desaseada o de mal comportamiento en su trato social.
gorrión m. Pájaro fringílido, de pico cónico y plumaje pardo con manchas negras y rojizas, muy común en pueblos y ciudades.
gorro m. Prenda redonda de tela, punto, etc., para cubrir la cabeza.
gorrón, na adj. y s. Que come, vive o se divierte a costa ajena.
gota f. Partícula esférica de un líquido. | Afección artrítica, debida al exceso de ácido úrico en el organismo.
gotear intr. Caer gota a gota un líquido. Empezar a llover a gotas esparcidas.
gotera f. Serie de gotas de agua que caen dentro de un espacio techado, y punto del techo por donde caen.
goterón m. Gota muy grande de agua llovediza.

gótico, ca adj. Perteneciente a los godos. | Díc. del arte desarrollado en Europa occidental desde el s. XII hasta el Renacimiento.
gotoso, sa adj. y s. Que padece gota.
gourmet m. Gastrónomo, individuo que gusta de comer regaladamente.
gozar r. Tener o poseer algo. | Tener gusto, complacencia, satisfacción de una cosa. Ú. t. c. r. | intr. Sentir placer o deleite.
gozne m. Herraje articulado con que se fijan las hojas de las puertas y ventanas al quicial para que al abrirlas o cerrarlas giren sobre aquél.
gozo m. Movimiento del ánimo que se complace en la posesión o esperanza de cosas halagüeñas y apetecibles. | Placer, deleite, júbilo, alegría.
gozque adj. y s. Díc. del perro pequeño muy sentido y ladrador.
grabación f. Impresión de discos fonográficos o de filmes sonoros.
grabar tr. Esculpir o señalar algo con el, buril en una superficie. | fig. Fijar en el ánimo un concepto, un sentimiento o un recuerdo. Ú. t. c. r. | Registrar los sonidos por medio de un disco fonográfico, de una cinta magnetofónica o cualquier otro procedimiento de manera que se puedan reproducir posteriormente.
gracejo m. Gracia, chiste y donaire festivo en hablar o escribir.
gracia f. Don natural que hace agradable a la persona que lo tiene. | Cierto donaire y atractivo que tienen en su fisonomía algunas personas. | Garbo, donaire o despego en la ejecución de una cosa.
grácil adj. Sutil, delgado o menudo. | De movimientos armoniosos y livianos.
gracioso, sa adj. Que tiene gracia o atractivo. | Chistoso, agudo, ingenioso. | Gratuito.
grada f. Escalón o peldaño. | Asiento a modo de escalón corrido, y conjunto de estos asientos en los lugares de espectáculos. | Tarima que suele ponerse al pie de un altar.
gradación f. Serie de cosas en escala o progresión proporcional.
gradar tr. Allanar la tierra con la grada.
gradería f. Conjunto de gradas.
gradiente m. Relación de la diferencia de presión barométrica entre dos puntos. | f. Pendiente, ángulo en que asciende un camino una cuesta. | Ángulo de ascenso.
gradina f. Cincel dentado que usan los escultores.
grado m. Grada, peldaño, escalón. | En ciertas escuelas, cada una de las secciones en que sus alumnos se agrupan según su edad y el estado de sus conocimientos. | fig. Cada uno de los diversos estados, valores o calidades que, en relación de menor a mayor, puede tener una cosa. | Unidad de medida en la escala de ciertos instrumentos. | Unidad de medida de la temperatura.
graduación f. Acción de graduar. | Cantidad proporcional de alcohol que contienen las bebidas espirituosas. | Categoría de un militar en su carrera.
graduado, da adj. y s. El que ha recibido un grado o un título. | Tubo o varilla o cualquier instrumento en que se marcan y miden grados.
graduador m. Instrumento que sirve para graduar algo.
graduar tr. Dar a una cosa el grado que corresponde. | Apreciar en una cosa grado o calidad que tiene. | Señalar en una cosa los grados en que se divide. | Dar el grado o título de bachiller, licenciado o doctor en una facultad. Ú. t. c. r.

grafía f. Escritura de una palabra, con respecto a las letras que entran en ella.l Cualquier signo de intención semántica

gráfico, ca adj. Perteneciente o relativo a la expresión de ideas, datos o emociones mediante dibujos, representaciones visuales o letras.

grafio m. Instrumento para dibujar o hacer labores sobre una superficie estofada.

grafito m. Mineral negro agrisado, compuesto de carbono cristalizado y una pequeña cantidad de hierro, que se usa principalmente para hacer lápices y crisoles.

grafología f. Estudio de la escritura como medio de conocer el carácter y aptitudes de su autor.

gragea f. Confites medicamentosos; píldoras pequeñas, recubiertas de una capa de azúcar.

grajo m. Ave parecida al cuervo, de pico y pies rojos y uñas negras.

grama f. Planta gramínea, medicinal, de tallo rastrero, que echa raicillas por los nudos.

gramalla f. Antigua prenda de vestir a modo de bata larga. l Cota de malla.

gramática f. Arte de hablar y escribir bien un idioma.

gramil m. Instrumento de carpintería para trazar líneas paralelas.

gramíneo, a adj. y s. Aplícase a plantas monocotiledóneas, de tallo cilíndrico, comúnmente huecos, con nudos llenos, hojas alternas, largas y estrechas y flores en espiga o panojas y grano seco; como los cereales y las cañas.

gramo m. Unidad ponderal del sistema métrico decimal equivalente al peso en el vacío de un centímetro cúbico de agua destilada a la temperatura de cuatro grados centígrados.

gramófono m. Instrumento para reproducir sonidos grabados en discos.

gramola f. Cualquier aparato reproductor de discos fonográficos sin bocina exterior.

gran adj. Apócope de grande. l Primero, principal de una clase.

grana f. Granazón. l Tiempo en que se cuaja el grano de trigo, lino, etc. l Semilla menuda de varias plantas.

granada f. Fruto del granado, globoso, de corteza correosa y múltiples granos rojos, jugosos y dulces. l Proyectil explosivo.

granadero m. soldado de talla alta que se destinaba a arrojar granadas de mano.

granadillo m. Árbol leguminoso americano, de madera dura, roja y amarilla.

granado m. Árbol puniáce cuyo fruto es la granada.

granar intr. Formarse y crecer el grano de los frutos y algunas plantas.

granate m. Silicato doble de un protóxido de aluminio, titanio, hierro o cromo y de un sesquióxido de calcio, manganeso, hierro o magnesio.

grande adj. Que excede a lo común y regular.

grandeza f. Tamaño excesivo de una cosa. l Majestad y poder.

grandilocuencia f. Elocuencia muy abundante y elevada; estilo sublime. l Estilo recargado y pomposo en el hablar.

grandioso, sa adj. Admirablemente grande, magnífico.

graneado adj. Reducido a grano. l Salpicado de pintas.

granear tr. Esparcir el grano en la siembra. l Convertir en grano la masa de la pólvora, pasándola por el graneador.

granero m. Sitio donde se guarda el grano..

granífugo, ga adj. Díc. de cualquier medio o dispositivo que se emplea en el campo para esparcir las nubes tormentosas y evitar las granizadas.

granito m. dim. de grano. l Roca dura, compuesta de feldespato, cuarzo y mica.

granívoro, ra adj. Que se alimenta de granos.

granizada f. Copia de granizo que cae una vez. l fig. Multitud de cosas que caen o se suceden en abundancia.

granizado, da Bebida helada, que contiene alguna esencia o jugo de fruta.

granizar m. Agua congelada que cae de las nubes en granos duros y gruesos.

granja f. Hacienda de campo de tamaño modesto, cercada, con casa de labor y establos.

granjear tr. Adquirir, caudal traficando o comerciando.

granjero, ra m. y f. Persona que cuida la granja. l Persona que se emplea en granjerías.

grano m. Semilla pequeña de las mieses. l Semilla pequeña de algunas plantas.

granoso, sa adj. Díc. de la que en su superficie forma granos.

granuja f. Uva desgranada. l fig. Bribón, pícaro.

granujilla m. Pilluelo, granuja.

granujo m. fam. Grano o tumorcillo.

granulación f. Acción de granular.

granular adj. Aplícase a la erupción de granos y a las cosas en cuyo cuerpo o superficie se forman granos o porciones menudas. l tr. Reducir a granillos una masa pastosa o derretida. l r. Cubrirse de granos pequeños alguna parte del cuerpo.

gránulo m. dim. de grano. l Bolita o pildorilla medicamentosa.

granza f. Rubia. l pl. Residuos de la mies o del yeso, después de acribar o cerner.

granzón m. Trozo de mineral que no pasa por la criba. l pl. Nudos de la paja que quedan cuando se criba.

grao m. Playa que sirve de desembarcadero.

grapa f. Pieza metálica cuyos dos extremos, doblados, se elevan para unir dos cosas.

grasa f. Manteca, unto o sebo de un animal.

grasiento, ta adj. Pringoso, lleno de grasa.

graso, sa adj. Impregnado de grasa.

grata f. Escobilla metálica que sirve para limpiar, raspar o bruñir.

grataguja f. Escobilla de alambre para relojeros. l Grata.

gratificación f. Recompensa pecuniaria de un servicio eventual o extraordinario.

gratificar tr. Recompensar con una gratificación.

gratinar v. tr. Cubrir con queso rallado, salsa besamela u otra semejante un manjar y ponerlo al horno para que se forme una capa tostada.

gratis adv. De balde.

gratitud f. Sentimiento de estimación que despierta en nosotros el beneficio a favor recibido, y nos impulsa a corresponder a él de un modo u otro.

grato, ta adj. Gustoso, agradable.

gratuito, ta adj. Que se da o se hace en balde o de gracia. l Arbitrario, infundado.

gratular intr. Felicitar, da para el bien l r. Alegrarse, sentir satisfacción.

grava f. Guijo conjunto de guijas. l Piedra machacada con que se cubre y allana el piso.

gravamen m. Carga, obligación que pesa sobre uno. l Canon, hipoteca, censo u otra carga impuesta sobre un inmueble o un caudal.

gravar tr. Cargar, pesar una carta o gravamen sobre una persona o cosa. l imponer una carga o gravamen.

grave adj. Que pesa. Ú. t. c. l Grande, de mucha importancia. l Díc. de la palabra cuyo acento carga en la penúltima sílaba.

gravedad f. Fuerza que atrae a todos los cuerpos hacia el centro de la Tierra, y cuya intensidad varía según el lugar, siendo mayor la atracción en los polos. l Compostura, circunspección, formalidad.

gravidez f. Embarazo.

gravímetro m. Instrumento para determinar el peso específico de los líquidos y los sólidos.

gravitar intr. Tener un cuerpo propensión a caer o cargar sobre otro. l Descansar o hacer fuerza un cuerpo sobre otro.

gravoso, sa adj. Molesto, posado, intolerable. l Que ocasiona gasto.

graznido m. Grito del cuervo, el ganso y otras aves. l fig. Canto desapacible.

greba f. Pieza de la armadura, que cubría la pierna desde la rodilla al pie.

greca f. Adorno consistente en una faja que, doblándose en ángulos rectos, forma como una cadena.

grecolatino, na adj. Escrito en griego y latín o referente a ambas lenguas.

grecorromano, na adj. Común a griegos y romanos. l Compuesto de elementos propios de uno y otro pueblo.

greda f. Arcilla rojiza, especialmente ligosa y homogénea, adecuada para la alfarería.

gregal adj. Gregario. Que anda con otros de su especie en rebaño. l m. Viento que sopla entre levante y tramontana.

gregario, ria adj. Que busca la compañía de otros de su especie, sin distinguirse de ellos.

gregoriano, na adj. Aplícase al canto y al calendario reformado por los papas Gregorio I y Gregorio XIII.

greguería f. Algarabía, gritería confusa. l Nombre dado a unos poemas cortos en prosa que tienen algo de epigramáticos por la intención satírica y el ingenio de sus metáforas.

grelo m. Brotes tiernos y comestibles de los nabos.

gremial adj. Relativo al gremio, oficio o profesión.

gremio m. Corporación formada por los maestros, oficiales y aprendices de una misma profesión u oficio. l Conjunto de personas que tienen un mismo ejercicio, profesión o estado social.

greña f. Cabellera revuelta y mal compuesta.

gres m. Roca formada por la aglutinación de pequeños granos de cuarzo mediante un cemento cualquiera. l Pasta compuesta de arcilla poco dura y tenaz y arena cuarzosa, con que se fabrican objetos de alfarería.

gresca f. Algazara, riña, jarana.

grey m. Rebaño grande de ganado.

grial m. Vaso místico que en los libros de caballería se supone haber servido a Cristo en la Ultima Cena, o bien recibió la sangre de Cristo.

grieta f. Quiebra o abertura longitudinal que se hace naturalmente. l Hendedura poco profunda en la piel.

grietarse r. Agrietarse. rajarse, abrirse grietas.

grifería f. Conjunto de grifos y llaves que sirven para regular el paso de agua. l Tienda donde se venden grifos y accesorios para saneamiento.

grifo, fa adj. y s. Díc. de la letra aldina. l m. Animal fabuloso, medio águila, medio león. l Llave, para dar salida a un líquido o fluido, o impedirla según convenga. l Persona cuyo pelo ensortijado indica mezcla de raza blanca y negra.

grill m. Parrilla (salón de ciertos hoteles).

grillete m. Arco o argolla de hierro, con un perno, que sirve para asegurar una cadena a alguna parte.

grillo m. Insecto ortóptero de color negro rojizo, cuyo macho produce un sonido agudo y monótono rozando con fuerza los élitros.

grillos m. pl. Conjunto de los grilletes unidos por un perno, que se pone a los presos en los pies.

grima f. Desazón, disgusto, horror que causa una cosa.l Tristeza, melancolía.

grinalde f. Antiguo proyectil de guerra, a modo de granada.

gringo, ga adj. y s. fam. Extranjero, especialmente de habla inglesa, y en general todo el que no habla la lengua castellana.

griñón m. Toca de monja, que rodea el rostro. l Variedad de melocotón chico, de piel colorada y lisa, muy sabrosa.

gripe f. Enfermedad general epidémica muy contagiosa, acompañada de fiebre y manifestaciones catarrales.

gris adj. Díc. del color ceniciento, que resulta de la mezcla de blanco y negro o azul.

grisón m. Mamífero mustélido, parecido a la marta y al hurón.

grisú m. Mezcla gaseosa de metano y aire que produce terribles explosiones en las minas de hulla.

gritar intr. Levantar la voz más de lo acostumbrado y normal. l Manifestar el público su desagrado ruidosamente.

griterío m. Confusión de voces altas y desentonadas.

grito m. Voz muy levantada y esforzada.

grog m. Bebida hecha con aguardiente, agua caliente, azúcar y limón.

grosella f. Fruto del grosellero, consistente en una baya roja, agridulce y sabrosa, de jugo medicinal.

grosería f. Descortesía, falta grande de atención y respeto. l Tosquedad, falta de primor en el trabajo manual. l Rusticidad, incultura.

grosero, ra adj. Basto, grueso, ordinario. l Descortés, que falta al decoro y a la urbanidad.

grosor m. Grueso de un cuerpo.

grosularia f. Silicato de aluminio y calcio, variedad de granate de color rojo grosella o verdoso.

grosulario, a adj. y s. Díc. de plantas saxifragáceas, flores en racimo y frutos en bayas oblongas o globosas; como el grosellero.

grotescos, ca adj. Extravagante, raro, singular, en grado impresionante. l Irregular, grosero y de mal gusto.

grúa f. Especie de cabria con eje vertical giratorio y un brazo con una o varias poleas, que sirve para levantar pesos.

grueso, sa adj. Corpulento y abultado. l Grande.

gruir intr. Gritar las grullas.

grulla f. Ave zancuda, alta, de pico largo y cónico y plumaje gris.

grumete m. Muchacho muy joven que aprende el oficio de marinero ayudando a la tripulación en sus faenas.

grumo m. Cuajarón, coágulo.

gruñido m. Voz de puerco. l Voz ronca y amenazadora del perro y otros animales. l fig. Sonidos roncos e inarticulados que da una persona como señal de mal humor.

gruñir intr. Dar gruñidos. l fig. Mostrar desagrado rezongando.

gruñón, na adj. fam. Que gruñe mucho.

grupa f. Anca de una caballería.

grupera f. Almohadilla que se pone detrás de la silla de montar para colocar encima algunas cosas.

grupo m. Número variable de seres o cosas que forman un conjunto.

gruta f. Caverna, cueva, cavidad subterránea abierta generalmente en riscos o peñas.

guacamayo m. Papagayo grande, de plumaje rojo, azul y amarillo.

guaco m. Planta compuesta, de América tropical, de flores blancas y malolientes y hojas grandes, cuya infusión se usa contra las picaduras de animales venenosos y el reumatismo.

guachapear tr. Golpear con los pies el agua. I intr. Sonar una chapa de hierro mal clavada.

guachi m. Trampa para cazar aves.

guacho, cha adj. Díc. de la cría que ha perdido la madre. I Huérfano, expósito.

gaudamesí m. Cuero adobado y adornado con dibujos o relieves.

guadaña f. Cuchilla grande y algo curva, engastada en un mango largo, para segar a ras de tierra.

guadarnés m. Sitio donde se guardan los arreos o jaeces de la caballeriza.

guaita f. Soldado que estaba en acecho durante la noche.

guájara f. Fragosidad, lo más áspero de una sierra.

gualda f. Planta resedácea, cuyo conocimiento sirve para teñir de amarillo dorado. I Este color.

gualdrapra f. Cobertura que adorna y cubre las ancas de la caballería.

guama f. Fruto del guamo, consistente en una legumbre muy larga.

guanaco m. Mamífero rumiante, camélido, de América del Sur, parecido a la llama.

guano m. Sustancia excrementicia de aves marinas, compuesta de sales amoniacales, que se emplea como abono. I Excremento de pájaro, caballo, res, etc., fertilizante.

guantada f. Golpe dado con la mano abierta.

guantazo m. Guantada.

guante m. Prenda que se adapta a la forma de la mano y la cubre para abrigarla o protegerla, y puede ser de piel, tela, caucho u otra materia adecuada.

guantelete m. Manopla, pieza de la armadura que cubría la mano.

guantería f. Taller o tienda de guantes. Oficio de guantero.

guantero, ra m. y f. Persona que hace o vende guantes.

guañil m. Planta compuesta, cuyas hojas se emplean en infusión para combatir el reumatismo.

guapetón, na adj. fam. aum. de guapo. I m. Guapo, hombre pendenciero.

guapeza f. fam. Valor, bizarría. I Acción propia del guapetón o pendenciero.

guapo, pa adj. fam. Lindo, gracioso. I Ostentoso, galán y lucido en el modo de vestir y presentarse. I fam. Bien parecido.

guarapo m. Jugo de la caña de azúcar. I Bebida fermentada hecha con este jugo.

guarda com. Persona que tiene a su cargo y cuidado la conservación de una cosa.

guardabarrera com. Persona encargada de un paso a nivel, en las vías férreas.

guardabarros m. Alero de los carruajes.

guardabosques m. Sujeto destinado para guardar los bosques.

guardacostas m. Buque destinado a defender las costas y puertos, o impedir el contrabando.

guardaespaldas com. Persona que acompaña a otra en calidad de salvaguardia. I Persona de autoridad que avala o garantiza los actos de otra.

guardagujas m. Empleado que se cuida del manejo de las agujas en los ferrocarriles.

guardamano m. Guarda, guarnición.

guardameta com. En el juego del fútbol, portero.

guardapelo m. Medallón.

guardapolvo m. Resguardo que cubre y preserva del polvo. I Sobretodo de tela ligera para preservar el traje de polvo y manchas, especialmente en los viajes.

guardar tr. Cuidar y custodiar algo. I Tener cuidado de una cosa y vigilarla. I Observar y cumplir lo que cada uno debe por obligación. I Conservar y retener una cosa.

guardarropa f. Pieza destinada para guardar la ropa. I com. Persona encargada de custodiar y suministrar los efectos de guardarropía, en los teatros. I m. Local improvisado donde se recogen y custodian los abrigos y otras prendas de vestir de los concurrentes a ciertos actos públicos. I Armario para guardar la ropa.

guardería f. Lugar o servicio donde se cuida y atiende a los niños de corta edad.

guardesa m. Mujer que tiene encargo de cuidar de una cosa. I Mujer del guarda.

guardia f. Cuerpo de soldados, o gente armada que asegura o defiende a una persona o un puesto. I Defensa, custodia, amparo protección.

guardián, na m. y f. Persona que custodia algo.

guarecer tr. Acoger a uno; preservarle de algún mal. I Guardar, conservar y asegurar una cosa. I r. Refugiarse, resguardarse en alguna parte para librarse de un daño o peligro.

guarida f. Cueva o espesura donde se refugian los animales. I fig. Lugar de amparo o refugio.

guarismo m. Cada una de las cifras de un número. I El mismo número.

guarnecer tr. Poner guarnición o protección a alguna cosa. I Revestir, adornar. Dotar, equipar. I Revocar las paredes.

guarnición f. Adorno que se pone en los vestidos, colgaduras y otras cosas. I Engaste de oro, plata u otro metal, en que se sientan y aseguran las piedras preciosas. I Defensa que se pone en las espadas y otras armas blancas para preservar la mano. I Tropa que guarnece una plaza, posición o buque de guerra. I pl. Conjunto de correajes y demás efectos que se ponen en las caballerías.

guarnicionar tr. Poner guarnición en un lugar para su defensa.

guarnicionería f. Taller o tienda de guarniciones para las caballerías.

guarnir tr. Guarnecer. Colocar debidamente los cuadernales de un aparejo.

guarro, rra m. y f. Cochino, na. I Perros salvajes de la India.

guasa f. Broma, chanza. I Falta de energía, sosería.

guasca f. Ramal de cuero o de cuerda, que sirve de tienda, látigo, etc. Úsase más Huasca.

guascazo m. Latigazo, golpe dado con la guasca.

guasearse r. fam. Chancearse, burlarse.

guasón, na adj. y s. Que tiene guasa. I fam. Bromista, burlón, chancero.

guata f. Panza, barriga abultada. I Algodón en rama.

guateque m. Baile bullicioso, jolglorio. I Fiesta casera, generalmente de gente joven, en que se merienda y se baila.

guau Onomatopeya con que se representa la voz del perro.

guayaba f. Fruto del guayabo.

guayabera f. Chaquetilla o camisa corta de tela ligera.

guayabo m. Árbol mirtáceo americano, cuyo fruto es la guayaba.

guayaca r. Petaca. I Cinturón para guardar dinero.

guayaco m. Árbol cigofiláceo de América tropical.

guayacol m. Líquido oleoso, medicinal, antiséptico, que se obtiene de la resina del guayaco o destilando la creosota.

gubia f. Formón delgado en forma de mediacaña que sirve para excavar en la madera y hacer cortes curvos. Instrumento antiguo para reconocer el fogón de los cañones de la artillería.

guedeja f. Cabellera larga que forma mechones rizados.

gueldo m. Cebo hecho con camarones y otros crustáceos pequeños, usado para pescar.

guepardo m. Mamífero félido que vive en Asia y África.

guerra f. Ruptura, lucha enconada entre dos o más potencias o entre bandos de una misma nación. I Pugna, rivalidad, competencia.

guerrear intr. Hacer guerra. I fig. Resistir, contradecir.

guerrera f. Chaqueta del uniforme militar, ceñida y abrochada desde el cuello.

guerrero, ra adj. Relativo a la guerra. I que guerrea o que es hábil en el arte de guerrear. Ú. t. c. s. I De genio marcial, inclinado a la guerra. I m. Soldado, el que sirve en la milicia.

guerrilla f. Situación militar caracterizada por fuerzas irregulares que combaten en acciones limitadas y de pequeña escala, aunque generalmente asociadas a otros grupos similares y siguiendo una estrategia general.

guerrillear intr. Combatir en guerrillas.

guerrillero m. Paisano que participa en una guerrilla.

gueto m. Ghetto, barrio en que vivían o eran obligados a vivir los judíos en algunas ciudades de Rusia, Polonia, Italia y otros países.

guía com. Persona que encamina, dirige, conduce o enseña el camino que debe seguirse. I m. Clase o individuo de tropa cuya situación o posición en una formación indica la alineación que ha de tener. I f. fig. Lo que conduce y encamina. I Libro de preceptos o indicaciones que encaminan o dirigen. I Documento sin el cual no pueden circular libremente ciertos géneros. I Cada uno de los extremos del bigote cuando están retorcidos. I Palanca que sale del eje de una noria para enganchar la caballería. I Pieza de un aparato que obliga a otra a seguir determinado camino. I Rama que se deja en algunos vegetales para dirigir su crecimiento. I Mecha de los fuegos de artificio. I Caballería delantera en un tiro fuera del tronco. I pl. Riendas para gobernar esta caballería. I Volumen o conjunto de volúmenes donde constan por orden alfabético las personas que tienen teléfono.

guiadera f. Guía o palanca de noria o artefacto semejante.

guiar tr. Ir delante mostrando el camino. I Conducir un carruaje. I fig. Dirigir a uno en algún negocio. I r. Dejarse uno dirigir o llevar por otro, o por indicios, señales, etc.

guija f. Piedra chica. I Almorta.

guija f. Ouija, tablero con letras y números impresos que, según ciertas tradiciones, permite a los espíritus de los muertos comunicarse con los vivos a través de una persona en estado de médium.

guijarral m. Terreno que abunda en guijarros.

guijarro m. Piedra lisa, redondeada y no muy grande. Dícese de las apropiadas para lanzar con honda.

guijeño, ña adj. Perteneciente o parecido a la guija. I fig. Duro, empedernido.

guijo m. Conjunto de guijas o guijarros pequeños que sirve para consolidar y rellenar los caminos.

guijón m. Enfermedad de los dientes.

guillame m. Cepillo estrecho de carpintero.

guillotina f. Máquina para decapitar a los reos de muerte, inventada en Francia. Máquina para cortar el papel.

guillotinar tr. Decapitar con la guillotina.

guimbalete m. Palanca para mover el émbolo de la bomba aspirante.

guinchar tr. Pinchar, herir con la punta.

guincho m. Aguijón o punta aguda del palo.

guinda f. Fruto del guindo. I Altura total de la arboladura de un buque.

guindal m. Plantación de guindos.

guindalera f. Guindal, terreno plantado de guindos.

guindaleta f. Cuerda que tiene un dedo de grosor. I Pie derecho de donde pende el peso de los plateros

guindaleza f. Cabo grueso y largo.

guindar tr. y r. Subir una cosa que ha de colocarse en alto. I fam. Ahorcar. I r. Descolgarse de alguna parte por medio de cuerda, soga u otra cosa. I Robar.

guindaste m. Armazón de tres maderos en forma de horca, que sirve de cabria o para colgar algo.

guindilla f. Fruto del guindillo de Indias, redondo, encarnado, del tamaño de una guinda y muy picante. I Pimiento pequeño muy picante.

guindo m. Árbol rosáceo, especie de cerezo de hojas más pequeñas y fruto más redondo, oscuro y dulce que el común.

guindola f. Pequeño andamio volante que se emplea para trabajar en los palos. I Aparato salvavidas que va colgado en la parte exterior del buque.

guinga f. Especie de tela de algodón.

guiñada f. Acción de guiñar. I Movimiento del buque, en cuya virtud se desvía la proa hacia un lado u otro del rumbo.

guiñapo m. Andrajo, trapo viejo. I fig. Persona andrajosa. I fig. Persona envilecida y degradada.

guiñar tr. Cerrar un ojo momentáneamente quedando el otro abierto. Se da a veces con disimulo para dar a entender algo.

guiñol m. Teatro o retablo de títeres.

guión adj. y s. Dic. del perro delantero de la jauría. I m. Cruz que se lleva delante del prelado o de la comunidad. I Estandarte del rey, del jefe de estado o de cualquier otro jefe de hueste. I Pendón pequeño que se lleva delante de algunas procesiones. I Escrito breve que sirve de guía y recordatorio. I Argumento de una obra cinematográfica, de televisión u otras representaciones, con todos los pormenores necesarios. I Signo ortográfico (-) usado para dividir una palabra, intercalar oraciones, o marcar un inciso en la cláusula.

guionista com. El que escribe guiones para el cine y la televisión.

guirigay m. fam. Lenguaje obscuro y de dificultosa inteligencia.

guirlache m. Turrón de almendras tostadas y caramelo.

guirnalda f. Corona abierta, tejida de flores, hierbas o ramas. I Tira tejida de flores y ramas, en forma de arco.

guiro m. Nombre de diversos bejucos que forman cintas largas.

guisa f. Modo, manera o semejanza.

guisado m. Guiso de pedazos de carne con salsa y generalmente con patatas.

guisante m. Planta leguminosa de tallos volubles y fruto en vaina abultada con varias semillas casi esféricas, comestibles.

guisar tr. Preparar los manjares por medio del fuego. I Preparar los alimentos cociéndolos y condimentándolos.

guiso m. Manjar preparado por medio del fuego.

güisqui m. Licor alcohólico que se obtiene del grano de algunas plantas, destilando un compuesto amiláceo en estado de fermentación.

guita f. Cuerda delgada de cáñamo.

guitarra f. Instrumento musical compuesto de una caja de madera ovalada y estrecha por el medio, con un agujero en el centro de la tapa, seis cuerdas y un mástil con trastes. I Instrumento para quebrantar y moler el yeso, compuesto de una tabla cuadrada con un mango en el centro.

guitarreo m. Toque de guitarra continuado, generalmente en forma de rasgueo.

guitarrero, ra m. y f. Persona que hace o vende guitarras. I Guitarrista.

guitarrillo m. Guitarra muy pequeña, de cuatro cuerdas. I Tiple (guitarrita de voces muy agudas).

guitarrista com. Persona que toca la guitarra.

guitarrón m. aum. de guitarra. I Guitarra de cuerdas dobles y sonido grave.

guitón, na adj. y s. Pícaro, pordiosero, vago y holgazán.

guitonear intr. Andarse a la briba, vagabundear.

guizque m. Bichero, palo con un gancho en un extremo para coger algo que no está al alcance de la mano.

gula f. Exceso de comida o bebida, y apetito desordenado de comer y beber.

gules m. pl. Color rojo.

guloso, sa adj. Entregado a la gula.

gulusmear tr. Golosinear, husmear y oler lo que se guisa.

gúmena f. Maroma gruesa.

gumía f. Daga moruna, algo corva.

gumífero, ra adj. Que lleva o produce goma.

gunneráceo, a adj. y s. Díc. de plantas dicotiledóneas, herbáceas, de hojas grandes, pecíolo, flores en panoja y fruto en drupa, como el pangue I f. pl. Familia de estas plantas.

gura f. Justicia.

gurapas f. pl. Galeras, embarcación y castigo.

gurbio, bia adj. Díc. de los instrumentos metálicos que tienen alguna curvatura.

gurbión m. Goma del euforbio.

gurdo, da adj. Necio, insensato.

gurriato m. Pollo del gorrión.

gurripato m. Gurriato, pollo del gorrión.

gurrimino, na adj. Ruin, desmedrado, mezquino. I m. fam. Marido que mima con exceso a su mujer.

gurrumino, na adj. Ruin, desmedrado.

gurruñar tr. Arrugar, encoger.

gurullo m. p. us. Pella de lana, masa, etc.

gurumelo m. Seta comestible de color pardo que nace en jarales.

gusanera f. Sitio donde se crían gusanos. Basural. I fig. Sepulcro. I fig. Pasión dominante.

gusanillo m. dim. de gusano. I Cierta labor menuda en las telas. I Hilo ensortijado con que se hacen ciertas labores.

gusano m. Cualquiera de las larvas vermiformes de insectos que se desarrollan en ciertos alimentos. I Lombriz. I

Oruga (larva de las mariposas). fig. Hombre servil y abatido. I Cualquiera de los animales invertebrados, que tienen cuerpo blando, alargado y segmentado, carecen de extremidades y se mueven mediante ciertas contracciones musculares. I pl. Tipo de estos animales cuyas especies viven en las aguas dulces, en las saladas, en la tierra o parásitos en el interior de otros animales.

gusarapo, pa m. y f. Cualquiera de los animalitos con forma de gusanos, que suelen criarse en los líquidos.

gustación f. Acción de gustar.

gustar tr. Sentir y percibir el sabor de las cosas. I Experimentar. I intr. Agradar una cosa, parecer bien. I Desear, tener complacencia en algo.

gustativo, va adj. Perteneciente al sentido del gusto.

gustazo m. aum. de gusto. I fam. Gusto grande que uno tiene o se promete en chasquear o fastidiar a otro. I Gusto o satisfacción excepcional.

gustillo m. Saborcillo de una cosa, independiente del sabor principal.

gusto m. Sentido corporal con que percibimos el sabor de las cosas. I Sabor que tienen las cosas. I Placer o deleite que se siente o se recibe. I Propia voluntad, arbitrio o antojo. I Facultad de sentir o apreciar lo bello o lo feo, o lo placentero o desagradable. I Manera de apreciar las cosas cada persona. I Capricho, antojo, diversión.

gustoso, sa adj. Sabroso. I Que siente gusto o hace algo con gusto. I Grato, placentero, que causa gusto o placer.

gutagamba f. Árbol gutífero de la India, del cual fluye un gomorresina que se usa en farmacia y pintura. I Esta gomorresina.

gutapercha f. Goma sólida, más blanda que el caucho, que se obtiene de un árbol sapotáceo de la India, y se usa para fabricar telas impermeables. I Tela barnizada con esta sustancia.

gutiámbar f. Cierta goma amarilla, que sirve para iluminaciones y miniaturas.

gutífero, ra adj. y s. Díc. de las plantas dicotiledóneas la mayoría de las regiones tropicales, con hojas opuestas, flores en papoja o racimo y fruto capsular en baya, que segregan jugos resinosos, como la gutagamba.

gutural adj. Perteneciente a la garganta. I Díc. de la letra consonante que se pronuncia contrayendo la garganta, como la g, la j, y la k.

guzla f. Instrumento músico con una sola cuerda de crin, a modo de rabel, usado por los ilirios.

guzmán m. Noble que servía en el Ejército, o la Armada de España como soldado distinguido.

guzpatarero m. Ladrón que horada las paredes.

guzpátaro m. Agujero.

H

H f. Octava letra del abecedario español y sexta de sus consonantes. Su nombre es hache, y hoy carece de sonido.

haba f. Planta leguminosa de flores papilionáceas y fruto en vaina larga con cinco o seis semillas grandes, oblongas y aplastadas, comestibles. I Fruto y semilla de esta planta.

habano m. Cigarro puro elaborado en Cuba con tabaco cultivado en ella.

habar m. Campo de habas.

haber m. Hacienda caudal, conjunto de bienes. I Cantidad que se devenga periódicamente como retribución de servicios personales. I com. Parte de la cuenta corriente, que comprende a todas las sumas que se acreditan o descargan a la persona a quien se abre la cuenta. I Verbo auxiliar para la conjugación de los tiempos compuestos de otros verbos.

habichuela f. Alubia, judía, fríjol.

hábil adj. Inteligente, dispuesto, apto, capaz, diestro.

habilidad f. Capacidad, disposición, inteligencia, destreza.

habilidoso, sa adj. Que posee habilidades.

habilitar tr. Hacer a una persona o cosa hábil, apta o capaz para aquello para lo que antes no lo era. I Subsanar en las personas faltas de capacidad civil o de representación, y en las cosas deficiencias de permisión legal.

habitabilidad f. Calidad de habitable, aptitud para ser habitado.

habitación f. Cualquiera de los aposentos de la casa o morada.

habitáculo m. Habitación pequeña. I Compartimento en que se mantiene o hace funcionar un aparato.

habitante m. Cada una de las personas que residen en un lugar.

habitar tr. Vivir, morar en un lugar o casa. Ú. t. c. intr.

hábitat m. Conjunto de condiciones físicas y geográficas en que viven las especies animales o vegetales.

hábito m. Traje de cada cual, y especialmente el que usan los religiosos y religiosas. I Aquello que se hace indeliberadamente por haberse adquirido como costumbre haciéndolo antes, consciente, o inconscientemente, muchas veces. I Facilidad adquirida por la constante práctica.

habitual adj. Que se hace, posee o padece de hábito.

habla f. Facultad de hablar. I Acción de hablar. I Idioma, lenguaje, dialecto. I Discurse, arenga.

hablador adj. Que habla demasiado.

habladuría f. Dicho impertinente e inoportuno; chisme, cuento.

hablar intr. Expresar la ideas por medio del lenguaje. I Conversar. I Perorar. I Tratar de algo por escrito. I Tratar, convenir, concertar. I Expresarse de un modo u otro modo.

hablilla f. Rumor, mentira que corre en el vulgo.

hacedero, ra adj. Que puede hacerse. I Fácil de hacer.

hacedor, ra adj. y s. Que hace, causa o ejecuta.

hacendado, da adj. y s. Que tiene hacienda en fincas rústicas.

hacendar tr. Dar o conferir el dominio de hacienda en bienes raíces.

hacendera f. Trabajo de utilidad común, al que acude todo el vecindario.

hacendoso, sa adj. y s. Solicito y diligente en las faenas domésticas.

hacer tr. Producir una cosa; darle el primer ser. I Fabricar, formar. I Ejecutar, poner por obra. I Caber, contener. I Causar, ocasionar. I Disponer, componer, aderezar.

hacia prep. que denota la situación o término del movimiento, o el lugar a donde se dirige una cosa, o por donde se ve u oye. I Alrededor de, cerca de.

hacienda f. Finca. I Conjunto de bienes. I Ministerio de Hacienda.

hacina f. Conjunto de haces apilados. I fig. Montón, rimero.

hacinar tr. Poner los haces unos sobre otros apretada y ordenadamente I fig. Amontonar, acumular, juntar sin orden. Ú. t. c. r.

hacha f. herramienta cortante compuesta de una cuchilla en forma de pala, con ojo para enastarla.

hachazo m. Golpe dado con el hacha.

hache f. Nombre de la letra h.

hachear tr. Desbastar y labrar un madero con el hacha. I intr. Dar golpes con el hacha.

hachero, ra m. y f. Persona que trabaja con el hacha. I m. Blandón o candelero para el hacha.

hachís m. Composición de sumidades floridas y otras partes de cierta variedad de cáñamo, mezcladas con diversas sustancias azucaradas y aromáticas, que produce una embriaguez especial.

hacho m. Manojo de paja o esparto, que encendido, sirve para alumbrar. I Sitio elevado cerca de la costa, desde donde se domina el mar.

hada f. Ser fantástico en forma de mujer, al cual se atribuía poder mágico y don de adivinación.

hado m. Deidad o fuerza ignota que, según los paganos, obraba irresistiblemente sobre las demás deidades y sobre los hombres y los sucesos. I Destino (encadenamiento de los sucesos y circunstancias o ser o no favorable este encadenamiento a personas o cosas).

hafnio m. Metal obtenido en los minerales del circonio.

hagiografía f. historia de las vidas de los santos.

halagar tr. Dar a uno muestra de afecto con palabras o acciones que pueden serle gratas.

halar tr. Tirar de un cabo, de una lona o de un remo en el acto de bogar.

halcón m. Ave rapaz diurna, que se usa en la caza de cetrería.

halconería f. Caza que se hace utilizando halcones.

halda f. Falda. I Harpillera grande.

halibut m. Pez osteíctio de la familia pleuronéctidos.

hálito m. Aliento que sale por la boca.

halo m. Anillo luminoso que, a veces, aparece en torno al Sol o a la Luna.

halófilo, la adj. Díc. de las plantas que viven en terrenos salinos.

halógeno, na adj. Díc. de los elementos que tienen la propiedad de combinarse con el hidrógeno para formar halógeno-ácidos y directamente con los metales formando sales halideas.

halografía f. Parte de la química que trata de las sales.

haloideo, a adj. Díc. de las sales formadas por la sola combinación de un metal con un metaloide.

halterio m. Balancín o contrapeso usado en los ejercicios gimnásticos.

halterofilia f. Deporte conocido también por levantamiento de pesos o pesos y halteras.

hall m. Sala grande. l Vestíbulo.

hallar tr. Dar con una persona o cosa buscándola. l Encontrar, dar con una cosa que se busca.

hallazgo m. Acción de hallar. l cosa hallada.

hamaca f. Red gruesa y clara, o lona, que colgada por sus extremos sirve de cama o columpio, o bien de vehículo conduciéndola dos hombres.

hamago m. Sustancia amarga, de color amarillo, que labran las abejas.

hamamelidáceo, a adj. y s. Díc. de plantas dicotiledóneas, árboles o arbustos de flores unisexuales y fruto capsular; como el ocozol.

hambre m. Gana, necesidad de comer. l Escasez de alimentos básicos.

hambriento, ta adj. Que tiene mucha hambre. Ú. t. c. s. l fig. Deseoso.

hambruna f. Hambre grande y generalizada.

hamburgesa f. Pastelillo de carne picada preparado con huevo, ajo, perejil, etc., que se mezcla con harina o migas y se fríe en sartén muy caliente.

hampa f. Género de vida airada de los pícaros rufianes y demás gente maleante. l Esta misma gente.

hampón adj. y s. Valentón, bravo. Haragán, bribón.

hangar m. Cobertizo amplio. especialmente los destinados para los aparatos de aviación.

hapalido adj. y s. Díc. de los mamíferos cuadrúmanos de pequeño tamaño, los menores que se conocen, con orejas erguidas, pelaje áspero y cola larga; como el tití.

haploide adj. Díc. del organismo o la fase del ciclo de desarrollo cuyas células tienen el numero de cromosomas reducido a una serie. Como los gametos.

haragán, na adj. y. s. Que excusa y rehuye el trabajo.

haraganear intr. Pasar la vida de ocio: no ocuparse en ningún trabajo.

harapiento, ta adj. Andrajoso.

hardware m. Dispositivos mecánicos, magnéticos, eléctricos y electrónicos de que se compone un ordenador o computadora. Se contrapone a software, es decir, los programas de instrucciones con los cuales funcionará el aparato.

harem m. Harén.

harén m. Habitación reservada donde viven las mujeres musulmanas. l reunión o conjunto de todas las mujeres dependientes de un jefe de familia musulmán.

harina f. Polvo resultante de moler granos, semillas, etc..

harinoso, sa adj Que tiene mucha harina. l Farináceo.

harmonia f. Armonía.

harmonio m. Armonio.

harmonizar tr. Armonizar.

harnero m. Criba.

harpa f. Arpa.

harpía f. Arpía.

harpillera f. Tejido basto con que se resguardan, cubren o envuelven ciertas cosas.

hartada f. Acción de hartar o hartarse.

hartar tr. Satisfacer el apetito de comer y beber. Ú. t. c. intr. y c. r. l fig. Satisfacer el gusto o deseo de una cosa. l fig. Fastidiar, cansar. Ú. t. c. r.

hartazgo m. Repleción incómoda que resulta de comer, o de comer, o de beber con exceso.

hartura f. Hartazgo. l Abundancia. l Logro cabal de un deseo.

hasta prep. que expresa el término, fin o límite de lugares acciones o cantidades. l conj. También, aún.

hastial m. Parte superior triangular de la fachada de un edificio en la cual descansan las dos vertientes del tejado y por ext., toda la fachada.

hastiar tr. y r. Fastidiar, cansar.

hastío m. Repugnancia a la comida. l fig. Tedio, disgusto, fastidio.

hatajo m. Hato pequeño de ganado. l fig. Copia, conjunto.

hatear intr. Recoger la ropa de uso ordinario, preparar el hato. l Dar la hatería a los pastores.

hatería f. Provisión de víveres con que se abastece a los pastores, jornaleros y mineros. l Ropa, ajuar y repuesto de víveres que llevan los pastores y también los jornaleros y mineros.

hato m. Ropa y pequeño ajuar para el uso ordinario. l Porción de ganado. l Hatería. l Sitio donde los pastores paran el ganado. l fig. Cuadrilla de gente mala y despreciable.

haya f. Árbol cupulífero, de tronco liso y madera resistente, cuyo fruto es el hayuco. l Madera.

hayal m. Terreno poblado de Hayas.

hayedo m. Hayal.

hayuco m. Fruto del haya, que tiene la figura de un tetraedro y es comestible.

haz m. Porción atada de mies, hierba, etc. l Conjunto de rayos luminosos de un mismo origen.

hazaña f. Hecho singular, heroico.

hazmerreír m. fam. Persona ridícula que sirve de diversión.

hebdómada f. Semana. l Espacio de siete años.

hebdomadario, ria adj. Semanal.

hebijón m. Clavo o púa de la hebilla.

hebilla f. Pieza de metal que sirve de broche para ajustar correas, cintas, etc.

hebillaje m. Conjunto de hebillas que tiene alguna cosa.

hebra f. Trozo de hilo, seda, etc., que para coser algo se pone en la aguja.

hecatombe m. Sacrificio de cien bueyes u otras víctimas que hacían los gentiles a sus dioses. l fig. Gran matanza.

hectárea f. Medida de superficie que tiene 100 áreas, o 10.000 metros cuadrados.

hectiquez f. Estado morboso crónico, caracterizado por consunción y fiebre héctica.

hecto m. Palabra griega que se usa como prefijo y significa cien.

hectogramo m. Medida de peso que tiene cien gramos.

hectólitro m. Medida de capacidad que tiene cien litros.

hechicera Ú. t. c. s. l fig. Que por su belleza, gracia y buenas cualidades cautiva la voluntad y cariño de las gentes.

hechizar tr. Según la tradición de todas las culturas, causar daño a uno con ciertas confecciones y prácticas mágicas. l fig. Embelesar, encantar; atraer y cautivar la voluntad.

hechizo m. Cualquier práctica supersticiosa que utilizan los hechiceros para intentar el logro de sus fines.

hecho, cha p. p. irreg. de hacer. l Que ha alcanzado la plenitud de su desarrollo y perfección l m. Acción, obra. l Suceso, acontecimiento.

hechura f. Acción de hacer. l Cualquier cosa respecto del que la ha hecho o formado. l Composición organizada del cuerpo. l Forma o figura dada a las cosas.

hedentina f. Hedor, olor desagradable y penetrante. l Sitio donde se siente.

heder intr. Despedir hedor. l fig. Enfadar, cansar.

hediondez f. Cosa hedionda. I hedor.

hedonismo m. Sistema que considera la consecución del placer como único fin de su vida.

hedor m. Olor repugnante y fuerte.

hegemonía f. Supremacía que ejerce un estado sobre otros.

helada f. Congelación de un líquido producida por la frialdad del tiempo.

heladera f. Nevera.

helado, da p. p. de helar. I adj. Muy frío. fig. Sobrecogido, pasmado. I fig. Frío y desdeñoso. I m. Bebida o manjar congelado. I Sorbete.

helar tr. Congelar, solidificarse el agua por el frío. I Cuajar la acción del frío un líquido. Ú. m. c. intr. y c. r. I fig. Dejar a uno pasmado, sobrecogerse. I r. Ponerse una persona o cosa sumamente fría o yerta. I Coagularse una cosa que el calor había liquidado. I Secarse las plantas o sus frutos a causa del frío.

helechal m. Terreno poblado de helechos.

helecho m. Planta polipodiácea, con frondas largas y rizoma carnoso, rico en fécula. Es el helecho común, que crece en casi todo el mundo. I Cualquiera de las plantas filicíenas que tienen partes semejantes a las raíces, tallos y hojas de las fanerógamas.

helenio m. Planta compuesta, de flores amarillas y raíz amarga, aromática y medicinal.

helero m. Masa de hielo en las zonas altas de las cordilleras por debajo del límite de las nieves perpetuas. I Por ext., toda la nieve de las altas montañas.

helgado, da adj. De dientes ralos y desiguales.

helgadura f. Espacio o hueco entre diente y diente. I Desigualdad de éstos.

helianto m. Género de plantas compuestas, entre las que se encuentran el girasol y la aguaturma.

hélice f. Aparato propulsor de las motonaves aeroplanos, dirigibles, etc., formado por dos o más paletas helicoidales que giran alrededor de un eje.

helicoidal adj. De figura de hélice, o de helicoide.

helicoide m. Superficie engendrada por una recta que se mueve apoyándose en una hélice y en el eje del cilindro que la contiene, formando con él un ángulo constante.

helicón m. Instrumento músico de metal, de tubo circular.

helicóptero m. Aparato de aviación que utiliza para ascender y desplazarse, una hélice de palas anchas que sirve de superficie de sustentación.

helio m. Cuerpo simple, gaseoso, incoloro y de poca actividad química.

helio- elemento compositivo que entra en la formación de algunas voces españolas con el significado de Sol.

heliocéntrico, ca adj. *Astr.* Aplícase a las medidas y lugares astronómicos que han sido referidos al centro del Sol.

heliofísica f. Estudio especial del Sol por cuanto hace referencia a su constitución física.

heliogábalo m. fig. Hombre glotón.

heliografía f. Descripción del Sol. I Fotografía de este astro.

heliógrafo m. Aparato para hacer señales telegráficas por medio de la reflexión de los rayos solares en un espejo móvil, que puede producir destellos largos o cortos a voluntad del que lo maneja.

heliómetro m. Instrumento para medir distancias angulares entre dos astros.

helioscopio m. Anteojo propio para observar el Sol sin que su resplandor moleste.

helióstato m. Instrumento geodésico provisto de un espejo que, dotado de un movimiento giratorio, sigue la marcha aparente del Sol, para recibir sus rayos y enviarlos siempre en la misma dirección.

helioterapia f. Método curativo por medio de los rayos solares.

heliotropismo m. Tropismo particular que ciertas plantas ofrecen, y que consiste en dirigir sus flores, tallos u hojas hacia el Sol.

heliotropo m. Planta borraginácea.

helipuerto m. Aeródromo para helicópteros.

helmíntico, ca adj. Relativo a los helmintos. I Díc. de los remedios contra las lombrices.

helminto m. Gusano.

helmintología f. Parte de la zoología que trata de los gusanos.

hematemesis f. Vómito de sangre.

hematíe m. Cualquiera de las células que en gran cantidad existen en la sangre de los vertebrados y le dan su color rojo característico.

hematites f. Peróxido natural de hierro.

hematoma m. Tumor sanguíneo proveniente de una ruptura de vasos.

hematosis f. Conversión de la sangre venosa en arterial.

hematozoario ad. y s. Díc. de los animales que viven en la sangre.

hematuria f. Fenómeno morboso consistente en orinar sangre.

hembra f. Animal del sexo femenino. I Persona del sexo femenino, mujer.

hembrilla f. dim. de hembra. I Piececilla en que se introduce o asegura otra. I Armella.

hemeroteca f. Local donde se tienen periódicos ordenados para su lectura.

hemiciclo m. Semicírculo. I Espacio semicircular rodeado de gradas, para recibir espectadores.

hemiedria f. Desarrollo en un cristal de solo la mitad de las caras engendradas en la forma holoédrica.

hemiplejia f. Parálisis de todo un lado del cuerpo.

hemíptero, ra adj. y s. Aplícase a los insectos de cuatro alas, siendo las dos anteriores coriáceas y boca dispuesta para chupar, como la cigarra, la chinche y el pulgón. I m. pl. Orden de estos insectos.

hemisferio m. Cada una de las dos mitades de una esfera dividida por un plano que pasa por su centro. hemisferio austral.

hemistiquio m. Mitad o parte de un verso, especialmente la terminada por una censura.

hemo- Elemento compositivo que entra en la formación de algunas voces españolas con el significado de 'sangre'.

hemofilia f. Enfermedad hereditaria caracterizada por la dificultad de coagulación de la sangre, lo que motiva que las hemorragias sean copiosas y hasta incoercibles.

hemoglobina f. Materia colorante de los glóbulos rojos de la sangre.

hemopatía f. Cualquiera enfermedad de la sangre.

hemorragia f. Flujo de la sangre.

hemorroidal adj. Perteneciente a las almorranas.

hemorroide f. Almorrana.

hemostasia f. Detención de una hemorragia de modo espontáneo o provocado por medios físicos (compresión manual, garrote) o químicos (fármacos).

hemostático, ca adj. y s. Que sirve para cortar las hemorragias.

henar m. Sitio poblado de heno.

henchir tr. Llenar, ocupar con alguna cosa un espacio vacío, y en sentido figurado ocupar dignamente un lugar o empleo, y también cargar, colmar de modo abundante.

hender tr. y r. Hacer una hendidura. | fig. Atravesar, cortar un fluido.

hendidura f. Abertura prolongada en un cuerpo sólido.

henequén m. Agave, pita.

henil m. Lugar donde se guarda el heno.

heno m. Planta gramínea, de cañitas delgadas, hojas estrechas y flores en panoja. | Hierba segada, seca.

henojil m. Liga para asegurar las medias por debajo de la rodilla.

henrio m. Unidad de inductancia: es la inductancia de un circuito en que una fuerza electromotriz de un voltio es inducida por una corriente que varía en la proporción de un amperio por segundo.

heñir tr. Sobar la masa del pan con los puños.

hepática f. Planta muscínea medicinal de frondas sin tallo, que se ha usado para curar los empeines y el mal del hígado.

hepático, ca adj. Díc. de plantas muscíneas que viven en los sitios húmedos y sombríos adheridas al suelo o a las paredes. o parásitas en el tronco de los árboles. Ú. t. c. s. | Que padece del hígado.

hepatitis f. Inflamación del hígado por infección viral.

hepta- Elemento compositivo que entra en la formación de algunas palabras españolas con el significado de 'siete'.

heptaedro m. Sólido terminado por siete planos o caras.

heptágono, na adj. y s. Díc. del polígono de siete lados.

heptarquía f. País dividido en siete reinos.

heptasílabo, ba adj. y s. Que consta de siete sílabas.

heráldica f. Blasón o arte de describir los escudos de los diversos linajes (véase Blasón).

herbáceo, a adj. De la naturaleza de la hierba, o que tiene sus cualidades.

herbajar tr. Apacentar el ganado en prado o dehesa. | intr. Pacer el ganado.

herbaje m. Conjunto de hierbas de los prados y dehesas. | Derecho que se cobra por los gastos, a las hierbas y otras plantas.

herbario, ria adj. Relativo a las hierbas. | m. Colección metódica de hierbas y otros vegetales, de acuerdo a su nomenclatura, el lugar de origen, etc, que suele mantenerse en forma de libro.

herbazal m. Sitio poblado de hierbas.

herbecer intr. Empezar a nacer la hierba.

herbicida m. Cualquier producto químico que destruye las hierbas o les impide multiplicarse.

herbívoro, ra adj. y s. Díc. del animal que se alimenta de vegetales, y especialmente de las yerbas.

herbolario m. Tienda donde se venden hierbas medicinales.

herborizar intr. Ir por el campo reconociendo y cogiendo hierbas y plantas.

herboso, sa adj. Poblado de hierbas.

hercio m. Unidad de frecuencia.

heredad f. Finca rural. | Hacienda de campo. |bienes raíces.

heredar tr. Suceder a alguien en la posesión de los bienes y acciones que tenía al tiempo de morir.

heredero, ra adj. y s. Díc. de la persona que hereda o tiene derecho a una herencia.

hereditario adj. Perteneciente a la herencia o que se adquiere por ella. | fig. Aplícase a las inclinaciones, costumbres o enfermedades que pasan de padres a hijos.

hereje s. Cristiano disidente de la Iglesia católica en asuntos de los dogmas de ésta.

herejía f. Disidencia en materia de fe, sostenida pesar de amonestaciones o amenazas. | fig. Palabra muy injuriosa.

herencia f. Derecho de heredar. | Lo que se hereda, ya sean bienes materiales, ya propiedades o inclinaciones, costumbres, enfermedades etc. | Fenómeno biológico por el cual los ascendientes transmiten a los descendientes cualidades normales o patológicas.

heresiarca m. Autor de una herejía.

herida f. Rotura hecha en las carnes con un instrumento, o por efecto de un fuerte choque con cuerpo duro. | fig. Ofensa, agravio.

herir tr. Romper o abrir las carnes de un ser vivo con una arma u otro instrumento. Golpear, sacudir, batir, dar un cuerpo contra otro. | fig. Ofender, agraviar.

hermafrodita adj. y s. Que tiene dos sexos.

hermafroditismo m. Calidad de hermafrodita.

hermanar tr. y r. Unir, juntar, unifor | Hacer a uno hermano de otro en sentido místico o espiritual.

hermanastro, tra m. y f. Hijo de un cónyuge y una pareja anterior, con respecto al hijo del otro.

hermandad f. Parentesco entre hermanos.

hermano, na m. y f. Persona que tiene los mismo padres o sólo el mismo padre o la misma madre que otra, con respecto a ésta. | fig. Persona que forma parte de una hermandad, cofradía o congregación religiosa.

hermenéutica f. Arte de interpretar textos para fijar lo que se considere su verdadero sentido, y especialmente los textos sagrados.

hermético, ca adj. Aplícase a las especulaciones, escritos y partidarios de Hermes Trismegisto. | Díc. de lo que cierra perfectamente una abertura. | fig. Impenetrable, cerrado.

hermoseador, ra adj. y s. Que hermosea.

hermosear tr. Hacer o poner hermosa a una persona o cosa. Ú. t. c r.

hermosillense adj. Natural de Hermosillo, capital del estado mexicano de Sonora. Ú. t. c. s. | Perteneciente o relativo a dicha capital.

hermoso, sa adj. Dotado de hermosura. | Grandioso, excelente y perfecto. | Despejado, apacible.

hermosura f. Belleza de las cosas que pueden ser percibidas por el oído o por la vista.

hernia f. Tumor producido por la salida de una víscera fuera de su cavidad.

héroe m. Entre los antiguos paganos, semidiós o hijo de una deidad y de una persona humana. | Varón ilustre por sus hazañas o virtudes. | El que realiza un acto heroico.

heroicidad f. Acción heroica. | Calidad de heroico.

heroico, ca adj. Aplicase a las personas famosas por sus hazañas o virtudes, y, por extensión, díc. también de las acciones.

heroína f. Mujer célebre por sus grandes hechos. | | La protagonista del drama, de la novela. | Díc. de la diacetilmorfina (diamorfina), compuesto químico derivado de la morfina.

heroísmo m. Virtud, espíritu de sacrificio, esfuerzo, abnegación que lleva al hombre a realizar hechos sublimes por sus ideales o por sus semejantes.

herpe amb. Erupción acompañada de comezón que consiste en el agrupamiento de granitos de los cuales rezúmase un humor que al secarse forma costras. Ú. m. en pl.

herpetología f. Tratado de las herpes. | Parte de la zoología que trata de los reptiles.

herpil m. Saco de red con mallas anchas, para paja, melones, etc.

herrada adj. Díc. del agua en que se apaga un hierro hecho ascua. | f. Cubo de madera, con aros de hierro y más estrecho por la boca que por la base.

herrador m. El que se dedica a herrar las caballerías.

herradura f. Hierro casi semicircular que se clava en los cascos de caballerías.

herraje m. Conjunto de piezas metálicas con que se guarnece un artefacto. I Conjunto de herraduras, y clavos para asegurarlas.

herramienta f. Cualquier instrumento de trabajo manual. I Conjunto de ellos. I fig. Cornamenta. I fig. Dentadura. I fam. Cuchillo puñal. I fam. Pene.

herrar tr. Poner las herraduras. I Marcar con un hierro candente los ganados, artefactos, etc. I Guarnecer con piezas metálicas un artefacto.

herrén m. Forraje verde que se da al ganado.

herrería f. Oficio. taller o fragua y tienda de herrero. I Taller donde se funde o forja y se labra el hierro.

herrerillo m. Pájaro insectívoro de plumaje de varios colores, pico pardo oscuro y patas negruzcas. I Pájaro insectívoro de plumaje blanco y rojo pico parduzco y patas amarillentas.

herrero m. El que trabaja o labra el hierro. I Herrador.

herrete m. Cabo metálico que se coloca en los extremos de los cordones, agujetas, cintas, para adorno o pata que se pasen bien por los ojetes.

herrín m. Herrumbre, orín del hierro.

herrón m. Barra grande de hierro que suele usarse para plantar vides y otros vegetales.

herrumbre f. Orín, óxido de hierro que se forma en la superficie de este metal. I Sabor que las cosas toman del hierro.

hertz m. Nombre del hercio en la nomenclatura internacional.

hervencia f. Antiguo suplicio español que consistía en hervir vivos a los condenados.

herventar tr. Meter algo en un líquido y hacer que dé un hervor.

hervidero m. Agitación y ruido de los fluidos que hierven. I Manantial donde brota el líquido a borbotones, con desprendimiento de burbujas que hacen ruido. I Muchedumbre, copla.

hervir intr. Producir burbujas un liquido cuando se eleva suficientemente su temperatura , o por la fermentación.

hervor m. Acción de hervir. I fig. Fogosidad y viveza.

hesitar intr. p. us. Dudar

hesperidio m. Fruto carnoso de corteza gruesa, dividido en varias celdas de telillas membranosas; como el limón y la naranja.

hetero- Elemento compositivo que con idea de diferencia u oposición se antepone a otro en la formación de voces españolas.

heterocerco, ca adj. Díc. de la cola de los peces cuya aleta está formada por dos lóbulos desiguales.

heterodáctilo, la adj. Díc. de los animales cuyos dedos, en una misma extremidad, son muy desemejantes.

heterodoxia f. Disconformidad con el dogma católico, y, en general, con la doctrina de cualquiera secta o sistema.

heterodoxo, xa adj. y s. Disconforme con el dogma católico, y, en general, con la doctrina de una secta o sistema.

heterogeneidad f. Calidad de heterogéneo. I Mezcla de cosas de naturaleza diferente.

heterogéneo, a adj. Compuesto de partes de diversas naturaleza.

heterómetro adj. y s. Díc. de los insectos coleópteros que no tienen el mismo número de artejos en los tarsos de todas sus patas; como la carraleja.

heteroplastia f. Restauración de partes enfermas o dañadas del organismo, mediante la implantación de injertos procedentes de otro individuo.

heteróptero adj. y s. Díc. de los insectos hemípteros que tienen las alas anteriores coriáceas en su base, como la chinche. I m. pl. Suborden de estos animales.

hexa- elemento compositivo que entra en la formación de algunas palabras españolas con el significado de 'seis'.

hexacoralario adj. y s. Díc. de los celentéreos antozoarios, zoantarios, cuya boca está rodeada por sus tentáculos en número de seis o por un múltiplo de este número.

hexacordio m. Instrumento de seis cuerdas.

hexaedro m. Sólido de seis caras. I Paralelepípedo cuyas caras son cuadradas. Se llama también cubo.

hexágono, na adj. y s. Díc. del polígono de seis lados.

hexámetro adj. y s. Díc. del verso de la poesía clásica, que consta de seis pies.

hez f, Pozo de un líquido. I fig. Lo más vil despreciable. I pl. Excremento que expele el cuerpo al defecar.

hialino, na adj. Semejante al vidrio; diáfano como él.

hialo m. Cacofonía que resulta del encuentro de vocales en la pronunciación.

hiato m. Encuentro de dos vocales que se pronuncian en sílabas distintas.

hibernación f. Estado de somnolencia a que están sujetos ciertos animales durante el invierno. I Estado de sopor que se provoca artificialmente en los enfermos con fines anestésicos.

hibridación f. Producción de seres híbridos.

híbrido, da adj. y s. Aplícase al animal o vegetal procreado por dos individuos de distinta especie. I fig. Díc. de lo que es producto de elementos de distinta naturaleza.

hicotea f. Especie de tortuga, que se cría en las lagunas y pantanos de América.

hidalgo, ga m. y f. Persona de familia conocida. I fig. Persona de alcurnia. I adj. Díc, de lo perteneciente a una persona de esta clase.

hidalguía f. Calidad de hidalgo. I fig. Generosidad y nobleza de animo.

hidra f. Pólipo de agua dulce parecido a un tubo cerrado por un extremo y con varios tentáculos en el otro.

hidrácido m. Ácido formado por la combinación del hidrógeno con otro cuerpo simple.

hidrargirio m. Mercurio, azogue.

hidrargirismo m. Intoxicación crónica producida por el mercurio.

hidratar tr. y r. Combinación de un cuerpo con el agua.

hidráulica f. Parte de la mecánica que trata del equilibrio y el movimiento de los fluidos. I Arte de conducir, contener, elevar y aprovechar las aguas.

hidria f. Antigua vasija a modo de cántaro o tinaja, usada para contener agua.

hidro- Elemento compositivo que entra en la formación de algunas voces españolas con el significado de 'agua'.

hidroavión m. Avión que lleva en lugar de ruedas uno o varios flotadores para posarse sobre el agua.

hidrocefalia f. Hidropesía de la cabeza.

hidrocución f. Accidente provocado, en el ser humano, por la inmersión brutal en el agua fría.

hidrodinámica f. Parte de la mecánica que estudia el movimiento de los fluidos.

hidroeléctrico, ca adj. Que se refiere al agua y a la electricidad, y especialmente a la energía eléctrica obtenida por fuerza hidráulica.

hidrófilo, la adj. Díc. de la materia que absorbe el agua con facilidad.

hidrófita f. En sentido lato, cualquier planta acuática. I En estricto, alga.

hidrofobia f. Horror al agua. I Rabia, enfermedad del perro y otros animales, que se contagia por mordedura.

hidrofugación f. Tratamiento por el que un cuerpo o sustancia adquiere la calidad de hidrófugo.

hidrófugo, ga adj. Díc. de las sustancias que evitan la humedad o las filtraciones.

hidrógeno m. Gas inflamable, incoloro y catorce veces más ligero que el aire. Se encuentra muy distribuido en la naturaleza como constituyente principal del agua y de la materia orgánica.

hidrognosia f. Ciencia que trata de las aguas de la Tierra.

hidrografía f. Parte de la geografía que describe los mares, ríos, lagos y canales, así como sus respectivas costas.

hidrólisis f. Descomposición de una sustancia por acción del agua. Son procesos hidrolíticos el desdoblamiento de los ésteres de los ácidos grasos en alcoholes y ácidos, la descomposición del almidón en moléculas de glucosa y la de las sales de ácido o base débil en solución acuosa.

hidrología f. Parte de las ciencias naturales, que trata de las aguas.

hidromedusa Género de tortugas de cuello largo y cuerpo grande y aplanado. l pl. Clase de celentéreos cnidarios, que comprende las medusas y los pólipos que las producen.

hidrometeoro m. Cualquier meteoro acuoso.

hidrometría f. Parte de la hidrodinámica que enseña a medir el caudal, la velocidad y la fuerza de los líquidos.

hidrómetro m. Instrumento para medir el caudal, la velocidad o la fuerza de los líquidos en movimiento.

hidromiel m. Aguamiel.

hidronimia f. Parte de la toponimia que estudia el origen y significación de los nombres de los ríos, arroyos, lagos, etc.

hidropatía f. Hidroterapia, hidropesía f. l Acumulación anormal del humor seroso en una parte del cuerpo.

hidropónico, ca adj. Díc. del método de cultivo que prescinde del suelo como agente nutriente y sostenedor de las plantas, viviendo éstas en soluciones nutritivas convenientemente aireadas.

hidropteríneo, a adj. y s. Díc. de las plantas teridofitas, acuáticas, a veces flotantes, con tallos horizontal, en cuya parte superior nacen las hojas.

hidroquinona f.Sustancia blanca y cristalina, de propiedades antisépticas y antipiréticas.

hidrosaurio adj. y s. Díc. de reptiles ovíparos de gran tamaño, provistos de dientescónicos y con el cuerpo cubierto por una piel muy gruesa protegida con placas óseas o córneas, como el cocodrilo y el gavial.

hidroscopía f. Arte de averiguar la existencia y condiciones de las aguas subterráneas, por el examen del terreno.

hidrosfera f. Uno de los tres elementos visibles de la Tierra; la parte líquida u océanos. Los principales compuestos son agua, cloruro de sodio y cloruro de magnesio.

hidrostática f. Parte de la mecánica que trata del equilibrio de los fluidos.

hidrotecnia f. Arte de construir maquinaria hidráulica.

hidrotimetría f. Sistema para determinar la dureza del agua.

hidroterapia f. Método curativo por medio del agua.

hidróxido m. Compuesto que resulta de la combinación de un metal con uno o varios hidroxilos.

hidroxilo m. Radical formado por un átomo de hidrógeno y otro de oxígeno.

hidrozoarios m. pl. Hidromedusas, clase de celentéreos cnidarios.

hiedra f. Planta ariliácea trepadora.

hiel f. Bilis.

hielo m. Agua convertida en cuerpo sólido y cristalino por un descenso suficiente de temperatura.

hiena f. Mamífero carnicero, nocturno, que suele alimentarse de carroña.

hierático, ca adj. Relativo a las cosas sagradas o a los sacerdotes de las religiones antiguas.

hierba f. Toda planta pequeña cuyo tallo es tierno y suele perecer después de dar la simiente en el mismo año, o en el segundo, sin jamás llegar a la longevidad propia de los arbustos y árboles.

hierbabuena f. Planta labiada, aromática, que se emplea en condimentos.

hierofante m. Sacerdote de las antiguas religiones, que dirigía las ceremonias de iniciación en los misterios sagrados.

hieroscopia f. Observación sagrada de la realidad procurando descubrir en ella el porvenir o los designios recónditos de la divinidad.

hierro m. Metal dúctil, tenaz y magnético, y su densidad es 7'8. Se obtiene de la hematites y limonita, sus principales minas por reducción con carbón en un alto horno. En forma de acero de fundición o hierro forjado, se utiliza en todos los campos de la técnica e industria.

higadillo m. Hígado de animales pequeños.

hígado m. Órgano anexo al aparato digestivo, situado en el hipocondrio izquierdo.

higiene f. Parte de la medicina que estudia el modo de conservar la salud y de precaver.

higienista adj. y s. Persona versada en higiene.

higo m. Fruto de la higuera, o el segundo que da cada año la higuera breval.

higrometría Parte de la física que enseña a determinar la cantidad de vapor de agua que hay en el aire atmosférico.

higrométrico adj. Díc. del cuerpo cuyas condiciones varían sensiblemente con el cambio de humedad de la atmósfera.

higrómetro Instrumento para medir la humedad del aire.

higroscopicidad Propiedad de absorber y de exhalar la humedad según las circunstancias del medio ambiente que tienen algunos cuerpos.

higroscopio Higrómetro. Instrumento para indicar la mayor o menor humedad de la atmósfera.

higuera Árbol moráceo.

higueral m. Sitio poblado de higueras.

hijastro m. y f. Hijo o hija de uno de los consortes, habido en anteriores nupcias, respecto del otro.

hijo m. y f. Persona o animal respecto de su padre o de su madre.

hijodalgo m. Hidalgo.

hila f. Hilera (orden o formación en línea recta). l Hebra que se saca de un trapo de lienzo.

hilacha f. Hila que se desprende de la tela. l Delgada, flaca.

hilada f. Hila, hilera. l Línea de ladrillos piedras, etc., que se van poniendo en una obra.

hilado, da adj. Díc. de los huevos compuestos con almíbar, de modo que forman hebras o hilos. m. l Acción de hilar. l Porción de lino, seda, lana, algodón, etc., reducida a hilo.

hilador, ra m. y f. Persona que hila.

hilandería f. Arte de hilar. Fábrica de hilados.

hilandero, ra m. y f. Hilador. m. Paraje donde se hila.

hilar r. Reducir a hilo el lino, cáñamo, lana, seda, etc.

hilarante adj. Que promueve la risa.

hilaridad f. Expresión de alegría y satisfacción del ánimo. | Risa que en una reunión excita súbitamente alguna cosa.

hilatura f. Arte de hilar la lana, el algodón y otras materias análogas.

hilera f. Orden de personas o cosas en línea recta. Instrumento para reducir a hilos un metal.

hilo m. Hebra larga y delgada que se obtiene de las materias textiles. | Ropa blanca de lino o cáñamo.

hilván m. Costura provisional de puntadas largas.

hilvanar tr. Asegurar con hilvanes lo que se ha de coser después.

himen m. Membrana que reduce el orificio externo de la vagina.

himeneo m. Casamiento. | Epitalamio.

himenóptero adj. y s. Díc. del insecto que tiene cuatro alas membranosas, patas robustas y las hembras de algunas especies un aguijón en el extremo del abdomen, como la abeja, la hormiga y la avispa.

himnario m. Colección de himnos.

himno m. Composición poética cuyo objeto es celebrar un suceso memorable, honrar a un gran hombre o expresar un gran júbilo o entusiasmo.

hincapié m. Acción de hincar o afirmar el pie en el suelo. | Insistencia.

hincar tr. Introducir o clavar una cosa en otra. | r. Arrodillarse o ponerse de rodillas.

hincha f. com. En los deportes, partidario exaltado de un bando o equipo.

hinchado adj. Inflado, lleno de un fluido como una vejiga. |Vano, presumido, fatuo. Díc. del lenguaje, estilo, etc, lleno de expresiones hiperbólicas y afectadas.

hinchar tr. Hacer que una cosa aumente de volumen llenándola de alguna substancia, generalmente gaseosa. | fig. Exagerar, abultar una noticia o un suceso. | r. Abultarse una parte del cuerpo por herida, golpe, etc.

hinchazón f. Efecto de hincharse. | fig. Presunción, vanidad.

hiniesta f. Retama.

hinojal m. Sitio poblado de hinojo.

hinojo m. Planta umbelífera, aromática y medicinal.

hiodeo adj. Relativo al hueso hiodes.

hiodes adj. y s. Díc. de un hueso situado encima de la laringe.

hipar intr. Sufrir reiteradamente el hipo. | Resollar los perros cuando siguen la caza. | Fatigarse o angustiarse mucho. | Gimotear.

hiper prep. insep. que denota superioridad o exceso.

hipérbaton m Figura de construcción consistente en invertir el orden sintáctico de las palabras.

hipérbola f. Lugar geométrico de los puntos de un plano tales, que las distancias de cada uno de ellos a otros dos fijos situados en el mismo plano es una cantidad constante.

hipérbole f. Figura consistente en exagerar la verdad de aquello de que se habla.

hiperbolizar intr. Emplear hipérboles.

hiperbóreo adj. Díc. de las regiones muy septentrionales y de los pueblos, animales y plantas que viven en ellas.

hiperdulia f. Amor muy grande, que es superior al que puede sentirse por los mortales, aunque no llega a ser adoración como se puede experimentar ante la divinidad.

hiperestesia f. Sensibilidad excesiva y dolorosa.

hiperfunción f. Aumento de la actividad normal de un órgano, especialmente de las glandulares.

hipericíneo adj. y s. Díc. de plantas dicotiledóneas, que suelen tener jugo resinoso, hojas opuestas y enteras, flo-

res en panojas o racimos, generalmente amarillas y frutos capsulares.

hipérico m. Corazoncillo.

hipermercado m. Gran supermercado localizado generalmente en la periferia de las ciudades, que por su gran volumen de ventas atrae clientes con el reclamo de unos precios relativamente bajos..

hipermetropía f. Defecto de la visión ocasionado porque los rayos luminosos no se enfocan en la retina, sino detrás de ésta.

hiperoxia f. Estado que presenta un organismo sometido a un régimen respiratorio con exceso de oxígeno.

hiperplasia f. Aumento de fibrina en la sangre.

hipertensión f. Tensión excesivamente alta de la sangre en el aparato circulatorio.

hipertiroidismo m. Aumento de la función de la glándula tiroidea y trastornos que origina, como taquicardia, temblor, adelgazamiento, excitabilidad, etc.

hipertrofia f. Aumento anormal enfermizo de un órgano.

hípico, ca adj. Relativo al caballo.

hipido m. Acción de hipar, gimotear.

hipismo m. Conjunto de conocimientos relativos a la cría y educación del caballo.

hipnosis f. Sueño producido por el hipnotismo.

hipnótico, ca adj. Relativo al hipnotismo. | Se utiliza también como s. m. Medicamento que se da para producir sueño.

hipnotismo m. Procedimiento empleado para producir en una persona un estado especial de ensoñación.

hipnotizar tr. Provocar la hipnosis.

hipo- prep. insep. que denota inferioridad a dependencia, | m. Movimiento convulsivo del diafragma, que produce una respiración interrumpida y violenta. | prep. insep. que denota relación con los caballos.

hipocampo m Caballo marino, pez lofobranquio.

hipocastánaea, ca adj. y s. Díc. de plantas dicotiledóneas, árboles o arbustos, con hojas palmeadas, flores en racimo o en panojas y fruto capsular; como el castaño de Indias.

hipocausto m. Habitación romana que se caldeaba por medio de hornillos y conductos subterráneos.

hipocentro m. Punto subterráneo donde se supone que tuvo lugar un fenómeno sísmico.

hipoclorhidria f. Disminución del ácido clorhídrico en el jugo gástrico.

hipocondría f. Enfermedad caracterizada por una gran sensibilidad del sistema nervioso, acompañada de tristeza habitual.

hipocondriaco adj. Perteneciente o relativo a la hipocondría o al hipocondrio.

hipocondrio m.. Cualquiera de las dos partes laterales de la región epigástrica, situada debajo de las costillas falsas.

hipocresía f. Fingimiento y apariencia de cualidades o sentimientos que no se tienen.

hipócrita adj. y s. Que finge y representa lo que no siente o lo que no es.

hipodérmico, ca adj. Díc. de lo que está o se pone bajo la piel.

hipódromo m. Sitio destinado para carreras de caballos.

hipófisis f. Glándula endocrina situada en la base del cráneo, cuya función es regular el funcionamiento de las demás glándulas endocrinas.

hipofisito m Sal del ácido hipofosforoso

hipofosforoso, sa adj Díc. de una ácido cuya molécula consta de un átomo de fósforo, tres de hidrógeno y dos de oxígeno.

hipogastrio m. Parte inferior del vientre.

hipogeo m. Lugar subterráneo donde los griegos y otros pueblos de la antigüedad conservaban los cadáveres sin quemarlos. Capilla o edificio subterráneo.

hipogloso adj. Que está debajo de la lengua.

hipogrifo m. Animal fabuloso, mitad caballo y mitad grifo.

hipología f. Tratado acerca de los caballos.

hipomanía f. Afición desmedida a los caballos.

hipopótamo m Mamífero paquidermo de unos tres metros de largo por dos de alto, que vive en los grandes ríos de África, en sus lagos y en sus orillas.

hiposo, sa adj. Que tiene hipo.

hipóstilo adj. Díc. del edificio cuyo techo está sostenido por columnas.

hipotálamo m. Región del encéfalo situada en la base cerebral, unida por un tallo nervioso a la hipófisis.

hipoteca f. Finca con que se garantiza el pago de un crédito.

hipotecar tr. Gravar bienes inmuebles sujetándolos al cumplimiento de alguna obligación.

hipotecnia f. Conjunto de conocimientos relativos a la crianza y educación del caballo.

hipotenusa f. Lado opuesto al ángulo recto en los triángulos rectángulos.

hipotermia f. Descenso de la temperatura del cuerpo por debajo de lo normal.

hipótesis f. Suposición para sacar de ella una conclusión.

hipotético adj. Relativo a la hipótesis, o fundado en ella.

hipotiroidismo m. Hipofunción de la glándula tiroidea y trastornos que origina.

hipotonía f. Tono muscular inferior al normal.

hipoxia f. Estado que presenta un organismo viviente sometido a un régimen respiratorio con déficit de oxígeno.

hippie adj. Díc. de un movimiento de protesta iniciado en Estados Unidos por grupos de jóvenes con la finalidad de liberarse de las trabas impuestas por la sociedad y con una actitud fundamentalmente pacifista.

hipsómetro m. Termómetro para medir altitudes observando la temperatura de ebullición del agua.

hirmar tr. Afirmar, asegurar, dar firmeza.

hirsuto, ta adj. Díc. del pelo disperso y duro, y de lo que está cubierto de este pelo o de púas o espinas.

hirundínidos Familia de pájaros fisirrostros, de pico corto.

hisca f. Liga para cazar pájaros.

hiscal m. Soga de esparto de tres ramales.

hisopada f. Rociada de agua que se echa con el hisopo.

hisopilla m. Muñequilla de trapo empapada en un liquido, con la cual se humedece la boca de los enfermos.

hisopo m. Escobilla o bola hueca y agujereada con mango metálico, usada para rociar con agua bendita.

hispido adj. De consistencia áspera.

hispir (tr. y r.) Esponjar, ahuecar alguna cosa.

histamina Sustancia química que media las reacciones alérgicas.

histeria f. Síntoma neurótico que se relaciona con expresar corporalmente estados de supuesta enfermedad que corresponden a angustia o represiones.

histerismo m. Afección nerviosa de la mujer caracterizada por convulsiones y sofocaciones.

histidina Aminoácido no esencial .

histógeno adj. Díc. de las sustancias animales generadoras de los tejidos orgánicos.

histología f. Parte de a anatomía que estudia los tejidos orgánicos.

historia f. Narración verdadera de sucesos pasados.

historiador m. y f. Persona que escribe historia.

historiar tr. Narrar o escribir historias.

historieta f. Diminutivo de historia. Fábula, narración breve. Cuento profusamente ilustrado o narrado en cuadros que muestran la acción, sus personajes y lugares, generalmente por dibujos.

historiografía f. Arte de escribir la historia.

historiología f. Teoría de la historia; en especial la que estudia la estructura, leyes o condiciones de la realidad histórica.

histrión m. Actor en la comedia o tragedia antigua. Volatín u otra cualquiera persona que divertía al público con disfraces. Persona que se expresa con afectación o exageraciones propias de un actor teatral.

hita f. Clavito sin cabeza que se embute en una pieza. Hito, mojón, piedra que marca límites o distancias.

hitar tr. Amojonar, marcar con hitos.

hito, ta adj. Unido, junto, inmediato. m. Mojón, poste indicador.

hobby m. Pasatiempo favorito que sirve de distracción a las ocupaciones habituales.

hocero, ra m. y f. Fabricante o vendedor de hoces.

hocicar tr. Hozar. intr. Dar de hocicos en el suelo o contra otra cosa .

hocico m. Parte de la cabeza de algunos animales donde están la boca y las narices.

hocicudo, da adj. Díc. de la persona que tiene jeta o boca saliente.

hodómetro m. Podómetro. Taxímetro (aparato).

hogaño (adv. fam.) En el año presente. En esta época, en la actualidad.

hogar m. Sitio donde se enciende el fuego en las cocinas, o chimeneas, hornos, máquinas de vapor, etc. fig. Casa, domicilio.

hogareño adj. Amante del hogar y de la vida de familia.

hogaza f. Pan de más de dos libras. Pan de harina mal cernida, que tiene algo de salvado.

hoguera f. Porción de combustible que encendido levanta mucha llama.

hoja f. Órgano lateral, normalmente verde, delgado y plano que brota del tallo o de las ramas de los vegetales. Lámina delgada de cualquier materia.

hojalata f. Lámina de hierro o acero con alguna aleación, muy delgada y estañada por las dos caras.

hojalatería m. Arte de fabricar hojalata. Arte de hacer objetos de hojalata. Fábrica o tienda de objetos de hojalata.

hojaldrar tr. Dar forma de hojaldre a la masa.

hojaldre (amb.) Masa muy sobada con manteca y que después de asarse en el horno tiene estructura hojosa.

hojarasca f. Conjunto de hojas caídas de los árboles. Frondosidad superflua de algunos árboles.

hojear tr. Pasar ligeramente las hojas de un libro, sin leer, o leyendo de prisa.

hola (interj.) Con que se denota extrañeza o se saluda familiarmente.

holganza f. Descanso, quietud. Ociosidad Placer, contento.

holgar intr. Cesar en el trabajo. Estar ocioso.

holgazán, na adj. y s. Vagabundo y ocioso, que no quiere trabajar, haragán.

holgazanear intr. Estar voluntariamente ocioso.

holgón, na adj. y s. Amigo de holgar y de divertirse.

holgorio (m. fam.) Regocijo, diversión bulliciosa.

holgura f. Holgorio. Anchura.

holladura f. Acción de hollar. Derecho que el propietario de un terreno cobrara por el piso de los ganados en él.

hollar tr. Pisar una cosa. fig. Abatir, humillar.

hollejo m. Piel delgada de algunas frutas o legumbres.

hollín m. Parte crasa y negra del humo que se pega a las chimeneas.

holmio m Metal paramagnético.

holocausto m. Sacrificio especial entre los judíos, en que el fuego consumía a la víctima.

holoceno m Epoca geológica actual.

holografía f. Sistema fotográfico por el que se pueden obtener fotografías a todo color y en tres dimensiones mediante la utilización del laser.

holograma f. Fotografía producto de la holografía.

holoproteína f. Proteína formada por aminoácidos, a diferencia de las heteroproteínas, que contienen también otros componentes.

holoturia f Cualquiera de los equinodermos de la clase de los holotúridos.

holotúrido adj. y s Díc. de animales equinodermos de cuerpo alargado, piel coriácea con pequeños nódulos calcáreos en su interior boca rodeada de tentáculos en un extremo del cuerpo y ano en el extremo opuesto; como el cohombro de mar.

hombrada f. Acción propia de un hombre valiente y generoso. / f. Calidad de hombre. / Esfuerzo entereza, valor, arrojo. / Usase más hombría.

hombre m. Ser animado racional. Bajo esta acepción se comprende todo género humano / Varón, persona del sexo masculino.

hombrear intr. Presumir de hombre hecho / fig. Querer igualarse con otros en saber, calidad o prendas. Se utiliza también como reflexivo.

hombrera f. Pieza de la armadura que cubría los hombros.

hombría f. Calidad de hombre. / Calidad buena destacada de hombre, especialmente la entereza o el valor.

hombro m. Parte superior y lateral del tronco del hombre y de los cuadrímanos de donde nace el brazo.

hombruno, na adj. Díc. de la mujer que por alguna cualidad o circunstancia se parece al hombre, y de las cosas que estriba esta semejanza.

homenaje m. Acto o serie de actos que se celebran en honor de una persona.

homeópata adj. y s. Díc. del médico que profesa la homeopatía.

homeopatía f. Sistema curativo que aplica a las enfermedades, en dosis mínimas, las mismas substancias que en mayores cantidades producirían a la persona sana síntomas análogos que se trata de combatir.

homeopático adj. Relativo a la homeopatía / fig. Muy diminuto o insignificante en cantidad.

homeotermia f Capacidad de regulación metabólica para mantener la temperatura del cuerpo constante e independiente de la temperatura ambiental.

homercerco,ca adj Díc. de la cola de los peces cuya aleta tiene dos lóbulos iguales y simétricos.

homicida adj. y s. Que causa la muerte a una persona.

homicidio m. Muerte que una persona da a otra; por lo común la ejecutada ilegalmente con violencia.

homilía f. Plática para explicar al pueblo las materias o religión.

homínido, da adj. Parecido al hombre.

hominización f. Díc. del proceso evolutivo que se supone culminó en la formación de la especie humana. Se estudia a partir de los animales llamados homínidos.

homofonía f. Calidad de homófono. / Conjunto de voces o sonidos simultáneos que cantan al unísono.

homófono adj. Díc. de las palabras de igual sonido y distinta significación como atajo y hatajo, vino sustantivo, de vino, verbo.

homogéneo adj. Perteneciente a un mismo género. / Díc. del compuesto cuyos elementos son de igual naturaleza o condición.

homógrafo, fa adj Díc. de la palabra de distinto sentido que se escriben de igual modo.

homologar tr Equiparar, poner en relación de igualdad o semejanza dos cosas.

homólogo, ga adj. Díc. de los puntos y de los lados en que figuran semejantes se corresponde. / Se aplica a los términos sinónimos. / Díc. de las substancias orgánicas que tienen igual función química.

homonimia f . Calidad de homónimo.

homónimo, ma adj. Díc. de dos o más personas o cosas que tienen un mismo nombre y de las palabras de igual forma y distinto significado.

homosexual adj. adj. Díc. quien obtiene placer sexual con personas del mismo sexo.

homosexualidad f. Inclinación hacia la relación erótica con individuos del mismo sexo.

honda f. Instrumento manual para lanzar piedras y otros proyectiles de poco peso.

hondazo m. Tiro de honda.

hondero m. Soldado armado de honda.

hondo adj. Que tiene hondura o profundidad / fig. Díc. del sentimiento intenso y extremado.

hondonada f. Terreno hondo.

hondura f. Profundidad.

honestar tr. Honrar. / Cohonestar.

honestidad f. Compostura, decencia. | Recato, pudor. | Cortesía, decoro.

honesto, ta adj. Decente, decoroso. | Recatado pudoroso. | Justo, razonable. | Honrado.

hongo m. Cualquiera de las plantas talofitas de color vario y nunca verde, de consistencia acorchada, esponjosa, carnosa o gelatinosa y por lo general de forma de sombrero o casquete sostenido por un piececillo. | Sombrero de fieltro, de copa aovada y chata.

honor m. Cualidad moral que nos induce a cumplir con todos nuestros deberes. | Gloria o buena reputación que sigue a la virtud. al mérito o a una acción heroica.

honorable adj. Digno de ser honrado y acatado.

honorario, ria adj. Que sirve para honrar. | Que tiene los honores, pero no la propiedad, de una dignidad o empleo. | m. Sueldo de honor. | Estipendio o sueldo que se da por un trabajo.

honra f. Estima y respeto de la dignidad propia. | Buena opinión y fama.

honradez f. Probidad, recto proceder.

honrado, da adj. Que procede con honradez | Hecho honrosamente.

honrar tr. Respetar, acatar a una persona. | Enaltecer o premiar su mérito. | Dar honor o celebridad.

honroso, sa adj. Que da honra. | Decoroso.

hontanar m. Sitio donde nacen manantiales.

hopa f. Vestidura a modo de túnica cerrada.

hopalanda f. Especie de manto o capote amplio y extravagante. | Falda amplia y pomposa.

hopear intr. Menear el rabo un animal. | Corretear.

hoplita m. Soldado griego de infantería pesada, armado con escudo, coraza, casco, grega, lanza y espada.

hopo m. Rabo muy peludo.

hora f. Cualquiera de las veinticuatro partes del día solar.

horadar tr. Agujerear una cosa atravesándola de parte a parte.

horado m. Agujero que atraviesa una cosa. | Caverna, cavidad subterránea..

horambre m. Taladro en la guiadera de un molino de aceite.

horario, ria adj. Perteneciente a las horas. | Cuadro indicador de las horas en que deben ejecutarse determinados actos.

horca f. Antiguo instrumento de suplicio, donde morían colgados los reos de muerte. | Palo que remata en dos o más puntas y sirve varios usos: como hacinar las mieses, levantar la paja, sostenerlas ramas de los árboles, etc.

horcajadura f. Abertura de los muslos en su nacimiento.

horcajo m. Horca de madera que se pone al pescuezo de las bestias de labor.

horcate m. Arreo en forma de herradura que se pone a las bestias de tiro encima de la collera.

horchata f. Bebida refrescante, hecha de almendras, chufas, etc. machacadas y exprimidas con agua y azúcar.

horda f. Muchedumbre bárbara, belicosa e indisciplinada que se moviliza en ánimo de saqueo y pillaje. | Reunión de salvajes que forman comunidad y no tienen domicilio.

horidate m. Cebada mondada. | Bebida que se hace de cebada semejante a la tisana.

horizontal adj. Que está en el horizonte, o paralelo a él. Aplicado a líneas. | Acostado, tendido.

horizonte m. Línea que limita la superficie terrestre a que alcanza la vista del observador, donde parecen juntarse el cielo con la tierra.

horma f. Molde para hacer una cosa, especialmente zapatos o sombreros. | Pared de piedra seca.

hormiga f Insecto himenóptero.

hormigón m. Mezcla de piedras menudas y mortero de cal o cemento y arena.

hormigonera f. Aparato para hacer el hormigón o mezcla de grava y cemento.

hormiguear intr. Percibir una sensación parecida a la que producirían las hormigas corriendo por el cuerpo. | fig. Bullir, moverse una multitud.

hormiguero m. Lugar donde se crían y se recogen las hormigas.

hormiguilla f. Diminutivo de hormiga. | Cosquilleo picazón o prurito.

hormilla f. Pieza circular que forrada forma un botón.

hormona f. Sustancia química producida en el propio organismo en una glándula de secreción interna y que, transportada por vía sanguínea, actúa sobre un determinado órgano.

hornacero m. Oficial que cuida de la hornaza.

hornacho m. Concavidad que se hace en las montañas o cerros para extraer minerales o tierras.

hornacina f. Hueco a modo de nicho, en una pared.

hornada f. Lo que se cuece de una vez en un horno. | fig. Conjunto de personas nombradas a la vez para un misma función o dignidad.

hornaguera f. Carbón de piedra.

hornaza f. Horno pequeño de platero.

hornazo m. Rosca o torta guarnecida de huevos duros.

hornear intr. Ejercer el oficio de hornero. | Cocer en el horno.

hornilla f. Fogón consistente en un hueco hecho en el hogar con una rejilla para que caiga la ceniza y un respiradero.

hornillo m. Horno portátil. | Concavidades de la mina donde se mete la carga para volarla.

horno m. Fábrica abovedada que sirve para caldear, y en la cual se introduce lo que se ha de cocer. | Aparato de forma muy varia, que suele tener rejilla y respiradero, y sirve para trabajar y transformar los minerales sometiéndolos a la acción del calor.

horología f. Ciencia que tiene por objeto la medida del tiempo y estudio de los principios que sirven de fundamento a la construcción de cronómetros.

horóscopo m. Observación que los astrólogos hacen del estado del cielo o situación de las estrellas al tiempo del nacimiento de uno, para predecir los sucesos futuros de su vida.

horquilla f. Diminutivo de horca. | Pieza doblada por el medio, formando dos ramas iguales. y con la cual se sujetan el pelo las mujeres.

horrendo, da adj. Que causa horror.

hórreo m. Granero o lugar donde se recogen los granos.

horrible adj. Horrendo, espantoso.

horripilación f. Acción de horripilar o horripilarse. | Estremecimiento de frío de origen febril.

horripilar (tr. y r.) Hacer que se erice el cabello. | fig. Inspirar horror, espantar.

horro, ra adj. Díc. de quien fue esclavo y alcanza libertad. | Libre, exento, desembarazado.

horror m. Reacción anímica y emocional provocada por una cosa repugnante, temible a espantosa, por lo común acompañada de temor.

horrorizar tr. Causar horror. | r. Llenarse de espanto, tener horror.

horroroso, sa adj. Que causa horror. | fam. Muy feo.

hortaliza f. Verduras y demás plantas hortenses.

hortelano adj. Relativo a las huertas. | m. y f. Persona que cultiva huertas.

hortensia f. Planta saxifragácea de hermosas flores.

hortera f. Escudilla de madera. | m. Mancebo o dependiente muy joven de ciertas tiendas.

hortícola adj. Relativo a la horticultura.

horticultor m. y f. Persona que se dedica a la horticultura.

horticultura f. Cultivo de huertos y huertas. Arte que enseña este cultivo.

hosanna m. Exclamación de júbilo usada en la liturgia católica.

hosco, ca adj. Díc. del color moreno muy oscuro. | Ceñudo, áspero, esquivo.

hospedaje m. Alojamiento y asistencia que se da a una persona. | Lo que se paga por estar de huésped.

hospedar tr. y r. Recibir algún huésped; darle alojamiento y asistencia.

hospedería f. Casa establecida por un particular, instituto o empresa, destinada al alojamiento de visitantes o viandantes.

hospedero, ra m. y f. Persona que cuida de los huéspedes.

hospicio m. Asilo donde se mantiene y educa a niños pobres, expósitos o huérfanos.

hospital m. Establecimiento donde reciben asistencia los enfermos, especialmente los pobres.

hospitalario, ria adj. Que alberga a los extranjeros y necesitados.

hospitalidad f. Virtud que se ejercita recogiendo a peregrinos y menesterosos. | Buena acogida que se hace a los extraños. | Estancia de los enfermos en el hospital.

hospitalizar tr. Llevar a un enfermo a un hospital para que le atiendan. Se utiliza también como reflexivo.

hostal m. Hostería.

hostelería f. Industria que se ocupa de proporcionar a huéspedes y viajeros alojamiento, comida y otros servicios, mediante pago.

hostería f. Casa en que se aloja y da de comer por dinero.

hostia f. Forma de pan ázimo, que el sacerdote consagra en la misa.

hostiario m. Caja para las hostias no consagradas | Molde para hacer hostias.

hostigar tr. Azotar, castigar con látigo o vara. | fig. Perseguir, molestar, acosar a uno.

hostil adj. Contrario, enemigo.

hostilidad f. Calidad de hostil. | Acto hostil. | Agresión de fuerza armada.

hostilizar tr. Acometer, molestar al enemigo

hotel m. Establecimiento de hostelería capaz de aloja con comodidad o con lujo a un número, por lo general no escaso, de huéspedes o viajeros.

hoy adv. t. En el presente día. | En el tiempo presente.

hoya f. Concavidad, hondonada grande y natural del terreno.

hoyo m. Concavidad u hondanada natural de terreno, o hecha de intento en él.

hoyuela f. Diminutivo de hoya. | Hoyo en la parte inferior de la garganta.

hoyuelo m. Diminutivo de hoyo. | Hoyo en el centro de la barba, o el que se forma en la mejilla de algunas personas cuando se ríen. | Hoyuela.

hoz f. Instrumento corvo y dentado, de acero, para segar. | Angostura de un valle profundo o la que forma un río que corre entre dos sierras.

hozada f. Instrumento corvo y dentado, de acero, para segar.

hozar tr. E intr. Remover la tierra con el hocico.

hucha f. Arca grande que suele haber en casa de los ladrones. | Alcancía. | fig. Dinero ahorrado.

huebra f. Yugada. | Yunta y mozo que se alquilan para trabajar un día. | Barbecho.

hueco, ca adj. Cóncavo o vacío. | fig. Hinchado, presumido. | Que tiene sonido retumbante o profundo. | fig. Díc. del estilo, lenguaje, etc., ostentoso y afectado.

huecograbado m. Sistema de impresión cuyo principio se basa en practicar huecos en una superficie, todos ellos de igual dimensión, y que únicamente se diferencian en su profundidad. | Impreso así obtenido.

huelga f. Tiempo que uno está sin trabajar. | Paro colectivo en el trabajo, hecho voluntariamente por los obreros o empleados para imponer condiciones al patrono.

huelguista com. Persona que toma parte en una huelga.

huella f. Señal, rastro que deja una persona, animal o cosa.

huérfano, na adj. Díc. de la persona de menor edad que ha perdido a sus padres o alguno de los dos.

huero, ra adj. Díc. del huevo no fecundo. | Vacío, vano.

huerta f. Huerto extenso en que se cultivan con preferencia verduras y legumbres.

huerto m. Terreno de corta extensión generalmente cercado en que se cultivan verduras legumbres y árboles frutales.

huesa f. Sepultura, fosa.

huesera f. Osario.

hueso m. Cualquiera de las partes sólidas y duras del aparato locomotor que componen el esqueleto de los vertebrados.

huésped, da m. y f. Persona alojada en casa ajena.

hueste f. Ejército en campaña.

huesudo, da adj. Que tiene mucho hueso.

hueva f. Masa de huevecillos de ciertos peces, contenida en una bolsa oval. | pl. Testículos.

huevar intr. Principiar las aves a poner huevos.

huevera f. Conducto que en el cuerpo de las aves va desde el ovario hasta cerca del año, y en el cual se acaba de formar el huevo.

huevería f. Tienda de huevos.

huevero m. Comerciante en huevos.

huevo m. Cuerpo que engendran las hembras de muchos animales, para la reproducción de la especie, y que, además del embrión, contiene ciertas substancias propias para nutrir al nuevo ser.

huida f. Acción de huir. | Acción de apartarse la caballería bruscamente de la dirección que debiera llevar.

huidizo, za adj. Que tiende a huir, elusivo. | Que huye la caza.

huido, da adj. y s. Fugitivo. | Persona recelosa.

huir intr. Apartarse, alejarse con celeridad de alguien o de algo para evitar un riesgo, daño o molestia. Ú. t. c. r. | Transcurrir velozmente el tiempo. | fig. Alejarse velozmente una cosa.

hule m. Tela pintada al óleo y barnizada, que por ser impermeable tiene muchos usos. | Caucho.

hulero m. Trabajador dedicado a recoger hule o caucho.

hulla f. Carbón de piedra muy combustible, que calcinado en vasos cerrados, da coque.

humanidad f. Naturaleza humana. | Género humano.

humanismo m. Cultivo y conocimiento de las letras humanas. | Doctrina contemporánea por la cual se considera al hombre la medida del bien y el mal, por encima de cualquier idealismo o precepto religioso.

humanitario, ria adj. Que tiende al bien del género humano, o atañe a él. | Benigno. caritativo.

humanitarismo m. Humanidad, sensibilidad, compasión.

humanizar tr. Humanar, hacer a uno humano y tratable.

humano, na adj. Relativo al hombre, a propio de él. | fig. Piadoso, compasivo. | m. Hombre, persona.

humareda f. Abundancia de humo.

humear intr. Exhalar, despedir humo. | arrojar una cosa vaho o vapor. | fig. Quedar reliquias de una antigua riña o enemistad. | tr. Fumigar.

humedad f. Calidad de húmedo. | Agua de que está impregnado un cuerpo, o que, vaporizado, se mezcla con el aire.

humedal m. Terreno húmedo.

humedecer tr. y r. Causar humedad en una cosa, ponerla húmeda.

húmedo, da adj. Acuoso, o de la naturaleza del agua. | Ligeramente impregnado de un líquido.

humeral adj. Relativo al húmero.

humero m. Cañón de la chimenea.

húmero m. Hueso del brazo que va del hombro al codo.

humífero, ra adj. Díc. del suelo que es rico en humus.

humildad f. Virtud consistente en conocer nuestra bajeza y con este conocimiento dirigir nuestras costumbres.

humilde adj. Que tiene humildad o la práctica.

humilladero m. Lugar con una cruz o imagen que suele haber a la entrada de los pueblos.

humillar tr. Postrar, bajar, inclinar una parte del cuerpo, en señal de sumisión o acatamiento. | fig. Abatir el orgullo y altivez de uno.

humo m. Producto gaseoso de la combustión incompleta. | Vapor de alguna cosa que fermenta.

humor m. Cualquier líquido del organismo animal. | fig. Buena disposición del ánimo para hacer algo.

humorada f. Dicho o hecho festivo, chistoso o extravagante.

humoral adj. Perteneciente a los humores.

humorismo m. Estilo literario en que se hermanan la gracia y al ironía, lo alegre y lo triste. | Doctrina médica que atribuía todas las enfermedades a la alteración de los humores.

humorista adj. y s. Que cultiva el humorismo. I Decíase del médico que profesaba la doctrina del humorismo.

humorístico, ca adj. Perteneciente o relativo al humorismo o estilo literario en que se hermanan la gracia con la ironía.

humus m. Mantillo o capa superior de suelo, tierra vegetal.

hundir tr. Sumir, meter en lo hondo. I fig Abrumar, oprimir, abatir. I I Sumergirse una cosa.

hupe f. Sustancia fungosa resultante de la descomposición de algunas maderas.

huracán f. Viento muy impetuoso, que gira en grandes círculos, a modo de torbellino.

huracanado, da adj. Que tiene la fuerza o cualidades del huracán.

huraño, ña adj. Que huye del trato de las gentes.

hurgar Investigar escarbando. I Menear o remover una cosa.

hurgón m. Que hurga. I Hierro para remover la lumbre. I Estoque.

hurgonear m. Menear la lumbre con el hurgón. I fig. Tirar estocadas.

hurguillas com. Persona bullidora e impaciente.

hurí f. Seres angélicos que, con la apariencia de bellísi-
mas doncellas, acompañan a los bienaventurados al paraíso, según las tradiciones del Islam.

hurón m. Pequeño mamífero carnicero, de cuerpo alargado y flexible, cabeza pequeña y patas cortas.

huronera f. Lugar en que se encierra el hurón. I fig. Paraje en que alguien se esconde.

hurtar tr. Apoderarse de cosa ajena contra la voluntad de su dueño, sin intimidación en las personas ni fuerza en las cosas.

hurto m. Acción de hurtar. I Cosa hurtada.

husada f. Porción de hilo que cabe en el huso.

husero m. Cuerna recta del gamo de un año.

husillo m. Tornillo de las prensas y otras máquinas.

husmear tr. Rastrear. olfatear algo. I fam. Indagar cautamente.

husmo m. Olor de las carnes que empiezan a pasarse.

huso m. Instrumento elipsoidal, que sirve para hilar y arrollar en él lo hilado.

huta f. Choza en donde se aguarda la caza para echarle los perros cuando pase.

hutía f. Mamífero roedor.

¡huy! interj. con que se denota dolor físico agudo, o melindre, o asombro.

I

i f. Novena letra y tercera vocal del abecedario español.

íbice m. Cabra montés.

ibis f. Ave zancuda, de pito encorvado.

iceberg m Témpano o masa flotante que sobresale de la superficie del mar y flota a la deriva.

ico- Terminación genérica que prescribe la nomenclatura química para numerosos compuestos, entre otros los ácidos.

icono m. Nombre que designa cualquier imagen pintada o esculpida objeto de reverencia religiosa.

iconoclasta adj y s. Díc. de quien niega el culto debido a las imágenes.

iconografía f. Estudio y descripción de estatuas, cuadros o pinturas.

iconoscopio m. Tubo catódico, con gran número de células fotoeléctricas pequeñísimas, que se usa en televisión.

icosaedro m. Sólido de veinte caras. | Icosaedro regular. | Aquel cuyas caras son todas triángulos equiláteros iguales.

ictericia f. Enfermedad ocasionada por la difusión de la bilis en la sangre, y que produce en la piel un tinte amarillento característico.

ictíneo, a adj. Semejante a un pez.

ictiófago, ga adj. y s. Que se alimenta de peces.

ictiografía f. Descripción de los peces.

ictiología f. Parte de la zoología que trata de los peces.

ida f. Acción de ir de un sitio a otro. Ímpetu, prontitud.

idea f. Conocimiento de una cosa, representación de ella en la mente.

idealismo m. Doctrina filosófica que considera la idea como principio del ser y del conocer.

idealizar tr. Elevar las cosas sobre la realidad sensible por medio de la inteligencia o fantasía.

idear tr. Formar idea de una cosa. | Trazar, inventar.

ideario m. Repertorio de las principales ideas de una autor, de una escuela o de una colectividad.

ídem pron. lat. muy usado que significa «el mismo» o «lo mismo».

idéntico, ca adj. y s. Que es igual o lo mismo que otra cosa con que se compara.

identidad f. Calidad de idéntico.

identificar tr. Hacer que dos o más cosas sean o parezcan idénticas.

ideografía f. Manifestación del pensamiento o representación de la idea, no por el sonido, sino por la imagen, o el símbolo.

ideograma m. Cada uno de los signos o elementos de la escritura ideográfica.

ideología f. | Conjunto de opiniones, puntos de vista y proposiciones que plantea un grupo político o profesional respecto de las normas generales que deben aplicarse a algún asunto global de su incumbencia.

idílico, ca adj. Concerniente al idilio.

idilio m. Poema bucólico, tierno y delicado, de carácter amoroso. | fig. Coloquio o relaciones entre enamorados.

idioma m. Lengua de un pueblo, nación o conjunto de ellos que comparten una misma cultura.

idiosincrasia f. Temperamento y carácter propio de una raza, nación, comarca, familia etc.

idiota adj. Que padece de idiotez. Ú. t. c s. | Ayuno de toda instrucción.

idiotez f. Trastorno mental y caracterizado por la falta congénita y completa de las facultades intelectuales.

idiotipo m. Totalidad de los factores hereditarios, constituida por los genes del núcleo celular y los llamados genes extranucleares, que se transmiten a través de estructuras citoplásmicas, etc.

ido, da adj. fam. Muy distraído. | Chiflado

idólatra adj. Que adora ídolos o falsas deidades. Ú. t. c. s.

idolatrar tr. Adorar ídolos o falsas deidades. | fig. Amar con pasión o exceso a una persona o cosa.

idolatría f. Adoración que se da a los ídolos y falsas deidades.

ídolo m. Figura de una deidad. | fig. Persona o cosa excesivamente amada.

idóneo, a adj. Que tiene suficiencia o aptitud para una cosa.

iglesia f. Congregación de los fieles cristianos. | Para los católicos, el conjunto de los regidos por el Papa. | Templo cristiano.

iglú m. Refugio semiesférico hecho de nieve endurecida.

ígneo, a adj. de fuego o con alguna de sus cualidades. | de color de fuego.

ignición Acción de estar un cuerpo encendido o enrojecido por el calor

ignífero, a adj. poét. Que contiene o produce fuego.

ignominia f. Afrenta pública que uno padece con causa o sin ella.

ignorancia f. Falta de instrucción o de noticias.

ignorante Que ignora. | adj. y s. Que no sabe o no tiene noticia de las cosas.

ignorar tr. No saber una o varias cosas, o no tener noticia de ellas.

ignoto, ta adj. No conocido al descubierto.

igual adj. Que es de la misma naturaleza o calidad que otra cosa. | Liso, llano. | muy parecido o semejante. | Constante, no variable. | Proporcionado. | Indiferente. | De la misma clase o condición. Ú. t. c. s. | Díc. de las figuras que superpuestas coinciden en todas sus partes. | *Mat.* Signo de la igualdad formado por dos rayas horizontales y paralelas(=).

igualar tr. Poner al igual con otra a una persona o cosa. Ú. t. c. r.

igualdad f. Conformidad de una cosa con otra de su naturaleza forma calidad o cantidad.

igualitario, ria adj. Que entraña igualdad o tiende a ella. | Partidario de la igualdad social.

iguana f. Género de reptiles saurios, iguánidos, propios de América, que tienen cuerpo comprimido, papada grande, cola larga y una cresta espinosa a lo largo del dorso.

ijada f. Cualquiera de las dos cavidades simétricamente situadas entre las costillas falsas y las caderas.

ilación f. Acción de inferir o deducir. | Trabazón razonable y ordenada de las partes de un discurso.

ilegal adj. Contrario a la ley.

ilegible adj. Que no puede leerse.

ilegitimidad f. Falta de legitimidad.

íleon m. Tercera parte del intestino delgado, comprendida entre el yeyuno y el ciego.

ileso, sa adj. Que no ha recibido daño.

iletrado, da adj. Falto de cultura.

ilícito, ta adj. No lícito.

ilion m. Hueso de la cadera, que en los mamíferos adultos se une al isquion y al pubis para formar el hueso innominado.

ilógico, ca adj. Falto de lógica, o que va contra sus reglas y principios.

iludir tr. Burlar. | Llevar a engaño.

iluminar tr. Alumbrar, dar luz. | Adornar con pinturas o colores las figuras, letras. etc. de libros, estampas, fotografías etc. | Adornar con muchas luces los templos. casa, etc.

ilusión f. Concepto o imagen sin verdadera realidad. | Esperanza sin fundamento.

ilusionar tr. Causar ilusión. | r. Forjarse ilusiones.

ilusionista m. Prestidigitador.

ilusivo, va adj. Falso, aparente.

iluso, sa adj. Engañado. seducido. Ú. t. c. s. | propenso a Ilusionarse, soñador.

ilusorio, ria adj. Capaz de engañar. | Nulo, que no tiene valor.

ilustración f. Acción de ilustrar o ilustrarse. | Estampa de un libro. | Movimiento ideológico que culminó en el s. XVIII y propugnaba la secularización de la cultura.

ilustrar tr. Dar luz al entendimiento. Ú. t. c. r. | Aclarar un punto o materia. | adornar un impreso o láminas o grabados. | fig. Hacer ilustre a una persona o cosa. Ú. t. c. r. | fig. Instruir, civilizar.

ilustre adj. de distinguida prosapia, casa, origen. etc. | Célebre, insigne. | Título de dignidad.

ilustrísimo, ma adj. sup. de ilustre. que como tratamiento se da a ciertas personas.

imagen f. Figura. representación de una cosa.

imaginación f. Facultad anímica que representa la imagen de las cosas. | Aprensión, presunción falsa.

imaginar tr. Representar idealmente una cosa: crearla en la imaginación. | tr. Presumir, conjeturar, sospechar.

imaginario, ria adj. Que sólo existe en la imaginación. que no tiene realidad.

imaginería t. Bordado que imita a la pintura. | Talla o pintura de imágenes religiosas.

imaginero m. Estatuario o pintor de imágenes.

imán m. Mineral compuesto de un protóxido y de un sesquióxido de hierro, que tiene la propiedad de atraer a este metal, al níquel y a algunos otros.

imanar tr. y r. imantar.

imantar tr. y r. Magnetizar (comunicar a un cuerpo la propiedad magnética).

imbécil adj. y s. Escaso de razón, alejado de la sensatez.

imberbe adj. Que aún no tiene barba.

imborrable adj. Indeleble.

imbricado, da adj. Díc. de las hojas. semillas y escamas. que están sobrepuestas unas en otras como las tejas de un tejado.

imbuir tr. Infundir, persuadir.

imitar tr. Ejecutar una cosa a semejanza o ejemplo de otra.

impaciencia f. Falta de paciencia.

impacientar tr. Hacer que uno pierda la paciencia. | r. Perder la paciencia.

impaciente adj. Que no tiene paciencia.

impagable adj. Que no se puede pagar.

impalpable adj. Que no produce sensación en el tacto. | fig. Que apenas la produce.

impar adj. Que no tiene par o igual. | Díc. del número entero que no es múltiplo de 2.

imparcialidad f. Falta de prejuicio o prevención para juzgar o proceder.

impartir tr. Repartir, comunicar, distribuir. | For. Pedir demandar auxilio o protección.

impasible adj. Incapaz de padecer.

impavidez f. Denuedo, valor, y serenidad de ánimo ante el peligro.

impávido, da adj. Sereno ante el peligro, impertérrito, libre de pavor.

impecabilidad f. Calidad de impecable.

impedido, da p. p. de impedir. | adj. y s. Baldado, tullido.

impediente p. a. de impedir. Que impide. | adj. Díc. del impedimento que hace ilegítimo el matrimonio, pero no lo anula.

impedimenta f. Bagaje que suele llevar la tropa, e impide la celeridad en las marchas y operaciones.

impedimento m. Obstáculo, estorbo.

impedir tr. Embarazar, estorbar, imposibilitar la ejecución de una cosa.

impeler tr. Dar impulso o movimiento. | fig. Excitar, estimular.

impenetrabilidad f. Propiedad general de la materia en virtud de la cual dos cuerpos no pueden ocupar a la vez el mismo espacio.

impenetrable adj. Que no se puede penetrar. | fig. Difícil de comprender o descifrar.

impenitente adj. y s. Que se obstina en el pecado.

impensa f. Gasto hecho en la cosa poseída.

imperar intr. Ejercer la dignidad imperial. | Mandar, dominar.

imperativo, va adj. Que impera o manda.

imperceptible adj. Que no se puede percibir.

imperdible adj. Que no se puede perder. | m. Alfiler que se abrocha de modo que no pueda abrirse fácilmente.

imperdonable adj. Que no se debe o no puede perdonar.

imperecedero, ra adj. Que no puede perecer. | fig. Inmortal, eterno.

imperfección f. Falta de perfección. | Falta o defecto moral leve.

imperial adj. Perteneciente al emperador o al imperio.

imperialismo m. Régimen imperial. | Opinión favorable a este régimen. | Doctrina política de la expansión colonial.

imperio m. Acción de imperar o de mandar con autoridad. | Dignidad de emperador y tiempo en que hubo emperadores en un país. | Estado que ejerce influencia y dominio sobre otros, unificándolos en una misma ley y unidad política, y los otros Estados así unificados.

impermeable adj. Impenetrable al agua o a otro fluido. | m. Sobretodo de tejido impenetrable al agua.

impersonal adj. Díc. del tratamiento en que no se da al sujeto ninguno de los comunes de tú, usted, etc. | Díc. del verbo que sólo se usa en el infinitivo y en la tercera persona de singular de cada tiempo.

impertérrito, ta adj. Imperturbable, sereno, que no se intimida.

impertinencia f. Dicho o hecho impertinente. | Importunidad molesta.

impertinente adj. Que no viene al caso. Irrespetuoso. | Inoportuno.

imperturbable adj. Que no se perturba.

impetrar tr. Conseguir una gracia, solicitada con ruegos.

ímpetu m. Movimiento acelerado y violento. | Fuerza o violencia.

impetuoso, sa adj. Violento, precipitado

impío, a adj. Falto de piedad. I irreligioso.

implacable adj. Que no se puede aplacar o templar.

implantar tr. Establecer y poner en ejecución doctrinas nuevas, instituciones. prácticas o costumbres.

implementar tr. En informática, poner en funcionamiento, aplicar métodos, medidas, etc.,para llevar algo a cabo.

implemento m. Utensilio. Ú. m. en pl.

implicar tr. Contener, llevar en sí, significar. I Envolver, enredar, involucrar. Ú. t. c. r.

implícito, ta adj. Que se sobreentiende incluido en otra cosa.

implorar tr. Pedir con ruegos o lágrimas.

implosión f. Modo de articulación propio de las consonantes implosivas. I Colapso. I Efecto de ciertas reacciones de gran violencia, producidas en masas de enorme fuerza gravitacional, que producen descargas de energía, provocando presiones que pueden romper incluso los núcleos atómicos. I Colapso de un recipiente vacío ante la presión exterior.

implosivo, va adj.. Aplícase a la articulación o sonido oclusivo de ciertas consonantes que son finales de sílaba.

implume adj. Que no tiene plumas.

impoluto, ta adj. Limpio, sin mancha.

imponderable adj. Que no puede pesarse. I Superior a toda ponderación o medida.

imponer tr. Poner carga, obligación u otra cosa.

imponible adj. Que se puede gravar un impuesto.

impopularidad f. Falta de popularidad.

importación f. Acción de importar o introducir en un país géneros, costumbres o juegos extranjeros..

importancia f. Calidad de lo que es importante, de mucha entidad o muy conveniente. I Representación de una persona por su dignidad o calidades.

importante p. a. de importar. Que importa. I adj. Que tiene importancia.

importar intr. Convenir, interesar, ser de mucha entidad o consecuencia. I Introducir en un país géneros, costumbres o juegos extranjeros.

importe m. Cantidad de dinero que vale una cosa.

importunar tr. Incomodar con una pretensión, molestar.

importuno, na adj. Fuera de tiempo o propósito. I Enfadoso, molesto.

imposibilidad f. Falta de posibilidad.

imposible adj. No posible. I Muy difícil. Ú. t. c. s. m. I Insufrible, inaguantable.

imposición f. Acción de imponer o imponerse. I Carga, tributo, gravamen.

imposta f. Hilada de sillares, sobre el cual se asienta un arco.

impostor, ra adj. y s. Que atribuye falsamente a uno alguna cosa. I Que finge o engaña con apariencia de verdad.

impotencia f. Falta de poder para hace una cosa. I Incapacidad de engendrar concebir.

impotente adj. y s. Falto de potencia. I Ir capaz de engendrar o concebir.

impracticable adj. Que no se puede practicar. I Intransitable.

imprecar tr. Proferir palabras que manifiesten vivo deseo de daño para alguien.

impreciso adj. No preciso, indefinido.

impregnar tr. y r. Introducir moléculas de un cuerpo entre las de otro sin que se combinen.

imprenta f. Arte de imprimir libros, folletos, etc. I Lugar o taller donde se imprime.

imprescindible adj. Díc. de aquello de que no se puede prescindir.

impresentable adj. Que no es digno de presentarse o de ser presentado.

impresión f. Acción de imprimir.

impresionar tr. Fijar en el ánimo de otro una emoción, especie o idea. Ú. t. c. r. I Exponer a la acción de los rayos luminosos o de las vibraciones acústicas una Extensión convenientemente preparada, de modo que queden fijadas en ella y puedan ser reproducidas mediante procedimientos fotográficos o fonográficos. I Conmover el ánimo hondamente.

impresionismo m. Sistema pictórico y escultórico que consiste en reproducir la naturaleza atendiendo más a la impresión que nos produce que a ella misma en realidad.

impreso, sa p.p. irreg. de imprimir. I m. Libro folleto u hoja impresos. I Formulario impreso con espacios en blanco para llenar a mano o a máquina.

impresor m. El que imprime. I Dueño de una imprenta.

imprevisible adj. No previsible, que no se puede prever.

imprevisto, ta adj. No previsto. I pl. Gastos no previstos.

imprimar tr. Preparar con los ingredientes necesarios las cosas que se han de pintar o teñir.

imprimir tr. Señalar las letras u otros caracteres tipográficos en el papel o en otra materia, por medio de la presión. I Estampar un sello u otra cosa en papel, tela o masa por medio de la presión.

improbable adj. No probable.

ímprobo, ba adj. Falto de probidad, malo malvado. I Díc. del trabajo excesivo y continuado.

improcedencia f. Falta de oportunidad, de fundamento o de derecho.

improductivo, va adj. Que no produce.

impronta f. Reproducción en cualquier materia blanda, de imágenes en hueco o en relieve.

impronunciable adj. Que no puede pronunciarse o de muy difícil pronunciación.

improperio f. Injuria grave de palabra, en especial la que se emplea para reprochar algo.

improvisar tr. Hacer una cosa de repente. I Sin preparación previa. I Hacer de este modo poesías, discursos, etc.

imprudente adj. y s. Que no tiene prudencia.

impúber adj. y s. Muchacho que, no siendo ya propiamente infantil, aún no ha llegado a la pubertad.

impudente adj. Desvergonzada, descarado.

impudicia f. Deshonestidad, impudor.

impúdico, ca adj. Deshonesto.

impugnar tr. Combatir, contradecir, refutar.

impulsar tr. Impeler.

impulsivo, va adj. Que impele o puede impeler. I Vehemente, súbito, irreflexivo.

impulso m. Fuerza que pone o mantiene en movimiento a un cuerpo.

impune adj. Que queda sin castigo.

impunidad f. Falta de castigo.

impureza f. Falta de pureza o castidad. I Mezcla de sustancias extrañas a un cuerpo o materia.

imputar tr. Atribuir a alguien un hecho.

in- Elemento compositivo de la palabra que indica negación, privación o inversión y en muchos casos equivale a en. Se convierte en im ante b o p, en i, por el, delante de l y en ir ante r.

inabordable adj. Que no se puede abordar.

inaccesible adj. No accesible.

inacción f. Falta de acción o movimiento; ociosidad, inercia.

inaceptable adj. No aceptable.

inadaptación f. Incapacidad de asumir las formas requeridas para caber en un espacio, o de adoptar las

215

incorruptible

formas de conducta necesarias para convivir en un medio social.

inagotable adj. Que no se puede agotar.

inaguantable adj. Que no se puede aguantar o sufrir.

inalámbrico, ca adj. Que carece de alambres o que no los necesita para su funcionamiento.

inalcanzable adj. Que no se puede alcanzar.

inane adj. Vano, fútil, inútil, baladí.

inanición f. Debilidad extrema por falta de alimento u otras causas.

inapetente adj. Falto de apetito o de ganas de comer.

inaudible adj. Que no se puede o no se debe oír.

inaudito, ta adj. No oído jamás. I fig. Rarísimo, desconcertante.

inaugurar tr. Dar comienzo a una cosa con cierta pompa. I Abrir solemnemente un establecimiento público. I Celebrar el estreno de una obra, edificio o monumento.

incandescencia f. Calidad de incandescente.

incandescente adj. Candente. I Al rojo vivo.

incansable adj. Difícil o incapaz de cansarse.

incapacitar tr. Decretar la falta de capacidad civil de personas mayores de edad, o la carencia de las condiciones legales para un cargo público.

incasable adj. Que no puede casarse o que es difícil que se case. I Que tiene aversión al matrimonio.

incautarse intr. Posesionarse de las cosas la autoridad judicial. I Apoderarse o hacerse cargo de alguna cosa.

incauto, ta adj. Falto de cautela.

incendaja f. Material combustible a propósito para encender fuego. Ú. m. en pl.

incendiar tr. y r. Poner fuego a cosa que está destinada a arder.

incendiario, ria adj. Que incendia con malicia. Ú. t. c. s.

incendio m. Fuego grande que abrasa edificios u otras cosas no destinadas a arder.

incesario m. Braserillo con cadenillas y tapa para incensar.

incentivo, va adj. Que mueve o excita a desear o hacer algo. Ú. m. c. s. m.

incertidumbre f. Falta de certidumbre duda, perplejidad.

incesto m. Relación carnal entre parientes dentro de los grados en que está prohibido matrimonio.

incidencia f. Lo que sobreviene en el curso de un asunto y tiene con él alguna relación.

incidir intr. Incurrir en un error. falta, extremo, etc. I Caer un rayo luminoso sobre una extensión reflectora.

incienso m. Gomorresina que se obtiene de diversos árboles burseráceos de la Arabia, India y África, y se quema como perfume en las ceremonias religiosas.

incinerar tr. Reducir a cenizas.

incipiente adj. Que empieza.

incisión f. Hendidura hecha con instrumento cortante.

incisivo, va adj. Apto para abrir o cortar. I Díc. de los dientes que en forma de cuña se hallan en la parte más saliente de las mandíbulas. I fig. Picante, acre, mordaz, etc.

inciso adj. Cortado, dividido, suelto. I Párrafo, generalmente numerado, que establece condiciones especiales en una norma, contrato u otra especie legal.

incitar tr. Mover o estimular a uno para que ejecute una cosa. I instigar.

inclemente f. Falta de clemencia.

inclinar tr. Desviar una cosa de su posición vertical, o hacer que pierda su perpendicularidad o paralelismo respecto a otra. Ú. t. c. r. I fig. Persuadir a uno a que haga o diga lo que dudaba hacer o decir.

ínclito, ta adj. Ilustre, esclarecido.

incluir tr. Poner una cosa dentro de otra o dentro de sus límites. I Contener una cosa a otra.

inclusa f. Casa de expósitos.

inclusero, ra adj. y s. Criado en la inclusa.

inclusión f. Acción de incluir.

incoación t. Acción de incoar.

incoar tr. Comenzar. empezar.

incoativo, va adj. Que denota el principio de una cosa o de una acción progresiva.

incógnito, ta adj. y s. No conocido. I **de incógnito** m. adv. Sin ser conocido, o queriendo tenerse por desconocido o simple particular. I Oculto, disfrazado.

incognoscible adj. Que no se puede conocer.

incoloro, ra adj. Falto de color.

incólume adj. Sano, sin lesión ni menoscabo.

incomodar tr. y r. Causar incomodidad

incomodidad f. Falta de comodidad. I Molestias, extorsión. I Enojo.

incomparable adj. Que no tiene o no admite comparación

incompatibilidad f. Repugnancia que tiene una cosa para unirse con otra, o de dos o más personas entre sí. I Impedimento legal para ejercer una función determinada, o dos cargos a la vez.

incomplexo, xa adj. Desunido, sin trabazón no adherencia.

incomprendido, da adj. Que no ha sido debidamente comprendido. I Díc. de la persona cuyo mérito no ha sido debidamente apreciado. Ú. t. c. s.

incomunicar tr. Privar de comunicación a personas o cosas. I r. Aislarse, negarse al trato con otras personas.

inconcebible adj. Que no puede concebirse o comprenderse.

inconciliable adj. Que no puede conciliar.

inconcluso, sa adj. No concluido

inconexo, xa adj. Que no tiene conexión. I Errático, ininteligible.

inconfeso, sa adj. Díc. del presunto reo que no confiesa el delito.

inconforme m. Disconforme.

inconfundible adj. No confundible.

inconsciencia f. estado en que el individuo no se da cuenta exacta del alcance de las palabras o acciones que realiza o que le son aplicadas; falta de conciencia

inconsciente adj. y s. No consciente. I Dícese de todo aquello que hacemos o nos ocurre sin que nos demos cuenta si intervenga nuestra voluntad y razón.

inconsolable adj. Que no puede ser consolado o consolar. I fig. Que difícilmente se consuela.

inconstante adj. No estable ni permanente. I Que muda con mucha facilidad y ligereza de pensamiento, opiniones o conducta.

incontable adj. Que no puede contarse. I Numerosísimos, muy difícil de contar.

incontrolable adj. Que no se puede controlar.

incordiar tr. Molestar, fastidiar, causar dificultades

incorporal adj. Incorpóreo. I que no se puede tocar.

incorporar tr. Agregar, unir dos o más cosas para que formen una sola. I Sentar o reclinar el cuerpo que estaba tendido o echado. Ú. t. c. r. I r. Agregar una o más personas, jurídicas o naturales, a otras para formar un cuerpo.

incorpóreo, a adj. No corpóreo.

incorrecto, ta adj. No correcto

incorruptible adj. No corruptible. I Que no se puede prevenir. I fig. Muy difícil de pervertir. I Ú. sobre todo como insobornable.

incorrupto, ta adj. Que está sin corromperse. I fig. No dañado ni perverso.

incredulidad f. Repugnancia o dificultad en creer una cosa. I Falta de fe y de creencia.

incrédulo, la adj. y s. Que no cree fácilmente.

increíble adj. Que no puede creerse o es difícil de creer.

incremento m. Aumento, acrecentamiento.

increpar tr. Reprender con dureza y severidad.

incriminar tr. Acriminar con violencia o insistencia. I Exagerar un delito, culpa o defecto.

incrustar tr. Embutir por adorno. piedras, metales, maderas, etc. formando dibujos.

incubar intr. Encobar. I tr. Empollar (calentar el ave los huevos para sacar los pollos). Tener una enfermedad en fase de desarrollo. pero no declarada.

incubo adj. y s. Díc. del demonio que según las tradiciones bíblicas y de otros pueblos, toma la apariencia de varón y actúa como tal para seducir y tener comercio carnal con los humanos.

inculcar tr. Apretar una cosa contra otra. Ú. t. c. r. I fig. Repetir muchas veces una cosa a uno. I fig. Imbuir, infundir algo en el ánimo de uno.

inculpabilidad f. Inocencia, exención de toda culpa en un delito o en una mala acción.

inculpar adj. Culpar, acusar a uno de una cosa.

inculto, ta adj. Que no tiene cultivo ni labor. I fig. De modales rústicos y groseros o de escasa instrucción.

incumbencia f. Obligación y cargo de hacer una cosa.

incumbir intr. Estar una cosa a cargo de alguno.

incunable adj. Díc. de las ediciones de los primeros tiempos de la imprenta, desde su invención hasta principios del s. XVI.

incurable adj. Que no se puede curar o no puede sanar.

incuria f. Descuido, negligencia.

incurrir intr. Caer en error o culpa. I Causar o atraerse odio, ira, desprecio. etc.

incursión f. Acción de incurrir. I Correría.

indagar tr. Averiguar, inquirir.

indebido, da adj. Que no es obligatorio ni exigible. I Ilícito, injusto.

indecencia f. Falta de decencia o de modestia. I Acto vituperable o vergonzoso.

indeciso, sa adj. Perplejo, dudoso. I Díc. de la cosa sobre la cual no ha caído resolución.

indefenso adj. Que carece de medios de defensa, o está sin ella.

indefinible adj. Que no puede definirse.

indefinido, da adj. No definido. I Que no tiene término señalado o conocido. I Díc. del artículo que determina con precisión el nombre a que va unido.

indeleble adj. Que no se puede borrar o quitar.

indemne adj. Libre o exento de daño.

indemnidad f. Propiedad, estado o situación del que está libre de padecer daño o perjuicio.

indemnizar tr. y r. Resarcir de algún daño

independencia f. Calidad o condición de independiente. I Libertad. autonomía.

independizar tr y r. Hacer independiente a una persona o cosa

indescifrable adj. Que no se puede descifrar. I Oscuro, hermético.

indescriptible adj. Que no se puede describir.

indeseable adj. y s. Díc. de la persona que se considera peligrosa para la tranquilidad pública

indestructible adj. Que no puede destruirse.

indeterminado, da adj. No determinado. I. Díc. del artículo que no determina con precisión el nombre a

que va unido. y del pronombre que alude vagamente a personas o cosas.

indiana f. Tela de lino o algodón pintada por un lado.

indicar tr. Dar a entender, señalar, significar.

indicativo, va adj. Que indica o sirve para indicar. I Díc. del modo del verbo que expresa afirmación absoluta. Ú. t. c. s.

índice adj. y s. Díc. del segundo dedo de la mano que generalmente se usa para señalar. I m. Indicio o señal. I Lista de libros, capítulos o cosas notables. I Catálogo de una biblioteca o archivo.

indicio m. Señal que da a conocer lo oculto.

indiferencia f. Disposición del ánimo en virtud de la cual no se siente inclinación ni repugnancia hacia una cosa.

indiferente adj. No determinado por sí a una cosa más que otra. I Que no importa que sea o se haga de una u otra forma.

indigente adj. y s. Falto de medios para satisfacer lo más necesario para vivir.

indigestión f. Falta de digestión. I Trastorno que por esta causa padece el organismo.

indigesto, ta adj. Que no se digiere o se digiere con dificultad.

indignación f. Enojo, ira, enfado, relacionados con una sensación de injusticia o agravio

indignar tr. y r. Irritar. Enojar.

índigo m. Añil.

indirecta f. Medio indirecto de dar a conocer algo.

indiscernible adj. Imperceptible, que no puede distinguirse.

indisciplina f. Falta de disciplina.

indiscreto, ta adj. Que obra sin discreción. Ú. t. c. s. I Hecho sin discreción.

indisoluble adj. Que no se puede disolver o desatar.

indispensable adj. Que no se puede dispensarse ni excusarse. I Necesario.

indisposición f. Falta de disposición para una cosa. I Alteración leve de la salud.

individual adj. Relativo al individuo o propio de él.

individualidad f. Calidad peculiar que define a un sujeto.

individualismo m. Sistema filosófico que considera al individuo como fundamento y fin de todas las leyes y relaciones morales y políticas.

individuo, dua adj. Individual. I Indivisible. I m. Cualquier ser organizado, respecto de su especie. I Persona perteneciente a una clase o corporación.

indivisibilidad f. Calidad de indivisible.

indiviso, sa adj. No dividido o separado en partes.

indoblegable adj. Que no se puede doblar. I Inflexible, firme de carácter.

indocumentado, da adj. Falto de documentos de identificación.

índole f. Inclinación y condición natural propia de cada uno. I Naturaleza, calidad, condición de las cosas.

indolencia f. Calidad de indolente.

indolente adj. Que no se afecta o conmueve. I Flojo, perezoso.

indoloro, ra adj. Que no causa dolor.

indómito, ta adj. No domado. I fig. Difícil de contener o reprimir.

indubitable adj. Indudable.

inducido, da m. Circuito en el cual se desarrolla una corriente eléctrica por la acción inductora de otra corriente o de un imán.

inducir tr. Instigar, persuadir.

inductancia f. Propiedad que tiene un circuito de ejercer inducción desarrollando líneas de fuerza.

inductivo, va adj. Que se realiza por inducción. | perteneciente a ella.

indudable adj. Que no puede dudarse.

indulgencia f. Facilidad de perdonar o disimular las culpas o en conceder gracias.

indulgente adj. Fácil en perdonar y disimular las culpas o en conceder gracias.

indultar tr. Perdonar el todo o parte de una pena impuesta.

indulto m. Gracia por la que el superior remite el todo o parte de la pena o se exime a alguien del cumplimiento de una ley u obligación. | Gracia, privilegio o autorización especial.

indumentaria f. Estudio histórico del traje. | Vestido, traje.

industria f. Conjunto de operaciones materiales ejecutadas para la transformación o transporte de uno o varios productos naturales.

industrial adj. Relativo a la industria. | m. El que la ejerce.

industrializar tr. Dar predominio a las industrias en la economía de un país.

inedia f. estado de un ayuno prolongado.

inédito, ta adj. Escrito y no publicado.

inefable adj. Que con palabras no se puede explicar o describir.

ineficacia f. Falta de eficacia.

ineluctable adj. Falta, inevitable.

ineludible adj. Que no puede eludirse.

inepcia f. Necedad.

ineptitud f. Falta de aptitud o de capacidad, inhabilidad.

inepto, ta adj. No apto para una cosa. | Necio o incapaz. Ú. t. c. s.

inercia f. Flojedad, desidia. | Incapacidad de los cuerpos para modificar su estado de reposo o de movimiento sin la intervención de alguna fuerza.

inerte adj. Inactivo, ineficaz, inútil. | Flojo, indolente.

inescrutable adj. Que no se puede saber ni averiguar.

inesperado, da adj. Que sucede sin esperarse.

inestable adj. Dícese de una cosa que está en equilibrio precario y puede caer o transformarse con mucha facilidad.

inevitable adj. Que no puede ser evitado.

inexistente adj. Que carece de existencia. | fig. Como si no existiese.

inexorable adj. Que no atiende súplicas ni ruegos.

inexpresivo, va adj. Que carece de expresión.

inexpugnable adj. Que no se puede tomar o conquistar a fuerza de armas.

inextricable adj. Difícil de desenredar, muy enredado.

infalible adj. Que no puede engañar ni engañarse. | Indefectible.

infamar tr. Quitar la fama, honra y estimación a una persona o cosa personificada.

infame adj. Que carece de honra y estimación. Ú. t. c. s. | Malo, despreciable.

infamia f. Descrédito, deshonra. | Maldad, vileza.

infancia f. Edad del niño desde el nacimiento hasta los siete años.

infantado m. Territorio de un infante o infanta, hijos de reyes.

infante m. Niño menor de siete años. | Hijo legítimo del rey, que no es inmediato sucesor del reino.

infantería f. Tropa que sirve a pie.

infanticidio m. Muerte violenta dada a un niño o infante.

infantil adj. Relativo a la infancia. | fig. Inocente, cándido, inofensivo.

infantilismo m. Persistencia en los adolescentes o en los adultos de los caracteres físicos y mentales propios de la infancia.

infarto m. Aumento del tamaño de un órgano enfermo. | Parte de un órgano privado de su riego sanguíneo, por obstrucción de la arteria correspondiente, por lo general a consecuencia de una embolia.

infatigable adj. Incansable.

infatuar tr. y r. Engreír, envanecer

infausto, ta adj. Desgraciado, infeliz.

infeccioso, sa adj. Que es causa de infección o contagio.

infecto, ta adj. Inficionado, contagiado, pestilente, corrompido.

infeliz adj. y s. No feliz, desgraciado. | fam. Bondadoso y apocado.

inferior adj. Que está debajo de otra cosa o más bajo que ella.

inferioridad f. Calidad de inferior. | Situación de lo que está más bajo o debajo de otra cosa.

inferir Sacar consecuencias o deducir una cosa de otra. | Hacer agravios, ofensas, heridas, etc.

infernal adj. del infierno o perteneciente a él. | fig. Muy malo, dañoso o perjudicial.

infestar tr. Infeccionar, o apestar. Ú. t. c. r.

infibulación f. Operación que se practica en animales o en personas, consistente en colocar una anilla u otro obstáculo en los órganos genitales para impedir el coito.

inficionar tr. y r. Contagiar, corromper. | Corromper con malas doctrinas o ejemplos.

infidelidad f. Falta de fidelidad; deslealtad.

infiel adj. Falto de fidelidad; desleal.

infiernillo m. Infernillo.

infierno m. Según algunas religiones, lugar de eternas torturas y sufrimientos espantosos, a donde sus dioses envían, tras la muerte, a las personas que los han ofendido de algún modo.

infiltrar tr. y r. Introducir suavemente un líquido entre los poros de un sólido.

ínfimo, ma adj. Díc. de que en su situación está muy bajo.

infinidad f. Calidad de infinito. | fig. Gran número, muchedumbre.

infinitesimal adj. Díc. de las cantidades variables que tienden a cero.

infinitivo adj. y s. Díc. del modo del verbo que no expresa número, persona ni tiempo determinado.

infinito, ta adj. Que no tiene fin. | Muy numeroso.

inflación f. Acción de inflar. | Excesiva emisión de moneda sin aumentar proporcionalmente su respaldo en oro, divisas u otros valores equivalentes.

inflador m. Especie de bomba neumática para inflar.

inflamable adj. Fácil de inflamarse.

inflamación f. Acción de inflamar o inflamarse. | Alteración patológica en una parte cualquiera del organismo, caracterizada por aumento del calor, enrojecimiento, hinchazón y dolor.

inflamar tr. y r. Encender las pasiones y afectos del ánimo. | r. Producirse inflamación en alguna parte del organismo. | Entrar en combustión rápida una sustancia.

inflar tr. y r. Hinchar una cosa con alguna sustancia gaseosa. | fig. Ensorberbecerse, engreírse.

inflexión f. Torcimiento o comba de una cosa recta o plana. | Elevación o atenuación expresiva de la voz. | Punto en que cambia una curva convexa o cóncava, o viceversa. | Cada una de las terminaciones de una palabra variable. | Desviación de los rayos luminosos al refractarse.

infligir tr. Imponer castigos y penas corporales.

inflorescencia f. Forma o disposición en que se agrupan las flores en las plantas.

influencia f. Acción de influir. I fig. Poder, valimiento, ascendiente.

influenciar tr. Influir (es galicismo reprobable).

influir tr. Causa una cosa ciertos efectos en otra.

influjo m. Influencia. I Flujo de la marea.

infolio m. Libro cuyo tamaño iguala a la mitad de un pliego de papel.

información f. Acción de informar o informarse.

informal adj. Que no guarda regias y circunstancias debidas. I Que no es serio ni puntual. Ú. t. c. s.

informar tr. Enterar, dar noticia de una cosa.

informática f. Información tratada mediante ordenadores.

informe m. Noticia o instrucción que se da de un asunto o acerca de una persona.

infortunio m. Mala suerte o fortuna adversa. I Estado desgraciado de una persona.

infra- Elemento compositivo de algunas palabras, que indica inferioridad.

infracción f. Transgresión, quebrantamiento de una ley, pacto o tratado; o de una norma moral o doctrina.

infraestructura f. Base material sobre la que se asienta algo.

infrahumano, na adj. Que está debajo del nivel propio de los humanos.

infrarrojo, ja adj. Relativo a la parte invisible del espectro luminoso, que se extiende a continuación del color rojo, y cuya existencia se revela por su acción calorífica.

infringir tr. Quebrantar o violar una ley, palabra u obligación.

infructuoso, sa adj. Inútil, ineficaz.

infundado, da adj. Falto de fundamento.

infundio m. Patraña, mentira, noticia falsa y generalmente tendenciosa.

infundir tr. fig. Causar un afecto o pasión en el ánimo.

infusión f. Acción de infundir. I Acción de echar el agua bautismal sobre la cabeza del que se bautiza. I Acción de extraer de las sustancias orgánicas las partes solubles del agua, mediante su inmersión en este líquido a una temperatura algo inferior a la de ebullición. I Líquido obtenido de este modo.

infusorio adj. y s. Díc. de animales protozoarios provistos de pestañas o cilios vibrátiles, que viven en aguas dulces y saladas, y muchos son parásitos.

ingeniar tr. Trazar o inventar. I r. Discurrir o inventar con ingenio, modos y trazas para conseguir algo.

ingeniería f. Arte de aplicar los conocimientos científicos a la invención, perfeccionamiento o utilización de la técnica industrial en toda sus determinaciones.

ingeniero, ra m. y f. Persona que profesa o ejerce la ingeniería.

ingenio m. Facultad de discurrir o inventar fácilmente.

ingente adj. Muy grande.

ingenuidad f. Sinceridad, buena fe, candor, verdad en lo que se hace o dice.

ingenuo, a adj. Sincero, sin doblez.

ingerir tr. Introducir por la boca la comida o los medicamentos.

ingestión f. Acción de ingerir alimentos o medicamentos.

ingle f. Parte del cuerpo en que se juntan los muslos con el vientre.

ingobernable adj. Que no se puede gobernar.

ingratitud f. Desagradecimiento, olvido de los beneficios recibidos.

ingravidez f. Estado por el que un cuerpo normalmente pesado no siente la atracción de la gravedad.

ingrediente m. Sustancia que entra con otras en un compuesto.

ingresar intr. Entrar, ir o pasar de fuera a dentro. ingreso m. Acción de ingresar. I

inguinal adj. Inguinario.

inhabilidad f. Falta de habilidad. I Defecto o impedimento para ejercer u obtener un empleo u oficio.

inhabitable adj. No habitable.

inhalador, ra adj. y s. Que inhala. I Aparato para efectuar inhalaciones.

inhalar tr. Aspirar, absorber por las vías respiratorias alguna sustancia.

inherente adj. Unido inseparablemente y por naturaleza a una cosa.

inhibir tr. Impedir que un juez siga conociendo de una causa. I Suspender transitoriamente una función o actividad del organismo mediante la acción de un estímulo adecuado.

inhumano, na adj. Falto de humanidad; bárbaro, cruel.

inhumar tr. Enterrar, dar sepultura.

inicial adj. Perteneciente al origen o principio de las cosas. I Díc. de la primera letra de una palabra, verso, etc. Ú. t. c. s. f.

iniciar tr. Admitir a uno a la participación de una ceremonia o cosa secreta; enterarle de ella, descubrírsela. I Comenzar a promover una cosa. I r. Recibir las primeras órdenes u órdenes menores.

iniciativa f. Derecho de hacer una propuesta.

inicio m. Comienzo, principio.

inicuo, cua adj. Malvado, injusto, más allá de comparación

inimaginable adj. No imaginable.

iniquidad f. Maldad, injusticia grande.

injerir tr. fig. Incluir una cosa en otra. I r. Entremeterse en algún negocio.

injertar tr. Insertar en un vegetal parte de otro (yemas) para que brote.

injerto m. Parte de un vegetal con una o más yemas que se inserta en otras plantas.

injuria f. Afrenta. agravio. I Dicho o hecho contrario a la razón y a la justicia.

injuriar tr. Ultrajar, agraviar.

injusticia f. Acción contraria a la justicia.

injustificable adj. Que no se puede justificar.

injusto, ta adj. y s. No justo.

inmaculado, da f. Sin mancha. I Purísimo.

inmaterial adj. No material.

inmediato, ta adj. Contiguo o muy cercano a otra cosa.

inmemorial adj. Tan antiguo que no hay memoria de cuando comenzó.

inmenso, sa adj. Que no tiene medida, infinito.

inmerecido, da adj. Que no es merecido.

inmersión f. Acción de introducir o introducirse una cosa en un líquido.

inmigrar intr. Llegar a un país para establecerse en él los que estaban domiciliados en otro.

inminente adj. Que amenaza o está próximo a suceder.

inmiscuir tr. Mezclar una sustancia con otra. I r. fig. Entremeterse, tomar parte en un asunto o negocio sin ser llamado a ello.

inmobiliario, ria adj. Perteneciente a cosas inmuebles.

inmoble adj. Que no puede ser movido. I Que no se mueve. I Constante, invariable en las resoluciones.

inmolación f. Acción de inmolar.

inmolar tr. Sacrificar, degollando alguna víctima.

inmoral adj. Opuesto a la moral.

inmortal adj. No mortal o que no puede morir. I fig. Que perdura en la memoria de los hombres.

inmortalizar tr. y r. Perpetuar una cosa en la memoria de los hombres.

inmóvil adj. Que no se mueve. I Constante en las resoluciones o afectos.

inmovilizar tr. Hacer que una cosa quede inmóvil.

inmueble adj. y s. Díc. de los bienes constituidos por las tierras, edificios, minas y bienes. I r. Quedarse o permanecer inmóvil.

inmundicia f. Suciedad, basura.

inmune adj. Que no es atacable por ciertas enfermedades.

inmunidad f. Calidad de inmune.

inmunizar tr. Hacer inmune.

inmunodeficiencia Deficiencia global o parcial del sistema inmunológico.

inmutar tr. Alterar o variar una cosa.

innatismo m. Sistema filosófico que enseña que las ideas son connaturales con la razón y nacen con ella.

innato, ta adj. Connatural y como nacido con el mismo sujeto

innoble adj. Que no es noble. I Díc. de lo que es vil y abyecto.

innominado, da adj. Que no tiene nombre especial.

innovar tr. Mudar o alterar las cosas, introduciendo novedades.

innumerable adj. Que no se puede reducir a número.

inocencia f. estado y calidad del alma que está limpia de culpa. I Exención de toda culpa en un delito o en una mala acción. I Candor, simplicidad, sencillez.

inocentada f. Acción o palabra sencilla o simple. I fam. Engaño ridículo en que uno cae por descuido o falta de malicia.

inocente adj. Libre de culpa.

inocular tr. y r. Comunicar por medios artificiales una enfermedad contagiosa.

inocuo, cua adj. Que no causa daño.

inodoro, ra adj. Que no despide olor. I Díc. de ciertos aparatos que se colocan en los excusados o retretes para evitar los malos olores. I Retrete, excusado.

inofensivo, va adj. Incapaz de ofender. fig. Que no puede causar daño ni molestia.

inolvidable adj. Que no se puede olvidar.

inoperante adj. Ineficaz, que no surte efecto.

inopia f. Indigencia, pobreza, escasez.

inoportuno, na adj. No oportuno.

inorgánico, ca adj. Díc. de cualquier cuerpo sin órganos para la vida, como los minerales.

inoxidable adj. No oxidable.

inquietar tr. y r. Quitar el sosiego, turbar la quietud.

inquieto, ta adj. Que no está quieto, o es de índole bulliciosa. I fig. Desosegado.

inquietud f. Falta de quietud. I fig. Agitación, alboroto.

inquilinato m. Alquiler de una casa o local. I Derecho del inquilino.

inquilino, na m. y f. Persona que toma en alquiler una casa o habitación.

inquina f. fam. Aversión, ojeriza.

inquirir tr. Indagar, averiguar o examinar cuidadosamente una cosa.

inquisidor, ra adj. y s. Inquiridor. I m. Juez eclesiástico que entendía en las causas de la fe. I Pesquisador.

inquisitivo, va adj. Perteneciente a la indagación o averiguación.

insaciable adj. Que no puede saciarse.

insacular tr Poner en una urna o saco cédulas para un sorteo.

insalivar tr. Mezclar los alimentos con la saliva en la boca.

insalubre adj. Malsano, dañoso a la salud.

insalvable adj. Que no se puede salvar.

insatisfecho, cha adj. No satisfecho.

inscribir tr. Grabar letreros en metal. piedra u otra materia.

inscripción f. Acción de inscribir o inscribirse. Letrero grabado en metal, piedra, etc.

insecticida adj. y s. Que sirve para matar los insectos.

insectívoro, ra adj. Díc. de los animales zoófagos que se alimentan de insectos.

insecto m. Cualquiera de los animales articulados, de respiración traqueal, y cuerpo dividido en segmentos agrupados en forma que constituyen tres partes fáciles de apreciar: cabeza, tórax y abdomen.

inseguridad f. Falta de seguridad.

inseminación f. Fecundación del huevo u óvulo.

insenescente adj. Que no envejece.

insensato, ta adj. y s. Tonto, fatuo, sin sentido.

insensibilizar tr. y r. Quitar la sensibilidad o privar a uno de ella.

inseparable adj. Que no se puede separar.

insepulto, ta adj. No sepultado.

insertar tr. Incluir, introducir una cosa en otra.

inservible adj. Que no sirve, inútil.

insidia f. Asechanza oculta. I Acción hipócrita y malintencionada.

insidiar tr. Poner asechanzas.

insidioso, sa adj. Que arma asechanzas.

insigne adj. Célebre, famoso, ejemplo de conducta.

insignia f. Señal, distintivo, o divisa honorífica.

insignificancia f. Pequeñez, insuficiencia, inutilidad.

insinuar tr. Dar a entender algo indicándolo ligeramente.

insípido, da adj. Falto de sabor.

insistencia f. Reiteración y porfía acerca de algo,

insistir intr. Instar porfiadamente, persistir firmemente en una cosa.

ínsito, ta adj. Propio y connatural a una cosa y como nacido en ella.

insobornable adj. Que no puede ser sobornado.

insociable adj. Huraño, intratable.

insolación f. Enfermedad causada en la cabeza por el excesivo ardor del sol.

insolar tr. Poner una cosa al sol. I r. Asolearse.

insolencia f. Atrevimiento o descaro. I Dicho o hecho insultante y ofensivo.

insolente adj. y s. Soberbio, orgulloso, arrogante, desvergonzado.

insólito, ta adj. No común ni ordinario; desacostumbrado.

insolubilidad f. Calidad de insoluble.

insolvencia f. Incapacidad de pagar una deuda.

insolvente adj. Que no tiene con que pagar.

insomne adj. Que no duerme.

insomnio m. Vigilia, desvelo.

insondable adj. Que no se puede sondear. I fig. Que no se puede averiguar o saber a fondo.

insonorización t. Conjunto de procedimientos destinados a eliminar o amortiguar las ondas sonoras originadas tanto en el interior como en el exterior de un edificio, habitación, vehículo, etc.

insoportable adj. Insufrible, intolerable. I fig. Muy incómodo, molesto y enfadoso.

inspección f. Acción de inspeccionar. Cargo y cuidado de velar sobre una cosa. Despacho u oficina de inspector.

inspeccionar

220

inspeccionar tr. Examinar. reconocer atentamente una cosa.

inspector, ra adj. y s. Que reconoce y examina una cosa. | m. Empleado que ejerce la inspección de un servicio.

inspiración f. Tiempo o fase de la respiración mediante el cual penetra aire en los pulmones. | fig. Impulso creador que siente el escritor, el orador o el artista. | fig. Cosa inspirada.

inspirar tr. Aspirar (atraer el aire a los pulmones). | fig. Infundir en el ánimo o la mente afectos, ideas, designios, etc. | fig. Infundir inspiración o entusiasmo.

instalación f. Acción de instalar o instalarse. | Conjunto de cosas instaladas.

instalar tr. Poner en posesión de un cargo, empleo o beneficio. Ú. t. c. r. | colocar, poner, situar. Ú. t. c. r. | Colocar en un lugar o edificio los enseres y servicios que en él se han de utilizar.

instancia f. Acción de instar. | Memorial, petición.

instantánea f. Plancha fotográfica que se obtiene instantáneamente. | Estampa de la plancha así obtenida.

instante m. Segundo, sexagésima parte del minuto de tiempo. | Parte brevísima de tiempo.

instar tr. Pedir con insistencia o reiteradamente. | intr. Urgir la ejecución de una cosa.

instaurar tr. Renovar, restablecer. | Instituir, establecer.

instigar tr. Incitar, provocar, inducir.

instilar tr. Introducir gota a gota. | fig. Insinuar algo en el ánimo.

instintivo, va adj. Que es obra del instinto y no de la reflexión.

instinto m. Estímulo o impulso natural de los animales que les mueve a obrar.

institución f. Establecimiento o fundación de una cosa.

instituir tr. Fundar, erigir. | Establecer algo nuevo; dar principio a una cosa.

instituto m. Constitución, instrumento o regla que prescribe cierta formula y método de vida o enseñanza. | Corporación científica, literaria, artística, etc. | Edificio en que funciona alguna de estas instituciones.

institutriz f. Maestra que educa o instruye a uno o más niños en el hogar doméstico.

instrucción f. Acción de instruir o instruirse. | Caudal de conocimientos adquiridos.

instructivo, va adj. Que instruye o sirve para instruir

instruir tr. Enseñar, doctrinar.

instrumental adj. Relativo a instrumentos músicos. | m. Conjunto de instrumentos profesionales del médico o cirujano.

instrumentar tr. Escribir la parte de música correspondiente a cada instrumento.

instrumento m. Herramienta. máquinas, etc. que sirve para hacer algún trabajo. | Aquello de que nos valemos para hacer algo. | Conjunto de piezas combinadas convenientemente para producir sonidos musicales.

insubordinar tr. Introducir la insubordinación. | r. Sublevarse, quebrantar la subordinación.

insustancial adj. de poca o ninguna sustancia.

insustancialidad f. Calidad de insustancial.

insuficiencia f. Falta de suficiencia o de inteligencia. | Escasez de una cosa.

insuficiente adj. No suficiente.

insuflar tr. Introducir soplando en un órgano o en una cavidad un fluido o una sustancia pulverulenta.

insufrible adj. Que no se puede sufrir. | fig. Muy difícil de sufrir.

ínsula f. Isla.

insulina f. Hormona que segrega el páncreas, y regula la cantidad de glucosa existente en la sangre. Su preparados farmacológicos se utilizan para combatir las diabetes.

insulsez f. Calidad de insulso. | Dicho insulso.

insulso, sa adj. Insípido, falto de sabor. | fig. Falto de gracia y viveza,

insultar tr. Ofender a uno provocándole o irritándole con palabras o acciones.

insulto m. Acción de insultar. | Ofensa repentina y violenta.

insumergible adj. No sumergible.

insumisión f. Falta de sumisión.

insumiso, sa adj. No sumiso, rebelde.

insumo m. Bienes empleados en la producción de otros bienes.

insurgente adj. y s. Levantado o sublevado.

insurrección f. Sublevación, motín o rebelión contra un poder, autoridad o gobierno.

insurreccional adj. Relativo a la insurrección.

insurreccionar tr. Sublevar, amotinar promover insurrección. Ú. t. c. s.

intacto, ta adj. No tocado, no palpado. | fig. Que no ha sufrido menoscabo o deterioro. | fig. Puro, sin mezcla.

intachable adj. Que no admite o merece tacha.

intangible adj. Que no puede o no debe ser tocado.

integral adj. Díc. de las partes que entran en la composición de un todo.

integrar tr. Dar integridad a una cosa; componer un todo con sus partes integrantes.

integridad f. Calidad de íntegro.

íntegro, gra adj. Que tiene todas sus partes. | fig. Probo, recto, honrado.

integumento m. Envoltura, o cubierta. | fig. Disfraz, fábula, ficción.

intelección f. Acción de entender.

intelecto m. Entendimiento (potencia del alma).

intelectual adj. Relativo al entendimiento. | Espiritual, incorpóreo. | Díc. de quien se dedica al cultivo de las ciencias y letras. Ú. t. c. s.

inteligencia f. Entendimiento, potencia intelectiva, facultad de conocer o de entender.

inteligente adj. Sabio, perito, instruido. Ú. t. c. s. | Dotado de inteligencia.

inteligible adj. Que puede ser entendido. | Que se oye clara y distintamente.

intemperancia f. Falta de templanza.

intemperie f. Destemplanza del tiempo.

intempestiva, va adj. Que esta fuera de tiempo y razón.

intención f. Determinación de la voluntad hacia un fin. | Cautelosa advertencia en la manera de hablar o de proceder.

intendencia f. Dirección, cuidado y gobierno de una cosa.

intendente m. Jefe superior económico. | Representante del Poder Ejecutivo en las regiones, distritos, departamentos o provincias.

intensidad f. Grado de energía de una agente natural o mecánico, de una expresión o de otra cosa. | fig. Vehemencia de los afectos.

intensificar tr. y r. Hacer que una cosa adquiera mayor intensidad de la que tenía.

intensivista com. Persona especializada en cuidados médicos intensivos.

intenso, sa adj. Que tiene intensidad. | fig. Muy vehemente.

intentar tr. Tener ánimo de hacer una cosa. | Prepararla, iniciar su ejecución. | Procurar o pretender. | Tratar de obtener algún resultado sin tener certeza de alcanzarlo.

intento m. Acción por la cual se trata de obtener algún resultado, sin tener certeza de alcanzarlo. | Propósito, intención. | Cosa intentada.

intentona f. fam. Intento temerario, especialmente si se ha frustrado.

inter- Elemento compositivo de las palabras que significa 'entre' o 'en medio'.

interacción f. Acción recíproca entre dos fenómenos, factores o sistemas.

interactivo, va adj. Que procede por interacción.

intercalar adj. Que está interpuesto, injerido o añadido. | tr. Interponer, poner una cosa entre otras

intercambiable adj. Díc. de la pieza que puede ser utilizada en diversos objetos similares sin modificación alguna.

intercambio m. Cambio mutuo o reciprocidad de consideraciones y servicios entre corporaciones de diversos países. | Cambio de dinero o de productos de las naciones entre sí.

interceder intr. Rogar o mediar por una persona.

interceptar tr. Apoderarse de una cosa antes que llegue a su destino. | Detener una cosa en su camino. | Interrumpir, cortar u obstruir una vía de comunicación.

intercomunicarse v. r. Comunicarse recíprocamente.

intercontinental adj. Que llega de uno a otro continente.

intercostal adj. Situado entre las costillas.

intercutáneo, a adj. Situado entre la piel y la carne.

interdental adj. Díc. de la consonante que se pronuncia colocando la punta de la lengua ente los bordes de los dientes incisivos, como la d.

interdependencia f. Dependencia recíproca.

interdicción f. Acción de poner en entredicho.

interdicto m. Puesto en interdicción o entredicho. | Juicio posesorio sumario o sumarísimo.

interdigital adj. Situado entre los dedos.

interés m. Provecho, utilidad, ganancia.

interesado, da adj. y s. Que tiene interés en algo. | Que se deja dominar por el interés.

interesante adj. Que interesa.

interesar intr. Tener interés en una cosa. Ú. t. c. r. | tr. Dar parte en un negocio. | Hacer tomar parte a uno en los negocios como si fuesen propios | cautivar con lo que dice o escribe. | Inspirar interés o afecto a una persona. | Producir alteración o mudanza en algún órgano.

interestelar adj. Díc. del espacio comprendido entre dos o más astros.

interfecto, ta adj. y s. Aplícase a la persona muerta violentamente.

interferencia f. Acción recíproca de las ondas, de la que resulta aumento, disminución o neutralización del movimiento, según los casos.

interferir intr. y s. Causar interferencia.

ínterin m. Interinidad, tiempo que dura el desempeño interino de un cargo. | adv. Mientras o entretanto.

interino, na adj. Que temporalmente suple la falta de otro.

interinsular adj. Díc. del tráfico y relaciones de otra índole, entre dos o más islas.

interior adj. Situado en la parte adentro.

interioridad f. Calidad de interior.

interjección f. Voz que, formando por sí sola una oración elíptica, expresa algún efecto o movimiento súbito del ánimo.

interlínea f. Espacio entre dos líneas.

interlineal adj. Que está escrito o impreso entre las líneas de un texto.

interlinear tr. Entrerreglonar. | Hacer anotaciones entre líneas de un texto.

interlocución f. Diálogo, coloquio, plática, conversación

interlocutor, ra m. y f. Toda persona que toma parte en un diálogo.

interlocutorio, ria adj. y s. Díc. del auto anterior al definitivo.

interludio m. Composición corta modo de preludio, intermedio, etc.

interlunio m. Tiempo de la conjunción, en que no se ve la Luna.

intermareal adj. Situado entre los límites de la bajamar y la pleamar.

intermaxilar adj. Situado entre los huesos maxilares.

intermediar intr. Mediar o situar una cosa entre otras.

intermediario adj. y s. Que media entre dos o más personas para arreglar un negocio especialmente entre el productor y el consumidor de géneros.

intermedio adj. Que está entre los extremos. | m. Espacio entre dos tiempos o acciones. | Tiempo que media entre dos partes de un espectáculo. | Diversión ejecutada sobre los actos de una representación teatral.

interminable adj. Que no tiene término.

intermisión f. Interrupción de alguna labor u otra cosa por algún tiempo.

intermitencia f. Calidad de intermitente.

intermitente adj. Que se interrumpe, o cesa y prosigue o se repite. | m. Luz para indicar giro o situación en los automóviles.

intermitir tr. Suspender alguna cosa por algún tiempo; interrumpir su continuación.

intermuscular adj. Situado entre los músculos.

internación f. Acción de internar.

internacional f. Calidad de internacional.

internado m. estado del alumno interno | Conjunto de éstos. | Por extensión, colegio que recibe alumnos internos.

internar intr. Penetrar, introducirse en el interior de un espacio.

interno, na adj. Interior. | Díc. del fuero de la conciencia. | Díc. de los alumnos que viven dentro de un establecimiento de enseñanza. Ú. t. c. s.

interoceánico, ca adj. Que pone en comunicación dos océanos.

interpelación f. Acción de interpelar.

interpelar tr. Pedir a alguien auxilio. | Excitar o compeler a uno a explicarse.

interplanetario adj. Díc. del espacio que está entre los planetas. | Díc. de las expediciones entre planetas.

interpolación f. Acción de interpolar.

interpolar tr. Poner una cosa entre otras.

interponer tr. Intercalar, poner una cosa entre otras.

interpretar tr. Explicar el sentido de una cosa. | Traducir. | Tomar o entender en buen o mal sentido una acción o palabra.

intérprete com. Persona que interpreta. | Persona que explica otras, en idioma que entiendan, lo dicho en lengua que les es desconocida.

interregno m. Tiempo en que un reino esta sin rey. | Interregno parlamentario. Espacio que media entre una y otra legislatura parlamentaria.

interrogación f. Pregunta. | Signo ortográfico (?) que se pone al principio y fin de las preguntas.

interrogante adj. y s. Díc. del signo ortográfico de interrogación. | Pregunta.

interrogatorio m. Serie de preguntas, comúnmente formuladas por escrito. | Acto de dirigirlas a quien las ha de contestar.

interrumpir m. Cortar la continuación de una acción en el lugar o en el tiempo. | Suspender parar por algún tiempo una obra. | Atravesarse uno con su palabra mientras otro está hablando.

interrupción f. Acción de interrumpir.

interruptor, ra adj. Que interrumpe. | m. Aparato que sirve para interrumpir una corriente eléctrica.

intersecarse Cortarse dos líneas o superficies entre sí.

intersección f. Punto común a dos líneas que se cortan, o línea común a dos superficies que se cortan.

intersexual adj. Díc. de las personas cuya constitución psicológica o fisiológica incluye caracteres masculinos y femeninos, como ocurre normalmente en ciertos períodos de la infancia y la adolescencia.

intersticial adj. Díc. de lo que ocupa los intersticios.

intersticio m. Hendidura o espacio, por lo común pequeño, que media entre dos cuerpos o entre dos partes de un mismo cuerpo.

intervalo m. Espacio o distancia entre dos lugares o tiempos.

intervención f. Acción de intervenir. | Oficina del interventor. | Operación quirúrgica.

intervencionismo m. Sistema intermedio entre el individualismo y el colectivismo, que confía a la acción del estado el dirigir y suplir, en la vida del país, la iniciativa privada.

intervenir intr. Tomar parte en un asunto. | Interponer uno su autoridad. | Mediar (interceder por uno o interponerse entre dos que contienden para apaciguarlos).

interventor, ra adj. y s. Que interviene. | m. Empleado público que fiscaliza ciertas operaciones.

interviú f. Entrevista que se tiene con una persona para publicar un relato de su conversación.

intestado adj. Que muere sin haber testamento.

intestinal adj. Relativo a los intestinos.

intestino m. Conducto membranoso, mucoso y muscular que, plegado en muchas vueltas en la cavidad abdominal se extiende desde el estómago hasta el año y sirve principalmente para terminar la digestión y preparar la defecación de los detritos.

intimidad f. Amistad o relación íntima.

intimidar tr. y r. Causar o infundir miedo.

íntimo adj. Más interior o interno. | Díc. de la amistad muy estrecha del amigo muy querido.

intitular tr. Poner título a un libro u otro escrito.

intonso adj. Que no tiene cortado el pelo.

intoxicación m. Envenenamiento.

intoxicar tr. y r. Envenenar, emponzoñar.

intra- Elemento compositivo de las palabras, que significa interioridad intramuros, intravenoso.

intracelular adj. Que está situado u ocurre dentro de una célula o células.

intradérmico adj. Díc. de lo que está o se pone en el interior de la piel.

intramuscular adj. Que está o se pone dentro de los músculos.

intranquilidad f. Falta de tranquilidad.

intranquilizar tr. Quitar la tranquilidad, inquietar, desasosegar.

intransferible adj. Que no trasferible.

intransigente adj. Que no transige.

intransitable adj. No transitable.

intransitivo adj. Díc. del verbo cuya acción no pasa a otra persona o cosa.

intrascendente adj. Que no es trascendente.

intratable adj. No tratable ni manejable. | fig. Insociable, de mal genio.

intrauterino adj. Que está situado u ocurre dentro del útero.

intravenoso adj. Que está, se inyecta u ocurre dentro de las venas.

intrepidez f. Arrojo, esfuerzo, valor en los peligros. | fig. Osadía o falta de reflexión.

intriga m. Manejo cauteloso, maquinación secreta. | Enredo, embrollo.

intrigante adj. Que intriga.

intrincado adj. Enmarañado, complicado, confuso.

intrincar tr. Enmarañar, enredar una cosa. Ú. t. c. reflexivo. | fig. Confundir, obscurecer las ideas.

intríngulis m. fam. Razón oculta; quid, dificultad.

intrínseco adj. Íntimo, esencial.

introducción f. Acción de introducir o introducirse. | Principio, exordio, preámbulo. | Parte inicial de una obra instrumental.

introducir tr. Meter, insertar o hacer entrar una cosa dentro de otra. | Dar entrada a uno en un lugar.

introito m. Principio de un escrito o de un discurso. | Lo primero que dice el sacerdote en el altar al comenzar la misa.

intromisión f. Acción de entrometer o entrometerse.

introspección f. Observación interna de la psique o de sus actos.

introspectivo adj. Propio de la introspección o relativo a ella.

introversión f. Ensimismamiento.

introvertido adj. Ensimismado. | Taciturno

intrusismo m. Acción de ejercer actividades profesionales sin título legal para ello.

intruso, sa adj. Que se ha introducido sin derecho.

intuición f. Percepción clara, íntima o instantánea de una verdad sin el auxilio de la razón, tal como si se tuviera a la vista..

intuir tr. Percibir clara, íntima e instantáneamente una idea o verdad. tal como si se tuviera a la vista.

intumescencia f. Hinchazón, efecto de hincharse.

inundar tr. y r. Cubrir el agua los terrenos y a veces las poblaciones. | Llenar de gentes o de otras cosas un país.

inusitado adj. No usado. | Sorprendente.

inútil adj. No útil.

inutilizar tr. y r. Hacer inútil, vana o nula una cosa.

invadir tr. Entrar violentamente en un lugar | Por extensión, llenar, ocupar.

invaginación f. Acción de invaginar. | Introducción anormal de una porción del intestino en otra contigua.

invaginar tr. Doblar los bordes de la boca de un tubo o vejiga hacia su interior, formando una cavidad. | Envolver algo introduciéndolo en la cavidad de una invaginación.

invalidar f. Acción de invalidar.

inválido adj. Que no tiene fuerza ni vigor. | Se aplica a la persona que por enfermedad o accidente no se puede desplazar o ejercer alguna actividad.

invar m. Aleación de acero y níquel, que se utiliza para construir aparatos de precisión.

invariable adj. Que no padece o no puede padecer variación.

invasión f. Acción de invadir.

inventar tr. Descubrir o hallar algo nuevo o no conocido. | Imaginar su obra el poeta o el artista. | Fingir hechos falsos.

inventariar tr. Hacer inventario.

inventario m. Asiento ordenado de los bienes y efectos de una persona o comunidad. | Documento en que constan dichos bienes.

inventiva f. Facultad y disposición para inventar.

invento m. Invención.

inventor, ra adj. y s. Que inventa.

inverecundia f. Desvergüenza, falta de pudor.

inverecundo, da adj. y s. Falto de vergüenza.

invernáculo m. Lugar cubierto y abrigado, dispuesto para proteger las plantas del frío.

invernada f. Estación de invierno. | Invernadero paraje destinado para que pasten los ganados en dicha estación.

invernadero m. Sitio a propósito para invernar. | Paraje destinado para guarecerse el ganado. | Invernáculo.

invernal adj. Relativo a invierno. | m. Establo en los invernaderos para guarecerse el ganado.

inverosímil adj. No verosímil.

inversión f. Acción de invertir. | Bienes o dineros que se disponen para servir de capital y con el fin de obtener créditos de ellos.

inversionista m. y f. Persona que hace inversiones de capital y en virtud de ellas participa de una o más empresas.

inverso, sa part. pas. irreg. de invertir. | adj. Alterado, trastornado.

inversor adj. Que invierte. | m. Aparato que sirve para enviar la corriente de un generador eléctrico a un circuito en uno u otro sentido. | adj. Inversionista. Ú. t. c. s.

invertebrado adj. y s. Díc. de los animales que carecen de columna vertebral.

invertido Díc. de la aspillera que es más ancha por la parte exterior que por la interior del muro. | Homosexual.

invertir tr. Alterar, trastornar las cosas o el orden de ellas.

investidura f. Acción de investir. | Carácter que se adquiere con la toma de posesiones de ciertos cargos o dignidades.

investigación f. Acción de investigar.

investigar tr. Hacer diligencias para descubrir una cosa.

investir tr. Conferir una dignidad o cargo importante.

inviable adj. Díc. de lo que no tiene posibilidades de llevarse a cabo.

invicto adj. No vencido.

invierno m. Estación del año comprendida entre el solsticio del mismo nombre y el equinoccio de primavera. | Época más fría del año, que en el hemisferio septentrional corresponde a los meses de diciembre, enero y febrero, y en el austral a los de junio, julio y agosto.

inviolable adj. Que no se debe o no se puede violar o profanar.

invitar tr. Convidar, incitar.

invocar tr. Llamar a alguien pidiéndole favor y auxilio. | Acogerse a una ley, costumbre o razón; exponerla, alegarla.

involución f. Fase regresiva de un proceso biológico, o modificación retrógrada de un órgano.

involucionar intr. Retroceder, volver atrás un proceso biológico, político, cultural, económico etcétera.

involucrado tr. Invaginar, envolver algo entre pliegues.

involucrar tr. Implicar a alguien en una situación molesta o peligrosa.

involuntario, ria adj. No voluntario ni intencionado.

invulnerable adj. Que no puede ser herido.

inyección f. Acción de inyectar. | Sustancia que se inyecta.

inyectable adj. Que se puede inyectar. | m. Sustancia preparada para ser administrada en una inyección.

inyectar tr. Introducir a presión un fluido en un cuerpo con un instrumento adecuado.

ion m. Átomo o grupo de átomos que, por haber cedido o ganado electrones, presentan carga eléctrica.

ionización f. y Acción de ionizar. | Someter un cuerpo a la acción de los iones.

ionosfera f. Zona de la atmósfera terrestre formada por iones y electrones libres.

ípsilon f. Letra del alfabeto griego que corresponde a nuestra y griega.

ir intr. Moverse de un lugar hacia otro. Ú. t. c. reflexivo.

ira f. Pasión del alma que mueve a indignación y enojo; cólera, irritación grande.

iracundia f. Propensión a la ira. | Cólera o enojo.

iracundo adj. Propenso a la ira. | fig. y poét. Se aplica a los elementos alterados.

irascible adj. Perteneciente a la ira o propenso a ella.

iridáceo, a adj. y s. Se aplica a plantas monocotiledóneas con rizomas, tubérculos o bulbos, hojas enteras y estrechas y frutos capsular; como el lirio y el azafrán.

iridio m. Elemento químico que se utiliza para fabricar crisoles y para endurecer el platino.

iridiscente adj. Que presenta o refleja los colores del iris.

iris m. Arco que ostenta los siete colores del prisma, y es efecto cromático producido en la atmósfera por la refracción y reflexión de la luz solar en las gotas de agua. | Disco en cuyo centro esta la pupila del ojo.

irisación f. Acción de irisar. | pl. Vislumbre que se produce en las láminas delgadas de los metales cuando, candentes, se pasan por el agua, y que también se observan en otras cosas.

irisar intr. Presentar un cuerpo fajas variadas o reflejos de luz, con todos los colores del arco iris, o varios de ellos.

ironía f. Figura retórica por la que se da a entender lo contrario de lo que se dice. | Burla fina y disimulada.

ironizar tr. Hablar con ironía, ridiculizar

irracional adj. Que carece de razón. | Opuesto a la razón.

irradiar tr. Despedir un cuerpo rayos de luz, calor u otra energía en muchas direcciones. | Someter un cuerpo a la acción de ciertos rayos.

irreal adj. Falto de realidad.

irreconciliable adj. Que no quiere o no puede conciliarse.

irrecuperable adj. Que no se puede recuperar

irredentismo m. Doctrina según la cual un país debe comprender todas las comarcas que, situadas fuera de sus fronteras políticas, forman parte de él por sus costumbres y su lengua.

irreflexivo, va adj. Que no reflexiona. | Que Díc. o se hace sin reflexionar.

irrefutable adj. Que no se puede refutar.

irregular adj. Que va fuera de regla; contrario a ella. | Que no sucede común u ordinariamente | Díc. del polígono y del poliedro que no son regulares en sus lados ni caras.

irregularidad f. Calidad de irregular | fig. y fam. Malversación, desfalco u otra inmoralidad en la gestión o administración pública, o en la privada.

irremplazable adj. Que no se puede reemplazar.

irreparable adj. Que no se puede reparar.

irreprochable adj. No reprochable.

irresoluto, ta adj. y s. Falto de resolución.

irrespirable adj. Que no puede respirarse. | Que difícilmente puede respirarse.

irresponsabilidad f. Falta de responsabilidad.

irresponsable adj. Díc. de la persona a quien no se puede exigir responsabilidad.

irreverente adj. Falta de reverencia. | Dicho o hecho irreverente.

irrevocable adj. Que no se puede revocar.

irrigar tr. Rociar con un líquido alguna parte del cuerpo. I Regar.

irrisible adj. Digno de risa o burla.

irrisión f. Burla con que se provoca risa a costa de una persona o cosa. I fam. Persona o cosa que es objeto de esta burla.

irrisorio, ria adj. Que mueve a risa y burla.

irritabilidad f. Propensión a irritarse.

irritable adj. Que puede irritarse. I Que se puede invalidar.

irritación f. Acción de irritar o irritarse. I Enojo grave. I Excitación morbosa de los órganos.

irritar tr. y r. Hacer sentir la ira. I Excitar vivamente otros afectos o inclinaciones. I Causar excitación morbosa en un órgano o parte del cuerpo.

irrogar tr. y r. Causar, ocasionar, acarrear daños, perjuicios, molestias, etc.

irruir tr. Acometer con ímpetu, invadir un lugar.

irrumpir r. intr. Entrar violentamente en un lugar.

irrupción f. Acometimiento impetuoso e impensado. I Invasión.

isentrópico, ca adj. Díc. del proceso en que la entropía permanece constante.

isla f. Tierra rodeada de agua.

islam m. Islamismo. I Conjunto delos pueblos que tienen esta religión.

islamismo m. Religión musulmana o Islam.

isleño, ña adj. Natural de una isla. Ú. t. c. sustativo. I Perteneciente a un isla.

ísleo m. Isla pequeña junto a otra mayor. I Terreno cercado de otros de distinta clase, o de peñascos.

islote m. Isla pequeña, generalmente despoblada. I Peñasco muy grande en el mar.

-ismo Elemento compositivo que entra pospuesto en la formación de algunas voces españolas con el significado de 'doctrina, sistema, modo o partido'.

iso- Elemento compositivo que entra pospuesto en la formación de algunas voces españolas con el significado de 'igual' o denotando 'uniformidad o semejanza'.

isóbara o isobara f. Curva para la representación cartográfica de los puntos de la Tierra que tienen la misma presión atmosférica.

isoca f. Nombre que se da a la oruga de ciertas mariposas, muy perjudicial para la agricultura.

isoclina f. Línea que sobre un mapa une los puntos de la Tierra con igual inclinación magnética.

isócrono, na adj. Díc. de los cuerpos cristalizados de ángulos iguales.

isómero, ra adj. Se aplica a los cuerpos de igual constitución química y diferentes propiedades físicas.

isomorfismo m. Calidad de isomorfo.

isomorfo, fa adj. Díc. de los cuerpos de distinta composición química e igual forma cristalina.

isótopo adj. y s. Se aplica a crustáceos, malacostráceos que tiene semejantes todas sus patas, cuerpo ancho y cabeza completamente soldada al primer segmento torácico.

isósceles adj. Díc. del triángulo que tiene dos lados iguales.

isótera f. Curva para la representación cartográfica de los puntos de la Tierra de igual temperatura media estival.

isotérmico, ca adj. Díc. del proceso en que la temperatura permanece constante.

isotermo, ma adj. de igual temperatura. I Díc. de la línea que pasa por todos los puntos del globo terráqueo que tienen igual temperatura media anual.

isótopo m. Cuerpo simple que tiene iguales propiedades químicas que otro, pero distinto peso atómico. Como el deuterio con respecto al hidrógeno.

isquiático, ca adj. Relativo a la cadera.

isquion m. Parte posterior e inferior del hueso innominado.

ístmico, ca adj. Relativo a un istmo.

istmo m. Lengua de tierra que une dos continentes o una península con un continente.

ítem adv. lat. de que se usa para hacer distinción de artículos o capítulos en un escritura y también por señal de adición. Díc. también ítem mas. I m. fig. Aditamento, añadidura.

iterativo, va adj. Que se reitera o repite, o que tiene tal condición.

itinerario, ria adj. Perteneciente a caminos. I m. Descripción y dirección que se hace de un camino, indicando los lugares por donde se ha de pasar y otras cosas de interés.

itria f. Oxido de itrio.

itrio m. Metal que se emplea en medicina y en la industria de energía atómica.

ixódidos m. pl. Familia de arácnidos, acáridos, los mayores de este orden, que viven parásitos sobre mamíferos o aves, alimentándose de su sangre.

izaga f. Lugar donde hay muchos juncos.

izar tr. Hacer que una cosa suba, tirando de la cuerda de que está colgada, que pasa por lugar más alto.

izquierda f. Mano izquierda. I Grupo político que defiende las ideas más exaltadas y radicales. y tiene menos respeto a las tradiciones del país.

izquierdo, da adj. Díc. del costado de un cuerpo, que queda hacia el poniente cada vez que el frente mira hacia el norte. I Díc. de la mano contraria a la derecha.

J

j f. Décima letra y séptima consonante del abecedario español. Su nombre es jota.

ja interj. Con que se expresa risa.

jaba f. Especie de cajón de forma enrejada en que se transporta loza, fruta, etc.

jabalí m. Mamífero paquidermo.

jabalina f. Arma arrojadiza antigua, a modo de venablo.

jabardo m. Enjambre pequeño producido por una colmena. | fig. Jabardillo, remolino de mucha gente.

jabato adj. y s. fam. Valiente, atrevido | m. Cachorro de jabalí.

jabeca f. Horno destilatorio usado antiguamente en las minas de azogue.

jabeque m. Embarcación de tres palos, con velas latinas, que también suele navegar a remo.

jabón m. Pasta que resulta de la combinación de los ácidos del aceite con un álcali, y sirve para lavar.

jabonadura f. Acción de jabonar. | pl. Agua que, después de servir para jabonar, queda mezclada con el jabón y su espuma. | Espuma formada al jabonarse.

jabonar tr. Enjabonar. | Fregar o estregar la ropa u otras cosas con jabón y agua para lavarlas o ablandarlas. | Humedecer la barba con agua y jabón para afeitarla.

jaboncillo f. Pastilla de jabón aromático.

jabonera f. Mujer que hace o vende jabón. | Cajita para el jabón.

jabonería f. Fábrica o tienda de jabón.

jaca f. Caballo de menos de siete cuartas de alzada.

jácara f. Romance festivo. | Cierta música, y danza formada al son de ella. | Ronda nocturna y bulliciosa. | fig. Molestia y enfado. | fig. Embuste.

jacaranda Árbol bignoniáceo.

jacarear in tr. Cantar jácaras. | fig. Rondar cantando y metiendo ruido por las calles.

jacilla f. Huella que una cosa deja marcada sobre la tierra en que ha descansado.

jacinto m. Planta liliácea, con hojas estrechas y enhiestas y flores en espiga, olorosas y de diversos colores. . Cuarzo cristalizado de color rojo oscuro.

jaco m. Cota de malla corta. | Jubón de pelo de cabra. | Caballo pequeño y ruin.

jactancia f. Alabanza presuntuosa de sí propio.

jacarse r. Alabarse uno excesiva y presuntuosamente de algo.

jaculatoria f. Oración breve y fervorosa.

jade m. Piedra muy dura, de aspecto jabonoso, constituida por un silicato de magnesio y calcio, que tiene diversas aplicaciones

jadear intr. Respirar anhelosamente.

jadeo m. Acción de jadear.

jaecero, ra m. y f. Persona que hace o vende jaeces.

jaez m. Cualquier adorno que se pone a las caballerías.

jagua f. Árbol rubiáceo de la América intertropical. Fruto de este mismo árbol.

jaguar m. Mamífero carnicero, félido parecido a la pantera, de pelaje amarillo rojizo con manchas negras redondeadas.

jaguarzo m. Arbusto cistíneo.

jagüey m. Bejuco moráceo, que crece en la isla de Cuba.

jaharral m. Lugar de mucha piedra suelta.

jalar tr. fam. Halar. | fam. Tirar, atraer.

jalbegar tr. Enjalbegar. | tr. y r. fig. Componer el rostro con afeites.

jalde adj. Amarillo subido.

jalea f. Conserva transparente, preparada con el zumo de ciertas frutas. | Alimento de las larvas de las abejas durante los tres primeros días de su vida y de la reina durante toda ella.

jalear r. fam. Animar con palmadas, ademanes o expresiones a los que cantan, bailan etc.

jaleo m. Acción de jalear. | Jarana, bullicio. | Desorden. | Baile popular andaluz.

jaliba f. Postura que en cierto juego de muchachos adopta uno para que los demás puedan saltar por encima de él apoyando las manos en su espalda.

jalifa m. Autoridad suprema de la zona del protectorado español en Marruecos.

jalón m. Estaca con regatón de hierro que se clava en tierra como señal en las alineaciones y mediciones de terrenos. | Hito, situación importante, o punto de referencia en la vida de alguien o en el desarrollo de algo. Se utiliza también en sentido figurado.

jalonar tr. Establecer una alineación por medio de jalones.

jaloque m. Siroco, viento

jamás adv. t. Nunca.

jamba f. Cualquiera de las dos piezas que, puestas verticalmente en los dos lados de las puertas o ventanas, sostienen el dintel o el arco de ellas.

jamelgo m. fam. Caballo flaco o de mala facha.

jamón m. Carne curada de la pierna del cerdo.

jamona adj. y s. Díc. de la mujer que ha pasado la juventud y es algo gruesa.

jamugas f. pl. Silla de tijeras que se coloca sobre el aparejo de las caballerías para montar cómodamente a mujeriegas.

jándalo, la adj. y s. Díc. de los andaluces por su pronunciación natural.

jangada f. Balsa, armadía. | Salida u ocurrencia necia e inoportuna. | fam. Trastada.

japuta f. Pez teleósteo acantopterigio.

jaque m. Lance del ajedrez consistente en amenazar al rey o a la reina del contrario.

jaqueca f. Dolor intermitente de cabeza.

jáquima f. Cabeza de cordel que sirve de cabestro.

jara f. Arbusto cistáceo, de hojas lanceoladas flores blancas, con una mancha rojiza en cada uno de sus cinco pétalos y fruto capsular. | Palo de punta aguzada, que se usa como arma arrojadiza.

jarabe f. Bebida que se hace cociendo azúcar en agua hasta que se espesa sin formar hilos y añadiendo zumos refrescantes o sustancias medicinales.

jaral m. Sitio poblado de jaras. | Lo que está muy enredado o intrincado.

jaramago m. Planta crucífera que suele crecer entre los escombros.

jaramugo m. Pececillo nuevo.

jarana f. fam. Diversión bulliciosa de gente. l fam. Pendencia, alboroto.

jarano adj. y s. Díc. del sombreo de fieltro duro, de ala ancha y horizontal y copa baja, rodeada en su base por un cordón cuyos extremos caen por detrás y rematan con bolas.

jarazo m. Golpe dado o herida hecha con la jara.

jarcha f. Cancioncilla mozárabe de pocas estrofas, en verso castellano, que se encontraba al final de algunos poemas hebreos y árabes.

jarcia f. Carga de cosas diversas: para un fin. l Aparejos y cabos de un buque.

jardín m. Terreno en donde se cultivan plantas que deleitan por sus flores, matices u otras particularidades.

jardinera f. La que por oficio cuida de un jardín. l Mujer del jardinero. l Muebles pan colocar macetas.

jardinería f. Arte de cultivar los jardines.

jardinero m. El que por oficio cuida y cultiva un jardín.

jareta f. Costura que se hace en la ropa, doblando y cosiendo la orilla de modo que quede un hueco para pasar por él una cinta o un cordón.

jaretón m. Jareta muy ancha.

jaro, ra adj. Díc. del animal que tiene el pelo rojizo, y especialmente del cerdo y del jabalí. Ú. t. c. s. l m. Mancha espesa de los montes bajos.

jarope m. Jarabe. l fig. Trago amargo o bebida desabrida.

jarra f. Vasija de cuello y boca anchos y una o más asas.

jarrear intr. fam. Sacar a menudo un líquido con el jarro.

jarrete m. Corva de la pierna de una persona. l Corvejón de la pierna de un animal. l Parte alta y carnuda de la pantorrilla hacia la corva.

jarretera f. Liga con su hebilla con que se ata la media o el calzón por el jarrete.

jarro m. Vasija a modo de jarra y con una sola asa. l Cantidad de líquido que cabe en ella.

jarrón m. Adorno arquitectónico de figura de jarro. l Vaso labrado con arte, que suele colocarse sobre ciertos muebles para adorno.

jaspe m. Cuarzo impuro, opaco, duro, de grano fino, susceptible de buen pulimento y diversamente coloreado por óxidos metálicos.

jaspeado adj. Veteado o salpicado de pintas.

jaspear adj. Veteado o salpicado de pintas. l Acción de jaspear.

jauja f. Nombre que se usa en ciertas locuciones familiares para indicar prosperidad o bienestar (por alusión al distrito y a la provincia de igual nombre en el Perú, célebres por la bondad de su clima y fertilidad de su suelo).

jaula f. Caja hecha con listones de madera, mimbres, alambres, etc., para encerrar animales pequeños. l Encierro formado con rejas o barras de hierro, para asegurar las fieras.

jauría f. Conjunto de perros que cazan dirigidos por un mismo perrero.

jazmín m. Arbusto jazmíneo, de tallos delgados y flexibles, flores blancas y olorosas.

jazmíneo, a adj. y s. Díc. de plantas oleáceas, matas o arbustos, con hojas opuestas y sencillas o alternas y compuestas, flores hermafroditas y fruto en baya con dos semillas; como el jazmín.

jazz m. Tipo de música norteamericana, especialmente de baile, caracterizada por prevalecer en ella el ritmo, la frecuencia de las síncopas y el rápido paso de un tono a otro mediante improvisaciones.

jeep m. Pequeño automóvil usado por los norteamericanos en la Segunda Guerra Mundial .

jefatura f. Dignidad de jefe. l Puesto de policía regido por un jefe.

jefe m. Superior de un cuerpo u oficio.

jején m. Mosquito muy pequeño, cuya picadura produce un ardor insoportable.

jeme m. Distancia del extremo del pulgar al índice, separados todo lo posible. l fam. Palmito

jengibre m. Planta cingiberácea, cuyo fruto se usa en medicina y como especia.

jeque m. Jefe árabe.

jerarca m. Superior, en lo eclesiástico.

jerarquía f. Orden entre los diversos coros de los ángeles. l Por extensión, orden o grados de otras personas o cosas.

jerárquico adj. Perteneciente a la jerarquía.

jerbo m. Mamífero roedor, del tamaño de una rata.

jeremías com. fig. Persona que se lamenta continuamente.

jerga f. Tela gruesa y basta. l Jergón, colchón sin bastas. l Lenguaje especial y familiar que usan entre sí los individuos de ciertas profesiones y oficios.

jergón m. Colchón de paja, esparto, etc., y sin bastas.

jerigonza f. Jerga .

jeringa f. Instrumento compuesto de un tubo dentro del cual puede moverse un émbolo que sirve para aspirar un líquido y arrojarlo o inyectarlo luego.

jeringar tr. Inyectar o arrojar un líquido con jeringa.

jeringazo m. Acción de jeringar o de arrojar el líquido contenido en la jeringa.

jeroglífico adj. Díc. de la escritura en que no se usan signos fonéticos, sino figuras o símbolos. l m. Cada una de las figuras usadas en esta escritura.

jerpa f. Sarmiento estéril que echa la vid.

jersey m. Blusa o jubón de punto, con o sin mangas, que se coloca pasándolo por la cabeza

jeta f. Boca saliente. l fam. Cara, rostro. l Hocico del puerco. l Grifo de una cañería, caldera, etc.

ji f. Vigésima segunda letra del alfabeto griego.

jíbaro adj. y s. Rústico, campesino, silvestre. l Díc. del sombrero de campo hecho de palma.

jibia f. Molusco, cefalópodo, comestible, parecido al calamar.

jibión m. Concha caliza, interna de la jibia.

jícara f. Vaso hecho de la corteza del fruto de la güera. l Taza pequeña, propia para tomar chocolate.

jifa f. Desperdicio del descuartizamiento de las reses en los mataderos.

jifería f. Oficio del jifero o matarife.

jifero adj. Perteneciente al matadero. l fig. Puerco, soez. l m. Cuchillo propio para matar y descuartizar las reses. l El que mata y descuartiza las reses.

jilguero m. Pájaro fringílido muy apreciado por su melodioso canto.

jinebro m. Enebro, árbol.

jineta f. Arte de montar a caballo, con los estribos cortos y las piernas en posición vertical desde la rodilla abajo. l Mamífero carnicero de cuerpo esbelto, cabeza pequeña y hocico prolongado.

jinete m. El que cabalga. l El que es diestro en la equitación.

jineteada f. En Argentina, acción y efecto de jinetear I Fiesta de campo donde los jinetes exhiben su destreza.

jinetear intr. Montar potros luciendo el jinete su habilidad y destreza.

jipío m. Jipido. I Grito, quejido, lamento que se introduce en el cante flamenco.

jira f. Pedazo algo grande y largo que se corta o rasga de una tela. I Viaje más o menos largo de uno o más artistas, con el fin principal de dar a conocer o representar su arte.

jirafa Mamífero rumiante de cuello largo, cabeza pequeña provista de dos cuernos cortos, patas posteriores más cortas que las delanteras y pelaje de color gris claro con manchas leonadas.

jirón m. Pedazo desgarrado de una tela. I Pendón o guión que remata en punta.

jironado adj. Roto, desgarrado, hecho jirones. I Adornado con jirones.

jockey m. Jinete cuyo oficio es montar los caballos en las carreras.

jocosidad f. Chiste, donaire.

jocoso adj. Festivo, gracioso. I Burlesco

jocundidad f. Alegría, buen humor.

jocundo, da adj. Alegre, plácido.

joder intr. Practicar el coito. I Molestar, fastidiar.

jofaina f. Vasija en forma de taza grande y poco profunda, destinada a contener agua para lavarse la cara y las manos.

jolgorio m. Holgorio.

jorfe m. Muro de sostenimiento de tierras que suele estar hecho de piedra en seco. I Peñasco tajado.

jorge m. Abejorro, insecto coleóptero.

jorguín m. y f. Persona que hace hechicería.

jornada f. Camino que yendo de viaje se anda en un día. I Expedición militar. I Tiempo que diariamente dedican al trabajo los obreros. I Acto del poema dramático.

jornal m. Estipendio que gana el trabajador en un día.

jornalero m. y f. Persona que trabaja a jornal.

joroba f. Corcova. I fam. Molestia, impertinencia.

jorobado adj. y s. Corcovado.

jorobar tr. y r. fam. Gibar, molestar.

josa f. Heredad de vides y frutales, desprovista de cerca.

jota f. Nombre de la letra j. I Baile popular de Aragón y Valencia. I Música con que se acompaña este baile. I Copla que se canta con esta música.

joven adj. y s. Que tiene poca edad.

jovenzuelo, la adj. Diminutivo de joven. Ú. t. c. s.

jovial adj. Alegre, festivo apacible.

joya f. Objeto de platino, plata u oro labrado que se usa como adorno.

joyería f. Trato y comercio de joyas. I Tienda donde se venden. I Estuche o armario para guardarlas.

juanas f. pl. Palillos que usan los guanteros para ensanchar los guantes.

juanete m. Pómulo muy prominente. I Hueso del nacimiento del dedo grueso del pie, cuando es prominente.

jubilación f. Acción de jubilar o jubilarse. I Haber pasivo que percibe la persona jubilada.

jubilado, da adj. y s. Díc. del funcionario civil que ha cesado en su carrera por imposibilidad o vejez.

jubilar adj. Perteneciente al jubileo. I tr. Disponer que un funcionario civil cese en el ejercicio de su carrera o destino, por razón de vejez o imposibilidad, y generalmente con derecho a pensión.

jubileo m. Solemne fiesta que celebraban los hebreos cada cincuenta años. I Indulgencia plenaria y universal concedida por el Papa en ciertas ocasiones.

júbilo m. Viva alegría, en especial la que se manifiesta con signos exteriores.

jubiloso adj. Alegre, gozoso.

jubón m. Vestidura ajustada al cuerpo a modo de chaleco.

júcaro m. Árbol combretáceo antillano de fruto parecido a la aceituna.

judaísmo m. Religión de los judíos.

judería f. Barrio de los judíos

judía f. Planta leguminosa de tallos volubles, flores blancas y semillas comestibles.

judiar m. Terreno sembrado de judías.

judicatura f. Ejercicio de juzgar. I Dignidad o empleo de juez.

judicial adj. Perteneciente al juicio, a la administración de justicia o a la judicatura.

judicatario, ria adj. Perteneciente a la astrología I m. El que la profesa.

judío adj. Hebreo, israelita. Ú. t. c. s

judo m. Forma moderna del jiu-jitsu, deporte de combate notablemente eficaz.

juego m. Acción de Jugar. I Diversión o ejercicio recreativo sujeto a ciertas reglas, en el cual se gana o se pierde.

juerga f. Huelga, holgorio.

juerguista adj. y s. Aficionado a juergas.

juez com. El que tiene autoridad para juzgar y sentenciar.

jugada f. Acción de jugar. I fig. Acción mala e inesperada contra uno. I Cada lance del juego.

jugador, ra adj. y s. Que juega o tiene el vicio de jugar.

jugar intr. Hacer algo por diversión o entretenimiento. I Tomar parte en un juego. I Hacer una jugada.

jugarreta f. fam. Jugada mal hecha. I fig. Mala pasada.

juglar adj. Chistoso, picaresco. I Juglaresco I m. El que en otro tiempo divertía al pueblo con cantos, juegos y trichanerías. I ant. Trovador.

juglaresco, ca adj. Relativo a los juglares.

jugo m. Zumo de una sustancia animal o vegetal. I fig. Lo sustancial y provechoso de una cosa. I Líquido claro, incoloro, ligeramente opalino, segregado por la mucosa gástrica.

juguete m. Objeto con que se entretienen los niños.

juguetear intr. Entretenerse jugando y retozando.

juguetería f. Comercio de juguetes. I Tienda donde se venden.

juicio m. Facultad del alma, en cuya virtud se puede distinguir el bien del mal y lo verdadero de lo falso. I Estado de la sana razón opuesto a locura o delirio. I fig. Seso, cordura. I Conocimiento de una causa en que el juez ha de sentenciar.

juicioso adj. Que tiene juicio o procede con madurez y cordura. I Hecho con Juicio.

julio m. Unidad de medida del trabajo eléctrico; equivale al producto de un voltio por un culombio.

julo m. Res o caballería que sirve de guía al rebaño o a la recua.

jumento m. Asno, burro.

juncal adj. Relativo al junco.

juncar m. Sitio donde se crían juncos.

júnceo, a adj. Parecido al junco, o de su naturaleza. I Díc. de plantas monocotiledóneas propias de terrenos húmedos y con tallos largos, filiformes y cilíndricos, hojas envainadoras, flores poco aparentes y fruto capsular; como el junco. Ú. t. c. s. I f. pl. Familia de estas plantas.

juncia f. Planta ciparácea, medicinal y olorosa, propia de sitios húmedos.

junco m. Planta juncácea, de tallos lisos, flexibles y puntiagudos, propia de sitios húmedos. I Embarcación pequeña que se usa en las Indias Orientales.

jungla f. Terreno cubierto de vegetación muy espesa en la India y en otros países de Asia y América.

júnior m. Religioso joven que después de haber profesado sigue sujeto a la enseñanza del maestro de novicios.

junípero m. Enebro.

junquera f. Junco.

junquillo m. Especie de narciso de flores amarillas, muy olorosas. y tallo liso y parecido al junco.

junta f. Asamblea o reunión de personas para tratar algún asunto. I Sesión que celebran. I Unión de dos o más cosas. I Conjunto de individuos que dirigen una colectividad. I Juntura. I Espacio entre dos piedras o ladrillos contiguos de una pared. que suele rellenarse con argamasa. I Gobierno colegiado que se instala al producirse un vacío de poder.

juntar tr. Unir unas cosas con otras, agregar, yuxtaponer. I r. Acercarse, aproximarse, arrimarse mucho a uno. I Acompañarse, andar con alguien.

juntura f. Parte o lugar en que se juntan dos o más cosas.

jurado, da adj. Díc. del enemigo que tiene hecho firme propósito de serlo. I Díc. del guarda cuyas declaraciones hacen fe, salvo prueba en contrario, por haber prestado juramento al comienzo de su cargo. I Díc. de la relación que lleva en ella expreso el juramento de ser cierto cuanto en la misma se expresa.

juramentar tr. Tomar juramento a alguien I r. Obligarse con juramento.

juramento m. Afirmación o negación solemne de una cosa, poniendo por testigo a Dios. I Voto o reniego.

jurar tr. Afirmar o negar algo poniendo a Dios por testigo. I Reconocer o acatar algo prestando juramento. I intr. Echar votos y reniegos

jurásico, ca adj. Perteneciente o relativo al segundo de los tres períodos geológicos en que se halla dividida la Era secundaria o mesozoica; es anterior al cretáceo y posterior al triásico.

juratoria adj. Díc. de la caución que hace el pobre que no tiene fiador, para salir de la cárcel. I f. Lámina de plata o plana de pergamino en que estaba escrito el principio de los cuatro Evangelios y sobre la cual ponían las manos al jurar los magistrados de Aragón.

jurídico, ca adj. Hecho jurídicamente. I Que atañe al derecho.

jurisdicción f. Autoridad para gobernar y hacer cumplir las leyes. I Término de un lugar o provincia. I Territorio en que ejerce sus facultades un juez. I Autoridad o dominio sobre otro.

jurisdiccional adj. Perteneciente o relativo a la jurisdicción.

jurisperito m. El que conoce en toda su extensión la ciencia del Derecho.

jurisprudencia f. Ciencia del Derecho. I Enseñanza doctrinal dimanante de los fallos o decisiones de autoridades gubernativas o judiciales

jurista com. Persona que estudia o profesa la jurisprudencia. I Persona que tiene juro o derecho a una cosa.

juro m. Derecho perpetuo de propiedad. I Pensión sobre rentas públicas que se concedía antiguamente.

jusbarba f. Brusco, planta liliácea.

justa f. Combate singular a caballo y con lanza. I Torneo en el que los jinetes acreditaban su destreza en el combate singular a caballo. I Certamen en algún ramo del saber.

justar intr. Pelear en las justas.

justicia f. Virtud que inclina a dar a cada uno de una cosa. I Derecho, razón, equidad. I Conjunto de todas las virtudes, que constituye bueno al que las tiene. I Lo que debe hacerse según derecho o razón. I Poder judicial. I Pena o castigo público. I Tribunal o ministro que ejerce justicia.

justicialismo m. Doctrina política, social y económica del peronismo en Argentina.

justiciero, ra adj. y s. Que observa y hace observar la justicia. I Que se atiene a ella rigurosamente en el castigo de los delincuentes.

justificable adj. Que se puede justificar.

justificación f. Conformidad con lo justo. I Prueba plena o convincente de la justicia o inocencia de un acusado. I Prueba de la justicia o legalidad de un acto cualquiera. I Santificación interior del hombre por la gracia, la cual se hace justo.

justificador, ra adj. y s. Que justifica. I m. Santificador.

justificante part. pres. de justificar,

justificar tr. Hacer Dios justo a uno dándole la gracia. I Probar una cosa plena y eficazmente I Rectificar una cosa, hacerla justa. I Probar la inocencia de uno en lo que se le imputa o presume de él.

justificativo, va adj. Que sirve para justificar una cosa.

justipreciación f. Acción de justipreciar.

justipreciador, ra adj. y s. Que justiprecia.

justipreciar tr. Apreciar o tasar una cosa.

justiprecio m. Tasación una cosa en su justo precio.

justo, ta adj. Que obra según justicia y razón. Arreglado a justicia. I Que vive según la ley de Dios. Ú. t. c. s. I Exacto, cabal, que no tiene ni más ni menos que lo que debe tener. I Apretado o que ajusta bien con otra cosa. I adv. Justamente, debidamente. I Apretadamente con estrechez.

juta f. Ave palmípeda.

juvenil f. Relativo a la juventud.

juventud f. Período de la vida humana que media entre la niñez y los 20 años. I Conjunto de jóvenes.

juzgado m. Junta de jueces que concurren a dar sentencia. I Tribunal de un solo juez. I Término o territorio de su jurisdicción. I Sitio donde se juzga.

juzgador, ra adj. Que juzga. Ú. t. c. s.

juzgamundos com. fig. Persona murmuradora.

juzgar tr. Deliberar, quien tiene autoridad, acerca de la culpabilidad de alguno, o de la razón que asiste en cualquier asunto, y sentenciar lo procedente. I Persuadirse de una cosa, formar dictamen. I *Filos.* Comparar dos o más ideas y establecer las relaciones.

K

k f. Letra consonante, undécima de nuestro abecedario y octava de sus consonantes. Su nombre es ka.

ka f. Nombre de la letra k.

kadí m. Cadí.

kaki m. Tela gruesa y tosca, pantalón o ropa de trabajo.

kamikaze Pilotos suicidas japoneses.

kan m. Príncipe o jefe, entre los tártaros.

kappa f. Décima letra del alfabeto griego, que corresponde a nuestra k. En el latín y en los idiomas neolatinos la kappa se ha substituido generalmente con la c.

karate m. Arte marcial japonés que se sirve de golpes secos propinados con el canto de la mano, los codos y los pies.

kéfir m. Leche fermentada artificialmente y que contiene ácido láctico, alcohol y ácido carbónico.

kelvin m. En el sistema internacional, unidad de temperatura absoluta, que es igual a 1/273,16 de la temperatura absoluta del triple del agua.

kelvinio m. Nombre del kelvin en la nomenclatura española.

kibutz m. Explotación agrícola colectiva, característica del Estado de Israel.

kili pref. equivalente a kilo.

kiliárea f. Medida de superficie que equivale a mil áreas.

kilo- Voz que con la significación de mil, tiene uso como prefijo de vocablos compuestos.

kilo m. Pesa de mil gramos. Forma abreviada de kilogramo.

kilociclo m. Unidad de medida de frecuencia de una corriente eléctrica equivalente a mil oscilaciones por segundo. I Kilohertz.

kilográmetro m. Unidad de trabajo mecanizado, que representa la fuerza necesaria para elevar a un metro de altura y en un segundo de tiempo un kilogramo de peso.

kilogramo m. Peso de mil gramos. I Unidad de fuerza en el sistema técnico. equivalente a la fuerza con que es atraído en París el kilogramo-masa. También se le llama kilogramo-peso y kilopondio.

kilolitro m. Medida de capacidad que tiene mil litros.

kilométrico, ca adj. Perteneciente al kilómetro o concerniente a él. I Díc. del billete que autoriza para recorrer por ferrocarril determinado número de kilómetros en cierto plazo de tiempo.

kilohercio m. Mil hercios.

kilolitro m. Medida de capacidad que tiene mil litros, es decir, un metro cúbico.

kilómetro m. Medida de longitud equivalente a mil metros

kilopondio m. Unidad de fuerza en el sistema técnico equivalente al kilogramo-fuerza.

kilovatio m. Unidad electromagnética equivalente a mil vatios.

kimono m. Quimono.

kinesiología f. **quinesiología**.

kinesiterapia f. Método terapéutico por medio de movimientos activos o pasivos de todo el cuerpo o de algunas de sus partes.

kiosco m. Quiosco.

kirie m. Deprecación que se hace a Dios, llamándole con esta palabra griega, que significa '¡Oh Señor!'

kirieleisón m. Kirie. Significa '¡Oh Señor, ten piedad!'

kiwi Planta arbustiva de la familia dieniáceas, cuyos frutos son muy apreciados.

klistron m. generador de microondas en el que los electrones pasan entre dos rejillas muy próximas y llegan al resonador de entrada, donde forman dos grupos que se separan unos de otros al recorrer cierta distancia y son reforzados en una segunda cavidad, llamada resonador de salida.

L

L f. Duodécima letra y novena consonante del abecedario español. Su nombre es ele.

la Artículo determinado en género femenino y número singular. l Acusativo del pronombre personal de tercera persona en género femenino y número singular. l m. Sexta nota de la escala.

laberinto m. Lugar formado de calles, encrucijadas y plazuelas, dispuestas de tal modo que al que está dentro le sea muy difícil acertar la salida. l fig. Cosa intrincada y enmarañada.

labia f. fam. Verbosidad persuasiva y gracia en el hablar.

labiado, da adj. y s. Aplícase a plantas dicotiledóneas que tienen hojas opuestas, flores de cáliz persistente y corola dividida en dos partes a manera de boca con dos labios, formados por dos pétalos en la parte superior y tres en la inferior. l f. pl. Familia de estas plantas.

labial adj. Relativo al labio. l Díc. de la consonante cuya pronunciación depende principalmente de los labios. l Díc. de la letra que representa este sonido.

labihendido, da adj. Que tiene el labio superior hendido o partido.

labio m. Cada uno de los dos pliegues musculomenbranosos y movibles que constituyen la pared anterior de la boca.

labiodental adj. Díc. de la letra consonante cuya pronunciación depende de los labios y de los dientes; como la f. l Díc. de la letra que representa este sonido.

labor tr. Trabajo.

laboral adj. Perteneciente o relativo al trabajo.

laborar tr. Labrar, trabajar. l intr. Gestionar, intrigar.

laboratorio m. Oficina donde los químicos hacen sus experiencias y los farmacéuticos las medicinas.

laborear tr. Labrar o trabajar una cosa. l Hacer excavaciones en una mina.

laboreo m. Cultivo de la tierra o del campo.

laboriosidad f. Aplicación o inclinación al trabajo.

labra f. Acción de labrar piedras, maderas, etc.

labrado, da adj. Díc. de los tejidos y otros objetos que tienen alguna labor. l m. Labra.

labrador, ra adj. y s. Que labra la tierra. l m. y f. Persona que tiene hacienda y la cultiva.

labranza f. Cultivo de los campos.

labrar tr. Trabajar en un oficio. l Cultivar la tierra. l Arar.

labriego, ga m. y f. Labrador rústico.

labro m. Órgano de la boca de los insectos, que suple el labio superior.

laca f. Sustancia resinosa de color encarnado, que se forma en unos árboles de la India con la exudación producida por las picaduras de ciertos insectos parecidos a la cochinilla.

lacayo m. Criado de libra, que se ocupa principalmente en acompañar a su amo.

lacear tr. Adornar o atar con lazos. l Coger con el lazo los animales.

lacerar tr. Lastimar, golpear, magullar, herir. Ú. t. c. r. l fig Dañar, vulnerar.

lacero m. Hombre diestro en manejar el lazo para apresar animales. l Empleado municipal encargado de recoger perros vagabundos.

lacinia f. Cada una de las tirillas largas en que se dividen las hojas o los pétalos de algunas plantas.

lacio adj. Marchito, ajado. l Flojo, sin vigor. l Díc. del cabello que cae sin formar ondas ni rizos.

lacón m. brazuelo del cerdo.

lacónico, ca adj. Breve, conciso, compendioso. l Que habla o escribe de esta manera.

laconismo m. Calidad de lacónico.

lacra f. Reliquia o señal de un achaque padecido. l Vicio o defecto de una cosa, físico o moral.

lacrar tr. Dañar la salud de uno; pegarle una enfermedad. Ú. t. c. r. l fig. Perjudicar a uno. l Cerrar o sellar con lacre.

lacre m. Pasta sólida, en barritas, compuesta de laca trementina, coloreada generalmente de rojo, que se usa derretida para cerrar y sellar pliegos.

lacrimal adj. Perteneciente a las lágrimas.

lacrimógeno, na adj. Que produce lagrimeo. l Aplícase de una manera especial a ciertos gases.

lactancia f. Período de la vida, durante el cual mama la criatura. l Lactación.

lactante Que lacta.

lactar tr. Amamantar. l Mamar. l Criar con leche.

lácteo, a adj. Perteneciente o parecido a la leche.

lactífero, ra adj. Díc. de los conductos que llevan la leche hasta los pezones de la mamas. l Que contiene leche.

lactosa f. Especie de azúcar naturalmente contenida en la leche, de cuyo suero se extrae concentrándolo y dejándolo cristalizar.

lacustre adj. Perteneciente a los lagos.

lada f. Jara.

ladeado, da adj. Aplícase a las hojas, flores, etc., de un vegetal, cuando todas miran a un solo lado.

ladear tr. Inclinar y torcer una cosa hacia un lado.

ladera f. Declive de un monte o de una altura.

ladilla f. Insecto anopluro que vive parásito en las partes vellosas del cuerpo humano.

ladino, na adj. ant. Decíase del romance o castellano antiguo. l fig. Sagaz, astuto, taimado.

lado m. Costado del cuerpo del animal. l Lo situado a la derecha o izquierda de un todo. l Lugar, sitio. l Cualquiera de los parajes que están alrededor de una persona o cosa.

ladrar intr. Dar ladridos el perro. l fig. Amenazar sin acometer. l fig. Impugnar, motejar.

ladrido m. Voz del perro. l fig. Murmuración, calumnia.

ladrillar m. Sitio donde se fabrican ladrillos. l tr. Enladrillar.

ladrillo m. Prisma rectangular de arcilla, cocida. l fig. Labor de algunos tejidos en figura de ladrillo.

ladrón, na adj. Que hurta o roba. Ú. m. c. s. l m. Cortadura o portillo por donde se roba el agua de la presa de un molino, o se sangra un río.

ladronear tr. Andar robando continuamente.

ladronzuelo, la m. y f. dim. de ladrón. I Ratero, ra.

lagar m. Recipiente donde se pisa la uva. I Sitio donde se prensa la aceituna. I Recipiente donde se machaca la manzana para fabricar la sidra.

lagartija f. Lagarto pequeño, ligero y espantadizo que se cría entre las piedras y muros.

lagarto m. Reptil saurio de cabeza oval y cuerpo casi cilíndrico, muy ágil e inofensivo, de mucha utilidad para la agricultura por alimentarse de insectos.

lago m. Gran masa de agua que ocupa alguna depresión de la superficie terrestre.

lágrima f. Cada una de las gotas del humor que vierten los ojos.

lagrimal adj. Díc. de los órganos secretorios de las lágrimas. I m. Extremidad del ojo próxima a la nariz.

lagrimear intr. Verter lágrimas a menudo.

lagrimoso, sa adj. Díc. de los ojos tiernos y húmedos. I Lacrimoso, lloroso.

laguna f. Lago pequeño. I fig. Espacio en blanco en el texto de un escrito. I Vacío o solución de continuidad en un conjunto o serie.

laico, ca adj. y s. Lego. I Díc. de la escuela o enseñanza en que se prescinde de la instrucción religiosa.

laísta adj. y s. Díc. de quien emplea en el dativo del pronombre *ella* las formas *la* y *las*, propias del acusativo.

laja f. Piedra plana y lisa.

lama f. Cieno blando y pegajoso que suele haber en el fondo del agua.I Tela de oro y plata, muy brillante por la haz. I Sacerdote budista que profesa el lamaísmo.

lambda f. Undécima letra del alfabeto griego, correspondiente a nuestra ele.

lamedor, ra adj. y s. Que lame. I m. Jarabe. I fig. Halago, fingido.

lamedura f. Acción de lamer.

lamelibranquio adj. y s. Díc. de los moluscos acuáticos, la mayoría marinos, que tienen la cabeza poco distinta del cuerpo están protegidos por una concha de dos valvas articuladas entre sí y las branquias en forma de laminillas y situadas a ambos lados del cuerpo, como la almeja.

lamelicornio adj. y s. Díc. de los insectos coleópteros que tienen las antenas dividas en laminillas. I m. pl. Grupo de estos insectos.

lamelirrostra adj. y s. Díc. de las aves palmípedas, cuyo pico, ancho y revestido de una membrana blanda, tiene los bordes dentados por laminillas transversales.

lamentable adj. Digno de lamentación. I Que infunde tristeza.

lamentación f. Acción de lamentar. I Queja dolorosa acompañada de llanto y suspiros.

lamentar tr. Sentir una cosa con llanto, sollozos u otras muestras de dolor.

lamento m. Lamentación, queja dolorosa.

lamer tr. Pasar repetidamente la lengua por una cosa. Ú. t. c. r. I fig. Tocar suavemente una cosa.

lamia f. Monstruo fabuloso que se representa con rostro de mujer y cuerpo de dragón.

lámina f. Plancha delgada de metal. I Plancha de metal en la que está grabado un dibujo para estamparlo. I Estampa. I

laminador, ra adj. y s. Que lamina. I m. Instrumento para reducir a láminas los metales maleables, haciéndolos pasar entre dos cilindros que giran en sentido contrario y los comprimen a medida que pasan.

laminar adj. De forma de lámina. I Aplícase a la estructura de un cuerpo cuya masa puede deshacerse en hojas o láminas. I tr. Tirar láminas o planchas metálicas con el laminador. I Guarnecer con láminas.

lámpara f. Utensilio para dar luz, que puede tener varias formas y diferente disposición, según sea de combustible líquido, de gas o de electricidad.

lampazo m. Planta compuesta de flores purpúreas en cabezuelas.

lampiño, ña adj. Díc. del hombre que no tiene barba.

lampión m. Farol grande.

lamprea f. Pez ciclóstomo marino de cuerpo cilíndrico.

lampreazo m. Latigazo, azote.

lana f. Pelo de las ovejas y carneros, y el de otros animales parecido a éste. I Tejido de este pelo, y vestido que de él se hace.

lanar adj. Díc. del ganado o la res que tiene lana.

lance m. Acción de lanzar o arrojar. I Pesca que se saca de una vez. I Trance u ocasión crítica. I En la novela o en el drama, suceso, acontecimiento, situación interesante o notable. I Riña, contienda.

lanceolado, da adj. Díc. de la hoja de figura semejante al hierro de la lanza.

lancera f. Armero para colocar las lanzas.

lancero m. Soldado armado con lanza. I El que usa lanza. I El que hace lanzas. I Lancera.

lanceta f. Instrumento que sirve para sangrar, abrir tumores, etc.

lancha f. Bote grande de vela y remo, o de motor, que se usa para transportar carga y pasajero en los puertos o entre dos puntos cercanos de la costa.

lanchaje m. Transporte de mercaderías en lanchas o barcas, y flete que se paga por ello.

lanchar m. Cantera de donde se sacan las lanchas o lajas. I Lugar en que abundan.

lancinar tr. y r. Punzar, desgarrar.

landa f. Gran extensión de tierras llanas en que sólo se crían plantas silvestres.

landre f. Tumorcillo que suele formarse en ciertos sitios glandulosos.

langa f. Bacalao curado.

langosta f. Insecto ortóptero, acrídico, muy saltador, que se multiplica mucho y forma espesas nubes que al abatirse arrasan las cosechas. I Crustáceo marino, decápodo.

langostino m. Crustáceo decápodo marino, de patas pequeñas.

languidecer intr. Adolecer de languidez; perder el espíritu o el vigor.

languidez f. Flaqueza, debilidad. I Falta de ánimo o de espírit Ú.

lánguido, da adj. Flaco, débil. I fig. De poco espíritu y energía.

lanífero, ra adj. Que tiene o lleva lana.

lanilla f. Pelillo del paño. I Tejido delgado, de lana fina.

lanolina f. Sustancia análoga a las grasas que se obtiene tratando con ácido sulfúrico las aguas que han servido para lavar la lana, y se usa como excipiente en algunas pomadas.

lanosidad f. Vello suave de las hojas de algunas plantas y de ciertas frutas.

lanudo, da adj. Que abunda en la lana o vello.

lanza f. Arma ofensiva compuesta de un asta o palo largo que lleva en un extremo un hierro puntiagudo y cortante a manera de cuchilla.

lanzada f. Golpe o herida de lanza.

lanzadera f. Instrumento en forma de barquichuela, con una canilla dentro, que usan los tejedores para tramar. | Pieza parecida que se usa en las máquinas para coser.

lanzado, da adj. Díc. de lo muy veloz o emprendido con mucho ánimo. | Impetuoso, fogoso, decidido, arrojado.

lanzallamas m. Aparato que sirve para lanzar líquidos inflamados.

lanzaminas m. Dispositivo que se usa en los buques minadores para lanzar las minas submarinas.

lanzar tr. y r. Arrolar, echar. | Soltar, dejar en libertad.

laña f. Grapa.

lañar tr. Afianzar con lañas una cosa.

lapa f. Molusco gasterópodo de concha aplastada que se agarra con fuerza a las rocas.

lapicero m. Instrumento en que se afianza el lápiz para servirse de él.

lápida f. Piedra llana para poner una inscripción.

lapidar tr. Apedrear, matar a pedradas. | Cortar, tallar, pulir piedras.

lapidaria f. Arte de tallar y pulir las piedras preciosas.

lapislázuli m. Silicato de alúmina con sulfato de cal u sosa, que se presenta en masas pétreas de color azul intenso, usado para fabricar objetos de adorno.

lápiz m. Cualquiera de las sustancias minerales que sirven para dibujar.

lapsus m. Transcurso de tiempo. | Caída en una culpa o error.

laqueado, da adj. Cubierto o barnizado de laca.

laquista com. Persona que tiene por oficio aplicar esmalte o laca como sustancia decorativa o de protección en objetos de madera, metal y otros materiales.

lar m. Cada uno de los dioses menores de la casa u hogar. | Casa u hogar.

larda f. Gordura de ballenas y cachalotes.

lardear tr. Untar con grasa o lardo lo que se está asando.

lardo m. Lo gordo del tocino. | Grasa o unto de los animales.

largar tr. Soltar, dejar libre. | Aflojar, ir soltando poco a poco. | Desplegar, soltar una cosa; como la bandera o las velas. | r. Ausentarse con presteza o disimulo. | Hacerse el buque a la mar.

largo, ga adj. Que tiene longitud, y especialmente que la tiene excesiva.

largometraje m. Filme largo.

largor m. Longitud.

largueado, da adj. Listado.

larguero m. Palo o barrote puesto a lo largo de una obra de carpintería.

largueza f. Largura. | Liberalidad.

larguirucho, cha adj. fam. Desproporcionadamente largo respecto de su ancho y grueso.

largura f. Longitud.

laringe f. Órgano de la voz situado en la parte media del cuello delante de la faringe. Esta constituida por varios cartílagos.

laríngeo, a adj. Perteneciente o relativo a la laringe.

laringitis f. Inflamación de la laringe.

laringología f. Tratado de la laringe y estudio de sus enfermedades.

laringoscopia f. Exploración de la laringe.

larva f. Animal, con forma distinta de la que adquiere cuando llega a adulto durante el periodo comprendido entre su salida del huevo o del cuerpo de la madre, y su transformación en ninfa o en animal perfecto.

lasca f. Trozo pequeño y delgado desprendido de una piedra.

lascivia f. Propensión a los deleites carnales.

lascivo, va adj. Relativo a la lascivia.

láser m. Amplificador de microondas invisibles, que produce un haz muy fino, de gran energía, altamente monocromático y de frecuencia muy estable y coherente, es decir que se propaga en fases concordantes.

lasitud f. Desfallecimiento, cansancio.

laso, sa adj. Falto de fuerzas. | Macilento, flojo. | Díc. del hilo y de la seda sin retorcer.

lástima f. Compasión y enternecimiento que excitan los males de otro. | Objeto que excita la compasión. | Expresión lastimera.

lastimar tr. Herir o hacer daño. Ú. t. c. r. | Compadecer.

lastimero, ra adj. Que mueve a lástima y compasión.

lastra f. Lancha, piedra plana y delgada.

lastrar tr. Poner lastre al buque. | fig. Afirmar una cosa cargándola de peso. Ú. t. c. r.

lastre m. Piedra de mala calidad, en lajas resquebrajadas. | Piedra, arma u otra cosa de peso que se coloca en el fondo del buque, para favorecer su equilibrio.

lata f. Madero en rollo y sin pulir, menor que el cuarterón. | Tabla delgada sobre la cual se aseguran las tejas. | Hojalata. | fig. Discurso fastidioso.

latente adj. Oculto y escondido.

lateral adj. Perteneciente al lado, o que está al lado de una cosa.

lateralizar tr. Transformar en consonante lateral la que no lo era.

látex m. Jugo de los vegetales que circula por los vasos laticíferos. | Líquido blanquecino y lechoso, extraído de ciertas plantas y del cual se obtienen distintos tipos de goma vegetal o caucho.

laticífero, ra adj. Díc. de los vasos de los vegetales que conducen el látex.

latido, da m. Golpe producido por la diástole del corazón contra la pared del pecho, y la de las arterias contra los tejidos que las cubren. | Golpe doloroso que se siente en ciertas partes inflamadas muy sensibles.

latifundio m. Propiedad rural extensa.

latifundista com. Persona que posee uno o varios latifundios.

latigazo m. Golpe dado con el látigo. | Chasquido del látigo.

látigo m. Azote largo, delgado y flexible, de cuero, cuerda u otra materia, con que se aviva y castiga a las caballerías.

latiguear intr. Dar chasquidos con el látigo.

latiguillo m. dim. de látigo. | fig. Exceso declamatorio del actor u orador que quiere obtener un aplauso exagerando la expresión de los afectos.

latir intr. Dar latidos el perro. | Dar latidos el corazón y las arterias.

latitud f. La menor de las dos dimensiones de una superficie llamada también anchura. | Extensión de un territorio. | Distancia que hay desde un punto de la superficie terrestre al Ecuador contada por los grados de su meridiano.

lato, ta adj. Dilatado, amplio, extenso.

latón m. Aleación de cobre y cinc.

latonería f. Taller de obras de latón.

latoso, sa adj. y s. Fastidioso, pesado, molesto.

latréutico, ca adj. Perteneciente a la latría.

latría f. Adoración y culto que sólo se debe a Dios. Ú. t. como adj.

latrocinio m. Acción de hurtar. | Costumbre de hurtar.

laúd m. Instrumento músico de cuerda, que se distingue por su caja cóncava y gibosa.

laudable adj. Digno de alabanza.

láudano m. Preparación de opio, azafrán, vino blanco y alguna sustancia. | Extracto de opio.

laudatoria f. Discurso o escrito en loor de alguien o de algo.

laude f. Lápida sepulcral. | pl. Parte del oficio divino que se dice después de maitines.

laudo m. Decisión o fallo que dan los árbitros o amigables componedores.

launa f. Plancha o lámina de metal. | Arcilla magnesiana de color gris, que forma con el agua una pasta impermeable.

lauráceo, a adj. Que se parece al laurel. | Díc. de plantas dicotiledóneas, leñosas, de hojas persistentes, con células llenas de una esencia muy aromática, flores en umbela o en panoja y fruto en baya o drupa; como el laurel. Ú. t. c. s. | f. pl. Familia de estas plantas.

laureado, da adj. Que tiene corona de laurel. | Que ha sido recompensado con honor y gloria.

laurear tr. Coronar con laurel. | fig. Premiar, honrar.

lauredal m. Sitio poblado de laureles.

laurel m. Árbol lauráceo, siempre verde, cuyas hojas, muy aromáticas, sirven de condimento, y tanto ellas como los frutos se usan también en farmacia. | fig. Corona, triunfo.

laureola f. Corona de laurel dada en premio.

lauro m. Laurel. | fig. Gloria, alabanza.

lava f. Materias en fusión que arrojan los volcanes y que corren por las laderas de estos.

lavabo m. Mueble con jofaina y recado para el aseo personal | Cuarto dispuesto para este aseo.

lavadero m. Lugar utilizado habitualmente para lavar.

lavado m. Lavadura, acción de lavar. | Pintura a la aguda de un solo color.

lavadora f. Máquina para lavar la ropa.

lavamanos m. Depósito de agua con caño, llave y pila, para lavarse las manos. | Aguamanil.

lavanco m. Pato salvaje.

lavanda f. Lavándula, espliego.

lavandería f. Establecimiento industrial para el lavado de la ropa.

lavándula f. Espliego.

lavaplatos m. Máquina para lavar platos y vajillas. Ú. t. c. adj.

lavar tr. Limpiar una cosa con agua u otro líquido.

lavativa f. Ayuda, clister. | Jeringa u otro instrumento manual para suministrar ayudas.

lavatorio m. Acción de lavar o lavarse. | Lavamanos. | Ceremonia religiosa del Jueves Santo, consistente en lavar los pies a doce pobres. | Ceremonia de lavarse el sacerdote los dedos, en la misa.

lavavajillas m. Lavaplatos.

lavazas f. pl. Agua en que se ha lavado alguna cosa.

lávico, ca adj. Que tiene el carácter de las lavas volcánicas.

laxación f. Acción de laxar.

laxamiento m. Laxación. | Laxitud.

laxante p. a. de laxar. Que laxa. | m. Medicamento para mover el vientre.

laxar tr. y r. Disminuir la tensión, aflojar, ablandar, suavizar.

laxitud f. Calidad de laxo.

laxo, xa adj. Flojo, de poca tensión. | Aplícase a la moral relajada, libre o poco sana.

lay m. Composición poética provenzal en que se relata una leyenda o historia de amores.

laya f. Calidad, especie, género. | Pala de hierro con mango de madera, que se usa para labrar y revolver la tierra.

layar tr. Labrar la tierra con la laya.

lazada f. Nudo hecho de modo que pueda ser desatado con facilidad tirando de uno de sus cabos. | Lazo de cintas.

lazar v. tr. Coger un toro o un potro con un lazo.

lazareto m. Especie de hospital donde se hace cuarentena. | Hospital de leprosos.

lazarillo m. Muchacho que guía a un ciego.

lazo m. Nudo de cintas que sirve de adorno. | Lazada nudo que puede desatarse fácilmente tirando de uno de sus cabos. | Cuerda con un nudo corredizo en un extremo para coger y derribar caballos, toros, etc., arrojándola contra ellos desde lejos. | fig. Unión, vínculo.

le Dativo del pronombre personal de tercera persona en género masculino o femenino y número singular.

leal adj. Que guarda fidelidad. Ú. t. c. s.

lealtad f. Cumplimiento de lo que exigen las leyes de la fidelidad y del honor. | Díc. de la fidelidad y agradecimiento que ciertos animales guardan a sus amos. | Legalidad, veracidad.

lebrato m. Liebre joven.

lebrel, la adj. Díc. del perro que se distingue por tener el labio superior y las orejas caídas, el cuerpo largo y las ancas retiradas hacia atrás, y es muy apropiado para cazar liebres.

lebrillo m. Barreno vidriado, más ancho por el borde que por el fondo.

lección f. Lectura. | Inteligencia o interpretación de un texto. | Lo que en cada vez señala el maestro al discípulo para que lo estudie. | Lo que el maestro enseña cada vez al discípulo. | fig. Amonestación, suceso o ejemplo que nos sirve de experiencia.

lecha f. Licor seminal de los peces. | Cada una de las bolsas que lo contienen.

lechada f. Masa fina de cal, yeso, etc., usada en albañilería.

lechal adj. Díc. del animal que aún mama Ú. t. c. s. I Díc. de las plantas y frutos que tienen un zumo blanco.

lechaza f. Lecha.

lechazo m. Lechal (animal que aún mama). I Corderillo que deja ya de mamar.

leche f. Líquido nutritivo que segrega las mamas de las hembras de los mamíferos, con el cual alimentan a sus hijos.

lechera f. Vendedora de leche. I Vasija para guardar o servir la leche.

lechería f. Sitio donde se vende leche

lechero, ra adj. Que contiene leche o tiene alguna de sus propiedades. I m. y f. Persona que vende leche.

lecho m. Cama con colchones, sábanas, etc., para descansar y dormir. I fig. Fondo del mar o de un lago.

lechón m. Cochinillo que aún mama.

lechuga f. Planta compuesta, hortense, de hojas grandes, que se comen en ensalada.

lechuguilla f. Lechuga silvestre.

lechuguino, na adj. Relativo a la lechuga. I m. y f. Petimetre o petimetra.

lechuza f. Ave rapaz, nocturna, de plumaje muy suave, pico corto y encorvado y ojos grandes y brillantes.

lectivo, va adj. Díc. del día en que se dan lecciones en los centros docentes.

lector, ra adj. y s. Que lee. I m. El encargado de enseñar filosofía, teología o moral en las comunidades religiosas. I Clérigo que ha recibido la orden del lectorado.

lectorado m. Orden de lector, la segunda de las cuatro órdenes eclesiásticas menores.

ledamente adv. poét. Con alegría, placenteramente.

ledo, da adj. poét. Alegre, gozoso, plácido.

leer tr. Pasar la vista por los escritos o impreso y enterarse de lo que allí se dice. I Explicar un profesor alguna materia sobre un texto. I Entender o interpretar un texto de una u otro modo. I Pasar la vista por el papel en que está escrita alguna música, haciendose cargo del valor de las notas. I Usar los ciegos el tacto para enterarse de lo que está escrito con caracteres especiales para ellos.

lega f. Monja que sirve en las haciendas caseras del convento.

legación f. Legacía. I Cargo y poderes que da un gobierno a un individuo para que le represente cerca de otro gobierno. I Personal que está a las órdenes de un legado.

legado m. Manda que se deja a alguien en un testamento. I Representante de una autoridad cerca de otra. I Representante del Papa en un concilio, o en un reino o provincia de la cristiandad.

legajo m. Atado de papeles o documentos.

legal adj. Prescrito por la ley o conforme a ella. I Que obra con legalidad.

legalidad f. Calidad de legal.

legalización f. Acción de legalizar.

legalizar tr. Dar estado legal a una cosa. I Comprobar y certificar la autenticidad de un documento o de una firma.

legaña f. Humor que destilan los párpados y se pega a las pestañas.

legar tr. Dejar un legado en testamento I Enviar a alguien en calidad de legado. I Transmitir ideas, costumbres, culturas, etc.

legatario, ria m. y f. Persona favorecida por el testador con alguna manda.

legendario, ria adj. Relativo a las leyendas. I m. Libro en que se refieren vidas de santos. I Colección o libro de leyendas.

legible adj. Que se puede leer.

legión f. Cuerpo de tropa romana, compuesto de Infantería y Caballería, que se dividía en diez cohortes.

legionario, ria adj. Perteneciente a la legión. I m. Soldado de una legión.

legislación f. Conjunto de leyes positivas que regulan la vida jurídica en sus diversas manifestaciones y por las cuales se gobierna un estado.

legislador, ra adj. y s. Que legisla.

legislar intr. Establecer leyes.

legislativo, va adj. Díc. del derecho de hacer leyes, y el del poder en que reside esta facultad. I Díc. del cuerpo o código de leyes. I Autorizado por la ley.

legislatura f. Período de funcionamiento de los cuerpos legislativos

legista m. Letrado o profesor de leyes o de jurisprudencia. I El que estudia jurisprudencia o leyes.

legitimar tr. Probar la legitimidad de una persona o cosa. I Hacer legítimo al hijo que no lo es. I Habilitar para un cargo a una persona inhábil.

legitimidad f. Calidad de legítimo.

legítimo, ma adj. Conforme a la ley. I Cierto, verdadero. I Díc. del hijo nacido en legítimo matrimonio.

legrar tr. Raer con la legra la superficie de los huesos.

legua f. Medida itineraria de 20.000 pies (5.5720´70 metros).

leguleyo m. El que se tiene por legista y sólo de memoria y escasamente sabe las leyes.

legumbre f. Cualquier fruto que se cría en vainas. I Por extensión, cualquier planta cultivada en las huertas.

leguminoso, sa adj y s. Díc. de plantas dicotiledóneas, herbáceas y leñosas, con hojas compuestas y con estípula; flores de corola irregular, amariposada en muchas especies, y fruto en legumbre con varias semillas; como la acacia, el algarrobo, el guisante y la lenteja.

leído, da adj. Erudito.

leila f. Fiesta morisca nocturna.

leísmo m. Empleo de la forma *le* del pronombre, como única en el acusativo masculino singular.

lejanía f. Parte distante o remota de un lugar o de un paisaje.

lejano, na adj. Distante.

lejía f. Agua con alguna sal alcalina en disolución. I fig. y fam. Represión fuerte o satírica.

lejos adv. A gran distancia; en lugar o tiempo distante o remoto. Ú. t. en sentido figurado.

lelo, la adj. y s. Fatuo, simple y como pasmado.

lema m. Argumento o título que antecede a ciertas composiciones literarias. I Letra o mote que se pone en los emblemas y empresas. I Tema en un discurso. I Contraseña que se escribe en los pliegos cerrados de oposiciones y certámenes, que sirve para conocer a los autores después del fallo.

lémur m. Género de mamíferos cuadrumanos, de hocico puntiagudo y cola de mayor longitud que el cuerpo. Se alimentan de frutos y viven en Madagascar.

lencera f. Mujer que comercia en lienzos. | Mujer del lencero.

lencería f. Tienda de lienzos. | Conjunto de lienzos. | Sitio donde se guarda la ropa blanca, en colegios, hospitales, etc. | La misma ropa blanca.

lendel m. Huella circular que deja en el suelo la bestia que da vueltas a una noria o mueve otra máquina análoga.

lene adj. Suave, blando al tacto. | Dulce, grato. | Leve, ligero.

lengua f. Órgano muscular móvil del aparato bucal, propio para la gustación, para la deglución y para articular las palabras. | Sistema de comunicación y expresión verbal propio de un pueblo o nación o común a varios.

lenguado m. Pez teleósteo, anacantino, de cuerpo elíptico, casi plano y asimétrico, que vive junto al fondo de los mares templados y tropicales.

lenguaje m. Conjunto de sonidos articulados con que el hombre manifiesta lo que piensa o siente. | Idioma o lengua. | Modo de expresarse. | Estilo y modo de hablar y escribir, peculiar de cada cual. | En informática dícese del conjunto de caracteres, símbolo, representaciones y reglas que permiten introducir y tratar la información en un ordenador. | fig. Conjunto de señales que dan a entender algo.

lenguaraz adj. Que conoce dos o más lenguas. | Deslenguado, atrevido en el hablar.

lengüeta f. dim. de lengua. | Epiglotis. | Fiel de la balanza. | Laminilla movible de ciertos instrumentos músicos de viento.

lengüetada f. Acción de tomar una cosa con la lengua, o de lamerla con ella.

lenitivo, va adj. Que ablanda o suaviza. | m. Medicamento que sirve para ablandar o suavizar. | fig. Medio para mitigar los sufrimientos del ánimo.

lente amb. Cristal cóncavo o convexo que se usa en muchos instrumentos ópticos.

lentecer intr. y r. Reblandecerse.

lenteja f. Planta leguminosa cuyas semillas son de gran valor alimenticio. | Fruto de esta planta.

lentejar m. Terreno sembrado de lentejas.

lentejuela f. dim. de Lenteja. | Laminilla circular de metal, con un agujerito que se asegura en la ropa por adorno.

lenticular adj. De figura de lenteja.

lentilla f. Lente muy pequeña que se adapta por contacto a la córnea del ojo.

lentisco m. Arbusto terebintáceo de tallos leñosos.

lentitud f. Tardanza o espacio que se emplea en la ejecución de una cosa.

lento, ta adj. Tardo y pausado. | Poco vigoroso, enérgico y eficaz.

leña f. parte de los troncos y ramas de los vegetales, que, hecha trozos, se destina para la lumbre. | fig. y fam. Paliza, tunda.

leñador, ra m. y f. Persona que corta o vende leña.

leñero, ra m. y f. Persona que vende leña. Lugar donde se guarda la leña.

leño m. Trozo de árbol cortado y sin ramas.

leñosidad f. Calidad de leñoso. | Dureza o consistencia del leño.

leñoso, sa adj. Díc. de la parte más consistente de los vegetales. | Díc. de cualquiera de las partes de un vegetal que tiene consistencia y dureza como la de la madera.

león m. Mamífero carnívoro, félido, de cuello robusto, cabeza grande, orejas cortas y redondeadas, dientes y uñas muy fuertes; cola larga y pelaje de color amarillo rojizo.

leonado, da adj. De color rubio oscuro.

leonera f. Lugar para encerrar leones. | Garito. | fig. Habitación desarreglada.

leonino, na adj. Relativo al león o propio de él.

leontina f. Especie de cadena de reloj de bolsillo, corta y gruesa.

leopardo m. Mamífero carnicero, félido, de pelaje blanco en el pecho y vientre y rojizo con manchas negras y redondas en el resto del cuerpo.

leotrópico, ca adj. Que va de derecha a izquierda.

lepada f. Nubecilla que aparece de pronto y suele ser anuncio de un tifón.

lepidio m. Planta crucífera, cuyas hojas tienen propiedades medicinales.

lepidóptero adj. y s. Díc. de los insectos de cabeza pequeña, con largas antenas, boca chupadora, alas cubiertas de escamas muy tenues, por lo común brillantemente coloreadas y patas muy delgadas, como las mariposas.

lepisma f. Insecto tisanuro, nocturno de cuerpo cilíndrico, cubierto de escamas plateadas muy tenues, antenas largas y filiformes y abdomen terminado en tres cerdillas.

leporino, na adj. Perteneciente o relativo a la liebre. | Díc. comúnmente del labio superior cuando está hendido.

lepra f. Enfermedad infecciosa, caracterizada por manchas cutáneas leonadas, tubérculos, ulceraciones y caquexia. | fig. Vicio que se extiende como la lepra.

leprosería f. Hospital de leprosos.

leproso, sa adj. y s. Que padece lepra.

lercha f. Junquillo con que se ensartan aves o peces muertos.

lerdo, da adj. Torpe en el andar. | fig. Tardo y torpe para comprender o ejecutar una cosa.

les m. Dativo de plural del pronombre personal de tercera persona en género masculino o femenino. Se puede usar como sufijo.

lesbiano, na adj. Lesbio. | Ú. t. c. s. Mujer homosexual.

lesión f. Daño corporal causado por una herida, golpe o enfermedad. | fig. Daño, perjuicio o detrimento.

lesionar tr. y r. Causar lesión.

leso, sa adj. Agraviado, lastimado, ofendido. Aplícase principalmente al ser que ha recibido el daño o la ofensa.

letal adj. Mortífero, capaz de ocasionar la muerte.

letanía f. Rogativa súplica, consistente en una serie de cortas invocaciones a la Santísima Trinidad, a Jesucristo, a la Virgen y a los santos. | Procesión en que se canta dicha súplica.

letárgico, ca adj. Que padece letargo. | Relativo a letargo.

letargo m. Accidente morboso caracterizado por un estado de somnolencia profunda y prolongada. | fig. Torpeza. modorra, insensibilidad, enajenamiento del ánimo.

letificar tr. Alegrar, regocijar. | Animar, dar vida y animación.

letífico, ca adj. Que alegra.

letra f. Signo que representa un sonido o articulación de un idioma, y también el mismo sonido o articulación | Forma particular que tiene dicho signo, propia de la persona que lo escribe o del país o la época en que se escribe. | Conjunto de las palabras del canto. | Documento comercial de pago, por medio del cual una persona gira a otra una cantidad.

letrado, da adj. Docto. instruido.| m Abogado. doctor o licenciado en Derecho

letrero m. inscripción, rótulo, palabra o frase escrita que da a conocer una cosa.

letrilla f. Composición poética de versos cortos.

leucemia f. Enfermedad grave caracterizada por el aumento de leucocitos en la sangre y la hipertrofia y proliferación de uno o varios tejidos linfoides.

leucocito m. Cada una de las células esferoidales, incoloras, con citoplasma viscoso y dotadas de movilidad que se encuentran en la linfa y en la sangre. Llámese también glóbulo blanco.

leucocitosis m. Aumento de leucocitos.

leucoma f. Manchita blanca correspondiente a una opacidad de la córnea.

leudar tr. Dar fermento a la masa con la levadura. | r. Fermentar la masa con la levadura.

leva f. Salida de una embarcación del puerto. | Recluta de gente para el servicio de un estado.

levadizo, za adj. Que se puede levantar y volver a bajar.

levadura f. Cierto tipo de microorganismo que actúa como fermento alcohólico y en la elaboración del pan. | Sustancia que excita la fermentación de un cuerpo.

levantamiento m. Acción de levantar o levantarse. | Sedición, rebelión.

levantar tr. Mover de abajo hacia arriba una cosa. Ú. t. c. r. | Poner una cosa en lugar más alto que el que tenía. Ú. t. c. r. | Poner derecha o vertical la persona o cosa que está tendida o inclinada | fig. Rebelar sublevar. | Comenzar a alterarse el viento o la mar.

levante m. Oriente, punto del horizonte por donde sale el Sol.

levantisco, ca adj. y s. Levantino. | De genio revoltoso y turbulento.

levar tr. Recoger el ancla.

leve adj. De poco peso. | fig. De poca importancia.

levedad f. Calidad de leve.

levigar tr. Desleír en agua una sustancia pulverulenta para separar la parte tenue de la gruesa, que cae al fondo del recipiente.

levita m. f. Prenda de hombre, ceñida al cuerpo, con mangas y faldones que se cruzan por delante.

léxico m. Diccionario de la lengua griega; y, por extensión, el de cualquier otra lengua.

lexicografía f. Arte de componer diccionarios.

lexicología f. Estudio especial de lo relativo a la analogía o etimología de las palabras.

lexicón m. Léxico, diccionario.

ley f. Regla y norma inmutable a que están sujetas las cosas por su naturaleza. | Precepto, de la autoridad suprema, para que sea acatado por todos los gobernados.

leyenda f. Acción de leer. | Obra que se lee. | Inscripción de monedas o medallas. | Relación de su-

cesos que tienen más de tradicionales o maravillosos que de históricos o verdaderos.

lezna f. Instrumento consistente en una aguja fuerte y un mango; usado por los zapateros y otros artesanos.

liana Nombre que se aplica a diversas plantas, generalmente sarmentosas de la selva tropical, que tomando como soporte los árboles, se encaraman sobre ellos hasta alcanzar la parte alta y despejada donde se ramifican con abundancia.

liar tr. Atar con lías. | Envolver, empaquetar. | Hacer un cigarrillo envolviendo la picadura en un papel de fumar. | fig. Engañar, envolver o meter a alguien en un enredo. Ú. t. c. r.

liásico, ca adj. y s. Díc. del terreno sedimentario que sigue en edad al triásico y suele estar constituido por estratos.

libación t. Acción de libar. | Antigua ceremonia religiosa de los paganos. consistente en probar el vino de un vaso y derramarlo luego.

libar tr. Chupar suavemente un jugo. | Hacer libaciones. | Probar o gustar un licor.

libelista s. Autor de libelos.

libelo m. Escrito satírico, denigrativo o infamatorio. | Petición o memorial.

libélula f. Caballito del diablo, insecto seudoneuróptero.

líber m. Parte del tronco de los árboles dicotiledóneos que se halla entre la corteza y la madera.

liberación f. Acción de libertad.

liberal adj. Dadivoso, generoso, que obra con liberalidad. | Hecho con liberalidad. | Expedito, pronto, dispuesto para hacer algo. | Partidario de las reformas progresistas y democráticas moderadas.

liberalidad f. Virtud consistente en distribuir uno con generosidad sus bienes. | Generosidad, desinterés, desprendimiento. | Disposición de bienes a favor de alguien sin ninguna prestación suya.

liberar tr. Libertad, eximir a uno de una obligación.

libertad f. Facultad de obrar o no obrar. | Estado del que no es esclavo ni preso. | Falta de sujeción y subordinación.

libertador, ra adj. y s. Que liberta.

libertar tr. Poner en libertad. | Eximir de una obligación o deuda. U. t. c. r. | Preservar.

libertinaje m. Desenfreno en obras o palabras.

libertino, na adj. y s. Dado al libertinaje.

liberto, ta m. y f. Esclavo manumiso.

libídine f. Lujuria, lascivia.

libidinoso, sa adj. Lujurioso.

líbido f. El deseo sexual, considerado por algunos psiquiatras como impulso y causa de varias manifestaciones de la actividad psíquica.

libra f. Antigua medida de peso.

libración f. Movimiento como de oscilación o balanceo de un cuerpo perturbado en su equilibrio.

libraco o libracho m. despect. Libro ruin y despreciable.

librado, da m. y f. Persona que ha de pagar una letra.

librador, ra adj. y s. Que libra. | m. Cogedor usado en las tiendas para poner las mercancías en el peso.

libramiento m. Acción de librar. | Orden de pago dada por escrito.

libranza f. Orden de pago dada por carta.

lila

librar tr. Sacar o preservar de un mal, trabajo o peligro. Ú. t. c. r. l Dar. expedir. l Girar o expedir. l Girar o expedir letras de cambio, libranzas u otras órdenes de pago.

libratorio, ria adj. Que libra. l m. Locutorio de convento o cárcel.

libre adj. Que tiene facultad para obrar o no obrar. l Que no es esclavo. l Que no está preso. l Independiente. l Díc. de los miembros o sentidos que funcionan normalmente. l Inocente, sin culpa.

librea f. Uniforme de ciertos criados. l El de las cuadrillas de caballeros en los festejos públicos.

librear tr. Vender o distribuir por libras. l Adornar, vestir de gala, embellecer con ornato.

librería f. Tienda de libros. l Biblioteca. l Profesión de librero.

librero, ra m. y f. Persona que vende libros.

libreta f. Librito de notas.

libreto m. Obra dramática escrita para ser puesta en música.

librillo m. dim. de libro. l Cuadernito de papel de fumar. l Libro, tercera cavidad del estómago de los rumiantes. l Lebrillo. l Especie de bisagra diminuta para las cajas muy pequeñas.

libro m. Reunión de muchas hojas de papel, vitela, etc., por lo común impresas, que se han cosido o encuadernado y que forman un volumen. l Obra científica o literaria de bastante extensión. l Tercera de las cuatro cavidades en que se divide el estómago de los rumiantes.

licantropía f. Manía que consiste en creerse transformado en lobo y en imitar sus aullidos.

licántropo, pa m. y f. Persona que padece licantropía.

licencia f. Permiso para hacer una cosa. l Documento en que consta este permiso.

licenciado, da adj Díc. de quien se precia de entendido. l Dado por libre. l m. y f. Persona que ha obtenido grado de una facultad que le habilita para ejercerla.

licenciar tr. Dar permiso o licencia. l Despedir a uno. l Conferir el grado de licenciado. l r. Hacerse licencioso o desordenado. l Tomar el grado de licenciado.

licenciatura f. Grado de licenciado en una facultad. l Acto de recibirlo. l Estudios necesarios para obtenerlo.

licencioso, sa adj. Abreviado, libre, entregado a los vicios.

liceo m. Gimnasio de la antigua Atenas, donde enseñó Aristóteles. l Nombre de algunas sociedades literarias. l Establecimientos de enseñanza media.

licitar tr. Ofrecer precio por una cosa que se vende en subasta o almoneda.

lícito, ta adj. Justo, legítimo, legal, permitido, según justicia y razón.

licitud f. Calidad de lícito.

licnobio, bia adj. Díc. de quien hace de la noche día, o sea que vive con luz artificial. Ú. t. c. s.

licoperdáceo, a adj. y s. Díc. de ciertos hongos vasteromicetos.

licopodio m. Planta licopodínea, propia de sitios húmedos y sombríos.

licor m. Bebida espirituosa compuesta de alcohol, agua, azúcar y esencias aromáticas.

licorera f. Utensilio de mesa, propio para colocar en él las botellas de licor y las copas.

licuación f. Acción de licuar o licuarse.

licuar tr. y r. Liquidar, hacer líquida una cosa sólida o gaseosa.

lid f. Combate, pelea. l fig. Disputa, contienda de razones y argumentos.

líder m. Jefe, guía o conductor de una agrupación o colectividad. l El que va a la cabeza en una competición deportiva.

liderato m. Condición de líder o ejercicio de sus actividades.

liderazgo m. liderato.

lidia f. Acción y efecto de lidiar.

lidiar intr. Pelear, batallar. l Hacer frente a uno, oponérsele. l fig. Tratar con personas molestas y cargantes. l tr. Burlar al toro luchando con él y esquivando sus acometidas hasta darle muerte.

liebre m. Mamífero roedor, algo mayor que el conejo al cual se parece que vive en el campo, sin hacer madrigueras y es muy estimado por su carne y por su piel.

liendre f. Huevo del piojo.

lienzo m. Tela de algodón, lino o cáñamo. l Pañuelo propio para limpiar las narices y el sudor. l fig. Pintura que está sobre lienzo. l Fachada u otra pared de un edificio.

liga f. Cinta para asegurar las medias. l Venda o faja. l Muérdago. l Materia viscosa del muérdago, acebo, etc., que se usa para cazar pájaros. l Unión, mezcla. l Aleación. l Confederación o alianza de príncipes o Estados.

ligadura f. Vuelta que se da apretando una cosa con liga, venda y otra atadura. l fig. Sujeción (unión con que una cosa está sujeta). l Cir. Venda o cinta con que se aprieta fuertemente.

ligamento m. Acción de ligar. l Pliegue membranoso que sostiene en la debida posición cualquier órgano. l Cordón fibroso que liga los huesos de las articulaciones.

ligar tr. Atar. l Alear metales l Unir, enlazar. l fig. Obligar, compeler. l r. Confederarse, unirse para algún fin.

ligereza f. Agilidad, presteza. l Levedad. l fig. Hecho o dicho de alguna importancia, pero irreflexivo. l fig. Inconstancia, volubilidad.

ligero, ra adj. Que tiene ligereza u obra con ella. l Ágil, veloz. l De poco peso.

lignario, ria adj. De madera o perteneciente a ella.

lignificar tr. r. Tomar consistencia de madera; en el proceso de desarrollo de muchas plantas, pasar de la consistencia herbácea o leñosa.

lignina f. Sustancia incrustante de los elementos de la madera.

lignito m. Carbón fósil de formación reciente.

ligón m. Especie de azada con mango largo, encorvado y hueco en el que entra el astil.

liguero m. Portaligas.

lígula f. Estípula situada entre el limbo y el pecíolo de las hojas de las gramíneas. l Epiglotis.

lija f. Pez selacio de cuerpo casi cilíndrico y piel muy áspera. l Su piel seca, que sirve para alisar. l Papel de lija.

lijar tr. Pulir y alisar una cosa con lija o papel de lija.

lila f. Arbusto oleáceo, con flores de color morado claro, aunque existe una variedad que las tiene blancas, olorosas y agrupadas en racimos y fruto capsular.

liliáceo, a adj. y s. Díc. de plantas monocotiledó-neas de raíz bulbosa o tuberculosa, hojas ensifor-mes, flores en bohordo y fruto capsular.

liliputiense adj. y s. Díc. de la persona muy pe-queña y endeble.

lima m. Fruto del limero, de forma esferoidal aplanada, corteza amarilla y pulpa verdosa. Jugo-sa y agridulce. I Limero. I Instrumento de acero templado, con la superficie finamente estriada, que se usa para desgastar y alisar metales y otras materias duras.

limadura f. Acción de limar. I pl. Partículas que con la lima se arrancan de alguna pieza de metal o de materias semejantes.

limar tr. Desgastar o pulir con la lima. I fig. En-mendar, pulir, corregir.

limbo m. Lugar donde almas de los santos y pa-triarcas antiguos esperaban la redención del género humano. I Contorno aparente de un astro.

limero, ra m. y f. Persona que vende limas. I m. Árbol rutáceo originario de Persia, cuyo fruto es la lima.

limeta f. Botella de cuello largo y vientre ancho.

limitado, da adj. De corto entendimiento.

limitáneo, a adj. Perteneciente o inmediato a las fronteras.

limitar tr. Poner límites a un terreno. I fig. Acortar. ceñir. Ú. t. c. r. I fig. Fijar la extensión que pueden tener la jurisdicción y atribuciones de uno. I intr. Lindar.

límite m. Término, confín o lindero de un territorio. I fig. Fin. término.

limítrofe adj. Que confina o linda.

limo m. Barro, lodo, légamo.

limón m. Fruto del limonero, de forma ovoide, cor-teza amarilla y pulpa jugosa y ácida. I Limonero. I Limonera.

limonada f. Bebida compuesta de jugo de limón, agua y azúcar

limonero m. Árbol rutáceo, de cuatro a cinco me-tros de altura, originario de Asia. Su fruto es el li-món.

limosna f. Lo que se da por amor de Dios para so-correr una necesidad.

limosnear intr. Mendigar, pordiosear.

limosnero, ra adj. y s. Que da o recoge limosna. I m. El encargado de recoger y distribuir limosna.

limoso, sa adj. Lleno de limo.

limpiabotas m. El que por oficio limpia y lustra el calzado.

limpiar tr. Quitar la suciedad de una cosa. Ú. t. c. r. I fig. Purificar.

limpidez f. poét. Calidad de límpido.

límpido, da adj. poét. Limpio, puro, terso, sin mancha.

limpieza f. Calidad de limpio. I Acción de limpiar o limpiarse. I fig. Pureza, castidad.

limpio, pia adj. Que no tiene mancha ni suciedad. I Puro, sin mezcla.

lináceo, a adj. y s. Díc. de plantas angiospermas dicotiledóneas, cuyo prototipo es el lino.

linaje m. Ascendencia o descendencia de una fami-lia. I fig. Clase o condición de una cosa.

linajudo, da adj. y s. Aplícase a quien se precia de ser de gran linaje.

linar m. Tierra sembrada de lino.

linaza f. Simiente del lino.

lince m. Mamífero carnicero, félido, parecido al gato cerval, pero mayor que éste.

línceo, a adj. Relativo al lince. I poét. Perspicaz.

linchamiento m. Acto de linchar.

linchar tr. Ejecutar tumultuariamente a un delin-cuente sin formación de causa.

lindar intr. Estar contiguos dos territorios, fincas, etc.

linde amb. Límite, término, confín. I Línea diviso-ria de dos fincas o heredades.

lindero, ra adj. Que linda. I m. Linde.

lindo, da adj. Hermoso, bello. I fig. Primoroso, perfecto.

línea f. Extensión considerada en una sola de sus tres dimensiones, la longitud. I Vía terrestre, maríti-ma o aérea. I Servicio regular de vehículos que re-corren un itinerario determinado.

lineal adj. Perteneciente a la línea.

linealidad f. Calidad de lineal. I Disposición suce-siva de los elementos en el habla.

linear tr. Tirar líneas. I Bosquejar.

linfa f. Humor acuoso que circula por los vasos lin-fáticos.

linfático, ca adj. Que abunda en linfa. Ú. t. c. s. I Perteneciente o relativo a esta.

lingote m. Masa de metal que ha sido fundida en una forma que facilita su almacenaje, la cual más tarde será fundida nuevamente en el proceso indus-trial.

lingual adj. Relativo a la lengua. I Díc. de la letra cuya pronunciación depende principalmente de la lengua; como la l. Ú. t. c. s.

lingüista com. Persona versada en lingüística.

lingüística Estudio comparativo y filosófico de las lenguas. I Ciencia del lenguaje.

lingüístico, ca adj. Relativo a la lingüística.

linimento m. Preparación farmacéutica de aceites o balsar, que se aplica en fricciones.

lino m. Planta linácea, herbácea, de hojas lanceola-das, flores de cinco pétalos azules y fruto capsular con semillas aplanadas y brillantes, de cuyo tallo se obtienen fibras textiles.

linóleo m. Tejido fuerte e impermeable de yute, cu-bierto con una capa de polvo de corcho amasado con aceite de linaza.

linotipia f. Máquina de componer provista de ma-trices, de la cual salen las líneas formando una sola pieza.

linotipista m. com. Persona que maneja la linotipia.

linotipo m. Máquina de componer llamada tam-bién linotipia. Ú. t. c. r.

linterna f. Utensilio manual que funciona con pilas eléctricas y una bombilla y sirve para proyectar luz.

liño m. Finca de árboles u otras plantas.

lío m. Porción de ropa o de otras cosas atadas. I fig. Embrollo, enredo. I Pelea.

liofilizar tr. Deshidratar los tejidos, la sangre, los sueros, bacterias, virus, enzimas, etc., a baja tempe-ratura y a un alto grado de vacío a fin de conservar-los para ulteriores aplicaciones.

lioso, sa adj. fam. Embrollador

lipodristrofia f. Fusión o desaparición de la grasa de alguna parte del cuerpo.

lipoquímica f. Parte de la química que se dedica al estudio de las grasas y sus derivados.

liquen m. Planta criptógama que resulta de la sim-biosis o asociación de un alga y un hongo; crece en los sitios húmedos, sobre las rocas y las cortezas de los árboles en forma de hojuelas o costras grises, pardas, amarillentas o rojizas.

liquidación f. Acción de liquidar. I Venta por menor y con rebaja de precios, que hace un comercio por alguna causa accidental.

liquidar tr. Hacer líquida una cosa sólida o gaseosa. Ú. t c. r. I fig. Hacer el ajuste formal de una cuenta. I fig. Poner término a una cosa o a un estado de cosas. I Destruir, inutilizar, matar.

liquidez f. Calidad de líquido. I Calidad del activo de un banco que puede fácilmente trasformarse en dinero efectivo.

líquido, da adj. y s. Díc. de los cuerpos en que la fuerza de atracción molecular es igual a la de repulsión, por lo cual no tiene forma propia, sino que se adaptan a la de la cavidad que los contiene. I Díc. del saldo o residuo que resulta de la comparación del cargo con la data.

lira f. Antiguo instrumento músico compuesto de varias cuerdas tensas en un marco, que se pulsaban con ambas manos. I Nombre de dos combinaciones métricas, una de cinco y otra de seis versos.

lírico, ca adj. Relativo a la poesía propia para el canto. I Díc. del género poético que comprende todas las obras en verso que no son épicas ni dramáticas.

lirio m. Planta iridácea que se cultiva como planta de adorno.

lirismo m. Cualidad de lírico, inspiración lírica. I Abuso de la poesía lírica o del estilo lírico.

lirón m. Mamífero roedor, parecido a una rata grande que tiene el pelaje de color gris oscuro, espeso y largo, principalmente en la cola.

lis f. Lirio. I Flor de lis.

lisemia f. Disolución de la sangre.

lisiado, da adj. y s. Díc. de quien tiene alguna imperfección orgánica.

liso, sa adj. Igual, sin tropiezo ni aspereza. I Sin adornos, sin realces.

lisonja f. Alabanza afectada. para ganar la voluntad de una persona. I Losange.

lisonjear tr. Adular. I fig. Deleitar, agradar. Ú. t. c. r.

lisonjero, ra adj. y s. Que lisonjea. I fig. Que agrada y deleita.

lista f. Tira, pedazo largo y angosto de una cosa delgada. I Línea o raya de color en un cuerpo cualquiera. I Recuento de personas en voz alta. I Catálogo.

listado, da adj. Que tiene o forma listas.

listo, ta adj. Diligente, pronto, expedito. I Preparado, dispuesto para hacer una cosa.

listón m. Cinta de seda. I Pedazo de tabla muy angosto.

lisura f. Igualdad y tersura de una superficie. I Sencillez, ingenuidad, llaneza, sinceridad. I Gracia, donaire.

litar tr. Hacer un sacrificio grato a la divinidad.

lite f. Pleito.

litera f. Nombre que se da a las camas puestas una sobre otra para aprovechar espacio.

literal adj. Conforme a la letra del texto o al sentido propio y exacto de las palabras. I Díc. de la traducción que se ajusta, palabra por palabras, al texto original.

literario, ria adj. Perteneciente o relativo a la literatura.

literato, ta adj. y s. Aplicase a la persona instruida en literatura, y a quien la profesa o cultiva.

literatura f. Arte bello que emplea como instrumento la palabra, hablada o escrita.

litiasis f. Mal de piedra.

lítico, ca adj. Que pertenece o se refiere a la piedra. I Aplicábase antes al ácido úrico.

litigar tr. Pleitear, disputar en juicio sobre una cosa. I intr. fig. Altercar, contender.

litio m. Metal de la familia de los alcalinos, de color blanco plata, muy dúctil y monovalente.

litis f. Lite, pleito, litigio.

litocromía f. Arte de reproducir litográficamente cuadros al óleo.

litófago, ga adj. Díc. de los moluscos que perforan las rocas y viven en ellas.

litogenesia f. Parte de la geología que estudia el origen y formación de las rocas.

litoglifo m. Pintura o grabado hecho sobre piedras.

litografía f. Arte de dibujar o grabar en piedra para la reproducción de estampas. I Cada una de estas estampas.

litografiar Dibujar o escribir en la piedra litográfica.

litógrafo, fa m y f. Persona que ejerce la litografía.

litología f. Parte de las Geología que estudia las rocas.

litoral adj. Perteneciente a la orilla del mar. I m. Costa de un mar, país o territorio.

litosfera f. Nombre dado por algunos geólogos a la parte sólida de la corteza terrestre por oposición al supuesto magma interior en fusión, a la hidrosfera y a la atmósfera.

litro m. Unidad de capacidad, del sistema métrico decimal, que equivale a la cabida de un decímetro cúbico.

liturgia f. Orden y forma que debe observarse en la celebración de los oficios divinos.

liviandad f. Calidad de liviano. I fig. Acción liviana.

liviano, na adj. fig. De poco peso. I fig. Inconstante. I fig. De poca monta. I fig. Lascivo. I m. Bofe, pulmón

lividecer intr. Ponerse lívido.

lividez f. Calidad de lívido.

lívido, da adj. Amoratado.

lixiviar tr. Tratar una sustancia compleja por el disolvente adecuado para obtener la pasta soluble de ella.

liza f. Campo dispuesto para que lidien dos o más personas.

lizo m. Hilo que forma la urdiembre de ciertos tejidos.

llábana f. prov. Losa o laja de superficie tersa y resbaladiza.

llaga f. Úlcera, solución de continuidad en un tejido orgánico. I fig. Dolencia del alma.

llagar tr. Hacer o causar llagas.

llama f. Masa gaseosa en combustión que se eleva de los cuerpos que arden.

llamada f. Llamamiento, acción de llamar. I Signo que es un escrito o impreso remite o llama la atención desde un lugar hacia otro en que hay una nota o advertencia. I Toque militar para que la tropa tome las armas y entre en formación.

llamador, ra m. y f. Persona que llama. I m. Avisador (persona encargada de llevar avisos). I Aldaba. I

Aparato que en una estación telegráfica intermedia avisa las llamadas de otra.

llamar tr. Dar voces a uno o hacer ademanes para que venga o para decirle algo. I Invocar, pedir auxilio oral o mentalmente. I Convocar, citar. I Nombrar, apellidar. I Traer, inclinar hacia un lado una cosa. I fig. Atraer una cosa hacia una parte. I Hacer llamamiento. I Hacer sonar la aldaba, el timbre, etc., para que abran una puerta o para que acuda alguien.

llamarada f. Llama grande y poco duradera. I fig. Encendimiento rápido y momentáneo del rostro. I fig. Movimiento rápido y fugaz del ánimo.

llamativo, a adj. Que excita la sed. Ú. t. c. s. I fig. Que llama la atención en demasía.

llambría f. Extensión de una peña dispuesta en plano inclinado.

llamear intr. Echar llamas.

llana f. Herramienta de albañil, propia para extender y allanar el yeso o el mortero. I Plana, cara de una hoja de papel. I Llanada.

llanca f. Mineral de cobre de color verde azulado.

llanero, ra adj. y s. Habitante de las llanuras.

llaneza f. fig. Sencillez, familiaridad, moderación en el trato, sin aparato ni cumplimiento. I fig. Sencillez notable en el estilo.

llano, na adj. Igual, liso, sin altibajos o desigualdades. I Allanado, conforme. I fig. Sencillo, sin presunción. I fig. Libre, franco. I fig. Corriente, fácil. I fig. Claro, evidente. I fig. Díc. de las palabras graves o que se acentúan en la penúltima sílaba. I m. Llanura, planicie.

llanta f. Cerco de hierro de las ruedas de los carruajes. También se fabrican de goma o caucho. I Pieza de hierro mucho más ancha que gruesa.

llantén m. Planta plantaginácea, con cuyas hojas se hace un cocimiento medicinal.

llantina f. fam. Llorera.

llanto m. Efusión de lágrimas que suele ir acompañada de lamentos o sollozos.

llanura f. Igualdad de una superficie. I Díc. de una región de pendiente generalmente uniforme, comparativamente plana, de extensión considerable y no interrumpida por elevaciones o depresiones conspicuas.

llave f. Instrumento metálico con guardas acomodadas a una cerradura para dar cuerda a los relojes. I Instrumento que permite el paso de un fluido por un conducto. I Disparador de una arma de fuego.

llavero m. Anillo metálico a propósito para colocar llaves.

llavín m. Picaporte, llave pequeña con que se abre el picaporte o se descorre el pestillo.

llegar intr. Venir, arribar de un sitio a otro.

llena f. Crecida que hace salir de madre a un río.

llenar tr. Ocupar con alguna cosa un espacio vacío.

lleta f. Tallo recién nacido de la semilla o del bulbo de una planta.

llevadero, ra adj. Tolerable.

llevar tr. Transportar, conducir algo de un punto a otro. I Cobrar, exigir, percibir el precio o los derechos de una cosa. I Cortar, separar violentamente. I Guiar, indicar, dirigir. I Manejar el caballo. I Tener en arrendamiento una finca.

lloradera m. Acción de llorar mucho con pocos motivos.

llorar intr. Derramar lágrimas. I I fig. Sentir, lamentar vivamente una cosa.

lloriquear intr. Gimotear.

lloriqueo m. Gimoteo.

lloro m. Acción de llorar. I Llanto.

llorón, na adj y s. Que llora mucho o es propenso a llorar.

llovedizo, za adj. Díc. de la techumbre que deja pasar el agua de la lluvia. I Díc. del agua de la lluvia.

llover intr. Caer agua de las nubes. I fig. Venir, caer con abundancia sobre alguien una cosa; como trabajos, desgracias, etc.

llovizna f. Lluvia menuda.

lloviznar intr. Caer llovizna.

lluvia f. Acción de llover. I Agua llovediza. I fig. Copia, muchedumbre.

lluvioso, sa adj. Díc. del tiempo en que llueve mucho, y del país en que llueve con bastante frecuencia.

lo Artículo determinado en género neutro. I Acusativo del pronombre personal de tercera persona en género masculino o neutro y número singular. Se puede usar como sufijo.

loa f. Alabanza. I Prólogo de la función en el teatro antiguo. I Obra dramática breve en que se celebra algo.

loar tr. Alabar, elogiar.

loba Hembra del lobo. I Lomo de tierra que queda sin arar entre dos surcos.

lobanillo m. Tumor superficial que no duele.

lobera f. Monte espeso en que se guarecen los lobos.

lobezno m. Lobo pequeño. I Lobato.

lobo m. Mamífero carnicero cánido que tiene el aspecto de perro mastín y es predador del ganado.

lóbrego, ga adj. Tenebroso oscuro. I fig. Melancólico, triste.

lobreguez f. Oscuridad (falta de luz y también densidad o espesura muy sombría).

lobulado, da adj. y De forma de lóbulo o que tiene lóbulos.

lóbulo m. Especie de onda que sobresale en el borde de una cosa. I y Porción redondeada y saliente de un órgano cualquiera. I Perilla de la oreja.

local adj. Relativo al lugar I m. Sitio cerrado y cubierto.

localidad f. Calidad de local. I Lugar o pueblo. I Local, sitio cerrado y cubierto. I Cada uno de los asientos en los lugares o locales destinados a espectáculos públicos.

localizar tr. Fijar, encerrar algo en límites determinados Ú. t. c. r. I Averiguar el lugar en que se halla una persona o cosa.

loción f. Lavadura, acción de lavar o lavarse. I Producto preparado para limpiar el cabello.

loco, ca adj. Que ha perdido la razón o el juicio.

locomoción f. Traslación de un punto a otro.

locomotor, ra adj. Propio para la locomoción. I f. Máquina que montada sobre ruedas y movida de ordinario por vapor, arrastra sobre la vía férrea los vagones de un tren

locomóvil adj. y s. Que puede llevarse de un sitio a otro. I Díc. especialmente de las máquinas de vapor montadas sobre ruedas.

locuaz adj. Que habla mucho.

locución f. Modo de hablar. I Frase. I Conjunto de palabras que no toman expresión cabal, como los modos adverbiales.

241

luchador, ra

locura f. Privación del juicio o del uso de la razón. I fig. Acción inconsiderada, imprudente o insensata. I fig. Exaltación o arrebato.

locutor, ra m. y f. Persona que habla ante el micrófono en las estaciones de radiodifusión para dar noticias, avisos, anuncios, programas.

locutorio m. Lugar para recibir visitas, en cárceles y conventos. I Departamento destinado al uso individual del teléfono en las estaciones telefónicas.

lodazal m. Sitio lleno de lodo

lodo m. Barro, principalmente el que resulta de las lluvias en el suelo.

lofobranquio adj. y s. Díc. de los peces que tienen las branquias en figura de penacho; como el caballo marino.

logarítmico, ca adj. Perteneciente o relativo a los logaritmos

logaritmo m. Exponente de la potencia a que hay que elevar una cantidad positiva para que resulte un número determinado.

logia f. Local donde se reúnen los francmasones I Asamblea de éstos. I

lógica f. Ciencia que trata de las leyes, modos y formas del raciocinio.

logística f. Parte del arte de la guerra que atiende al movimiento de las tropas en campaña, a su alojamiento, transporte y avituallamiento. I Ciencia del cálculo.

logogrifo m. Enigma consistente en formar con las letras de una palabra otras que hay que adivinar, además de la principal.

logos m. Los estoicos consideraban el logos como el principio activo que vive en el universo y lo determina.

lograr tr. Conseguir o alcanzar lo que se intenta o desea. I Gozar o disfrutar una cosa.

logro m. Acción de lograr.

loísmo m. Vicio de emplear la forma lo del pronombre él en función de dativo.

loma f. Colina prolongada.

lombriz f. Nombre que vulgarmente se da a diversos gusanos de cuerpo blando, cilíndrico y delgado.

lomera f. Correa que se acomoda al lomo de las caballerías para sujetar otras piezas de la guarnición. I Piel o tela que se pone en el lomo de los libros.

lomillo m. Labor de costura o bordado hecha con dos puntadas cruzadas. I Parte superior de la albarda.

lomo m. Parte central e inferior de la espalda. I Carne de cerdo que forma esta parte del animal. I Tierra que levanta el arado entre dos surcos. I Parte opuesta al filo en los instrumentos cortantes. I Parte del libro opuesta al corte de las hojas. I pl. Las costillas.

lona f. Tela fuerte y muy tupida, propia para velas, toldos, etc.

loncha f. Lancha, laja. I Lonja de carne.

longanimidad f. Grandeza de ánimo en las adversidades.

longaniza f. Embutido angosto de carne de cerdo picada y adobada.

longar adj. Díc. del panal que está trabajado a lo largo de la colmena.

longevidad f. Larga vida.

longevo, va adj. Muy anciano, muy viejo.

longitud f. La mayor de las dos dimensiones que tienen las cosas o figuras planas. I Distancia de un lugar al primer meridiano, contada por grados en el Ecuador.

longitudinal adj. Relativo a la longitud; que está o se hace en la dirección de ella.

lonja f. Cosa larga, ancha y delgada que se separa de otra. I Cuero descarnado y pelado. I Edificio público donde se juntan mercaderes y comerciantes para sus tratos y comercios.

lontananza f. Términos más lejanos del plano principal en un cuadro. I m. adv. En lontananza, a lo lejos.

loor m. Alabanza, loa.

loquero m. Guardián de locos.

loriga f. Coraza hecha de laminillas de acero imbricadas. I Armadura guerrera del caballo. I Pieza circular de hierro que refuerza los bujes de las ruedas, en los carruajes.

loro, ra adj. De color amulatado o moreno oscuro. I m. Laurocerao. I Papagayo, ave prensora. I Persona que habla mucho, o sin entender el sentido de lo que dice.

los Forma del artículo determinado en género masculino y número plural. I Acusativo del pronombre personal de tercera persona en género masculino y número plural.

losa f. Piedra llana y poco gruesa I Trampa que se prepara con piedras pequeñas, planas y delgadas, para cazar pájaros. I fig. Sepulcro, sepultura.

losange m. Rombo dispuesto de modo que queden por pie y cabeza los dos ángulos agudos.

losar tr. Enlosar.

lote m. Cada una de las partes de un todo que se ha de repartir entre varias personas. I Conjunto de objetos similares que se agrupan con un fin determinado.

lotería f. Juego público en que se premian con diversas cantidades varios billetes numerados sacados a la suerte entre gran número de ellos que se ponen a la venta.

loto m. Planta ninfeácea de hojas muy grandes y con peciolo largo, flores olorosas de color blanco azulado y fruto globoso con semillas comestibles. Abunda en las orillas del Nilo.

loxodromia f. Curva que en la superficie terrestre forma un mismo ángulo con todos los meridianos, y sirve para navegar con rumbo constante.

loza f. Barro fino cocido y barnizado. I Vajilla hecha de este barro.

lozanía f. Verdor y frondosidad grande en las plantas. I Vigor y robustez. viveza y gallardía. en las personas y animales. I Orgullo, altivez.

lozano, na adj. Que tiene lozanía.

lubricación f. Acción de lubricar.

lubricante adj. y s. Díc. de la sustancia que sirve para lubricar.

lubricar tr. Hacer lúbrica o resbaladiza una cosa.

lúbrico, ca adj. Resbaladizo. I fig. Propenso a la lujuria.

lubrificar tr. Lubricar.

luca m. Billete de mil pesos.

lucerna f. Araña grande de alumbrado. I Lumbrera (abertura para proporcionar luz y ventilación).

lucero m. El planeta Venus. I Cualquier astro grande y muy brillante.

lucha f. Dep. Pelea o combate entre dos, a brazo partido o cuerpo a cuerpo, en que, sujetándose mutuamente, tratan de dominarse o derribarse, colocando en el suelo al adversario.

luchador, ra m. y f. Persona que lucha.

luchar tr. Contender dos personas sólo con los brazos, sin usar armas. | Pelear, combatir.

lucidez f. Calidad de lúcido.

lúcido, da adj. fig. Claro en el razonamiento en el lenguaje en el estilo, etc. | Díc. del intervalo de razón de los locos.

luciérnaga f. Insecto coleóptero que conserva durante su vida aspecto de larva y despide una luz fosforescente de color blanco verdoso.

lucífugo ga adj. Que huye de la luz.

lucillo m. Urna sepulcral de piedra.

lucio, cia adj. Terso, lúcido. | m. Lagunajo que en las marismas dejan las aguas de las inundaciones al retirarse.

lucir intr. Brillar. resplandecer. | fig. Sobresalir, aventajar. Ú. t. c. r. | fig. Corresponder el provecho al trabajo ejecutado. | tr. Iluminar, comunicar luz. | Ostentar alguna cosa.

lucro m. Ganancia, utilidad que se saca de una cosa.

luctuosa f. Antiguo derecho feudal que los señores o prelados cobraban cuando morían sus súbditos, y consistía en una alhaja del difunto.

luctuoso, sa adj. Digno de llorarse, triste.

lucubración f. Acción de lucubrar. | Vigilia y trabajo intelectual. | Obra que resulta de este trabajo.

lucubrar tr. Trabajar intelectualmente velando.

ludibrio m. Escarnio, mofa.

ludimiento m. Acción de ludir.

ludir tr. Estregar, frotar, rozar una cosa con otra.

luego adv. Prontamente. | Sin dilación. | Después. | conj. ilat. Por consiguiente.

luengo, ga adj. Largo.

luético, ca adj. Sifilítico.

lugar m. Cualquier porción del espacio que es o puede ser ocupado por un cuerpo. | Sitio o paraje | Ciudad, villa, pueblo, aldea.

lugareño, ña adj. y s. Natural o habitante de un lugar o pueblo pequeño.

lugarteniente m. El que está autorizado para hacer las veces de otro superior a él.

lúgubre adj. Triste, luctuoso melancólico, funesto

lujero m. Timón del arado.

lujo m. Demasía en el adorno, en la pompa y en el regalo | fig. Exceso en ciertas cosas

lujuria f. Impureza o falta de castidad. | Exceso o demasía en algunas cosas.

lujuriar intr. Dejarse llevar por la lujuria.

lumbago m. Dolor reumático en la región lumbar.

lumbar adj. Relativo a los lomos y caderas.

lumbre f. Carbón, leña u otra materia combustible encendida. | Luz, llama.

lumbrera f. Cuerpo que despide luz. | Abertura o tronera en el techo de una habitación para dar luz o ventilación. | fig. Persona insigne.

luminar m. Astro que despide luz. | fig. Lumbrera. persona insigne.

luminaria f. Luz que se pone en balcones, torres y calles en señal de fiesta. | Luz que arde continuamente delante del Santísimo Sacramento en las iglesias.

lumínico, ca adj. Perteneciente o relativo a la luz. | m. fig. Principio o agente hipotético de los fenómenos luminosos.

luminiscencia f. Propiedad de emitir luz sin desprender calor.

luminiscente adj. Díc. de los cuerpos que tienen luminiscencia.

luminoso, sa adj. Que despide luz.

luna f. Astro satélite de la Tierra que brilla por la luz refleja del Sol y alumbra cuando está de noche sobre el horizonte. | El cristal de un espejo o de un escaparate o de una vidriera.

lunación f. Tiempo que media entre dos conjunciones de la Luna con el Sol.

lunar adj. Relativo a la Luna. | m. Mancha natural en la piel, generalmente pequeña, oscura y circular.

lunario, ria adj. Relativo a las lunaciones. | m. Calendario.

lunático, ca adj. Que padece locura por intervalos.

luneta m. Cristal pequeño de los anteojos.

luneto m. Bovedilla en forma de media luna, abierta en la bóveda principal para darle luz.

lunisolar adj. Que pertenece o se refiere a la vez a la Luna y al Sol.

lúnula f. Espacio blanquecino semilunar de la raíz de las uñas.

lupa Lente biconvexa o planaconvexa que sirve para examinar detalles de algunos objetos, agrandándolos.

lupia f. Lobanillo.

lupino, na adj. Relativo al lobo. | m. Altramuz.

lupulino m. Polvo resinoso de los frutos del lúpulo, que se usa en medicina como tónico.

lúpulo m. Planta canabínea trepadora, cuyos frutos, desecados, se emplean para aromatizar la cerveza.

luquete m. Rodaja de limón o naranja que se suele echar en el vino.

lustrador m. Limpiabotas.

lustrar tr. Purificar los gentiles con sacrificios, ritos y ceremonias las cosas que creían impuras. | Dar lustre y brillantez a una cosa. | Andar, peregrinar por un país o comarca.

lustre m. Brillo de las cosas bruñidas. | fig. Esplendor, fama.

lustro m. Espacio de cinco años.

lustroso, sa adj. Que tiene lustre.

lutecio m Metal muy escaso del grupo de los elementos de las tierras raras.

lúteo, a adj. De lodo.

luto m. Signo exterior de duelo y pena en ropas y otras cosas por la muerte de alguien. | Vestido negro que se lleva por la muerte de alguna persona. | Duelo, pena, aflicción.

lux m. Unidad de iluminación.

luxación f. Dislocación de un hueso.

luz f. Agente físico que ilumina y hace visibles las cosas. | Conjunto de fotones o cuantos de energía emitidos por un cuerpo y que al desplazarse a gran velocidad engendran ondas electromagnéticas.

M

m f. Decimotercera letra y décima consonante del abecedario español. Su nombre es eme.

mabí m. Cierto árbol pequeño de corteza amarga.

maca f. Señal que queda en la fruta por daño recibido.

macabro, bra adj. Fúnebre; que participa de lo repulsivo y feo de la muerte.

macaco, ca m. Mono catirrino, pequeño, de hocico saliente y aplastado.

macana f. Especie de clava o maza, que usaban los indios americanos como arma ofensiva.. l fig. Broma, chanza. l fig. Desatino, error, embuste.

macanear intr. Hacer o decir disparates.

macanudo, da adj. Chocante por lo grande y extraordinario. l fam. Bueno, magnífico, extraordinario, excelente, en sentido material y moral.

macarrón m. Pasta alimenticia hecha con harina de trigo en forma de cañuto.

macear tr. Dar golpes con maza. l intr. fig. Machacar, porfiar con insistencia, importunar.

macedonia f. Ensalada de frutas.

macerar tr. Ablandar una cosa estrujándola, golpeándola o teniéndola sumergida en un líquido. l fig. Mortificar la carne con penitencias. Ú. t. c. r. l Sumergir una cosa en un líquido a la temperatura ordinaria, para extraer de ella las partes solubles.

maceta f. dim. de maza l Mango de algunas herramientas. l Recipiente de barro cocido, con un agujero en su parte inferior, que lleno de tierra sirve para cultivar plantas.

machacar tr. Golpear una cosa para quebrantarla o deformarla.

machacón, na adj. y s. Importuno, pesado que repite mucho las cosas.

machaquería f. Pesadez, importunidad.

machete m. Arma a modo de espada corta y ancha, de mucho peso y de un solo filo.

machetero m. El que desmonta con machete los pasos embarazados con árboles. l El que corta las cañas en los ingenios de azúcar.

machihembrar tr. Ensamblar dos piezas de madera, de modo que parte de una encaje en parte de la otra de alguna manera.

macho m. Animal del sexo masculino. l Planta que fecunda a otra con su polen. l Parte del corchete que se engancha en la hembra. l Pieza de un artefacto que entra dentro de otra; como el tornillo en la tuerca.

machote m. despect. Especie de mazo. l fig. Hombre fuerte, vigoroso.

machucar tr. Herir, golpear, magullar.

macilento, ta adj. Flaco, descolorido, triste.

macizo, za adj. Sin huecos ni vanos, lleno; sólido. Ú. t. c. s. l fig. Firme, bien fundado. l m. fig. Grupo espeso de flores, árboles, etc. l Prominencia rocosa del terreno, o grupo de alturas o montañas.

macro- Elemento compositivo de las palabras que que significa grande o largo.

macrocéfalo, la adj. y s. De cabeza muy grande.

macrocosmo m. El universo cuando se le considera como un ser semejante al hombre o microcosmo.

mácula f. Mancha l fig. Cosa que deslustra y desdora.

macular tr. Manchar. l Deslustrar la buena fama de alguien.

macuto m. Canera o morral, a modo de mochila, hecha de tejido fuerte.

madeja f. Hilo recogido en vueltas iguales para poder devanarlo fácilmente. l fig. Mata de pelo.

madera f. Material duro que se encuentra debajo de la corteza de los vegetales superiores. l Pieza de madera labrada.

maderaje o maderamen m. Conjunto de maderas de un edificio o de otra construcción.

madero m. Pieza larga de madera en rollo o escuadrada. l Pieza de madera propia para la construcción. l fig. Embarcación. l fig. Persona torpe o insensible.

mador m. Ligera humedad que cubre la piel del cuerpo, sin llegar a ser sudor.

madrastra f. Consorte del padre, respecto a los hijos que éste ha tenido en matrimonio anterior.

madraza f. fam. Madre muy condescendiente con sus hijos.

madre f. Hembra que ha tenido un hijo. l Hembra respecto de su hijo o hijos. l Título de las religiosas. l fig. Origen, raíz de una cosa. l Terreno por donde corre las aguas de un río o arroyo. l Heces del vino o vinagre.

madreperla f. Molusco lamelibranquio, de concha cuadrangular, redondeada y de color pardo verdoso por fuera e iridiscente por dentro, que se pesca para recoger las perlas que contienen y aprovechar la concha como nácar.

madrépora f. Pólipo hexacoralario que forma un polípero pétreo arborescente y poroso.

madreselva f. Planta caprifoliácea de tallos trepadores y flores olorosas.

madrigal m. Composición poética breve en que se expresa un afecto delicado.

madriguera f. Guarida donde se cobijan ciertos animales.

madrina f. Mujer que tiene, presenta o asiste a otra persona al recibir ésta determinados sacramentos (bautismo, confirmación, matrimonio u orden), o al profesar una religiosa.

madroño m. Arbusto ericáceo, de fruto comestible, rojo exteriormente y amarillo por dentro. l Fruto de este arbusto..

madrugada f. El alba. l Acción de madrugar.

madrugar intr. Levantarse al amanecer o muy temprano. l fig. Anticiparse en una empresa.

madurar tr. Dar sazón a los frutos. l Preparar bien un proyecto. l Activar la supuración de un tumor. l intr. Ir sazonándose los frutos. l fig. Crecer en edad y juicio.

madurez f. Sazón de los frutos. l fig. Juicio y prudencia en gobernarse.

maduro, ra adj. Que está en sazón. l fig. Prudente, juicioso. l Díc. de la persona entrada en años. l Díc. de la edad viril cuando se acerca a la ancianidad.

maestra f. Mujer que enseña un arte, oficio, o labor. I Mujer que enseña en una escuela o colegio. I Abeja maestra o reina.

maestre m. Superior de una orden militar.

maestresala m. Criado principal que asistía a la mesa de un señor y gustaba los manjares antes que su amo, para precaverle de veneno.

maestría f. Arte y destreza en enseñar o ejecutar algo. I Título de maestro.

maestro, tra adj. Díc. de la obra de extraordinario mérito. I Díc. de la abeja maesa o reina. I Díc. de la llave que abre y cierra todas las cerraduras de una casa. I m. El que enseña o tiene título para enseñar una ciencia, arte u oficio. I El que es práctico y entendido en una materia.

mafia f. Organización clandestina de criminales sicilianos. I Por ext., cualquier organización clandestina de criminales.

magia f. Arte o supuesto arte que trata de conseguir resultados sobrenaturales usando sustancias materiales, ritos e invocaciones solicitando la ayuda de seres sobrenaturales buenos o malos.

mágico, ca adj. Relativo a la magia. I Maravilloso, extraordinario, estupendo.

magisterio m. Ejercicio de la profesión de maestro; enseñanza y autoridad de este. I Título y grado de maestro, que se confería en una facultad. I Conjunto de los maestros de un país, provincia, etc.

magistrado m. Sujeto investido de alta autoridad civil, y más comúnmente ministro de justicia. I Dignidad o empleo de juez o ministro superior. I Miembro de una sala de audiencia.

magistral adj. Relativo al ejercicio de magisterio. I Hecho con maestría.

magistratura f. Cargo y dignidad de magistrado. I Tiempo que dura. I Conjunto de los magistrados.

magma m. Residuo que queda de una sustancia después de exprimir sus partes más fluidas. I Masa mineral de las profundidades de la Tierra, en estado pastoso por el calor central, cuya solidificación da origen a las rocas eruptivas.

magnanimidad f. Grandeza y elevación de ánimo.

magnate m. Persona principal, muy ilustre y poderosa.

magnesia f. Óxido de magnesio.

magnesio m. Metal color blanco brillante, extraordinariamente ligero y químicamente muy activo.

magnesita f. Silicato de magnesio hidratado.

magnetismo m. Virtud atractiva del imán. I Acción que una persona ejerce en el sistema nervioso de otra, produciendo en ella fenómenos hipnóticos. I Acción que produce la Tierra sobre las agujas imantadas, como la brújula, haciéndolas tomar una dirección casi paralela a la de su eje.

magnetita f. Piedra imán.

magnetizar tr. Comunicar a algún cuerpo la propiedad magnética; convertido en imán. I Producir en una persona los fenómenos del magnetismo animal. I fig. Atraer, dominar a una persona.

magneto- Elemento compositivo que significa magnetismo.

magnetófono m. Aparato eléctrico que permite registrar sonidos sobre una cinta magnetográfica para su conservación y reproducción. I Magnetófono en el cual la cinta magnética va en unas cajitas de material plástico denominadas casetes.

magnicidio m. Muerte violentada dada a una persona ilustre o poderosa.

magnificar tr. y r. Engrandecer, alabar, ensalzar.

magnificencia f. Gran liberalidad y esplendidez. I Ostentación, grandeza.

magnífico, ca adj. Espléndido, suntuoso. I Excelente, admirable. I Liberal que obra con magnificencia.

magnitud f. Tamaño de un cuerpo. I fig. Grandeza, excelencia o importancia de una cosa. I Todo lo que es capaz de aumento o disminución. I Medida del brillo de las estrellas.

magno, na adj. Grande. Aplícase como epíteto a algunas personas ilustres.

magnolia f. Árbol magnoliáceo de hermosas flores blancas.

magnoliáceo, a adj. y s. Díc. de plantas dicotiledóneas, árboles y arbustos de hojas sencillas y coriáceas, flores grandes y olorosas y frutos capsulares; como la magnolia y el badián. I f. pl. Familia de estas plantas.

magra f. Lonja de jamón.

magro, gra adj. Flaco y enjuto. I De poca o ninguna grosura. I m. Carne poco gruesa del puerco próxima al lomo.

maguey m. Pita, agave.

magullar tr. y r. Causar confusión, pero no herida, a un cuerpo.

maharajá m. Título de los grandes príncipes de la India.

maicena f. Harina de maíz, muy fina y blanca.

maitines m. pl. Primera de las horas canónicas que se reza antes de amanecer.

maíz m. Planta gramínea, que produce unas mazorcas con granos de color amarillo rojizo.

maizal m. Tierra sembrada de maíz.

majada f. Lugar donde se recogen de noche el ganado y los pastores. I Estiércol del ganado. I Manada o hato de ganado menor.

majadear intr. Hacer noche el ganado en una majada. I Abonar, estercolar la tierra.

majadería f. Dicho o hecho necio, imprudente o molesto.

majadero, ra adj. y s. Necio y molesto. I m. Maza para majar. I Mano de almirez o mortero.

majal m. Banco de peces.

majano m. Montón de cantos sueltos que se forman en una encrucijada o división de términos.

majar tr. Machacar. I fig. Molestar, importunar.

majareta adj. Díc. de la persona que está algo chiflada.

majestad f. Grandeza, magnificencia.

majestuosidad f. Calidad de majestuoso.

majo, ja adj. Díc. de quien afecta libertad y guapeza. Ú. t. c. s. I fam. Lindo, hermoso, vistoso. I fam. Ataviado, lujoso.

mal adj. Apócope de malo. I Negación de bien; cosa contraria al bien; lo que se aparta de lo lícito. I Daño, ofensa. Desgracia, calamidad. I Dolencia, enfermedad. I adv. Contrariamente a lo debido; desacertadamente; de mala manera.

malabarismo m. fig. Juegos malabares, ejercicios de agilidad y destreza.

malacate m. Máquina a modo de cabrestante invertido, muy usada en las minas.

malacia f. Perversión del apetito, que lleva a comer cosas impropias para la nutrición.

malacodermo, ma adj. y s. Díc. de los insectos coleópteros que tienen tegumentos blandos.

malacostráceos m. pl. Grupo de crustáceos de caparazón relativamente blando o nulo, que comprende aquellos cuya cabeza suele estar soldada con el tórax, tienen el abdomen bien diferenciado.

malagana f. fam. Desfallecimiento, desmayo.

malagradecido, da adj. Desagradecido.

malandante adj. Desafortunado, infeliz, desventurado.

malandanza f. Mala fortuna, desgracia.

malandrín, na adj. y s. Maligno, perverso, bellaco.

malaquita f. Carbonato natural de cobre, de color verde, duro como el mármol.

malar adj. Relativo a la mejilla.

malaria f. Paludismo.

malatía f. Gafedad, lepra.

malaventurado, da adj. Infeliz, de mala ventura

malaventuranza f. Malaventura.

malaxar tr. Amasar, sobrar una sustancia para reblandecerla.

malcriado, da adj. Falto de buena educación.

malcriar tr. Educar mal a los hijos, mimándolos demasiado.

maldad f. Calidad de malo. I Acción mala e injusta.

maldecir tr. Echar maldiciones. I intr. Hablar con mordacidad en perjuicio de uno denigrándole.

maldición f. Imprecación con que se manifiesta el deseo de que venga un daño a otro.

maldito, ta adj. Perverso, de mala intención. I Condenado por la justicia divina.

maleable adj. Díc. de los metales que pueden extenderse en láminas.

maleante adj. y s. Burlador, maligno. I Persona sin oficio ni profesión y que vive de lo que le produce el delito.

malear tr. y r. Dañar, echar a perder. I fig. Pervertir uno a otro con su mala compañía y costumbre.

malecón m. Murallón o terraplén para defensa de las aguas

maledicencia f. Acción de maldecir o hablar mal en perjuicio de uno.

maleficiar tr. Hacer mal, causar daño. I Hechizar, embrujar.

maleficio m. Daño causado por el arte de hechicería. I Hechizo que, según creencia vulgar, se emplea para causarlo.

malentendido m. Mala interpretación, equivocación o desacuerdo en el entendimiento de una cosa.

malestar m. Desazón, incomodidad, indefinible.

maleta f. Cofrecillo de cuero o de lona que se puede llevar a mano.

maletero, ra m. y f. Persona que hace o vende maletas. I El que transporta maletas, equipajes, etc. I Lugar destinado en los vehículos para llevar maletas o equipaje.

malevo, va adj. Malvado, malhechor.

malevolencia m. Odio, mala voluntad.

malévolo, la adj. y s. Inclinado a hacer mal. I Perverso.

maleza f. Abundancia de hierbas malas. I Espesura que forma la muchedumbre de arbustos. I Cualquiera hierba mala.

malformación f. Deformidad o defecto congénito en alguna parte del organismo.

malgastar tr. Disipar el dinero, gastándolo en cosas inútiles; por extensión díc. también del tiempo y otras cosas.

malhablado, da adj. y s. Desvergonzado en el hablar.

malhadado, da adj. Infeliz, desventurado.

malherir tr. Herir gravemente.

malhumorado, da adj. Que tiene malos humores. I Que está de mal humor.

malicia f. Maldad, calidad de malo o maligno. I Inclinación a lo malo.

maliciar tr. Recelar, sospechar, presumir algo con malicia. Ú. t. c. r. I Malear

malignar tr. Viciar, inficionar. I fig. Hacer mala una cosa. I r. Corromperse, empeorarse.

maligno, na adj. Propenso a pensar u obrar mal. Ú. t. c. s. I Malo, nocivo.

malintencionado, da adj. y s. Que tiene mala intención u obra con ella.

malla f. Cualquiera de los cuadriláteros del tejido de la red. I Tejido de pequeños eslabones metálicos, enlazados entre sí, de que se hacían las cotas y otras armaduras.

mallo m. Mazo, martillero de madera.

malo, la adj. Que carece de la bondad. I Nocivo para la salud. I Opuesto a la razón o a la ley. I De vida y costumbres desordenadas. Ú. t. c. s. I Travieso. I Enfermo.

malogrado, da adj. Que no se logra, que no llega a sazón.

malograr tr. Perder, desaprovechar una cosa. I r. Frustrarse lo que se pretendía. I No llegar una persona o cosa a su natural desarrollo o perfeccionamiento.

maloliente adj. Que exhala mal olor.

malparar tr. Maltratar, menoscabar.

malpensado, da adj. Que piensa mal o que forma mal concepto de las personas o de sus actos. Ú. t. c. s.

malquerer tr. Tener mala voluntad, antipatía u ojeriza.

malquistar tr. y r. Poner a una persona mal o enemistarla con otra.

malsano, na adj. Dañoso, a la salud. I Que ofende los oídos castos y piadosos.

malta m Cebada germinada artificiosamente y tostada, que se usa para fabricar cerveza.

maltear tr. Forzar la germinación de las semillas de los cereales, con el fin de mejorar la palatabilidad de líquidos fermentados, como la cerveza.

maltosa f. Azúcar que es resultado de la descomposición del almidón mediante la diastasa, tanto en los procesos fisiológicos animales como vegetales.

maltraer tr. Maltratar, injuriar.

maltratar tr. Tratar mal a uno de palabras u obra. Ú. t. c. r. I Menoscabar, echar a perder.

maltrecho, cha adj. Maltratado, malparado.

malucho, cha adj. Que está o se siente algo enfermo.

malva f. Planta malvácea de flores moradas, que se usa mucho en medicina.

malvado, da adj. y s. Muy malo, perverso.

malvasía f. Uva muy dulce y fragante, fruto de una variedad de vid. I Vino hecho de ella.

malvavisco m. Planta malvácea, de hojas vellosas y flores de color blanco rojizo, cuya raíz se usa en medicina como emoliente.

malversación f. Acción de malversar.

malversar tr. Invertir ilícitamente los caudales públicos, o equiparados a ellos, en usos distintos de aquellos para que están destinados.

malvivir intr. Vivir mal.

mama f. Voz infantil, equivalente a madre. | Teta.

mamá f. fam. Madre.

mamada f. fam. Acción de mamar. | Cantidad de leche que una criatura ingiere cada vez que mama.

mamar tr. Chupar la leche de los pechos. | fam. Comer, engullir. | fig. Adquirir una cualidad moral o aprender algo en la infancia. | r. fam. Emborracharse.

mamario, ria adj. Perteneciente a las mamas o tetas.

mamarrachada f. Conjunto de mamarrachos. | Acción necia y ridícula.

mamarracho m. fam. Figura mal pintada. | Cosa ridícula, imperfecta, o extravagante. | fam. Hombre informal, no merecedor de respeto.

mamey m. Árbol gutífero americano de fruto casi redondo, muy sabroso.

mamífero adj. Díc. de los animales cuyas hembras alimentan a sus crías con la leche de sus mamas o tetas.

mamila f. Parte principal de la teta de la hembra, exceptuando el pezón. | Tetilla del hombre.

mamografía f. Radiografía de mama.

mamola f. Cierto modo de poner la mano debajo de la barbilla de una persona, en gesto de caricia o de burla.

mamón, na adj. y s. Que aún mama. | Que mama mucho, o mucho tiempo.

mamotreto m. Libro o cuaderno de apuntaciones. | fig. Libro o legajo muy abultado

mampara f. Antepuerta o cancela portátil.

mamparo m. Tabique divisorio de los compartimientos en los buques.

mamporro m. Golpe que no hace daño.

mampostería f. Obra hecha con piedras o ladrillos, que generalmente se unen con argamasa. | Oficio de mampostero.

mampuesto, ta adj. Díc. del material que se emplea en la obra de mampostería. | m. Piedra sin labrar que se puede colocar en la obra con la mano.

mamut m. Mamífero fósil proboscidio, de cuerpo cubierto de pelos largos de color pardo oscuro, cabeza de una longitud aproximada a un tercio del cuerpo, parte posterior de éste mucho más baja que la anterior, colmillos muy desarrollados y muy encorvados hacia arriba.

maná m. Rocío milagroso con que alimentó Dios a los israelitas en el desierto. | Sustancia gomosa y sacarina que fluye de una especie de fresno y se emplea como un suave purgante.

manada f. Hato o rebaño de ganado que está al cuidado de un pastor. | Conjunto de ciertos animales de una misma especie que andan reunidos.

manantial adj. Aplícase al agua que mana. | m. Nacimiento de las aguas.

manar intr. y tr. Brotar un líquido. | fig. Provenir, abundar.

manatí m. Mamífero sirenio americano.

manceba f. Concubina.

mancebo m. Mozo joven. | Hombre soltero.

mancerina f. Plato con una abrazadera circular en el centro, para sujetar la jícara en que se sirve el chocolate.

mancha f. Señal que una cosa deja en un cuerpo ensuciándolo. | Parte de alguna cosa con distinto color del que en ella domina. | fig. Deshonra, desdoro. | Banco de peces, majal.

manchar tr. y r. Ensuciar alguna cosa dejando impresa en ella alguna mancha. | fig. Deslustrar la buena fama o reputación de una persona, familia o linaje.

mancilla f. Mancha, deshonra, desdoro.

manco, ca adj. Falto de un brazo o mano, o de su uso. Ú. t. c. sustantivo.

mancomunar r. Unirse, asociarse, obligarse de mancomún.

mancomunidad f. Acción de mancomunar o mancomunarse. | Asociación de varios municipios o de varias provincias para fines o servicios comunes de sus respectiva competencia.

mancornar tr. Sujetar a una res, poniéndola con los cuernos fijos en tierra. | Atar una cuerda a la mano y cuerno del mismo lado de una res vacuna para evitar que huya.

mancuerna f. Antiguo tormento que se hacia apretando las ligaduras con que se ataba el supuesto reo. | fig. Congoja, angustia.

manda f. Oferta o promesa de dar algo. | Donación o legado que se hace en testamento.

mandado, da m. Orden, precepto. | Comisión que se da en un sitio para que sea desempeñada en otro.

mandamás m. pop. Jefe, mandón.

mandamiento m. Precepto u orden. | Cada uno de los preceptos del Decálogo y de la Iglesia.

mandanga f. Pachorra, indolencia.

mandar tr. Ordenar un superior la ejecución de alguna cosa; imponer un precepto. | Legar, donar algo en testamento. | Ofrecer, prometer algo. | Enviar. | Encargar.

mandarina f. Díc. de una variedad de naranja pequeña, aplastada, de cáscara muy fácil de separar y pulpa muy dulce.

mandarria f. Martillo o maza de que se sirven los calafates.

mandatario m. Persona que, en el contrato llamado mandato, acepta del mandante la gestión de algún negocio. | Gobernante.

mandato m. Orden o precepto de un superior. | Encargo o representación que se confiere a los diputados, concejales, etc, por medio de elección. | Contrato consensual por el que una de las partes confía a la otra la gestión de algún negocio.

mandíbula f. Cada una de las dos piezas óseas o cartilaginosas, que limitan la boca de los vertebrados y en las cuales están implantados los dientes.

mandil m. Especie de delantal de cuero o tela fuerte, que se cuelga del cuello, y sirve en ciertos oficios para proteger la ropa desde el pecho hasta las rodillas.

mandioca f. Arbusto euforbiáceo americano, de cuya raíz grande y carnosa se extrae la tapioca. | Tapioca.

mando m. Autoridad del superior sobre sus súbditos. | Botón, palanca u otro artificio que sirve pare iniciar, modificar o suspender el funcionamiento de un mecanismo.

mandoble m. Cuchillada o golpe que se da esgrimiendo el arma con ambas manos. | fig. Represión áspera.

mandolina f. Bandola.

mandrágora f. Planta solanácea, venenosa, de fruto parecido a una manzana pequeña y de olor fétido, hojas radicales, grandes y ondeadas y flores malolientes.

mandria adj. y s. Apocado, inútil, pusilánime.

mandril m. Mono cinocéfalo africano, de cabeza pequeña, hocico largo, nariz roja y chata y cola corta. I Pieza cilíndrica en que se asegura lo que se ha de tornear.

manducar intr. fam. Comer, tomar alimento. I tr. Comer, tomar por alimento una cosa u otra.

manea f. Cuerda para atar las manos de un animal. Maniota

manear tr. Poner maneas a las bestias.

manejar tr. Usar o traer algo entre manos. I Gobernar los caballos con maestría. I fig. Gobernar, dirigir. Ú. t. c. r. I r. Moverse adquirir agilidad después de haber estado impedido.

manejo m. Acción de manejar. I Arte de manejar los caballos. I fig. Dirección y gobierno de un negocio. I fig. Maquinación, intriga, ardid.

manera f. Modo y forma con que se ejecuta o acaece una cosa. I Porte y modales de una persona. Ú. m. en pl.

manero, ra adj. Díc. del halcón enseñado a venir a la mano.

manes m. pl. Dioses infernales que purificaban las almas de diversos modos.

manga f. Parte del vestido que cubre el brazo. I Maleta manual cuyas cabeceras se cierran con cordones. I Tubo flexible que se adapta a las bombas y bocas de riego.

mangana f. Lazo corredizo que se arroja a las manos de un animal que corre, para detenerlo derribándolo.

manganeso m. Es un metal blanco gris, funde a 1700° y se oxida fácilmente en el aire húmedo.

mangánico, ca adj. Relativo al manganeso. I Díc. de un ácido muy inestable, cuya molécula se compone de un átomo de manganeso, dos de hidrógeno y cuatro de oxígeno.

manganilla f. Treta o sutileza de manos.

manglar m. Terreno poblado de mangles. I Terreno de la zona tropical que lo inundan las grandes mareas formando muchas islas bajas, donde crecen los árboles que viven en el agua salada.

mangle m. Arbusto rizoforáceo, cuyas ramas, largas y extendidas, dan un vástago que descienden hasta el suelo donde arraigan. Abunda en las costas y ciénagas de las regiones tropicales de América.

mango m. Parte por donde se ase un instrumento o utensilio. I fig. y fam. Dinero, peso argentino. I Árbol terebintáceo de fruto oval, aromático y gustoso. I Este fruto.

mangonear intr. fam. Andar vagueando. I fam. Entremeterse en una cosa queriendo manejarla o dirigirla.

mangosta f. Animal vivérrido con pelaje de color ceniciento oscuro; es carnívoro.

mangote m. fam. Manga ancha y larga. I Postiza de tela negra que usan algunos oficinistas.

manguera f. Manga de bomba o riego; manga o tromba marina y también manga o tubo de lona para ventilación.

manguito m. Rollo de piel abierto por sus extremos, propio para resguardar las manos del frío. I Anillo de hierro o acero con que refuerzan los ca-

ñones, vergas, etc. I Cilindro hueco que sirve para sostener o empalmar dos piezas cilíndricas de igual diámetro.

maní m. Cacahuete.

manía f. Locura caracterizada por el delirio, agitación y tendencia al furor. I Extravagancia, preocupación caprichosa por un tema o cosa determinada. I Deseo o afecto desordenado.

maníaco, ca adj. y s. Enajenado, que padece manía.

maniatar tr. Atar las manos.

maniático, ca adj. y s. Que tiene manías o extravagancias.

manicomio m. Hospital para locos.

manicurista com. Manicuro o manicura

manicuro, ra m. y f. Persona que tiene por oficio cuidar las manos y especialmente las uñas.

manido, da adj. Manoseado, sobado, ajado; pasado de sazón. I fig. Vulgar, muy usado.

manidos m. pl. Familia de mamíferos destentados, de cuerpo alargado y cubierto de fuertes escamas.

manifestación f. Acción de manifestar. I Reunión pública, generalmente al aire libre, para dar a conocer en forma colectiva un sentimiento deseo u opinión.

manifestar tr. Declarar, mostrar, dar a conocer. Ú. t. c. r.

manifiesto, ta adj. Notorio, patente, claro. I m. Escrito en que se hace publica declaración de doctrinas o propósitos de interés general.

manigero m. Capataz de una cuadrilla de trabajadores del campo.

manigua f. Mango, puño o manubrio de ciertos utensilios y herramientas.

manijera f. Agarradera de las boleadoras.

manilargo, ga adj. De manos largas. I fig. Propenso a ofender con ellas. I fig. Liberal, generoso.

manilla f. Aro de adorno para la muñeca, llamado más comúnmente pulsera. I Aro de hierro que por prisión se echa a la muñeca.

manillar m. Pieza de la bicicleta, la motocicleta y otros velocípedos, en la que se apoyan las manos y sirve para darles dirección.

maniobra f. Cualquier operación manual. I fig. Artificio y manejo, generalmente de mala ley, en un negocio. I Faena que se hace a bordo de las embarcaciones con su aparejo, velas, anclas, etc. I Adaptación de las evoluciones de una tropa a las disposiciones del enemigo o a la forma del terreno.

maniota f. Cuerda, correa o cadena para atar las manos a las bestias.

manipulación f. Acción de manipular.

manipulador, ra adj. y s. Que manipula. I m. Aparato conmutador en forma de palanca, por cuyo medio se transmiten en los telégrafos los signos convenidos.

manipular tr. fam. Operar con las manos. I fig. Manejar uno los negocios o entremeterse en los ajenos.

manípulo m. Ornamento sagrado, parecido a una estola corta, el que el sacerdote lleva sobre el antebrazo izquierdo. Su origen es el pañuelo que se usaba en otros tiempos para manejar los vasos sagrados simboliza la penitencia y el arrepentimiento.

maniquí m. Figura movible que los pintores y escultores utilizan para estudiar los ropajes y para otros usos. I Armazón en figura de cuerpo humano, que los sastres y modistas usan para probar las prendas. I Modelo, mujer joven que, por profesión, viste y expone trajes de moda.

manir tr. Hacer que las carnes y otros manjares se pongan más tiernos y sazonados, dejando pasar el tiempo necesario antes de condimentarlos o comerlos.

manirroto, ta adj. y s. Pródigo, derrochador.

manivela f. Cigüeña, manubrio.

manjar m. Cualquier comestible. I fig. Recreo o deleite que vigoriza el espíritu.

manlieva f. Antiguo tributo que se cobraba de casa en casa o de mano en mano.

mano f. Parte del brazo desde la muñeca hasta las extremidades de los dedos. I Pie delantero de los cuadrúpedos. I Pata cortada de las reses de la carnicería. I Trompa del elefante. I Lado o parte hacia donde cae o en que ocurre alguna cosa. I Manecilla o saetilla del reloj. I Majadero, instrumentos para majar, moler o desmenuzar. I Capa de color o barniz que se da a una cosa.

manojear intr. Hacer manojos de las hojas de tabaco.

manojo m. Hacecillo de hierba o de otras cosas que se puede coger con la mano.

manolo, la m. y f. Mozo o moza que se distinguía por su traje y desenvoltura.

manómetro m. Instrumento para medir la tensión de los gases.

manopla f. Pieza de la armadura que guarnecía la mano.

manosear tr. Tocar, tentar rápidamente con las manos.

manotada tr. Dar golpes con las manos. I intr. Moverlas mucho al hablar, o para mostrar un afecto de ánimo. I Escamotear.

manoteo m. Acción de manotear.

manquedad f. Falta de mano o brazo, o impedimento en el uso de estos miembros.

mansión f. Morada, albergue. I Casa grande y fastuosa.

manso, sa adj. Benigno, suave en el carácter o condición. I Díc. del animal que no es bravo. I fig. Apacible, sosegado. I m. Carnero, macho cabrío o buey que sirve de guía a los demás del rebaño.

manta f. Prenda suelta de lana o algodón, que sirve para abrigo.

mantear tr. Levantar violentamente en el aire a alguien puesto en una manta, de cuyos bordes tiran varias personas.

manteca f. Gordura de los animales. I Sustancia grasa y oleosa de la leche, o de algunos frutos; como el cacao.

mantecoso, sa adj. Que tiene mucha manteca o se parece a ella.

mantel m. Tejido con que se cubre la mesa de comer. I Lienzo, con que se cubre la mesa del altar.

mantelería f. Conjunto o juego de mantel y servilletas.

mantelete m. Vestidura con dos aberturas para sacar los brazos, que traen los obispos prelados sobre el roquete y llega un palmo más abajo de las rodillas.

mantener tr. Proveer a uno del alimento necesario. Ú. t. c. r. I Conservar una cosa tal como es. I Sostener una cosa para que no caiga o se fuerza.

manteo m. Capa larga de los eclesiásticos y de los antiguos estudiantes. I Mantenimiento.

mantequilla f. dim. de manteca. I Pasta blanda y suave de manteca de vaca batida y mezclada con azúcar. I Manteca obtenida de la leche de vaca o de su crema por agitación o batimiento o mediante máquinas especiales.

mantilla f. Prenda guarnecida de tul o encaje, o hecha de estas labores, con que la mujeres se cubren la cabeza. I pl. Piezas de tela con que se abriga y envuelve a los niños por encima de los pañales.

mantillo m. Capa superior del suelo, formada en gran parte por materias orgánicas vegetales en descomposición. I Abono resultante de la putrefacción del estiércol.

mantisa f. Parte decimal de un logaritmo.

manto m. Prenda a modo de capa, con que las mujeres se cubrían todo el cuerpo.

mantón, na adj. Mantudo. I m. Pañuelo grande de abrigo.

mantra Parte de la literatura védica que constituye la primera división. I Himno de alabanza o fórmula de encantamiento.

manual adj. Que se ejecuta con las manos. I Manuable. I Fácil de hacer o ejecutar. I m. Libro en que se comprendía lo más sustancial de una materia.

manubrio m. Empuñadura doblemente acodada, que sirve para hacer girar alguna rueda, torno u otro mecanismo. I Manija de un instrumento.

manufactura f. Obra hecha a mano o mecánicamente.

manufacturar tr. Fabricar, hacer una cosa mecánicamente.

manumisión f. Acción de manumitir.

manumitir tr. Dar libertad al esclavo.

manuscribir tr. Escribir a mano.

manuscrito, ta adj. Escrito a mano. I m. Papel o libro escrito a mano.

manutención f. Acción de mantener.

manutergio m. Cornijal, lienzo litúrgico.

manzana f. Fruto del manzano, globoso de pulpa carnosa, con sabor acídulo o algo azucarado. I Conjunto aislado de casas contiguas.

manzanar m. Terreno plantado de manzanos.

manzanilla f. Hierba compuesta, de hojas menudas y flores olorosas, cuya infusión se usa mucho en medicina.

manzano m. Árbol rosáceo, de hojas ovaladas cuyo fruto es la manzana.

maña f. Destreza, habilidad. I Artificio o astucia.

mañana f. Parte del día desde el amanecer hasta el mediodía. I Tiempo comprendido entre la medianoche y el mediodía. I m. Tiempo futuro próximo a nosotros. I adv. En el día siguiente al de hoy. I En tiempo venidero.

mañoso, sa adj. Que tiente maña. I Hecho con maña. I Que tiene maña o resabios.

mapa m. Representación topográfica de la Tierra o de una parte de ella en una superficie plana.

mapache m. Mamífero carnicero de América del Norte, parecido al tejón.

mapamundi m. Mapa de la Tierra dividido en dos hemisferios.

maqueta f. Modelo en tamaño reducido de un edificio, monumento, etc., hecho por lo común, con materiales no preciosos.

maquetista com. Persona que cuida de planificar o proyectar una obra.

maquila f. Porción de grano, aceite o harina que cobra el molinero por la molienda.

maquilar tr. Cobrar la maquila.

maquillaje m. Acción de maquillar o maquillarse.

maquillar tr. Componer, hermosear con afeites. Ú. t. c. r. | En el cine y el teatro caracterizar, retocar las facciones.

máquina f. Artificio para aprovechar o dirigir la acción de una fuerza. | Conjunto de aparatos combinados para recibir cierta forma de energía, transformarla y restituirla en otra más adecuada, o para producir un efecto determinado.

maquinación f. Trama, intriga, complot.

maquinar tr. Urdir, tramar algo ocultamente.

maquinaria f. Arte de fabricar máquinas. | Conjunto de máquinas para un fin.

maquinismo m. Predomino de las máquinas en la industria moderna.

maquinista com. Persona que inventa o fabrica máquinas. | Quien las dirige o gobierna.

maquinizar tr. Emplear en la producción industrial, agrícola, etc., máquinas que sustituyen o mejoran el trabajo del hombre.

mar amb. Masa de agua salada que cubre aproximadamente la 3/4 partes de la superficie total de la Tierra.

marabú m. Ave zancuda, africana, parecida a la cigüeña, pero bastante mayo.

maraca m. Instrumento músico de los guaraníes, consistente en una calabaza seca, con maíz o chinas dentro, para acompañar el canto. | Sonajero.

maraña f. Maleza, espesura que forman los muchos arbustos. | Conjunto de hebras bastas de los capullos de seda, que se usan en ciertos tejidos de inferior calidad. | Tejido hecho con estas hebras. | fig. Enredo de los hilos o del cabello. | fig. Enredo, embrollo. | fig. Lance apurado y difícil.

marasmo m. Enflaquecimiento extremado. | fig. Suspensión paralización, atonía, en lo moral o en lo físico.

maratón m. En atletismo, carrera de fondo de más de 40 km que se corre por carretera. Se creó al instaurarse los Juegos Olímpicos modernos, en recuerdo del soldado Filípides. | Denominación que, por extensión, se aplica a toda prueba de larga duración que requiera un prolongado y duro. esfuerzo.

maravedí m. Antigua moneda española que tuvo diversos valores y calificativos.

maravilla f. Suceso u objeto extraordinario y admirable.

maravillar tr. y r. Admirar.

maravilloso, sa adj. Extraordinario, admirable.

marbete m. Cédula que se adhiere a las mercancías y que lleva la marca de fábrica.

marca f. Provincia, distrito fronterizo. | Instrumento con que se marca o señala una cosa. | Señal hecha en una persona o cosa, para distinguirla de otra, o denotar calidad o pertenencia. | Límite máximo alcanzado hasta un momento dado, en cualquier aspecto de la actividad humana.

marcador, ra adj. y s. Que marca. | m. Muestra de la labor de marcar, que hacen las niñas en cañamazo. | El que contrasta monedas, metales, posas y medidas. | Especie de bastidor en el que se exponen al público los tantos que, en una competición deportiva, va haciendo cada equipo contendiente. | Aparato que cumple el mismo fin. | Lugar de la máquina de imprimir donde se coloca el papel.

marcapaso m. Generador de impulsos eléctricos que se utiliza para combatir el paro cardíaco en el hombre. Funciona por medio de pilas.

marcar tr. Señalar y poner una marca. | fig. Señalar a uno, o advertir en él una cualidad notable. | fig. Colocar en la prensa el pliego que se va a imprimir. | intr. Poner en los géneros de comercio la indicación de su precio. | fig. Contrarrestar el jugador de un equipo deportivo el juego de su contrario.

marcasita f. Bisulfuro de hierro, mineral compacto, frágil y de color amarillo claro. Cristaliza en el sistema rómbico.

marceo m. Corte que hacen los colmeneros a los panales para limpiarlos al entrar la primavera.

marcha f. Acción de marchar. | Toque militar para que marche la tropa, si está formada, o para que salga de paseo, si está en el cuartel.

marchante adj. Mercantil. | m. Traficante. | m. Comerciante en objetos de arte y antigüedades.

marchar intr. Caminar, hacer viaje, ir o partir de un lugar. Ú. t. c. r.

marchitar tr. y r. Ajar, deslucir, hacer perder la frescura y lozanía a las flores y otras cosas. | fig. Enflaquecer, debilitar, quitar el vigor o la hermosura.

marchito, ta adj. Ajado, deslucido, falto de vigor y lozanía.

marcial adj. Perteneciente a la guerra. | fig. Bizarro, varonil, franco.

marciano, na adj. Relativo al planeta Marte, o propio de él. | m. y f. Supuesto habitante del planeta Marte.

marco m. Cerco que rodea, ciñe o guarnece una puerta, ventana cuadro, etc.

marea f. Movimiento periódico de ascenso y descenso de las aguas del mar.

mareaje m. Arte o profesión de navegar. | Rumbo o derrota de una embarcación.

marear tr. fig. Enfadar, molestar. Ú. t. c. intr. | r. Desazonarse uno, turbársele la cabeza revolviéndosele el estómago.

marejada f. Grande agitación en el mar; movimiento de olas grandes aun sin haber borrasca. | fig. Exaltación de los ánimos y señal de disgusto, manifestada sordamente por varias personas.

maremágnum loc. lat. fig. Abundancia, grandeza o confusión. | fig. Muchedumbre confusa de personas o cosas.

maremoto m. Agitación violenta de las aguas del mar debida a un sismo ocurrido en su fondo.

maremotriz adj. Referente a la energía procedente de las mareas utilizada como fuerza motriz.

mareo m. Efecto de marearse. | fig. Molestia, incomodidad.

mareógrafo m. Instrumento para determinar la altura de las mareas y calcular el nivel medio del mar.

marfil m. Sustancia ósea de los colmillos del elefante. | Parte dura de los dientes cubierta por el esmalte.

marfileño, ña adj. De marfil. | Perteneciente o semejante al marfil.

marfuz, za adj. Desechado, repudiado. | Engañoso, falso, falaz.

marga Roca de color gris, compuesta de carbonato de cal y arcilla, principalmente, y que sirve para abonar las tierras faltas de aquellas sustancias.

margarina f. Sustancia grasa que se halla en los aceites y mantecas.

margarita f. Planta compuesta herbácea, de flores de centro amarillo y circunferencia blanca, que abunda en los sembrados.

margen amb. Borde u orilla de una cosa. l Espacio que queda en blanco a cada uno de los cuatro lados de una página impresa o manuscrita, y en especial el de la derecha o el de la izquierda. ‖ fig. Ocasión, oportunidad, motivo.

marginación f. Acción y efecto de marginar, dejar de lado a una persona o cosa.

marginal adj. Que está o pertenece al margen. l Díc. del asunto, cuestión, aspecto, etc., de importancia secundaria y escasa.

marginar tr. Apostillar. Hacer o dejar márgenes en el papel u otra cosa.

marguera f. Veta de marga l Sitio donde se tiene la marga depositada.

marial adj. y s. Díc. de algunos libros que contienen alabanzas de la Virgen María.

maridaje m. Enlace, unión y conformidad en los casados. l Unión, analogía o conformidad con que unas cosas se enlazan o corresponden entre sí

maridar intr. Casarse. l tr. fig. Unir, enlazar.

marido m. Hombre casado con respecto a su esposa.

mariguana o marihuana f. Nombre que se le da al cáñamo índico, cuyas hojas, fumadas como el tabaco, son narcóticas.

marimacho m. Mujer corpulenta que parece hombre.

marimba f. Tambor que usan los negros en algunas partes de África. l Instrumento músico mexicano o guatemalteco, especie de xilófono de gran tamaño.

marina f. Parte de tierra junto al mar. l Cuadro o pintura que representa el mar. l Arte o profesión de navegar. l Conjunto de los buques de una nación. l Conjunto de las personas que sirven en la Armada.

marinaje m. Ejercicio de la marinería. l Conjunto de los marineros.

marinar tr. Sazonar el pescado para conservarlo. l Dotar de tripulación al buque apresado. l Tripular de nuevo un buque.

marinería f. Profesión o ejercicio de marinero. l Conjunto de marineros.

marinero, ra adj. Díc. del barco que obedece bien a las maniobras. l Dic. de lo que pertenece a la marina o a los individuos que en ella ejercen su profesión. l m. Hombre que ejerce su profesión en el mar y sirve en las maniobras de las embarcaciones.

marino, na adj. Perteneciente al mar. l m. El que profesa la náutica. l El que sirve en la marina.

marioneta f. Títere que se mueve por medio de cuerdas. l fig. Persona o entidad que está sometida a la voluntad de otra.

mariposa f. Cualquier insecto lepidóptero. l Candelilla para tener luz de noche; lamparilla.

mariposear intr. fig. Variar con frecuencia de gustos. l fig. Vagar insistentemente en torno de alguien.

mariquita f. Insecto, hemíptero, encarnado por encima y con tres manchitas negras, que se alimenta de pulgones.

mariscada f. Comida compuesta principalmente por mariscos variados.

mariscal m. Grado supremo en el Ejército de algunos países que se da en tiempos de guerra.

mariscar tr. Coger mariscos.

marisco m. Cualquier animal marino, invertebrado.

marisma f. Terreno bajo y pantanoso que se inunda por las aguas del mar.

marisquería f. Establecimiento donde se venden o se consumen mariscos.

marital adj. Perteneciente al marido o a la vida conyugal.

marítimo, ma adj. Perteneciente al mar por su naturaleza, por su cercanía o por su relación política o comercial.

maritornes f. fig. Moza de servicio, fea, hombruna y zafia.

marjal m. Terreno bajo y pantanoso o anegadizo.

marketing m. Estudio de mercado.

marmitón m. Galopín o mozo de cocina.

mármol m. Piedra caliza de textura compacta y cristalina, susceptible de buen pulimento, con frecuencia mezclada con sustancias que le dan colores diversos, manchas o vetas.

marmolista com. Persona que trabaja en mármoles, o que los vende.

marmóreo, a adj. Que es de mármol. l Semejante al mármol.

marmota f. Roedor del tamaño de un gato, que pasa el invierno dormido en su madriguera. l fig. Persona que duerme mucho.

marmotera f. Broza arrastrada por el agua de las acequias.

maroma f. Cuerda o soga gruesa l Volatín, volatera o pirueta de un ácrobata.

marqués m. Título nobiliario inferior al de duque y superior al de conde. l Individuo que lo obtiene.

marquesa f. Mujer o viuda del marqués, o la que goza de un marquesado.

marquesado m. Título de marqués. l Territorio o lugar sobre el que recaía este título.

marquesina f. Pabellón que cubre y resguarda la tienda de campaña. l Cobertizo que avanza sobre una puerta, escalinata o andén.

marquetería f. Ebanistería. l Trabajo con maderas finas.

marrajo, ja adj. Díc. del toro malicioso. l fig. Astuto, cauto, taimado.

marranada f. fig. Cochinada.

marrano m. Cerdo. l fig. Hombre sucio, asqueroso. l fig. El que se conduce con bajeza. l Madero usado en ciertas armazones.

marrar intr. Faltar, fallar, errar. Ú. t. c. tr. l fig. Desviarse de lo recto.

marras adv. fam. Antaño, en tiempo antiguo.

marrasquino m. Licor hecho con el zumo de cerezas amargas y azúcar

marro m. Falta, yerro. l Regate, esguince, ladeo.

marrón m. adj. Castaño del color de la castaña.

marroquinería Industria de artículos de piel, como carteras, bolsos, etc. l Este género de artículos y lugar donde se venden.

marrueco m. Bragueta, portañuela.

marrullería f. Astucia con que halagando a uno se pretende alucinarle.

marsopa f. Cetáceo parecido al delfín, que persigue a los salmones y lampreas.

marta f. Mamífero carnicero de piel muy estimada.

martellina f. Martillo dentado que usan los canteros.

martes m. Tercer día de la semana.

martillar tr. Dar golpes con el martillo.

martillear tr. Martillar.

martillo m. Instrumento de hierro en forma de mazo para golpear..

martinete m. Ave zancuda de cabeza pequeña y con un hermoso penacho blanco en el occipucio. l

Mazo o martillo movido mecánicamente. | Canto de los gitanos andaluces.

martingala f. Cualquiera de las calzas que los hombres de armas llevaban bajo los quijotes. | Lance del juego del monte. | Artimaña, astucia, artificio para engañar.

mártir m. Persona que muere o padece mucho en defensa de sus creencias, convicciones o causas. | Quien padece grandes trabajos y penalidades.

martirio m. Muerte o tormentos sufridos por causa de la verdadera religión, y también por otro ideal u otra causa. | fig. Trabajo largo y muy penoso.

martirizar tr. Atormentar a uno o quitarle la vida por causa de la verdadera religión. | fig. Afligir, atormentar. Ú. t. c. r.

marzal adj. Perteneciente al mes de marzo.

marzo m. Tercer mes del año; tiene 31 días.

más adv. comp. con que se denota idea de exceso, aumento, ampliación o superioridad en comparación expresa o sobrentendida. | Denota a veces idea de preferencia. | Signo de la suma o adición, representado por el carácter (+).

mas conj. adv. Pero.

masa f. Mezcla de un líquido con una sustancia pulverizada de la cual resulta un todo espeso, blando y consistente. | La que se hace con harina, agua y levadura, para fabricar el pan. | Volumen, conjunto, reunión. | fig. Muchedumbre o conjunto numeroso de personas.

masacrar tr. Asesinar a personas indefensas.

masacre f. Asesinato, matanza, carnicería.

masada f. Casa de campo y de labor, con tierras y ganados.

masaje m. Procedimiento terapéutico e higiénico, que consiste en practicar fricciones o presiones en determinadas partes del cuerpo, con la mano o con aparatos.

masajista com. Persona que se dedica a dar masajes.

mascar tr. Triturar y desmenuzar el manjar con la dentadura. | fig. Mascullar.

máscara f. Figura de cartón, tela, etc., con que una persona se cubre el rostro. | Traje singular o extravagante con que algunos se disfrazan. | Careta que se usa para impedir la entrada de gases nocivos en las vías respiratorias.

mascarada f. Fiesta o sarao de personas enmascaradas. | Comparsa de máscaras.

mascarilla f. Máscara pequeña que cubre sólo la parte superior del rostro. | Vaciado en yeso del rostro de una persona.

mascarón m. aum. de máscara | Cara fantástica de piedra, madera, etc. que se usa como adorno arquitectónico. | Persona muy fea. | Figura que sirve de adorno, colocada en lo alto del tajamar de una nave.

mascota f. Persona, animal o cosa que, según creencia vulgar, da suerte a otra.

masculinidad f. Calidad de masculino.

masculino, na adj. Aplícase a todo ser dotado de órganos exteriores de fecundación. | Propio de varón o animal macho. | Díc. del género de los nombres de varón o animal macho y de otros comprendidos en esta clase por la etimología, la terminación o el uso.

masera f. Artesa grande usada para amasar. Piel o lienzo en que se pone la masa y paño con que se abriga para que fermente.

masilla f. Pasta de yeso y aceite de linaza, que usaban los vidrieros para asegurar los cristales.

masivo, va adj. Díc. de la dosis de un medicamento próxima al máximo que puede tolerar el organismo. Por extensión se aplica a otras cosas.

maslo m. Tronco de la cola de los cuadrúpedos.

masoquismo m. Perversión sexual del que goza con verse humillado o maltratado por otra persona. | fig. Complacencia o afición a considerarse maltratado, disminuido, etc., en cualquier suceso o actividad.

mastaba f. Tumba egipcia.

mastelero m.. Palo menor que se pone sobre cada uno de los mayores, en los barcos de vela redonda.

masticar tr. Mascar. | fig. Rumiar o meditar.

mástil m. Palo, árbol de un buque. | Mastelero. | Palo derecho, para mantener una cosa.

mastín, na adj. y s. Díc. del perro de cuerpo recio y membrudo, pecho ancho, patas recias y pelo largo.

mastitis f. Inflamación de la mama.

mastodonte m. Género de mamíferos proboscídeos, fósiles parecidos al elefante, pero de tamaño casi doble y con dos incisivos vulgarmente llamados colmillos prolongados y poco encorvados, en la mandíbula superior, y otros dos, algo más cortos, en inferior.

mastoideo, a adj. Relativo a la apófisis mastoides.

mastología f. Tratado de la mama, sus funciones y sus enfermedades.

mastológico, ca adj. Relativo a la mastología.

mastólogo, ga m. y f. Persona especializada en mastología.

mastozoología f. Parte de la zoología que trata de los mamíferos.

mastuerzo m. Planta crucífera, hortense, de sabor picante, que se come en ensaladas | Berro. | fig. Hombre necio, torpe, majadero.

masturbarse prnl. Procurarse solitariamente goce sexual.

mata f. Nombre genérico de las plantas vivaces de tallo bajo, ramificado y leñoso. | Ramito o pie de alguna hierba. | Terreno poblado de árboles de la misma especie. | Lentisco.

matacán m. Nuez vómica. | Composición venenosa propia para matar perros. | Obra voladiza con parapeto y con suelo aspillerado.

matador, ra adj. y s. Que mata. | m. Espada (torero).

matadura f. Llaga o herida que hace el aparejo a la bestia.

matalón, na adj. y s. Díc. de la caballería flaca, endeble y de mal paso.

matalotaje m. Provisión de víveres de un buque.

matalote adj. y s. Matalón. | m. Buque anterior y buque posterior a cada uno de los que forman una columna, los cuales se llaman de proa y de popa respectivamente.

matambre f. Fiambre.

matanza f. Acción de matar. | Mortandad de personas ejecutadas en una batalla, asalto, etc. | Época del año en que suelen matarse los cerdos. | Conjunto de salazones, adobos, embutidos, etc. resultantes de ella.

matapolvo m. Lluvia ligera o riego menudo y poco seguido.

matar tr. Quitar la vida. Ú. t. c. r. | Apagar o extinguir el fuego o la luz. | Llagar a la bestia el aparejo. Ú. t. c. r. | Quitar la fuerza a la cal o al yeso, echándole agua. | Apagar el brillo de los metales. | fig. Molestar, desazonar, acongojar, afligir. | fig. Estrechar, violentar. | fig. Extinguir, aniquilar. | Rebajar un color fuerte. | fig. Trabajar con afán y sin descanso.

matarife m. El que mata y descuartiza las reses, jifero.

matarratas m. Aguardiente de ínfima calidad y muy fuerte. I Nombre que se le da a las substancias especiales para matar ratas.

matasanos m. fam. Mal médico.

matasellos m. Estampilla con que se inutilizan los sellos de las cartas en las oficinas de correos.

matasiete m. fig. Fanfarrón, hombre preciado de valiente.

matasuegras m. Tubo enroscado de papel que tiene un extremo cerrado, y el otro terminado en una boquilla por la que se sopla, para que se desenrosque bruscamente el tubo y asuste.

mate adj. Amortiguado, falto de brillo. I m. Lance final del ajedrez, cuando el rey de uno de los jugadores, amenazado, no puede salvarse. I I Vasija que se hace con esta calabaza o con la cáscara de otro fruto, como el coco. I Planta ilicínea, especie de acebo, de flores blancas y fruto en drupa roja, que abunda en América del Sur y con cuyas hojas se hace una infusión estomacal, excitante y nutritiva. I fig. Infusión que se hace con las hojas de esta planta, previamente tostadas, endulzadas con azúcar. I Calabaza o cualquiera de los recipientes, de diversas formas y materias, empleados para preparar y servir esta infusión, que se sorbe mediante una bombilla.

matemáticas f. Término con el cual se designa al conjunto de disciplinas que se ocupan de los números y de las figuras geométricas.

matemático, ca adj. Perteneciente o relativo a las matemáticas. I fig. Exacto, preciso. I m. y f. Persona que profesa las matemáticas o tiene en ellas especiales conocimientos.

materia f. Sustancia extensa e impenetrable, capaz de toda especie de formas. I Sustancia de las cosas, consideradas con respecto a algún agente. I fig. Punto de que se trata. I fig. Causa, ocasión, motivo. I Principio esencial y desconocido de todos los cuerpos que goza de diferentes propiedades, mediante las cuales se distinguen unos cuerpos de otros y que se manifiesta bajo tres estados diferentes que son el sólido, el líquido y el gaseoso.

material adj. Relativo a la materia. I Opuesto a lo espiritual. I Opuesto a la forma. I fig. Basto, grosero, falto de ingenio o donaire. I m. Ingrediente. I Materia o materias necesarias para una obra. Ú. m. en pl. I Conjunto de instrumentos u otras cosas necesarias para desempeñar un servicio o ejercer una profesión.

materialismo m. Doctrina filosófica que admite como única sustancia la materia y niega la espiritualidad.

materializar tr. Considerar como material lo que no lo es. I r. Dejarse dominar por la materia.

maternidad f. Estado o calidad de madre. I Tratamiento de las superioras de algunas órdenes religiosas.

materno, na adj. Perteneciente a la madre. I Díc. de la lengua de un país, respecto de los naturales de él.

matinal adj. De la mañana.

matiz m. Unión de los colores de un cuadro, bordado, etc. I Cada una de las gradaciones de un color o de un sonido musical. I fig. Rasgo y tono de especial colorido y expresión en las obras literarias; grado o variedad que no altera la sustancia o esencia de una cosa inmaterial.

matizar tr. Juntar, casar diversos colores con grata proporción, I Dar determinado matiz a un color. I fig. Graduar con delicadeza sonidos o expresiones de conceptos espirituales.

matón m. Espadachín y pendenciero.

matorral m. Terreno inculto, matoso y lleno de maleza.

matraca f. Instrumento de madera que substituye a la campana en Semana Santa, y consiste en una rueda de tablas, con unos mazos que, al girar, produce ruido desapacible. I Instrumento consistente en un tablero y unos mazos que, al sacudirlo, produce ruido desapacible. I fig. Importunación, insistencia molesta en un tema o pretensión.

matraz m. Vasija esférica de vidrio o cristal, con cuello angosto y recto, muy usada en los laboratorios químicos.

matrero, ra adj. Astuto, diestro. I Suspicaz, receloso. I Fugitivo que vive en despoblado.

matriarcado m. Orden social primitivo en que las mujeres ejercían gran autoridad en la familia.

matricaria f. Planta compuesta, olorosa, cuyas flores se usan en cocimiento como antiespasmódico.

matricida com. Persona que mata a su madre.

matricidio m. Delito del matricida.

matrícula f. Lista de nombre de las personas inscriptas para un fin. I Documento en que se acredita este asiento.

matricular tr. Inscribir o hacer inscribir el nombre de uno en la matrícula. I Inscribir las embarcaciones mercantes nacionales en el registro del distrito marítimo a que pertenecen. I r. Hacer uno que inscriban su nombre en la matrícula.

matrimonio m. Unión legal de varón y mujer. I Sacramento mediante el cual se celebra solemnemente esta unión con carácter religioso. I fam. Marido y mujer.

matriz f. Órgano femenino en que se desarrolla el nuevo ser hasta el momento de su nacimiento. I Molde en que se funden cualesquiera objetos de metal. I Parte del libro talonario que queda encuadernada al cortar los talones, cheques, títulos, etc., que la forma. I Grupo de cantidades, términos o elementos, dispuestos en líneas horizontales y verticales, que gozan de importantes propiedades. I Roca en cuyo interior se ha formado un mineral.

matrona f. Madre de familia noble y virtuosa. I Comadre, comadrona. I Mujer encargada de registrar a las personas de su sexo en aduanas, fielatos, etc.

matusalén m. Hombre muy anciano.

matutino, na adj. Perteneciente o relativo a las horas de la mañana. I Que ocurre o se hace por la mañana.

maula f. Cosa inútil y despreciable. I Retal. I Engaño, dolor, artificio. I com. fig. Persona perezosa, remolona o poco diligente.

maulería f. Puesto de venta de retales. I Hábito o condición de quien engaña con maulas.

maulero, ra m. y f. Persona embustera y tramposa.

maullar intr. Dar maullidos.

maullido m. Voz del gato parecida a la palabra miau.

máuser m. Fusil de repetición inventado por los armeros alemanes Wilhelm y Paul Mauser.

mausoleo m. Sepulcro magnífico y suntuoso.

maxilar adj. Perteneciente o relativo a la quijada o a la mandíbula.

máxima f. Regla, proposición o principio generalmente admitido. I Sentencia, apotegma o doctrina moral.

máximo, ma adj. sup. de grande.

maxvelio m. Unidad de flujo de inducción magnética en el sistema cegesimal.

maxwell m. Nombre del maxvelio en la nomenclatura internacional.

maya Palabra hindú. Maya es la fuerza insondable e indescriptible que reside en la realidad última, en Isvara (Brahmán-Atmán); esta fuerza proyecta de sí el universo material y todo lo que contiene.

mayal m. Palo de molino, tahona, noria o malacate, del cual tira la caballería. I Instrumento compuesto de dos palos unidos por una cuerda, con que se desgrana el centeno.

mayestático, ca adj. Relativo a la majestad.

mayéutica f. Obstetricia, tocología. I Método socrático consistente en preguntar al discípulo de tal modo que éste llegue por sí solo a conclusiones verdaderas.

mayo m. Quinto mes del año, tiene 31 días.

mayólica f. Loza común con esmaltes metálicos.

mayonesa f. Mahonesa (salsa).

mayor adj. comp. de grande. Que excede a una cosa en cantidad o calidad. I Unido a diversos substantivos significa principal, primero en calidad, categoría, edad, etc. I m. Superior, jefe. I Oficial primero de una oficina. I En ciertos ejércitos, comandante. I pl. Abuelos, antepasados.I

mayoral m. Pastor principal de los rebaños. I El que gobierna el tiro de una diligencia u otro carruaje análogo. I Capataz de una cuadrilla de jornaleros.

mayorazgo m. Antigua institución que perpetua en la familia la propiedad de ciertos bienes. I Conjunto de estos bienes vinculados. I Su poseedor. I Hijo mayor de quien disfruta mayorazgo. I Hijo primogénito. I Primogenitura.

mayordomía f. Cargo de mayordomo, o administrador. I Oficina de éste.

mayordomo m. Criado principal a cuyo cargo está el gobierno económico de una casa; jefe del servicio. I El que administra los fondos y cuida de las funciones de una congregación o cofradía.

mayoría Calidad de mayor. I Mayor edad. I Mayor número de votos conformes en una votación.

mayorista m. El que en los antiguos estudios de gramática, estaba en la clase de mayores. I Comerciante, que vende por mayor.

mayoritario, ria adj. Perteneciente o relativo a la mayoría.

mayúsculo, la adj. Que excede mucho de lo común. I Díc. de la letra de mayor tamaño y distinta figura que la minúscula.

maza f. Arma antigua de palo guarnecido de hierro, o toda de hierro, con cabeza gruesa. I Instrumento de madera que sirve para machacar.

mazacote m. Barrilla (cenizas de la planta de igual nombre). I Hormigón (mezcla de piedra menuda y cal o cemento). I fig. Objeto de arte no bien concluido y más sólido que elegante. I fig. Cualquier vianda o cosa de masa que está seca, dura y pegajosa.

mazapán m. Pasta de almendras molidas y azúcar, cocida al horno.

mazar tr. Golpear, batir la leche dentro de un odre para separar la manteca.

mazmorra f. Prisión subterránea.

mazo m. Martillo grande de madera. I Porción de mercaderías y otras cosas juntas, atadas o unidas formando grupo.

mazorca f. Husada. I Espiga de frutos muy juntos y apretados, como la del maíz. I Baya del cacao.

mazurca f. Danza que se bailaba al compás de tres por cuatro. I Música de esta danza.

me Dativo o acusativo del pronombre personal de la primera persona, en género masculino o femenino y número singular. Puede usarse como sufijo.

meada f. Porción de orina expelida de una vez..

meandro m. Recoveco de un río o de un camino.

mear intr., tr. y r. Orinar.

meato m. Cada uno de ciertos orificios o conductos del cuerpo I Cada uno de los diminutos espacios huecos que hay en el tejido celular de los vegetales.

mecánica f. Parte de la física que estudia el movimiento, las fuerzas que los producen y las condiciones de equilibrio de los cuerpos.

mecanicismo m. Sistema biológico que pretende explicar los fenómenos vitales por las leyes de la mecánica.

mecánico, ca adj. Relativo a la mecánica. I Que se ejecuta por un mecanismo o máquina. I Perteneciente o relativo a los oficios y trabajos manuales. I m. El que profesa la mecánica. I El que maneja y arregla máquinas.

mecanismo m. Artificio o estructura de algún cuerpo, y combinación de sus órganos, piezas o partes constitutivas. I Medios prácticos usados en las artes.

mecanizar tr. Reemplazar la fuerza animal o la actividad humana por máquinas o medios mecánicos.

mecano m. Juguete infantil, consistente en una serie de piezas metálicas, con las cuales se arman y construyen diversos objetos.

mecanografía f. Arte de escribir con máquina.

mecanografiar tr. Escribir con máquina.

mecanógrafo, fa m. y f. Persona diestra en la mecanografía, y especialmente quien la tiene por oficio.

mecedora f. Silla de brazos cuyos pies descansan en dos arcos, propia para mecerse quien se sienta en ella.

mecenas m. fig. Persona poderosa que protege a los literatos o artistas.

mecer tr. Mover, agitar revolver un líquido. I Mover acompasadamente con ritmo de vaivén.

mecha f. Cuerda o cinta combustible que se pone en ciertos aparatos del alumbrado y en las velas y bujías. I Tejido de algodón, preparado para que arda con facilidad, que se usa para encender cigarros.

mechar tr. Meter mechas de tocino en la carne y otras viandas.

mechero m. Cañutillo donde se pone la mecha para alumbrar. I Cañón del candelero, en donde se coloca la vela. I Boquilla de un aparato de alumbrado. I Encendedor de bolsillo.

mechón m. aum. de mecha. I Porción separada de un conjunto de pelos, hebras o hilos.

medalla f. Pieza de metal acuñado con alguna figura, símbolo o emblema. I Medallón. I Distinción honorífica o premio que suele concederse en exposiciones o certámenes.

medallón m. aum. de medalla. I Bajo relieve redondo u ovalado. I Joya en forma de cajita chata, donde suele encerrarse alguna miniatura, algún rizo, u otra cosa que se estima como recuerdo.

médano m. Duna. I Montón o banco de arena, casi a flor de agua.

media f. Prenda de punto que cubre el pie y la pierna. I Mitad de algunas cosas, especialmente de unidad es de medida. I Promedio, media aritmética.

mediacaña f. Moldura cóncava, de perfil semicircular, por lo común. I Formón de boca curva. I Lima semicilíndrica terminada en punta.

mediación f. Acto de mediar.

mediado, da adj. Que sólo contiene la mitad de su cabida.

mediador, ra adj. y s. Que media.

medialuna f. Cualquier cosa en forma de medialuna. I Pan o bollo en forma de medialuna. I Fortificación de los baluartes.

mediana f. Taco largo de billar, propio para jugar las bolas distantes de las barandas. I Corre a que sujeta el barzón al yugo de las yuntas. I Recta que une un vértice de un triángulo con el punto medio del lado opuesto.

medianero, ra adj. Que está entre dos cosas. I Dícese de la pared común a dos casas contiguas. I Dícese de quien media o intercede por alguien. Ú. t. c. s. I m. Propietario que tiene medianería con otro. I m. y f. Mediero o mediera, persona que va a medias con otra.

medianía f. Término medio entre dos extremos. I fig. Persona que carece de prendas relevantes.

medianil m. Parte de una haza de tierra que está entre la cabezada y la hondonada.

mediano, na adj. De calidad intermedia. I Moderado; ni muy grande ni muy pequeño.

medianoche f. Hora en que el Sol está opuesto al mediodía.

mediante p. a. de mediar. Que media. I adv. m. Por medio de, a cambio de; en atención, por razón.

mediar intr. Llegar a la mitad de una cosa. I Interceder o rogar por uno. I Interponerse entre los que riñen o contienden para reconciliarlos.

mediatizar tr. Privar al gobierno de un estado de la autoridad suprema que pasa a otro estado, pero conservando aquél la soberanía nominal.

mediato, ta adj. Que está próximo a una cosa mediando otra entre las dos.

medicación f. Administración metódica de los medicamentos. I Conjunto de medicamentos y medios conducentes a un fin terapéutico.

medicamento m. Toda sustancia curativa.

medicar v. tr. Administrar medicinas. Ú. t. c. r.

medicina f. Ciencia de curar y prever las enfermedades. I Medicamento.

medicinal adj. Perteneciente a la medicina. I Saludable, curativo. I Que contiene alguna sustancia medicamentosa.

médico, ca adj. Relativo a la medicina. I Medo, perteneciente a la Media. I m. y f. Persona que legalmente ejerce la medicina.

medicolegal adj. Perteneciente o relativo a la medicina legal o forense.

medida f. Estimación de una cantidad, hecha según su relación con otra cantidad que se toma como unidad. I Lo que sirve para medir. I Acción de medir.

medidor, ra adj. y s. Que mide. I m. Fiel medidor. I Contador.

mediero, ra m. y f. Persona que hace o vende medias. I Persona que va a medias con otra en la explotación de tierras.

medieval adj. Relativo a la Edad Media de la historia.

medio, diera adj. Igual a la mitad de una cosa. I Que corresponde a los caracteres o condiciones más generales de un grupo social, pueblo, época, etc. I m. Parte que en una cosa equidista de sus extremos. I Centro, o arte central de una cosa. I pl. Caudal, rentas, o hacienda que uno posee. I adv. No del todo, no enteramente, no por completo.

mediocre adj. Mediano.

mediocridad f. Estado de una cosa entre grande y pequeño, entre bueno y malo.

mediodía m. Hora en que el Sol está en el punto más alto sobre el horizonte.

mediopié m. Parte media del pie, formada por el escafoides, el cuboides y las tres cuñas.

medir tr. Estimar o evaluar una magnitud comparándola con otra de su misma especie tomada por unidad. Ciertas magnitudes, como el calor, se evalúan de un modo indirecto. I Examinar si un verso tiene la medida que le corresponde. I r. fig. Contenerse o moderarse en decir o ejecutar una cosa.

meditabundo, da adj. Que medita, cÁvila, o reflexiona en silencio.

meditar tr. Pensar, reflexionar profundamente, discurrir.

mediterráneo, a adj. Dícese de lo que está rodeado de tierra. Ú. t. c. s. I Dícese de la fiebre muy intensa con temperatura irregular, sudor y recaídas. I Perteneciente al mar Mediterráneo o a los territorios que baña.

médium m. Díc de la persona que reúne condiciones para que se manifiesten en ella los fenómenos magnéticos, o los espiritistas.

medrar Crecer, tener aumento los animales y plantas. fig. Mejorar la fortuna y reputación, etc.

medro m. Medra. I pl. Progresos, mejoras, disposición de crecer.

medroso, sa adj. Temeroso, pusilánime.

médula o medula f. Sustancia grasa y blanca contenida en el interior de ciertos huesos. I Sustancia esponjosa que se halla dentro de los tallos y raíces de muchos vegetales.

medusa f. Acalefo de cuerpo gelatinoso en forma de campana o de casquete esférico, provisto de tentáculos y adornado, por lo común de vivos colores.

mefítico, ca adj. Dícese de lo que, respirado, puede producir daño, y especialmente cuando es fétido.

mega- Prefijo que con el significado de un millón se emplea para formar nombres de múltiplos de determinadas unidades.

megáfono m. Especie de bocina de gran tamaño, utilizada para reforzar la voz cuando hay que hablar a gran distancia.

megalítico, ca adj. Propio del megalito o perteneciente a él. I Dícese de los monumentos antiquísimos construidos con megalitos o grandes piedras sin labrar.

megalito m. Piedra grande de los monumentos prehistóricos. I Monumento construido con grandes piedras sin labrar, muy común en la remota antigüedad.

megalomanía f. Manía de grandezas.

megalómano, na adj. y s. Que padece megalomanía.

megaterio m. Mamífero desdentado, fósil.

megatón m. Unidad empleada para comparar la fuerza explosiva de las bombas atómicas, y equivalente a la de un millón de toneladas de trilita.

meiosis f. Conjunto de cambios que se producen en el núcleo durante la maduración de las células sexuales.

mejilla f. Cada una de las dos prominencias faciales que hay en el rostro humano debajo de los ojos.

mejillón m. Molusco lamelibranquio marino.

mejor adj. comp. de bueno. Superior a otra cosa y que la excede en una cualidad natural o moral.

mejora f. Medra, aumento, progreso.

mejorana f. Planta labiada, aromática, que se usa en medicina como espasmódico.

mejorar tr. Adelantar, acrecentar una cosa, hacerla mejor de lo que era.

mejoría f. Mejora, medra. l Alivio en un padecimiento.

mejunje m. Droga o medicamento compuesto de varios ingredientes.

melado, da adj. De color de miel. l m. Jarabe que se obtiene por evaporización del zumo purificado de la caña de azúcar antes de concentrarlo para que cristalice.

melampo m. Candelero con pantalla, de que se sirve el traspunte.

melancolía f. Tristeza vaga, profunda sosegada y permanente. l Monomanía en que dominan las afecciones morales tristes.

melancólico, ca adj. Perteneciente a la melancolía. l Que tiene melancolía. Ú. t. c. s.

melánico, ca adj. Dícese de los animales que presentan coloración negra o parda oscura sin ser la habitual entre los miembros de su especie.

melanina f. Pigmento de color negro o pardo negruzco, que existe en el protoplasma de ciertas células de los vertebrados y al cual deben su color la piel, el pelo, etc.

melar adj. y s. Que sabe a miel. l intr. Dar la segunda cochura al zumo de la caña de azúcar. l Hacer miel las abejas. Ú. t. c. tr.

melastomáceas f. pl. Familia de plantas dicotiledóneas tropicales, de flores hermafroditas y fruto en baya o cápsula.

melaza f. Líquido viscoso, oscuro y de sabor dulce, que queda como residuo de la fabricación del azúcar.

melena f. Cabello colgante por junto al rostro o por la parte posterior del cuello. l Cabello suelto. l Crin de león.

melenudo, da adj. Que tiene el pelo largo y abundante.

meliáceo, a adj. y a. Dícese de planta dicotiledóneas, árboles y arbustos, de las regiones cálidas, con flores en panoja y fruto capsular; como la caoba y el cinamomo.

melífero, ra adj. poét. Que tiene o lleva miel.

melifluo, a adj. Que tiene miel o se parece a ella. l fig. Dulce, delicado y tierno.

melindre m. Delicadeza afectada.

melindrear intr. Hacer melindres, usar de afectada y nimia delicadeza.

melindroso, sa adj. y s. Que afecta excesiva y nimia delicadeza.

mella f. Hueco, rotura, hendidura en el filo de una arma o en el borde de una arma o en el borde de otra cosa. l Vacío o hueco en una cosa por falta de lo que la ocupaba.

mellado, da adj. Que tiene mella. l Falto de algún diente.

mellar tr. y r. Hacer mellas.

mellizo, za adj. y s. Nacido del mismo parto, gemelo.

melocotón m. Melocotonero. l Su fruto.

melocotonero m. Árbol rosáceo, variedad del pérsico, y cuyo fruto es el melocotón.

melodía f. Dulzura y suavidad de la voz cuando se canta o de un instrumento cuando se toca. l Parte de la música que trata de la elección y número de sonidos y de la forma en que han de sucederse en la composición musical.

melodrama m. Drama puesto en música; ópera. l Libreto de la ópera. l Especie de drama de acción complicada y jocoseria, destinado a despertar curiosidad y emoción.

melomanía f. Amor excesivo a la música.

melón m. Planta cucurbitácea de tallos rastreros y fruto elipsoidal de carne olorosa, dulce y aguanosa. l Su fruto. l fig. Sujeto de poca inteligencia. l Meloncillo.

melopea f. Melopeya. l vulg. Borrachera, curda.

meloso, sa adj. Que es de la calidad o naturaleza de la miel o que tiene sus propiedades.

melva f. Pez muy parecido al bonito, pero con las aletas dorsales muy separadas.

membrana f. Piel delgada. l Tejido orgánico flexible y delgado que cubre vísceras, segrega humores, etc.

membrete m. Memoria o anotación que se hace de lo esencial de una cosa. l Nombre o título de una persona o corporación puesto a la cabeza o al pie de un escrito dirigido a ella. l Nombre o título de la persona o corporación que expide un escrito, estampado en el papel de escribir, en el sobre, etc.

membrillo m. Arbusto rosáceo, de flores róseas y fruto en poma amarilla, muy aromática, de carne áspera y semillas mucilaginosas. l Su fruto.

memo, ma adj. y s. Tonto, simple, necio, mentecato.

memorable adj. Digno de recuerdo.

memorando m. Librito en que se apuntan las cosas que hay que recordar.

memorándum m. Memorando, que es debe decirse, según la Real Academia de la Lengua.

memorar tr. Recordar alguna cosa.

memoria f. Facultad del intelecto por medio de la cual se retienen las ideas adquiridas y se recuerda lo pasado. l Recuerdo. l Fama, gloria. l Disertación escrita sobre alguna materia. l Relación de gastos o especie de inventario. l Monumento para recuerdo o gloria de algo. l pl. Saludo afectuoso a un ausente.

memorial m. Cuaderno de apuntes o notas. l Escrito en que se solicita una merced o gracia. l Publicación oficial de algunas colectividades.

memorismo m. Práctica pedagógica en que se da más importancia a la memoria que a la inteligencia.

mena f. Pez acantopterigio de cuerpo comprimido y carne poco apreciada. l Mineral metalífero tal como se extrae del criadero.

menaje f. Conjunto de los muebles y enseres de una casa.

mención f. Recuerdo, memoria o referencia que se hace de una persona o cosa.

mencionar tr. Hacer mención de una persona. l Referir, recordar y contar una cosa.

mendacidad f. Costumbre de mentir.

mendaz adj. y s. Mentiroso.

mendelevio m. Elemento radiactivo artificial.

mendicante adj. y s. Que mendiga o pide limosna. l Dícese de las órdenes religiosas que piden limosna por instituto.

mendicidad f. Acción de mendigar. l Condición o estado de mendigo.

mendigar tr. Pedir limosna, l fig. Solicitar algo con importunidad y humillación.

mendigo, ga m. y f. Persona que habitualmente pide limosna.

mendrugo m. Pedazo de pan duro, sobrante o desechado. l adj. fig. Rudo, zoquete.

menear tr. y r. Mover o agitar una cosa de una parte a otra. l fig. Manejar, gobernar dirigir un negocio.

menester m. Falta o necesidad de una cosa. l Ejercicio, ocupación, empleo. l pl. Necesidades corporales precisas. l Instrumentos, útiles, enseres necesarios para un fin.

menesteroso, sa adj. y s. Falto, necesitado, que carece de algo.

menestra f. Guisado de hortalizas y carne o jamón. l Legumbre seca. Ú. t. m. en pl. l Ración de legumbres secas, guisadas o cocidas que se da en algunos establecimientos.

menestral, la m. y f. Persona que gana de comer en un oficio mecánico.

mengano, na m. y f. Nombre que se usa en el mismo sentido que fulano y zutano, pero siempre después del primero.

mengua f. Acción de menguar. l Falta o defecto de una cosa que no está cabal. l Pobreza, necesidad y escasez. l fig. Descrédito, deshonor.

menguado, da adj. Cobarde, apocado. l Tonto, simple. l Miserable, ruin.

menguar intr. Disminuir o irse consumiendo. l Hacer los menguados en las calcetas. l Disminuir la parte iluminada de la Luna, visible desde la Tierra. l tr. Amenguar.

menhir m. Monumento megalítico constituido por una piedra larga hincada verticalmente sobre el suelo.

menina f. Señora que desde niña entraba al servicio de la reina o de las infantas niñas.

meninge f. Cada una de las tres membranas que envuelven todo el sistema nervioso central, tanto el encéfalo como la medula.

meningitis f. Inflamación de las meninges.

menino m. Caballero que desde niño servía a la reina o a los príncipes niños. l fam. Niño.

menisco m. Cartílago que forma parte de las articulaciones de la rodilla.

mejunje m. mejunje.

menopausia f. Cesación natural de la menstruación de la mujer.

menor adj. comp. de pequeño. l Que tiene menos cantidad o es más pequeño que otra cosa de su especie.

menos adv. comp. que denota idea de falta, disminución, restricción, inferioridad, limitación, etc. l adv. m. Excepto, salvo.

menoscabar tr. Disminuir las cosas, quitándoles una parte; reducirlas a menos. Ú. t. c. r. l fig. Deteriorar y deslustrar una cosa. l fig. Causar descrédito en la honra o en la fama.

menoscabo m. Efecto de menoscabar o menoscabarse.

menospreciar tr. Tener a una persona o cosa en menos de lo que merece. l Despreciar, desdeñar.

menosprecio m. Poco aprecio, poca estimación. l Desprecio, desdén.

mensaje m. Recado oral que se envía a alguien. l Comunicación oficial entre el poder legislativo y el ejecutivo o entre los cuerpos colegisladores. l Aportación religiosa, moral, intelectual o estética de una persona, doctrina u obra; trasfondo o sentido profundo transmitido por una obra intelectual o artística.

mensajero, ra adj. y s. Díc. de la carta que se envía a una persona ausente. l Díc. de la paloma que se utiliza para enviar mensajes. l m. y f. Persona que lleva algún recado, despacho o noticia.

menstruación f. Menstruo de la mujer.

menstruo m. Sangre que todos los meses evacuan naturalmente las mujeres y las hembras de ciertos animales.

mensual adj. Que sucede, se hace o se repite cada mes. l Que dura un mes.

mensualidad f. Sueldo o salario que se abona mensualmente.

ménsula f. Adorno arquitecínico saliente o voladizo, que sirve para sostener alguna cosa: arranque de arco, clave de una bóveda, etc.

mensura f. Medida.

mensurable adj. Que se puede medir.

mensurar tr. Medir.

menta f. Hierbabuena. Nombre dado generalmente a la especie menta piperita, muy apreciada por la esencia que se extrae de ella.

mentado, da p.p. de mentar. l adj. Que tiene fama.

mental adj. Relativo a la mente.

mentalidad f. Capacidad, actividad mental. l Cultura y modo de pensar que caracteriza a una persona o un conjunto de ellas.

mentar tr. Nombrar, mencionar.

mente f. Potencia intelectual del alma. l Designio, pensamiento, propósito, voluntad.

mentecatería f. Tontería, necedad, falta de juicio.

mentecato, ta adj. y s. Tonto, fatuo, simple, necio.

mentir intr. Decir, expresar algo contrario a lo que se sabe, cree o pienas. l Engañar. l Fingir o disfrazar una cosa. l Inducir a error. l Falsificar, contrahacer algo.

mentira f. Expresión contraria a lo que se sabe, cree o piensa. Errata en escritos o impresos. l fig. Manchita blanca en las uñas.

mentiroso, sa adj. Que acostumbra mentir. l Engañoso, aparente, fingido, falso.

mentís m. Voz designativa con que se desmiente a alguien. l Hecho o demostración que contradice o niega categóricamente un aserto.

mentol m. Parte sólida de la esencia de menta.

mentón m. Barbilla.

mentor m. fig. Consejero o guía de otro. l fig. El que sirve de ayo.

menú m. Minuta, lista de los platos de una comida.

menudear tr. Hacer algo muchas veces. l intr. Caer o suceder con frecuencia alguna cosa.

menudencia f. Pequeñez de una cosa. l Cosa baladí. l pl. Despojos y trozos pequeños que quedan de menudear.

menudillo m. Articulación situada entre la caña y la cuartilla de los cuadrúpedos. l pl. Entrañas de las aves.

menudo, da adj. Pequeño, chico o delgado. l Despreciable, de escasa importancia.

meñique adj. y s. Díc. del dedo quinto y más pequeño de la mano. l fam. Muy pequeño.

meollo m. Seso (masa nerviosa contenida en el cráneo). l Medula. l fig. Sustancia o lo más principal de una cosa.

meón, na adj. y s. Que mea mucho o con frecuencia. l Díc. de aquella niebla de la cual se desprenden gotas menudas.

mequetrefe m. Hombre entremetido y de poco provecho.

meramente adj. Solamente, puramente, simplemente.

mercachifle m. Buhonero. l despect. Mercader de poco fuste.

mercadear intr. Comerciar con mercancías.

mercadería f. Mercancia.

mercado m. Comercio público en sitio y día señalados al efecto. l Sitio en que se celebra, y concurrencia de gente que acude a el. l Plaza o país de reconocida importancia comercial.

mercadotecnia f. Marketing.

mercancía f. Comercio, trato de comprar y vender géneros. l Cosa que se hace objeto de trato y venta.

mercante m. Díc. del buque de empresa particular destinado a transportar mercancías.

mercantil adj. Perteneciente o relativo al mercader, a la mercancía o al comercio.

mercantilismo m. Espíritu mercantil, tendencia a considerar todas las cosas desde el punto de vista mercantil. l m. Sistema económico que atiende en primer término al desarrollo del comercio, y considera la posesión de metales preciosos como signo característico de riqueza.

mercar tr. y r. Comprar.

merced f. Premio, galardón, recompensa, beneficio, dádiva, gracia. l Tratamiento de cortesía.

mercenario, ria adj. y s. Aplícase a la tropa asalariada que sirve a un gobierno extranjero. l Asalariado que supedita de manera indecorosa su voluntad a la merced ajena.

mercería f. Comercio de cosas menudas y de poco valor, como cintas, botones, etc. l Conjunto de artículos de esta clase. l Tienda en que se venden.

mercero, ra m. y f. Persona que comercia en artículos de mercería.

merchante adj. Mercante. l m. Comerciante ambulante.

mercurio m. Metal blanco, líquido a la temperatura ordinaria.

merecer tr. Hacerse uno digno de premio o de castigo. l Lograr, conseguir. l Tener cierta estimación una cosa. l intr. Hacer méritos, ser digno de premio.

merecido, da m. Castigo de que se juzga digno a alguno.

merecimiento m. Acción de merecer. l Mérito.

merendar intr. Tomar la merienda. l tr. Tomar tal o cual cosa en la merienda.

merendero m. Sitio en que se merienda. l Establecimiento en que se sirven meriendas.

merengar tr. Batir la nata de la leche hasta que quede montada.

merengue f. Dulce de claras de huevos con azúcar y cocido al horno.

meridiano, na adj. Perteneciente o relativo a la hora del mediodía. l m. Círculo máximo de la esfera celeste, que pasa por los polos del mundo y por el cenit y el nadir del punto de la Tierra a que se refiere.

meridional adj. Relativo al Sur.

merienda f. Comida ligera hecha por la tarde.

merino, na adj. y s. Díc. de las reses lanares de hocico grueso y ancho, nariz con arrugas transversas y lana muy fina, corta y rizada.

mérito m. Acción que hace a una persona digna de premio o de castigo.

meritorio, ria adj. Digno de premio o galardón. l m. Empleado que trabaja sin sueldo, haciendo meritos para obtener una plaza remunerada.

merluza f. Pez anacantino, marino, de cuerpo casi cilíndrico, con el dorso de color gris oscuro y el vientre plateado, cuya carne es blanca y muy estimada.

merma f. Acción de mermar. l Porción que disminuye o se gasta de una cosa.

mermar intr. y r. Disminuirse una cosa consumirse parte de ella. l tr. Quitar a alguien parte de aquello que le corresponde.

mermelada f. Conserva de frutas con miel o azúcar.

mero, ra adj. Puro, simple, sin mezcla. l m. Pez acantopterigio, marino, de cuerpo casi oval y achatado, con el dorso de color pardo con manchas azules y el vientre amarillo.

merodeador, ra adj. y s. Que merodea.

merodear intr. Apartarse algunos soldados del cuerpo en que marchan para robar algo. l Por extensión, vagar por las inmediaciones de algún lugar, en general con malas fines.

mes m. Cualquiera de las doce partes o divisiones del año.

mesa f. Mueble compuesto de una tabla grande y lisa sostenida sobre uno o más pies.

mesada f. Lo que se da o paga cada mes.

mesadura f. Acción de mesar o mesarse

mesana amb. Mástil que está más a popa en el buque de tres palos. l f. Vela que se pone en este mástil envergada en un cangrejo.

mesar tr. y r. Arrancar los cabellos o barbas con las manos.

mesero, ra m. y f. Camarero o camarera de café.

meseta f. Piso horizontal en que termina un tramo de escalera. l Terreno elevado llano, de gran extensión, rodeado de valles barrancos.

mesnada f. Compañía de soldados u hombres de armas que Serbia a un señor feudal o al rey.

mesocarpio m. Parte media de las tres que forman el pericarpio de los frutos.

mesocéfalo, la adj. Díc. de la forma de cráneo con índice cefálico horizontal, intermedio entre el de los braquicéfalos y los dolicocéfalos.

mesocracia f. Forma de gobierno en que tiene preponderancia la clase media.

mesón m. Casa en que, mediante pago, se da albergue a viajeros, caballerías y carruajes.

mesonero, ra adj. Relativo al mesón. l m. y f. Dueño o dueña de un mesón.

mesosfera f. Capa de la atmósfera terrestre, que está comprendida entre 50 y 80 kilómetros de altitud, o sea encima de la estratósfera y debajo de la termosfera.

mesoterapia f. Tratamiento de las enfermedades mediante múltiples inyecciones intradérmicas, de pequeñas dosis de distintos medicamentos, practicadas en la región afecta.

mesotórax m. Parte media del pecho. l Segmento medio del tórax de los insectos.

mesotrón m. Partícula elemental del atómo, que tiene una carga eléctrica igual a la del electrón, pero positiva, y una masa 190 veces mayor aproxidamente.

mesozoico, ca adj. Díc. de la era geológica, llamada también secundaria, comprendida entre la paleozoica o primaria y la neozoica o terciaria. Comprende los periodos triásico, jurárisco y cretáceo. l Díc. del terreno correspondiente a esta era. Ú. t. c. s.

mestizaje Cruzamiento de razas. l Conjunto de mestizos.

mestizo, za adj. Díc. del individuo nacido de padre y madre de raza diferente, en especial del hijo de blanco e india o indio y blanca. Ú. t. c. s. l Aplícase al animal o vegetal que resulta de haberse cruzado dos razas distintas.

mesura f. Moderación, comedimiento.

mesurado, da adj. Mirado, circunspecto. l r. Contenerse, moderarse.

mesurar tr. Infundir mesura. l r. Contenerse, moderarse.

meta f. Pilar que señalaba cada uno de los dos extremos del muro bajo situado en medio del circo romano, alrededor del cual corrían los carros y caballos. l Término señalado a una carrera. l Fin que se persigue. l prep. insep. que con la significación de *junto a*, *despues*, *entre* o *con* se usa en la formación de palabras compuestas.

metabolismo m. Conjunto de transformaciones materiales o de procesos químicos desarrollados en todo organismo vivo.

metacarpiano adj. Díc. de cada uno de los cinco huesos del metacarpo.

metacarpo m. Parte de la mano comprendida entre el carpo y los dedos.

metafísica f. Parte de la filosofía que trata del ser como tal, y de sus propiedades, principios y causas primeras. l fig. Modo de discurrir con sobrada sutileza. l fig. Lo que así se discurre.

metáfora f. Figura retórica que consiste en trasladar el sentido recto de las voces en otro figurado en virtud de una comparación tácita.

metagoge f. Metáfora consistente en aplicar voces significativas de propiedades sensitivas a cosas inanimadas.

metal m. Cualquiera de ciertos cuerpos simples que son sólidos a la temperatura ordinaria-a excepción del mercurio.

metálico, ca adj. De metal. l Relativo al metal. l m. Dinero en especie amonedada.

metalizar tr. Hacer que una sustancia adquiera propiedades metálicas.

metalografía f. Tratado acerca de los metales.

metaloide m. Cualquiera de ciertos cuerpos simples que son malos conductores del calor y de la electricidad, suelen tener poco peso específico, en relación con el que poseen los metales.

metalurgia f. Arte de beneficiar los minerales y de extraer y elaborar los metales que contienen.

metamorfismo m. Transformación natural que suelen experimentar ciertos minerales y también algunas rocas.

metamorfosis f. Transformación de una cosa en otra. l fig. Mudanza, cambio de un estado a otro. l Cambio de forma y de género de vida que experimentan muchos animales durante su desarrollo.

metano m. Hidrocarburo compuesto de un átomo de carbono y cuatro de hidrógeno.

metaplasmo m. Cualquiera de las figuras de dicción.

metapsíquica f. Estudio de los fenómenos que están fuera de los límites de la conciencia normal y común, de los que hasta ahora no se ha dado una explicación satisfactoria.

metástasis f. Reproducción de una enfermedad en órganos distintos de aquel en que se presentó primero.

metatarso m. Parte del pie comprendida entre el tarso y los dedos.

metatórax m. Parte posterior del tórax de los insectos, situada entre el mesotórax y el abdomen.

metazoo adj. y s. Díc. de los animales cuyo cuerpo está constituido por un gran numero de células diferenciadas y agrupadas formando los órganos y tejidos; como los vertebrados, los moluscos y los gusanos.

metempsicosis f. Doctrina religiosa y filosófica que sostiene el paso del alma, después de la muerte, a otro cuerpo, que puede ser humano o animal, o a una planta o a un objeto. l Transmigración de las almas menos perfectas.

meteorismo m. Abultamiento del vientre por efecto de los gases encerrados en el.

meteorito m. Fragmento de un bólido que, por la resistencia que encuentra a su movimiento al frotar en el aire atmosférico, se incendia y la parte del mismo que no se ha consumido acostumbra a explotar, con o sin ruido, y caer en el suelo.

meteoro m. Cualquiera de los fenómenos atmosféricos, los cuales pueden ser aéreos, como el viento acuosos, como la lluvia y el granizo; luminosos, como el arco iris, eléctricos, como el rayo y la aurora boreal, sonoros, como el trueno.

meteorología f. Parte de la física que tiene por objeto el estudio de los diferentes fenómenos físicos que se produce en la atmósfera.

meteorólogo, ga m. y f. Persona que profesa la meteorología o tiene en ella especiales conocimientos.

meter tr. Encerrar, introducir una cosa dentro de otra o en alguna parte. Ú. t. c. r. l Introducir contrabando. l Promover, levantar chismes, enredos, etc. l Ocasionar, causar, producir miedo, ruido, etc.

meticuloso, sa adj. medroso, pusilánime. Ú. t. c. s. l Concienzudo, escrupuloso, nimiamente puntual.

metílico, ca adj. Díc. de los compuestos que contienen el radical metilo.

metilo m. Radical hipotético, constituido por un átomo de carbono y tres de hidrógeno, que entra en la composición del alcohol metílico y de otros cuerpos orgánicos.

metódico, ca adj. Que se hace con método. l Que usa de método y orden.

método m. Modo de hablar u obrar con orden. l Modo o costumbre de obrar peculiar en cada cual. l Orden que se sigue en las ciencias para investigar o enseñar la verdad.

metodología f. Ciencia del método.

metonimia f. Figura retórica que consiste en designar una cosa con el nombre de otra, tomando el efecto por la causa o viceversa.

metraje m. Conjunto de metros de una película cinematográfica.

metralla f. Munición menuda con que se cargan las piezas de artillería.

metrallazo m. Disparo hecho con metralla por una pieza de artillería.

metralleta f. Arma de fuego portátil que repite automáticamente los disparos.

métrica f. Arte que trata de la medida o estructura de los versos, de sus especies y de las combinaciones que con ellos pueden hacerse.

métrico, ca adj. Perteneciente al metro o medida. | Perteneciente al metro o medida del verso.

metrificación f. Versificación.

metro m. Medida del verso. | Unidad de longitud, base del sistema métrico decimal. | Apócope de metropolitano (tranvía o ferrocarril subterráneo o aéreo).

metrónomo m. Aparato para medir el tiempo y marcar el compás de las composiciones musicales.

metrópoli Ciudad principal o cabeza de provincia o estado.

metropolitano, na adj. Relativo a la metrópoli. | Arzobispal. | Díc. de los ferrocarriles subterráneos o aéreos del interior de las grandes ciudades. Ú. m. c. s. | m. El arzobispo, respecto de los obispos sus sufragáneos.

mezcla f. Acción de mezclar o mezclarse. | Agregación de sustancias que no se combinan químicamente entre sí.

mezclar tr. y r. Juntar, incorporar una cosa con otra. | r. Meterse entre otros. | Enlazarse unos linajes con otros.

mezcolanza f. fam. Mezcla extraña, confusa y a veces ridícula.

mezquino, na adj. Pobre, indigente. | Avaro, miserable. | Pequeño, diminuto. | Desdichado, infeliz.

mezquita f. Templo mahometano.

mi Forma de genitivo, dativo y acusativo del pronombre personal de primera persona en género masculino y femenino y número singular. | Tercera nota de la escala.

mi, mis pron. pos. Apócope de mío, mía, míos, mías.

mía f. Fracción de tropa regular marroquí, compuesta de cien infantes o de cien jinetes.

miaja m. f. Migaja.

miar intr. Maullar.

miasma m. Efluvio maligno que se exhala de cuerpos enfermos, aguas estancadas o materias corruptas.

miau Onomatopeya de maúllo del gato. | m. Maullido.

mica f. Mineral compuesto de hojuelas brillantes, elásticas, sumamente delgadas que se rayan con la uña.

micacita f. Roca compuesta de cuarzo y mica, de textura pizarroza y color verdoso.

micelo m. Aparato de nutrición de los hongos.

micha f. fam. Gata, animal.

mico m. Mono de la cola larga.

micología f. Parte de la botánica que trata de los hongos.

micosis f. Grupo de afecciones debidas a diversas especies de hongos.

micra f. Medida de longitud equivalente a la milésima parte de un milímetro.

micro- Prefijo griego que significa 'pequeño'. | m. Apócope de microónmibus.

microbio m. Cualquiera de los seres microscópicos, vegetales o animales, que viven en el aire, en el agua y en toda clase de organismos.

microbiología f. Rama o parte de la biología que trata especialmente de las formas microscópicas de la vida, tales como bacterias, protozoos, etc.

microbús m. Autobús de un número reducido de plazas.

microcéfalo, la adj. y s. Que tiene la cabeza desproporcionada por lo pequeña, con relación al cuerpo.

microcircuito m. Circuito electrónico compacto de elementos de pequeño tamaño. | Conjunto de conexiones e interacciones entre neuronas dentro de los centros nerviosos.

micrococo m. Bacteria esférica.

microcosmo El hombre, considerado como resumen completo del universo o macrocosmo.

microfilme m. Película que se usa preferentemente para fijar en ella, en tamaño reducido, imágenes de impresos, manuscritos, etc., de modo que después es posible ampliarlos en fotografía o proyección.

micrófito m. Planta microscópica, microbio vegetal.

micrófono m. Instrumento que sirve para aumentar la intensidad del sonido y para hacer perceptibles sonidos muy débiles. | En telefonía y radiotelefonía, aparato destinado a la transmisión de la palabra.

microfotografía f. Aplicación del microscopio a la fotografía. | Fotografía de las preparaciones microscópicas. | Conjunto de reglas para obtener tales fotografías.

micrografía f. Descripción de objetos vistos con el microscopio.

micrómetro m. Instrumento para medir cantidades muy pequeñas.

micrón m. Micra.

microohmnio m. Unidad de resistencia eléctrica equivalente a la millonésima parte del ohmio.

microonda f. Onda electromagnética cuya longitud está comprendida en el intervalo del milímetro al metro.

microorganismo m. Microbio.

microprocesador m. chip de control y dirección realizado en forma de microcircuitos integrados.

microscopia f. Construcción y empleo de microscopio. | Conjunto de métodos para la investigación por medio del microscopio.

microscópico, ca adj. Perteneciente o relativo al microscopio. | Tan pequeño que sólo puede verse con el microscopio. | Por extensión, cosa muy pequeña.

microscopio m. Instrumento óptico que sirve para ver y examinar de cerca objetos muy diminutos, previamente preparados, cuyas imágenes amplifica extraordinariamente merced a la disposición de sus lentes.

microsporidio m. Dícese de protozoos intracelulares, con esporas minúsculas, parásitos de otros animales y causantes en especial de epizootias graves en insectos, crustáceos y peces. Ú:t.c. s.

microsurco m. Disco fonográfico en el cual las vibraciones acústicas están impresionadas en ranuras sumamente finas y muy próximas entre sí.

miedo m. Inquietud o angustia causada por la idea de un peligro. | Recelo o aprensión que uno tiene de que le suceda algo que no desea.

miedoso, sa adj. y s. Medroso, pusilánime, que tiene miedo.

miel f. Sustancia espesa, viscosa, amarillenta y muy dulce que elaboran ciertos insectos, especialmente las abejas, a partir del jugo que liban de las flores.

mielga f. Planta leguminosa de raíz larga y recia, con vástagos altos, flores azules y vainas en espiral.

mielina f. Lipoproteína que constituye la vaina de las fibras nerviosas.

mielitis f. inflamación de la médula espinal.

miembro m. Cualquiera de las extremidades del hombre o de los animales articulados con el tronco. l Órgano de la generación en el hombre y en algunos animales. l Individuo que forma parte de una colectividad. l Parte de un todo unida con él. l Parte o pedazo de una cosa separada de ella.

mientras adv. y conj. Durante el tiempo en que.

mierda f. Excremento del hombre y de algunos animales. l fig. Suciedad, porquería.

mies f. Cereal maduro. l pl. Los sembrados.

miga f. Parte interior y más blanda del pan. l Migaja, porción pequeña de una cosa. l fig. Nada o casi nada. l pl. Las del pan que en las comidas caen de la mesa o quedan en ella.

migala f. Género de arañas de gran tamaño, cuerpo grueso, patas fuertes y peludas y color pardo rojizo que viven en los árboles de las regiones muy cálidas y se alimentan de coleópteros y pajarillos.

migar tr. Desmenuzar el pan en porciones muy pequeñas.

migración f. Emigración. l Viaje periódico de las aves, peces u otros animales migratorios.

migraña f. Jaqueca.

migratorio, ria adj. Perteneciente o relativo a los viajes periódicos de ciertos animales.

miguero, ra Perteneciente a las migas. l Entre pastores, díc. del lucero matutino. l Aficionado a las migas.

mihrab m. Nicho u hornacina que en las mezquitas señala el sitio adonde han de mirar los que oran.

mijar m. Terreno poblado de mijo.

mijo m. Planta gramínea, de hojas planas, largas y puntiagudas, de flores en panojas terminales y semilla pequeña redonda, brillante y de color blanco amarillento.

mil adj. Diez veces ciento. l Milésimo. l m. Signo o conjunto de signos del número l Millar. Ú. m. en pl.

milagrería f. Narración de hechos maravillosos que el vulgo suele tomar como milagros.

milagrero, ra adj. Díc. de la persona que fácilmente tiene por milagros y los publica como tales, cosas que suceden naturalmente. l Aplícase a quien finge milagros.

milagro m. Hecho sobrenatural debido al poder divino. l Suceso extraordinario. l Hecho sobrenatural, con un definido fin religioso o moral, en el Curso, ordinario de la naturaleza.

milagroso, sa adj. Sobrenatural. l Que obra o hace milagros. l Asombroso, milagroso, pasmoso.

milano m. Ave rapaz falcónida, diurna.

mildiu m. Enfermedad parasitaria de la vid.

milenario, ria adj. Relativo al número mil o al millar.

milenio m. Período de mil años.

milenrama f. Planta compuesta de flores blancas o rojizas, cuyo cocimiento se ha usado como tónico y astringente.

milésima f. Milésima parte de la unidad monetaria.

mili- Prefijo que significa milésima parte

miliar adj. Del tamaño y la forma de un grano de mijo. l Díc. de la columna o mojón que marcaba la distancia de mil pasos.

miliárea f. Milésima parte de un área.

miliario, ria adj. Relativo a la milla. l Millar.

milicia f. Arte de hacer la guerra. l Profesión o servicio militar. l Tropa, ejército, gente de guerra. l Coros de los ángeles.

miliciano, na adj. Perteneciente a la milicia. l m. Individuo de una milicia.

miligramo f. Mllésima parte de un gramo

mililitro m. Milésima parte de un litro

milímetro Milésima parte de un metro

militar adj. Relativo a la milicia. l Individuo que profesa la milicia. l intr. Servir en la guerra o un partido o en una colectividad.

militarismo m. Predominio del elemento militar en el gobierno del estado.

militarista adj. Partidario del militarismo. Ú. t. c. s. l Relativo a él.

militarizar tr. Inculcar la disciplina o el espíritu militar. l Someter a la disciplina militar.

milla f. Medida itineraria equivalente a 1.852 metros.

millar m. Conjunto de mil unidades. l pl. Número grande indeterminado.

millardo m. Mil millones.

millón m. Mil militares. l fig. Número muy grande indeterminado.

millonario, ria adj. y s. Que posee millones; muy rico, acaudalado.

millonésimo, ma adj. Aplícase a cada una del millón de partes iguales en que se divide un todo.

milonga f. Tonada popular del Río de la Plata, que se canta al son de la guitarra. l Danza que se ejecuta con este son. l Fiesta popular o familiar.

mimar tr. Hacer caricias y halagos. l Tratar con mucho regalo y condescendencia a uno.

mimbre amb. Mimbrera. l Varita de mimbrera.

mimbrera f. Arbusto salicíneo que crece a orillas de los ríos y cuyo tronco se puebla desde el suelo de ramillas largas y flexibles, que se utilizan en obras de cestería. l Mimbreral.

mímesis f. Imitación burlesca de las frase, gestos, etc., de alguien.

mimético, ca adj. Perteneciente o relativo al mimetismo.

mimetismo m. Propiedad que tienen algunos animales y plantas de asimilarse las formas y colores de otros seres o del medio en que ellos viven.

mímica f. Arte de imitar, representar o expresarse por medio de gestos o ademanes.

mimo m. Farsante del género cómico en la antigüedad clásica. l Actor, intérprete teatral que se vale exclusiva o preferentemente de gestos y de movimientos corporales.

mimosa f. Planta leguminosa, de la cual se conocen varias especies notables por la propiedad de contraerse sus hojas si se las toca o a agita.

mimoso, sa adj. Melindroso, delicado y regalón.

mina f. Excavación hecha para extraer algún mineral. l Barrita de grafito o plombagina que se pone en los lapiceros. l fig. Aquello que abunda en cosas dignas de aprecio, o útiles. l Galería subterránea con una recámara llena de una sustancia explosiva, para que dándole fuego arruine las fortificaciones. l

Artefacto lleno de sustancias explosivas que se entierra más o menos superficialmente o se coloca bajo la extensión del mar, para que sirva de medio defensivo.

minar tr. Excavar y abrir un camino subterráneo. I fig. Consumir, destruir lentamente. I Hacer minas para destruir muros, fortificaciones, etc. I Colocar minas submarinas para impedir el paso de buques enemigos.

minarete m. Alminar.

mineral adj. Perteneciente o relativo al numeroso grupo de sustancias inorgánicas o a alguna de sus partes. I m. Sustancia inorgánica que se halla en la extensión o en el interior de la corteza terrestre, y principalmente aquella cuya explotación es útil.

minería f. Arte de explotar las minas. I Conjunto de las personas que trabajan en la explotación minera. I Conjunto de las minas y explotaciones minerales de un territorio.

minero, ra adj. Relativo o perteneciente a la minería. I m. Persona que trabaja en minas, o las beneficia.

mineromedicinal adj. Díc. de las aguas minerales usadas en medicina.

minerva f. Mente, inteligencia. I Máquina tipográfica de pequeñas dimensiones, para imprimir prospectos, facturas y otros papeles con texto reducido.

mingitorio, ria adj. Relativo a la micción. I m. Urinario.

mingo m. Bola del juego de billar con la cual no tira ningún jugador, a no ser que sean tres y cada uno por su cuenta.

miniar tr. Pintar de miniatura.

miniatura f. Pintura diminuta, que suele hacerse sobre una extensión sutil o delicada.

miniaturista com. Pintor o pintora de miniatura.

minifalda f. Falda que no llega a la rodilla.

minifundio m. Finca rústica de pequeña extensión.

mínima f. Cosa muy pequeña.

minimizar tr. Reducir una cosa a su mínimo volumen. I fig. Quitar importancia a algo, menospreciarlo. I Buscar el mínimo de una función.

mínimo, ma adj. Sup. de pequeño. Díc. de lo que es tan pequeño en su especie que no hay menor ni igual. I Minucioso. I m. Límite inferior, o extremo a que se puede reducir una cosa.

minino m. Gato.

minio m. Óxido de plomo, de color algo anaranjado, que se usa en pintura.

ministerio m. Gobierno del estado, considerado en el conjunto de sus varios departamentos. I Empleo de ministro. I Tiempo que dura su ejercicio. I Edificio en que se halla instalado cada departamento ministerial. I Uso o destino que tiene una cosa. I Cargo, empleo u ocupación.

ministrante Que ministra. I m. Practicante de hospital.

ministrar tr. e intr. Servir o ejercitar un oficio, empleo o ministerio. I Dar, suministrar a uno una cosa.

ministril m. Ministro inferior de justicia. I Sujeto que por oficio tañía instrumentos de cuerda o de viento.

ministro m. Jefe de cada uno de los departamentos de gobernación del estado.

minorar tr. y r. Disminuir, acortar o reducir a menos una cosa.

minoría f. Fracción de un cuerpo deliberante, que vota contra la mayoría. I Parte de la población de un estado que difiere de la mayoría de la misma población, por la raza, la lengua o la religión.

minorista m. Clérigo que sólo tiene las órdenes menores o algunas de ellas. I Comerciante por menor. I adj. Aplícase al comercio por menor.

minucia f. Menudencia, cosa fútil.

minucioso, sa adj. Que se detiene en las cosas más nimias.

minué m. Baile francés, que estuvo de moda en el s. XVIII, danza elegante para dos personas que ejecutan diversas figuras, en compañía de otras parejas. I Música de este baile.

minuendo m. Cantidad de la que ha de restarse otra.

minueto m. Composición puramente instrumental, en compás ternario y movimiento moderado.

minúsculo, la adj. Que es muy pequeño o de muy poca entidad. I Díc. de la letra que se emplea constantemente en la escritura, menor que la mayúscula.

minusvalía f. disminución del valor de alguna cosa.

minuta f. Extracto o borrador que se hace de lo más esencial de un asunto, para redactarlo luego debidamente.

minutero m. Aguja del reloj que señala los minutos.

minuto, ta adj. Menudo. I m. La sexagésima parte del grado de círculo. I La sexagésima parte de la hora.

mía, mía, míos, mías Pronombre posesivo de primera persona en género masculino y femenino y ambos números singular y plural. Con la terminación del masculino en singular, úsase también como neutro.

miocardio m. Parte musculosa del corazón de los vertebrados.

miocarditis f. Inflamación del miocardio.

mioceno, na adj. Aplícase al tercero de los cuatro períodos en que se divide la era neozoica o terciaria; es anterior al plioceno y posterior al oligoceno.

mioma m. Tumor formado por elementos musculares.

miope adj. y s. Díc. del ojo o del individuo afecto de miopía.

miopía f. Defecto de la visión consistente en que los rayos luminosos procedentes de objetos situados a cierta distancia del ojo forman foco en un punto anterior a la retina.

mira f. Pieza que en ciertos instrumentos sirve para dirigir visuales. I Regla graduada que se emplea en las nivelaciones de terrenos. I Pieza que en las armas de fuego sirve para asegurar la puntería.

mirada f. Acción de mirar. I Modo de mirar.

mirado, da adj. Díc. de la persona cauta, circunspecta y reflexiva.

mirador m. Lugar apropiado para explayar la vista.

miraguano m. Palmera pequeña de hojas grandes en forma de abanico, fruto en baya seca de una materia algodonosa muy fina.

miramiento m. Acción de mirar o atender. I Respeto, atención, circunspección.

miranda f. Paraje alto desde el cual se descubre gran extensión de terreno.

mirar tr. Fijar la vista o la atención en una persona o cosa. Ú. t. c. r. I Observar los actos de alguien. I Atender, estimar una cosa. I Estar situada una cosa enfrente de otra. I fig. Pensar, considerar, tener en cuenta.

mirasol m. Girasol.

miria- Prefijo que significa diez

miríada f. Cantidad muy grande, pero indefinida. I Muchedumbre innúmera.

miriápodo adj. y s. Aplícase al animal artrópodo de respiración traqueal, cuerpo alargado, constituido por la cabeza y una serie de segmentos más o menos semejantes, en número variable, y tantos pares de patas, al menos, como el ciempiés.

mirífico, ca adj. Maravilloso.

mirilla f. Ventanillo u otra abertura por donde los habitantes de una casa pueden observar quién llama a la puerta.

miriñaque m. Alhajuela de poco valor que sirve de adorno o diversión. I Refajo interior de tela rígida, con armadura metálica, para ahuecar las faldas.

mirlo m. Pájaro túrdido, muy domesticable, que aprende a repetir sonidos y aun la voz humana.

mirón, na adj. y s. Que mira, y especialmente que mira con curiosidad.

mirra f. Gomorresina amarga, aromática y medicinal, que se obtiene de un árbol burseráceo.

mirto m. Arrayán.

misa f. Sacrificio incruento en que el sacerdote ofrece al Altísimo el cuerpo de Cristo bajo las especies de pan y vino.

misacantano m. Sacerdote que dice o canta la primera misa.

misal adj. y s. Díc. del libro que contiene las oraciones de la misa.

misántropo m. Individuo que manifiesta aversión al trato humano.

miscelánea f. Mezcla de cosas diversas. I Obra o escrito en que se tratan materias inconexas.

miscible adj. Que se puede mezclar.

miserable adj. Desdichado, infeliz. I Avariento, económico, mezquino. I Perverso, canalla.

miserere m. Salmo cincuenta, que empieza con esta palabra, y canto que se hace de este salmo.

miseria f. Desgracia, trabajo, infortunio. I Pobreza extremada. I Mezquindad, avaricia.

misericordia f. Virtud que nos inclina a ser compasivos y clementes.

misericordioso, sa adj. y s. Que se conduele de los males ajenos.

mísero, ra adj. y s. Miserable.

misil m. Proyectil o cohete autopropulsado que no requiere tripulación para ser conducido hasta su objetivo.

misión f. Acción de enviar. I Comisión o encargo que se confía a alguien. I Peregrinación evangélica que hacen los religiosos.

misionero, ra Perteneciente o relativo a la misión evangélica. I m. Eclesiástico que en tierra de infieles predica la religión cristiana. I m. y f. Persona que predica el Evangelio o en las misiones.

misivo, va adj. y s. Aplícase a la carta, papel o billete que se envía a uno.

mismidad f. Condición de ser uno mismo. I Aquello por lo cual se es uno mismo. I La identidad personal.

mismo, ma adj. Que denota ser una persona o cosa la que se ha visto o de que se hace mérito.

misogamia f. Aversión al matrimonio.

misoginia f. Aversión a las mujeres.

misógino adj. Que tiene aversión a las mujeres.

misoneísmo m. Aversión a las novedades.

mispiquel m. Pirita arsenical.

mistela f. Bebida que se hace con aguardiente, agua, azúcar y otros ingredientes, como canela, frutas, etc. I Mixtela.

misterio m. Arcano o cosa secreta en cualquier religión. I En la religión cristiana, cosa inaccesible a la razón y que debe ser objeto de fe. I Cosa arcana o muy recóndita. I Negocio secreto. I Cualquiera de los pasos de la vida, pasión y muerte de Jesucristo.

mística f. Parte de la teología que trata de la vida espiritual y contemplativa.

misticismo m. Estado de quien se dedica mucho a Dios o a las cosas espirituales.

místico, ca adj. Perteneciente a la mística. I Que se dedica a la vida espiritual.

mistral adj. y s. Díc. del viento entre poniente y tramontata; ministral, maestral.

mitad f. Cualquiera de las dos partes iguales de un todo. I Medio, parte que en una cosa equidista de los extremos.

mítico, ca adj. Relativo al mito o perteneneciente a él.

mitigable adj. Que se puede mitigar.

mitigar tr y r. Disminuir, aplacar o suavizar el rigor de una cosa

mitin m. Reunión pública donde se discuten asuntos de carácter político o social.

mito m. Fábula, acción, tradición alegórica, por lo común de carácter religioso. I Cosa inverosímil.

mitología f. La palabra mitología sirve para designar el conjunto de mitos o leyendas cosmogónicas, divinas y heroicas de un pueblo cualquiera.

mitológico, ca adj. Perteneciente a la mitología. I m. Mitologista.

mitomanía f. Tendencia morbosa a desfigurar, engrandeciéndola, la realidad de lo que dice.

mitómano, na adj. Dícese de la persona dada a la mitomanía. Ú.t.c.s.

mitón m. Guante de punto que deja al descubierto los dedos.

mitosis f. División celular indirecta o nuclear, llamada también cariocinesis.

mitra f. Toca o adorno de la cabeza, usad por el Papa, los cardenales, los obispos y los abades en las funciones sagradas.

mitrado, da adj. Aplícase a quien puede usar mitra. I m. Arzobispo u obispo.

mitral adj. Semejante a una mitra. I Díc. de la válvula que existe entre la aurícula y el ventrículo izquierdos del corazón.

mixedema f. Síndrome de insuficiencia tiroidea.

mixomatosis f. Enfermedad, a menudo mortal, que ataca a los conejos.

mixomicetos m. pl. Orden de hongos, que se distinguen por presentarse agrupados, en monton viscoso y sin forma determinada.

mixtificación f. Acción de mixtificar.

mixtificar tr. Engañar, embaucar.

mixtilíneo, a adj. Díc. de la figura que tiene unos lados rectos y otros curvos.

mixto, ta adj. Mezclado. I Compuesto de varios simples. Ú. m. c. s. m. I Díc. del número compuesto de entero y fraccionario. I Dicho de animal o vegetal, mestizo. I m. Fósforo, cerilla.

mixtura f. Mezcla de cosas distintas. I Porción compuesta de varias sustancias.

mnemónica f. Mnemotecnia.

mnemotecnia f. Arte de facilitar las operaciones de la memoria.

mobiliario, ria adj. Mueble. I Díc. de los valores públicos transferibles. I m. Moblaje.

moblaje m. Conjunto de muebles de una casa.

moblar tr. Amueblar.

mocar tr. y r. Sonar, limpiar de mocos la nariz.

mocasín m. Calzado de cuero sin curtir que usan algunos indios norteamericanos.

mocear tr. Ejecutar acciones propias de gente moza. I Desmandarse, extralimitarse cometiendo travesuras licenciosas.

mocedad f. Epoca de la vida humana comprendida entre la pubertad y la edad adulta.

mocetón, na m. y f. Persona joven, alta y robusta.

mochar tr. Dar mochadas o topetadas.

mochila f. Morral, saco o zurrón de los viandantes.

mochín m. Verdugo, ejecutor de la justicia.

mocho, cha adj. Falto de punta o de debida terminación, como el animal que debiendo tener cuernos no los tiene, el árbol sin ramas ni copa etc. I fig. Pelado o cortado el pelo.

mochuelo m. Ave rapaz nocturna, de plumaje muy suave, pico corvo, ojos grandes, cola corta y pies cubiertos de plumas, que se alimenta de roedores pequeños y reptiles.

moción f. Acción de moverse o ser movido. I Proposición que se hace en una junta deliberante.

moco m. Humor pegajoso que segregan las mucosas, y especialmente el que fluye de la nariz. I Materia viscosa que forma grumos dentro de un líquido.

mocoso, sa adj. Que tiene muchos mocos. I fig. Aplícase, en son de censura o desprecio, al niño atrevido, o al mozo imprudente y presuntuoso. Ú. t. c. s.

moda f. Uso, modo o costumbre que está en boga durante algún tiempo, o en determinado país, con especialidad en los trajes, telas y adornos

modal adj. Relativo al modo o que lo incluye. I m. Pl. Acciones externas con que cada cual demuestra su educación.

modalidad f. Modo de ser o de manifestarse una cosa.

modelar tr. Formar de cualquier materia blanda una figura o adorno. I Representar exactamente el relieve de las figuras. I r. fig. Ajustarse a un modelo.

modelista m. Operario encargado de los moldes para el vaciado de piezas de metal, yeso, cemento, etc.

modelo m. Ejemplar o forma que uno se propone y sigue en la ejecución de una obra artística o en otra cosa. I Ejemplar que por su perfección se debe imitar. I Mujer joven que, por profesión, luce vestidos de moda para que los contemplen quienes deseen comprarlos. I Figura de barro, yeso, etcétera, que se ha de reproducir en madera mármol o metal. I Persona por lo común desnuda, que sirve para el estudio del dibujo.

moderación f. Acción de moderar o moderarse. I Cordura, sensatez, templanza en las palabras o acciones.

moderado, da p. p. de moderar. I adj. Que tiene moderación. I Que guarda el término medio.

moderador, ra adj. Que modera. Ú. t. c. s. I Díc. del poder ejercido por el jefe de estado.

moderar tr. y r. Templar, atenuar, contener una cosa, evitando el exceso.

modernismo m. Afición desmedida a moderno, con menosprecio de lo antiguo o clásico, especialmente en artes, literatura o religión.

modernizar tr. y r. Dar forma o aspecto moderno a lo antiguo.

moderno, na adj. Que existe desde hace poco tiempo. I Que ha sucedido recientemente.

modestia f. Virtud moderadora de las acciones humanas, que contiene a la persona en los límites de su estado o condición.

modesto, ta adj. Que tiene modestia.

módico, ca adj. Moderado, reducido, limitado.

modificar tr. Reducir las cosas a un cierto estado o calidad que las distinga. Ú. t. c. r. I Reducir las cosas a los términos justos templando el exceso. Ú. t c. r.

modillón m. Miembro voladizo que sostiene o simula sostener una cornisa.

modismo m. Expresión o modo de hablar privativo de una lengua, que se suele apartar de las reglas gramaticales.

modista com. Persona que hace trajes y otras prendas de vestir para señoras. I f. Mujer que tiene tienda de modas.

modistilla f. fam. Modista de poca importancia. I Oficiala o aprendiza de modista.

modo m. Forma que puede recibir o no un ser sin que se altere su esencia. I Moderación, prudencia, circunspección. I Urbanidad, cortesanía y decencia en el porte y trato. I Forma de hacer una cosa. I Encargo unido a una donación que obliga al adquirente. I Cualquiera de las diversas maneras generales de expresar la significación del verbo. I Disposición de los sonidos de una escala. I Cada una de ciertas locuciones que hacen oficio de adverbios.

modorra f. Sueño muy pesado.

modorrar tr. Causar modorra. I r. Ablandarse la fruta y mudar de color, como que va a pudrirse.

modoso, sa adj. Que guarda modo y compostura.

modrego m. Sujeto desmañado y torpe.

modulación f. Acción y efecto de modular. I Proceso por el que se modifica la característica de una onda para la mejor transmisión y recepción del sonido o una señal cualquiera.

modulador, ra adj. y s. Que modula.

modular intr. Variar de modos en el habla o en el canto, dando con afinación, facilidad y suavidad los tonos correspondientes. I Efectuar la modulación para que las señales transmitidas se perciban con más claridad. I Pasar de una tonalidad a otra.

módulo m. Unidad de medida usada para las proporciones arquitectónicas, y que suele ser el radio de la base de la columna. I Cantidad que sirve de medida o tipo de comparación en ciertos cálculos.

mofa f. Burla y escarnio que se hace de una persona.

mofar tr. y r. Hacer mofa.

mofeta f. Cualquier gas pernicioso que se desprende de las minas y otros lugares subterráneos. I Mamífero carnicero de América; lanza un líquido fétido que segregan dos glándulas situadas cerca del ano.

moflete m. fam. Carrillo muy grueso y carnoso.

mofletudo, da adj. Que tiene mofletes.

mogate m. Baño, capa, barniz, y particularmente el barniz de alfarero.

mogón, na adj. Díc. de la res a la que le falta una asta, o la tiene despuntada.

mogote m. Montículo aislado, cónico y de cima roma.

moharra f. Punta de hierro de la lanza.

mohatra f. Venta simulada y usuraria. I Fraude, engaño.

moheda f. Monte alto con espesura de jarales y maleza.

mohín m. Gesto o mueca.

mohína f. Enojo o enfado contra alguno.

mohíno, na adj. Triste, disgustado. I Díc. del mulo o mula hijos de caballo y burra.

moho m. Cualquiera de los hongos pequeñísimos, que viven sobre sustancias orgánicas, muchos de ellos pertenecientes a las familias de los mucedináceos y de los mucoráceos.

moisés m. Canastillo acolchado que sirve de cuna a los recién nacidos.

mojama f. Cecina de atún.

mojar tr. y r. Humedecer una cosa con algún líquido.

mojel m. Cada una de las cajetas de meollar que sirven para dar vueltas el cable y al vibrador cuando se lleva el ancla.

mojicón m. Bizcocho de mazapán y azúcar. I Bollo fino, propio para tomar chocolate. I Golpe dado en la cara con el puño.

mojiganga f. Máscara de disfraces ridículos. I fig. Cosa ridícula y burlesca.

mojigato,ta adj. y s. Disimulado, hipócrita, que finge humildad para lograr su intento. I Beato, santurrón que de todo hace escrúpulo

mojón m. Poste que fija los lindes o sirve de guía en los caminos.

mojonera f. Sitio donde se ponen los mojones. I Serie de mojones que dividen dos términos o jurisdicciones.

mol m. Molécula gramo, cantidad de una sustancia cuyo peso equivale a su peso molecular expresado en gramos

molar adj. Perteneciente o relativo a la muela. I Apto para moler.

molde m. Pieza que tiene en hueco la figura que al solidificarse ha de tener la materia fundida, fluida o blanda que en él se vacía, o conjunto de piezas con que se forman un hueco analogo. I Cualquier instrumento o utensilio que sirve para estampar o para dar forma a una cosa.

moldear tr. Moldurar. I Sacar el molde de una figura.

moldura f. Resalto de perfil uniforme, hecho con arte en los cuerpos.

mole adj. Muelle blando. I f. Cosa corpulenta. I Corpulencia o bulto grande.

molécula f. Agrupación definida de átomos, considerada como primer elemento inmediato de la composición de los cuerpos.

molecular adj. Perteneciente o relativo a las moléculas.

molejón m. Artificio de afilar con una piedra que al girar se moja en el agua, mollejón.

moler tr. Reducir a polvo un cuerpo.

molestar tr. y r. Causar molestia.

molestia f. Fatiga, incomodidad, extorsión. I Enfado, fastidio o inquietud del ánimo. I Desazón originada de leve daño físico o falta de salud. I Falta de comodidad o de libertad de movimientos.

molibdeno m. Metal gris, duro y refractario.

molicie f. Blandura, calidad de blando.

molienda f. Acción de moler. I Cantidad que se muele de una vez.

molificar tr. y r. Ablandar, suavizar.

molimento m. Acción de moler. I fig. Cansancio, molestia.

molinero, ra adj. Perteneciente al molino. I m. El que tiene a su cargo un molino o trabaja en él.

molinete m. dim. de molino. I Ruedecita de aspas que, puesta en una vidriera, gira a impulsos del viento y renueva el aire. I Juguete infantil consistente en una varilla con dos palitos puesto en cruz y unos papeles pegados, que giran a impulsos del viento.

molinillo m. Instrumento que sirve para moler pequeñas cantidades de una cosa. I Palillo con una rueda dentada, propio para batir el chocolate.

molino m. Cualquiera de las diversas máquinas que sirven para moler. II Edificio en que hay molino.

molla f. Parte magra de la carne.

mollear intr. Ceder alguna cosa a la presión o a la fuerza. I Doblarse una cosa por su blandura.

molledo m. Parte carnosa y redonda de los miembros. I Miga del pan.

molleja f. dim. de molla. I Estómago muscular de las aves. I Apéndice carnoso, formado generalmente por infarto de las glándulas.

mollejón m. Piedra de amolar, circular y con eje horizontal alrededor del cual puede girar sobre una pequeña artesa con agua, donde se moja.

mollera f. Parte superior del cráneo. I fig. Caletre, seso.

mollete m. Panecillo blando y poco cocido. I Molledo del brazo. I Moflete.

molturar tr. Moler, reducir a polvo un cuerpo.

molusco adj. Díc. de los animales invertebrados de cuerpo muy blando, variable en su forma y configuración general, desnudo o cubierto de una concha; piel que segrega abundante mucosidad o baba y provistos de un órgano locomotor musculoso de forma diversa, llamado pie, situado en la parte central.

momentáneo, a adj. Que sólo dura un momento; pasajero I Que se ejecuta inmediatamente.

momento m. Porción de tiempo muy breve en relación con otra.

momia f. Cadáver que natural o artificialmente se deseca y conserva sin entrar en putrefacción. I fig. Persona muy seca y morena.

momificar tr. y r. Convertir en momia un cadáver.

momo m. Gesto, figura o mofa.

monacal adj. Relativo o perteneciente a los monjes.

monacato m. Estado o profesión de monje. I Institución monástica.

monada f. Acción propia de mono. I Gesto afectado o fastidioso. I Cosa delicada y primorosa. I fig. Monería I fig. Halago, zalamería.

mónada f. Cada uno de los seres indivisibles, pero de naturaleza distinta, que componen el universo.

monadelfos adj. pl. Díc. de los estambres de una flor que están soldados entre sí por sus filamentos, formando un solo haz.

monaguillo m. Monacillo.

monaquismo m. Monacato.

monarca m. Príncipe soberano de un estado.

monarquía f. Estado regido por un monarca. I Forma de gobierno en que el poder supremo corresponde a un monarca.

monasterio m. Convento de religiosos o de religiosas, especialmente si está fuera de poblado.

monda f. Acción de mondar. I Tiempo a propósito para la limpia de los árboles. I Mondadura. I Exhumación de huesos que se hace en un cementerio para dejar sepulturas vacantes.

mondaderas f. pl. Tijeras para arreglar los pabilos de luz, despabiladeras.

mondadientes m. Instrumento pequeño y puntiagudo para limpiar los dientes.

mondadura f. Acción de mondar. I Despojo, cáscara o desperdicio de lo que se monda. Ú. m. en pl.

mondar tr. Limpiar una cosa quitandole lo inútil o superfluo.

mondo, da adj. Limpio de cosas inútiles añadidas o superfluas.

mondongo m. Intestinos y panza de las reses, especialmente del cerdo.

moneda f. Signo representativo del precio de las cosas para hacer efectivos los contratos y cambios. I Pieza metálica acuñada, que sirve de medida común para el precio de las cosas y para facilitar los cambios. I fig. y fam. Dinero, caudal.

monedero, ra adj. Relativo a la moneda. I m. y f. Persona que fabrica moneda. I m. Portamonedas.

monería f. Monada, acción propia de mono. I fig. Gesto o hecho gracioso de los niños.

monesco, ca adj. fam. Propio de los monos o de las monas

monetario, ria adj. Relativo a la moneda.

mongolismo m. Malformación genética que se caracteriza por la coexistencia con un retraso mental.

monigote m. Lego de convento. I fig Persona ignorante y despreciable. I fig Muñeco, pelele. I fig. Pintura o estatua mal hecha.

monipodio m. y fam. Convenio de personas confabuladas para fines reprobables.

monis f. Cosa pequeña y pulida. I m. pl. Pecunia, dinero.

monismo m. Doctrina filosófica según la cual no existe más que un solo ser.

monitor m. Aparato que avisa de la presencia de radiaciones y de su intensidad. I Persona que guía el aprendizaje deportivo, cultural, etc.

monitorio, ria adj. Díc. de lo que sirve para avisar y de la persona que lo hace.

monja f. Miembro de una Orden o Congregación religiosa de mujeres.

monjil adj. Propio de las monjas, o relativo a ellas.

mono Voz usada como prefijo con la significación de único o uno solo.

mono, na adj. fig. Pulido, gracioso. I m. Nombre genérico de los animales cuadrumanos del orden de los primates, que se caracterizan por tener casi todo el cuerpo cubierto de pelo, las orejas sin lóbulo, abazones en las mejillas, nariz poco prominente y mamas situadas en el pecho.

monobásico, ca adj. Díc. de los ácidos que sólo tienen un átomo de hidrógeno sustituible por átomos metálicos.

monocelular adj. Unicelular.

monoceronte m. Unicornio.

monocorde adj. Díc. del instrumento musical que tiene una sola cuerda.

monocotiledóneo, a adj. Díc. de las plantas fanerógamas angiospermas, cuyas semillas tienen un solo cotiledón.

monocromático, ca adj. Monocromo.

monóculo, la adj. y s. Que sólo tiene un ojo. I m. Lente para un solo ojo.

monocultivo m. Cultivo único o predominante de un vegetal en determinada región.

monofásico, ca adj. Díc. de la corriente eléctrica alterna, es decir, que cambia de sentido dos veces en cada periodo.

monofilo, la adj. Díc. del órgano de la planta que no tiene más que una hojuela.

monogamia f. Calidad de monógamo. I Régimen familiar que prohibe tener más de una esposa a la vez.

monógamo adj. y s. Casado con una sola mujer. I Que se ha casado una sola vez. I Díc. de los animales en que el macho se une con una sola hembra para la cria de los hijos.

monografía f. Descripción o tratado especial de una cosa determinada.

monograma f. Enlace de dos o más letras, generalmente las iniciales de nombres y apellidos, que se emplea como abreviatura.

monoico, ca adj. Díc. de las plantas que presentan en un mismo pie las flores de cada sexo.

monolito m. Monumento de piedra de una sola pieza.

monólogo m. Soliloquio. I Obra dramática en que habla un solo personaje.

monomanía f. Locura sobre una sola idea o un solo orden de ideas.

monomio m. Expresión algebraica que tiene un solo término.

monopétalo, la adj. De un sólo pétalo.

monoplano m. Aeroplano con sólo un par de alas que forman un mismo plano.

monopolio m. Aprovechamiento exclusivo de una industria o negocio.

monopolizar tr. Adquirir o atribuirse uno el exclusivo aprovechamiento de un negocio.

monóptero, ra adj. Díc. del edificio redondo cuyo techo esta sostenido por un circulo de columnas.

monoptongar tr. Reducir un diptongo a una vocal simple.

monorrimo, ma adj. Que tiene una sola rima.

monorrítmico, ca adj. Que tiene un solo ritmo.

monosépalo, la adj. Que tiene un solo sépalo.

monosílabo, ba adj y s. De una sola sílaba.

monospermo, ma adj. Aplícase al fruto que sólo contiene una semilla.

monoteísmo m. Doctrina teológica de quienes reconocen un solo Dios.

monotipia f. Máquina de componer que funde los caracteres uno a uno a medida que son necesarios. I Arte de componer con esta máquina.

monotonía f. Uniformidad, igualdad de tono en la voz, en la música, etc. I fig. Falta de variedad, en cualquier cosa.

monótono, na adj. Que tiene monotonía.

monovalente adj. Univalente.

monseñor m. Titulo concedido por el Papa a los prelados y a otros altos dignatarios de la corte papal.

monserga f. fam. Lenguaje confuso y embrollado.

monstruo m. Producción contra el orden regular de la naturaleza. I fig. Cosa muy grande o extraordinaria.

monstruosidad f. Desorden grave en la proporción natural o regular de las cosas. I Suma fealdad, física o moral.

montacargas m. Ascensor destinado para elevar pesos.

montador, ra m. y f. Persona que monta. I m. Poyo u otra cosa a propósito para montar fácilmente en las caballerías. I Operario especializado en el montaje de máquinas o aparatos.

montaje m. Acción de montar o armar las piezas de un aparato o máquina I Unión en una banda definitiva de las secuencias cinematográficas seleccionadas. I pl. Cureña.

montanera f. Pasto de bellota o hayuco que comen los cerdos en los montes o dehesas. I Tiempo en que pastan los cerdos.

montanero m. Guarda de monte o dehesa.

montante adj. m. Espadón grande que se esgrime con ambas manos. I Pie derecho de una máquina o armazón. I Listón o columnita que divide el vano de una ventana. I Ventana sobre la puerta de una habitación.

montaña f. Monte. I Territorio cubierto y erizado de montes

montañero, ra m. y f. Persona que se dedica a hacer ascensiones en las montañas y a practicar los deportes y ejercicios propios de éstas; alpinistas.

montañés, sa adj. Natural de una montaña. Ú. t. c. s. I Perteneciente o relativo a la montaña.

montañismo m. Afición a los deportes de montaña; alpinismo.

montaplatos m. Especie de montacargas para subir la comida a los comedores situados en pisos altos.

montar intr. Ponerse o colocarse sobre una cosa. Ú. t. c. s. I Subir en una cabalgadura. Ú. t. c. tr. y r. c. I Cabalgar. Ú. t. c. tr. I fig. Ser una cosa de importancia o consideración. IArmar, o poner en su lugar las piezas de un aparato o máquina.

montaraz adj. Que anda o está hecho a andar por los montes o se ha criado en ellos.

montazgo m. Tributo pagado por pasar el ganado por un monte. I Cañada, paso pastoril.

monte m. Grande elevación natural del terreno. I Tierra inculta, cubierta de vegetación.

montear tr. Buscar la caza u ojearla hacia algún sitio.

montepío m. Depósito de dinero, formado ordinariamente de los descuentos hechos a los individuos de un cuerpo, para socorrer a sus viudas y huérfanos o concederles pensiones.

montera f. Prenda para cubrir la cabeza y abrigarla, que suele ser de paño y se hace de varias formas. I Mujer de montero. I Cubierta de cristales sobre un patio.

montería f. Caza de jabalíes, venados, osos, etc. I Arte de cazar.

montero, ra m. y f. Persona encargada de montear en las cacerías.

montés adj. Que anda en el monte o se cría en él.

montículo m. Monte pequeño, por lo común aislado.

montón m. Conjunto de cosas puestas desordenadamente unas sobre otras.

montura f. Cabalgadura, bestia en que se cabalga. I Conjunto de los arreos de una cabalgadura de silla. I Montaje, acción de montar un aparato o máquina. I Soporte de los lentes o gafas.

monumental adj. Relativo al monumento. I fig. Muy excelente o señalado en su línea. I fig. Descomunal, gigantesco.

monumento m. Obra escultórica o arquitectónica conmemorativa.

monzón amb. Viento periódico que en ciertos mares sopla unos meses en una dirección y otros en la opuesta.

moña f. Muñeca. I Lazo con que las mujeres se adornan la cabeza.

moño m. Atado de rodete que se hace con el cabello para recogerlo o por adorno.

moñudo, da adj. Que tiene moño. Aplícase a las aves.

moquear intr. Echar mocos.

moquero m. fam. Pañuelo para limpiarse los mocos.

moqueta f. Tela fuerte para alfombras y tapices de trama de cáñamo y urdimbre de lana.

moquillo m. Catarro de algunos animales como los perros y gatos jóvenes.

mora f. Furto del moral, pequeño, oval, formado por globulillos carnosos, agridulces de color morado. I Fruto de la morera, análogo al interior, pero blanco amarillento y dulce.

moráceo, a adj. y s. Díc. de plantas dicotiledóneas, árboles o arbustos con canales latícferos en su corteza; flores unisexuales, en amentos o en cimas, y frutos secos y pequeños agrupados en una masa carnosa y jugosa; como la morera.

morada f. Domicilio, casa o habitación. I Residencia algo continuada en un lugar.

morado, da adj. y s. De color entre carmín o azul.

morador, ra adj. y s. Que mora.

moral adj. Relativo a la moral o ciencia del bien. I m. Árbol moráceo de flores verdosas y cuyo fruto es la mora.

moraleja f. Lección provechosa que se saca de un cuento, fábula, ejemplo, etc.

moralidad f. Conformidad de los actos o doctrinas con los principios de la moral. I Cualidad de las acciones humanas que las hacen buenas.

moralista com. Profesor o profesora de moral. I Autor o autora de obras de moral. I Persona que estudia moral.

moralizar tr. y r. Corregir las malas costumbres, enseñando las buenas. I intr. Discurrir sobre asuntos que encierran enseñanza moral.

morapio m. Vino tinto.

morar Residir en un lugar.

moratoria f. Plazo que se otorga para solventar una deuda vencida.

mórbido, da adj. Que padece enfermedad o la ocasiona. I Blando, suave delicado.

morbífico, ca adj. Que lleva consigo el germen de enfermedades o las causas.

morbo m. Enfermedad.

morbosidad f. Calidad de morboso.

morboso, sa adj. Enfermo. I Que causa enfermedad o concierne a ella.

morcella f. Chispa que salta del pabilo de una luz.

morcilla f. Tripa rellena de sangre cocida y condimentada con cebolla y especias.

morcillero, ra m. y f. Persona que hace o vende morcillas.

morcillo, lla adj. Díc. de la bestia caballar de color nearo con viso rojizo. I m. Parte carnosa del brazo.

morcón m. Morcilla hecha en una tripa gruesa.

mordacidad f. Calidad de mordaz.

mordaga f. Borrachera, embriaguez.

mosaico

mordaz adj. Que corroe o tiene acrimonia y actividad corrosiva. l Aspero, picante y acre al paladar. l fig. Que murmura o crítica con acritud o malignidad.

mordaza f. Instrumento que aplicado a la boca impide el hablar.

mordedor, ra adj. Que muerde. l Que murmura, crítica o satiriza con mordacidad.

mordedura f. Acción de morder, y daño causado con ella.

mordente m. Mordiente, sustancia que se emplea para fijar los colores.

morder tr. Asir y apretar con los dientes una cosa clavándolos en ella.

mordicar tr. Picar, pinchar como mordiendo.

mordiente p. a. de morder. Que muerde. l m. Sustancia que se usa como intermedio para fijar los colores en las telas y otras cosas.

mordiscar tr. Morder, asir con los dientes, o satirizar hiriendo en la fama. l Morder ligera y frecuentemente

mordisco m. Acción de mordiscar. l Mordedura ligera. l Pedazo que se saca de una cosa mordiéndola.

mordisquear tr. Mordiscar.

morena f. Pez fisóstomo de cuerpo casi cilíndrico, viscoso y sin escamas ni aletas pectorales y color castaño con manchas amarillas.

morenillo m. Masa de carbón molido y vinagre, con que los esquiladores curan las cortaduras a las bestias.

moreno, na adj. Díc. del color oscuro que tira a negro. l Díc. del color de la piel humana menos clara en la raza blanca.

morera f. Árbol moráceo.

moreral m. Sitio plantado de moreras.

morería f. Barrio o país de moros.

morfema m. Elementos mínimos que en una lengua expresan relaciones o categorías gramaticales.

morfina f. Alcaloide sólido, muy amargo y venenoso.

morfinismo m. Envenenamiento crónico producido por el abuso del opio o de la morfina.

morfinomanía f. Hábito morboso de usar la morfina o el opio.

morfinómano, na adj y s. Que tiene hábito de abusar de la morfina.

morfología fl. Parte de la biología que trata de la forma de los seres orgánicos y de sus transformaciones. l Tratado de las formas de las palabras.

moribundo,da adj. y s. Que está muriendo o próximo a morir.

moriche Árbol de América de la familia de las palmas. l Pájaro americano de canto muy agradable.

moridera Sensación, por lo general muy pasajera, de muerte inminente.

morigeración f. Templanza o moderación en las costumbres.

morigerado, da adj. Que tiene buenas costumbres.

morigerar tr. Moderar, templar, refrenar los excesos de los afectos y acciones.

morir intr. Acabar o fenecer la vida. Ú. t. c. r.

moro, ra adj. Natural de la parte del norte de África, donde estaba la antigua Mauritania, o sea, de la parte que hoy ocupan Marruecos y Argelia. Ú. t. c. s

morocho m. Maíz duro. l Fuerte, robusto. l De tez morena.

morondanga f. Cosa inútil y de poca entidad. l Mezcla de cosas inútiles. l Enredo, confusión.

morosidad f. Tardanza, demora. l Falta de actividad o de puntualidad.

moroso, sa adj. Que incurre en morosidad. l Que denota o implica morosidad.

morrada f. Golpe dado con la cabeza, en especial cuando tropiezan dos.

morral m. Talego que se cuelga a la cabeza de las bestias para que coman el pienso en él contenido. l Saco que usan los cazadores, soldados y viandantes, colgado a la espalda para llevar provisiones o ropa.

morrena f. Montón de piedras y cantos rodados que se forman en los glaciares.

morrillo m. Porción carnosa en la parte alta del cuello de las reses. l fam. Cogote abultado. l Canto rodado.

morriña f. Comalia, hidropesía de los animales. l fig. y fam. Tristeza, melancolía especialmente la nostalgia de la tierra natal.

morrión m. Armadura de la parte superior de la cabeza, hecha en forma de casco. l Prenda militar a modo de sombrero de copa sin alas y con visera.

morro m. Saliente que forman los labios. Piedra, peñasco o monte redondeado.

morrocotudo, da adj. fam. De mucha dificultad o importancia.

morrudo, da adj. Que tiene morro. l Bezudo, hocicudo.

morsa f. Mamífero carnicero, marino, análogo a la foca.

mortadela f. Embutido muy grueso que se hace con carne de cerdo y vaca muy picada y con tocino.

mortaja f. Ropaje con que se viste el cadáver, o envoltura con que se le cubre para llevarlo al sepulcro.

mortal adj. Que ha de morir o sujeto a la muerte. l Por antonomasia dícese del hombre. Ú. m. c. s. l Que ocasiona o puede ocasionar muerte.

mortalidad f. Calidad de mortal l Número proporcional de defunciones en un lugar o tiempo dados.

mortandad f. Multitud de muertes causadas por epidemia, cataclismo o guerra.

mortecino, na adj. Díc. del animal muerto naturalmente, o de su carne. l fig. Bajo, débil, apagado. l fig. Moribundo o que está apagándose.

morterete m. dim. de mortero. l Pieza pequeña de artillería que se usaba para hacer salvas.

mortero m. Utensilio a modo de vaso de boca muy ancha, que se usa para majar en él alguna cosa. l Pieza de artillería corta y de gran calibre, destinada a proyectar bombas. l Argamasa o mezcla constituida por arena, conglomerante y agua; puede contener además algún aditivo.

mortífero, ra adj. Que causa o puede causar la muerte.

mortificación f. Acción de mortificar o mortificarse. l Lo que mortifica.

mortificar tr. y r. fig. Castigar, macerar el cuerpo para domar las pasiones. l fig. Afligir, molestar, apesadumbrar.

mortuorio, ria adj. Relativo al muerto. l m. Preparativos y actos convenientes para el entierro.

morueco m. Carnero padre.

moruno, na adj Moro.

mosaico m. Díc. de la obra taraceada de piedras de varios colores. Ú. m. c. s. m.

mosaiquista

268

mosaiquista com. Fabricante de mosaicos. | Persona que tiene por oficio revestir superficies con mosaicos.

mosca f. Insecto díptero de cuerpo negro, alas transparentes, patas largas y boca en forma de trompa.

moscada adj. Díc. de la nuez de la miristica, que se usa como condimento.

moscarda f. Mosca grande, cenicienta, que se alimenta de carne muerte, sobre la cual deposita las larvas.

moscardón f. Mosca muy grande, de color pardo oscuro. | Moscón, mosca zumbadora de color azul.

moscatel adj. Díc. de la uva blanca o morada, de grano redondo y muy liso, sumamente dulce y aromático. | Díc. también del viñedo que la produce y del vino que de ella se obtiene.

mosco, ca m. Mosquito.

moscón m. Mosca grande, con alas manchadas de rojo. | Mosca zumbadora, de cabeza leonada y cuerpo azul oscuro, que deposita sus huevos en las carnes frescas. | Arce. | fig. Hombre importuno y majadero.

mosconear intr. Importunar, molestar con pesadez. | intr. Porfiar para lograr un propósito, afectando ignorancia.

mosconeo m. Acción de mosconear.

mosén m. Título que en la corona de Aragón se daba a la nobleza secundaria, y que hoy se da a los clérigos en varias partes.

mosqueado, da adj. Sembrado de pintas.

mosqueador m. Instrumento a modo de abanico, propio para ahuyentar las moscas. | fig. Cola de una caballería.

mosquear tr. Espantar las moscas. Ú. t. c. r. | fig. Resentirse uno por el dicho de otro, creyéndolo con intención ofensiva.

mosqueo m. Acción de mosquear o mosquearse.

mosquero m. Manojo de hierbas o de tiras de papel atado a un palo para espantar las moscas, o empegado y colgado del techo para recogerlas.

mosqueta f. Rosal de rosas blancas, de olor almizclado, pequeñas y en panojas.

mosquetazo m. Tiro de mosquete y herida hecha con él

mosquete m. Antigua arma de fuego, mayor que el fusil, que se dispara apoyándola sobre una horquilla.

mosquetería f. Tropa de mosqueteros. | Fuego ordenado de mosquetes.

mosquetero m. Soldado armado con mosquete.

mosquetón m. Arma de fuego portátil, análoga al máuser, pero de cañón mas corto.

mosquitero m. Pabellón de gasa con que se cubre la cama para librarse de los mosquitos.

mosquito m. Insecto díptero, más pequeño que la mosca.

mostacilla f. Munición de caza, muy menuda.

mostacera f. Tarro para sacar la mostaza a la mesa.

mostacho m. Bigote, pelo que nace en el labio superior.

mostaza m. Planta crucífera, de flores amarillas, con cuyas semillas se hace una harina de propiedades estimulantes, que se usa en condimentos y en medicina. | Su semilla. | Salsa hecha con ésta.

mostear intr. Destilar las uvas el mosto. | Echar el mosto en las cubas.

mosto m. Zumo de la uva antes de fermentar.

mostrador, ra adj. y s. Que muestra. | Díc. del dedo índice. | m. Mesa o tablero en las tiendas para presentar los géneros.

mostrar tr. Manifestar, presentar, exponer a la vista una cosa. | Explicar, dar a conocer algo. | Manisfestar, hacer patente un afecto.

mostrenco, ca adj. Díc. de los bienes muebles o semovientes que por no tener dueño conocido pasan a ser propiedad del estado. | fig. Ignorante, rudo, torpe. Ú. t. c. s.

mota f. Partícula de hilo y otra cosa que se pega a la ropa.

mote m. Apodo que se da a las personas, por una cualidad o condición suyas.

motear intr. Salpicar de motas una tela, para adorno.

motel m. Hotel en la carretera, que alberga viajeros de paso.

motete m. Breve composición musical formada sobre algún versículo de la Biblia.

motilar tr. Cortar o rapar el pelo.

motín m. Alboroto, sedición, tumulto.

motivación f. Acción de motivar o explicar el motivo de un hecho.

motivar tr. Dar motivo para algo. | Explicar el motivo o razón de una cosa.

motivo, va adj. Que mueve o puede mover. | Díc. de la causa impulsiva, de la que determina la voluntad. | m. Razón o causa que mueve para algo. | Tema de una composición.

moto f. Apócope de motocicleta.

motobomba f. Bomba aspirante e impelente que funciona por media de un motor eléctrico o de explosión acoplado a ella.

motocicleta f. Vehículo automóvil de dos ruedas para uno o dos pasajeros.

motociclismo m. Deporte de los motociclistas.

motociclista com. Persona que sabe andar en motocicleta.

motocross Competición deportiva en motocicleta, normalmente por terreno muy accidentado.

motonave f. Nave movida por motor.

motor, ra adj. Que produce movimiento. Ú. t. c. s. | Máquina destinada a transformar en energía siendo mecánica cualquiera de las otras clases de energía que actúen sobre ella.

motorista com. Persona que guía un vehículo automóvil y cuida del motor. | Persona aficionada al motorismo.

motorizar tr. Dotar de medios mecánicos de tracción o transporte a un ejército, industria, etc.

motovelero m. Buque de vela con motor auxiliar de propulsión.

motricidad f. Acción del sistema nervioso central, que determina la contraccion muscular.

movedizo, za adj. Fácil de moverse o ser movido. | Inseguro, no firme. | fig. Tornadizo.

movedor, ra adj. y s. Que mueve.

mover tr. Hacer cambiar a un cuerpo de lugar. Ú. t. c. r. | Menear una cosa o parte de algún cuerpo. | fig. Dar motivo para una cosa. | fig. Causar u ocasionar.

móvil adj. Movible, que puede moverse o ser movido. | Que carece de estabilidad. | m. Lo que mueve o impulsa. | Cuerpo en movimiento.

movilizar tr. Poner en actividad tropas, muchedumbre, maquinarias, etc. | Incorporar a filas, poner en pie de guerra tropas u otros elementos militares.

movimiento m. Acción de mover o moverse. | Se dice que un cuerpo está en movimiento cuando ocupa sucesivamente diferentes posiciones en el espacio. | Agitación, circulación.

moyuelo m. Salvado fino.

moza f. Criada que sirve en menesteres humildes y de tráfago. | Pala de lavandera. | Pieza de las trébedes en forma de horquilla.

mozalbete m. dim. de mozo. | Mozo muy joven; mocito, mozuelo.

mozárabe adj. Dábase este nombre al cristiano español que en los tiempos del dominio árabe en España, aceptaba lealmente las leyes árabes, a cambio de lo cual se le permitía practicar su religión católica.

mozo, za adj. y s. Joven. | Soltero, célibe. | m. Hombre que sirve en oficios humildes. | Camarero. | Sostén de la palanca de un fuelle. | Hombre que en algunos lugares públicos transporta cargas mandado por otra persona.

mu Onomatopeya con que se presenta la voz del toro y la vaca.

muaré m. Tejido fuerte que hace visos.

mucama f. Sirvienta, criada.

mucamo m. Sirviente, criado.

muceta f. Esclavina abotonada que llega hasta el codo con una caperuza de seda o lana usada por los prelados católicos. Puede ser negra, roja o violeta.

muchacho, cha m. y f. Niño o niña que no ha llegado a la adolescencia. | Mozo o moza que sirve de criado. | Persona que está en la mocedad.

muchedumbre f. Abundancia, multitud de personas o cosas.

mucho, mucha adj. Abundante, numeroso, o que excede a lo ordinario, regular o preciso. | adv. Con abundancia, en alto grado, en gran cantidad. | Antepuesto a otros adverbios denota idea de comparación, a voces como adverbio de afirmación, y otras denota idea de dificultad o extrañeza. | Con verbos expresivos de tiempo, expresa larga duración.

mucilaginoso, sa adj. Que contiene mucílago o tiene alguna de sus propiedades.

mucílago m. Sustancia viscosa que se halla en algunos vegetales, o se obtiene disolviendo en agua sustancias gomosas.

mucoráceo, a adj. y s. Díc. de ciertos hongos comicetos parásitos que habitan en las materias putrefactas.

mucosidad f. Materia glutinosa de la naturaleza del moco.

mucoso, sa adj.Relativo al moco o parecido a él. | Que tiene mucosidad o la segrega. | Díc. de la membrana que tapiza cavidades del cuerpo de los animales que tiene comunicación con el exterior; está provista de glándulas unicelulares que segregan moco.

muda f. Acción de mudar. | Ropa que se muda de una vez. | Tiempo o acción de mudar sus plumas las aves. | Tránsito de un timbre de voz a otro que se experimenta al entrar en la pubertad.

mudanza f. Acción de mudar o mudarse. | Traslación de domicilio. | Inconstancia, cambio de afectos u opiniones. | Cierto número de movimientos que se hacen a compás en los bailes y danzas.

mudar tr. Dar o tomar otro ser o naturaleza, otro estado, figura, lugar, etc. | Dejar una cosa y tomar otra su lugar. | Remover de un sitio o empleo. | Soltar periódicamente la epidermis ciertos animales y

producir otra nueva. | Quitarse una ropa y ponerse otra. | Dejarla casa que se habita, para vivir en otra.

mudéjar adj. Díc. del mahometano, que, rendido un lugar, quedaba, sin mudar de religión, por vasallo de los reyes cristianos, en tiempo de la Reconquista.

mudez f. Imposibilidad física de hablar.

mudo,da adj. y s. Privado físicamente de la facultad de hablar. | Muy silencioso y callado.

mueble adj. y s. Díc. de los bienes que se pueden trasladar o llevar de una parte a otra. | m. Cualquiera de los enseres, efectos, alhajas, etc., de una casa.

mueblería f. Taller o tienda de muebles.

mueblista m. Constructor o vendedor de muebles.

mueca f. Contorción del rostro, generalmente burlesca.

muela f. Disco de piedra para moler. | Piedra para afilar en forma de disco. | Cualquiera de los dientes posteriores a los caninos. | Cerro escarpado en lo alto y con cima plana. | Almorta. | Cantidad de agua que hace andar una rueda.

muelle adj. Delicado, blando, suave. | m. Pieza metálica elástica, colocada de modo que pueda utilizarse la fuerza que hace para recobrar su posición natural cuando ha sido separada de ella. | Obra construida en la orilla del mar o de un río para facilitar embarque y desembarque. | Andén alto, propio para la carga y descarga en las estaciones ferroviarias.

muérdago m. Planta lorantácea, de flores amarillas y fruto en baya, que vive sobre los troncos y ramas de los árboles.

muergo m. Navaja, molusco lamelibranquio.

muermo f. Enfermedad contagiosas de las caballerías, caracterizada por ulceración y flujo de la mucosa nasal e infarto de los ganglios linfáticos próximos.

muerte f. Cesación de la vida. | Homicidio, asesinato. | Figura del esqueleto humano, que simboliza la muerte. Suele llevar una guadaña. | Destrucción, aniquilamiento, ruina.

muerto, ta p.p. irreg. de morir. | Díc. del yeso o de la cal apagados con agua, | Apagado, marchito, poco activo.

muesca f. Hueco hecho en una cosa para encajar otra.

muestra f. Trozo de tela o porción de una mercancía para dar a conocer su calidad. | Rótulo que anuncia alguna cosa. | Signo convencional que indica lo que se vende en una tienda. | Ejemplar o modelo que se ha de copiar o imitar.

muestrario m. Colección de muestras representativas de la calidad o condiciones medias de un todo. | Técnica empleada para esta selección.

muestreo m. Acción de escoger muestras representativas de la calidad o condiciones medias de un todo. | Técnica empleada para esta selección.

mufla f. Hornillo especial que se pone en el horno para fundir diversos cuerpos reconcentrando el calor.

muga f. Mojón, linde, término. | Desove. | Fecundación de las huevas en los peces y en los anfibios.

mugar intr. Desovar. | Fecundar las huevas.

mugido m. Voz del toro y de la vaca

mugir intr. Dar mugidos el toro o la vaca. | fig. Bramar, manifestar con grandes voces la ira, o hacer gran ruido el viento, el mar, etc.

mugre f. Suciedad, grasienta.

mugriento, ta adj. Lleno de mugre.

mugrón m. Sarmiento de vid acodado, para que arraigue y produzca otra planta.

muguete m. Planta iliácea, campestre, de flores blancas de olor almizclado.

mujer r. Persona del sexo femenino. | La que ha llegado a la pubertad. | La casada respecto de su marido.

mujeriego, ga adj. Mujeril. | Aficionado a mujeres. | m. Conjunto de mujeres.

mujeril adj. Relativo a la mujer.

mujerío m. Conjunto de mujeres.

mujerzuela f. dim. de mujer. | Mujer de mala vida, ramera, prostituta.

mújol m. Pez acantopterigio de cuerpo casi cilíndrico, muy apreciado por su carne y por sus huevas.

mula f. Hembra del mulo.

mulada f. Hato de ganado mular.

muladar m. Sitio donde se echa el estiércol o la basura. | fig. Cosa que ensucia o corrompe.

muladí adj. y s. Díc. del cristiano español que abrazaba el islamismo durante la dominación árabe en España y vivía entre los mahometanos.

mulato, ta adj. y s. Díc. de la persona mestiza de raza blanca y negra. | De color moreno.

mulero m. Mulatero, el que cuida de las mulas. | Embustero, tramposo.

muleta f. Palo con un travesaño encima para apoyarse la persona que tiene dificultad al andar. | Palo del que pende un paño encarnado y que utiliza el torero en la suerte de matar para preparar al toro.

muletazo m. Golpe dado con la muleta. | Pase de muleta.

muletero, ra m. y f. Mulatero, a, que cuida mulas.

muleto, la m. y f. Mulo de poca edad o cerril.

mullah m. En el Islam, hombre sabio en derecho canónico.

mullido, da m. Cosa blanda que se puede mullir, con que se rellenan colchones, asientos, etc.

mullir tr. Esponjar y ahuecar una cosa. | Cavar alrededor de las cepas esponjando la tierra.

mulo m. Cuadrúpedo híbrido, hijo de asno y yegua, o de caballo y asna.

multa f. Pena pecuniaria.

multar tr. Imponer una multa a alguien

multi- Voz que se usa como prefijo con la significación de multiplicidad.

multicolor adj. De muchos colores.

multicopista f. Aparato para reproducir rápidamente muchas copias de escritos o dibujos.

multifamiliar adj. Que afecta a varias generaciones sucesivas de una misma familia.

multifilamento m. Hilo compuesto de filamentos sencillos.

multifloro, ra adj. Que da o contiene gran número de flores.

multiforme adj. Que tiene muchas formas.

multimillonario, ria adj. y s. Díc. de la persona cuya fortuna o caudal asciende a muchos millones,

multípara adj. Díc. de las hembras que tiene varios hijos cada vez.

múltiple adj. De muchos modos; complejos, opuesto a simple.

multiplicable adj. Que se puede multiplicar.

multiplicación f. Acción de multiplicar o multiplicarse. | Operación de multiplicar.

multiplicador, ra adj. y s. Que multiplica. | Díc.

del factor cuya relación respecto de la unidad determina la que ha de guardar el producto respecto al multiplicando.

multiplicando adj. y s. Díc. del factor cuya relación respecto al producto está determinada por la que guarda la unidad respecto al multiplicador.

multiplicar tr. Aumentar los individuos de una especie. Ú. t. c. intr. y c. r.

multiplicidad f. Calidad de múltiple. | Muchedumbre, gran abundancia de algo.

múltiplo, pla adj. y s. Aplícase al número que contiene a otro varias veces exactamente.

multisecular adj. Que cuenta muchos s.s.

multitud f. Número grande de personas o cosas. | fig. Vulgo, el común de la gente popular.

multitudinario, ria adj. Propio o característico de las multitudes.

multivalente adj. Que tiene el poder de combinarse con más de dos átomos univalentes.

mundanal adj. Mundano.

mundanear intr. Atender demasiado a las cosas del mundo.

mundano, na adj. Perteneciente o relativo al mundo. | Díc. de la persona que atiende demasiado a las cosas del mundo. | Díc. de la mujer desenvuelta y poco cuidadosa de su recato.

mundial adj. Perteneciente o relativo al mundo.

mundillo m. Enjuagador o calentador rematado en aros de madera por la parte superior. | Almohadilla cilíndrica para hacer encajes. | fig. Conjunto limitado de personas que tienen una misma posición social, profesión o quehacer en un lugar determinado.

mundo m. Conjunto de todas las cosas. | La Tierra, el planeta que habitamos. | Esfera con que se representa la Tierra. | Totalidad de los hombres; género humano. | Sociedad humana. | Parte de la sociedad humana caracterizada por alguna cualidad o circunstancia. | Vida secular.

mundología f. Conocimiento del mundo y de los hombres.

munición f. Pertrechos y bastimentos necesarios a un ejército o a una plaza fuerte. | Granos de plomo con que se cargan las escopetas para caza menor. | Carga que se pone en las armas de fuego.

municipal adj. Perteneciente o relativo al municipio. | m. Guardia dependiente de un municipio y a las órdenes del alcalde.

municipalizar tr. Asignar un servicio público al municipio,

munícipe m. Vecino de un municipio.

municipio m. Conjunto de habitantes de un mismo término jurisdiccional, regido en sus intereses vecinales por una municipalidad.

munificencia f. Generosidad espléndida. | Libertad de un soberano o de otro personaje de calidad.

munífico, ca adj. y s. Generoso, franco, liberal, con esplendidez y magnificencia.

munitoria f. Arte de fortificar la plazas.

muñeca f. Parte del cuerpo en donde se articula la mano con el antebrazo. | Figurilla de mujer con que juegan las niñas. | Bolsita de trapo que encierra algún ingrediente alguna sustancia medicinal. | Lío redondeado de trapo o de otra materia. | fig. Mozuela frívola y presumida.

muñeco m. Figurilla de hombre, hecha de trapo de otra materia. | fig. Mozuelo insustancial.

muñeira f. Canto y baile popular gallego que se acompaña con gaita y tamboril.

muñequera f. Manilla, por lo común de cuero, en la que se lleva sujeto un reloj.

muñidor m. Criado que hace de avisador en las cofradías. I Persona que sirve de agente para concertar tratos, tramar intrigas, etc.

muñón m. Parte de un miembro cortado, que queda adherida al cuerpo.

mural adj. Relativo al muro. I Propio para ser colocado o extendido sobre el muro

muralla f. Pared gruesa y resistente, u obra de fábrica que circunda una plaza fuerte o ciudad, o protege un territorio.

murar tr. Cercar con muros.

murciélago m. Mamífero quiróptero nocturno, insectívoro, parecido al ratón.

murga f. Alpechin. I Compañía de músicos callejeros.

múrice m. Género de moluscos gasterópodos, prosobranquios y de concha helicoidal.

múrido adj. y s. Díc. de los mamíferos roedores, de hocico largo y puntiagudo.

murmullo m. Ruido que se hace hablando, especialmente cuando es confuso.

murmuración f. Conversación en perjuicio de un ausente.

murmurador, ra adj. y s. Que murmura

murmurar tr. Formar ruido blando y apacible la corriente de las aguas, el viento, etc. I fig. Hablar entre dientes, refunfuñar. I fig. Conversar en perjuicio de un ausente censurando sus acciones.

muro m. Pared o tapia. I Muralla.

murria f. Tristeza, tedio, melancolía. I Antiguo medicamento antiséptico, compuesto de ajos, vinagre y sal.

mus m. Cierto juego de naipes.

musa f. Cualquiera de las nueve deidades que, presididas por Apolo, habitaban en el Parnaso y protegían las ciencias y las artes. I fig. Poesía. I fig. Numen o inspiración de poeta.

musanga f. Mamífero carnicero de cuerpo alargado, hocico puntiagudo y cola larga.

musaraña f. Musgaño. I Cualquiera sabandija, insecto o animal pequeño.

muscarina f. Sustancia tóxica que se halla en algunas setas y en el pescado putrefacto.

musco, ca adj. De color pardo oscuro.

muscular adj. Perteneciente o relativo a los músculos.

músculo m. Órganos carnosos y blandos que representan la parte activa del aparato locomotor.

musculoso, sa adj. Que tiene músculos. Que tiene músculos muy abultados.

museo m. Lugar destinado al estudio de las ciencias y las artes. I Lugar en que se guardan colecciones de objetos artísticos, científicos o de otro tipo, y, en general, de valor cultural, convenientemente clasificados para su mejor apreciación por el público.

musgaño m. Mamífero insectívoro de cabeza chica, hocico agudo, pelaje fino y olor almizcleño, semejante a un ratón.

musgo m. Cada una de las plantas briofitas que crecen sobre las piedras, cortezas de árboles, terrenos sombríos, etc.

musgoso, sa adj. Relativo al musgo o cubierto de esta planta.

música f. Melodía y armonía, aisladas o combinadas. I Sucesión de sonidos melódicos o armónicos. I Concierto vocal, instrumental o mixto. I Arte de combinar los sonidos de la voz humana o de los instrumentos, o de ambos a la vez, de modo que agrade el escucharlos.

musical adj. Relativo a la música.

músico, ca adj. Perteneciente o relativo a la música. I m. y f. Persona que ejerce profesa o sabe el arte de la música.

musicógrafo, fa m. y f. Persona que escribe obras acerca de la música.

musicología f. Estudio científico de la teoría y de la historia de la música.

musicomanía f. Melomanía.

musiquero m. Mueble propio para colocar en él libros y papeles de música.

musitar intr. Susurrar, murmurar o hablar entre dientes.

muslo m. Parte de la pierna, desde el cuadril o desde su unión con las caderas hasta la rodilla.

mustélido, da adj. y s. Díc. de animales carniceros, de pequeño o mediano tamaño, cuerpo largo, cabeza prolongada, hocico corto y patas muy cortas, como la comadreja.

mustiarse prnl. Marchitarse.

mustio, tia adj. Marchito. I Triste, melancólico. I Lánguido.

mutabilidad f. Calidad de mudable. I Cualidad del lenguaje que es su carácter evolutivo.

mutación f. Acción y efecto de mudar o mudarse. I Cada una de las perspectivas que se forman en el escenario de un teatro cambiando la decoración. I Cualquiera de los cambios que aparecen bruscamente en el fenotipo de un ser vivo y que se transmiten por herencia a los descendientes.

mutagénesis f. Mutación inducida por agentes extracelulares, como productos químicos, radiaciones, etc.

mutante p.a. de mutar. I m. Nuevo gen, cromosoma o genoma que ha surgido por mutación de otro preexistente.

mutilación f. Acción y efecto de mutilar.

mutilador, ra adj. Que mutila.

mutilar tr. Cercenar o cortar una parte del cuerpo viviente. Ú. t. c. r. I Cortar o quitar una parte o porción de otra cualquiera cosa.

mutis m. Voz usada en el teatro para indicar que uno o más personajes deben retirarse.

mutismo m. Silencio voluntario o impuesto.

mutro, tra adj. Díc. de la persona que pronuncia mal.

mutualidad f. Calidad de mutual. I Régimen de prestaciones mutuas que sirve de base a determinadas asociaciones.

mutuo, a adj. y s. Díc. de lo que recíprocamente se hace entre dos o más personas, animales o cosas.

muy adv. Mucho, en alto grado. Siempre antepuesto a nombres adjetivados, adjetivos, participios, adverbios y modos adverbiales, para denotar en ellos grado superlativo de significación.

my f. Duodécima letra del alfabeto griego, correspondiente a nuestra m.

N

n f. Decimocuarta letra del abecedario español, y undécima de sus consonantes. Su nombre es ene. | Exponente de una potencia determinada.

nabla f. Instrumento musical muy antiguo, semejante a la lira.

nabo m. Planta crucífera hortense de raíz fusiforme comestible, blanca o amarillenta. | Raíz de esta planta. | Cualquiera otra raíz gruesa y fusiforme.

nácar m. Sustancia dura, blanca y brillante, con reflejos irisados, compuesta de carbonato cálcico y una materia orgánica, que forma el interior de algunas conchas.

nacarado, da adj. Del color y brillo del nácar. | Adornado con nácar.

nacarino, na adj. Propio del nácar, o parecido a él.

nacencia f. fig. Bulto o tumor que nace en cualquier parte del cuerpo.

nacer intr. Salir del huevo el animal ovíparo o del vientre materno el animal vivíparo. | Salir el pelo o pluma en el cuerpo del animal, o las hojas, flores, frutos o brotes en la planta.

naciente p. a. de nacer. Que nace. | adj. Muy reciente; que comienza a existir o a manifestarse.

nacimiento m. Acción de nacer. | Sitio donde tiene uno su origen o principio de una cosa.

nación f. Conjunto de los habitantes de país regido por el mismo gobierno. | Territorio de ese mismo país.

nacional adj. Perteneciente o relativo a una nación. | Natural de una nación, en contraposición a extranjero.

nacionalidad f. Condición y carácter peculiar de los pueblos e individuos de una nación, y de cuanto a ella pertenece.

nacionalismo m. Amor o apego de los naturales de una nación a ella y a cuanto le pertenece. | Doctrina de las reivindicaciones políticas de las nacionalidades oprimidas.

nacionalización f. Naturalización. | Acción y efecto de nacionalizar.

nacionalizar tr. Admitir a un extranjero en un país, como si fuera de él. | Conceder oficialmente a un extranjero en un país, los derechos y privilegios de los naturales de él.

nacrita f. Variedad de talco, de brillo igual al del nácar.

nada f. El no ser, o la carencia absoluta de todo ser. | Cosa mínima o de muy escasa entidad. | pron. Ninguna cosa. | adv. De ningún modo, de ninguna manera.

nadador, ra adj. y s. Que nada. | m. y f. Persona diestra en nadar.

nadar intr. Mantenerse una persona o un animal sobre el agua, o ir por ella sin tocar el fondo. | Flotar en un líquido cualquiera.

nadería f. Cosa de poca entidad o importancia.

nadie pron. indef. Ninguna persona. | m. fig. Persona insignificante.

nadir m. Punto de la esfera celeste diametralmente opuesta al cenit.

nafta f. Hidrocarburo sólido que se obtiene del alquitrán de la hulla y se usa como desinfectante.

nagual m. Brujo, hechicero. El animal que una persona tiene de compañero inseparable.

naif adj. Nombre dado a la corriente artística nacida después del postexpresionismo.

naife f. Diamante de superior calidad.

nailon m. Nilón. Fibra textil sintética.

naipe m. Cada una de las cuarenta y ocho cartulinas que constituyen la baraja. | fig. Baraja.

naja r. Género de reptiles ofidios, venenosos.

nalga f. Cualquiera de las dos porciones carnosas del trasero.

nalgar adj. Relativo a las nalgas.

nalguear intr. Mover exageradamente las nalgas al andar.

nana f. Canto con que se arrulla a los niños. | Niñera y también nodriza.

nanjea f. Arbol de la familia de las moráceas.

nano- m. Se emplea como elemento compositivo inicial de nombres que significan la millonésima parte de las respectivas unidades.

nanómetro m. Medida de longitud; es la millonésima parte del metro.

nao f. ant. Antigua nave de alto bordo, de aparejo redondo, castillo y alcázar.

napalm m. Materia inflamable que al explotar se disgrega en infinitas particular por lo que se emplea en ataques militares para provocar incendios en áreas extensas.

napias f. pl. fam. Narices.

naranja f. Fruto del naranjo, globoso, de color rojo amarillento, y pulpa dividida en gajos.

naranjada f. Bebida compuesta de zumo de naranja, agua y azúcar.

naranjal m. Sitio plantado de naranjos.

naranjo m. Árbol rutáceo, originario de China, cuyo fruto es la naranja.

narcisismo m. Manía del que presume narciso, galán y bello. | Egolatría exagerada.

narciso m. m. Planta amarilídea de flores olorosas y raíz bulbosa.

narcótico, ca adj. y s. Díc. de la sustancia que produce sopor, relajación muscular y embotamiento de la sensibilidad.

narcotismo m. Estado de adormecimiento causado por sustancias narcóticas.

narcotizar tr. y r. Producir narcotismo.

nardo m. Planta liliácea de flores blancas muy olorosas.

narguilé m. Pipa oriental para fumar.

narigudo, da adj. Que tiene grandes las narices. | forma de nariz.

nariguera f. Pendiente que se ponen algunos indios en la ternilla que divide las dos ventanas de la nariz.

nariz f. Órgano olfatorio externo, que forma en el rostro una prominencia entre la frente y la boca, con dos orificios que comunican con la membrana pituitaria y el aparato respiratorio.

narración f. Acción de narrar. | Parte del discurso retórico en que se refieren los hechos.

narrador, ra adj. y s. Que narra.

narrar tr. Referir, contar lo sucedido.

narrativo, va adj. Perteneciente o relativo a la narración. | f. Narración, acción de narrar. | Habilidad o destreza en referir o contar las cosas.

narria f. Cajón o escalera de carro, a propósito para llevar arrastrando cosas de gran peso.

narval m. Cetáceo de cabeza grande y boca pequeña, con dos incisivos, uno corto y otro muy largo, cuyo marfil se utiliza.

nasa f. Arte de pesca que tiene la forma de una jaula cilíndrica, hecha con juncos.

nasal adj. Perteneciente a la nariz. l Díc. del sonido en cuya pronunciación el aire espirado sale total o parcialmente por la nariz. l Díc. de la letra que representa este sonido, como la n. Ú. t. c. s.

nasalizar tr. Hacer nasal un sonido o letra.

naso adj. fam. Narigudo.

nasofaríngeo, a adj. Díc. de lo que está situado en la faringe por encima del velo del paladar y detrás de las fosas nasales.

nata f. Sustancia espesa, untuosa, que forma una capa sobre la leche que se deja en reposo.

natación f. Acción de nadar. l Arte de nadar.

natal adj. Relativo al nacimiento.

nataliclio, cia adj. Relativo al día del nacimiento. Ú. t. c. s.

natalidad f. Número proporcional de nacimientos en población y tiempo dados.

natillas f. pl. Plato de dulce, hecho de yemas, leche y azúcar, todo batido y cocido.

nativo, va adj. Que nace naturalmente. l Relativo al país o lugar en que uno ha nacido.

nato, ta adj. Díc. del título o del cargo anejo a un empleo.

natrón m. Carbonato hidratado de sosa que se presenta en cristales tubulares o en florescencias sobre el terreno, y disuelto en muchas aguas minerales.

natura f. Naturaleza.

natural adj. Perteneciente o relativo a la naturaleza de las cosas, o conforme a su calidad o propiedad. l Nativo, originario de un lugar o país.

naturaleza f. Esencia y propiedad característica de los seres. l Conjunto, orden y disposición de todas las entidades que componen el universo. l Principio universal de todas las operaciones naturales. l Virtud calidad o propiedad de las cosas.

naturalidad f. Calidad de natural. l Sencillez, ingenuidad en el tanto y modo de proceder.

naturalismo m. Doctrina filosófica que afirma que el universo está gobernado por «leyes naturales», que pueden o no haber sido instituidas por Dios, pero sin que haya signo alguno de interferencia sobrenatural en su curso, ni ocasión para ello.

naturalista adj. Relativo al naturalismo. l Que profesa el naturalismo. Ú. t. c. s.

naturalizar tr. Nacionalizar. l Aclimatar en un país animales o plantas procedentes de otro.

naturismo m. Doctrina que preconiza el empleo de los agentes naturales y para la conservación de la salud y el tratamiento de las enfermedades.

naturista adj. Díc. del médico que profesa y recomienda el naturismo. l com. Persona que lo practica.

naufragar intr. Irse a pique, zozobrar o perderse una embarcación.

naufragio m. Pérdida de una embarcación en el mar o en un río o lago navegables.

náufrago, ga adj. y s. Que ha padecido naufragio.

náusea f. Basca, ansia de vomitar. Ú. m. en pl. l fig. Disgusto, fastidio, asco o repugnancia. Ú. m. en pl.

nauseabundo, da adj. Que causa náuseas.

náutica f. Ciencia o arte de navegar.

náutico, ca adj. Perteneciente a la navegación. l Díc. de la rosa de los vientos.

nautilo m. Molusco cefalópodo tetrabranquio.

nava f. Tierra muy llana y rasa, a veces pantanosa, entre montañas.

navaja f. Cuchillo plegable cuya hoja puede doblarse sobre el mango para que el filo quede protegido. l Molusco lamelibranquio de valvas largas.

navajada f. Golpe de navaja, y herida que causa.

navajazo m. Navajada.

naval adj. Perteneciente a las naves o a la navegación.

navazo m. Huerto que se forma en los arenales próximos a las playas.

nave f. Barco, embarcación, buque.

navegable adj. Díc. del río, canal, etc., por donde se puede navegar.

navegación f. Acción de navegar. l Viaje que se hace con la nave y el tiempo que dura.

navegar intr. Hacer viaje o ir por el agua con nave o embarcación. Ú. t. c. tr. l Andar la embarcación. l Hacer viaje o ir por el aire en globo, avión u otro vehículo adecuado.

navicular adj. Que tiene forma de navecilla o es abarquillada.

navidad f. Natividad de Jesucristo. l El día en que se celebra. l Tiempo inmediato de este día.

navideño, ña adj. Perteneciente al tiempo de Navidad.

naviero, ra adj. Concerniente a naves o a navegación. l m. y f. Persona que posee una o más embarcaciones capaces de navegar en alta mar.

navío m. Bajel. l Buque grande de guerra o transporte.

nazareno, na adj. Natural de Nazaret, antigua ciudad de Galilea. Ú. t. c. s. l Perteneciente a dicha ciudad. l Imagen de Jesucristo vistiendo un ropón morado. Ú. t. c. s l fig. Cristiano, el que profesa la fe de Cristo. Ú. t. c. s. l m. Penitente que en las procesiones de Semana Santa lleva túnica mora

nazareno adj. Imagen de Jesucristo vistiendo un ropón morado. l Penitente con túnica que sale en las procesiones de Semana Santa.

nazi adj. y s. Miembro del partido Nacionalsocialista Alemán, de inspiración totalitaria.

nebladura f. Daño que hace la niebla en los sembrados. l Modorra del ganado lanar.

neblí m. Ave rapaz parecida al halcón, muy apreciada en cetrería.

neblina f. Niebla espesa y baja.

neblinoso, sa adj. Lleno de neblina.

nebrina f. Fruto del enebro.

nebular adj. Perteneciente o relativo a las nebulosas.

nebulosa f. Nombre con que se designan las manchas de luz de variada forma que se observan en el cielo, muy pocas de ellas visibles a simple vista.

nebuloso, sa adj. Cubierto de nieblas. l Oscurecido por las nubes. l fig. Tétrico, sombrío.

necedad f. Calidad de necio. l Dicho o hecho necio. l Fastidio, molestia.

neceser m. Estuche o maletín con objetos de tocador o de costura.

necesidad f. Impulso irresistible que hace que las cosas obren en cierto sentido. l Falta de lo indispensable para la vida. l Falta continuada de alimento.

necesitado, da adj. y s. Falto de lo necesario; pobre.

necesitar tr. Obligar, precisara hacer algo. l intr. Tener necesidad de una persona o cosa. Ú. t. c. tr.

necio, cia adj. y s. Ignorante y que no sabe lo que podía o debía saber. l Imprudente.

nécora f. Cangrejo de mar.

necrófago, ga adj. Que se alimenta de cadáveres.

necróforo, ra adj. y s. Díc. de los insectos coleópteros que entierran los cadáveres de otros animales para depositar en ellos sus huevos.

necrología f. Noticia o biografía de una persona muerta. l Lista o noticia de muertos.

necrópolis f. Cementerio extenso, en el que abundan los monumentos fúnebres.

necropsia f. Necroscopia.

necroscopia f. Autopsia.

necrosis m. Muerte de células y tejidos en el organismo vivo. l Destrucción íntima de un tejido.

néctar m. Jugo azucarado, producido por los nectarios.

nectáreo, a adj. Que destila néctar o que sabe a néctar.

nectario m. Glándula de las flores que segrega un jugo azucarado, que chupan las abejas.

nefario, ria adj. Muy malvado.

nefasto, ta adj. Aplicado a algún periodo de tiempo, triste, funesto, infausto.

nefelismo m. Conjunto de caracteres y circunstancias de las nubes.

nefrítico, ca adj. Relativo a los riñones. l Que padece nefritis. Ú. t. c. s.

nefritis f. Inflamación de los riñones.

nefrología f. Rama del riñón que se ocupa del ri´çon y sus enfermedades.

negable adj. Que se puede negar.

negación f. Acción de negar. l Carencia total de una cosa. l Partícula que sirve para negar.

negado, da adj. y s. Incapaz, inepto.

negar tr. Decir que no es cierta una cosa que se pregunta. l No admitir la existencia de una cosa, dejar de reconocerla. l Decir que no a una pretensión, no conceder lo que se pide.

negativa f. Negación o denegación. l No concesión de lo que se pide.

negativo, a adj. Que incluye negación o contradicción. l Dic. de la electricidad que adquiere la resina frotada con lana o piel. l Díc. de las imágenes fotográficas radiográficas, etc., que ofrecen invertidos los claros y oscuros, o los colores complementarios de aquellos que reproducen.

negligencia f. Descuido, omisión. l Falta de aplicación.

negligente adj. y s. Descuidado, omiso. l Poco aplicado.

negociación f. Acción y efecto de negociar.

negociado, da m. Cada una de las dependencias de una organización administrativa, destinada al despacho de un asunto determinado.

negociar intr. Comerciar, traficar. l Ajustar el traspaso, cesión o endoso de un documento de crédito. l Descontar valores o efectos públicos.

negocio m. Cualquier ocupación, empleo o trabajo.

negra f. Semínima, nota musical.

negrear intr. Mostrar una cosa su negrura. l Tirar a negro.

negrero, ra adj. y s. Díc. del que se dedicaba a la trata de negros. l m. y f. Persona dura y cruel con sus subordinados.

negritud f. conjunto de valores culturales y espirituales de la cultura negra, y conciencia que los negros tienen de la dignidad de estos valores.

negro, gra adj. De color absolutamente oscuro.

negroide adj. y s. Díc. de lo que presenta alguno de los caracteres de la raza negra o de su cultura.

negrura f. Calidad de negro.

negruzco, ca adj. De color muy moreno, que tira a negro.

neguijón m. Caries dentaria.

nema f. Cierre o sello de una carta.

nematelmintos m. pl. Clase de gusanos de cuerpo alargado y cilíndrico, no segmentado ni deprimido, y protegido por una delgada cubierta quitinosa, que en su mayoría son parásitos de otros animales.

nematodos m. pl. Orden de gusanos nematelmintos, de cuerpo alargado cilíndrico, fusiforme y aparato digestivo formado por un tubo que se extiende a lo largo del cuerpo, entre la boca y el ano.

nemoroso, sa adj. poét. Perteneciente al bosque. l Cubierto de bosques.

nene, na m. y f. fam. Niño pequeño.

nenia f. Composición poética que en la antigüedad se cantaba en las exequias de una persona.

nenúfar m. Planta ninfácea de flores blancas muy grandes que se cultiva en los estanques.

neo Partícula inseparable que se emplea como prefijo con la significación de reciente o nuevo.

neo, a adj. y s. Apócope de neocatólico. l Utramontano. l m. Neón.

neodimio m. Elemento químico del grupo de las tierras raras. Sus sales se utilizan en las industrias del vidrio, cerámica y esmaltes.

neófito, ta m. y f. Persona recién convertida a una religión.

neolítico adj. Período tercero de la Edad de Piedra (hoy el mesolítico se considera segundo).

neologismo m. Vocablo, acepción o giro nuevo en una lengua.

neomenia f. Primer día de la Luna, o Luna llena.

neón m. Gas noble.

neoplasia f. Formación de un tejido, en alguna parte del cuerpo, cuyos elementos sustituyen a los de los tejidos normales.

nepote m. Pariente y privado del papa. l Sobrino.

nepotismo m. Preferencia que algunos dan a sus parientes para las gracias o empleos públicos.

neptúnico, ca adj. Díc. de los terrenos de formación sedimentaria.

neptunismo m. Hipótesis que atribuye a las aguas la formación de la corteza terrestre.

nequicia f. Ruindad, perversidad.

nerita f. Molusco gasterópodo marino, de concha gruesa y espira casi plana.

nervadura f. Moldura saliente. l fig. Conjunto de los nervios de una hoja.

nervio m. Cualquiera de los cordones filamentosos, de color blanquecino, que desde el cerebro y la medula espinal se distribuyen por todo el cuerpo, dividiéndose y subdividiéndose, y son los órganos de la sensibilidad y el movimiento.

nerviosismo f. Estado pasajero de excitación nerviosa.

nervosidad f. Fuerza y actividad de los nervios.

nervura f. Conjunto de los nervios o cuerdas que forman las partes salientes del lomo de un libro.

nesciencia f. Ignorancia, falta de ciencia, necedad.

neto, ta adj. Limpio y puro.

neuma m. Signo usado antiguamente para escribir la música.

neumático, ca adj. Relativo al aire. l m. Tubo de caucho que lleno de aire comprimido y protegido por una cubierta muy resistente de la misma materia.

neumococo m. Microbio productor de ciertas pulmonías.

neumonía f. Pulmonía.

neumotórax m. Acumulación de aire o gases en la cavidad de la pleura.

neuralgia m. Dolor en algún nervio, sin inflamación.

neurastenia f. Conjunto de estados nerviosos, mal definidos, que producen tristeza, cansancio, temor y emotividad.

neurisma f. Aneurisma.

neurita f. Prolongación principal, filiforme, de una neurona o célula nerviosa.

neuro- Elemento compositivo que significa 'nervio' o 'sistema nervioso'.

neuroanatomía f. Anatomía del sistema nervioso.

neurobiología f. Biología del sistema nervioso.

neurociencia f. Cualquiera de las ciencias que se ocupan del sistema nervioso, como la neurobiología.

neurocirugía f. Cirugía del sistema nervioso.

neurocirujano, na m. y f. Persona especializada en neurocirugía.

neuroembriología f. Embriología del sistema nervioso.

neuroendocrino, na adj. Perteneciente o relativo a las influencias nerviosas y endocrinas, y en particular a la interacción entre el sistema nervioso y endocrino.

neuroendocrinología f. Ciencia que estudia las relaciones normales y patológicas entre el sistema nervioso y las glándulas endocrinas.

neuroepidemiología f. Ciencia que estudia las epidemias de enfermedades del sistema nervioso.

neuroesqueleto m. Esqueleto interno, formado por huesos o cartílagos, de los animales vertebrados.

neurología f. Parte de la anatomía que estudia los nervios.

neurona f. Célula nerviosa cuyas características morfológicas y funcionales la hacen distinta a las demás células.

neuronal adj. Perteneciente o relativo a la neurona.

neuróptero, ra adj. y s. Díc. de insectos de metamorfosis complicadas, que tienen boca dispuesta para masticar, cuerpo alargado, tórax grueso y cuatro alas membranosas y reticulares.

neurosis m. Enfermedad de índole puramente nerviosa.

neurotomía f. Disección de un nervio.

neurótomo m. Instrumento de dos cortes, propio para disecar nervios.

neutral adj. y s. Que no es ni de uno ni de otro; que entre dos contendientes no se inclina a ninguno.

neutralizar tr. Hacer neutral. Ú. t. c. r. | Hacer neutra una sustancia o una disolución de ella. | fig. Contrarrestar, debilitar o anular los efectos de una causa por la oposición de otra. Ú. t. c. r.

neutro, tra adj. Díc. del género que ni es masculino ni femenino. | Díc. del compuesto que no tiene caracter ácido ni básico, y, por extensión, del líquido en que está disuelto.

neutrón m. Partícula eléctricamente neutra que constituye con los protones el núcleo de los átomos.

nevado, da adj. Cubierto de nieve. | fig. Blanco como la nieve.

nevar intr. Caer nieve.

nevera f. Armario revestido de una materia aisladora y con un depósito para hielo, que se emplea para conservar o enfriar alimentos o bebidas.

nevisca f. Nevada corta y de copos menudos.

newton m. Unidad absoluta de fuerza .

nexo m. Nudo, enlace, unión.

ni conj. copulat. que denota negación.

nicho m. Concavidad hecha en un muro para colocar estatuas, féretros, etc.

nicol m. Prisma óptico empleado en aparatos de polarización de la luz, tanto de polarizador como de analizador.

nicotina f. Alcaloide del tabaco. Es un líquido incoloro, que se ennegrece en el aire, oleaginoso y muy venenoso.

nicotismo m. Conjunto de fenómenos morbosos que en el organismo produce el uso del tabaco o de sus alcaloides.

nictálope adj. y s. Díc. de quien ve mejor de noche que de día.

nictitante adj. Díc. de una membrana casi transparente que forma el tercer párpado de las aves, reptiles, algunos anfibios y ciertos peces

nidada f. Conjunto de los huevos o pajarillos de un nido.

nidal m. Lugar donde suelen poner sus huevos las aves domésticas.

nidificar intr. Hacer nidos las aves.

nido m. Lecho que fabrican las aves para guarecerse y procrear.

niebla f. Nube en contacto con la tierra.

niel m. Labor en hueco sobre metales.

nieto, ta m. y f. Hijo o hija del hijo o de hija de una persona, respecto de ésta

nieve f. Agua congelada en cristales menudos que se agrupan y caen de las nubes formando copos blancos.

nife m. Núcleo central de la Tierra de unos 3.500 km de radio, constituido según se cree, por níquel y hierro.

nigromancia f. Arte supuesto de adivinación evocando a los muertos.

nihilismo f. Negación de toda crecncia.

nilón m. Fibra artificial sintética que tiene muchas aplicaciones industriales, principalmente textiles.

nimbo m. En el arte sagrado es el disco o halo que rodea la cabeza de Cristo, la virgen o los santos, ángeles, etc. | Capa de nubes formada de cúmulos confundidos.

nimiedad r. Prolijidad, minuciosidad. | Pequeñez, insignificancia.

nimio, mia adj. Prolijo, minucioso. | Insignificante.

ninfa f. Cualquiera de las deidades de las aguas, bosques, etc. | Insecto que ha pasado del estado de larva y prepara su última metamorfosis.

ninfea f. Nenúfar.

ninfomanía f. Furor uterino, deseo sexual insaciable en la mujer.

ningún adj. Apócope de ninguno.

ninguno, na adj. Ni uno solo. | pron. indef. Nulo, sin valor. | Nadie.

niña f. Pupila del ojo.

niñera f. Criada que cuida de los niños.

niñería f. Acción de niños o propia de ellos.

niñez f. Período de la vida humana comprendido entre el nacimiento y la adolescencia.

niño, ña adj. y s. Que está en la niñez. | Que tiene pocos años.

níquel m. Metal blanco gris, dúctil, maleable y tenaz.

niquelar tr. Cubrir con un baño de níquel la extensión de otro metal.

nirvana m. En el budismo, la meta final de la vida humana: la extinción del karma, la llegada a un estado de beatitud que es el fin del largo ciclo de existencias y el final también de la ignorancia, los esfuerzos y el dolor.

níspero m. Arbolillo rosáceo de flores blancas cuyo fruto es la níspola. | Su fruto.

nitidez f. Calidad de nítido.

nítido da adj. Limpio, claro, terso, puro

nitrato m. Cualquiera de las sales formadas por la combinación del ácido nitrico con las bases.

nítrico ca adj. Perteneciente o relativo al nitro o al nitrógeno.

nitrificación f. Acción de nitrificar o de nitrificarse.

nitrito m. Sal del ácido nitroso.

nitro m.. Nitrato potásico, llamado también salitre.

nitrógeno m. Gas incoloro, inodoro e insípido, componente de la atmósfera terrestre, en la que entra en una proporción del 78 por ciento en volumen.

nitroglicerina f. Líquido oleoso, de gran fuerza explosiva, resultante de la acción del ácido nítrico sobre la glicerina, y que mezclado con un cuerpo inerte, forma la dinamita.

nivel m. Instrumento para averiguar la diferencia de altura entre dos puntos. l Horizontalidad. l Altura que alcanza la extensión de un líquido. l fig. Altura que una cosa alcanza, o a que está colocada. l fig. Equivalencia o igualdad en cualquier línea.

nivelar tr. Operar con el nivel para reconocer si existe o falta la horizontalidad. l Poner horizontal un plano. l Equilibrar o poner a igual altura dos cosas. l fig. Igualar dos cosas. Ú. t. c. r.

níveo, a adj. poét. De nieve o parecido a ella.

no adv. Que denota negación.

nobelio m. Elemento radiactivo artificial.

nobiliario, ria adj. Relativo a la nobleza.

noble adj. Ilustre, preclaro, generoso. l Principal en cualquier línea. l Díc. de la persona que por su ilustre nacimiento o por gracia del soberano usa algún título del reino.

nobleza f. Calidad de noble. l Lustre de sangre. l Conjunto de nobles. l Lealtad, caballerosidad.

noche f. Tiempo que falta sobre el horizonte la claridad del Sol.

nochebuena f. Noche de la víspera de Navidad.

nocherniego, ga adj. Que vaga o anda de noche.

noción f. Conocimiento o idea que se tiene de una cosa. l Conocimiento elemental.

nocivo, va adj. Dañoso, pernicioso.

noctambular intr. Andar vagando de noche.

noctiluca f. Luciérnaga.

noctívago, ga adj. y s. poét. Que vaga de noche.

nocturnidad f. Circunstancia agravante de cometerse de noche un delito.

nocturno, na adj. Relativo a la noche. l Pieza musical de melodía dulce y apacible.

nodátil adj. Dícese de la juntura que forman dos huesos entrando la cabeza del uno en la cavidad del otro.

nodo Cualquiera de los puntos opuestos, en que la órbita de un planeta corta a la Eclíptica. l Cada uno de los puntos que permanecen fijos en un cuerpo vibrante. l Tumorcillo que dificulta el juego de una articulación o ligamento.

nodriza f. Ama de cría.

nódulo m. Concreción pequeña.

nogal m. Árbol juglandáceo.

noguera f. Nogal.

nolición f. Acto de no querer.

nómada adj. y s. Aplícase a ls persona, familia o pueblo que anda vagando sin domicilio fijo.

nomadismo m. Nombre con que se designa uno de los primitivos estados sociales de la humanidad, caracterizado por el continuo cambio de residencia, debido a necesidades alimenticias o guerreras.

nombrado, da p. p. de nombrar. l adj. Famoso, célebre.

nombrar tr. Decir el nombre de una persona o cosa. l Elegir a uno para un cargo u otra cosa.

nombre m. Palabra que se aplica a los objetos o a sus cualidades para designarlos y distinguirlos.. l Parte de la oración con que se designan las personas o cosas por su naturaleza, esencia o sustancia.

nomenclador m. Catálogo de nombres relativos a un asunto determinado. l El que contiene la nomenclatura de una ciencia.

nomenclatura f. Conjunto de voces propias de una ciencia.

nómina f. Lista de nombres. l Sobre con la paga de un empleado.

nominador, ra adj. y s. Que nombra o designa para un cargo o comisión.

nominal adj. Relativo al nombre. l Que tiene nombre, pero no realidad, de una cosa.

nominar tr. Nombrar.

nominativo m. Caso de la declinación que designa el sujeto de la significación del verbo y no lleva preposición.

nomo m. gnomo.

nomograma f. Conjunto de líneas acotadas o graduadas, que sirven para resolver gráficamente una ecuación o para hallar los valores de una fórmula.

nomología f. Ciencia de las leyes y de su interpretación.

non adj. y s. Impar.

nona f. Última parte de las cuatro en que dividían los romanos el día artificial, y comprendía desde la hora novena, a media tarde, hasta el fin de la duodécima, a la puesta del Sol.

nonada f. Poco, o muy poco.

nonagenario, ria adj. y s. Que ha cumplido noventa años y no llega a ciento.

nonagésimo, ma adj. Que sigue en orden al o a lo octogésimo nono.

nonato, ta adj. No nacido naturalmente sino extraído del claustro materno. l fig. Díc. de lo que está en proyecto o en incubación.

noningentésimo, ma adj. Aplícase a cada una de las 900 partes iguales de un todo. Ú. t. c. s.

nonio m. Instrumento matemático que sirve para apreciar magnitudes lineales o angulares, menores que las más pequeñas de una regla dividida, o de un arco graduado.

nono, na adj. Noveno.

nopal m. Planta cactácea.

noray m. Poste donde se amarra la embarcación.

nordeste m. Punto del horizonte, entre el Norte y el Este, equidistante de ambos.

noria f. Máquina para sacar agua, compuesta de un engranaje, movido por una palanca de que tira una caballería y un tambor que lleva colgada una maroma con una serie de cangilones.

norma f. Escuadra o cartabón de artífice. l Regla de conducta.

normal adj. Que se halla en su estado natural. l Que sirve de norma o regla.

normalista adj. Relativo a la escuela normal. l com. Alumno o alumna de una escuela normal.

normalizar tr. y r. Hacer normal una cosa. l Regularizar, ordenar, reglar.

normógrafo m. Regla plana perforada que permite reproducir las letras del alfabeto normalizadas.

normoortocitosis f. Estado de la sangre en que el número total de leucocitos es mayor, siendo normal la proporción entre las diversas variedades de ellos.

normotensivo, va adj. Caracterizado por tener una presión sanguínea normal.

noroeste m. Punto del horizonte entre el Norte y el Oeste, equidistante de ambos.

norte m. Polo ártico. l Lugar de la Tierra o de la esfera celeste, que cae del lado del polo ártico, respecto de otro con el cual se compara. l Punto cardinal del horizonte, que cae frente a un observador que tiene el Oriente a su derecha.

nortear tr. Observar el Norte para la dirección del viaje. | intr. Declinar el viento hacia el norte.

norteño adj. Perteneciente o relativo al Norte. | Que está situado en la parte norte de un país.

nos Una de las formas que el pronombre personal de primera persona tiene en el dativo y en el acusativo del plural para los dos géneros, masculino y femenino. No admite preposición y puede usarse como sufijo.

nosografía f. Parte de la nosología que describe y clasifica las enfermedades.

nosología f. Patología.

nosotros, tras Pronombre personal de primera persona en género masculino y femenino y número plural.

nostalgia f. Pena, tristeza de verse ausente de la patria o de la familia o amistades. | fig. Pesar que causa el recuerdo de algún bien perdido.

nosticismo m. Gnosticismo.

nota. f. Señal o marca que se pone en una cosa. | Advertencia, explicación o comentario, que en impresos o manuscritos va fuera del texto, con oportuna llamada en éste. | Cada uno de los sonidos de la escala, o signos que los representan.

notable adj. Digno de nota, cuidado, reparo o atención. | Muy grande y excesivo.

notar tr. Señalar una cosa para que se conozca o advierta. | Reparar, advertir, observar.

notaría f. Oficina de notario. | Oficina donde despacha. | Escribanía.

notarial adj. Relativo al notario. | Hecho o autorizado por notario.

notario m. En lo antiguo, escribano. | Funcionario público autorizado para dar fe de los contratos y otros actos extrajudiciales conforme a las leyes.

noticia f. Noción, conocimiento. | Divulgación o publicación de un hecho.

noticiar tr. Dar noticia o hacer saber una cosa.

noticiario m. Audición de radio o de televisión en ía que se transmiten noticias.

noticiero, ra adj. Que da noticias. | m. y t. Persona que da noticias como por oficio.

notificación f. Acción de notificar. | Documento en que se hace constar.

notificar tr. Hacer saber una resolución de la autoridad con las formalidades preceptuadas.

notocordio m. Cordón celular resistente situado a lo largo del cuerpo de los animales cordados, por encima del aparato digestivo y por debajo del sistema nervioso, al que sirve de sostén.

notoriedad f. Calidad de notorio. | Nombradía, fama.

notorio, ria adj. Público y sabido de todos.

noúmeno m. Esencia o causa hipotética de los fenómenos.

nova f. Se aplica esta denominación a una clase de estrellas que aparecen súbitamente en el cielo y van perdiendo luego su luminosidad en forma más lenta.

novatada f. Broma molesta que en ciertos colegios y academias se suele dar por los alumnos a sus compañeros de nuevo ingreso.

novato, ta adj. y s. Nuevo o principiante.

novedad f. Estado de las cosas recién hechas o discurridas o que se ven u oyen por primera vez.

novel adj. Principiante, nuevo o inexperto.

novela f. Obra literaria en que se describen caracteres y costumbres.

novelar tr. Referir un suceso con apariencia de novela. | intr. Escribir novelas.

novelesco, ca adj. Propio de las novelas. | Fingido o inventado. | Singular o interesante.

novelista com. Persona que escribe novelas.

novelístico, ca adj. Perteneciente o relativo a las novelas.

novelón m. aum. de novela. | Novela muy extensa. | Novela muy dramática y medianamente escrita.

novena f. Ejercicio devoto que se practica durante nueve días, dedicado al culto de Dios, de la Virgen o de un santo.

noviazgo m. Condición o estado de novio o novia. | Tiempo que dura.

noviciado m. Tiempo de prueba antes de profesar en una religión. | Conjunto de novicios. | fig. Tiempo primero que se emplea en cualquier aprendizaje.

novicio, cia m. y f. Persona que, habiendo tomado el hábito en una religión, no ha profesado todavía.

noviembre m. Undécimo mes del año; tiene 30 días.

novillada f. Conjunto de novillos. | Lidia de novillos.

novillero m. El que en una vacada está encargado de cuidar de los novillos. | Lidiador de novillos.

novillo, lla m. y f. Res vacuna de dos o tres años, en especial cuando no está domada.

novilunio m. Luna nueva. | Conjunción de la Luna con el Sol.

novio, via m. y f. Persona recién casada, o que está próxima a casarse.

nubada f. Aguacero fuerte que descarga una nube en un paraje determinado.

nubarrón m. Nube grande y densa, aislada.

nube f. Masa de vapor de agua suspendida en la atmósfera más o menos condensada. | fig. Cosa que obscurece otra. | Mancha blanquecina de la córnea transparente del ojo.

núbil adj. Aplícase a la persona apta para casarse.

nubilidad f. Calidad de núbil. | Edad en que una persona es núbil.

nublado, da m. Nube que amenaza tempestad. | fig. Suceso que amenaza con alguna adversidad o daño, o que turba el ánimo. | fig. Multitud de cosas que caen o se ven reunidas.

nubosidad f. Calidad de nuboso. | Estado de la atmósfera cargada de nubes.

nuca f. Parte donde se une la cabeza al espinazo.

nuclear adj. Nucleario. | Perteneciente al núcleo de los átomos.

nucleico, ca adj. Díc. de los ácidos que se unen a moléculas proteicas para formar los núcleos proteidos, componentes fundamentales de los tejidos vivos y de papel primordial en la duplicación celular y en la síntesis de proteínas.

núcleo m. fig. Parte o punto central de alguna cosa material o inmaterial.

nucléolo m. Corpúsculo diminuto situado en el interior del núcleo celular.

nudillo m. Juntura de los huesos de los dedos, por la parte exterior.

nudismo m. Desnudismo.

nudo m. Lazo que se estrecha y cierra y es difícil de soltar y cuanto más se tira de sus cabos, más se aprieta.

nudosidad f. Dureza o concreción pequeña que se forma en el cuerpo.

nudoso, sa adj. Que tiene nudos.

nuera f. Esposa del hijo, respecto de los suegros.

nuestro, tra, tros, tras Pronombre posesivo de primera persona en género masculino y femenino. Con la terminación del primero de estos dos géneros en singular, empléase también como neutro.

nueva f. Noticia de una cosa no dicha o no oída antes.

nueve adj. Ocho y uno. I Noveno. I m. Signo o cifra con que se representa el número nueve

nuevo, a adj. Recién hecho o fabricado. I Que se ve o se oye por la primera vez.

nuez m. Fruto del nogal. I Prominencia que forma el cartílago tiroides en la parte anterior del cuello del varón adulto.

nulo, la adj. Falto de valor legal. I Incapaz, inepto.

numen m. En la religión de la antigua Roma, espíritu que guía y dirige.

numerable adj. Que puede ser reducido a número.

numeración f. Acción de numerar. I Parte de la aritmética que enseña a nombrar y escribir los números.

numerador, ra adj. Que numera. I Término del quebrado, que indica el número de partes de la unidad que éste contiene. I f. Máquina para numerar correlativamente los ejemplares de una obra.

numeral adj. Relativo al número.

numerar tr. Contar por el orden los números. I Expresar numéricamente la cantidad. I Marcar con números.

numerario, ria adj. Relativo al número. I m. Moneda acuñada o dinero efectivo.

número m. Expresión de la relación que existe entre la magnitud y la unidad, o bien el resultado de medir una magnitud. I Signo o conjunto de signos conque se expresa.

numeroso, sa adj. Que incluye gran número. I Armonioso, cadencioso. I pl. Muchos.

numismática f. Ciencia que trata de las monedas ,especialmente de las antiguas.

numular adj. Que tiene forma y dimensiones de moneda.

numulita f. Género de protozoarios foraminíferos, fósiles, de caparazón calcáreo, circular, que fueron abundantísimos en el periodo eoceno.

nunca adv. En ningún tiempo. I Ninguna vez.

nunciatura f. Cargo de nuncio. I Casa en que vive el nuncio y está su tribunal.

nuncio m. Mensajero emisario. I Representante diplomático del Papa.

nuncupativo, va adj. Díc. del testamento abierto.

nupcial adj. Relativo a las nupcias.

nupcialidad f. Número proporcional de nupcias en un tiempo y lugar determinados.

nupcias f. pl. Boda.

nutación f. Oscilación periódica del eje de la Tierra, causada por la atracción de la Luna.

nutria f. Mamífero carnicero que vive a orillas de los ríos, se alimenta de peces y goza de mucha estima por su piel.

nutricio, cia adj. Nutritivo.

nutrición f. Acción de nutrir o nutrirse. I Preparación de los medicamentos, mezclándolos con otros para aumentar sus buenas propiedades.

nutrido, da adj. fig. Lleno, abundante.

nutrimento m. Nutrición, acción de nutrir. I Sustancia de los alimentos. I fig. Aquello que es causa del aumento, actividad o vigor de alguna cosa.

nutrimiento m. Nutrimento.

nutrir Aumentar la sustancia del cuerpo animal o vegetal por medio del alimento. I fig. Aumentar la eficacia de una cosa, darle nuevo vigor. I fig. Llenar, colmar.

nutritivo, va adj. Capaz de nutrir.

nutual adj. Dícese de las capellanías y otros cargos, eclesiásticos o civiles, que son amovibles a voluntad del que los confiere.

ny f. Letra del alfabeto griego que corresponde a nuestra n.

nylon m. Nilón o nailon.

ñ f. Decimoquinta letra del abecedario español, y duodécima de sus consonantes. Su nombre es eñe.

ña f. En algunas partes, tratamiento vulgar por doña.

ñacanina f. Víbora grande muy venenosa, abundante en el Chaco, territorio perteneciente a las repúblicas de Bolivia, Paraguay y Argentina.

ñacunda m. Ave nocturna, de color acanelado y plumas negras y blancas.

ñacurutú m. Ave nocturna, especie de lechuza, de color amarillento y gris, que es domesticable.

ñala m. Antílope africano de hasta un metro de alzada.

ñame m. Planta dioscórea de flores verdosas y raíz tuberculosa.

ñanculahuén f. Arbusto de las altas montañas de Chile, cuya raíz se usa en terapéutica como antiespasmódico y cicatrizante.

ñandú m. Avestruz americano, algo más pequeño que el de África y de plumaje gris poco fino.

ñandubay m. Árbol leguminoso mimóseo, americano, de madera rojiza, muy dura y consistente.

ñandutí m. Tejido muy fino que imita el de cierta telaraña.

ñangotarse r. Ponerse en cuclillas. | Humillarse. | Perder el ánimo.

ñaña f. Criada destinada a cuidar niños pequeños, niñera.

ñáñigo, ga adj. y s. Díc. del individuo de una sociedad secreta de negros de Cuba.

ñaño adj. Consentido, mimado. | Hermano mayor.

ñapango adj. Mestizo, mulato.

ñapindá m. Árbol leguminoso, mimóseo, muy espinoso, con flores amarillentas y aromáticas.

ñaque m. Conjunto de cosas ridículas e inútiles.

ñaruso adj. Dícese de la persona picada de viruela.

ñato,ta adj. y s. fam. De nariz corta y aplastada.

ñecla adj. Díc. de aquel a quien le falta valor y voluntad para enfrentar la vida.

ñeque m. Fuerza, energía.

ñipe m. Raíz común en Chiloé, de la que se extrae cierta materia tintórea.

ñiquiñaque m. fam. Persona o cosa ridícula y que causa desprecio.

ñire m. Árbol de la familia de las fagáceas.

ño m. En algunas partes y vulgarmente, señor (tratamiento que se da a cualquier hombre).

ñocha f. Hierba bromeliácea.

ñoclo m. Dulce, especie melindre del tamaño de una nuez.

ñoco adj. Dícese de la persona a la que le falta un dedo o una mano.

ñoña f. Estiércol.

ñoñería f. Acción propia de ñoño.

ñoñez f. Calidad de ñoño. | Ñoñería.

ñoño, ña fam. Díc. de la persona sumamente apocada y de corto ingenio. | fam. Díc. de la persona que chochea. | Dicho de las cosas, soso, de poca sustancia.

ñoqui m. Masa hecha con patatas mezcladas con harina de trigo, mantequilla, leche, huevo y queso rallado, dividida en trocitos que se cuecen en agua hirviente con sal.

ñu m. Mamífero rumiante de la familia de los bóvidos. Es un antílope de raro aspecto, del tamaño de un caballo, con las extremidades parecidas a las del ciervo y la cabeza semejante a la del búfalo.

o f. Decimosexta letra del abecedario español, y cuarta de sus vocales. I Conjunción disyuntiva que denota diferencia, separación o alternativa entre dos o más personas, cosas o ideas.

oasis m. Paraje con vegetación y agua dulce en medio de un desierto.

obcecar tr. y r. Cegar, ofuscar o deslumbrar.

obedecer tr. Cumplir la voluntad de alguien que manda.

obediencia f. Acción de obeceder.

obediente p. a. de obedecer. Que obedece. I adj. Propenso a obedecer.

obelisco m. Pilar muy alto de piedra de sección cuadrada, con forma de aguja y rematada por un tope piramidal.

obencadura f. Conjunto de los obenques.

obenque m. Cabo que sujeta la cabeza de un palo a la mesa de guarnición o a los herrajes de la borda, para sujetarlo lateralmente.

obertura f. Pieza de música instrumental con que se da principio a una ópera u otra composición lírica.

obesidad f. Estado físico en el cual se hace evidente la acumulación de grandes cantidades de grasa superflua en el organismo.

obeso, sa adj. Grueso en demasía.

óbice m. Obstáculo, embarazo, estorbo.

obispado m. Dignidad de obispo. I Diócesis.

obispo m. Prelado superior de una diócesis.

óbito m. Fallecimiento de una persona.

obituario m. Sección de los periódicos en que se publican las defunciones. I Libro parroquial en que se registran las partidas de defunción y entierro.

objeción f. Razón que se impugna una proposición, o dificultad que se expone en contra de una opinión.

objetar tr. Oponer reparo a una opinión.

objetividad f. Calidad de objetivo o independiente de nuestro modo de pensar o sentir.

objetivo, va adj. Relativo al objeto en sí y no a nuestro modo de pensar o de sentir. I Imparcial.

objeto m. Cualquier cosa que se percibe por los sentidos. I Lo que sirve de materia al ejercicio del entendimiento. I cosa.

objetor, ra adj. Que pone reparos.

oblación f. Don y sacrificio que se ofrece a Dios.

oblata f. Dinero que se da al sacristán o a la fábrica de la iglesia por los gastos que origina la celebración de la misa. I La hostia y el vino puestos en la patena y en el cáliz antes de la consagración, en la misa.

oblea f. Hoja sutil de masa de harina y agua, cocida en molde, cuyos trozos sirven para sellar documentos.

oblicuángulo adj. Dícese del polígono y del poliedro que no tiene ningún ángulo recto.

oblicuo, cua adj. Sesgado, inclinado. I Dícese del plano o línea que corta a otro u otra formando con él o ella ángulo no es recto. I Díc. del ángulo que no es recto.

obligación f. Vínculo que precisa o compele legalmente a hacer una cosa. I Imposición moral que nos impele al cumplimiento del deber.

obligar tr. Impulsar a hacer algo; compeler, ligar.

obligatorio, ria adj. Dícese de lo que obliga a su cumplimiento y ejecución.

obliterar tr y r. Obstruir un conducto o cavidad del cuerpo organizado. I Timbrar e inutilizar en correos los sellos de la correspondencia.

oblito m. Cuerpo extraño olvidado en el interior de un paciente durante una intervención quirúrgica.

oblongo, ga adj. Que es más largo que ancho.

obnubilación f. Visión de los objetos como al través de una nube. I Ofuscamiento.

oboe m. Instrumento musical, del grupo de los de viento.

óbolo m. Antiguo peso griego, sexta parte de la dracma.

obra f. Cosa hecha o producida por un agente. I Cualquier producción intelectual.

obrador, ra adj. y s. Que obra. I Taller (lugar donde se trabaja una obra manual).

obrar tr. Hacer una cosa. I Producir o hacer efecto una cosa. I Edificar, hacer una obra.

obrero, ra adj. y s. Que trabaja. I m. y f. Persona que trabaja en un oficio. I Operario.

obrizo adj. Dícese del oro puro y acendrado.

obsceno, na adj. Que ofende al pudor.

obscuro adj. Que carece de luz o claridad. . I Dícese del color que casi llega a ser negro.

obsecración f. Ruego, instancia.

obsecuente adj. Obediente, rendido, sumiso.

obsequiar tr. Agasajar a uno con atenciones, servicios o regalos. I Galantear, cortejar.

obsequio m. Regalo, dádiva.

observación f. Acción de observar. I Nota, comentario, objeción.

observancia f. Cumplimiento exacto y puntual de lo ordenado o preceptuado.

observar tr. Mirar, contemplar, examinar con atención. I Cumplir y guardar exactamente lo que se manda y ordena.

observatorio m. Lugar o posición que sirve para hacer observaciones.

obsesión f. Perturbación anímica producida por una idea fija.

obsesionar tr. y r. Causar obsesión.

obsesivo, va adj. Relativo a la obsesión.

obseso, sa adj. Que padece obsesión.

obsidiana f. Feldespato vítreo de origen volcánico, negro o verde muy oscuro, con el que hacían los indios americanos, espejos, objetos mágicos, flechas y armas cortantes.

obsoleto, ta adj. Dícese de las cosas que caen en desuso por haberse encontrado mejores que las reemplacen. I Anticuado.

obstaculizar tr. Entorpecer, embarazar poner estorbos o inconvenientes a una cosa.

obstáculo m. Impedimento.

obstante p. a. e obstar. Que obsta. No obstante. m. adv. Sin embargo.

obstar intr. Impedir, estorbar, hacer contradicción y repugnancia. I impers. Oponerse una cosa a otra.

obstetricia f. Parte de la medicina que trata de la gestación y el desarrollo del feto así como de la salud de la embarazada.

obstinación f. Porfía, pertinacia, terquedad.

obstinarse r. Porfiar con terquedad; mantenerse uno en su resolución sin dejarse vencer por ruegos, razones ni obstáculos.

obstrucción f. Acción de obstruir o de obstruirse.

obstructor, ra adj. y s. Que obstruye.

obstruir tr. Estorbar el paso, cerrar un conducto o camino. l Impedir la acción.

obtener tr. Alcanzar y lograr lo que se merece o pretende l Tener, conservar.

obturador, triz adj. y s. Que sirve para obturar.

obturar tr. Tapar, cerrar, obstruir una abertura o conducto.

obtusángulo adj. Dícese del triángulo que tiene un ángulo mayor de 90 grados.

obtuso, sa adj. Romo, sin punta. l Dícese del ángulo mayor que el recto.

obús m. Pieza de artillería a modo de cañón corto y de grueso calibre, destinada a disparar proyectiles con trayectorias poco rasantes.

obvención f. Utilidad o ganancia que se obtiene además del sueldo.

obviar tr. Evitar, apartar, quitar obstáculos. l intr. Obstar.

obvio, via adj. Que está delante de los ojos. l fig. Muy claro, fácil.

oca f. Ansar, ganso. l Juego.

ocarina f. Instrumento músico de viento, de forma ovoide alargada, con ocho agujeros que se tapan con los dedos.

ocasionar tr. Ser causa o motivo de algo. l Mover, excitar. l Poner en riesgo o peligro.

ocaso m. Puesta del sol o de otro astro.

occidente m. Punto cardinal del horizonte por donde se pone el Sol.

occiduo, dua adj. Relativo al ocaso.

occipital adj. Relativo al occipucio. l Dícese del hueso del cráneo correspondiente al occipucio. Ú. t. c. s.

occipucio m. Parte posterior de la cabeza por donde ésta se une con la columna vertebral.

occisión f. Muerte violenta.

oceánico, ca adj. Perteneciente o relativo al océano.

océano m. Mar muy dilatado que cubre la mayor parte de la extensión terrestre.

oceanografía f. Ciencia que tiene por objeto el estudio de los mares, su fauna y su flora.

ocelado, da adj. Que tiene ocelos. l Que tiene ocelos. l Que tiene manchas circulares, como ojos.

ocelo m. Ojo simple de los insectos.

ocelote m. Mamífero felino americano.

ochenta adj. Ocho veces diez.

ochocientos, tas adj. Ocho veces ciento.

ocio m. Cesación del trabajo, inactividad. l Diversión u ocupación agradable.

ociosidad f. Estado de quien no trabaja. l Vicio de no trabajar; perder el tiempo. l Efecto del ocio.

oclagracia f. Gobierno de la plebe.

oclusión f. Obliteración.

oclusivo, va Relativo a la oclusión. l Díc. del sonido en cuya articulación se interrumpe la salida del aire aspirado, y de la letra que representa este sonido; como p, t, k

ocozoal m. Serpiente de cascabel, muy grande y venenosa, que vive en México.

ocozol m. Árbol hamamelidáceo americano.

ocre m. Óxido de hierro hidratado, mezclado con arcilla, de color amarillo.

octacordio m. Instrumento músico de Grecia antigua que tenía ocho cuerdas

octaedro m. Poliedro de ocho caras triangulares.

octágono, na adj. y s. Díc. del polígono de ocho lados.

octano m. Hidrocarburo que se encuentra en los petróleos americanos.

octante m. Instrumento para tomar la altura del Sol.

octava f. Composición de ocho versos. l Serie diatónica de los siete sonidos de una escala y la repetición del primero de ellos.

octavilla f. Combinación métrica de ocho versos cortos. l Octava parte de un pliego de papel.

octavo, va adj. Que sigue en orden al 7 o a lo séptimo. l Díc. de cada una de las ocho partes iguales de un todo.

octo Prefijo que significa ocho.

octocolario adj. y s. Díc. de la celentéreos antozoarios cuya boca está rodeada de ocho tentáculos; como el alcionio.

octogenario, ria adj. y s. Que ha cumplido ya ochenta años y no llega a los noventa. Ochentón.

octogonal adj. Relativo al octógeno. l De su figura.

octópodo adj. Díc. de los moluscos cefalópodos libranquios, que tienen ocho tentáculos provistos de ventosas, cuerpo en forma de bolsas y ojos fijos, como el pulpo.

octubre m. Décimo mes del año; tiene 31 días.

óctuplo, pla adj. y s. Que contiene un número repetido ocho veces exactamente.

ocular adj. Relativo a los ojos o que se hace por medio de ellos.

oculista com. Médico especialista de las enfermedades de los ojos.

ocultar tr. Esconder, tapar, encubrir a la vista.

ocultismo m. Doctrina que pretende conocer y utilizar los arcanos y realidades ocultas de la naturaleza.

oculto, ta adj. Escondido, ignorado; que no se deja ver ni sentir.

ocupación f. Acción de ocupar. l Trabajo. l Empleo, oficio, cargo.

ocupar tr. Tomar posesión, apoderarse de una cosa. l Desempeñar un cargo. l Habitar una casa. l r. Emplearse en un trabajo o tarea. l Aplicase la atención a un asunto.

ocurrencia f. Suceso casual, ocasión o coyuntura. l Pensamiento o dicho agudo o ingenioso.

ocurrente Que ocurre. l adj. Decidor, que tiene ocurrencias originales.

ocurrir intr. Acontecer, acaecer, suceder una cosa.

oda f. Composición lírica de gran elevación, que suele dividirse en estrofas.

odalisca f. Esclava del harén de los antiguos turcos.

odeón m. En Grecia antigua, edificio destinado a ensayos, conciertos y certámenes musicales.

odio m. Aversión y antipatía hacia una persona o cosa cuyo mal se desea.

odiosos, sa adj. Digno de odio.

odisea f. Viaje largo y lleno de aventuras. l Serie de acontecimientos extraños.

odonatus Género de insectos que incluye las libélulas.

odontalgia f. Dolor de los dientes.

odontología f. Estudio de los dientes y de sus enfermedades.

odorífero, ra adj. Que huele bien.

odre m. Cuero grande cosido y empegado propio para contener líquidos.

oerstedio m. Unidad de excitación magnética o poder imanador en el sistema magnético cegesimal.

oeste m. Occidente (punto cardinal).

ofender tr. Hacer daño a uno físicamente. l Denostar, injuriar de palabra. l r. Picarse, enfadarse, resentirse.

ofensa f. Acción y efecto de ofender u ofenderse.

oferta f. Promesa de dar o hacer una cosa. l Presentación de mercancías para su venta, o proposición de algún negocio.

ofertorio m. Parte de la misa en la que le celebrante ofrece a Dios la hostia y el vino antes de la consagración.

oficial 282

oficial adj. Que es de oficio, o sea que emana de la autoridad del estado, y no particular o privado.
oficiante Que oficia. I m. Preste.
oficiar tr. Celebrar un preste la misa y demás oficios divinos. I Comunicar oficialmente y por escrito alguna cosa. I intr. fig. Hacer oficio.
oficina f. Lugar donde se trabaja, ordena o elabora una cosa.
oficinista com. Persona empleada en una oficina.
oficio m. Ocupación ordinaria. I Cargo, ministerio, profesión. I Función propia de alguna cosa. I Acción en beneficio o en daño de alguien.
oficioso, sa adj. Que se muestra solícito por ser agradable y útil. I Que se entromete en lo que no le incumbe.
ofidio adj. y s. Aplícase a los reptiles que carecen de extremidades y tienen el cuerpo largo y estrecho, con piel escamosa que mudan anualmente, boca dilatable y, algunas especies, dientes huecos con un canal que da paso a un humor venenoso.
ofiuro m. Animal equinodermo, especie de estrella de mar de brazos largos.
ofrecer tr. Prometer, obligarse a hacer, decir o dar algo.
ofrenda f. Don que se ofrece y dedica a Dios o a los santos. I Dádiva, obsequio o servicio que se hace por amor o gratitud.
ofrendar tr. Hacer ofrendas a Dios. I Contribuir con dinero u otros dones para fin.
oftalmia f. Inflamación de los ojos.
oftálmico, ca adj. Perteneciente o relativo a la oftalmía o a los ojos.
oftalmología f. Parte de la patología que se ocupa de las enfermedades de ojos.
oftalmólogo, ga m. y f. Oculista.
oftalmoscopia f. Exploración del ojo.
ofuscamiento m. Turbación de la vista por un reflejo grande de luz o por vapores o fluxiones que dificultan la visión. I fig. Transtorno pasajero de la razón, que produce confusión de las ideas. I Ofuscación.
ofuscar tr. Deslumbrar, turbar la vista. I fig. Transformar o conturbar o confundir las ideas; alucinar. Ú. t. c. r.
ogro m. Gigante que, según las tradiciones de Europa, comía carne humana.
¡oh! interj. de asombro, pena, alegría. etc.
ohmímetro m. Aparato para medir las resistencias eléctricas.
ohmio m. Unidad de resistencia eléctrica.
oidio m. Hongo parásito que, formando finísimos filamentos blanquecinos y polvorientos, se desarrolla sobre tejidos orgánicos.
oído m. Sentido que permite percibir los sonidos. I Cada uno de los órganos que sirven para la audición, en los vertebrados situados a uno y otro lado de la cabeza.
oidor, ra adj. y s. Que oye. I m. Antiguo ministro togado de justicia que en las audiencias oía y sentenciaba las causas.
oír tr. Percibir los sonidos. I Escuchar.
ojal m. Abertura de la ropa donde entra el botón. I Agujero que traspasa una cosa.
¡ojalá! Interj. con que se denota vivo deseo de que ocurra una cosa.
ojeada f. Mirada pronta y ligera.
ojeador, ra m. y f. Persona que ojea la caza.
ojear tr. Dirigir los ojos y mirar a determinada parte. I Aojar, hacer mal de ojo. I Espantar la caza y acosarla hasta el sitio que convenga para cazarla. I fig. Espantar y ahuyentar de cualquier modo.
ojeo m. Acción de ojear la caza.
ojera f. Mancha lívida alrededor de la base del párpado inferior del ojo. Ú. m. en pl.

ojeriza f. Rencor, mala voluntad.
ojeroso, sa adj. Que tiene ojeras.
ojete m. dim. de ojo. I m. Ojal redondo y reforzado con cordoncillo o aro metálico.
ojiva f. Figura formada por dos arcos de círculo de igual radio y magnitud, que se cortan volviendo la concavidad el uno al otro.
ojival adj. De figura de ojiva.
ojo m. Órgano de la vista.
ojota f. Sandalia de cuero o filamento vegetal, usada por los indios americanos.
okapi f. Mamífero del África central, que parece ser una forma de transición entre la jirafa y la cebra.
ola f. Onda grande que forma el agua agitada.
¡olé! interj. con que los españoles muestran complacencia.
oleáceo, a adj. y s. Díc. de ciertas plantas dicotiledóneas, leñosas, de flores por lo común en panojas o racimos y frutos generalmente en drupa, capsular o en baya. I Familia de estas plantas.
oleada f. Ola grande. I Embate y golpe de ola. I fig. Movimiento impetuoso de mucha gente apiñada.
oleaginoso, sa adj. Aceitoso. I Díc. de las plantas que producen aceite.
oleaje m. Sucesión continuada de olas.
olear tr. Dar la extremaunción. I intr. Hacer o producir olas el mar.
oleico, ca adj. Díc. de un ácido que existe en el aceite de oliva.
oleícola adj. Perteneciente o relativo a oleicultura.
oleicultura f. Arte de cultivar el olivo y mejorar la producción del aceite.
oleífero, ra adj. Que produce aceite.
oleína Sustancia líquida, algo amarillenta, que se encuentra en las grasas y mantecas.
óleo m. Aceite. I El que se usa en los sacramentos. Ú. m. en pl. I Acción de olear.
oleoducto m. Tubería para conducir el petróleo a larga distancia.
oleómetro m. Aerómetro destinado a determinar la densidad de los aceites.
oleorresina f. Jugo líquido o casi líquido, procedente de varias plantas, que se forma naturalmente por la disolución de la resina en aceite volátil.
oleoso, sa adj. Aceitoso, con aspecto o consistencia de aceite.
oler tr. Percibir los olores.
olfatear tr. Oler con ahínco. I fam. Indagar con empeño.
olfativo, va adj. Perteneciente o relativo al sentido del olfato.
olfato m. Sentido corporal con que se perciben los olores.
oligarca m. Individuo de una oligarquía.
oligarquía f. Forma de gobierno en la cual el poder supremo lo ejerce un corto número de personas de la misma clase social.
oligisto m. Oxido de hierro muy duro y pesado, que se emplea en la siderurgia.
oligoceno, na adj. Aplícase al tercero de los cinco períodos en que se divide la era terciaria; es anterior al mioceno y posterior al eoceno.
oligofrenia f. Imbecilidad, idiotez.
oligocetos m. pl. Orden de los gusanos anélidos, quetópodos.
olimpiada f. Competición universal de juegos atléticos que se celebra modernamente cada cuatro años en lugar señalado de antemano y con exclusión de los profesionales del deporte.

olímpico, ca adj. Perteneciente a los juegos de las olimpiadas.

oliscar tr. Oler con cuidado y buscar algo por el olfato. | fig. Averiguar, inquirir, indagar.

oliva f. Olivo. | Aceituna.

oliváceo, a adj. De color de aceituna.

olivar m. Terreno plantado de olivos.

olivicultura f. Cultivo y mejoramiento del olivo.

olivo m. Árbol oleáceo cuyo fruto es la aceituna.

olla f. Vasija redonda, voluminosa y con asa, que sirve para guisar.

ollar ad. Díc. de la piedra blanca, variedad de serpentina, utilizable para tallar vasijas.

olleta f. Cacerola pequeña. | Chocolatera.

olmo m. Árbol ulmáceo de tronco robusto, cuya madera es fuerte y de muchas aplicaciones.

olor m. Sensación, impresión que en el olfato producen los efluvios o emanaciones de los cuerpos.

oloroso, sa adj. Que exhala fragancia.

olvidadizo, za adj. Que olvida fácilmente.

olvidar tr. y r. Perder la memoria de una cosa. | Dejar el cariño que se tenía.

olvido m. Falta de memoria o cesación de la que se tenía de una cosa.

omaso m. Tercera cavidad del estómago de los rumiantes.

ombligo m. Forma que queda en el vientre donde se hallaba el cordón umbilical. | El mismo cordón umbilical.

ombliguero m. Venda que se pone a los recién nacidos en el ombligo.

ombú m. Árbol fitolacáceo sudamericano.

omega f. O larga, y última letra del alfabeto griego.

omento m. Redaño.

omicron f. O breve del alfabeto griego.

ominar tr. Agorar, presagiar.

ominoso, sa adj. Cargado de presagios.

omisión f. Abstención de hacer o decir.

omitir tr. Dejar de hacer algo. | Pasar en silencio una cosa. Ú. t. c. r.

ómnibus m. Carruaje público capaz para muchas personas.

omnímodo, da adj. Que lo abraza y comprende todo.

omnipotente adj. Que todo lo puede, atributo sólo de la divinidad. | fig. Díc. de las personas que reúnen en sus manos muchas facultades y poderes políticos o administrativos.

omnívoro, ra adj. y s. Díc. de los animales que se alimentan de toda clase de sustancias orgánicas.

omóplato m. Cualquiera de los dos huesos anchos y superficiales situados a lo alto de la espalda, donde se articulan los brazos.

onagra f. Planta onagrariácea, de hojas abrazadoras y aovadas, flores de forma de rosas y raíz blanca que cuando se seca despide un olor vinoso.

onagro m. Asno silvestre, que vive en Asia y África. | Antigua máquina de guerra, semejante a la ballesta.

once adj. Diez y uno.

onceno, na adj. y s. Undécimo.

onda f. Cada una de las elevaciones que se forman al perturbar la extensión de un líquido. | Ondulación , movimiento que se propaga en un medio elástico.

ondear intr. Hacer ondas el agua. | Ondular.

ondina f. Ninfa de las aguas. | Especie de hada de las aguas costeras, los fiordos, los lagos y los ríos.

ondulado, da adj. Díc. de los cuerpos que forman ondas pequeñas. | Tipo de relieve caracterizado por ondas sucesivas.

ondular intr. Moverse un cuerpo sinuosamente en figura de eses. | tr. Hacer ondas en el pelo.

oneroso, sa adj. Gravoso, pesado o molesto.

ónice m. Variedad de ágata que presenta fajas concéntricas de diversos colores, alternativamente claros y oscuros.

onírico, ca adj. Relativo a los sueños.

oniromancia f. Arte de adivinar por medio de la interpretación de los sueños.

onomástico, ca adj. Relativo a los nombres y especialmente a los propios.

onomatopeya f. Imitación del sonido de una cosa por la palabra que la representa.

ontogenia f. Formación y desarrollo del individuo considerado con independencia de la especie.

ontología f. Parte de la Metafísica que trata de ser en general y de sus propiedades trascendentales.

onza f. Medida de peso utilizada por los países sajones, que se aplica internacionalmente para el oro.

oomicetos m. pl. Orden de hongos, cuya reproducción se efectúa por medio de huevos, nacidos de la unión de los gametos.

oosfera f. Célula sexual femenina que se produce en el ovulo de los vegetales y unida con el elemento masculino, produce un nuevo ser.

opa adj. Tonto, necio.

opacidad f. Calidad de opaco.

opaco, ca adj. Que no es diáfano, que impide el paso a la luz. | Oscuro, sombrío.

opalescencia f. Reflejos de ópalo.

opalescente adj. Que parece de ópalo o irisado como el.

opalino, na adj. Perteneciente o relativo al ópalo. | De color entre blanco y azulado con reflejos irisados.

ópalo m. Piedra constituida por sílice hidratada amorfa, traslúcida u opaca, dura, quebradiza, de lustre resinoso y colores diversos que se presenta en diversas variedades, algunas de las cuales se usan como piedras preciosas.

opción f. Facultad de elegir. | La misma elección. | Derecho a un oficio, dignidad, etc.

ópera f. Poema dramático puesto todo él en música. | Esta música.

operación f. Acción de operar. | Negociación o contrato sobre valores o mercaderías. | Cualquiera de los procedimientos que se emplean para transformar unas cantidades en otras, o para efectuar con ellas determinados cálculos. | Intervención quirúrgica.

operador, ra adj. Persona encargada del funcionamiento de un aparato.

operar tr. Ejecutar algún trabajo sobre el cuerpo animal vivo con fines terapéuticos. | intr. Obrar, producir efecto una cosa. | Maniobrar.

operario, ria m. y f. Obrero, ra.

opérculo m. Pieza que cierra ciertas aberturas naturales de los seres.

opereta f. Opera corta o ligera, en la que se alternan partes cantadas con otras dialogadas.

opiáceo, a adj. Que contiene opio.

opilación f. Obstrucción de alguna vía natural del cuerpo. | Hidropesía.

opimo, ma adj. Fértil, abundante.

opinar intr. Formar parecer o dictamen sobre una cosa. | Expresarlo.

opinión f. Juicio formado sobre cosas opinables. | Concepto.

opio m. Jugo moreno, amargo y de olor característico obtenido de las cabezas de adormideras verdes, que desecado se usa como narcótico o droga alucinante.

opíparo, ra adj. Abundante y espléndido. Díc. de comidas o banquetes.

oponer tr. y r. Poner una cosa contra otra para estorbarle o impedirle su efecto. Ú. t. c. r. | Proponer una razón o discurso contra lo que dice o siente. | r. Ser una cosa contraria a otra. | Estar una cosa situada enfrente de otra.

opopónaco m. Gomorresina aromática que se extrae de la pánace y se usa en medicina y perfumería.

oportunidad f. Conveniencia de tiempo y lugar.

oportuno, na adj. Que se hace o sucede en tiempo a propósito y cuando conviene.

oposición f. Acción de oponer u oponerse. | Situación de algunas cosas colocadas unas enfrente de otras. | Contrariedad, contraste de una cosa con otra. | Concurso de los pretendientes a un cargo, premio, etc., por medio de ejercicios en que demuestran su suficiencia. | Contradicción o resistencia a lo que uno dice o hace. | Minoría que en los cuerpos deliberantes suele impugnar los actos y doctrinas de la mayoría.

opositor, ra m. y f. Persona que se opone a otra. | Pretendiente a un cargo que se ha de proveer por oposición. | Partidario de la minoría política.

opoterapia f. Procedimiento curativo por el empleo de órganos animales o sus extractos o de las hormonas aisladas de las glándulas endocrinas.

opresión f. Acción y efecto de oprimir.

opresor, ra adj. y s. Que violenta a alguno, le aprieta y obliga con vejación o molestia.

oprimir tr. Ejercer presión sobre una cosa. | fig. Sujetar, obligar con violencia y tiranía.

oprobiar tr. Vilipendiar, infamar.

oprobio m. Afrenta, vilipendio.

optar tr. Entrar en el empleo a que se tenía derecho. | Escoger una cosa entre dos o más.

óptica f. Partes de la física, la fisiología y la geometría que estudian la luz, sus fenómenos y las leyes que los rigen.

optimar tr. Buscar la mejor manera de realizar una actividad. En América, úsase más optimizar.

optimismo m. Sistema que atribuye al universo la mayor perfección posible. | Tendencia a ver y juzgar las cosas por su lado más favorable.

óptimo, ma adj. sup. de bueno. Sumamente bueno.

opuesto, ta p.p. irreg de oponer. | adj. Enemigo adversario.

opugnar tr. Hacer oposición con fuerza y violencia. | Asaltar una plaza o combatir un ejército.

opulencia f. Abundancia, riqueza y sobra de bienes.

opúsculo m. Folleto breve.

oquedad f. Espacio vacío en un cuerpo sólido.

oquedal m. Monte que no tiene matas, sino sólo árboles altos.

ora conj. distrib. aféresis de ahora

oración f. Discurso pronunciado en público. | Palabra o conjunto de palabras con que se expresa un concepto cabal.

oráculo m. Respuesta que da un dios por sí mismo o por sus ministros. | Lugar, estatua u otra cosa representativa de la deidad consultada.

orador, ra m. y f. Persona que pronuncia un discurso o que ejerce la oratoria. | Persona que ora o ruega. | Predicador.

oral adj. Expresado verbalmente.

orangután m. Mono antropomorfo, alto y corpulento, de brazos largos y piernas cortas, que vive en la selva de Sumatra y Borneo.

orar intr. Hablar en público, pronunciar algún discurso. | Rezar, hacer oración. | tr. Rezar, pedir, suplicar.

orate com. Persona loca o demente. | fig. Persona de poco juicio.

oratoria f. Arte de hablar con elocuencia.

oratorio, ria adj. Relativo a la oratoria, a la elocuencia o el orador. | m. Lugar destinado para orar.

orbe m. Círculo o redondez. | Esfera celeste o terrestre. | Mundo, universo.

orbicular adj. Circular o redondo.

órbita f. Trayectoria curvilínea descrita por un astro alrededor del centro de gravedad de un sistema.

orbitelario, ria adj. Díc. de las arañas que construyen una tela vertical poligonal, cuyos radios cortan las líneas paralelas trazadas en forma de espiral, en cuyo centro, o en una madriguera próxima, suele colocarse el animal.

orcombre m. Árbol muy alto, de fruto comestible y madera excelente.

órdago m. Envite del resto en el juego del mus.

ordalías f. pl. Pruebas a que, en la Edad Media, se sometía a los acusados para demostrar su inocencia o culpabilidad.

orden m. Colocación de las cosas en el lugar que les corresponde. | Concierto, buena disposición de las cosas entre sí. | Regla o método que se observa para hacer las cosas. | f. Mandato que se debe obedecer.

ordenada adj. y s. Una de las dos coordenadas cartesianas que determinan la posición de un punto en un plano; la otra se llama abscisa.

ordenador, ra adj. y s. Que ordena. | m. Jefe de una ordenación. | Computador electrónico.

ordenanza m. Método, orden en la ejecución de las cosas. | Conjunto de reglas o preceptos concernientes a una cosa. Ú. m. en pl. | Reglamento para el régimen de los militares, o para el de una ciudad o comunidad. | Empleado encargado de llevar órdenes y recados de una oficina.

ordenar tr. Poner en orden las cosas. | Mandar que se haga algo.

ordeñar tr. Extraer la leche de la ubre exprimiendo ésta.

ordinal adj. y s. Dícese del número y del adjetivo numeral que expresan orden.

ordinario, ria adj. Común, regular, habitual. | Plebeyo. | Bajo, vulgar, basto y de poca estimación.

orear tr. Dar el viento a una cosa refrescándola o quitándole el exceso de humedad.

orégano m. Planta labiada, aromática, de hojas y flores que se usan como tónicas y en condimentos.

oreja f. Oído, aparato de la audición. | Ternilla que forma la parte externa del oído.

orejeado, da adj. Prevenido, avisado para responder o no dar crédito a algo.

orejear intr. Sacudir el animal las orejas. | fig. Hacer una cosa de mala gana.

orejera f. Cada una de las dos piezas de la gorra o montera que sirven para cubrir las orejas.

orejón m. Pedazo de melocotón curado al sol.

orejudo, da adj. Que tiene orejas grandes o largas.

orejuela f. dim de oreja. | Cualquiera de las dos asas de la escudilla, bandejas u otras cosas análogas.

oreo m. Soplo suave del aire.

orfanato m. Asilo de huérfanos.

orfandad f. Estado de huérfano. | Pensión que disfrutan algunos huérfanos.

orfebre m. El que labra objetos artísticos de oro, plata y otros metales preciosos, o aleaciones de ellos.

orfebrería f. Arte del orfebre.

orfeón m. Sociedad de cantantes en coro, sin instrumentos que los acompañen.

organdí m. Muselina muy fina.

orgánico, ca adj. Aplícase al cuerpo que tiene disposición o aptitud para vivir.

organigrama m. Sinopsis o esquema de la organización de una entidad, de una empresa o de una tarea.

organillo m. dim. de órgano. I Órgano pequeño o plano que se hace sonar mediante un cilindro con púas movido por un manubrio.

organismo Conjunto de órganos del cuerpo de los seres vivientes. I fig. Conjunto de leyes y costumbres que rigen una institución. I fig. Conjunto de oficinas, cargos o dependencias de un cuerpo o institución.

organista com. Persona que toca el órgano.

organizar tr. Disponer el órgano para que esté acorde. I fig. Establecer, instituir, regularizar o reformar una cosa. Ú. t. c. r.

órgano m. Parte del cuerpo viviente que desempeña alguna función. I fig. Medio o conducto que pone en comunicación dos cosas.

órgano Instrumento de teclado, en el cual el sonido se produce por poderosas columnas de viento insufladas en tubos sonoros afinados.

organogenia f. Estudio de la formación y desarrollo de los órganos en los seres vivientes.

orgía f. Rituales religiosos de la antigüedad, comunes a la mayoría de las grandes culturas del mundo, que tenían simultáneamente un carácter iniciático y de culto a las divinidades de la tierra, la fecundidad, la noche y el mundo subterráneo.

orgullo m. Arrogancia, vanidad, exceso de estimación propia.

orientación f. Acción de orientar u orientarse.

oriental adj. Perteneciente al Oriente.

orientar tr. Disponer o colocar una cosa en posición determinada respecto a los puntos cardinales

oriente m. Nacimiento de una cosa. I Punto cardinal del horizonte por donde sale el Sol.

orificar tr. Rellenar con oro el hueco de un diente picado.

orífice m. Artífice que hace trabajos en oro.

orificio m. Boca, abertura. I Abertura de ciertos conductos.

origen m. Principio, nacimiento, manantial, raíz y causa de una cosa.

original adj. Relativo al origen. I Díc. de toda obra del ingenio humano que no es copia, imitación o traducción de otra. Ú. t. c. s. I Díc. de la lengua en que se escribe una obra por primera vez. I Díc. de lo que se distingue por su novedad, y del escritor o artista que da este carácter a sus obras. I Singular, extraño, insólito. I m. Manuscrito o impreso que se da a la imprenta.

originalidad f. Calidad de original.

originar tr. Ser origen, motivo o principio de una cosa. I r. Proceder, traer su origen una cosa de otra.

originario, ria adj. Que da origen a alguna persona o cosa. I Que procede de algún lugar, persona o cosa.

orilla f. Término, borde, límite o extremo de una extensión, o de una tela. I Parte de la tierra contigua al mar, lago o río.

orín m. Oxido rojizo que se forma en la extensión del hierro. I Orina.

orina f. Líquido que, excretado en los riñones, pasa a la vejiga y se expele por la uretra.

orinal m. Recipiente para recoger la orina durante la noche.

oriundo, da adj. Originario, que procede de algún lugar.

orla f. Orilla de las telas, vestidos u otras cosas, con algún adorno. I Adorno que rodea un escrito, impreso, retrato, etc. I Adorno en forma de filete que rodea el escudo.

orlar tr. Adornar con orlas.

orlo m. Oboe rústico, de sonido monótono. I Registro del órgano que imita este sonido. I Plinto.

ornamentar tr. Dotar a las cosas de los elementos necesarios para que su apariencia resulte concordante con los requerimientos de dignidad y belleza. I Adornar.

ornamento m. Adorno, atavío. I fig. Prendas morales. I Piezas accesorias que sirven de adorno a las obras principales.

ornar tr. Engalanar, ornamentar.

ornato m. Pompa, etiqueta de acuerdo a las circunstancias.

ornitodelfos m. pl. Monotremas.

ornitología f. Parte de la zoología que trata de las aves.

ornitorrinco m. Mamífero monotrema, de boca parecida al pico de un pato, y pies palmeados.

oro m. Metal amarillo, el más dúctil y maleable de cuantos se conocen.

orobancáceo, a adj. y s. Díc. de plantas dicotiledóneas, sin clorofila que viven parásitas sobre las raíces de otros vegetales, con escamas en lugar de hojas, flores en racimos y fruto capsular.

orogenia f. Parte de la geología que estudia la formación de las montañas.

orografía f. Parte de la geografía que trata de la descripción de las montañas.

orondo, da adj. Díc. de las vasijas de mucho hueco o barriga. I fig. Hueco, esponjado. I fig. Hinchado, lleno de presunción.

oronimia f. Parte de la toponimia que estudia el origen y significación de los nombres de cordillera, montañas, colinas, etc.

orónimo m. Nombre de cordillera, montaña, colina, etc.

oropel m. Hoja muy delgada de latón que imita el oro. I fig. Cosa de mucha apariencia y poco valor.

oropéndola f. Pájaro dentirrostro de hermoso plumaje amarillo.

orozuz m. Planta leguminosa de flores azuladas y rizomas.

orquesta f. Conjunto de músicos que tocan juntos. I Parte del teatro destinada a ellos.

orquestar intr. Instrumentar para orquesta.

orquestina f. Orquesta de pocos y variados instrumentos, dedicados por lo general a ejecutar música bailable.

orquidáceo, a adj. y s. Díc. de plantas monocotiledóneas, vivaces, con flores de forma y coloración muy raras, fruto capsular y raíz con dos tubérculos elipsoidales.

orquídea, a adj. y s. Orquidáceo. I f. Flor de estas plantas.

ortiga f. Planta urticácea, herbácea con flores verdosas y hojas opuestas, cubiertas, lo mismo que los tallos, de pelos punzantes que segregan un líquido urente que al rozar la piel produce en ella fuerte escozor.

orto m. Salida o aparición de un astro por el horizonte.

ortocentro m. Punto de intersección de las alturas de un triángulo.

ortodoxia f. Conformidad con la doctrina fundamental de cualquier secta o sistema.

ortogonal adj. Díc. de lo que está ángulo recto.

ortografía f. Gram. Parte de la gramática que enseña a escribir correctamente.

ortología f. Arte de pronunciar bien.

ortopedia f. Arte de corregir las deformaciones del cuerpo.

ortóptero adj. y s. Díc. de los insectos de boca masticadora y dos pares de alas que se pliegan longitudinalmente, las posteriores membranosas y las anteriores en general, de menor tamaño y consistencia más fuerte, dos grandes ojos y metamorfosis sencillas.

ortosa f. Feldespato constituido por un silicato de aluminio y potasio, de estructura laminar.

oruga f. Larva de los insectos lepidópteros, o mariposas.

orujo m. Hollejo de la uva o de la aceituna, después de haber sido prensadas. Del orujo de uvas se obtiene el aguardiente.

orza f. Vasija vidriada de barro, a modo de tinaja pequeña.

orzar Navegar dirigiendo la proa en ángulo agudo a la dirección de donde viene el viento, haciendo que éste impulsa a la nave no por empuje sino por succión.

orzuelo m. Granillo, a veces infeccioso que suele nacer en el reborde del párpado.

os Dativo y acusativo del pronombre de segunda persona, masculino y femenino.

osadía f. Audacia, intrepidez.

osamenta f. Esqueleto (armazón ósea de los vertebrados). l Conjunto de huesos del esqueleto.

osar m. Osario. l intr. Atreverse, emprender algo con audacia.

osario m. Lugar en que se echan los huesos sacados de las sepulturas. l Lugar en que hay huesos.

oscilación f. Acción de oscilar. l Cada uno de los vaivenes en un movimiento oscilatorio.

oscilador m. Aparato destinado a producir oscilaciones eléctricas o mecánicas.

oscilar intr. Efectuar movimientos de vaivén a la manera de un péndulo o de un cuerpo colgado de un resorte o movido por él. l fig. Crecer y disminuir alternativamente la intensidad de algunas cosas o fenómenos.

oscilógrafo m. Aparato registrador de oscilaciones.

oscurantismo m. Oposición sistemática a la difusión de la cultura.

ósculo m. Beso.

oscurecer tr. Privar de luz y claridad.

oscuridad f. Falta de luz y claridad para percibir las cosas. l Densidad muy sombría. l fig. Falta de claridad en los conceptos. l fig. Humildad de condición social.

oscuro, ra adj. Falto de luz o claridad. l Dícese del color que tira a negro, y del que se contrapone a otro más claro de la misma clase.

óseo, a adj. De hueso, o de su naturaleza.

osezno m. Cachorro del oso.

osificarse f. Convertirse en hueso, o adquirir su consistencia.

osmio m. Metal blanco semejante al platino.

osmosis u ósmosis f. Paso de un fluido a través de una membrana semipermeable que separa dos soluciones de diferente concentración.

oso m. Mamífero plantígrado de pelaje largo, de color pardo, cabeza grande, extremidades fuertes, uñas ganchudas y cola muy corta.

ostensible adj. Que puede manifestarse o mostrarse. l Manifiesto, patente.

ostentación f. Acción de ostentar. l Jactancia, presunción. l Fausto, pompa.

ostentador, ra adj. Que hace ostentación de algo.

ostentoso, sa adj. Suntuoso y digno de verse.

osteología f. Tratado de los huesos.

osteopatía f. Término general para las enfermedades óseas.

osteotomía f. Resección de un hueso.

ostiario m. Clérigo que ha recibido la primera de las cuatro órdenes menores.

ostilla f. ant. Ajuar.

ostra f. Molusco marino, lamelibranquio, de valvas casi circulares y desiguales.

ostracismo m. Destierro político, entre los antiguos griegos. l fig. Exclusión de los oficios públicos.

ostral m. Lugar donde se crían las ostras.

ostrero, ra adj. Relativo a las ostras. l m. y f. Persona que las vende. l m. Ostral.

ostricultura f. Arte de criar las ostras.

ostrífero, ra adj. Que cría ostras o abunda en ellas.

otalgia f. Dolor de oídos.

otario, a adj. Tonto, necio. l Víctima de un pillo.

otero m. Cerro aislado en un llano.

otilar intr. Aullar el lobo.

otitis f. Inflamación del órgano del oído.

oto m. Autillo, ave.

otología f. Tratado de las enfermedades del oído.

otoñada f. Tiempo o estación del otoño.

otoñal adj. Perteneciente al otoño o propio de él.

otoñar intr. Pasar el otoño. l r. Sazonarse la tierra con las lluvias del otoño.

otoño m. Estación del año comprendida entre el equinoccio del mismo nombre y el solsticio de invierno.

otorgar tr. Consentir, conceder una cosa que se pide o se pregunta. l Disponer, establecer, ofrecer o prometer una cosa.

otorrinolaringología f. Parte de la patología que trata de las enfermedades ddel oído, la nariz y la garganta.

otosclerosis f. Esclerosis progresiva del oído medio e interno.

otoscopia f. Exploración del oído.

otra, tra adj. y s. Díc. de cualquier persona o cosa distinta de aquella de que se habla. l Muchas veces expresa semejanza entre dos cosas personas.

otrora adv. En otro tiempo.

otrosí adv. Además. Úsase más en lenguaje forense.

ova f. Cualquiera de las algas verdes unicelulares, de tallos filamentosos, laminares o en forma de cinta, que se crían en el mar o en los ríos, lagos o estanques.

ovación f. Uno de los triunfos menores entre los romanos. l fig. Aplauso unánime del público.

ovacionar tr. Tributar una ovación.

ovado, da adj. Díc. del ave cuyas huevos han sido fecundados. l Aovado. l Ovalado.

oval adj. De figura de óvalo.

ovalado, da p. p. de ovalar. l adj. Oval, de figura de óvalo.

óvalo m. Curva plana, cerrada, convexa y simétrica respecto a uno o dos ejes.

ovario m. Órgano de la reproducción, propio de las hembras, donde están contenidos los óvulos. l Parte inferior del pistilo, donde está contenido el rudimento de la semilla.

ovariotomía f. Operación que consiste en la extirpación de uno o de ambos ovarios.

ovaritis f. Inflamación de los ovarios.

ovas f. pl. Hueva.

oveja f. Hembra del carnero.

ovejero, ra adj. y s. Que guarda ovejas.

ovejuno, na adj. Relativo a las ovejas. l Dícese de las personas de carácter gregario y demasiado apacible.

overa f. Ovario de las aves.

overo, ra adj. Díc. de los animales de color parecido al del melocotón. l Díc. del ojo en que resalta mucho lo blanco. l Díc. del caballo que presenta manchas oscuras y blancas.

óvido adj. y s. Díc. de mamíferos con cuernos de sección triangular y retorcidos o encorvados hacia atrás; como el carnero y la cabra. l f. pl. Tribus de estos animales.

oviducto m. Conducto por el que los óvulos de los animales salen del ovario para ser fecundados.

ovil m. Redil, aprisco.

ovillar intr. Hacer ovillos. | r. Encogerse sobre sí mismo.

ovillo m. Bola o lío que se forma devanando hilo. | fig. Cosa enredada o enmarañada y de forma redonda. | fig. Montón o multitud confusa de cosas.

ovino, na adj. y s. Díc. de los animales que pertenecen al género de la oveja.

ovíparo, ra adj. Díc. de los animales cuyas hembras ponen huevos.

oviscapto m. Órgano saliente que las hembras de ciertos insectos tienen en la extremidad del abdomen y les sirve para abrir lugar en que depositar los huevos.

ovoide adj. y s. Aovado.

ovoideo, a adj. Ovoide

ovovivíparo, ra adj. Díc. de los animales de generación ovípara, cuyos huevos se abren al salir al exterior; como la víbora.

ovular intr. Realizar la ovulación.

óvulo m. y Vesícula donde se halla contenido el germen de un nuevo ser antes de la fecundación.

oxácido m. Ácido resultante de la combinación de un cuerpo simple con el oxígeno y el agua.

oxalidáceo, a adj. y s. Díc. de plantas dicotiledóneas, generalmente herbáceas, con hojas que se repliegan más o menos según la intensidad de la luz del día, flores pentámeras y fruto capsular o en baya como la aleluya. | f. pl. Familia de estas plantas.

oxear tr. Espantar las aves domésticas.

oxhídrico, ca adj. Díc. de una llama de hidrógeno que se aviva con una corriente de oxígeno, y del soplete en que se produce esta llama.

oxidación f. Acción y efecto de oxidar u oxidarse. | Reacción o proceso químico en el cual una sustancia fija oxígeno.

oxidante p. a. de oxidar. Que oxida o tiene virtud de oxidar. Ú. t. c. s.

oxidar tr. y r. Transformar un cuerpo mediante la acción del oxígeno o de un oxidante.

óxido m. Cuerpo que se forma al combinarse un metal o elemento electropositivo con el oxígeno, y que reacciona con el agua dando una base.

oxigenar tr. y r. Combinar el oxígeno con algún otro cuerpo. | fig. Airearse, respirar el aire libre.

oxígeno m. Metaloide gaseoso y el elemento más abundante en la Tierra, esencial para la respiración de los seres vivos y de los procesos de combustión.

oxigonio adj. Acutángulo.

oxitócico adj. Dícese de las substancias que producen la contracción del músculo uterino.

oxítono adj. Agudo, que carga el acento en la última sílaba.

oxiuro m. Nematodo parásito del hombre.

oyente p. a. de Oír. Que oye. Ú. t. c. s. | Díc. del alumno que asiste a una clase sin estar matriculado.

ozonización f. Acción de ozonizar.

ozonizador, ra Que ozonda. | m. Aparato destinado a transformar el oxígeno en ozono.

ozono m. Estado alotrópico del oxígeno, producido por la electricidad.

ozonómetro m. Reactivo que se prepara para determinar la presencia y cantidad de ozono en la atmósfera.

ozonosfera Capa de la atmósfera terrestre conteniendo ozono, situada a unos 25 km de altura en promedio, pues en primavera aumenta y en otoño disminuye.

P

p f. Letra decimoséptima del alfabeto español, y decimotercera consonante. Su articulación es bilabial, oclusiva y sorda.

pabellón m. Tienda de campaña más alta que las comunes. | Bandera nacional. | Banderas o estandartes que, izados en lo alto de los mástiles, informa la nacionalidad de un barco, las condiciones en que navega y el propósito que lleva. | Ensanche cónico con que termina la boca de algunos instrumentos músicos de viento. | Edificio aislado, pero que forma parte de otro o está contiguo a él.

pábilo m. Mecha torcida de la vela, del candil, etc. | Parte carbonizada de esta mecha.

pábulo m. Pasto, sustento, comida. | fig. Aquello que sustenta o apoya una cosa inmaterial.

paca t. Mamífero roedor sudamericano, especie de cerdito de costumbres acuáticas, cuya carne es muy estimada. | Fardo, lío, bulto, bala.

pacato, ta adj. y s. Dícese de las personas que afectan un excesivo pudor. | En España, pacífico, manso, quieto.

pacer intr. y tr. Comer el ganado la hierba en el campo. | tr. Comer, roer, gastar. | Apacentar (dar pasto al ganado).

pacha f. Botella pequeña y aplanada que se usa corrientemente para llevar licor.

pachá m. Bajá. Dignatario turco.

pachisandra f. Planta buxácea de hojas perennes.

pachón, na adj. Díc. del perro parecido al perdiguero, pero con las piernas más cortas y torcidas, la cabeza redonda y la boca grande. | m. Hombre pachorrudo, flemático, cachazudo.

pachorra f. fam. Flema, cachaza.

pachucho, cha adj. Díc. de lo que está pasado de puro maduro. | fig. Flojo, desmadejado.

paciencia f. Tranquilidad y sosiego en la espera de las cosas. | Capacidad de resistir, con serenidad y claridad de ideas los males y adversidades. | Virtud opuesta a la ira.

paciente adj. Que tiene paciencia. | com. Persona doliente o enferma. | m. Sujeto que recibe la acción del agente.

pacificar tr. Restablecer la paz alterada en un país; reconciliar a los que están enemistados. | intr. Tratar de asentar paces, negociándolas o cesando la hostilidad.

pacífico, ca adj. Sosegado, tranquilo amigo de la paz. | Que no tiene oposición o no sufre alteración en su estado.

pacifismo m. Conjunto de doctrinas encaminadas a conservar la paz entre las naciones.

pacifista adj. y s. Partidario del pacifismo.

paco, ca adj. Bayo. | m. Alpaca. | fig. Tirador aislado, en la guerra. | Policía.

pacotilla f. Porción de géneros de un marinero u oficial que puede embarcar libres de flete.

pactar tr. Asentar pactos. | Convenir dos o más personas en un negocio.

padecer tr. Sentir física o moralmente una pena, un daño, un agravio, etc. | Experimentar una pasión intensa. | Padecer error, engaño, ilusión. | Soportar, sufrir.

padrastro m. Marido de la madre respecto a los hijos de ésta habidos en matrimonio anterior. | fig. Pedacito de pellejo que se levanta junto a las uñas de las manos, y causa dolor.

padrazo m. fam. Padre muy indulgente con sus hijos.

padre m. Varón o macho que ha engendrado. | fig. Cosa que da origen a otra.

padrillo m. Semental. | Potro reproductor.

padrinazgo m. Acción de asistir como padrino a un bautizo, boda, etc. | Título de padrino. | fig. Protección, favor, ayuda.

padrino m. El que presenta a uno para recibir un sacramento, o el que representa a uno en actos literarios, lances de honor, etc. | fig. El que favorece, ayuda o protege a otro.

padrón m. Lista de vecinos o moradores de un pueblo.

paella f. Guisado de arroz con carne, legumbre, etc., muy usado en España.

¡paf! Voz onomatopéyica con que se expresa el ruido de una bofetada, una caída o de un choque.

paga f. Acción de pagar o satisfacer una cosa. | Cantidad de dinero que se da de pago. | Satisfacción de la culpa o delito, por medio de la pena correspondiente. | Sueldo de un mes.

pagadero, ra adj. Que ha de pagarse en tiempo señalado.

pagador, ra adj. y s. Que paga. | m. y f. Persona encargada de efectuar pagos.

pagano m. fam. El que paga. | adj. Aplícase a los idólatras y politeístas, especialmente a los antiguos griegos y romanos.

pagar tr. Satisfacer lo que se debe.

pagaré m. Documento por el cual uno se obliga a pagar una cantidad a tiempo determinado.

pagel m. Pez acantopterigio de lomo rojizo y vientre plateado.

página f. Cada una de las dos superficies de la hoja de un libro o cuaderno. | Lo impreso o escrito en cada una de estas superficies.

paginación f. Acción de paginar. | Serie de las páginas de un libro.

paginar tr. Numerar páginas.

pago m. Entrega del dinero o especie que se debe. | Satisfacción o recompensa. | Distrito de tierra, especialmente de viñedos u olivares. | Pueblo, lugar donde se vive.

pagoda m. Templo de varios pisos marcados externamente por alares salientes, característico de los pueblos de China y colindantes.

paguro m. Crustáceo marino de caparazón blando, llamado también ermitaño.

paidología f. Ciencia que estudia cuanto se refiere a la infancia y a su desarrollo físico e intelectual.

paila f. Vasija metálica, grande, redonda y poco profunda.

paipay m. Abanico de palma en forma de pala y con mango.

pairar intr. Estar la nave quieta, sin fondear el ancla, orientando las velas (si es velera) de modo que algunas cacen viento de empuje y otras de revés.

pairo m. Acción de pairar la nave.

país m. Región, comarca, territorio. | Pintura o dibujo que representa una porción de terreno | Papel o tela del abanico.

paisaje m. País (pintura o dibujo de un terreno). | Extensión de terreno considerada en su aspecto artístico.

paisajista adj. y s. Pintor que representa paisajes en sus obras.

paisanaje m. Conjunto de paisanos. | Circunstancia de ser del mismo país dos o más personas.

paisano, na adj. Que es del mismo país, provincia o lugar que otro. Ú. t. c. s. | m. y f. Campesino, aldeano. | m. El que no es militar.

paja f. Caña de los cereales seca y separada del grano. | Conjunto de estas cañas. | Pajilla para sorber líquidos, especialmente refrescos. | fig. Cosa ligera. de poca entidad.

pajar m. Sitio donde se guarda la paja.

pajarear tr. Cazar pájaros.| fig. Estar ocioso.

pajarera f. Jaula grande para pájaros. |

pajarería f. Muchedumbre de pájaros. | Tienda en que se comercia con pájaros vivos.

pajarero, ra adj. Relativo a los pájaros. | Chancero, festivo. | Muchacho encargado de espantar a los pájaros en los sembrados. | m. El que caza, cría y vende pájaros.

pajarita f. dim. de pájara, cometa. | Cualquiera de las figuras que se forman mediante dobleces de una hoja de papel.

pájaro m. Nombre genérico de las aves, y más particularmente de las pequeñas que vuelan. | fig. Hombre astuto y cauteloso.

pajarón, na adj. Dícese de la persona fácil de engañar o muy distraída. | El que se pasa de listo.

pajarraco m. Pájaro grande, desconocido o cuyo nombre no se sabe. | fig. Hombre que inspira desconfianza o antipatía.

paje m. Criado muy joven encargado de acompañar a sus amos, asistir al las antesalas, servir a la mesa, etc.

pajea f. Planta compuesta, especie de artemisa, de tallos estriados y hojas glutinosas.

pajilla f. Caña delgada de avena, centeno u otras plantas gramíneas, o tubo artificial de forma semejante, que sirve para sorber líquidos, especialmente refrescos.

pajizo, za adj. Hecho o cubierto de paja. | De color de paja.

pajuela f. dim. de paja. | Paja, varilla, mecha o torcida cubierta de azufre.

pala f. Instrumento compuesto de una plancha metálica rectangular o redondeada y un mango. | Parte ancha del remo. | Hoja metálica de los azadones, hachas y otras herramientas. | Tabla elíptica, con mango, propia para jugar a la pelota. | Parte ancha y plana de los dientes. | Cada una de las aletas o partes activas de una hélice.

palabra f. Sonido o conjunto de sonidos articulados con que se expresa una idea. | Representación gráfica de estos sonidos. | Facultad de hablar. | Empeño que hace uno de su fe y probidad en testimonio de una afirmación. | Promesa, oferta.

palabrería f. Abundancia de palabras inútiles. | Charlatanería, garrulería.

palabrero, ra adj. y s. Que habla mucho. | Que ofrece mucho y no cumple nada.

palabrota f. Dicho ofensivo, indecente o grosero.

palaciego, ga adj. y s. Relativo a palacio, considerado éste como la corporación de personas y dignidades que lo ocupan. | fig. Cortesano.

palacio m. Edificio donde residen los reyes. | Edificio suntuoso. | Casa solariega de una familia poderosa.

palada f. Lo que se coge con la pala de una vez. | Golpe de la paja de remo contra el agua. | Cada una de las revoluciones de la hélice.

paladar m. Región de la boca que constituye su parte superior. | fig. Gusto y sabor que se percibe de los manjares. | fig. Sensibilidad para distinguir, aficionarse o repugnar alguna cosa en lo inmaterial.

paladear tr. Saborear poco a poco y con atención el gusto de una cosa.

paladial adj. Relativo al paladar. | Fam. Díc. del sonido cuya articulación se forma en algún punto del paladar. | f. Letra que representa este sonido; como la ñ.

paladín m. Caballero que en la guerra se distingue por sus hazañas. | fig. Defensor denodado de alguien o de algo.

paladino, na adj. Patente. claro. | m. Paladín.

paladio m. Metal blanco muy dúctil, característico por su poder de absorción del hidrógeno.

palafito m. Vivienda lacustre o palustre construida sobre estacas.

palafrén m. Caballo dócil en que montaban las damas. | Aquel en que monta un lacayo acompañando a su amo.

palafrenero m. Criado que lleva el caballo de freno. | Criado que cuida de los caballos.

palanca f. Máquina simple consistente en una barra rígida, que se apoya y puede girar sobre un punto, llamado punto de apoyo o fulcro y en la cual obran la potencia que se ha de vencer.

palangana f. Jofaina.

palangre m. Espinel. Cordel grueso del cual penden ramales con varios anzuelos para pescar en sitios de mucho fondo.

palanqueta f. dim. de palanca. | Barreta de hierro que sirve para forzar las puertas o las cerraduras.

palanquín m. Andas a modo de litera, usadas para transportar pasajeros.

palastro m. Chapa sobre que se pone el pestillo de la cerradura. | Hierro laminado.

palatalizar tr. Dar a un fonema o sonido articulación palatal. U. t. c. r.

palatino, na adj. Perteneciente a palacio. | Dic. de quienes tenían dignidad principal en los palacios de los príncipes. Ú. t. c. s. | Dic. del hueso par que contribuye a formar la bóveda del paladar. Ú. t. c. r.

palco m. Localidad independiente con balcón o antepecho en los teatros, circos, etc.

paleador, ra m. y f. Persona que trabaja haciendo uso de la pala.

palenque m. Valla o estacada con que se defiende o cierra un paraje. | Camino de tablas que desde el suelo subía hasta el escenario, en ciertas funciones.

paleocristiano adj. Díc. del arte de los primeros s.s del cristianismo, hasta el siglo VI.

paleogeografía f. Ciencia que trata del estado de la superficie terrestre en cada uno de los monumentos de su evolución geológica.

paleografía f. Arte de leer y la escritura antigua.

paleógrafo, fa m. y f. Persona versada en la paleografía.

paleolítico, ca adj. Relativo a las épocas antiguas de la edad de piedra.

paleología f. Ciencia de la historia primitiva del lenguaje.

paleólogo, ga m. y f. El que conoce las lenguas antiguas.

paleomagnetismo m. Magnetismo fósil. Particularidad de las rocas, cuyas partículas están orientadas según el campo magnéticoterrestre del tiempo de su formación.

paleontografía f. Descripción de los seres orgánicos que se encuentran fósiles.

paleontología f. Ciencia que estudia los seres orgánicos que se hallan fósiles, en el interior de rocas o en estratos del terreno.

paleontólogo, ga m. y f. Persona versada en la paleontología.

paleozoico, ca adj. Díc. de la era geológica, llamada también primaria, inmediatamente anterior a la mesozoica, que comprende seis grandes períodos.

palestra f. Sitio donde se lucha. | fig. poét. Lucha. | Sitio público en que se celebran ejercicios literarios o se discute sobre cualquier asunto.

paleta f. dim. de pala. | Tabla con un agujero para el dedo pulgar, en que los pintores colocan y disponen los colores. | Utensilio de palastro, triangular y con mango de madera, que sirve a los albañiles para manejar el material. | Cada una de las piezas, más o menos curvas, de los ventiladores y de las hélices que al girar hacen mover el aire o el agua.

paletear tr. Remar con poca destreza metiendo y sacando el remo en el agua sin adelantar.

paletería f. Acción o actitud propia del paleto. | Conjunto de paletos.

paletilla f. Omóplato. | Ternilla de la punta del esternón.

paleto m. Gamo. | fig. Hombre rústico.

paletó m. Especie de gabán de paño grueso, largo y entallado.

paletón m. Parte de la llave en que están los dientes y guardas.

pali adj. y s. Díc. de un idioma de la India, más moderno que el sánscrito.

palia f. Lienzo en que se extienden los corporales para decir misa.

paliar tr. Encubrir, disimular. | Mitigar los efectos negativos de algo.

paliativo, va adj. y s. Díc. del remedio que aminora la violencia del mal. | Úsase también paliatorio.

palidez f. Amarillez, decaecimiento o amortiguación del color natural.

pálido, da adj. Macilento o descolorido. | fig. Falto de expresión y colorido.

palillero, ra m. y f. Persona que hace o vende palillos o mondadientes. | m. Caja en que se guardan.

palillo m. Varilla donde se encaja la aguja para hacer calceta. | Mondadientes de madera. | Bolillo de hacer encaje. | Cada una de las dos varillas con que se toca el tambor.

palimpsesto m. Pergamino antiguo, que bajo una escritura conserva vestigios de otra anterior, que muchas veces suele tener mayor valor que la más reciente.

palingenesia f. Regeneración, renacimiento de los seres.

palinodia f. Retractación pública.

palio m. Prenda exterior del antiguo traje griego, a modo de manto. | Dosel colocado sobre varas largas que se usa en ciertas solemnidades.

palique m. fam. Conversación, charla ligera.

palisandro m. Madera preciosa del guayacán.

palitroque m. Palo pequeño y tosco. | Cada una de las figurillas de madera torneada, que recuerdan vagamente una silueta humana, que se colocan para derribarlas en el juego de bolos.

paliza f. Zurra de golpes.

palizada f. Lugar cercado de estacas. | Defensa de estacas, terraplenada, en los ríos. | Fort. Empalizada.

pallar tr. Sacar de los minerales la parte más rica.

palma f. Palmera. | Hoja de palmera. | Cualquiera de las plantas monocotiledóneas de la familia de las palmáceas. | Parte inferior del casco de las caballerías. | fig. Gloria, triunfo. | pl. Palmadas de aplausos.

palmáceo, a adj. y s. Díc. de las plantas monocotiledóneas en su mayoría arbóreas y no ramificadas, de tallo recto y coronado de un penacho de grandes hojas pecioladas, flores unisexuales, en inflorescencias axilares, rara vez terminales, fruto en baya o drupa y semillas con abundante tejido nutricio; como el cocotero y el palmito. | f. pl. Familia de estas plantas.

palmada f. Golpe que se da con la palma de la mano. | Ruido que se produce golpeando una con otra las palmas de las manos.

palmar adj. Relativo a las cosas de palma. | Relativo a la palma de la mano, o a la del casco de las caballerías. | Relativo al palmo | fig. Claro, patente. | m. Sitio en que se crían palmas.

palmar intr. fam. Morir, expirar.

palmarés m. Lista de premiados en un concurso o en una competición deportiva.

palmario, ria adj. Palmar, claro, manifiesto.

palmatoria f. Candelero bajo, con mando y un pie en forma de platillo.

palmeado, da adj. De figura de palma. | Aplícase a las hojas y a otros órganos de los vegetales, que semejan una mano abierta. | Díc. de los pies de aquellos animales cuyos dedos están unidos por una membrana, como ocurre con las aves marinas.

palmeo m. Medida por palmos.

palmera f. Palma de tronco alto, hojas muy largas, dispuestas a modo de penacho, flores dioicas, y que tienen por fruto los dátiles.

palmeral m. Palmar (lugar poblado de palmas).

palmeta f. Palmatoria, instrumento de castigo que usaron los maestros.

palmetazo m. Golpe dado con la palmeta.

palmiche m. Palma real. | Fruto de este árbol. | Palma de tronco delgado, cuya madera, en astillas, sirve para alumbrar a los indios americanos en la caza de pájaros nocturnos.

palmífero, ra adj. poét. Abundante en palmas.

palmilla f. Cierto paño que se labraba principalmente en Cuenca. | Plantilla de zapato.

palmípedo, da adj. y s. Aplícase a las aves de pies palmeados, propios para la natación; como el pato, el pingüino y la gaviota.

palmito m. Palma de poca abertura, con hojas muy grandes y extendidas en forma de abanico.

palmo m. Medida de longitud, cuarta parte de la vara.

palmotear intr. Palmear. | Dar golpecillos afectuosos con la palma de la mano.

palo m. Trozo de madera mucho más largo que grueso, generalmente cilíndrico y manuable. | Golpe que se da con él. | Cada uno de los mástiles largos y generalmente cónicos, que se colocan verticalmente en una embarcación, para sostener las velas. | Leño, madera.. | Cada una de las cuatro divisiones o grupos de naipes de la baraja.

paloduz m. Palodulce.

paloma f. Ave doméstica de la que existen muchas variedades, que se distinguen principalmente por su tamaño o su color. | fig. Persona de genio apacible.

palomar adj. Díc. del hilo bramante muy delgado y retorcido. | m. Edificio, aposento o paraje donde se recogen y crían las palomas.

palomariega adj. Díc. de la paloma que está criada en el palomar o sale al campo.

palomilla f. Mariposa nocturna cenicienta, de alas estrechas, cuya oruga causa grandes daños en los graneros. | Cualquier mariposa muy pequeña. | Ninfa (insecto que ha pasado del estado de larva). | fam. Muchacho travieso.

palomina f. Excremento de las palomas.

palomino m. Pollo de paloma silvestre.

palomita f. dim. de paloma. | Maíz tostado y reventado.

palomo m. Macho de paloma. | Paloma torcaz.

palor m. Palidez.

palote m. Palo mediano, como la baqueta del tambor. | Cada uno de los primeros trazos que hace quien aprende a escribir. l Gran insecto de Chile, de color verde o pardo, que semeja una ramilla de arbusto.

palpable adj. Que puede palparse. l fig. Evidente, claro, patente.

palpación f. Palpamiento. l fig. Examen de las partes del organismo situadas bajo la piel o en cavidades naturales de pared flexible, por la aplicación metódica de la mano exteriormente.

palpar tr. Tentar con las manos una cosa. l fig. Conocer una cosa claramente, con toda evidencia, como si se tocara.

pálpebra f. Párpado.

palpebral adj. Relativo a los párpados.

palpitación f. Acción de palpitar. l Movimiento o estremecimiento interior e involuntario de algunas partes del cuerpo. l Latido del corazón, sensible e incómodo, y muy frecuente.

palpitante adj. Latente. l Que conmueve y agita los ánimos.

palpitar intr. Contraerse y dilatarse alternativamente el corazón. l Aumentarse la

pálpito m. Presentimiento, corazonada.

palpo m. Cualquiera de los apéndices movibles que tienen alrededor de la boca muchos artrópodos.

palúdico, ca adj. Palustre (perteneciente a laguna o pantano); y, por extensión, perteneciente a terreno pantanoso. l Aplícase a la fiebre ocasionada por el paludismo. l Persona que padece esta fiebre.

paludismo m. Conjunto de fenómenos febriles de carácter endémico, producidos en el hombre por la acción de gérmenes que se desarrollan en lugares pantanosos y son transmitidos por cierta clase de mosquitos.

palurdo, da adj. y s. Grosero, tosco y rústico.

palustre adj. Perteneciente a pantano o laguna. l m. Paleta de albañil.

pamela f. Sombrero bajo de copa y ancho de alas que suelen usar las mujeres.

pampa f. Llanura muy extensa y sin vegetación arbórea en América del Sur.

pámpana f. Hoja de la vid.

pampanaje m. Copia de pámpanos. l fig. Demasiado adorno.

pampanilla f. Prenda muy pequeña utilizada por los indígenas de América, que se ata a la cintura con un cordoncillo y solamente cubre los genitales.

pámpano m. Sarmiento tierno, pimpollo de la vid. l Pámpana.

pamplina f. Alsine. l Planta papaverácea de flores amarillas que infesta los sembrados. l fig. Cosa de poca importancia o de dudosa índole.

pan Prefijo griego que significa todo.

pan m. Porción de masa de harina y agua, que fermentada y cocida en horno, sirve de principal alimento al hombre. l Masa de otras cosas. l fig. Hoja finísima de oro, plata, etc., que sirve para dorar o platear.

pana f. Tela gruesa de algodón parecida en el tejido al terciopelo. l Cada una de las tablas levadizas que forman el piso de una embarcación menor.

pánace f. Planta umbelífera, con flores amarillas, de cuya raíz se extrae el opopónaceo.

panacea f. Medicamento que se supone eficaz para curar muchas enfermedades.

panadería f. Oficio de panadero. l Casa o lugar donde se hace o vende el pan.

panadero, ra m. y f. Persona que hace o vende pan.

panadizo m. Inflamación de los dedos. l fig. Persona enfermiza y pálida.

panal m. Conjunto de celdillas hexagonales de cera que a las abejas fabrican y en las cuales depositan la miel.

panamá m. sombrero de pita, con el ala recogida o encorvada, pero que suele bajarse sobre los ojos.

panatela f. Bizcocho grande y delgado.

panteneas f. pl. Fiesta que celebraban en Atenas en honor de Atenea.

panática f. Provisión de pan en los barcos.

pancarta f. Pergamino que contiene copiados varios documentos. l Tela o papel grandes, con letreros alusivos a algún acto, generalmente público.

pancera f. Pieza de la armadura antigua, que cubría el vientre.

panceta f. Carne de tocino.

pancista adj. y s. fam. Dic. del que sólo procura su logro personal con todos los partidos políticos.

páncreas m. Glándula unida al intestino duodeno, donde vierte el jugo digestivo.

pancromático, ca adj. fot. Díc. de las películas y placas fotográficas que tienen una sensibilidad casi igual para todos los colores

pandear intr. y r. Torcerse una cosa encorvándose.

pandemónium m. fig. Lugar donde se mete mucho ruido y reina gran algazara. Significa literalmente "todos los diablos".

pandeo m. Acción de pandear o pandearse.

panderada f. Conjunto de panderos l fig. Necedad, majadería.

panderazo m. Golpe dado con el pandero

pandereta f. dim. de pandera. l Pandero.

panderetazo m. Golpe que se da con la pandereta. l Repique.

panderetear intr. Tocar el pandero, y bailar a su son.

pandero m. Instrumento músico de percusión, formado por un aro de madera cuyo vano está cubierto por una piel muy estirada. Tiene a tos agujeros con sonajas o cascabeles, y se toca el instrumento golpeando la piel con la mano o haciendo resbalar

pandiculación f. Desperezo.

pandilla f. Liga o unión. l Conjunto de personas agrupadas para satisfacer ciertos fines. l Cualquier reunión de gentes, particularmente la que se forma para divertirse. l Banda, generalmente de adolescentes, cuyas actividades lindan con lo ilícito y pueden ser delictivas.

pando, da adj. Díc. de lo que se mueve lentamente. l m. Llanura situada entre dos montañas.

panecillo m. Pan pequeño. l Mollete propio para tomar chocolate. l Cosa de figura de pan pequeño.

panegírico, ca adj. Laudatorio, encomiástico. l m. Discurso encomiástico. l Elogio de una persona hecho por escrito.

panegirista com. Persona que pronuncia el panegírico. l fig. Persona que alaba mucho a otra.

panel m. Cualquiera de los cuadros limitados por molduras, en que suelen dividirse las hojas de puertas, los lienzos de pared, etc. l Lista de jurados. l Grupo de personas que discuten un asunto en público.

panera f. Cesta grande sin asa, propia para transportar pan. l Fuentecilla en que se suele servir el pan.

panetela f. Cigarro largo puro y delgado.

panetería f. Lugar destinado en palacio para guardar el pan y el servicio de mesa.

panetero, ra m. y f. Persona que tiene a su cargo la panetería.

pánfilo, la adj. y s. Panchorrudo, cachazudo, desidioso. l Descolorido. l Ingenuo y cándido en demasía.

panfleto m. Libelo difamatorio, destinado a difundir toda clase de críticas, especialmente de tipo político.

pangolín m. Mamífero desdentado parecido al lagarto, cubierto de escamas duras que el animal puede erizar para defenderse sobre todo cuando se hace una bola.

pangue m. Planta gunnerácea, con grandes hojas orbiculares y lobuladas, cuyo rizoma es astringente y curtiente.

paniaguado, da m. y f. Persona afecta a una casa en que recibe alimento o sueldo. I fig. Persona allegada a otra que la favorece.

pánico, ca adj. y s. Aplícase al miedo grande de causa imprecisa.

panícula f. Panoja o espiga de flores.

panículo m. Capa de tejido adiposo situada debajo de la piel.

panificar tr. Panadear. I Cultivar eriales para sembrar trigo.

panizo m. Planta gramínea, con varios tallos y flores en panojas apretadas. I Maíz.

panoja f. Mazorca del maíz, del panizo y del mijo. I Conjunto de espigas nacidas de un eje común.

panoli adj. y s. pop. Necio, falto de voluntad, simple.

panoplia f. Armadura completa. I Colección ordenada de armas. I Tabla donde se colocan sables, floretes y otras armas.

panóptico, ca adj. Díc. del edificio construido de modo que, desde un punto dado, puede verse todo el interior.

panorama m. Vista pintada de modo que produce el espectador la ilusión de contemplar un horizonte extenso. I Vista real de un dilatado horizonte.

pantagruélico, ca adj. Dic. de las comidas en las que se sirven grandes cantidades de manjares.

pantalán f. Embarcadero de madera que avanza en el mar.

pantalón m. Prenda de vestir que se ciñe en la cintura y baja hasta los tobillos, cubriendo separadamente cada pierna.

pantalla f. Utensilio que se coloca ante la luz para que no hiera la vista o para dirigirla hacia alguna parte. I Telón vertical en el que se proyectan las imágenes. I Parte del televisor donde aparecen las imágenes. I Lo que puesto delante de alguna cosa oculta a la vista.

pantanal f. Tierra pantanosa.

pantano m. Hondonada donde se recogen y naturalmente se detienen las aguas. I Embalse (gran depósito que se forma artificialmente).

panteísmo m. Sistema religioso de quienes creen que Dios es el Universo.

panteísta adj. y s. Partidario del panteísmo.

panteón m. Monumento funerario destinado para enterrar en él varias personas.

pantera f. Dícese de los grandes mamíferos félidos, carniceros, que tienen pupila redonda en vez de la pupila nictitante, que llega a formar ranura, como la del gato. Pertenecen a esta tribu los leones, tigres, jaguares y leopardos

pantógrafo m. Instrumento que sirve para copiar, ampliar o reducir los dibujos.

pantomima f. Representación en la que sólo interviene el arte de la mímica.

pantomimo m. Bufón o actor mímico.

pantoque m. Parte del casco de un barco que forma el fondo junto a la quilla.

pantorrilla f. Parte carnosa y abultada de la parte posterior de la pierna por debajo de la corva.

pantorrillera f. Calceta gruesa para abultar las pantorrillas.

pantufla f. Chinela o zapato casero, sin orejas ni talón.

panza f. Barriga, vientre. I Parte convexa y saliente de ciertos utensilios. I Primera cavidad de las cuatro del estómago de los rumiantes.

panzada f. Golpe dado con la panza. I Comida opípara.

panzudo, da adj. Que tiene mucha panza.

pañal m. Lienzo en que se envuelven los niños. I Faldón de la camisa. I pl. Envoltura de los niños de teta.

pañería f. Comercio de paños. I Conjunto de ellos.

paño m. Tela de lana muy tupida, y, por extensión, cualquier tela. I Ancho de una tela cuando se cosen varias piezas unidas. I Tapiz u otra colgadura. I Mancha que oscurece el color de la piel.

pañol m. Cada uno de los compartimentos del buque, donde se guardan municiones, víveres, etc.

pañoleta f. Prenda femenil de figura triangular con que las mujeres se adornan o abrigan el cuello y los hombros.

pañolón m. Mantón (pañuelo grande de abrigo).

pañuelo m. Pieza cuadrada de lienzo, seda, etc., que tiene diversos usos. I El que se usa para limpiarse el sudor y las narices.

papa m. Sumo Pontífice romano, cabeza visible de la Iglesia católica, vicario de Cristo. I Patata.

papá m. fam. Padre.

papada f. Abultamiento carnoso anormal que se forma debajo de la barba.

papado m. Dignidad de papa y tiempo que dura.

papafigo m. Pájaro dentirrostro de color pardo griseo.

papagayo m. Ave prensora, de pico corvo y robusto y plumaje de vivos colores.

papahigo m. Papafigo.

papal adj. Perteneciente al papa.

papalina f. Gorra con dos puntas que cubre las orejas. I Cofia de mujer con adornos.

papalote m. Cometa (juguete). I Volantín.

papamoscas m. Nombre vulgar de diversos pájaros mucicápidos, de pico corto y fuerte, cola recta y dedos y uñas pequeños. Se alimentan de moscas, mosquitos y otros insectos voladores.

papanatas m. Hombre muy necio y crédulo.

papar tr. Comer cosas blandas sin mascar. I fam. Comer.

paparrucha f. Noticia falsa y desatinada de un suceso. I Obra literaria u otra cosa parecida, insustancial y desatinada.

papaveráceo, a adj. y s. Díc. de plantas dicotiledóneas, la mayoría herbáceas, con látex acre y olor desagradable, hojas aternas, flores de cuatro pétalos.

papaya f. Fruto del papayo, parecido a un melón pequeño, de carne amarilla y dulce.

papayo m. Arbusto papayáceo, propio de los países cálidos, de tronco poco consistente, coronado por grandes hojas palmeadas, y cuyo fruto es la papaya.

papear vulg. Comer.

papel m. Hoja delgada, que se obtiene macerando en agua trapos u otras materia fibrosas, moliendo la pasta y extendiéndola en moldes donde se seque y endurezca, y se emplea para muchos usos. I Pliego, hoja o pedazo de papel blanco o escrito. I Conjunto de pliegos o resmas de papel. I Documento o manuscrito. I Impreso que no llega a formar libro. I Personaje representado por el actor. I pl. Documentos de identificación personal.

papeleo m. Acción de papelear o revolver papeles. I Trámites múltiples de un asunto en las oficinas públicas.

papelera f. Escritorio, mueble para guardar papeles. I Abundancia de papel escrito. I Cesto para los papeles inútiles

papelería f. Conjunto de papeles, sin orden. I Tienda donde se vende papel.

papelero, ra adj. Perteneciente o relativo al papel. I m. y f. Persona que fabrica o vende papel.

papelina f. Vaso para beber más ancho por la boca que por el pie. I Tela muy delgada, con urdimbre de seda fina y trama de seda basta.

papera f. Bocio, hinchazón de la glándula tiroides, congénita y endémica en regiones alejadas del mar y que se relaciona con la falta de yodo en la alimentación.

papila f. Cada una de las pequeñas protuberancias nerviosas y vasculares esparcidas sobre ciertas membranas, especialmente en la lengua. I Cualquiera de las pequeñas prominencias cónicas de ciertos órganos vegetales.

papilar adj. Relativo a las papilas.

papilionáceo, a adj. Amariposado. I Aplícase a las plantas leguminosas cuyas flores tienen la corola amariposada; como retama y el algarrobo.

papilla f. Sopas blandas para los niños. I fig. Mezcla de ciertas sustancias, formando una masa más o menos fluida.

papiro m. Planta ciperácea, de cañas gruesas terminadas por un penacho de espigas con flores verdosas. I Lámina sacada del tallo de esta planta en que escribían los antiguos.

papiroflexia f. Arte y habilidad de dar a un trozo de papel, doblándolo convenientemente, la figura de determinados seres u objetos.

papirola f. Figura que se hace doblando una y otra vez una hoja de papel.

papirotada f. Capirotazo.

papirote m. Capirotazo. I fig. Tonto, mentecato.

papisa f. Mujer papa.

papo m. Parte carnosa del animal, entre la barba y el cuello. I Buche de las aves.

paquebote m. Embarcación que lleva la correspondencia pública de un puerto a otro, y también pasajeros.

paquete m. Lío o envoltorio bien dispuesto y no muy abultado. I adj. Hombre o mujer muy compuesto y arreglado.

paquetería f. Mercancía menuda que se guarda o se vende en paquetes. I Comercio de este género.

paquidermo adj. y s. Díc. de los mamíferos artidáctilos de piel muy gruesa y dura: como el elefante, el cerdo y el hipopótamo

par adj. Igual o en todo semejante. I Díc. del número entero que es divisible por 2. I Díc. del órgano que corresponde simétricamente a otro igual. IConjunto de dos bestias de labranza. I Título de dignidad en algunos países.

para prep. que indica el fin, término u objeto de una acción.

parabién m. Felicitación.

parábola f. Narración alegórica que encierra una enseñanza moral. I Lugar geométrico de los puntos de un plano que equidistan de un punto fijo, llamado foco, y de una recta también fija que recibe el nombre de directriz.

paraboloide m. Superficie curva en que cualquiera de sus puntas puede dar una sección parabólica. I Sólido limitado por dicha superficie y un plano perpendicular a su eje.

parabrisas m. Guardabrisa (cristal que llevan los automóviles en la parte interior para proteger el aire).

paracaídas f. Aparato de tela resistente, que al abrirse en el aire adquiere la forma de una gran paraguas, que sirve para disminuir la velocidad de la caída de un cuerpo.

paracaidista com. Persona ejercitada en lanzarse al espacio desde una aeronave y descender a tierra con el auxilio de un paracaídas.

parachoques m. Aparato que sirve para amortiguar el choque de un vehículo.

parada f. Acción de parar o detenerse. I Sitio donde se para. I Suspensión o pausa. I Quite. I Reunión de la tropa que entra en guardia.

paradera f. Compuerta propia para quitar el agua al molino. I Clave de la red que está siempre parada o dispuesta esperando la pesca.

paradero m. Sitio donde se para. I fig. Término o fin de una cosa. I Estación ferroviaria. I Parada de autobuses.

paradiástole f. Figura que consiste en usar en la cláusula voces, al parecer de significación semejante, dando a entender que las tienen diversa.

paradigma m. Ejemplo, ejemplar. I Caso o ejemplo que sirve de modelo para la creación de otras cosas, conceptos o conductas

paradisíaco, ca adj. Perteneciente o relativo al Paraíso. I adj. Dícese de algo de gran excelencia o extremadamente delicioso.

parado, da adj. Orgulloso, arrogante. I Remiso, flojo, poco activo. I Desocupado o sin empleo. Ú. t. c. m.

paradoja f. Especie extraña o contraria a la común opinión. I Aserción que incluye conceptos contradictorios y desafía a los conceptos lógicos tradicionales.

parador, ra adj. Que para o se para. I m. Mesón, posada.

paraestatal adj. Díc. de la entidades, instituciones y organismos que, por delegación del estado, cooperan a los fines de éste, pero sin formar parte propiamente de la administración pública.

parafango m. Alero o salvabarros de los carruajes.

parafernales adj. pl. Díc. de los bienes que, además de la dote, lleva la mujer al matrimonio, y de los adquiridos durante él por título lucrativo.

parafernalia f. Conjunto de objetos que concurren como accesorios del atuendo (cinturón, guantes, sombrero, etc.) o de alguna actividad, especialmente en el teatro, el cine y la fotografía.

parafina f. . Sustancia sólida, blanca y translúcida que se obtiene destilando petróleo o alquitrán, y se usa en la fabricación de bujías. I Queroseno.

parafrasear tr. Hacer la paráfrasis de un texto o escrito.

paráfrasis f. Interpretación amplificativa de un texto para ilustrarlo o explicarlo. I Traducción en verso en la cual se imita al original, sin mucha exactitud.

paragoge f. Figura de dicción, según la preceptiva tradicional, que consiste en añadir un sonido al final de un vocablo.

parágrafo m. Párrafo.

paraguas m. Utensilio portátil compuesto de un bastón y un varillaje plegable cubierto de tela, y que sirve para resguardarse de la lluvia.

paragüero, ra m. y f. Persona que hace o vende paraguas. I m. Mueble para colocar los paraguas y bastones.

parahúso m. Instrumento para taladrar, que consiste en una barrera que gira mediante dos cuerdas que se arrollan y desarrollan al subir y bajar un travesado al cual están sujetas.

paraíso m. Lugar amenísimo donde Dios colocó a Adán y Eva. I Cielo mansión del Empíreo. I Conjunto de asientos del piso más alto de algunos teatros. I fig. Sitio ameno.

paraje m. Sitio estancia, lugar. I Estado, disposición de una cosa.

paralaje f. Diferencia entre las posiciones aparentes de un astro, según el punto de observación.

paralela f. pl. Aparato de gimnasia consistente en dos barras equidistantes montadas horizontalmente sobre pies verticales.

paralelepípedo m. Prisma cuyas bases son paralelogramos.

paralelismo m. Calidad de paralelo.

paralelo, la adj. Díc. de las líneas o planos equidistantes en toda su extensión. I Semejante o correspondiente. I m.

Cotejo o comparación. I Cualquiera de los círculos menores paralelos al Ecuador, en la esfera terrestre.

paralelogramo m. Cuadrilátero que tiene sus lados opuestos, paralelos entre sí.

parálisis f. Privación o disminución del movimiento de una o varias partes del cuerpo.

paralítico, ca adj. y s. Enfermo de parálisis.

paralización f. fig. Acción de paralizar o paralizarse.

paralizar tr. y r. Causar parálisis. I fig. Detener, impedir, estorbar, entorpecer una acción o movimiento.

paralogismo m. Razonamiento falso.

paramento m. Adorno, atavío con que se cubre una cosa.

parámetro m. Cantidad a determinarse satisfaciendo ciertos valores condicionales. I Cantidad de constantes que entra en la ecuación de algunas curvas.

páramo m. Terreno yermo, raso y desabrigado. I fig. Sitio frío y desamparado.

parangón m. Comparación o semejanza.

parangona f. Grado de letra grande mayor que la atanasia y menor que el misal.

paraninfo m. Salón de actos académicos en algunas universidades.

paranoia f. Monomanía. I Síntoma neurótico y, ocasionalmente, psicótico, caracterizado por temores obsesivos.

paranoico, ca adj. Relativo a la paranoia. I Que la padece. Ú. t. c. s.

paraóptica f. Rama de la medicina que estudia la posibilidad de la percepción visual e el hombre, sin la intervención de los ojos.

parapetarse r. Resguardarse con parapetos. Ú. t. c. tr. I fig. Hacerse fuerte porfiadamente en una posición para eludir responsabilidades. I Precaverse de un peligro

parapeto m. Pared o baranda que, para evitar caídas, se coloca en un puente, una escalera.

paraplejia f. Parálisis de la mitad inferior del cuerpo.

parapsicología f. Ciencia que estudia los fenómenos paranormales, definidos en el pasado como ocultos.

parar intr. Cesar en el movimiento o en la acción. Ú. t. c. r. I Ir a dar un término o llegar al fin. I Recaer en alguien una cosa que ha pasado antes por otros. I Convertirse una cosa en otra distinta de la que esperaba. I Habitar, hospedarse. I tr. Detener un movimiento o acción.

pararrayos m. Barra o serie de barras metálicas puntiagudas y unidas entre sí y con la tierra o con el agua por medio de conductores metálicos, los cuales de poner sobre los edificios, o los buques para preservarlos de los efectos de las exhalaciones. I Aparato o dispositivo especial que sirve para preservar un edificio o una instalación eléctrica de los peligros de la electricidad atmosférica.

paraselene f. Imagen de la Luna en una nube.

parisílabo, ba adj. Se aplica al vocablo o al verso que consta de igual número de sílabas que otro.

parasitismo m. fig. Costumbre o hábito de los que viven a costa de otros a manera de parásitos.

parásito, ta adj. y s. Díc. del animal o vegetal que se nutre con el jugo de otro ser vivo sobre el cual o en cuyo interior vive temporal o permanentemente. I m. fig. El que se arrima a otro para comer a su costa.

parasitología f. Parte de la Historia Natural, que trata de los parásitos.

parasol m. Quitasol.

parataxis f. Procedimiento consistente en disponer dos proposiciones seguidas sin indicar la relación de dependencia que las une.

paratifoidea f. Infección intestinal que tiene casi todos los síntomas de la tifoidea pero es debida a un microbio distinto.

parca f. En la mitología griega, cada una de las tres deidades hermanas. Cloto, Laquesis y Atropos, de las cuales la primera hilaba, la segunda devanaba y la tercera cortaba el hilo de la vida humana. I fig. poét. La muerte.

parcela f. Porción pequeña de terreno. I En el catastro, cada una de las tierras de distinto dueño que constituyen un pago o término.

parche m. Pedazo de piel o lienzo con emplasto que se aplica a la parte enferma. I Pedazo de papel, tela, piel u otra cosa que se pega sobre un objeto.

parchís m. Juego algo semejante al de la oca, que se juega entre dos, tres o cuatro jugadores con fichas de distintos colores.

parcial adj. Relativo a una parte del todo. I No cabal o completo. I Que juzga o procede con parcialidad. I Que incluye o denota parcialidad. I Que sigue el partido de otro, o está siempre de su parte. Ú. t. c. s.

parcialidad f. Unión, coligación de los que se agrupan para un fin. I Conjunto de los que componen una familia o facción separada del común. I Prevención favorable o adversa a personas o cosas, de que resulta falta de neutralidad en el juicio o proceder.

parco, ca adj. Moderado en el uso o concesión de las cosas. I fig. Burla.

pardal adj. Aplícase a la gente de las aldeas, por vestir generalmente de pardo. I m. Leopardo. I Gorrión. I Anapelo. I fig. Hombre astuto y bellaco.

pardear intr. Sobresalir el color pardo.

pardo, da adj. De color de tierra, o gris oscuro, con tinte rojo amarillento. I Oscuro. I Díc. de la voz cuyo timbre no es claro.

pardusco, ca adj. Pardo claro.

pareado, da adj. y s. Díc. de los dos versos unidos y aconsonantados.

parear tr. Juntar, igualar dos cosas comparándolas. I Formar parejas.

parecer m. Opinión, juicio o dictamen. I Orden de las facciones del rostro y disposición del cuerpo. I intr. Aparecer, mostrarse, dejarse ver I Hallarse lo extraviado. I Tener determinada apariencia o aspecto. I r. Asemejarse.

parecido adj. Que se parece o asemeja a otro.

pared f. Obra de fábrica levantada verticalmente. I Tabique. I fig. Conjunto de cosas apretadas.

paredón m. aum. de pared. I Pared que queda de un edificio arruinado. I Pared para fusilamiento.

pareja f. Conjunto de dos cosas o personas semejantes complementarias o que tienen alguna correlación. I pl. En los naipes, dos cartas iguales en número o en figura.

parejero, ra adj. *Amér.* Díc. del caballo o yegua muy veloz.

parejo, ja adj. Igual o semejante. I Liso, llano.

parel adj. Díc. del remo que boga al igual con otro de la banda opuesta en una misma bancada.

paremia f. Sentencia breve, refrán, proverbio.

paremiología f. Tratado de refranes.

parénquima m. Tejido de los órganos glandulares. I Tejido celular esponjoso.

parenquimatoso, sa adj. Relativo a la parénquima o formado de él.

parentela f. Conjunto de los parientes.

parentesco m. Vínculo, lazo por consanguinidad o afinidad. I fig. Unión. conexión de cosas.

paréntesis m. Frase u oración incidental en un período. I Signo ortográfico [()] que la encierra. I Suspensión o interrupción.

pareo m. Acción de parear.

parhelio m. Fenómeno luminoso consistente en la aparición de varias imágenes del Sol reflejadas en las nubes.

paria com. Persona de la ínfima casta de los indios que siguen el brahmanismo.

parias f. pl. Placenta. I Tributo de vasallaje que paga un príncipe a otro.

paridad f. Comparación que se hace o guisa de ejemplo o símil. I Igualdad de las cosas entre sí. I Cualidad de los números de seguir ciertas relaciones alternadas.

pariente, ta adj. Díc. de una persona respecto de otra con quien tiene parentesco. Ú. m. c. s. I fig. fam. Allegado, semejante o parecido. I m. y f. Un cónyuge respecto del otro.

parietal adj. y s. Díc. de cada uno de los dos huesos de las partes media y lateral de la cabeza.

parificar tr. Probar un aserto con una paridad o ejemplo.

parihuela f. Artefacto compuesto de dos varas gruesas, con unas tablas atravesadas, para llevar carga entre dos. Ú. m. en pl. I Camilla para transportar heridos o enfermos.

parir intr. Dar a luz la hembra vivípara en tiempo oportuno y por las vía vaginal el hijo que tenía concebido. Ú. t. c. tr. I Producir o causa una cosa otra.

parisílabo, ba adj. Se aplica al vocablo o al verso que consta de igual número de sílabas que otro.

parking m. Parque (lugar destinado a estacionamiento).

parlamentar intr. Hablar, conferenciar. I Tratar de ajustes.

parlamentario, ria adj. Relativo al parlamento. I m. El que va a parlamentar. I Individuo de un parlamento.

parlamento m. Asamblea que en Francia se convocaba antiguamente para tratar negocios importantes y estaba constituida por los grandes del reino. I Razonamiento o discurso que se hacía a una asamblea. I Relación larga en verso o prosa en las obras escénicas.

parlanchín, na adj. y s. Que charla mucho y suele decir lo que no debía.

parlar intr. Hablar con desembarazo o expedición. Ú. t. c. tr. I Hablar mucho y sin sustancia.

parlatorio m. Acción de conversar. I Lugar destinado para hablar y recibir visitas. I Locutorio de convento o de cárcel.

parlería f. Flujo de parlar. I Hablilla.

parlero, ra adj. Que habla mucho. I Chismoso.

parlotear intr. Charlar mucho y de cosas insustanciales.

parnasiano, na adj. Perteneciente o relativo a la escuela poética llamada del Parnaso, que floreció en Francia en el último tercio del s. XIX.

parnaso m. poét. Conjunto de todos los poetas o de los de un pueblo o época. I fig. Colección de poesías de varios autores.

parné m. Dinero o moneda, en «germanía» o lenguaje subcultural de ciertos grupos españoles.

paro m. Suspensión o término de los trabajos agrícolas o industriales. I Huelga, cesación voluntaria en el trabajo por común acuerdo de obreros o empleados. I Nombre genérico de diversos pájaros de pico recto, larga cola y tarsos robustos; como el alionín y el herrerillo. I Carencia de trabajo por causa independiente de la voluntad del obrero y de la del patrono o empresario.

parodia f. Imitación burlesca de una obra seria de literatura. I Cualquier imitación burlesca de una cosa seria.

parodiar tr. Imitar burlescamente alguna obra seria. I Remedar, imitar.

paronimia f. Circunstancia de ser parónimos dos o más vocablos.

parónimo, ma adj. Dícese de la voz que tiene relación o semejanza de etimología, forma o sonido con otra.

parótida f. Cualquiera de las dos glándulas situadas debajo del oído y detrás de la mandíbula inferior, que segregan la saliva.

paroxismo m. Exacerbación o acceso violento de una enfermedad. I Accidente en que se pierde el sentido y la acción por mucho tiempo. I fig. Exaltación extrema de los afectos y pasiones.

paroxítono, na adj. Dícese del vocablo llano o grave, este es, del que lleva su acento tónico en la penúltima sílaba.

parpadear intr. Cerrar los párpados en forma intermitente.

parpadeo m. Acción de parpadear.

párpado m. Cada una de las dos membranas movibles, bordeadas por las pestañas, que resguardan los ojos.

parpar intr. Gritar el pato.

parque m. Terreno cercado y arbolado, para caza o recreo. I Conjunto de aparatos o materiales destinados a un servicio.

parqué m. Suelo hecho con maderas en forma de tablillas de varios colores, que forman un dibujo geométrico.

parquedad f. Moderación, sobriedad, prudencia en el uso de las cosas.

parra f. Vid que se levanta y extiende mucho. I Vasija de barro, baja y ancha, con dos asas.

parrafada f. fam. Conversación detenida y confidencial.

párrafo m. División de un escrito o impreso, en que después de punto final se pasa a otro renglón.

parral m. Conjunto de parras sostenidas con alguna armazón.

parranda f. Holgorio, fiesta, jarana. Suele usarse en la frase andar de parranda.

parrandear intr. Andar de parranda.

parrandero, ra adj. y s. Que parrandea.

parresia f. Figura que se comete cuando, aparentando decir cosas ofensivas para alguien, se hace su elogio.

parricida com. Persona que mata a su padre, o a su madre, o a su cónyuge. I Por extensión, persona que mata a alguno de sus parientes.

parricidio m. Muerte violenta que uno da a su ascendiente, descendiente o cónyuge.

parrilla f. Instrumento de cocina en forma de rejilla para asar y tostar.

parriza f. Vid Silvestre.

párroco m. Cura, sacerdote encargado de una feligresía.

parroquia f. Territorio que está bajo la jurisdicción del párroco. I Feligresía, e iglesia de la feligresía. I Conjunto de personas que se surten en una misma tienda o utilizan los servicios de una misma persona.

parroquial adj. Relativo a la parroquia.

parroquiano, na adj. y s. Perteneciente a una parroquia. I m. y f. Persona que se surte siempre en una misma tienda o se vale de un artesano, facultativo, etc., con preferencia a otro.

parsimonia f. Frugalidad, sobriedad, moderación en los gastos. I Circunspección, templanza.

parte f. Porción de un todo. I Cantidad determinada de un agregado numeroso. I Sitio o lugar. I Cada una de las divisiones principales de una obra científica o literaria. I Cada una de las personas o colectividades que contienden, disputan o dialogan, contratan entre sí o participan en un negocio. I Lado a que uno se inclina en una contienda. I Órgano, región. I Telegrama, telefonema o radiograma. I Informe verbal o escrito que se da al superior sobre un asunto determinante. I Comunicación que dan los observatorios meteorológicos sobre el estado del tiempo. I Órganos de la generación.

parteluz m. Columna delgada que divide en dos un hueco de ventana.
partenogénesis f. Llamada también reproducción virginal, es el modo de reproducción de algunos animales y vegetales por división reiterada de células sexuales femeninas sin intervención de gametos masculinos.
partera f. Comadrona.
parterre m. Jardín o parte de él con césped, flores y anchos paseos.
partesana f. Arma ofensiva, especie de alabarda, con el hierro grande, ancho y cortante, adornado en la base con dos aletas en forma de media luna.
partición f. Repartimiento, división de una hacienda, herencia, etcétera.
participación f. Acción de participar. I Comunicación, aviso, parte, noticia.
participar intr. Tener uno parte en una cosa o tocarle algo en ella. I tr. Noticiar, comunicar, avisar.
partícipe adj. y s. Que tiene parte en una cosa, o le toca algo en ella.
participial adj. Relativo al participio.
participio m. Forma del verbo, que participa ya de la índole del verbo, ya de la del adjetivo. Es activo o pasivo, según denote acción o pasión, en sentido gramatical.
partícula f. Parte pequeña. I Parte indeclinable de la oración, monosilábica y muy breve; y especialmente la que sólo se usa como parte componente de otros vocablos. I Nombre que se da a cada uno de los constituyentes del mundo de la materia o la energía.
particular adj. Propio, peculiar, privativo de una cosa. I Especial, raro. I Singular, individual. I Dícese del que no tiene título o empleo que lo distinga de los demás. Ú. t. c. s. I Dícese del acto no oficial o privado que ejecuta la persona que tiene oficio o carácter público.
particularidad f. Singularidad, especialidad.
particularizar tr. Expresar una cosa con sus particularidades o pormenores. I Hacer distinción especial de alguien. I r. Singularizarse, distinguirse en una cosa.
partida f. Acción de partir, salir o marcharse. I Registro, asiento en los libros parroquiales o en los del registro civil, relativo a nacimiento, bautismo, o defunción. I Copia certificada de alguno de estos registros o asientos. I Número convenido de veces que se ha de repetir un juego.
partidario, ria adj. y s. Que sigue un partido o bando, o entra en él. I Adicto a una persona o idea.
partido, da p. p. de partir. I m. Parcialidad, bando, agrupación de quienes siguen una misma opinión o interés. I Ventaja o conveniencia. I Conjunto de los que entran en el juego como compañeros, contra otros. I Medio que se adopta para lograr algo. I Distrito o territorio de una jurisdicción o administración que tiene por cabeza un pueblo principal. I Conjunto o agregado de personas que siguen o defienden una misma facción, opinión o causa.
partidor, ra m. y f. Persona que divide o reparte una cosa. I El que parte una cosa, rompiéndola. I m. Instrumento con que se parte o rompe.
partir tr. Dividir una cosa en dos o más partes. I Hender, rajar. I Repartir, distribuir. I Separar una cosa de otra, determinando lo que a cada uno pertenece.
partitivo, va adj. Que puede partirse o dividirse. I Dícese del nombre y del adjetivo numeral que expresan división de un todo en partes.
partitura f. Conjunto, escrito en pentagramas, de todas las partes de una obra musical.
parto m. Acción de parir. I El ser que ha nacido. I fig. Cualquier producción física, o del entendimiento o ingenio humano.

parturienta adj. y s. Dícese de la mujer que acaba de tener un hijo o está en trance de tenerlo.
parva f. Parvedad (corta ración de alimento). I Mies tendida en la era. I Montón o cantidad grande una cosa. I Desayuno.
parvada Conjunto de crías de un animal doméstico, especialmente de una gallina.
parvedad f. Poquedad, pequeñez.
parvo, va adj. Pequeño.
párvulo, la adj. Pequeño. I Niño pequeño. Ú. m. c. s.
pasa f. Uva desecada, generalmente muy dulce.
pasacalle m. Passacaglia. Antiguo aire de danza de compás muy vivo, utilizado especialmente por los músicos europeos del período barroco.
pasada f. Acción de pasar. I fig. Mal comportamiento o proceder.
pasadera f. Cualquiera de las piedras puestas para atravesar charcos, arroyos, etc. I Pasarela, o cosa análoga.
pasadero, ra adj. Que puede pasar fácilmente. I Medianamente bueno de salud. I Llevadero, tolerable.
pasadizo m. Paso estrecho que ataja camino. I fig. Medio utilizable para pasar de una parte a otra.
pasado, da p. p. de pasar. I adj. Gastado, podrido, hablando de frutas. I Antiguo, viejo, etc. I m. Tiempo que pasó.
pasador, ra adj. Que pasa de una parte a otra. I m. Flecha o saeta muy aguda y pesada, que se disparaba con ballesta. I Barreta de hierro que sirve de pestillo o de cerrojo. I Varilla metálica que sirve de eje en las bisagras, charnelas y otras piezas análogas.
pasaje m. Acción de pasar de una parte a otra. I Derecho que se paga por pasar por un paraje. I Sitio o lugar por donde se pasa. I Precio del billete en los viajes marítimos y aéreos, y también el mismo billete. I Totalidad de pasajeros. I Trozo de un libro, escrito o discurso. I Paso público entre dos calles. I Boleto o billete para un viaje.
pasajero, ra adj. y s. Dícese del lugar muy transitado. I Que va de camino. I Que dura poco. I Dícese del ave migratoria.
pasamanería f. Obra o fabrica de pasamanos. I Oficio de pasamanero. I Taller donde se fabrican pasamanos. I Tienda donde se venden.
pasamano m. Galón o trencilla para guarniciones y adornos. I Barandal.
pasamontañas m. Montera o gorro que puede cubrir toda la cabeza hasta el cuello, salvo el rostro o al menos los ojos y la nariz, y que se usa para defenderse del frío.
pasante p. a. de pasar. Que pasa. I m. El que asiste y acompaña al profesor de una facultad para adquirir práctica. I El que pasa o explica la lección a otro.
pasaporte m. Licencia por escrito que se da para poder pasar de un país a otro. I fig. Licencia franca para hacer algo.
pasar tr. Llevar, conducir, transportar, trasladar de una parte a otra. I Mudar, trasladar a uno de una clase a otra. Ú. t. c. intr. y c. r. I Atravesar, cruzar. I Enviar, remitir. I Ir más alá de un punto determinado. I Penetrar, atravesar, traspasar. I Introducir o extraer géneros de contrabando. I Exceder, aventajar, superar, Ú. t. c. r. I Transferir una cosa de un sujeto a otro. Ú. t. c. intr. I Sufrir. tolerar. I Meter una cosa por el hueco de otra. I Cerner, cribar. I No poner reparo o tacha en una cosa. I Repasar el estudiante la lección. I Proyectar una película. I intr. Trocarse, convertirse una cosa en otra. I En ciertos juegos de naipes, no entrar, no jugar, y en el dominó, no poder poner ficha. I Ocupar el tiempo de alguna manera. I Ocurrir, acontecer, suceder. I r. Mudar de partido, o ponerse de la parte opuesta. I Empe-

zarse a podrir las frutas, carnes u otras cosas. | Perderse la
ocasión o tiempo de que sea eficaz alguna cosa. | Exceder-
se en una calidad o usar de ella con demasía. | Filtrarse.

pasarela f. Pequeño puente o paso, ya provisional, ya
auxiliar o agregado de otro importante.

pasatiempo m. Entretenimiento y diversión para pasar
el rato.

pasavolante m. Acción ejecutada con brevedad y sin
reparo.

pascal m. Unidad de medida equivalente a la presión uniforme que ejerce la fuerza de un newton sobre la superficie plana de un metro cuadrado.

pascana f. Etapa o parada en un viaje. | Posada, tambo.

Pascua f. Fiesta que los judíos celebraban a la mitad de
la luna de marzo para conmemorar la libertad del cauti-
verio de Egipto. | Fiesta de la Resurrección del Señor,
que se celebra por la Iglesia católica el domingo inmedia-
to al primer plenilunio después del 20 de marzo. | Cual-
quiera de las fiestas de Navidad, Epifanía o Adoración de
los Reyes y Pentecostés.

pase m. Permiso para usar de un privilegio, licencia o
gracia. | Acción de pasar, en el juego.

pasear intr. y r. Ir a pie, a caballo, en carruaje o embarca-
do, por higiene o por recreo. | tr. Hacer pasear. | fig. Lle-
var una cosa de una parte a otra. | r. fig. Discurrir vaga-
mente acerca de una materia.

paseo m. Acción de pasear o pasearse. | Lugar o sitio pú-
blico para pasearse. | Distancia corta que puede recorrer-
se paseando

pasiflora f. Maracuyá, hermosa planta trepadora de flores multicolores.

pasifloráceo,a adj. y s. Dícese de plantas dicotiledóneas.

pasillo m. Pieza de paso, larga y angosta, de cualquier
edificio.

pasión f. Acción de padecer. | Por antonomasia, tor-
mentos y muerte que padeció Jesucristo. | Lo contrario
a la acción. | Inclinación, preferencia o codicia muy
vivas de una persona a otra. | Apetito o afición vehe-
mente a una cosa.

pasional adj. Perteneciente o relativo a la pasión, especialmente amorosa.

pasito m. dim. de paso. | adv. Con tiento y blandura, en
voz baja

pasividad f. Calidad de pasivo.

pasivo, va adj. Dícese del sujeto que recibe la acción del
agente sin cooperar en ella. | Que deja obrar a los demás,
en asunto de propio interés sin hacer nada por sí. | Dícese
del haber o pensión que se disfruta por jubilación, viude-
dad, orfandad, etc.

pasmado, da m. y f. Persona torpe de entendimiento y
voluntad, que parece estar en continua suspensión y
asombro. Ú. t. c. adj.

pasmar tr. y r. Enfriar mucho o bruscamente. | Helar las
plantas hasta que queden secas. | Ocasionar la suspensión
o pérdida de los sentidos y del movimiento. | fig. Asom-
brar con extremo.

pasmarote f. Persona embobada..

pasmo m. Efecto de un enfriamiento que se manifiesta
por romadizo, dolor de huesos, etc. | fig. Admiración y
asombro extremados, que dejan como en suspenso el áni-
mo. | fig. Lo que ocasiona esta admiración y asombro

paso adj. m. Movimiento de un pie hacia adelante para ir
de un lugar a otro. | Espacio que se adelanta a un pie a
otro al andar. | Acto de pasar. | Sitio por donde se pasa. |
Huella.| Suceso notable de la Pasión de Cristo, y efigie o
grupo que lo representa. | Mudanza en el baile. | Pieza
dramática muy breve.| Huella que queda impresa al an-

dar. | Adelantamiento que se hace en cualquier cosa. |
Movimiento seguido con que anda un ser animado. | Es-
trecho de mar. | Distancia entre dos puntos de la curva
llamada hélice, que se encuentran sobre una misma generatriz, o la análoga entre dos puntos del filete de un tomi-
llo. | Sitio en que una vía férrea se cruza con otro camino.

pasodoble m. Marcha a cuyo compás puede llevar la tro-
pa el paso ordinario. | Baile que se ejecuta al compás de
esta música.

paspié m. Danza con los pasos del minué.

pasquín m. Escrito anónimo que se fija en sitio público,
con expresiones satíricas.

pasta f. Masa hecha de cosas machacadas. | Masa de
manteca o aceite y otras cosas, propia para hacer paste-
les, empanadas, etc. | Masa de harina, propia para hacer
fideos, tallarines, etc.; y también cada uno de estos pro-
ductos. | Masa resultante de macerar y machacar el trapo
y otras materias para hacer papel. | Encuadernación de
los libros cuando se hace de cartones cubiertos con piel
bruñida. | pl. Dícese de los pastelillos que se toman con el
té, vino generoso, etc.

pastar intr. Pacer los Ganados, | tr. Llevarlos al pasto.

pastear tr. Apacentar. | Espiar, acechar, vigilar.

pastel m. Masa de harina y manteca en que se envuelven
diversas sustancias y se cuece al horno. | Lápiz compues-
to de una materia colorante y agua de goma. | Pintura con
lápices de colores.

pastelería f. Arte de hacer pasteles. | Local donde se ha-
cen. | Tienda donde se venden. | Conjunto de pasteles o
pastas.

pastelero, ra m. y f. Persona que hace o vende paste-
les. | Persona que pastelea.

pastelillo m. Dulce de masa muy delicada y relleno de
conservas.

pasteurizar tr. Esterilizar los líquidos según el método
del célebre ico y biólogo francés Pasteur, sometiéndolos
a la acción del calor para matar los gérmenes nocivos.

pastilla f. Porción de pasta, ordinariamente pequeña y
cuadrangular o redonda, y, en particular, porción muy pequeña de pasta compuesta de azúcar y otra sustancia, medicinal o agradable.

pastizal m. Terreno de mucho pasto.

pasto m. Acción de pastar. | Hierba que pace el ganado. |
Cualquier cosa que sirve para alimento del animal.

pastor, ra m. y f. Persona que cuida del ganado, y lo
apacienta. | m. Prelado u otro eclesiástico que tiene súb-
ditos y obligación de cuidar de ellos.

pastoral adj. Perteneciente o relativo a los prelados. | Pastoril. | Re-
lativo a la poesía en que se pinta la vida de los pastores. |
f. Drama bucólico cuyos personajes son pastores y pasto-
ras. | Carta, escrito o discurso que con instrucciones o ex-
hortaciones dirige un prelado a todos sus diocesanos.

pastorear tr. Llevar a pacer los ganados. | fig. Cuidar los
prelados de sus súbditos y dirigirlos.

pastoreo m. Acción de pastorear el ganado.

pastoril adj. Propio o característico de los pastores.

pastoso, sa adj. Aplícase a las cosas suaves y blandas al
tacto, como la masa. | Dícese de la voz que sin resonan-
cias metálicas es agradable al oído. | Dícese del terreno
que tiene buenos pastos.

pastura f. Pasto o hierba que come el ganado. | Comida
que se da de una vez a los bueyes.

pasturaje m. Lugar de pasto común. | Derecho que se
paga por el pasto.

pata f. Pie y pierna de los animales. | Pie (base en que se
apoya alguna cosa, o parte inferior que sirve para soste-
nerla). | Hembra del pato. | fam. Pierna. Pata de gallo.

pataca f. Aguaturma. I Tubérculo de la raíz de la aguaturma, muy buen alimento para el ganado.

patada f. Golpe dado con la planta del pie o con la pata del animal. I fig. Huella. I fam. Paso.

patalear intr. Mover rápida y violentamente las piernas o patas. I Dar patadas en el suelo con violencia.

pataleo m. Acción de patalear. I Ruido hecho con las patas o los pies.

pataleta f. Desmayo convulsivo.

patán adj. y s. Aldeano, campesino. I fig. Rústico, zafio.

patata f. Planta solanácea cuyas raíces llevan gruesos tubérculos muy feculentos y alimenticios. I Tubérculo de esta planta.

patatal m. Terreno sembrado de patatas.

patatero, ra adj. Perteneciente o relativo a la patata. I Que se dedica al comercio de patatas.

patatús m. fam. Congoja o accidente leve.

pateadura f. Acción de patear.

patear tr. Dar golpes con los pies. I fig. Tratar desconsiderada y rudamente a uno. I intr. Dar patadas en señal de enojo, dolor o desagrado. I fig. Andar mucho, haciendo diligencias para lograr algo. I fig. Estar sumamente enojado.

patena f. Medalla grande con una imagen esculpida, que suelen ponerse al pecho algunas labradoras. I Platillo de oro, plata u otro metal dorado, en el que se pone la hostia en la misa, antes de ser consumida.

patentar tr. Conceder, expedir, obtener o registrar una patente.

patente adj. Manifiesto, visible. I fig. Claro, perceptible. I f. Título para el goce de un empleo o privilegio. I Documento que acredita una cualidad o mérito. I Documento en que oficialmente se otorga un privilegio de invención y propiedad industrial.

patentizar tr. Hacer patente o manifiesta alguna cosa.

patera f. Enfermedad de la pezuña de los bovinos, causada por la excesiva humedad del terreno. I I Barca de fondo muy plano.

pátera f. Plato de poco fondo, usado en los antiguos sacrificios.

paternal adj. Propio del afecto o cariño el padre.

paternidad f. Calidad de padre. I Tratamiento que se da a los religiosos.

paterno, na adj. Perteneciente al padre, o propio suyo, o derivado de él.

paternóster m. Padrenuestro. I Nudo grueso y muy apretado.

pateta m. Patillas o el diablo. I Persona mal conformada de los pies o de las piernas. I Bandolero, asaltante de caminos.

patético, ca adj. Dícese de lo que altera profundamente el ánimo, en especial si produce sentimientos melancólicos, tristes o dolorosos.

patibulario, ria adj. Que por su aviesa condición o repugnante aspecto produce horror y espanto.

patíbulo m. Lugar o tablado en que se ejecuta la pena de muerte.

patidifuso, sa adj. fig. Patitieso, estupefacto.

patihendido, da adj. Dícese del animal que tiene los pies hendidos o divididos en partes.

patilla f. Cierta postura de la mano izquierda en los trastes de la guitarra. I Pieza de algunas llaves de las armas de fuego que descansa sobre el punto para disparar. I Porción de barba que se deja crecer en cada uno de los carrillos.

patín m. dim. de patio. I Aparato que se ajusta a la suela del calzado y lleva una especie de cuchilla o dos pares de ruedas, y sirve para deslizarse sobre el hielo, en el primer caso, o sobre un pavimento duro, liso y llano en el segundo.

pátina f. Capa muy delgada, de color aceitunado y reluciente que la humedad y el tiempo forma en los objetos de bronce. I Tono suave que da el tiempo a las pinturas al oleo. I Este mismo tono obtenido artificialmente.

patinador, ra adj. y s. Que patina.

patinar intr. Ir resbalando o deslizarse con patines sobre el hielo o sobre un pavimento duro, llano y liso. I Resbalar en el piso las ruedas de un carruaje sin rodar, o dar vueltas sobre el suelo sin avanzar. I tr. Dar pátina a un objeto. I fig. y fa. Perder la buena dirección o la eficacia en lo que se está haciendo o diciendo; errar, equivocarse.

patinazo m. Acción de patinar las ruedas de un carruaje. I fig. Desliz en que incurre una persona por ignorancia o inadvertencia.

patio m. Espacio cerrado con paredes o galerías y descubierto en lo interior de las casas. I Platea, planta baja que ocupan las butacas, en un teatro.

patitieso, sa adj. Díc. de quien repentinamente se queda sin sentido ni movimiento en las piernas y pies. I fig. Que se queda sorprendido o pasmado.

patituerto, ta adj. Que tiene torcidas las piernas o patas.

patizambo, ba adj. y s. Que tiene la piernas torcidas hacia fuera y junta mucho las rodillas.

pato m. Ave palmípeda, de la familia de las anátidas, de cuello y tarsos cortos, pico ancho y plano, y plumaje blanco y ceniciento con manchas de color verde metálico.

patochada f. Dicho necio o grosero.

patogenia f. Parte de la patología que trata de la forma en que se desarrollan las enfermedades.

patogénico, ca adj. Relativo a la patogenia.

patógeno, na adj. Que origina o favorece el desarrollo de las enfermedades.

patojo, ja adj. Que tiene los pies torcidos o desproporcionados, y anda meneando el cuerpo de un lado a otro como el pato.

patología f. Parte de la Medicina que estudia las enfermedades.

patoso adj. Se dice de la persona poco hábil o desmañada.

patraña f. Mentira, noticia fabulosa.

patrañero, ra adj. y s. Que dice o cuenta patrañas.

patria f. Nación en la que se ha nacido o a la que se pertenece por haber adquirido derecho de ciudadanía.

patriarca m. Título de dignidad de algunos prelados. I Nombre que se da a algunos personajes bíblicos por haber sido cabezas de dilatadas y numerosas familias. I fig. Persona que por su edad y sabiduría ejerce autoridad moral en una colectividad.

patriarcado, da m. Dignidad de patriarca. I Tiempo que dura. I Territorio de la jurisdicción de un patriarca. I Organización social en que la autoridad se ejerce por un varón jefe de cada familia, extendiéndose este poder hasta los parientes más lejanos de un mismo linaje.

patriarcal adj. Perteneciente o relativo al patriarca y a su autoridad y gobierno.

patricio adj. Grupo o clase social superior en la antigua Roma, superior a la de los caballeros y a la plebe. I Díc. de quien obtenía la dignidad del patriciado. Ú. m. c. s. I Relativo a los patricios. I m. Individuo que por su estirpe, riqueza o virtudes, sobresale entre sus conciudadanos.

patrimonio m. Conjunto de bienes heredados de los padres o abuelos. I fig. Conjunto de bienes propios de una persona. I Patrimonialidad.

patrio, tria adj. Perteneciente a la patria. I Perteneciente al padre o que proviene de él.

patrística f. Ciencia que estudia la doctrina, obras y vida de los Santos Padres.

patrocinador, ra adj. y s. Que patrocina.
patrocinar tr. Proteger, amparar, favorecer.
patrocinio m. Protección, favor.
patrón, na m. y f. Santo titular de una iglesia. I Persona que da empleo a otra. I Defensor, protector. I Protector sobrenatural elegido por un pueblo o congregación. I Dueño de la casa donde uno se aloja y hospeda. I Amo, señor I m. El que manda y dirige un pequeño buque mercante. I Dechado que sirve de muestra para sacar otra cosa igual.I Metal que se toma como tipo para la evaluación de la moneda.
patronato m. Derecho, poder o facultad que tienen el patrono o patronos. I Corporación que forman los patronos. I Fundación de una obra de beneficencia.
patronear tr. Ejercer el cargo de patrón en una embarcación.
patronímico, ca adj. y s. Díc. del apellido que antiguamente se daba a los hijos, formado de nombre de sus padres.
patrono, na m. y f. Propietario de una granja o industria, en relación con los que trabajan allí. I Defensor, protector. I Poseedor de un patronato. I Patrón (santo titular, protector celestial, o amo o señor).
patrulla f. Partida de gente armada que ronda para tareas de observación o vigilancia, o para mantener el orden. I Grupo de buques o aviones que prestan servicio de vigilancia u observación. I Este servicio.
patrullero, ra adj. y s. Díc. del buque, avión o automóvil destinado a patrullar.
patudo, da adj. fam. Que tiene grandes patas o pies. I fam. Persona confianzuda que comete descortesías por su avidez en conseguir ventajas personales.
patuleco, ca adj. Que tiene algún defecto notorio en la manera de andar.
paturro adj. Rechoncho, chaparro.
paúl m. Paraje pantanoso cubierto de hierbas.
paular m. Pantano o atolladero.
paulatino, na adj. Que obra gradualmente y sin prisa.
pauperismo m. Existencia de muchos menesterosos en un país
paupérrimo, ma adj. sup. Muy pobre.
pausa f. Interrupción breve. I Tardanza, lentitud. I Breve intervalo en que se deja de cantar o tocar. I Signo con que se indica este intervalo.
pausado, da adj. Que obra o se hace con pausa. I adv. Pausadamente.
pausar intr. Interrumpir o retardar alguna cosa.
pauta f. Instrumento para rayar el papel. I Falsilla. I fig. Lo que sirve como norma.
pautar tr. Rayar el papel con la pauta. I fig. Dar reglas. I Señalar en el papel las rayas del pentagrama.
pava f. Hembra del pavo. I fig. Mujer sosa y desgarbada. I Recipiente de regular tamaño, con sujetador alto y pico, usado para hervir agua y verterla sobre el té, mate o café.
pavada f. Manada de pavos. I fig. Sosería, insulsez.
pavana f. Danza antigua de movimientos pausados. I Tañido de esta danza.
pavés m. Escudo oblongo y grande, que cubre casi todo el cuerpo.
pavesa f. Partícula que salta de una materia en ignición y acaba por convertirse en ceniza.
pávido, da adj. poet. Medroso, o lleno de pavor.
pavimentar tr. Solar, revestir el suelo con algún material.
pavimento m. Piso solado de un edificio, camino o patio.
pavipollo m. Pollo del pavo.

pavo m. Ave gallinácea, la mayor de las de corral, de carne muy apetecida. Tiene cabeza y cuello cubiertos de carúnculas rojas, así como la membrana que lleva encima del pico; tarsos fuertes. I Polizón, persona que se embarca a escondidas en una nave o ferrocarril para viajar sin pagar. I Constelación del hemisferio austral.
pavón m. Pavo real. I Color con que se cubre la superficie de los objetos de hierro y acero para preservarlos de la oxidación. I Mariposa que se distingue por los ocelos que tiene en sus alas. Existen varias especies diurnas y nocturnas.
pavonado, da adj. Azulado oscuro. I m. Pavón (color que preserva de la oxidación).
pavonar tr. Dar pavón al hierro o al acero.
pavonear intr. Hacer alarde, gala o vana ostentación de alguna cosa. Ú. t. c. r.
pavor m. Temor, con espanto o sobresalto.
pavoroso, sa adj. Que causa pavor.
paya f. Composición poética dialogada que improvisan y acompañan con la guitarra los payadores.
payador El que canta, acompañándose con la guitarra, coplas improvisadas. I Cantor popular, coplero.
payar intr. Cantar paya.
payasada f. Acción o dicho de payaso.
payaso m. Titiritero que hace gracioso, con traje y ademanes ridículos.
payé m. Brujería, sortilegio, hechizo. I Amuleto, talismán.
payo adj. Aldeano. I Para el gitano, el que no pertenece a su raza.
payuelas f. Viruelas locas.
paz f. Tranquilidad y sosiego de ánimo. I Pública tranquilidad en los Estados. I Sosiego y buena correspondencia de unos con otros. I Convenio internacional para terminar una guerra.
pazguato, ta adj. y s. Simple, bobalicón que de todo se admira.
pazote m. Planta salsolácea, aromática, cuyas hojas y flores se toman en infusión a modo de té.
pazo m. En Galicia, casa solariega.
¡pche! o ¡pchs! interj. que denota indiferencia, displicencia o reserva.
pe f. Nombre de la letra p.
pea f. vulg. Borrachera.
peaje m. Derecho de tránsito. I Estipendio que satisfacen los vehículos para poder transitar por determinadas autopistas (también hay puentes y túneles de peaje).
peal m. Correa o cinta que, unida al borde inferior del pantalón, pasa bajo el zapato y mantiene tensas las piernas de esa prenda.
peana f. Basa, apoyo o pie para colocar encima una figura u otra cosa. I Tarima que hay delante del altar, arrimada a él.
peatón m. Peón, el que camina a pie. I Valijero que conduce a pie la correspondencia entre pueblos cercanos.
pebeta f. Niña, chiquilla, muchacha.
pebete m. Niño, muchachito. I Pasta aromática que, encendida, despide humo fragante y sirve de sahumerio.
pebetero m. Incensario.
pebre m. Salsa hecha con pimiento, ajo, perejil o cilantro, cebolla finamente picada, y otros ingredientes.
peca f. Mancha que sale en el cutis.
pecado m. Concepto característico de las religiones judía, cristiana y musulmana, que califica a un hecho, dicho, deseo u omisión como contraria a la ley divina, por sí mismo, y capaz de condenar el alma de su autor.
pecador, ra adj. y s. Que peca. I Sujeto al pecado o capaz de cometerlo.

pecaminoso, sa adj. Perteneciente o relativo al pecado o al pecador. | fig. Díc. de lo que está o parece estar contaminado de pecado.

pecar intr. Quebrantar la ley de Dios. | Faltar a la obligación y a lo que es debido y justo. | Faltar a las reglas en cualquier línea. | Dejarse llevar de alguna afición. | Dar motivo para un castigo.

pecarí m. Especie de pequeño jabalí sudamericano.

pecblenda f. Mineral de uranio de composición muy compleja, en la que por lo común entran diversos metales raros y entre ellos el radio.

pecera f. Recipiente de cristal que se llena de agua y sirve para tener a la vista peces vivos.

pechador m. Sablista, pedigüeño.

pechar tr. Pagar, tributo.

pechera f. Pedazo de lienzo que abriga o adorna el pecho. | Parte de la camisa que cubre el pecho. | fam. Parte exterior del pecho.

pechina f. Venera (concha semicircular). | Cualquiera de los cuatro triángulos curvilíneos que forma el anillo de la cúpula con los arcos torales en que se apoya.

pecho m. Parte del cuerpo comprendida entre el cuello y el vientre, en cuya cavidad se hallan el corazón y los pulmones. | Lo exterior de esta misma parte. | Parte anterior del tronco de los cuadrúpedos entre el cuello y las patas delanteras. | Cada una de las mamas de la mujer.

pechuga f Pecho del ave. | fig. y fam. Pecho de las personas. | Frescura, impavidez.

pechurana f. Oxido natural de uranio.

pecio m. Fragmento de la nave que ha naufragado o porción de lo que ella contiene.

pecíolo m. Pezón de la hoja.

peciolo m. Pecíolo.

pécora f. Res lanar. | fig. y fam. Persona astuta, taimada y viciosa.

pectina f. . Sustancia neutra, no cristalizable, incolora y soluble en el agua que existe en los frutos maduros, como resultado de la transformación de la pectosa.

pectíneo, a adj. y s. Díc. de un músculo situado en la parte interna del muslo, que hace girar el fémur.

pectiniforme adj. De figura de peine.

pectoral adj. Relativo al pecho. | Útil para el pecho. Ú. t. c. s. | m. Ornamento para el pecho. | Insignia que los sacerdotes de varias religiones llevan sobre el pecho.

pectosa f. . Sustancia no nitrogenada e insoluble en el agua que existe en los frutos sin madurar y en algunas raíces, como las de zanahoria, remolacha, etc. y se convierte en pectina durante la maduración.

pecuario, ria adj. Relativo al ganado.

peculiar adj. Propio, característico y privativo de cada persona o cosa.

peculio m. Caudal peculiar del hijo o siervo. | fig. Dinero, caudal de cada cual.

pecunia f. fam. Moneda o dinero.

pecuniario, ria adj. Perteneciente al dinero efectivo. | Díc. de la pena consistente en una multa.

pedagogía f. Ciencia que trata de la enseñanza y educación del niño.

pedagogo, ga m. y f. Ayo o aya. | Maestro o maestra de escuela. | Persona que profesa la pedagogía.

pedal m. Palanca que se acciona con el pie para mover un mecanismo, mueve un mecanismo oprimiéndola con el pie.

pedalear intr. Mover el pedal o pedales especialmente de los velocípedos.

pedáneo adj. y s. Díc. del alcalde de una aldea que ejerce sus funciones por delegación de aldea que ejerce sus funciones por delegación del alcalde o presidente del término municipal a que dicha aldea pertenece.

pedante adj. y s. Dícese de las personas, especialmente los jóvenes, que se muestran engreídos de sus conocimientos y se esfuerzan por hacerlos notar.

pedantear intr. Hacer inoportunos alardes de erudición.

pedazo m. Fragmento o parte de una cosa separada de ésta.

pederastia f. Abuso deshonesto cometido contra los niños. | Sodomía.

pedernal m. Variedad del cuarzo compacto, lustroso, translúcido en los bordes, de fractura concoidea, que da chispas cuando es herido por el eslabón.

pedestal m. Cuerpo sólido con basa y cornisa, que sostiene una columna, estatua, etc. | Peana de alguna cruz o de otra cosa semejante. | fig. Fundamento, base de una afirmación o tesis.

pedestre adj. Que anda a pie. | Díc. del deporte que consiste principalmente en andar y correr. | fig. Estúpido, vulgar, etc.

pediatría f. Medicina que se preocupa de los niños.

pedicelo m. Columnilla carnosa que sostiene el sombrerete de las setas.

pedicular adj. Perteneciente o relativo al piojo.

pediculicida adj. Dícese del producto químico que sirve para matar los piojos. Ú.t.c.s.m.

pedículo m. Pedúnculo.

pedicuro, ra m. y f. Persona especialista en cuidar de los pies, eliminar callosidades, arreglando las uñas, etc.

pedido m. Petición, acción de pedir. | Nota de artículos que se piden a un establecimiento industrial o comercial.

pedigrí m. Genealogía de un animal. | Documento en que consta.

pedigüeño, ña adj. y s. Que pide con frecuencia e importunidad.

pediluvio m. Baño de pies tomado por medicina.

pedimento m. Petición, acción de pedir.

pedir tr. Rogar o demandar a otro que dé o haga algo. | Por antonomasia, mendigar. | Poner precio a la mercadería el que la vende. | Requerir una cosa, exigirla como necesaria o conveniente. | Querer, desear, apetecer. | Proponer uno a los padres o parientes de una mujer el deseo de que la concedan por esposa para sí o para otro.

pedo m. Ventosidad ventral que se expele por el ano.

pedorrera f. Frecuencia de pedos | pl. Calzones ajustados que usaban los escuderos.

pedrada f. Acción de arrojar con fuerza la piedra dirigida a alguna parte. | Golpe dado con la piedra así tirada. | Efectos que ocasiona.

pedrea f. Acción de apedrear o apedrearse. | Pelea a pedradas. | Acción de granizar.

pedregal m. Sitio cubierto de piedras sueltas.

pedregoso, sa adj. Díc. del terreno lleno de piedras. | Que padece mal de piedra.

pedrejón m. Piedra grande suelta.

pedrería f. Conjunto de piedras preciosas.

pedrero m. Cantero (el que labra piedras). | Cañón para disparar piedras. | Hondero.

pedrés adj. Dícese de la sal gema.

pedriscal m. Pedregal menudo.

pedro m. vestido afelpado que usaban los ladrones. | Cerrojo.

pedrusco m. Piedra sin labrar.

pedunculado, da adj. Que tiene pedúnculo.

pedúnculo m. Pezón, ramita que sostiene la hoja, la inflorescencia o el fruto en las plantas. | Prolongación del cuerpo, mediante la cual están sujetos al suelo algunos animales; como el percebe.

peer intr. y r. Expeler pedos.

pega f. Acción de pegar o unir. | Baño de pez que se da a las vasijas. | Pregunta difícil de contestar en exámenes. | Trabajo.

pegadizo, za adj. Que fácilmente se pega. | Que con facilidad se graba en la memoria. | Contagioso.

pegado m. Bizma, parche o emplasto.

pegadura f. Acción de pegar. | Unión física que resulta de pegar una cosa con otra.

pegajoso, sa adj. Que con facilidad se pega. | Contagioso. | fig. Suave, meloso.| Sobón (pesado, molesto por exceso de halagos y caricias).

pegamento m. Sustancia propia para pegar o conglutinar.

pegar tr. Adherir, conglutinar unas o más cosas. | Unir, juntar una cosa con otra. | Arrimar una cosa a otra, de modo que entre ellas no quede espacio. | Comunicar uno a otro una cosa por el contacto, trato, etc.; contagiar. Ú. t. c. r. | fig. Castigar o maltratar dando golpes. | Dar, propinar, asestar. | intr, Asir o prender. | Caer bien una cosa; ser de oportunidad, venir al caso. | Estar una cosa próxima o contigua a otra.

pegote m. Bizma, emplasto hecho de una cosa pegajosa. | fig. Persona impertinente y gorrona.

pegual m. Cincha con argollas para sujetar los animales cogidos con lazo o para transportar objetos pesados.

peguntar tr. Marcar las reses con pez derretida.

peinado m. Forma de arreglo y compostura del pelo.

peinador, ra adj. y s. Que peina. | m. Lienzo con que se cubre el que se peina o afeita. | Bata corta y ligera que usan las señoras para peinarse.

peinar tr. Desenredar y arreglar el cabello. | fig. Desenredar o limpiar el pelo o lana de algunos animales.

peine m. Instrumento con púas para desenredar, limpiar y peinar el pelo. | Cardar (instrumento que sirve para la lana). | Viera.

peineta f. Peine convexo que usan las mujeres para asegurar el peinado o como adorno.

peinilla f. Lendrera o peine corto de dos hileras opuestas de dientes. | Peine alargado y angosto de una sola hilera de dientes. | Especie de machete.

peje m. Pez. | fig. Hombre astuto, sagaz e industrioso.

pejesapo m. Pez acantopterigio, sin escamas, de enorme cabeza redonda y aplastada, con tres largos apéndices movibles, y con el cuerpo bordeado por unas barbillas carnosas.

pejiguera f. fam. Cosa que, siendo poco provechosa, causa embarazo o molestia.

peladero m. Lugar donde se pelan los cerdos o las aves. | Terreno pelado, desprovisto de vegetación.

peladilla f. Almendra confitada. | Guijarro pequeño. | Juego malicioso de muchachos.

pelado, da adj. Dícese de lo que no tiene pelos donde debiera tenerlos. Dícese de aquello a lo que se ha quitado la piel o corteza. | fig. Díc. de las cosas principales o fundamentales que carecen de aquellas otras que naturalmente las visten, adornan, cubren o rodean; como el monte sin vegetación o el hueso sin carne. | Díc. del número que consta de decenas, centenas o millares justos. | Díc. de la persona pobre sin dinero. Ú. t. c. s. | Soldado conscripto.

peladura f. Acción de pelar o descortezar una cosa. | Mondadura, desperdicio de las cosas que se mondan. | Erosión en la piel.

pelafustán, na m. y f. Persona holgazana, pobretona e inútil.

pelagatos m. fam. Hombre pobre y desvalido y a veces despreciable.

pelágico, ca adj. Relativo al piélago. | y Díc. de los animales y plantas que flotan o nadan en el mar, a diferencia de los bentónicos.

pelagra f. Enfermedad crónica, que origina perturbaciones digestivas y nerviosas y manifestaciones cutáneas.

pelaire m. El que prepara la lana que ha de tejerse.

pelaje m. Naturaleza y calidad del pelo o de la lana. | fig. Calidad, disposición o aspecto de una persona o cosa. | fig. Casta, clase social.

pelambre m. El pelo en conjunto. | Mezcla de agua y cal con que se pelan los pellejos en las curtiembres. | fig. Chismorreo, habladurías que denigran a una persona que no está presente.

pelambrería f. Porción de pelo espeso y crecido.

pelar tr. Cortar, raer, quitar o arrancar el pelo. Ú. t. c. r. | Desplumar (quitar las plumas a una ave). | fig. Quitar la piel, la película o la corteza a una cosa. | fig. Mondar (quitar la cáscara a los frutos). | fig. Quitar los bienes a alguien con engaño o violencia. | fig. y fam. Dejar a uno sin dinero. | r. Perder el pelo por enfermedad u otro accidente.

pelargonio m. Género de plantas geraniáceas, frecuentemente aromáticas y vellosas. Sus especies, llamadas también geranios, se cultivan en los jardines como ornamentales.

pelaza adj. Díc. de la paja de cebada a medio trillar. | f. Pelazga.

peldaño m. Parte del tramo de una escalera, en que se apoya el pie al subir o bajar por ella.

pelea f. Acto de pelear. | Gresca.

pelear intr. Batallar, combatir, luchar con armas. | Contender o reñir aunque sea sólo de palabra. | fig. Luchar los animales entre sí. | r. Reñir dos o más personas a puñadas o de otro modo semejante. | fig. Desavenirse, enemistarse.

pelele m. Figura humana de paja, trapos, etc. | Traje de punto de una pieza que se suele poner a los niños para dormir. | fam. Persona apocada, que se deja manejar o influenciar por cualquiera. | Persona simple y bobalicona.

peleón adj. Pendenciero, camorrista.

peletería f. Oficio de preparar las pieles finas, o de hacer con ellas prendas de vestir, o adornos. | Comercio de pieles finas; conjunto o surtido de ellas. | Tienda donde se venden.

peletero, ra m. y f. Persona que trabaja pieles finas o las vende.

peliagudo, da adj. De pelo largo y delgado. | fig. Muy difícil.

pelicano, na adj. De pelo cano.

pelícano m. Ave palmípeda cuyo pico tiene en la mandíbular inferior una membrana rojiza, que forma una especie de bolsa, donde el animal guarda los peces que le sirven de alimento.

película f. Piel muy sutil. | Telilla que suele cubrir algunas heridas y úlceras. | Hollejo. | Cinta de celuloide o de otra materia transparente en cuya superficie hay adheridas sustancias fotoicas que permiten reproducir imágenes por fotografía. | La misma cinta, con fotografías positivas (diapositivas) en serie continua de fotografías, para reproducirlas mediante el cinematógrafo. | Asunto representado en dicha cinta.

peligrar intr. Estar en peligro.

peligro m. Riesgo o contingencia inminente de que suceda algún mal. | Paraje, paso u ocasión que aumenta la inminencia del daño.

peligrosidad f. Cualidad de peligroso.

peligroso, sa adj. Que tiene riesgo o puede ocasionar daño.

pelirrojo, ja adj. Que tiene el pelo rojo.

pelitre f. Planta compuesta, cuya raíz, de sabor salino, se ha usado en medicina como masticatorio para provocar la salivación, y sus flores, secas y pulverizadas, como insecticidas.

pella f. Masa apretada y redonda. I Masa de metal fundido y sin labrar. I Manteca que se quita del cuerpo del cerdo. I Cantidad de dinero que se debe o defrauda.

pellejería Oficio o comercio de pellejos. I Conjunto de pieles o pellejos. I Aficiones.

pellejo m. Piel. I Odre.

pelliza f. Prenda de abrigo hecha o forrada con pieles finas. I Chaqué de abrigo con el cuello y las bocamangas reforzadas de otra tela o de pieles finas.

pellizcar tr. Apretar retorciendo con el pulgar y el índice una pequeña porción de la piel y carne. Ú. t. c. r. I Asir o herir sutilmente alguna cosa.

pellizco m. Acción de pellizcar. I Porción pequeña de una cosa, que se toma o se quita.

pelma m. Pelmazo.

pelmazo m. Cosa muy apretada o aplastada. I Manjar indigesto. I fig. Persona importuna y pesada.

pelo m. Filamento de naturaleza córnea que nace y crece en la piel. I Conjunto de estos filamentos. I Cabello. I Plumón de las aves. I Vello que tienen algunas frutas. I fig. Cualquier cosa de poca importancia o entidad. I loc. adv. cabalgar sin montura, directamente sobre la piel de la caballería. I A pelo con la cabeza descubierta.

pelón, na adj. y s. Que no tiene pelo o tiene muy poco. I fig. Que tiene muy escasos recursos económicos.

peloso, sa adj. Piloso, que tiene pelo.

pelota f. Bola elástica, que se hace de diversas materias y varios tamaños, maciza o hueca, y que sirve para jugar. I Juego que con ella se hace. I Bola de materia blanda. I Denominación genérica aplicable a todos los juegos que se practican con una pelota o balón.

pelotari Jugador de un juego llamado Pelota Vasca.

pelotazo m. Golpe dado con la pelota.

pelote m. Pelo de cabra que se usa para rellenar muebles de tapicería.

pelotear tr. Repasar y señalar las partidas de una cuenta. I intr. Jugar a la pelota por mero entretenimiento. I fig. Atrapar al vuelo.

pelotera f. Contienda, riña ruidosa.

pelotero adj. Díc. del escarabajo común, que hace bolas con excrementos. I m. El que hace o vende pelotas.

pelotón m. aum. de pelota. I Conjunto de pelos apretados o enredados. I Conjunto desordenado de personas. I Grupo de soldados, menor que la sección, que manda un sargento.

peltre m. Aleación de cinc, estaño y plomo.

peluca f. Cabellera postiza. I fig. Persona que la usa. I fig. Cabellera demasiado crecida o desordenada.

peluche m. Felpa.

peludo, da adj. Que tiene mucho pelo. I m. Ruedo afelpado de espartos largos.

peluquería f. Tienda y oficio de peluquero.

peluquero, ra m. y f. Persona que peina, corta el pelo, hace o vende pelucas, etc.

peluquín m. Peluca pequeña.

pelusa f. Velo suave de ciertas frutas y plantas. I Pelo menudo que se desprende de las telas con el roce. I fig. y fam. Envidia propia de los niños.

pelvis f. Cavidad ósea que por delante forma la base del tronco del cuerpo humano, y a la que están adheridos los miembros inferiores.

pena f. Castigo impuesto por autoridad legítima al que ha cometido un delito o falta. I Aflicción o sentimiento interior. I Dolor o sentimiento corporal. I Dificultad, trabajo. I Cual quiera de las plumas mayores de las extremidades de las alas o del arranque de la cola de las aves.

penacho m. Grupo de plumas que tienen algunas aves en la cabeza. I Adorno de plumas que sobresale en los cascos o morriones, en ciertos tocados femeninos, en la cabeza de las caballerías engalanadas, etc. I fig. Lo que tiene forma de tal.

penal adj. Perteneciente a la pena o que la incluye. I m. Edificio donde están los reclusos que cumplen penas superiores a las de arresto.

penalidad f. Aflicción, trabajo. I For. Calidad de penable. I Sanción impuesta por la ley penal, las ordenanzas, etc.

penalización f. Sanción.

penalizar v. tr. Infligir penalización.

penalti m. En fútbol y otros deportes, máxima sanción que se aplica a ciertas faltas del juego cometidas por un equipo dentro de su área.

penar tr. Imponer pena. I Señalar la ley castigo para una acción u omisión. I intr. Padecer, sufrir un dolor o pena. I r. Afligirse, acongojarse.

penates m. pl. Dioses domésticos de los antiguos latinos.

penca f. Hoja carnosa de algunas plantas. I Tallo plano y carnoso de algunos vegetales; como la chumbera. I Parte carnosa de ciertas hojas cuando en su totalidad no lo son.

penco m. fam. Jamelgo.

pendejada Actitud o palabras impropias de una persona adulta. I Acción o dicho estúpido.

pendejo m. Pelo del pubis y las axilas. I fam. Hombre pusilánime. I Niño travieso.

pendencia f. Contienda, riña, alboroto. I Litispendencia.

pendenciero, ra adj. y s. Propenso a pendencias.

pender intr. Estar colgada, suspendida o inclinada alguna cosa. I Depender. I Estar por resolverse un asunto.

pendiente p. a. de pender. Que pende. I adj. Que está por resolverse o terminarse. I m. Arete para adornar las orejas. I f. Cuesta, bajada en ángulo de un camino u otra cosa (opuesta a gradiente, que es subida en ángulo).

péndola f. Péndulo, pieza oscilante reguladora del movimiento del reloj fijo. I Reloj que tiene esta pieza. I Pluma del cuerpo del ave, y también la cortada y preparada para escribir.

pendón m. Bandera más larga que ancha. I Estandarte de cofradía, sociedad coral, etc.

pendular adj. Relativo al péndulo.

péndulo, la adj. Pendiente, que pende. I m. Cuerpo grave que puede oscilar suspendido de un punto. I Péndola del reloj.

pene m. Falo, miembro viril, órgano sexual masculino.

penetrabilidad f. Calidad de penetrable.

penetrable adj. Que se puede penetrar. I fig. Fácil de penetrar o entender.

penetrar tr. Introducir un cuerpo en otro. I Introducirse en lo interior de un espacio. I Hacerse sentir agudamente una cosa. I fig. Comprender el interior de uno, o una cosa dificultosa.

penicilina f. Sustancia antibiótica producida por un moho u hongo que se desarrolla en algunas sustancias en descomposición, y se usa para combatir diversas enfermedades infecciosas.

península f. Tierra cercada de agua, y unida sólo por una parte relativamente estrecha a otra tierra de extensión mayor.

peninsular adj. Natural de una península. Ú. t. c. s. I Perteneciente a una península. I Italiano o español.

penitencia f. Sacramento en el cual, mediante la confesión y el arrepentimiento, se perdonan los pecados cometidos después del bautismo. I Pena que impone el confesor al penitente. I Arrepentimiento y expiación. I Castigo público que la Inquisición imponía a algunos reos. I Cualquier acto de mortificación.

penitenciaría f. Tribunal eclesiástico de Roma que despacha las bulas y gracias de dispensaciones relativas a materias de conciencia. I Establecimiento penitenciario en que los penados están sujetos a un régimen expiatorio y regenerador.

penitenciario, ria adj. Ú. t. c. s. I Díc. de los sistemas modernos del castigo y corrección de los penados.

penitente adj. Relativo a la penitencia. I Que tiene penitencia. I com. Persona que hace penitencia. I Persona que en las procesiones va vestido de túnica en señal de penitencia.

penol m. Extremo de las vergas.

penoso, sa adj. Trabajoso, que causa pena. I fig. Vanidoso, presumido.

pensado, da p. p. de pensar. I adj. Con el adverbio mal, propenso a interpretar desfavorablemente las acciones, intenciones o palabras ajenas.

pensador, ra adj. Que piensa. I Que medita o reflexiona mucho. I m. y f. Persona que se dedica a estudios muy elevados y profundiza mucho en ellos.

pensamiento m. Facultad de pensar. I Acto de pensar. I Cada una de las ideas o sentencias notables de un escrito. I fig. Sospecha, recelo. I Trinitaria.

pensar tr. Discurrir, considerar, imaginar. I Reflexionar, meditar. I Aplicar voluntariamente la razón y las facultades intelectuales en un asunto.

pensativo, va adj. Que medita y está absorto.

pensil adj. Pendiente o colgado. I fig. Jardín delicioso.

pensión f. Renta anual impuesta sobre una finca. I Cantidad que se da a alguien para su mantenimiento. I Casa de educación, o de huéspedes. I fig. Trabajo o molestia que lleva consigo la posesión de una cosa.

pensionado, da p. p. de pensionar. I adj. Que cobra una pensión. Ú. t. c. s. I m. Lugar en que se alojan los alumnos de un colegio.

pensionar tr. Imponer una pensión. I Conceder una pensión.

pensionista com. Persona que cobra una pensión. I Alumno interno de un colegio, o huésped de una pensión.

penta- Partícula que indica cinco.

pentaedro m. Poliedro de cinco caras.

pentágono, na adj. y s. Díc. del polígono de cinco ángulos y cinco lados.

pentagrama m. Renglonadura formada con cinco rectas paralelas y equidistantes, sobre la cual se escribe la música.

pentasílabo, ba adj. y s. Que consta de cinco sílabas.

pentavalente adj. Díc. del cuerpo cuya atomicidad, valencia o capacidad de combinación es quíntupla de la del hidrógeno.

pentecostés m. Festividad que celebra la Iglesia en memoria de la venida del Espíritu Santo, cincuenta días después de la Resurrección.

pentedecágono m. y s. Polígono de quince lados.

penúltimo, ma adj. y s. Inmediatamente anterior al o a lo último.

penumbra f. Sombra tenue entre la luz y la oscuridad. I Sombra parcial que en los eclipses hay entre los espacios obscuros y los iluminados.

penuria f. Escasez, falta de lo más preciso.

peña f. Piedra grande sin labrar, roca natural. I Monte peñascoso. I Grupo de amigos o camaradas.

peñascal m. Sitio cubierto de peñascos.

peñascoso, sa adj. Díc. del terreno donde hay muchos peñascos.

peñola f. Pluma de ave cortada para escribir.

peñón m. aum. de peña. I Monte peñascoso.

peón m. El que anda a pie. I Jornalero que trabaja en obras materiales que no requieren arte ni habilidad. I Infante o soldado de a pie. I Juguete de madera, cónico y terminado en una púa de hierro a la cual se arrolla una cuerda para lanzarlo y hacerlo bailar. I Cada una de las ocho piezas negras y ocho blancas, iguales, del juego de ajedrez y cualquiera del de damas.

peonada f. Lo que trabaja un peón en un día. I Peonaje.

peonaje m. Conjunto de peones que trabajan en una obra.

peonía f. Hermosa flor ranunculácea originaria de China.

peonza f. Juguete parecido al peón, pero sin punta de hierro, y al que se hace bailar dándole con un látigo. I fig. Persona chiquita y revoltosa.

peor adj. aument. de malo. De inferior calidad o condición respecto a otra cosa.

pepinar m. Terreno sembrado de pepinos.

pepinillo m. dim. de pepino. I Pepino pequeño en adobo.

pepino f. Planta cucurbitácea de tallos rastreros y fruto pulposo, cilíndrico, con muchas semillas, comestibles.

pepita f. Simiente de ciertos frutos. I Trozo de algún metal en estado nativo.

pepito m. Bocadillo que tiene dentro un filete de carne.

peplo m. Especie de vestidura exterior que usaron las mujeres en la antiguedad.

pepona f. Muñeca grande con que juegan las niñas.

pepónide f. Fruto carnoso unido al cáliz, con una sola celda y muchas semillas: como la calabaza y el pepino.

pepsina f. Substancia orgánica de los vertebrados, que forma parte del jugo gástrico, actúa como fermento sobre las materias alimenticias proteicas y contribuye a la digestión. La extraída del cuajar de los carneros se usa como medicamento.

peptona f. Substancia debida a la transformación de los principios albuminoideos por la acción de la pepsina contenida en el jugo gástrico.

pepú m. Colonia, planta de adorno.

pequeñez f. Calidad de pequeño. I Cosa de poco momento, de escasa importancia. I Mezquindad, ruindad.

pequeño, ña adj. Escaso, corto, breve, de poca estatura I De muy corta edad. I fig. Bajo, abatido, humilde.

per- prep. inseparable que aumenta la significación de la voz simple a que va unida: Perdurar.

pera f. Fruto del peral, carnoso, oval o redondo, de piel delgada, dulce y aguanoso. Porción de pelo que se deja crecer bajo el labio inferior.

peral m. Árbol rosáceo de flores blancas, en corimbos, cuyo fruto es la pera.

peraltar tr. Dar a la curva de un arco o bóveda más altura de la que corresponde al semicírculo. I Dar a las curvas de las carreteras más elevación en su parte exterior.

peralte Acción y efecto de peraltar.

peraleda f. Sitio poblado de perales.

percal f. Tela de algodón, propia para vestidos de mujer.

percalina f. Percal de un solo color, propio para forros.

percance m. Contratiempo, daño, perjuicio imprevisto

percatar intr. y r. Pensar, considerar, cuidar, advertir, darse cuenta.

percebe m. Crustáceo cirrípedo que tiene una concha bivalva, compuesta de varias piezas calizas, y un pedúnculo carnoso, cubierto por un tegumento duro y resistente, por el cual se fija a las peñas del mar. Es comestible. l fig. y fam. Torpe, ignorante.

percepción f. Acción de percibir. l Sensación interior resultante de una impresión material hecha en los sentidos. l Idea. l Elaboración cerebral de las sensaciones, relacionándolas con otras sensaciones y con la memoria.

perceptibilidad f. Calidad de perceptible.

perceptible adj. Que se puede comprender o percibir. l Que se puede recibir o cobrar.

perceptivo, a adj. Que tiene virtud de percibir.

percha f. Estaca larga y delgada que suele atravesarse en otras para sostener o colgar algo.

perchel m. Aparejo de pesca, formado por palos dispuestos para colgar las redes. l Lugar en donde se colocan.

perchero m. Conjunto de perchas o lugar donde las hay. l Percha (mueble con colgaderos).

percherón, na adj. y s. Aplícase a varias razas de caballares, desarrolladas principalmente en Europa, caracterízticas por ser muy fuertes y corpulentas.

percibir tr. Recibir una cosa y hacerse cargo de ella. l Recibir impresiones por los sentidos. l Conocer o comprender una cosa.

percolar tr. Atravesar las aguas con movimiento lento un material poroso ya saturado.

percudir tr. Ajar, marchitar, deslustrar. l Penetrar la suciedad en alguna cosa.

percusión f. Acción de percutir.

percusionista com. Persona que ejerce o profesa el arte de tocar instrumentos de percusión.

percusor m. El que hiere. l Pieza que golpea en cualquier máquina. l Llave o martillo con que se hace detonar el fulminante en las armas de fuego.

percutir tr. Golpear.

percutor m. Percusor de las armas de fuego.

perder tr. Dejar de poseer, o no hallar uno la cosa que poseía l r. Errar uno el camino o rumbo que llevaba. l fig. No hallar el modo de salir de una dificultad. l fig. Entregarse ciegamente a los vicios. l fig. No percibirse una cosa por el sentido corporal que a ella concierne. l r. Extraviarse.

perdición f. Acción de perder o perderse. l fig. Ruina o gran daño. l fig. Pasión desenfrenada de amor.

pérdida f. Carencia de lo que se poseía. l Daño o menoscabo que se recibe en una cosa. l Cantidad o cosa perdida.

perdido, da p. p. de perder. l adj. Que no lleva rumbo o destino determinado. l Díc. de la manga abierta y pendiente del hombro. l Disipador, libertino. l Díc. de la mujer de mala vida.

perdigana f. Perdigón, pollo de la perdiz.

perdigón m. Pollo de la perdiz. l Perdiz nueva. l Perdiz macho que se emplea para reclamo. l Cualquiera de los granos de plomo de la munición de caza.

perdigonada f. Tiro de perdigones. l Herida que produce.

perdiguero, ra adj. y s. Díc. del animal que caza perdicesl Famosa raza de perros cazadores.

perdiz f. Ave gallinácea de cuerpo grueso, cabeza pequeña, plumaje de variados colores y pico y pies encarnados, cuya carne es muy estimada.

perdón m. Remisión de la pena merecida, de la ofensa recibida o de alguna deuda u obligación pendiente. l Indulgencia.

perdonar tr. Remitir la deuda ofensa, falta, delito u otra cosa que concierna al que remite. l Exceptuar a uno de lo que comúnmente se hace con todos.

perdulario, ria adj. y s. Sumamente descuidado en sus intereses o en su persona. l Vicioso incorregible.

perdurar intr. Durar mucho, subsistir.

perecedero ra adj Que ha de perecer o acabarse l Poco durable.

perecer intr. Acabar, fenecer l fig. Padecer un daño grave. una ruina material o espiritual. l fig. tener suma pobreza: padecer miseria. l r. fig. Desear ansiosamente una cosa.

peregrinación f. Viaje por tierras extrañas. l Viaje devoto a un santuario. l fig. La vida humana, considerada como paso para otra.

peregrinaje m. Peregrinación.

peregrinar intr. Andar uno por tierras extrañas. l Ir en romería a un santuario l fig. Estar en esta vida terrenal.

peregrino na adj. Aplícase al que anda por tierras extrañas. l Díc. de quien por devoción o por voto va a visitar un santuario. Ú. m. c. s. l Díc. de las aves pasajeras. l fig. Que tiene singular hermosura o perfección. l fig. Extraño, extraordinario, raro.

perejil m. Planta umbelífera aromática que se usa como condimento. l pl, fig. Adorno excesivo.

perendengue m. Pendiente. zarcillo. l Cualquier adorno femenino de poco valor.

perengano na m. y f. Voces que se usan para aludir a persona indeterminada, después de haber aludido a otra u otras con palabras de igual oficio. como fulano, mengano, zutano.

perenne adj. Continuo, incesante. l Vivaz.

perennidad f. Perpetuidad.

perennifolio, lia adj. Díc. de los árboles y plantas que conservan su follaje todo el año.

perentoriedad f. Calidad de perentorio. l Urgencia.

perentorio, ria adj. Díc. del último plazo que se concede. l Concluyente, terminante. l Urgente, apremiable.

pereza f. Negligencia, tedio o descuido en las cosas a que estamos obligados. l Flojedad, descuido o tardanza en las acciones o movimientos.

perezoso, za adj. Negligente, descuidado o flojo en hacer lo que debe o necesita. Ú. t. c. s. l Tardo o lento en la acción. l Que por ser dormilón se levanta tarde de la cama. Ú. t. c. s. l m. Mamífero desdentado, de América tropical, de andar muy lento, y que para bajar de los árboles, de cuyas hojas se alimenta, se deja caer hecho una bola. l m. Tumbona, silla de tijera como asiento y respaldo de lona.

perfección f. Acción de perfeccionar o perfeccionarse. l Calidad de perfecto. l Cosa perfecta.

perfeccionar tr. y r. Acabar por completo una obra, dándole el mayor grado posible de excelencia.

perfectible adj. Capaz de perfeccionarse o de ser perfeccionado.

perfecto, ta adj. Que tiene el mayor grado posible de bondad o excelencia.

perficiente adj. Que perfecciona.

perfidia f. Deslealtad, traición o quebrantamiento de la fe debida.

pérfido, da Que tiene perfidia.

perfil m. Adorno sutil en el canto de una cosa. l Trazo más delgado de una letra. l Postura en que sólo se ve una de las dos mitades laterales del cuerpo. l Figura que representa la sección que se produce, o se produciría, en un cuerpo o en un terreno al ser cortado por un plano vertical. l Contorno de la figura, representado por líneas. l pl. Complementos y retoques con que se remata una obra o una cosa.

perfilado, da p. p. de perfilar. l adj. Díc. del rostro adelgazado y largo en proporción.

perfilar tr. Dar, presentar el perfil o sacar los perfiles de una cosa. I fig. Afinar, rematar esmeradamente una cosa. I r. Colocarse de perfil. I fig. Aderezarse, componerse.

perforador, ra adj. y s. Que perfora. I f. Instrumento que se emplea para perforar. I Máquina que sirve para agujerear el papel de un modo recular, con objeto que sea fácil la separacion de una parte de lo impreso. I Máquina destinada a excavar o perforar en las minas.

perforar tr. Horadar.

perfumar tr. Sahumar. Ú. t. c. r. I fig. Dar o espacir cualquier olor bueno. I inr. Exhala perfume, olor agradable.

perfume m. Substancia aromática que exhala un humo de olor grato. I El mismo olor. I fig. Cualquier materia que exhala buen olor. I fig. Cualquier olor agradable.

perfumería f. Sitio donde se hacen o venden perfumes. I Arte de fabricarlos.

pergamino m. Piel de la res, raída, adobada, estirada y seca. I Título o documento escrito en esta piel. I pl. fig. Antecedentes nobiliarios de una persona.

pergeñar tr. fam. Disponer o ejecutar una cosa con más o menos habilidad.

pérgola f. Emparrado o armazón que sostiene la parra u otra planta trepadora. I Jardín que tienen algunas casa sobre la techumbre.

peri f. Hada hermosa y bienhechora de las tradiciones de Persia.

peri- prep. insep. que significa alrededor.

periantio m. Perigonio.

pericardio m. Tejido membranoso que envuelve el corazón.

pericarpio m. Parte exterior del fruto que cubre las semillas.

pericia f. Práctica, sabiduría, experiencia y habilidad en una ciencia o arte.

perico m. Ave prensora, especie de pequeño papagayo de pluma verde, que da gritos agudos y desagradables, y es muy domesticable. I fig. Abanico grande. I Pedro.

pericón m. Abanico muy grande.

pericráneo m. Membrana fibrosa que cubre la cara externa de los huesos del craneo.

perieco, ca adj. y s. Díc de los habitantes de la Tierra que viven en puntos diametralmente opuestos de un mismo paralelo.

periferia f. Circunferencia. I Contorno de una figura curvilínea. I fig. Espacio que rodea un núcleo cualquiera.

perifollo m. Planta umbelífera de flores blancas y hojas aromáticas, que se usan como condimento. I pl. Adornos recargados en el atavío femenino.

perifrasear intr. Usar de perífrasis.

perífrasis f. Circunlocución.

perifrástico, ca adj. Relativo a la perífrasis; abundante en ellas.

perigeo m. Punto de la órbita de la Luna, o de un satélite artifical, más cercano a la Tierra.

perigonio m. Envoltura de los órganos sexuales de una planta.

perihelio m. Punto en que un planeta se halla más cerca del Sol.

perilla f. Adorno en forma de pera. I Parte superior del arco anterior de las fustes de la silla de montar. I Pera (porción de pelo que se deja crecer en la punta de la barba).

perillán, na m. y f. Persona astuta, pícara.

perímetro m. Ámbito. I Contorno de una figura.

perineo m. Espacio comprendido entre el ano y las partes sexuales.

perineumonía f. Pulmonía.

perinola f. Peonza que baila cuando se hace girar un manguillo que tiene en la parte superior. I Mujer pequeña y vivaracha.

periódico, ca adj. Que guarda periodo determinado. I m. Impreso que se publica a intervalos o periodos de tiempos fijos o determinados. Se utiliza como medio de difusión de noticias y acontecimientos diversos, muy en particular el llamado *diario*. I Díc. de la fracción decimal que tiene una cifra o un grupo de cifras que se repite indefinidamente.

periodismo m. Profesión de periodista. Persona que compone o edita un periódico, o que escribe en él.

periodístico, ca adj. Relativo a los periódicos y a los periodistas.

período m. Tiempo que una cosa tarda en volver al estado o posicion que tenía al principio. I Espacio de tiempo que incluye toda la duración de una cosa. I Cifra o grupo de cifras que se repiten indefinidamente, siempre en el mismo orden, en una fracción decimal. I Ciclo (espacio de tiempo que, acabado se empieza a contar de nuevo). I Tiempo que emplea un fenómeno periódico en recorrer todas sus fases. I Conjunto de oraciones que, enlazadas tienen sentido cabal.

periostio m. Membrana fibrosa que cubre los huesos.

peripecia f. Mudanza repentina en el drama, la novela u otro poema análogo; accidente imprevisto que cambia el estado de las cosas. I Accidente análogo en la vida real.

periplo m. Circunnavegación.

períptero, ra adj. y s. Díc. del edificio rodeado de columnas.

peripuesto, ta adj. fam. Que viste y se engalana con afectación.

periquete m. Espacio brevísimo de tiempo.

periquito m. Perico (papagayo domesticable).

periscio, cia adj. y s. Díc. del habitante de las zonas polares.

periscopio m. Tubo en cuyo interior se halla adecuadamente colocada una combinación de lentes y prismas, y sirve principalmente para observar la superficie del mar desde el interior de un submarino sumergido, o el campo enemigo desde el interior de una trinchera.

perisodáctilo m. y s. Díc. de los mamíferos en general corpulentos con pezuñas, dedos en número impar y siempre el central mayor que los demás.

peristáltico, ca adj. Que tiene la propiedad de contraerse. Díc. principalmente del movimiento de contracción que hacen los intestinos para impulsar por su interior las materias alimenticias y expulsar las sobrantes.

peristilo m. Galería de columnas que rodean un edificio o parte de él.

peritaje m. Trabajo o estudio que hace el perito.

perito, ta adj. y s. Que tiene pericia, que es sabio, hábil o práctico en una materia. I m. El que tiene título oficial de tal.

peritoneo m. Membrana serosa que tapiza la superficie interna del vientre, y forma pliegues que envuelven las vísceras encerradas en él.

perjudicar tr. y r. Causar perjuicio.

perjuicio m. Daño o menoscabo.

perjurar tr. Jurar en falso. I Jurar mucho. I r. Faltar al juramento.

perjurio m. Delito de jurar en falso. I Acción de perjurarse.

perjuro, ra adj. y s. Que jura en falso. I Que quebranta maliciosamente el juramento que ha hecho.

perla f. Concreción nacarada y más o menos esferoidal que se forma en la madreperla y otras conchas. I fig. Persona excelente, o cosa exquisita.

perlesía f. Parálisis. I Debilidad muscular acompañada de temblor.

perlongar intr. Navegar a lo largo de la costa. I Extender un cabo para que se tire.

permanecer intr. Mantenerse sin mutación en un mismo lugar, estado o calidad.

permanencia f. Estado o calidad de permanente; duración firme, estabilidad.

permanente adj. Que permanece. I Díc. de la ondulación artificial del cabello que dura mucho tiempo.

permanganato m. Sal formada por la combinación del ácido derivado del manganeso con una base.

permeable adj. Que puede ser penetrado por algún fluido.

pérmico ca adj. Relativo al último de los cinco períodos en que está dividida la era primaria o paleozoica. Sucede inmediatamente al carbonífero. I Aplícase al terreno correspondiente a dicho período. I m. Período o tiempo de formación de este terreno.

permisión f. Acción de permitir. I Permiso.

permisivo va adj. Que incluye la licencia o facultad de hacer algo.

permiso m. Licencia para hacer o decir algo.

permitir tr. Dar permiso el que tiene autoridad para ello. Ú. t. c. r. I No impedir lo que se puede o debe evitar.

permuta f. Acción de permutar o cambiar una cosa por otra. I Cambio entre dos beneficiados o funcionarios públicos de sus respectivos empleos.

permutable adj. Que se puede permutar.

permutar tr. Cambiar una cosa por otra. I Variar la disposición u orden en que estaban dos o más cosas.

pernada f. Golpe dado con la pierna o movimiento violento hecho con ella. I Acción de introducir un*o* la pierna entre las de otra persona. I Derecho de los antiguos señores feudales europeos,de tomar la virginidad de las doncellas de su feudo que contraían matrimonio.

pernera t. Parte del calzón o pantalón que cubre la pierna.

pernicioso sa adj. Gravemente perjudicial.

pernil m. Anca y muslo del animal, y por antonomasia el del cerdo.

pernio m. Gozne.

perno m. Pieza metálica larga y cilíndrica, con cabeza por extremo y que por el otro se asegura con una tuerca o por medio del remache.

pernoctar intr. Pasar la noche en algún lugar fuera del propio domicilio.

pero m. Variedad de manzano de fruto más largo que grueso. I Su fruto. I Defecto o dificultad. I conj. adversativa con que a un concepto se contrapone otro. I En principio de frase sin referirse a otra, da énfasis a la expresión.

perogrullada f. Verdad que por muy notoria es necedad el decirla.

perol m. Vasija metálica que se usa para hervir agua o cocer.

peroné m. Hueso largo y delgado de la pierna, situado detrás de la tibia, con la cual se articula.

peroración f. Acción de perorar.

perorar intr. Pronunciar un discurso. I fig. Pedir con instancia y eficacia.

perorata f. Oración o razonamiento molesto o inoportuno.

peróxido m. Oxido que, en la serie de ellos tiene la mayor cantidad posible de oxigeno.

perpendicular adj. Aplícase a la línea o al plano que forma ángulo recto con otra línea o con otro plano.

perpetración f. Acción de perpetrar.

perpetrar tr. Cometer delito o culpa.

perpetua f. Planta amarantácea cuyas flores, cogidas antes de granar la simiente.

perpetuar tr. y r. Hacer perpetua o perdurable una cosa. I Dar a las cosas larga duración.

perpetuidad f. Duración sin fin. I fig. Duración muy larga.

perpetuo, tua adj. Que dura y permanece para siempre.

perplejidad f. Irresolución, confusión, duda de los que se debe hacer en una cosa. I Desorientación.

perplejo, ja adj. Dudoso, irresoluto, contuso, incierto. I Perplexus.

perquirir tr. Buscar investigar con cuidado y diligencia.

perrada f. Conjunto de perros. I fam. Acción villana.

perramus m. Impermeable, gabardina.

perrera f. Sitio donde se encierran perros. I Ocupación de mucho trabajo y poco provecho.

perrería f. Muchedumbre de perros. I fig. Conjunto de personas malvadas. I fig. Expresión de ira. I Perrada, acción villana.

perro, rra adj. m. Mamífero carnicero, doméstico, de la famila de los cánidos, que se caracteriza por su finísimo olfato y es inteligente y muy leal al hombre. I fig. Apodo afrentoso.

perruno, na adj. Relativo al perro. I Dícese de las personas de carácter obsecuente y servil.

persecución f. Acción de perseguir o insistencia en hacer o procurar daño. I fig. Instancia enfadosa y continua con que se acosa a uno para que conceda algo.

perseguidor, ra adj. y s. Que persigue.

perseguir tr. Seguir al que huye, para darle alcance. I fig. Molestar, fastidiar, importunar.

perseverancia f. Firmeza y constancia en la ejecución de los propósitos y en las resoluciones del ánimo. I Duración permanente o continua de una cosa.

perseverante Que persevera.

perseverar intr. Mantenerse firme y constante en un propósito o resolución. I Permanecer, o durar mucho.

persiana f. Tela de seda floreada o rameada. I Especie de celosía de tablillas movibles.

persignar tr. y r. Signar, hacer la señal de la cruz. I Signar y santiguar a continuación.

persistencia f. Insistencia, constancia, en el intento o ejecución de una cosa. I Duración permanente de una cosa.

persistir intr. Mantenerse firme o constante en una cosa. I Durar por largo tiempo.

persona f. Cualquier individuo. I Supuesto inteligente. I Accidente gramatical consistente en las distintas inflexiones con que el verbo denota si el sujeto de la oración es el que habla (1.a persona), o aquel a (2.a persona), o aquel del que se habla (3.a persona). Estas tres personas constan de singular (yo, tu, él), y de plural (nosotros, vosotros, ellos).

personaje m. Sujeto de distinción o calidad. I Cualquiera de los seres humanos, ideados por el escritor, que toman parte en la acción de una obra literaria.

personal adj. Perteneciente a la persona o propio o particular de ella. I m. Conjunto de personas pertenecientes a determinada clase, corporación o dependencia.

personalidad f. Diferencia individual que distingue una persona de otra. I Personaje, sujeto de distinción.

personalmente adv. Por sí mismo.

personarse f. Avistarse. I Presentarse personalmente en una parte.

personificación m. Acción de personificar. I Prosopopeya.

personificar tr. Atribuir al ser irracional o a las cosas inanimadas, incorpóreas o abstractas, acciones y cualidades propias del ser racional. l Representar persona determinada un suceso, sistema, opinión, etc. l Aludir a personas determinadas, en un discurso o escrito.

perspectiva f. Arte y ciencia que enseña el modo de representar en una superficie los objetos en la forma y disposición con que aparecen a la vista.

perspicacia f. Agudeza de la vista. l fig. La del ingenio o del entendimiento.

perspicaz adj. Díc. de la vista, mirada, etc., muy aguda y que alcanza mucho. l fig. Aplícase al ingenio agudo y al que lo tiene.

perspícuo, cua adj. Claro, transparente y terso. l fig. Dic. de quien se explica claramente.

persuadir tr. y r. Inducir, mover, obligar con razones a creer o hacer algo.

persuasión f. Acción de persuadir o persuadirse. l Juicio formado en virtud de un fundamento.

persuasivo, va adj. Que tiene fuerza y eficacia para persuadir.

pertenecer intr. Tocar a uno algúna cosa, ser suya o serle debida. l Ser una cosa del cargo u obligación de uno. l Referirse una cosa a otra, o ser parte de ella.

pertenencia f. Acción o derecho de propiedad que una persona tiene sobre alguna cosa. l Espacio o término sujeto al dominio o la jurisdicción de una persona. l Unidad de medida superficial para las conseciones mineras. l Cosa accesoria a la principal y que entra con ella en la propiedad.

pértiga f. Vara larga, delgada y liviana.

pértigo m. Lanza del carro.

pertinacia f. Porfía, terquedad en mantener un dictamen, una resolución, etc.

pertinaz adj. Obstinado, terco o muy tenaz en su dictamen o resolución. l fig. Muy duradero o persistente.

pertinente adj.Perteneciente a una cosa. l Que viene a propósito.

pertrechar tr. Abastecer, proveer de pertrechos. l fig. Preparar lo necesario para un fin. Ú. t. c. r.

pertrechos m. pl. Municiones, armas y otros instrumentos de guerra necesarios para un ejército o escuadra. l Instrumento necesario para cualquier operacion.

perturbación f. Acción de perturbar o perturbarse.

perturbador, ra adj. y s. Que perturba

perturbar tr. Inmutar, transformar el orden y concierto, o la quietud y el sosiego de las cosas. Ú. t. c. r. l Impedir el orden del discurso al que habla.

perulero, ra adj. Peruano. l m. y f. Persona venida a España desde el PerÚ. l m. Vasija de barro, ancha de barriga y estrecha de suelo y boca.

perversidad f. Desviación de la conducta deseable. l fig. Suma maldad o corrupción de las costumbres.

perversión f. Acción de pervertir o pervertirse. l Corrupción de costumbres.

perverso, sa adj. y s. Que tiene perversidad, que es muy malo o depravado.

pervertir tr. Desviar alguna conducta considerada normal o deseable. l Pertubar el orden o estado de las cosas. l Corromper, depravar. Ú. t. c. r.

pervigilio f. Privación de sueño: vigilia continua.

pervivir intr. Seguir viviendo a pesar del tiempo o de las dificultades.

pesa f. Pieza de peso determinado que sirve para comprobar el que tienen las cosas. l Pieza que, colgada de una cuerda, sirve para dar movimiento a ciertos relojes o de contrapeso para subir y bajar lámparas, etc.

pesacartas m. Balanza delicada con un platillo para pesar las cartas.

pesada f. La cantidad que se pesa de una vez.

pesadez f. Calidad de pesado. l Pesantez. l fig. Obesidad. l fig. Terquedad, impertinencia. l fig. Cargazon. l fig. Molestia, fatiga.

pesadilla f. Opresión, congoja durante el sueño. l Sueño angustioso. l fig. Preocupación grave y continua que desazona el ánimo.

pesado, da adj. Que pesa mucho. l fig. Díc. del sueño profundo. l fig. Muy lento. l fig. Obeso. l fig. Molesto, enfadoso. l fig. Ofensivo, sensible. l fig. Duro, áspero; fuerte, violento.

pesadumbre f. Pesadez (calidad de pesado). l Pesantez. l Injuria, agravio. l fig. Molestia o desazón, l fig. Motivo o causa del pesar, desazón o sentimiento.

pésame m. Expresión con que se demuestra a uno el sentimiento que se tiene por su pena o aflicción.

pesantez f. Gravedad (fuerza de atracción de la Tierra).

pesar m. Sentimiento o dolor interior que desazona y molesta. l Cosa que causa sentimiento o disgusto. l Arrepentimiento o dolor de los pecados o de otras cosas mal hechas. l intr. Tener gravedad o peso. l Tener mucho peso. l fig. Causar un hecho o dicho arrepentimiento o dolor. Sólo se usa en las terceras personas. l fig. Influir en el ánimo la razon o el motivo de una cosa. l tr. Determinar el peso de las cosas.

pesaroso, sa adj. Arrepentido o sentido de lo que se ha dicho o hecho. l Que por causa ajena tiene pesadumbre o sentimiento.

pesca f. Acción de pescar. l Oficio y arte de pescar. l Lo que se pesca o se ha pescado.

pescadería f. Sitio donde se vende pescado.

pescadilla f. Cría de la merluza.

pescado, da p. p. de pescar. l m. Pez comestible sacado del agua por algún arte de pesca. l Abadejo salado.

pescador, ra m y f. Persona que pesca. Ú. t. c. adj. l Pescadero. ra. l f. Blusa suelta de verano.

pescante m. Pieza saliente sujeta a una pared o a un poste y que sirve para sostener o colgar de ella alguna cosa. l En los coches, asiento del cochero.

pescar tr. Coger peces con redes, anzuelos u otros aparejos a propósito. l fig. Coger, agarrar algo. l fig. Coger a uno de improviso en las palabras o en los hechos. l fig. Lograr astutamente lo que se pretendía l Sacar alguna cosa del fondo del mar o de un río.

pescozón m. Manotada dada en el pescuezo o en la cabeza.

pescuezo m. Parte del cuerpo desde la nuca hasta el tronco. Úsase sobre todo en las bestias.

pesebre m. Cajón donde comen las bestias. l Establo.

pesebrera f. Orden y conjunto de los pesebres en las caballerizas.

peseta f. Moneda cuyo peso, aleación y ley han variado según los tiempos, y es la unidad monetaria de España.

pesetero adj. Aplícase a la persona aficionada al dinero; ruin, tacaño, avaricioso.

pesimismo m. Tendencia a ver y juzgar las cosas por el lado más desfavorable.

pesimista adj. y s. Que tiende a ser y juzgar las cosas por el lado más desfavorable

pésimo, ma adj. sup. de malo. Muy malo, tanto, que no puede ser peor.

peso m. Pesantez. l Resultante de la acción de la gravedad sobre las moléculas de un cuerpo. l El que por ley o convenio debe tener una cosa. l El de la pesa o pesas que equilibran un cuerpo en la balanza. l Cosa pesada. l Balanza (instrumento para pesar). l Unidad monetaria de diversos países americanos. l fig. Entidad e importancia de una cosa. l fig. Fuerza y eficacia de las cosas no mate-

riales. | fig. Carga o gravamen que uno tiene a su cuida-
do. | El que corresponde al átomo de cada cuerpo simple,
referido al del hidrógeno tomado como unidad. | El de
un cuerpo en comparación con el de otro de igual volumen tomado por unidad, que generalmente es el agua.
|Ejercicio atlético que, en sus variantes modernas, empe-
zó a difundirse a mediados del s. XIX.

pésol m. Guisante.

pespunte m. Labor de aguja, con puntadas unidas que
se hacen volviendo la aguja hacia atrás después de cada
punto, para meter la hebra por el mismo sitio por donde
pasó antes.

pespuntear tr. Coser o labrar de pespunte, hacer pes-
puntes.

pesquería f. Ejercicio de los pescadores. | Acción de
pescar. | Pesquera.

pesquero, ra adj. Que pesca. Aplícase a las embarcaciones dedicadas a la pesca, y a otras relacionadas con ella.

pesquisa f. Indagación, investigación, averiguación.

pesquisar tr. Hacer pesquisas.

pestaña f. Cada uno de los pelos del borde de los párpa-
dos. | Orilla del lienzo que dejan las costureras para que
no se vayan los hilos. | Adorno estrecho y saliente de fle-
co, encaje, etc., que se pone al borde de las ropas. | Parte
saliente y estrecha en el borde de alguna cosa.

pestañear intr. Mover los parpados.

peste f. Enfermedad contagiosa, que causa gran mortan-
dad. | Mal olor. | fig. Cualquier cosa mala, de mala cali-
dad o muy dañosa. | fig. Excesiva abundancia de alguna
cosa.

pestífero, ra adj. Que puede ocasionar daño grave. |
Que exhala mal olor.

pestilencia f. Atmósfera cargada de vapores u olores fé-
tidos y malsanos. | Peste.

pestilente adj. Relacionado con la pestilencia.

pestillo m. Pasador o cerrojillo para cerrar las puertas
por dentro.

pestorejo m. Cerviguillo.

pesuña f. Conjunto de los pesuños de cada pata, en los
animales de pata hendida.

pesuño m. Cada uno de los dedos, con su uña, de los
animales de pata hendida.

petaca f. Arca o caja grande de cuero o cubierta de él,
que se ha usado mucho en América para formar el tercio
de la carga de una caballería. | Estuche o bolsa para lle-
var cigarros o tabaco picado.

petaco m. tejo o chito de tirar a la tanguilla.

pétalo m. Cada una de las hojas o piezas de la corola de
una flor.

petanca f. Especie de juego de bochas.

petardo m. Morterete propio para batir puertas. | Canuto
o tubo que lleno de pólvora, atacado y ligado fuertemente, produce una gran denotación cuando se le da fuego.

petate m. Esterilla de palma sobre la cual se duerme en
los países cálidos. | Lío de la cama, y la ropa de marine-
ro, del soldado o del penado. | fig. Equipaje de cada pa-
sajero en los buques.

petenera f. Aire popular andaluz parecido a la malague-
ña, con que se cantan coplas de cuatro versos octosílabos.

petequia f. Mancha parecida a la picadura de una pulga,
que se observa en algunas enfermedades.

petición f. Acción de pedir. | Oración con que se pide.

peticionario, ria adj. y s. Que solicita oficialmente una
cosa.

petifoque m. Vela triangular, más pequeña que el foque,
que se coloca transversalmente desde los masteleros de
proa al bauprés.

petigrís m. Nombre que en el comercio de pieles se da a
la ardilla.

petimetre, tra m. y f. Persona que cuida con exceso de
seguir las modas.

petirrojo m. Pájaro dentirrostro que tiene rojos el cuello, la frente, la garganta y el pecho, el dorso verdoso y
el vientre blanco.

petiso, sa adj. Persona de muy baja estatura. | fig. Caba-
llo de poca calzada.

petitoria f. fam. Petición.

petitorio, ria adj. Relativo a la petición o súplica, o que
la contiene.

peto m. Armadura que cubre el pecho. | Adorno o vesti-
dura que se pone en el pecho. | Parte opuesta a la pala y
en el otro lado del ojo que tienen algunas herramientas.

petral m. Correa o faja que, asida por ambos lados a la
parte delantera de la silla, ciñe y rodea el pecho de la cabalgadura.

petrel m. Ave palmípeda, que anida en las costas de las
islas desiertas y suele nadar en las crestas de las olas.

pétreo, a adj. De piedra, roca o peñascos. | Pedregoso. |
De la calidad de la piedra.

petrificación f. Acto de petrificar o petrificarse.

petrificar tr. Transformar en piedra, o endurecer una
cosa de modo que lo parezca. Ú. t. c. r. | fig. Dejar a uno
estupefacto.

petroglifo m. Pintura o grabado hechos sobre piedras.

petroglifografía f. Rama de la arqueología que estudia
las pinturas y grabados hechos sobre piedras.

petrografía f. Parte de la Geología que estudia la composición, estructura, disposición y propiedades de la
roca.

petrolear tr. Pulverizar con petróleo alguna cosa. | Ba-
ñar en petróleo alguna cosa. | intr. Abastecerse de petró-
leo un buque.

petróleo m. Líquido oleoso, menos denso que el agua,
de color obscuro y olor fuerte que está constituido por
una mezcla de hidrocarburos, arde fácilmente y se halla
nativo en el interior de la Tierra.

petrolero, ra adj. Perteneciente o relativo al petróleo.
Ú. t. c. s. | Díc. del barco cisterna construido y dispuesto
especialmente para el transporte de petróleo y productos
combustibles.

petrolífero, ra adj. Que contiene petróleo.

petroquímica t. Conjunto de procedimientos tecnoló-
gicos y de síntesis química empleados para la obtención
de numerosos compuestos, utilizando como materia prima subproductos del petróleo.

petulancia f. Insolencia, presunción, atrevimiento o
descaro.

petulante adj. y s. Que tiene petulancia

petunia f. Planta de las solanáceas.

peúco m. Calcetín o botita de lana para los niños de corta edad.

peyorativo, va adj. Que empeora. | Dícese de las ex-
presiones que tienden a denigrar o descalificar algo.

pez m. Animal acuático, vertebrado, de respiración branquial, sangre roja, piel generalmente cubierta de escamas, extremidades en forma de aletas aptas para la nata-
ción y generación ovípara. | f. Substancia resinosa,
sólida, que se obtiene echando en agua fría el residuo
que deja la trementina después de sacarle el aguarrás.

pezón m. Botoncillo sonrosado que sobresale en los pe-
chos de las mujeres, a través de los cuales amamantan. |
Tetas de las ubres de animales hembras. | Rabillo de la
hoja, flor o fruto. | Cualquiera de los extremos del eje de
las ruedas, en los carruajes.

pezonera f. Pieza de goma o material plástico con que algunas mujeres se protegen los pezones para amamantar. | Pieza metálica que atraviesa la punta del eje de los carruajes para que no se salga la rueda.

pezuelo m. Fleco de las extremidades de las piezas de lienzo.

pezuña f. Conjunto de los pesuños de una misma pata en los animales de pata hendida.

ph Combinación de letras con que se representa el sonido de la Fi griega, equivalente a la efe castellana pero de sonido algo más áspero.

phi f. Vigésima primera letra del alfabeto griego, que se pronuncia fi y corresponde a nuestra f.

pi f. Decimosexta letra del alfabeto griego correspondiente a nuestra p. | Valor constante 3,14159, en las propiedades del calculo en circunferencias.

piadoso, sa adj. Misericordioso, benigno, inclinado a la piedad. | Aplícase a las cosas que mueven a compasión. | Religioso, devoto.

piafar tr. Resoplar el caballo con impaciencia. | Dar el caballo fuertes golpes en el suelo, ya con una mano, ya con otra.

píamadre f. Meninge vascular, fina y semitransparente, la más interna de las tres que envuelven el cerebro y la medula espinal.

pianista com. Persona que fabrica o vende pianos. | Persona que profesa el arte de tocar el piano.

piano adv. Con sonido suave y poco intenso. | m. Instrumento músico de teclado y percusión.

pianoforte m. Piano.

pianola f. Aparato que, unido a un piano, sirve para que cualquier persona, sin ser pianista, pueda ejecutar piezas musicales preparadas al efecto.

piar intr. Emitir su voz algunas aves, y especialmente los polluelos. | fig. Clamar con anhelo e insistencia.

piara f. Manada de cerdos, por extensión, la de caballerías.

piastra f. Moneda de plata cuyo valor varía según los países donde está en uso.

pica f. Lanza larga antigua, que usó la infantería. | Garrocha de picador. | Uno de los palos en la baraja francesa.

picacho m. Punta aguda de montes o risco.

picadero m. Sitio donde los picadores adiestran a los caballos, y las personas aprenden a montar.

picadillo m. Guiso hecho de carnes picadas, patatas, cebollas, zanahorias y hierbas.

picado, da p. p. de picar. | adj. Díc. del patrón que se traza con picaduras para señalar el dibujo. | Aplícase a lo que está labrado con picaduras o sutiles agujerillos. | Modo de ejecutar una serie de notas interrumpiendo momentáneamente el sonido entre unas y otras. | Irritado, molesto o enojado por alguna pulla.

picador, ra adj. y s. Que pica. | m. El que doma y adiestra caballos. | Torero de a caballo que propina lanzadas al toro para debilitarlo antes de que entre el matador.

picadura f. Acción de picar una cosa. | Pinchazo (herida hecha con una cosa punzante y fina). | Mordedura o punzada de un ave, insecto o reptil. | Tabaco picado para fumar. | Principio de caries en la dentadura.

picamaderos m. Pájaro carpintero, ave trepadora de pico fuerte.

picana f. Pértiga larga, en cuyo extremo va una púa. para acicatear a los bueyes. | Instrumento eléctrico de tortura.

picante p. a. de picar. Que pica. | adj. Acerbo, mordaz; libre, picaresco. | m. Acerbidad o acrimonia que tienen algunas cosas, que avivan el sentido del gusto.

picapedrero m. Cantero (el que labra piedras).

picaporte m. Instrumento propio para cerrar de golpe las puertas.

picar tr. Herir con instrumento punzante. | Herir y detener el picador al toro con la lanza. | Punzar o morder las aves, los insectos y ciertos reptiles. | Cortar o dividir en trozos muy menudos. | Morder el pez el cebo puesto en el anzuelo; y por extensión, acudir a un engaño o caer en él. | Causar o producir escozor o comezón en alguna parte del cuerpo. Ú. t. c. s. intr. | Enardecer el paladar ciertas cosas excitantes; como la pimienta. Ú. t. c. intr. | Espolear. | Agujerear un papel o tela haciendo dibujos. | Golpear con pico o piqueta las piedras o las paredes para labrarlas o revocarlas. | fig. Provocar enojo a otro con palabras o ac ciones.

picardear intr. Decir o hacer picardías.| tr. Enseñar a alguno a hacer o decir picardías.

picardía f. Bellaquería, astucia o disimulo. | Travesura de muchachos, burla. | Acción impúdica. | pl. Dichos o actos injuriosos, deshonestos o delictivos.

picaresca f. Junta o profesión de pícaros. | Forma literaria que muestra personajes y modos de vida propios de los pícaros.

pícaro, ra adj. Bajo, ruin, falto de honra y vergüenza. Ú. t. c. s. | Astuto, taimado. Ú. t. c. s. | fig. Dañoso y malicioso en su línea. | m. Tipo de persona descarada, traviesa, bribona, enredadora, bufona y de dudosas costumbres, que figura en muchas obras la literatura universal.

picatoste m. Rebanadilla de pan frita o tostada con manteca.

picaza f. Urraca.

picazón f, Desazón, molestia o incomodidad que causa una cosa que pica. | fig. Enojo, disgusto, resentimiento.

picea f. Árbol conífero parecido al abeto, pero de piñas más largas.

pichel m. Vaso de metal con tapa, más ancho del suelo que de la boca. | Copo grande de lino.

pichicata f. Alcaloide de la cocaína purificado, que se utiliza como droga estimulante.

pichincha f. Ganga, buen negocio.

pichón m. Pollo de la paloma. | fig. Nombre cariñoso que suele darse a las personas del sexo masculino.

pico m. Parte saliente de la cabeza de las aves, que suelen terminar en punta y les sirve para tomar el alimento. | Parte puntiaguda que sobresale en algunas cosas. | Herramienta de cantero, con dos puntas opuestas y enastadas en un mango. | Instrumento agrícola parecido al anterior, pero con una sola punta, más larga que las de aquél. | | Cúspide aguda de una montaña, y también la misma montaña. | Parte en que una cantidad excede a un número redondo. | fig. La boca.

picolete m. Grapa del interior de la cerradura, que,sostiene el pestillo.

picor m. Escozor que en el paladar producen los manjares que pican. | Rascarse.

picota f. Poste o columna donde se exponían antes las cabezas de los ajusticiados, o los reos a la vergüenza. | fig. Parte superior puntiaguda de un monte o de una torre.

picotazo m. Golpe que dan las aves con el pico, o punzada repentina y dolorosa de un insecto. | Señal que queda de ellos.

picotear tr. Golpear o herir con el pico. | intr. fig. Charlar, | r. Disputar las mujeres entre sí, llenándose de improperios.

picoteo m. Acción de picotear.

picrato m. Sal formada por el ácido pícrico.

pictograma m. Signo de la escritura de figuras o símbolos, ideograma.

pictórico, ca adj. Relativo a la pintura.

picudo, da adj. Que tiene pico. I Hocicudo. I Picotero.

pie m. Extremidad de cualquiera de los miembros inferiores de una persona, que sirven para sostener el cuerpo y andar. I Parte análoga de muchos animales. I Base o parte en que se apoya alguna cosa. I Tallo de los vegetales. I La planta o vegetal entero. I Cada una de las partes de dos o más sílabas de que se compone y con que se mide un verso. I Medida de longitud, equivalente a unos 28 centímetros, tercera parte de la vara.

piedad f. Virtud que, por el amor a Dios y al prójimo, inspira devoción a las cosas santas y actos de abnegación y compasión. I Lástima, misericordia.

piedra f. Substancia mineral sólida que no es terrosa ni de aspecto metálico. I Esta substancia labrada con alguna inscripción o figura. I Cálculo renal. I Granizo grueso.

piel f. Tegumento que cubre el cuerpo del animal. I Cuero curtido y adobado, con su pelo natural o sin él. I Epicarpio de ciertos frutos.

piélago m. Parte del mar que dista mucho de la tierra. I Mar. I fir. Lo que por su abundancia es difícil de contar.

pienso m. Porción de alimento seco que se da al ganado.

pierna f. Parte del cuerpo comprendida entre el pie y la rodilla, aunque comúnmente también se dice comprendiendo además el muslo. I Muslo de los cuadrúpedos y de las aves. I Cada una de las dos piezas principales que forman el compás.

pierrot m. Personaje de la antigua comedia italiana, que pasó al teatro francés. I Máscara vestida como el Pierrot de la comedia italiana.

pieza f. Parte que entra en la composición de un todo. I Moneda. I Aposento de una casa. I Animal de caza o pesca. I Bolillo o figura de madera u otra materia, que sirve para jugar a las damas, ajedrez a otros juegos. I Cañón de artillería. I Obra dramática. I Composición musical.

piezgo m. Parte del odre correspondiente al pie o mano del animal de cuyo cuero está hecho. I fig. Odre.

piezoelectricidad f. Conjunto de fenómenos eléctricos que se manifiestan en ciertos cuerpos sometidos a presión.

piezómetro m. Instrumento propio para medir la compresibilidad de los líquidos.

pífano m. Flautín de tono muy agudo. I Persona que lo toca.

pifia f. Golpe en falso dado con el taco en el juego de billar. I fig. Error, descuido, desacierto. I Sonido agudo y discordante de un instrumento músico de aire.

pifiar intr. Dejar oir demasiado el soplo al tocar la flauta traversa. I tr. Hacer una piña en el billar. I Silbar con burla a una persona. I Hacer una rasgadura.

pigmentación f. Formación del pigmento, su acumulación, normal o patológica, en ciertos puntos del organismo. I Acción de colorar por medio de un pigmento.

pigmento m. Materia colorante que se encuentra en el protoplasma de muchas células vegetales y animales. I Substancia con la cual se da color a las pinturas.

pigmeos m. pl. Nombre que recibe un grupo de pueblos Africanos, de raza negra, y cuyos individuos se consideran como los de más baja estatura del mundo, pues no sobrepasan los 1'45 m de altura. Viven en las selvas de las cuencas del Congo y del Camerún y en las costas occidentales o los grandes lagos.

pignorar tr. Empeñar (dar una cosa en prenda).

pigricia f. Pereza, negligencia.

pihuela f. Correa con que se aseguran los halcones por los pies. I fig. Impedimento.

pijama m. Traje de tela ligera, compuesto de chaqueta y pantalón algo holgados, que suelen usar las personas de uno y otro sexo para estar por casa, y también para dormir.

pijota f. Pescadilla.

pijotero, ra adj. Dícese de lo que produce hastío, cansancio.

pila f. Gran recipiente de piedra, fábrica, etc ., donde se echa el agua para muchos usos.I Montón, rimero o cúmulo de cosas de la misma especie, colocadas unas sobre otras. I Generador de corrientes eléctricas consistente en un conjunto de pares metálicos cuyos elementos se comunican por medio de conductores.

pilada f. Argamasa o mortero que se amasa de una vez. I Porción de paño que se abatana de una vez.

pilar m. Pilón (receptáculo de fuente). I Hito o mojón indicador de los caminos. I Especie de pilastra que se pone aislada en los edificios, para sostener algo.

pilastra f. Columna de sección cuadrangular.

pilcha f. Traje de hombre. I pl. Ropas.

píldora f. Bolilla hecha con substancias medicinales.

pileta f. dim. de pila. I Pila pequeña para tomar agua bendita. I Pila de cocina de lavar o de abrevadero. I Piscina.

pillaje h. Hurto, rapiña. I Despojo, saqueo hecho por soldados en un país enemigo.

pillar tr. Hurtar, robar. I Agarrar, coger o aprehender a una persona o cosa. I Alcanzar o atropellar embistiendo. I Sobrevenir a uno alguna cosa, cogerlo desprevenido, sorprenderlo. I fam. Sorprender a uno en un descuido.

pillastre m. fam. Pillo.

pillo, lla adj. y s. fam. Aplícase al pícaro que acrece de crianza y de buenos modales. I Astuto, ladino, sagaz.

pilón m. aum. de pila. I Receptáculo de piedras, donde se recoge el agua en las fuentes. I Especie de mortero, para majar granos u otras cosas. I Masa cónica de azúcar. I Pesa de la romana que puede moverse a lo largo del brazo mayor de ella. I Portada de los antiguos templos egipcios.

pilongo, ga adj. Flaco, macilento. I Dícese de la castaña seca y avellanada. Ú. t. c. s.

pilórico, ca adj. Relativo al píloro.

píloro m. Abertura del estómago, por la cual pasan los alimentos al intestino.

piloso, sa adj. Peludo.

pilotaje m. Ciencia que enseña el oficio de piloto. I Derecho que los barcos pagan en algunos puertos en que se necesita de pilotos prácticos.

pilote m. Estaca para consolidar los cimientos de obras hidráulicas. I Patas de madera sobre las cuales se construyen plataformas o viviendas palustres. I Pilón.

pilotear tr. Dirigir un buque, I Dirigir un automóvil; globo, aeroplano, etc.

piloto m. El que dirige un buque. I El que dirige un automóvil, globo, aeroplano, etc. I Conjunto de instrumentos que actúan como un piloto en un avión o aeronave.

piltrafa f. Parte de carne flaca. I pl. Residuos menudos y desechos de cualquier cosa.

pilucho, cha adj. Desnudo, sin vestido. I Prenda de vestir, de una sola pieza, que utilizan los bebés.

pimental m. Tierra sembrada de pimientos.

pimentero m. Arbusto piperáceo de flores verdosas y cuyo fruto es la pimienta.

pimentón m. aum. de pimiento. I Paprika, polvo resultante de moler pimientos encarnados secos. I En algunas partes, pimiento (el fruto).

pimienta f. Fruto del pimentero. Es una baya pequeña, aromática, ardiente y de gusto picante, y se usa mucho para condimento

pimiento m. Planta solanácea, de flores blancas y fruto en baya hueca, generalmente cónica, primeramente verde y luego roja o amarilla. | Su fruto. | Pimentero. | Roya (hongo parásito).

pimpante adj. Garboso, flamante.

pimplar tr. y r. fam. Beber vino.

pimpollar m. Sitio poblado de pimpollos.

pimpollecer intr. Arrojar, echar renuevos o pimpollos.

pimpollo m. Pino nuevo. | Árbol nuevo. | Vástago, renuevo. | Rosa por abrir. | fig. Persona joven y hermosa.

pina f. Mojón puntiagudo. | Cualquiera de los trozos curvos de madera que forman en círculo la rueda del carruaje.

pinabete m. Abeto.

pinacoteca f. Galería o museo de pinturas.

pináculo m. Punto más alto de un edificio magnífico o templo. | fig. Parte más sublime de una ciencia o de otra cosa inmaterial.

pinado, da adj. Pinnado.

pinar m. Sitio poblado de pinos.

pinatifido, da adj. Hendido al través en tiras largas.

pinaza f. Barco pequeño de remo y vela, que se usó en la marina mercante.

pincel m. Instrumento que se hace de un cañon de plumas, madera o metal, metiéndole dentro pelos de la cola de ciertos animales, y que sirve a los pintores para asentar los colores en el lienzo.

pincelada f. Toque dado con el pincel. | fig. Expresión comprendiosa de una idea o de un rasgo muy característico.

pinchadura f. fam. Acción de pinchar o pincharse.

pinchar tr. y r. Picar, punzar o herir con alguna cosa punzante o aguda. | Drogar (mediante inyección). Ú. m. c. r. | fam. Inyectar. | Herir o matar al toro con la espada el torero.

pinchaúvas m. Sujeto despreciable.

pinchazo m. Punzadura que se hace con un instrumento o cosa que pinche. | Explosión de la rueda de un vehículo producida por un objeto punzante.

pinche m. Mozo o galopín de cocina.

pinchito m. fam. Tenedorcillo que se utiliza, en lugar de palillos, para tomar aperitivos.

pincho m. Punta aguda. | fam. Aperitivo que se toma acompañando al vino, cerveza, vermut, etc.

pindonga f. fam. Mujer callejera.

pindonguear intr. Callejear.

pineal adj. Díc. de una glándula situada al interior del cerebro, conocida actualmente como Epífisis, que interviene como reguladora de las funciones sexuales.

pineda f. Pinar.

pinedo m. Pinar.

pinga f. Percha para llevar cargas al hombro.

pingajo m. Harapo o jirón que cuelga.

pingajoso, sa adj. Haraposo.

pingar intr. Pender, colgar. | Gotear las cosas empapadas en un líquido. | Brincar, saltar.

pingo m. Pingajo. | pl. Vestidos de una mujer de poco precio. | Caballo vivo y corredor.

pingorota f. Parte más alta y aguda de una montaña o de otra cosa elevada.

ping-pong m. Juego de pelota, de salón, desarrollado en una mesa amplia dividida en dos partes iguales por una red pequeña.

pingue m. Buque de carga, cuya bodega está muy ensanchada.

pingüe adj. Gordo, mantecoso, craso. | fig. Fértil, abundante.

pingüedinoso, sa adj. Que tiene gordura.

pingüino m. Pájaro bobo, y también pájaro niño.

pinifero, ra adj. poét. Que abunda en pinos.

pinípedo, da adj. y s. Pinnípedo.

pinito m. dim. de pino. | Pino (primer paso que empiezan a dar los niños y los convalecientes). Ú. m. en pl. y con el verbo hacer.

pinna f. p. us. En las hojas compuestas, folíolo.

pinnado, da adj. Díc. de la hoja compuesta de hojuelas insertas a uno y otro lado del pecíolo.

pinnípedo adj. y s. Díc. de los mamíferos unguiculados, marinos, de cuerpo pisciforme, patas aptas para nadar y piel revestida de pelos; como la foca.

pino, na adj. Muy pendiente o muy derecho. | m. Árbol conífero, con ramas cubiertas de hojas persistentes y aciculares, flores en inflorescencias amentáceas, cuyo conjunto, al madurar, forma una piña leñosa, su fruto, que contiene las semillas, llamadas piñones.

pinocha f. Hoja de pino. | prov. Ar. Panoja del maíz y del panizo.

pínole m. Mezcla de polvos de vainilla y otras especies aromáticas para especiar el chocolate.

pinoso, sa adj. Que tiene pinos.

pinrel m. Pie de las personas.

pinsapo m. Árbol del género del abeto.

pinta f. Mancha o seña pequeña en el plumaje, pelo o piel de los animales. | Adorno en forma de lunar y mota en ciertas cosas. | Gota de algún líquido. | Señal que tienen los naipes, por la que se conoce de que palo son. | fig. Señal o aspecto por donde se conoce la calidad de las personas o cosas. | Medida para líquidos equivalente a media azumbre escasa.

pintamonas m. fam. Pintor de corta habilidad.

pintar tr. Representar con líneas y colores los objetos. | Cubrir con algún color una superficie. | intr. Empezar a tomar color y madurar ciertos frutos. Ú. t. c. r. | fig. Empezar a mostrarse la cantidad y calidad de una cosa. | r. Darse colores y afeites en el rostro.

pintarrejear tr. y r. Pintorrear.

pintarrajo m. fam. Pintura mal hecha.

pintiparado, da adj. Muy parecido a otro.

pintiparar tr. y r. fam. Comparar.

pintor, ra m. y f. Persona que profesa o ejerce el arte de la pintura.

pintoresco, ca adj. Que presenta a la vista una imagen agradable, con colorido local y particularidades lugareñas, y digna de ser pintada. | fig. Díc. del lenguaje, estilo, etc., con que se pintan o describen las cosas viva y animadamente.

pintorrear tr. y r. Manchar de colores y sin arte una cosa.

pintura f. Arte de pintar. | La obra pintada. | Color preparado para pintar. | fig. Descripción viva y animada de personas o cosas por medio del lenguaje.

pinturero, ra adj. y s. fam. Díc. de quien se presume de bien nacido, fino o elegante.

pínula f. Tablilla metálica de los instrumentos topográficos y astronómicos que tiene una abertura para dirigir visuales.

pinza f. Instrumento de diversas formas y materias cuyos extremos se aproximan para sujetar alguna cosa. | Ultimo artejo de algunas patas de ciertos artrópodos, formado con dos piezas que pueden aproximarse entre sí y sirven como órganos aprehensores. | Pliegue de una tela terminada en punta. | pl. Instrumento a modo de tenacilla, que sirve para coger o sujetar cosas menudas.

pinzón m. Pájaro conirrostro, insectívoro, del tamaño de un gorrión, que canta agradablemente y tiene el plumaje de variados colores.

pinzote m. Madero que, enganchado por un extremo en la cabeza de la caña del timón, Serbia, antes de usarse la rueda, para gobernar el buque. I Hierro acodillado en forma de escarpia, que se clava para servir de gozne.

piña f. Fruto del pino. Es aovada, y se compone de piezas leñosas, triangulares, colocadas en forma de escamas y cada una con dos piñones. I Ananá. I Masa esponjosa de plata, de figura donde se destila la pella sacada del mineral. I fig. Conjunto de personas o cosas muy unidas y apretadas.

piñata f. Olla (vasija redonda). I Olla llena de dulces que en el baile de máscaras del primer domingo de cuaresma suele colgarse del techo para que algunos de los concurrentes, con los ojos vendados, procuren romperla de un palo o bastonazo.

piñón m. Simiente del pino, pequeño, elipsoidal, con cubierta leñosa y almendra blanca, comestible la del pino piñonero. I Pieza en que estriba la patilla de la llave de una arma de fuego cuando está para disparar. I Rueda pequeña y dentada que engrana con otra mayor.

piñonate m. Pasta de piñones y azúcar.

piñonear intr. Sonar el piñon y la patilla de la llave de las armas de fuego al montarlas. I Castañetear el macho de la perdiz cuando está en celo. I fig. Dar muestras de que se ha pasado ya de la niñez a la mocedad.

piñero, ra adj. Díc. del pino que produce piñones comestibles.

piñuela f. Tela de seda I Fruto de ciprés.

pío, a adj. Devoto, piadoso. I Blando, benigno, compasivo. I Díc. de la caballería de pelo blanco con manchas de otro color. I m. Voz del pollo de cualquier ave.

piocha f. Brazalete o prendedor usado por militares o miembros de ciertas instituciones para identificarse como tales. I Joya con que las mujeres se adornan la cabeza. I Flor de mano hecha de plumas.

piógeno, na adj. Díc. de las bacterias productoras del pus.

piojillo m. Insecto anopluro, que vive parásito sobre las aves y se alimenta de plumas y otras producciones dérmicas.

piojo m. Insecto anopluro que vive parásito sobre los mamíferos, de cuya sangre se alimenta. I Piojillo.

piojoso, sa adj. y s. Que tiene muchos piojos. I fig. Miserable, tacaño.

piola f. Granujilla. I Hilo fino.

piolar intr. Pipiar los pollos o los pajaritos.

pionero m. Persona que inicia la exploración de nuevas tierras.

piorrea f. Flujo de pus y especialmente en las encías.

pipa f. Tonel o barrica grande. I Utensilio para fumar, compuesto de un tubo terminado en un recipiente donde se pone el tabaco.

piperáceo, a adj. y s. Díc. de plantás dicotilídoneas, herbáceas o leñosas, de flores en espigas o en racimos y fruto en baya, en drupa o capsular; como la cubeba y el pimentero.

piperina f. Alcaloide extraído de la pimienta.

pipeta f. Utensilio consistente en un tubo de cristal ensanchado en su parte media, y que sirve para trasladar porciones de líquido de un vaso a otro, a fin de que la presión atmosférica impida su salida hasta el momento de volverlo a destapar.

pipí m. Voz con el niño explica querer orinar.

pipiar intr. Dar voces las aves pequeñas.

pipiolo m. fam. El principiante, novato o inexperto.

pipirigallo m. Planta leguminosa de hermosas flores encarnadas y olorosas que semejan la cresta y carúnculas del gallo.

pipirijaina f. fam. Compañía de cómicos de la legua.

pipiripao m. Convite espléndido y magnífico.

pipiritaña f. Flautilla hecha de la caza del alcacer.

piporro m. fam. Botijo.

pipote m. Tonelito para líquidos, pescados, etc.

pique m. Resentimiento, disgusto, enojo. I Empeño en ejecutar un acto por amor propio o por rivalidad.

piquera f. Ventanita de las colmenas, por donde entran y salen las abejas. I Agujero del tonel o barrica, por donde se saca el vino. I Agujero por donde sale el metal fundido en los altos hornos. I Mechero de alumbrado.

piquero m. Soldado armado con pica.

piqueta f. Zapapico. I Herramienta de albañil con mango de madera y dos bocas opuestas, una plana y otra aguzada.

piquete m. Punzadera o pinchazo leve. I Jalón pequeño. ICorto número de soldados, con sus mandos correspondientes, que se emplea en un servicio extraordinario.

pira f. Hoguera en que se quemaban los cadáveres y las victimas de los sacrificios. I fig. Hoguera.

piragua f. Embarcación larga y estrecha, de vela y remo y por lo común de una pieza.

piragüista, ra m. y f. Persona que gobierna la piragua.

piramidal adj. De forma de pirámide. I Díc. de uno de los huesos del carpo.

pirámide f. Poliedro que tiene por base un polígono cualquiera y por caras laterales triángulos que se juntan en un solo punto, llamado vértice. I Edificio en forma de pirámide, especialmente regular, hecho en piedra, que levantaron algunos pueblos antiguos, como los aztecas y los egipcios a los que servía como sepultura monumental.

pirargirita f. Sulfuro de planta y antimonio, que se presenta en cristales de color rojo obscuro.

pirata m. Ladrón que roba en el mar, generalmente asaltando las naves.

piratear intr. Robar por los mares, apresando embarcaciones cuando navegan.

piratería f. Ejercicio de pirata. I Robo o presa que hace el pirata.

pirca f. Muro de piedra.

pircar tr. Cerrar un terreno con pircas.

pirético, ca adj. Relativo a la fiebre.

piretógeno, na adj. Que produce fiebre, pirógeno. Ú. t. c. s. m.

pirexia f. Fiebbre que no es sintomática de una enfermedad local.

pírico, ca adj. Relativo al fuego y sobre todo a los artificiales.

piriforme adj. De forma de pera.

pirita f. Nombre genérico de diversos minerales formados por bisulfuros de metales bivalentes en que el azufre puede ser sustituido, total o parcialmente, por antinomio, arsénico o bismuto.

pirocrómico, ca adj. Díc. de un ácido derivado del crómico y formado por dos moléculas de éste con pérdida de agua. Se llama también dicrómico.

pirofilacio m. Caverna subterránea que se suponía existir llena de fuego.

piróforo m. Composición que se inflama al contacto del aire.

pirógeno, na adj. Que produce fiebre, piretógeno.

pirograbado m. Dibujo o grabado en madera, que se hace con instrumento incandescente.

pirograbador, ra m. y f. Persona que tiene por oficio realizar grabados con auxilio del fuego.

pirólisis Procedimiento químico de descomposición de substancias, fundamentalmente orgánicas, mediante el calor, pudiéndose utilizar, en algunos casos, ciertos catalizadores.

piromancia f. Adivinación por las particularidades de la llama.

piromántico, ca adj. Relativo a la piromancia. l m. y f. Persona que profesa la piromancia.

pirómetro f. Instrumento propio para medir temperaturas muy altas.

piropear tr. fam. Decir piropos.

piropo m. Granate de color rojo fuego. l fam. Lisonja, requiebro.

piróscafo m. Barco de vapor.

piroscopio m. Termómetro diferencial que sirve para estudiar los fenómenos de reflexión y radiación del calor.

pirosfera f. Masa incandescente que se cree ocupa el centro de la Tierra.

pirotecnia f. Arte de fabricar o preparar explosivos y fuegos de artificio.

pirotécnico, ca adj. Relativo a la pirotecnia. l m. y f. Persona que conoce y practica el arte de la pirotecnia.

piroxeno m. Mineral muy duro, de color blanco, verde o negruzco, brillo vítreo y fractura concoidea.

piroxilina f. Materia explosiva que se obtiene introduciendo una parte de algodón en una solución de dos partes de ácido sulfúrico con una de ácido nítrico.

pirrarse r. Perecerse, despepitarse por una cosa, desearlo con ansia.

pírrico, ca adj. y s. Díc. de una antigua danza griega en que se imitaba un combate.

pirrotita f. Sulfuro natural de hierro que se presenta frecuentemente en pequeñas masas de textura laminar y color amarillo rojizo con brillo metálico

pirueta f. Cabriola, brinco, voltereta.

pirulí m. Caramelo, generalmente de forma cónica, con un palillo que sirve de mango

pis m. Orina.

pisa f. Acción de pisar. l Porción de uva o de aceituna que se pisa o se estruja de una vez.

pisada f. Acción de pisar. l Huella o señal que deja el pie. l Patada.

pisador, ra adj. Que pisa, y especialmente, que pisa con fuerza. l m. El que pisa la uva.

pisapapeles m. Utensilio que en las mesas de escritorio se coloca sobre los papeles para que no se muevan.

pisar tr. Poner el pie sobre alguna cosa. l Apretar o estrujar una cosa con los pies o a golpe de pisón. l Cubrir en parte una cosa a otra. l Apretar con los dedos las cuerdas o teclas de los instrumentos músicos. l Hollar, conculcar. l fig. Pisotear, humillar.

pisaverde m. fam. El que sólo se ocupa en acicalarse y galantear.

piscatorio, ria adj. Relativo a la pesca o a los pescadores.

piscicultor, ra m. y f. Persona dedicada a la piscicultura.

piscicultura f. Arte de dirigir y fomentar la reproducción de los peces.

piscifactoría f. Establecimiento de la piscicultura.

pisciforme adj. De forma de pez.

piscina f. Estanque propio para tener pesca. l Estanque donde pueden bañarse a la vez varias personas.

piscívoro, ra adj. Ictiófago.

piscolabis m. fam. Ligera refacción que se toma sin gran necesidad.

pisiforme adj. Que tiene figuras de guisante.

piso f. Acción de pisar. l Pavimento de una habitación, calle, plaza, camino, etc. l Conjunto de habitaciones que

constituyen vivienda independiente en una casa de varios altos.

pisón m. Instrumento cilíndrico o de otra forma, pesado y provisto de mango propio para aplastar piedras, apretar tierra, etc.

pisotear tr. Pisar repetidamente una cosa maltratándola. l fig. Humillar, maltratar de palabra a una o más personas.

pisotón m. Pisada fuerte sobre el pie de otro.

pispajo m. Trapajo, pedazo roto de una tela o vestido. l Cosa despreciable, de poco valor. l En sentido despectivo, se aplica a personas desmedradas o pequeñas, especialmente niños.

pisqueño, ña adj. y s. Natural de Pisco.

pista m. Huella o rastro de los animales. l Sitio dedicado a las carreras y demás ejercicios, en los picaderos, circos, velódromos e hipódromos. l Faja de terreno acondicionada para el aterrizaje de aviones en los aeródromos. l Camino carretero que se construye provisionalmente para fines militares. l fig. Conjunto de indicios que pueden conducir a la averiguación de un hecho.

pistacho m. Alfóncigo (el fruto).

pistar tr. Machacar, aprensar, sacar el jugo.

pistero m. Taza con pico, para dar de beber a ciertos enfermos.

pistilo m. Organo femenino de la flor.

pisto m. Jugo que se saca de la carne de ave machacándola o apresándola. l Fritada de pimiento, tomates, huevos, cebollas u otros manjares, picados y revueltos. l fig. Mezcla confusa de especies en un discurso o escrito.

pistola f. Arma de fuego, corta y en general semiautomática, que se apunta y dispara con una sola mano.

pistolera f. Estuche para pistola, que suele llevarse en el arzón de la silla de montar.

pistolero m. El que utiliza de ordinario la pistola para cometer actos delictivos.

pistoletazo m. Tiro de pistola. l Herida que causa.

pistolete m. Arma de fuego menor que la pistola.

pistón m. Embolo. l Cápsula con substancia fulminante, para las armas de fuego. l Llave en forma de émbolo, de varios instrumentos músicos.

pistonudo, da adj. pop. Soberbio, magnífico.

pita f. Planta amarilidácea, con hojas radicales, carnosas y espinosas en los bordes y en la punta y flores amarillas, en ramilletes, sobre un bohordo central de cinco a siete metros. l Hilo que se hace con las fibras de las hojas de esta planta.

pitaco m. Bohordo de la pita.

pitada f. Sonido o silbo del pito. l Salida de tono, dicho o hecho inoportuno o extravagante.

pitanza f. Distribución cotidiana de una cosa comestible o pecuniaria. l Ración de comida que se distribuye a los que viven en comunidad o a los pobres. l Alimento cotidiano. l Precio que se paga por una cosa.

pitar tr. Tocar o sonar el pito. l tr. Pagar (satisfacer una deuda). l Distribuir o dar las pitanzas. l Fumar tabaco.

pitarroso, sa adj. Legañoso.

pitear intr. Protestar, reclamar.

pitecántropo m. Animal, cuyos restos fósiles fueron descubiertos en la isla de Java (Oceania); vivió en el periodo pleistoceno y algunos antropólogos lo consideran como uno de los antepasados del hombre.

piteco m. Orangután.

pitia f. Pitonisa.

pitido m. Silbido del pito o de los pájaros.

pitillera f. Cigarrera que hace pitillo. l Petaca para guardar pitillos.

pitillo m. Cigarrillo.

pitiminí m. Dícese de una variedad de rosal.

pito m. Flauta pequeña de sonido agudo. l Garrapata sudamericana, casi circular, que produce gran comezón con su picadura. l Taba con que juegan los muchachos. l Picamaderos. l Cigarrillo.

pitón m. Cuerno que empieza a salir a los animales. l Punta del cuerno del toro. l Tubo cónico que, arrancado de la parte inferior del cuello en ciertas vasijas, sirve para moderar la salida del líquido. l fig. Bultito puntiagudo en la superficie de una cosa. l Renuevo del árbol cuando empieza a abotonar. l Pitaco. l Reptil ofidio, no venenoso, pero de gran tamaño.

pitonisa f. Sacerdotisa de Apolo, dios mitológico. l Hechicera.

pitorrearse r. Guasearse o burlarse de alguien.

pitorreo m. Acción de pitorrearse.

pitorro m. Pitón de una vasija.

pituita f. Humor segregan las membranas mucosas de la nariz y los bronquios.

pituitario, ria adj. Dícese de la membrana que reviste la cavidad de las fosas nasales. l Que contiene o segrega pituita.

pituitaria f. Glándula endocrina más conocida actualmente como Hipófisis, aludiendo a su situación por debajo del encéfalo.

pituso, sa adj. y s. Pequeño, gracioso, lindo, refiriendose a niños.l También se usa como palabra cariñosa.

pivote m. Especie de eje vertical sobre el cual hace juego algún mecanismo de acción en arco o giratorio. l f. Gorrón, espiga de un eje de maquinaria que entra en una chumacera. l fig. Persona en la que confluyen las atribuciones o capacidades para tomar decisiones respecto a un negocio o asunto.

pizarra f. Roca de color negro azulado, y fácilmente divisible en hojas planas. l Trozo rectangular de esta roca, algo pulimentado y con marco, en que se escribe o dibuja. l Por extensión, encerado que se usa para escribir en las escuelas.

pizarral m. Sitio en que abunda la pizarra.

pizarrería f. Lugar donde se explotan y fabrican pizarras.

pizarrín m. Barrita cilíndrica de lápiz o tiza con que se escribe o dibuja en las pizarras de piedra.

pizarroso, sa adj. Que parece pizarra. l Abundante en pizarra.

pizca f. fam. Porción muy pequeña de una cosa.

pizcar tr. fam. Pellizcar.

pizco m. fam. Pellizco.

pizpireta adj. Dícese de la mujer pronta y vivaracha.

pizza f. Torta hecha con harina de trigo, amasada y aplastada, encima de la cual se pone queso mantecoso, anchoas, aceitunas u otros ingredientes, y que se cuece en el horno.

pizzicato m. Modo de ejecución de los instrumentos de arco, que consiste en pellizcar las cuerdas con los dedos.

placa f. Lámina, plancha o película que se forma o está superpuesta en un objeto. l Planchuela de metal yodurada sobre la cual se hacía la daguerrotipia. l Vidrio que tiene una de sus caras cubierta con una capa de sustancia alterable por la luz y está así preparado para poder obtener una prueba negativa.

placable adj. Aplacable.

placativo, va adj. Capaz de aplacar.

placebo m. Substancia que, careciendo por sí misma de acción terapeútica, produce algún efecto curativo en el enfermo, si éste la recibe convencido de que esa substancia posee realmente tal acción.

pláceme m. Parabién, felicitación.

placenta f. Organo redondeado y aplastado como una torta, que durante la gestación es intermediario entre la madre y el nuevo ser, y de una de cuyas caras nace el cordón umbilical.

placentero, ra adj. Agradable, apacible, alegre.

placer m. Sensación intensa y agradable. l Contento del ánimo, gozo, deleite. l Voluntad, consentimiento, beneplácito, aquiescencia. l Diversión, entretenimiento. l Banco de arena o piedra, llano y extenso, en el fondo del mar. l Arenal aurífero. l Pesquería de perlas en las costas americanas. l tr. Agradar o dar gusto.

placeta f. dim. de plaza.

placidez f. Calidad de plácido.

plácido, da adj. Quieto, sosegado, tranquilo. l Grato, apacible.

plafón m. Paflón

plaga f. Grande calamidad pública. l Daño grave o enfermedad. l fig, Infortunio, pesar y contratiempo. l fig. Abundancia de una cosa generalmente nociva. l Clima geográfco. l Rumbo, dirección.

plagado, da p. p. de plagar. l adj. Herido o castigado.

plagar tr. y r. Llenar o cubrir de cosas nocivas.

plagiar tr. Robar, secuestrar l Copiar obras ajenas y darlas como propias.

plagiario, ria adj. y s. Que plagia.

plagio m. Acción de plagiar. l Obra plagiada.

plagióstomos m. pl. Suborden de peces selacios.

plaguicida adj. Dícese del agente que combate las plagas del campo. Ú. t. c. s.

plan m. Altitud o nivel. l Extracto, apunte, traza o diseño de una cosa. l Intento, proyecto.

plana f. Llana de albañil. l Cada una de la dos caras de una hoja de papel.

plancha f. Lámina de metal. l Instrumento de hierro, con un asa, que se usa para planchar. l Postura horizontal del cuerpo en el aire apoyado solamente en las manos afirmadas sobre alguna cosa. l fig. Desacierto o error que pone en situación desairada o ridícula a quien lo comete. l Reproducción estereotípica o galvanoplástica preparada para la impresión. l Tablón con tojinos o travesaños, que se pone como puente entre la tierra y una embarcación, o entre dos embarcaciones.

planchar tr. Pasar la plancha caliente sobre la ropa para estirarla y asentarla. l Quitar las arrugas a la ropa por procedimientos mecánicos.

plancton m. Masa de seres vivos, animales o vegetales, que flotan o están en suspensión en las aguas.

planeador, ra adj. Que planea. l m. Aeroplano sin motor.

planear tr. Trazar, formar, disponer el plan de una obra. l Forjar planes. l intr. Trasladarse un avión en el aire con normalidad y el motor parado.

planeta m. Cualquiera de los cuerpos celestes, de tamaño considerable, que giran en órbita en torno a un astro y que generalmente brillan por luz refleja.

planetario, ria adj. Perteneciente a los planetas, o concerniente a ellos. l Dícese del sistema integrado por el conjunto de planetas que gravitan alrededor del Sol. l Instalación que permite representar bajo una cúpula, que figura ser la bóveda celeste, el conjunto de los movimientos de los cuerpos celestes que componen el sistema solar.

planga f. Ave rapaz diurna de plumaje de color negruzco.

planicie f. Llanura.

planificación f. Plan general, científicamente organizado y frecuentemente de gran amplitud, para obtener un objetivo determinado, tal como el desarrollo económico, la investigación científica, el funcionamiento de una industria, etc.

planificar tr. Someter a planificación.

planimetría f. Parte de la topografía, que enseña a representar la proyección de un terreno sobre un plano horizontal.

planímetro m. Instrumento propio para medir áreas de figuras planas.

planisferio m. Carta o mapa en que la esfera celeste o la terrestre está representada en un plano.

plano, na adj. Llano, liso. | Dícese del número que procede de la multiplicación de dos números enteros. | Relativo al plano. | m. Superficie sobre la cual se pueden trazar líneas rectas en todas direcciones. | Representación gráfica en una superficie, de un terreno, de la planta de un edificio, de una ciudad, etc.

planta f. Vegetal (ser orgánico). | Parte inferior del pie, con que se pisa. | Árbol u hortaliza dispuestos para trasplantación. | Plantía (lugar recién plantado). | Plan que especifica las diversas dependencias y empleados de un establecimiento. | Figura que forman sobre el terreno los cimientos de un edificio o la sección horizontal de las paredes en cada uno de los pisos.

plantación f. Acción de plantar. | Conjunto de los vegetales plantados, en un terreno.

plantador, ra adj. y s. Que planta.

plantagináceo, a adj. y s. Dícese de plantas, dicotiledóneas, herbáceas, con flores actinomorfas, en espigas, y fruto capsular.

plantagíneo, a adj. y s. Plantagináceo.

plantar adj. Perteneciente a la planta del pie. | tr. Meter en tierra una planta o un vástago, esqueje, etc., para que arraigue. También se plantan los tubérculos y los bulbos. | Poblar de plantas un terreno. | fig. Pararse un animal y resistirse a moverse.

plante m. Concierto entre varias personas que viven agrupadas bajo una misma autoridad o trabajar en común, para exigir o rechazar airadamente una cosa.

plantear tr. Trazar, tantear, proyectar o disponer una cosa para procurar el acierto en ella.

plantel m. Criadero, vivero. | Conjunto de empleados o docentes que componen la planta de una institución.

plantificar tr. y r. Plantear, establecer. | fig. Plantar (dar o asestar golpes, o poner a uno en algún lugar contra su voluntad).

plantígrado, da adj. s. Dícese de los cuadrúpedos que al andar apoyan en el suelo toda la planta de los pies y las manos, como el oso.

plantilla f. Suela sobre la cual se arma el calzado. | Pieza de badana, tela, corcho, etc., con que se cubre interiormente la planta del calzado. | Tabla o plancha cortada con la misma figura y tamaño que ha de tener la superficie de una pieza que se quiere construir. | Planta, plan o lista de las dependencias y empleados de una oficina, universidad, etc.

plantío, a adj. Dícese del terreno plantado. | m. Acción de plantar. | Lugar plantado recientemente de vegetales. | Conjunto de éstos.

plantón m. Árbolillo para trasplantar.| fam. Espera larga o inútil en sitio fijo.

plañidera f. Mujer pagada para llorar en los entierros.

plañidero, ra adj. Lloroso y lastimero

plañido p. p. de plañir. | m. Lamento, gemido, queja y llanto.

plañir tr. e intr. Llorar, gemir sollozando o clamando.

plaqué m. Chapa muy delgada de oro o plata sobrepuesta a otro metal.

plaqueta f. Uno de los elementos constituyentes de la sangre, en forma de discos microscópicos muy alterables que contribuyen a la coagulacion del líquido sanguíneo.

plasma f. Parte líquida de la sangre y de la linfa, que contiene las substancias nutritivas y reconstituyentes de los tejidos y las de desecho producidas por la actividad de las células.

plasmador, ra adj. y s. Creador.

plasmar tr. Hacer o formar una cosa, particularmente de barro.

plaste m. Masa de yeso mate y agua de cola, con que se rellenan los agujeros y grietas de aquello que se ha de pintar.

plasta f. Cualquier cosa que esté blanda. | Escremento. | Persona inútil, pelmaza.

plástica f. Arte de plasmar. | Conjunto de las artes visuales como la pintura, escultura y arquitectura. | adj. Dícese de las cosas que son gratas de ver: actitud muy plástica.

plasticidad f. Calidad de plástico.

plástico, ca adj. Perteneciente a la plástica. | Dúctil, blando. | Formativo. | Dícese del alimento que es rico en nitrógeno y muy reparador. | Dícese de ciertos materiales sintéticos que pueden moldearse fácilmente. Ú. t. c. s. | Se da ese nombre a diversos productos de origen mineral o de naturaleza orgánica maleables en determinadas condiciones y susceptibles de conservar, la forma que se les haya dado.

plastificante m. Substancias que tienen la propiedad de transformar en materias plásticas otros compuestos, por ejercer una acción disolvente respecto a uno o más componentes de la materia que se desea plastificar, o bien modificar la composición de ésta.

plata f. Metal blanco gris, blando, buen conductor del calor y electricidad y poco activo químicamente. Es uno de los metales preciosos. | fig. Dinero; en general, riqueza.

plataforma f. Máquina con que se señalan y cortan los dientes de las ruedas de engranaje. | Tablero horizontal y elevado sobre el suelo, donde se colocan personas o cosas. | Vagón descubierto y con bordes de poca altura. | Parte anterior y posterior de los tranvías, en que se va de pie.

plátanal m. Platanar.

platanar m. Sitio poblado de plátanos.

platáneo, a adj. y s. Platanáceo.

platanero, ra adj. Perteneciente o relativo al plátano. | Dícese del viento moderado que tiene, sin embargo, fuerza suficiente para desarraigar los plátanos. | m. y f. Plátano, banano. | m. El que cultiva plátanos o negocia con su fruto. | f. Platanar.

plátano m. Árbol platanáceo de tronco recto, hojas hendidas y flores y frutos pequeños y reunidos en un cuerpo redondo y pendiente de un piececillo.

platea f. Patio o sala del teatro.

plateado, da p. p. de platear. | adj. Que tiene un baño de plata. | De color de plata.

plateador, ra m. y f. Persona que platea objetos.

platear tr. Dar o cubrir de plata una cosa.

platelminto, a adj. y s. Dícese de los gusanos de cuerpo plano y prolongado, que suelen ser endoparásitos; como la tenia.

plateresco, ca adj. Dícese del estilo español de ornamentación usado por los plateros del s. XVI, aprovechando elementos de la arquitectura clásica y ójival.

platería f. Arte y oficio de platero. | Taller del platero. | Tienda en que se venden objetos de plata u oro.

plática f. Conversación apacible y reflexiva sostenida entre dos o más personas. I Discurso o sermón destinado a exhortar o instruir.

platicar tr. e intr. Conversar, tratar de una materia con otro u otros.

platillo m. dim. de plato. I Pieza pequeña de figura semejante al plato, cualquiera que sea su uso. I pl. Instrumento de percusión compuesto de dos chapas metálicas circulares, que sirve en las bandas y orquestas para acompañamiento. I Artefacto en forma de disco, más o menos luminoso, dotado de gran velocidad, y que se supone tripulado por seres inteligentes.

platina f. Platino. I Parte del Microscopio en que se coloca el objeto que se ha de examinar.I Cualquier pieza de una máquina cuya forma sea de placa con superficie muy lisa. I Disco horizontal y plano de la máquina neumática.

platinar tr. Dar o cubrir con una capa de platino una cosa.

platinífero, ra adj. Que contiene platino.

platino m. Metal blanco, dúctil y extraordinariamente inerte. Sólo se disuelve en agua regia.

platirrino adj. y s. Dícese de los animales que tienen la nariz ancha. I m. pl. Suborden de cuadrúmanos que tienen este carácter.

plato m. Vasija redonda, baja y algo cóncava, con un borde generalmente plano alrededor. I Manjar que en ella se sirve. I Platillo de la balanza. I Manjar preparado para ser comido.

plató m. Cada uno de los recintos cubiertos que hay en los estudios cinematográficos, convenientemente acondicionados para que sirvan de escenario a la cinta que se ha de rodar.

plausibilidad f. Calidad de plausible.

plausible adj. Digno de aplauso. I Atendible, recomendable.

plausivo, a adj. Que aplaude.

playa f. Ribera arenosa y casi plana.

playado, da adj. Dícese del rio, mar, etc., que tienen playa.

playero, ra adj. Relativo a la playa. I m. y f. Persona que trae el pescado de la playa.

plaza f. Lugar público, ancho y espacioso, dentro de poblado. I Lugar donde se venden los víveres, se reúne la gente, y se celebran ferias, mercados y fiestas públicas. I Cualquier lugar fortificado. I Lugar, espacio, sitio. I Cada uno de los lugares determinados que ocupan las personas o cosas que están en un lugar. I Población, ciudad. I Ministerio, cargo, empleo.

plazo m. Término señalado para responder, pagar o satisfacer algo. I Vencimiento del término. I Cada parte de una cantidad pagadera en dos o más veces.

pleamar f. Fin de la creciente del mar. Tiempo que ésta dura.

plebe f. El común de los vecinos de un pueblo, exceptuando los nobles, los eclesiásticos y los militares. I Populacho.

plebeyo, ya adj. Propio de la plebe, o relativo a ella. I Dícese de quien no es noble o hidalgo. Ú. t. c. s.

plebiscitario, ria adj. Relativo al plebiscito. I Que se hace por plebiscito.

plebiscito m. Decisión de un pueblo tomada por votación general.

plectognato adj. y s. Dícese de ciertos peces teleósteos que se caracterizan por tener la mandíbula superior fija.

plectro m. Uñeta, palillo de púa con los que los antiguos tocaban los instrumentos de cuerda. I fig. En poesía, inspiración.

plegable adj. Que puede plegarse.

plegadera f. Cuchillo de madera, hueso, etc., para plegar o cortar papeles.

plegador, ra adj. y s. Que pliega. I m. Instrumento propio para plegar.

plegamiento m. Fenómeno geológico por el cual, y a consecuencia de enormes presiones, llamadas fuerzas orogénicas, se han formado las grandes cadenas montañosas, a expensas de enormes cantidades de sedimentos.

plegar tr. Hacer dobleces o pliegues. Ú. t. c. r. I Doblar con proporción los pliegos de un libro que se ha de encuadernar I r. fig. Doblegarse, someterse.

plegaria Súplica ferviente y humilde para pedir algo. I Toque de campana al mediodía para que los fieles oren.

pleistoceno, na adj. Dícese del último período de la historia geológica de nuestro globo, anterior a la época actual, en el que abundan restos fósiles y objetos o muestras de la actividad del hombre. I Perteneciente o relativo a esta era o al terreno correspondiente a ella.

pleita f. Tira de tejido de esparto, pita, etc., para formar esteras.

pleitear tr. Contender judicialmente sobre una cosa.

pleitesía f. ant. Pacto, avenencia. I Muestra reverente de acatamiento y cortesía.

pleitista adj. y s. Dícese de quien por leves desacuerdos mueve pleitos.

pleito m. Disputa, litigio judicial entre partes. I Contienda, lid o batalla. I Riña o pendencia doméstica o privada.

plenamar f. Pleamar.

plenario, ria adj. Lleno, entero, cumplido, cabal. I Dícese de la indulgencia por la cual se perdona toda la pena.

plenilunio m. Luna llena.

plenipotencia f. Poder pleno, que se concede a otro para ejecutar o resolver una cosa.

plenipotenciario, ria adj. y s. Dícese de la persona que un jefe de estado envía a otro país con plena facultad para tratar un asunto en nombre suyo.

plenitud f. Totalidad, integridad; calidad del pleno. I Abundancia de un humor en el cuerpo.

pleno, na adj. Lleno. I m. Reunión o junta general de una corporación.

pleocroismo m. Estado de coloración, completo o exagerado, de un órgano animal o vegetal. I Fenómeno que ofrecen ciertos minerales con dos ejes ópticos, cuando cortados en láminas delgadas y examinadas a la luz polarizada, presentan cambios de color, según se hace girar el plano de polarización.

pleonasmo m. Empleo de palabras innecesarias, pero que dan vigor a la frase. I Redundancia.

plesiosaurio m. Reptil fósil marino, que medía hasta nueve metros de longitud, de cuello muy largo, cabeza pequeña, patas aptas para nadar y cuerpo robusto, cuyos restos se hallan en el jurásico.

pletina f. Pieza de hierro más ancha que gruesa. de 2 a 4 milímetros de espesor.

plétora f. Plenitud de sangre. I fig. Gran abundancia de alguna cosa.

pleura f. Membrana epitelial de dos hojas que envuelve el pulmón adhiriéndose fuertemente a él; otra externa (pleura costal o parietal) que se adhiere fuertemente a la pared torácica.

pleuresía f. Inflamación de la pleura. I Dolor de costado.

plexiglás m. Material sintético, transparente, que tiene diversas aplicaciones industriales.

plexo m. Red formada por filamentos nerviosos o vasculares.

pléyade fig. Grupo de personas ilustres que florecen en el mismo tiempo.

plica f. Pliego cerrado y sellado cuyo contenido debe publicarse a su tiempo.

pliego m. Hoja cuadrangular de papel doblada por medio. I Hoja de papel que se expende y se usa sin doblar. I Conjunto de hojas de un libro que forman un cuadernillo.

pliegue m. Doblez, señal que queda donde una tela o cosa análoga se dobló.

plinto m. Parte cuadrada inferior de la basa. I Base cuadrada de poca altura. I Aparato gimnástico para salto.

plioceno, na Aplícase al más moderno de los cuatro períodos en que se divide la era neozoica o terciaria.

plisar tr. Hacer por vía de adorno, en las faldas de las mujeres, cierto número de pliegues iguales y muy menudos.

plomada f. Estilo o barrita de plomo con que los artífices señalan una cosa. I Pesa de plomo u otro metal, pendiente de una cuerda para determinar la vertical.

plomar tr. Poner un sello de plomo colgante de un documento.

plomazo m. Golpe o herida por causa el perdigón disparado con escopeta.

plombagina f. Grafito.

plomería f. Cubierta de plomo que se pone en las techumbres. I Almacén o depósito de plomo. I Taller del plomero.

plomero, ra m. y f. Persona que trabaja en cosas de plomo. I Fontanero.

plomizo, za adj. Que tiene plomo. I De color de plomo, o parecido a él.

plomo m. Metal gris azulado, muy pesado, fácilmente fusible, dúctil y maleable. Se extrae especialmente de la galena, cerusita y anglesita. I fig. Persona pesada y molesta.

pluma f. Cualquiera de los tubos córneos, rematados por un astil con barbillas que cubren el cuerpo de las aves. I Pluma de ave cortada, sirve para escribir. I Instrumento metálico parecido al pico de la pluma de ave cortada para escribir, y que desempeña igual oficio. I fig. Escritor o escritora. I fig. Estilo del escritor.

plumaje m. Conjunto de plumas del ave. I Penacho ornamental de plumas.

plumaria adj. y f. Díc. del arte de bordar figurando aves y plumajes.

plumario, ra adj. y s. Dícese de las personas que escriben artículos tendenciosos y a menudo difamadores por cuenta de terceros que los tienen a paga. I Tales personas.

plumazo m. Colchón o almohada grande de pluma. I Trazo fuerte de pluma y en especial el que se hace para tachar lo escrito.

plumbagnáceo, a adj. y s. Díc. de plantas dicotiledóneas, fruticosas o herbáceas, de hojas sencillas, flores generalmente en espigas o panojas y fruto con una sola semilla.

plúmbeo, a adj. De plomo. I fig. Pesado como el plomo.

plumear tr. Trazar líneas para sombrear un dibujo.

plúmeo, a adj. Que tiene pluma.

plumería f. Conjunto o abundancia de plumas.

plumero m. Mazo de plumas que, sujeto a un mango, que sirve para quitar el polvo. I Vaso o caja para las plumas.

plumier m. Caja o estuche alargado en el que los escolares guardan las plumas, lápices, gomas, etcétera.

plumífero, ra adj. poet. Que tiene o lleva plumas. I despec. Periodista o escritor mediocre.

plumilla f. dim. de pluma. I Pluma metálica, de cortes en diversos ángulos, para trazar líneas muy finas, muy gruesas o de diversos tipos, utilizada por los dibujantes a tinta.

plumón m. Pluma muy fina, parecida a la seda, que cubre el hueco que dejan las plumas en el cuerpo de las aves. I Colchón lleno de esta pluma.

plúmula f. Yemecilla que es rudimento del tallo en el embrión.

plural adj. y s. Que se refiere a dos o más personas o cosas.

pluralidad f. Multitud, número grande de algunas cosas. I Calidad de ser más de uno.

pluralizar tr. Dar número plural a palabras que no lo tienen.

pluricelular adj. Díc. del animal o vegetal cuyo cuerpo está formado por muchas células.

pluriempleo m. Conjunto de dos o más ocupaciones remuneradas que tiene a su cargo un solo individuo con el fin de aumentar sus ingresos normales y así mejorar su nivel de vida.

plurilingüe adj. Aplícase a la persona que habla varias lenguas. I Que está escrito en diversos idiomas.

plurivalencia f. Propiedad de los átomos de algunos elementos de manifestar diversas valencias.

plus m. Gratificación o sobresueldo.

pluscuamperfecto adj. y s. Que expresa una acción pasada con relación a otra también pasada.

plutocracia f. Preponderancia de la clase rica en la gobernación del estado. I Predominio de la clase rica de un país.

plutócrata com. Persona perteneciente a la plutocracia.

plutonio m. Elemento radiactivo que se forma en los reactores nucleares a partir del U288.

plutonismo m. Sistema geológico que atribuye la formación de la Tierra a la acción. del fuego interior.

pluvial adj. Díc. del agua llovediza. I Díc. de la capa que usan principalmente los prelados, y los prestes en actos de servicio divino.

pluvímetro m. Pluviómetro.

pluviómetro m. Instrumento para medir la cantidad de agua que cae en lugar y tiempo determinados.

pluvioso, sa adj. Lluvioso.

pobeda f. Sitio poblado de pobos.

población f. Acción de poblar. I Número de habitantes de un lugar, ciudad, país. etc. I Ciudad, villa o lugar.

poblado, da p. p. de poblar. I m. Población, ciudad, o villa o lugar.

poblador, ra adj. y s. Que puebla. I Que funda o establece una colonia. I Habitante de conjuntos habitacionales económicos construidos en serie.

poblar tr. Fundar población. I Establecer personas o animales, o plantar árboles en donde no los había. I Procrear mucho.

pobo m. Especie de álamo, de corteza blanca y agrisada.

pobre adj. Necesitado, menesteroso, falto de lo necesario para vivir, o que casi no lo tiene. Ú. t. c. s. I fig. Humilde, de poco valor. I fig. Infeliz, desdichado y triste.

pobretón, na adj. y s. Persona de escaso pecunio, aunque no de gran pobreza.

pobreza f. Necesidad, estrechez, carencia de lo necesario para la vida. I Falta, escasez. I Desposeimiento voluntario de lo que se tiene. I Cortedad de bienes.

pocero m. El que hace o limpia pozos.

pocho, cha adj. Pálido, descolorido. I Dicho de los frutos, pasados de maduros, aunque sin llegar a corromperse.

pocilga f. Cobertizo, corral o casilla para los cerdos. | fig. Lugar asqueroso.

pocillo m. Tinaja empotrada en el suelo. | Jícara.

pócima f. Cocimiento medicinal de sustancias vegetales. | fig. Cualquier bebida medicinal.

poción f. Brebaje medicinal o tóxico.

poco, ca adj. Escaso, limitado, corto en cantidad o calidad. | m. Cantidad pequeña. | adv. En pequeña cantidad. | Con escasez. | Corta duración, en corto tiempo.

poda f. Acción de podar. | Tiempo en que se hace.

podadera f. Herramienta acerada, con corte corvo y mango, propia para podar.

podagra f. Enfermedad de gota, especialmente si se padece en los pies.

podar tr. Cortar las ramas superfluas en las plantas, con arte y conocimientos, para aumentar la vitalidad de las partes útiles.

podenco, ca adj. y s. Díc. del perro menor y más robusto que el lebrel, poco ladrador y muy ágil para la caza.

poder m. Dominio, facultad, y jurisdicción que uno tiene para mandar o ejecutar una cosa. | Fuerzas de un Estado. | Documento en que consta la facultad que uno da a otro para que en lugar suyo pueda ejecutar una cosa. | Posesión actual o tendencia de una cosa. | Fuerza, vigor, posibilidad, poderío. | Suprema potestad rectora y coactiva del Estado. | pl. Facultades, autorización para hacer una cosa.

poderío m. Facultad de hacer o impedir algo. | Bienes, riquezas. | Poder, señorío, autoridad. | Vigor, facultad o fuerza grande.

poderoso, sa adj. Que tiene poder. Ú. t. c. s. | Muy rico; lleno de bienes de fortuna.

podio m. Pedestal largo en que estriban varias columnas. | Pedestal de poca elevación en que se coloca el vencedor de algunas competiciones.

podoftalmos m. pl. Orden de crustáceos malacostráceos, caracterizados principalmente por tener ojos pedunculados, como el camarón.

podómetro m. Aparato en forma de reloj, propio para contar los pasos de quien lo lleva y deducir la distancia recorrida.

podre f. Pus.

podrecer tr. Pudrir.

podredumbre f. Calidad dañosa que corrompe y pudre. | Podre. | fig. Sentimiento interior malsano y no comunicado.

podrición f. Putrefacción.

podrido, da p. p. de podrir. | adj. Díc. del miembro de una comunidad separado de ella por indigno.

podrigorio m. Persona muy achacosa.

podrir tr. y r. Pudrir.

poema m. Obra en verso de alguna extensión.

poesía f. Expresión artística de la belleza por medio del verso. | Arte de componer obras poéticas, versos y obras en verso. | Género de producciones del entendimiento, cuyo fin es expresar lo bello lo sobrecogedor, lo que no es posible expresar en lenguaje prosaico, por medio de un lenguaje llamado poético, que ha ido desarrollándose y haciéndose más significativo a lo largo de los s.s, y cada una de las especies variedades de este género: Poesía bucólica, dramática, épica, lírica, profana, religiosa. | Conjunto de cualidades que deben caracterizar el fondo de este género de producciones.

poeta m. El que compone obras poéticas. | El que hace versos.

poetastro m. fam. Mal poeta.

poética f. Arte de escribir en verso. | Tratado de los principios y reglas de la poesía.

poetisa f. Mujer que compone obras poéticas. | Mujer que hace versos.

poetizar intr. Componer obras poéticas.

polaina m. Botín o calza de paño o cuero que cubre la pierna hasta la rodilla.

polar adj. Relativo a los polos. | Aplícase a la estrella situada en el extremo de la lanza de la constelación llamada Osa Menor.

polaridad f. Propiedad de acumularse en los polos de un cuerpo y de polarizarse que tienen los agentes físicos. | Propiedad de tener polos o extremos que posean algunas cualidades opuestas.

polarimetría f. Medición de la rotación del plano de polarización de la luz.

polarímetro m. Aparato para medir el sentido y la extensión del poder rotatorio de un cuerpo sobre la luz polarizada.

polariscopio m. Instrumento para averiguar si un rayo de luz emana directamente de un foco o está ya polarizado.

polarizar tr. y r. Modificar los rayos luminosos por medio de la reflexión y de la refracción, de modo que no puedan refractarse o reflejarse de nuevo en ciertas direcciones. | Concentrarse las opiniones de la gente en una de dos posiciones antagónicas, sin términos medios ni terceras posiciones.

polca f. Danza originaria de Polonia, y música de este baile.

polder m. Nombre dado en los Países Bajos a los terrenos ganados al mar, desecados y dedicados al cultivo.

polea Máquina simple constituida por un disco o rueda de periferia acanalada (garganta), que gira alrededor de un eje central y está suspendido o apoyado en una pieza resistente en forma de horquilla (armadura).

polémica f. Arte de defender y atacar las plazas. | Teología dogmática. | Controversia por escrito sobre cualquier materia.

polemista com. Persona que sostiene polémicas.

polemonio m. Planta polemoniácea de flores muy olorosas, que se usó antiguamente como sudorífico.

polen m. Polvillo fecundante de las plantas, que se halla contenido en las anteras de las flores.

polenta f. Puches o gachas de harina de maíz.

poleo m. Planta herbácea labiada, usada en infusión como estomacal.

poli- Prefijo que significa pluralidad.

poliandria f. Estado de la mujer casada simultáneamente con dos o más hombres. | Condición de la flor que tiene muchos estambres.

poliarquía f. Gobierno de muchos.

polichinela m. Pulchinela.

policía f. Cuerpo encargado de vigilar por el mantenimiento del orden público y la seguridad de los ciudadanos. | m. Agente del cuerpo antes citado.

policitación f. Promesa no aceptada todavía.

policlínica f. Consultorio médico.

policroísmo m. Propiedad de ciertos minerales, cuyos cristales ofrecen distinto color según se miren por reflexión o por refracción.

policromía f. Calidad de polícromo.

polícromo, ma adj. De varios colores.

poliedro adj. Díc. del ángulo formado por varios planos que se cortan en un punto. | m. Sólido limitado por planos, llamados caras.

poliéster m. Nombre dado a un grupo de resinas sintéticas obtenidas por polimerización de ácidos polibásicos de cadena larga.

poliestireno m. Resina sintética obtenida por polimerización del estireno.

polifacético, ca adj. Que tiene muchas caras o facetas; que ofrece muchos aspectos. l Por ext. se aplica a las personas de variada condición o de múltiples aptitudes.

polifásica adj. Díc. de la corriente eléctrica alterna constituida por la combinación de varias corrientes monofásicas del mismo período, pero cuyas fases no concuerdan.

polifonía f. Conjunto de sonidos simultáneos en que cada uno expresa su idea musical, pero formando con los demás un todo armónico.

polígala f. Planta poligalácea, de raíz aromática, cuyo cocimiento se usa para combatir el reumatismo.

poligaláceo, a adj. y s. Díc. de plantas dicotiledóneas, leñosas o herbáceas, de hojas sencillas, flores hermafroditas, en racimos terminales, y frutos capsulares o drupáceo.

poligalia f. Exceso de secreción láctea en las paridas.

poligamia f. Estado de polígamo.

polígamo, ma adj. y s. Aplícase al hombre que tiene muchas mujeres a un tiempo como esposas.

poligloto, ta adj. Políglota, ta.

políglota, ta adj. Escrito en varias lenguas. l Aplícase a la persona versada en varias lenguas. Ú. m. c. s.

poligonáceo, a adj. Díc. de plantas dicotiledóneas, arbustos o hierbas, de hojas alternas, flores en general hermafroditas y fruto seco e indehiscente.

poligonal adj. Relativo al polígono.

polígono, na adj. Poligonal. l m. Porción de superficie plana limitada por rectas.

poligrafía f. Arte de escribir por diferentes modos secretos, de modo que lo escrito sólo pueda entenderlo quien pueda descifrarlo. l Arte de descifrar los escritos de esta clase.

polígrafo, fa m. y f. persona que se dedica a la poligrafía. l Persona que escribe sobre diversas materias.

polilla f. Mariposa nocturna, cuya larva destruye la materia en donde anida. l Larva de este insecto.

polimería f. Calidad de polímero.

polimerización f. Reacción química en la que dos o más moléculas se combinan para formar otra en la que se repiten unidades estructurales de las primitivas y su misma composición porcentual cuando éstas son iguales.

polímero, ra adj. Díc. de los cuerpos que con igual composición química tienen pesos moleculares múltiplos unos de otros.

polimorfismo m. Propiedad que tienen algunos cuerpos de poder cambiar de forma conservando su naturaleza.

polimorfo, fa adj. Que puede tener diversas formas.

polineuritis f. Inflamación simultánea de varios nervios periféricos.

polinización f. Paso o tránsito del polen desde el estambre en que se ha producido, hasta el pistilo en que ha de germinar.

polinomio m. Expresión algebraica compuesta de varios términos.

polio m. fam. Apócope muy usado de poliomielitis.

poliomielitis f. Nombre genérico de ciertas enfermedades, agudas o crónicas, producidas por lesiones medulares, cuyos síntomas principales son la atrofia y parálisis de los músculos relacionados con la partes lesionadas.

polipasto m. Polispasto.

polipero m. Formación calcárea formada por diversos géneros de zoófilos que en ella viven y mueren.

polipétala f. Díc de la corola que tiene muchos pétalos y de la flor que posee esta corola.

pólipo m. Cualquier individuo adulto de la clase de los celentéreos antozoarios. l Pulpo. l Excrecencia de forma pedunculada que nace en las membranas mucosas.

polipodio m. Planta polipodiácea de frondas pinadas, estrechas, lanceoladas y con largo peciolo, que crece en lugares húmedos.

polisemia f. Multiplicidad de acepciones de una palabra.

poliquetos m. pl. Orden de gusanos anélidos quetópodos, al cual pertenecen los nereidos.

polisépalo, la adj. Que tiene muchos sépalos.

polisílabo, ba adj. De muchas sílabas.

polisíndeton f. Figura que consiste en emplear repetidamente las conjunciones delante de cada uno de los términos de una enumeración.

polisón m. Armazón que se ponían las mujeres bajo la falda, atada a la cintura, para que abultasen los vestidos por detrás.

polispasto m. Aparejo; sistema de poleas compuestas de dos grupos, uno fijo y otro móvil.

polista com. Jugador de polo.

politécnico, ca adj. Que abraza muchas ciencias o artes.

politeísmo m. Doctrina que admite pluralidad de dioses.

politeísta adj. Relativo al politeísmo. l Que lo profesa. Ú. t. c. s.

política f. Arte, doctrina u opinión referente al gobierno de los Estados. l Actividad de los que rigen o aspiran a regir los asuntos públicos. l Cortesía, urbanidad.

político, ca adj. Perteneciente a la política. l Cortés, urbano. l Versado en las cosas del gobierno y negocios del Estado. Ú. t. c. s. l Aplicado a nombres de parentesco, denota el de afinidad. l Díc. de quien se muestra frío con personas de su habitual confianza.

politiquear tr. Bastardear los fines de la actuación política o envilecer sus modos. l Hacer política de intrigas y bajezas.

politiqueo m. Accion de politiquear.

polivalente adj. Multivalente. l Dotado de varias valencias o eficacias. Se aplica principalmente a los sueros o vacunas.

polivalvo, va adj. Aplícase a los testáceos cuya concha tiene más de dos valvas.

póliza f. Libranza o documento que contiene una orden de cobro. l Documento justificativo de un contrato de seguro, fletamento, operación de bolsa o cualquier otra negociación comercial. l Sello suelto con que se satisface el impuesto del timbre.

polizón m. Individuo ocioso que anda por corrillos y mentideros. l El que se embarca en un buque clandestinamente.

polizonte m. Agente de policía.

polla f. Gallina joven. l Puesto (cantidad que pone el que pierde en ciertos juegos). l fig. Mocita. l Sistema de lotería de beneficencia en que se ofrecen premios de gran valor. l vulg. Miembro viril.

pollada f. Conjunto de pollos que de una vez sacan las aves.

pollastro, tra m. y f. Pollo algo crecido. l fam. Hombre muy astuto y taimado.

pollazón f. Conjunto de huevos que de una vez empollan las avez. l Pollada.

pollear intr. Empezar un muchacho o muchacha a hacer cosas propias de los jóvenes.

pollera f. Mujer que cría o vende pollos. l Artificio de mimbres, de figura de campana, que se pone a los niños para que aprendan a andar. l Falda, saya.

pollería f. Sitio donde se vende gallinas, pollos y otras aves.

pollero, ra m. y f. Persona que cría o vende pollos.

pollino, na m. y f. Asno joven y cerril; y, por extensión, cualquier borrico. I fig. Persona ignorante, simple o ruda. I Flequillo.

pollito, ta m. y f. Muchacho o muchacha de poca edad.

pollo m. Cría que de cada huevo sacan las aves. I Cría de las abejas. I Mozo muy joven. I fig. Hombre taimado, sagaz y astuto.

polo m. Cada uno de los extremos del eje de rotación, real o supuesto, de una esfera o cuerpo redondeado, especialmente de la Tierra. I Cada uno de los dos puntos opuestos de un cuerpo en los cuales se acumula en mayor cantidad la energía de un agente físico. I Cierto aire popular andaluz. I Especie de juego de pelota entre dos grupos de jinetes. I Cualquiera de los extremos del diámetro perpendicular al plano del círculo mismo. I Cada uno de los dos puntos de la Tierra, situados en las regiones polares, adonde se dirige la aguja imantada. I Cualquiera de los dos extremos de una barra imantada. I Puntos de un generador eléctrico. I Se denomina así a la creación de núcleos industriales impulsores de actividades concretas económicas y sociales, dentro de la extensión conveniente para asegurar la concentración de esfuerzo requeridos por la eficacia . I En España, una paleta de helado.

polonesa adj. y s. Polaco. I f. Composición que imita cierto aire de danza y canto polacos.

polonio m. Elemento radiactivo, empleado en investigación nuclear como fuente de neutrones. Es un metal blanco, cuyas propiedades físicas son semejantes a las del plomo y talio.

poltrón, na adj. y s. Flojo, haragán, perezoso. I f. Díc. de la silla más baja de brazos que la común, pero más ancha y cómoda.

poltronería f. Haraganería.

poltronizarse r. Hacerse poltrón.

polución f. Mancha. I Contaminación.

poluto, ta adj. Polucionado, contaminado. I Sucio, inmundo.

polvareda f. Nube de polvo que levanta el viento.

polvera f. Caja o bote de tocador, donde se guardan los polvos cosméticos. I Borla con que suelen aplicarse.

polvo m. Parte más menuda y deshecha de la tierra muy seca. I Porción de cualquier cosa pulverizada que se puede tomar de una vez con las yemas del pulgar y de otro dedo. I Partículas de sólidos que flotan en el aire y se posan sobre los objetos.

pólvora f. Mezcla de salitre, azufre y carbón, que se inflama fácilmente, desprendiendo con rapidez gran cantidad de gases, y que en recipientes cerrados es explosiva. I Conjunto de fuegos artificiales de una fiesta. I fig. Mal genio. I fig. Viveza, actividad, vehemencia de una cosa.

polvorear tr. Esparcir polvo o polvos.

polvorero m. Pirotécnico.

polvoriento, ta adj. Cubierto de polvo.

polvorín m. Pólvora muy menuda. I Lugar o edificio donde se guarda la pólvora.

polvorización f. Pulverización.

polvorón m. Torta pequeña de harina, manteca y azúcar, cocida en horno y que se deshace en polvo al comerla.

poma f. Manzana (fruto del manzano).

pomada f. Mixtura de una sustancia grasa y otros ingredientes que se aplica sobre la piel como afeite o como medicamento.

pomar m. Sitio poblado de manzanos.

pomarrosa f. Fruto del Yambo, parecido a una manzana pequeña, dulce y de olor de rosa.

pomelo m. Toronja.

pómez f. Piedra pómez (piedra volcánica, esponjosa, frágil, muy usada para desgastar y bruñir).

pomo m. Fruto carnoso, con el endocarpio coriáceo que contiene varias semillas o pepitas; como la manzana y la pera. I Poma (bola compuesta de simples odoríferos). I Vaso, bote o frasco chico. I Extremo de la guarnición de la espada que está encima del puño.

pomología f. Tratado de los frutos.

pompa f. Acompañamiento suntuoso y numeroso. I Fausto, magnificencia. I Procesión solemne. I Ampolla que forma el agua.

pompear intr. Hacer ostentación. I r. Ir con gran pompa. I Pavonearse.

pompón m. Adorno del morrión o del ros, hecho de estambre y en forma de bola, que se ponía en su parte anterior y superior.

pomposidad f. Calidad de pomposo.

pomposo, sa adj. Ostentoso, magnífico, grave. I Hueco, hinchado, ampuloso.

pómulo m. Hueso de cada una de las mejillas. I Parte del rostro correspondiente al pómulo.

poniente m. Oeste. I Viento que sopla de esta parte.

pontana f. Cualquier de las losas que cubren el cauce de un arroyo o de una acequia.

pontazgo m. Derecho que se paga en algunas partes por pasar un puente.

pontazguero, ra m. y f. Persona que cobra el pontazgo.

pontear tr. Construir un puente sobre un río, brazo de mar, etc.

pontederiáceo, a adj. y s. Díc. de plantas monocotiledóneas, acuáticas, con hojas anchas, flores amarillas o azules y frutos capsulares, como el camote. I f. pl. Familia de estas plantas.

póntico, ca adj. Perteneciente al Ponto Euxino, hoy mar Negro. I Perteneciente al Ponto, región de Asia antigua.

pontificado m. Dignidad de pontífice. I Tiempo que dura.

pontifical adj. Perteneciente o relativo al sumo pontífice. I Perteneciente o relativo a un obispo o arzobispo. I m. Conjunto de ornamentos que sirven al obispo para celebrar los oficios divinos.

pontificar intr. Celebrar funciones litúrgicas con rito pontifical. I fig. Dogmatizar (afirmar como ciertos principios dudosos).

pontífice m. Prelado de una diócesis. I Por antonomasia, prelado supremo de la Iglesia católica romana.

ponto m. poét. El mar.

pontón m. Barco bajo o de poco relieve y de fondo plano que suele usarse para pasar ríos o construir puentes. I Buque viejo ya inhabilitado para navegar, que sirve de almacén, hospital o prisión.

pontonero m. El empleado en el manejo de los pontones. I Soldado de ingenieros, especialista en construir puentes de pontones.

ponzoña f. Sustancia nociva a la salud.

ponzoñoso, sa adj. Que tiene ponzoña. I fig. Que tiene encono.

popa f. Parte posterior de las embarcaciones, donde se coloca el timón.

popar tr. Acariciar, halagar. I fig. Tratar con blandura o regalo; cuidar con esmero.

pope m. Sacerdote de la Iglesia cismática griega.

poplíteo, a adj. Relativo a la corva.

populachería f. Fácil popularidad que se logra halagando las pasiones del vulgo.

populachero, ra adj. Relativo al populacho. I Propio para el populacho.

populacho m. Ínfima plebe.

popular adj. Perteneciente o relativo al pueblo. I Del pueblo o de la plebe. Ú. t. c. s. I Que es grato al pueblo.

popularidad f. Favor y aplauso que uno tiene en las masas populares.

popularizar tr. y r. Acreditar a una persona o cosa en el concepto público. I Dar a una cosa carácter popular.

populoso, sa adj. Muy poblado.

popurrí m. fig. Revoltijo, miscelánea, mezcla confusa. I Composición musical formada de fragmentos o temas de obras diversas. I Mescolanza de algunas cosas diversas.

poquedad f. Escasez, cortedad, miseria. I Timidez, pusilanimidad. I Cosa insignificante o de poca entidad.

póquer m. Juego de naipes.

por prep. con que se indica la persona agente en las oraciones en pasiva. I En cantidad de. I A favor o en defensa de. I En orden a, acerca de. I Denota la causa. I Indica el medio de ejecución de una cosa, o el modo de ejecutarla. I Indica el precio o cuantía. I Denota multiplicación de números y también proporción. I Empléase para comparaciones. I Con nombres de lugar indica tránsito o paso. I Con algunos infinitivos tiene la significación de para o la de sin, y con otros indica la acción futura de lo que ellos expresan.

porcelana f. Loza fina, translúcida y lustrosa. I Vasija u objeto artístico hecho con esta loza.

porcentaje m. Tanto por ciento; lo que producen cien unidades de algunas cosas.

porcentual adj. Dícese de la composición, distribución, etc., calculadas o expresadas en tantos por ciento.

porche m. Soportar, cobertizo. I Atrio de un templo o palacio.

porcicultor, ra m. y f. Persona que se dedica a la porcicultura.

porcicultura f. Arte de criar cerdos.

porcino, na adj. Perteneciente al puerco. I m. Puerco pequeño.

porción f. Cantidad segregada de otra mayor. I Cantidad de vianda que se da para alimento diario. I fam. Número considerable e indeterminado de personas o cosas.

porciopelo m. fam. Cerda fuerte y aguda del puerco.

porcuno, na adj. Relativo al puerco. I Cochinero, bueno para los cerdos.

pordiosar intr. Mendigar o pedir limosna. I fig. Pedir porfiada y humildemente alguna cosa.

pordiosero, ra adj. Mendigo.

porfía f. Acción de porfiar.

porfiado, da adj. Terco y obstinado en mantener un parecer o dictamen.

porfiar intr. Disputar con tenacidad y obstinación. I Importunar, instar repetida y tenazmente por el logro de una cosa. I Continuar con perseverancia una acción para lograr un fin.

pórfido m. Roca dura y compacta, especie de jaspe, generalmente de color obscuro, que se usa para la decoración de edificios.

pormenor m. Conjunto de circunstancias menudas y particulares de las cosas. U. m. en pl. I Cosa o circunstancia secundaria en un asunto.

pornografía f. Carácter obsceno de ciertas obras escritas o visuales.

poro m. Cualquiera de los espacios vacíos que hay entre las moléculas de los cuerpos. I Intersticio entre las partículas de ciertos sólidos. I Orificio pequeñísimo, invisible a simple vista, que hay en la piel de los animales y de los vegetales.

poroso, sa adj. Que tiene poros.

poroto m. Alubia. I Logro de algo.

porque conj. causal. I Por causa o razón de que.

porqué m. fam. Causa, razón, motivo.

porquería f. Suciedad, inmundicia. I Acción indecente. I Grosería. I Cosa de poco valor o entidad. I Golosina, fruta y otra cosa nociva a la salud.

porqueriza f. Pocilga.

porquerizo, za m. y f. Persona que guarda los puertos.

porquero, ra m. y f. Porqueriza o porquerizo.

porra f. Clava. I Cachiporra. I Martillo de bocas iguales y mango largo, que se maneja con ambas manos. I fig, Vanidad, jactancia o presunción. I fig. Persona molesta, pedada o porfiada.

porrada f. Porrazo. I fam. Necedad. I Miltitud, gran cantidad de cosas.

porrazo m. Golpe dado con la porra, o con cualquier otro instrumento. I fig. Golpe que se recibe por una caída o al dar con un cuerpo duro.

porrear tr. fam. Insistir con pesadez.

porrino m. Simiente del puerro. I Puerro en sazón para trasplantarse.

porrón m. Botijo. I Redoma de vidrio, que tiene un largo pitón en la panza, y es propia para beber vino a chorro. I Florero.

portaaviones m. Buque de guerra que sirve para transportar aviones, y con cubierta transformada en pista para que puedan elevarse y descender.

portabandera f. Bandera con una especie de cuja en que se apoya el regatón del asta de la bandera.

portachuelo m. Portezuelo, paso de menor altura en la convergencia de dos montes.

portada f. Ornato arquitectónico en la fachada principal de un edificio suntuoso. I fig. Frontispicio o cara principal de una cosa. I Primera plana de un libro, se pone el título, el nombre del autor y el lugar y año de la impresión.

portadilla adj. y s. Díc. de la tabla que tiene unos dos metros y medio de longitud, treinta y dos centímetros de anchura y cinco de grueso. I f. Anteportada.

portado, da adj. Con los advs. bien o mal, que se trata y viste con decoro, o al contrario.

portador, ra adj. y s. Que lleva o trae una cosa de una parte a otra. I m. Com. Persona que presenta a su cobro valores no nominativos, sino pagaderos a quien los exhibe. I Persona que transmite los agentes de una afección.

portaequipajes m. Parte de un vehículo que sirve para llevar los equipajes.

portaestandarte m. Oficial que lleva el estandarte.

portahelicóptero m. Tipo de portaviones destinados a helicópteros.

portal m. Zaguán. I Pórtico. I Puerta de la ciudad, en algunas partes.

portalada f. Portada monumental de ciertas casas señoriales.

portalámparas m. Pieza o aparato a propósito para sostener una lámpara. I Casquillo que se intercala en un circuito eléctrico y en el que se insertan las bombillas de incandescencia.

portalápiz m. Varilla metálica en forma de pinza con la que se sostiene el lápiz o se resguarda su punta.

portalente m. Soporte de metal que sirve para sostener las lentes durante el examen de los objetos.

portaligas f. Prenda interior femenina, a modo de cinturón, del que penden las ligas para sujetar estiradas las medias.

portallaves m. Llavero, anillo de metal para lleval las llaves.

portalón m. Puerta grande que, en los palacios antiguos, da paso a un patio descubierto. I Abertura que en costado de una embarcación sirve para la entrada y salida de personas o cosas.

portamantas m. Par de correas que, enlazadas por un travesaño, sirven para llevar en la maño las mantas de viaje.

portante adj. y s. Aplícase al paso de las caballerías en que mueven simultáneamente el pie y la mano del mismo lado.

portañuela f. Tira de tela con que se tapa la bragueta.

portapliegos m. Cartera grande para llevar pliegos.

portaplumas m. Mango en que se coloca la pluma para escribir.

portar tr. ant. Llevar o traer. I r. Con los adverbios bien, mal, etc., gobernarse o conducirse con acierto o lealtad, o, por el contrario, con necedad o falsía. I Distinguirse, lucirse, quedar airoso.

portarrueda m. Pieza que los automóviles llevan en la parte trasera, donde se ajusta una rueda suplementaria, o una o dos llantas de goma en previsión de algún accidente.

portátil adj. Fácil de transportarse.

portavoz m. Bocina, altavoz. I fig. El que suele representar a una colectividad y hablar en su nombre. I fig. Funcionario autorizado para divulgar, de manera oficiosa, la opinión de un gobernante sobre un asunto.

portazgo m. Derecho que se paga por el paso por un sitio. I Casa o lugar donde se cobra este derecho.

portazo m. Golpe recio de la puerta que se cierra con violencia.I Acción de cerrar la puerta destempladamente para desairar a alguien.

porte m. Acción de portear o llevar cosas por un precio. I Tamaño o cantidad de algo. I Comportamiento o conducta. I Buena o mala disposición o aspecto de una persona y mayor o menor decencia con que se trata. I Grandeza, capacidad de una cosa. I Estatura. prestancia de una persona.

porteador, ra adj. y s. Que se dedica a portear.

portear tr. Transportar cosas por un porte o precio. I intr. Dar golpes las puertas o ventanas. I r. Pasarse de una parte a otra.

portento m. Acto o suceso singular y extraordinario que sin traspasar los límites de la naturaleza, por su extrañeza o novedad causa admiración, terror o pasmo.

portentoso, sa adj. Singular, extraño y que causa admiración, pasmo o terror.

porteño, ña adj. y s. Propio del puerto o habitante de él.

portería f. Pieza destinada para el portero en el zaguán. I Empleo u oficio de portero. I Su habitación. I En el juego del fútbol y otros semejantes, marco rectangular formado por dos postes y un larguero, por el cual ha de entrar el balón o la pelota para marcar tantos.

portero, ra adj. Díc. del ladrillo poco cocido. I m. y f. Persona encargada de abrir y cerrar las puertas y de la limpieza y vigilancia del portal. I m. Jugador que en el fútbol y otros deportes está encargado de defender la portería de su bando.

portezuela f. dim. de puerta. Suele aplicarse a las puertas de los carruajes. I Entre sastres, cartera o adorno que cubre el bolsillo.

pórtico m. Lugar cubierto y con columnas que se construyen delante de ciertos edificios. I Galería de arcadas o columnas a lo largo de un fachada o de un patio.

portier m. Cortina de tejido grueso que oculta una puerta o cierra un vano.

portilla f. Portillera. I Cualquiera de las ventanillas que, cerradas con un cristal grueso, hay en los costados de los buques.

portillera f. Paso, en los cerramientos de las fincas rústicas

portillo m. Abertura que hay en murallas paredes o tapias. I Postigo o puerta chica en otra mayor. I Camino angosto entre dos alturas. I fig. Paso o entrada que se abre en muro, cerca o vallado. I En general, ranura o hendidura lo bastante ancha como para dejar paso a través de ella.

portón m. aum. de puerta. I Puerta que separa el zaguán del resto de la casa. I Puerta que da a la calle.

portuario, ria adj. Relativo al puerto de mar o a las orillas del mismo

porvenir m. fam. Suceso o tiempo futuro. I Posición social o estado de fortuna a que está destinado.

pos prep. insep. que significa detrás después de. I Se emplea como advervio en el modo adverbial en pos de.

posa f. Toque de campanas por los difuntos. I Parada en el entierro para cantar un responso.

posada f. Casa, domicilio de cada uno. I Mesón. I Casa de huéspedes. I Hospedaje.

posaderas f. pl. El trasero, las nalgas.

posadero, ra adj. m. y f. Persona que tiene posada o mesón.

posar intr. Hospedarse, alojarse. I Asentarse, descansar. I Hablando de las aves u otros animales que vuelan, o aparatos astronáuticos, asentarse. I Servir de modelo a pintores o escultores. I r. Depositarse en el fondo de un líquido las partículas sólidas que éste lleva en suspensión.

posbélico, ca adj. Posterior a una guerra.

poscomunión f. Oración que se reza en la misa después de la comunión.

posdata f. Lo que se añade a una carta ya firmada.

poseedor, ra adj. y s. Que posee.

pose f. Posición adoptada ante el fotógrafo. I fig. Actitud estudiada y poco natural de quien quiere despertar interés en otros.

poseer tr. Tener uno al o en su poder. I Saber algo con perfección. I r. Dominarse a uno mismo. I Tomar sexualmente.

poseído, da adj. y s. Poseso. I fig. Díc. de quien ejecuta acciones furiosa o malas.

posesión f. Acto de poseer o tener una cosa con ánimo de conservarla. I Apoderamiento del espíritu del hombre por otro espíritu. I Cosa poseída. Díc. principalmente de las fincas rústicas.

posesionar tr. y r. Poner en posesión de una cosa.

posesivo, va adj. Que indica posesión. I Díc. del pronombre que denota posesión o pertenencia.

poseso, sa p.p. irreg. de poseer. I adj. y s. Díc. de quien padece posesión o tiene su espíritu poseído de otro.

posesor, ra adj. y s. Poseedor.

posfecha f. Fecha posterior a la verdadera.

posguerra f. Tiempo inmediato a la terminación de una guerra y durante el cual áun se sufren sus consecuencias.

posibilidad f. Aptitud, potencia u ocasión para ser o existir las cosas. I Aptitud o facultad para hacer o no hacer una cosa.

posibilitar tr. Facilitar y hacer posible una cosa ardua o dificultosa.

posible adj. Que puede ser o existir, que puede suceder o hacese. I m. Posibilidad, medios disponibles para hacer algo.

posición f. Postura, situación. I Acción de poner I Condición o categoría social.I Porción de terreno ocupada por fuerzas combatientes o que conviene ocupar para el combate. I Actitud del cuerpo. I Disposición, buena o mala, para realizar algo.

positivismo m. Calidad de atenerse a lo positivo. I Afición a las comodidades y goces materiales. I Sistema filosófico que admite únicamente el método experimental.

positivo, va adj. Cierto, verdadero, efectivo, indudable. I Díc. de la prueba que se obtiene en la última operación fotográfica, o sea la que tiene sus verdaderas luces y sombras.

positrón m. y Corpúsculo positivo descubierto en el átomo. Tiene la misma masa que el electrón y una carga eléctrica equivalente y de signo contrario por lo que a veces se le suele llamar electrón positivo.

posma f. Cachaza. I com. fig. Persona cachazuda.

poso m. Sedimento del líquido contenido en una vasija. I Descanso, reposo.

posología f. Parte de la terapéutica, que trata de las dosis en que deben administrarse los medicamentos.

pospierna f. Muslo de la caballería.

posponer tr. Poner a una persona o cosa despues de otra. I fig. Estimar a una persona o cosa menos que otra.

posposición f. Acción de posponer.

post prep. Pos.

posta f. Conjunto de caballerías preparadas para que los correos cambien de tiro. I Casa o lugar donde se efectúa tal cambio. I Bala pequeña de plomo, mayor que los perdigones.

postal adj. Relativo al ramo de correos. I Díc. de la tarjeta que lleva estampado un sello de correos, y se emplea como carta sin cubierta. I f. Cartulina, en una de cuyas caras hay impreso un paisaje o un motivo decorativo cualquiera, y cuya otra cara se utiliza para escribir.

postdata f. Posdata.

postdiluviano, na adj. Posterior al diluvio universal.

poste m. Madero, pilar, piedra, columna que se coloca vertical-mente para que sirva de apoyo o señal.

postema f. Absceso supurado. I fig. Persona pesada y molesta.

postergación f. Acción de postergar.

postergar tr. Hacer sufrir atraso a una cosa, ya respecto del lugar que debe ocupar, ya del tiempo en que había de tener su efecto. I Perjudicar a un funcionario posponiendole a otro más moderno.

posteridad f. Descendencia o generación futura. I Fama póstuma.

posterior adj. Que fue o viene después, o está o queda detrás.

posterioridad f. Calidad de posterior. I Dícese de lo que queda para juicio o goce de los que vivan en los tiempos futuros.

postguerra f. Posguerra.

postigo m. Puerta falsa. I Puerta chica practicada en otra mayor. I Puerta de una sola pieza y una sola hoja. I Puertecilla que hay en algunas ventanas o puertaventanas.

postilla f. Apostilla.

postillón m. El que va a caballo delante de la posta, para guiar a los caminantes, o montado en una caballería de las delanteras del tiro del carruaje, para dar buena dirección a todas.

postín m. Entono, boato, importancia afectados sin fundamentos.

postizo, za adj. Que no es natural ni propio, sino fingido o sobrepuesto. I m. Pelo que suple al natural.

postmeridiano, na adj. Relativo a la tarde, o que es después de mediodía. I m. Cada uno de los puntos del paralelos de declinación de un astro, al oeste del meridiano del observador.

postor, ra m. y f. Licitador.

postración f. Accion de postrar o postrarse. I Abatimiento, decaimiento.

postrador, ra f. Acción de postrar o postrarse. I m. Tarima que se pone al pie de la silla en el coro para postrarse en ella.

postrar tr. Rendir, humillar o derribar una cosa. I Enflaquecer, debilitar, quitar el vigor y fuerzas. Ú. t. c. r. I r. Hincarse de rodillas humillándose.

postre adj. Postrero.I m. Fruta, dulce y otras cosas que se sirven al fin de la comida.

postrer adj. Apócope de prostero.

postrero, ra adj. y s. Ultimo en orden. I Que ésta, se queda o viene detras.

postrimer adj. Apócope de postrimero.

postrimería f. Ultimo período o últimos años de la vida.I Según los cristianos, cada una de las cuatro últimas cosas que aguardan al hombre, que son: muerte, juicio, infierno y gloria. I pl. Período último de la duración de una cosa.

postrimero, ra adj. Postrero, último.

póstula f. Postulación.

postulado, da m. Proposición cuya verdad se admite sin más pruebas que su evidencia ostensible, y que es necesaria para servir de base en ulteriores razonamientos. I Proposición que no se ha podido demostrar, pero que se admite como evidente.

postulante f. Persona que solicita ser admitida en una institución, corporación, universidad, etc., o que solicita el otorgamiento de algún beneficio, conforme a los reglamentos y por considerar que sus méritos son suficientes para que se atienda lo solicitado.

postular tr. Pedir, solicitar.

póstumo, ma adj. Que sale a luz después de la muerte de su padre o autor.

postura f. Posición, actitud, modo de estar o situación de una persona, animal o cosa. I Precio que el comprador pone por una cosa. I Cantidad apostada en el juego. I Huevo del ave. I Acción de ponerlo.

potable adj. Que se puede beber.

potación f. Acción de potar o beber. I Bebida.

potaje m. Caldo de olla u otro guisado. I Legumbres guisadas. I Legumbres secas. I fig. Mezcla de cosas inútiles.

potar tr. Igualar y marcar las pesas y medidas. I Beber.

potasa f. Oxido de potasio.

potasio m. Metal alcalino, ligero, blando, de bajo punto de fusión y muy reactivo.

pote m. Vaso alto de barro para beber o guardar los licores. I Tiesto que se plantan flores y hierbas olorosas. I Vasija con pies y asas, propia para cocer viandas.

potencia f. Facultad para ejecutar una cosa o producir un efecto. I Dominación, imperio. I Posibilidad, capacidad para poder ser o existir. I Estado soberano. I Poder y fuerza de un Estado. I Cada uno de los grupos de rayos de luz o auras que se ponen en la cabeza de ciertas imágenes religiosas. I Fuerza que produce el movimiento de una máquina. I Producto de factores iguales.

potencial adj. Que tiene potencia o pertenece a ella. I Díc. de las cosas que tienen la eficacia de otras y equivalen a ellas. I Que puede suceder o existir. I Díc. de una función matemática de ciertas fuerzas naturales, que sirve para expresar y medir la energia de su acción. Ú. t. c. s. I Díc. del moco verbal que expresa la acción como posible. I m. Cantidad de energia eléctrica acumulada en un conductor, que se mide en voltios.

potencialidad f. Capacidad de la potencia, independiente del acto. ‖ Equivalencia de una cosa respecto de otra en capacidad, virtud o eficacia.

potenciar tr. Comunicar potencia a una cosa o incrementar la que tiene.

potente adj. Que tiene poder o virtud para producir un efecto. ‖ Vigoroso. ‖ Capaz de engendrar.

poterna f. Puerta subalterna, en las fortificaciones.

potestad f. Poder. dominio, jurisdicción, facultad.

potestativo, va adj. Que está en la facultada de uno; que depende de su voluntad.

potingue m. fam. Cualquier bebida de botica.

potista com. fam. Bebedor de vino.

poto m. Las asentaderas humanas. ‖ Parte inferior o posterior de una vasija. ‖ Orificio anal.

potoco, ca adj. y s. Rechoncho, cuyas formas recuerdan las del poto.

potómetro m. Aparato que sirve para medir la cantidad de agua que absorben las raíces de las plantas.

potra f. Yegua desde que nace hasta que muda los dientes de leche, que suele ser entre los cuatro y cinco años. ‖ fam. Hernia.

potrada f. Reunión de potros de la yeguada o de un dueño.

potranca f. Yegua que no pasa de tres años.

potrear tr. fam. Molestar, incomodar.

potrera adj. Díc. de la cabezada del cáñamo que se pone a los potros.

potrero m. El que cuida de los potros. ‖ Hernista. ‖ Lugar destinado a la cría de ganado caballar. ‖ Prado de pastos artificiales, cercado y bien mantenido.

potril adj. Relativo a los potros. ‖ Díc. de la dehesa en que se criar potros. Ú. t. c. s.

potro m. Caballo entero, sin castrar. ‖ Caballo entre los cuatro y cinco años.

poyar f. Derecho que se paga en pan por cocer éste en el horno común. ‖ Residuo formado por las gárgolas del lino machacadas y separadas de la simiente.

poyo m. Banco de piedra o de fábrica, construido generalmente arrimado a las paredes o junto a las puertas de las casas. ‖ Antiguo derecho que se abonaba a los jueces.

poza f. Charca o concavidad en que hay agua detenida. ‖ Balsa para macerar el cáñamo o el lino.

pozal m. Cubo con que se saca agua del pozo. ‖ Brocal del pozo. ‖ Pocillo (vasija o tinajón empotrado en el suelo).

pozanco m. Poza que deja el agua del río al retirarse después de una avenida.

pozo m. Hoyo que se hace en la tierra para encontrar agua. ‖ Paraje en que los ríos tienen mayor profundidad. ‖ Excavación vertical en una mina.

práctica f. Ejercicio de un arte o facultad, conforme a sus reglas. ‖ Destreza adquirida con este ejercicio.‖ Uso, costumbre o estilo. ‖ Método que cada cual observa en sus operaciones. ‖ Aplicación de una idea o doctrina; experimentación de una teoría. ‖ pl. Ejercicios que bajo la dirección de un maestro han de hacer algunas personas para habilitarse y poder ejercer ciertas profesiones.

practicante Que practica. ‖ com. El que posee título para poder efectuar determinadas operaciones quirúrgicas que por su carácter secundario, deja el médico a su cargo. ‖ com. Enfermero o enfermera que desempeña su cargo en un hospital o establecimiento análogo. ‖ Persona que en una farmacia prepara y despacha los medicamentos.

practicar tr. Ejercitar, poner en practica una cosa que se ha aprendido. ‖ Usar o ejercer una cosa continuamente. ‖

Tomar conocimiento de una cosa con él uso práctico de ella. ‖ Ejecutar, hacer, llevar a cabo.

práctico, ca adj. Perteneciente a la práctica. ‖ Experimentado, diestro. ‖ Que desecha teorías y palabras, fiando más en los hechos positivos. ‖ Díc. del piloto que gobierna la embarcación por el conocimiento que tiene de las costas y puertos.

pradera f. Vasta llanura cubierta de pastizales naturales. ‖ Pradería. ‖ Prado extenso.

pradería f. Conjunto de prados.

prado m. Terreno llano, regable o muy húmedo, en que se deja crecer la hierba para pasto. ‖ Sitio ameno que sirve de paseo en algunas poblaciones.

pragmática f. Ley que se distingue de los reales decretos y órdenes en las fórmulas de su promulgación.

pragmatismo m. Método filosófico según el cual el único criterio válido para juzgar la de verdad de toda doctrina científica, moral o religiosa, se ha de fundar en sus efectos prácticos.

praseodimio m. Metal del grupo de las tierras raras. Sus sales se han aplicado en vidrio y cerámica.

prasma m. Variedad de ágata de color verde oscuro.

praticultura f. Parte de la agricultura que trata del cultivo de los prados.

pravedad f. Maldad, depravación.

pravo, a adj. Malo, depravado.

pre m. Prest. ‖ prep. insep. que denota antelación, prioridad o encarecimiento.

preadamita m. Supuesto antecesor de Adán.

preámbulo m. Prefacio, exordio. ‖ Digestión, rodeo, antes de entrar en materia.

prebenda f. Renta aneja a un oficio. ‖ Beneficio eclesiástico superior de una catedral o colegiata. ‖ fig. Empleo fácil y lucrativo.

prebendar tr. Conferir prebenda. ‖ intr. Obtenerla. Ú. t. c. r.

preboste m. Jefe de una comunidad.

precario, ria adj. De poca estabilidad o duración.

precaución f. Cautela, prudencia, prevención, cuidado.

precaver tr. y r. Prevenir un daño poniendo los medios necesarios para evitarlos.

precavido, da adj. Cauto, sagaz, prudente, previsor.

precedencia f. Anterioridad, prioridad de tiempo; anteposición, antelación en el orden. ‖ Preeminencia o preferencia en el lugar y asiento. ‖ Primacía, superioridad.

precedente Que precede o es anterior, ‖ m. Antecedente (acción o circunstancia que sirve para juzgar otra posterior). ‖ Resolución anterior en caso análogo.

preceder tr. Ir delante en tiempo, orden o lugar. ‖ fig. Tener preferencia o primacía.

preceptista adj. y s. Díc. de quien da o enseña preceptos o reglas.

preceptivo, va adj. Que incluye o encierra en sí preceptos. ‖ f. Conjunto de preceptos aplicables a determinada materia.

precepto m. Orden o mando. ‖ Regla o instrucción. ‖ Por antonomasia; cada uno de los diez mandamientos de la ley de Dios.

preceptor, ra m. y f. Maestro o maestra; persona que enseña.

preceptuar tr. Dar o dictar preceptos.

preces f. pl. Súplicas, ruegos. ‖ Oraciones dirigidas a Dios, a la Virgen o los santos.

precesión f. Reticencia.

preciar tr. Apreciar. ‖ r. Jactarse; alardear, vanagloriarse.

precinta f. Tira de cuero, metal, etc., que refuerza las esquinas de los cajones, baúles etc.

precintar tr. Asegurar con precinta. | Poner precinto.

precinto m. Acción de precintar. | Ligadura sellada con que se ata una cosa para que no se abra sino por quien deba hacerlos.

precio m. Valor en que se estima una cosa para fines de transacción comercial. | fig. Estimación o crédito. | fig. Esfuerzo o sacrificio que cuesta una cosa.

preciosidad f. Calidad de precioso. | Cosas preciosas.

preciosismo m. Extremado atildamiento de estilo. | Nombre dado a una tendencia literaria desarrolla en Francia en el transcurso del s. XVII.

preciosista adj. y s. Perteneciente o relativo al preciosismo.

precioso, sa adj. Excelente, primoroso. | De mucho valor o de elevado coste. | fig. Hermoso. | Díc. de la piedra dura, rara y transparente o traslúcida, que, tallada, se emplea en adornos de lujo.

precipicio m. Despeñadero o derrumbadero por cuya proximidad hay riesgo de caer. | Despeño o caída violenta.

precipitación f. Acción de precipitar o precipitarse. | Lluvia, nieve o granizo que se deposita en la tierra.

precipitado, da adj. Atropellado, desatinado, alocado. | m. Materia que, en virtud de reacciones químicas, se separa del líquido en que estaba disuelta y se posa en el fondo del recipiente.

precipitar tr. Despeñar o derribar de un lugar alto. Ú. t. c. r. | Atropellar, acelerar. | fig. Exponer a alguien a una ruina. | Hacer que una disolución se separe del líquido una materia sólida que se posa en el fondo de la vasija. | r. Arrojarse inconsideradamente a hacer o decir algo.

precipuo, a adj. Señalado o principal.

precisar tr. Fijar, determinar de un modo exacto y preciso. | Obligar forzosamente a hacer algo. | fig. Ser necesario.

precisión f. Obligación o necesidad de hacer una cosa. | Determinación, exactitud, puntualidad, concisión. | loc. Díc. de los aparatos, máquinas, etc., con los que se obtienen resultados exactos.

preciso, sa adj. Necesario, indispensable. | Puntual, fijo y exacto. | Distinto, claro y formal. | Díc. del estilo del lenguaje conciso y muy exacto.

preclaro, ra adj. Ilustre, esclarecido.

precocidad f. Calidad de precoz.

precognición f. Conocimiento anterior.

precolombino, na adj. Se dice de lo relativo a América, anterior a su descubrimiento por Cristóbal Colón.

preconcebir tr. Establecer previamente y con sus pormenores algún proyecto que ha de ejecutarse.

preconización f. Acción de preconizar.

preconizar tr. Encomiar públicamente.

preconocer tr. Prever, conocer con antelación.

precordial adj. Relativo a la región del tórax situada delante del corazón.

precoz adj. Díc. del fruto temprano, prematuro. | fig. Aplícase a la persona que en corta edad muestra cualidades que de ordinario son más tardías.

precursor adj. Que precede o va adelante. Ú. t. c. s.

predar tr. ant. Apresar, saquear, robar.

predatorio, ria adj. Propio del que roba o saquea. | Preador, ra, dícese de los animales que viven del producto de la caza.

predecesor, ra m. y f. Antecesor.

predecir tr. Anunciar por revelación, ciencia o conjetura, algo que sucederá.

predefinir tr. Determinar el tiempo en que han de existir las cosas | Prefinir.

predestinación f. Destinación anterior. | Ordenación de la voluntad de Dios con que desde la eternidad tiene elegidos a los que por medio de su gracia han de alcanzar la gloria.

predestinar tr. Destinar anticipadamente una cosa para un fin.

predeterminar tr. Determinar o resolver con anticipación.

prédica f. Sermón, plática del ministro de la iglesia protestante. | Perorata.

predicación f. Acción de predicar, y doctrina que se predica.

predicado m. Aquello que se afirma del sujeto en una proposición.

predicador, ra adj. y s. Que predica. | m. Orador evangélico que predica la palabra de Dios.

predicamento m. Cualquiera de las diez categorías a que se suelen reducir todas las cosas, y que son: sustancia, cantidad, cualidad, relación, acción, pasión, lugar, tiempo, situación y hábito. | Opinión, grado de estimación en que uno se halla. | Aprieto, dificultad.

predicar tr. Publicar, hacer patente y clara una cosa. | Pronunciar un sermón. | fig. Reconocer con exceso. | fig. Reprender severamente. | fig. Amonestar y tratar de persuadir con razones.

predicativo, va adj. Perteneciente al predicado o que tiene su carácter.

predicción f. Acción de predecir.

predicho, cha p.p. irreg. de predecir.

predilección f. Cariño especial o preferencia señalada que se tiene a una persona o cosa.

predilecto, ta adj. Preferido por afecto especial.

predio m. Heredad, finca.

predisponer tr. Disponer anticipadamente, preparar para un fin, ya sea física, ya el ánimo de una persona.

predominar tr. Prevalecer, preponderar. U. m. c. intr. | fig. Exceder mucho en altura una cosa respecto de otra.

predominio m. Imperio, poder, ascendiente, superioridad, influjo.

predorso m. Parte anterior del dorso de la lengua. | Primer elemento compuesto que indica carácter o situación predorsal.

preelegir tr. Elegir con anticipación.

preeminencia f. Privilegio, preferencia, ventaja, supremacía, precedencia.

preeminente adj. Superior, excelso, sobresaliente.

preexistencia f. Para los hinduístas y fieles de otras religiones que creen en la reencarnación, existencia que una persona ha tenido antes de nacer a esta vida actual. | Existencia anterior, con alguna de las prioridades de la natura-leza u origen.

prefabricación f. Acción de prefabricar

prefabricado, da adj. Díc. de las casas o edificios cuyas partes componentes se construyen en serie en la fábrica y que solo se requiere el montaje y ajuste de dichas partes sobre el terreno para su erección.

prefabricar tr. Construir en serie las partes componentes de casas, edificios, barcos, etc., de modo que luego sólo requiera el montaje y ajuste sobre el propio terreno.

prefacio m. Explicación que se da antes de entrar a la materia principal de un escrito. | Parte de la misa que precede al canon.

prefecto m. Jefe de la policía. | Título de varios jefes militares o civiles entre los romanos. | Ministro que preside un tribunal, junta o comunidad eclesiástica. | Persona que tiene a su cargo el cuidado de que se desempeñen bien ciertos cargos.

prefectura f. Cargo o dignidad de prefecto. I Territorio que comprende su jurisdicción. I Oficina o despacho del prefecto.

preferencia f. Primacía, ventaja o distinción de una persona o cosa respecto a otra. I Inclinación favorable o predilección hacia una persona o cosa, entre varias.

preferir tr. y r. Dar la preferencia.

prefiguración f. Representación anticipada de una cosa.

prefigurar tr. Representar anticipadamente una cosa.

prefijo, ja adj. y s. Díc. del afijo que va antepuesto.

prefinir tr. Señalar, fijar el término o el tiempo para ejecutar algo.

prefloración f. Disposición de las distintas partes de una flor antes de abrirse.

prefoliación f. Disposición de las hojas antes de abrirse la yema.

prefulgente adj. Muy resplandeciente.

pregón m. Promulgación de una cosa en voz alta y en lugares públicos, para que todos sepan.

pregonar tr. Hacer notoria una cosa en voz alta. I Publicar a voces la mercancía que se vende. I fig. Publicar lo oculto o secreto. I fíg. Alabar en público los hechos o buenas cualidades de una persona.

pregonero, ra adj. y s. Que publica, divulga o hace notoria una cosa. I m. Oficial público que en alta voz da los pregones. I Vendedor de diarios.

pregunta f. Interrogación o demanda que se hace a alguien para que responda.

preguntar tr. y r. Interrogar, demandar o hacer preguntas.

preguntón, na adj. y s. Preguntador, molesto y posado en preguntar.

prehistoria f. Ciencia que trata de la historia del mundo y del hombre con anterioridad a todo documento de carácter histórico.

preinserto, ta adj. Insertado antes.

prejuicio m. Acción de prejuzgar.

prejuzgar tr. Juzgar de las cosas antes de tiempo o sin conocerlas bien.

prelacía f. Dignidad de prelado.

prelación f. Preferencia, antelación con que una cosa debe ser atendida

prelada f. Superiora de un convento de religiosas.

prelado m. Superior de un convento o una comunidad eclesiástica.

prelatura f. Prelacía.

preliminar adj. Que sirve de preámbulo o promedio. I fig. que antecede o se antepone a algo. Ú. t. c. s. I m. Cualquiera de los artículos generales que sirven de base para un tratado de paz.

preludiar intr. Probar, ensayar un instrumento o la voz antes de comenzar la pieza principal.

preludio m. Lo que precede y sirve de entrada y preparación a alguna cosa. I Ensayo que se hace con la voz o con el instrumento para prepararse a cantar o tocar. I Obertura o sinfonía.

prelusión f. Preludio, prólogo, introducción.

prematuro, ra adj. Que no está en sazón. I Que ocurre antes de tiempo.

premeditación f. Acción de premeditar.

premeditar tr. Pensar reflexivamente una cosa antes de hacerla.

premiar tr. Remunerar, galardonear, recompensar méritos o servicios.

premio m. Remuneración, galardón o recompensa de méritos o servicios. I Vuelta, exceso, cantidad que se añade al precio o valor por vía de compensación o de incentivo. I Cada uno de los lotes sorteados en la lotería nacional.

premisa f. Cualquiera de las dos primeras proposiciones del silogismo, de donde se infiere la conclusión.

premiso, sa adj. Prevenido, presupuesto, o enviado con anticipación.

premonición f. Inspiración o estado psíquico por el cual tenemos conocimiento anticipado de cosas que ocurrirán en el futuro.

premonitorio, ria adj. Que lleva a premonición. I Díc. del fenómeno o síntoma precursor de alguna enfermedad y estado de la persona en que se manifiesta.

premura f. Aprieto, prisa, urgencia.

prenda f. Cosa mueble que da o se toma en garantía de una deuda o de otra obligación. I Cualquiera de las alhajas, muebles o enseres de uso doméstico. I Cualquiera de las partes del vestido y del calzado. I Lo que se da o hace en señal o prueba de una costa. I fig. Cosa inmaterial que sirve de seguridad y firmeza para un objeto. I fig. Persona o cosa que se ama mucho. I Cualquiera de las buenas cualidades personales de alguien.

prendar tr. Sacar una prenda para garantía de una deuda o indemnización. I Ganar la voluntad de alguien. I r. Aficionarse a una persona o cosa, enamorarse de ella.

prendedero m. Instrumento propio para prender o asir algo. I Broche para asegurar las sayas enfaldadas. I Cinta para asegurar el pelo.

prendedor, ra m. y f. Persona que prende. I m. Prendedero.

prender tr. Asir, coger, agarrar. I Apoderarse de una persona y asegurar privándola de la libertad. I Hacer presa una cosa en otra. I intr. Arraigar la planta en la tierra. I Empezar a ejercer su cualidad o comunicar su virtud una cosa a otra.

prendería f. Tienda de compra y venta de prendas, alhajas y muebles usados.

prendero, ra m. y f. Persona que tiene prendería.

prenotar tr. Notar con anticipación

prensa f. Máquina para apretar o comprimir. I fig. Imprenta. I fig. Conjunto de publicaciones periódicas y especialmente las diarias.

prensado, da Labor que queda en los tejidos, por efecto de la prensa.

prensar tr. Apretar una cosa en la prensa. I fig. Oprimir, apretar a uno.

prensil adj. Que sirve para asir, prender o agarrar. I Dícese de los órganos de animales o plantas destinados a sujetarse de elementos externos como ramas, grietas, etc.

prensor, ra adj. y s. Díc. de ciertas aves de mandíbulas robustas, la superior encorvada desde la base, y patas con dos dedos hacia atrás; como el guacamayo. I f. pl. Orden de estas aves.

prenunciar tr. Anunciar de antemano.

preñado, da adj. Díc. de la hembra que está esperando tener el hijo que ha concebido. I fig. Díc. de la pared que forma barriga y amenaza ruina. I fig. Lleno o cargado.

preñar tr. Embarazar. I fig. Llenar, henchir.

preñez f. Preñado, embarazo. I fig. Estado de un asunto que aún no se ha resuelto.

preocupación f. Ocupación o adquisición anticipada de una cosa. I Juicio o primera impresión de una cosa en el ánimo, que lo ocupa por entero. I Cuidado, desvelo, previsión de alguna contingencia azarosa o adversa.

preocupar tr. Ocupar antes o anticipadamente una cosa. I fig. Prevenir el ánimo de uno, de modo que dificulte asentir a otra opinión. I Poner el ánimo en cuidado, embargarle con un asunto o una contingencia. Ú. t. c. r. I r. Estar prevenido en favor o en contra de alguna persona o cosa.

preparación f. Acción de preparar o prepararse.

preparado, da m. Droga o medicamento preparado.

preparar tr. Prevenir, disponer una cosa para que sirva a un efecto. I Prevenir a un sujeto o disponerle para acción. I Hacer las operaciones necesarias para obtener un producto. I r. Disponerse, prevenirse para algún fin.

preponderancia f. Exceso del peso de una cosa respecto de otra. I fig. Prevaler una opinión u otra cosa sobre aquella con la que se compara.

preponer tr. Anteponer, preferir.

preposición f. Parte invariable de la oración que indica el régimen o relación de dos términos entre sí. También se usa como prefijo.

prepósito m. Jefe o cabeza de una junta o comunidad, que preside o manda en ella.

preposterar tr. Trastrocar el buen orden de algunas cosas.

prepotencia f. Poder superior al de otros, o gran valor.

prepotente adj. Más poderoso que otros, o muy poderoso. I Violento, ensoberbecido.

prerrogativa f. Privilegio ajeno a una dignidad o cargo.

presa f. Acción de prender, asir o agarrar. I Cosa apresada o robada. I Acequia. I Muro construido al través de un río, canal u arroyo, para conducir el agua fuera de su cauce.

presada f. Agua que se retiene en el caz del molino para servir la fuerza motriz.

presagiar tr. Anunciar o prever una cosa, por presagios o señales.

presagio m. Señal que anuncia un suceso. I La adivinación o conocimiento de las cosas futuras que por su medio se hace.

presbicia Defecto de présbite.

présbita adj. Présbite.

présbite adj. y s. Aplícase a quien para ver bien necesita que el objeto esté a mayor distancia que la normal.

presbiterado m. Sacerdocio, orden sacerdotal.

presbiterio m. Área del altar mayor hasta las gradas que dan acceso a él. I Reunión de los presbíteros con el obispo.

presbítero m. Sacerdote, clérigo, ordenado de misa.

presciencia f. Conocimiento de lo futuro.

prescindencia f. Acción y efecto de prescindir.

prescindible adj. Aplícase aquello de que se puede prescindir.

prescindir intr. Hacer abstracción de una persona o cosa; omitirla. I Privarse de ella, evitarla.

prescribir tr. Ordenar, señalar, determinar una cosa. I Rectar. I intr. Extinguirse un derecho una acción o una responsabilidad.

prescripción f. Acción y efecto de prescribir.

presea f. Alhaja, joya.

presencia f. Asistencia persona, o estado de la persona que se halla delante de otra u otras en el mismo lugar que ellas. I Talle, figura y disposición del cuerpo. I Representación, pompa, fausto.

presenciar tr. Hallarse presente a un acto o suceso.

presentable adj Que está en condiciones de presentarse o ser presentado.

presentalla f. Exvoto.

presentar tr. Manifestar, exhibir, poner en presencia de alguien una cosa. I Introducir a una persona en la casa o en el trato de otra. I Proponer a una persona para una prebenda. I r. Ofrecerse voluntariamente para un fin. I Comparecer en un lugar o acto, que ante un jefe o autoridad de quien se depende.

presente adj. Que está en presencia de uno o concurre con él en un mismo sitio. I Que se recuerda, que se tiene memoria y no se olvida. I Díc. del tiempo actual. I Díc. del tiempo de verbo que sirve para denotar la acción actual. I m. Don o regalo.

presentimiento m. Movimiento interior del ánimo que hace presagiar algo.

presentir tr. Prever, presagiar algún suceso por cierto movimiento interior del ánimo. I Adivinar una cosa antes que suceda por algunos indícios que la preceden.

presepio m. Pesebre. I Caballeriza. I Establo.

presero, ra m. y f. Guarda o guardesa de alguna presa o acequia.

preservar tr. y r. Guardar, proteger, poner anticipadamente a cubierto de un daño o peligro a un persona o cosa.

preservativo, va adj y s. Que tiene virtud de preservar.

presidencia f. Dignidad o cargo de presidente. I Acción de presidir. I Sitio que ocupa el presidente. I Oficina de presidente.

presidencialismo m. Sistema de organización política en que el presidente de la República asume asimismo la presidencia del Gobierno, dejado de depender de la confianza de la Cámara.

presidente Que preside I m. El que preside. I Superior de un consejo, tribunal o junta. I El jefe electivo del Estado; normalmente por un plazo fijo y responsable.

presidiario m. El que cumple condena en un presidio.

presidio m. Guarnición militar de un lugar fuerte. I Este lugar. I Establecimiento penitenciario donde cumplen su condena los delincuentes.

presidir tr. Ocupar el primer puesto en una junta, asamblea, consejo o tribunal. I Predominar, tener una cosa principal influjo.

presilla f. Cordón pequeño en forma de lazo, que viene a servir de ojal. I Costurilla con que se refuerza el borde de los ojales.

presión f. Acción de apretar o comprimir. I fig. Fuerza o coacción que se hace sobre una persona o colectividad.

presionar tr. Ejercer presión, comprimir, apretar. I Constreñir, intentar, reducir, obligar con amenazas, ruegos o razones.

preso, sa p.p. irreg. de prender. Ú. t. c. s.

prestación f. Acción de prestar. I Impuesto o servicio exigible por la ley o convenio en su pacto.

prestamista com. Persona que obtiene ganancias dando dinero a préstamo.

préstamo m. Empréstito. I Prestamera.

prestancia f. Excelencia, superior calidad.

prestar tr. e intr. Entregar a uno algo con obligación de devolverlo al cabo de cierto tiempo de haberlo usado, y en las condiciones establecidas en el acto de prestar. I Ayudar contribuir al logro de una cosa. I Dar o comunicar.

preste m. Sacerdote que celebra la misa cantada, o el que preside un función religiosa con capa pluvial.

presteza f. Prontitud, diligencia, rapidez,

prestidigitación f. Arte o habilidad para hacer juegos de manos.

prestidigitador, ra m. y f. Persona que sabe hacer juegos de manos, creando ilusiones que parecieran de hechicería.

prestigio m. Condición de respetabilidad y mérito reconocido que por sus antecedentes y conducta alcanza una persona.

presto, ta adj. Diligente, pronto, ligero, rápido. l Preparado, dispuesto o pronto para algo. l adv. Al instante.

presumido, da p. p de presumir. l adj. y s. Que presume. l Vano, fatuo.

presumir tr. Conjeturar, sospechar. l intr. Vanagloriarse, tener alto concepto de sí mismo.

presunción f. Acción de presumir. l Sospecha fundada.

presuntuoso, sa adj. y s. Lleno de presunción y orgullo.

presuponer tr. Dar previamente por cierta o por sentada una cosa. l Presupuestar.

presuposición f. Suposición previa. l Presupuesto (motivo de una acción).

presupuestar tr. Formar anticipadamente el cómputo de los gastos o ingresos, o de unos y otros en cualquier negocio.

presupuesto, ta p. p. irreg. de presuponer. l m. Suposición u supuesto. l Motivo o pretexto con que se ejecuta una cosa. l Cómputo anticipado de gastos o ingresos, o de unos y otros en cualquier negocio.

presurizar tr. Acondicionar una cápsula, cabina o recipiente cualquiera de manera que, aunque en el exterior se le someta a presiones anormales, la del interior se conserve en niveles determinados.

presuroso, sa adj. Pronto, veloz.

pretencioso, sa adj. Presuntuoso.

pretender tr. Solicitar una cosa, haciendo las diligencias necesarias para obtenerla. l Fingir sentimientos o circunstancias falsas con el propósito de obtener ventajas de ello.

pretendiente p. a. de pretender. Que pretende o solicita algo. l Dícese de la persona que expresa su amor y deseo de llegar al noviazgo.

pretensión f. Solicitación para conseguir algo. l Derecho que uno cree tener sobre algo. l pl. Aspiraciones de una persona.

preterir tr. Hacer caso omiso de una persona o cosa.

pretérito, ta adj. Que ya ha pasado o sucedió.

pretexto m. Razón o causa aparente que se alega para hacer o excusarse de hacer algo.

pretil m. Murete o vallado que se pone en los puentes y en otros parajes para seguridad de los transeúntes. l Calzada o paseo a lo largo de un pretil.

pretina f. Correa con hebilla para sujetar una prenda en la cintura. l Cintua donde se ciñe esta correa. l Parte de la prenda, que se ajusta a la cintura. l fig. Lo que ciñe o rodea una cosa.

pretor m. Magistrado romano que ejercía jurisdicción en Roma o en las provincias. l Negrura del agua en los parajes donde hay muchos atunes.

pretorio, ria adj. Pretorial. l m. Palacio del pretor.

preuniversitario, ria adj. Díc. de las enseñanzas preparatorias para el ingreso en la Universidad, y particularmente de un curso complementario del bachillerato. Ú. t. c. s. m.

prevalecer intr. Predominar, sobresalir, descollar; tener superioridad. l Obtener una cosa en oposición de otros. l Arraigar los vegetales e ir desarrollándose.

prevaler intr. Prevalecer. l r. Valerse de una cosa, servirse de ella.

prevaricación f. Acto de prevaricar.

prevaricar intr. Delinquir un funcionario público dictando o proponiendo resolución de manifiesta injusticia. l Cometer el crimen de prevaricato. l Por extensión, cometer uno cualquier falta menos grave en el ejercicio de sus deberes.

prevaricato m. Accion de cualquier funcionario que de una manera análoga a la prevaricación falta a los deberes de su cargo. l Prevaricación.

prevención f. Acción de prevenir. l Preparación y disposición que se hace anticipadamente para evitar un riegos o ejecutar una cosa. l Concepto, por lo común desfavorable, que se tiene de una persona o cosa. l Puesto de policía donde se lleva preventivamente a quien delinque. l Mil. Guardia del cuartel, y sitio donde está.

prevenido, da p. p. de prevenir. l adj. Dispuesto, apercibido para un cosa. l Provisto, abundante, lleno. l Advertido, cuidadoso.

prevenir tr. Preparar y disponer con anticipación las cosas necesarias para un fin. l Prever, conocer anticipadamente un daño o peligro. l Precaver, evitar o impedir una cosa. l Advertir, informar, avisar.

preventivo, va adj. Que previene.

prever tr. Ver de antemano, o conocer por indicios lo que ha de suceder.

previo, via adj. Anticipado, que antecede. l Dícese de las condiciones que deben cumplirse antes de iniciar una acción. l m. Grabación del sonido antes de impresionar la imagen.

previsible adj. Que puede preverse.

previsión f. Acción de prever. l Acción de prevenir alguna cosa contingente.

prez amb. Honor, estima que se adquiere por una acción gloriosa.

prieto, ta adj. Apretado, arduo. l Díc. del color muy oscuro. l fig. Mísero, cicatero, etc.

prima f. Primera de las cuatro partes en que dividían los romanos el día artificial, y que comprendía desde la salida del Sol hasta media mañana. l Cuerda primera, de sonido muy agudo, en algunos instrumentos músicos. l Una de las siete horas canónicas, que se dice despues de laudes. l Cantidad que se cobra a modo de premio, de sobreprecio o de indemnización, según los casos, en ciertas operaciones comerciales o negocios.

primacía f. Excelencia, superioridad. l Dignidad de primado.

primada f. fam. Acción propia del primo o persona incauta.

primado, da adj. Relativo al primado. l Díc. de la iglesia que es sede de un primado.

primario, ria adj. Principal, primero. l Díc. de la instrucción que se da en escuelas de primera enseñanza. l fc. del circuito que recibe la corriente de un generador de energía eléctrica, en un transformador o en un carrete o bobina de inducción, y de la corriente inductora. Ú. t. c. s. l Paleozoico.

primate m. pl. Orden de mamíferos que comprende los monos y al hombre o al mamífero parecido al mono del cual el hombre es descendiente. l Personaje principal, prócer.

primavera f. Estación del año comprendida entre el 21 de marzo y el 21 de junio. l Epoca templada del año, que en el hemisferio boreal corresponde a los meses de marzo, abril y mayo, y en el austral a los de septiembre, octubre y noviembre. l Planta primulácea de flores amarillas en figura de parasol. l Tiempo de mayor vigor, lozanía y hermosura de una cosa.

primazgo m. Parentesco entre primos. l Primacía (dignidad de primado).

primearse r. Darse tratamiento de primos el rey y los grandes o estos entre si.

primer adj. Apócope de primero, ra.

primerizo, za adj. y s. Que hace por primera vez una cosa o es novicio o principiante. l Díc. de la hembra que tiene su primer hijo

primero, ra adj. Díc. de la persona o cosa que precede a las demás en orden, tiempo, lugar, situación, clase o jerarquía. Ú. t. c. s. l Excelente, que sobresale y excede a otros. l Antiguo, primitivo.

primicia f. Primer fruto de una cosa. U. m. en pl. l Presta-ción de frutos o ganados que antiguamente exigía la Iglesia Católica, además del diezmo.

primigenio, a adj. Primitivo, originario.

primípara f. Mujer primeriza.

primitivo, va adj. Primero en su línea, o que no se origina de otra cosa. l Díc. de los pueblos aborígenes o de civilización poco desarrolada, así como de los individuos que los componen. l Rudimentario, elemental, tosco.

primo, ma adj. Primero l Primoroso, excelente. l Díc. del número entero que sólo es divisible por sí mismo y por la unidad. l m. y f. Hijo o hija del tío o tía de una persona respecto de ésta. l Tratamiento que en Europa daban los reyes a los grandes nobles. l fam. Persona incauta que se deja engañar o explotar fácilmente.

primogénito, ta adj. y s. Díc. del hijo que nace primero.

primogenitura f. Dignidad o derecho del primogénito.

primor m. Destreza, esmero o excelencia en hacer o decir una cosa. l Perfección y belleza de la obra ejecutada.

primordial adj. Primero, fundamental.

primoroso, sa adj. Excelente, delicado y perfecto. l Que hace o dice con perfección una cosa.

prímula f. Primavera (planta primulácea).

princesa f. Mujer del príncipe. l La que por sí posee un principado. l Hija del rey, heredera del trono.

principado m. Territorio sujeto a un príncipe. l Dignidad de éste. l Primacía, superioridad. l pl. Espíritus bienaventurados que forman el séptimo coro.

principal adj. Primero en estimación e importancia. l Noble, ilustre. l Aplícase al jefe de quienes manejan un negocio. l Esencial, fundamental. l Díc. del piso que está sobre el piso bajo, o sobre el entresuelo, si lo hay. Ú. t. c. s. l Capital de una obligación o censo. l Jefe de una casa de comercio, fábrica, etc.

príncipe adj. Díc. de la primera edición de un libro. l m. El primero o más aventajado en una cosa. l Hijo primogénito del rey, heredero de su corona. l Soberano de un Estado. l Individuo, de familia real o imperial. l Título de honor que dan los reyes.

principesco, ca adj. Díc. de lo que es o parece propio de un príncipe o princesa. l fig. Dícese de cualquier actitud magnánima o enaltecedora.

principiar tr. y r. Empezar, comenzar.

principio m. Primer instante del ser de una cosa. l Base, origen, fundamento. l Causa primera o primitiva de una cosa. l Cualquier cosa que entra con otra en la composición de un cuerpo.

pringar tr. Empapar con pringue el pan u otro alimento. l Manchar con pringue. Ú. t. c. r. l fig. Denigrar, infamar. l Contagiar de una enfermedad. l intr. fig. tomar parte en un negocio. l r. fig. Sacar unos provechos ilícitos de los intereses que maneja.

pringoso, sa adj. Que tiene pringue.

pringue amb. Grasa, unto. l fam. Suciedad que se pega a la ropa o a otra cosa.

prior m. Prelado o superior del convento, en algunas órdenes religiosas; y en otras segundo prelado después del abad. l Dignidad de algunas catedrales. l En algunos obispados, párroco o cura.

priora f. Prelada de algunos conventos de religiosas; y en otros segunda prelada, después de la abadesa.

prioral adj. Relativo al prior o a la priora.

priorato m. Cargo o dignidad de prior o priora. l Territorio en que tiene jurisdicción el prior. l Casa de religiosos benedictinos pertenecientes a un monasterio pnncipal.

priorazgo m. Priorato (dignidad de prior y territorio de su jurisdicción).

prioridad f. Anterioridad en tiempo u orden. l Precedencia de una cosa a otra que depende de ella.

prioste m. Mayordomo de una cofradía o hermandad.

prisa f. Prontitud, presteza, rapidez con que se ejecuta una cosa. l Aplicación grande al despacho inmediato de una cosa.

prisión f. Acción de prender, coger o asir. l Cárcel o lugar donde se encierra a los presos.

prisionero, ra m. y f. Persona cogida en la guerra al enemigo. l fig. Persona poseída de una pasión.

prisma m. Poliedro terminado por caras tales que dos de ellas, llamadas bases, son paralelas e iguales, y las demás son paralelógramos. l Prisma de cristal y de bases triangulares que se usa para producir la reflexión, la refracción y la descomposición de la luz.

prístino, na adj. Primero, primitivo, original, muy puro.

privacidad f. Circunstancias que favorecen la intimidad, el recato y el pudor, como en el interior del hogar o en medio de amigos de gran confianza.

privación f. Acción de despojar, impedir o privar. l Carencia o falta de una cosa en sujeto capaz de tenerla.

privado, da p. p. de privar. l adj. Hecho privadamente. l Particular de cada uno. l m. El que tiene privanza. l En privado, a salvo de miradas u oidos indiscretos.

privanza f. Situación de intimidad, a salvo de indiscreciones. l Privacidad. l Lugar preeminente en la gracia y confianza de un alto personaje, o de alguna persona.

privar tr. Despojar a uno de algo. l Prohibir, vedar. l Quitar o suspender el sentido. Ú. m. c. r. l Destituir a uno de un empleo o dignidad. l r. Dejar voluntariamente una cosa de gusto o interés.

privatizar tr. Transferir una empresa o actividad pública al sector privado.

privilegiado, da p. p. de privilegiar. l adj. Que tiene algún privilegio.

privilegiar tr. Conceder privilegio.

privilegio m. Gracia, prerrogativa o exención que se concede a uno. l Documento en que consta esta concesión.

pro amb. Provecho. l prep. insep. que tiene la significación de por o en lugar de, como en proponer; o indica publicación, como en proclamar; impulso, como en promover; continuidad de una acción, como en procrear; negación o contradicción como en proscribir; sustitución, como en procurador.

proa f. Parte delantera de la embarcación.

probabilidad f. Mayor o menor posibilidad de que una cosa suceda. l Demostrabilidad.

probable adj. Que se puede probar. l Que es muy fácil que suceda.

probador, ra adj. y s. Que prueba. l m. Aposento donde se prueban los vestidos, en los talleres de costura.

probar tr. Examinar y experimentar las cualidades de personas o cosas. l Examinar si una cosa tiene la medida y proporción conveniente para un fin. l Gastar una pequeña porción de un manjar o líquido. l int. Intentar una cosa, hacer prueba. l Convenir una cosa a una cosa hacer prueba.

probeta f. Tubo o recipiente de vidrio, abierto por un extremo y destinado a contener líquidos o gases. l Manómetro de mercurio.

problema m. Cuestión o proposición dudosa que se trata de resolver. I Proposición encaminada a averiguar el modo de obtener un resultado cuando se conocen ciertos datos. I Dificultad que se presenta para la realización de una cosa y que debe ser resuelta.

probo, ba adj. Que tiene probidad.

proboscidio adj. y s. Aplícase a los mamíferos ungulados que tienen trompa prensil, cinco dedos en cada extremidad, piel muy gruesa e incisivos, como el elefante. I m. pl. Orden de estos animales.

procacidad f. Descaro, desvergüenza.

procaz adj. Descarado, desvergonzado. I Aplícase en particular al lenguaje que expresa las cosas íntimas con gran crudeza.

procedencia f. Principio, origen de una cosa. I Punto de salida de una embarcación cuando llega al término de su viaje. También se emplea tratándose de otros vehículos o de personas.

procedente p. a. de proceder. Que procede o trae su origen de una persona o cosa.

proceder m. Modo y forma de portarse y gobernar uno sus acciones. I intr. Ir algunas personas o cosas en orden, una tras otras. I Seguirse, originarse una cosa de otra. I Portarse o conducirse uno bien o mal. I Pasar o hacer algo.

procedimiento m. Acción de proceder. I Método de hacer algunas cosas.

procela f. poét. Borrasca, tormenta.

proceláridas f. pl. Familia de aves palmípedas, que viven en las costas desiertas, cuyo tipo es el petrel.

prócer adj. Alto, eminente o elevado. I m. Persona de alta dignidad o muy distinguida.

procesado, da p. p. de procesar. I adj. Díc. del escrito y letra de proceso. I Comprendido como presurito reo en un proceso. Ú. t. c. s.

procesar tr. Formar autos y procesos. I Llevar a afecto un computador u ordenador electrónico un conjunto de operaciones, determinadas por un programa y por los datos que se le imponen bajo forma de impulsos eléctricos. I Declarar y tratar a una persona como presunto reo de delito.

procesión f. Acto de ir marchando ordenadamente muchas personas con algún fin público y solemne, en especial religioso. I Una o más hileras de personas o animales en marcha.

procesionaria f. Nombre común a las orugas de varias especies de lepidópteros que causan grandes estragos en los pinos, encinas y otros árboles.

proceso m. Progreso (acción de ir hacia delante). I Transcurso del tiempo. I Conjunto de las fases sucesivas de un fenómeno. I Conjunto de diligencias judiciales de una causa. I Desarrollo sistemático de un conjunto de operaciones determinadas por un programa y que se imponen a un computador u ordenador electrónico.

proclama f. Notificación pública. I Alocución política o militar.

proclamar tr. Publicar en alta voz una cosa.

proclítico, ca adj. Díc del monosílabo que se liga en la cláusula con la voz siguiente.

proclive adj. Propenso o inclinado a una cosa, especialmente si es mala.

proclividad f. Calidad de proclive.

procónsul m. Gobernador de una provincia, entre los romanos.

procordado adj. y s. Díc. de animales que se caracterizan por la colocación dorsal del sistema nervioso, por la existencia de un notocordo y por la transoformación de la primera porción del aparato digestivo en un órgano respiratorio. I m. pl. Tipo de estos animales, todos los cuales son marinos.

procreación f. Acción de procrear.

procrear tr. Engendrar, multiplicarse los individuos de una especie.

procuración f. Cuidado y diligencia con que se trata un negocio. I Poder que una persona da a otra para que haga algo en su nombre.

procurador, ra adj. y s. Que procura. I m. El que en virtud del poder que le otorga otra persona hace algo en su nombre, especialmente en lo judicial.

procurar tr. Hacer diligencias para conseguir algo. I Ejercer el oficio de procurador.

procurrente m. Grande extensión de tierra avanzada dentro del mar.

prodigalidad f. Derroche, disipación de los propios bienes. I Copia, abundancia.

prodigar tr. Gastar pródigamente, derrochar, dilapidar. I Dar con abundancia. I fig. Dispensar muchos elogios, favores, etc. I r. Excederse en la exhibición personal.

prodigio m. Suceso sobrenatural. I Cosa especial, rara o primorosa. I Milagro.

prodigioso, sa adj. Sobrenatural, maravilloso. I Excelente, primoroso.

pródigo, ga adj. Disipador, manirroto. Ú. t. c. s. I Muy liberal y dadivoso. I Que desprecia generosamente la vida u otra cosa estimable.

producción f. Acción de producir. I Cosa producida. I Acto o manera de producirse. I Suma de los productos del suelo o de la industria.

producir tr. Engendrar, procrear, criar. I Dar, rendir fruto las tierras o los árboles. I Rentar, redituar interés, utilidad o beneficio una cosa. I fig. Procurar, originar, ocasionar. I fig. Fabricar, elaborar cosas útiles.

productividad f. Calidad de productivo. I Cantidad producida tomando como punto de referencia el trabajo realizado o el capital invertido.

producto, ta p. p. irreg. de producir. I m. Cosa producida. I Caudal que se obtiene de una cosa que se vende, arrienda o explota. I Cantidad resultante de la multiplicación.

productor, ra adj. y s. Que produce. I m. Cada una de las personas que trabajan en una empresa. I m. y f. Persona que organiza la realización de una obra cinematográfica y aporta el capital necesario.

proel m. Marinero que en una lancha, bote o embarcación análoga maneja el remo de proa, utiliza el bichero y sustituye al patrón.

proemio m. Prólogo.

proeza f. Hazaña, acción valerosa.

profanación f. Acción de profanar.

profanar tr. Tratar lo sagrado sin el debido respeto. I Deslucir, deshonrar, prostituir cosas respetables; hacer uso indigno de ellas.

profano, na adj. Que no es sagrado ni sirve para usos sagrados. I Irreverente, contrario al respeto que se debe a las cosas sagradas. I Que carece de conocimientos y autoridad en una materia. Ú. t. c. s.

profecía f. Don sobrenatural que permite conocer las cosas distantes o futuras. I Predicción hecha en virtud de este don. I fig. Conjetura que se forma de una cosa por indicios o señales.

proferir tr. Pronunciar palabras.

profesar tr. Ejercer o enseñar una ciencia, oficio, etc. I Ingresar en una orden religiosa, obligándose a cumplir los votos propios de su instituto.

profesión f. Acción de profesar. l Empleo, facultad u oficio de cada cual.

profesional adj. Relativo a la profesión o magisterio de ciencias o artes. l com. Persona que hace hábito o profesión de alguna cosa.

profesionalizar intr. Convertir o convertirse en profesional de una actividad cualquiera.

profesor, ra m. y f. Persona que ejerce o enseña una ciencia o arte.

profesorado m. Cargo de profesor. l Cuerpo de profesores.

profeta m. El que posee el don de profecía. l fig. El que guiado por indicio o señales anuncia o predice algo.

profetisa f. Mujer que posee el don de profecía.

profetizar tr. Predecir lo futuro, en virtud del don de profecía. l fig. Conjeturar, juzgar del fin o éxito de una cosa por indicios.

proficiente adj. Díc. de quien va aprovechando en alguna cosa.

proficuo, cua adj. Provechoso.

profiláctica f. Higiene.

profiláctico, ca adj. Preservativo.

profilaxis f. Preservación. Conjunta de medidas de precaución destinadas a evitar las enfermedades.

prófugo, ga adj. y s. Fugitivo; que huye de la justicia. l m. Mozo que se ausenta para evadirse del servicio militar.

profundizar tr. Ahondar; cavar una cosa para hacerla más profunda. l fig. Examinar con atención una cosa para conocerla bien. Ú. t. c. intr.

profundo, da adj. Que tiene el fondo muy distante de la boca o borde del hoyo o cavidad..

profusión f. Copia, abundancia excesiva. l Prodigalidad.

progenie f. Familia o linaje de que desciende una persona. l Hijos y descendientes de una persona.

progenitor m. Padre. l Ascendiente de que procede una persona.

progesterona Hormona esteroidea femenina.

prognatismo m. Malformación física caracterizada por una anormal prominencia hacia adelante del maxilar inferior, que a menudo provoca dificultad para morder y masticar.

progne f. Golondrina.

programa m. Plan y sistema en que se ha de realizar alguna actividad.

programar v. tr. Fijar un programa. l Proyectar.

progresar intr. Hacer progresos.

progresión f. Acción de adelantarse o proseguir. l Serie de términos en la cual cada dos consecutivos dan una diferencia constante, o bien un cociente constante.

progresista adj. y s. Partidario del progreso.

progresivo, va adj. Que avanza, favorece el avance o lo procura. l Que progresa o aumenta en cantidad o perfección.

progreso m. Acción de ir hacia adelante. l Adelantamiento, mejora, perfeccionamiento.

prohibición f. Acción de prohibir.

prohibir tr. Vedar, impedir el uso o ejecución de una cosa.

prohibitorio, ria adj. Que prohibe.

prohijar tr. Recibir como hijo legalmente al que no lo es. l fig. Acoger como propias las opiniones ajenas.

prohombre m. Veedor u hombre probo que se elegía para gobernar un gremio. l El que goza de consideración y prestigio entre los de su clase.

proís m. Piedra o alguna otra cosa fija en tierra, en que se amarra una embarcación. l Amarra que se da en tierra para asegurar la embarcación.

prójimo m. Cualquier persona respecto a otra.

prole f. Linaje, hijos o descendencia.

proletariado m. Clase social constituida por los proletarios.

proliferación f. Multiplicación o reproducción de formas similares.

proliferar intr. Multiplicarse en formas similares. Ú. t. c. r.

prolífico, ca adj. Que tiene la característica de engendrar copiosamente.

prolijidad f. Calidad de prolijo.

prolijo, ja adj. Cuidadoso o esmerado en grado sumo. l Atento hasta los menores detalles.

prologar tr. Escribir el prólogo de una obra.

prólogo m. Discurso que antecede al cuerpo de la obra en un libro, para dar alguna explicación acerca de ella.

prolongar tr. y r. Alargar, dilatar o extender una cosa a lo largo. l Hacer durar una cosa más tiempo del normal o acostumbrado.

promediar tr. Repartir una cosa en dos partes iguales o casi iguales. l Calcular estadísticamente lo que corresponderia a los factores de un producto si todos participasen en forma igual.

promedio m. Punto en que una cosa se divide en dos partes iguales o casi iguales.

promesa f. Expresión de la voluntad de dar a uno o hacer por él algo. l Ofrecimiento piadoso que se hace a Dios o a los santos. l f. Augurio, indicio o señal que hace esperar algún bien.

prometer tr. Obligarse a hacer, decir o dar alguna cosa.

prometida f. Futura esposa.

prometido, da p. p. de prometer. l m. Prometimiento. l Futuro esposo.

prominencia f. Elevación de una cosa sobre lo que la rodea.

prominente adj. Que se eleva sobre lo que está cerca o alrededor.

promiscuo, cua adj. Mezclado confusamente. l Que se puede usar en dos sentidos.

promisión f. Prometimiento.

promisorio, ria adj. Que encierra promesas felices.

promoción f. Acción de promover. l Conjunto de personas que obtienen un grado, empleo o dignidad al mismo tiempo. l Elevación o mejora de las condiciones de vida, productividad, intelectuales, etc.

promontorio m. Altura grande de tierra. l Altura considerable de tierra que avanza dentro del mar. l fig. Cosa muy abultada y embarazosa.

promotor, ra adj. y s. Que promueve alguna cosa. l Persona encargada de exhibir y dar a probar algún producto para mostrar su calidad y promover su consumo.

promover tr. Adelantar, dar impulso a una cosa, procurando su logro. l Elevar a alguien a un empleo o dignidad superior al que tenía.

promulgación f. Acción de promulgar.

promulgar tr. Publicar solemnemente una cosa. l fig. Divulgar, hacer correr una especie.

pronación f. Movimiento del antebrazo que hace girar la mano de fuera a dentro presentando el dorso de ella.

prono, na adj. Muy inclinado a una cosa. l Que está echado sobre el vientre.

pronombre m. Parte de la oración que hace las veces del nombre o lo determinado.

pronominal adj. Relativo al pronombre.

pronosticar tr. Predecir lo futuro por indicios.

pronóstico m. Acción de pronosticar. l Señal por donde se conjetura o adivina una cosa futura.

prontitud f. Presteza, celeridad, rapidez en hacer algo. I Viveza de genio. I Viveza de ingenio.

pronto, ta adj. Veloz, rápido, ligero.

prónuba f. poét. Madrina de boda.

pronunciamiento m. Exposición de las razones que justifican un alzamiento o rebelión militar. I Cada una de las declaraciones, condenas o mandatos del juzgador.

pronunciar tr. Articular sonidos para hablar.

pronuncio m. Eclesiástico que transitoriamente ejerce de nuncio pontificio.

propaganda f. Publicidad aplicada a ideas, doctrinas y opiniones.

propagandista adj. y s. Dícese de quien hace propaganda.

propagar tr. y r. Multiplicar, reproducir. I fig. Extender, difundir o aumentar una cosa o su conocimiento.

propano m. Hidrocarburo gaseoso y combustible, cuya molécula se compone de tres átomos de carbono y ocho de hidrógeno.

propasar tr. Pasar más allá de lo debido. Ú. m. c. r. para expresar que uno se excede de lo razonable en lo que hace o dice.

propedéutica f. Enseñanza preparatoria para el estudio de una disciplina.

propender intr. Tener propensión o inclinacion a una cosa.

propensión f. Inclinación, tendencia a aficionarse a una cosa, a experimentar algún fenómeno o a contraer alguna enfermedad.

propenso, sa p. p. irreg. de propender. I adj. Que muestra tendencia, afición o inclinación a una cosa.

propergol m. Conjunto de combustible y comburente que producen la energía necesaria para impulsar un cohete.

propiciación f. Acción con que se mueve a piedad y misericordia. I Sacrificio que en la ley mosaica se hacía para tener a Dios propicio.

propiciar tr. Aplacar la ira de uno, haciéndole favorable y propicio. I Lograr de uno que se incline a hacer bien o a favorecer. I Favorecer uno la realización de algo.

propicio, cia adj. Favorable o inclinado a hacer un bien. I Favorable para que algo se logre.

propiedad f. Dominio o derecho que tenemos sobre las cosas que nos pertenecen, para usar y disponer de ellas libremente, o reclamarlas si están en poder de otro. I Cosa que es objeto del dominio. I Cualidad o atributo de una persona o cosa.

propietario, ria adj. y s. Que tiene derecho de propiedad sobre algo.

propileo m. Vestíbulo de un templo o palacio; peristilo de columnas.

propina f. Gratificación que sobre el precio convenido se da por algún servicio. I Gratificación pequeña con que se recompensa un servicio eventual.

propinar tr. Proporcionar. I fig. Dar golpes, palos, pegar, maltratar a uno.

propincuo, cua adj. Cercano, próximo, allegado.

propio, pia adj. Perteneciente en propiedad a uno. I Característico o peculiar de una persona o cosa. I Dícese del nombre que se da a una persona o cosa determinada para distinguirla de las demás de su especie.

propóleos m. Sustancia cérea con que las abejas bañan la colmena.

proponer tr. Manifestar o exponer a alguien una cosa para su conocimiento o para inducirle a adoptarla.

proporción f. Disposición o correspondencia debida de las partes con el todo. I Valores constantes que establecen la relación de las partes con el todo, aún cuando éstas y el todo sean mayores o menores.

proporcionado, da p. p. de proporcionar. I adj. Regular, apto para algo. I Que tiene proporción.

proporcional adj. Relativo a la proporción o que la incluye.

proporcionalidad f. Cualidad de proporcional, en especial a las proporciones deseables.

proporcionar tr. Disponer una cosa con la debida proporción y correspondencia entre sus partes. I Poner las cosas en disposición para lo que se desea. Ú. t. c. r. I Poner a disposición de uno alguna cosa. Ú. t. c. r.

proposición f. Acción de proponer. I Expresión de un juicio entre dos términos, sujeto y predicado, que afirma o niega éste de aquél, o incluye o excluye el primero respecto del segundo. I Enunciación de una verdad demostrada o que hay que demostrar.

propósito m. Animo o intención de hacer o no hacer una cosa.

propuesta f. Proposición o idea que se hace u ofrece a uno para un fin.

propugnar tr. Defender, amparar.

propulsar tr. Repulsar. I Impeler, empujar hacia adelante.

propulsión f. Propulsa. I Acción de propulsar o impeler hacia adelante.

prorrata f. Cuota o porción que a uno le toca en el prorra-teo.

prorratear tr. Repartir proporcionalmente algo entre varias personas.

prorrateo m. Repartición de una cantidad, obligación o carga entre varios, proporcionada a lo que debe tocar a cada uno.

prórroga f. Prorrogación. Acción de prorrogar.

prorrogar tr. Continuar, proseguir, dilatar una cosa por un tiempo señalado. I Aplazar, suspender.

prorrumpir intr. Salir con ímpetu una cosa. I fig. Proferir fuerte y repentinamente una voz, un suspiro u otra manifestación del ánimo.

prosa f. Forma natural del lenguaje, no sujeta a ritmo y medida en los sonidos, como en la poesía. I fig. Aspecto o parte de las cosas que se opone al ideal y a la perfección de ellas.

prosaico, ca adj. Relativo a la prosa. I Insulso, vulgar, falto de sutileza. I Escrito en prosa. I Dícese de la obra poética que adolece de prosaísmo.

prosaísmo m. Defecto de los versos que carecen de armonía y cadencia.

prosapia f. Ascendencia, linaje.

proscenio m. Parte anterior del escenario, comprendida entre el borde de éste y el primer orden de bastidores.

proscribir tr. Desterrar, expulsar a uno de su patria. I fig. Excluir, prohibir el uso de una cosa.

proscrito, ta p. p. irreg. de proscribir. I Persona que ha sido condenada a proscripción o es rebelde y perseguida por la ley.

proseguir tr. Continuar lo empezado.

proselitismo m. Celo de ganar prosélitos.

prosélito m. Persona convertida a la religión católica, o a otra religión. I fig. Partidario que se gana para una causa.

prosobranquios m. pl. Orden de moluscos gasterópodos, univalvos, entre los que se halla la lapa.

prosodia f. Parte de la gramática que enseña la recta pronunciación y acentuación de las voces.

prosopopeya f. Figura que consiste en atribuir a las cosas inanimadas o abstractas, acciones y cualidades de los seres animados, o las del hombre al irracional, o bien en poner discursos en boca de personas verdaderas o fingidas, vivas o muertas.

prospección f. Exploración del subsuelo en busca de yacimientos de minerales valiosos, petrolíferos o de aguas subterráneas. | Exploración de posibilidades futuras basadas en indicios presentes.

prospecto m. Anuncio o exposición breve sobre una obra, espectáculo, mercancía o escrito.

prosperar tr. Ocasionar prosperidad. | Intr. Tener o gozar prosperidad.

prosperidad f. Curso venturoso de las cosas; éxito féliz.

próspero, ra adj. Favorable, propicio, venturoso.

próstata f. Glándula propia de los machos de los mamíferos, situada entre la vejiga de la orina, la uretra y el recto.

próstilo adj. Dícese del templo de los antiguos, que, además de las dos columnas conjuntas, tenía otras dos delante de las pilastras angulares.

protagonista com. Personaje que es el sujeto de la acción de un drama, novela, etcétera.

protagonizar tr. Desempeñar el papel de protagonista de una obra.

prótasis f. Parte expositiva de la obra dramática. | Primera parte del período, cuyo sentido se completa en la apódosis.

proteáceo, a adj. y s. Dícese de plantas dicotiledóneas, árboles o arbustos, rara vez hierbas, con hojas dentadas y flores hermafroditas, en espigas o racimos.

protección f. Acción de proteger.

protector, ra adj. y s. Que protege.

protectorado m. Dignidad o cargo de protector y su ejercicio. | Parte de soberanía que un Estado ejerce en territorio de otro y en el que existen autoridades propias de este otro. | Territorio en que se ejerce esta soberanía compartida.

proteger tr. Amparar, defender, auxiliar, favorecer.

proteico, ca adj. Que cambia de formas o de ideas. | Perteneciente o relativo a las proteínas.

proteína f. Nombre genérico de ciertos compuestos orgánicos, constituidos por carbono, hidrógeno, oxígeno y nitrógeno, y con frecuencia también azufre y fósforo, elementos esenciales para la alimentación de los seres, de cuyas células, jugo y plasmas forman parte.

prótesis f. Metaplasmo consistente en añadir una o más letras al principio de un vocablo. | Cir. Procedimiento mediante el cual se repara la falta de algún órgano; como la de un diente o una articulación.

protesta f. Acción de protestar. | Declaración jurídica que se hace para mantener un derecho.

protestantismo m. Creencia religiosa de los protestante. | Conjunto de ellos.

protestar tr. Declarar una persona el ánimo que tiene en orden a la ejecución de una cosa. | Declarar uno públicamente su fe. | Hacer el protesto de una letra de cambio. | Intr. Aseverar con firmeza y con ahínco. | Reclamar contra algún acto.

proto- Prefijo que significa prioridad o superioridad.

protocolo m. Serie ordenada de escritura matrices y otros documentos que un notario o escribano autoriza y custodia. | Regla ceremonial diplomático o palatina establecida por costumbre.

protohistoria f. Período histórico en que faltan la cronología y los documentos, basado en tradiciones o inducciones.

protón m. y Una de las partículas elementales del átomo, cargada de electricidad positiva y dotada de una masa 1.840 veces mayor que la del electrón.

protoplasma m. Sustancia más o menos blanda, formada por materias albuminoides, que constituye la parte esencialmente activa de la célula.

protosol m. Masa cósmica que da origen a un sistema planetario.

prototipo m. Original, ejemplar o primer molde de una cosa. | Modelo y ejemplar más perfecto de una virtud, vicio o cualidad.

protóxido m. Cuerpo resultante de la combinación del oxígeno con un radical en su primer grado de oxidación.

protozoario adj. y s. Dícese de ciertos animales, en su mayoría microscópicos, cuyo cuerpo esta formado por una sola célula o por una colonia de células iguales, que abundan en todas las aguas y muchos viven parásitos.

protozoo adj. y s. Protozoario.

protráctil adj. Que puede prolongarse o extenderse hacia adelante.

protuberancia f. Prominencia más o menos redonda. | Gran formación ígnea con el aspecto de llama que aparece en las zonas de las manchas y, en general, en otras en que se desarrolla alguna actividad.

provecho m. Beneficio o utilidad que se consigue para sí, o que se proporciona a otro. Aprovechamiento en el saber. | pl. Gajes.

provecto, ta adj. De edad muy avanzada. | Antiguo, adelantado.

proveer tr. Preparar y suministrar las provisiones. | Disponer, resolver un asunto. | Conferir una dignidad, empleo u otra cosa. Suministrar lo necesario para un fin. | Dictar un auto judicial.

provenir intr. Nacer, proceder, originarse una cosa de otra.

proverbial adj. Que incluye proverbio, o se refiere a él. | Muy notorio o sabido.

proverbio m. Sentencia, máxima breve, adagio o refrán.

proverbista com. Persona aficionada a los proverbios.

providencia f. Disposición que se toma o preparación que se hace para el logro de un fin.

providencial adj. Relativo a la Providencia.

providenciar tr. Dictar o tomar una providencia.

providente adj. Avisado, precavido.

provincia f. Cualquiera de las grandes divisiones administrativas de un Estado. | Conjunto de conventos o casas religiosas de un territorio determinado.

provincialismo m. Apego a la provincia en que uno ha nacido. | Voz o giro peculiar de una provincia o comarca.

provinciano, na adj. y s. Dícese del natural o habitante de una provincia, en contraposición al que lo es de la capital del Estado.

provisión f. Acción de proveer. | Prevención, preparación de víveres u otras cosas necesarias para un fin. | Estos mismos víveres o cosas que se preparan.

provisional adj. Dispuesto o mandado interinamente.

provocación f. Acción de provocar.

provocar tr. Incitar o inducir a otro a ejecutar algo. | Irritar, enojar. | Facilitar, ayudar. | Mover, incitar.

proxeneta com. Alcahuete, tercero.

proximidad f. Calidad de próximo. | pl. Cercanías.

próximo, ma adj. Inmediato, allegado, cercano, que dista poco.

proyección f. Acción de proyectar. | Imagen o serie de imágenes que por medio de un foco luminoso se arroja o fija temporalmente sobre una superficie plana.

proyectar tr. Lanzar o dirigir hacia adelante o a distancia. | Idear, trazar o disponer el plan y los medios para ejecutar una cosa. | Hacer visible sobre una superficie la figura o la sombra de algún cuerpo. Ú. t. c. r. I Trazar líneas rectas desde los puntos de una figura o cuerpo, según ciertas reglas, hasta que encuentren a una superficie.

proyectil m. Todo cuerpo arrojadizo; como saeta, dardo, bala, granada, etc.

proyecto, ta adj. Representado en perpectiva. I m. Planta y disposición detallada que se forma para la ejecución de una cosa de importancia. I Designio, o pensamiento de ejecutar algo. I Conjunto de escritos, cálculos, y dibujos que se hacen para dar idea de cómo ha de ser y lo que ha de costar una obra de arquitectura o de ingeniería.

proyector m. Ingenio que sirve para lanzar proyectiles. I Reflector de ondas. I Aparato destinado a reproducir sobre una pantalla blanca, ampliadas, las sucesivas fotografías que previamente han sido impresionadas sobre una película con la cámara cinematográfica.

prudencia f. Una de las cuatro virtudes cardinales, que consiste en discernir lo bueno de lo malo. I Cordura, templanza, moderación.

prudente adj. Que tiene prudencia y obra con discernimiento, circunspección y buen juicio.

prueba f. Acción de probar. I Razón, testimonio u otro medio con que se pretende probar una cosa. I Indicio, muestra o señal de una cosa.

pruina f. Tenue recubrimiento céreo que presentan las hojas, tallos o frutos de algunos vegetales.

pruna f. En algunas partes, ciruelo.

pruno m. En algunas partes, ciruelo.

pruriginoso, sa adj. Que causa comezón o picazón.

prurigo m. Nombre genérico de ciertas enfermedades de la piel, caracterizadas por la existencia de tumores que causan picazón.

prurito m. Comezón, picazón. I fig. Deseo excesivo.

pseudo adj. Seudo.

psi f. Vigesima tercera letra del alfabeto griego, que equivale a ps.

psicastenia f. Astenia mental o moral; neurosis caracterizada principalmente por estados de temor o ansiedad morbosos, obsesiones, ideas fijas, sentimientos de irrealidad, etc.

psicoanálisis m. Método de tratamiento de ciertas enfermedades nerviosas o mentales, basado en el análisis retrospectivo de las causas morales y afectivas que determinan el estado morboso.

psicodelia f. Alteraciones de la percepción de la realidad cotidiana provocadas generalmente por la acción de drogas de acción psíquica como la marihuana, el LSD, la psilocibina, la mescalina, etc.

psicofármaco m. Medicamento que actúa sobre la actividad mental.

psicofísica f. Ciencia que trata de las manifestaciones físicas o fisiológicas que acompañan a los fenómenos psicológicos.

psicología f. Parte de la Filosofía, que trata de la mente, sus facultades y operaciones. I Todo cuanto atañe al espíritu.

psicópata adj. y s. Insano, loco. Persona que padece de profundos estados mórbidos en su mente.

psicosis f. Nombre genérico de las enfermedades mentales. I Estado de nerviosismo ocasionado por la continua o frecuente amenaza de un daño.

psicotecnia f. Rama de la psicología que tiene por objeto explorar y clasificar las aptitudes de los individuos mediante pruebas adecuadas.

psicoterapia f. Tratamiento de ciertas enfermedades por la sugestión o la persuasión.

psique f. El alma, el intelecto.

psiquiatra com. Médico o médica especialista en psiquiatría.

psiquiatría f. Parte de la medicina que trata de las alteraciones de la mente.

psíquico, ca adj. Relativo a la mente o al alma.

psitacismo m. Método de enseñanza basado únicamente en el ejercicio de la memoria.

pteridofito, ta adj. y s. Teridofito.

pterodáctilo m. Género de reptiles voladores fósiles, cuyos restos se hallan en el jurásico.

pterópodo adj. y s. Díc. de los moluscos que tienen el pie dotado de grandes expansiones que sirven de aletas natatorias.

púa f. Cosa delgada y puntiaguda.

púber, ra adj. y s. Que ha entrado en la pubertad.

pubertad f. Etapa del desarrollo del cuerpo humano en que se inicia la madurez de los órganos sexuales y comienzan a expresarse los caracteres sexuales secundarios.

pubescencia f. Pubertad incipiente.

pubescer intr. Entrar en la pubertad.

pubiano, na adj. Relativo al pubis.

pubis m. Parte inferior del vientre, por encima de los órganos sexuales, que en los adultos se cubre de vello. I Hueso unido al ilion y al isquion.

publicación f. Acción de publicar. I Obra literaria o artística publicada.

publicar tr. Hacer notoria o patente, mediante la adecuada publicidad, una cosa que se quiere dar a conocer a todo. I Difundir, divulgar por procedimientos gráficos una obra literaria o artística, informativa, científica, técnica, o de cualquier tipo, para ponerla al alcance del público.

publicidad f. Calidad o estado público. I Conjunto de medios que se emplean para divulgar o extender la noticia de las cosas o de los hechos.

publicista com. Persona que, por oficio y capacitación especial, es versada en el arte y la técnica de la publicidad comercial.

público, ca adj. Notorio, manifiesto, patente, visto o sabido por todos. I Vulgar, común. I Perteneciente a todo el pueblo. I m. Común del pueblo o ciudad. I Conjunto de las personas que concurren a determinado lugar.

puchera f. fam. Olla, cocido.

pucherazo m. aum. de puchero. I Golpe dado con un puchero. I fam. Maniobra o enjuague electoral.

puchero m. Olla pequeña y con una sola asa. I Olla, cocido. I fig. Alimento diario y regular. I fig. Gesto que precede al llanto. Ú. m. en pl. y con el verbo hacer.

puches amb. pl. Gachas, poleadas.

pucho m. Sobrante de algo. I Pequeña cantidad numérica interminada. I Colilla de cigarrillo.

pudelar tr. Convertir en hierro dulce el hierro colado, quemando parte de su carbono en hornos de reverbero.

pudendo, da adj. Aplícase a las partes del cuerpo que por pudor se acostumbra a llevar cubiertas. I Que provoca pudor.

pudibundo, da adj. Pudoroso

pudicia f. Recato, tendencia natural a mantener en reserva y fuera de conocimiento ajeno las partes del cuerpo, las actitudes o las circunstancias que provocan vergüenza o que, por educación, se consideran impropias de hacerse públicamente.

púdico, ca adj. Pudoroso.

pudiente adj. y s. Poderoso, rico.

pudín m. Budin.

pudinga f. Roca formada por un conglomerado de catos y grava, unidos por un cemento natural, generalmente a base de carbonato cálcico.

pudor m. Pudicia, recato.

pudridero m. Sitio en que se pone algo para que se pudra.

pudridor m. Pila donde se pone en remojo el trapo desguinzado, en los molinos de papel.

pudrir tr. Corromper, dañar, descomponer lo orgánico, generalmente con características nauseabundas. Ú. t. c. r. I fig. Consumir, causar suma impaciencia y sentimiento. Ú. t. c. r. I intr. Haber muerto, estar sepultado.

puebla f. ant. Población I Siembra de cada clase de verduras o legumbres en las huertas.

pueblerino, na adj. Lugareño.

pueblo m. Población, lugar poblado. I Población pequeña. I Conjunto de personas de un lugar, región o país.

puente amb. Fábrica que se construye sobre los ríos, fosos, etc., para pasarlos.

puerco m. Paquidermo doméstico de hocico casi cilíndrico y cuerpo muy grueso, con cerdas gruesas y duras, que se cría para aprovechar su carne y su grasa. I fig. Hombre desaliñado, sucio y desdioso. I fig. Hombre grosero, sin crianza.

puericia f. Edad que media entre la infancia y la adolescencia, o sea desde los siete años hasta los catorce.

puericultura f. Crianza y cuidado de los niños, en lo físico, durante los primeros años de la infancia.

pueril adj. Relativo a la puericia. I Propio del niño. I fig. Fútil, trivial.

puérpera f. Mujer que acaba de ser madre.

puerperio m. Sobreparto.

puerro m. Planta liliácea, de raíz bulbosa que se usa como condimento.

puerta f. Vano abierto en muro, cerca o verja, desde el suelo hasta la altura conveniente para entrar y salir.

puerto m. Paraje de la costa, seguro y abrigado, donde las embarcaciones pueden fondear y hacer las operaciones de carga y descarga. I Garganta o boquete que da paso entre montañas.

pues conj. causal que denota causa, razón o motivo, y que se usa a veces como condicional, cómo continuativa y como ilativa

puesta f. Acción de ponerse u ocultarse debajo del horizonte un astro. I Cantidad que pone el que pierde, en ciertos juegos de naipes. I Acción de poner huevos un ave.

puestero m. El que en las estancias tiene animales domésticos que cría y beneficia por su cuenta.

puesto, ta p.p. irreg. de poner. I m. Lugar que ocupa una cosa. I Paraje señalado para la ejecución de una cosa. I Cierto lugar de venta en la calle, o compartimiento en el mercado. I Empleo, dignidad, cargo. I Sitio en que el cazador espera oculto.

púgil m. El que combate a golpes de puño.

pugilato m. Pelea o contienda a puñadas entre dos o más hombres. I fig. Disputa en que se extrema la porfía.

pugilismo m. Pugilato.

pugilista com. Persona que se bate en pugilato.

pugna f. Pelea, batalla. I Oposición entre personas, pueblos o naciones, y también entre los humores o los elementos.

pugnar intr. Pelear, contender. I fig. Solicitar ahinco. I fig. Porfiar, instar con tesón por el logro de algo.

puja f. Acción de pujar. I Cantidad que un licitador ofrece.

pujamen m. Orilla inferior de una vela.

pujanza f. Fuerza grande, vigor para impulsar o ejecutar una acción.

pujar tr. Hacer fuerza para pasar adelante o continuar una acción, procurando vencer el obstáculo que a ello se opone. I Aumentar los licitadores el precio puesto a una cosa en subasta.

pujavante m. Instrumento de herrador para cortar el casco de las bestias.

pujo m. Sensación muy penosa, consistente en la gana frecuente de defecar u orinar. I fig. Ansia de lograr un fin. I fig. Conato, propósito.

pulcritud f. Esmero en el aseo personal o en la ejecución de una cosa.

pulcro, cra adj. Hermoso, aseado, limpio, adornado. I Esmerado en el habla.

pulga f. Insecto díptero, saltador, parásito del hombre y de los animales a cuyas expensas vive, chupándoles la sangre.

pulgada f. Medida de longitud, duodécima parte del pie, que equivale a unos 23 milímetros.

pulgar m. Dedo primero y más grueso de la mano. I Parte del sarmiento que se deja en la vid al podarla.

pulgón m. Insecto hemíptero, cuyas heridas y sus larvas viven parásitas sobre ciertas plantas, perjudicándolas.

pulgoso, sa adj. Que tiene pulgas.

pulido, da adj. Curioso, pulcro, primoroso, agraciado.

pulimentar tr. Pulir, alisar.

pulir tr. Alisar una cosa, dar lustre y tersura. I Componer, perfeccionar una cosa. I Adornar, aderezar, componer. Ú. m. c. r. I fig. Quitar a uno la rusticidad. Ú. t. c. r.

pulla f. Dicho burlón o provocador. I Expresión aguda y picante dicha con prontitud. I Dicho con que se indirecta o embozadamente se zahiere o reconviene a alguien.

pullastro m. Afeminado, invertido.

pulmón m. Órgano de la respiración de los vertebrados que viven o pueden vivir fuera del agua.

pulmonía f. Inflamación del pulmón.

pulpa f. Parte moliar de la carne o carne sin huesos ni ternilla.

pulpejo m. Parte carnosa y blanda de un miembro pequeño del cuerpo humano. I Porción carnosa y flexible de los cascos de las caballerías en su parte inferior y posterior. I Almohadillas de los dedos de los fetinos.

púlpito m. Tribuna con tornavoz que a cierta altura hay en las iglesias para predicar o entonar cánticos desde ella.

pulpo m. Molusco celafópodo, octópodo, con sus ochos brazos musculosos rodeando la boca, y provistos de ventosas que le sirven para adherirse a los objetos y aprisionar a sus víctimas.

pulque m. Bebida alcohólica que se usa en América y se obtiene de la pita.

pulsación f. Acción de pulsar. I Latido de una arteria.

pulsada f. Pulsación (latido arterial).

pulsar tr. Hacer vibrar las cuerdas de un instrumento musical. I Tomar el pulso a un enfermo. I fig. Tantear un asunto. I intr. Latir la arteria del corazón, etc.

pulsátil adj. Pulsativo.

pulsear intr. Probar dos personas cuál tiene más fuerza en el pulso, o en el brazo.

pulsera f. Venda que se aplica al pulso. I Guedeja que cae sobre la sien. I Aro o cerco de metal u otra materia, más o menos valioso, con que las mujeres suelen adornar las muñecas.

pulso m. Latido de las arterias, que se observa especialmente en la muñeca. I Parte de la muñeca donde se siente más distintamente. I Seguridad en la mano para hacer algo con acierto.

pulular intr. Empezar a echar renuevos una planta. I Abundar, multiplicarse rápidamente en un lugar los insectos y las sabandijas. I fig. Abundar y bullir en un sitio personas o cosas.

pulverizador, ra adj. y s. Que pulveriza. I m. Aparato para pulverizar líquidos.

pulverizar tr. y r. Reducir a polvo una cosa sólida. I Reducir a partículas muy tenues un líquido.

puma m. Mamífero carnicero americano parecido al leopardo, pero de pelo suave y leonado.

puna f. Tierra alta cercana a la cordillera de los Andes. I Páramo.

puncha f. Púa, espina, punta aguda.

punción f. Operación quirúrgica consistente en abrir los tejidos con instrumentos punzantes y cortante.

puncionar tr. Hacer punciones.

pundonor m. Cualidad moral que nos induce a obrar honradamente; dignidad, honradez.

punga m. Ratero. I f. Ratería.

pungir tr. Punzar. I fig. Herir las pasiones el ánimo.

punible adj. Digno de punición.

punicáceo, a adj. y s. Díc. de plantas dicotiledóneas con flores vistosas, de color rojo, y fruto con pericarpio coriáceo que contiene muchas semillas alo]adas en celdas.

punición f. Castigo.

punitivo, va adj. Relativo al castigo.

punta f. Extremo agudo de una arma u otro instrumento con que se puede herir. I Extremo de una cosa. I Cualquiera de las protuberancias de las astas del ciervo. I Asta del toro.

puntada f. Agujero que hace la aguja al coser. I Espacio que media entre dos de estos agujeros próximos y porción de hilo que ocupa este espacio.

puntal m. Madero hincado en firme, que sirve de sostén. I fig. Apoyo, fundamento.

puntapié m. Golpe dado con el punta del pie.

puntar tr. Apuntar las faltas de los eclesiasticos en el coro. I Poner en las escrituras semíticas los puntos o signos con que se representan las vocales. I Poner los puntos del canto del órgano sobre las letras.

puntazo m. Herida hecha con la punta de un arma o de otro instrumento punzante. I Herida penetrante menor que una cornada, causada por una res vacuna al cornear.

puntear tr. Marcar puntos. I Dibujar, pintar o grabar con puntos.

punteo m. Acción de puntear la guitarra u otro instrumento análoco.

puntería f. Acción de apuntar un arma. I Destreza del tirador para dar en el blanco.

puntero, ra adj. Díc. de quien hace bien la puntería. I m. Punzón o vara que se usa para señalar ciertas cosas en los carteles, mapas, pizarras, etc. I Cincel con que los canteros labran las piedras. I fig. Que sobresale en alguna actividad.

puntiagudo, da adj. De punta aguda.

puntilla f. Encaje angosto hecho en puntas. I Intrumento para trazar en la madera, en lugar de lápiz. I Cachetero (puñal corto).

puntillazo m. Puntapié.

puntillero m. Cachetero, sujeto que remata al toro con la puntilla.

puntillismo m. Escuela pictórica deriva del impresionismo, que se caracteriza por toques de color breves y desunidos.

punto m. Señal casi imperceptibleque se hace en una superficie.

puntuación f. Acción de puntuar. I Conjunto de los signos con que se puntúa.

puntual adj. Pronto, diligente, exacto en hacer las cosas a su tiempo. I Indubitable, cierto. I Conforme, adecuado.

puntualidad f. Cuidado y diligencia de hacer las cosas a su tiempo. I Certidumbre, seguridad. I Conformidad, conveniencia de una cosa para un fin.

puntualizar f. Grabar profundamente las cosas en la memoria. I Referir minuciosamente una cosa. I Dar la última mano a alguna cosa.

puntuar tr. Poner en la escritura los signos ortográficos necesarios. I intr. Alcanzar o ganar puntos en juegos o ejercicios. I Entrar en el cómputo de los puntos el resultado de una prueba o competición.

punzada f. Herida o picada de punta. I fig. Dolor agudo intermitente. I fig. Sentimiento interior de aflicción.

punzante Que punza.

punzar tr. Herir de punta, pinchar. I fig. Hacerse sentir más agudamente un dolor de cuando en cuando. I fig. Hacerse sentir interiormente una aflicción.

punzón m. Instrumento de hierro puntiagudo que se emplea para abrir ojetes y para otros usos. I Buril.

puñado m. Porción de una cosa o conjunto de cosas que caben en el puño. I fig. Pequeña cantidad de alguna cosa.

puñal m. Arma blanca a modo de daga corta, que sólo hiere de punta.

puñalada f. Golpe de punta con el puñal y herida que resulta.

puñetazo m. Puñada.

puño m. La mano cerrada. I Puñado. I Parte de la manga de la camisa y de otras prendas de vestir, que rodea la muñeca. I Parte por donde ordinariamente se coge el bastón, el paraguas o la sombrilla, y también, la pieza que para ello suele ponerse en esta parte.

pupa f. Erupción en los labios. I Postilla que deja un grano al secarse. I Voz con que los niños dan a entender un mal o daño.

pupila f. Abertura dilatable y contráctil que el iris del ojo tiene en su centro, para dar paso a los rayos luminosos.

pupilaje m. Condición o estado del pupilo o de la pupila.

pupilar adj. Relativo al pupilo. I Relativo a la pupila o niña del ojo.

pupilo, la m. y f. Huérfano o huérfana menor de edad, respecto de su tutor. I Persona que se hospeda en casa particular por precio ajustado.

pupitre m. Mueble con tapa en forma de plano inclinado, que sirve para escribir sobre él.

puquio m. Fuente, manantial.

puré m. Pasta que se hace de legumbres u otra cosas comestibles, cocidas y coladas.

pureza f. Calidad de puro. I fig. Virginidad, doncellez.

purga f. Medicina que se toma para descargar el vientre. I Maniobras policiales en los países comunistas para eliminar a los grupos de disidentes o las minorías políticas.

purgación f. Acción de purgar o purgarse. I Flujo de pus.

purgante p. a. de purgar. Que purga. I adj. y s. Díc. del medicamento que sirve para purgar o descargar el vientre.

purgar tr. Limpiar, purificar. I Satisfacer con una pena lo que uno merece por su culpa o delito. I Padecer el alma las penas del purgatorio. I Expiar. I Dar al enfermo el medicamento conveniente para descargar el vientre. Ú. t. c. r. I Evacuar un humor.

purgatorio m. Lugar donde las almas de los que mueren en gracia, acaban de purgar sus culpas. I fig. Lugar donde se vive con penalidad.

purificación f. Acción de purificar o purificarse. I Lavatorio con que se purifica el cáliz de la misa.

purificador, ra adj. y s. Que purifica. I m. Lienzo con que se enjuga el cáliz en la misa.

purificar tr. y r. Quitar de una cosa lo que le es extraño. I Limpiar de toda mancha o imperfección una cosa no material.

purismo m. Calidad de purista.

purista adj. y s. Que habla o escribe con pureza.

puritano, na adj. y s. Díc. del individuo de un partido político y religioso formado en Inglaterra en el s. XVII, que se precia de observar religión más pura que la del Estado. I fig. Rígido, austero.

puro, ra adj. Exento de mezcla o imperfecciones. I Íntegro, probo. I Casto.I fig. Mero, escueto. I Díc. del cigarro constituido por un rollo de hojas de tabaco. I Dic. del lenguaje o del estilo concreto y exento de voces o construcciones extrañas.

púrpura f. Molusco gasterópodo marino, del cual se obtienen un hermoso color rojo muy estimado en la antigüedad. I fig. Color rojo que tira a morado.

purpurina f. Materia colorante roja contenida en la raíz de la rubia. I Polvo finísimo de bronce o de metal blanco que se aplica a las pinturas frescas para dorarlas o platearlas.

purpurino, na adj. Purpúreo.

purrete m. En España, chiquillo.

purriela f. fam. Cosa despreciable o de mala calidad.

pus m. Humor que fluye de los tumores, llagas, etc.

pusilánime adj. y s. Falto de ánimo. I Tímido, corto, apocado, etc.

pusilanimidad f. Falta de ánimo.

pústula f. Vejiguilla de la piel, llena de pus. I Postilla.

puta f. Prostituta, mujer que por dinero mantiene relaciones sexuales con diversos hombres.

putañero adj. fam. Dícese del hombre dado a las mujeres públicas.

putativo, va adj. Reputado o tenido por padre, hermano, etc., no siéndolo.

putear intr. fam. Tener trato frecuente con prostitutas. I Dedicarse una mujer a la prostitución. I Injuriar, dirigir palabras soeces a alguien.

puto adj. Dícese como calificación denigratoria. I Necio, tonto. I m. Sodomita.

putrefacción f. Acción de pudrir o pudrirse. I Podredumbre.

putrefacto, ta adj. Podrido, corrompido.

pútrido, da adj. Podrido. corrompido. I Acompañado de putrefacción.

puya f. Punta acerada de la garrocha de los picadores y vaqueros. I Espolón del gallo. I Nombre que se da al espolón de acero con que a veces se reviste el espolón natural de los gallos de pelea. I fig. Frase hiriente.

puyar tr. Molestar con frases hirientes.

puyazo m. Herida hecha con puya.

puyón m. Espolón de gallo.

puzol m. Puzolana.

puzolana f. Roca basáltica muy desmenuzada, especie de cemento natural que se encuentra en Puzol cerca de Nápoles.

Q

q f. Decimoctava letra y decimocuarta de las consonantes del abecedario español. Su nombre es cu. y representa el mismo sonido de la c ante a, o, u o de la k ante cualquier vocal.

quark m. Tipo teórico de partículas elementales con las que se forman otras partículas, como son el nucleón y el mesón. No hay prueba experimental de su existencia aislada.

quasar m. Objetos celestes de masa intermedia entre la de las estrellas y la de las galaxias.

que pron. relativo de forma invariable, que conviene a cualquier género y número, y equivale a el, la, lo cual, los, las cuales.

quebracho m. Árbol de la América intertropical, de la familia de las papilonáceas.

quebrada f. Abertura angosta y áspera entre montañas. I Quiebra, hendidura de la tierra.

quebradizo,za adj. Fácil de romperse. I fig. Delicado en la salud. I fig. Díc. de la voz ágil para hacer quiebros en el canto. I fig. Frágil, caduco.

quebrado, da adj. Que ha hecho bancarrota o quiebra. I Que padece quebradura o hernia. I Quebrantado, debilitado. I Díc. del terreno desigual. I Díc. del número que expresa partes alícuotas de la unidad. I Díc. de la línea compuesta de varias rectas en distintas direcciones.

quebraja f. Grieta, rendija.

quebrantahuesos m. Ave rapaz, la mayor de las aves de rapiña de Europa.

quebrantar tr. Romper, separar con violencia las partes de un todo. I Cascar o hender una cosa. Ú. t. c. r. I Moler o machacar una cosa. I fig. Violar una ley, palabra u obligación. I fig. Forzar, romper una dificultad o estorbo. I fig. Disminuir las fuerzas o el brío. I fig. Molestar, fatigar. I fig. Mover a piedad.

quebranto m. Acción de quebrantar o quebrantarse. I Descaecimiento, desaliento, falta de fuerza. I fig. Lástima, conmiseracion, piedad. I fig. Grande pérdida o daño. I fig. Aplicación, dolor o pena grande.

quebrar tr. Quebrantar, romper una cosa, violar una ley, palabra u obligación. I Doblar, torcer. Ú. t. c. r. I fig. Interrumpir la continuación de una cosa. I fig. Templar, moderar la fuerza de una cosa. I fig. Ceder, flaquear. I fig. Declararse insolvente, hacer quiebra. I r. Relajarse, formársele a uno hernia.

quebrazas f. pl. Henderduras muy sutiles que constituyen un defecto grave en la hoja de la espada.

quebrazón f. Destrozo grande de objetos de vidrio o loza.

queche m. Embarcación usada en los mares del Norte de Europa.

quechua adj. y s. Pueblo de amerindios que ocupó parte de Perú y Bolivia y fue el elemento dominante en el imperio incaico. I Lengua hablada por este pueblo.

queda f. Hora de la noche señalada, en ciertos casos, para que todos se recojan. I Toque de campana con que se avisa esta hora. I Toque que se da con ella.

quedar intr. Estar, detenerse en un lugar para permanecer en él algún tiempo. Ú. t. c. r. I Subsistir, permanecer o restar parte de una cosa. I Permanecer, subsistir una cosa en su estado, o pasar a otro más o menos estable. I Terminar, acabar, convenir definitivamente en una cosa.

quedito adv. Muy quedo, pasito.

quedo, da adj. Quieto. I adv. Con voz muy baja. I Con tiento.

quehacer m. Ocupación, tárea, negocio. Ú. m. en pl.

queja f. Expresión de dolor o sentimiento. I Resentimiento, enojo. I Querella, acusación ante el juez.

quejarse r. Manifestar el dolor o la pena que se siente. I Manifestar la queja o resentimiento.

quejicoso, sa adj. Díc. de quien tiene queja de otro. I Persona que se queja mucho.

quejido m. Voz lastimosa.

quejo m. Mandíbula.

quejumbre f. Queja frecuente y por lo común sin gran motivo

quejumbroso, sa adj. Que se queja mucho y con frecuencia.

quela f. Especie de pinza en que terminan los primeros pares de patas de ciertos animales artrópodos, como los crustáceos y arácnidos.

quelícero m. Cada una de las dos piezas que los arácnidos llevan en su parte anterior, ganchosas o terminadas en pinzas y a veces con una glándula venenosa.

quelífero m. Seudoescorpión que vive en lugares sombríos.

quelonio adj. y s. Díc. de los reptiles que tienen cuatro extremidades cortas, mandíbulas córneas, sin dientes, y el cuerpo protegido por una concha que cubre la espalda y el pecho.

quema f. Acción de quemar. I Incendio.

quemado, da m. Rodal de monte consumido por el fuego. I fam. Cosa quemada o que se quema.

quemadura f. Acción del fuego o de una sustancia corrosiva en un cuerpo, efecto que causa y señal que deja. I Tizón.

quemajoso, sa adj. Que escuece como quemado.

quemar tr. Abrasar o consumir con el fuego. I Calentar con mucha actividad; como el Sol en el estío. I Abrasar (secar el exceso de calor o de frío a una planta). I Causar una sensación muy picante en la boca. I Hacer señal, llaga o ampolla una cosa cáustica o muy caliente. I intr, Impacientar, desazonar. I intr. Estar una cosa caliente en demasia. I r. Padecer mucho calor. I fig. Sentir la fuerza de una pasión.

quemazón f. Quema, acción de quemar. I Calor excesivo. I fig. Comezón. I fig. Palabra picante con que se zahiere a alguien. I fig. Sentimiento con ello causa.

quena f. Flauta de caña ordinaria de los pueblos andinos de Perú, Bolivia y Chile.

quenopodiáceo, a adj. y s. Díc. de plantas angiospermas dicotiledóneas, herbáceas.

quepis m. Gorra militar, ligeramente cónica y con visera horizontal.

queratina f. Sustancia albuminoidea, rica en azufre, que constituye la parte fundamental de los pelos, plumas, uñas, cuernos y pezuñas y de la capa más externa de la epidermis.

queratitis m. Inflamación de la córnea transparente.

querella f. Queja, expresión de pena o de dolor. | Discordia, pendencia. | Acusación ante juez o tribunal competente.
querellarse r. Quejarse. | Presentar querella contra alguien.
querencioso, sa adj. Que tiene querencia.
querendón, na adj. Amoroso, afectuoso.
querer m. Cariño, amor. | tr. Desear o apetecer algo. | Amar, tener cariño. | Tener voluntad de ejecutar una cosa. | Resolver, determinar. | Pretender, procurar. | Ser conveniente una cosa a otra.
querido, da p. p. de querer. | m. y f. Hombre respecto de la mujer, o mujer, respecto del hombre, con quien mantiene relaciones amorosas ilícitas.
quermes m. Insecto hemíptero parecido a la cochinilla, que vive en la coscoja y cuya hembra forma las agallas que dan el color de grana. | Sustancia rojiza medicinal, compuesta de óxido y sulfuro de antimonio.
quermese f. Reunión en donde se rifan objetos, cuyo producto se destina a fin benéfico. | Por ext., verbena.
querocha f. Conjunto de huevos que pone la abeja reina.
querochar intr. Poner la querocha las abejas y otros insectos
queroseno m. Parte del petróleo en bruto que destila entre los 150 y 300°. Es de uso casero.
querubín m. Espíritus celestes. En el arte cristiano se confunden con los ángeles. | fig. Joven muy hermoso.
quesada f. Pastel de queso.
quesear intr. Hacer quesos.
quesera f. La que hace o vende queso. | Sitio o lugar donde se hacen quesos. | Mesa que se usa para hacerlos. | Vasija en que se guardan los quesos.
quesería f. Tiempo a propósito para quesear. | Sitio en que se hace o vende queso.
quesero, ra m. y f. Persona que hace o vende quesos.
queso m. Masa hecha de leche cuajada, exprimida y aderezada con sal.
queta f. Díc. de sedas insertas en la pared cutánea, o reunidas sobre apéndices locomotores que se encuentran en los anélidos y grupos afines.
quetópodo, da adj. y s. Que tiene sedas o pelos como apéndices locomotores.
quetro m. Pato muy grande de América Meridional que no vuela.
quetzal m. Ave trepadora de América tropical, algo mayor que el mirlo, con plumaje suave de variados colores, cabeza gruesa, con un moño sedoso y verde, y dos plumas muy largas en la cola.
quevedos m. pl. Lentes de forma circular con armadura para que se sujeten en la nariz.
quiasmo m. Ordenación cruzada de dos secuencias bimembres paralelas, de modo que en la segunda secuencia se invierte el orden de la primera.
quibey m. Planta lobeliácea antillana, cuyo jugo es lechoso, acre y cáustico.
quicial m. Madero en que se aseguran las puertas y ventanas.
quicio m. Parte de las puertas y ventanas en que entra y se mueve el espigón del quicial.
quid m. Esencia, razón, porqué de una cosa. Úsase precedido del artículo el.
quiebra f. Rotura, abertura, grieta. | Hendedura de la tierra en los montes o los valles. | Pérdida, menoscabo. | Acción de quebrar o cesar en el negocio por declararse insolvente.
quiebro m. Esguince que se hace con el cuerpo quebrándolo por la cintura. | Adorno en el canto, consistente en acompañar una nota con otras muy ligeras y oportunas.

quien pron. rel. que tiene esta sola forma para los dos géneros masculino y femenino y que en plural hace quienes. | pron. indet. que sólo se refiere a personas y rara vez se usa en plural.
quienesquiera pron. indet. poco usado. Plural de quienquiera.
quienquiera pron. indet. Persona indeterminada; alguno, sea quien fuere.
quiescencia f. Calidad de quiescente.
quiescente adj. Que está quieto pudiendo tener movimiento propio.
quiete Tiempo en que algunas comunidades se da para recreo después de comer.
quietismo m. Inacción, quietud, inercia.
quieto, ta adj. Falto de movimiento. | fig. Pacífico, sosegado. | fig. No dado a los vicios.
quietud f. Carencia de movimiento. | fig. Sosiego, reposo, paz, tranquilidad.
quijada f. Cada una de las dos mandíbulas de los vertebrados que tiene dientes.
quijera f. Hierro que guarnece el tablero de la ballesta. | Cualquiera de las correas de la cabezada que van de la frontalera a la muserola. | Cada una de las dos ramas que se hacen en un madero para encajar otro entre ellas.
quijero m. Lado en declive de una acequia o brazal.
quijo m. Cuarzo que en los filones suele servir de matriz al mineral de oro o plata.
quijotada f. Acción propia de un quijote.
quijote m. Pieza del arnés que cubre el muslo. | fig. Hombre ridículamente serio y entonado. | fig. Hombre que se empeña en ser juez o defensor de cosas que no le atañen.
quijotismo m. Exageración en los sentimientos caballerescos.
quila f. Especie de bambú, más fuerte y de usos más variados que el malayo.
quilantal m. Cañaveral.
quilate m. Unidad de peso para las perlas y piedras preciosas.
quili pref. Kili.
quiliárea f. Kiliárea.
quilífero, ra adj. Díc. de los vasos linfáticos de los intestinos que absorben el quilo.
quilificación f. Fisiol. Acción de quilificar o quilificarse.
quilificar tr. y r. Convertir en quilo el alimento.
quilla f. Pieza que yendo de popa a proa por la parte inferior del barco, forma la base de éste y sostiene toda su armazón. | Parte saliente y afilada del esternón de las aves.
quilo m. Linfa de aspecto lechoso por la gran cantidad de grasa que acarrea y que circula por los vasos linfáticos intestinales durante la digestión.
quilográmetro m. Kilográmetro.
quilogramo m. Kilogramo.
quilolitro m. Kilolitro.
quilómetro m. Kilómetro.
quilópodos m. pl. Orden de artrópodos miriápodos, de cuerpo aplanado, con largas antenas, patas maxilares en que desembocan las glándulas de veneno y un par de patas en cada anillo.
quimera f. Monstruo fabuloso que vomitaba llamas, y tenía la cabeza de león, el vientre de cabra y la cola de dragón. | fig. Aquello que uno se imagina como posible y verdadero, no siéndolo.
quimérico, ca adj. Fabuloso, imaginario.

química f. Ciencia que estudia la composición y estructura de las sustancias, sus propiedades y las transformaciones que sufren bajo la influencia de agentes físicos como el calor, luz, electricidad, etc.

químico, ca adj. Relativo a la química. I m. y f. Persona que profesa la química o tienen ella especiales conocimientos.

quimificar tr. y r. Convertir en quimo el alimento.

quimo m. Pasta agria en que se transforman los alimentos en el estomago por la digestión, antes de pasar por el intestino delgado

quimono m. Túnica larga, usada en el Japón por los dos sexos. I Bata de mujer muy parecida a esta túnica.

quina f. Corteza del quino, usada en medicina como febrífugo. I Quinterna.

quinaquina f. Quina, corteza del quino.

quinario, ria adj. Compuesto de cinco elementos.

quincalla f. Conjunto de objetos de metal de poco valor.

quincallería f. Fábrica, comercio o tienda de quincalla.

quince adj. Diez y cinco. I Decimoquinto. I m. Conjunto de cifras del número quince.

quincena f. Espacio de quince días. I Intervalo que comprende dos octavas. I Registro del órgano que corresponde a este intervalo.

quincenal adj. Que sucede, se hace o se repite cada quincena. I Que dura quince días.

quincha f. Pared formada de cañas y barro.

quincuagenario, ria adj. Que consta de cincuenta unidades. I Cincuentón Ú. t. c. s.

quincuagésimo, ma adj. Que sigue en orden al o a lo cuadragésimo nono. I Dic. de cada una de las cincuenta partes iguales de un todo. Ú. t. c. s.

quindenio m. Espacio de quince años.

quinesiología f. Conjunto de los procedimientos terapéuticos destinados a restablecer la normalidad de los movimientos del cuerpo humano, y conocimiento científico de aquéllos.

quiniela r. Especie de juego de azar, que consiste en indicar en unos boletos y hojas impresas los probables equipos ganadores de ciertos partidos de fútbol que tienen lugar en determinado día, repartiéndose una cantidad entre los que hagan mayor número de aciertos y otra entre los que tengan un acierto menos.

quinina f. Alcaloide de la quina cuyas sales se usan mucho en medicina para combatir la fiebre.

quino m. Arbol rubiáceo americano cuya corteza es la quinina. Hay varias especies.

quinqué m. Lámpara con tubo de cristal y depósito de combustible.

quinquenio m. Espacio de cinco años.

quinta f. Casa de recreo en el campo. I Acción de quintar. I *Mús.* Intervalo que consta de tres tonos y un semitono mayor

quintaesencia f. Extracto concentrado de la sustancia. I Lo más esmerado o refinado.

quintal m. Peso o pesa de cuatro arrobas que equivale a unos 46 kilogramos. I Peso de cien kilogramos.

quintalero, ra adj. Que pesa un quintal.

quintante m. Instrumento astronómico para las observaciones marítimas análogo al sextante, pero cuyo sector tiene 72 grados.

quintañón, ña adj. y s. Que tiene cien años. I Muy viejo.

quintar tr. Sacar por suerte uno de cada cinco. I Sortear los mozos para el Ejército.

quintería f. Casa de campo o cortijo de labor.

quintero m. Arrendatario de una quinta, o cultivador de las tierras anexas a ella. I Mozo o criado de labrador.

quinteto m. Composición métrica de cinco versos de arte mayor rimados como los de la quintilla. I Composición para cinco voces o instrumentos. I Conjunto de estas cinco voces o instrumentos, o de los cantantes o instrumentistas.

quintilla f. Combinación métrica de cinco versos octasílabos con dos consonancias distintas, y ordenados de modo que no se junten los tres de una de ellas ni sean páreados los dos últimos.

quintillizo adj. Dícese de cada uno de los hermanos nacidos de un parto múltiple.

quinto, ta adj. Que sigue inmediatamente en orden a o a lo cuarto. I Díc. de cada una de las cinco partes iguales de un todo. Ú. t. c. s. I m. Mozo a quien ha tocado por suerte ser soldado. I Derecho de veinte por ciento.

quintuplicar tr. y r. Hacer cinco veces mayor una cantidad.

quíntuplo, pla adj. y s. Que contiene un número cinco veces exactamente.

quinua f. Planta quenopodácea cuyas hojas tiernas se comen como espinaca y la semilla como arroz.

quiñón m. Parte que uno tiene con otros en tierras de labor o en otra ganancia. I Trozo de terreno labrantío, de dimensión variable según los usos locales. I Parte de red correspondiente a cada pescador en el total del aparejo.

quiosco m. Templete de estilo oriental y comúnmente abierto por todos lados. I Pabellón pequeño para vender periódicos, refrescos, etc.

quipo m. Cada uno de los ramales de cuerdas con nudos, de que los indios peruanos se servían para suplir la falta de escritura y dar razón de las cosas, y también para las cuentas.

quique m. Especie de comadreja. I fig. y fam. Irascible.

quirite m. Ciudadano de la antigua Roma.

quirófano m. Local especialmente acondicionado para hacer operaciones quirúrgicas.

quiromancia f. Supuesta adivinación por las rayas de las manos.

quiromántico, ca adj. Relativo a la quiromancia. I m. y f. Persona que profesa la quiromancia.

quiróptero, ra adj. y s. Aplícase a los mamíferos, crepusculares o nocturnos, que tienen los cuatro últimos dedos de las extremidades anteriores muy largos y enlazados entre sí por una membrana que parte de los costados del cuerpo y se extiende también por las extremidades posteriores, y le sirve para volar; como los murciélagos.

quirquincho m. Mamífero semejante al armadillo, de cuyo carapacho se hacen los instrumentos músicos llamados charangos.

quirúrgico, ca adj. Relativo a la cirugía.

quirúrgico m. Cirujano.

quisco m. Especie de cacto espinoso.

quisicosa f. Enigma.

quisque Voz latina que significa cada uno, y que se usa en la locución cada quisque, equivalente a cada cual.

quisquilla f. Reparo o dificultad de poca monta. I Camarón.

quisquilloso, sa adj. y s. Que se para en quisquilla. I Delicado con exceso en el trato común. I Fácil de ofenderse con poco motivo.

quiste Vejiga que se desarrolla en algunas regiones del cuerpo, contiene humores o materias alternadas. I Cuerpo formado por una cubierta protectora que encierra una larva de gusano parásito en los tejidos de algunos animales.

quita f. Remisión de deuda que el acreedor hace al deudor.

quitación f. Renta, sueldo.

quitamanchas m. Persona que tiene por oficio quitar las manchas de las ropas. I m. Producto que sirve par quitar manchas.

quitamiedos m. Listón o cuerda que como pasamanos, se coloca en andamios altos y en otros lugares para evitar el vértigo.

quitapenas m. fam. Consuelo o alivio en la pena.

quitapón m. Adorno con borlas de colores que suele ponerse en las cabezas de las caballerías.

quitar tr. Coger o tomar una cosa y separarla de otras, o del sitio en que estaba. I Hurtar, sisar. I Estorbar. I Prohibir. I Derogar. I Obstar, impedir. I Despojar o privar de una cosa. I Libertar o desembarazar a uno de una obligación. I Realizar un quite.

quitasol m. Utensilio a modo de paraguas, propio para resguardarse del sol.

quitasueño m. fam. Lo que causa preocupación o desvelo.

quite m. Acción de quitar o estorbar. I Movimiento defensivo que se opone al ofensivo. I Suerte ejecutada por un torero para librar a otro de una cogida.

quitina f. Sustancia de aspecto córneo que da dureza al dermatoesqueleto de los artrópodos, y que se halla también en la piel de algunos gusanos y en las membranas de muchos hongos.

quitinoso, sa adj. Que tiene quitina.

quitón m. Molusco de la clase de los anfineuros.

quizá adv. Acaso, por ventura tal vez.

quizás adv. Quizá.

quórum m. Número de miembros presentes necesarios para que una asamblea pueda emitir un voto válido.

R

r f. Decimonovena letra y decimoquinta consonante del abecedario español. Su nombre es erre.

rabada f. Cuarto trasero de las reses muertas.

rabadilla f. Extremidad inferior del espinazo. | Parte movible del cuerpo de las aves, en donde están las plumas de la cola.

rábano m. Planta crucífera hortense, de raíz carnosa, casi redonda y fusiforme, de sabor picante, y comestible. | Raíz de esta planta.

rabear intr. Menear el rabo. | Mover con exceso un buque su popa a uno y otro lado.

rabel m. Instrumento músico pastoril, parecido a un laúd, con tres cuerdas, que se tocan con un arco.

rabí o rabino m. Título que los judíos confieren a los sabios de su ley.

rabia f. Enfermedad que ataca a algunos animales, se contagia por mordedura y produce furor, melancolía y otros accidentes que suelen terminar con la muerte. Se llama también hidrofobia. | fig. Ira, enojo, enfado, grande.

rabiar intr. Padecer la enfermedad de la rabia. | fig. Padecer un vehemente dolor que obliga a prorrumpir en quejidos. | fig. Desear una cosa con vehemencia. | fig. Impacientarse o enojarse.

rabieta f. dim. de rabia. | fig. Enojo grande por leve motivo.

rabihorcado m. Ave palmípeda de gran tamaño.

rabino m. Maestro hebreo que interpreta la Escritura. | Doctor del culto judaico, que está al frente de la comunidades..

rabión m. Corriente muy impetuosa del río en sitios estrechos o de mucho declive.

rabiza f. Punta de la caña de pescar. | Cabo corto y delgado unido por un extremo a un objeto cualquiera.

rabo m. Cola de un animal, especialmente la de los cuadrúpedos. | Rabillo, pedúnculo o pecíolo. | Cosa que cuelga como una cola. | fig. Trozo de tela u otra cosa que por burla se prende en los vestidos.

racel m. Parte de la popa y proa que se estrecha el pantoque.

racha f. Ráfaga. | fig. Período breve de suerte o fortuna.

racial adj. Perteneciente o relativo a raza.

racimo m. Porción de uvas o granos de la vid, unidos por pedúnculos a un tallo pendiente del sarmiento. Por extensión, dícese de, otras frutas. | fig. Conjunto de cosas menudas arracimadas.

raciocinar intr. Hacer uso del entendimiento y la razón para conocer y juzgar.

raciocinio m. Facultad de raciocinar. | Raciocinación. | Argumento, razonamiento o discurso

ración f. Porción de alimento que se da en cada comida a personas o animales. | Cantidad que en especie o en dinero se da a los soldados, marineros, criados, etc., para su sustento cotidiano.

racional adj. Perteneciente o conforme a la razón. | Dotado de razón. Ú. t. c. s. | Díc. de la cantidad en cuya expresión no entra radical alguno. | Dic. de la expresión algebraica que no contiene cantidades irracionales.

racionalidad f. Calidad de racional.

racionalismo m. Doctrina filosófica fundada en la independencia de la razón humana. | Sistema filosófico que funda sobre la sola razón las creencias religiosas.

racionalista adj. y s. Que profesa la doctrina del racionalismo.

racionalización f. Acción de racionalizar. | Sistema de carácter técnico y económico que persigue la especialización de las funciones, el ajuste de la capacidad productiva y el control sobre el acceso de nuevo capital a la industria.

racionalizar tr. Transformar una expresión irracional en otra racional equivalente.

racionamiento m. Acción de racionar.

racionar tr. Distribuir raciones a las tropas. Ú. t. c. r. | Someter los artículos de primera necesidad en caso de escasez a una distribución establecida por la autoridad.

racismo m. Doctrina según la cual ciertas razas humanas se consideran superiores a las demás y con derecho a prevalecer sobre ellas.

racista adj. Partidario del racismo o que lo practica. | Perteneciente o relativo al racismo.

rad m. Unidad de dosis absorvida de radiación ionizante.

rada f. Bahía, ensenada.

radar m. Aparato que sirve para descubrir la situación y distancia de un objeto alejado o no visible, por medio de las ondas hertzianas ultracortas fundado en la reflexión de éstas al chocar con dicho objeto y su vuelta al lugar de observación.

radiación f. Acción de radiar. | Elementos constitutivos de una onda que se transmite en el espacio.

radiactividad f. Propiedad que tienen algunos átomos de desintegrarse emitiendo diversas radiaciones. La unidad de medida es el becquerel y el curio.

radiactivo, va adj. Aplícase al cuerpo que tiene radiactividad.

radiado, da p. p. de radiar. | adj. Díc. de lo que tiene sus diversas partes situadas alrededor de un punto o de un eje. | Díc. del animal invertebrado que tiene sus partes dispuestas a manera de radios, alrededor de un punto o eje central.

radiador, ra adj. Que radia. | m. Aparato que sirve para aumentar la superficie de radiación de un cubo o cilindro, para obtener más calor, o para enfriar el agua que circula alrededor de los cilindros de un motor.

radial adj. Relativo al radio.

radián m. Arco de circunferencia que tiene una longitud igual a la de su radio. Se usa como unidad de arcos y de ángulos.

radiante adj. Que radia. | Díc de la energía que se transmite a distancia, sin necesidad de contacto inmediato. | fig. Brillante, resplandeciente. | fig. Alegre, satisfecho. | m.

radiar tr. Irradiar, o emitir un cuerpo rayos luminosos, térmicos o eléctricos. Ú. t. c. intr. | Difundir por medio de la telefonía sin hilos noticias, discursos, música, etc

radicación f. Acción de radicar o radicarse. | fig. Arraigamiento, larga práctica y duración de un uso, costumbre, etc. | fig. Larga permanencia en un punto.

radical adj. Relativo a la raíz. | fig. Fundamental. | Partidario de reformas extremas. Ú. t. c. s. | Que nace inmediatamente de la raíz. | *Gram.* Relativo a las raíces de las palabras. | Díc. de las letras de un vocablo que se conservan en otro que procede de él.

radicalismo m. Conjunto de ideas y doctrinas de los que, en ciertos momentos de la vida social, pretenden reformar total o parcialmente el orden político, científico, moral y aun religioso.

radicalmente adv. De raíz, fundamentalmente.

radicar intr. Arraigar. Ú. t. c. r. l Estas o encontrarse ciertas cosas en determinado lugar.

radicícola adj. Que vive parásito sobre las raíces de un vegetal.

radícula f. Parte del embrión destinada a ser la raíz de la planta.

radiestesia f. Ciencia de la percepción de las radiaciones de la Naturaleza, ya valiéndose de péndulos o varillas especiales, ya mediante aparatos electromagnéticos.

radífero, ra adj. Que contiene radio.

radio m. Rayo de una rueda. l Hueso del antebrazo, contiguo al cúbito. l Recta que une el centro de un círculo con cualquiera de los puntos de su circunferencia. l Cada una de las espinas largas y puntiagudas que sostienen la parte membranosa de las aletas de los peces. l Metal blanco, de propiedades semejantes al bario. l Máxima distancia a la que pueden apreciarse los efectos de una fuerza, o a la que puede llegar un móvil por los propios medios con que empezó su movimiento.

radioaficionado, da m. y f. Persona que se comunica con otras por medio de radiotransmisores de su propiedad que usan bandas debidamente autorizadas por la autoridad.

radioastronomía f. Parte de la astronomía que se ocupa de la exploración del espacio gracias a las radiaciones electromagnéticas distintas de la luz, que se reciben de los astros.

radiobaliza f. Radiofaro que emite dentro de un cono estrecho de eje vertical. Permite a los aviones marcar su paso con puntos precisos sobre una ruta.

radiocasete m. Aparato que puede utilizarse como radiorreceptor y como magnetófono, por tener reunidos los elementos de ambos.

radiocomunicación f. Radiotelecomunicación.

radiodifusión f. Emisión radiotelefónica destinada al público. l Conjunto de los procedimientos o instalaciones destinados a esta emisión.

radioelectricidad f. Parte de la física que trata del estudio y de la aplicación de las ondas hertzianas.

radiofaro m. Dispositivo productor de ondas hertzianas que sirve para orientar a los aviones mediante la emisión de determinadas señales.

radiofonía f. Radiotelefonía.

radiogoniómetro m. Aparato para determinar la dirección en que se halla situada una estación emisora de radiotelefonía o radiotelegrafía.

radiografía f. Impresión de una placa fotográfica por medio de los rayos X.

radiografiar tr. Transmitir noticias por medio de la radioelectricidad. l Fotografiar lo invisible por medio de los rayos X.

radiograma m. Despacho transmitido por la telegrafía o la telefonía sin hilos.

radioisótopo m. Nombre con que se designa cualquier isótopo radiactivo de algún elemento químico.

radiolario adj. Aplícase a protozoos marinos rizópodos, con seudópodos radiados. l m. pl. Orden de estos animales.

radiología f. Parte de la medicina que estudia la teoría y aplicación de los rayos X.

radioonda f. Nombre que se da a las ondas hertzianas empleadas en la radiocomunicación.

radiorreceptor m. Aparato que se emplea en radiotelegrafía y radiotelefonía para recoger y transformar en señales o sonidos las ondas emitidas por el radiotransmisor.

radioscopia f. Examen del interior del cuerpo humano y, en general, de los cuerpos opacos por medio de la imagen que proyectan en una pantalla al ser atravesados por los rayos X.

radiosonda m. Aparato que se lanza al espacio mediante un globo sonda, a fin de que capte datos meteorológicos y los trasmita, por radio, a la estación que lo lanzó.

radiotecnia f. Ciencia o conjunto de conocimientos relativos a la radiotelecomunicación, y especialmente a la construcción, instalación, reparación y manejo de los aparatos de radiotelegrafía, radiotelefonía, cine, televisión, etc.

radiotécnico, ca adj. Versado en radiotecnia. Ú. t. c. s. l Perteneciente o relativo a la radiotecnia.

radiotelefonía f. Sistema de comunicación telefónica por medio de ondas hertzianas.

radiotelegrafía f. Sistema de comunicación telegráfica por medio de ondas hertzianas.

radiotelescopio m. Instrumento empleado en radioastronomía, que sirve para detectar las señales emitidas por los objetos celestes en el dominio de las radiofrecuencias.

radioterapia f. Empleo terapéutico del radio o de sus sales. l Tratamiento de las enfermedades por cualquier clase de rayos, especialmente por los rayos X.

radiotransmision f. Transmisión radiotelegráfica o radio telefónica.

radiotransmisor, ra adj. Que transmite por radiotelegrafía o radiotelefonía una comunicación. l m. Aparato que se emplea en radiotelegrafía, así como en televisión, para emitir las ondas portadoras de señales de sonidos.

radón m. Elemento químico de símbolo Rn, número atómico 86 y peso atómico 296.

rádula f. Parte de la lengua de algunos moluscos, dura y apta para actuar como un rallador.

raedera f. Instrumento para raer. l Azadilla de pala semicircular con que los mineros recogen el mineral y los escombros.

raer tr. Quitar vello u otra cosa de una superficie raspándola. l Rasar. l fig. Extirpar enteramente una cosa.

ráfaga f. Movimiento violento y repentino del aire. l Golpe de luz instantáneo. l Conjunto de proyectiles que en sucesión rapidísima lanza un arma automática.

rafia f. Género de plantas palmáceas, de tronco fuerte, hojas muy largas y espádices grandísimos, que viven en África y América, y de una de cuyas especies se obtiene una fibra resistente y flexible. l Esta fibra.

raglan o raglán m. Especie de gabán de hombre que se usó en el s. XIX, de corte holgado y con esclavina corta.

ragú m. Guiso de carne con patatas que suele ir acompañado de diversas verduras.

rahez adj. Vil, bajo. despreciable.

raicilla f. dim. de raíz. l Filamento que nace del cuerpo principal de la raíz de un vegetal. l Radícula.

raid m. Incursión militar en territorio enemigo. l Carrera, viaje aéreo.

raído, da p. p. de raer. l adj. Díc. del vestido o de la tela muy gastados por el uso, pero no rotos. l fig. Desvergonzado.

raigambre f. Conjunto de raíces del vegetal. l fig. Conjunto de intereses, hábitos o afectos que hacen firme y estable una cosa.

raigón m. aum. de raíz. l Raíz de las muelas y dientes.

raíl o rail m. Riel, carril de las vías férreas.

raimiento m. Raedura. l fam. Descaro, desvergüenza.

raíz 344

raíz f. Órgano de las plantas que se desarrolla bajo tierra y les sirve de sostén y para absorber las sustancias nutritivas. I Bien inmueble, finca. Ú. m. en pl. I Origen o principio de una cosa. I fig. Parte oculta de una cosa, de la que procede la que está a la vista. I fig. Parte inferior o pie de cualquier cosa. I Parte de los dientes de los vertebrados que está engastada en los alveolos. I Elemento más puro y simple de una palabra. I Cada uno de los valores que pueden tener las incógnitas de una ecuación. I Cantidad que se ha de multiplicar por sí misma una o más veces para obtener un número determinado.

raja f. Parte que se saca de un leño al abrirlo al hilo con un instrumento cortante. I Hendedura, abertura. I Trozo cortado a lo largo o a lo ancho de una fruta u otro comestible.

rajá m. Soberano índico.

rajadura f. Acción de rajar.

rajar tr. Dividir en rajas. I Hender, partir, abrir, Ú. t. c. r. I intr. fig. Decir o contar mentiras, especialmente jactándose de valiente y hazañoso. I fig. Hablar mucho I Salir aprisa, huir.

rajatabla (a) m. adv. Con todo rigor, de un modo absoluto.

ralea f. Especie, género, calidad. I despect. Aplicado a personas; raza, casta o linaje.

ralear intr. Hacerse rala una cosa. I No granar los racimos. I Manifestar mala inclinacion.

ralentí o ralenti m. Cine. cámara lenta. I Marcha de un motor con el mínimo de gases.

ralentizar tr. lentificar.

raleza f. Calidad de ralo.

rálidos m. pl. Familia de aves zancudas, propias de parajes húmedos y pantanosos.

rallador m. Utensilio de cocina, compuesto por una chapa metálica curva, con agujeritos de borde saliente, y que sirve para rallar pan, queso, etc.

ralladura f. Surco que deja el rallo. I Lo que queda rallado.

rallante adj. Díc. de la persona fastidiosa, molesta o cargante.

rallo m. Rallador. I Cualquier chapa metálica con agujeritos, que sirve para otros usos. I Almohaza.

rallón m. Arma terminada en un hierro transversal afilado, la cual se disparataba con la ballesta.

ralo, la adj. Díc. de las cosas cuyos componentes, partes o elementos están separadas más de lo regular en su clase.

rama f. Cualquiera de las partes nacidas del tronco de la planta y en las cuales suelen brotar las hojas, las flores y los frutos. I fig. Serie de personas que descienden de un mismo tronco. I fig. Parte secundaria de una cosa, que nace o se deriva de otra principal. I Cerco de hierro con que se ciñe el molde que se ha de imprimir, apretándolo con cuñas o tornillos.

ramada f. Ramaje. I Cobertizo hecho de ramas.

ramadán m. Noveno mes del año lunar islámico, durante el cual éstos observan riguroso ayuno.

ramaje m. Conjunto de ramas o ramos.

ramal m. Cada uno de los cabos que se compone una cuerda, soga o trenza. I Cabestro, ronzal. I Parte que arranca de la línea principal de un camino, acequia, cordillera, etc. I fig. Parte o división que resulta o nace de una cosa y de la cual depende.

ramalazo m. Golpe dado con el ramal, y señal que aparece en el cutis por golpe de enfermedad. I fig. Dolor repentino. I fig. Parte o división inesperado.

ramazón f. Conjunto de ramas cortadas o separadas de los árboles.

rambla f. Lecho natural de las aguas de lluvia cuando caen copiosamente. I Artefacto compuesto de postes hincados en el suelo y unidos por travesaños, en que se colocan los paños para enramblarlos. I Avenida o calle ancha con árboles.

ramblar m. Lugar donde confluyen varias ramblas.

rameado, da adj. Díc. del dibujo o pintura que representa ramos.

ramera f. Mujer que por oficio tiene relación carnal con hombres, cobrando dinero por ello.

ramificación f. Acción de ramificarse. I División y extensión de algunas cosas a modo de ramas. I fig. Conjunto de consecuencias necesarias de algún hecho.

ramificarse r. Dividirse en ramas una cosa. I fig. Propagarse las consecuencias de un hecho.

ramillete m. Ramo pequeño de flores o plantas aromáticas. I Colección de especies útiles o excelentes en una materia. I Conjunto de flores que forman una cima o copa apretada.

ramiza f. Conjunto de ramas cortadas.

ramnáceo, a adj. y s. Díc. de plantas dicotiledóneas, arbustos espinosos, flores en cimas y fruto capsular, seco indehiscente en drupa. I f. pl. Familia de estas plantas.

ramo m. Rama secundaria o que sale de otra principal. I Rama cortada del árbol. I Conjunto de manojo de flores, ramas o hierbas, o de unas y otras cosas. I Ristra de ajos o cebollas. I fig. Cada una de las partes en que se considera dividida una ciencia, arte, industria, etc.

ramón m. Ramojo con que los pastores alimentan los ganados en tiempo de nieves. I Ramaje que resulta de la poda de los árboles.

ramonear intr. Cortar las puntas de las ramas de los árboles. I Pacer el ganado las hojas de los árboles despuntando las ramas.

ramoneo m. Acción de ramonear.

ramoso, sa adj. Que tiene muchos ramos o ramas.

rampa m. Calabre. I Declive suave.

rampante adj. Díc. del león o de otro animal heráldico, que se representa con la mano abierta y las garras tendidas.

ramplón, na adj. Díc. del calzado tosco y de suela muy gruesa. I fig. Grosero, inculto, vulgar. I m. Taconcillo que se hace en la herradura para suplir algún defecto del casco, o piececilla piramidal del hierro que se pone para que la caballería pueda caminar por hielo sin resbalarse.

ramplonería f. Calidad de ramplón, tosco o chabacano.

rampollo m. Rama cortada del árbol para plantarla.

rana f. Batracio anuro con el dorso de color verdoso y el abdomen blanco. I Juego que consiste en introducir desde cierta distancia una chapa o moneda por la boca abierta de una rana de metal.

rancajada f. Desarraigo, acción de arrancar de cuajo.

rancajo m. Astilla que se clava en la carne.

ranchear intr. Formar ranchos, o acomodarse en ellos.

ranchero m. El que guisa el rancho y cuida de él. I El que rige o gobierna un rancho.

rancho m. Comida hecha para muchos en común. I Reunión de personas que toman esta comida. I Lugar fuera de poblado donde acampan o se albergan varias familias o personas. I Vivienda rústica o choza fuera de poblado. I Granja donde se cría ganado.

rancio, cia adj. Díc del vino y de ciertos comestibles que con el tiempo adquieren sabor y olor más fuerte, mejorándose o echándose a perder. I Díc. de las cosas antiguas y de las personas apegadas a ella.

randa f. Encaje grueso de nudos apretados, que se pone por adorno en las ropas. I Encaje de bolillos.

rango m. Jerarquía. condición social. I Rumbo. esplendidez.

ranilla f. Parte más blanda del casco de las caballerías.

ranina adj. Díc. de la arteria y de una vena situada en la parte inferior de la lengua.

ránula f. Tumor formado debajo de la lengua. I Tumor carbuncoso que se forma debajo de la lengua al ganado caballar o vacuno.

ranunculáceo, a adj. y s. Díc. de plantas dicotiledóneas. herbáceas, de hojas alternas, flores de colores vivos y fruto seco y a veces carnoso, con semillas de albumen córneo.

ranúnculo m. Planta ranunculácea de flores amarillas o blancas, que tienen jugo acre y muy venenoso.

ranura f. Canal estrecha y larga que se abre en un madero, tabla, piedra, etc.

raña f. Instrumento consistente en una cruz erizada de garfios, que sirve para coger pulpos en fondos de roca. I Terreno de monte, bajo.

raño m. Pez marino, acantopterigio. I Garfio con mango largo, que sirve para arrancar de las peñas ciertos meluscos.

rapa f. Flor del olivo.

rapacejo, ja m. y f. dim. de rapaz, muchachuelo, y de rapaza. I m. Alma de hilo, cáñamo o algodón sobre la cual se forman los cordoncillos de los flecos. I Fleco liso.

rapacería f. Rapacidad. I Rapazada.

rapacidad f. Calidad de rapaz.

rapador, ra adj. y s. Que rapa. I m. Barbero.

rapadura f. Acción de rapar o raparse.

rapapolvo m. fam. Reprensión de áspera.

rapar tr. Afeitar. Ú. t. c. r. I Cortar el pelo al rape. I fig. Hurtar o quitar con violencia.

rapaz adj. Inclinado al robo o hurto. I Díc. de las aves de pico corvo, con la mandíbula superior ganchuda y patas en general plumosas y con fuertes garras, de las que existen especies diurnas, como el águila, y nocturnas como la lechuza. Ú. t. c. s. I f. pl. Orden de estas aves. I m. Muchacho de corta edad.

rapaza f. Muchacha de corta edad

rapazada f. Muchachada.

rape m. Rasura o corte de la barba hecho de prisa y sin cuidado. I Pejesapo.

rapé adj. y s. Díc. del tabaco en polvo, elaborado con hojas cortadas algún tiempo después de madurar.

rápido, da adj. Veloz, arrebatado.

rapiña f. Robo, expoliación o saqueo que se hace arrebatando con violencia.

rapiñar tr. fam. Hurtar o quitar una cosa como arrebatándola.

raposa f. Zorra. I fig. Persona astuta y solapada.

raposear intr. Usar de ardides o trampas

raposero, ra adj. Díc. del perro que se emplea en la caza de montería y especialmente en la de zorras.

raposo m. Zorro. I fig. Zorro, cauteloso, astuto, falso.

rapsoda m. El que en la antigua Grecia iba de pueblo en pueblo cantando trozos de los poemas de Homero u otras poesías.

rapsodia f. Trozo de un poema y especialmente de los trozos de Homero. I Pieza musical formada con trozos de otras o de aires populares.

raptar tr. Sacar a una mujer, violentamente o con engaño, de la casa y potestad de sus padres y parientes.

rapto m. Impulso, arrebato. I Delito que comete el que se lleva una mujer por la violencia o con seducción y engaño. I Éxtasis, arrobamiento. I Por ext. Llevarse a una persona sin su consentimiento; aplícase especialmente a niños. I secuestro.

raque m. Acción de recoger los objetos arrojados a las costas por algún naufragio.

raquear intr. Andar al raque; buscar restos de naufragios.

raqueta f. Bastidor de madera, por lo común ovalado, con mango cubierto de red o pergamino, que se utiliza como pala en el juego del volante, de la pelota y otros análogos.

raquídeo, a adj. Relativo al raquis.

raquis m. Espinazo, columna vertebral. I Raspa, eje común de las flores y frutos de una espiga o un racimo.

raquítico, ca adj. y s. Que padece raquitis. I fig. Exiguo, mezquino, endeble.

raquitis f. Reblandecimiento y encorvadura de los huesos, especialmente del raquis.

raquitismo m. Raquitis.

rarefacción m. Acción de rarefacer o rarefacerse.

rarefacer tr. y r. Enrarecer.

rareza f. Calidad de raro. I Acto propio de la persona rara o extravagante.

rarificar tr. Rarefecer, enrarecer.

raro, ra adj. De poca densidad. I Extraordinario, poco común, o frecuente. I Escaso, singular en su especie. I Insigne, sobresaliente en su línea. I Extravagante.

ras m. Igualdad en la superficie o la altura de las cosas.

rasante f. Línea de una calle u otra vía, considerada en su inclinación respecto del plano horizontal.

rasar tr. Igualar con el rasero las medidas de los áridos. I Pasar rozando. I r. Ponerse rasa o limpia una cosa.

rasca adj. Pobretón, vulgar.

rascacielos m. Edificio de gran altura y muchos pisos.

rascadera f. Almohaza. I Almohaza.

rascador, ra adj. y s. Que rasca. I m. Instrumento para rascar o limpiar.

rascar tr. Refregar o frotar con fuerza la piel con una cosa áspera, y por lo común con las uñas. Ú. t. c. r. I Arañar, hacer arañazos. I Limpiar con rascador. I Producir sonido estridente al tocar con el arco un instrumento de cuerda.

rascle m. Instrumento usado para la pesca del coral.

rasel m. Racel.

rasera f. Rasero. I Paleta metálica que se usa en las cocinas.

rasero m. Palo cilíndrico con que se rasan las medidas de áridos

rasgado, da adj. Díc. de la boca grande y de los ojos que siendo grandes, se descubren mucho por la amplitud de los párpados. I Rasgón.

rasgadura f. Acción de rasgar. I Rasgón.

rasgar tr. Romper con fuerza, y sólo con las manos, cosas de poca consistencia como tejidos, papel, etc. Ú. t. c. r. I Rasguear.

rasgo m. Línea de adorno en la escritura. I fig. Expresión feliz. I fig. Acción gallarda y notable. I pl. Facciones del rostro.

rasgón m. Rotura de una tela.

rasgueador, ra adj. Aplícase al que rasguea con gusto y de manera delicada al escribir. Ú. t. c. s.

rasguear tr. Tocar la guitarra arrastrando la mano por las cuerdas. I intr. Hacer rasgos con la pluma.

rasgueo m. Acción de rasguear.

rasguñar tr. Arañar o rascar algo con las uñas o con otra cosa.

rasguño m. Arañazo.

rasilla f. Tela delgada de lana, parecida a la lamparilla. I Ladrillo hueco y más delgado que el corriente.

rasmillar tr. Arañar o rasguñar ligeramente la piel. Ú. t. c. r.

raso, sa adj. Plano, liso, despejado, libre de estorbos. Ú. t. c. s. l Díc. de la atmósfera despejada y libre de nubes y nieblas. l Díc. de quien carece de título, grado o distinción. l m. Tela de seda lustrosa de cuerpo intermedio entre el del tafetán y el del terciopelo.

raspa f. Arista, filamento áspero del cascabillo del trigo y de otras gramíneas. l Espina de los pescados. l Grumo o gajo de uvas. l Zoro, mazorca del maíz desgranada. l Zurrón, cáscara primera y más tierna de algunos frutos. l Eje o pedúnculo común de las flores y frutos de una espiga o racimo.

raspador m. Instrumento propio para raspar.

raspadura f. Acción de raspar. l Lo que se quita raspando. Ú. m. en pl.

raspajo m. Escobajo de la uva.

raspamiento Raspadura, acción de raspar

raspante Díc. del vino que pica el paladar.

raspar tr. Raer ligeramente alguna cosa. l Picar el paladar el vino u otro licor. l Hurtar, quitar, robar una cosa.

raspear intr. Correr con aspereza la pluma despidiendo chispas de tinta.

rasponazo m. Lesión o erosión superficial causada por un roce violento.

raspudo, da adj. Dic. del trigo que tiene aristas.

rasqueta f. Planchuela de cantos afilados y con mango, que se usa para raer y limpiar los palos, cubiertas y costados de los buques. l Almohaza.

rastacueros adj. Vividor. l Ostentoso.

rastra f. Rastro, instrumento agrícola. l Cosa que va colgando y arrastrando. l Sarta deralguna fruta seca.

rastrear tr. Seguir el rastro de una cosa o buscarla por él. l fig. Indagar, investigar. l Llevar algo arrastrando por el fondo del agua. l intr. Trabajar con el rastro.

rastreo m. Acción de rastrear por el fondo del agua. l Acción de seguir a un satélite artificial detectando sus distintas posiciones en el espacio.

rastrero, ra adj. Que va arrastrando. l Que rastrea. l fig. Bajo, ruin, vil, despreclable.

rastrillada f. Lo que se recoge de una vez con el rastrillo o rastro.

rastrillar tr. Limpiar el lino o el cáñamo de las aristas y estopa. l Recoger con el rastro la hierba segada o la parva en las eras. l Pasar la rasta o grada por los sembrados. l Limpiar la hierba con el rastrillo los jardines.

rastrillo m. Instrumento para rastrillar el lino o el cáñamo. l Compuerta enrejada en las prisiones y en los fuertes. l Rastro, instrumento agrícola.

rastro m. Instrumento agrícola, compuesto de un mango largo que en su extremo lleva una travesaño armado de púas o dientes y sirve para recoger hierba, paja, etc., o para extender piedra partida o para usos análogos. l Señal que deja en la tierra alguna cosa que por ella ha pasado. l Matadero. l fig. Señal, reliquia, vestigio.

rastrojar tr. Arrancar el rastrojo.

rastrojera f. Tierra que ha guedado de rastrojo. l Epoca en que los ganados pastan los rastrojos.

rastrojo m. Residuo de las cañas de la mies, que queda en la tierra después de la siega. l El campo, después de segada la mies.

rasura f. Acción de rasurar. l Raedera.

rasurar tr. y r. Afeitar, rapar la barba.

rata m. Mamífero roedor de cabeza pequena, hocico puntiagudo y cola. l Hembra del rato o ratón.

rataplán m. Voz onomatopéyica con que se imita el sonido del tambor.

ratear tr. Rebajar a proporción o prorrata. l Distribuir proporcionadamente. l Hurtar con destreza. l intr. Andar arrastrando con el cuerpo pegado al suelo.

ratería f. Hurto de cosas de poco valor. l Vileza, bajeza o ruindad en los tratos.

ratero, ra adj. y s. Díc. de quien hurta con maña y cautela cosas de poco valor. l Rastrero.

ratificación f. Acción de ratificar o ratificarse.

ratificar tr. y r. Confirmar lo hecho o dicho por sí o por otro.

rato adj. Díc. del matrimonio celebrado legítimamente que no ha llegado a consumarse. l Espacio corto de tiempo. l En algunas partes, ratón.

ratón m. Mamífero parecido a la rata, pero más pequeño que ella.

ratona f. Hembra del ratón.

ratonera f. Trampa para coger ratones. l Agujero que hace el ratón. l Madriguera.

raudal m. Gran cantidad de agua que corre arrebatadamente. l Abundancia de cosas que ocurren rápidamente y como de golpe.

raudo, da adj. Rápido, precipitado.

raya f. Señal larga y estrecha que se forma o se hace en algún cuerpo. l Confín o límite de provincia, región o territorio. l Término, límite puesto a una cosa. l Pez selacio, ráyido, marino, de cuerpo aplastado, y romboidal, y cola larga y delgada.

rayado, da adj. Díc. del cañón estriado en su interior, y del arma que tiene cañón o cañones de esta clase. l m. Conjunto de rayas o listas de una cosa.

rayador, ra adj. y s. Que raya.

rayano, na adj. Que confina o linda; que está en la raya, límite o confín. l fig. Cercano, muy semejante, casi igual.

rayante adj. Díc. de la persona fastidiosa o cargante.

rayar tr. Hacer rayas. l Borrar con rayas lo escrito. l Subrayar. l intr. Confinar, lindar. l Amanecer alborear. l Usase con las voces alba, día, luz, sol.

ráyido adj. y s. Díc. de peces selacios, de cuerpo deprimido, discoidal o rómbica, y con la cola larga y delgada; como la raya. l m. pl. Suborden de estos animales.

rayo m. Cualquiera de las líneas que, partiendo del punto en que se produce una forma de energía, señalan la dirección en que ésta se transmite. l Línea de luz procedente de un cuerpo luminoso, y, particularmente, los que preceden del Sol. l Cualquiera de las piezas que, a manera de radios de circuito, unen el tubo a las pinas de una rueda. l Chispa eléctrica producida por descarga entre dos nubes o entre una nube y la tierra. l fig. Cosa que actúa con gran fuerza o eficacia. l fig. Persona muy viva de ingenio, o pronta y ligera en sus acciones. l fig. Sentimiento intenso y pronto de dolor. l fig. Estrago, infortunio o castigo repentino l Flujo de electrones emitidos por una sustancia radiactiva.

rayón m. Fibra textil fabricada a partir de la celulosa. l Tejido fabricado con esta fibra. Se conoce también como seda artificial.

raza f. Casta o calidad del linaje. l Cualquiera de los grupos en que están subdivididas algunas especies zoológicas y cuyos caracteres diferenciales, que son muy secundarios, se perpetúan por generación.

razia f. Incursión, correría en un país enemigo, sin otro fin que la destrucción o el saqueo. l Batida, redada. Aplícase especialmente cuando la efectúa la policía.

razón f. Facultad de discurrir. l Acto del entendimiento en que piensa o discurre. l Expresión del pensamiento o discurso. l Argumento que se aduce en apoyo de alguna cosa. l Motivo o causa. l Orden y método de una cosa. l Justicia, rectitud en las operaciones, o derecho para ejecutarlas. l Equidad en las compras y ventas. l Cuenta, relación, cómputo. l fam. Recado, mensaje, aviso.

razonable adj. Justo, conforme a razón. | fig. Regular, bastante, mediano.

razonamiento m. Acción de razonar. | Serie de conceptos dirigidos a demostrar algo o a persuadir a alguien.

razonar intr. Discurrir manifestando lo que se discurre, o hablar dando razones para probar una cosa. | Hablar, discurrir, conversar. | tr. Aducir razones o documentos en apoyo de un dictamen, cuenta, etc.

re prep. insep. de significación varia, que indica reiteración o repetición, oposición. retroceso, inversión o encarecimiento. | Segunda nota de la escala.

rea f. p. us. Mujer acusada de un delito.

reabrir tr. y r. Volver a abrir.

reabsorber tr. Absorber de nuevo.

reacción f. Acción que se opone a otra, obrando en sentido contrario a ella. | Tendencia de un partido político que se opone a las innovaciones y propende a la restauración de un estado de cosas anterior. | Díc. también del conjunto de sus partidarios. | Fuerza que un cuerpo sujeto a la acción de otro ejerce sobre él en dirección opuesta. | Acción orgánica que propende a contrarrestar la influencia de un agente morbífico. | Acción recíproca entre dos o más cuerpos, de la que resultan otro u otros distintos.

reaccionar intr. Cambiar de disposición una persona, o modificarse una cosa en virtud de una acción opuesta a otra anterior. | Producirse una reacción, sobre todo entre cuerpos químicos.

reaccionario, ria adj. Que propende a restablecer lo abolido. | Opuesto a las innovaciones.

reacio, cia adj. Inobediente, remolón, renuente.

reactancia fl. Denomínase así a la reacción opuesta en un circuito eléctrico al paso de una corriente alterna cuando en dicho circuito se han intercalado en serie una bobina o inductancia, un condensador o capacitancia o ambos a la vez.

reactivar v. tr. Dar nuevo impulso.

reactivo, va adj. y s. Díc. de lo que produce reacción.

reactor, ra adj. Reactivo. | m. Instalación destinada a producir y regular la escisión de ciertos núcleos atómicos por la acción de los neutrones liberados durante el proceso. Llámase también reactor nuclear y pila atómica. | m. Nombre dado a los aviones provistos de motor a reacción.

readmisión f. Acción de readmitir.

readmitir tr. Admitir de nuevo.

reafirmar tr. y r. Afirmar de nuevo.

real adj. Que tiene existencia verdadera y efectiva. | Perteneciente o relativo al rey o a la realeza. | Realista, perteneciente al realismo. | fig. Regio, suntuoso. | Antigua moneda de plata.

realce m. Adorno de relieve. | fig. Lustre, esplendor, grandeza.

realengo, ga adj. Díc. de los pueblos que no eran de señorío ni de las órdenes. | Díc. de los terrenos del estado.

realeza f. Dignidad o soberanía real.

realidad f. Existencia real y efectiva de una cosa. | Verdad, sinceridad.

realismo m. Doctrina filosófica que atribuía realidad a las ideas generales. | Doctrina artística y literaria de quienes aspiran a copiar la naturaleza. | Doctrina política que tiende a establecer la monarquía absoluta.

realista adj. y s. Partidario del realismo. | Relativo a él.

realizar tr. Efectuar, hacer efectiva una cosa. Ú. t. c. r. | Vender los géneros con rebaja de precios para reducirlos rápidamente a dinero.

realquilado, da m. y f. Persona que toma en alquiler la casa o habitación, o parte de ella, que le cede o subarrienda un inquilino.

realquilar tr. Volver a alquilar. | Dar en alquiler o arriendo, subarrendar a alguien un inquilino la casa o habitación que él tiene alquilada, o parte de ella.

realzar tr. Elevar más de lo que estaba. Ú. t. c. r. | Labrar de realce. | Hacer resaltar.

reanimar tr. y r Comportar, dar vigor restablecer las fuerzas. | fig. Infundir ánimo y valor al que está abatido.

reanudar tr. y r. fig. Renovar o continuar el trato, estudio, trabajo u otra cosa que se había interrumpido.

reaparecer intr. Aparecer de nuevo.

reaparición f. Accion de reaparecer.

rearmar tr. y r. Armar de nuevo, volver a armar.

rearme m. Acción de rearmar o rearmarse.

reaseguro m. Contrato por el cual un asegurador toma a su cargo, total o parcialmente, un riesgo ya cubierto por otro asegurador.

reasumir tr. Volver a asumir. | Tomar en caso necesario todas las facultades una sola autoridad.

reata f. Soga que ata dos o más caballerías, para que vayan en hilera una detrás de otra. | Hilera de caballerías que van de este modo. | Mula que añade al carruaje para tirar delante.

reavivar tr. y r. Volver a avivar, o avivar intensamente.

rebaba f. Porción de materia sobrante que forma resalto en los bordes o en la superficie de un objeto cualquiera.

rebaja f. Disminución, descuento de una cosa.

rebajar tr. Hacer más bajo el nivel o superficie horizontal de un terreno u otra cosa. | fig. Humillar, abatir. | Disminuir la intensidad de un color.

rebajo m. Parte del canto de una cosa donde se ha disminuido el espesor por medio de un corte.

rebalsar tr. Detener el agua u otro liquido en su curso, haciendo que se estanque y haga balsa. Ú. t. c. intr. y c. r.

rebanada f. Porción delgada y larga de una cosa que se saca cortando de un extremo a otro.

rebanar tr. Hacer rebanadas de una cosa. | Cortar o dividir una cosa de parte a parte.

rebañadera f. Instrumento de hierro con varios garabatos que, atado a una cuerda, se usa para sacar lo que se cayó en un pozo.

rebaño m. Hato grande de ganado. | fig. Congregación de los fieles, respecto de sus pastores espirituales.

rebasar tr. Pasar, exceder de algún límite. | Pasar, navegando, más allá de un estorbo o peligro.

rebatible adj. Que se puede rebatir o refutar.

rebatiña f. Arrebatina.

rebatir tr. Rechazar o contrarrestar alguna fuerza. | Batir o contrarrestar alguna fuerza. | Batir de nuevo. | Batir mucho. | Redoblar, reforzar. | Impugnar, refutar.

rebato m. Convocación de los vecinos de un lugar a una señal dada en caso de peligro repentino.

rebeco m. Gamuza.

rebelarse f. Levantarse, sublevarse, indisciplinarse. | fig. Oponer resistencia.

rebelde adj. Que se rebela o subleva. Ú. t. c. s. | Indócil, desobediente.

rebeldía f. Calidad de rebelde. | Delito contra el orden público.

rebelión f. Acción de rebelarse. | Delito contra el orden público.

rebencazo m. Golpe que se da con el rebenque.

rebenque m. Látigo que se usaba para castigar a los galeotes. | Látigo recio de jinete. | Cabo corto propio para atar diversas cosas.

reblandecer tr. y r. Ablandar una cosa o ponerla tierna.

reblandecimiento m. Acción de reblandecer o reblandecerse. | Lesión de los tejidos orgánicos, caracterizada por la disminución de su consistencia.

rebociño m. Mantilla o toca corta usada por las mujeres para rebozarse.

reborde m. Faja estrecha y saliente a lo largo del borde de una cosa.

rebordear tr. Hacer o formar un reborde.

rebosadero f. Sitio por donde rebosa un líquido.

rebosar intr. Derramarse un líquido por encima de los bordes de uná vasija muy llena. | fig. Abundar mucho. | fig. Dar a entender de algún modo lo mucho que se siente en lo interior.

rebotadera f. Peine de hierro para levantar el pelo del paño que se va a tundir.

rebotar intr. Botar repetidamente un cuerpo elástico. | Botar la pelota en la pared después de hacerlo en el suelo. | tr. Redoblar o volver la punta de alguna cosa aguda.

rebote m. Acción de rebotar una pelota u otro cuerpo elástico. | Cualquiera de los botes que después del primero da el cuerpo que rebota

rebozar tr. Cubrir casi todo el rostro con la capa o el manto. Ú. t. c. r. | Cubrir una vianda con una capa de huevo, harina, etc., para freírla luego.

rebozo m. Modo de llevar la capa o manto cuando con él se cubre casi todo el rostro. | Rebociño. | fig. Simulación, pretexto.

rebrotar intr. Retoñar.

rebudio m. Ronquido del jabalí.

rebufe m. Bufido del toro.

rebufo m. Expansión del aire alrededor de la boca del arma de fuego al salir el tiro.

rebujo m. Embozo. | Envoltorio mal hecho.

rebullir intr. y r. Empezar a moverse lo que estaba quieto.

rebusca f. Acción de rebuscar. | Fruto que queda en el campo después de la recolección. | Desecho, lo de peor calidad.

rebuscamiento m. Rebusca. | Exceso de atildamiento en el lenguaje o estilo, y también en el porte de una persona.

rebuscar tr. Buscar o escudriñar con sumo cuidado. | Recoger el fruto que queda en el campo después de la recolección.

rebuznar intr. Emitir el asno su voz.

rebuzno m. Voz del asno.

recabar tr. Alcanzar, conseguir con instancias o súplicas lo que se desea.

recadero, ra m. y f. Persona que lleva recados de una parte a otra.

recado m. Mensaje verbal que se da o se envía a alguien. | Conjunto de objetos necesarios para un fin.

recaer intr. Volver a caer. | Volver a enfermar de la misma dolencia el que estaba convaleciente. | Volver a incurrir en los mismos vicios o errores. | Venir a parar en una persona beneficios o gravámenes.

recalar tr. Penetrar poco a poco un líquido por los poros de otro cuerpo dejándolo húmedo. Ú. t. c. r. | Llegar el buque a un punto como fin de viaje, o para proseguir su navegacion después de reconocido.

recalcar tr. Apretar mucho una cosa con otra. | fig. Decir alguna cosa con lentitud y exagerada fuerza de expresión para que se entienda bien lo que se quiere significar. | r. fig. Repetir una cosa muchas veces como recreándose con ello.

recalcitrante p. a. de recalcitrar. Que recalcitra. | adj. Terco, reacio, obstinado en resistir.

recalcitrar intr. Retroceder. | fig. Resistirse tenazmente a obedecer.

recalentamiento m. Acción de recalentar.

recalentar tr. Volver a calentar. | Calentar demasiado. | r. Echarse a perder por el calor ciertos frutos. | Alterarse las maderas por la descomposición de la savia.

recalzar tr. Arrimar tierra al pie de las plantas. | Hacer un recalzo. | Pintar un dibujo.

recamado, da m. Bordado de realce.

recámara f. Cuarto situado detrás de la cámara, para guardar vestidos y alhajas. | Parte del ánima del cañón de lás armas de fuego, donde se coloca el cartucho. Lugar donde se colocan los explosivos en el fondo de una mina. | Alcoba. | fig. Cautela, reserva, segunda intención.

recambio m. Pieza destinada a sustituir en caso necesario a otra igual de una máquina.

recapacitar intr. y tr. Recorrer la memoria refrescando ideas combinándolas y meditando sobre ellas.

recapitular tr. Recordar ordenada y brevemente lo que de palabra o por escrito se ha expresado con extensión.

recargar tr. Volver a cargar. | Aumentar la carga. | Hacer nuevo cargo o imputación. | fig. Agravar una cuota de impuesto u otra prestación que se adeuda. | fig. Adornar con exceso una persona o cosa.

recargo m. Nueva carga o aumento de carga. | Nuevo cargo o imputación.

recatado, da adj. Circunspecto, prudente, cauto. | Honesto, que tiene mucho recato.

recatar tr. Volver a catar. | Encubrir lo que no se quiere que se vea o se sepa. Ú. t. c. r. | r. Mostrar recelo en decidirse.

recato m. Cautela, reserva. | Modestia, honestidad, compostura.

recauchar tr. Volver a cubrir de caucho una llanta o cubierta desgastada.

recaudación f. Acción de recaudar. | Cantidad recaudada. | Oficina del recaudador.

recaudar tr. Cobrar rentas o caudales. | Poner, asegurar o tener en custodia.

recaudo m. Recaudación, acción de recaudar.

recazo m. Guarnición de la espada u otra arma blanca, comprendida entre la hoja y la empuñadura. | Parte opuesta al filo en el cuchillo.

recebo m. Arena o piedra muy menuda que se extiende sobre el firme de una carretera.

recelar tr. Temer, desconfiar, sospechar.

recelo m. Temor, sospecha o cuidado.

receloso, sa adj. Que tiene recelo.

recentadura f. Levadura reservada para fermentar otra masa.

recental adj. y s. Díc. del cordero o del ternero de leche.

recentar tr. Poner recentadura en la masa. | r. Renovarse.

recentísimo, ma adj. superl. de reciente.

recepción f. Acción de recibir. | Admisión en un cargo, oficio o corporación. | Ceremonia que consiste en acudir a la residencia oficial de una autoridad, en determinadas ocasiones, y desfilar ante ella. | Reunión con carácter de fiesta, en una casa particular.

receptáculo m. Cavidad que contiene alguna sustancia, o puede contenerla. | fig. Acogida, refugio. | Extremo del pedúnculo en que se asienta la flor.

receptar tr. Encubrir delincuentes, o cosas que son materia de delito. | Recibir, acoger, amparar.

receptividad f. Capacidad de recibir.

receptivo, va adj. Que puede recibir.

receptor, ra adj. y s. Que recibe o recepta. | Aplícase al aparato que se usa para recibir las transmisiones telegráficas o telefónicas. | m. Escribano comisionado por un tribunal para efectuar cobros, recibir pruebas, etc.

receso m. Separación, apartamiento, desvío. I Descanso en un trabajo o actividad.

receta f. Prescripción facultativa. I Nota escrita de ella I fig. Nota en que se indican los componentes de una cosa y se enseña el modo de hacerla.

recetar tr. Prescribir un medicamento, expresando su dosis, preparación y uso.

recetario m. Registro de recetas. I Farmacopea.

rechazar tr. Resistir un cuerpo a otro, haciendole retroceder. I fig. Resistir al enemigo, obligándole a ceder. I fig. Contradecir, refutar.

rechazo m. Retroceso de un cuerpo por encontrarse con otro más resistente. I No aceptación de un injerto por el organismo.

rechifla f. Acción de rechiflar.

rechiflar tr. Silbar con insistencia. I r. Burlarse con extremo; mofarse de uno, o ridiculizarle.

rechinar tr. Hacer una cosa sonido desapacible por rozar con otra. I fig. Hacer algo con disgusto.

rechistar intr. Chistar.

rechoncho, cha adj. fam. Díc. de la persona o animal gruesos y bajos.

recial m. Corriente recia de los ríos.

reciario m. Gladiador cuya arma principal era una red.

recibidor, ra adj. y s. Que recibe. I m. Recibimiento, antesala, sala principal o pieza que da entrada a cada uno de los cuartos habitados por una familia.

recibimiento m. Recepción, acción de recibir. I Acogida buena o mala que se hace al que viene de fuera. I En unas partes, antesala; en otras, sala principal.

recibir tr. Tomar, aceptar, admitir uno lo que le dan o envían. I Hacerse cargo uno de lo que le dan. I Padecer uno el daño que le hacen o que le sobreviene. I Admitir dentro de si una cosa a otra. I Admitir, acoger, aceptar, probar. I Admitir visitas una persona. I r. Tomar una investidura o título para ejercer alguna facultad o profesión.

recibo m. Recepción, acción de recibir. I Recibimiento, antesala, sala principal, pieza que da entrada a cada uno de los cuartos habitados por una familia. I Resguardo firmado en que se declara haber recibido algo.

recidiva f. Repetición de la enfermedad después de terminada la convalecencia.

reciedumbre f. Fuerza, vigor, fortaleza.

recién adv. Recientemente.

reciente adj. Nuevo, fresco, acabado de hacer, o de ocurrir, etc.

recinto m. Espacio comprendido dentro de determinados límites.

recio, cia adj. Fuerte, robusto, vigoroso. I Grueso, gordo o abultado. I Áspero, duro de genio. I Duro, grave, difícil de soportar. I Díc. del tiempo riguroso, rígido.

récipe m. Palabra que antes solia ponerse abreviada a la cabeza de la recota. I fam. Receta.

recipiente adj. Que recibe. I m. Receptáculo, cavidad que contiene o puede contener algo.

reciprocidad f. Correspondencia mutua de una persona o cosa con otra.

recíproco, ca adj. Que guarda reciprocidad. I Díc. del verbo que denota reciprocidad de la acción o significación entre dos o más personas o cosas.

recitación f. Acción de recitar.

recital m. Concierto, sesión musical cuyo programa es ejecutado por un solo artista y un mismo instrumento. I Lectura o recitación de composiciones de un poeta.

recitar tr. Referir algo en voz alta, pronunciar un discurso. I Decir de memoria y en voz alta versos, discursos, etc.

recitativo, va adj. Díc. del estilo músico en que se canta recitando.

reclamar intr. Clamar contra una cosa; oponerse a ella de palabra o por escrito. I tr. Clamar o llamar con repetición o mucha instancia. I Pedir o exigir con derecho o con instancia una cosa. I Llamar a las aves con el reclamo. I Llamarse unas a otras ciertas aves de la misma especie.

reclamo m. Ave enseñada a atraer con su canto a otras aves de su especie. I Voz con que una ave llama a otra. I Instrumento con que se imita la voz de las aves para cazarlas. I Sonido de este instrumento. I fig. Cosa que atrae o convida.

reclinar tr. y r. Inclinar el cuerpo, o parte de él, apoyándolo sobre alguna cosa. I Inclinar una cosa apoyándola sobre otra.

reclinatorio m. Mueble para arrodillarse y orar.

recluir tr. Encerrar o poner en reclusión.

recluso, sa p. p. irreg. de recluir. I m. y f. Persona que está en reclusión.

recluta f. Reclutamiento. I m. El que sienta plaza de soldado. I Mozo alistado para el servicio militar. I Soldado muy bisoño.

reclutamiento m. Acción de reclutar. I Conjunto de los reclutas de un año.

reclutar tr. Alistar reclutas. I Buscar o allegar adeptos para algún fin.

recobrar tr. Volver a adquirir lo que se tenía. I r. Repararse del daño recibido.I Desquitarse, resarcirse, reintegrarse de lo perdido. I Volver en sí.

recocer tr. Volver a cocer. I Cocer mucho una cosa. Ú. t. c. r. I r. fig. Atormentarse, consumirse interiormente por el fuego o la vehemencia de una pasión o afecto.

recodar intr. Recostarse o descansar sobre el codo. Ú. m. c. r. I Formar recodo un río, camino o calle.

recodo m. Ángulo o revuelta que forma un río, camino o calle.

recogedero m. Sitio en que se recogen o allegan algunas cosas. I Instrumento para recogerlas.

recogedor, ra adj. y s. Que recoge o acoge a uno. I m. Instrumento para recoger la parva de la era.

recoger tr. Volver a coger. I Juntar, congregar personas o cosas. I Hacer la recolección de los frutos; coger la cosecha. I Encoger, estrechar, ceñir. I Guardar, poner en cobro. I Suspender el curso de una cosa para enmendarla o anularla. I Dar albergue. I r. Acogerse, refugiarse, retirarse a un lugar. I Retirarse del trato social. I Ceñirse, moderarse. I Retirarse a casa. I Retirarse a descansar.

recogida f. Acción de recoger.

recogido, da adj. Que vive retirado del trato social.

recolección f. Acción de recolectar. I Recopilación. I Cosecha. I Cobranza, recaudación. I Observancia muy estrecha de la regla monástica.

recolectar tr. Recoger.

recolector, ra adj. y s. Que recolecta. I m. Recaudador.

recoleto, ta adj. y s. Díc. del religioso que guarda recolección. I fig. Que vive con retiro y abstracción, o viste con modestia.

recomendación f. Acción de recomendar o recomendarse. I Encargo o ruego que se hace a una persona respecto de otra o de alguna cosa. I Elogio que se hace de una persona para que otro la atienda, la proteja, etc.

recomendado, da m. y f. Persona en cuyo favor se ha hecho una recomendación.

recomendar tr. Encargar, pedir, rogar u ordenar a una persona que tome a su cuidado a otra. I Hablar por alguno elogiándolo. I Hacer recomendable a uno. Ú. t. c. r.

recompensa f. Acción de recompensar. I Lo que sirve para recompensar.

recompensar tr. Compensar, resarcir, indemnizar. I Remunerar un servicio. I Premiar un beneficio, favor o mérito.

recomponer tr. Componer de nuevo, reparar.

recompresión f. Sujeción a una presión superior a la atmosférica a que se somete a los que, por haber pasado demasiado rápidamente de una presión muy superior a la atmosférica a la normal, presentan síntomas de la llamada parálisis de los buzos.

reconcentrar tr. y r. Introducir, internar una cosa en otra. I Reunir, juntar en una parte las personas o cosas esparcidas o dispersas. I r. fig. Abstraerse, ensimismarse.

reconciliación f. Acción de reconciliar o reconciliarse.

reconciliar tr. Acordar los ánimos desunidos. Ú. t. c. r. I Restituir al gremio de la Iglesia a quien se había separado de ella. Ú. t. c. r. I Bendecir un lugar sagrado que ha sido violado.

recóndito, ra adj. Muy escondido, reservado y oculto.

reconducir tr. Prorrogar un contrato de arrendamiento.

reconfortar tr. Confortar de nuevo o con energía y eficacia.

reconocer tr. Examinar con cuidado a una persona o cosa para enterarse de su identidad, naturaleza y circunstancias. I Registrar, mirar por todos sus lados y aspectos una cosa para formar justo juicio de ella. I Registrar una maleta, un baúl, etc., para enterarse de su contenido. I En las relaciones internacionales, aceptar un nuevo estado de cosas. I Examinar de cerca una posición enemiga. I Confesar de un modo notorio la dependencia o subordinación en que se está respecto de otro, o la legitimidad de la jurisdicción que ejerce. I Confesar la certeza de lo que otro dice o la gratitud que se le debe. I Considerar, advertir o contemplar. I Dar uno por suya, confesar que es legítima una obligación en que figura su nombre o su firma. I Distinguir de las demás personas a una, por sus rasgos propios, voz, fisonomía, movimientos, etc. I Conceder a uno, solemnemente, la relación de parentesco que tiene con él. I Acatar como legítima la autoridad o superioridad de uno. I r. Dejarse comprender por ciertas señales una cosa. I Confesarse culpable de alguna cosa. I Tenerse uno a sí propio por lo que es en realidad.

reconocimiento m. Acción de reconocerse. I Gratitud.

reconquista f. Acción de reconquistar.

reconquistar tr. Volver a conquistar una plaza u otro territorio. I fig. Recuperar la opinión, la hacienda, el afecto, etc.

reconstitución f. Acción de reconstituir.

reconstituir tr. y r. Volver a constituir, rehacer. I Fortalecer, devolver al organismo sus condiciones normales.

reconstituyente p. a. de reconstituir. Que reconstituye. I Díc. del remedio que tiene virtud de reconstituir.

reconstrucción f. Acción de reconstruir.

reconstruir tr. Volver a construir. I fig. Evocar recuerdos o ideas para completar el conocimiento o el concepto de una cosa.

recontar tr. Volver a contar. I Referir, relatar.

reconvención f. Accion de reconvenir. I Cargo o argumento con que se reconviene.

reconvenir tr. Hacer cargo a alguno. I Reprochar o echar en cara. I Pedir el demandado contra el demandante, convirtiéndose de reo en actor.

recopilación f. Compendio, resumen o reducción breve de una obra o discurso. I Colección de escritos diversos.

recopilar tr. Juntar en compendio, recoger o unir diversas cosas.

récord m. Marco, o límite máximo alcanzado hasta un momento dado, en cualquier aspecto de la actividad humana .

recordación f. Acción de traer a la memoria una cosa.

recordar tr. e intr. Traer a la memoria una cosa. I Excitar a alguien a que tenga presente algo que no debe descuidar. I f. Despertar, salir del sueño.

recordatorio m. Aviso o comunicación para hacer recordar algo.

recorrer tr. Ir o transitar por un espacio o lugar. I Registrar, mirar con cuidado, andando de una parte a otra. I Repasar o leer ligeramente un escrito. I Reparar lo deteriorado.

recorrido, da p. p. de recorrer. I m. Espacio que se recorre.

recortable adj. Que se puede recortar.

recortado, da adj. Que tiene los bordes con muchas desigualdades. I Díc. de la sombra que es tan fuerte al fin como al principio. I m. Figura recortada de papel.

recortar tr. Cortar o cercenar lo que sobra en una cosa. I Cortar algo con arte haciendo figuras.

recorte m. Acción de recortar. I pl. Porciones sobrantes que se cortan de una cosa hasta reducirla a la forma deseada.

recoser tr. Volver a coser. I Zurcir o remendar la ropa.

recostadero m. Paraje o cosa que sirve para recostarse.

recostar tr. y r. Reclinar la parte superior del cuerpo el que está de pie o sentado. I Reclinar una cosa apoyándola en otra.

recovar intr. Andar por los lugares comprando huevos, gallinas y otras cosas para revenderlas.

recoveco m. Vuelta y revuelta de un callejón, camino, arroyo, etc. I fig. Rodeo o artificio simulado que se emplea para lograr un fin.

recreación f. Acción de recrear o recrearse. I Divertir. deleitar. Ú. t. c. r.

recrear tr. Crear o producir de nuevo alguna cosa. I Divertir, deleitar, Ú. t. c. r.

recreativo, va adj. Que recrea o tiene virtud de recrear.

recrecer tr. Aumentar. I intr. Volver a ocurrir. I r. Reanimarse.

recreo m. Recreación. I Sitio o lugar apto para divertirse.

recriar tr. Fomentar a fuerza de cuidados y buena alimentación, la aclimatación y el desarrollo de animales criados en otra región.

recriminar tr. Responder a unos cargos con otros, a una acusación o injuria con otra. I Acriminarse, hacerse cargos mutuamente dos o más personas.

recrudecer intr. Tomar nuevo incremento un mal físico o moral, después de haber comenzado a ceder. Ú. t. c. r.

recrujir intr. Crujir mucho.

recta f. Uno de los elementos geométricos primitivos. Se define de diferentes modos; se dice a veces que es la línea, o un conjunto lineal, cuyos infinitos puntos que la forman tienen todos la misma dirección; según otros es la línea que resulta por la intersección de dos planos.

rectal adj. Relativo al recto.

rectangular adj. Relativo al ángulo recto. I Que tiene algún ángulo recto. I Que contiene algún rectángulo. I Relativo al rectángulo.

rectángulo, la adj. Rectangular, que tiene algún ángulo recto. I m. Paralelogramo que tiene los cuatro ángulos rectos y los lados contiguos desiguales.

rectificable adj. Que se puede o se debe rectificar.

rectificador, ra adj. Que rectifica. I m. Alambique especial para rectificar un líquido.

rectificar tr. Reducir algo a la exactitud debida. I Contradecir a otro en lo que ha dicho por considerarlo erróneo. I Tratándose de una curva, hallar una recta de igual longitud que ella. I Purificar los líquidos. I r. Enmendar uno sus actos o su proceder.

rectilíneo, a adj. Que consta de líneas rectas. l fig. Se aplica a algunos caracteres de personas rectas.

rectitud f. Derechura o distancia más corta entre dos puntos o lugares. l Calidad de recto o justo. l fig. Recta razón o conocimiento de nuestros deberes. l fig. Exactitud o justificación en los actos u operaciones.

recto, ta adj. Que no se inclina a ningún lado. l fig. Justo, íntegro. l fig. Díc. del sentido literal de las palabras. l Díc. de la línea más corta entre dos puntos. l Díc. del ángulo que mide más de 90 grados. l m. Parte terminal del intestino grueso.

rector, ra adj. y s. Que rige o gobierna. l m. y f. Superior de un colegio, hospital o comunidad. l Superior de una universidad, literaria y su distrito.

rectorado m. Cargo de rector y tiempo que dura.

rectoría f. Cargo o jurisdicción del rector. l Oficina del rector.

rectoscopia f. Examen visual del intestino por vía rectal.

rectriz adj. y s. Timonera, cualquiera pluma larga de la cola de una ave.

recua f. Conjunto de bestias de carga, que sirve para trabajar. l fig. Muchedumbre de cosas que van una tras otra.

recuadrar tr. Cuadrar o cuadricular.

recuadro m. División o compartimiento en forma de cuadrado o rectángulo, en una superficie. l En los periódicos, espacio encerrado por líneas para hacer resaltar una noticia.

recubrir tr. Volver a cubrir.

recudimiento m. Poder que se da al fiel o arrendador para cobrar las rentas.

recudir tr. Pagar a uno con lo que debe percibir. l intr. Volver una cosa al sitio de donde salió primero.

recuento m. Segunda cuenta o enumeración que se hace de una cosa.

recuerdo m. Memoria que se hace de alguna cosa pasada, o aviso que se da de algo que ya se habló. l fig. Regalo, obsequio. l pl. Memorias, expresiones.

recuero m. Arriero a cuyo cargo está la recua.

recuestar tr. Demandar, pedir.

recuesto m. Sitio en declive.

recular intr. Cejar, retroceder. l fig. Ceder uno de su opinión o dictamen.

recuñar m. Arrancar piedra o mineral por medio de cuñas.

recuperación f. Acción de recuperar o recuperarse.

recuperar tr. Recobrar, volver a adquirir lo que antes se tenía. l r. Recobrarse, volver en sí.

recura f. Cuchillo con hoja de dos cortes en forma de sierra, propio para recurar.

recurar tr. Formar y aclarar con la recura las púas de los peines.

recurrente p. a. de recurrir. Que recurre. l com. Persona que entabla o tiene entablado un recurso.

recurrir tr. Acudir a un juez o autoridad con una demanda. l Acogerse al favor de alguien, o usar de medios especiales para un fin. l Volver una cosa al sitio de donde salió.

recurso m. Acción de recurrir. l Vuelta de una cosa al sitio de donde salió. l Memorial petición por escrito. l Acción que queda a quien resulta condenado en juicio, para poder reclamar, ante alguna autoridad, contra las resoluciones dictadas. l pl. Bienes, medios de vida. l fig. Expedientes, arbitrios, medios especiales para triunfar en una empresa.

recusar tr. No querer admitir o aceptar una cosa, o tachar a una persona de ineptitud o parcialidad.

red f. Aparejo hecho con hilos, cuerdas o alambres trabados en forma de mallas, dispuesto para pescar, cazar, cer-

car. sujetar, etc. l Labor o tejido de mallas. l Redecilla, prenda de malla para recoger el pelo. l fig. Ardid o engaño con que se atrae a alguien. l fig. Conjunto de calles afluentes a un mismo punto. l fig. Conjunto de caños o de hilos conductores o de vías de comunicación o de agencias o servicios para determinado fin.

redacción f. Acción de redactar. l Lugar donde se redacta. l Conjunto de redactores de una publicación periódica.

redactar tr. Poner por escrito cosas sucedidas, acordadas o pensadas con anterioridad.

redactor, ra adj. y s. Que redacta. l Que forma parte de una redacción.

redada f. Lance de red. l fig. Conjunto de personas o cosas que se cogen de una vez

redaño m. Repliegue del peritoneo que contiene numerosos vasos sanguíneos y linfáticos y que une el estómago y el intestino con las paredes abdominales.

redar tr. Echar la red al agua para pescar.

redargución f. Acción de redargüir.l Argumento convertido contra quien lo hace

redargüir tr. Combatir al contrario con sus propios argumentos. l For. Impugnar una cosa por algún vicio contenido en ella.

redecilla f. dim. de red. l Tejido de malla de las redes. l Prenda de malla, a modo bolsa, usada para recoger el pelo. l Segunda de las cuatro cavidades del estómago de los rumiantes.

rededor m. Contorno.

redención f. Acción de redimir o redimirse.

redentor, ra adj. y s. Que redime.

redhibir tr. Deshacer la venta legalmente el comprador por haberle ocultado al vendedor algún vicio o gravamen de la cosa vendida.

redil m. Aprisco cercado por una valla de estacas y redes.

redimible adj. Que se puede redimir.

redimir tr. Rescatar de la esclavitud al cautivo, mediante precio. Ú. t. c. r. l Comprar de nuevo una cosa que se había vendido o poseído. l Dejar libre una cosa sujeta a algún gravamen. l Librar de una obligación o extinguirla. Ú. t. c. r.

redingote m. Capote de poco vuelo y con mangas ajustadas, usado en la primera mitad del s. XIX.

rédito m. Renta, utilidad o beneficio que rinde un capital.

redituar tr. Producir renta o utilidad periódica y renovadamente.

redivivo, va adj. Aparecido, resucitado.

redoblado, da adj. Díc. del hombre fornido y no muy alto.

redoblante m. Tambor de caja prolongada o en bandas militares y en orquesta. l Músico que toca este instrumento.

redoblar tr. Aumentar una cosa al doble de lo que era. Ú. t. c. r. l Repetir, reiterar. l Asegurar el clavo volviendo la punta hacia la parte opuesta. l intr. Tocar redobles en el tambor.

redoble m. Redoblamiento. l Toque de tambor vivo y sostenido, que se produce golpeándolo rápidamente con los palillos.

redola f. Círculo, redor, contorno.

redolada f. Comarca de varios pueblos o lugares que tienen alguna unidad natural o intereses.

redoma f. Vasija de vidrio ancha en su fondo que va angostándose hacia la boca.

redomado, da adj. Cauteloso y astuto.

redonda f. Comarca. l Dehesa o coto de pasto. l Nota cuya duración llena un compasillo.

redondeado, da p. p. de redondear. l adv. De forma que tira a redondo.

redondear tr. y r. Poner redonda una cosa. | r. fig. Descargarse de toda deuda o cuidado. | fig. Adquirir los bienes de fortuna suficientes para disfrutar del bienestar deseado.

redondel m. fam. Círculo, circunferencia y también la parte de plano que limita. | Capa sin capilla y redonda por abajo. | Espacio que en las plazas de toros se destina a la lidia.

redondez f. Calidad de redondo. | Circuito de una figura curva. | Superficie de un cuerpo redondo.

redondilla adj. Díc. de la letra que es derecha y circular. | f. Combinación métrica de cuatro versos octosílabos, de los cuales riman el 1 con el 4 y el 2 con el 3.

redondo, da adj. De rigura circular o semejante a ella. | De figura esférica o semejante a ella. | Díc. de la letra derecha y circular. | Díc. del número que sólo expresa, de modo aproximado, unidades completas de cierto orden de una determinada cantidad.

redopelo m. Pasada a contrapelo hecha con la mano al paño o a otra cosa.

redro adv. fam. Atrás o detrás. | m. Anillo que se forma cada año en las astas del ganado lanar y del cabrío.

redrojo m. Racimo pequeño que dejan en la cepa los vendimiadores. | Fruto o flor tardía, o que echan segunda vez las plantas, que ya no suele sazonar. | fig. Muchacho desmedrado.

reducción f. Acción de reducir o reducirse.

reducible adj. Que se puede reducir.

reducido, da p. p. de reducir. | adj. Estrecho, pequeño, limitado.

reducir tr. Volver una cosa a su lugar o estado anterior. | Estrechar, disminuir, acortar, ceñir. | Convertir una cosa en otra. | Resumir brevemente. | Comprender, incluir bajo de cierto número o cantidad. Ú. t. c. r. | Dividir un cuerpo en partes menudas. | Hacer pasar un cuerpo del estado sólido al líquido o al gaseoso, o al contrario. | Sujetar a la obediencia a los que se separaron de ella. | Persuadir o atraer a uno con razones y argumentos. | Colocar en su situación normal los huesos dislocados, o las partes que forman hernia. | Expresar el valor de una cantidad en unidades de especie distinta de la dada. | Hacer una figura o dibujo proporcionadamente más pequeño.

reductible adj. Reducible

reducto m. Obra de campaña, cerrada.

reductor, ra adj. y s. Que reduce a sirve para reducir.

redundancia f. Sobra o excesiva abundancia de una cosa.

redundante p. a. de redundar. Que redunda.

redundar intr. Rebosar. | Resultar o ceder una cosa en beneficio o daño de alguien.

reduplicar tr. Redoblar, doblar, duplicar; repetir, reiterar.

reduvio m. Chinche, insecto hemíptero.

reedificar tr. Volver a edificar lo arruinado o caído.

reeditar tr. Volver a editar.

reeducación f. Acción de reeducar.

reeducar tr. Volver a educar o enseñar el uso de los miembros u otros órganos, perdido o viciado por accidente o enfermedad.

reelección f. Acción de reelegir.

reelegir tr. Volver a elegir.

reembarcar tr. y r. Volver a embarcar.

reembarque m. Acción de reembarcar.

reembolsar tr. y r. Recobrar la cantidad dada o prestada.

reembolso m. Acción de reembolsar.

reemplazar tr. Sustituir una cosa por otra, poner en lugar de una cosa otra que haga sus veces. | Suceder a alguien en su cargo o comisión o hacer accidentalmente sus veces.

reemplazo m. Acción de reemplazar. | Sustitución que se hace de una persona o cosa por otra. | Renovación parcial y periódica del contingente del ejército activo.

reemprender tr. Emprender de nuevo.

reencauchadora f. Instalación industrial para recauchar llantas o cubiertas de automóviles, camiones, etc.

reencauchar tr. Acción y efecto de reencauchar, recauchutar.

reencarnar intr. volver a encarnar.

reencuentro m. Encuentro de dos cosas que chocan una con otra. | Choque de tropa enemiga en corto número.

reenganchamiento m. Reenganche.

reenganchar tr. Volver a enganchar o alistar.

reenganche m. Acción de reenganchar o reengancharse. | Dinero, prima que se da al que se reengancha.

reenviar tr. Enviar alguna cosa que se ha recibido.

reenvío m. Acción de reenviar.

reestrenar tr. Poner en escena una obra que después de su estreno ha dejado de representarse durante mucho tiempo.

reestreno m. Acción de reestrenar.

reestructurar v. tr. Modificar la estructura de una obra, empresa, proyecto, etc.

reexpedir tr. Expedir cosa que se ha recibido.

reexportar tr. Exportar lo que se había importado.

refacción f. Alimento moderado que se toma para cobrar fuerzas. | Lo que en una venta se da al comprador, por vía de añadiduras. | Compostura, reparación.

refajo m. Saya exterior que suele ser corta y se cruza por detrás. | Zagalejo interior de abrigo.

refectorio m. Sala destinada para comedor en una comunidad.

referencia f. Narración, relato. | Relación o dependencia de una cosa respecto de otra. | Remisión a lo dicho en otra parte. | Informe que da una persona a otra de una tercera.

referéndum m. Despacho que un agente diplomático expide a su gobierno para pedir nuevas instrucciones. | Acto de someter al voto popular directo las leyes o actos administrativos para ratificación por el pueblo de lo que votaron sus representantes.

referir tr. Dar a conocer, de palabra o por escrito, un hecho verdadero o ficticio.

refinado, da p. p. de refinar. | adj. fig. Sobresaliente, muy distinguido en cualquier línea. | fig. Astuto, pícaro, malicioso.

refinamiento m. Esmero. | Ensañamiento. Suele aplicarse al proceder de personas muy astutas o maliciosas.

refinar tr. Hacer más fina o más pura una cosa. | fig. Reducir alguna cosa a la perfección debida.

refinería f. Fábrica del refino de azúcar, alcohol, aceite, etc.

refino, na adj. Muy fino y acendrado. | m. Refinación.

refitolero adj. Dícese de la persona muy acicalada.

reflectar intr. Reflejar.

reflector, ra adj. y s. Que refleja. | m. Aparato de metal bruñido que sirve para reflejar los rayos luminosos.

reflejar intr. y r. Hacer cambiar de dirección la luz, el calor, el sonido, etc., después de un choque. | tr. Reflexionar. | r. Dejarse ver una cosa en otra.

reflejo, ja adj. Que ha sido reflejado. | fig. Aplícase al conocimiento o consideración que se forma de una cosa para reconocerla mejor. | Díc. de los actos que obedecen a excitaciones no percibidas por la conciencia. | m. Luz reflejada.

reflexión f. Acción y efecto de reflejar o reflejarse. | fig. Acción de reflejar. | fig. Advertencia o consejo persuasivo. | Modo de ejercerse la acción del verbo reflexivo. |

Desviación que experimenta un rayo en su propagación al chocar oblicuamente contra un obstáculo. I Fenómeno que se produce cuando un rayo luminoso incide sobre una de las caras de un prisma óptico, formando con ella un ángulo mayor que el ángulo límite de la sustancia que constituye el prisma.

reflexionar tr. Considerar nueva o detenidamente una cosa.

reflexivo, va adj. Que refleja, o reflecta. I Acostumbrado a hablar y a obrar con reflexion. I Díc. del verbo que, teniendo un pronombre por término de su acción denota que ésta recae sobre la misma persona que le rige.

refluir intr. Retroceder un líquido. I Redundar, resultar.

reflujo m. Acción de refluir. I Movimiento descendente de la marea.

refocilar tr. y r. Recrear, deleitar.

reforma f. Acción de reformar o reformarse. I Religión reformada. I Lo que se propone o ejecuta como innovación o mejora alguna cosa.

reformado, da adj. Decíase del militar que no estaba en ejercicio de su empleo. I Díc. de la religión protestante.

reformador, ra adj. y s. Que reforma.

reformar tr. Volver a formar, rehacer. I Corregir, arreglar. I Reparar, restaurar. I r. Corregirse, enmendarse.

reformatorio, ria adj. Que reforma. I m. Establecimiento en donde, mediante determinados medios educativos, se intenta modificar la inclinación asocial de algunos jóvenes.

reformista adj. y s. Partidario de las reformas.

reforzar tr. Anadir nuevas fuerzas a una cosa. I Fortalecer o reparar lo ruinoso o quebrantado. I Animar, dar aliento. Ú. t. c. r.

refracción f. Acción de refractar o refractarse. I Desviación que experimenta un rayo luminoso al pasar de un medio a otro de diferente densidad. El fenómeno se produce en la superficie de separación de ambos.

refractar tr. Hacer cambiar de dirección el rayo luminoso, o de otro movimiento ondulatorio, que pasa oblicuamente de un medio a otro de distinta densidad. Ú. t. c. r.

refractario, ria adj. Díc. de quien rehusa cumplir promesa u obligación. I Rebelde, opuesto, reacio a aceptar una idea, opinión, uso, etc. I Díc. del cuerpo que resiste la acción del fuego sin cambiar el estado ni descomponerse.

refrán m. Dicho agudo y sentencioso de uso vulgar.

refranero m. Colección de refranes.

refregar tr. Estregar una cosa con otra. Ú. t. c. r. I fam. Dar en cara a alguien con una cosa que le ofende, insistiendo en ella.

refreír tr. Volver a freír. I Freír mucho o muy bien. I Freír demasiado.

refrenable adj. Que se puede refrenar.

refrenar tr. Sujetar y reducir al caballo con el freno. I fig. Contener, reportar, reprimir o corregir. Ú. t. c. r.

refrendación f. Acción de refrendar.

refrendar tr. Autorizar un documento por medio de la firma de persona hábil para ello. I Revisar un pasaporte. I Volver a ejecutar o repetir una acción.

refrendata f. Firma del refrendario.

refrendo m. Refrendación. I Testimonio que acredita haber sido refrendada una cosa. I Firma puesta por los ministros en los decretos, después de la del jefe del Estado.

refrescante Que refresca.

refrescar tr. Atemperar, moderar el calor de una cosa. Ú. t. c. r. I fig. Renovar una acción o recordar un sentimiento, dolor, etc. I intr. fig. Tomar fuerzas o aliento. I Calmarse el calor. I Tomar el fresco. Ú. t. c. r. I Beber algún refresco.

refresco m. Refrigerio. I Bebida fría o atemperante. I Agasajo de bebidas, dulces, etc., que se da en las reuniones.

refriega f. Contienda, pelea, combate menos empeñado y de menos combatientes que la batalla.

refrigeración f. Acción de refrigerar. I Operación que tiene por objeto disminuir la temperatura de un sólido, líquido o un gas con el fin de facilitar su conservación, su transporte o hacerlo más estable

refrigerador, ra adj. y s. Díc. del aparato que sirve para refrigerar.

refrigerante Que refrigera. Ú. t. c. s. I Recipiente en que se pone agua para moderar el calor de un fluido.

refrigerar tr. y r. Refrescar. I fig. Reparar las fuerzas.

refrigerio m. Alivio que se siente con lo fresco. I fig. Alivio o consuelo. I fig. Alimento ligero.

refringir tr. y r. Refractar.

refrito, ta p. p. irreg. de refreír. I m. fig. Cosa rehecha o de nuevo aderezada.

refuerzo m. Mayor grueso que se da a una cosa para aumentar su fuerza o resistencia. I Reparo con que se fortalece una cosa que amenaza ruina. I Socorro o ayuda.

refugiado, da p. p. de refugiar. I m. y f. Persona que a consecuencia de guerras, revoluciones o persecuciones políticas, busca refugio fuera de su país.

refugiar tr. y r. Acoger o dar amparo a uno.

refugio m. Asilo, amparo, acogida. I Hermandad dedicada a socorrer a los pobres. I Zona situada dentro de la calzada, reservada para los peatones y convenientemente protegida del tránsito rodado.

refulgencia f. Resplandor.

refulgente adj. Resplandeciente.

refulgir tr. Resplandecer, rutilar.

refundición f. Acción de refundir o refundirse. I La obra refundida.

refundir tr. Volver a fundir un metal. I fig. Comprender o incluir. Ú. t. c. r. I fig. Dar nueva forma a una obra de ingenio para mejorarla o modernizarla. I intr. fig. Redundar una cosa en beneficio o daño de alguien.

refunfuñar intr. Emitir voces confusas o palabras mal articuladas o entre dientes, en señal de enojo o desagrado.

refusión f. Separación transitoria y susiguiente ingreso de la sangre en la circulación.

refutación f. Acción de refutar. I Argumento o prueba que se aduce para impugnar algo.

refutar tr. Contradecir, rebatir, impugnar con argumentos o razones lo que otros dicen.

regadera m. Vasija portátil que sirve para regar. I Reguera. I pl. Tablillas por donde va el agua a los ejes de las grúas para que no se calienten o enciendan.

regadío, a adj. y s. Díc. del terreno que se puede regar.

regaifa f. Piedra circular que en su contorno lleva una canal por donde se corre el líquido que sale de la aceituna molida, al exprimirla, en los molinos de aceite.

regajo m. Charco que se forma en un arroyuelo. I El mismo arroyuelo.

regalado, da p. p. de regalar. I adj. Suave, exquisito o delicado. I Placentero, grato, deleitoso.

regalar tr. Dar a una persona alguna cosa en calidad de obsequio o presente. I Halagar, acariciar. I Recrear, deleitar. Ú. t. c. r. I r. Tratarse bien, procurando tener comodidades.

regalía f. Preeminencia, prerrogativa propia y privativa del soberano. I Privilegio concedido por la Santa Sede a los sobera nos en algún punto relativo a la disciplina de la Iglesia. I Privilegio particular que uno tiene. I fig. Gajes de algunos empleados.

regalillo m. dim. de regalo. | Manguito para abrigar las manos.

regaliz m. Orozuz, planta.

regalo m. Dádiva, don, obsequio, presente que se hace a alguien. | Gusto o complacencia que recibe. | Comida y bebida delicada y exquisita. | Conveniencia, comodidad, bienestar.

regalón, na adj. Que se cria o trata con mucho regalo.

regalonear tr. Mimar.

regañadientes (a) m. adv. De mala gana y refunfuñado.

regañar intr. Gruñir de cierto modo el perro, sin ladrar, y mostrando los dientes. | Abrirse el hollejo o corteza de algunas frutas cuando maduran. | Dar muestras de enfado con palabras y ademanes. | fam. Reñir, contender, disputar. | tr. fam. Reprender, reconvenir.

regaño m. Gesto o palabra áspera, como señal de enfado o disgusto. | Parte del pan tostada del horno y sin corteza por la abertura que ha hecho al cocerse. | fam. Represión, reconvención.

regar tr. Echar agua a las plantas, tierras, etc. para beneficiarlas.| Esparcir agua en salas, calles, etc. para limpiarlas o refrescarlas. | Esparcir cualquier cosa, o desparramarla a manera de la siembra. | Atravesar un canal o un río por una provincia, comarca o contorno.

regata f. Pugna entre embarcaciones ligeras que contienden entre sí sobre cuál llegará antes a un punto.

regate m. Movimiento rápido que se hace hurtando el cuerpo a una parte y otra. | fig. Escape, pretexto.

regatear tr. Discutir el comprador y el vendedor acerca del precio de una cosa. | Revender, vender por menor lo comprado al por mayor. | Escasear la ejecución de una cosa o rehusar hacerla. | intr. Hacer regates.

regateo m. Acción de regatear.

regatón, na adj. y s. Que regatea mucho. | m. Cuento, casquillo, contera o virola de lanza, bastón. etc. | Hierro en figura de ancla o de gancho que llevan en su extremo los bicheros.

regazo m. Enfado de la saya desde la cintura a la rodilla. | Parte del cuerpo donde se forma ese enfaldo. | Cosa que recibe en sí a otra dándole amparo o consuelo.

regencia f. Acción de regir o gobernar. | Cargo de regente. | Gobierno de un Estado durante la menor edad, ausencia o incapacidad del legítimo soberano. | Tiempo que dura tal gobierno.

regeneración f. Acción de regenerar o regenerarse.

regenerar tr. Restablecer, reconstituir una cosa que degeneró. Ú. t. c. r.

regentar tr. Desempeñar temporalmente ciertos cargos o empleos. | fig. Ejercer un cargo de honor. | fig. Ejercer un cargo ostentando superioridad.

regente com. Persona que gobierna un Estado en la menor edad, ausencia o incapacidad de su legítimo soberano | m. El que dirige las operaciones de una industria. comercio, etc., en representación del dueño.

regicidio m. Muerte violenta dada al monarca o a su consorte, o al príncipe heredero o al regente.

regidor, ra adj. Que rige o gobierna. | m. Concejal. | f. Mujer del regidor. | Concejala.

régimen m. Modo de gobernarse o regirse. | Reglamento o prácticas de un gobierno o de una de sus dependencias. | Dependencia mutua de las palabras en la oración. | Preposición que pide un verbo o caso que pide tal proposición. | Uso de los medios necesarios para el sostenimiento de la vida.

regimentar tr. Organizar en regimientos.

regimiento m. Acción de regir o regirse. | Cuerpo de regidores o concejales de un ayuntamiento o municipio. |

Unidad orgánica o agrupación de tropas, formadas generalmente por tres batallones de un mismo Cuerpo o Arma, cuyo jefe es un coronel.

regio, gia adj. Relativo al rey. | fig. Suntuoso, grande, magnífico.

región f. Porción de territorio determinada por circunstancias políticas, étnicas o geográficas especiales. | fig. Espacio grande. |Cualquiera de las partes en que se considera dividida la superficie exterior del cuerpo de un animal.

regional adj. Relativo a una región.

regionalismo m. Doctrina política según la cual en el gobierno de un Estado debe atenderse especialmente a la naturaleza, carácter y aspiraciones de cada región. | Amor o apego a determinada región de un Estado y a las cosas de ella. | Vocablo o giro propio de una región determinada.

regir tr. Dirigir, gobernar o mandar. | Guiar, llevar o conducir. | En la oración gramatical, tener una palabra bajo su dependencia otra palabra. | Pedir una palabra tal o cual preposición, caso de la declinación o modo verbal. | intr. Funcionar bien un artefacto u organismo. | Estar vigente. | Obedecer bien la nave al timón.

registrador, ra adj. y s. Que registra. | Díc. del aparato que deja anotadas automáticamente las indicaciones variables de su función propia. | m. Funcionario encargado del registro público de la propiedad.

registrar tr. Mirar, examinar con cuidado una cosa. | Poner algo de manifiesto para su examen y anotación. | Transcribir o extractar en los libros de un registro público las resoluciones de la autoridad o los actos jurídicos de los particulares. | Poner una señal o registro entre las hojas de un libro. | Anotar, señalar. | Grabar un disco. | Anotar automáticamente un aparato las indicaciones de su función propia, como presión, temperatura, velocidad, etc | r. Presentarse y matricularse.

registro m. Acción de registrar. | Pieza de reloj u otra máquina que sirve para regular su movimiento. | Abertura con tapa o cubierta. para examinar, conservar o reparar lo que está subterráneo o empotrado en un muro o pavimento. | Padrón y matrícula. | Protocolo o conjunto de escrituras y otros documentos que un notario autoriza y custodia. | Lugar y oficina en donde se registra. | Asiento que queda de lo que se registra. | Libro a manera de índice, donde se apuntan noticias o datos. | Cinta u otra señal que se pone entre las hojas de un libro. | Pieza o mecanismo que en ciertos instrumentos músicos sirve para modificar el timbre o la intensidad de los sonidos.

regla f. Instrumento de materia rígida, generalmente delgado y rectangular, propio para trazar líneas rectas. | Ley universal que comprende lo sustancial que debe observar un cuerpo religioso. | Estatuto, constitución o modo de ejecutar una cosa. | Precepto, principal o máxima. | Razón a que se han de ajustar las acciones para que resulten rectas. | Moderación, templanza, tasa. | Pauta. | Orden y concierto invariable que guardan las cosas naturales. |Principio básico de una doctrina.

reglaje m. Reajuste de las piezas de un mecanismo | Mil. Corrección de puntería, ordenación o regla.

reglamentar tr. Subordinar, someter a reglamento.

reglamentario, ria adj. Relativo al reglamento o preceptuado por alguna disposición obligatoria.

reglamento m. Conjunto de reglas para la ejecución de una ley o para el régimen de una colectividad o dependencia.

reglar adj. Perteneciente a una regla o instituto religioso. | tr. Tirar líneas con la regla. | Medir, sujetar a regla las acciones | r. Medirse, templarse, ajustarse, reducirse, reformarse.

reglón m. aum. de regla. | Regla grande que los albañiles utilizan para dejar planos los suelos y las paredes.

regocijar tr. Alegrar, causar gusto o placer. | r. Recrearse, recibir gusto o júbilo interior.

regocijo m. Júbilo. | Acto con que se manifiesta la alegría.

regodearse r. fam. Deleitarse o complacerse en lo que gusta o se goza, deteniéndose en ello.

regodeo m. Acción de regodearse.

regoldar intr. Eructar.

regolfar intr. Retroceder el agua contra su corriente, haciendo un remanso. Ú. t. c. r. | Cambiar la dirección del viento al chocar contra un obstáculo.

regolito m. Depósito de detritus rocosos sin consolidar y de espesor variable que descansa sobre un lecho rocoso.

regordete, ta adj. fam. Díc. de quien es pequeño y grueso.

regosto m. Apetito o deseo de repetir lo que se gustó o gozó.

regresar intr. Volver al lugar de donde salió.

regresión f. Retrocesión, acción de volver hacia atrás.

regresivo, va adj. Díc. de lo que hace volver hacia atrás.

regreso m. Acción de regresar.

regüeldo m. Acción de regoldar.

reguera f. Canal que se hace en la tierra para conducir el agua del riego.

reguero m. Corriente a modo de arroyuelo. | Señal que deja una cosa que se va vertiendo. | Reguera.

regulación f. Acción de regular.

regulador, ra adj. Que regula. | m. Mecanismo que mantiene la conveniente uniformidad en el funcionamiento de una máquina.

regular adj. Conforme a regla. | Ajustado, medido, moderado en las acciones y modo de vivir. | Mediano. | Aplícase a las personas que viven bajo una regla o instituto religioso, y a lo que pertenece a su estado. Ú. t. c. s. | Aplícase a la palabra dividida, o formada de otro vocablo, según la regla de formación seguida generalmente por las de su clase. | tr. Medir, ajustar o computar una cosa por comparación o deducción. | Ajustar, reglar o poner en orden una cosa.

regularidad f. Calidad de regular. | Observación de la regla o instituto religioso.

regularizar tr. Regular, ajustar.

régulo m. Reyezuelo, señor o soberano de un Estado pequeño. | Basilisco, animal fabuloso. | Parte más pura de un mineral, después de separadas las impurezas. | Estrella de primera magnitud, en la Constelacion del León.

regurgitar intr. Expeler por la boca sustancias contenidas en el estómago, sin sentir náuseas ni hacer esfuerzo alguno.

regusto m. Gusto o sabor especial que deja una cosa en el paladar, además de su sabor natural; como el del vino, cuando comienza a picarse.

rehabilitación f. Acción de rehabilitar.

rehabilitar tr. y r. Habilitar de nuevo o restituir una persona o cosa a su antiguo estado.

rehacer tr. Volver a hacer lo deshecho. | Reparar, reponer, restaurar. Ú. t. c. r. | r. Reforzarse, fortalecerse. | fig. Serenarse, dominar una emoción.

rehala f. Hato o rebaño de ganado lanar de diversos dueños, conducido por un mismo mayoral.

rehén com. Persona de calidad que queda en poder del enemigo como prenda o garantía del cumplimiento de un pacto o tratado.

rehilar tr. Hilar torciendo demasiado lo que se hila. | intr. Moverse como temblando. | Hablando de armas arrojadizas, correr zumbando por su mucha rapidez.

rehilete m. Flechilla con que juegan los muchachos. | Banderilla. | Volante o zoquetillo con plumas que se lanza con la raqueta. | fig. Dicho malicioso, pulla.

rehilo m. Temblor ligero o vibración

rehogar tr. Guisar una vianda a fuego lento, sin agua y muy tapada, con manteca o aceite y especias.

rehuir tr. Retirar, apartar, quitar algo de un sitio como temor de un riesgo. Ú. t. c. r. | Repugnar o llevar mal una cosa. | Rehusar, excusar el admitir algo. | intr. Entre cazadores, volver a huir el ciervo por las mismas huellas.

rehurtarse r. Echar la caza, acosada por diferente camino del que se desea.

rehusar tr. Excusar, no admitir, no aceptar.

reimportar tr. Importar lo que se había exportado.

reimpresión f. Acción de reimprimir. | Conjunto de ejemplares reimpresos de una vez.

reimprimir tr. Volver a imprimir.

reina f. Esposa del rey. | Mujer que ejerce la potestad real. | Abeja maestra. | Pieza de ajedrez, la más importantes después del rey.

reinado m. Tiempo durante el cual rige o gobierna un rey o reina. | Espacio de tiempo en que está en auge alguna cosa.

reinante p. a. de reinar. Que reina.

reinar intr. Regir un rey, reina o príncipe un Estado. | Dominar o tener predominio una persona o cosa sobre otra. | fig. Prevalecer o persistir continuamente o extendiéndose una cosa.

reincidencia Acción de reincidir.

reincidente p. a. de reincidir. Que reincide.

reincidir intr. Volver a caer en un error, falta o delito.

reincorporar tr. y r. Volver a incorporar o unir a un cuerpo político o moral lo que se había separado de él.

reingresar intr. Volver a ingresar.

reino m. Territorio o estado con sus habitantes sujeto a un rey. | Cualquiera de los tres grandes grupos en que se consideran divididos todos los seres naturales, y que son: el reino animal, el reino vegetal y el reino mineral.

reinstalar tr. y r. Volver a instalar.

reintegrar tr. Restituir, devolver, satisfacer íntegramente algo. | r. Recobrarse enteramente de lo que se había perdido.

reintegro m. Reintegración. | Pago de un dinero que se debe.

reír intr. Mostrar con determinado movimientos de la boca y otras partes del rostro, a veces ruidosamente la alegría y el regocijo. Ú. t. c. r. | fig. Hacer burla o zumba. Ú. t. c. a. y c. r. | tr. Celebrar con risa alguna cosa.

reiteración f. Acción de reiterar.

reiterar tr. y r. Volver a decir o ejecutar; repetir una cosa.

reiterativo, va adj. Que tiene la propiedad de reiterarse. | Que denota reiteración.

reivindicación f. Acción de reivindicar.

reivindicar tr. Recuperar uno lo que de derecho le pertenece y que estaba en poder de otro.

reivindicatorio, ria adj. Que sirve para reivindicar, o atañe a la reivindicación.

reja f. Pieza del arado con que se rompe y remueve la tierra. | fig. Labor que da a la tierra con el arado. | Red de barras de hierro, que se pone en las ventanas y otros huecos para seguridad y defensa.

rejado m. Verja.

rejal m. Pila de ladrillos colocados de canto y cruzados unos sobre otros.

rejilla f. Celosía fija o movible, red de alambre, lámina o tabla calada, que se pone en algunas aberturas. | Por extensión, la abertura cerrada con dicha celosía. | Tejido claro hecho con tiritas de los tallos flexibles y resistentes de ciertas plantas, que sirve para respaldos y asientos de sillas y para otros usos. l Rejuela, braserito para calentar los pies. l Tejido en forma de red que se coloca en los vagones de los trenes, para colocar cosas de poco peso durante el viaje. l Armazón de barras de hierro que sostiene el combustible en el hogar de las hornillas, máquinas de vapor, etc. l Red de fino alambre que forma parte de las lámparas electrónicas y sirve para regular la marcha de los electrones que se desprenden del filamento incandescente.

rejo m. Punta o aguijón de hierro o por extensión, punta o aguijón de otra especie. l Hierro que se pone en el cerco de las puertas. l Clavo o hierro con que se juega al herrón. l fig. Robustez o fortaleza. l Órgano del embrión del cual se forma la raíz.

rejón m. Barra de hierro cortante y puntiaguda. l Asta de madera, de metro y medio de largo con una moharra en la punta y una muesca cerca de ella, que sirve para rejonear.

rejoneador, ra m. y f. Persona que rejonea.

rejonear tr. Herir el jinete al toro con el rejón.

rejuvenecer tr. Remozar, dar a uno la fuerza y el vigor que tenía en la juventud. Ú. t. c. intr. y c. r. l fig. Renovar, modernizar.

rejuvenecimiento m. Acción de rejuvenecer o rejuvenecerse.

relación f. Referencia que se hace de un hecho. l Finalidad de una cosa. l Conexión, correspondencia de una cosa a otra. l Trato, correspondencia, comunicación de una persona con otra. Ú. m. en pl. l Trozo largo que se dice un personaje, en la escena. l Actividad profesional destinada a informar a organizaciones, empresas o personas, tratando de prestigiarlas ante la opinión pública.

relacionar tr. Hacer relación de un hecho. l Poner en relación. Ú. t. c. r.

relajación f. Acción de relajar o relajarse

relajar tr. Aflojar, laxar, ablandar. Ú. t. c r. l fig. Esparcir el ánimo. l fig. Hacer menos rigurosa la observancia de una ley, regla o precepto. Ú. t. c. r. l r. Laxarse o dilatarse una parte del cuerpo del animal. l fig. Viciarse, estragarse en las costumbres.

relajo m. Falta de moral, desorden.

relamer tr. Volver a lamer. l r. Lamerse los labios. l fig. Ponerse afeites con exceso. l fig. Jactarse de una acción, regocijándose de ella.

relamido, da adj. Afectado, pulcro con exceso.

relámpago m. Resplandor vivísimo y fugaz producido en las nubes por una descarga eléctrica. l fig. Cualquier fuego o resplandor repentino. l fig. Cualquier cosa que pasa velozmente o es rápida en sus actos. l fig. Agudeza pronta e ingeniosa. l fig. Rapidez, brevedad.

relampaguear intr. Haber relámpagos. l fig. Arrojar luz o brillar mucho con algunas intermisiones.

relapso, sa adj. y s. Que reincide en un pecado de que ya había hecho penintencia, o en una herejía de la que se había abjurado.

relatar tr. Referir, contar, narrar. l Hacer relación o informe de un proceso o pleito.

relatividad f. Calidad de relativo. l Teoría según la cual el espacio y el tiempo no tienen aquellos valores constantes que la teoría clásica les atribuyó, sino valores variables en relación con cada uno de los sistemas en movimiento sobre los que se suponga situado el observador.

relativo, va adj. Que hace relación a una cosa. l Que no es absoluto. l Díc. de la mayoría formada en una votación por el mayor número de votos, que no con relación al total de éstos, sino al número que obtiene cada una de las personas o cuestiones que se votan a la vez. l Díc. del pronombre que se refiere a persona o cosa de que se ha hecho mención.

relato m. Acto de relatar o narrar. l Narración, cuento.

relator, ra adj. y s. Que refiere, cuenta o narra. l m. Letrado que en los tribunales hace relación de los asuntos o expedientes. l m. Persona que en un congreso o asamblea hace relación de los asuntos tratados, así como de las deliberaciones y acuerdos correspondientes.

relé m. Dispositivo empleado en las instalaciones eléctricas y que sirve para la regulación, dirección y mando de la corriente principal de un circuito.

releer tr. Volver a leer una cosa.

relegación f. Acción de relegar.

relegar tr. Desterrar. l fig. Apartar, posponer.

relejar tr. Relajar, atenuar. l Dejar residuo. l Formar releje la pared.

releje m. Rodada o carrilada. l Sarro que se forma en la boca. l Faja brillante que los afiladores dejan a lo largo del corte de las navajas. l Lo que la parte superior de un paramento en taud dista de la vertical que pasa por su pie. l Resalte que suelen tener algunas piezas de artillería en el interior de la recámara.

relente m. Humedad de la atmósfera en las noches serenas. l fam. Sorna, frescura, desenfado.

relevación f. Acción de relevar. l Alivio de una carga o de una obligación. l Perdón o exoneración de algún gravamen.

relevador m. Aparato que permite introducir en un circuito una corriente eléctrica auxiliar, generalmente para sustituir a la que llega muy debilitada.

relevante adj. Sobresaliente, excelente.

relevar tr. Hacer de relieve una cosa. l Librar de un peso o gravamen, o exonerar de un empleo o cargo. l Remediar, auxiliar o socorrer. l Absorver, perdonar o excusar. l fig. Exaltar, enaltecer o engrandecer. l Mudar una centinela, guardia o guarnición. l Reemplazar a una persona con otra en cualquier empleo o comisión. l Pintar una cosa de modo que parezca de bulto.

relevo m. Acción de relevar. l Soldado o cuerpo que releva.

relicario m. Sitio donde se guardan las reliquias. l Cofrecillo o estuche para guardar reliquias de santos y mártires.

relicto adj. Díc. de los bienes que deja uno al morir.

relieve m. Figura que resalta sobre el plano. l Realce o bulto que parecen tener algunas cosas pintadas. l fig. Mérito, renombre.

religar tr. Volver a ligar un metal con otro. l Volver a atar. l Ceñir más estrechamente.

religión f. Conjunto de creencias o dogmas acerca de la divinidad, de sentimientos de veneración y temor hacia ella, de normas morales de conducta y de prácticas para darle culto.

religiosidad f. Práctica y esmero en cumplir los deberes religiosos. l fig. Puntualidad, exactitud en observar o cumplir una cosa.

religioso, sa adj. Relativo a la religión o a quienes la profesan. l Que tiene religión, que es creyente. l Que profesa o trae hábito de alguna religión Ú. t. c. s. l Puntual y exacto en el cumplimiento de las obligaciones.

relincho m. Voz del caballo.

relinga f. Cualquiera de las cuerdas en que van colocados los plomos y corchos de las redes de pescar l Cabo que refuerza los bordes de las velas.

reliquia f. Residuo de una cosa. l Parte del cuerpo, vestidos, etc., de algún santo. l fig. Vestigio de cosas pasadas.

rellanar tr. Volver a allanar algo. l r. Arrellanarse.

rellano m. Porción horizontal en que termina cada tramo de escalera. l Llano que interrumpe la pendiente de un terreno.

rellenar tr. Volver a llenar una cosa. Ú. t. c. r. l Llenar mucho. Ú. t. c. r. l Llenar de carne picada una ave u otra cosa.

reloj m. Máquina o aparato dotado de movimiento uniforme, que sirve para medir el tiempo.

relojería f. Arte de hacer relojes. l Taller donde se hacen o componen relojes. l Tienda donde se venden.

relojero, ra m. y f. Persona que hace, compone o vende relojes. l Mueblecillo o bolsa para poner o guardar el reloj del bolsillo.

reluciente p. a. de relucir. Que reluce.

relucir intr. Despedir o reflejar luz una cosa resplandeciente. l Brillar, resplandecer.

reluctancia f. Resistencia, oposición. l Resistencia que ofrece un circuito al flujo magnético.

relumbrar intr. Dar mucha luz, resplandecer mucho una cosa.

relumbre m. Brillo, destello, luz muy viva.

relumbrón m. Golpe de luz vivo y pasajero. l Oropel.

remachar tr. Machacar la punta de un clavo ya clavado, para darle más firmeza. l Percutir el extremo del roblón colocado en su taladro, hasta formarle cabeza. l fig. Recalcar, afianzar lo dicho o hecho.

remache m. Acción de remachar. l Roblón.

remallar tr. Componer, retorzar las mallas rotas o viejas. l En los tejidos de punto coger los puntos escapados y remontarlos hasta donde sea necesario.

remanecer intr. Volver a aparecer inopinadamente.

remanente m. Residuo de una cosa.

remangar tr. y r. Levantar, recoger hacia arriba las mangas o la ropa. l r. fig. Tomar enérgicamente una resolución.

remango m. Acción de remangar o remangarse. l Parte de ropa plegada que se recoge en la cintura al remangarse.

remansarse r. Detenerse o suspender el curso o la corriente de un líquido.

remanso m. Detención o suspénsión de la corriente de un líquido. l Flema, pachorra, lentitud.

remar intr. Manejar el remo, para impeler la embarcación en el agua.

remarcar tr. Volver a marcar.

rematado, da adj. Díc. de quien se halla en tan mal estado, que no tiene, o parece no tener remedio. l Condenado por fallo ejecutorio a alguna pena.

rematar tr. Dar fin o remate a una cosa. l Poner fin a la vida de una persona o animal agonizante. l Afianzar la última puntada, los sastres o costureras. l Hacer remate en la subasta de una cosa. l intr. Terminar, fenecer. l r. Perderse o destruirse una cosa.

remate m. Fin, cabo, extremo, término. l Adorno que se sobrepone en la parte superior de las construcciones o de otras cosas. l Proposición que obtiene la preferencia en una subasta o almoneda. l Adjudicación que se hace de los bienes vendidos en subasta al mejor postor.

remecedor m. El que varea y mueve los olivos para que suelten la aceituna.

remecer tr. y r. Mover continuamente de un lado a otro una cosa.

remedar tr. Imitar o contrahacer una cosa. l Seguir uno las mismas huellas que otro, proceder como él. l Hacer uno los mismos gestos, visajes o ademanes que otro hace.

remediable adj. Que se puede remediar.

remediador, ra adj. y s. Que remedia.

remediar tr. Poner remedio al daño, repararlo; corregir o enmendar una cosa. Ú. t. c. r. l Socorrer una necesidad o urgencia. Ú. t. c. r. l Librar o apartar de un riesgo. l Evitar o estorbar que se ejecute una cosa que puede causar daño.

remedio m. Medio o disposición que se toma para reparar o evitar un daño. l Corrección, enmienda. l Recurso, refugio. l Todo lo que sirve para mejorar o curar una dolencia.

remedo m. Imitación de una cosa.

remembranza f. Recuerdo, memoria de algo.

rememorar tr. Recordar una cosa.

remendar tr. Reforzar lo viejo o roto con algún remiendo. l Enmendar o corregir. l Aplicar, acomodar una cosa a otra, para suplir alguna falta.

remendón, na adj. y s. Que remienda por oficio.

remera f. Cualquiera de las grandes plumas terminales de las alas del ave.

remero, ra m. y f. Persona que rema.

remesa f. Remisión de una cosa de una parte a otra. l La cosa enviada.

remesar tr. Mesar repetidamente la barba o el cabello. Ú. t. c. r. l Remitir, enviar una parte a otra.

remiendo m. Pedazo de paño u otra tela que se cose a lo que está roto o viejo. l Obra de poca monta que se hace para reparar algún desperfecto. l Mancha en la piel de un animal. l fig. Composición, arreglo, reparación, enmienda o añadidura.

rémige f. Remera. l Díc. de cada una de las plumas mayores de las alas de las aves.

remilgado, da adj. Que afecta exagerada compostura, palidez, delicadeza, etc.

remilgarse r. Repulirse y hacer ademanes y gestos afectados.

remilgo m. Acción y ademán de remilgarse. l Melindre, afectada delicadeza en palabras y acciones.

reminiscencia f. Acción de recordar algo pasado. l Facultad de recordar.

remirar tr. Volver a mirar o reconocer con cuidado lo ya visto. l r. Esmerarse mucho en una cosa. l Mirar o considerar algo complaciéndose en ello.

remisible adj. Que se puede remitir o perdonar.

remisión f. Acción de remitir o remitirse. l Indicación, en un escrito, del lugar del mismo escrito o de otro, a que se hace referencia y se remite al lector.

remiso, sa adj. Flojo, poco activo.

remisoria f. Despacho con que el juez remite la causa o el procesado a otro tribunal. Ú. m. en plural.

remisorio, ria adj. Que tiene virtud o facultad de remitir o perdonar.

remitente p. a. de remitir. Que remite. Ú. t.c. s.

remitido, da p. p. de remitir. l m. Artículo o noticia cuya publicación interesa a un particular y que a petición de éste se inserta en un periódico mediante pago.

remitir tr. Enviar una cosa a alguna parte. l Perdonar, eximir o libertar de una obligación. l Diferir o suspender. l Ceder o perder una cosa. parte de su intensidad. Ú. t. c. intr. y r. c. l Dejar al juicio de otro la resolución de una cosa. Ú. m. c. r. l Indicar en un escrito el lugar donde consta lo que concierne al punto tratado. l r. Atenerse a lo dicho o hecho, o para lo que ha de decirse o hacerse por uno mismo o por otra persona.

remo m. Instrumento de madera, a modo de pala larga y estrecha, que sirve para impulsar la embarcación haciendo fuerza en el agua. l Brazo o pierna del hombre y los cuadrúpedos, o ala de las aves. l fig. Trabajo grande y continuado.

remoción f. Acción de remover o removerse.

remojar tr. Empapar en agua o poner en remojo alguna cosa.

remojo m. Acción de remojar o empapar en agua algo.

remolacha f. Planta herbácea anual, quenopodiácea, de raíz grande y carnosa, que es comestible y de la cual se extrae azúcar. l Raíz de esta planta.

remolcar tr. Llevar una nave, u otra cosa flotante sobre el agua tirando de ella mediante un cabo o cuerda. l Llevar por tierra un carruaje a otro, tirando de éste.

remolino m. Movimiento giratorio y rápido del aire, el agua, el polvo, o alguna otra cosa menuda o pulverulenta. l Porción de pelo retorcido naturalmente en redondo. l fig. Confusión o amontonamiento de gente que se apiña en desorden.

remolón, na adj. y s. Flojo, pesado, remiso, que procura rehuir el trabajo. l m. Colmillo de la mandíbula superior del jabalí. l Cada una de las puntas de la corona de las muelas de las caballerías.

remolque m. Acción de remolcar. l Cable o cuerda con que se remolca. l Vehículo remolcado por otro. l por ext. Vehículo sin motor, acondicionado para que sirva de vivienda que es susceptible de ser remolcado por automóvil de potencia mediana.

remondar tr. Limpiar o quitar por segunda vez lo inútil o perjudicial de una cosa.

remonta f. Compostura de las botas cuando se les renueva el pie o las suelas. l Rehenchido de las sillas de montar. l Parche de paño o de cuero que se pone al pantalón de montar para evitar su desgaste en el roce con la silla. l Compra y cría de caballos para el Ejército. l Conjunto de los caballos destinado a cada cuerpo.

remontar tr. Ahuyentar o espantar, en especial la caza. l Proveer de nuevos caballos los institutos militares. l Rehenchir las sillas de montar. l Renovar el pie o la suela del calzado. l fig. Encumbrarse, elevar. Ú. t. c. r. l r. Elevarse, volar muy altas las aves. l fig. Elevarse hasta el origen de una cosa.

remoque m. Palabra o dicho picante.

remoquete m. Mosquete, punada. l fig. Dicho agudo y mordaz. l fam. Cortejo, galanteo. l Mote, apodo.

rémora f. Pez marino, acantopterigio de cuerpo fusiforme, que se adhiere fuertemente a los objetos flotantes. l fig. Cosa que detiene o suspende.

remorder tr. Morder reiteradamente. l Exponer segunda vez a la acción del ácido ciertas partes de la lámina que se graba al agua fuerte. l fig. Inquietar, desasosegar interiormente una cosa. l r. Manifestar con una acción exterior el sentimiento interior reprimido.

remordimiento m. Inquietud, desasosiego que queda después de haber ejecutado una mala acción.

remoto, ta adj. Distante, lejano. l fig. No verosímil, no probable.

remover tr. Pasar, cambiar, mudar una cosa de un lugar a otro. l Quitar, salvar un obstáculo, obviar un inconveniente. l Alterar o revolver alguna cosa o asunto. l Deponer, destituir a uno de su cargo.

remozar tr. y r. Comunicar cierta especie de robustez y lozanía.

remudar tr. y r. Poner a una persona o cosa en lugar de otra.

remugar tr. Rumiar.

remunerable adj. Capaz o digno de remuneracion.

remuneración f. Acción de remunerar. l Lo que se da o sirve para remunerar.

remunerar tr. Recompensar, retribuir, premiar.

remunerativo, va adj. Que remunera o produce recompensa, o provecho.

remusgar tr. Barruntar, sospechar.

remusgo m. Barrunto, sospecha. l Vientecillo sutil, frío y penetrante.

renacentista adj. Perteneciente o relativo al Renacimiento.

renacer intr. Volver a nacer, l fig. Adquirir por el bautismo la vida de la gracia.

renacimiento m. Acción de renacer. l Período que comienza a mediados del s. XV y se caracteriza por el vivo entusiasmo que se despertó en Occidente por el estudio e imitación de la antigüedad clásica, griega y romana.

renacuajo m. Larva de la rana, durante el tiempo que tiene cola y respira por branquias. l fig. y fam. Muchacho enclenque y antipático. l fir. Mequetrefe.

renal adj. Relativo a los riñones.

rencilla f. Riña, pendencia de que queda encono y resentimiento.

renco, ca adj. y s. Cojo por lesión de las caderas.

rencor m. Resentimiento o encono arraigado y tenaz.

rencoroso, sa adj. Que tiene rencor.

rendaje m. Conjunto de riendas y demás correas de la brida.

rendición f. Acción de rendir. l Rédito, renta.

rendido, da p. p. de rendir. l adj. Sumiso, obsequioso, galante.

rendija f. Hendedura, raja, griega, abertura larga y estrecha.

rendimiento m. Rendición, fatiga, cansancio. l Sumisión, subordinación, humildad. l Obsequiosa expresión que se hace a alguien del deseo de servirle o complacerle. l Rédito, renta, producto o utilidad que da una cosa.

rendir tr. Vencer al enemigo y obligarle a entregarse. l Sujetar, someter algo a dominio. Ú. t. c. r. l Adjudicar o restituir a uno lo que le pertenece. l Dar fruto o utilidad una cosa. l Cansar, fatigar. U t. c. r. l Dar, entregar.

renegado, da p. p. de renegar. l adj. y s. Que abandona la religión cristiana. l Aspero de genio y maldiciente. l Perverso.

renegar tr. Volver a negar; negar con instancia o eficacia. l Abominar, detestar. l intr. Abandonar, detestar. l intr. Abandonar una religión para abrazar otra. l Blasfemar. l fig. Decir injurias contra alguien.

renegrido, da adj. Díc. del color oscuro de la piel.

renga f. Parte del lomo sobre la que se pone la carga a las caballerías.

renglón m. Línea escrita o impresa.

rengo, ga adj. y s. Cojo por lesión de cadera.

reniego m. Blasfemia. l fig. Exacreación, dicho injurioso.

reniforme adj. De forma de riñón.

renio m. Metal blanco, brillante y de elevado punto de fusión.

renitencia f. Estado de la piel cuando está tersa, tirante y lustrosa. l Repugnancia, aversión a hacer o consentir algo.

renitente adj. Que se resiste a hacer o consentir algo.

reno m. Mamífero cérvido, de astas muy ramosas, anchas y palmeadas en los extremos, y pelaje largo y espeso.

renombrado, da adj. Célebre, famoso.

renombre m. Apellido o sobrenombre propio. Epíteto de gloria o fama. l Fama, celebridad.

renovable adj. Que se puede renovar.

renovación f. Acción de renovar o renovarse.

renovar tr. Hacer de nuevo o volver a su primer estado una cosa. Ú. t. c. r. l Reanudar, restablecer una cosa interrumpida. Ú. t. c. r. l Remudar, reemplazar una cosa. l Trocar una cosa vieja por otra nueva. l Reiterar o publicar de nuevo.

renquear intr. Andar como renco.

renta f. Utilidad que rinde anualmente una cosa o lo que de ella se cobra. l Lo que paga un arrendatario.

rentabilidad f. Calidad o aptitud de producir o dar renta.

rentable adj. Díc. de la inversión que produce o que puede producir buen interés.

rentar tr. Producir renta o beneficio anual una cosa.
rentista com. Persona versada en materias de hacienda pública. l Persona que cobra renta procedente de papel del Estado. l Persona que vive de sus rentas.
renuencia f. Repugnancia que se muestra a hacer algo.
renuente adj. Indócil, desobediente, remiso.
renuevo m. Vástago que echa el árbol podado cortado. l Renovación.
renuncia f. Acción de renunciar. l Dimisión o dejación voluntaria de una cosa que se posee, o del derecho a ella. l Documento que contiene esta dimisión o dejación.
renunciable adj. Que se puede renunciar.
renunciación f. Renuncia.
renunciamiento m. Renuncia.
renunciar tr. Hacer dejación voluntaria de una cosa que se tiene, o del derecho a ella. l No querer admitir o aceptar una cosa. l Despreciar o abandonar.
renuncio m. fig. Contradicción, mentira
reñidero m. Sitio destinado a la riña de gallos o de otros animales.
reñido, da p. p. de reñir. l adj. Díc. de quien está enemistado con otro o negado a su trato.
reñir intr. Contender, disputar, altercar. l Pelear, luchar, combatir. l Desavenirse, enemistarse. l tr. Reprender o corregir a uno con algún vigor. l Librar batallas, combates, desafíos, etc.
reo, a adj. Criminoso, culpado. l com. Persona que ha delinquido y merece castigo.
reóforo m. Cualquiera de los dos conductores de la corriente de un generador eléctrico.
reómetro m. Instrumento que sirve para medir las corrientes eléctricas.
reorganización f. Acción de reorganizar.
reorganizar tr. y r. Volver a organizar.
reóstato m. Instrumento que sirve para intercalar en un circuito una resistencia eléctrica determinada, y también para medir la resistencia de los conductores.
repanchigarse r. Acomodarse en el asiento.
reparación f. Acción de reparar o componer. l Desagravio, satisfacción de una ofensa.
reparador, ra adj. Que repara, compone o restaura. Ú. t. c. s. l Que nota defectos nimios. Ú. t. c. s. l Que restablece las fuerzas y da aliento y vigor. l Que desagravia.
reparar tr. Componer, arreglar. l Corregir, enmendar. l Mirar con cuidado; notar, advertir una cosa. l Atender, reflexionar. l Desagraviar. l Detenerse por razón de algún inconveniente. Ú. t. c. r. l Oponer una defensa contra el golpe daño o perjuicio. l Restablecer las fuerzás; dar aliento y vigor. l intr. Pararse, detenerse a hacer alto en una parte. l r. Contenerse o reportarse.
reparo m. Reparación, restauración, remedio. l Advertencia, nota u observación. l Duda, dificultad, inconveniente, escrúpulo.l Cosa que se pone por defensa o resguardo.
repartición f. Acción de repartir.
repartir tr. Distribuir algo entre varios dividiéndolo por partes. Ú. t. c. r. l Dar a cada cosa su oportuna colocación o el destino conveniente. l Cargar una contribución por partes.
repasar tr. Volver a pasar por un mismo sitio. l Esponjar y limpiar la lana. l Volver a mirar o examinar una cosa. l Volver a explicar la lección. l Recorrer lo que se ha estudiado. l Recoser la ropa. l Examinar y corregir una obra ya terminada.
repaso m. Acción de repasar. l Estudio ligero que se hace de lo ya estudiado, para comprenderlo o recordardo mejor. l Reconocimiento de una cosa que se ha hecho, para ver si le falta algo.

repatriación f. Acción de repatriar o repatriarse.
repatriar tr. Hacer que una persona regrese a su patria.
repechar intr. Subir por un repecho.
repecho m. Cuesta muy pendiente y corta
repelar tr. Tirar del pelo o arrancarlo. l Cortar las puntas a la hierba. l fig. Cercenar, disminuir.
repelente p. a. de repeler. Que repele o echa de sí con violencia. l adj. fig. Repulsivo, repugnante.
repeler tr. Arrojar de sí con violencia una cosa. l Rechazar, contradecir una idea o proposición. l Causar repugnancia o aversión
repellar tr. Echar pelladas de yeso o cal a la pared que se construye o repara.
repelo m. Lo que no va al pelo. l Partícula de cualquier cosa que se levanta contra lo natural. l Conjunto de fibras de una madera que no siguen la línea recta. l fam. Riña ligera. l fig. Repugnancia que se muestra al hacer una cosa.
repeluzno m. Escalofrío leve y pasajero.
repente m. Movimiento súbito de una persona o de un animal. l adv. De pronto. súbitamente.
repentino, na adj. Pronto, impensado.
repentista com. Improvisador. l Persona que repentiza.
repentizar intr. Ejecutar una pieza musical a la primera lectura.
repercusión f. Acción de repercutir.
repercutir intr. Retroceder o mudar de dirección un cuerpo después de chocar con otro. l Reverberar. l Producir eco el sonido. l fig. Trascender, causar efecto una cosa con otra ulterior.
repertorio m. Prontuario en que se hace mención de cosas notables. l Conjunto de obras ya ejecutadas por un actor o cantante, o con que un empresario cuenta para que se ejecuten en su teatro. l Colección de obras o de noticias de una especie.
repescar tr. fig. Admitir nuevamente al que ha sido eliminado en un examen, competición, etc.
repetición f. Acción de repetir. l Mecanismo de algunos relojes, que sirve para que den la hora cuando se toca un muelle.
repetir tr. Volver a hacer o decir lo que ya se había hecho o dicho.
repicar tr. Picar rmucho o reducir a partes menudas. l Tañer las campanas de prisa y a compás, en señal de fiesta. Díc. además de otros instrumentos. Ú. t. c. intr.
repique m. Acción de repicar. l fig. Quimera, alteración, disputa ligera entre dos personas.
repiquete m. Repique vivo y rápido de las campanas. l fig. Lance o reencuentro.
repiquetear tr. Repicar con viveza las campanas u otro instrumento sonoro. l r. fig. y fam. Altercar dos o más personas, injuriándose.
repiqueteo m. Acción de repiquetear o repiquetearse.
repisa f. Ménsula de más longitud que vuelo, propia para sostener un objeto o servir de piso a un balcón.
replantar tr. Volver a plantar, en el terreno que ya ha estado plantado. l Trasplantar.
replantear tr. Trazar en el terreno o sobre el plano de cimientos la planta de una obra ya estudiada y proyectada.
replanteo m. Acción de replantear.
repleción f. Calidad de repleto.
replegar tr. Plegar o doblar muchas veces. l r. Retirarse las tropas avanzadas en buen orden.
repleto, ta adj. Muy lleno. l Pletórico.
réplica f. Acción de replicar. l Argumento o discurso con que se replica. l Copia muy perfecta de una obra artística.
replicante p. a. de replicar. Que replica.

replicar intr. Arguir contra la respuesta o argumento. I Responder como repugnando o rechazando lo que se dice o manda.

repliegue m. Pliegue doble. I Acto de replegarse las tropas.

repoblar tr. y r. Volver a poblar.

repollar intr. y r. Formar repollo las plantas.

repollo m. Col de hojas firmes y apiñadas formando entre todas a modo de una cabeza. I Grumo o cabeza orbicular que forman algunas plantas, apiñándose sus hojas.

repolludo, da adj. Díc. de la planta que forma repollo. I Que tiene figura de repollo. I fig. Rechoncho.

reponer tr. Volver a poner; colocar a una persona o cosa en el empleo, lugar o estado que antes tuvo. I Reemplazar lo que falta o lo que se ha sacado de alguna parte. I Replicar, oponer. I Volver a representar en el teatro una obra estrenada en otra temporada. I r. Recobrar la salud o la hacienda. I Serenarse, tranquilizarse.

reportación f. Sosiego, serenidad, moderación.

reportaje m. Información periodística. I Noticiario o documental cinematográfico.

reportar tr. Refrenar, moderar. Ú. t. c. r. I Lograr, conseguir. I Traer o llevar.

reporterismo m. Ejercicio o profesión de reportero.

reportero, ra adj. y s. Díc. del periodista que se dedica a los reportes o noticias.

reposado, da p. p. de reposar. I adj. Sosegado, descansado, quieto, tranquilo.

reposar intr. Descansar de la fatiga o trabajo. I Descansar durmiendo en breve sueño. Ú. t. c. r. I Estar en quietud y paz una persona o cosa. Ú. t. c. r. I Estar enterrado, yacer. Ú. t. c. r. I r. Posarse un líquido.

reposición f. Acción de reponer o reponerse.

reposo m. Acción de reposar o reposarse.

repostar tr. Reponer provisiones, pertrechos, combustible, etc. Ú. t. c. r.

repostería f. Oficina donde se hacen y venden dulces, pastas, fiambres y bebidas. I Arte del repostero y conjunto de provisiones e instrumentos de su oficio.

repostero, ra m. y f. Persona que hace dulces, pastas, fiambres, etcétera.

reprender tr. Corregir, amonestar a alguien desaprobando su conducta.

reprensión f. Acción de reprender. I Expresión o discurso con que se reprende.

reprensor, ra adj. y s. Que reprende.

represa f. Acción de represar una nave. I Detención o estancamiento de una cosa, y especialmente del agua corriente.

represalia f. Derecho que se atribuyen los enemigos para causarse recíprocamente un daño igual o mayor que el recibido. Ú. m. en pl. I Retención de los bienes o de los individuos de una nación con quien se está en guerra. Ú. m. en pl. I Medida de rigor que adopta un Estado contra otro para responder a los actos adversos o poco amistosos de éste. Ú. m. en pl. I Mal que un particular causa a otro en venganza o satisfacción de un agravio.

represar tr. Detener o estancar el agua corriente. Ú. t. c. r. I Recobrar la nave que había sido apresada. I fig. Detener, contener, reprimir. Ú. t. c. r.

representable adj. Que se puede representar.

representación f. Acción de representar o representarse. I Autoridad, dignidad, carácter de la persona. I Figura o idea que sustituye a la realidad. I Súplica o proposición razonada, dirigida a un príncipe o superior. I Conjunto de personas que representan a una entidad.

representante p. a. de representar. Que representa. I com. Persona que representa a alguien. I Comediante.

representar tr. Hacer presente una cosa con palabras o figuras que la imaginación retiene. Ú. t. c. r. I Informar, declarar o referir. I Manifestar uno su aspecto. I Recitar o ejecutar en público una obra dramática. I Sustituir a uno o hacer sus veces. I Ser imagen o símbolo de una cosa, o imitarla perfectamente. I Aparentar una persona determinada edad.

representativo, va adj. Díc. de lo que sirve para representar otra cosa. I Díc. del gobierno en que concurre la nación, por medio de sus representantes, a la formación de las leyes.

represión f. Acción de represar o represarse. I Acción de reprimir o reprimirse.

represivo, va adj. Díc. de lo que reprime.

represor, ra adj. y s. Que reprime.

reprimenda f. fam. Reprensión severa.

reprimir tr. y r. Refrenar, contener, moderar.

reprobable adj. Digno de reprobación. I Que puede reprobarse.

reprobación f. Acción de reprobar.

reprobar tr. No aprobar, dar por malo.

reprobatorio, ria adj. Que reprueba o sirve para reprobar.

réprobo, ba adj. y s. Condenado a las penas eternas.

reprochar tr. y r. Reconvenir, echar en cara.

reproche m. Acción de reprochar. I Expresión con que se reprocha.

reproducción f. Acción y efecto de reproducir o reproducirse. I Cosa reproducida.

reproducir tr. Volver a producir o producir de nuevo. Ú. t. c. r. I Propagarse los seres vivos. I Sacar copias de un original.

reproductor, ra adj. y s. Que reproduce.

reprueba f. Nueva prueba sobre la ya dada o presentada.

reptar intr. Andar arrastrándose como algunos reptiles.

reptil adj. Aplícase a los animales vertebrados, ovíparos u ovovivíparos, de sangre fría y respiración pulmonar, que caminan, en general, rozando la tierra con el vientre.

república f. Forma de gobierno representativo en la que el poder reside en el pueblo, personificado éste por un jefe supremo llamado presidente.

repúblico m. Hombre de representación y prestigio. I Estadista, político. I Buen patricio.

repudiar tr. Desechar, rechazar la mujer propia. I Renunciar, hacer dejación de una cosa.

repudio m. Acción de repudiar o repeler la mujer propia.

repuesto, ta p. p. de reponer. I m. Prevención de víveres o de otra cosa.

repugnancia f. Oposición entre dos cosas. I Tedio, aversión. I Resistencia que se opone a aversión que se siente a hacer o consentir algo.

repugnante p. a. de repugnar. Que repugna. I adj. Que causa repugnancia o aversión.

repugnar tr. Ser opuesta una cosa a otra. Ú. t. c. r. I Rehusar, hacer de mala gana una cosa. I No poderse unir y concertar dos cosas o cualidades. I intr. Causar tedio o aversión.

repujado, da p. p. de repujar. I m. Acción de repujar. I Obra repujada.

repujar tr. Labrar a martillo una plancha metálica de modo que resulten figuras de relieve en una cara o hacerlas resaltar en cuero.

repulgar tr. Hacer repulgos.

repulgo m. Dobladillo. I Escrúpulo.

repulido, da p. p. de repulir. I adj. Acicalado, peripuesto, engalanado.

repulir tr. Volver a puiir. I Acicalar mucho, componer con afectación. Ú. t. c. r.

repulsa f. Acción de repulsar.

repulsar tr. Desechar, repeler, despreciar algo; negar lo que se pide.

repulsión f. Acción de repeler. I Repulsa. I Repugnancia, aversion.

repulsivo, va adj. Que causa repulsión. I Que tiene virtud de repulsar.

repuntar intr. Empezar la marca para creciente o para menguante. I Empezar o manifestar alguna cosa. I r. Empezar a picarse el vino.

repurgar tr. Volver a limpiar o purificar una cosa.

reputación f. Fama.

reputar tr. Estimar, juzgar o hacer concepto de una persona o cosa. Ú. t. c. r. I Apreciar. estimar el mérito de alguien.

requebrajar tr. Volver a quebrar en piezas menores lo ya quebrado. I fig. Lisonjear a una mujer celebrando sus atractivos; piropearla, echarle flores.

requebrar tr. fig. Lisonjear a una mujer alabando sus atractivos.

requemar tr. Volver a quemar. I Tostar con exceso. I Hacer que los vegetales pierdan su lozanía privándolos de su jugo. I fig. Encender con exceso la sangre o los humores. I r. Consumirse interiormente.

requerimiento m. Acción de requerir, intimar o avisar o hacer saber una cosa con autoridad pública. I Acto judicial por el cual se ordena que se haga o se deje de hacer algo.

requerir tr. Intimar, avisar o hacer saber una cosa con autoridad pública. I Reconocer, examinar el estado de una cosa.

requesón m. Masa mantecosa resultante de cuajar la leche y escurrir el suero. I Cuajada obtenida de los residuos de la leche después de hecho el queso.

requiebro m. Acto de requebrar. I Expresión con que se requiebra. I Mineral vuelto a quebrantar para reducirlo a trozos de tamaño próximamente igual.

réquiem m. Oración que se reza por los difuntos. I Música compuesta para esta oración.

requisa f. Revista o inspección. I Requisición.

requisito, ta p. p. irreg. de requerir. I m. Condición necesaria para una cosa.

requisitorio, ria adj. Díc. del despacho en que un juez requiere a otro para que ejecute un mandamiento suyo.

res f. Cualquier animal cuadrúpedo de ciertas especies domésticas, como del ganado vacuno, lanar, etc. o de los salvajes, como venados, jabalíes, etc.

resaber tr. Saber muy bien una cosa.

resabiar tr. y r. Hacer tomar un vicio o mala costumbre. I r. Disgustarse, desazonarse.

resabido, da p. p. de resaber. I adj. Que se precia de muy sabio.

resabio m. Sabor desagradable que deja una cosa. I Vicio o mala costumbre.

resaca f. Movimiento de la ola que retrocede al retirarse de la orilla. I fam. Malestar que se siente por la mañana a consecuencia de haber hecho un consumo excesivo de bebidas la noche anterior.

resalado, da adj. fig. Que tiene gracia y donaire.

resaltar intr. Rebotar, botar repetidamente una cosa elástica. I Sobresalir en parte un cuerpo de otro en los edificios u otras cosas. I fig. Distinguirse o sobresalir una cosa entre otras.

resalto m. Acción de resaltar o rebotar. I Parte sobresaliente de una superficie.

resalvo m. Vástago que cuando se roza un monte se deja en cada mata, para formar un nuevo árbol.

resarcir tr. y r. Indemnizar, reparar un daño o agravio.

resbaladizo, za adj. Que se resbala o escurre fácilmente. I Díc. del paraje en que es fácil resbalar. I fig. Díc. de lo que expone a incurrir en un desliz.

resbalar intr. y r. fig. Escurrirse, deslizarse. I fig. Incurrir en un desliz.

resbalón m. Acción de resbalar o resbalarse. I Principio de caída. I fig. Desliz.

rescatar tr. Recobrar por precio o por fuerza lo que cayó en poder ajeno.

rescate m. Acción de rescatar. I Dinero que ello cuesta.

rescindible adj. Que se puede rescindir.

rescisión f. Acción de rescindir.

rescisorio, ria adj. Díc. de lo que rescinde o dimana de la rescisión.

rescoldo m. Brasa menuda envuelta en la ceniza. I fig. Escozor, resquemor, recelo o escrúpulo.

resecación f. Acción de resecar o resecarse.

resecar tr. Secar mucho. Ú. t. c. r.

resección f. Operación de cortar o separar todo o parte de algún órgano.

reseco, ca adj. Seco en demasía. I Seco, flaco. I Sin sustancia, sin provecho. I m. Parte seca del árbol o arbusto. I Parte de cera que queda sin melar, en las colmenas. I Sensación de sequedad en la boca.

reseda f. Planta resedácea de tallos ramosos y flores amarillentas, que procede de Egipto y tiene olor agradable.

reseguir tr. Rectificar, igualar los filos de las espadas.

resentimiento m. Acción de resentirse.

resentirse r. Empezar a sentirse o flaquear una cosa. I fig. Dar muestras de sentimiento, pesar o enojo.

reseña f. Revista de la tropa. I Narración sucinta. I Noticia y examen de una obra literaria o científica.

reseñar tr. Hacer una reseña. I Examinar algún libro u obra literaria o científica y dar noticia de ellos.

reserva f. Guarda de una cosa o prevención que se hace de ella para algún fin.

reservado, da p. p. de reservar. I adj. Cauteloso. I Comedido, discreto, circunspecto. I Compartimiento de un coche de ferrocarril, estancia de un edificio o parte de un parque o jardín que se destina sólo a personas o a usos determinados.

reservar tr. Guardar una cosa para cuando sea necesaria. I Dilatar, diferir, aplazar. Ú. t. c. r. I Exceptuar, eximir. I Apartar algo para algún fin. I Retener o no comunicar una cosa o el conocimiento de ella. I Encubrir, ocultar. I r. Conservarse para mejor ocáion. I Precaverse, cautelarse.

resfriado m. Indisposición que sobreviene por la supresión de la transpiración. I Enfriamiento, catarro.

resfriar tr. Enfriar. I fig. Entibiar, templar el ardor o fervor. Ú. t. c. r. I intr. Comenzar a hacer frío. I r. Contraer resfriado.

resguardar tr. Defender o reparar. I r. Precaverse contra un daño.

resguardo m. Guardia y seguridad de una cosa. I Defensa o reparo. I Seguridad o garantía que se da por escrito. I Documento en que consta.

residencia f. Acción de residir. I Lugar donde se reside. I Establecimiento público donde se alojan viajeros o huéspedes estables.

residencial adj. Díc. del cargo o empleo que requiere residencia personal. I Díc. de la parte de una ciudad destinada principalmente a viviendas, donde por lo general residen las clases más acomodadas.

residente p. a. de residir. Que reside. I adj. y s. Díc. del ministro o agente diplomático cuya categoría es inmediatamente inferior a la de ministro plenipotenciario.

residir intr. Morar, estar de asiento en un lugar. I fig. Radicar en una persona algo inmaterial. I fig. Estar o radicar en un punto o en una cosa el quid de aquello de que se trata.

residual adj. Relativo al residuo.

residuo m. Parte que queda de un todo. I Lo que queda de la descomposición o destrucción de una cosa.

resignación f. Entrega que uno hace de sí poniéndose en las manos de otro. I Resigna. I Conformidad en las adversidades.

resignar r. Conformarse, someterse, condescender.

resina f. Nombre genérico que se da a diversas sustancias sólidas, incristalizables, traslucientes e insolubles en el agua, que por frotamiento adquieren electricidad negativa y por el calor se ablandan y se funden, que fluyen de diversos vegetales.

resinar tr. Obtener resina de ciertos árboles, por medio de incisiones hechas en el tronco.

resistencia f. Acción y efecto de resistir o resistirse. I fig. Renuencia, repugnancia que se muestra en hacer alguna cosa. I Causa que se opone a la acción de una fuerza. I Fuerza que se opone al movimiento de una máquina y tiene que ser vencida por la potencia. I Dificultad que opone un cuerpo al paso de una corriente eléctrica a través de su masa, convirtiendo la energía eléctrica en calor.

resistir intr. Oponerse un cuerpo o una fuerza a la acción de otra. Ú. t. c. r. I Repugnar, rechazar, contradecir. I tr. Tolerar, sufrir. I Combatir las pasiones. I Repeler, contrarres tar. I r. Bregar, pugnar, forcejear.

resma f. Conjunto de veinte manos de papel (500 pliegos).

resobado, da adj. Se aplica a los temas o asuntos muy comunes y sabidos.

resol m. Reverberación del sol.

resolana, na adj. Aplícase al sitio resguardado del viento, donde se toma el sol. Ú. t. c. f.

resolución f. Acción de resolver o resolverse. I Ánimo, valor, arresto. I Actividad, prontitud, viveza. I Decreto, providencia, auto o fallo de una autoridad.

resolutivo, va adj. Dícese del método en que se procede analíticamente o por resolución. I Que tiene virtud de resolver. Ú. t. c. s.

resoluto, ta p. p. irreg. de resolver. I adj. Resuelto. I Resumido, abreviado I Versado, diestro.

resolver tr. Tomar determinación fija y decisiva. I Resumir, recapitular. I Desatar una dificultad o dar solución a una duda. I Hallar la solución de un problema. I Deshacer, destruir Ú. t. c. r. I Analizar, dividir un compuesto en sus partes o elementos. I Hacer disiparse o evaporarse una cosa. Ú. t. c. r. I r. Aprestarse a decir o hacer algo. I Venir a parar una cosa en otra.

resonador, ra adj. Que resuena.

resonancia f. Prolongación del sonido que va apagándose. I Cualquiera de los sonidos elementales que acompañan al principal en una nota musical. I Sonido producido por repercusión de otro. I fig. Gran divulgación o propagación que adquiere un hecho.

resonante p. a. de resonar. Que resuena.

resonar intr. Sonar por repercusión, o sonar mucho.

resoplido m. Resuello fuerte.

resorber tr. Absorber dentro de sí una persona o cosa un líquido o humor salido de ella misma.

resorción f. Acción de resorber.

resorte m. Muelle, pieza elástica por lo común metálica. I Fuerza elástica de una cosa. I fig. Medio para lograr un fin.

respaldar m. Respaldo, parte de la silla o del banco, en que se descansa la espalda. I tr. Sentar, notar o apuntar algo en el respaldo de un escrito. I fig. Proteger, amparar, guardar las espaldas. I r. Inclinarse de espaldas o arrimarse al respaldo de la silla o banco,

respaldo m. Parte de la silla, banco u otro asiento, en que descansan las espaldas. I Espaldera, pared que protege las plantas. I Vuelta o dorso del escrito. I Lo que allí se escribe.

respe m. Lengua de la serpiente.

respectar defect. Tocar, atañar.

respectivo, va adj. Que atañe o pertenece a una persona o cosa.

respecto m. Razón o relación de una cosa a otra.

résped m. Respe. I Aguijón de la abeja o de la avispa.

respetabilidad f. Calidad de respetable.

respetar tr. Tener respeto, miramiento o acatamiento.

respeto m. Veneración, acatamiento que se hace a uno. I Miramiento, consideración, atención, causa o motivo particular.

respetuoso, sa adj. Que mueve a respeto. I Que observa cortesía y respeto.

réspice m. fam. Respuesta seca y áspera. I fam. Represión corta y fuerte.

respigón m. Padrastro en los dedos.

respingada adj. fam. Respingona, aplicada a la nariz.

respingar intr. Sacudirse y gruñir la bestia porque la lastima o le hace cosquillas algo. I fig. Resistir, repugnar, rezongar.

respingo m. Acción de respingar. I Sacudida violenta del cuerpo. I fig. Expresión y movimiento de repugnancia y desagrado en obedecer.

respingón, na adj. Dícese de la bestia que respinga o que se sacude. I fam. Dícese de la nariz cuya punta mira hacia arriba.

respiración f. Acción y efecto de respirar. I Aire que se respira. I Entrada y salida libre del aire en una habitación u otro lugar cerrado.

respiradero m. Abertura por donde entra y sale el aire. I Lumbrera, tronera. I Alivio, descanso de un trabajo fatigoso. I fam. Órgano de la respiración.

respirar intr. Absorber el aire los seres vivos, por pulmones, branquias, tráqueas, etc., y expeler lo modificado. I Exhalar un olor. I fig. Animarse, cobrar aliento. I fig. Tener comunicación con el aire externo un fluido que está encerrado. I fig. Descansar, aliviarse del trabajo u opresión. I fig. Hablar, chistar.

respiro m. Acción de respirar. I fig. Rato de descanso en el trabajo. I fig. Alivio en medio de una fatiga, pena o dolor.

resplandecer intr. Despedir rayos de luz o lucir mucho una cosa. I fig. Sobresalir, aventajar, brillar.

resplandeciente p. a. de resplandecer. Que resplandece.

resplandor m. Luz muy clara del Sol u otro cuerpo luminoso. I fig. Brillo de algunas cosas. I fig. Esplendor o lucimiento.

responder tr. Contestar uno a lo que se le pregunta, a quien le llama, al que toca a la puerta o a la carta que ha recibido. I Corresponder con su voz los animales a la de los otros de su especie. I Replicar a un alegato.

respondón, na adj. y s. Que tiene el vicio de replicar irrespetuosamente.

responsabilidad f. Obligación de reparar y satisfacer un daño. I Cargo u obligación moral que resulta para uno del posible yerro en cosa o asunto determinado.

responsable adj. Obligado a responder de algo o por alguien.

responso m. Responsorio que se dice por los difuntos.

responsorio m. Ciertas oraciones y versículos que se rezan después de las lecciones en los maitines y después de las capítulas de otras horas.

respuesta f. Contestación a una pregunta, duda o dificultad. I Réplica. I Refutación, acción de refutar, y argumento con que se refuta.I Contestación a una carta. I Acción con que se corresponde a la de otro.

resquebradura f. Hendedura, raja, grieta.

resquebrajadura f. Resquebradura.

resquebrajar tr. y r. Hender levemente la superficie de algunos cuerpos duros.

resquebrajo m. Resquebradura.

resquebrar intr. Empezar a quebrarse, henderse o saltarse una cosa.

resquemar tr. Causar un calor picante en la lengua y paladar ciertos manjares o bebidas. I Requemar, tostar con exceso. Ú. t. c. r. I fig. Escocer, producir en el ánimo una impresión molesta.

resquemo m. Acto de resquemar o resquemarse. I Calor picante que en la lengua y paladar producen ciertos alimentos o bebidas. I Sabor y olor desagradables de los alimentos que se requeman.

resquemor m. Sentimiento que produce en el ánimo una pena u otra cosa que duele y desazona.

resquicio m. Abertura entre el quicio y la puerta. I Hendedura pequeña. I fig. Ocasión que se proporciona para un fin.

resta f. Operación de restar. I Residuo o resultado de tal operación.

restablecer tr. Volver a establecer una cosa o ponerla en el estado que antes tenía. I r. Repararse de una enfermedad u otro daño.

restallar intr. Chasquear, estallar una cosa violentamente sacudida en el aire, como el látigo. I Crujir.

restallido m. Acción de restallar.

restante p. a. de restar. Que resta. I m. Residuo, lo que queda de un todo.

restañadura f. Acción de restañar o volver a estañar.

restañar tr. Volver a estañar, cubrir, o bañar con estaño. I Estancar, detener el curso de un líquido o humor.

restar tr. Sacar el residuo que queda de un todo, sustrayéndole una parte. I Hallar la diferencia entre dos cantidades.

restauración f. Acción de restaurar. I Reposición en el trono de un rey destronado o del representante de una monarquía derrocada.

restaurador, ra adj. y s. Que restaura.

restaurante m. Establecimiento donde se sirven comidas.

restaurar tr. Recuperar, recobrar. I Reparar, restablecer, renovar. I Componer, arreglar.

restinga f. Punta de arena o piedra que se prolonga bajo el agua a poca profundidad.

restituir tr. Volver una cosa a quien la tenía antes. I Restablecer una cosa en su estado anterior. I r. Regresar el que había partido.

resto m. Residuo. I Cantidad que limita el envite en los juegos de esta clase. I Jugador que devuelve la pelota al saque. I Resta o residuo.

restregar tr. Estregar mucho y con fuerza.

restregón m. Estregón.

restricción f. Limitación.

restrictivo, va adj. Que restringe o tiene virtud para restringir.

restricto, ta adj. Limitado, restringido, ceñido o preciso.

restringir tr. Limitar, ceñir, circunscribir, reducir, coartar.

restriñir tr. Astringir.

resucitar tr. Volver la vida a un muerto. I fig. Restablecer, renovar, dar nuevo ser a una cosa. I intr. Volver uno a la vida.

resudor m. Sudor ligero.

resuello m. Aliento o respiración.

resuelto, ta p.p. irreg. de resolver. I adj. Audaz, osado, arrojado. I Pronto, diligente.

resulta f. Efecto, consecuencia.

resultado p.p. de resultar. I m. Efecto y consecuencia de un hecho, operación, etc.

resultando m. Cualquiera de los hechos provados que sirven de fundamento a las sentencias, fallos o providencias.

resultante p. a. de resultar. I adj. Dícese de la fuerza que equivale al conjunto de otras varias.

resultar intr. Resaltar o resurtir. I Redundar una cosa en provecho o daño de alguien o de algo. I Nacer, originarse, proceder una cosa de otra. I Venir a ser. I Tener buen o mal éxito.

resumen m. Acción de resumir o resumirse. I Exposición resumida de lo ya dicho.

resumir tr. Reducir a términos breves y precisos, exponer abreviadamente lo esencial de una materia. Ú. t. c. r. I r. Convertirse, comprenderse, resolverse una cosa en otra.

resurgencia f. En espeleología, sitio por donde aparece al exterior una corriente de agua subterranea.

resurgimiento m. Acción de resurgir.

resurgir intr. Surgir de nuevo, volver a aparecer. I Resucitar, volver uno a la vida.

resurrección f. Acción de resucitar. I Por excelencia, la de Jesucristo.

resurtir intr. Retroceder un cuerpo después de chocar con otro.

retablo m. Colección de figuras pintadas o esculpidas, que representan en serie un suceso. I En la arquitectura cristiana, muro decorado situado detrás del altar.

retaco m. Escopeta corta, muy reforzada en la recámara. I Taco de billar, corto y grueso. I fig. Persona rechoncha.

retaguardia f. Fracción o parte más retrasada de una tropa, o el espacio que queda a su espalda.

retahíla f. Serie de cosas que están o suceden por su orden.

retajar tr. Cortar algo en redondo. I Circuncidar.

retal m. Pedazo sobrante de una cosa que se corta. I Trozo o desperdicio de telas o de piel.

retama f. Mata leguminosa de flores amarillas, muy apreciada para combustible de los hornos de pan.

retamar m. Sitio poblado de retamas.

retar tr. Desafiar, provocar a duelo, batalla o contienda. I fam. Reprender, tachar, echar en cara.

retardar tr. y r. Diferir, detener, retasar, dilatar.

retazar tr. Despedazar, hacer piezas o pedazos una cosa. I Dividir el rebaño en hatajos.

retazo m. Retal o trozo de una tela. I fig. Fragmento de un razonamiento o discurso.

rete- Prefijo que encarece o pondera.

retejar tr. Recomponer los tejados. I fig. Proveer de vestido o calzado a quien lo necesita.

retén m. Repuesto o prevención de una cosa. I Tropa preparada para reforzar algún puesto militar.

retención f. Acción de retener. I Parte retenida de un sueldo, salario, etc. I Detención o depósito de un tumor en el cuerpo humano.

retener tr. Conservar, guardar en sí. I Conservar algo en la memoria. I Conservar el cargo o empleo que se desempeñaba al pasar a otro. I Suspender total o parcialmente el pago del sueldo o haber devengado, hasta que satisfaga lo que debe.

retentiva f. Memoria, facultad de recordar o acordarse.

retentivo, va adj. y s. Que tiene virtud de retener.

retesar tr. Atiesar o enderezar una cosa.

reticencia f. fam. Efecto de dar a entender con malicia, qué se calla algo que pudiera o debiera decirse.

reticente adj. Que emplea reticencias. l Que incluye reticencia.

retícula f. Retículo de un anteojo.

reticular adj. De figura de red.

retículo m. Tejido en forma de red. l Conjunto de hilos cruzados o paralelos en el foco de un anteojo, para precisar la visual.

retiforme adj. Que tiene forma de red.

retina f. Membrana interna del ojo, formada por la expansión del nervio óptico en la cual se reciben las impresiones luminosas y se representan las imágenes de los objetos.

retinte m. Segundo tinte que se da a una cosa. l Retintín.

retintín m. Sonido prolongado que deja en los oídos la vibración de un cuerpo sonoro. l fig. Tonillo usado al hablar para zaherir a alguien.

retinto, ta p.p. irreg. de reteñir. l adj. De color castaño, muy oscuro.

retiñir intr. Durar el retintín de un cuerpo sonoro.

retirada f. Acción de retirarse. l Sitio que sirve de acogida. l Retreta. l Acción de retroceder ordenadamente ante el enemigo.

retirado, da p.p. de retirar. l adj. Distante, apartado, desviado. l Díc. del militar que oficialmente ha dejado el servicio conservando algunos derechos. Ú. t. c. s.

retirar tr. Apartar o separar una persona o cosa de otra o de un sitio. Ú. t. c. r. l Apartar de la vista una cosa. l Obligar a uno que se aparte,o rechazarle. l Recogerse, meterse en casa, o irse a dormir.

retiro m. Acción de retirarse. l Lugar apartado. l Recogimiento, abstracción. l Situación del militar retirado. l Sueldo o haber de éste. l Ejercicio piadoso que consiste en retirarse algún tiempo de las ocupaciones ordinarias para practicar ciertas devociones bajo la dirección de un clérigo experimentado.

reto m. Acusación de alevoso que un noble hacía a otro ante el rey. l Provocación al duelo o desafío. l Amenaza.

retocar tr. Volver a tocar. l Tocar repetidamente. l Dar a un dibujo, cuadro o fotografía ciertos toques de pluma o de pincel para quitarle imperfecciones. l Restaurar las pinturas deterioradas.

retoñar intr. Volver a echar vástagos la planta. l fig. Reproducirse, volver de nuevo lo que había dejado de ser o estaba amortiguado.

retoño m. Vástago o tallo que echa de nuevo la planta. l fig. Hablando de personas, hijo y especialmente el de corta edad.

retoque m. Pulsación frecuente. l Ultima mano que se da a una obra. l Compostura de un ligero deterioro.

retorcer tr. Torcer mucho o dar una cosa dándole vueltas. Ú. t. c. r. l fig. Redargüir, convertir un argumento contra el que lo hace.

retórica f. Arte de bien decir, de dar al lenguaje hablado o escrito belleza y eficacia para deleitar, persuadir o conmover. l Tratado de este arte. l pl. Sofismas o razones que no son del caso.

retornar tr. Devolver, restituir. l Hacer que una cosa vuelva atrás. l intr. Volver al lugar o a la situación en que se estuvo. Ú. t. c. r.

retornelo m. Repetición de la prímera parte del aria o de otra composición musical.

retorno m. Acción de retornar. l Paga o recompensa del beneficio recibido. l Cambio, permuta o trueque.

retorsión f. Acción de retorcer.

retorta f. Vasija de cuello largo vuelto hacia abajo, usada en los laboratorios químicos.

retortijar tr. Retorcer mucho, ensortijar.

retortijón m. Ensortijamiento. l Dolor intestinal breve y vehemente.

retozar intr. Saltar y brincar con alegría. l Travesear, juguetear. l fig. Excitarse con ímpetu algunas pasiones.

retozo m. Acción de retozar.

retracción f. Acción de retraer. l Reducción persistente de volumen en los tejidos.

retractar tr. Revocar lo dicho o hecho, desdecirse de ello.

retráctil adj. Que puede retraerse, quedando oculto.

retraer tr. Volver a traer. l Disuadir o apartar de un intento. Ú. t. c. r. l r. Acogerse, guarecerse. l Retirarse, retroceder. l Hacer vida retirada.

retraído, da p. p. de retraer. l adj. que gusta de la soledad. l fig. Poco comunicativo, tímido.

retraimiento m. Acción de retraerse. l Habitación interior y retirada. l Sitio de acogida o refugio. l Cortedad, condición personal de reserva y de poca comunicación.

retransmisión f. Acción de retransmitir.

retransmitir tr. Volver a transmitir. l Transmitir una emisión de radiodifusión lo que se ha transmitido a ella desde otro lugar.

retrasar tr. Atrasar, suspender, retardar, diferir la ejecución de una cosa. Ú. t. c. r. l intr. Ir atrás o a menos alguna cosa.

retraso m. Acto de retrasar o retrasarse.

retratar tr. Copiar, dibujar o fotografiar la figura de alguna persona o cosa. l Hacer la descripción de la figura o del carácter de una persona. Ú. t. c. r. l Imitar, asemejarse. l Describir con mucha exactitud una cosa.

retratista com. Persona que hace retratos.

retrato m. Pintura, dibujo, fotografía o efigie de una persona o cosa. l Descripción de la figura o carácter de una persona. l fig. Lo que se parece mucho a una persona o cosa.

retrechar intr. Retroceder, recular el caballo.

retreparse r. Echar hacia atrás la parte superior del cuerpo. l Recostarse en la silla inclinando ésta hacia atrás.

retreta f. Toque militar usado para marchar en retirada y para avisar a la tropa que se recoja por la noche al cuartel. l Serenata.

retrete m. Aposento dotado de las instalaciones necesarias para orinar y evacuar el vientre. l Estas instalaciones.

retribución f. Pago, recompensa o remuneración de algo.

retribuir tr. Recompensar, pagar o remunerar a uno por alguna cosa.

retributivo, va adj. Dícese de lo que tiene virtud o facultad de retribuir.

retribuyente p. a. de retribuir. Que retribuye.

retro- Partícula prepositiva que lleva a lugar o tiempo anterior la significación de la voz simple a que se une.

retroacción f. Regresión.

retroactividad f. Calidad de retroactivo.

retroactivo, va adj. Que obra sobre lo pasado.

retroceder intr. Volver hacia atrás.

retroceso m. Acción de retroceder. l Recrudescencia de una enfermedad que había comenzado a ceder o declinar.

retrogradar intr. Retroceder. l Retroceder aparentemente en su órbita un planeta.

retrógrado, da adj. Que retrograda. l fig. despect. Partidario de instituciones políticas o sociales propias de tiempos pasados. Ú. t. c. s. l Dícese del movimiento real o aparente de un astro en sentido contrario al de la Tierra.

retrospectivo, va adj. fig. Referente a tiempo pasado.

retropropulsión f. Propulsión conseguida mediante un empuje originado por un chorro de gas que sale de un móvil a gran velocidad y en dirección opuesta a la de su marcha.

retrotraer tr. y r. Considerar una cosa como sucedida antes del tiempo en que realmente ocurrió.

retrovisor adj. y s. Dícese del espejo que permite al conductor de un vehículo ver el camino que va dejando tras sí.

retruécano m. Inversión de los términos de una proposición en otra cuyo sentido forma así contraste con el de la anterior.

retruque m. Golpe que la bola de billar, herida, dando en la banda vuelve a dar en la bola que le causó el movimiento.

retumbar intr. Resonar mucho o hacer grande ruido o estruendo.

reúma amb. Reumatismo.

reumático, ca adj. Que padece reuma. Ú. t. c. s. I Relativo a este mal.

reumatismo m. Enfermedad que suele manifestarse por inflamaciones dolorosas en las articulaciones, o por dolores en los músculos.

reunión f. Acción de reunir o reunirse. I Conjunto de personas reunidas.

reunir tr. y r. Volver a unir. I Juntar, congregar, amontonar.

revacunar tr. y r. Volver a vacunar a quien ya está vacunado.

reválida f. Acción de revalidarse.

revalidar tr. Ratificar, confirmar una cosa. I r. Recibirse o aprobarse en una facultad ante tribunal superior.

revalorización f. Acción de devolver a una moneda parte del valor que había perdido.

revancha r. Desquite.

revelación f. Acción de revelar. I Manifestación de una verdad secreta u oculta. I Conocimiento divino comunicado por Dios a los hombres, que la razón humana es incapaz de llegar por sí misma a ciertas verdades.

revelado m. Conjunto de operaciones necesarias para revelar una imagen fotográfica.

revelar tr. Manifestar o descubrir lo ignorado o secreto. U. t. c. r. I Manifestar Dios a sus siervos lo futuro u oculto. I Hacer visible la imagen impresa en la placa fotográfica.

revellín m. Obra exterior que defiende la cortina de un fuerte.

revender tr. Volver a vender lo que se ha comprado con ese intento o al poco tiempo de haberlo comprado.

revenir intr. Retornar o volver una cosa a su estado propio. I r. Encogerse, consumirse una cosa poco a poco. I Acedarse o avinagrarse. I Escupir una cosa hacia afuera la humedad que tiene. I Ponerse una masa, pasta o fritura blanda y correosa.

reveno m. Brote de los árboles que revenan.

reventa f. Acción de revender.

reventar intr. Abrirse una cosa por una fuerza interior. Ú. t. c. r. I Brotar o salir con ímpetu. I Romperse las olas en espuma. I fig. Tener ansia de una cosa. I Estallar.

reventón, na adj. Dícese de ciertas cosas que revientan o parece que van a reventar. I m. Acción de reventar o reventarse. I fig. Aprieto, apuro o dificultad grande. I fig. Trabajo o fatiga grande que se da o se toma en casos de urgente necesidad.

reverberación f. Acción de reverberar. I Calcinación hecha en el horno de reverbero.

reverberar intr. Reflejarse la luz en una superficie bruñida, o el sonido en una superficie que no lo absorba.

reverbero m. Reverberación. I Cuerpo bruñido en que la luz reverbera. I Farol que hace reverberar la luz.

reverdecer intr. Cobrar nuevo verdor los campos o vegetales mustios y secos. I fig. Renovarse o tomar nuevo vigor. Ú. t. c. r.

reverencia f. Respeto o veneración. I Inclinación del cuerpo hecha en señal de respeto. I Título o tratamiento que se da a los religiosos condecorados.

reverenciar tr. Respetar o venerar.

reverendo, da adj. Digno de reverencia. I Título o tratamiento que se da a las dignidades eclesiástica y a los prelados y graduados de las religiones. Ú. t. c. s.

reverente adj. Que muestra reverencia.

reversible adj. Díc. de ciertas cosas que pueden usarse al derecho o al revés, y de otras que pueden utilizarse para ejecutar dos funciones opuestas.

reversión r. Restitución de una cosa a su estado anterior.

reverso, sa adj. Inverso o vuelto al revés. I m. Revés. I En las medallas y monedas, haz opuesta al anverso.

revertir intr. Volver una cosa al estado o condición que tuvo antes. I Venir a parar una cosa en otra. I Volver una cosa a la propiedad que tuvo antes, o pasar a un nuevo dueño.

revés m. Espalda o parte opuesta de una cosa. I Golpe dado con el dorso de la mano. I fig. Infortunio, desgracia o contratiempo. I fig. Mudanza en el trato o en el genio.

revesa f. Corriente derivada de otra principal y de distinta dirección a la de ésta o a la de la marea que a veces la produce.

revestimiento m. Capa o cubierta con que se resguarda o adorna una superficie.

revestir tr. Vestir una ropa sobre otra. Ú. t. c. r. I Cubrir con un revestimiento. I fig. Disfrazar con algún adorno una cosa. I fig. Presentar una cosa determinado aspecto, cualidad o carácter.

revezar tr. Reemplazar, sustituir a otro.

revirado, da adj. Díc. de las fibras de los árboles que están torcidas y describen hélices alrededor del eje del tronco, por lo cual su madera es defectuosa para tablas y piezas rectas.

revisar tr. Someter una cosa a un nuevo examen para corregirla o repararla.

revisor, ra adj. Que revisa, examina o inspecciona. I m. El encargo de revisar o reconocer.

revista f. Segunda vista o examen. I Inspección que un jefe hace de las personas o cosas sometidas a su autoridad o a su cuidado. I Formación de las tropas para ser inspeccionadas. I Publicación periódica, con escritos sobre determinadas materias. I Espectáculo teatral en que se representa cuadros de gran espectáculo y escenas basadas en asuntos de actualidad.

revistar tr. Pasar revista, inspeccionar.

revivificar tr. Vivificar, reavivar.

revivir intr. Resucitar, volver a la vida. I Volver en sí. I fig. Renovarse, reproducirse una cosa.

revocación f. Acción de revocar.

revocar tr. Anular una concesión, resolución o mandato. I Volver a enlucir las paredes de un edificio.

revocatorio, ria adj. Que revoca o anula.

revoco m. Acción de revocar o hace retroceder ciertas cosas. I Revoque.

revolcar tr. Derribar a uno y revolverle, maltratándole. I fig. Vencer y deslucir al adversario en disputa o controversia. I r. Echarse sobre una cosa estregándose en ella.

revolcón m. Revuelco.

revolear intr. Volar con rapidez dando vueltas en poco espacio.

revolotear intr. Volar haciendo tornos o giros. | Venir una cosa por el aire dando vueltas. | tr. Arrojar una cosa con ímpetu a lo alto, de manera que parece que da vueltas.

revoloteo m. Acción de revolotear.

revoltijo m. Revoltillo.

revoltillo m. Conjunto de cosas revueltas y sin orden. | fig. Confusión o enredo.

revoltoso, sa adj. Travieso, enredador. | Sedicioso, perturbador. Ú. t. c. s. | Intrincado, que tiene muchas vueltas y revueltas.

revolución f. Acción de revolver o revolverse. | Alboroto, sedición. | Cambio violento en las instituciones políticas de un país. | Conmoción de los humores. | fig. Mudanza en el estado o gobierno de las cosas. | *Astr.* Movimiento completo de un astro en su órbita. | Giro o vuelta que da una pieza sobre su eje.

revolucionar tr. Causar una revolución o transformación radical en cualquier orden.

revólver m. Pistola semiautomática provista de una recámara múltiple, que es cilíndrica y gira lo preciso después de cada disparo para colocar otro cartucho en el eje del cañón.

revolver tr. Menear de un lado a otro alrededor, o de arriba abajo, una cosa. | Envolver una cosa en otra.

revoque m. Acción de revocar o enlucir las paredes. | Capa o mezcla de cal y arena con que se enlucen.

revuelo m. Segundo vuelo que da el ave. | fig. Movimiento confuso de algunas cosas o agitación entre personas.

revuelta f. Segunda vuelta. | Revolución, motín, sedición. | Punto en que una cosa empieza a cambiar de dirección. | Este mismo cambio de dirección. | Mudanza de estado o de parecer.

revuelto, ta adj. Inquieto, travieso. | Intrincado, revesado. | Díc. del tiempo muy variable.

revulsión f. Recurso terapéutico consistente en producir congestiones o inflamaciones en la superficie de la piel o mucosa, para hacer que cesen en otra parte más importante del cuerpo.

revulsivo, va adj. y s. Díc. del medicamento o agente que produce la revulsión.

revulsorio, ria adj. y s. Med. Revulsivo.

rey m. Monarca o soberano de un reino. | Pieza principal del ajedrez. | Carta duodécima de cada palo de la baraja que representa un rey.

reyerta f. Contienda, riña, altercado.

reyezuelo m. dim. de rey. | Pájaro de alas cortas y redondeadas y plumaje muy vistoso.

rezaga f. Retaguardia.

rezagado, da p.p. de rezagar. | adj. Que se queda atrás. | Que es remolón para el trabajo.

rezagar tr. Dejar atrás una cosa. | Suspender, diferir la ejecución de una cosa. | r. Quedarse atrás.

rezar tr. Orar, hacer oración a Dios verbalmente. | Recitar la misa, una oración, etc. | fam. Decir o decirse en un escrito una cosa. | r. Quedarse atrás.

rezo m. Acción de rezar | Oficio eclesiástico que se reza diariamente.

rezón m. Ancla pequeña de cuatro uñas y sin cepo.

rezongar intr. Gruñir, refunfuñar a lo que se manda, obedeciendo de mala gana.

rezongón, na adj. y s. Rezongador.

rezumar tr. y r. Dejar pasar un cuerpo a través de sus poros gotitas de algún líquido. | intr. y r. Salir un líquido al exterior, en gotas pequeñas, a través de los poros e intersticios de un cuerpo.| r. fig. Traslucirse y susurrarse una especie.

rho f. Letra del alfabeto griego, que corresponde a nuestra r.

ría f. Penetración que forma el mar en la costa.

riacho m. Riachuelo.

riachuelo m. Río pequeño.

riada f. Avenida, crecida, inundación.

ribaldería f. Acción o costumbre del ribaldo.

ribaldo, da adj. y s. Pícaro, bribón, bellaco. | Rufián.

ribazo m. Porción de tierra algo elevada y en declive.

ribazón f. Afluencia súbita de peces a las orillas del mar.

ribera f. Orilla del mar o río.

ribero m. Vallado de estacas, cascajo y céspedes que se hace a la orilla de una presa.

ribete m. Cinta que refuerza el borde del vestido, calzado, etc. | Añadidura, aumento. | pl. fig. Asomo, indicio.

ribeteado, da p. a. de ribetear. | adj. fig. Díc. de los ojos cuando los párpados están irritados.

ribetear tr. Echar ribetes.

ribonucleicos m. Grupo de ácidos nucleicos localizados en el citoplasma y el nucleolo, y que desempeñan un importante papel en la síntesis de las proteínas.

ribosoma m. Órgano celular en forma de gránulo que interviene en la síntesis de las proteínas.

ricacho, cha m. y f. fam. Persona acaudalada y vulgar.

ricachón, na m. y f. Despectivo de rico, o ricacho.

ricial adj. Díc. de la tierra sembrada de verde para pasto del ganado.

ricino m. Planta euforbiácea de tallo ramoso, hojas muy grandes y lobuladas, y fruto capsular con tres semillas, de las cuales se obtiene un aceite purgante.

rico, ca adj. Adinerado, acaudalado. Ú. t. c. s. | Abundante, opulento y pingüe. | Sabroso, gustoso. | Muy bueno o excelente. | Aplícase a las personas como expresión de cariño.

rictus m. Contracción de los labios, semejante a la sonrisa.

ricura f. fam. Calidad de rico, gustoso, sabroso, o muy bueno.

ridiculez f. Dicho o hecho extravagante. | Nimia delicadeza de genio.

ridiculizar tr. Burlarse de una persona o cosa por las extravagancias o defectos que tiene o se le atribuyen.

ridículo, la adj. Que mueve a risa o burla por su rareza o extravagancia. | Escaso, corto, de poca estimación. | Extraño, irregular, extravagante.

riego m. Acción de regar.

riel m. Barra pequeña de metal en bruto. | Carril de una vía férrea.

rienda f. Cualquiera de las dos correas que se sujetan a la cama del freno y sirve para gobernar la caballería. Ú. m. en pl. | fig. Sujetación, continencia, moderación, circunspección. | pl. Dirección, gobierno.

riente p. a. de reír. Que ríe.

riesgo m. Contingencia o proximidad de un daño. | Cada una de las contingencias que pueden ser objetos de un contrato de seguro.

rifa f. Sorteo de una cosa entre varios por medio de billetes. | Contienda, riña.

rifar tr. Sortear una cosa entre varios por medio de billetes.

rifle m. Fusil de cañón rayado de origen estadounidense.

rigidez f. Calidad de rígido.

rígido, da adj. Inflexible. | fig. Riguroso, severo.

rigodón m. Cierto baile de figuras, especie de contradanza. | Música de este baile.

rigor m. Severidad nimia y escrupulosa. | Aspereza, dureza en el genio. | Extremo a que se lleva una cosa. | Fuerza, vehemencia. | Propiedad y precisión.

riguroso, sa adj. Áspero y acre. | Muy severo. | Austero. | Estrecho, ajustado. | Extremado, duro de soportar.

rija f. Fístula formada en el ángulo del ojo, debajo del lagrimal. I Pendencia, riña o alboroto.

rijo m. Propensión a lo sensual.

rijoso, sa adj. Pendenciero. I Lascivo.

rima f. Consonancia o consonante. I Asonancia o asonante. I Composición poética. Suele usarse en plural. I Rimero.

rimar intr. Componer en versos. I Ser una palabra asonante, o más especialmente, consonante de otra.

rimbombante p.a. de rimbombar. Que rimbomba. I adj. fig. Ostentoso, llamativo.

rimbombar intr. Retumbar, resonar mucho.

rimbombo m. Retumbo, resonancia, repercusión de un sonido.

rimero m. Conjunto de cosas puestas unas sobre otras.

rincón m. Ángulo entrante formado por el encuentro de dos paredes. I Escondrijo o lugar retirado. I Espacio pequeño. I fig. Domicilio de cada cual.

rinconada f. Ángulo entrante formado por dos casas, calles o caminos, o entre dos montes.

rinconera f. Mesita, armario o estante pequeño, generalmente de figura triangular, que se coloca en un rincón o ángulo de la habitación. I Parte de la pared comprendida entre una esquina o un rincón de la fachada y la ventana más próxima.

ring m. Cuadrilátero donde se verifican los combates de boxeo.

ringlera f. fam. Línea de cosas puestas en orden una tras otra.

rinoceronte m. Mamífero perisodáctilo.

rinofaringe f. Porción de la faringe contigua a las fosas nasales.

rinología f. Parte de la patología que estudia las enfermedades de la nariz.

rinoplastia f. Operación quirúrgica para restaurar la nariz.

rinoscopia f. Exploración de las cavidades nasales.

riña f. Pendencia.

riñón m. Cada una de las dos glándulas secretoras de la orina, situada en el vientre a uno y otro lado de la región lumbar.

río m. Corriente de agua que va a desembocar en otra, en un lago o en el mar.

ripiar tr. Enripiar. I Hablar sin tiento.

ripio m. Residuo de una cosa. I Conjunto de cascotes y otros materiales de construcción que se desechan o se utilizan para rellenar. I Palabra o frase superflua usada viciosamente para completar el verso o darle la rima requerida.

riqueza f. Abundancia de bienes, caudales y cosas preciosas; y también de cualidades o atributos excelentes.

risa f. Movimiento de la boca y del rostro, que indica alegría. I Lo que mueve a reír.

riscal m. Lugar de abundantes riscos.

risco m. Peñasco alto y escarpado de acceso difícil y peligroso.

risible adj. Capaz de reírse. I Que causa risa o es digno de risa.

risotada f. Carcajada, risa fuerte.

ríspido, da adj. Áspero, violento.

rispo, pa adj. Ríspido. I Arisco, intratable.

ristra f. Trenza de ajos o cebollas formadas con sus tallos. I fig. Conjunto de ciertas cosas colocadas unas tras otras.

ristre m. Hierro donde se afianzaba la lanza, en la parte derecha del peto de la armadura.

ristrel m. Listón grueso de madera.

risueño, ña adj. Que manifiesta risa en el semblante. I Que se ríe fácilmente. I fig. Próspero, favorable.

rítmico, ca adj. Relativo al ritmo o al metro.

ritmo m. Disposición armoniosa de sonidos o de voces o de pausas en el lenguaje. I Metro o verso. I fig. Orden acompasado en la sucesión o acaecimiento de las cosas. I Proporción guardada entre los tiempos de dos movimientos diferentes.

rito m. Costumbre o ceremonia. I Conjunto de reglas establecidas para el culto y ceremonias religiosas.

ritual adj. Relativo al rito. I Díc. del libro que enseña el orden de las sagradas ceremonias y la administración de los sacramentos. Ú. t. c. s. I m. Conjunto de ritos de una religión.

ritualidad f. Observancia de las formalidades establecidas para hacer alguna cosa.

rival m. Competidor.

rivalidad f. Oposición entre quienes aspiran a obtener la misma cosa. I Enemistad.

rivalizar intr. Competir.

rivera f. Arroyo, richuelo. I Cauce por donde corre.

riza f. Rastrojo del alcacer. I Residuo del pienso de las caballerías. I Destrozo, estrago que se hace en una cosa.

rizar tr. Formar en el pelo anillo, bucles, tirabuzones, etc. I Formar el viento olas pequeñas en el mar. Ú. t. c. r. I Hacer en las telas, papel o cosa semejante dobleces menudos que forman diversas figuras. I r. Ensortijarse el pelo naturalmente

rizo, za adj. Ensortijado. I Díc. de un terciopelo áspero que forma cordoncillo. I m. Mechón de pelo ensortijado. I pl. Cada uno de los cabos que sirven para acortar las velas de las embarcaciones cuando hay mucho viento.

rizófago, ga adj. y s. Díc. del animal que se alimenta de raíces.

rizoforáceo, a adj. y s. Dic. de plantas dicotiledóneas árboles o arbustos de las regiones tropicales, con muchas raíces que cuelgan de las ramas hasta alcanzar la tierra.

rizoide adj. y s. Filamentos que en ciertas plantas, como las algas y los musgos, hacen las veces de raíces.

rizoma m. Tallo horizontal y subterráneo de ciertas plantas.

rizópodo adj. y s. Díc. del animal protozoario cuyo cuerpo es capaz de emitir seudópodos.

rizoso, sa adj. Díc. del pelo que tiende a rizarse naturalmente.

ro Voz que se usa repetida para arrullar a los niños.

roano, na adj. Díc. del caballo o yegua de pelo mezclado de blanco, gris y bayo.

rob m. Arrope o zumo de una fruta, mezclado con miel o azúcar cocido.

robar tr. Apoderarse de lo ajeno con violencia o intimidación en las personas o fuerza en las cosas. I Tomar para sí lo ajeno, o hurtar de cualquier modo que sea.

robín m. Orín, herrumbre.

robla f. Tributo que los ganaderos trashumantes pagaban, sobre el arriendo, al dejar los pastos.

roblar tr. Remachar o doblar una pieza de hierro, la punta de un clavo, etc.

roble m. Árbol fagáceo, muy alto, que produce bellotas amargas, y cuya madera es muy dura y resistente. I Madera de este árbol. I fig. Persona o cosa muy fuerte y resistente.

robledal m. Robledo muy extenso.

robledo m. Sitio poblado de robles.

roblón m. Clavija de hierro o de otro metal cuya punta se remacha. I Lomo que en el tejado forman las tejas por su parte convexa.

robo m. Acción de robar. I Cosa robada. I Número de naipes tomados en ciertos juegos. I Delito que comete la persona que roba o se apodera de lo ajeno con violencia, intimidación o fuerza.

robot m. Ingenio electrónico que puede ejecutar automáticamente operaciones o movimientos muy varios. l Autómata.

robustecer tr. y r. Dar robustez.

robustez f. Calidad de robusto.

robusto, ta adj. Fuerte, vigoroso.

roca f. Piedra muy dura y sólida. l Peñasco que se alza en la tierra o en el mar. l fig. Cosa muy dura, firme y constante.

rocada f. Copo de materia textil que se pone en la rueca.

rochar tr. Sorprender a alguien en algo ilícito.

rociada f. Acción de rociar. l Rocío.

rociar intr. Caer el rocío o la lluvia menuda. l r. Esparcir un líquido en gotas menudas.

rocín m. Caballo de mal aspecto y poca alzada. l Caballo de trabajo. l fig. Hombre tosco, ignorante y grosero.

rocío m. Vapor de agua atmosférico que por la noche se condensa en gotas muy menudas, sobre la tierra o sobre las plantas.

rococó m. Díc. del estilo barroco que estuvo muy en boga en Francia en el s. XVIII.

rocoso, sa adj. Roqueño, abundante en rocas.

rocote Planta y fruto de una especie de ají grande de la familia de las solanáceas.

roda f. Pieza gruesa y curva que forma la proa de la embarcación.

rodaballo m. Pez marino teleósteo.

rodada f. Señal que deja la rueda en la tierra por donde pasa.

rodado, da adj. Aplícase a la bestia caballar cuyo pelo tiene manchas oscuras y por lo común redondas. l Díc. de la piedra o canto que se alisa a fuerza de rodar a impulsos de las aguas

rodaja f. Pieza circular y plana de cualquier materia.

rodaje m. Conjunto de ruedas. l Acción y efecto de rodar una película cinematográfica. l Operación que consiste en hacer funcionar a poca velocidad un motor de explosión, cuando es nuevo, para conseguir el perfecto ajuste y pulimento de sus piezas móviles.

rodamiento m. Cojinete formado por dos cilindros concéntricos, entre los que se intercala una corona de bolas o rodillos que pueden girar libremente.

rodar intr. Dar vueltas un cuerpo alrededor de su eje. l Moverse algo por medio de ruedas. l Caer dando vueltas por una pendiente. l No tener una cosa sitio fijo. l fig. Ir vagando de un lado a otro. l fig. Suceder unas cosas a otras. l tr. Impresionar una película cinematográfica.

rodear intr. Andar alrededor. l Ir por camino más largo que el usual. l fig. Usar de circunloquios para decir una cosa. l Cercar una cosa. l Hacer dar vueltas a una cosa.

rodela f. Escudo redondo que usaban para defender el pecho los que peleaban con espada.

rodeo m. Acción de rodear. l Camino más largo que el ordinario o usual.

rodera f. Carril, rodada. l Camino abierto por el paso de los carros a través de los campos. l Rueda encajada en el eje sin mover la rueda de hierro en el cubo.

rodete m. Rosca que se hacen las mujeres con las trenzas del pelo, en la cabeza. l Rosca de paño, esparto, etc., que se pone en la cabeza para llevar sobre ella un peso.

rodezno m. Rueda hidráulica de paletas curvas y eje vertical. l Rueda dentada que engrana con la que mueve la rueda de la tahona.

rodilla f. Conjunto de partes que forman la articulación del muslo con la pierna.

rodillera f. Cosa que se pone para abrigo, defensa o adorno de la rodilla. l Remiendo que se echa a la ropa en la parte de las rodillas.

rodillo Cilindro fuerte de madera que se hace rodar por el suelo para llevar sobre el una cosa de mucho peso.

rodio m. Metal blanco y duro. Se obtiene de los residuos de purificación del platino y se utiliza en recubrimientos electrolíticos y aleaciones especiales.

rododendro m. Arbolito ericáceo, propio de las regiones montañosas del hemisferio boreal que se cultiva como planta de adorno.

rodrigar tr. Poner rodrigones a las plantas.

rodrigón m. Vara o caña que se clava al pie de una planta y sirve para sostener los tallos y ramas. l fig. Criado anciano que acompañaba a las damas.

roedor, ra adj. Que roe. l Díc. de los mamíferos unguiculados, con dos incisivos largos y fuertes en cada mandíbula que les dan gran facilidad para roer.

roedura f. Acción de roer. l Porción que royendo se corta de una cosa.

roentgenio m. Unidad electrostática cegesimal del poder ionizante con relación al aire. Se emplea en las aplicaciones terapéuticas de los rayos X.

roer tr. Cortar muy menudamente con los dientes parte de una cosa dura. l Comerse las abejas la realera o maestril después de haberlo cerrado. l Quitar poco a poco con los dientes la carne pegada a un hueso.

rogar tr. Pedir por gracia una cosa. l Instar con súplicas.

rogativa f. Oración pública que se hace para pedir a Dios el remedio de una grave necesidad.

rogativo, va adj. Que incluye ruego o súplica.

roído, da p. p. de roer. l adj. fig. Corto, mezquino y dado con miseria y tacañería.

rojal adj. Que tira a rojo. Aplícase a tierras, plantas y semillas.

rojear intr. Tirar a rojo. l Mostrar una cosa el color rojo que en sí tiene.

rojez f. Calidad de rojo.

rojizo, za adj. Que tira a rojo

rojo, ja adj. Encarnado muy vivo. Es el primer color del espectro solar. Ú. t. c. s. l Aplícase al pelo muy encendido y casi colorado.

rojura f. Rojez.

rol m. Lista, nómina. l Licencia a modo de pasaporte, que se otorga al capitán o patrón de un buque, y en la cual consta la lista de la marinería.

roldana f. Rodaja por donde corre la cuerda de una garrucha.

rolde m. Rueda, círculo o corro de personas o cosas.

rolla f. Trenza de espadaña formada con pellejo, que se pone en el yugo para que éste se adapte bien a las colleras.

rollar tr. Arrollar, envolver una cosa en sí misma.

rollizo, za adj. Redondo, en forma de rollo. l Robusto y grueso. l m. Madero en rollo.

rollo m. Cosa cilíndrica. l Cilindro que se usa para labrar en ciertos oficios. l Porción de papel, tela, etc., que se tiene enrollada en forma cilíndrica. l Película fotográfica enrollada en forma cilíndrica. l fig. Discurso o relato enfadoso, prolijo e impertinente

romana f. Instrumento para pesar, compuesto de una palanca de brazos muy desiguales, con el fiel sobre el punto de apoyo, y un pilón que corre a lo largo del brazo mayor donde se halla trazada la escala.

romance adj. Aplícase a cada una de las lenguas modernas derivadas del latín, como el español, el italiano y el francés. Ú. t. c. s. m. l m. Idioma español. l Novela o libro de caballerías. l Combinación métrica consistente en asonantar lodos los versos pares y en no rimar los impares.

romancear tr. Traducir al romance. l Explicar con otras voces la oración castellana para ponerla en latín.

romancero, ra m. y f. Persona que canta romances. | Colección de romances.

románico, ca adj. Díc. del estilo arquitectónico derivado directamente del arte romano y caracterizado por el empleo de arcos de medio punto, bóvedas en cañon seguido, columnas resaltadas en los machones, y molduras robustas. | Neolatino.

romanticismo m. Escuela literaria de la primera mitad del s. XIX, extremadamente individualista y que prescindía de las reglas o preceptos tenidos por clásicos.

romántico, ca adj. Relativo al romanticismo. | Díc. del escritor que da a sus obras el carácter del romanticismo. | Partidario del romanticismo.| Sentimental, generoso, fantástico.

romanza f. Aria que suele ser de carácter sencillo y tierno. | Composición musical del mismo carácter.

rombal adj. De figura de rombo.

rombo m. Paralelogramo que tiene sus cuatro lados iguales. | Rodaballo, pez.

romboedro m. Prisma oblicuo de bases y caras rombales.

romboide m. Paralelogramo que tiene los lados contiguos desiguales y dos ángulos mayores que los otros dos.

romeral m. Sitio poblado de romeros.

romería f. Peregrinación que se hace a un santuario.

romero, ra adj. y s. Díc. del peregrino que va en romería. | m. Planta labiada, aromática, de flores azuladas y fruto seco, con cuatro semillas menudas.

romo, ma adj. Obtuso y sin punta. | De nariz chica y poco puntiaguda.

rompecabezas m. Arma ofensiva compuesta de dos bolas metálicas sujetas a los extremos de un mango corto y flexible. | fig. y fam. Problema o acertijo de difícil solución.

rompehielos m. Espolón que tienen ciertos barcos para abrirse paso entre los hielos, y también el barco dispuesto para ellos.

rompeolas m. Dique avanzado en el mar, que suele construirse a la entrada de los puertos para procurarles abrigo, impidiendo que penetre en ellos el oleaje.

romper tr. Separar y desunir con más o menos violencia las partes de un todo. Ú. t. c. r. | Quebrar una cosa o hacerla pedazos. Ú. t. c. r. | Gastar, destrozar. Ú. t. c. r. | Desbaratar un cuerpo de gente armada. | Hacer una abertura en un cuerpo o causaría hiriéndolo. Ú. t. c. r. | Roturar.

rompiente p. a. de romper. Que rompe. | m. Escollo, bajío, costa u otro lugar donde choca, rompe y se levanta el agua del mar o de un río.

ron m. Licor alcohólico que se obtiene de la destilación de una mezcla de melaza y zumo de la caña de azúcar.

ronca f. Grito que da el gamo cuando está en celo.

roncar intr. Hacer ruido bronco con el resuello cuando se duerme. | Gritar el gamo llamando a la hembra.

roncear intr. Retardar la ejecución de una cosa..

roncha f. Bultillo que se eleva en el cuerpo, por lo común después de una picadura. | Cardenal, equimosis.

ronco, ca adj. Que padece ronquera. | Díc. de la voz o del sonido áspero y bronco.

ronda f. Acción de rondar. | Grupo de personas que andan rondando. | Reunión nocturna de mozos para tocar y cantar por las calles. | Camino que rodea los muros de un pueblo.

rondalla f. Patraña, conseja. | Ronda de mozos que de noche tocan y cantan por las calles.

rondar intr. Andar de noche vigilando para impedir desórdenes en una población. Ú. t. c. tr. | Andar de noche paseando por las calles. Ú. t. c. tr. | Pasear los mozos las calles donde viven las mozas a quienes galantean. Ú. t. c. tr. | Visitar los puestos de una plaza fuerte o campamento

para inspeccionar el servicio. | tr. fig. Dar vueltas alrededor de una cosa.

rondín m. Ronda que hace un cabo de escuadra para vigilar los centinelas.

rondó m. Composición musical cuyo tema se repite varias veces.

ronquedad f. Bronquedad de laringe, que hace bronco y poco sonoro el timbre de la voz.

ronquera f. Afección de la voz o del sonido.

ronquido m. Ruido o sonido bronco que se hace roncando. | fig. Ruido o sonido bronco en general.

ronronear intr. Producir el gato cierto ronquido en señal de agrado.

ronroneo m. Acción de ronronear.

ronzal m. Cuerda que se pone a las caballerías al pescuezo o a la cabeza, para atarlas o conducirlas.

ronzar tr. Mascar o comer cosas duras quebrantándolas con ruido. | Mover alguna cosa pesada ladeándola por medio de palancas.

roña f. Sarna de las reses. | Suciedad pegada fuertemente. | Corteza del pino. | fig. Roñería. | m. fig. Persona tacaña, roñosa.

roñería f. Mezquindad, tacañería.

roñoso, sa adj. Que tiene roña. | Puerco, sucio. | Oxidado o cubierto de orín. | fig. Mezquino, tacaño.

ropa f. Cualquier tejido, que con variedad de hechuras, sirve para el uso o adorno de las personas o las cosas. | Cualquier prenda de tela que sirve para vestir. | Vestidura de alguna autoridad.

ropaje m. Vestido con que se cubre y adorna el cuerpo. | Vestidura vistosa y de autoridad. | Conjunto de ropas.

ropavejero, ra m. y f. Persona que vende ropas viejas y otros objetos usados.

ropería f. Oficio y tienda de ropero. | Habitación donde se guarda la ropa de una comunidad. | Empleo de guardar la ropa y cuidar de ella.

ropero, ra m. y f. Persona que vende ropa hecha. | Persona que cuida la ropa de una comunidad. | m. Armario o pieza para guardar ropa.

ropón m. aum. de ropa. | Ropa larga que suele ponerse suelta sobre los demás vestidos.

roque m. Torre del juego del ajedrez.

roquete m. Vestidura litúrgica de los obispos. | Es una sobrepelliz cerrada y con mangas cortas.

rorcual m. Especie de ballena grande, de cabeza aplastada, mandíbula inferior redonda y prominente, y una aleta adiposa en el lomo.

rorro m. fam. Niño pequeñito.

ros m. Chacó pequeño, de fieltro y más alto por delante que por detrás.

rosa f. Flor del rosal, de hermoso aspecto, suavísima fragancia, y color encarnado puro subido, modificable con el cultivo. | Cualquier cosa hecha o formada con alguna semejanza a dicha flor. | Diamante que está labrado por la haz y queda plano por el envés. | m. Color encarnado poco subido.

rosáceo, a adj. De color parecido al de la rosa. | Díc. de plantas angiospermas dicotiledóneas, como el rosal, la fresa y el manzano.

rosado, da adj. De color de rosa. | Compuesto de rosas.

rosal m. Arbusto rosáceo de tallos ramosos y con aguijones, hojas compuestas y flores terminales, que se cultiva en los jardines.

rosaleda f. Sitio poblado de rosales.

rosario m. Rezo en que se conmemoran los quince misterios de la Virgen. | Sarta de cuentas, separadas de diez en diez, que sirve para hacer ordenadamente este rezo.

rosbif m. Carne de vaca soasada.

rosca f. Máquina que consta de tornillo y tuerca. | Cualquier cosa redonda y rolliza que, al cerrarse, toma forma circular u oval y con un espacio vacío en medio. | Pan o bollo de esta forma. | Vuelta circular o espiral de una cosa.

roscar tr. Labrar las espiras de un tornillo.

rosco m. fig. y fam. Roscón o rosca de pan.

roseta f. dim. de rosa. | Costra rosácea de cobre puro, que se forma en la pilas de los hornos de afino, echando agua fría sobre el metal fundido. | pl. Granos de maíz que al tostarse se abren en forma de flor.

rosetón m. aum. de roseta. | Ventana circular calada, con adornos. | Adorno circular que se pone en los techos.

rosicler m. Color rosado claro de la aurora. | *Miner.* Pirargirita.

rosillo, lla adj. Rojo claro.

rosmarino m. Romero, planta.

roso adj. Raído, sin pelo.

rosquilla f. Especie de masa dulce y delicada, formada en figura de rosca pequeña.

rostir tr. Asar o tostar.

rostrado, da adj. Que termina en punta parecida al pico del pájaro o al espolón de la nave. | Díc. de la corona naval que se daba al soldado que saltaba primero armado en la nave enemiga.

rostral adj. Rostrado.

rostro m. Pico del ave o cosa parecida a él. | Cara, semblante.

rota f. Derrota, rumbo de la nave.

rotación f. Acción de rodar. | Movimiento de giro de los astros alrededor de su eje. | Sistema de siembras alternativas, a fin de evitar que el terreno se agote en la alimentación de una especie vegetal exclusivamente.

rotario, ria adj. Díc. del individuo afiliado al rotarismo o partidario de él. Ú. t. c. s. | Perteneciente o relativo al rotarismo.

rotativo, a adj. Díc. de la máquina de imprimir en la que la composición se dispone en forma de cilindro, y que con movimiento seguido, y a gran velocidad, imprime los ejemplares. | f. La misma máquina. | m. Periódico impreso en una de estas máquinas.

rotífero, ra adj. y s. Díc. de ciertos gusanos que tienen en la extremidad del cuerpo un aparato vibrátil casi siempre retráctil.

roto, ta p. p. irreg. de romper. | adj. y s. Andrajoso, harapiento.

rotonda f. Edificio o sala de planta circular. | Plaza circular.

rotor m. Parte giratoria de una máquina electromagnética. | Conjunto del mecanismo y aspas que sirven de sustentación a los autogiros y helicópteros.

rótula f. Cada uno de los trocitos en que se divide una masa medicinal | Hueso en la parte anterior de la articulación de la tibia con el fémur.

rotular adj. Que pertenece o se refiere a la rótula. | tr. Poner un rótulo a alguna cosa o en alguna parte.

rotulista com. Persona que tiene por oficio trazar rótulos.

rótulo m. Título, nombre, inscripción, letrero. | Cartel o aviso que se fija en lugar público.

rotundo, da adj. Redondo. | fig. Díc. del lenguaje lleno y sonoro. | fig. Claro y preciso; terminante.

rotura f. Rompimiento.

roturar tr. Arar por primera vez terrenos para cultivarlos.

roya f. Honguillo a modo de polvo amarillento, parásito de varios cereales y de otras plantas.

rozadura f. Acción y efecto de rozar o ludir una cosa con otra. | Enfermedad de los árboles, consistente en formarse una capa de madera mala y que se descompone fácilmente. | Herida muy superficial en la piel.

rozagante adj. Aplicase a la vestidura vistosa y muy larga. | fig. Vistoso, ufano.

rozamiento m. Roce. | fig. Disgusto leve entre dos o más personas o entidades. | Resistencia de un cuerpo a rodar o deslizarse sobre otro.

rozar tr. Limpiar las tierras de maleza antes de labrarlas. | Cortar los animales con los dientes la hierba para comerla. | Cortar leña menuda o hierba para aprovecharse de ella. | Raer la superfie de una cosa. | intr. Pasar una cosa tocando o frotando ligeramente la superficie de otra. | r. Tropezarse o herirse un pie con otro. | fig. Tratarse mucho dos o más personas.

roznar intr. Comer haciendo ruido. | Rebuznar.

rozno m. Borrico.

rúa f. Calle de un pueblo. | Camino carretero.

ruana f. Poncho o capote de monte.

ruano, na adj. Que está en rueda o que la hace. | Roano.

ruar intr. Pasear. | Pasear la calle sin otro fin que el de cortejar y obsequiar a las damas.

rúbeo, a adj. Que tira a rojo.

rubeola f. Enfermedad infectocontagiosa de etiología vírica, caracterizada por una erupción semejante a la del sarampión acompañada de infartos ganglionares.

rubí m. Aluminato de magnesio que cristaliza en octaedros de color rojo y brillo intenso. Es una variedad de espinela muy estimada como piedra preciosa.

rubia f. Planta rubiácea, espinosa, de flores amarillentas, con cuya raíz se prepara una sustancia colorante roja muy usada en tintorería. | Raíz de esta planta.

rubiáceo, a adj. y s. Díc. de plantas angiospermas dicotiledóneas, como el café. | f. pl. Familia de estas plantas.

rubicundez t. Calidad de rubicundo. | Color rojo de origen morboso, que se presenta en la piel y en las membranas mucosas.

rubicundo, da adj. Rubio que tira a rojo. | Que tiene buen color y parece gozar de buena salud.

rubidio m. Metal alcalino, blando, ligero y de bajo punto de fusión.

rubificar tr. Poner colorada o teñir de color rojo una cosa.

rubín m. Rubí.

rubio, bia adj. De color rojo claro o de color oro.

rublo m. Unidad monetaria de la antiguaUnión Soviética.

rubor m. Color encarnado muy vivo o encendido. | Color que con la vergüenza sube al rostro y lo pone muy encendido. | Empacho, timidez, vergüenza.

ruboroso, sa adj. Que tiene rubor.

rúbrica f. Rasgo o conjunto de rasgos que cada cual pone, al firmar, después de su nombre o título.

rubricar tr. Poner uno su rúbrica en un documento. | Suscribir, firmar y sellar un documento. | fig. Suscribir o dar fe de una cosa.

ruca f. Planta silvestre crucífera.

rucio, cia adj. Díc de las bestias de color pardo claro, blanquecino o carnoso. Ú. t. c. s. | fam. Aplícase a la persona entrecana.

ruda f. Planta rutácea que se usa en medicina.

rudeza f. Calidad de rudo.

rudimental m. Relativo al rudimento o a los rudimentos.

rudimentario, ria adj. Rudimental.

rudimento m. Embrión o germen de un ser orgánico. | Parte imperfectamente desarrollada de un ser orgánico. | pl. Primeros estudios de una ciencia o arte.

rudo, da adj. Tosco, basto, falto de pulimento. | Que no se ajusta a las reglas del arte. | Que tiene gran dificultad para aprender. | Descortés, áspero, grosero.

rueca f. Instrumento compuesto de una vara delgada con un rocadero en el extremo superior, y que sirve para hilar. | fig. Vuelta o torcimiento de alguna cosa.

rueda f. Máquina elemental de figura circular y de poco grueso respecto a su radio, que puede girar sobre un eje. | Círculo o corro de personas o cosas. | Signo rodado. | Turno, vez, orden. |Muela de molino. | Coloquio de una personalidad con varios periodistas. | La que mueve el volante de cierto tipo de relojes.

ruedo m. Acción de rodar. | Cosa colocada alrededor de otra y como formando parte de ella. | Estera pequeña y redonda. | Círculo o circunferencia de una cosa. | Redondel de la plaza de toros.

ruego m. Súplica, petición.

rufián m. Traficante de mujeres públicas. | fig. Hombre despreciable.

rufo m. Rufián.

ruga f. Ruca, planta.

rugby m. Juego entre dos equipos de 15 jugadores cada uno; se utiliza un balón ovoide que los jugadores pueden coger y correr con él.

rugido m. Voz del león. | fig. Grito del hombre furioso. | fig. Estruendo, retumbo. | fig. Ruido que hacen las tripas.

ruginoso, sa adj. Mohoso.

rugir intr. Bramar el león. | fig. Bramar una persona indignada.

rugosidad f. Calidad de rugoso. | Arruga.

rugoso, sa adj. Que tiene arrugas, que está arrugado.

ruibarbo m. Planta poligonácea cuya raíz se usa en medicina.

ruido m. Sonido inarticulado y confuso.

ruidoso, sa adj. Que causa mucho ruido. | fig. Díc. del acto o lance de que se habla mucho.

ruin adj. Vil, bajo y despreciable. | Pequeño, desmedrado. | Mezquino, tacaño.

ruina f. Acción de caer o destruirse alguna cosa. | fig. Pérdida grande de los bienes de fortuna. | fig. Destrozo, decadencia y caimiento de una persona, familia o colectividad. | fig. Causa de esta caída, decadencia o perdición. | pl. Restos de edificios arruinados.

ruindad f. Calidad de ruin.

ruipnóptico m. Planta vivaz poligonácea.

ruiseñor m. Pájaro dentirrostro, de cuerpo esbelto, que canta melodiosamente y habita en las arboledas y lugares frescos y sombríos.

rula f. Juego semejante a la chueca.

rular int. Rodar.

rulé m. fam. trasero, culo.

ruleta f. Juego de azar consistente en una rueda giratoria dividida en 36 casillas numeradas y una bola que gira en sentido contrario y que, al caer en una de las casillas, marca el número que gana.

rulero m. Rulo, cilindro para rizar el pelo.

ruletero m. Dueño o explotador de una ruleta en las ferias.

rulo m. Bola gruesa u otra cosa redonda que rueda fácilmente. | Piedra de forma de cono truncado, que gira alrededor del árbol del alfarje en los molinos de aceite. | Rodillo para allanar la tierra.

rumba f. Cierto baile popular cubano, y su tañido.

rumbear tr. Orientarse, tomar el rumbo. | Bailar la rumba.

rumbo m. Dirección trazada en el plano del horizonte, y particularmente cualquiera de las de la rosa náutica. | Camino que uno se propone seguir en aquello que le interesa.

rumbón, na adj. Rumboso, desprendido

rumboso, sa adj. Pomposo, magnífico. | fam. Desprendido, dadivoso.

rumí m. Nombre dado por los moros a los cristianos.

rumiante p.a. de rumiar. Que rumia. | adj. y s. Díc. de los mamíferos patihendidos, que se alimentan de vegetales, carecen de dientes incisivos en la mandíbula superior y tienen el estómago dividido en cuatro cavidades. | m. pl. Orden de estos animales.

rumiar tr. Masticar nuevamente ciertos animales, volviéndolo a la boca, el alimento que ya estuvo en el depósito que tienen a este efecto. | fig. Rezongar, refunfuñar.

rumor m. Voz que corre entre el público. | Ruido confuso de voces. | Ruido sordo o confuso y continuado.

rumorearse impres. Correr un rumor entre la gente.

rumpiata f. Cierto arbusto sapindáceo.

runa f. Cualquiera de los caracteres que los antiguos escandinavos empleaban en la escritura.

runfla f. Serie de cosas de una misma especie. | Desorden. confusión | Grupo de personas. |Cierto juego de naipes.

ruñar tr. Labrar por dentro la cavidad o muesca circular en que se encajan las tiestas de los toneles o cubas.

rupestre adj. Díc. de algunas cosas pertenecientes o relativas a las rocas, y especialmente de las pinturas y dibujos prehistóricos existentes en rocas y cavernas.

rupia f. Moneda de algunos países asiáticos.

rupícola adj. Que se cría en las rocas.

ruptor m. Dispositivo electromagnético o mecánico que cierra y abre sucesivamente un circuito eléctrico.

ruptura f. Rompimiento, desavenencia, riña.

rural adj. Perteneciente o relativo al campo y a las labores de él. | fig. Inculto, tosco, apegado a cosas lugareñas.

rusco m. Brusco, planta esmilácea.

rusel m. Tejido de lana.

rusiente adj. Que se pone rojo o candente con el fuego.

rusticar intr. Salir al campo o habitar en él.

rústico, ca adj. Relativo al campo. | fig. Tosco, grosero. | m. Hombre del campo.

rustir tr. Asar, tostar.

rustrir tr. Tostar el pan, y majarlo después. |Comer con avidez.

ruta f. Derrota o itinerario de un viaje.

rutáceo, a adj. y s. Díc. de plantas dicotiledóneas, herbáceas o leñosas, con hojas provistas de glándulas que segregan sustancias muy olorosas, como la ruda y el naranjo. | f. pl. Familia de estas plantas.

rutenio m. Metal blanco, duro y difícilmente fusible.

rutilancia f. Brillo rutilante.

rutilar intr. poét. Brillar como el oro, o resplandecer.

rútilo adj. De color rubio subido, o de brillo como de oro; resplandeciente.

rutina f. Costumbre inveterada o hábito de hacer las cosas por mera práctica y sin detenerse a razonarlas.

rutinario, ria adj. Que se hace por rutina.

rutinero m. Que ejerce un arte u oficio, o procede en cualquier asunto por mera rutina.

ruzafa f. Jardín, parque.

S

s f. Vigésima letra y decimosexta consonante del abecedario español. Su nombre es ese.

sábado m. Sexto día de la semana.

sábalo m. Pez marino teleósteo, parecido al arenque.

sabana f. Llanura sin vegetación arbórea importante, aunque cubierta de hierba y matorrales de hasta cuatro metros de alto.

sábana f. Cualquier de las dos piezas de telas con que se cubre la cama y entre las cuales se coloca el cuerpo.

sabandija f. Cualquier insecto o reptil pequeño.

sabanear intr. Recorrer la sabana para buscar y reunir el ganado.

sabañón m. Inflamación o ulceración de la piel, especialmente de las manos, orejas y pies, causada por insuficiencias circulatorias y el frío excesivo.

sabático, ca adj. Relativo al sábado.

sabatina f. Oficio divino propio del sábado.

sabatismo m. Descanso, después del trabajo. I Acción de guardar el sábado.

sabedor, ra adj. Instruido o noticioso de una cosa.

sabelotodo com. fam. Sabidillo, persona que pretende saberlo todo sobre cualesquiera cosas de las que se esté hablando.

saber m. Sabiduría (conocimiento profundo en ciencias, letra o artes) I tr. Conocer una cosa, o tener noticia de ella. I Ser docto en alguna cosa. I Tener habilidad para una cosa, o estar instruido en ella. I intr. Ser muy sagaz y advertido.

sabidillo, lla adj. y s. despect. Que presume de entendido y docto sin serlo o sin venir a cuento.

sabiduría f. Conducta prudente en la vida y en los negocios. I Conocimiento profundo en ciencias, letras o artes.

sabihondo, da adj. y s. fam. Que presume de sabio sin serlo.

sabina f. Arbusto o arbolillo conífero.

sabio, bia adj. Díc. de la persona que posee la sabiduría.

sablazo m. Golpe dado con el sable, y herida que resulta de este golpe. I fig. Acción de sacar dinero a uno con algún pretexto.

sable m. Arma parecida a la espada, pero dotada de filo en sólo uno de sus bordes y generalmente algo corva.

saboneta f. Reloj de bolsillo con tapas.

sabor m. Efecto que en el sentido del gusto producen algunas cosas.

saborear tr. Dar sabor o gusto a las cosas. I Percibir despacio y con deleite el sabor de una cosa que se come o bebe.

sabotaje m. Daño o deterioro que en la maquinaria, productos, etc., se hace como procedimiento de lucha contra los patronos, contra el Estado o contra las fuerzas de ocupación en conflictos sociales o políticos.

saboteo m. Sabotaje.

sabroso, sa adj. Sazonado y grato al paladar. I Delicioso, gustoso, deleitable al ánimo. I fam. Ligeramente salado.

sabuco m. Saúco.

sabueso, sa adj. y s. Díc del perro que es variedad del podenco, algo mayor que el común y de olfato muy fino.

saburra f. Secreción mucosa espesa que se acumula en las paredes del estómago. I Capa blanquecina de la lengua, que indica existencia de esta acumulación.

saburroso, sa adj. Que indica la existencia de saburra gástrica.

saca f. Acción de sacar. I Exportación. I Costal muy grande de tela fuerte.

sacabocados m. Instrumento de boca hueca y cortes afilados que sirve para perforar láminas extrayendo la parte de ellas que corresponde a la boca y dejando un hueco que sigue la forma de los cortes del instrumento.

sacacorchos m. Instrumento que sirve para descorchar los frascos y botellas.

sacacuartos m. fam. Saca dinero.

sacamuelas com. Persona que saca muelas. I fig. Dentista torpe. I fam. Embaucador, charlatán.

sacapuntas m. Afilalápices.

sacar tr. Poner una cosa fuera del lugar donde estaba encerrada o contenida. I Quitar, apartar a una persona o cosa del sitio o condición en que se halla. I Averiguar, resolver una cosa por medio del estudio. I Descubrir, hallar por señales e indicios. I Hacer con fuerza o con maña que uno diga o haga una cosa. I Extraer de una cosa alguna de las partes o sustancias que la constituyen.

sacarificar tr. Convertir en azúcar una sustancia sacarígena.

sacarígeno, na adj. Díc. de la sustancia capaz de convertirse en azúcar mediante la hidratación; como las féculas y la celulosa.

sacarímetro m. Instrumento que sirve para determinar la proporción de azúcar que existe en un líquido.

sacarina f. Sustancia blanca, pulverulentar, constituida por la amida del ácido ortosulfobenzoico. Tiene la propiedad de endulzar de 200 a 700 veces más que el azúcar.

sacarosa f. Nombre científico del azúcar común, o sea del que se extrae de la caña dulce o de la remolacha.

sacerdocio m. Dignidad y estado de sacerdote. I Ejercicio y ministerio propio del sacerdote.

sacerdote m. Hombre consagrado a algún culto divino, ungido y ordenado para celebrar oficios a una divinidad.

sacerdotisa m. Mujer que ejerce el sacerdocio.

sachar tr. Escardar, limpiar de malezas la tierra sembrada.

saciable adj. Que se puede saciar.

saciar tr. y r. Satisfacer en toda la abundancia necesaria la necesidad o el deseo de comida o de bebida. I Satisfacer completamente algún deseo.

saciedad f. Sensación de haber dado satisfacción completa a un deseo o necesidad.

saco m. Receptáculo a modo de bolsa grande, de tela o cuero, que está abierto por un extremo.

sacra f. Cada una de las tres tablillas que se suelen poner en el altar para que el sacerdote pueda leer algunas oraciones.

sacralizar tr. Dar el carácter de sacro a algo que antes no lo tenía.

sacramentar tr. Aplicar los sacramentos.

sacramento m. Ritual religioso por el cual la divinidad otorga dones o virtudes especiales a personas, lugares u objetos.

sacrificar tr. Hacer sacrificios; ofrecer o dar una cosa en reconocimiento de la divinidad. I Matar, degollar las reses para el consumo.

sacrificio m. Ofrenda que se hace a una deidad. I Acto del sacerdote al ofrecer en la misa el cuerpo de Cristo bajo las especies de pan y vino. I fig. Acción a que uno se sujeta resignadamente por necesidad o abnegación.

373

salegar

sacrilegio m. Violación o profanación de cosa, persona o lugar sagrado.

sacrílego, ga adj. Que comete sacrilegio o lo contiene.

sacristán m. El que ayuda al sacerdote en el servicio del altar y cuida de las cosas sagradas. I Dignidad eclesiástica que hay en algunas iglesias.

sacristía f. Lugar en las iglesias, donde se revisten los sacerdotes y se guardan las cosas del culto. I Sacristanía, empleo de sacristán.

sacro, cra adj. Sagrado. I Díc. del hueso del espinazo, formado por cinco vértebras entre la región lumbar y el cóccix.

sacrosanto, ta adj. Que es a la vez sagrado y santo

sacudida f. Sacudimiento.

sacudimiento m. Acción de sacudir o sacudirse.

sacudir tr. Mover con violencia una cosa a un lado y a otro Ú. t. c. r. I Golpear una cosa o agitarla con violencia en el aire para limpiarla. I Castigar con golpes.

sacudón m. Sacudida violenta.

sádico, ca adj. y s. Relativo al sadismo.

sadismo m. Lubricidad acompañada de barbarie o crueldad refinada. I fig. vulg. Deseo anormal de ejecutar crueldades.

saeta f. Arma arrojadiza que se dispara con arco y consiste en un asta delgada con un punta afilada y, a veces, unas plumas en el otro extremo.

saetear tr. Asaetear.

saetera f. Aspillera propia para disparar saetas. I fig. Ventanilla estrecha de una escalera o de otra parte.

saetín m. dim. de saeta. I Clavito delgado y sin cabeza, que sirve para varios usos. I Canalita por donde el agua de los molinos se precipita desde la presa a la rueda hidráulica.

safari m. Caravana, en especial para una cacería, por el interior de la selva, con acompañamiento de porteadores indígenas.

safena f. Díc. de cada una de las dos venas principales que van a lo largo de la pierna, una por la parte interior y otra por la exterior.

sáfico, ca adj. Díc. del verso de la poesía clásica que se compone de once sílabas. I Relativo a Safo, poetisa de la antigua Grecia.

saga f. Hechicera. I Cualquiera de las leyendas poéticas contenidas en su mayor parte en las dos colecciones de primitivas tradiciones heroicas y mitológicas de Escandinavia, llamadas los Eddas.

sagacidad f. Calidad de sagaz.

sagaz adj. Ladino, astuto, prudente y previsor.

sagita f. Parte del diámetro perpendicular a una cuerda, comprendida entre ésta y la circunferencia.

sagital adj. De forma de saeta.

sagitario m. Saetero, arquero. I *Astr.* Noveno signo del Zodiaco.

sagrado adj. Dedicado al culto divino. I Que posee alguna relación directa con lo divino.

sagrario m. Parte del templo. I Capilla que sirve de parroquia, en algunas catedrales.

sagú m. Palmera de hojas grandes y fruto ovoide.

saguaipe adj. Parásito.

sahonarse r. Escocerse una parte del cuerpo, generalmente por rozarse con otra.

sahumado, da adj. fig. Díc. de aquello que, siendo bueno por sí resulta mejor por la adición de otra cosa.

sahumar tr. y r. Dar humo aromático a una cosa para perfumarla o para purificarla.

sahumerio m. Acción de sahumar o sahumarse. I Humo producido por una sustancia aromática que se quema para sahumar.

sai m. Mono pequeño, cébido, que vive en los bosques de Colombia.

saiga f. Mamífero cavicornio, del tamaño de un carnero grande.

saimirí m. Mono platirrino, de pequeño tamaño.

saín m. Grosura, grasa de un animal. I Aceite de la gordura de algunos peces y cetáceos.

sainar tr. Cebar a los animales.

sainete m. dim. de saín. I Pieza dramática breve y jocosa, en la que se pintan las costumbres populares.

saíno m. Mamífero paquidermo sudaméricano, parecido a un jabato de seis meses.

sajadura f. Cortadura hecha en la carne o en cualquier sustancia pulposa.

sajar tr. Hacer sajaduras.

sal f. Sustancia cristalina constituida por el cloruro de sodio, y que sirve para sazonar los manjares, para conservar las carnes muertas, y para otros muchos uso. I fig. Agudeza, chiste, donaire en el hablar. I Garbo, gracia gentileza de los ademanes.

sala f. Pieza principal de la casa, donde se reciben las visitas. I Aposento de grandes dimensiones. I Pieza donde se constituye un tribunal de justicia.

salabardo m. Saco o manga de red, colocado en un aro de hierro, que se usa para sacar la pesca de las redes grandes.

salacidad f. Lascivia, temperamento extremadamente sensual.

saladar m. Laguna en que se cuaja la sal en las marismas. I Terreno esterilizado por las sales que en él abunda.

saladería f. Industria de salar carnes o pescado.

saladero, ra adj. Relativo a la saladería. I m. Lugar destinado para salar carnes o pescado.

salado, da adj. Díc. del terreno estéril por exceso de salitre. I Aplícase a los manjares que tienen más sal de la necesaria. I fig. Gracioso, chismoso.

saladura f. Acción de salar.

salamandra f. Batracio urodelo, parecido al lagarto.

salamanquesa f. Reptil saurio, gecónido.

salame m. Cecina de cerdo adobada con pimienta y de color rojo oscuro. I adj. Infeliz.

salangana f. Pájaro parecido a la golondrina que abunda en Filipinas y otros países orientales.

salar tr. Curar con sal carnes o pescados para conservarlos. I Sazonar con sal un manjar. I Echar más sal de la necesaria. salarial adj. Perteneciente o relativo al salario.

salazón f. Acción y efecto de salar o curar las carnes y pescados. I Acopio de carnes o pescados salados. I Industria y tráfico que se hace con estas conservas.

salce m. Sauce.

salceda f. Terreno poblado de salces.

salchicha f. Embutido, en tripa delgada, de carne de cerdo bien picada y sazonada.

salchichón m. Embutido de jamón, tocino y pimienta en grano, prensado y curado, el cual se come en crudo.

salcochar tr. Cocer ligeramente un manjar sólo en agua y sal.

saldar tr. Liquidar las cuentas satisfaciendo el alcance o recibiendo el sobrante que resulta.

saldista com. Persona que compra y vende géneros procedentes de saldos y quiebras.

saldo m. Remate o finiquito de cuentas. I Acto de saldar. I Cantidad que en la liquidación de una cuenta resulta a favor o en contra de uno. I Resto de mercancías que el fabricante o el comerciante venden a bajo precio para deshacerse de ellas.

salegar m. Sitio en que se da sal al ganado en el campo. I intr. Tomar el ganado la sal que se le da.

salero m. Vaso en que se sirve sal a la mesa. | Lugar donde se guarda la sal. | Salega. | fam. Gracia y donaire.

saleroso, sa adj. fam. Que tiene salero, gracia y donaire.

salfumán m. Disolución acuosa de ácido clorhídrico impuro.

salgar tr. Dar sal a los ganados.

salgareño adj. Díc. del pino negral.

salicáceo, a adj. y s. Díc. de plantas dicotiledóneas, árboles o arbustos de hojas sencillas, flores dioicas y fruto capsular con muchas semillas; como el álamo y el sauce.

salicaria f. Planta litrácea, de tallo ramoso y prismático, hojas parecidas a las del sauce, flores purpúreas y fruto capsular.

salicílico, ca adj. Díc. de un ácido que se extrae de las flores y que se obtiene por síntesis a partir del fenol.

salicor m. Planta salsolácea, de flores verdes, que se cría en los saladares.

salida f. Acción de salir o salirse. | Parte por donde se sale. | Parte que sobresale en una cosa.

salidizo m. Parte del edificio que sobresale fuera de la pared maestra.

saliente p. a. de salir. Que sale. | Oriente (punto cardinal) | f. Salida, parte que sobresale en una cosa.

salificar tr. Convertir en sal.

salina f. Mina de sal. | Establecimiento donde se beneficia la sal de las aguas del mar o de manantiales salados.

salinero, ra adj. Relativo a la sal o a las salinas. | Díc. de quien trata en sal o la transporta.

salinidad f. Calidad de salino.

salino, na adj. Que naturalmente contiene sal.

salir intr. Pasar desde adentro afuera. Ú. t. c. r. | Partir, ir de un lugar a otro. | Librarse de un riesgo. | Libertarse, desembarazarse de alguna cosa molesta. | Aparecer, manifestarse, descubrirse. | Brotar, nacer; proceder. | Quitarse, borrarse, desaparecer las manchas.

salitre m. Nitrato de sodio o de potasio, conocido también como nitro. | Cualquier sustancia salina nitrogenada, especialmente la que aflora en tierras y paredes.

saliva f. Líquido viscoso y opalescente, rico en encimas digestivas, segregado por tres pares de glándulas, y expulsado a la cavidad bucal de los conductos correspondientes.

salivación f. Acción de salivar. | Tialismo.

salivadera f. Escupidera.

salivajo m. Espitajo, escupidura.

salivar intr. Arrojar, expeler saliva.

salivazo m. Escupitajo, escupidura.

sallar tr. Sachar.

salmear intr. Rezar o cantar los salmos.

salmo m. Cántico que contiene alabanza a Dios.

salmodia f. Canto que se usa en la iglesia, para los salmos. | fig. Canto monótono, falto de gracia y expresión.

salmodiar intr. Salmear. | tr. Cantar algo con cadencia monótona.

salmón m. Pez fisóstomo, de cuerpo rollizo, y carne rojiza y sabrosa, que en otoño sube por los ríos para desovar y luego vuelve al mar.

salmonado, da adj. Díc. de los peces cuya carne se parece a la del salmón. | De color parecido al de la carne del salmón.

salmonete m. Pez acantopterigio.

salmónido adj. y s. Díc. de peces fisóstomos que se caracterizan por tener una aleta de tejido adiposo. Viven generalmente en las aguas dulces, si bien algunas especies pasan, en ciertas épocas del año, del mar a los ríos; como la trucha y el salmón.

salmorejo m. Salsa hecha con agua, vinagre, aceite, sal y pimienta, propia para aderezar los conejos.

salmuera f. Agua cargada de sal. | Agua que sueltan las cosas saladas.

salobral adj. Salobreño. | m. Terreno salobreño.

salobre adj. Que tiene sabol de sal.

salobreño, ña adj. Díc. de la tierra que contiene en abundancia alguna sal.

saloma m. Cantinela cadenciosa con que los marineros y otros operarios suelen acompañar sus faenas para aunar el esfuerzo de todos.

salomar intr. Acompañar una faena con la saloma.

saloncillo m. dim. de salón. | En los establecimientos públicos, sala reservada para algún uso especial.

salpa f. Pez marino, acantopterigio, de cuerpo comprimido, cuya carne es poco apetecible.

salpicadero m. Tablero en el automóvil en el que se encuentran algunos mandos.

salpicadura f. Acción de salpicar.

salpicar tr. Hacer que salte un líquido esparcido en gotas menudas por choque o movimiento brusco.

salpicón m. Fiambre de carne picada, aderezado con pimienta, sal, aceite, vinagre y cebolla. | Ensalada de lechugas con pimiento verde y aceitunas, a la que se agrega carne asada o cocida, todo picado en trozos menudos. | Salpicadura.

salpimentar tr. Adobar con sal y pimienta alguna cosa para conservarla y darle mejor sabor. | fig. Amenizar, hacer sabrosa una cosa con palabras o hechos.

salpresar tr. Aderezar con sal u cosa apretándola para que se conserve.

salpullido m. Erupción cutánea de granitos, o ronchas, leve y pasajera.

salsa f. Mezcla de cosas comestibles desleídas, con que se aderezan los guisados. | fig. Cualquier cosa que excita el gusto.

salsera f. Vasija propia para servir la salsa. | Salserilla.

salserilla f. Tacita en que se mezclan algunas cosas o se ponen liquidos o colores que hay que tener a la mano.

saltabanco m. Charlatán callejero, vendedor de hierbas y elixires. | Jugador de manos, titiritero.

saltadero m. Sitio a propósito para saltar. | Cada uno de los palitos que se colocan en las jaulas de los pájaros, para que éstos se posen y salten de unos a otros.

saltador, ra adj. Que salta. | m. y f. Persona que salta por oficio; saltimbanqui. | m. Comba (cuerda que sirve de juguete para saltar)

saltamontes m. Insecto ortóptero.

saltaojos m. Planta ranunculácea de flor solitaria, grande, rosada, que se cultiva en los jardines y se ha usado en medicina como antiespasmódico.

saltar intr. Levantarse del suelo con impulso y ligereza, para dejarse caer en algún sitio. | Arrojarse desde una altura para caer de pie. | Salir un líquido con ímpetu hacia arriba.

saltarín, na adj. y s. Que danza o baila.

saltarregla f. Instrumento para trazar ángulos, compuesto por dos reglas que pueden girar alrededor de un eje.

saltatumbas m. fig. y fam. Clérigo que vive principalmente de lo que gana asistiendo a los entierros.

salteador m. El que saltea y roba en los despoblados y caminos.

saltear tr. Salir a robar en los caminos. | Sofreír un manjar a fuego vivo en manteca o aceite hirviendo.

salterio m. Instrumento musical, de figura trapezoidal y con cuerdas de tripa o metálicas tensas sobre una caja de resonancia plana, que se pulsaban con una púa o con los dedos.

saltimbanqui m. fam. Saltabanco.

salto m. Acción de saltar. l Despeñadero muy hondo. l Salto de agua. l Palpitación violenta del corazón. l fig. Omisión de una parte de un escrito, al leerlo o copiarlo. l Denominación que se aplica a diversos ejercicios,que se realizan como objeto de una prueba especial e independiente.

saltón, na adj. Que anda a saltos, o que salta mucho. l Díc. de algunas cosas, como los ojos, que sobresalen más de lo regular y parece que se salen de su sitio.

salubre adj. Saludable.

salud f. Estado en que ser orgánico ejerce normalmente todas sus funciones.

saludable adj. Que sirve para conservar o restablecer la salud. l Que goza de buena salud. l fig. Provechoso para un fin.

saludador, ra adj. Que saluda. Ú. t. c. s. l Díc. del dedo índice. l m. Persona a quien se atribuye virtud de curar las enfermedades con la saliva, el aliento, imposición de manos o ciertas fórmulas y ensalmos.

saludar tr. Hablar a una persona con cortesía, deseándole la salud, o manifestarle benevolencia y respeto al encontrarse con ella o despedirse, y también por escrito.

saludo m Acción de saludar.

salumbre f. Especie de espuma rojiza que produce la sal.

salutación f. Saludo. l Parte del sermón en que se saluda a la Virgen.

salva f. Prueba que antiguamente se hacía de la comida que se servía a los reyes y señores, para asegurar que no había ponzo. l Saludo hecho con disparos de armas de fuego.

salvación f. Acción de salvar o salvarse.

salvado, da p. p. de salvar. l m. Cáscara del grano desmenuzada por la molienda.

salvador, ra adj. y s. Que salva.

salvaguardia m. Guardia establecida para custodia de una cosa. l Papel o señal que se da a uno para que no sea molestado en lo que haga. l Custodia, amparo, garantía.

salvajada f. Dicho o hecho propio de salvajes.

salvaje adj. Díc. de las plantas silvestres y los animales que no son domésticos. l Díc. del terreno montuoso, áspero, inculto. l Natural de alguno de los países que carecen de cultura. Ú. t. c. s. l fig. Muy necio, terco, zafio o rudo. Ú. t. c. s.

salvajismo m. Modo de ser o de conducirse propio de los salvajes.

salvamanteles m. Pieza redonda por lo común, de madera, hierro u otro metal, tela, loza o cristal, que se pone sobre el mantel de las mesas para descansar en ella las fuentes, botellas, vasos, etc.

salvamento m. Acción de salvar o salvarse. l Sitio en que uno se resguarda o se pone a salvo de un peligro.

salvar tr. Librar de un riesgo o peligro; poner en seguro. Ú. t. c. r. l Evitar un riesgo, impedimento o dificultad. l Salvar o vencer un obstáculo pasando por encima o a través de él. l Exceptuar, dejar aparte, excluir una cosa de lo que se dice o hace de otras. l Recorrer la distancia que media entre dos lugares.

salvavidas m. Flotador con que los naúfragos pueden salvarse sobrenadando. l Persona experta en natación que por oficio cuida de que los bañistas no corran riesgo de ahogarse.

salve interj. que usaban los romanos para despedirse. l Interjección en castellano para saludar. l f. Oración de saludo y ruego que los católicos y ortodoxos hacen a la Virgen María.

salvedad f. Razonamiento o advertencia que sirve de excusa, limitación o descargo de lo que se va a decir o hacer.

salvia f. Planta labiada de hojas aromáticas, flores azuladas en espiga y fruto seco, que crece en los terrenos incultos.

salvo, va p. p. irreg de salvar. l adj. Ileso, indemne. l Exceptuado, omitido. l adj. Excepto, fuera de.

salvoconducto m. Documento que una autoridad expide a favor de una persona para que pueda transitar sin riesgo por el territorio de su jurisdicción. l fig. Cualquier cosa que dé seguridad o garantía.

sámara f. Fruto seco, indehiscente, con pocas semillas y pericardio extendido a modo de ala.

samario m. Uno de los elementos del grupo de las tierras raras.

sambenito m. Capotillo que se ponía a los penitentes reconciliados por la Inquisición. l Letrero que se ponía en las iglesias con el nombre y castigo de los penitenciados.

sambuca f. Antiguo instrumento músico de cuerda, parecido al arpa.

sambumbia f. Bebida fermentada que se hace en Cuba con miel de caña, agua y ají. l En México, refresco hecho de piña, agua y azúcar.

samovar m. Tetera rusa, con hornillo para calentar agua y tubo interior.

san adj. Apócope de santo.

sanable adj. Que puede ser sanado o curado.

sanar tr. Restituir al enfermo la salud. l intr. Recobrarla.

sanatorio m. Establecimiento propio para albergar enfermos que han de someterse a un tratamiento médico, quirúrgico o climatológico.

sancionar tr. Dar fuerza de ley a una disposición. l Autorizar o aprobar cualquier acto, uso o costumbre. l Aplicar una sanción o casigo.

sancochar tr. Guisar la vianda dejándola a medio cocer y sin sazonar.

sancocho m. Vianda a medio cocer. l Olla compuesta de carne, yuca, plátano y otros ingredientes.

sandalia f. Calzado consistente en una simple suela que se asegura con correas hasta la garganta del pie.

sándalo m. Planta labiada, olorosa, de hojas elípticas y flores róseas.

sandez f. Calidad de sandio. l Simpleza, despropósito, necedad.

sandía f. Planta curcubitácea. l Fruto de esta planta.

sandio adj. Necio o simple.

sandunga f. fam. Fiesta popular animada y con mucha picardía. l Sal, gracia, donaire.

sandwich m. Emparedado.

sanear tr. Garantizar el reparto o indemnización del daño futuro. l Dar condiciones de salubridad a una finca o a otra.

sangradera f. Lancota. l Vasija en que se recoge la sangre de una sangría o en la matanza la del cerdo.

sangrador m. El que se dedica a sangrar. l fig. Dar salida a los líquido contenidos en un depósito, estanque, etc.

sangradura f. Parte interior del brazo opuesta al codo. l Cisura de la vena. l fig. Salida que se da al agua de un río, canal o acequia para algún fin.

sangrar tr. Abrir una vena para sacar sangre. l fig. Dar salida a un líquido abriendo algún conducto. l Resinar. l Comenzar un renglón más adentro que los otros de la plana. l intr. Arrojar sangre. l r. Hacerse dar una sangría.

sangranza f. Sangre corrompida.

sangre f. En el hombre y en los animales vertebrados, tejido fluido que circula por el sistema vascular, de color rojo vivo en las arterias y oscuro en las venas.

sangregorda adj. Díc. de la persona excesivamente calmosa. Ú. t. c. s

sangría f. Efecto de sangrar. l Sangradura (parte del brazo opuesta al codo, y también la salida que se da a las aguas de un río o acequia). I Incisión que se hace en el tronco de un árbol para que fluya la resina. I fig. Bebida refrescante compuesta de agua azucarada, vino y limón. I Acción de sangrar.

sangriento, ta adj. Que echa sangre. I Que está teñido de sangre o mezclado con ella. I Sanguinario. I Que causa efusión de sangre. I fig. Que ofende gravemente. I poét. De color de sangre.

sanguaza f. Sangraza. I fig. Líquido de color rojizo que sale de algunas legumbres o frutas.

sanguificación fig. Función fisiológica que consiste en la oxidación de la hemoglobina, convirtiéndose así la sangre venosa en arteria.

sanguificar tr. Hacer que se críe sangre

sanguijuela f. Anélido muy contráctil, que tiene boca chupadora, y se alimenta con la sangre que chupa a los animales a que se agarra, propiedad que se utilizaba en medicina para obtener evacuaciones sanguíneas en los enfermos.

sanguina f. Variedad terrosa de hematites roja que se utiliza en la fabricación de lápices rojos. I Lápiz que se fábrica con esta hematites. I Dibujo hecho con este lápiz.

sanguinario, ria adj. Feroz, cruel, vengativo, que se goza en derramar sangre.

sanguíneo, a adj. De sangre. I Que contiene sangre o abunda en ella. I Aplícase a la complexión en que predomina la sangre. I De color de sangre. I Relativo a ella.

sanguinolencia f. Calidad de sanguinolento.

sanguinolento, ta adj. Sangriento (que echa sangre, o teñido o mezclado de ella).

sanidad f. Calidad de sano.I Conjunto de servicios gubernativos ordenados para preservar la salud de los individuos de un territorio o una colectividad.

sanitario, ria adj. Relativo a la sanidad. I Perteneciente o relativo a las instalaciones de agua empleada para limpieza y uso higiénicos. I Funcionario de sanidad civil. I Excusado, retrete, letrina.

sano adj. Que goza de perfecta salud.

sanjuanada f. Fiesta o diversión campestre que se celebra el día de San Juan Bautista.

sánscrito, ta adj. y s. Dícese del idioma clásico de los habitantes hindúes de la India.

sanseacabó expr. fam. con que se da por terminado un asunto.

sansón m. fig. Hombre muy forzudo y vigoroso.

santaláceo, a adj. y s. Díc. de plantas dicotiledóneas, herbáceas o leñosas, de hojas gruesas, flores pequeñas y fruto drupáceo; como el guardalobo. I f. p. Familia de estas plantas.

santería f. Calidad de santero, santurronería, beatería. I Tienda en que se venden imágenes de santos y otros objetos religiosos. I Brujería.

santero, ra adj. y s. Díc. de aquellas personas que tributan las imágenes un culto supersticioso. I m. y f. Persona que cuida de un santuario. I Persona que pinta o esculpe santos, y también la que los vende.

santidad f. Calidad de santo. I Tratamiento que se da al Papa.

santificar tr. Hacer santo a alguien o algo mediante la gracia divina. I Dedicar una cosa a la deidad. I Hacer venerable una cosa por la presencia de lo que es santo.

santiguada f. Acción de santiguar o santiguarse.

santiguador, ra m. y f. Persona que santigua a otra diciendo ciertas oraciones con fines curativos o para romper un hechizo.

santiguar tr. Hacer con la mano la señal de la cruz desde la frente al pecho y desde el hombro izquierdo al derecho invocando a la Santísima Trinidad. Ú. t. c. r.

santo, ta adj. Perfecto, puro y limpio de toda culpa. I Aplícase a quien la iglesia católica declara oficialmente como tal y le da culto. Ú. t. c. s. I Consagrado a una divinidad.

santón m. El que profesa vida austera y penitente fuera de la religión cristiana.

santoral m. Libro de vidas o hechos de santos. I Lista de los santos cuya festividad conmemora la Iglesia en cada uno de los días del año.

santuario m. Templo o lugar donde se venera a una deidad o espíritu de carácter sagrado. I Entre católicos, templo en que se venera la imagen o reliquia de un santo de especial devoción.

santurrón, na adj. y s. Nimio, exagerado, en los actos de devoción. I Hipócrita que aparenta ser devoto.

saña f. Furor, enojo ciego. I Intención rencorosa y cruel.

sañudo, da adj. Propenso a la saña, o que tiene saña.

sápido, da adj. Que tiene sabor.

sapiencia f. Sabiduría. I Libro de la sabiduría, escrito por Salomón.

sapiente adj. y s. p. us. Sabio.

sapillo m. dim. de sapo. I Ránula, tumor.

sapo m. Batracio anuro.

saponificación f. Acción de saponificar.

saponificar tr. y r. Convertir un cuerpo graso en jabón.

sapotáceo, a adj. y s. Dícese de plantas dicotiledóneas, árboles o arbustos de hojas coriáceas, flores axilares y fruto en baya o drupa; como el zapote. I f. pl. Familia de estas plantas.

saprófito, ta adj. Dícese de los vegetales que viven sobre la materia orgánica descompuesta. I m. Dícese de los microbios que viven en el organismo a expensas de materias en putrefacción y que pueden dar lugar a enfermedades.

saque m. Acción de sacar en el juego de pelota. I Sitio desde donde se saca la pelota. I El que saca la pelota.

saquear tr. Apoderarse los soldados de lo que hallan en un lugar, por derecho de guerra. I Entrar en una plaza o lugar robando cuanto se halla. I fig. Apoderarse de todo o de la mayor parte de alguna cosa.

saquilada f. Cantidad que se lleva en un saco que no va lleno.

sarampión m. Enfermedad febril, contagiosa, que se manifiesta por una erupción de manchitas rojas y va precedida y acompañada de síntomas catarrales.

sarao m. Reunión y fiesta nocturna de personas distinguidas.

sarape m. En México, capote de monte.

sarapia f. Árbol leguminoso de América Meridional, alto, de hojas coriáceas y legumbre con una sola semilla, que es aromática y se usa contra la polilla. I Fruto de este árbol.

sarasa m. fam. Hombre de modales afeminados.

sarcasmo m. Burla sanguienta, ironía mordaz y cruel.

sarcástico, a adj. Que denota o implica sarcasmo. I Relativo al sarcasmo. I Propenso a emplear el sarcasmo.

sarcacola f. Goma casi transparente, de color amarillento o rojizo y sabor amargo, que usa para curar heridas.

sarcófago m. Sepulcro.

sarcolema m. Membrana muy fina que envuelve a cada una de las fibras musculares.

sarcoma m. Tumor maligno que se forma en un tejido, crece rápidamente y se reproduce con facilidad.

sarcopto m. Género de arácnidos acáridos.

sardana f. Danza tradicional común a los pueblos célticos del Mediterráneo, en especial de Catalunya.

sardesco, ca adj. Dícese del caballo o asno pequeño. Ú. t. c. s. I fig. Aplícase a la persona áspera y sacudida.

sardina f. Pez marino fisóstomo.

sardinel m. Obra de ladrillos puestos de canto y de modo que se toquen por sus caras. I Piedras labradas que bordean la acera.

sardinero, ra m. y f. Persona que vende sardinas o trata en ellas.

sardónica adj. Dícese de la risa burlona que denota una razón tácita de escarnio. I Ranúnculo de hojas lampiñas, cuyo jugo tiene la propiedad de producir en los músculos de la cara una contracción que imita la risa.

sardónice f. Agata amarillenta con fajas oscuras.

sarga f. Cierta tela de seda que hace cordoncillo. I Arbusto salicíneo de ramas mimbreñas que se utilizan en la cestería.

sargazo m. Alga feofícea marina.

sargentear tr. fig. Mandar o disponer con afectado imperio.

sargento m. Categoría militar inmediatamente superior a la de cabo primero, considerado como el enlace más importante entre los oficiales y la tropa.

sargo m. Pez marino acantopterigio.

sarmentar intr. Recoger los sarmientos podados.

sarmentera f. Lugar donde se guardan los sarmientos.

sarmiento m. Vástago de la vid, largo, delgado, flexible y nudoso.

sarna f. Enfermedad cutánea, contagiosa, consistente en multitud de vesículas y pústulas causadas por un ácaro, las cuales producen viva picazón.

sarnoso, sa adj. y s. Que tiene sarna.

sarpullido m. Salpullido.

sarraceno, na adj. y s. Natural de Arabia. I Moro, musulmán.

sarracina f. Pelea. riña tumultuosa. I Riña o pendencia en que hay heridas o muertes.

sarria f. Red basta en que se recoge y transporta la paja.

sarrillo m. Estertor de los moribundos.

sarro m. Sedimento que se adhiere al fondo y paredes de las vasijas cuando éstas contienen ciertos líquidos. I Sustancia amarillenta que se adhiere al esmalte de los dientes.

sarta f. Serie de cosas, ensartadas en un hilo, cuerda, etc.

sartén f. Vasija circular, más ancha que honda, de fondo plano y con mango largo, la cual sirve para freír los manjares. I Sartenada.

sartenada f. Lo que se fríe de una vez en la sartén.

sartenazo m. Golpe dado con la sartén.

sarteneja f. dim. de sartén. I Grieta que con la sequía se forma en algunos terrenos, o depresión que dejan las aguas al evaporarse en las marismas y vegas bajas.

sartorio, ria adj. y s. Dícese de un músculo del muslo, que se extiende oblicuamente a lo largo de sus caras anterior e interna.

sastre m. El que por oficio hace vestidos, principalmente de hombre.

sastrería f. Tienda de ropas de hombre. I Oficio de sastre. I Taller u obrador de sastre.

satán m. Satanás.

satanismo m. Culto religioso a Satanás.

satélite m. Cuerpo celeste opaco que sólo brilla por la luz refleja del Sol y gira en torno de un planeta.

satén m. Tejido semejante al raso.

satinado, da p. p. de satinar. I adj. Sedoso, que tiene el brillo de la seda.

satinar tr. Dar al papel o a la tela tersura y lustre por medio de la presión.

sátira f. Composición poética u otro escrito, en que se censura acremente o se ridiculiza a personas o cosas.

satírico, ca adj. Relativo al escritor que cultiva la sátira.

satirizar intr. Escribir sátiras. I tr. Zaherir, motejar.

sátiro m. Semidiós de la mitología grecorromana, relacionado con el dios Pan, propio de los cultos a la fecundidad. I fig. Hombre lascivo o de gran potencia sexual.

satisfacción f. Acción de satisfacer. I Modo con que se contenta y responde cumplidamente a una queja o razón. I Presunción, jactancia, vanagloria. I Cumplimiento del deseo o del gusto.

satisfacer tr. Pagar lo que se debe. I Resolver una duda o dificultad. I Premiar con equidad los méritos. I r. Vengarse de un agravio. I Volver por su honor el ofendido, obligando al ofensor a des-hacer el agravio.

satisfactorio, ria adj. Que puede satisfacer o desagraviar. I Grato, favorable, próspero.

satisfecho, cha p. p. de satisfacer. I adj. Complacido, contento.

saturar tr. Impregnar de otro cuerpo un ruido hasta el punto de no poder admitirse, en condiciones normales, mayor cantidad de aquél. Ú. t. c. r. I Colmar, saciar.

saturnismo m. Intoxicación debida a la acción de las sales de plomo.

sauce m. Arbol salicíneo que crece en las orillas de los rios, alcanza gran altura y tiene muchas ramas y ramillas péndulas.

saúco m. Arbusto caprifoliáceo, de flores blancas, cuyo cocimiento se usa como disforético y resolutivo.

sauna m. Baño de vapor en una cámara en la que hay un hogar con piedras calentadas a las que se echa agua, que se vaporiza.

saurio adj. y s. Aplícase a los reptiles de cuerpo alargado, cubierto de escamas imbricadas o de tubérculos, con cuatro extremidades cortas, mandíbulas con dientes y cola larga.

savia f. Líquido que circulapor los vasos de las plantas y sirve para su nutrición.

saxátil adj. Dícese de los animales y plantas que se crían entre las peñas o adheridos a ellas.

sáxeo, a adj. De piedra.

saxífraga m. Planta saxifragácea, de flores blancas y raíz bulbosa, cuya infusión se ha usado contra los cálculos renales.

saxifragáceo, a adj. y s. Dícese de plantas dicotiledóneas, hierbas vivaces, matas o arbustos, de flores hermafroditas y fruto capsular o en baya.

saxofón m. instrumento musical de viento.

saya f. Falda que usan las mujeres.

sayal m. Tela muy basta de lana burda.

sayo m. Casaca holgada, larga y sin botones.

sayón m. Verdugo. I Cofrade que va en las procesiones de Semana Santa vestido con túnica larga.

sayuela f. dim. de saya. I Camisa de estameña, usada en algunas religiones.

sazón m. Punto, madurez o estado de perfección de una cosa. I Ocasión, coyuntura, tiempo oportuno.

sazonar tr. Dar sazón al manjar. I Poner las cosas en su punto y madurez debidos. Ú. t. c. r.

se Forma reflexiva del pronombre personal de la tercera persona. Úsase en dativo y acusativo en ambos géneros y números. Puede usarse proclítico o enclítico. Sirve además para formar oraciones impersonales o de pasiva. I Dativo masculino o femenino de singular o plural del pronombre personal de tercera persona en combinación con el acusativo lo, la, los, las.

sebáceo, a adj. Que participa de la naturaleza del sebo o se parece a él. I Díc. de ciertas glándulas de la piel que segregan una materia grasa.

sebestén m. Arbolito forragíneo.

sebo m. Grasa sólida de los animales. I Cualquier gordura.

seboro m. Cangrejo de agua dulce.

seborrea f. Enfermedad caracterizada por el aumento de la secreción sebácea en la extensión cutánea.

secácul m. Raíz muy aromática de una planta parecida a la chirivía. I La misma planta.

secadero, ra adj. Díc. de las frutas que se pueden conservar secas. I m. Paraje destinado para secar una cosa.

secador, ra adj. Que seca. I m. Aparato para secar algunas cosas, especialmente el cabello. I Enjugador de ropa.

secano m. Tierra de labor que carece de riego. I Banco de arena no cubierto por el agua. I fig. Cosa muy seca.

secante p. a. de secar. Que seca. I adj. Díc. del papel esponjoso y sin cola, que se usa para enjugar lo escrito. Ú. t. c. s. I Dic. del aceite que se solidifica fácilmente por oxidarse al contacto con el aire. I Díc. de las líneas o superficies que cortan a otras. I Es la relación inversa del coseno.

secar tr. Extraer la humedad de un cuerpo o hacer que se exhale de él. I Ir consumiendo el humor o jugo de los cuerpos. I fig. Fastidiar, cansar, aburrir. Ú. t. c. r. I r. Enjugarse la humedad de una cosa evaporándose.

sección f. Cortadura, separación o división hecha en un cuerpo por un instrumento cortante. I Cualquiera de las partes en que se divide o considera dividido un todo. I Cualquiera de los grupos en que se divide o considera dividida un conjunto de personas. I Figura resultante de la intersección de una extensión con un sólido o con otra extensión.

seccionar tr. Dividir en secciones, fraccionar.

secesión f. Acto de separarse de una nación parte de su pueblo o territorio.

seco, ca adj. Falto de jugo o humedad. I Díc. del manantial, río, etc., falto de agua. I Falto de verdor y lozanía. I Díc. de los vegetales muertos. I Díc. de las frutas de cáscara dura, o de aquellas a las cuales se quita la humedad para conservarlas. I Flaco, delgado.

secreción f. Apartamiento (acción de apartar o apartarse.) I Sustancia que brota de una glandula, un vegetal u otro cuerpo.

secretar tr. Salir de las glándulas materias elaboradas por ellas y que el organismo utiliza para algún fin. I Emitir un cuerpo alguna sustancia.

secretaría f. Cargo o destino de secretario. I Oficina del secretario.

secretariado m. Secretaria, destino o cargo de secretario. I Secretaría u oficina donde despacha el secretario. I Cuerpo o conjunto de secretarios.

secretario, ria m. Sujeto encargado de extender actas, dar fe de los acuerdos y custodiar los documentos de una oficina, asamblea o corporación. I m. y f. Persona que redacta la correspondencia de aquella otra a quien sirve para este fin.

secretear intr. fam. Hablar en secreto dos personas.

secreteo m. Acción de secretear.

secreter m. Escritorio, mesita para escribir, con cajones o gavetas.

secreto, ta adj. Oculto, ignorado, escondido y separado de la vista y del conocimiento de los demás. I Callado, silencioso, reservado. I m. Lo que se tiene reservado u oculto.

secta f. Doctrina particular de un maestro que la halló o explicó, y que es seguida y defendida por otros.

sectario, ria adj. y s. Que profesa o sigue una secta.

sector m. Parte de círculo comprendida entre un arco y los dos radios que pasan por sus extremos.

secuaz adj. y s. Que sigue el partido u opinión de otro.

secuela f. Consecuencia o resulta de una cosa.

secuencia f. Cosa que sigue a otra o es consecuencia o resultado de ella. I Continuidad, sucesión ordenada. I Serie o sucesión de cosas que guardan entre sí cierta relación. I En cinematografía, escena.

secuestrar tr. Apoderarse de una persona los ladrones para exigir dinero por su rescate.

secuestro m. Acción de secuestrar.

secular adj. Seglar. I Que sucede o se repite cada siglo.

secularizar tr. Hacer secular lo eclesiástico.

secundar tr. Ayudar, cooperar, favorecer

secundario, ria adj. Segundo en orden.

secuoya f. Género de árboles pertenecientes a las coníferas de la familia de las taxodiáceas.

sed f. Gana, deseo, necesidad de beber.

seda f. Hebra lustosa, muy flexible y resistente, con que forman su capullo ciertos gusanos. I Hilo formado con estas hebras y a propósito para coser o tejer. I Cualquier obra o tela hecha de seda. I Cualquiera de los pequeños filamentos que ciertos invertebrados poseen en su cuerpo o en algunas partes de él.

sedal m. Hilo a que se ata el anzuelo de la caña de pescar.

sedalina f. Tejido sedoso, compuesto de una mezcla de algodón y seda.

sedante p. a. de sedar. Que seda. Ú. t. c. s.

sedar tr. Apaciguar, sosegar, mitigar, calmar.

sede f. Lugar donde tiene su domicilio una entidad económica, literaria, deportiva, etc.

sedentario, ria adj. Díc. del pueblo que se ha establecido en un lugar geográfico determinado y allí desarrolla su cultura, por oposición a los nómadas que viajan permanentemente en un lugar a otro. I Fig. Dícese del oficio, vida u ocupación de poco movimiento

sedente adj. Que está sentado.

sedición f. Alzamiento colectivo y violento contra la autoridad, el orden público o la disciplina militar sin llegar a la gravedad de la rebelión. I fig. Sublevación, desbordamiento de las pasiones.

sedicioso, sa adj. y s. Díc. de quien promueve una sedición, o toma parte en ella.

sediento, ta adj. que tiene sed. Ú. t. c. s. I fig. Que necesita de humedad o riego. I fig. Avido, ansioso, que desea ardientemente una cosa.

sedimentación f. Acción y efecto de sedimentar o sedimentarse.

sedimentar tr. Depositar o dejar sedimento un líquido. I r. Formar sedimento las materias que un líquido lleva en suspensión.

sedimento m. Materia que, habiendo estado en suspensión en un líquido, se posa en el fondo.

seducir tr. Persuadir suavemente al bien o al mal, mediante recursos más sensuales que teóricos. I Cautivar, ejercer irresistible influencia en el ánimo por medio de atractivo físico o moral.

segadera f. Hoz para segar.

segador m. El que siega. I Arácnido de patas muy largas, cuerpo redondeado y vientre aovado y rugoso.

segadora adj. y s. Díc. de la máquina que sirve para segar. I f. Mujer que siega.

segar tr. Cortar mieses o hierba con instrumentos adecuados. I Cortar de cualquier manera y en especial lo que sobresale.

segazón f. Siega, acción de segar. I Tiempo de la siega.

seglar adj. Lego, que no ha recibido órdenes clericales.

segmentación f. División en segmentos; fraccionamiento.

segmentado, da adj. Dividido en segmentos. I Díc. del animal cuyo cuerpo consta de segmentos o partes dispuestas en serie líneal; cosa viva.

segmento m. Parte cortada de una cosa. I Porción de círculo comprendida entre un arco y su cuerda. I Cada una de las partes dispuestas en serie líneal de que está formado el cuerpo de los gusanos y artrópodos.

segregar tr. Separar o apartar una cosa de otras. | Secretar.

segueta f. Sierra de marquetería.

seguetear intr. Trabajar con la segueta.

seguidilla f. Composición métrica, de cuatro o de siete versos. | Aire popular español y danza que se baila con este aire. | fam. Flujo de vientre.

seguido, da p. p. de seguir. | adj. Continuo, sin interrupción. | Que está en línea recta.

seguir tr. Ir depues o detrás de una persona o cosa. Ú. t. c. intr. | Ir en busca de una persona o cosa; caminar hacia ella. | Ir en compañía de uno. | Continuar en lo comenzado. | Profesar una ciencia, arte o estado. | Ser del dictamen o parcialidad de una persona. | Perseguir, acosar.

según prep. Conforme o con arreglo a. | Toma carácter de adverbio denotando relaciones de conformidad, correspondencia o modo.

segundar tr. Asegundar. | intr. Ser segundo, ir en segundo lugar.

segundero m. Aguja de reloj que señala los segundos.

segundo adj. Que sigue inmediatamente en orden a lo primero. | Cada una de las sesenta partes en que se divide el minuto o tiempo.

segundón m. Hijo segundo; y, por extensión, cualquier hijo no primógenito.

ségur f. Hacha grande para cortar.

seguro, ra adj. Libre y exento de peligro, daño o riesgo. | Cierto, indubitable. | Firme, constante, sólido. | m. Seguridad, certeza, confianza. | Muelle de las llaves de las armas de fuego, que sirve para evitar que se disparen. | Contrato con que se aseguran las cosas que corren algún riesgo.

seis adj. Cinco y uno.

seiscientos, tas adj. Seis veces ciento.

seísmo m Sismo.

selacio, cia adj. y s. Díc. de ciertos peces marinos cartilagíneos, de piel muy áspera, boca casi semicircular con numerosos dientes triangulares y mandíbula inferior móvil.

selección f. Elección de una persona o cosa entre otras. | Elección de los animales destinados a la reproducción, para conseguir mejoras en la raza.

seleccionar tr. Elegir, escoger por medio de una selección.

selectivo, va adj. Que implica selección. | Díc. del aparato radiorreceptor que permite escoger una onda de longitud determinada sin que perturben la audición otras ondas muy próximas.

selecto, ta adj. que es o se reputa por mejor entre otras cosas de su especie.

selenio m. Metaloide semejante al azufre.

selenita com. Habitantes de la Luna.

seleniuro m. Combinación del selenio con un radical.

selenizar v. intr. Alunizar.

selenografía f. Parte de las astronomía que tiene por objeto la descripción de la Luna.

selenología f. Parte de la astronomía que trata de la Luna.

selenosis f. mentira, manchita blanca en las uñas.

selladura f. Acción de sellar.

sellar tr. Imprimir el sello. | fig. Estampar, imprimir, dejar marcada o señalada una cosa en otra.

sello m. Utensilio que sirve para estampar en documentos, pliegos, etc., las armas, divisas o cifras en él grabadas. | Lo que queda estampado con este utensilio. | Estampita que se pega a ciertos documentos para darles valor y a las cartas de franquearlas.

selva f. Terreno extenso, inculto y muy poblado de árboles. | fig. Abundancia desordenada de alguna cosa.

selvático, ca adj. Relativo a las selvas, o que se cría en ellas. | fig. Tosco, rústico, falto de cultura.

selvicultura f. Silvicultura.

selvoso, sa adj. Propio de la selva. | Díc. del país en que hay muchas selvas.

semáforo m. Sistemas de señales ópticas utilizadas para regular el tránsito en calles, carreteras y vías férreas.

semana f. Serie de siete días naturales, que comprende desde el lunes hasta el domingo, ambos inclusive.

semanal adj. Que sucede, se hace o repite cada semana.

semanario, ria adj. Semanal. | m. Periódico que se publica semanalmente.

semántica f. Ciencia que trata de la significación de las palabras.

semblante m. Cara, parte anterior de la cabeza. | Representación de un afecto o sentimiento en el rostro. | Apariencia de las cosas. | Cariz.

semblanza f. Bosquejo descriptivo o biográfico que presta más atención al carácter que a la exactitud de los rasgos.

sembradera f. Máquina para sembrar.

sembradío, a adj. Díc. de la tierra destinada o buena para sembrar.

sembrado, da m. Tierra sembrada.

sembradora f. Sembradera.

sembrar tr. Esparcir las semillas en la tierra preparada para este fin.

semejante adj. Que semeja o se parece a una persona o cosa. | m. Semejanza, imitación. | Prójimo.

semejanza f. Calidad de semejante | *Ret.* Símil.

semejar intr. Parecerse una persona o cosa a otra.

semen m. Sustancia gelatinosa, de color nacarado que los animales machos emiten a través del sexo, la cual transporta los espermios capaces de fecundar al óvulo de la hembra. | Semilla.

semental adj. Relativo a la siembra. | Díc. del animal macho destinado a fecundar a las hembras de un rebaño. Ú. t. c. s.

sementar tr. Sembrar (esparcir las semillas en la tierra).

sementera f. Acción de sembrar. | Tierra sembrada. | Tierra preparada para sembrar. | Cosa que se siembra. | Tiempo en que se siembra.

sementero m. Costal en que se llevan los granos para sembrar. | Sementera.

sementino na adj. Relativo a la simiente.

semestral adj. Que sucede o se repite cada semestre.

semestre m. Espacio de seis meses.

semi- Prefijo que significa medio, o a medias.

semicadencia f. Paso sencillo de la nota tónica a la dominante.

semicírculo m. Cada una de las dos mitades de un círculo separadas por un diámetro.

semicircunferencia f. Cualquiera de las mitades de una circunferencia.

semiconductor m. Cuerpo cuya conductibilidad eléctrica varía muy sensiblemente con la temperatura, pureza, grado de iluminación, etc.

semicorchea f. Nota musical que vale media corchea.

semicromático ca adj. Díc. del género de música que participa en el diatónico y del cromático.

semidiámetro m. Cada una de las dos mitades de un diámetro separadas por el centro.

semidios m. Héroe o varón esclarecido por sus hazañas a quien los dioses colocaban entre los inmortales.

semifinal f. Cada una de las dos penúltimas competiciones de un campeonato o concurso, que se gana por eliminación del contrario.

semiflósculo m. Cualquiera de las florecillas terminadas en forma de lengüetas que forman parte de una cabezuela.

semifusa f. Nota musical que vale media fusa.

semilla f. Parte de la planta, que la reproduce cuando germina. l fig. Cosa que da origen a otras.

semillero m. Sitio donde se siembran y crían los vegetales que han de trasplantar.

semilunio m. Mitad de la lunación.

seminal adj. Relativo al semen o semilla. l Díc. de cada una de las dos vesículas que contienen el esperma.

seminario m. Casa de educación de niños y jóvenes. l fig. Principio, raíz, u origen de algunas cosas.

seminarista m. Alumno de un seminario conciliar.

semínima f. Nota musical que vale media mínima.

semiología f. Seimótica.

semiótica f. Ciencia que estudia las formas no semánticas de la comunicación, es decir, aquellas formas de comunicacion que no son la palabra hablada o escrita, como ocurre con la entonación de la voz, los gestos, etc.

semirrecta f. Cualquiera de las dos partes indefinidas de un recta separadas por un punto de ésta.

semirrecto, ta adj. Díc. del ángulo que vale la mitad de un recto.

semitono m. Cada una de las dos partes desiguales en que se divide el intervalo de un tono.

semivocal adj. y s. Díc. de la letra que puede pronunciarse sin que se perciba directamente el sonido de una vocal.

sémola f. Trigo candeal descortezado. l Trigo quebrantado a la manera de farro y se guisa del mismo modo que él. l Pasta de harina en forma de granitos, propia para hacer sopa.

sempervirente adj. Díc. de la vegetación cuyo follaje se conserva verde todo el año.

sempiterna f. Tela de lana, basta y muy tupida que solía usar vestidos la gente pobre.

semipiterno, na adj. Que durará siempre; díc. de lo que, habiendo tenido principio; no tendrá fin.

sena f. Conjunto de seis puntos señalados en una cara del dado.

senado m. Asamblea compuesta de personas de ciertas cualidades que en varías naciones modernas ejerce el poder legislativo junto con otro cuerpo electivo y con el jefe de Estado. l Lugar o edificio donde los senadores celebran sus sesiones.

senador m. Individuo del senado.

sencillo, lla adj. Simple que no tiene composición ni artificio. l Que tiene menos cuerpo que otras cosas de su especie. l Que carece de adornos ostentosos. l Díc. del estilo ingenuo, desprovisto de exornación y artificio.

senda f. Camino estrecho, abierto generalmente por el tránsito de peatones.

sendero m. Senda.

sendos, das adj. pl. Uno o una para cada cual de dos o más personas o cosas.

senectud f. Edad senil, último periodo de la vida.

senil adj. Perteneciente a la vejez o a los viejos.

seno m. Concavidad o hueco. l Concavidad que forma una cosa encorvada. l Pecho de las personas. l Hueco que queda entre el vestido y el pecho. l Matriz, útero.

sensación f. Impresión que las cosas producen en el alma por medio de los sentidos. l Emoción que un suceso o noticia produce en el ánimo.

sensatez f. Calidad de sensato.

sensato, ta adj. Juicioso, cuerdo, prudente.

sensibilidad f. Facultad de sentir, privativa de los seres inanimados. l Propensión natural del hombre a dejarse llevar de la compasión, ternura u otro afecto humanitario.

sensibilizar tr. Hacer sensible a la acción de la luz ciertas materias usadas en fotografía.

sensible adj. Capaz de sentir física y moralmente. l Que se percibe por los sentidos. l Que causa sentimientos de pena o dolor. l Que fácilmente se deja llevar del sentimiento.

sensiblería f. Sentimentalismo exagerado, trivial o fingido.

sensitiva f. Planta de las mimosáceas.

sensitivo, va adj. Relativo a las sensaciones producidas por los sentidos corporales.

sensor m. Detector que reacciona a determinados estímulos físicos (calor o frío, luz, velocidad, etc.) y los transforma en información apta para ser transmitida.

sensorial adj. Sensorio.

sensorio, ria adj. Relativo a la sensibilidad o facultad de sentir. l m. Centro común de todas las sensaciones.

sensual adj. Sensitivo, relativo a las sensaciones producidas por los sentidos.

sensualidad f. Calidad de sensual.

sensualismo m. Doctrina filosófica que hace derivar todas nuestras ideas de los sentidos.

sentada f. Tiempo que sin interrupción está sentada una persona.

sentado, da adj. Juicioso, sesudo, quieto.

sentar tr. Colocar a uno en silla, banco, etc., de modo que quede descansando sobre las nalgas. Ú. t. c. r. l fig. Asentar (presuponer algo, dar por cierto un hecho).

sentencia f. Parecer, juicio o dictamen. l Dicho o frase breve que encierra doctrina o moralidad. l Resolución judicial o arbitral.

sentenciar tr. Dar o pronunciar sentencia.

sentencioso, sa adj. Díc. de la frase, oración o escrito que encierra moraliad o doctrina. l Dic. del tono de quien habla con afectada gravedad.

sentido, da adj. Que incluye o explica un sentimiento. l Que con facilidad se siente u ofende. l Entendimiento o razón. l Modo particular de entender una cosa. l Razón de ser, finalidad. l Significación cabal de una proposición. l Conocimiento y cuidado con que se ejecuta algo. l Significado o cada una de las acepciones de las palabras.

sentimental adj. Que excita sentimientos tiernos. l Que es propensa a ellos. l Que afecta sensibilidad ridícula o exagerada.

sentimiento m Acción de sentir o sentirse. l Impresión y movimiento que causan en el ánimo las cosas espírituales. l Estado del ánimo afligido por un suceso triste o doloroso.

sentina f. Cavidad inferior del buque, situada sobre la quilla.

sentir m. Sentimiento. l Dictamen, parecer. l tr. Experimentar sensaciones. l Oír, percibir, algún sonido o ruido. l Experimentar una impresión, placer o dolor espíritual o corporal. l Lamentar, tener por dolorosa y mala una cosa. l Juzgar, opinar, formar, parecer. l Padecer un dolor. l Empezar a abrirse o rajarse una cosa.

seña f. Nota o indicio que da a entender una cosa. l Señal, signo usado para acordarse de algo.

señal f. Expresión representativa de una noción o un hecho. l Marca o nota que sirve para distinguir las cosas. l Hito o mojón. l Nota o distintivo. l Signo usado para acordarse de algo. l Indicio o muestra inmaterial de una cosa. l Vestigio o impresión de una cosa que sirve para reconocerla.

señalar tr. Poner señal en un cosa para distinguirla o para acordarse de algo. l Rubricar. l Llamar la atención hacia una persona o cosa indicándola con la mano o de otro modo. l Nombrar, designar determinada persona, día hora o lugar para algún fin. l Fijar la cantidad que debe pagarse para atender a determinados servicios u obligaciones, o la que por cualquier motivo corresponde percibir a un persona o entidad. | Hacer una herida o señal para avisar algo. | f. Singularizarse, distinguirse.

señalización f. Acción y efecto de señalizar. | Sistema de señales que se emplea en carreteras, vías, etc.

señalizar tr. Poner señales, de un modo sistemático, en carreteras, ferrocarriles y otras vías para indicar la ruta o advertir alguna cosa. | Hacer señales.

señera f. Estandarte o bandera militar.

señero, ra adj. Que sirve de seña o guía a otros. | Solitario, solo, separado de toda compañía. | Único, sin par.

señor, ra adj. Dueño de una cosa; que tiene dominio en ella. Ú t. c. s. | fam. Noble, decoroso. | Título nobiliario. | Tratamiento que se da a cualquier hombre por cortesía, por deferencia, o por deseo de mantener un trato que no permita mayor intimidad.

señora f. La que posee un señorío. | Ama (la que tiene criados, respecto de ellos). | Tratamiento que se da a cualquier mujer. | Mujer casada con relación al marido.

señorear tr. Dominar o mandar en una cosa como dueño de ella. | Mandar uno imperiosamente y disponer de las cosas como si fuera su dueño. | Apropiarse de una cosa, apoderarse de ella. |fig. Dominar uno sus pasiones.

señoría f. Tratamiento que se da a ciertas personas por su dignidad.

señorío m. Dominio o mando sobre algo. | Territorio perteneciente al señor.

señorita f. dim. de señora. Hija de un señor o persona de distinción. | Tratamiento que se da a la mujer soltera.

señoritismo m. Actitud social, inferir señorío, tendente a la ociosidad y a la presunción.

señorito m. dim. de señor. | Hijo de un señor o persona de distinción. | Amo (el que tiene criados). | fam. Joven acomodado y ocioso.

señuelo m. Figura de ave en que se pone carne para atraer al halcón. | Cualquier cosa que sirve para atraer a otras aves. | fig. Aquello que sirve para atraer, persuadir o inducir con alguna falacia, hacia una celada o situación desventajosa.

sépalo m. Cada una de las hojuelas que forman el cáliz de la flor.

separación f. Acción de separar o separarse.

separar tr. Poner a una persona o cosa fuera del contacto o proximidad de otra. Ú. t. c. r. | Apartar una cosa de otra. | Destituir de un empleo o cargo. | r. Retirarse de un ejercicio u ocupación.

separata f. Nombre que se da a un número indefinido de hoja de papel incorporadas en un libro y que contienen una información que, aún siendo independiente del texto del libro guarda relación el mismo.

separatismo m. Doctrina de los separatistas.

sepelio m. Inhumación de los fieles difuntos.

sepia f. Jibia. | Materia colorante que de ella se extrae.

septena f. Conjunto de siete cosas por orden.

septenio m. Tiempo de siete años.

septentrión m. Osa Mayor. | Norte.

septicemia f. Enfermedad infecciosa, grave, producida por el paso a la sangre de gérmenes patógenos procedentes de supuraciones.

séptico, ca adj. Que produce putrefacción. | Que contiene gérmenes patógenos.

septiembre m. Noveno mes del calendario común.

séptima f. Intervalo que consta de cinco tonos y un semitono.

septuagenario, ria adj. y s. Que ha cumplido la edad de setenta años y no llega a los ochenta.

septuagésima f. Dominica que se celebra tres semanas antes de la primera cuaresma.

septuagésimo, ma adj. Que sigue inmediatamente en orden al o lo sexagésimo nono. | Díc. de cada una de las setenta partes iguales de un todo. Ú. t. c. s.

sepulcro m. Obra que se construye levantada del suelo, para sepultar un cadáver.

sepultar tr. Enterrar un cadaver. | fig. Esconder ocultar.

sepultura f. Acción de sepultar. | Hoyo donde se entierra un cadáver. | Lugar en que está enterrado un cadáver.

sepulturero m. El que por oficio abre sepulturas y entierra los cadáver.

sequedad f. Calidad de seco. | Expresión áspera y dura.

sequedal m. Terreno muy seco.

sequía f. Tiempo seco de larga duración. | Falta de lluvias en el tiempo en que debieran abundar.

sequillo m. Bollo o rosquilla de masa azucarada.

séquito m. Conjunto de gente que en obsequio, autoridad o aplauso de uno le acompaña y sigue.

ser Verbo sustantivo que afirma del sujeto la cualidad expresada por el atributo. | Verbo auxiliar que sirve para conjugar todos los verbos en la voz pasiva.

sera f. Espuerta grande, propia para conducir carbón.

serafín m. Cualquiera de los espíritus bienaventurados que forman el segundo de los nueve coros. | fig. Persona de singular hermosura.

serba f. Fruto del serbal.

serbal m. Arbol rosáceo, de flores blancas.

serenar tr. Sosegar, aclarar, calmar. | fig. Sosegar, apaciguar disturbios o tumultos.

serenata f. Música que se toca al aire libre y durante la noche, para festejar a alguien. | Composición poética o musical dedicada a este fin.

sereno, na adj. Claro, despejado de nubes o nieblas. | fig. Apacible, sosegado. | Humedad de la atmósfera durante la noche. | Dependiente municipal encargado de velar durante la noche por la seguridad del vecindario.

sergas f. Hechos, proezas.

serial adj. Dispuesto en series. | Aplícase a las novelas, a obras análogas cuyos capítulos se van tramitiendo por radio o televisión diariamente y por capítulos.

seriar tr. Poner en serie, formar series.

sericultor, ra m. y f. Sincopa de sericicultor.

sericultura f. Sericicultura.

serie f. Conjunto de cosa que guardan relación entre sí y se suceden ordenadamente.

seriedad f. Calidad de serio.

serigrafía f. Procedimiento de impresión que se realiza por medio de un tamiz de seda.

serio, ria adj. Grave, sentado, formal, circunspecto. | Severo en el modo de hablar o de mirar.

sermón m. Discurso que se predica para la enseñanza de la buena doctrina o en elogio de los buenos. | fig. Represión o amonestación insistente y larga.

sermonear intr. y tr. Amonestar, reprender frecuentemente.

serodiagnóstico m. Diagnóstico de ciertas enfermedades mediante reacciones provocadas por el suero sanguíneo.

seroja f. Hoja seca que cae de los árboles. Desperdicio, residuo que queda de la leña.

serología f. Tratado de los sueros.

serón m. Sera más larga que ancha, que suele servir para carga de una caballería.

serosidad f. Líquido segregado normalmente por ciertas membranas, y que anormalmente forma la hidropesía. | Humor que se acumula en las ampollas o vejigas formadas en la piel por quemaduras, vejigatorios, etc.

seroso, sa adj. Perteneciente o relativo al suero o a la serosidad, o semejante a estos líquidos. | Que produce serosidad.

serpear intr. Serpentear.

serpenteado adj. Que tiene ondulaciones en forma de eses.

serpentear intr. Andar, moverse o extenderse formando vueltas como la serpiente.

serpentín m. Tubo enroscado que en los alambiques sirve para facilitar el enfriamiento de la destilación y suele cubrirse de agua.

serpentina f. Venablo antiguo cuyo hierro forma ondas. I Roca de color verdoso, con manchas o vetas más o menos oscuras o negras, formada por un silicato de magnesio teñido con óxido de hierro. I Cinta de papel arrollada que en días de carnaval y otras fiestas se arrojan unas personas a otras.

serpentino, na adj. Relativo a las serpientes. I Viperino.

serpiente m. Culebra, generalmente grande y feroz.

serpollo m. Rama nueva que brota al pie de un árbol. I Retoño.

sérpula f. Género de gusanos anélidos.

serrado, da adj. Que tiene dientes como los de la sierra.

serrallo m. Departamentos destinados a las mujeres entre diversos pueblos de Asia y África. I Harem.

serrana f. Composición poética semejante a la serranilla.

serranía f. Territorio abundante en colinas, cerros y sierras.

serranilla f. Composicion lírica de asunto rústico, que suele estar escrita en versos cortos.

serrano, na adj. Que vive en una sierra o ha nacido en ella. Ú. t. c. s. I Relativo a las sierras o serranías, o a sus moradores.

serrar tr. Aserrar.

serreta f. dim. de sierra. I Media caña de hierro, semicircular, y con dentecillos, que se pone sujeta al cabezón sobre la nariz de las caballerías.

serrijón m. Sierra o cordillera de montes de corta extensión.

serrín m. Aserrín.

serrucho m. Sierra de hoja ancha y con una sola manija, por lo común.

serventesio m. Cuarteto en que riman el primer verso con el tercero y el segundo con el cuarto.

servicial adj. Que sirve con cuidado, diligencia y obsequio. I Pronto y dispuesto a complacer o servir.

servicio m. Acción de servir. I Estado de criado o sirviente. I Culto que se debe a Dios. I Mérito que se hace sirviendo al Estado o a otra entidad o persona. I Cubierto que se pone a cada uno de los comensales, en la mesa. I Conjunto de vajilla y otras cosas para servir la comida, etc.

servidumbre f. Trabajo propio del siervo. I Estado o condición de siervo. I Conjunto de sirvientes de una casa.I Sujección u obligación inexcusable de una cosa. I fig. Sujección de quien se deja dominar por las pasiones o afectos.

servil adj. Perteneciente o relativo a los siervos y criados. I Bajo, humilde y poco estimable.

servilismo m. Ciega y baja adhesión a la autoridad de uno. I Orden de ideas de los denominados serviles.

servilla f. Zapatilla.

servilleta f. Paño que sirve en la mesa para aseo y limpieza de cada comensal.

servilletero m. Aro para poner en él arrollada la servilleta.

serviola f. Pescante que sostiene el aparejo con que se izan las anclas. I m. Marinero que ésta de vigía cerca de este pecante.

servir intr. Estar al servicio de alguien. Ú. t. c. tr. I Estar sometido a la voluntad de otro, haciendo lo que él dispone. I Ser un instrumento, máquina u otra cosa a propósito para determinado fin. I Desempeñar cualquier cargo. I Valer, aprovechar, ser de utilidad.

sesada f. Fritada de sesos. I Sesos de un animal.

sesámeo, a adj. y s. Díc. de plantas pedaliáceas, herbáceas, con raíz fusiforme, flores axilares y fruto capsular.

sésamo m. Alegría.

sesear intr. Pronunciar la z, o la e ante e, i, como s.

sesenta adj. Seis veces diez.

sesentón, na adj. y s. Sexagenario.

seseo m. Acción de sesar.

sesera f. Parte de la cabeza donde están los sesos.

sesgadura f. Acción de sesgar.

sesgar tr. Cortar o dividir en sesgo. I Torcer a un lado o atravesar hacia un lado alguna cosa.

sesgo, a adj. Cortado o situado oblicuamente. I fig. Grave, serio o torcido en el semblante. I m. Oblicuidad, torcimiento de una cosa hacia un lado.

sésil adj. Sentado, que carece de pedúnculo.

sesión f. Junta o reunión de concilio, congreso u otra asamblea. I fig. Conferencia entre varios.

seso m. Cerebro (parte del encéfalo). I Toda la masa encéfalica. Ú. m. en pl. I fig. Prudencia, juicio, madurez.

sestadero m. Lugar donde sestea el ganado.

sestear intr. Pasar de la siesta durmiendo o descansando. I Recogerse el ganado en paraje sombrío para librarse de los rigores del sol.

sesteo m. Acción de sestear.

sesterdio m. Antigua moneda romana que valía dos ases y medio.

sesuda, da adj, Cuerdo, prudente, juicioso.

seta f. Cualquier hongo de sembrerillo o casquete.

setal m. Terreno abundante de setas.

setena f. Septena.

setenar tr. Sacar por suerte uno de cada siete.

setenta adj. Siete veces diez.

setentón, na adj y s. Septuagenario.

setiembre m. Septiembre.

seto m. Cercado o vallado de varas entretejidas.

seudo adj. Supuesto, falso. Empléase precediendo a sustantivos o como primer elemento de voces técnicas compuestas.

seudónimo, ma adj. Díc. del autor que usa nombre supuesto. I Díc. támbién de la obra de este autor. I m. El mismo nombre supuesto.

seudópodo m. Cualquiera de las prolongaciones transitorias del protoplasma que emiten muchos seres unicelulares.

severidad f. Rigor, dureza en la represión y en el castigo, o aspereza en el trato. I Puntualidad y exactitud en la observancia de leyes o reglas. I Gravedad, seriedad, mesura.

severo, ra adj. Riguroso, duro en represión, y en el castigo, o áspero en el trato. Rígido, exacto y puntual en la observancia de las reglas. I Grave, serio.

sevillanas f. Aire musical propio de Sevilla.

sexagenario, ria adj. y s. Díc. de quien ha cumplido sesenta años y no llega a setenta; aun cuando para ciertos efectos legales se sigue usando aunque pase de los setenta.

sexenio m. Transcurso de seis años.

sexo m. Cada una de las partes del organismo destinadas a las funciones de la reproducción, que, básicamente, estan formados externamente por el pene y los testículos en los hombres, y por la vulva y la vagina en la mujer.

sexología f. Ciencia que estudia psicológica y fisiológicamente la vida sexual humana.

sexta f. Intervalo de una nota a la sexta ascendente o descendente en la escala.

sextante m. Instrumento astronómico para determinar la altura de los astros.

sexteto m. Composición musical para seis instrumentos o voces. I Conjunto de seis instrumentos o voces.

sextilla f. Combinación métrica de seis versos de arte menor aconsonantadas alternadamente o de otro modo.

sextina f. Composicion poética que consta de seis estrofas de a seis versos endecasílabos cada una, y de otra que sólo tiene tres.

sextuplicar tr. y r. Hacer séxtupla una cosa; multiplicar por seis una cantidad.

sexualidad f. Conjunto de condiciones anatomicas y fisiológicas propias y características de cada sexo.

si conj. que denota condición o hipótesis en cuya virtud una cosa depende de otra. I Unas veces denota afirmación rotunda y terminantes, y otras, circunstancia dudosa o no resuelta o sabida. I Sirve para indicar ponderación o encarecimiento, y, al principio de cláusula, para dar énfasis o energía a expresiones de duda, deseo o afirmación. I m. Séptima voz o nota de la escala musical. I Símbolo químico del silicio.

sí Forma reflexiva del pronombre personal de la persona. Usase en los casos oblícuos de la declinación de ambos géneros y números, y lleva siempre proposición. I Sirve para denotar especial aseveración en lo que se dice o se cree, o para ponderar algo. I Usase como sustantivo por consentimiento o permiso.

sial m. Zona o capa superior de la litosfera.

siamés, sa adj. pl. Dícese de los hermanos gemelos que nacen unidos por alguna parte del cuerpo.

sibarita adj. fig. Dícese de la persona muy dada a placeres y regalos.

sibaritismo m. Vida regalada y sensual.

sibila f. Mujer sabia o sacerdotisa a quien los antiguos atribuyeron espíritu profético.

sibilante adj. Dícese del sonido que se pronuncia como una especie de silbido. I Dícese de la letra que representa este sonido; como la s. Ú. t. c. s. f.

sibilino, na adj. Relativo a la sibila. I fig. Misterioso, oscuro, que sugiere ocultar algo importante.

sicalipsis f. Belleza artística exornada de intención, de gracia y picardía erótica, sin obscenidad pero claramente sensual.

sicario m. Asesino pagado.

sicio m. Moneda hebrea de plata, de media onza de peso.

sicómoro m. Higuera egipcia, de hojas parecidas a las del moral y maderas incorruptible.

sicosis f. Psicosis.

sicoterapia f. Psicoterapia.

sida f. Siglas de Síndrome de Inmunodeficiencia Adquirida, enfermedad infecciosa producida por el virus HIV que anula las defensas inmunitarias de las víctimas.

sidafobia f. Temor morboso al síndrome de la inmunodeficiencia adquirida.

sidecar m. Cochecillo de una sola rueda que se acopla lateralmente a una motocicleta.

sideral adj. Sidéreo.

sidéreo, a adj. Perteneciente o relativo a las estrellas, y por extensión, a los astros en general.

sideróstato m. Aparato destinado a anular, para el observador, el desplazamiento de los astros debidos al moviento de la Tierra.

siderurgia f. Arte de extraer y trabajar el hierro.

sidra f. Bebida alcohólica, que se obtiene fermentando zumo de manzanas.

sidrificación f. Fabricación de la sidra.

siega f. Acción y efecto de segar las mieses. I Tiempo en que se siegan. I Mieses segadas.

siembra f. Acción y efecto de sembrar. I Tiempo en que se siembra.

siemensio m. Unidad de conductancia en el sistema basado en el metro, el kilogramo, el segundo y el amperio.

siempre adv. En todo tiempo, o en cualquier tiempo y ocasión. I En todo caso, o cuando menos.

siempreviva f. Planta compuesta, herbácea, con hojas líneales, blanquecinas y vellosas y flores pequeñas y amarillas.

sien f. Cada una de las dos partes laterales de la cabeza comprendidas entre la frente, la oreja y la mejilla.

siena f. Ocre muy empleado en toda clase de pintura.

sierpe f. Serpiente. I fig. Cosa que se mueve como ella. I fig. Persona muy fea, feroz o iracunda. I Vástago que brota de las raíces leñosas.

sierra f. Herramienta consistente en una hoja de acero sujeta a un mango, bastidor, etc., y que sirve para dividir materiales duros. I Cordillera de montes o peñascos cortados. I Pez sierrra.

siervo, a m. y f. Esclavo. I Servidor; nombre que una persona se da a si misma respecto de otra por cortesía. I Persona profesa en orden o comunidad religiosa de las que por humildad se denominan así.

sieso m. Parte inferior del intestino recto en la cual se comprende el orificio anal.

siesta f. Tiempo después del mediodía, en que hace más calor. I Tiempo destinado para dormir o descansar después de almorzar a mediodía. I Sueño que se hace después del almuerzo.

siete adj. Seis y uno.

sietemesino, na adj. y s. Dícese de la criatura nacida a los siete meses de engendrada.

sievert m. Unidad de dosis de radiación.

sífilis f. Enfermedad infecciosa, adquirida generalmente por contacto sexual, o congénita transmitida al feto por madre infectada.

sifón m. Tubo encorvado, de ramas desiguales, que sirve para sacar el líquido de un vaso, haciéndolo pasar por un punto superior a su nivel. I Botella cerrada herméticamente con una tapa por la que pasa un tubo encorvado provisto de una llave para abrir o cerrar el paso del agua cargada de ácido carbónico contenido en aquélla.

sifosis f. Corvadura de la columna vertebral.

sigilar tr. Sellar, imprimir con sello. I Callar u ocultar alguna cosa.

sigilo m. Secreto que se guarda de una cosa.

sigilografía f. Estudio de los sellos empleados para autorizar documentos, cerrar pliegos, etc.

sigla f. Conjunto de letras iniciales que se emplea como abreviatura para formar un nombre.

siglo m. Espacio de cien años.

sigma f. Decimoctava letra del alfabeto griego, correspondiente a nuestra s.

signar tr. Poner, hacer o imprimir el signo. I Firmar. I Hacer la señal de la cruz sobre una persona o cosa.

signatura f. Firma, nombre autógrafo de una persona, que la identifica. I Señal, marco o nota.

significación f. Sentido de una palabra o frase.

significado, da p. p. de significar. I adj. Conocido, importante, reputado. I m. Significación, sentido.

significante p. a. de significar. Que significa.

significar tr. Ser una cosa representación o signo de otra.

significativo, va adj. Que da a entender o conocer bien una cosa. I Que tiene importancia por representar o significar algún valor.

signo m. Cosa que representa o evoca en el entendimiento la idea de otra. I Cualquiera de los caracteres que se emplean en la escritura y en la imprenta.

siguiente p. a. de seguir. Que sigue. I adj. Posterior.

sil m. Ocre.

sílaba f. Letra o conjunto de letras que se pronuncian en una sola emisión de voz

silabario m. Cuaderno con sílabas sueltas y palabras divididas en sílabas, propio para enseñar a leer.

silabear intr. Ir pronunciando separadamente cada sílaba. Ú. t. como transitivo.

silba f. Acción de silvar en señal de desagrado.

silbar intr. Dar silbidos. Producir o emitir una cosa un sonido de silbo.

silbato m. Instrumento que sive para silbar o producir silbos. Rotura por donde respira el aire, o se rezuma un líquido.

silbido m. Silbo.

silbo m. Sonido agudo y penetrante que hace el aire. | Ruido agudo y penetrante que se produce con la boca o con algún instrumento, soplando fuertemente. | Voz aguda y penetrante de algunos animales.

silenciador, ra adj. Que silencia. | m. Aparato que sirve para amortiguar el ruido de las explosiones del gas en los motores de explosión.

silenciar tr. Omitir, callar, pasar en silencio una cosa

silencio m. Abstención de hablar. | fig. Falta de ruido. | fig. Efecto de no hablar por escrito.

silencioso sa adj. Que calla o tiene hábito de callar.

silente adj. Silencioso, sosegado.

silepsis f. Figura de construcción consistente en dar a ciertas palabras diferente concordancia de la que les corresponde, porque se atiende a lo que representan y no a lo que dicen.

silex m. Pedernal.

sílfide f. Espíritu maravilloso del aire, de naturaleza mágica y carácter semejante al de las hadas. | Mujer esbelta y graciosa.

silfo m. Genio o espíritu elemental del aire, representado como un jovencito de extraordinaria belleza, a veces de tamaño diminuto.

silicato m. Sal del ácido silícico.

sílice f. Combinación del silicio con el oxígeno, que abunda en la naturaleza formando el cuarzo, el cristal de roca, el pedernal, etcétera.

silíceo, a adj. De sílice o semejante a ella.

silicona f. Nombre que se da a los polímeros compuestos de átomos de silicio que se alternan con otros de oxígeno, enlazados los primeros con radicales hidrocarburados, orgánicos.

silla f. Asiento con respaldo, para una sola persona. | Aparejo propio para montar a caballo, formado por una armazón de madera cubierta de cuero y rellena de crin o pelote.

sillada f. Rellano en la ladera de un monte.

sillar m. Piedra labrada que forma parte de una construcción de sillería. | Parte del lomo de la caballería donde sienta la silla, la albarda, etc.

sillería f. Conjunto de sillas, sillones y canapés de una clase con que se amuebla un aposento. | Taller donde se fabrican sillas. | Tienda donde se venden. | Oficio de sillero.

silletazo m. Golpe dado con una silla.

sillín m. Asiento que tiene la bicicleta y vehículos análogos, y también otros artefactos.

sillón m. aum. de silla. | Silla de brazos grande y cómoda.

silo m. Lugar o depósito, en donde se guardan los granos o semillas.

silogismo m. Argumento compuesto de tres proposiciones, la última de las cuales se deduce de las otras dos.

silogizar intr. Hacer silogismos, o argüir con ellos.

silúrico, ca adj. Relativo al segundo de los cinco períodos geológicos en que se halla dividida la era primaria y paleozoica.

siluro m. Pez fisóstomo silúrido de agua dulce.

silva f. Combinación métrica de versos endecasílabos y heptasílabos, unos libres y otros aconsonantados. | Composición poética con esta combinación.

silvestre adj. Criado naturalmente y sin cultivo en selvas o campos.

silvicultura f. Cultivo de las selvas, montes o bosques. | Ciencia que trata de este cultivo.

sima f. Cavidad grande y muy honda en la tierra; hoyo profundo, abismo.

simaruba f. Árbol simarubáceo americano.

simbiosis f. Asociación de individuos, animales o vegetales de especies distintas que viven juntos y se favorecen mutuamente en su desarrollo.

simbolismo m. Sistema de símbolos destinado a referir hechos o a expresar creencias, opiniones o afectos.

simbolizar tr. Servir una cosa como símbolo de otra o representarla en virtud de alguna analogía existen entre ambas.

símbolo m. Expresión por algún medio sensible, de algo inmaterial.

simbología f. Estudio de los símbolos. | Conjunto o sistema de símbolos.

simetría f. Proporción de las partes entre sí y con el todo.

simiente f. Semilla.

simiesco, ca adj. que se asemeja al simio.

simil m. Figura que consiste en comparar con otra cosa aquello de que se quiere dar idea viva y eficaz.

similar adj. Análogo, semejante.

similicadencia f. Figura que consiste en emplear al fin de dos o más cláusulas, palabras de terminación de sonido semejante.

similitud f. Semejanza, analogía.

similor m. Latón que tiene el color y el brillo del oro.

simio m. Mono.

simonía f. Compra o venta deliberada de cosas espirituales, o temporales inseparablemente unidas a las espirituales.

simpático, ca adj. Que inspira simpatía. | Díc. de una tinta que tiene la propiedad de ser invisible hasta que se le aplica el reactivo conveniente.

simpatizar intr. Sentir simpatía.

simple adj. Puro, que no tiene composición ni mezcla. | Sencillo, tratándose de cosas que pueden ser dobles.

simpleza f. Bobería, necedad.

simplificar tr. Hacer más sencilla o menos complicada una cosa.

simplista adj. y s. Que simplifica o tiende a simplificar excesivamente a riesgo de distorsionar el sentido original de lo observado.

simplón, na adj. aum. de simple (manso, apacible). | Sencillo, ingenuo.

simulacro m. Imagen, figura que se hace de una persona o cosa. | Imagen o especie que representa una acción, y que se fabrica para hacer pruebas, analizar las posibilidades, o también para llevar a engaño.

simular tr. Representar una cosa, fingiendo lo que no es.

simultanear tr. Hacer al mismo tiempo dos o más cosas, y especialmente cursar en un tiempo dos o más asignaturas de diferentes años académicos o de distintas facultades.

simultáneo, a adj. Díc. de aquello que se hace o acaece al mismo tiempo que otra cosa.

simún m. Viento muy cálido y seco de los desiertos de África y de Arabia.

sin prep. separat. y negat. que indica falta o carencia. | Fuera de, o además de. | Con un verbo en infinitivo, equivale a no con su participio o gerundio. | prep. insep. que indica unión o simultaneidad.

sinagoga f. Junta religiosa de los judíos. | Casa o templo donde se reúnen para orar.

sinalefa f. Trabazón o enlace de sílabas por el cual se forma una sola de la última de un vocablo y de la primera del siguiente cuando se encuentran dos vocales, aunque haya una h muda entre ellas.

sinartrosis f. Articulación no movible.

sincerar tr. Justificar la inculpabilidad de alguien en aquello que se le atribuye o imputa. I Alcanzar una conversación el momento en que se habla sin reservas ni fingimientos.

sinceridad f. Sencillez, veracidad, modo de expresarse sin fingimiento

sincero, ra adj. Ingenuo, veraz, sencillo y sin doblez.

síncopa f. Metaplasmo consistente en suprimir una o más letras en medio de un vocablo. I Enlace de dos notas iguales.

sincopar tr. Hacer síncopa. I Abreviar, reducir.

síncope m. Síncopa. I Pérdida repentina del conocimiento y de la sensibilidad, ocasionada por la suspensión momentánea de la función cardíaca.

sincretismo m. Sistema filosófico que intenta conciliar doctrinas diferentes. I Religión formada por la conciliación de diversas doctrinas y creencias.

sincronía f. Carácter de los hechos observados en un estado dado del lenguaje independientemente de su evolución en el transcurso del tiempo.

sincronismo m. Circunstancia de ocurrir, acaecer o efectuarse dos o más cosas a un tiempo.

sincronizar tr. Hacer que coincidan en el tiempo dos o más movimientos o fenómenos.

sincrotrón m. Aparato destinado a comunicar altas velocidades o partículas cargadas.

sindéresis f. Capacidad y discreción para juzgar rectamente.

sindicalismo m. Sistema de organización obrera por medio del sindicato.

sindicar tr. Acusar, delatar. I Organizar en sindicato. Ú. t. c. r. I r. Entrar a formar parte de un sindicato.

sindicato m. Junta de síndicos. I Agrupación formada para la defensa de intereses económicos comunes.

síndrome m. Conjunto de síntomas característicos de una enfermedad.

sinécdoque f. Tropo que consiste en extender, restringir o alterar de algún modo la significación de las palabras, tomando la parte por el todo, o viceversa.

sinéresis f. Reducción a una sola sílaba, en una misma palabra, de vocales que normalmente se pronuncian en sílabas distintas.

sinergia f. Concurso de varios órganos para realizar una función.

sinestesia f. Sensación que se produce en una parte del cuerpo a consecuencia de un estímulo aplicado a otra.

sinfín m. Infinidad, sinnúmero.

sinfonía f. Conjunto de voces, de instrumentos o de ambas cosas que suenan simultáneamente de un modo grato al oído. I Composición instrumental para orquesta.

singar intr. Remar con un remo colocado en popa, manejado de modo que avance la embarcación.

singlar intr. Navegar con rumbo determinado.

singular adj. Único, solo y sin par. I fig. Extraordinario, raro o excelente. I Díc. del número de la palabra que se refiere a una sola persona o cosa. Ú. t. c. s.

singularizar tr. Particularizar, distinguir una cosa de otra. I Dar número singular a voces que no suelen tenerlo. I r. Distinguirse, particularizarse, separarse de lo común u ordinario.

singulto m. Sollozo. I Hipo.

siniestra f. Mano izquierda.

siniestrado, da adj. y s. Díc. de la persona perjudicada por un siniestro.

siniestro, tra adj. Aplícase a la parte o sitio que está a la mano izquierda. I fig. Avieso y mal intencionado. I fig. Infeliz, funesto, aciago. I m. Propensión o inclinación a lo malo, resabio, vicio o mala costumbre. Ú. m. en pl. I Avería grave, destrucción fortuita o pérdida importante que sufren las personas o la propiedad, en especial por muerte, incendio o naufragio.

sino conj. advers. que se usa para contraponer un concepto afirmativo a otro negativo. I A veces, indica excepción. I Si le precede negación, suele equivaler a solamente o tan sólo. I m. Hado, destino, signo.

sínodo m. Concilio (junta de obispos). I Junta eclesiástica nombrada por el ordinario para examinar a los ordenandos y confesores. I Conjunción de dos planetas en el mismo grado de la eclíptica o en el mismo círculo de posición.

sinología f. Estudio de la lengua, literatura e instituciones de China.

sinonimia f. Circunstancias de ser sinónimos dos o más vocablos.

sinónimo, ma adj. y s. Aplícase a las voces de igual o parecida significación.

sinopsis f. Compendio de una ciencia o tratado, expuesto en forma sinóptica.

sinovia f. Humor viscoso que lubrica las articulaciones de los huesos.

sinrazón f. Acción injusta y fuera de razón.

sinsabor m. Desabor. I fig. Pesar, desazón, disgusto.

sinsonte m. Pájaro americano parecido al mirlo.

sintagma f. Grupo de elementos lingüísticos que, en una oración, funciona como una unidad.

sintaxis f. Parte de la Gramática que enseña a ordenar y enlazar las palabras para formar las oraciones y expresar conceptos. Divídese la sintaxis en regular y figurada.

síntesis f. Composición de un todo por la reunión de sus partes. I Reunión de partes divididas o separadas. I Formación de un compuesto a partir de sus elementos.

sintético, ca adj. Relativo a la síntesis. I Que precede componiendo, que pasa de lo simple a lo compuesto, de las partes al todo. I Díc. del producto artificial que reproduce la composición y propiedades de otro natural.

sintoísmo m. Religión de los japoneses, cuya antigüedad, según sus adeptos, se remonta a la creación del mundo, que consiste en el culto de la naturaleza y de los antepasados.

síntoma m. Fenómeno propio y característico de una enfermedad. I fig. Señal, indicio de una cosa.

sintomático, ca adj. Relativo al síntoma. I Díc. de la fiebre que se origina en una enfermedad localizada en un órgano.

sintonía f. Cualidad de sintonizado.

sintonizar tr. Adaptar convenientemente las longitudes de onda de dos o más aparatos de radiotelecomunicación. I Fig. fam. Adoptar uno el estado de ánimo de los demás participantes en una reunión y comprender las sutilezas de comunicación de ellos.

sinuosidad f. Calidad de sinuoso. I Seno, concavidad.

sinuoso, sa adj. Que tiene senos, ondulaciones o recodos. I fig. Díc. del carácter y de las acciones que tratan de ocultar el propósito a fin que se dirigen.

sinusal adj. Perteneciente o relativo a un seno. Dícese de un nódulo específico del tejido del corazón.

sinusitis f. Inflamación de la mucosa de un seno del cráneo.

sinvergonzón, na adj. fam. Pillo, pícaro. Ú. t. c. s. Tiene frecuentemente un sentido amable y cariñoso.

sinvergüenza adj. y s. Bribón, pícaro, carente de dignidad, indigno de confianza.

sionismo m. Aspiración de los judíos a recobrar la Palestina como patria.

siquíatra m. Médico especializado en psiquiatría.

siquiatría f. Psiquiatría.

siquiera conj. advers. equivalente a bien que o aunque. | Hace oficio de conj. distrb equivaliendo a o, ya, etc. | adv. c. y. que denota limitación o restricción, equivaliendo a por lo menos, o a tan sólo.

sirena f. Ninfa del mar, que se representa con cuerpo de mujer y las piernas unidas formando una cola de pez, o bien con cabeza de mujer y cuerpo de ave. | fig. Instrumento a propósito para contar el número de vibraciones de un cuerpo sonoro en tiempo determinado. | Aparato que sirve para producir generalmente mediante la electricidad o el vapor del agua, una sonido fuerte, estridente y prolongado.

sirénido adj. y s. Díc. de mamíferos pisciformes con las aberturas nasales en el extremo del hocico, sin extremidades abdominales, con las torácicas en forma de aletas y mamas pectorales.

sirga f. Maroma que se emplea para tirar las redes, para llevar las embarcaciones desde tierra, etc.

siringa f. Especie de zampoña, compuesta de varios tubos de caña que forman escala musical y van sujetos unos al lado de otros.

sirle m. Excremento del ganado lanar y cabrío.

siroco m. Viento sudeste.

sirte f. Bajo de arena en el fondo del mar.

siruposo, sa adj. Que tiene la consistencia del jarabe.

sirviente p. a. de servir. Que sirve. | Díc. del predio gravado con una servidumbre. | m. Criado, hombre dedicado al servicio doméstico.

sisa f. Pequeña parte que se hurta en las compras. | Sesgadura que se hace en una prenda de vestir para que ajuste bien. | Antiguo impuesto que se cobraba sobre géneros comestibles, rebajando las medidas.

sisar tr. Cometer el hurto llamado sisa. | Hacer sisas en la ropa. | Rebajar las medidas de los comestibles en proporcion al impuesto de la sisa.

sisear intr. Emitir repetidamente el sonido inarticulado de s y ch para manifestar desaprobación o desagrado. Ú. t. c. tr.

siseo m. Acción de sisear. Ú. m. en pl.

sisimbrio m. Jaramago.

sismo m. Terremoto.

sismógrafo m. Instrumento que durante un sismo señala la dirección de los oscilaciones y sacudimientos terrestres.

sismología f. Parte de la Geología que estudia los terremotos.

sismómetro m. Instrumento para medir la intensidad de las oscilaciones sísmicas.

sistema m. Conjunto de reglas o principios sobre una materia enlazados entre sí, formando un cuerpo de doctrina. | Conjunto ordenado de cosas que tienen relación entre sí y contribuyen a un fin. | Conjunto de partes u órganos semejantes compuestos de un mismo tejido y dotados de funciones del mismo orden.

sistemático, ca adj. Que sigue un sistema.

sistematizar tr. Reducir a sistema.

sístole f. Licencia poética consistente en usar como breve una sílaba larga. | Movimiento de contracción del corazón y de las arterias, para empujar la sangre que contiene.

sistro m. Antiguo instrumento músico hecho en forma de aro o de herradura y atravesado por varillas que se hacía sonar agitándolo con la mano.

sitial m. Asiento de ceremonia, provisto de brazos y alto respaldo que suele usarse en actos solemnes.

sitiar tr. Cercar una plaza para combatirla y apoderarse de ella.

sitio m. Lugar, paraje o terreno a propósito para alguna cosa. | Casa de campo o hacienda de recreo de un personaje. | Accion de sitiar.

sito, ta adj. Situado o fundado. | Díc. de los bienes constituidos por tierras, edificios, minas, etc.

situación f. Posición, colocación o disposición de una cosa en un lugar. | Situado. | Estado o constitución de las cosas y personas.

situar tr. Poner a una persona o cosa en un lugar o situación. Ú. t. c. r. | Asignar fondos para algún pago o inversión.

síu m. Pájaro muy semejante al jilguero.

so prep. Bajo, debajo de. U. con los sustantivos copa, color, pena, etc. | prep. insp. Sub. | m. fam. Se usa solamente seguido de adjetivos despectivos para increpar a alguien. ¡So insolente!.

soasar tr. Asar ligeramente.

soba f. Acción de sobar. | Zurra, azotaina.

sobaco m. Concavidad formada por el arranque del brazo con el cuerpo. | Axila de los vegetales.

sobado, da p. p. del verbo sobar. | adj. fig. Manido, muy usado. | m. Sobadura.

sobadura f. Soba (acción de sobar).

sobajar tr. Manosear mucho o con fuerza una cosa. | Fam. Acariciar en forma lasciva.

sobanda f. Superficie curva del tonel, que está más distante respecto de quien lo labra o lo mira.

sobaquera f. Abertura del traje en la parte correspondiente al sobaco. | Pieza con que se refuerza el vestido en la parte del sobaco.

sobaquina f. Sudor del sobaco, que suele despedir un olor fuerte.

sobar tr. Manejar, manosear repetidamente una cosa, para ablandarla o suavizarla. | fig. Castigar dando golpes. | fig. Palpar, manosear a una persona.

sobeo m. Correa con que se sujeta al yugo la lanza del carro o el timón del arado.

soberanear intr. Mandar a modo de soberano.

soberanía f. Calidad de soberano (que ejerce la autoridad suprema). | Autoridad suprema del poder público. | Alteza o excelencia no superada en cualquier orden inmaterial.

soberano, na adj. Que ejerce la autoridad suprema.

soberbia f. Orgullo y altivez, presunción y amor propio en gran medida. | Máximo de magnificencia o pompa. | Cólera e ira expresada con altivez injuriosa.

soberbio, bia adj. Que tiene soberbia o deja llevar por ella. | Altivo, arrogante. | fig. Alto, fuerte o excesivo en las cosas inanimadas.

sobina f. Clavo de madera.

sobón, na adj. y s. Fastidioso, empalagoso por su excesiva familiaridad y halago.

sobornar tr. Corromper a alguien con dádivas para lograr algo.

soborno m. Acción de sobornar.| Dádiva con que se soborna.

sobra f. Exceso y demasía en cualquier cosa. | Demasía, agravio, injuria. | pl. Lo que queda de la comida, o de otras cosas. | Desperdicios, desechos.

sobradar tr. Poner sobrado a los edificios.

sobradillo m. Repaso o tejadillo que protege a los balcones y ventanas del agila de los canales.

sobrado, da adj. Demasiado, que sobra. | Audaz, atrevido, amigo de tomarse libertades. | Rico, opulento. | m. Desván.

sobrar intr. Haber más de lo necesario. I Estar de más, ser inútil. I Quedar, restar.

sobrasada f. Embuchado grueso de carnes de puerco muy picadas y sazonadas con sal, pimentón y otros condimentos.

sobre prep. Encima. I Acerca de. I Además de. I Indica aproximación en una cantidad o en un número. I Cerca de otra cosa, con más altura que ella y dominándola. I Con dominio y superioridad. I En prenda de una cosa. I A o hacia. I Después. I m. Cubierta en que se incluye una carta u otra comunicación I Sobrescito.

sobreabundar intr. Abundar mucho.

sobrealimentar tr. y r. Dar a una persona más alimento del que ordinariamente necesita para su sustento.

sobrecarga f. Lo que se añade a una carga regular. I Soga que se echa encima de la carga para asegurarla. I fig. Molestia que viene a agravar el sentimiento, pena o aflicción.

sobrecargar tr. Cargar con exceso.

sobrecargo m. Oficial que en los buques, ómnibus y aviones de pasajeros actúa como mayordomo.

sobrecincha f. Faja que pasa por debajo de la barriga de la cabalgadura y por encima del aparejo.

sobrecoger tr. r. Sorprenderse, asustarse, intimidarse. I Producir una emoción intensa de admiración, terror o reverencia.

sobredosis f. Administración excesiva de algún medicamento, en especial de estupefacientes.

sobrefalda f. Falda cortá que se pone como adorno sobre otra.

sobrehilar tr. Dar puntadas en la orilla de un tela para evitar que se deshilache.

sobrehumano, na adj. Que excede a lo humano.

sobrellevar tr. Llevar una carga o peso para aliviar a alguien. I fig. Ayudar a alguien a sufrir las contrariedades de la vida. I Sufrirlas con resignación.

sobremanera adv. Con exceso.

sobremesa f. Tapete que se cubre la mesa. I Tiempo que se está a la mesa después de haber comido.

sobrenadar intr. Flotar, mantenerse una cosa sobre un líquido sin hundirse.

sobrenatural adj. Que excede los términos de la natulaleza.

sobrenombre m. Nombre que para distinguir a dos personas del mismo apellido, se agrega a éste. I Nombre calificativo con que se distingue a alguien. I Apodo, mote o nombre burlesco.

sobrenteder tr. Entender lo que no está expreso, pero que debe suponerse. Ú. t. c. r.

sobreparto m. Tiempo que inmediatamente sigue al parto. I Estado delicado de salud consiguiente al parto.

sobrepasar tr. Rebasar un límite, exceder de él. I Superar, aventajar.

sobrepelliz f. Vestidura blanca que llevan sobre la sotana los sacerdotes, sacristanes, etc., y llega desde el hombro hasta la cintura.

sobreponer tr. Agregar una cosa o ponerla sobre otra. I r. fig. Hacerse superior a las adversidades, obstáculos o contrariedades. I fig. Obtener o afectar superioridad sobre alguien.

sobrepuerta f. Pieza de madera de que se pone sobre las puertas, y de la cual penden las cortinas.

sobrepuesto, ta m. Ornamentación hecha en materia distinta que la del objeto sobre el cual se aplica o coloca. I Panal formando por las abejas encima de la obra que hacen primero. I Vasija o cesto que se pone boca abajo sobre los vasos de las colmenas.

sobrepujar tr. Exceder una cosa o persona a otra en cualquier línea.

sobresaliente Que sobresale. Ú. t. c. s. I adj. y s. Díc. de la calificación superior de los exámenes, y aplícase también a quien la obtiene.

sobresalir intr. Sobrepujar, exceder, superar, descollar, aventajar, distinguirse una persona o cosa entre otras.

sobresaltar tr. Saltar, venir y acometer de repente. I Asustar, turbar, alterar a uno de pronto. Ú. t. c. r.

sobresalto m. Susto repentino. I Sensación que de él proviene.

sobresanar intr. Cerrarse en falso una herida. I Disimular o paliar de algún modo una acción o defecto.

sobrescribir tr. Escribir sobre una cosa o ponerle una inscripción. I Poner el sobrescrito en el sobre o cubierta de una comunicación.

sobresdrújulo, la adj. Díc. de la voz que por efecto de la composición o por llevar pronombres enclíticos, tiene dos acentos de los cuales, el primero y principal, va siempre en sílaba anterior a la antepenúltima.

sobreseer intr. Desistir de la pretensión o empeño. I Cesar en el cumplimiento de una obligación. I Cesar en un procedimiento.

sobresello m. Segundo sello que se pone a una cosa.

sobreseñal f. Divisa que tomaban los antiguos caballeros armados.

sobrestante m. Capataz (persona encargada de dirigir y vigilar a ciertos operarios). I El que dirigiendo a cierto número de obreros, ejecuta determinadas obras bajo la dirección de un técnico.

sobrestimar tr. Estimar alguna cosa por encima de su valor real.

sobresueldo m. Paga o gratificación que se añade al sueldo fijo.

sobretodo m. Prenda de vestir a modo de gabán amplio, que se lleva sobre el vestido.

sobrevenir intr. Acaecer una cosa además o después de otra. I Venir inesperadamente. I Venir a la sazón, al tiempo de, etc.

sobreveste f. Antigua prenda de vestir que se usaba sobre la armadura o el traje.

sobrevestir tr. Poner otro vestido sobre el que ya se lleva.

sobrevidriera f. Enrejado de alambre que protege las vidrieras. I Segunda vidriera para mayor abrigo.

sobrevienta f. Golpe de viento fuerte o impetuoso. I fig. Furia, ímpetu. I fig. Sobresalto, sorpresa.

sobreviento m. Sobrevienta (golpe de viento impetuoso).

sobrevista f. Plancha metálica, a modo de visera, fija al borde anterior del morrión.

sobrevivir intr. Vivir uno después de la muerte de otro o después de determinado suceso.

sobrevolar tr. Volar sobre un lugar, ciudad, territorio, etc.

sobrexceder tr. Sobrepujar, exceder, superar, aventajar.

sobriedad f. Calidad de sobrio.

sobrinazgo m. Parentesco de sobrino. I Nepotismo.

sobrino, na m. y f. Hijo o hija del hermano o hermana, o del primo o prima de una persona, respecto a ésta.

sobrio, bria adj. Templado, moderado, especialmente en comer y beber.

soca f. Último retoño de la caña de azucar.

socaire m. Abrigo que ofrece una cosa en su lado opuesto al viento.

socalzar tr. Reforzar por la parte inferior un edificio, un muro, etc.

socapa f. Pretexto con que se disfraza o encubre la verdadera intención con que se hace una cosa.

socarrar tr. Quemar o tostar ligeramente una cosa. Ú. t. c. r.

socarrén m. Alero del tejado.

socarrena   388

socarrena f. Hueco, concavidad. | Hueco entre dos maderos de un suelo, o tejado.

socarrón, na adj. y s. Astuto, taimado, disimulado.

socarronería f. Astucia, bellaquería y disimulo con que uno procura su interés o encubre sus intenciones.

socava f. Acción de socavar. | Alcorque u hoyo que se hace alrededor de una planta para conservar la humedad.

socavar tr. Excavar por debajo alguna cosa; minarla.

socavón m. Cueva, galería subterránea que parte de la superficie del terreno.

socaz m. Trozo de cauce que hay debajo del molino o batán hasta la madre del río.

sociable adj. Naturalmente inclinado a la vida social, o que tiene disposición para ella.

social adj. Perteneciente o relativo a la sociedad o a las contiendas entre unas y otras clases. | Perteneciente o relativo a una compañía o sociedad, o a los socios o compañeros aliados o considerados.

socialismo m. Teoría política y económica que propugna que la tierra, el transporte, el comercio, las principales industrias y los recursos naturales deben ser propiedad estar dirigidos por el estado y que las riquezas han de estar distribuidas sin tomar en consideración los conceptos de propiedad individual.

socializar tr. Transferir al estado o a otro órgano colectivo, las propiedades, industrias, etc., particulares.

sociedad f. Reunión de personas, familias, pueblos o naciones. | Agrupación de individuos constituida para cumplir, mediante la mutua cooperación, todos o alguno de los fines de la vida. Aplícase también a los animales. | Reunión de personas para la tertulia, el juego u otras diversiones.

socio, cia m. f. Persona asociada con otra u otras para algún fin. | Miembro de una asociación o compañía.

sociología f. Ciencia que estudia las condiciones de existencia y desenvolvimiento de las sociedades humanas, de las culturas ante los procesos sociales, y de las personas dentro de ellos.

sociólogo, ga m. y f. Persona que profesa la sociología o es versada en ella.

socolar tr. Cortar todas las malezas y arbustos que crecen bajo los árboles grandes, para facilitar el corte de estos últimos. | Tranquilizar, desbrozar.

socollada f. Sacudida que dan las velas cuando hay poco viento, y las jarcias cuando están flojas.

socoro m. Sitio que está bajo el coro.

socorrer tr. Ayudar, auxiliar, favorecer a alguien en un apuro. riesgo o necesidad. | Dar a uno a cuenta parte de lo que se le ha de pagar.

socorrismo m. Actividades encaminadas a las personas que se encuentran en inminente peligro como consecuencia de cualquier accidente.

socorro m. Acción de socorrer. | Cosa con que se socorre.

soda f. Sosa. | Especie de gaseosa aromatizada con jarabe o esencia de alguna fruta.

sódico, ca adj. Relativo al sodio.

sodio m. Metal blando, monovalente, muy activo y que funde a baja temperatura.

sodomita adj. Persona que practica el acto sexual por el orificio anal.

soez adj. Bajo, grosero, indigno, vil.

sofá m. Asiento cómodo para dos o más personas con respaldo y brazos.

sofión m. Buñido, expresion de enojo. | Trabuco (arma de fuego).

sofisma m. Razón o argumento aparente con que se quiere defender o persuadir lo que es falso.

sofisticado, da adj. Dícese de la persona que revelan mucho refinamiento y artificio, con buen gusto e inteligencia.

sofisticar tr. Adulterar, falsificar con sofismas. | Quitar naturalidad a una persona o cosa a fuerza de artificio. | Dar a algo un estilo extremadamente refinado.

sofito m. Plano inferior del saliente de un cuerpo voladizo.

soflamar r. Tostarse, requemarse lo que está asándose o cociéndose.

sofocación f. Acción de sofocar o sofocarse.

sofocante adj. Que sofoca.

sofocar tr. Ahogar, impedir la respiración. | Apagar, oprimir, dominar, extinguir. | fig. Acosar, importunar en demasía. | fig. Avergonzar, abornochar. Ú. t. c. r.

sofoco m. Efecto de sofocar o sofocarse. | fig. Grave disgusto que se da o se recibe.

sofocón m. fam. Desazón, disgusto que sofoca o aturde.

sofoquina f. Sofocón, disgusto grande.

sófora f. Arbol leguminoso de tronco grueso, ramas retorcidas, hojas compuestas, flores amarillas y fruto en vainas nudosas.

sofreír tr. Freír ligeramente una cosa.

sofrenar tr. Refrenar. | fig. Reprender con aspereza a alguno.

sofrito, ta p. p. irreg. de sofreír.

software m. Conjunto de programas de un ordenador. Se contrapone a hardware (es anglicismo).

soga f. Cuerda gruesa.

soguilla f. Trenza delgada de pelo. | Trencilla de esparto.

soja f. Planta leguminosa originaria de China.

sojuzgar tr. Sujetar, someter, dominar, mandar con violencia.

sol m. Astro luminoso centro de nuestro sistema planetario. | Cualquier estrella centro de un sistema planetario. | Moneda peruana de plata, que equivalía a un peso. | Quinta nota de la escala.

solada f. Suelo, poso de un líquido.

solado, da p. p. de solar. | m. Acción de solar. | Revestimiento de un piso con algún material.

solana f. Sitio donde da el sol de lleno.

solanáceo, a adj. y s. Aplícase a plantas dicotiledóneas que tienen hojas simples y alternas, flores de corola acampanada y fruto en bava o capsular con muchas semillas.

solanera f. Efecto de tomar mucho sol una persona. | Sitio expuesto sin resguardo a los rayos solares.

solano m. Viento que sopla de levante. | Hierba mora.

solapa f. Parte del vestido correspondiente al pecho y que se dobla hacia fuera sobre la misma prenda. | fig. Ficción, apariencia o colorido con que se disimula una cosa.

solapado, da p. p. de solapar. | adj. Dícese de la persona que por costumbre oculta maliciosa y cautelosamente sus pensamientos.

solapar tr. Poner solapas a una prenda de vestir. | Cubrir una cosa a otra. | fig. Ocultar, disimular taimada y cautelosamente la verdad o la intención. | intr. Caer cierta parte del vestido doblada sobre otra.

solar adj. Dícese de la casa más antigua y nombre de una familia. Ú. t. c. s. | Perteneciente al Sol. | m. Casa, descendencia, linaje noble. | Porción de terreno donde se ha edificado o que se destina a edificar en él. | tr. Pavimentar el suelo con ladrillos, losas u otro material. | Echar suelas al calzado.

solario m. Local o establecimiento propio para tomar baños de sol.

solaz m. Esparcimiento, recreo, consuelo, descanso de los trabajos.

solazar tr. y r. Dar solaz.

solazoso, sa adj. Que causa solaz.

soldada f. Sueldo, salario, paga, estipendio. | Haber del soldado.

soldadesca f. Profesión de soldado. | Conjunto de soldados. | Tropa indisciplinada.

soldado m. El que sirve en milicia.

soldador m. El que tiene por oficio soldar. | m. Instrumento que sirve para soldar.

soldadura f. Acción de soldar. | Material propio para soldar. | fig. Enmienda o corrección de una cosa.

soldar tr. Pegar o unir sólidamente dos cosas, o dos partes de una misma cosa, con alguna sustancia igual o semejante a ellas.

soleá f. Tonada, copla y andanza andaluza.

solear tr. y r. Tener expuesta al sol una cosa por algun tiempo.

solecismo m. Falta de sintaxis; error cometido contra la exactitud o pureza de un idioma.

soledad f. Falta de compañía. | Lugar desierto. | Pesar, pena que se siente por la ausencia de una persona o cosa. | Tonada andaluza de carácter melancólico. | Copla que se canta y danza que se baila con esta música.

solejo m. Vaina de legumbre.

solemne adj. Que se hace o se celebra con gran ceremonia. | Formal, grave, firme, acompañado de todos los requisitos necesarios para darle validez y eficacia. | Crítico, interesante, importante. | Imponente, majestuoso.

solemnidad f. Calidad de solemne. | Acto solemne. | Festividad eclesiástica. | Cualquiera de las formalidades o requisitos de un acto solemne.

solemnizar tr. Celebrar solemnemente un suceso. | Engrandecer, autorizar o encarecer una cosa.

solenoide m. Alambre arrollado en hélice por el cual pasa una corriente, y que se usa en diversos aparatos eléctricos.

sóleo m. Músculo de la pantorrilla unido a los gemelos por su parte inferior para formar el tendón de Aquiles.

soler intr. Acostumbrar, tener costumbre. | Ser frecuente una cosa.

solera f. Madero horizontal sobre el cual descansan o se ensamblan otros, en una obra. |Muela del molino que está fija debajo de la volantera. | Suelo del horno. | Madre o lía de vino.

solercia f. Habilidad y astucia para hacer o tratar algo.

soleta f. Pieza de tela con que se remienda la planta del pie de la media o calcetín.

soletar tr. Poner soletas a las medias.

solevantar tr. y r. Levantar una cosa empujando hacia arriba. | fig. Soliviantar.

solfa f. Arte de leer y entonar las voces de la música. | Sistema de signos con que se escribe la música.

solfatara f. Abertura en los terrenos volcánicos, por donde salen periódicamente vapores sulfurosos y en algunos casos se derrama azufre natural.

solfear tr. Cantar marcando el compás y pronunciando los nombres de las notas.

solfeo m. Acción de solfear. | fam. Zurra de golpes.

solicitar tr. Pretender, pedir o buscar algo con diligencia. | Hacer diligencia para realizar algún negocio. | fig. Requerir de amores con instancia a una persona.

solícito, ta adj. Diligente, cuidadoso, servicial.

solicitud f. Diligencia o instancia cuidadosa. | Memorial en que se solicita algo.

solidaridad f. Modo de derecho u obligación in sólidum o de mancomún. | Adhesión circunstancial a la causa o empresa de otros.

solidario, ria adj. Adherido o asociado a la causa, empresa u opinión de otro. | fig. Que actúa correspondiendo a otra acción o de acuerdo con ella.

solidarizar tr. y r. Hacer a una persona o cosa solidaria con otra.

solidez f. Calidad de sólido. | Volumen.

solidificar tr. y r. Hacer sólido un fluido.

sólido, da adj. Firme, macizo, fuerte, denso y consistente. | Dícese de los cuerpos que no son huecos. | Dícese del cuerpo que tiene forma constante, que no puede cambiar a no ser que actúe sobre él una fuerza externa suficientemente intensa. | fig. Firme, verdadero, establecido con razones fundamentales. | Dícese del ángulo formado por varios planos que se cortan mutuamente y concurren en un punto. | Cuerpo (objeto material en que pueden apreciarse las tres dimensiones principales.

soliloquio m. Discurso de una persona que habla estando sola o sin dirigir la palabra a otra.

solimán m. Sublimado corrosivo.

solio m. Trono, silla real con dosel.

solípedo, da adj y s. Equipo. | m. pl. Équidos.

solipsismo m. Forma radical del subjetivismo, según la cual sólo existe o sólo puede ser conocido el propio yo.

solista s. Persona que ejecuta un solo de una pieza musical.

solitaria f. Silla de posta para una sola persona. | Tenia.

solitario, ria adj. Desamparado, desierto. | Solo, falto de compañía. | Retirado, aficionado a la soledad o que vive en ella. | m. Diamante engastado solo en una joya.| Juego de naipes, que ejecuta una sola persona.

soliviantar tr. Mover el ánimo de alguien para inducirle a adoptar alguna aptitud rebelde u hostil. Ú. t. c. r.

soliviar tr. Ayudar a solevantar. | r. Levantar un poco al que está sentado o echado.

sollado m. Piso o cubierta inferior del buque, en donde se suelen instalar alojamientos y pañoles.

sollamar tr. y r. Someter la carne u otra cosa, especialmente la cerámica, a la acción directa de la llama, produciendo quemadura.

sollastre m. Pinche de cocina. | Pícaro redomado, bribón.

sollozar intr. Producir por un movimiento convulsivo varias inspiraciones bruscas entrecortadas, seguidas de una espiración. Es fenómeno nervioso que suele acompañar al llanto.

sollozo m. Acción de sollozar.

solo, la adj. Único en su línea. | Que está sin otra cosa o separado de ella. | Que no tiene compañía. | Que no tiene quien la ampare, socorro o consuele. | Composición musical o parte de ella que canta o toca una sola persona.

sólo adv. Solamente.

solomillo m. Capa muscular que se extiende por entre las costillas y el lomo en los animales de matadero.

solsticio m. Epoca en que el Sol se halla en uno de los dos trópicos.

soltar tr. Desatar, desceñir. | Dar libertad o dejar ir al que estaba preso. | Desasir lo que se tenía sujeto. | Dar salida a lo que estaba detenido o confinado. | Con relación al vientre, hacerle evacuar con frecuencia. l r. fig. Adquirir desenvoltura en la ejecución de una cosa, en el trato, etc.

soltero, ra adj. Célibe Ú. t. c. s. | Suelto o libre.

solterón, na adj. y s. Dícese de la persona soltera ya entrada en años.

soltura f. Acción de soltar. | Agilidad, presteza, gracia y desenvoltura. | fig. Facilidad de palabra.

soluble adj. Que se puede disolver o desleír. | fig. Que se puede resolver.

solución f. Explicación, satisfacción que se da a una duda, o razón con que se disuelve la dificultad de un argumento. | Resultado de un problema, adivinanza, jeroglífico, crucigrama, etc. | Desenlace, en el drama y la epopeya.| Disolución de un cuerpo sólido en un líquido. | Líquido que contiene un cuerpo disuelto.

solucionar tr. Resolver un asunto, hallar solución o término a un negocio.

solutivo, va adj. y s. Que suelta o laxa.

solvencia f. Acción de solventar. | Calidad de solvente.

solventar tr. Arreglar cuentas pagando la deuda a que se refieren. | Dar solución a un asunto difícil.

solvente adj. Desempeñado de deudas. | Capaz de desempeñarlas. | Capaz de cumplir cuidadosa y celosamente un cargo u obligación. | Sustancia capaz de disolver a otras.

somanta f. fam. Tunda, zurra.

somático, ca adj. Dícese de lo que es material o corpóreo en un ser animado. | Aplícase al síntoma material, para diferenciarlo del síntoma funcional. | Dic. de lo que es propio del cuerpo.

somatología f. Tratado de las partes sólidas del cuerpo humano.

sombra f. Oscuridad, falta de luz más o menos completa. | Oscuridad que en un cuerpo opaco produce en otro, al interponerse entre él y la luz. | Proyección oscura que un cuerpo lanza en direccion opuesta a aquella por donde recibe la luz. | Lugar, zona o región a la que por una u otra causa, no llegan las imágenes, sonidos o señales transmitidos por un aparato o estación emisora. | Espectro, aparicion de la imagen de una persona muerta.

sombreado, da p. p. de sombrear. | m. Acción de sombrear.

sombrear tr. Dar o producir sombra. | Poner sombra en una pintura o dibujo. | intr. Apuntar el bigote o la barba.

sombrerazo m. aum. de sombrero. | Golpe dado con el sombrero. | fam. Saludo brusco hecho con el sombrero.

sombrerera f. Mujer del sombrerero. | La que hace o vende sombreros. | Caja para el sombrero.

sombrería f. Oficio de hacer sombreros. | Fábrica o tienda de sombreros.

sombrerete m. dim. de sombrero. | Sombrero (parte superior o redondeada de muchos hongos).

sombrero m. Prenda que sirve para cubrir la cabeza y consta de copa y ala.

sombría f. Umbría.

sombrilla f. Quitasol.

sombrío, a adj. Dícese del sitio de poca luz en que con frecuencia hay sombra.| fig. Tétrico, melancólico, taciturno.

somero, ra adj. Casi encima o muy próximo a la superficie. | fig. Ligero, superficial, hecho con poca reflexión.

someter tr. Sujetar, reducir a la obediencia, sojuzgar; conquistar, subyugar, pacificar, Ú. t. c. r. | Subordinar el juicio, decisión o afecto propios a los de otra persona.

somier m. Colchón de muelles (es galicismo).

somnífero, ra adj. Que da o causa sueño.

somnolencia f. Pesadez y torpeza de los sentidos, debido al sueño. | Ganas de dormir.

somontano, na adj. Dícese del terreno o región situados al pie de una montaña.

somorgujar tr. Sumergir, chapuzar. Ú. t. c. r. | intr. Bucear.

somorgujo m. Ave palmípeda de pico agudo.

son prep. insep. Sub. | m. Sonido grato al oído, particularmente el que se hace con arte. | fig. Noticia, fama divulgación de una cosa. | Pretexto. | Tenor, modo o manera.

sonada f. Sonata.

sonadera f. Acción de sonarse las narices. | Situación de tener que sonarse repetidas veces las narices.

sonaja f. Conjunto de dos chapas de metal que, pasadas en un alambre, se ponen en las panderetas y otros instrumentos, para hacerlas sonar agitándolas.

sonajero m. Juguete que tiene sonajas o cascabeles, propio para los niños.

sonambulismo m. Estado de sonámbulo.

sonámbulo, la adj. y s. Dícese de la persona que padece sueño anormal durante el que tiene cierta aptitud para ejecutar algunas funciones de la vida de relación exterior, como las de levantarse, andar y hablar, sin que al despertar le quede recuerdo de ello.

sonar intr. Hacer o causar ruido una cosa. | Tener valor fónico una letra. | Mencionarse, citarse. | Tener una cosa visos o apariencias de algo. | fam. Ofrecerse vagamente al recuerdo alguna cosa. | tr. Tocar o tañer con arte una cosa. | Limpiar las narices de mocos. Ú. t. c. | impers. Susurrarse, esparcirse rumores de una cosa.

sonar m. Aparato utilizado para descubrir, mediante el eco producido por cierta clase de sonido, objetos sumergidos y determinar las características del terreno.

sonata f. Composición de música instrumental que comprende trozos de diferente carácter y movimiento.

sonatina f. Sonata corta y que suele ser de fácil ejecución

sonda f. Barrena con que se abren taladros de mucha profundidad en los terrenos. | Llámase así a todo artefacto no tripulado que se lanza alrededor del Sol o a los espacios exteriores, llevando aparatos para investigar el espacio interplanetario o los planetas, cerca de los cuales pasa al seguir su trayectoria. | En general, cualquiera de los diversos instrumentos largos y delgados, que se introducen en conductos o cavidades con fines de exploración y evacuación. | Cuerda con un peso de plomo que sirve para explorar el fondo de las aguas.

sondaleza f. Cuerda larga que con el escandallo sirve para sondar y medir las profundidades del mar.

sondear tr. Echar al agua escandallo para averiguar la profun-didad y reconocer la naturaleza del fondo. | Averiguar la naturaleza del susuelo con una sonda. | fig. Inquirir, averiguar y rastrear con cautela. | Introducir por algunos conductos ciertos instrumentos quirurgicos de formas especiales, con fines terapéuticos.

sondeo m. Acción de sondear.

soneto m. Composición poética de 14 versos endecasílabos o alejandrinos (de catorce sílabas) distribuidos en dos cuartetos y dos tercetos de rima consonante.

sonido m. Sensación que el movimiento vibratorio de los cuerpos transmitido por un medio elástico, como el aire, excita en el oído. | Valor y pronunciación de las letras.

sonochar intr. Velar en las primeras horas de la noche.

sonómetro m. Monocordio.

sonoridad f. Calidad de sonoro.

sonoro, ra adj. Que suena o puede sonar. | Que suena mucho o que suena bien. | Que despide bien el sonido, o hace que éste se oiga bien.

sonreír intr. Reírse un poco o levemente, y sin ruido. Ú. t. c. r.

sonrisa f. Acción de sonreír.

sonrojar tr. y r. Hacer salir los colores al rostro diciendo o haciendo algo que cause timidez o vergüenza.

sonrojear tr. y. r. Sonrojar.

sonrojo m. Acción de sonrojar o sonrojarse.

sonrosado, da adj. De color de rosa.

sonrosar tr. y r. Dar, poner o causar color de rosa.

sonsacar tr. Sacar algo con maña y artería del sitio en que está. | Solicitar secretamente a una persona para que deje la ocupación que tiene y pase a otra. | fig. Procurar hábilmente que uno diga o descubra algo.

sonso, sa adj. Zonzo.

sonsonete m. Son que resulta de golpecitos repetidos a

compás. I fig. Tonillo de desprecio, burla o ironía, en la risa o en las palabras.

soñador, ra adj. y s. Que sueña mucho. I Que cuenta ensueños o les da fácil crédito. I fig. Que discurre fantásticamente, sin tener en cuenta la realidad.

soñar tr. e intr. Representarse situaciones de la vida en la fantasía, a veces en forma muy alterada, mientras se duerme. I Discurrir fantásticamente y dar por ciertas y seguras cosas que no lo son.

soñarrera f. fam. Acción de soñar mucho. I Sueño pesado. I Soñera.

soñera f. Propensión a dormir.

soñolencia f. Somnolencia.

sopa f. Pedazo de pan empapado en cualquier líquido. I Plato compuesto del caldo de la olla y de otros ingredientes como rebanadas de pan, fécula, arroz, fideos u otras pastas cocidas en él.

sopapo m. Bofetada.

sopera f. Vasija en que se sirve la sopa.

sopero, ra adj. y s. Díc. del plato hondo, propio para sopa.

sopesar tr. Alzar una cosa como para tentar o reconocer su peso.

sopetear tr. Mojar muchas veces el pan en el caldo.

sopeteo m. Acción de sopetear o mojar muchas veces el pan en el caldo.

sopetón m. Pan tostado que se moja en aceite. I Manotada fuerte y repentina.

sopista com. Persona que vive de limosna y va a la sopa a los conventos.

soplado p.p. del verbo soplar. I adj. Fam. Díc. de la persona que está primorosamente pulcra y bien peinada.

soplador, ra adj. Que sopla. I fig. Díc. de quien excita, mueve o enciende una cosa. I m. Aventurador, soplillo. I Sopladero. I Díc. de las personas que dan información a otras clandestinamente.

sopladura f. Acción de soplar.

soplamocos m. fam. Golpe dado en la cara, especialmente en las narices.

soplante m. Ventilador impelente utilizado en los aerodeslizadores.

soplar intr. Despedir aire con violencia por la boca. Ú. t. c. tr. I Hacer que el fuelle u otro artificio análogo despida el aire recibido. I Correr el viento. I tr. Apartar con uno con astucia. I fam. Tratándose de bofetones, cachetes y otros golpes semejantes, darlos.I fig. Inspirar o sugerir algo. I fig. Sugerir a uno lo que debe decir. I fig. Acusar o delatar. I Fam. Entregar un estudiante a otro, secretamente, las respuestas a una interrogación del profesor o los examinadores.

soplete m. Instrumento que consta esencialmente de un tubo, por medio del cual se aplica a una llama corriente gaseosa comburente para dirigir aquella sobre objetos que se han de fundir o examinar a temperatura muy alta. I Cualquier instrumento destinado a dirigir un chorro regulable de gases, líquidos o emulsiones, en una dirección.

soplido m. Soplo.

soplillo m. dim. de soplo. I Aventador.

soplo m. Acción de soplar. I Aire que impele. I Inspiración o influencia misteriosa. I fig. Instante, tiempo breve.

soplón, na adj. y s. Díc. de quien acusa en secreto. I Delator.

soponcio m. fam. Desmayo, desvanecimiento.

sopor m. Modorra morbosa persistente. I fig. Adormecimiento, somnolencia.

soporífero, ra adj. y s. Que inclina al sueño o es propio para causarlo.

soportable adj. Que se puede soportar o sufrir.

soportal m. Espacio cubierto a modo de vestíbulo, que precede a la entrada principal, en algunas casas. I Pórtico a modo de claustro, a lo largo de un edificio o de una manzana de casas.

soportar tr. Sostener o llevar sobre sí una carga o peso. I fig. Sufrir, tolerar.

soporte m. Apoyo o sostén.

soprano m. Tiple (la más aguda de las voces humanas). I Instrumento musical de viento cuyo registro sonoro corresponde a la más alta de las voces humanas. I com. Persona que tiene esta voz.

sor prep. insep. Sub. I m. Seor. I f. Hermana (Suele usarse ante el nombre de las religiosas).

sorber tr. Beber aspirando. I fig. Atraer hacia dentro de sí algunas cosas. I fig. Recibir o esconder una cosa hueca o espon-josa a otra. I fig. Absorber, tragar.

sorbete m. Refresco de zumo de frutas con azúcar, o de agua, leche o yemas de huevo azucaradas y aromatizadas, al que se da por congelación consistencia pastosa.

sorbo m. Acción de sorber. I Porción de líquido que se toma de una vez en la boca. I fig. Cantidad pequeña de un líquido.

sordera f. Privación o debilitación de la facultad de oír.

sordidez f. Calidad de sordo.

sórdido, da adj. Sucio, manchado. I fig. Impuro, indecente. I fig. Mezquino, avariento.

sordina f. Pieza o registro que sirve para apagar la voz de un instrumento músico. I Muelle que sirve para impedir que suene la campana o el timbre con los relojes de repetición.

sordo, da adj. Que no oye u oye imperfectamente. I Callado, silencioso y sin ruido. I Que suena poco o sin timbre claro. I Díc. de las cosas incapaces de oír.

sordomudez f. Mudez unida a sordera, generalmente como defecto congénito.

sorgo m. Zahína, gramínea.

sorna f. Lentitud con que se hace una cosa. I fig. Disimulo y bellaquería con que se hace o se dice una cosa con alguna tardanza voluntaria. I Ambigüedad burlona e intencionada.

soroche m. Malestar que se siente en las altas montañas.

soror f. Sor (hermana).

sorprendente adj. Que sorprende a maravilla. I adj. Raro, extraordinario.

sorprender tr. Coger desprevenido. I Suspender o maravillar con algo imprevisto, raro o extraordinario. Ú. t. c. r. I Descubrir lo que otro ocultaba o disimulaba.

sorpresa f. Acción de sorprender o sorprenderse. I Cosa que da motivo para que alguien se sorprenda.

sorrostrada f. Insolencia, descaro.

sortear tr. Echar suertes, someter a la suerte a personas o cosas. I Lidiar y hacer suertes a los toros. I fig. Evitar con maña o eludir un compromiso, riesgo o dificultad.

sorteo m. Acción de sortear.

sortija f. Anillo para adorno de los dedos. I Collarino, anillo que termina el fuste de la columna. I Anilla. I Rizo del cabello, en figura de anillo.

sortilegio m. Adivinación por medio de agentes mágicos. I Hechizos que se practican para alterar la suerte o el destino.

sortílego, ga adj. y s. Que vaticina por sortilegios.

sosa f. Óxido de sodio, base salificable eflorescente al aire.

sosegado, da adj. Quieto, pacífico, manso, tranquilo.

sosegar tr. Aplacar, pacificar, aquietar, apaciguar. I fig. Serenar el ánimo, aquietar, mitigar sus ímpetus. I intr. Descansar, reposar, calmar. I Dormir, reposar, descansar.

sosería f. Insulsez, insipidez, falta de gracia y viveza. I Dicho o hecho insulso.

sosía m. Persona que tiene perfecta semejanza con otra.

sosiego m. Quietud, serenidad, tranquilidad.

soslayar tr. Poner una cosa ladeada, de través u oblicua para pasar una estrechura. l Pasar por alto o de largo, dejando de lado alguna dificultad.

soslayo, ya adj. Soslayado, oblicuo.

soso, sa adj. Que no tiene sal, o tiene poca. l fig. Falto de gracia y viveza.

sospecha f. Acción de sospechar.

sospechar tr. Imaginar una cosa por conjeturas fundadas en apari-encias de verdad. l intr. Recelar, desconfiar de alguien.

sospechoso, sa adj. Que da motivo para sospechar. l Díc. de quien sospecha.l m. Individuo cuya conducta o antecedentes inspiran sospecha o desconfianza.

sospesar tr. Sopesar.

sostén m. Acción de sostener. l Persona o cosa que sostiene. l fig. Apoyo moral, protección. l Prenda interior que usan las mujeres para ceñir el pecho.

sostener tr. Sustentar, mantener firme una cosa. Ú. t. c. r. l Sustentar firme a una cosa. Ú. t. c. r. l Sustentar o defender una proposición. l fig. Sufrir, tolerar. l fig. Prestar apoyo, dar aliento. l Dar a alguien lo que necesita para su sustento.

sostenido, da adj. Díc. de la nota cuya entonación es un semitono más alta que la que corresponde a su sonido natural. l m. Signo que representa esta alteración.

sota f. Naipe décimo de cada palo de la baraja española, que tiene pintada la figura de un infante.

sotabanco m. Piso habitable situado por encima de la cornisa de un edificio.

sotabarba f. Barba que se deja crecer por debajo de la barbilla.

sotana f. Vestidura talar sin mangas y con aberturas para sacar los brazos, que usán los eclesiásticos.

sótano m. Pieza subterránea de un edificio.

sotavento m. Dirección hacia donde sopla el viento, en oposición a barlovento que es la dirección desde donde viene el viento. l Costado del buque opuesto al barlovento. l Parte que cae hacia aquel lado.

sotechado m. Cobertizo, techado.

soterrar tr. Enterrar, poner una cosa debajo de tierra. l fig. Esconder o guardar una cosa de modo que no se la note.

soto m. Sitio poblado de árboles y arbustos en las vegas o riberas. l Sitio poblado de malezas, matas y árboles. l prep. insep. Debajo.

sotobosque m. Vegetación formada por matas y arbustos que crece bajo los árboles de un bosque.

sotreta adj. Caballo inútil por sus mañas.

su prep. insep. Sub.

su, sus Pronombre posesivo de tercera persona en género masculino y femenino y en ambos números singular y plural. Úsase sólo antepuesto al nombre o sustantivo.

suasorio,ria adj. Relativo a la persuasión, o propio para persuadir.

suave adj. Liso y blando al tacto. l Blando, dulce, grato a los sentidos. l fig. Tranquilo, quieto. l fig. Dócil, apacible.

suavizador, ra adj. Que suaviza. l m. Correa u otra cosa con que se suaviza el filo de las navajas de afeitar.

suavizar tr. y r. Hacer suave.

sub Preposición insep. que significa debajo, o denota inferioridad, disminución, atenuación, etc.

subalterno, na adj. y s. Inferior o que está debajo; subordinado o que depende de otro. l m. Empleado de categoría inferior.

subarrendar tr. Dar o tomar en arriendo alguna cosa de manos de otro arrendatario de ella.

subasta f. Venta pública de bienes, alhajas, etc., que se hace al mejor postor. l Adjudicación que en la misma forma se hace a una contrata, generalmente de servicio público.

subastar tr. Vender o contratar algo en pública subasta.

subclase f. Cualquiera de los grupos taxonómicos en que se dividen las clases de seres.

subclavio, via adj. Que está situado debajo de la clavícula.

subconsciencia f. Estado inferior de la conciencia psicológica en el que, por la poca intensidad o duración de las percepciones, no se da cuenta de éstas el sujeto.

subconsciente adj. Perteneciente a la subconsciencia. l Que no llega a ser consciente.

subcostal adj. Que esta debajo de las costillas.

subcutáneo, a adj. Que está bajo la piel. l Que se hace debajo de la piel.

subdelegar tr. Dar el delegado su potestad a otra persona.

subdesarrollado, da adj. Se dice del país o región que tiene posibilidades de elevar el nivel de vida de su población mediante el empleo de más capital, más trabajo y más recursos.

súbdito, ta adj. y s. Sujeto a la autoridad de un superior y obligado a obedecerle.

subdividir tr. Dividir una parte de las ya divididas.

subdivisión f. Acción de subdividir o subdividirse.

subduplo, pla adj. Díc. de la cantidad que es mitad de otra.

subestimar tr. Estimar una cosa por debajo de su valor real.

subfamilia f. Cada uno de los grupos taxonímicos en que algunas familias se dividen, y que generalmente comprenden más de una tribu.

subgénero m. Cualquiera de los grupos taxonóimicos, en que se dividen algunos géneros de seres.

subida f. Acción de subir. l Sitio en declive que va subiendo.

subido, da p. p. de subir. l adj. Díc. de lo más puro y acendrado en su especie l Díc. del olor o color fuertes. l Muy elevado, que excede al término ordinario. Se dice generalmente del precio excesivo.

subidor, ra m. y f. Persona encargada de llevar cosas de un lugar bajo a otro alto.

subíndice m. Letra o número de pequeño tamaño que se coloca a la derecha y en la parte inferior de algún símbolo matemático, para distinguirlo de otros semejantes.

subir intr. Pasar de un sitio o lugar inferior a otro más alto. l Crecer en altura ciertas cosas. l fig. Ascender en dignidad o empleo, o crecer en caudal o bienes. l Elevar la voz o el sonido de un instrumento desde un tono a otro más alto. l Recorrer yendo hacia arriba, remontar. l fig. Encarecer las cosas, darles más precio.

súbito, ta adj. Repentino, inesperado.

subjetividad f. Calidad de subjetivo.

subjetivo, va adj. Relativo al yo. l Relativo a nuestro modo de pensar y sentir, y no al objeto considerado en sí mismo.

subjuntivo, va adj. y s. Díc. del modo del verbo, que generalmente necesita juntarse a otro verbo para tener significación cabal.

sublevar tr. Alzar en rebelión, sedición o motín. Ú. t. c. r. l fig. Excitar indignación.

sublimación f. Acción de sublimar.

sublimar tr. Engrandecer, exaltar, ensalzar. l Volatilizar un cuerpo sólido y condensar sus vapores.

sublime adj. Excelso, eminente, elevado en grado sumo.

sublingual adj. Relativo a la región inferior de la lengua.

sublunar adj. Que está debajo de la Luna.

submarinismo m. Expresión sustantivada que designa toda actividad submarina, aplicándose especialmente a la desplegada por el ser humano.

submarinista com. Buceador autónomo.

submarino, na adj. Que se halla bajo la superficie del mar. I m. Díc. del buque que puede sumergirse y navegar bajo el agua.

submúltiplo, pla adj. y s. Díc. del número o cantidad que otro u otra contiene un número exacto de veces como factor.

subnormal adj. Que no es perfectamente normal, sino en grado inferior al normal.

suboficial m. Categoría militar comprendida entre las de cabo primero y oficial, en la cual se incluyen las de sargento, sargento primero, brigada y subteniente.

suborden m. Cada uno de los grupos taxonómicos en que se dividen ciertos órdenes de seres naturales.

subordinado, da p. p. de subordinar. I adj. y s. Díc. de la persona sujeta a otra o dependiente de ella

subordinar tr. Sujetar, someter personas o cosas a la dependencia de otras. I Clasificar algunas cosas como inferiores en orden respecto de otras.

subproducto m. Sustancia obtenida como resultado de la fabricación de otra.

subranquial adj. Que está debajo de las branquias.

subrayado, da p. p. de subrayar. I adj. Díc. de la letra, palabra o frase que se ha impreso con un carácter de letra distinto del general de la impresión, o que se ha escrito con una raya por debajo, con algún fin determinado. I m. Acción de subrayar palabras.

subrayar tr. Tirar una raya por debajo de una letra, palabra o frase escrita para llamar la atención sobre ella. I fig. Recalcar.

subreino m. Cada uno de los grupos taxonómicos en que se divide el reino animal.

subrepticio, cia adj. Que se pretende u obtiene con subrepción, o que se hace o toma ocultamente.

subrogar Sustituir, reemplazar, poner una persona o cosa en lugar de otra. Ú. t. c. r.

subsanar tr. Disculpar, excusar una falta o desacierto. I Reparar un daño, o enmendar un error.

subscapular adj. Díc. del músculo que está situado debajo de la escápula.

suscribir tr. Firmar al final de un escrito. I fig. Adherirse al dictamen o parecer de alguien. I r. Obligarse una persona a contribuir con otras al pago de una cantidad para algún fin.

subscripción f. Acción de suscribir o suscribirse.

subsidiario, ria adj. Que se da en socorro o subsidio a alguien.

subsidio m. Socorro, ayuda o auxilio extraordinario. I Tributo sobre las rentas eclesiásticas, concedido por la Santa Sede a los reyes de España. I Contribución impuesta a la industria y al comercio.

subsistencia f. Permanencia, estabilidad y conservación de las cosas. I Conjunto de medios necesarios para vivir.

subsistir intr. Permanecer, durar, conservarse una cosa. I Vivir (pasar y mantener la vida) I Existir con todas las condiciones propias de su ser y naturaleza.

substancia f. Aquello que en cualquier cosa constituye lo más importante o esencial.

substanciar tr. Compendiar, extractar.

substituir tr. Poner a una persona o cosa en lugar de otra para que haga sus veces.

substracción f. Acción y efecto de substraer. I Resta, operación de restar.

substrato m. Sustrato.

subsuelo m. Terreno que está debajo de la capa laborable.

subsumir tr. Incluir algo como componente en una síntesis o clasificación más abarcadora.

subtender m. Unir una recta los extremos de un arco o de una línea quebrada.

subterfugio m. Efugio, pretexto, escapatoria, excusa fingida.

subterráneo, a adj. Que está debajo de tierra. I m. Lugar o espacio que esta debajo de tierra. I Metro (tren subterráneo suburbano).

subtipo m. Cualquiera de los grupos taxonómicos en que se dividen los tipos de animales y plantas.

subtítulo m. Segundo título o título secundario de una obra.

suburbano, na adj. Aplícase al edificio, terreno o campo próximo a la ciudad.

suburbio m. Arrabal, barrio o aldea cerca de la ciudad o dentro de su jurisdicción.

subvención f. Acción de subvenir. I Cantidad con que se subviene.

subvencionar tr. Dar una subvención.

subvenir intr. Venir en auxilio de alguno o acudir a las necesidades de una cosa.

subversión f. Acción de subvertir.

subversivo, va adj. Capaz de subvertir, o que tiende a ello.

subvertir tr. Trastornar, desordenar, destruir. Suele usarse en sentido moral.

subyacente adj. Que yace o está debajo.

subyugar tr. Avasallar, dominar poderosa o violentamente.

succino m. Ambar.

succión f. Acción de chupar o sacar un jugo o sustancia con los labios.

succionar tr. Chupar.

sucedáneo, a adj. y s. Díc. de la sustancia que, por tener propiedades parecidas a las de otra, puede reemplazarla.

suceder intr. Entrar una persona o casa en lugar de otra, o seguirse de ella. I Descender, proceder, provenir. I impers. Acontecer, efectuarse algo.

sucedido, da p. p. de suceder I m. fam. Suceso, acontecimiento.

sucesión f. Acción y efecto de suceder. I Herencia (lo que se hereda). I Prole, descendencia directa.

sucesivo, va adj. Que sucede o se sigue a otra cosa.

suceso m. Acontecimiento, cosa que sucede. I Transcurso del tiempo. I Exito, resultado de una cosa. I Hecho delictivo o accidente desgraciado.

sucesor, ra adj. y s. Que sucede a uno o sobreviene en su lugar, como continuador de él.

suciedad f. Calidad de sucio. I Inmundicia, porquería. I fig. Dicho o hecho sucio.

sucinto, ta adj. p. us. Recogido o ceñido por abajo. I Breve, compendioso.

sucio, cia adj. Que tiene manchas o impurezas. I Que se ensucia fácilmente.

suco m. Jugo.

sucoso, sa adj. Jugoso.

suctorio, ria adj. Apto o a propósito para chupar.

súcula f. Torno.

suculencia f. Jugosidad.

suculento, ta adj. Jugoso, muy sustancioso, muy nutritivo.

sucumbir intr. Ceder, rendirse, someterse, darse por vencido. I Morir, perecer.

sucursal adj. y s. Díc. del establecimiento que sirve de ampliación a otro principal, del cual depende.

sud m. Sur.

sudación f. Exudación . | Exhalación de sudor, especialmente la abundante provocada con fines terapéuticos.

sudar intr. Exhalar y expeler el sudor. | fig. Destilar ciertos vegetales y frutos algunas gotas de su jugo. | fig. Destilar agua a través de sus poros algunas cosas impregnadas de humedad. | tr. Empapar de sudor.

sudario m. Lienzo con que se cubre el rostro de los difuntos o en que se envuelve el cadáver.

sudeste m. Punto del horizonte entre el Este y el Sur, equidistante de ambos. Viento que sopla de esta parte.

sudoeste m. Punto del horizonte entre el Sur y el Oeste, equidistante de ambos. | Viento que sopla de esta parte.

sudor m. Humor acuoso, serosidad, que sale por los poros de las glándulas sudoríparas de la piel de los mamíferos. | fig. Jugo que sudan las plantas.

sudorífico, ca adj. y s. Dic. de lo que hace sudar.

sudorípara adj. Díc. de cualquiera de las glándulas que segregan el sudor.

sudoroso, sa adj. Que está sudando mucho. | Propenso a sudar.

suegra f. Madre de un cónyuge, respecto del otro.

suegro m. Padre de un cónyuge, respecto del otro.

suela f. Parte del calzado que toca al suelo. | Cuero de que se hace.

sueldo m. Antigua moneda, vigésima parte de una libra. | Remuneración asignada a un individuo por el desempeño de un cargo o servicio profesional.

suelo m. Superficie de la tierra. | Terreno en que viven o pueden vivir las plantas. | Superficie artificial, revestimiento de un piso. | Piso de una habitación.

suelta f. Acción de soltar. | Maniota con que se traban las caballerías.

suelto, ta p.p. irreg. de soltar. | adj. Ligero, presto, veloz. | Poco compacto, disgregado. | Expedito, hábil en el hablar u obrar. | Libre, atrevido. | Díc. del lenguaje, estilo, etc., fácil, corriente. | Separado y que no forma unión con otras cosas. periódico.

sueño m. Acción de dormir. | Acción de soñar mientras se duerme. | Las mismas cosas que se sueñan. | Gana de dormir. | Cosa que carece de realidad o fundamento; proyecto, deseo, esperanza sin probabilidad de realizarse.

suero m. Parte líquida de la sangre, del quilo o de la linfa, que se separa del coágulo de estos humores, fuera del organismo. | Parte cuando ésta se coagula. | Disolución en agua de ciertas sales, o el que se obtiene de animales preparados convenientemente y se usa en inyecciones con fines curativos.

suerte f. Encadenamiento casual de los sucesos, hado, sino, fortuna, casualidad. | Circunstancia de ser favorable o adverso a personas o cosas lo que acontece. | | Lance de torero.

suéter m. Prenda de abrigo a modo de chaleco elástico de punto de lana.

suficiencia f. Capacidad, aptitud.

suficiente adj. Bastante para lo que se necesita. | Apto o idóneo. | fam. Propenso a la pedantería.

sufijo, ja adj. y s. Díc. del afijo que va propuesto.

sufismo m. Doctrina mística profesada por ciertos musulmanes, principalmente en Persia. Su nombre alude a las vestimentas humildes que llevaban los fieles.

sufra f. Correón que sostiene las varas del carruaje apoyado en el sillín de caballería de tiro.

sufragáneo, a adj. Que depende de la jurisdicción y autoridad de alguien.

sufragar tr. Ayudar, proteger, socorrer. | Costear, satisfacer. | Votar (con la prep. por).

sufragio m. Ayuda, favor, socorro. | Obra buena aplicada por las ánimas del purgatorio. | Voto o dictamen. | Sistema electoral para la provisión de cargos.

sufragista adj. y s. Votante. | Partidario del sufragismo.

sufridera f. Pieza de hierro que tiene un agujero o cavidad en medio, y en la cual apoyan los herreros aquella que quieren perforar con el punzón.

sufrido, da adj. Que sufre resignadamente un daño. | Díc. del color que disimula lo sucio.

sufrimiento m. Dolor, padecimiento, pena. | Paciencia, conformidad con que se sufre una cosa.

sufrir tr. Padecer (sentir un daño, dolor, enfermedad, pena, castigo o agravio). | Recibir con resignación un daño. Ú. t. c. r. | Sostener, resistir. | Aguantar, tolerar, soportar. | Permitir (no impedir algo).

sugerencia f. Insinuación, inspiración, idea que se sugiere.

sugerente Que sugiere.

sugerir tr. Infiltrar, insinuar en el ánimo de alguien una cosa.

sugestión f. Acción de sugerir. | Especie sugerida. | Acción y efecto de sugestionar.

sugestionable adj. Fácil de ser sugestionado.

sugestionar tr. Inspirar una persona a otra hipnotizada, palabras o actos involuntarios. | Dominar la voluntad de una persona, llevándola a obrar en determinado sentido.

suicida com. Persona que se suicida. | adj. fig. Díc. del acto o la conducta que daña o destruye al propio agente.

suicidarse r. Quitarse voluntariamente la vida.

suicidio m. Acción de suicidarse.

suido adj. y s. Díc. de los mamíferos artodáctilos, con los dientes caninos de la mandíbula superior, en los machos, torcidos hacia fuera y arriba.

suino adj. Porcino.

sujeción f. Acción de sujetar o sujetarse. | Unión con que una cosa está sujeta de modo que no pueda separarse, dividirse o inclinarse.

sujetar tr. Someter al dominio de alguien. | Afirmar, asegurar o contener algo con la fuerza.

sujeto, ta adj. Expuesto o propenso a una cosa. | m. Asunto o materia de un discurso o escrito. | Cualquier persona indeterminada. | El espíritu humano en oposición al mundo externo. | Palabra o locución que expresa la idea de la cual el verbo afirma algo. | Ser del cual se enuncia algo.

sulfamida f. Sustancia cristalizable soluble en el amoniaco y en los álcalis, derivada de ciertos compuestos sulfurados, que se usa en medicina contra ciertas infecciones.

sulfatador m. Máquina para sulfatar.

sulfatar tr. Impregnar o bañar con un sulfato.

sulfato m. Sal del ácido sulfúrico.

sulfhídrico, ca adj. Relativo a las combinaciones del azufre con el hidrógeno.

sulfurar tr. Combinar una sustancia con el azufre. | fig. Irritar, encolerizar.

sulfuro m. Sal del ácido sulfhídrico.

sultán m. Emperador turco. | Soberano o gobernador musulmán.

sultana f. Mujer del sultán. | Embarcación principal que usaban las antiguas escuadras turcas.

sultanato m. Sultanía.

suma f. Agregado de muchas cosas. | Cantidad de dinero. | Acción de sumar. | Lo más sustancial de una cosa. | Recopilación de todas las partes de una ciencia. | Cantidad equivalente a dos o más homogéneas.

sumando m. Cada una de las cantidades que se han de sumar.

sumar tr. Recopilar, recapitular, resumir. | Reunir en un sólo número las unidades y partes alícuotas de la unidad contenidas en otras varias cantidades homogéneas. | Hallar la expresión algebraica cuyo valor numérico sea equivalente a la suma de los valores numéricos de otras varias.

sumaria f. Proceso escrito. | Nombre dado al sumario en el procedimiento criminal militar.

sumario, ria adj. Breve, sucinto, compendiado. | Díc. de algunos juicios civiles en que se procede brevemente. | m. Resumen, compendio o suma. | Conjunto de actuaciones encaminadas a preparar el juicio criminal.

sumergible adj. Que se puede sumergir. | m. Buque submarino.

sumergir tr. y r. Meter una cosa debajo de un líquido. | fig. Abismar, hundir.

sumersión f. Acción de sumergir.

sumidero m. Conducto por donde se sumen las aguas.

suministrar tr. Proveer a alguien de lo necesario.

suministro m. Acción de suministrar. | Provisión de víveres y utensilios para las tropas, penados, etc.

sumir tr. Hundir en la tierra o en el agua. | Consumir el sacerdote en la misa. | fig. Sumergir. | r. Hundirse o formar una concavidad anormal alguna parte del cuerpo.

sumisión f. Acción de someter o someterse. | Acatamiento, subordinación manifestada en palabras o acciones.

sumiso, sa adj. Obediente, subordinado.

sumo adj. Supremo. | fig. Muy grande, enorme.

sunción f. Acción de consumir en la misa.

sunco, ca adj. Manco.

suntuario, ria adj. Relativo al lujo. | Díc. de la ley que tasa los gastos.

suntuosidad f. Calidad de suntuoso.

suntuoso, sa adj. Magnífico, grande y costoso. | Díc. de quien se muestra espléndido en su gasto y porte.

supedáneo m. Especie de peana, estribo o apoyo, como el que tiene algunos crucifijos.

supeditar tr. Sujetar, oprimir con rigor o violencia.

super prep. insep. que significa sobre y denota preeminencia o grados sumo, o exceso o demasía.

superabundancia f. Abundancia muy grande.

superación f. Acción de superar.

superar tr. Sobrepujar, exceder, vender.

superávit m. Excesos del haber sobre el debe, del caudal sobre las obligaciones, o de los ingresos sobre los gastos.

superchería f. Engaño, ficción, fraude.

superciliar adj. Díc. del reborde en forma de arco que tiene el hueso frontal en la parte que corresponde a la sobreceja.

superficial adj. Relativo a la superficie. | Que está o se queda en la superficie. | fig. Aparente, falto de solidez. | fig. Frívolo, ligero, sin fundamento.

superficialidad f. Calidad de superficial, frivolidad.

superficie f. Parte exterior que forma el límite de un cuerpo. | Extensión en que sólo se consideran dos dimensiones, longitud y latitud. | La engendrada por una recta que se mueve apoyándose en los distintos puntos de una curva y conservándose siempre paralela a una misma dirección.

superfino, na adj. Muy fino.

superfluidad f. Calidad de superfluo. | Cosa superflua.

superfluo, flua adj. No necesario, que está de más aún sin sobrar o causar estorbo.

superfosfato m. Fosfato ácido de cal. Se usa como abono.

superheterodino, na adj. Díc. del dispositivo receptor en el cual se obtienen oscilaciones de frecuencia intermedia modulada a la gama al superponerse las oscilaciones de alta frecuencia modulada, que recibe por la antena, con las de un emisor auxiliar regulable.

superior adj. Aplícase a lo que está más alto y en un lugar preeminente respecto de otra cosa. | fig. Díc. de lo más excelente y digno respecto de otras cosas.

superiora f. La que gobierna una comunidad.

superioridad f. Preeminencia, excelencia o ventaja en una persona o cosa respecto de otra. | Persona o conjunto de personas de superior autoridad.

superlativo, va adj. Muy grande y excelente en su línea. | Díc. del adjetivo que indica el sumo grado de la calidad del sustantivo.

supermercado m. Mercado en el que se sirve el propio cliente.

superno, na adj. Supremo o más elevado.

supernova f. Denominación que se aplica a una clase de estrellas que brillan súbitamente en el cielo y después van decayendo lentamente en luminosidad hasta hacerse, a veces, invisibles.

supernumerario, ria adj. Que excede o está fuera del número señalado o establecido.

súpero, ra adj. Díc. del ovario situado encima del plano de intersección aparente de las piezas del perianto.

superovárico, ca adj. Díc. de la flor cuyo ovario es súpero, y de la planta cuya flor presenta dicha propiedad.

superpoblado, da adj. Poblado con exceso.

superposición f. Acción de superponer o superponerse.

superponer tr. y r. Sobreponer, poner encima.

supersónico, ca adj. Díc. de la velocidad superior a la del sonido (332 metros por segundo), y también de lo que tiene relación con ella. | m. Avión supersónico.

superstición f. Creencia contraria a la razón.

supersticioso, sa adj. Relativo a la superstición. | Díc. de quien cree en ella.

supervisar tr. Ejercer alta inspección la persona o entidad que está en la cumbre de una jerarquía.

supervivencia f. Acción de sobrevivir. | Gracia que se otorga a alguien para gozar una renta o pensión después de la muerte de quien la obtenía.

supino, na adj. Que está boca arriba. | Díc. de la ignorancia que procede de negligencia en aprender o inquirir. | m. Una de las formas nominales del verbo latino.

suplantación f. Acción de suplantar.

suplantar tr. Sustituir dolorosamente en un escrito palabras o cláusulas que alteren su sentido. | Ocupar con malas artes el lugar de otro, defraudándole el derecho o empleo que tenía.

suplementario, ria adj. Que sirve para suplir una cosa o completarla.

suplemento m. Acción de suplir. | Lo que se añade a una cosa para perfeccionarla. | Hoja o cuaderno que publica un periódico o revista, cuyo texto es independiente del número ordinario.

suplente p. a. de suplir. Que suple.

supletorio, ria adj. Díc. de lo que suple la falta de otra cosa.

súplica f. Acción de suplicar. | Escrito en que se suplica.

suplicar tr. Rogar, pedir con humildad algo.

suplicatorio, ria adj. Que contiene súplica. | m. Instancia que un juez o tribunal eleva a un cuerpo legislativo, pidiendo permiso para proceder en justicia contra algún miembro de ese cuerpo.

suplicio m. Pena corporal, lesión o muerte infligida como castigo.

suplir tr. Integrar lo que falta en una cosa para completarla. | Ponerse en lugar de uno para hacer sus veces. | Disimular un defecto a alguien.

suponer tr. Dar por sentada y considerar como existente una cosa. | Fingir una cosa.

suposición f. Acción de suponer. | Aquello que se supone o da por sentado.

supositorio m. Preparación farmacéutica en pasta, de figura cónica u ovoide, que se introduce por el año con fines curativos.

supra adv. latino que se une a algunas voces como prefijo, con la significación de sobre, arriba, más allá.

supracostal adj. Situado sobre las costillas.

suprarrenal adj. Situado encima de los riñones.

suprascuplar adj. Situado encima del omoplato.

suprasensible adj. Superior a los sentidos; que no puede ser percibido por ellos.

supremacia f. Grado supremo en cualquier línea. I Preeminencia, superioridad jerárquica.

supremo, ma adj. Altísimo. I Que no tiene superior en su líneá. I Díc. del más alto tribunal de la justicia ordinaria cuya jurisdicción se extiende a todo el territorio nacional y de cuyas sentencias no hay apelación a otro.

suprimir tr. Hacer cesar, hacer desaparecer. I Omitir, callar, pasar por alto.

supuesto, ta p. p. irreg de suponer. I m. Materia que no se expresa en la proposición, pero que sirve de fundamento a la verdad de ella. I Hipótesis.

supurar intr. Formar o echar pus.

supurativo, va adj. y s. Que tiene virtud de hacer supurar.

supuratorio, ria adj. Que supura.

sur m. Punto cardinal del horizonte diametralmente opuesto al Norte. I Viento que sopla de esta parte.

sura m. y f. Cualquiera de las lecciones o capítulos del Corán.

sural adj. Relativo a la pantorrilla.

surcar tr. Hacer en la tierra el labrador. I Rayar hendiendo. I fig. Ir por un fluido cortándolo o rompiéndolo.

surco m. Hendedura que el arado hace en la tierra. I Señal o hendedura prolongado que deja una cosa que pasa sobre otra. I Arruga en el rostro.

súrculo m. Vástago, brote o renuevo del que no han brotado otros.

surdir intr. Adrizarse la embarcación después de haberse ido a la banda por algún golpe de mar que la hizo beber agua por la borda.

sureño, ña adj. Perteneciente o relativo al Sur.

sureste m. Sudeste.

surgir intr. Surtir, brotar el agua, especialmente hacia arriba. I Dar fondo la nave. I fig. Levantarse, manifestarse, aparecer.

suroeste m. Sudoeste

surtida f. Salida oculta de los sitiados contra los sitiadores I Paso que por debajo del terraplen da salida al foso.

surtidor, ra adj. y s. Que surte o provee. I m. Chorro de agua que brota con violencia, especialmente hacia arriba. I Instalación de un garaje, en la ciudad o en la carretera, para surtir gasolina y otros produtos a los automóviles.

surtir tr. Proveer a uno de alguna cosa. I intr. Salir el agua con violencia, especialmente hacia arriba.

surto, ta p. p. irreg de surgir (dar fondo la nave). I adj. Tranquilo, en reposo, en silencio.

sus prep. insep. Sub.

suscepción f. Acción de recibir una persona algo en sí misma.

susceptibilidad f. Calidad de susceptible.

susceptible adj. Capaz de recibir modificación o impresión. I Quisquilloso, picajoso, fácil de agraviarse.

suscitar tr. Levantar, promover, cansar, provocar.

suscribir tr. y r. Suscribir.

suscripción f. Suscripción.

suscripto, ta p. a. irreg. de suscripto.

suscritor, ra m. y f. Suscriptor.

susodicho, cha adj. Sobredicho.

suspender tr. Levantar, colgar en alto, o detener en el aire. I Dejar en suspenso, postergar.

suspense m. Expectación que produce un relato o suceso y que se prolonga hasta el desenlace.

suspensión f. Acción de suspender o suspenderse. I Cada una de las ballestas y correas destinadas en los carruajes a suspender la caja del coche. I Estado en que se hallan las partículas de una sustancia en un líquido, sin subir a la superficie ni caer al fondo. I Prolongación de una nota de un acorde sobre el siguiente. I Situación emocional del ánimo, generalmente angustiosa, producida por una acción dramática de desenlace diferido o incierto

suspenso, sa p. p. irreg de suspender. I adj. Admirado, perplejo. I m. Nota de haber sido suspendido en un examen.

suspensorio, ria adj. y s. Que sirve para suspender, levantar o colgar. I m. Vendaje para sostener algún miembro.

suspicacia f. Calidad de suspicaz. I Idea sugerida por la sospecha.

suspicaz adj. Propenso a sospechar o desconfiar.

suspirado, da p. p. de suspirar. I adj. fig Deseado con ansia.

suspiro m. Aspiración prolongada y fuerte seguida de una espiración, que indica pena o deseo. I Golosina de azúcar y clara de huevo I Pausa breve. I Signo que representa esta pausa.

sustancia f. Sustancia.

sustantivar tr. Sustantivar.

sustantivo, va adj. y s. Sustantivo.

sustentable adj. Que se puede sustentar o defender con razones.

sustentación f. Acción de sustentar. I Suspensión.

sustentar tr. Mantener (proveer de alimentos; conservar una cosa en su ser; sostener una cosa; sustentar una opinión).

sustento m. Alimento, mantenimiento. I Sostén o apoyo.

sustitución f. Sustitución.

sustituir tr. Sustituir.

susto m. Sobresalto del ánimo; impresión repentina de miedo, espanto o pavor.

sustracción f. Sustracción.

sustraendo m. Sustraendo.

sustraer tr. Sustraer.

susurrante p. a. de susurrar. Que susurra.

susurrar intr. Hablar, quedo, pero con murmullo. I Comenzar a divulgarse una cosa secreta.

susurro m. Ruido suave, murmullo que resulta de hablar quedo. I fig. Ruido suave que hacen naturalmente ciertas cosas, como el aire, los arroyos, etc.

sutás m. Cordoncillo con una hendidura en medio, que le da apariencia de dos cordones unidos, y que se usa de adorno.

sute adj. Lechón, gorrino. I Especie de aguacate.

sutil adj. Delgado, fino, delicado, tenue. I fig. Agudo, perspicaz, ingenioso.

sutileza f. Calidad de sutil. I fig. dicho más agudo que sólido. I fig. Instinto de los animales.

sutilizar tr. Adelgazar, atenuar. I fig. Pulir y perfeccionar cosas inmateriales. I fig. Discurrir ingeniosa o profundamente.

sutorio adj. p. us. Aplícase al arte de hacer zapatos.

sutura f. Punto de contacto de dos piezas libres. I Costura con que se reúnen los labios de una herida.

suturar tr. Coser una herida.

suyo, suya, suyos, suyas Pronombre posesivo de tercera persona en género masculino y femenino y ambos números singular y plural.

suzarro m. Mozo de servicio.

symposium m. Simposio.

T

t Vigesimoprimera letra del abecedario español, y decimoséptima de sus consonantes. Su nombre es te.

taba f. Astrágalo, hueso del pie.

tabacal m. Terreno sembrado de tabaco.

tabaco m. Planta solanácea, de hojas lanceoladas, que despide olor fuerte y es narcótica. I Hoja de esta planta curada y preparada para sus diversos usos. I Cigarro.

tabal m. Tambor, tamboril, atabal. I Barrica en que se conservan las sardinas arenques.

tabalear tr. Menear o mecer una cosa. I intr. Dar golpes a compás con los dedos en una tabla o cosa análoga.

tábano m. Insecto díptero, de color pardo, que molesta con sus picaduras a las caballerías.

tabanque m. Rueda de madera del torno del alfarero, que se mueve con el pie.

tabaquera f. Caja para guardar o llevar tabaco en polvo.

tabaquería f. Puesto, tienda o expendeduría de tabaco.

tabardillo m. fam. Insolación. I fig. Persona alocada, bulliciosa y molesta.

tabarra f. Molestia, lata, pesadez.

taberna f. Tienda donde se venden por menor y se sirven vinos y licores.

tabernáculo m. Sitio donde los hebreos tenían colocada el arca de la alianza. I Sagrario, lugar donde se guarda a Cristo sacramentado.

tabes f. Consunción, enflaquecimiento.

tabique m. Pared delgada que suele servir para la división de los aposentos de las casas.

tabla f Pieza delgada de madera, plana, más larga que ancha y de caras paralelas. I Índice de materias, lista de cosas ordenadas, cuadro de números, etc. I Parte que se deja sin plegar en un vestido, o que queda comprendida entre dos pliegues.

tablada f. Lugar donde se reúne y reconoce el ganado que se destina al ganadero.

tablado m. Suelo formado de tablas unidas par el canto. I Suelo de tablas formado en alto sobre una armazón. I Pavimento del escenario de un teatro. I Patíbulo.

tablao m. Tablado, escenario dedicado al cante y al baile flamencos.

tablar m. Conjunto de tablas, cuadros o planteles de huerta o jardín.

tableado, da p. p. de tablear. I m. Conjunto de tablas que se hacen en una tela.

tablear tr. Dividir en tablas un terreno. I Igualar con tabladera la tierra arada o cavada. I Hacer tablas en la ropa.

tablero adj. Díc. del madero que es a propósito para dividirlo en tablas. I Tabla cuadrada con cuadritos para jugar al ajedrez o a las damas, o con otras figuras, para jugar a otros juegos.

tableta f. dim de tabla. I Pastilla, generalmente medicinal.

tabletear intr. Producir ruido haciendo chocar tabletas o tablas.

tablón m. Tabla gruesa.

tabú m. Prohibición de comer o tocar algún objeto, impuesta por algunas religiones de la Polinesia. I Por ext., cosa prohibida o vedada.

tabulador m. Mecanismo de las máquinas de escribir para formar columnas de cifras, en los estados de cuentas.

tabular adj. De forma de tabla.

taburete m. Asiento sin brazos ni respaldo.

tacañería f. Calidad de tacaño. I Acción propia del tacaño.

tacaño, ña adj. y s. Miserable, mezquino.

tacar tr. Señalar, marcar, haciendo hoyo, mancha u otro menoscabo.

tacatá m. Andador de niños.

tacha f. Falta, nota, defecto que hace imperfecta una cosa. I Clavo pequeño, mayor que la tachuela ordinaria.

tachadura f. Acción y efecto de tachar lo escrito.

tachar tr. Poner falta o tacha en alguna cosa. I Borrar lo escrito. I fig. Culpar, censurar, notar, tildar.

tachón m. Tachuela grande de cabeza dorada o plateada, con que se adornan cofres, puertas, etc.

tachonar tr. Adornar con tachones. I Clavetear una cosa con tachones.

tachuela f. Clavo corto y de cabeza grande.

tácito, ta dj. Callado, silencioso. I Que no se expresa, pero se infiere.

taciturnidad f. Calidad de taciturno.

taciturno, na adj. Callado, silencioso, que habla poco. I fig. Triste, melancólico, apesadumbrado.

taco m. Pedazo de madera, metal u otra materia corto y grueso que se encaja en algún hueco. I Palabra malsonante.

tacón m. Pieza semicircular que se pone exteriormente en la suela del calzado en la parte correspondiente al talón.

taconear intr. fam. Pisar haciendo ruido con los tacones. I fig. Pisar con arrogancia.

táctica f. Arte de disponer, mover y emplear las tropas sobre el campo de batalla con orden, rapidez y recíproca protección. I fig. Sistema que con disimulo y habilidad se emplea para lograr un fin.

táctil adj. Referente al tacto.

tacto m. Sentido corporal mediante el cual se aprecian las sensaciones de contacto, de presión y de calor y frío. I Acción de tocar o palpar. I fig. Tino, acierto, destreza, maña.

tacurú m. Especie de hormiga pequeña.

tafetán m. Tela de seda delgada y muy tupida.

tafilete m. Cuero fino y lustroso.

tagua f. Ave que vive en las lagunas y pajonales. I Semilla de una palma americana.

tahali m. Tira de cuero u otra materia que va del hombro derecho al costado izquierdo, y de la cual pende la espada.

tahona f. Molino de harina movido por caballería. I Panadería.

tahúr, ra adj. y s. Jugador. I Diestro en jugar. I m. El que frecuenta los garitos. I Jugador fullero.

taifa Bandería, parcialidad.

taiga f. Selva del N de Rusia y Siberia.

taimado, da adj. y s Bellaco, astuto y disimulado.

taimería f. Picardía, astucia, malicia y sagacidad.

tajada f. Porción cortada de una cosa.

tajadera f. Cuchilla, en forma de media luna, para tajar. I Cortafrío. I Tajito o trozo de madera que suelen tener en algunas tiendas para colocar la carne que se ha de cortar. I Compuerta para detener la corriente del agua, en los canales y acequias.

tajamar m. Tablón de borde curvo que, ensamblado en la roda del barco, hiende el agua cuando el buque navega. | Parte de fábrica que forma espolón en las pilas de los puentes.

tajar tr. Cortar, dividir algo con instrumento cortante. | Cortar la pluma de ave para escribir.

tajo m. Corte hecho con un instrumento apropiado. | Tarea, faena, y sitio hasta donde llega en ella una cuadrilla de trabajadores. | Corte o fijo.

tal adj. Igual, semejante, o de la misma forma o clase. | Tanto o tan grande. | Úsase como pronombre demostrativo, y también como pronombre indeterminado, y puede llevar en cada caso el artículo correspondiente. | adv. Así, de esta manera, de suerte.

tala f. Acción de talar.

talabarte m. Cinturón de que cuelgan los tirantes de que pende la espada.

talabartería f. Tienda o taller de talabartero.

talabartero m. Guarnicionero.

taladrar tr. Horadar con taladro u otro instrumento análogo. | fig. Herir los oídos con algún sonido agudo y desagradable.

taladro m. Instrumento agudo con que se agujerea una cosa. | Agujero hecho con barrena o instrumento análogo.

tálamo m. Lugar preeminente donde los novios celebraban sus bodas y recibían los parabienes. | Lecho de los desposados. | Estructura voluminosa de forma oval en la base del encéfalo y constituida por dos masas nucleares de sustancia gris, localizadas entre los hemisferios cerebrales sobre el hipotálamo.

talanquera f. Pared o valla de tablas o palos verticales que sirve de defensa. | fig. Paraje que sirve de defensa o reparo.

talante m. Modo de ejecutar una cosa. | Semblante, disposición de ánimo de una persona, o estado o calidad de una cosa. | Voluntad, deseo, gusto.

talar adj. Díc. de la ropa larga que llega hasta los talones. | Díc. de las alas que se suponían al dios Mercurio en los talones. | tr. Cortar por el pie masas de árboles. | Destruir, arruinar o quemar a mano airada campos o edificios.

talayote m. Monumento megalítico de las Baleares, parecido a una torre de poca altura.

talco m. Silicato natural de magnesia, de textura hojosa de color blanco verdoso, muy suave al tacto y tan blando que se raya con la uña.

talego m. Saco angosto y largo de lienzo basto o de lona. | fam. Persona poco esbelta, desgarbada y tan ancha de cintura como de pecho.

talento m. ig. Dotes intelectuales de una persona. | fig. Entendimiento, inteligencia.

talio m. Mtal blando de color blanco.

talión m. Pena consistente en hacer sufrir al delicuente un daño igual al que causó.

talismán m. Objeto al que se atribuyen virtudes portentosas.

talla f. Obra de escultura en madera o piedra. | Estatura del hombre. | fig. Altura moral o intelectual.

tallador m. Grabador en hueco o de medallas.

tallar adj. tr. Hacer obras de talla o escultura. | Labrar piedras preciosas. | Grabar en hueco, esculpir. | Tasar, apreciar, evaluar. | Medir la estatura de una persona.

tallarín m. Cualquiera de las tiras muy estrechas de pasta de macarrones que se usan para sopa.

talle f. Disposición o proporción del cuerpo. | Cintura del cuerpo humano.

taller m. Oficina o tienda de arte mecánica.

tallo m. Organo del vegetal que sostiene las hojas, flores y frutos. | Renuevo, vástago, brote. | Germen que ha brotado de una semilla.

talo m. Aparato vegetativo de las talofitas, equivalente al conjunto de raíz, tallo y hojas de otras plantas.

talofita adj. y s. Díc. de la planta cuyo cuerpo vegetativo está reducido a un talo, constituido por una sola célula o por un conjunto de éstas dispuestas en forma de filamento, lámina, etc.

talón m. Parte del calzado que cubre el calcañar. | Pulpejo del casco en las caballerías. | Parte inmediata al mango del arco del violín y de otros instrumentos análogos. | Patrón monetario. | Libranza a la vista cortada de un libro o cuaderno, de modo que aplicándola al pedazo que queda encuadernado se pueda acreditar su legitimidad.

talonario, ria adj. y s. Díc. de la libranza, talón, cheque, etc. que se corta de un libro, quedando en él una parte para acreditar su legitimidad. | Díc. del libro de donde se cortan los talones, recibos, cheques, etc., quedando en él las matrices.

talparia f. Tumor que se forma en el interior de los tegumentos de la cabeza.

talquita f. Roca pizarrosa, compuesta principalmente de talco.

talud m. Inclinación del paramento de un muro o de un terreno.

tamal m. Empanada de masa de harina de maíz, envuelta en hojas de plátano o de la mazorca del maíz y rellena de distintos condimentos.

tamanduá m. Especie de oso hormiguero.

tamaño, ña adj. comp. Tan grande o tan pequeño. | adj. Muy grande o muy pequeño. | m. Mayor o menor volumen o dimensión de una cosa.

támara f. Palmera de Canarias, más pequeña que la de dátiles.

tamarindo m. Árbol leguminoso, propio de países cálidos, y cuyo fruto se usa como laxante. | Fruto de este árbol.

tambalear intr. Menearse una cosa de un lado a otro como si fuera a caer.

también adv. Igualmente, asimismo, además. | Tanto o así.

tambor m. Instrumento músico de percusión, cilíndrico, hueco, cubierto por las bases con piel estirada, y el cual se toca con dos palillos. | El que lo toca. | Tamiz por donde pasan el azúcar los resposteros. | Cilindro metálico, cerrado y lleno de orificios, que mediante un manubrio, se voltea sobre dos puntos de apoyo, y sirve para tostar café, castañas, etc.

tambora f. Bombo o tambor grande.

tamboril m. Pequeño tambor que, colgado del brazo izquierdo, se toca con un solo palillo y se usa en las danzas populares.

tamborilear intr. Tocar el tamboril. | tr. Celebrar mucho a uno ponderando sus cualidades.

tamiz m. Cedazo muy tupido.

tamizar tr. Pasar algo por tamiz.

tamo m. Pelusa del lino, algodón o lana. | Polvo o paja muy menuda de las semillas trilladas. | Pelusilla que se cría debajo de los muebles por falta de limpieza.

tampoco adv. neg. que se usa para negar una cosa después de haber negado otra.

tampón m. Almohadilla impregnada de una tinta, propia para humedecer los sellos de inscripciones.

tamujo m. Mata euforbiácea de ramas mimbreñas, con que se hacen escobas para barrer las calles.

tan adv. Apócope de tanto.

tanagra f. Cualquiera de las estatuitas de barro cocido halladas en la ciudad necrópolis griega de Tanagra.

tanágridos m. pl. Familia de pájaros conirrostros.

tanda f. Alternativa, vez, turno. | Tarea, obra, trabajo. | Tonga o tongada. | Cualquiera de los grupos de personas o de bestias que alternan en un trabajo. | Número determinado de ciertas cosas de un mismo género.

tándem m. Bicicleta con dos asientos, uno delante de otro.

tangencial adj. Relativo a la recta o a la superficie tangente.

tangente adj. Aplícase a las líneas y superficies que se tocan sin cortarse. | f. Recta que toca en un punto a una curva o a una superficie.

tangible adj. Que puede tocarse. | fig. Que se puede percibir de manera precisa.

tango m. Baile argentino de compás binario.| Música para estos bailes, y copla que se canta con ella.

tanino m. Sustancia astringente, muy soluble en el agua, que precipita las sustancias albuminoideas y da una coloración negra o verde con las sales de hierro.

tanque m. Propóleos. | Depósito de agua que se transporta sobre ruedas. | Aljibe o depósito donde se lleva o conserva el agua, petróleo y otros líquidos embarcados como cargamento o lastre. | Vehículo automóvil de guerra, blindado y con armas de artillería que, moviéndose sobre una cadena sin fin, puede andar sobre terrenos escabrosos.

tantán m. Gong o batintín.

tanteador, ra s. Persona que tantea.

tantear tr. Parangonar una cosa con otra para ver si viene bien o ajustada. | Apuntar los tantos en el juego. | fig. Considerar y reconocer con prudencia y reflexión las cosas antes de ejecutarlas. | fig. Examinar con cuidado a una persona o cosa para conocer sus cualidades. | Explorar el ánimo o la intención de uno sobre un asunto.

tanteo m. Acción de tantear. | Número determinado de tantos que se ganan en el juego.

tanto, ta adj. Díc. de la cantidad, número o porción de una cosa indefinida. Úsase como correlativo de cuanto. | Tan grande o muy grande. | Hace oficio de pronombre demostrativo, y en este caso equivale a eso. | m. Cantidad determinada de una cosa. | Unidad de cuenta en muchos juegos.

tanza f. Sedal de la caña de pescar.

tañer tr. Tocar un instrumento músico.

tañido, da p. p. de tañer. | m. Son que se toca en un instrumento. | Sonido de la cosa tocada.

taoísmo m. Religión china fundada, según la tradición, por Lao Tsé.

tapa f. Pieza que cubre y cierra por la parte superior las cajas, cofres, etc. | Cubierta córnea que rodea el casco de las caballerías. | Cada una de las dos cubiertas de un libro encuadernado.

tapaboca m. Golpe dado en la boca con la mano abierta, o con el botón de la espada, en la esgrima. | Bufanda.

tapacete m. Toldo o cubierta corrediza de la carroza o saliente de la escala de las cámaras de un buque.

tapacubos m. Tapa metálica que se adapta exteriormente al cubo de la rueda para cubrir el buje de la misma.

tapada f. Mujer que se tapa el rostro con el manto o el pañuelo.

tapadizo m. En algunas partes, cobertizo.

tapadura f. Acción de tapar o taparse.

tapanco m. Toldo de tiras de caña de bambú que se usa en las embarcaciones filipinas.

tapar tr. Cubrir lo que está descubierto o cerrar lo que está abierto. | Cubrir o abrigar con ropa u otra defensa.| fig. Encubrir, disimular, o callar algún defecto, o alguna acción culpable.

taparrabo m. Pedazo de tela u otra cosa con que los salvajes se cubren las partes pudendas. | Bañador muy reducido.

tapete m. Alfombra pequeña. | Cubierta de hule, paño, etc., que se suele poner en algunos muebles. | **verde** fig. Mesa de juego.

tapia f. Cualquiera de los trozos de pared hechos con tierra amasada y apisonada en una horma. | Pared hecha con estos trozos.

tapiar tr. Cerrar con tapias. | Cerrar una abertura con un muro.

tapicería f. Juego de tapices. | Sitio donde se guardan los tapices. | Arte, obra y tienda de tapicero.

tapicero m. El que teje o compone tapices. | El que los cuida. | El que pone alfombras, tapices y cortinajes, guarnece muebles, etc.

tapinocéfalo, la adj. Que tiene el cráneo aplanado superiormente.

tapioca f. Fécula que se saca de la raíz de la mandioca y sirve para hacer una sopa muy nutritiva.

tapir m. Mamífero perisodáctilo parecido al jabalí.

tapiz m. Paño en que se copian cuadros, paisajes, etc., y sirve para adornar las paredes.

tapón m. Pieza con que se tapan botellas, frascos, toneles, etc. introduciéndola en el orificio de la vasija. | Masa de hilas o de algodón en rama, con que se obstruye una herida o una cavidad natural del cuerpo.

taponar tr. Cerrar con tapón un orificio.

tapujar tr. Rebujar. | r. fam. Taparse de rebozo o embozarse.

tapujo m. Embozo o disfraz que se pone una persona para no ser reconocida.

taquera f. Estante donde se colocan los tacos de billar.

taquicardia f. Frecuencia excesiva del ritmo de las contracciones cardíacas.

taquigrafía f. Arte de escribir tan rápidamente como se habla, por medio de signos y abreviaturas especiales.

taquilla f. Papelera o armario para papeles. | Casillero para billetes de teatro o de ferrocarril. | Despacho de billetes, y también, lo que en él se recauda.

taquímetro m. Instrumento parecido al teodolito, propio para medir distancias y ángulos horizontales y verticales.

tara f. Parte de peso que se rebaja de los géneros por razón del embalaje que los protege o del vehículo que los transporta. | Defecto físico o psíquico, por lo común importante y de carácter hereditario.

tarabilla f. Cítola del molino. | Zoquetillo que sirve para cerrar puertas o ventanas. | Listón de madera que, por torsión, mantiene tirante la cuerda del bastidor de una sierra.| fig. Persona que habla mucho y sin concierto.

tarabita f. Maroma por la que corre la cesta del andarivel.

taracea f. Embutido hecho con pedazos menudos de hojas de madera, concha, nácar, etc.

tarado, da adj. Que tiene taras o defectos.

tarambana com. Persona alocada y de poco juicio.

taramela f. Tarabilla para cerrar puertas y ventanas.

tarantela f. Baile napolitano de movimiento muy vivo. | Aire musical con que se ejecuta este baile.

tarántula f. Araña grande, venenosa, a cuya picadura se atribuían antes raros efectos nerviosos, pero sólo produce una inflamación. | Vive entre las piedras.

tarar tr. Señalar la tara de los embalajes en las mercancías o género transportado.

tararear tr. Cantar entre dientes y sin articular palabras ni notas.

tarasca f. Figura monstruosa, de sierpe o dragon, que en algunas partes se saca durante la procesión del Corpus. | fig. Mujer fea, de genio áspero, desenvuelta y mala.

tarascada f. Mordedura o herida hecha con los dientes. | fam. Respuesta áspera y airada.

tarascar tr. Morder o herir con los dientes.

taray m. Arbusto tamaricáceo de ramas mimbreñas.| Fruto de este arbusto.

tarazar tr. Atarazar. | fig. Molestar, mortificar, afligir.

tarazón m. Trozo que se parte de carne, pescado u otra cosa.

tarbea f. Sala grande.

tardanza f. Detención, lentitud.

tardar intr. Detenerse, no llegar oportunamente, retrasar la ejecución de una cosa.| Emplear mucho tiempo, en hacer las cosas.

tarde f. Tiempo comprendido entre mediodía y el anochecer. | Últimas horas del día. | adv. A hora avanzada. | Fuera de tiempo, después de haber pasado el oportuno o acostumbrado para algún fin, o en tiempo futuro relativamente lejano.

tardecer intr. Empezar a caer la tarde.

tardíamente adv. Fuera de tiempo, después de haber pasado el oportuno para algún fin.

tardígrado, da adj. y s. Que anda lentamente. | m. pl. Suborden de mamíferos desdentados, que comprende los llamados vulgarmente perezosos.

tardío, a adj. Que madura tarde. | Que sucede después del tiempo oportuno. | Pausado, detenido y que camina con lentitud.

tardo, da adj. Lento, perezoso, pausado en hacer las cosas. | Que sucede después del tiempo oportuno. | Torpe, pesado, poco expedito en la comprensión o explicación.

tarea f. Obra, trabajo. | Trabajo que debe hacerse en tiempo limitado.

tarifa f. Tabla o lista de precios, derechos o impuestos que se deben pagar por alguna cosa.

tarifar tr. Aplicar una tarifa. | intr. Reñir, romper la amistad o el trato.

tarima f. Entablado movible.

tarja f. Escudo grande que defendía todo el cuerpo.| Palo en que se marca lo que se vende fiado. | Golpe o azote.

tarjar tr. Señalar en la tarja lo que se vende al fiado.

tarjeta f. dim. de tarja, escudo. | Adorno plano superpuesto a un miembro arquitectónico y que suele llevar inscripciones o emblemas. | Cartulina con el nombre y títulos de alguien. | Cartulina que lleva impreso o escrito un permiso, un anuncio, una invitación, etc.

tarlatana f. Tejido ralo de algodón.

tarot m. Baraja formada por setenta y ocho naipes que llevan estampadas diversas figuras, y que se utilizan en cartomancia. | Juego que se practica con esta baraja.

tarquín m. Légamo, cieno que dejan las aguas.

tarreña f. Cada una de las dos tejuelas que, metidas entre los dedos y batiendo una con otra, hacen un ruido como el de las castañuelas.

tarro m. Recipiente cilíndrico de vidrio o de otra materia, más alto que ancho.

tarso m. Parte posterior del pie, compuesta de siete huesos, uno de los cuales se articula con la tibia y el peroné. | La parte más delgada de las patas de las aves, que une los dedos con la tibia. | Corvejón de los cuadrúpedos. | Última pieza de las patas de los insectos.

tarta f. Torta rellena con dulce de frutas, crema, etc.

tártago m. Planta euforbiácea cuyas semillas tienen virtud purgante y ermética muy fuerte.

tartajear tr. Hablar trabajosamente, trocando letras y trabándose la lengua.

tartamudear intr. Hablar de un modo entrecortado y repitiendo las sílabas.

tartán m. Tela de lana con cuadros o listas cruzadas, de colores. | Mezcla de resinas sintéticas que constituye un material similar al asfalto y se emplea en la construcción del piso de las pistas de atletismo, hipódromos, gimnasios, etc.

tartana f. Embarcación menor, de vela latina y un solo palo, muy usada para la pesca y el cabotaje. | Carruaje de dos ruedas, con cubierta abovedada y asientos laterales.

tartarizar tr. Preparar alguna confección como tártaro.

tártaro m. poét. El infierno. | Sarro de los dientes. | Tartrato ácido de potasio que forma costra cristalina en las paredes de las vasijas donde fermenta el mosto. | Nombre dado en la Edad Media a las naciones nómadas del Asia central y que con Gengis Khan invadieron la Europa central.

tartrato m. Sal del ácido tártrico.

tartrífugo, ga adj. y s. Que impide la formación del tártaro en las paredes de una vasija.

taruga f. Mamífero rumiante sudamericano parecido al ciervo.

tarugo m. Clavija gruesa de madera. | Zoquete.

tas m. Yunque pequeño que usan los plateros, hojalateros y plomeros.

tasa f. Acción de tasar. | Precio fijo puesto por la autoridad a las cosas vendibles. | Documento en que consta este precio. | Medida, regla.

tasador, ra adj. y s. Que tasa. | m. El que ejerce el oficio público de tasar.

tasajo m. Pedazo de carne seco y acecinado o salado para que se conserve. | Tajada de carne.

tasar tr. Poner tasa o precio a las cosas vendibles. | Graduar el valor de una cosa. | fig. Poner método, regla o medida en las cosas.

tasca f. Taberna.

tascar tr. fig. Quebrantar con ruido la hierba las bestias cuando pacen. | Morder el caballo el freno.

tasco m. Estopa gruesa del cáñamo o lino.

tasquera f. Pendencia, reyerta, riña o contienda.

tasquil m. Fragmento de piedra que salta al labrarla.

tastana f. Costra que la sequía produce en las tierras de labor. | Membrana que separa los gajos de ciertos frutos.

tastaz m. Polvo de crisoles viejos, que se usa para limpiar piezas de azófar.

tasto m. Mal sabor de viandas pasadas o revenidas.

tata f. Nombre que los niños dan a la niñera.

tatarabuelo, la m. y f. Tercer abuelo.

tataranieto, ta m. y f. Tercer nieto.

tataré m. Arbol grande mimóseo de excelente madera amarilla.

tatú m. Armadillo.

tatuaje m. Acción y efecto de tatuar o tatuarse.

tatuar tr. y r. Grabar dibujos indelebles en la piel humana.

tau m. Letra del alfabeto griego, corresponde a nuestra t.

taula f. Monumento megalítico de las islas Baleares constituido por dos piedras, una vertical y otra horizontal, formando una T.

taumaturgia f. Facultad de hacer prodigios.

taumaturgo, ga m. y f. Persona que obra prodigios.

taurino, na adj. Relativo al toro o a las corridas de toros.

tauro m. Segundo signo del Zodíaco que el Sol atraviesa desde el 20 de abril al 20 de mayo.

tauromaquia f. Arte de lidiar toros.

tauteo m. Gañido peculiar del zorro.

tautología f. Repetición inútil o viciosa de un pensamiento expresado de diversos modos.

taxativo, va adj. Que circunscribe y limita un caso a determinadas circunstancias.

taxi m. Apócope de taxímetro. | Automóvil de alquiler.

taxidermia f. Arte de disecar los animales muertos para conservarlos con apariencia de vivos.

taxímetro m. Aparato que en los coches de alquiler sirve para marcar y tasar el recorrido.

taxista com. Persona que conduce un taxi o coche de alquiler.

taxodiáceas f. pl. Familia de plantas gimnospermas de la clase de las coníferas.

taxología f. Ciencia de las clasificaciones.

taxonomía f. Parte de la Historia Natural, que trata de la clasificación de los seres.

taza f. Vasija pequeña y con asa, propia para tomar líquidos. | Lo que cabe en ella. | Pilón o receptáculo de fuente. | Receptáculo del retrete.

tazmía f. Porción de granos que llevaba cada cosechero al acervo decimal. | Distribución que se hacía de los diezmos.

tazón m. aum. de taza.

te Dativo y acusativo del pronombre personal de 2a. persona en género masculino o femenino y número singular. | f. Nombre de la letra t.

té m. Arbusto teáceo del Oriente, con la hojas coriáceas y elípticas, flores blancas y fruto capsular. | Hoja de este arbusto, seca, arrollada y alto tostada. | Infusión de estas hojas, que se usa mucho como bebida estimulante y estomacal.

tea f. Astilla de madera muy resinosa que, encendida, alumbra como un hacha.

teáceo, cea adj. y s. Díc. de plantas dicotiledóneas, árboles o arbustos siempre verdes, con flores axilares y fruto capsular, rara vez en baya.

teame f. Piedra a que antiguamente se atribuía propiedad contraria a la del imán, esto es, la de repeler el hierro.

teatina f. Planta gramínea.

teatral adj. Relativo al teatro. | Aplícase a las cosas de la vida real hechas con afectación y propósito de llamar la atención.

teatro m. Lugar destinado a la representación de obras dramáticas. | Lugar en que se ejecuta una cosa ante numeroso público. | Escenario o escena. | Práctica en el arte escénico. | Conjunto de la producciones dramáticas de un pueblo, de una época o de un autor. | fig. Literatura dramática.

tebenque m. Planta anual de la familia de las compuestas.

tebeo m. Revista infantil de historietas cuyo asunto se desarrolla en series de dibujos.

teca f. Célula madre en cuyo interior se forman las esporas de algunos hongos, como los ascomicetos.

tecali m. Alabastro oriental de colores muy vivos.

techado, da p. p. de techar. | m. Techo.

techar tr. Cubrir un edificio formando el techo.

techo m. Parte superior de un edificio, que lo cubre y cierra, o de cualquiera de las estancias que lo componen. | Cara inferior del mismo, superficie que cierra en lo alto una habitación o espacio cubierto. | fig. Casa, habitación, domicilio, hogar.

techumbre f. Techo de un edificio. | Conjunto de la estructura y elementos de cierre de los techos.

tecla f. Cada una de las tablitas que se oprimen con dos dedos para mover las palancas que hacen sonar ciertos instrumentos como el órgano y el piano. | Cualquiera de la piezas análogas de otros aparatos.

teclado m. Conjunto de teclas del órgano, del piano, de la máquina de escribir, etc

teclear intr. Mover las teclas. | fig. Menear los dedos como quien toca las teclas. | tr. fig. Probar medios para lograr algo.

técnica f. Conjunto de procedimientos de un arte o ciencia. | Pericia o habilidad para usar esos procedimientos.

tecnicismo m. Conjunto de voces técnicas usadas en el lenguaje de un arte, ciencia, oficio, etc. |Cada una de estas voces.

técnico, ca adj. Relativo a las aplicaciones de las ciencias y de las artes. | Aplícase a las palabras y expresiones empleadas exclusivamente, o con sentido distinto del vulgar, en el lenguaje propio de un arte, ciencia, oficio, etc. | m. y f. Persona que posee los conocimientos especiales de una ciencia o arte.

tecnicolor m. Cierto procedimiento que permite reproducir en la pantalla cinematográfica los colores de los objetos.

tecnificar tr. Introducir procedimientos técnicos modernos en las ramas de producción que no los empleaban.

tecnología f. Conjunto de los conocimientos propios de un oficio mecánico o arte industrial. | Lenguaje propio de una ciencia o arte.

tecnológico, ca adj. Relativo a la tecnología.

tecolote m. Búho.

tectónico, ca adj. Relativo a los edificios u otras obras de arquitecturta. | Perteneciente o relativo a la estructura de la corteza terrestre. | f. Parte de la Geología que trata de dicha estructura.

tedéum m. Himno de acción de gracias de la Iglesia Católica.

tedio m. Repugnancia, fastidio, hastíos.

tedioso, sa adj. Fastidioso, enojoso.

tegumento m. Tejido que cubre algunas partes de los vegetales. | Membrana que cubre el cuero del animal o alguna parte interna de

teína f. Principio activo del té, análogo a la cafeína.

teja f. Pieza de barro cocido hecha en forma acanalada, para cubrir por fuera los techos y recibir y dejar escurrir el agua lluvia.

tejado m. Parte superior del edificio, cubierta con tejas, pizarra, etc.

tejar m. Sitio donde se fabrican tejas, ladrillos y adobes. | tr. Cubrir con tejas.

tejavana f. Cobertizo, o tejadillo.

tejedor, ra adj. y s. Que teje. | Persona que tiene por oficio tejer. | m. Insecto hemíptero que corre con gran agilidad por la superficie del agua.

tejemaneje m. fam. Afán y agilidad con que se hace una cosa. | Manejos enredosos para algún asunto turbio.

tejer tr. Formar en el telar la tela con la trama y la urdimbre. | Entrelazar hilos, cordones, espartos, etc., para firmar telas, trencillas, esteras u otras cosas semejantes. | fig. Componer, ordenar una cosa. | fig. Discurrir, maquinar.

tejido, da p. p. de tejer. | m. Disposición de los hilos de una tela. | Cosa tejida. | adj. Díc. de la pintura que se hace en la tela, imitando objetos de la naturaleza por medio del tejido.

tejo m. Pedazo redondo de teja, ladrillo, etc., usado para jugar. | Plancha metálica gruesa y circular.

tejoleta f Pedazo de teja. | Pedazo de barro cocido. | Tarreña.

tejón m. aum. de tejo. | Tejo, pedazo de oro en pasta. | Mamífero carnicero, de piel dura y pelo largo, esposo y de tres colores.

tejuelo m. dim. de tejo. l Cuadrito de piel, o de otra materia que se pega al lomo de un libro para poner el rótulo. l El rótulo mismo. l Pieza donde se apoya el gorrón de un árbol. l Hueso, de forma semilunar, que sirve de base al casco de las caballerías.

tela f. Obra hecha de muchos hilos que, entrecruzados, forma como una lámina. l Membrana del cuerpo del animal. l Túnica interior de algunas frutas. l Tejido que forma la araña. l Nata de algunos líquidos. l Nubecilla que comienza a formarse en el ojo. l fig. Enredo, maraña o embuste. l fig. Asunto, materia, tarea.

telar m. Máquina para tejer. l Parte alta del escenario, de donde bajan o a donde suben, los telones y bambalinas. l Aparato en los que encuadernadores colocan los pliegos para coserlos.

telaraña f. Tela que teje la araña. l fig. Cosa sutil de poca entidad.

tele fam. Apócope de televisión.

telecomunicación f. Sistema de comunicación telegráfica, telefónica, radiotelegráfica, radiotelefónica u otro análogo.

telediario m. Información de los acontecimientos más salientes del día.

teledifusión f. Transmisión de imágenes de televisión por medio de ondas radioeléctricas.

teledirigido, da adj. Aplícase a los móviles, especialmente aviones y proyectiles. cuya marcha se dirige desde un punto situado fuera de ellos, mediante el empleo de ondas hertzianas.

teledirigir tr. Dirigir a distancia un vehículo o mecanismo por medio de dispositivos adecuados.

teleférico, ca adj. Perteneciente al transporte de vehículos por medio de cables. l m. Vehículo así transportado.

telefilme m. Filme de televisión.

telefio m. Planta crasulácea medicinal.

telefonear tr. Comunicar por medio del teléfono.

telefonía f. Arte de construir, instalar y manejar los teléfonos.

telefonista com. Persona empleada en el servicio de los aparatos telefónicos.

teléfono m. Aparato para transmitir a larga distancia la palabra y cualquier otro sonido por medio de la electricidad.

telefoto m. Aparato propio para transmitir a distancia una imagen luminosa por medio de la electricidad. l f. Imagen fotográfica obtenida por este medio.

telegrafía f. Arte de construir, instalar y manejar los telégrafos. l Conjunto de procedimientos empleados para transmitir a distancia despachos escritos.

telegrafiar tr. Manejar el telégrafo. l Comunicar por medio del telégrafo.

telégrafo m. Conjunto de aparatos o de medios que sirven para transmitir rápidamente comunicaciones o despachos a larga distancia.

telegrama m. Despacho telegráfico.

telele m. fam. Patatús, soponcio.

telemando m. Mando a distancia.

telemática f. Ciencia y técnica de sistemas electrónicos a distancia.

telemetría f. Arte de medir distancias entre objetos lejanos, a los que no se puede o no se quiere ir.

telémetro m. Aparato que permite averiguar desde el punto de mira la distancia a que se encuentra un objeto lejano.

teleobjetivo m. Objetivo fotográfico, destinado a obtener fotografías de objetos lejanos.

teleósteo adj. y s. Que tiene completo su tejido óseo.

telepatía f. Percepción extraordinaria de fenómenos ocurridos fuera del alcance de los sentidos. Suele aplicarse especialmente a la transmisión o correspondencia de un pensamiento a distancia.

telequinesia f. En parapsicología, desplazamiento de objetos sin causa fija observable.

telera f. Travesaño que sujeta el dental a la cama del arado y gradúa el ángulo que forman ambas piezas.

telescópico, ca adj. Perteneciente o relativo al telescopio. l Que no se puede ver sino con el telescopio. l Hecho con auxilio del telescopio.

telescopio m. Instrumento que permite observar una imagen agrandada de un objeto lejano.

telesilla m. Aparato que sirve para subir a lo alto de un monte mediante un cable sin fin sostenido por postes, del que cuelgan asientos de trecho en trecho.

telespectador, ra m. y f. Persona que ve en un televisor lo que se transmite por televisión.

teletexto m. Sistema de videografía en el que las informaciones que se transmiten son visionadas en la pantalla del televisor doméstico, oportunamente adaptado para su recepción.

teletipo m. Nombre comercial de un teleimpresor o impresor a distancia.

televidente com. Persona que contempla las imágenes transmitidas por la televisión.

televisar tr. Transmitir un espectáculo público o cualquier otra cosa adecuada, mediante la televisión.

televisión f. Transmisión de la imagen a distancia, valiéndose de las ondas hertzianas. l Televisor.

televisor m. Aparato receptor de televisión. Ú. t. c. adj.

telón m. Lienzo grande pintado que en el teatro forma parte de las decoraciones o sirve para ocultar al público la escena.

telson m. Ultimo segmento del cuerpo de los crustáceos, que suele ser laminar y funciona como aleta nadadora.

telúrico, ca adj. Relativo a la Tierra, considerada como planeta.

telurio m. Teluro.

teluro m. Metaloide que se presenta en dos formas alotrópicas, la cristalina y la amorfa.

tema m. Proposición o texto que sirve de asunto o materia a un discurso, lección, etc. l Este mismo asunto o materia. l Parte esencial, fija o invariable de un vocablo. l f. Porfía, obstinación o contumacia en un propósito o aprensión.

temático, ca adj. Que se ejecuta o dispone según el tema o asunto de cualquier materia. l Temoso. l Perteneciente o relativo al tema de una palabra.

temblar intr. Agitarse involuntariamente con movimiento repetido y continuado. l Vacilar, moverse rápidamente una cosa a uno y a otro lado de su posición. l fig. Tener mucho miedo.

temblequear intr. Temblar mucho o a menudo. l fam. Afectar temblor.

temblón, na adj. Que tiembla. l Díc. del álamo parecido al chopo, con corteza blanquecina y hojas de largo pecíolo que las tiene en continuo movimiento.

temblor m. Movimiento involuntario y repetido del cuerpo o de alguna de sus partes. lMovimiento telúricode menor intensidad que el terremoto.

temer tr. Tener miedo a una persona o cosa. l Sospechar o recelar algo. l Recelar fundadamente un daño. l intr. Sentir temor.

temerario, ria adj. Inconsiderado, imprudente, arrojado en demasía; que desafía los peligros irreflexivamente. l Que se dice o piensa sin fundamento. l Díc. de la imprudencia que lleva a efectuar involuntariamente actos delictuosos.

temeridad f. Calidad de temerario. | Acción temeraria. | Juicio temerario.

temeroso, sa adj. Que causa temor. | Medroso, cobarde, pusilánime, irresoluto. | Que recela un daño.

temible adj. Digno o capaz de ser temido.

temor m. Pasión del ánimo, sentimiento instintivo que hace huir o rehusar las cosas dañosas o peligrosas. | Presunción o sospecha. | Recelo de un daño futuro.

temoso, sa adj. Terco y porfiado en sostener una idea.

témpano m. Timbal (especie de tambor, y también atabal). | Piel extendida del pandero, tambor, etc. | Pedazo de cualquier cosa dura, extendida y plana; como un trozo de hielo o de tierra unida.

témpera f. Técnica pictórica en que, con excepción del aceite, se usan como aglutinante de los colores materias diversas (cola, leche, goma, etc.).

temperación f. Acción de temperar.

temperado, da p. p. de temperar. | adj. *Amér.* Templado.

temperamental adj. Perteneciente o relativo al temperamento de un individuo.

temperamento m. Temperie. | Arbitrio, medida conciliatoria. | Constitución particular de cada individuo, que resulta del predominio fisiológico de un sistema orgánico.

temperancia f. Templanza.

temperar tr. Atemperar. | Templar la excitación nerviosa con calmantes y antiespasmódicos.

temperatura f. Temperie. | Estado calorífico o nivel térmico del calor en un cuerpo. | fam. Fiebre, calentura.

temperie f. Estado de la atmósfera según la temperatura, sequedad o humedad.

tempero m. Sazón que adquiere la tierra con la lluvia, para las sementeras y labores.

tempestad f. Perturbación atmósferica con nubes de mucha agua, granizo o piedra, relámpagos y truenos.

tempestivo, va adj. Oportuno, que viene a tiempo y ocasión.

tempestuosa, sa adj. Que ocasiona o constituye un tempestad. | Expuesto a ellas. | De genio acre y áspero.

templa f. Agua con cola o con yema de huevo, que se usa para desleír los colores de la pintura al temple.

templado, da p. p. de templar. | adj. Moderado, contenido, sobrio, comedido, parco. | Que está en un término medio entre frío y caliente. | fam. Valiente con serenidad.

templador, ra adj. y s. Que templa. | m. Llave o martillo que sirve para templar algunos instrumentos de cuerda.

templanza f. Una de las cuatro virtudes cardinales, que consiste en moderar los apetitos, pasiones, etc. | Moderación y continencia. | Bondad, suavidad del aire o clima de un país.

templar tr. Suavizar, moderar la fuerza de una cosa, la temperatura de un líquido, etc. | Dar a un metal, al cristal, etc., el punto de dureza o elasticidad que requieren. | Poner en tensión o presión moderada una cosa. | fig. Moderar, sosegar la cólera, enojo o violencia del genio de una persona. | Disponer un instrumento de modo que pueda producir con exactitud los sonidos que le son propios.

temple m. Temperie. | Punto de dureza o de elasticidad que se da a algunas cosas. | fig. Calidad o estado del genio o índole. | fig. Arrojo, valentía. | fig. Medio, término que se toma entre dos cosas. | Acuerdo armónico de los instrumentos.

templete m. dim. de templo. | Armazón pequeña, en figura de templo pagano. | Pabellón o quiosco.

templo m. Edificio dedicado públicamente a un culto. | fig. Lugar en que se rinde culto al saber, a la justicia, etc.

témpora f. Tiempo de ayuno preceptuado para el comienzo de cada estación del año.

temporada f. Espacio de varios días meses o años que se consideran aparte formando un conjunto. | Tiempo durante el cual se realiza habitualmente una cosa.

temporal adj. Relativo al tiempo. | Tiempo de lluvia persistente.

temporalizar tr. Convertir lo eterno en temporal.

temporero, ra adj. y s. Que desempeña un empleo sólo por algún tiempo.

tempranero, ra adj. Temprano, anticipado anterior al tiempo regular.

temprano, na adj. Adelantado, anticipado, anterior al tiempo regular u ordinario | adv. En las primeras horas del día o de la noche.

tenacidad f. Calidad de tenaz.

tenacillas f. pl. dim. de tenazas. | Despabiladeras. | Pinzas para coger dulces o terrones de azúcar y también las que suelen usar las mujeres para depilarse. | Especie de tenazas pequeñas, para rizar el pelo.

tenáculo m. Instrumento de cirugía para coger y sostener las arterias que deben ligarse.

tenaz adj. Que se pega o ase fuertemente a una cosa y es difícil de separar. | fig. Terco, firme, porfiado y pertinaz.

tenaza f. Instrumento de hierro u otro metal, compuesto por dos brazos trabados por un clavillo o eje que permite abrirlos y volverlos a cerrar y terminados por un extremo en la forma conveniente a su uso, que es coger o sujetar con fuerza, cortar o arrancar.

tendal m. Especie de toldo. | Trozo cuadrado o rectangular de lienzo, que se pone debajo de los olivos para recoger la aceituna. | Tendedero.

tendalera f. fam. Desorden de las cosas que se dejan tendidas por el suelo.

tendel m. Cuerda tendida horizontalmente entre dos renglones verticales y que sirve de guía en la construcción de las paredes.

tendencia f. Propensión hacia un fin.

tendencioso, sa adj. Que manifiesta tendencia hacia un fin o doctrina.

tendente adj. Que tiende o propende a un fin.

tender tr. Desdoblar o extender lo doblado plegado o amontonado. | Echar y extender algo por el suelo. | Extender la ropa mojada para que se seque. | Alargar o extender.

tendero, ra m. y f. Persona que tiene tienda.

tendido, da p. p. de tender. | Aplícase al galope del caballo cuando éste se tiende o a la carrera violenta del hombre o de cualquier animal. | m. Acción de tender. | Gradería entre la barrera y la grada, en las plazas de toro.

tendón m. Cordón de fibras, de color blanco y brillante, que une los músculos a los huesos.

tenebroso, sa adj. Obscuro, cubierto de tinieblas.

tenedor m. El que tiene o posee una cosa. | Utensilio de mesa. consistente en un astil con púas o dientes, que sirve para clavarlo en los manjares sólidos y llevarlos a la boca.

teneduría f. Cargo y oficina del tenedor de libros.

tenencia f. Ocupación y posesión de una cosa. | Cargo de teniente. | Oficina en que lo ejerce.

tener tr. Asir una cosa o mantenerla asida. | Poseer y gozar. | Mantener, sostener. | Poseer, dominar o sujetar. | Detener, parar. | Guardar, cumplir.

tenia f. Gusano platelminto, que vive parásito en el intestino humano.

teniente p. a. de tener. Que tiene o posee una cosa. |Empleo militar inmediatamente superior al de alférez e inferior al de capitán.

tenis m. Juego de raqueta en el que dos adversarios, separados por una red, se lanzan una pelota.

tenista com. Persona que juega al tenis.

tenóforos m. pl. Clase de celentéreos que comprende animales marinos transparentes que nadan mediante el movimiento de pequeñas placas membranosas dispuestas por series regulares.

tenor m. Voz media entre la de contralto y la de barítono.

tenorio m. fig. Galanteador audaz y pendenciero.

tensar tr. Poner tensa una cosa.

tensión f. Estado de un cuerpo, estirado por la acción de alguna fuerza, que lo solicita o que le impide contraerse. l Resistencia que las partes de un cuerpo que se halla en dicho estado oponen a su disgregación. l Voltaje.

tenso, sa adj. Que se halla estirado o en estado de tensión.

tensor, ra adj. y s. que tensa, produce tensión, o tiene virtud y está dispuesto para producirla.

tentación f. Instigación o estímulo que induce a una cosa mala. l Impulso repentino que induce a hacer una cosa.

tentacular adj. Relativo a los tentáculos.

tentáculo m. Cada uno de los apéndices móviles que muchos animales invertebrados tiene para tocar y para asir.

tentar tr. Tocar, palpar. Ú. t. c. r. l Examinar, reconocer por medio del tacto lo que no se puede ver. l Instigar, inducir. l Intentar o procurar. l Examinar, probar o experimentar.

tentativa f. Acción con que se intenta, experimenta, prueba o tantea una cosa.

tentempié m. fam. Refrigerio, piscolabis.

tenue adj. Delicado, débil, delgado, sutil. l De poco valor o importancia.

teñir tr. y r. Dar a una cosa distinto color del que tenia.

teocali m. Templo de los antiguos aztecas.

teocracia f. Gobierno en que el poder supremo está sometido al sacerdocio.

teodolito m. Instrumento geodésico para medir ángulos con la debida precisión.

teogonía f. Generación de los dioses de la gentilidad.

teologal adj. Relativo a la teología. l Díc. de cada una de las tres virtudes cuyo objeto directo es Dios.

teología f. Ciencia que trata de Dios y de sus atributos.

teólogo, ga m. y f. Persona que profesa la teología o es versada en ella.

teorema m. Proposición que afirma una verdad demostrable.

teoría f. Conocimiento especulativo puramente racional, independiente de toda aplicación. l Serie de las leyes que sirven para relacionar un orden de fenómenos.

teorizar tr. Tratar un asunto sólo en teoría.

teosofía f. Combinación de filosofía, religión y ciencia, que según afirman los teósofos, ha ido descubriéndose y acumulándose durante milenios y que se deriva, en último término, de la filosofía esotérica del mundo antiguo.

tépalo m. Cada una de las piezas de la envoltura floral o perigonio.

tepe m. Pedazo de tierra cubierto de césped y muy trabado con las raíces de esta hierba, que, cortado generalmente en forma prismática, sirve para hacer paredes y malecones.

tequila m. Bebida de graduación alcohólica muy alta que se destila de una especie de magüey.

tera- Elemento compositivo inicial que con el significado de un billón (10 elevado a 12), sirve para formar nombres de múltiplos de determinadas unidades.

terapeuta adj. y s. Díc. del individuo de una antigua secta religiosa ascética de Alejandría que observaba algunas prácticas cristianas. l com. Persona que profesa la terapéutica.

terapéutica f. Parte de la medicina que enseña los preceptos y remedios para curar.

terapia f. Terapéutica.

teratología f. Estudio de las anomalías y monstruosidades del organismo animal o vegetal.

tercer adj. Apocope de tercero.

tercera f. Consonancia que comprende el intervalo de dos tonos y medio.

tercería f. Oficio de tercero, el que media entre dos o más personas.

tercero, ra adj. y s. Que sirve inmediatamente en orden al o a lo segundo. l Que media entre dos o más personas para el ajuste o ejecución de una cosa buena o mala.

terceto m. Combinación métrica de tres versos endecasílabos, usada en muchas composiciones poéticas.

tercia f. Tercera parte de una vara. l Tercio, tercera parte de una cosa. l Segunda parte de las cuatro en que los romanos dividían el día artificial, y comprendía desde media mañana hasta mediodía.

terciana f. Calentura intermitente que repite cada tercer día.

terciar tr. Poner una cosa atravesada diagonalmente o al sesgo, o ladearla. l Dividir una cosa en tres partes. l intr. Interponerse y mediar entre los contendientes.

terciario, ria adj. Tercero en orden o grado. l Díc. de la era geológica, llamada también neozoica, posterior a la mesozoica o secundaria y anterior a la pleistocena o cuaternaria.

tercio, cia adj. Tercero, que sigue al segundo. l m. Tercera parte de una cosa. l Cada una de las tres partes en que se divide el rosario.

terciopelo m. Tela de seda tupida y velluda por una cara, formada por dos urdimbres y una trama.

terco, ca adj. Pertinaz, obstinado.

terebinto m. Arbolillo terebintáceo.

tergiversar tr. Forzar, torcer las razones o argumentos, las palabras de un dicho o de un texto, la interpretación de ellas, o las relaciones de los hechos y sus circunstancias.

termal adj. Relativo a las termas. l Díc. del agua que sale caliente del manantial durante todo el año.

termas f. pl. Caldas. l Baños públicos de los antiguos romanos.

termes m. Género de insectos termítidos que abundan en las regiones cálidas. l Carcoma.

-termia Elemento compositivo que significa "calor".

terminación f. Acción de terminar o terminarse. l Parte final de una obra o cosa. l Letra o letras que se subsiguen al radical de los vocablos, y también aquella o aquellas que determinan el género y número de las partes variables de la oración.

terminal adj. Final, último, y que pone término a una cosa. l Díc. de lo que está en el extremo de cualquier parte de la planta.

terminar tr. Acabar, poner término o fin a una cosa. l Poner mucho esmero en la conclusión de una cosa. l intr. Tener término o fin una cosa. Ú. t. c. r. l r. Dirigirse una cosa a otra como a su fin y objeto.

término m. Último punto hasta donde llega o se extiende una cosa. l Mojón, señal que fija un lindero. l Línea divisoria de los Estados, provincias, etc. l Palabra, voz, vocablo.

terminología f. Conjunto de términos o vocablos propios de determinada profesión, ciencia o materia.

termita f. Termes.

termitero m. Vivienda de los termes.

termo m. Vasija de dobles paredes, entre las que se ha hecho el vacío, y provista de cierre hermético, que sirve para que las substancias que en ella se introduzcan conserven su temperatura. l fam. Termosifón.

termoaislante adj. Que aisla del calor.

termodinámica f. Rama de la Física clásica que estudia las relaciones entre las energías calorífica y mecánica, esto es, los efectos mecánicos debidos al calor y los inversos, los caloríficos debidos al trabajo mecánico.

termógeno, na adj. Que produce calor.

termógrafo m. Dispositivo que permite descubrir variaciones insignificantes de la temperatura en la piel.

termoiónico, ca adj. Díc. del fenómeno que consiste en la emisión de electrones por medio del calor.

termometría f. Parte de la Física que trata de la medida del calor y de los aparatos que se utilizan con tal fin.

termómetro m. Instrumento para medir la temperatura.

termoquímica f. Estudio de las leyes y fenómenos térmicos en las combinaciones químicas.

termosifón m. Aparato destinado a caldear habitaciones mediante la circulación de agua caliente.

termostato m. Aparato para la regulación automática del calor.

termoterapia f. Tratamiento de las enfermedades mediante el calor.

ternario, ria adj. Compuesto de tres elementos. | Díc. del compás compuesto de tres tiempos. | m. Espacio de tres días dedicados a alguna devoción.

ternera f. Cría hembra de la vaca. | Carne de esta cría o de ternero.

ternero m. Cría macho de la vaca.

ternera f. Ternura. | Requiebro, piropo.

terno m. Conjunto de tres cosas de la misma naturaleza. | Traje de hombre compuesto de tres prendas, chaqueta, pantalón y chaleco. | Suerte de tres números en la lotería primitiva. | Voto, juramento.

ternura f. Calidad de tierno. | Requiebro, dicho con que se requiebra.

terpina f. Substancia extraída de la trementina, usada como expectorante.

terquedad f. Calidad de terco. | Porfía, pertinacia.

terracota f. Barro cocido. | Escultura de pequeño tamaño modelada en arcilla cocida.

terrado m. Azotea.

terraja f. Instrumento para hacer las molduras de yeso.

terraje m. Renta que paga el que labra una tierra.

terramicina f. Antibiótico que se obtiene de un actinomiceto de la tierra.

terraplén m. Macizo de tierra con que se llena un vacío o que se levanta para hacer una defensa, o un camino.

terráqueo, a adj. Compuesto de tierra y agua. | Díc. del globo terrestre.

terrateniente com. Dueño o poseedor de tierra o hacienda.

terraza f. Espacio para flores. | Terrado. | Sitio abierto de una casa desde el que se puede explayar la vista.

terremoto m. Sacudimiento del terreno, ocasionado por fuerzas interiores del Globo. | fig. Persona inquieta, muy vivaz.

terrenal adj. Perteneciente a la tierra en contraposición a lo que pertenece al cielo.

terreno, na adj. Terrestre. | Terrenal. | m. Espacio de tierra. | fig. Campo o esfera de acción en que con más eficacia pueden mostrarse la índole o cualidades de personas o cosas. | fig. Orden de materias de que se trata. | Conjunto de substancias minerales que tienen origen común, o cuya formación corresponde a una misma época.

térreo, a adj. De tierra. | Parecido a ella.

terrera f. Pedazo de tierra escarpada sin vegetación.

terrestre adj. Relativo a la tierra.

terrible adj. Qe causa terror. | Aspero y violento de genio o condición. | Gigantesco o desmesurado; atroz.

terrícola m. Habitante de la tierra.

terrígeno, na adj. Nacido de la tierra.

territorial adj. Relativo al territorio.

territorio m. Porción de la extensión terrestre perteneciente a una nación, región, provincia, etc. | Circuito o término que comprende una jurisdicción, un cometido oficial u otra función análoga.

terrizo, za adj. Hecho o fabricado de tierra. | m. y f. Barreño, lebrillo.

terrón m. Masa pequeña de tierra compacta. | Masa pequeña de cualquier substancia. | Residuo que queda en los capachos después de exprimida la aceituna.

terror m. Miedo, pavor, espanto.

terrorismo m. Dominación por el terror. | Sucesión de actos de violencia ejecutados para infundir terror.

terrorista com. Persona partidaria del terrorismo.

terroso, sa adj. Que participa de la naturaleza y propiedades de la tierra. | Que tiene mezcla de tierra.

terruño m. Comarca o tierra, especialmente el país natal.

tersar tr. Poner tersa una cosa.

terso, sa adj. Limpio, claro, bruñido. | fig. Díc. del lenguaje, estilo, etc., puro y elegante.

tersura f. Calidad de terso.

tertulia f. Reunión de personas que suelen juntarse para conversar o pasar gratamente el tiempo.

tesar tr. Poner tirantes los cabos, cadenas, velas, etc. | intr. Andar hacia atrás los bueyes uncidos.

tesauro m. Antología, diccionario, catálogo.

tesela f. Cada una de las piezas cúbicas de mármol con que los antiguos formaban los pavimentos de mosaico.

tésera f. Planchita con inscripciones que usaban los romanos como contraseña, distinción, etc.

tesis f. Conclusión proposición que se mantiene con razonamientos. | Disertación escrita que presenta a la universidad el que aspira al título de doctor.

tesitura f. Altura propia de cada voz o instrumento. | fig. Actitud o disposición del ánimo.

tesla m. Unidad de inducción magnética en el sistema basado en el metro, el kilogramo, el segundo y el amperio.

tesón m. Firmeza perseverancia, constancia, inflexibilidad.

tesonería f. Terquedad, obstinación.

tesorería f. Cargo u oficio de tesorero. | Oficina o despacho del tesorero.

tesorero, ra m. y f. Persona encargada de la custodia y distribución de los caudales de una entidad.

tesoro m. Cantidad grande de dinero, alhajas o valores reunida y guardada. | Erario. | Abundancia de dinero guardado.

test m. Prueba cuyo objeto es determinar la acción de un medicamento químico, o apreciar el estado de una función.

testa f. Cabeza.

testación f. Acción de testar o atestiguar.

testado, da adj. Que ha muerto habiendo hecho testamento.

testador, ra m. y f. Persona que hace testamento.

testaferro m. El que presta su nombre en un negocio de otro.

testamentario, ria adj. Relativo al testamento. | m. y f. Persona encargada por el testador de cumplir su última voluntad.

testamento m. Declaración que uno hace de su última voluntad, disponiendo de sus bienes para después de la muerte.

testar 406

testar intr. Hacer testamento. | tr. Borrar lo escrito, tachar.
testarudo, da adj. Terco, temoso.
testera f. Frente o principal fachada de una cosa.
testero m. Testera.
testículo m. Cada una de las dos gónadas masculinas productoras de espermatozoides y de testosterona.
testificar tr. Afirmar o probar de oficio una cosa, presentando testigos o documentos. | Deponer como testigo. | fig. Declarar y explicar con verdad una cosa.
testigo com. Persona que atestigua una cosa. | Persona que presencia o adquiere directo conocimiento de una cosa. | m. Cualquier cosa por la cual se conoce la verdad de un hecho.
testimoniar tr. Atestiguar, afirmar como testigo.
testimonio m. Atestación o aseveración de una cosa. | Instrumento legal en que se da fe de un hecho, o se traslada total o parcialmente un documento. | Prueba de la verdad de una cosa.
testosterona Hormona masculina cuya síntesis se produce en el tejido intersticial del testículo, indispensable para el desarrollo de los caracteres sexuales primarios y secundarios.
testudo m. Máquina militar antigua con que se cubrían los soldados para arrimarse a las murallas y defenderse de las armas arrojadizas.
testuz m. Frente de ciertos animales. | Nuca de otros animales.
teta f. Cada uno de los órganos glandulosos y salientes que tienen los mamíferos en número par y sirven en las hembras para la secreción de la leche.
tétanos m. Enfermedad muy grave producida por el bacilo anaerobio que penetra generalmente por las heridas y ataca el sistema nervioso produciendo dolorosas contracciones musculares.
tetera f. Vasija con tapadera y un pico provisto de colador, la cual se usa para hacer servir el té.
tetilla f. dim. de teta. | Cada una de las tetas de los machos en los mamíferos. | Pezón de goma que se pone al biberón.
tetón m. Pedazo seco de la rama podada que queda unido al tronco.
tetracordio m. Serie de cuatro sonidos que forman un intervalo de cuarta.
tetraedro m. Poliedro terminado por cuatro caras.
tetrágono m. Cuadrilátero.
tetragrama m. Renglonadura de cuatro rayas usada en la escritura del canto gregoriano.
tetralogía f. Conjunto de cuatro obras dramáticas, que los antiguos poetas griegos presentaban juntas en los concursos públicos.
tétrico, ca adj. Triste, sombrío; serio y melancólico en demasía.
teurgia f. Especie de magia de los antiguos gentiles, con la que pretendían comunicar con sus divinidades y hacer prodigios.
teurgo m. Mago, hechicero.
textil adj. Díc. de la materia que puede reducirse a hilos y ser tejida. | Perteneciente a los tejidos.
texto m. Lo dicho o escrito por un autor o en una ley, a distinción de las notas y comentarios que sobre ello se hacen. | Pasaje citado de una obra literaria. | Todo lo que se dice en el cuerpo de una obra. | Cualquiera de los libros que se estudian en un centro de enseñanza.
textual adj. Conforme con el texto, según reza el texto, o propio de él.
textura f. Orden y disposición de los hilos en un tejido. | Operación de tejer.

tez f. Extensión, cara. Díc. particularmente de la del rostro humano.
theta f. Letra griega que en latín se representa con th, y en los idiomas neolatinos con th o con t.
ti p.p. Forma del pronombre personal de segunda persona de singular, común a los casos genitivo, dativo, acusativo y ablativo.
tía f. Hermana o prima del padre o de la madre de una persona respecto de ésta.
tialina f. Elemento que forma parte de la saliva y actúa sobre el almidón de los alimentos, transformándolos en azúcar.
tiara f. Gorro alto usado por las persas y por otros pueblos del antiguo Oriente. | Mitra del Papa.
tibia f. Hueso mayor y principal de la pierna, que se articula con el fémur, el peroné y el astrágalo. | Pieza alargada, en forma de varilla, de las patas de los insectos. | Flauta, instrumento musical.
tibio, bia adj. Templado, ni caliente, ni frío. | fig. Flojo poco diligente o fervoroso.
tibor m. Vaso grande de barro, decorado por fuera, del Japón o de China.
tiburón m. Nombre vulgar que se da a diversos selacios, generalmente de 3 a 5 metros de largo, de cuerpo fusiforme, cabeza gruesa y boca enorme, provista de varias filas de dientes triangulares.
tic m. Movimiento convulsivo habitual e involuntario de algún músculo.
tictac m. Ruido acompañado del escape de un reloj.
tiempo m. Duración de las cosas sujetas a mutación. | Parte de esta duración. | Epoca en que vivió una persona o sucede o sucedió alguna cosa.
tienda f. Armazón de palos hincados en tierra y cubierta con pieles o telas, que sirve de alojamiento en el campo. | Casa o puesto donde se venden artículos de comercio.
tienta f. Operación consistente en probar la bravura de los becerros.
tientaguja f. Barrena de hierro con punta dentada, que sirve para explorar la calidad de un terreno que se va a edificar.
tiento m. Ejercicio del tacto. | Palo de que se sirven los ciegos como de guía.
tierno, na adj. Blando, delicado, flexible. | fig. Afectuoso, cariñoso, amable.
tierra f. Planeta que habitamos. | Parte de la extensión de este mismo plantea no ocupada por el mar. | Materia inorgánica desmenuzable, principal componente del suelo natural. | Suelo o piso. | Terreno de cultivo. | País, región, reino, territorio.
tieso, sa adj. Duro, firme, rígido.
tiesto m. Pedazo de cualquier vasija de barro. | Maceta para cultivar plantas.
tifáceo, a adj. y s. Díc. de plantas monocotiledóneas acuáticas, de tallos cilíndricos, hojas líneares, reunidas en la base de cada tallo, flores sin espiga y fruto en drupa.
tífico, ca adj. Perteneciente o relativo al tifus.
tifo, fa adj. fam. Harto, ahíto, repleto. | m. Tifus.
tifoideo, a adj. Perteneciente o relativo al tifus, o parecido a este mal.
tifón m. Torbellino de aire caliente térmicamente homogéneo. Los vientos convergen hacia el centro, zona de bajísima presión, en donde el aire aspirado se eleva.
tifus m. Enfermedad infecciosa grave, con alta fiebre, delirio o postración.
tigre m. Mamífero carnicero, grande y muy feroz, parecido al gato en la figura, de pelaje blanco amarillento con rayas negras en el lomo y en la cola, en esta formando anillos.

tigrillo m. Mamífero carnicero de pequeño tamaño, cola larga y pelaje adornado con manchas.

tija f. Astil de la llave, que media entre el ojo y el paletón.

tijera f. Instrumento compuesto de dos hojas de acero, a modo de cuchillas de un solo filo, trabadas por un eje alrededor del cual pueden girar, para cortar lo que se pone entre ellas.

tijereta f. dim de Tijera. l Zarcillo de la vid.

tijeretazo m. Tijeretada.

tijeretear tr. Dar cortes con las tijeras sin arte ni tino. l fig. Disponer uno a su arbitrio en negocios ajenos.

tijereteo m. Acción de tijeretear. l Ruido que hacen las tijeras cuando se manejan.

tila f. Tilo. l Flor del tilo. l Bebida antiespasmódica que se hace con estas flores en infusión de agua caliente.

tildar tr. Poner tildes. l fig. Señalar a alguien con alguna nota denigrativa.

tilde amb. Ú. m. c. f. Rasgo que se pone sobre algunas abreviaturas, el que lleva la ñ y cualquier otro signo que sirve para distinguir una letra de otra o denotar su acentuación.

tiliáceo, a adj. y s. Díc. de plantas angiospermas dicotiledóneas, como el tilo y la patagua. l f. pl. Familia de estas plantas.

tilín m. Sonido de la campanilla.

tillar tr. Echar suelos de madera.

tilma f. Manta de algodón o fibras vegetales que usan los campesinos mexicanos a modo de capa.

tilo m. Arbol tiliáceo de copa amplia, flores de cinco pétalos, blanquecinas, olorosas y medicinales y fruto redondo y velloso, del tamaño de un guisante.

timador, ra m. y f. Persona que tima.

timar tr. Quitar o hurtar con engaño.

timba f. fam. Partida de juego de azar. l Casa de juego, garito.

timbal m. Tambor de un solo parche con caja metálica, semiesférica.

timbrar tr. Poner o estampar el timbre o el sello.

timbre m. Insignia que se pone sobre el escudo heráldico. l Sello, y especialmente el que se estampa en seco. l Aparato de llamada o de aviso, compuesto de una campaña y un macito que la hiere movido por un resorte, la electricidad u otro agente. l Modo propio y característico de sonar un instrumento músico o voz de una persona.

timeleáceo, a adj. y s. Díc. de plantas angiospermas dicotiledóneas, como la adelfilla y el torvisco. l f. pl. Familia de estas plantas.

timidez f. Calidad de tímido.

tímido, da adj. Temeroso, medroso, encogido y corto de ánimo.

timo m. Acción de timar. l Glándula endocrina propia de los animales vertebrados, que se atrofia en la época de la pubertad y en el hombre está situada entre el esternón y la tráquea. Su secreción estimula el crecimiento de los huesos.

timocracia f. Gobierno en que ejercen el poder los más ricos.

timón m. Pieza a modo de tablón grande que, articulada verticalmente en el codaste, sirve para gobernar la embarcación.

timonear intr. Gobernar el timón.

timonel m. El que gobierna el timón de la nave.

timorato, ta adj. y s. Tímido, indeciso, medroso.

timpánico, ca adj. Relativo al tímpano del oído. l Díc. del sonido como de tambor que ciertas cavidades del cuerpo producen por la percusión cuando están llenas de gases.

tímpano m. Atabal, tamboril. l Membrana del oído, que separa el conducto auditivo externo del oído medio. l Cualquiera de las dos partes circulares, fondo o tapa, sobre que se puede asentar un tonel. l Espacio triangular comprendido entre las dos cornisas inclinadas de un frontól y la horizontal que le sirve de base.

tina f. Tinaja, vasija grande de barro cocido.

tinaja f. Vasija grande, de barro cocido, mucho más ancha por el medio que por el fondo y por la boca.

tindalizar tr. Efectuar una esterilización por medio de calor intermitente.

tinglado m. Cobertizo. l Tablado armado a la ligera. l fig. Enredo, maquinación.

tiniebla f. Falta de luz. l fig. Suma ignorancia y confusión mental. l fig. Obscuridad falta de luz en lo abstracto o en lo moral.

tinillo m. Receptáculo para recoger el mosto del lagar.

tino m. Facilidad de acertar a tientas con las cosas que se buscan. l Acierto y destreza para dar en el blanco. l fig. Juicio y cordura.

tinta f. Color con que se tiñe una cosa. l Líquido que se usa para escribir.

tintar tr. Teñir, cambiar el color de una cosa.

tinte m. Acción de teñir l Color con que se tiñe. l Casa donde se tiñe.

tintero m. Vaso para la tinta de escribir.

tintinear intr. Producir el sonido propio de la esquila, campanilla o timbre, y también el que hacen al chocar los vasos, copas, etc.

tinto, ta p. p. de teñir. l adj. y s. Díc. de la uva que tiene negro el zumo. l Díc. del vino obscuro.

tintorera f. Mujer que se dedica a teñir. l Especie de tiburón, que tiene la piel del dorso y costados de color azulado.

tintorería f. Oficio de tintorero. l Casa donde se tiñe o se limpia la ropa.

tintura f. Tinte, acción de teñir o color con que se tiñe.

tiña f. Arañuelo que daña a las colmenas. l Nombre común a varias enfermedades parasitarias de la piel del cráneo, que producen costras y ulceraciones o la caída del cabello.

tío m. Hermano o primo del padre o de la madre de una persona, respecto de ésta.

tiovivo m. Plataforma circular giratoria sobre la cual están sujetos caballitos de madera, coches y otros vehiculos, y sirve de diversión y recreo.

típico, ca adj. Característico o representativo de un tipo. l Peculiar de un grupo, país, region, época.

tiple m. La más aguda de las voces humanas. l Guitarra de voces muy agudas.

tipo m. Modelo, ejemplar. l Símbolo representativo de cosa figurada. l Letra o carácter de imprenta.

tipografía f. Imprenta, arte de imprimir, y taller o establecimiento donde se imprime.

tipógrafo m. El que sabe o profesa la tipografía; impresor. l Máquina de componer, modificación de la linotipia.

tipología f. Ciencia que estudia los tipos raciales en que se divide la especie humana.

tipometría f. Medición de los puntos tipográficos.

tiquismiquis m. pl. Escrúpulos o reparos vanos o nimios. l Cumplimientos ridículos o afectados.

tira f. Pedazo largo y angosto de tela, papel y otra cosa delgada. l Parte de un cabo que pasa por un montón y a la cual se agarran los marineros para hablar.

tirabuzón m. Sacacorchos.

tirada f. Acción de tirar. l Distancia entre dos lugares o entre dos tiempos. l Serie de cosas que se dicen o escriben de un tirón. l Numero de ejemplares de una edición.

tirado, da p. p. de tirar. | adj. Díc. de la cosas que se dan muy baratas o de aquellas que abundan mucho y se encuentran fácilmente.

tirador, ra m. y f. Persona que tira, o que es diestra en tirar. | m. Instrumento para estirar. | Asidero propio para cerrar o abrir algo tirando de él.

tirafondo m. Tornillo grande con cabeza de forma especial, para sujetar los carriles u otras cosas. | Instrumento para sacar de las heridas los cuerpos extraños.

tiralíneas f. pl. Instrumento de tinta de grueso graduable.

tiranía f. Gobierno ejercido por un tirano. | fig. Abuso del poder o superioridad. | fig. Dominio excesivo de un afecto o pasión sobre la voluntad.

tiranicidio m. Muerte dada a un tirano.

tiranizar Gobernar un tirano algún Estado. | fig. Dominar tiránicamente.

tirano, na adj. Díc. de quien usurpa el gobierno de un Estado, y en especial si ejerce el poder sin justicia y a su arbitrio. Ú. t. c. s. | fig. Aplícase a quien abusa de su poder, superioridad o fuerza. | fig. Díc. del afecto o pasión que domina el ánimo y arrastra la voluntad.

tirante adj. Tenso. | fig. Díc. de las relaciones de amistad próximas a romperse. | Cualquiera de las dos tiras de piel o tela que sirven para suspender de los hombros el pantalón.

tirantez f. Calidad de tirante. | Tensión fuerte. | Distancia entre los extremos de una cosa.

tirapié f. Correa con que los zapateros sujetan sobre la rodilla el zapato al coserlo.

tirar tr. Despedir algo de la mano. | Arrojar, lanzar en dirección determinada. | Estirar o extender. | Disparar un arma de fuego o un artificio de pólvora. Ú. t. c. intr. | Derribar, arruinar, demoler, hacer caer, y también echar abajo.

tiritar intr. Temblar de frío.

tiritón m. Cada uno de los estremecimientos propios de quien tirita.

tiro m. Acción de tirar. | | Disparo de un arma de fuego, y estampido que produce. | Lugar donde se tira al blanco. | Conjunto de caballerías de un coche. | Tirante del carruaje.

tiroideo, a adj. Relativo a tiroides.

tiroides m. Glándula endocrina de los vertebrados, que en el hombre está situada delante y a los lados de la tráquea y de la parte inferior de la laringe.

tirón m. Acción de tirar con violencia.

tirona r. Red de malla grande que en el Mediterráneo se emplea para pesca sedentaria, dejándola calada en el fondo durante algún tiempo.

tirotear tr. Disparar repetidos tiros un grupo de contendientes sobre otro.

tiroteo m. Acción de tirotear o tirotearse.

tirria f. fam. Manía o tema contra alguno. | Odio, ojeriza.

tirso m. Vara enramada que servía de cetro al dios mitológico Baco y que usaban los gentiles en las bacanales.

tisana f. Bebida medicinal que se hace cociendo hierbas y otros ingredientes en agua.

tisanuro, ra adj. y s. Díc. de insectos ápteros, de pequeño tamaño, que tienen antenas largas y vanos apéndices en la punta del abdomen. | m. pl. Orden de estos insectos.

tísico, ca adj. Que padece de tisis. Ú. t. c. s. | Relativo a ella.

tisis f. Enfermedad caracterizada por consunción gradual, fiebre y ulceración en algún órgano | Tuberculosis pulmonar.

titán m. fig. Sujeto de excepcional poder, que descuella en algún aspecto. | fig. Grúa muy potente.

titánico adj. fig. Desmesurado, gigantesco, propio de titanes.

titanio Metal ligero y resistente a la corrosión, abundante en la corteza terrestre en forma de compuestos.

títere m. Figurilla que se mueve con alguna cuerda o artificio. | fig. Sujeto de figura pequeña o ridícula, aniñado o muy presumido. | fig. Sujeto informal, necio y entrometido.

tití m. Mono sudamericano, muy pequeño, tímido y domesticable.

titilante adj. Que titila.

titilar intr. Agitarse con ligero temblor alguna parte del organismo animal. | Centellear con ligero temblor un cuerpo luminoso.

tiritar intr. Temblar de frío o de miedo.

titiritero, ra m. y f. Persona que maneja los títeres. | Volatinero, ra.

titubear intr. Oscilar, tambalearse. | Tropezar o detenerse al pronunciar las palabras. | Dudar, vacilar, estar perplejo.

titubeo m. Acción de titubear.

titulación f. Acción de titular. | Conjunto de títulos de propiedad que afectan a una finca rústica o urbana. | Acción y efecto de titular o valorar una disolución.

titular adj. Que tiene algún título por el cual se nombra. | Que da su nombre por título a otra cosa. | Díc. del facultativo oficial de un partido y distrito. Ú. t. c. s. | Díc. de la letra mayúscula muy grande propia para portadas, títulos, carteles, etc. | tr. Poner título, nombre o inscripción a una cosa.

título m. Palabra o frase con que se enuncia el asunto de una obra científica o literaria, o de un escrito cualquiera. | Renombre con que se conoce a alguien por sus cualidades o sus acciones| Demostración auténtica del derecho con que se posee una cosa. | Dignidad nobiliaria. | Documento dado para ejercer un cargo, dignidad o profesión. | Documento que representa deuda públicamente o valor comercial.

tiza f. Arcilla terrosa blanca, que tiene los mismos usos que el clarión.

tiznar tr. y prnl. Manchar, con tizne, hollín u otra cosa semejante. Ú. t. c. r.

tizne amb. Ú. m. c. m. Humo que se pega a las vasijas que han estado a la lumbre.

tizón m. Palo a medio quemar. | fig. Mancha o borrón en la fama o estimación. | Hongo de pequeño tamaño que vive parásito en los cereales produciendo multitud de esporas de color negruzco y destruyendo los granos.

toalla f. Lienzo para limpiarse y secarse cualquier parte del cuerpo.

toba f. Piedra caliza, esponjosa y ligera que las aguas de algunos manantiales depositan sobre las cosas que hallan a su paso. | fig. Capa o corteza que se cría en algunas cosas.

tobar m. Cantera de toba.

tobera f. Abertura tubular por donde se introduce o se inyecta el aire en un horno o en una forja.

tobillo m. Protuberancia que la tibia y el peroné forman en la garganta del pie, la primera en la parte interna y el segundo en la externa.

tobogán m. Deslizadero artificial en declive por el que las personas, sentadas o tendidas, se dejan resbalar por diversión.

toca f. Prenda de tela de diversas hechuras, según los tiempos, países y costumbres, propia para cubrir la cabeza.

tocadiscos m. Aparato dotado de un fonocaptor y de un altavoz, que reproduce las grabaciones de los discos.

tocado m. Peinado y adorno de la cabeza, en las mujeres.

tocador, ra adj. y s. Que toca. | Mueble, con espejo y otros utensilios para el peinado y aseo de una persona. | Aposento destinado para este fin.

tocar tr. Ejercitar el sentido del tacto percibiendo la aspereza o suavidad, dureza o blandura, etc., de los objetos. I Hacer sonar un instrumento, ejecutar en él piezas musicales. I Caer en suerte una cosa.

tocata f. Pieza de música, ordinariamente breve.

tocayo, ya m. y f. Persona que tiene el mismo nombre que otra, respecto de ésta.

tocho, cha adj. Tosco, inculto, necio. I Díc. del hierro forjado en barras de sección cuadrada de siete centímetros de lado.

tocino m. Paníc ulo adiposo, muy desarrollado, de ciertos mamíferos, en especial del cerdo.

tocología f. Obstetricia.

tocón m. Parte del tronco que queda unida a la raíz cuando se corta un árbol por el pie.

todavía adv. t. Hasta un momento determinado desde tiempo anterior. I adv. m. con valor adversativo. Con todo eso, sin embargo.

todo, da adj. Díc. de lo que se toma o se comprende entera y cabalmente. I Se emplea también para ponderar o exagerar una cualidad o circunstancia. I En plural equivale a veces a cada. I m. Cosa íntegra, a la cual no le falta ninguna de sus partes componentes.

todopoderoso, sa adj. Que todo lo puede. I m. Dios.

toga f. Prenda, a modo de capa, que los romanos usaban sobre la túnica. Vestidura talar que los magistrados, letrados y catedráticos usan encima del traje.

tojino m. Tarugo o trozo de madera que se clava en un sitio para que no se mueva alguna cosa. I Cualquiera de los pedazos de madera que, clavados en el costado del buque, sirven de escala.

tolano m. Cada uno de los pelillos cortos que nacen en el cogote.

toldar tr. Cubrir con toldo.

toldo m. Pabellón o cubierta de tela, que se tiende para hacer sombra.

tolerable adj. Que se puede tolerar.

tolerancia f. Acción de tolerar. I Respeto y consideración hacia las opiniones o práctica de los demás. I Reconocimiento de la inmunidad política para los que profesan religiones distintas de la oficial.

tolerante p. a. de tolerar. IQue tolera, o propenso a la tolerancia.

tolerar tr. Sufrir, soportar, llevar con paciencia. I Disimular algunas cosas que no son lícitas, sin consentirlas expresamente. I Soportar, llevar, aguantar.

tolla f. Tremedal enharcado por las aguas subterráneas.

tolmo m. Peñasco elevado, semejante a un gran hito.

tolva f. Caja en forma de tronco de pirámide o de cono invertido y abierta por debajo, dentro de la cual se echan granos u otros cuerpos para que caigan poco a poco entre las piezas del mecanismo destinado a recogerlos. I Parte análoga de algunas urnas o cepillos, donde se introducen bolas, papeletas o monedas.

tolvanera f. Remolino de polvo que aparece en días muy cálidos y preferentemente en regiones desérticas.

toma f. Acción de tomar o recibir una cosa. I Conquista y ocupación de una plaza por fuerza de armas. I Porción de una cosa que se coge o recibe de una vez. I Abertura por donde se desvía parte del caudal de una corriente de agua.

tomaína f. Cada uno de los alcaloides venenosos resultantes de la putrefacción de las substancias orgánicas.

tomar tr. Coger o asir una cosa con la mano. I Coger, aunque no sea con la mano. I Recibir o aceptar. I Percibir, recibir una cosa. I Ocupar o adquirir por expugnación, trato o asalto una ciudad, fortaleza o posición. I Comer o beber. I Adoptar, emplear, poner en obra.

tomatal m. Sitio en que abundan las tomateras.

tomate m. Fruto de la tomatera.

tómbola f. Especie de lotería o rifa, que suele hacerse con fines benéficos, en que los premios están constituidos por objetos, y no por cantidades en metálico.

tomillo m. Planta labiada, muy olorosa, con cuyas flores se hace un cocimiento tónico y estomacal.

tomiza f. Soguilla o cuerda de esparto.

tomo m. Cualquiera de las partes o divisiones con paginación propia, y encuadernadas separadamente, de la obra literaria. I p. us. Cuerpo, bulto de una cosa. I Importancia, valor y estima.

ton m. Apócope de tono.

tonada f. Composición hecha para cantarla. I Música de esta canción.

tonal adj. Relativo al tono.

tonalidad f. Sistema de sonidos que sirve de fundamento a una composición musical. I Sistema de colores y tonos.

tonar intr. poét. Tronar o lanzar rayos.

tonel m. Cuba grande que se usa generalmente para transportar líquidos.

tonelada f. Unidad de peso o de capacidad que se usa para calcular el desplazamiento de los buques. I Unidad de peso equivalente a 1.000 kilogramos.

tonelaje m. Arqueo, cabida de una embarcación. I Número de toneladas que mide un conjunto de buques mercantes.

tonelete m. dim. de tonel. I Brial, faldón que usaban los hombres de armas. I Falda corta que sólo llega a las rodillas. I Parte de la armadura, que tenía forma de falda corta.

tonga f. Pila o porción de cosas apiladas en orden.

tongo m. Trampa.

tónico, ca adj. Que entona o da vigor al organismo. I Díc. de la nota primera de una escala. I Díc. del acento que corresponde a la sílaba en que carga la pronunciación. I Díc. de la vocal o sílaba en que carga la pronunciación.

tonificante p. a. de tonificar. Que tonifica.

tonificar tr. Entonar, dar vigor al organismo.

tonillo m. dim. de tono. I Tono monótono de algunos al hablar, leer, etc. I Dejo, acento particular de algunos individuos al hablar. I Entonación enfática al hablar.

tonina f. Atún, pez acantopterigio. I Delfín.

tono m. Grado de elevación del sonido. I Inflexión de la voz y modo particular de decir una cosa, según la intención o el estado de ánimo del que habla. I Tonada.

tonsila f. Amígdala.

tonsura f. Acción de tonsurar. I Grado preparatorio para recibir las órdenes menores.

tonsurar tr. Cortar el pelo o la lana. I Conferir el grado de tonsura.

tontear intr. Hacer o decir tonterías.

tontería f. Calidad de tonto. I Dicho o hecho tonto; necedad.

tonto, ta adj. y s. Mentecato, falto o escaso de entendimiento o razón.

topacio m. Silicato de alumina y flúor que cristaliza en prismas transparentes de color amarillo, a veces incoloros, rojizos o verdosos, con brillo vítreo. Se utiliza en joyería como piedra fina.

topar tr. Chocar una cosa con otra. I Hallar casualmente una cosa.

tope m. Parte por donde una cosa puede topar con otra. I Pieza en algunos mecanismos limita la acción o el movimiento de otra.

topera f. Madriguera del topo.

topetada f. Golpe que dan con la cabeza los animales cornudos. I fig. Golpe dado con la cabeza.

topetar tr. Topar. Ú. t. c. intr. | Topar, chocar una cosa con otra.

tópico, ca adj. Relativo a determinado lugar. | m. Medicamento externo. | Expresión trívial o vulgar. | pl. Lugares comunes.

topo m. Pequeño mamífero insectívoro, de cuerpo rechoncho, hocico afilado, ojos casi invisibles y pelaje negruzco, que abre galerías subterráneas en las cuales vive.

topografía f. Parte de la geodesia que tiene por objeto representar el terreno sobre el papel de la manera más exacta posible. | Conjunto de particularidades de la configuración de un terreno.

topógrafo, fa m. y f. Persona que profesa la topografía o es versada en ella.

topología f. Rama de las matemáticas que trata especialmente de la continuidad y de otros conceptos más generales originados de ella.

toponimia f. Estudio del origen y significación de los nombres propios de lugar.

toque m. Acción de tocar una cosa, tentándola, palpándola o llegando inmediatamente a ella. | Tañido de las campanas, con que se anuncia algo.

toquilla f. Adorno de gasa, cinta, etc., que solía ponerse alrededor de la copa del sombrero. | Pañuelo triangular de que usan las mujeres para abrigarse el cuello o la cabeza.

tora adj. f. Armazón en figura de toro, revestida de cohetes, para servir de diversión popular. | Libro de la ley de los judíos.

torácico, ca adj. Relativo al tórax.

toracostráceo, a adj. y s. Díc. de animales crustáceos que tienen los anillos torácicos reunidos con la cabeza en un escudo dorsal o cefalotórax; como el cangrejo. | m. pl. Grupo de estos crustáceos.

toral adj. Principal o de más fuerza y vigor en cualquier concepto.

tórax m. Pecho del hombre y los animales. | Cavidad del pecho.

torbellino m. Remolino de viento. | fig. Abundancia de cosas que ocurren a un tiempo. | fam. Persona muy viva, bulliciosa e inquieta.

torca f. Depresión circular y con bordes escarpados, en un terreno.

torcaz adj. Díc. de la paloma silvestre, algo mayor que la común.

torcedura f. Acción y efecto de torcer o torcerse, encorvamiento, desvío.| Distensión de las paredes blandas que rodean las articulaciones de los huesos.

torcer tr. Dar vueltas a una cosa sobre si misma haciéndola tomar forma helicoidal. | Encorvar o poner angulosa una cosa; poner inclinada o sesgada una cosa que estaba perpendicular o paralela. Ú. t. c. r. | Desviar una cosa de su posición o dirección habitual.

torcida f. Mecha de algodón o trapo torcido que se pone en velones, candiles, etc., para que arda.

torcimiento m. Torcedura. | fig. Perífrasis o circunlocución con que se da a entender una cosa que se pudiera explicar más clara y brevemente.

torculado, da adj. De forma de tornillo como los husillos de las prensas.

tórculo m. Prensa, y en especial la que se usa para estampar grabados en cobre, acero, etc.

tordo m. Pájaro de cuerpo grueso y pico negro, que se alimenta de insectos y frutos. | Estornino.

torear intr. Lidiar los toros en la plaza. Ú. t. c. tr. | tr. fig. Entretener a uno engañándole en sus esperanzas.

toreo m. Acción de torear. | Arte de torear toros.

torería f. Conjunto de los toreros.

torero, ra adj. Relativo al torero. | m. y f. Persona que se dedica a torear.

toril m. Sitio en que se encierran los toros que han de lidiarse.

torio m. Metal radiactivo, dúctil y de color plateado.

tormenta f. Tempestad, perturbación del aire con lluvia y relámpagos, o de las aguas del mar por la violencia del viento.

tormento m. Acción de atormentar o atormentarse. | Angustia o dolor físico. | Dolor corporal que se causaba al reo para obligarle a confesar o declarar. | fig. Congoja, angustia o aflicción.

tormo m. Terrón de toerra.

torna f. Acción de tornar, devolver, y también regresar.

tornadizo, za adj. y s. Que fácilmente varía de opinión, creencia o partido.

tornado p. p. de tornar. | m. Huracán.

tornar tr. Devolver, restituir, | Mudar a una persona o cosa su naturaleza o estado. Ú. t. c. r. | intr. Regresar al lugar de partida.

tornasol m. Girasol. | Cambiante, reflejo o viso de la luz en ciertas cosas muy tersas. | Materia colorante azul de origen vegetal, y cuya tintura sirve de reactivo para reconocer los ácidos, que la enrojecen.

tornasolar tr. y r. Hacer o causar tomasoles.

tornátil adj. Hecho a torno o torneado. | poét. Que gira con facilidad y rapidez.

tornavoz m. Aparato para que repercuta el sonido y se oiga mejor, como el sombrero del púlpito, etc.

torneador m. El que tornea. | Tornero, el que labra obras al torno.

tornear tr. Labrar, redondear, pulir, una cosa al torno. | intr. Dar vueltas en torno o alrededor. | fig. Combatir en el torneo.

torneo m. Combate a caballo entre varias personas, divididas en dos bandos. | Fiesta entre caballeros armados que, en un circo dispuesto a este fin, pelean, dando vueltas en torno y simulando una reñida batalla. | fig. Certamen, concurso, contienda, competición.

tornería f. Taller o tienda de tornero. | Oficio de tornero.

tornero m. Artífice que labra objetos al torno. | El que hace tornos.

tornillo m. Máquina simple constituida por un cilindro sobre el cual se arrolla en forma de hélice un saliente denominado filete de paso constante. | Clavo con resalto en hélice.

torniquete m. Palanca angular que comunica el movimiento del tirador a la campanilla. | Torno en forma de cruz que gira horizontalmente sobre un eje y se coloca en las entradas por donde sólo han de pasan una a una las personas.

torno m. Máquina simple consistente en un cilindro que, mediante la acción de palancas, cigüeñas, etc., puede girar alrededor de su eje, y que suele actuar sobre la resistencia mediante una cuerda que se va arrollando al cilindro.

toro m. Mamífero rumiante, bóvido, que tiene la cabeza armada de dos cuernos. | fig. Hombre muy robusto y fuerte. | Tauro.

toronja f. Cidra de forma globosa.

toronjil m. Planta labiada, aromática, de flores blancas. Se usa en medicina como tónico y antiespasmódico.

toronjo m. Cidro que produce las toronjas.

torpe adj. Que no tiene movimiento libre, o lo tiene tardo y pesado. | Desmañado, falto de habilidad. | Rudo, falto de alcances.

torpedear tr. Atacar al enemigo lanzando contra él topedos.

torpedero adj. y s. Díc. del buque de guerra destinado a lanzar torpedos.

torpedo m. Pez selacio, ráyido, de cuerpo aplatanado y orbicular, cola larga y carnosa y que está dotado de dos órganos musculosos que producen descargas eléctricas de bastante intensidad. I Proyectil submarino autopropulsado.

torpeza f. Calidad de torpe. I Dicho o hecho torpe.

torrado, da p. p. de torrar.

torrar tr. Tostar al fuego.

torre f. Edificio más alto que ancho, y fuerte, para defenderse desde él, o para defender una plaza. I Edificio más alto que ancho, que en las iglesias sirve para colocar las campanas, y en las casas particulares para recrear la vista. I Pieza del ajedrez, de figura de torre.

torrefacto, ta adj. Tostado.

torrejón m. Torre pequeña o mal formada.

torrencial adj. Parecido al torrente.

torrente m. Corriente impetuosa de agua, debida a las grandes lluvias o a los rápidos deshielos.

torrentera f. Cauce de un torrente.

torreón m. aum. de torre. I Torre grande para defensa de una plaza o fortaleza.

torrero m. El que tiene a su cargo una atalaya o un faro.

torrezno m. Trozo de tocino frito o para freír.

tórrido, da adj. Muy ardiente o quemado.

torsión f. Acción y efecto de torcer o torcerse una cosa en forma helicoidal.

torso m. Tronco del cuerpo humano. Se usa principalmente en escultura y pintura. Estatua falta de cabeza, brazos y piernas.

torta f. Masa de figura redonda, hecha con harina y varios ingredientes, y cocida a fuego lento.I fam. Galleta, bofetada.

tortera f. Tortero. I Cacerola casi plana, propia para tortadas.

tortícolis m. Dolor del cuello que obliga a tenerlo torcido.

tortilla f. Fritada de huevos batidos.

tórtola f. Ave del orden de las palomas, más pequeña que la paloma común y muy parecida a ella.

tórtolo m. Macho de la tórtola. I fam. Hombre amartelado.

tortuga f. Reptil quelonio, marino, grande, cuya coraza tiene manchas verdosas y rojizas.

tortuoso adj. Que tiene vueltas y rodeos.

tortura f. Acción de torturar.

torturar tr. Dar tortura, atormentar.

torvisco m. Planta timeleácea, de flores blanquecinas y fruto en baya redonda, cuya corteza sirve para cauterios.

torvo, a adj. Fiero, airado.

torzal m. Cordoncillo delgado de seda que se usa para coser y bordar.

tos f. Movimiento convulsivo y ruidoso del aparato respiratorio, generalmente para expulsar lo que le molesta.

tosca f. Toba, piedra caliza, y sarro.

tosco, ca adj. Grosero, basto, sin pulimiento.

toser intr. Hacer fuerza y violencia con la respiración, para arrancar del pecho lo que la fatiga y molesta; tener y padecer la tos.

tosquedad f. Calidad de tosco.

tostada f. Rebanada de pan que se tuesta y unta con manteca, miel, etc.

tostado, da p. p. de tostar. I adj. Dic. del color subido y oscuro.

tostadura f. Acción de tostar.

tostar tr. y r. Calentar una cosa hasta que se deseque y tome color. I fig. Calentar con exceso. I fig. Atezar el sol o el viento la piel del cuerpo.

tostón m. Tostada empapada en aceite nuevo. I Cosa demasiado tostada. I fam. Lata, lo que causa hastío y fastidio.

total adj. General, que lo comprende todo en su especie. I m. Suma, resultado de sumar.

totalidad f. Calidad de total. I Todo, cosa íntegra. I Conjunto de todas las cosas o personas que forman una clase o especie.

totalitario, ria adj. Díc. de lo que incluye la totalidad de las partes o atributos de una cosa, sin merma ninguna. I Díc. del régimen político y social que confiere al jefe del poder ejecutivo supremacía efectiva sobe los demás poderes del Estado, y que no admite ninguna forma legal de oposición.

totalizar tr. Sacar el total que forman varias cantidades.

tótem m. Objeto de la naturaleza o animal que por algunas tribus salvajes se considera como emblema protector de la tribu o del individuo, y a veces como antepasado o progenitor.

totora f. Especie de espadaña. I Embarcación a modo de balsa o barquilla, hecha con haces de totora atados entre sí.

tóxico, ca adj. y s. Díc. de las sustancias venenosas.

toxicología f. Parte de la Medicina que trata de los venenos.

toxicomanía f. Hábilo patológico de intoxicarse con sustancias que producen sensaciones agradables o que suprimen el dolor.

toxina f. Sustancia elaborada por los seres vivos, principalmente por los microbios, y que obra como veneno.

toza f. En algunas partes, trozo de corteza del pino y otros árboles. I Pieza grande de madera labrada a esquina viva.

tozo, za adj. Enano, pequeño, bajo.

tozudo, da adj. Obstinado, terco.

tozuelo m. Cerviz gruesa y carnosa.

traba f. Acción de trabar. I Ligadura que une y sujeta una cosa con otra. I Instrumento para sujetar los pies o las manos de las caballerías.

trabajador, ra adj. Que trabaja. I Muy aplicado al trabajo. I m. y f. Jornalero, obrero.

trabajar intr. Ocuparse en cualquier ejercicio, obra o labor.

trabajo m. Acción de trabajar. I Obra, producción del entendimiento. I Operación de una máquina, herramienta o utensilio. I Esfuerzo humano aplicado a la producción de riqueza.

trabajoso, sa adj. Que causa o cuesta mucho trabajo.

trabalenguas m. Palabra o locución difícil de pronunciar.

trabanca f. Mesa formada por un tablero puesto entre dos caballetes.

trabar tr. Juntar o unir dos cosas para darles mayor fuerza o resistencia.

trabazón f. Enlace de dos o más cosas que se unen entre sí.

trabe f. Viga.

trabilla f. Tira con que se aprieta la cintura del pantalón o del chaleco.

trabucar tr. y r. Trastornar el buen orden o colocación que tiene una cosa. I fig. Ofuscar o trastornar el entendimiento.

trabuco m. Antigua máquina de guerra, que se usaba para disparar piedras muy gruesas contra las murallas, torres, etc. I Arma de fuego más corta y de mayor calibre que la escopeta común.

traca f. Serie de petardos o cohetes colocados a lo largo de una cuerda y que estallan sucesivamente.

tracción f. p. us. Acción de traer. | Denomínase así a todo esfuerzo que se ejerce sobre un cuerpo para arrastrarlo o moverlo.

tractor m. Máquina que produce tracción. | Vehículo automotor cuyas ruedas se adhieren fuertemente al terreno, y se emplea para arrastrar arados, remolques, etc.

tradición f. Comunicación o transmisión de doctrinas, ritos, costumbres, noticias, hecha de padres a hijos al correr los tiempos.

tradicional adj. Relativo a la tradición. | Que se transmite por medio de la tradición.

tradicionalismo m. Sistema político que propugna el mantenimiento o el restablecimiento de las instituciones antiguas en el régimen de la nación y en la organización social.

traducción f. Acción de traducir. | Obra traducida. | Sentido o interpretación que se da a un texto o escrito.

traducir tr. Expresar en una lengua lo escrito o expresado antes en otra. | fig. Explicar, glosar, interpretar.

traductor, ra adj. y s. Que traduce.

traer tr. Conducir, trasladar algo al lugar en donde se habla. | Atraer o tirar hacia sí.

trafagar intr. Traficar.

tráfago m. Tráfico. | Conjunto de negocios u ocupaciones que atarea y fatiga mucho.

traficante p. a. de traficar. Que trafica o comercia.

traficar intr. Negociar, comerciar. | Andar por diversas tierras tratando con distintas gentes.

tráfico m. Acción de traficar. | Comunicación, tránsito y transporte, en vehículos adecuados o por vía terrestre, marítima o aérea, de personas, equipajes y mercancías.

trafulcar tr. Confundir, trabucar.

tragacanto m. Arbusto leguminoso de flores blancas, cuyo tronco destila una goma usada en farmacia y en la industria. | Esta goma.

tragadero m. Faringe. | Boca o agujero que traga o sorbe una cosa.

tragaluz f. Ventana en un techo o en la parte alta de un muro.

tragaperras m. Aparato que, al echarle una moneda, marca el peso o suelta alguna cosa, automáticamente.

tragar tr. Hacer que una cosa pase por el tragadero. | fig. Comer mucho y aprisa. | fig. Soportar o tolerar cosa repulsiva o vejatoria.

tragedia f. Poema dramático de acción grande, terrorífica y lastimosas, de estilo y tono elevados y desenlace funesto.

trágico, ca adj. Relativo a la tragedia. | Díc. del autor de tragedias, y del actor que las representa. | Infausto, terrorífico, desgraciado, lastimoso.

tragicomedia f. Poema dramático que participa de los generos trágico y cómico.

trago m. Porción de líquido que se bebe de una vez. | fig. Adversidad, infortunio, contratiempo, disgusto grande.

tragón, na adj. y s. Que come mucho. | Glotón.

traición f. Delito que se comete quebrantando la fe jurada, fidelidad o lealtad debidas.

traicionar tr. Hacer traición.

traicionero, ra adj. y s. Traidor.

traidor, ra adj. Que comete traición. Ú. t. c. s. | Que implica o denota traición o falsía.

traílla f. Cuerda o correa con que se lleva al perro atado a las cacerías. | Conjunto de traíllas unidas por una cuerda.

traje m. Vestido peculiar de una clase de personas o de los naturales de un país. | Vestido completo de una persona.

trajeado, da p. p. de trajear. | adj. Portado. Úsase con los advs. bien y mal.

trajear tr. Proveer de traje a alguien. Ú. t. c. r.

trajín m. Acción de trajinar.

trajinar tr. Acarrear o llevar géneros de un lugar a otro. | intr. Andar de un sitio a otro, con cualquier ocupación.

tralla f. Cuerda más gruesa que el bramante. | Látigo.

trama f. Conjunto de hilos que, cruzados con los de la urdimbre, forman un tejido. | fig. Confabulación, maquinación urdida contra alguien. | Disposición interna, contextura, ligazón entre las partes de un asunto u otra cosa, y en especial el enredo de una obra dramática o novelesca.

tramar tr. Cruzar los hilos de la trama por entre los de urdimbre, para tejer. | fig. Preparar astutamente un engaño o traición. | Disponer con habilidad la ejecución de cualquier cosa complicada o difícil.

tramitar tr. Hacer pasar una cosa por los trámites debidos.

trámite m. Cualquiera de las diligencias que en un negocio o dependencia hay que recorrer hasta su conclusión.

tramo m. Trozo de terreno o de suelo separado de los contiguos por una línea divisoria o por otra señal. | Parte de una escalera comprendida entre dos rellanos.

tramojo m. Parte de las mies por donde el segador la coge y ata.

tramontana f. Norte o septentrión. | Viento que sopla de esta parte.

tramontano, na adj. Que está allende de los montes.

tramontar intr. Pasar del otro lado de los montes, respecto de una cosa.

tramoya f. Maquinaria teatral propia para figurar o fingir prodigios y transformaciones.

tramoyista com. Persona que inventa, construye, dirige, coloca o hace funcionar tramoyas de teatro.

trampa f. Artificio usado para cazar, que suele consistir en una excavación cubierta con ramaje u otra cosa que la oculte o disimule. | fig. Ardid, engaño para burlar o perjudicar a alguien.

trampear tr. fam. Usar de artificio o cautela para engañar a alguien o eludir una dificultad.

trampero m. El que caza con trampa.

trampolín m. Plano inclinado que favorece el salto, del gimnasta. | fig. Persona o cosa de que uno se vale para obtener un provecho.

tramposo, sa adj. y s. Trampista. | Que hace trampas en el juego.

tranca f. Palo grueso y, especialmente, el que se pone a guisa de puntal detrás de una puerta o ventana cerrada.

trancar tr. Atrancar, cerrar con tranca.

trance m. Momento crítico y decisivo de algún suceso o acción. | Estado de la vida próximo a la muerte. | Estado de suspensión de los sentidos durante el éxtasis místico.

tranco m. Paso largo, salto que se da abriendo mucho las piernas. | Umbral de la puerta.

trangallo m. Palo que se cuelga del collar de los perros de ganado, para que no puedan bajar la cabeza hasta el suelo, en el tiempo de la cría de la caza.

tranquilidad f. Calidad de tranquilo. | Paz, quietud.

tranquilizar tr. y r. Sosegar, apaciguar, calmar.

tranquilo, la adj. Quieto, sosegado, pacífico.

trans prep. insep. que significa del otro lado, más allá o a través de, o denota cambio o mudanza.

transacción f. Acción de transigir. | Trato, pacto.

transatlántico, ca adj. Díc. de las regiones situadas al otro lado del Atlántico. | m. Buque de grandes proporciones destinado a hacer la travesía del Atlantico, o de otro gran mar.

transbordador, ra adj. Que transborda. l Díc. de una especie de puente con vía aérea sostenida por pilares, elevados sobre cada una de las orillas del río o canal que atraviesa, y a suficiente altura para que por debajo puedan pasar los buques con toda su arboladura.

transbordar tr. Trasladar personas o cosas de un barco a otro, o de un tren a otro.

transcender tr. Trascender.

transcribir tr. Copiar un escrito. l Escribir con un sistema de caracteres lo escrito con otro.

transcripción f. Acción de transcribir.

transcurrir intr. Pasar, correr. Díc. del tiempo.

transcurso m. Paso, carrera, curso del tiempo.

transeúnte adj. Que transita o pasa por un lugar.

transexual m. Que ostenta caracteres sexuales propios del sexo opuesto.

transferencia f. Acción de transferir.

transferir tr. Pasar o llevar una cosa de un punto a otro. l Diferir, retardar. l Ceder a otro un derecho o dominio.

transfigurar tr. y r. Hacer cambiar de figura a una persona o cosa.

transfixión f. Acción de herir pasando de parte a parte.

transformación f. Acción y efecto de transformar o transformarse.

transformador, ra adj. y s. Que transforma. l m. Aparato que sirve para cambiar la tensión y la intensidad de una corriente eléctrica.

transformar tr. y r. Hacer cambiar de forma. l Convertir una cosa en otra. l Hacer mudar de conducta.

transformismo m. Doctrina biológica según la cual los caracteres típicos de las especies animales y vegetales no son fijos e inmutables, sino que pueden variar por la acción de diversos factores, dando lugar a nuevas especies.

transformista dj. Perteneciente o relativo al transformismo. l Actor que hace mutaciones rapidísimas en sus trajes y en los tipos que representa.

tránsfuga com. Persona que pasa huyendo de una parte a otra. l fig. Persona que pasa de un partido a otro.

transfundir tr. Echar un líquido poco a poco de un vaso en otro.

transfusión f. Acción de transfundir o transfundirse. l Acción de pasar un líquido o humor de un vaso a otro.

transgredir tr. Quebrantar, violar una ley, precepto u ordenanza.

transiberiano, na adj. Dícese del tráfico y de los medios de locomoción que atraviesan Siberia.

transición f. Acción de pasar de un estado o modo de ser a otro distinto.

transido, da p. p. de transir. l adj. Fatigado, acongojado, angustiado.

transigir intr. Consentir en parte con lo que no se cree justo, razonable o verdadero, a fin de llegar a un ajuste o concordia, para evitar algún mal, o bien por mero espíritu de condescendencia.

transistor m. Dispositivo electrónico que sustituye a la lámpara termoiónica, y ocupa mucho menos espacio que ella. l Por ext., aparato de radio que funciona con transistores.

transitar intr. Pasar de un punto a otro por parajes públicos.

transitivo, va adj. p. us. Que pasa y se transfiere de uno en otro. l Dícese del verbo cuya acción recae en la persona o cosa que es término directo de la acción.

tránsito m. Acción de transitar. l Paso.

transitorio, ria adj. Pasajero, temporal, poco duradero.

translimitar tr. Traspasar los límites morales o materiales.

translúcido, da adj. Dícese del cuerpo a través del cual pasa la luz, pero que no deja ver lo que hay detrás de él.

transmigrar tr. Pasar a otro país para vivir en él. l Pasar un alma de un cuerpo a otro, según opinan los que creen en la metempsicosis.

transmisión f. Acción de transmitir.

transmisor, ra adj. y s. Que transmite o sirve para transmitir. l Aparato telegráfico o telefónico que sirve para producir las corrientes, o las ondas hertzianas, que han de actuar en el receptor.

transmitir tr. Trasladar, transferir.

transmutar tr. Convertir una cosa en otra.

transparentarse r. Dejarse ver la luz u otra cosa a través de un cuerpo transparente. l Ser transparente un cuerpo.

transparente adj. Dícese de aquellos cuerpos a través de los cuales pueden verse los objetos. l Translúcido.

transpirar intr. Pasar los humores a la parte exterior del cuerpo a través de los poros de la piel.

transponer tr. y r. Mudar de lugar a una persona o cosa. l Trasplantar. l r. Ocultarse uno de la vista de otro, doblando una esquina, un cerro, un recodo, etc.

tranportador, ra adj. y s. Que transporta. l Círculo graduado que sirve para medir o trazar ángulos. l Cinta sin fin, sujeta a un mecanismo rodante, que se utiliza para transponer géneros de un lugar a otro.

transportar tr. Llevar personas o cosas de un puesto a otro.

transporte m. Acción de transportar. l pl. Conjunto de medios que se utilizan para transportar personas y mercancías de un lugar a otro.

transposición f. Acción de transponer. l Figura consistente en alterar el orden de las voces en la oración.

transpuesto, ta p. p. irreg. de transponer.

transustanciar tr. Convertir una sustancia en otra. Ú. t. c. r.

transvasar tr. Trasegar. l Por ext., desviar una parte o totalidad el agua de un río, lago, etc., y conducirla a otro o a cualquier depósito que, por su situación o condiciones, permitirá obtener de ella un mayor aprovechamiento.

transversal adj. Que atraviesa o cruza de un lado a otro. l Que se desvía de la dirección principal o recta.

transverso, sa adj. Colocado o dirigido a través.

tranvía m. Vehículo que circula sobre rieles en el interior de una ciudad o en sus cercanías y se usa principalmente para transportar viajeros.

tranzón m. Cada una de las partes en que para su aprovechamiento se divide un monte o un pago de tierras.

trapacear intr. Usar de trapazas u otros engaños.

trapacista adj. y s. Tramposo, embustero que usa de trapazas o engaños.

trapajoso, sa adj. Roto, andrajoso.

trápala f. Ruido, alboroto y confusión de gente.

trapalear intr. Decir o hacer cosas propias de un trápala. l Meter ruido con los pies andando de un lado a otro.

trapaza f. Engaño o fraude.

trapecio m. Palo suspendido horizontalmente de dos cuerdas por sus extremos, y que sirve para ejercicios gimnásticos. l Cuadrilátero que tiene paralelos dos de sus lados.

trapecista adj. Artista circense que actúa en el trapecio.

trapero, ra m. y f. Persona que recoge trapos de desecho para venderlos.

trapezoide m. Cuadrilátero que no tiene ningún lado paralelo a otro. l Segundo hueso de la segunda fila del carpo.

trapiche m. Molino para extraer el jugo de algunos frutos de la tierra, como la aceituna y la caña de azúcar.

trapisonda f. fam. Riña o bulla y desorden.

trapo m. Trozo de tela desechado por viejo, roto o inútil.

traque m. Estallido del cohete. l Guía de pólvora fina que una las partes de un fuego de artificio.

tráquea f. En los vertebrados de respiración pulmonar, conducto que va de la faringe a los bronquios, que en los seres humanos está situado delante del esófago.

traqueal adj. Relativo a la tráquea. l Díc. del animal que respira por medio de tráqueas.

traqueotomía f. Abertura que se hace en la tráquea, para impedir en ciertos casos la sofocación de los enfermos.

traquetear intr. Hacer ruido, estruendo o estrépito. l tr. Mover o agitar una cosa de una parte a otra.

tras prep. Después de, a continuación de. Tiene uso como prefijo en voces compuestas. l fig. En busca o seguimiento de. l Detrás de, en situación posterior. l prep. insep. Trans. l Voz imitativa de un golpe ruidoso.

trascender intr. Exhalar olor vivo que se extiende a gran distancia. l Empezar a conocerse o divulgarse una cosa. l Extenderse los efectos de una cosa a otras, produciendo consecuencias. l tr. Comprender, averiguar algo que está oculto.

trascordarse r. Perder la noción exacta de una cosa por olvido o confusión.

trasdós m. Superficie exterior de un arco o bóveda. l Pilastra situada inmediatamente detrás de una columna. l En aviación, parte superior del ala de un avión.

trasegar tr. Trastornar, revolver. l Mudar de vasija un líquido. l Cambiar de lugar una cosa.

trasero, ra adj. Que está, viene o se queda detrás. l Díc. del carro que tiene más carga detrás que delante. l Díc. de la puerta que se abre en la fachada opuesta a la principal de un edificio. l m. Parte posterior del animal.

trasgo m. Duende, espíritu que travesea, según el vulgo.

trashoguero, ra adj. Díc. del perezoso que se queda en su casa mientras los demás van al trabajo. l m. Losa o plancha situada detrás del hogar. l Leño grueso que se pone arrimada a la pared, en el hogar, para conservar la lumbre.

trashumante Que trashuma.

trashumar tr. Pasar el ganado desde las dehesas de invierno a las de verano, y de éstas a las primeras.

trasiego m. Acción de trasegar.

traslación f. Acción de trasladar o trasladarse.

trasladar tr. Llevar de una parte a otra o mudar de lugar a una persona o cosa.

traslado m. Copia de un escrito o papel de música. l Acción de trasladar.

traslaticio, cia adj. Díc. del sentido figurado en que se emplea un vocablo.

trasluz m. Luz que pasa a través de un cuerpo translúcido.

trasmocho, cha adj. Díc. del árbol descabezado o cortado a cierta altura de su tronco para que produzca brotes.

trasnochada f. Noche inmediatamente anterior al día presente. l Vela o vigilancia que se hace en la noche.

trasnochar intr. Pasar la noche o gran parte de ella sin dormir o velando. l Pernoctar.

traspapelarse r. Confundirse o desaparecer un papel entre otros; no hallarse donde debía estar.

traspasar tr. Pasar o llevar una cosa de un lugar a otro. l Pasar adelante hacia otro lado. l Pasar, atravesar de parte a parte.

traspaso m. Acción de traspasar. l Conjunto de géneros traspasados. l Precio de la cesión de estos géneros o del local donde se ejerce un comercio o industria.

traspié m. Resbalón o tropezón.

trasplantar v. tr. Mudar o trasladar una planta de terreno a otro. l Injertar.

trasplante m. Acción de transplantar y transplantarse.

traspunte m. Persona que avisa al actor para que salga a la escena, y le apunta desde el bastidor las primeras palabras.

trasquilar tr. Cortar el pelo a trechos sin orden ni arte. Ú. t. c. r. l Esquilar a los animales.

trastabillar intr. Titubear, vacilar.

trastada f. Acción propia de un trasto o persona informal.

traste m. Cualquiera de los filetes de metal o hueso colocados a trechos en el mástil de la guitarra, bandurria u otro instrumento análogo.

trasteado m. Conjunto de trastes de un instrumento.

trastear tr. Revolver y mudar de lugar los trastos. ll Poner los trastes a un instrumento. l Dar pases de muleta al toro.

trastería f. Montón de trastos viejos. l fam. Trastada.

trastero, ra adj. Díc. del cuarto en que se guardan los trastos.

trastienda f. Aposento situado detrás de la tienda. l fig. Cautela y habilidad en el modo de conducirse y de gobernar las cosas.

trasto m. Mueble o utensilio, y, especialmente, el que se tiene fuera de uso.

trastornar tr. Volver las cosas de arriba abajo o de un lado a otro. l Invertir el orden regular de las cosas.

trastorno m. Acción de trastornar.

trastrocar tr. Mudar el ser o estado de una cosa.

trasudar tr. Exhalar trasudor.

trasudor m. Sudor tenue por fatiga o temor.

trasunto m. Copia o traslado que se saca del original. l Figura o representación que imita fielmente una cosa.

trasverter intr. Rebosar el líquido de un recipiente de modo que se vierta por los bordes.

trata f. Tráfico de negros esclavos.

tratadista m. Autor de tratados sobre una materia determinada.

tratado m. Escrito o discurso que comprende o explica las especies que conciernen a determinada materia.

tratamiento m. Acción y efecto de tratar. l Título de cortesía que se da a una persona. l Método que se emplea para curar una enfermedad o corregir un defecto.

tratante com. Persona que compra géneros para revenderlos.

tratar tr. Manejar, traer entre manos, usar una cosa. l Manejar o gestionar algún negocio o amistad con alguien. Ú. t. c. intr. y c. r. l Someter una sustancia a la acción de otra. l intr. Intentar, procurar. l Comerciar, traficar.

trato m. Acción de tratar. l Tratado, ajuste, convenio. l Tratamiento de cortesía. l Oficio de tratante.

trauma f. Traumatismo. l Choque emocional.

traumatismo m. Lesión de los tejidos por agentes mecánicos.

traumatología f. Parte de la medicina referente a los traumatismos y sus efectos.

travelín m. Díc. del recurso de cine y televisión que consiste en el desplazamiento de una cámara montada sobre ruedas para acercarla a un objeto, alejarla de él o seguirlo en sus movimientos.

traversa f. Madero del carro, que lo atraviesa de un lado a otro.

través m. Inclinación o torcimiento de una cosa hacia un lado. l fig. Desgracia, o suceso infausto que menoscaba la honra o la hacienda de alguien.

travesaño m. Pieza que atraviesa de una parte a otra. I lmohada larga.

travesear intr. Andar inquieto o revoltoso.

travesía f. Camino o calle transversal entre dos principales. I Distancia entre dos puntos de tierra o mar. I Viaje por mar. I Modo de estar una cosa a través. I Viento perpendicular a la costa.

travestir v. tr. Vestir a una persona con ropas de sexo opuesto.

travesura f. Acción de travesear. I fig. Viveza de ingenio. I fig. Acción reprobable ejecutada con destreza e ingenio.

traviesa f. Travesía. I Cualquiera de los maderos que se atraviesan en una vía férrea para asentar los rieles. I Cualquiera de las piezas que unen los largueros del bastidor de los vagones de ferrocarril.

travieso, sa adj. Atravesado o puesto al través. I fig. Sagaz. I fig. Inquieto y revoltoso.

trayecto m. Espacio que se recorre o puede recorrerse de un punto a otro.

trayectoria m. Línea descrita en el espacio por un punto móvil.

traza f. Planta o diseño de un edificio o de otra obra que se ha de construir.

trazado, da adj. De buena o mala disposición o compostura de un cuerpo. I m. Acción de trazar. I Traza, diseño.

trazador, ra adj. y s. Que traza o idea una obra.

trazar tr. Hacer trazos. I Delinear o diseñar la traza de un edificio u otra obra.

trazo m. Declinación con que se forma un es diseño o plano. I Línea, raya.

trébede f. pl. Aro o triángulo de hierro con tres pies, que sirve para poner al fuego sartenes, peroles, etc.

trébol m. Planta herbácea papilionácea. I Uno de los palos de la baraja.

trebolar m. Terreno poblado de tréboles.

trece adj. Diez y tres.

trechear tr. Transportar una carga que se pasan unos a otros los operarios colocados convenientemente de trecho en trecho.

trecho m. Espacio, distancia de lugar o tiempo.

trefilar tr. Reducir un metal o alambre a hilo.

tregua f. Suspensión de armas, cesación temporal de hostilidades entre los beligerantes.

treinta adj. Tres veces diez.

treintena f. Conjunto de 30 unidades. I Trigésima parte.

tremátodo, da adj. y s. Díc. de gusanos platelmintos de cuerpo plano, oblongo, no segmentado, que viven parásitos.

tremebundo, da adj. Espantable, horrendo, que hace temblar.

tremedal m. Paraje pantanoso cubierto de hierba y que retiembla cuando se anda sobre él.

tremendo, da adj. Terrible, formidable. I Digno de respeto y reverencia. I fig. Muy grande y excesivo en su línea.

trementina f. Jugo resinoso, viscoso, odorífero, que fluye de los pinos, abetos, alerces y terebintos.

tremolar tr. Enarbolar y mover en el aire los pendones, estandartes o banderas.

tremolina f. Movimiento ruidoso del aire. I fam. Bulla, confusión.

trémolo m. Sucesión rápida de muchas notas iguales.

tremor m. Temblor. I Comienzo del temblor.

trémulo, la adj. Que tiembla. I Díc. de cosas que parecen temblar, como la luz, etc.

tren m. Serie de vagones enlazados o articulados unos tras otros y arrastrados por una locomotora de ferrocarril.

trenca f. Cualquiera de los palos atravesados en la colmena para sostener los panales. I Cualquiera de las raíces principales de una cepa.

trencilla f. dim. de trenza. I Galoncillo de seda, algodón o lana, que tiene diversas aplicaciones.

treno m. Canto fúnebre por alguna calamidad.

trenza f. Conjunto de tres o más ramales que se entretejen cruzándolos alternativamente.

trenzar tr. Entretejer tres o más ramales, cordones, etc., cruzándolos alternativamente para formar un solo cuerpo alargado.

trepa f. Acción de trepar. I Media voltereta que se da sobre la coronilla pasando de la posición boca abajo a la de boca arriba.

trepanar tr. Horadar el cráneo con un fin curativo o diagnóstico.

trépano m. Instrumento propio para trepanar.

trepar tr. Subir a un lugar alto y de difícil acceso valiéndose de pies y manos.

trepidar intr. Temblar fuertemente.

tres adj. Dos y uno. I Tercero. I m. Signo con que se representa el número tres.

trescientos, tas adj. Tres veces ciento.

tresdoblar tr. Triplicar. I Dar a una cosa tres dobleces, uno sobre otro.

treta f. Ardid, artimaña, engaño ingenioso.

tri- Prefijo que significa tres.

triaca f. Antigua confección farmacéutica que se componía de opio y otros ingredientes y se usaba contra las mordeduras de animales venenosos.

triache m. Café de inferior calidad.

triangular adj. De figura de triángulo o semejante a él I tr. Disponer las piezas de un armazón de modo que formen triángulos.

triángulo, la adj. Triangular. I m. Se denomina así la porción de plano limitada por tres rectas que se cortan dos a dos sucesivamente. I Instrumento de percusión en forma de triángulo.

triar tr. Escoger, elegir, entresacar. I r. Clarearse una tela por usada o mal tejida.

triásico, ca adj. y s. Díc. del terreno sedimentario que es inferior al liásico y el más antiguo de los secundarios.

tribal adj. Relativo a la tribu. I tribual.

tribu f. Cualquiera de las agrupaciones en que se dividían algunos pueblos antiguos. I Conjunto de familias nómadas, que obedecen a un jefe. I Cualquiera de los grupos taxonómicos en que suelen dividirse muchas familias, y los cuales se subdividen en géneros.

tribulación f. Angustia, congoja, aflicción, adversidad.

tribuna f. Plataforma elevada y con antepecho, desde donde hablaban al pueblo los oradores de la antigüedad. I Especie de púlpito desde donde se lee o perora en las asambleas. I Mirador.

tribunal m. Lugar donde se administra justicia. I Conjunto de jueces ante el cual se efectúan exámenes, oposiciones y otros actos análogos.

tribuno m. Cualquiera de los antiguos magistrados romanos elegidos por el pueblo, y que tenían facultad de poner el veto a las resoluciones del Senado y de proponer plebiscitos.

tributar tr. Pagar el vasallo al señor o el súbdito al Estado cierta contribución. I fig. Manifestar sumisión, respeto, admiración, gratitud, efecto, etc.

tributo m. Lo que se tributa. I Carga u obligación de tributar. I Censo con que está gravado un inmueble. I fig. Cualquier carga continua.

triceps adj. Díc. del músculo que tiene tres porciones o cabezas.

triciclo m. Vehículo de tres ruedas.

tricípite adj. De tres cabezas.

triclínico, ca adj. Díc. del cristal que tiene tres ejes desiguales y oblicuos entre sí, y del sistema cristalográfico que comprende estos cristales.

triclinio m. Cualquiera de los lechos en que los griegos y los romanos se reclinaban para comer. | Comedor de los griegos y romanos.

tricolor adj. De tres colores.

tricornio adj. Díc. del sombrero que tiene levantada y abarquillada el ala por terceras partes y forma en su base una figura triangular.

tricot m. Labor de punto o malla.

tricotar tr. Hacer tejido de punto.

tricotomía f. División en tres partes. | Método de clasificación en que las divisiones y subdivisiones tienen tres partes.

tricomía f. Procedimiento de estampación con tres colores, amarillo, azul y rojo, y tres clisés, uno para cada color.

tricúspide adj. Díc. de la válvula que se halla entre la aurícula y el ventrículo derechos del corazón.

tridente adj. De tres dientes. | m. Cetro en forma de arpón que tienen en la mano las figuras con que se representa a Neptuno.

trienal adj. Que sucede, se hace o se repite cada trienio. | Que dura un trienio.

trienio m. Tiempo o espacio de tres años.

trífido, da adj. Hendido por tres partes.

trifoliado, da adj. Que tiene hojas compuestas de tres foliolos.

trifolio m. Trébol.

triforme adj. De tres formas.

trifulca f. fam. Camorra, riña, confusión y desorden entre varias personas.

trifurcarse r. Dividirse una cosa en tres ramales, brazos o puntas.

triga f. Carro de tres caballos. | Conjunto de tres caballos de frente que tiran de un carro.

trigal m. Campo sembrado de trigo.

trigémino m. Nervio craneano que se divide en tres ramas y es el nervio sensitivo de la faz.

trigésimo, ma adj. Que sigue inmediatamente en orden al orden a lo vigésimo nono. | Díc. de cada una de las treinta partes iguales de un todo.

triglifo m. Miembro arquitectónico que tiene la figura de un rectángulo saliente, surcado por tres canales verticales y decora el friso dórico.

trigo m. Planta gramínea, con espigas de cuyos granos, molidos, se saca la harina con que se hace el pan. | Grano de esta planta. | Conjunto de estos granos.

trigonometría f. Parte de las matemáticas que trata del cálculo de los elementos de los triángulos.

trigueño, ña adj. De color rubio de trigo; entre moreno y rubio.

trilingüe adj. Que tiene tres lenguas. | Que habla tres lenguas. | Escrito en tres lenguas.

trilita f. Trinitrotolueno.

trilítero, ra adj. De tres letras.

trilito m. Monumento megalítico, especie de dolmen, compuesto de tres piedras, dos de ellas colocadas verticalmente, y la tercera horizontal sobre las primeras.

trilla f. Acción de trillar. | Tiempo en que se ejecuta esta labor.

trillado, da p. p. de trillar. | adj. Díc. del camino común y frecuentado. | fig. Común y sabido.

trillar tr. Quebrantar la mies en la era, y separar el grano de la paja, con el trillo o con la trilladora.

trillo m. Instrumento con que se trilla, consistente en un tablón ancho, trapecial, armado con trozos de pedernal o cuchillitas de acero.

trillón m. Un millón de billones, que se expresa por la unidad seguida de dieciocho ceros.

trilobites m. Artrópodo marino fósil del paleozoico.

trilobulado, da adj. Que tiene tres lóbulos.

trilogía f. Conjunto de tres obras dramáticas que tienen entre sí enlace histórico o unidad de pensamiento.

trimembre adj. De tres miembros o partes.

trimestral adj. Que sucede o se repite cada tres meses. | Que dura un trimestre.

trimestre adj. Trimestral. | m. Espacio de tres meses. | Renta, sueldo o pensión que se cobra o se paga cada tres meses. | Conjunto de los números de un periódico o revista, publicados durante un periodo de tres meses.

trimotor m. Avión provisto de tres motores.

trinar tr. Hacer trinos. | fig. Rabiar, impacientarse.

trinca f. Reunión de tres cosas de la misma clase.

trincadura f. Lancha grande de dos palos con velas al tercio.

trincar tr. Desmenuzar o partir en trozos. | Atar fuertemente. | Sujetar a uno con los brazos o las manos como amarrándole. | Asegurar o sujetar fuertemente con trincas los efectos de abordo para que no se muevan a causa del mal estado del mar.

trincha f. Ajustador colocado por detrás, y en la parte de la cintura, en chalecos, pantalones o capotes, para ceñirlos al cuerpo mediante hebillas o botones.

trinchante p. a. de trinchar. Que trincha. | m. El que trincha la vianda en la mesa. | Instrumento con que se asegura lo que se ha de trinchar.

trinchar tr. Partir la vianda en trozos para servirla.

trinchera f. Defensa de tierra que resguarda el cuerpo del soldado.

trinchero adj. Díc. del plato que sirve para trinchar en él los manjares. | m. Mueble de comedor sobre el cual se trinchan las viandas.

trineo m. Vehículo sin ruedas propio para deslizarse sobre el hielo y la nieve.

trinitaria f. Planta herbácea anual violácea, que se cultiva en los jardines. Vulgarmente llamada pensamiento.

trinitrotolueno m. Explosivo muy potente llamado también trilita.

trino, na adj. Que contiene en sí tres cosas distintas o participa de ellas. | m. Sucesión rápida y alternada de dos notas de igual duración entre las cuales media un tono o un semitono.

trinomio m. Expresión algebraica de tres términos.

trinquete m. Verga mayor del palo de proa. | Palo de proa. | Juego de pelota cerrado y cubierto.

trío m. Composición musical para tres voces o instrumentos. | Conjunto que las interpreta. | Grupo de tres.

triodo m. Detector electrónico, válvula o lámpara termoiónica de tres electrodos inventada por el americano Lee de Forest.

tripa f. Intestino. | Vientre. | Panza. | fig. Lo interior de ciertas cosas.

tripada f. fam. Panzada, hartazgo.

tripanosoma m. Género de protozoarios flagelados.

tripartir tr. Dividir en tres partes.

tripi o tripis m. En lenguaje de la droga, dosis de LSD.

triple adj. y s. Dícese del número que contiene a otro tres veces.

triplicar tr. Multiplicar por tres. Hacer tres veces una misma cosa.

tríplice adj. Triple.

trípode amb. Ú. m. c. m. Mesa o banquillo de tres pies. I m. Armazón de tres pies propio para sostener instrumentos geodésicos, fotográficos, etc.

trípoli m. Sílice pulverulenta, blanca o amarilla.

tripsina f. Enzima del jugo pancreático que transforma las proteínas en aminoácidos.

tríptico, ca m. Tablita dividida en tres hojas, que puede plegarse doblando las dos hojas laterales sobre la del centro, y sirve para escribir. I Pintura dividida en tres hojas, que pueden plegarse en la forma antedicha.

triptongo m. Conjunto de tres vocales que forman un sola sílaba.

tripulación f. Personas que van en una embarcación, avión u otra aeronave, dedicadas a su maniobra y servicio.

tripulante p. a. de tripular. Que tripula. I m. Persona que forma parte de una tripulación.

tripular tr. Dotar de tripulación a un barco o a un aparato de locomoción aérea.

triquina f. Gusano nematelminto.

triquinosis f. Enfermedad ocasionada por la triquina, que a veces es mortal.

triquiñuela f. fam. Rodeo, treta.

tiquitraque m. Ruido como de golpes repetidos y desordenados. I Estos mismos golpes.

trirreme m. Antigua embarcación de tres órdenes de remos.

tris m. Leve ruido de una cosa delicada que se quiebra.

trisar intr. Cantar o chirriar la golondrina y otros pájaros.

trisca f. Ruido que se hace al quebrantar con los pies nueces, avellanas, vidrios, etc.

triscar intr. Hacer ruido con los pies o dando patadas. I fig. Torcer alternativamente a uno y otro lado los dientes de la sierra.

trisílabo, ba adj. y s. De tres sílabas.

triste adj. Afligido, apenado. I De carácter melancólico.

tristeza f. Calidad de triste.

tristón, na adj. Un poco triste.

trisulco, ca adj. De tres púas o puntas.

tritíceo, a adj. De trigo, o que participa de las cualidades de este cereal.

tritio m. Isótopo radiactivo del hidrógeno.

tritón m. Batracio urodelo parecido a la salamandra.

triturar tr. Moler, desmenuzar una materia sólida sin pulverizarla. I Mascar la comida.

triunfal adj. Relativo al triunfo.

triunfante p. a. de triunfar. Que triunfa. I adj. Que incluye triunfo.

triunfar intr. Quedar victorioso.

triunfo m. Victoria. I Carta del palo preferido en ciertos juegos de naipes, la cual vence a las de los otros palos.

trivial adj. fig. Que no sobresale de lo ordinario; que no tiene importancia ni novedad.

trivialidad f. Capacidad de trivial, común. I Dicho o especie trivial.

triza f. Trozo, fragmento pequeño de una cosa.

trocador, ra adj. y s. Que trueca una cosa por otra.

trocánter m. Prominencia que algunos huesos largos tienen en su extremidad, en especial la de la parte supenor del fémur.

trócar m. Instrumento quirúrgico para hacer punciones y extraer el líquido contenido en una cavidad del cuerpo.

trocar tr. Cambiar, permutar, mudar, dar o tomar una cosa por otra.

trocear tr. Dividir en trozos.

trocha f. Vereda estrecha que suele servir de atajo. I Camino abierto en la maleza.

trociscar tr. Reducir una cosa.

trocla f. Polea.

trofeo m. Monumento, insignia o señal de una victoria. I Despojo del enemigo obtenido en la guerra.

trófico, ca adj. Relativo a la nutrición.

troglodita adj. y s. Que habita en cavernas. I fig. Bárbaro y cruel. I fig. Muy comedor. I m. Género de pájaros dentirrostros.

troica f. Vehículo ruso a modo de trineo, arrastrado por tres caballos. I Por ext., carruaje tirado por tres caballos.

troj f. Granero; por extensión, algorín.

trol m. Según la mitología escandinava, monstruo maligno que habita en bosques o grutas.

trola f. fam. Mentira, bola.

trole m. Pértiga de hierro que llevan los tranvías eléctricos y sirve para transmitir a éstos la corriente del cable conductor.

trolebús m. Vehículo eléctrico, sin carriles, que toma la corriente de un cable aéreo por medio de un doble trole.

tromba f. Columna de agua que se eleva en el mar por efecto de un torbellino. I Gran cantidad de agua caída en poco tiempo.

trombo m. Coágulo de sangre en el interior de un vaso.

trombocito m. Plaqueta de la sangre.

tromboflebitis f. Inflamación de las venas con formación de trombos.

trombón m. Instrumento músico de metal, especie de trompeta grande. I Músico que toca este instrumento.

trombosis f. Formación de coágulos en los vasos sanguíneos de un animal vivo.

trompa f. Instrumento músico de viento, consistente en un tubo metálico enroscado circularmente y que va ensanchándose desde la boquilla al pabellón. I Trompo grande que contiene otros pequeños. I Trompo grande, hueco con una abertura para que zumbe. I Prolongación de la nariz de algunos animales. I Aparato chupador de algunos insectos. I m. El que toca la trompa en las orquestas o bandas. I Conducto que pone en comunicación el oído medio con la faringe. I Oviducto de los mamíferos.

trompada f. fam. Trompazo. I fig. Encontrón de dos personas, dándose en las narices.

trompeta f. Instrumento músico de viento, consistente en un tubo metálico que va ensanchándose de la boquilla al pabellón y produce sonidos varios según la fuerza del soplo.

trompetear intr. fam. Tocar la trompeta.

trompetilla f. dim. de trompeta. I Pequeño instrumento acústico a modo de trompeta, que sirve a los sordos para oír, poniéndoselo en un oído.

trompicar tr. Hacer que uno tropiece repetidamente.

trompicón m. Tropezón cada a quien tropica.

trompo m. Trompa, peón, juguete de muchachos. I Peonza. I Molusco gasterópodo marino, de concha cónica, gruesa, angulosa en la base de abertura entera.

tronada f. Tempestad de truenos.

tronado, da p. p de tronar. I adj. Deteriorado.

tronar v. impers. Haber o sonar truenos. I intr. Causar ruido o dar estampido. I fig. Hablar o escribir en término violentos contra una persona o cosa.

troncar tr. Truncar.

tronchar tr. y r. Romper o partir con violencia un vegetal por su tronco, tallo o ramas principales. I fig. Partir o romper violentamente cualquier cosa de figura parecida a un tronco o tallo.

troncho 418

troncho m. Tallo de hortaliza.

tronco m. cuerpo truncado. I Tallo fuerte y macizo de los árboles y arbustos. I Cuerpo humano o de cualquier animal, prescindiendo de la cabeza y las extremidades. I Par de caballerías que tiran de un carruaje enganchadas al juego delantero. I Conducto principal del que salen o al que concurren otros menores. I fig. Ascendiente común de dos o más familias.

tronera f. Abertura en un parapeto, costado de un buque o espaldón, para disparar los cañones. I Ventana angosta por donde apenas entra luz. I Cualquiera de los agujeros que hay en la mesa de billar para que por ellos entren las bolas.

trono m. Sitial con gradas y dosel, usado por los monarcas y otras personas de alta dignidad en los actos solemnes.

tronzar tr. Dividir, hacer trozos. I Hacer pliegues menudos en los vestidos de mujer. I fig. Cansar mucho.

tronzo, za adj. Dícese de la caballería que tiene una o ambas orejas cortadas, como señal de ser inútil.

tropa f. Turba, muchedumbre de gentes reunidas con determinado fin. I Gente militar, a distinción del paisanaje. I pl. Conjunto de cuerpos que componen un ejército, división, etc.

tropel m. Movimiento acelerado, desordenado y ruidoso de personas o cosas.

tropelía f. Aceleración confusa y desordenada. I Atropello, violencia, vejación.

tropeoláceo, a adj. y s. Dícese de plantas dicotiledóneas, herbáceas, rastreras o trepadoras, con flores vistosas, que tienen un largo espolón en el cáliz, y fruto carnoso o seco.

tropezar intr. Dar con los pies en algún estorbo que pueda hacer caer. I Detenerse una cosa porque otra le impide el paso o estorba su colocación. I fig. Deslizarse en una falta o verse a punto de cometerla. I fig. Hallar casualmente una persona a otra en un lugar.

tropezón, na adj. Que tropieza mucho. I m. Tropiezo. I Tropezadura.

tropical adj. Relativo a los trópicos.

trópico m. Cualquiera de los dos circulos menores de la esfera celeste, paralelos al Ecuador y que tocan a la eclíptica en los puntos de intersección de la misma con el coluro de los solsticios.

tropiezo m. Encuentro o golpe del pie contra un estorbo. I Cosa en que se tropieza o que sirve de estorbo o impedimento

tropismo m. Movimiento total o parcial de los organismos, determinado por el estímulo de agentes físicos o químicos.

tropo m. Empleo de las palabras en sentido figurado o alegórico, es decir, en un sentido que no es el propio y verdadero de ellas, pero que tiene con éste alguna relación o semejanza.

troposfera f. Zona inferior de la atmósfera.

troquel m. Molde de acero con que se acunan monedas, medallas, etc.

troquelar tr. Acuñar.

troquilo m. Moldura cóncava, a modo de mediacaña.

trotamundos com. Persona aficionada a viajar y recorrer países.

trotar intr. Ir la cabalgadura al trote. I Cabalgar en caballo, que va al trote. I fig. Andar mucho o muy de prisa.

trote m. Modo de caminar acelerado, natural a todas las caballerías, que consiste en avanzar saltando, con apoyo alterno en cada bípedo diagonal, es decir, en cada conjunto de mano y pie compuestos.

trotón, na adj. Dícese de la caballería cuyo paso ordinario es el trote. I Rufianesco. I m. Caballo corcel.

trova f. Conjunto de palabras sujetas a medida y cadencia, verso.

trovar intr. Hacer versos. I Componer trovas. I tr. Imitar una composición métrica, aplicándola a otro asunto. I fig. Dar a una cosa otro sentido del que realmente tiene.

trovero m. Poeta de la lengua de oil en la literatura francesa medieval. I Poeta popular.

trovo m. Composición métrica popular, generalmente de asunto amoroso.

trox f. Troj.

troza f. Tronco aserrado, dispuesto para reducirlo a tablas. I Combinación de dos pedazos de cabo grueso y forrado de cuero.

trozar tr. Romper, partir en pedazos.

trozo m. Pedazo o parte de una cosa.

trucaje m. Acción y efecto trucar.

trucar intr. Hacer el primer envite en el juego del truque. I tr. Preparar algo con ardides, trampas, etc., para que produzca el efecto deseado.

trucha f. Pez fisóstomo de agua dulce.

truchimán, na m. y f. fig. y fam. Intérprete. I Persona sagaz, astuta y desaprensiva.

truco m. Cada una de las mañas o habilidades que se adquieren en el ejercicio de un arte, oficio o profesión. I Ardid o trampa que se utiliza para el logro de un fin. I Artificio para producir determinados efectos en ilusionismo, fotografía, cinematografía, etc. I Suerte del juego de billar llamado de los trucos. I Medio o habilidad de una apariencia engañosa.

truculencia f. Calidad de truculento.

truculento, ta adj. Cruel, atroz, tremebundo.

trué in. Especie de lienzo delgado y blanco.

trueno m. Estruendo producido en las nubes por una descarga eléctrica. I Ruido, estampido que causa el tiro de un arma o artificio de fuego.

trueque m. Acción de trocar o trocarse.

trufa f. Hongo tuberáceo de olor agradable, color negro algo gris y forma más o menos esférica.

trufador, ra adj. y s. Que trufa o miente.

trufar tr. Rellenar de trufas los manjares.

truhán, na adj. y s. Dícese de la persona sinvergüenza que vive de engaños y estafas. I Dícese de quien con bufonadas y gestos procura divertir.

truhanear intr. Petardear, engañar. I Decir bufonadas y chocarrerías truhanescas.

truja f. Troj, algorín.

trujal m. Prensa para uva o aceituna.

trujaleta f. Vasija donde cae el mosto desde el trujal.

trujamán, na adj. y s. p. us. Intérprete. I m. El que por tener experiencia aconseja el modo de hacer una cosa.

trulla f. Bulla y ruido de gente. I Llana, herramienta de albañil.

trullar tr. Enlucir con barro una pared.

trullo m. Ave palmípeda, parecida a un pato, que nada y se sumerge en el agua para coger peces. I Lagar con depósito inferior donde cae el mosto cuando se pisa la uva.

truncado, da p. p. de truncar. I adj. Dícese del cilindro terminado por dos planos no paralelos.

truncar tr. Cortar una parte a cualquier cosa. I fig. Interrumpir una acción u obra, dejándola incompleta.

trunco, ca adj. Truncado, mutilado, incompleto.

truque m. Juego de envite entre dos personas.

trusas f.pl. Gregüescos con cuchilladas que se sujetaban a mitad del muslo.

tsetsé f. Insecto díptero algo mayor que la mosca común.

419

túnico

tú Nominativo y vocativo del pronombre personal de segunda persona en género masculino y número singular.

tu, tus pron. poses. Apócope de tuyo, tuya, tuyos, tuyas. Sólo se emplea antepuesto al nombre.

tuareg m. pl. Pueblo del Sahara central, de origen beréber.

tuba f. Especie de bugle, cuya tesitura corresponde a la del contrabajo.

tubérculo m. Porción abultada y feculenta de las raíces de algunas plantas, como la patata. l Tumorcillo redondeado, duro al principio, y que adquiere luego el aspecto y consistencia del pus.

tuberculosis f. Enfermedad infecciosa, contagiosa e inoculable.

tuberculoso, sa adj. Relativo al tubérculo. l Que tiene tubérculos.

tubería f. Conducto formado de tubos. l Conjunto de tubos.

tuberoso, sa adj. Que tiene tuberosidades.

tubo m. Pieza hueca, generalmente cilíndrica y abierta por ambos extremos y se destina a varios usos. l Recipiente cilíndrico, metálico o de paredes flexibles, con un tapón de rosca en un extremo, que sirve para contener cosas blandas, como pintura, pomadas, etc. l Recipiente cilíndrico de cristal, para contener pastillas u otras cosas menudas.

tubular adj. Relativo al tubo. l Que tiene forma de tubo, o está formado de tubos.

tucán m. Ave trepadora americana que tiene el pico arqueado, muy grueso y casi tan largo como el cuerpo y el plumaje negro, anaranjado y escarlata.

tucinte m. Planta gramínea, de hojas grandes.

tucúquere m. Búho de gran tamaño.

tucurpilla f. Especie de tórtola pequeña.

tucutuco m. Mamífero semejante al topo.

tuda f. Cueva hecha en la falda de un monte.

tuera f. Coloquíntida (el fruto).

tuerca f. Pieza que tiene un hueco labrado en hélice, donde ajusta el filete de un tornillo.

tuero m. Trashoguero (leño grueso). l Leña.

tuerto, ta p. p. irreg. de torcer. l adj. Falto de vista en un ojo.

tuétano m. Médula.

tufa f. Toba. l Cualquier roca sedimentaria parecida a la toba

tufarada f. Olor vivo o fuerte que se percibe de pronto.

tufillo m. fam. dim. de tufo (olor desagradable).

tufo m. Emanación gaseosa que se desprende de las fermentaciones y combustiones. l fam. Olor fuerte y desagradable que exhala una cosa.

tugurio m. fam. Choza de pastores. l fig. Habitación pequeña y mezquina.

tuición f. Acción y efecto de guardar o defender.

tuina f. Especie de chaquetón largo y holgado.

tul m. Tejido de seda, algodón o hilo, que forma malla poligonal, para hacer mantillas, velos y otras cosas.

tulio m. Elemento químico perteneciente al grupo de las tierras raras, que se emplea en la construcción de aparatos de rayos X portátiles.

tulipa f. Tulipán pequeño. l Pantalla de vidrio a modo de fanal, con forma parecida a la de la flor del tulipán.

tulipán m. Planta liliácea de raíz bulbosa y flor grande y globosa. l Esta flor.

tulipanero m. Árbol magnoliáceo americano, de hermoso aspecto y del cual se conocen varias especies.

tullecer tr. Hacer que uno quede tullido.

tullido, da adj. y s. Que ha perdido el movimiento del cuerpo o de algún miembro.

tullir intr. Expeler el excremento las aves de rapiña. l tr. Hacer que uno quede tullido. l r. Perder uno el uso y movimiento de su cuerpo o de un miembro de él.

tumba f. Sepulcro, obra hecha para dar sepultura a un difunto. l Armazón en forma de ataúd, que se levanta para celebrar honras fúnebres.

tumbaga f. Liga de oro y cobre, usada en joyería. l Sortija hecha de ella. l Anillo, sortija.

tumbar tr. Hacer caer o derribar a una persona o cosa. l fig. Tumbar o quitar a uno el sentido una cosa fuerte. l r. fam. Echarse, en especial a dormir.

tumbo m. Vaivén violento, con riesgo de caer.

tumbón, na adj. y s. Socarrón. l Perezoso, holgazán. l f. Silla, con largo respaldo y asiento hechos de una misma pieza de lona y con tijera que permite inclinar el respaldo en ángulos muy abiertos.

tumefacción f. Hinchazón.

túmido, da adj. Hinchado. l Díc. del arco o bóveda que tiene más anchura hacia la mitad de su altura que en los arranques.

tumor m. Hinchazón, bulto que se forma en el cuerpo.

tumulario, ria adj. Relativo al túmulo.

túmulo m. Sepulcro levantado de la tierra. l Montecillo artificial con que en algunos pueblos antiguos se cubría una sepultura. l Armazón de madera, vestida de paños fúnebres, que se erige para la celebración de exequias o funerales.

tumulto m. Motín, alboroto producido por una multitud. l Confusión agitada o desorden ruidoso.

tuna f. Nopal. l Su fruto. l Vida holgazana y vagabunda. l Estudiantina.

tunal m. Nopal. l Nopalera.

tunanta adj. y s. Pícara, bribona, taimada.

tunantada f. Bribona, picardía.

tunante Que tuna. l adj. y s. Pícaro, bribón, taimado.

tunantear intr. Tunear.

tunar intr. Andar vagabundo en vida holgazana y libre, de lugar en lugar.

tunda f. Castigo de golpes, palos, etc.

tundente Que tunde. l adj. Contundente.

tundidora adj. y s. Díc. de la máquina que sirve para tundir los paños. l f. Mujer que tunde los paños.

tundir tr. Cortar o igualar con tijera el pelo de los paños. l fam. Castigar con golpes, palos o azotes.

tundra f. Terreno llano, pantanosos en muchos sitios, cubierto de musgos y líquenes, sin vegetación arbórea y de clima muy frío.

tunear intr. Hacer vida de tuno o pícaro, o proceder como tal.

túnel m. Paso subterráneo abierto de manera artificial para establecer una comunicación a través de un monte, por debajo de un río o de un estrecho de mar u otro obstáculo.

tungsteno m. Cuerpo simple, metálico, de color gris de acero, muy duro y denso, y difícilmente fusible.

túnica f. Antigua vestidura interior sin mangas. l Vestidura exterior amplia y larga. l Telilla o película que en algunas frutas o bulbos está pegada a la cáscara y cubre la carne.

tunicado, da adj. Envuelto por una túnica. l Díc. de animales procordados con cuerpo blando, de aspecto gelatinoso y rodeado de una membrana o túnica.

tunicela f. Pequeña túnica de los antiguos. l Vestidura, a modo de dalmática, que los obispos usan debajo de la casulla.

túnico m. Vestidura amplia, larga que suele usarse en el teatro como traje medieval.

tuno, na adj. y s. Tunante.

tupa f. Acción de tupir. | fam. Hartazgo.

tupaya f.Mamífero insectívoro trepador, parecido a la ardilla.

tupé m. Cabello que se levanta sobre la frente.

tupición f. Acción y efecto de tupir, obstrucción.

tupido, da adj. Denso, espeso.

tupín m. Marmita con tres pies.

tupinambo m. Aguaturma, planta compuesta.

tur m. ant. Giro, vuelta. | Mar. Período o campaña de servicio obligatorio de un marinero.

turba f. Carbón mineral muy moderno, formado por la descomposición de pequeños vegetales acuáticos acumulados en el fondo de aguas pantanosas. | Estiércol amasado con carbón mineral en forma de adobes, que sirve de combustible. | Muchedumbre, tropel, multitud de gente desordenada.

turbáceo, a adj. De la naturaleza de la turba, carbón mineral.

turbación f. Acción de turbar o turbarse. | Confusión, desorden.

turbamulta f. Muchedumbre desordenada.

turbación f. Acción de turbar o turbarse. | Confusión, desorden.

turbante Que turba. | m. Tocado oriental, consistente en una faja larga de tela rodeada a la cabeza.

turbar tr. y r. Alterar o conmover el estado o curso natural de una cosa descomponer o inmutar su disposición. | Enturbiar. | fig. Sorprender o aturdir a uno, dejándole confuso. | fig. Interrumpir violentamente la quietud.

turbera f. Lugar donde yace la turba.

turbia f. Estado del agua de una corriente enturbiada por arrastres de tierras.

turbidez f. Calidad de turbido o turbio.

túrbido, da adj. Turbio.

turbieza f. Turbulencia.| Acción de enturbiar u ofuscar.

turbina f. Rueda hidráulica, con paletas curvas colocadas en su periferia. | Máquina destinada a transformar en movimiento giratorio de una rueda de paletas la fuerza viva o la presión de un fluido.

turbinto m. Árbol terebintáceo de América del Sur.

turbio, bia adj. Alterado por una cosa que oscurece la claridad o transparencia. | fig. Revuelto, azaroso, turbulento. | Díc. de la visión confusa o poco clara.

turbión m. Aguacero con viento fuerte, repentino y pasajero. | fig. Multitud de cosa que caen de golpe.

turbit m. Planta convolvulácea, estática, cuyas raíces se han usado como purgante drástico.

turbonada f. Turbión fuerte acompañado de truenos y rayos.

turbopropulsión f. Forma de propulsión mixta que utilizan algunos motores de aviación provistos de turbinas.

turbopropulsor m. Propulsor que es accionado por una turbina. | Motor de aviación que funciona por turbopropulsión.

turborreactor f. Motor de reacción donde la propulsión se produce por una turbina de gas.

turbulencia f. Alteración que enturbia u oscurece las cosas claras y transparentes. | fig. Confusión, desorden, alboroto, perturbación o revuelta. | Agitación de la atmosfera provocada por vientos altos en el relieve terrestre y por elevación de masas de aire caliente.

turbulento, ta adj. Turbio. | fig. Confuso, alborotado.

túrdidos m. pl. Familia de pájaros dentirrostros.

turdión m. Especie de baile del género de la gallarda.

turgencia f. Calidad de turgente.

turgente adj. Abultado, elevado.

túrgido, da adj. poét. Turgente.

turíbulo m. Incensario.

turiferario, ria m. y f. Persona que lleva el incensario.

turífero, ra adj. Que produce o lleva incienso.

turificar tr. Incensar.

turión m. Yema que nace de un tallo subterráneo.

turismo m. Afición de recorrer países por distracción y recreo. | Organización de los medios conducentes a facilitar estos viajes de recreo.

turista com. Persona que recorre un país por distracción y recreo.

turma f. Testículo del hombre y de los animales.

turmalina f. Borato de silicáto natural de alúmina, con pequeñas cantidades de magnesio, calcio, óxido de hierro y otras sustancias.

turnar intr. Alternar con una o más personas, ordenadamente, en la ejecución de una cosa.

turnio, nia adj. Díc. de los ojos torcidos.

turno m. Orden sucesivo, vez o alternativa que se observa entre varias personas para la ejecución de una cosa.

turón m. Mamífero carnicero, de cuerpo flexible y prolongado, que despide olor fétido y se alimenta de caza.

turpial m. Nombre que se da a varias especies de aves de la familia de los ictéridos.

turquesa f. Mineral azul verdoso, constituido por un fosfato de alúmina, con algo de cobre y hierro; se usa en joyería.

turquía f. Dobla de oro.

turra f. Especie de tomillo nocivo para el ganado.

turrar tr. Tostar en las brasas o como en las brasas.

turrón m. Masa hecha de almendras, piñones, avellanas o nueces, tostadas y molidas y miel o azúcar, y que también se hace de otras pastas.

turronada f. Pedrada. | En la construcción, argamasa de cal y áridos gruesos.

turubí m. Planta aromática, de raíz tuberculosa que tiene propiedades de emenagogo.

turulato, ta adj. fam. Alelado, estupefacto.

turullo m. Cuerno con que los pastores llaman y reúnen el ganado.

turumbón m. Tolondrón, chichón.

tusa f. f. fam. Alelado, estupefacto. |Raspa de la mazorca de maíz después de desgranada.

tusar tr. Trasquilar.

tuso adj. Picado de viruelas.

tusón m. Vellón de lana.

tute m. Juego de naipes.

tutear tr. Hablar de tú a una persona.

tutela f. Autoridad que, por falta de la paterna o materna, se confiere para cuidar de la persona y los bienes de quien por cualquier causa no tiene capacidad civil.

tutelar adj. Que ampara o protege. | Relativo a la tutela.

tuteo m. Acción de tutear.

tutor, ra m. y f. Persona que ejerce la tutela. | Protector, defensor. | Rodrigón que se pone a una planta.

tutoría f. Tutela.

tutriz f. Tutora.

tutú m. Cierta ave de rapiña.

tuturutú m. Voz que representa el sonido de la corneta o trompeta.

tuya m. Árbol conífero americano, de madera muy resistente y fruto en piñas pequeñas y lisas.

tuyo, tuya, tuyos, tuyas Pronombre posesivo de segunda persona, en género masculino y femenino y, ambos números singular y plural.

U

u f. Vigesimosegunda letra y quinta vocal del abecedario español. I conj. disyunt. que, para evitar el hiato, úsase en vez de la o antes de palabras que empiezan por o o por ho.

uapití m. Ciervo grande de la América del Norte.

ube f. Planta dioscórea.

ubérrimo, ma adj. sup. Muy abundante y fértil.

ubicación f. Acción de ubicar o ubicarse.

ubicar intr. Estar en determinado espacio o lugar.

ubicuidad f. Calidad de ubicuo.

ubicuo, a adj. Que está a un mismo tiempo en todas partes.

ubio m. Yugo para uncir las bestias.

ubre f. Cualquiera de las tetas de la hembra, en los mamíferos.

ubrera f. Excoriación que suelen padecer en la boca los niños de pecho, por mamar mucho, o por descomponerse la leche que se derrama por sus labios.

udómetro m. Pluviómetro.

¡uf! interj. con que se denota cansancio, sofocación o repugnancia.

ufanarse r. Engreírse, jactarse

ufano adj. Arrogante, envanecido, presuntuoso. I fig. Contento, satisfecho, alegre. I fig. Que obra con resolución y desembarazo en la ejecución de las cosas.

ufología f. Ciencia moderna que estudia la hipotética existencia de objetos volantes no identificados y el acercamiento a nuestro planeta de seres extraterrestres.

ujier m. Portero de estrados de un palacio o de un tribunal.

ulano m. Soldado de caballería armado de lanza, en los antiguos ejércitos alemán, austriaco y ruso.

úlcera f. Solución de continuidad con pérdida de sustancia en los tejidos orgánicos, y supuración.

ulceroso, sa adj. Que tiene úlceras.

uliginoso adj. Aplícase a los terrenos húmedos y a las plantas que crecen en ellos.

ulmáceo, a adj. y s. Díc. de plantas dicotiledóneas, árboles o arbustos con hojas aserradas, flores solitarias o en cimas y fruto seco o en drupa carnosa con una semilla, como el olmo.

ulmo m. Arbol corpulento.

ulterior adj. Que está allende un sitio o territorio. I Que se dice, sucede o se hace después de otra cosa.

ultílogo m. Discurso puesto en un libro después de terminada la obra.

ultimar tr. Acabar, concluir, finalizar una cosa. I Matar.

ultimátum m. Resolución terminante y definida que una potencia comunica a otra por escrito. I fam. Resolución definitiva.

último, ma adj. Que no tiene otra cosa después de sí en su línea. I Que está en el lugar postrero. I Aplícase a lo más remoto, retirado o escondido.

ultra adv. Además de. I Entra en la composición de varias voces con la significación de más allá de, al otro lado de. I Antepuesta como partícula inseparable a algunos objetivos, expresa idea de exceso.

ultradino m. Receptor superheterodino que produce las oscilaciones por medio de una válvula conversora tríodo.

ultraísmo m. Movimiento poético español de vanguardia, de orientación antimodernista y surrealista, fundado en Madrid (1919).

ultrajar tr. Ajar, mancillar, injuriar. I Despreciar, menospreciar.

ultraje m. Ajamiento, injuria o desprecio.

ultramar m. País o sitio de allende el mar.

ultramarino, na adj. De allende el mar. I Aplícase a los géneros o comestibles traídos de allende el mar, y en general de los comestibles que se pueden conservar sin que se alteren fácilmente.

ultramontano, na adj. De allende los montes.

ultrarrojo, ja adj. Infrarrojo, que es como debe decirse.

ultrasonido m. Sonido cuya onda de frecuencia es superior a 20.000 oscilaciones por segundo y no es perceptible por el oído humano.

ultratumba adv. Más allá de la tumba.

ultraviolado, da adj. Relativo a la parte invisible del espectro luminoso, que se extiende a continuación del color violado, y cuya existencia se revela principalmente por su acción química.

ultravirus m. Virus que, como los de la rabia y otros, contiene gérmenes patógenos invisibles, los cuales pasan a través de los filtros.

ultreya m. Grito con que se animaban mutuamente los peregrinos jacobeos que acudían a Compostela.

ulular intr Dar gritos o alaridos.

ululato m. Clamor, lamento.

umbela f. Grupo de flores o frutos que nacen en un punto del tallo y alcanzan la misma altura.

umbelífero, ra adj. y s. Díc. de plantas dicotiledóneas, con flores en umbela y fruto en aquenio; como el apio, el perejil y la zanahoria.

umbilicado, da adj. De figura de ombligo.

umbilical adj. Relativo al ombligo.

umbral m. Parte inferior o escalón, contrapuesto al dintel, en la puerta o entrada de una casa. I fig. Primer paso o entrada de una cosa. I Madero que atravesado en lo alto del vano sostiene el muro que va encima.

umbrátil adj. Umbroso. I Que tiene sombra o apariencia de una cosa.

umbrela f. Estructura en forma de campana o de platillo, que forma la parte más importante del cuerpo de muchas medusas.

umbría f. Paraje en que casi siempre hace sombra.

umbrío, a adj. Sombrío, con poca luz.

umbroso, sa adj. Que tiene o causa sombra.

un, una Artículo indeterminado en género masculino y femenino y número singular. I adj. Uno.

unánime adj. Díc. de quienes tienen un mismo sentimiento, parecer o dictamen. I Díc. de este sentimiento, parecer u opinion común.

uncial adj. Díc. de unas letras mayúsculas del tamaño de una pulgada, que se usaron hasta el s. VII.

unciforme adj. y s. Díc. del hueso de la segunda fila del carpo.

unción f. Acción de ungir. I Extremaunción.

uncir tr. Sujetar o atar al yugo las bestias.

undécimo, ma adj. Que sigue en orden al o a lo décimo. I Díc. de cada una de las once partes iguales de un todo.

undívago, ga adj. poet. Que ondea o que se mueve como las olas.

undoso, sa adj. Que se mueve haciendo ondas.

undulación f. Ondulación.

undular intr. Ondular.

ungido, da m. Rey o sacerdote signado con el óleo sagrado.

ungir tr. Aplicar aceite u otra materia grasa al exterior de un cuerpo. I Signar con óleo santo a una persona.

ungüento m. Lo que sirve para ungir o untar. I Medicamento externo, compuesto, entre otras cosas, de cera, aceite y sebo.

unguiculado, da adj. y s. Que tiene los dedos con uñas.

unguis m. Huesecillo de las órbitas que contribuye a formar los conductos lagrimal y nasal.

ungula f. Casco o pezuña de un animal.

ungulado, da adj. y s. Díc. del mamífero que tiene casco o pezuña.

ungular adj. Perteneciente a la uña o que se refiere a ella.

unicaule adj. Díc. de la planta que tiene un solo tallo.

unicelular adj. Que tiene una sola célula.

unicidad f. Calidad de único.

único, ca adj. Solo y sin otro de su especie. I fig. Singular, raro, extraordinario.

unicornio m. Animal fabuloso de figura de caballo y con un cuerno recto en la frente. I Rinoceronte.

unidad f. Propiedad de todo ser, en virtud de la cual no puede dividirse sin que su esencia se destruya o altere. I Singularidad en número o calidad. I Unión o conformidad.

unidentado adj. Que tiene un solo diente.

unidimensional adj. Que tiene una sola dimensión.

unidireccional adj. Díc. de una corriente o de una onda que es propagada en un solo sentido.

unificar tr. y r. Hacer de muchas cosas una o un todo.

unifloro, ra adj. Que sólo lleva una flor.

uniflute m. Variedad de organillo de manubrio que consta de una sola serie de tubos de flauta.

unifoliado, da adj. Que tiene una sola hoja.

uniformar tr. Dar la misma forma a dos o más cosas, hacerlas uniformes. Ú. t. c. r. I Dar traje igual a los miembros de una colectividad.

uniforme adj. Díc. de dos o más cosas de igual forma. I Conforme, igual, semejante. I Díc. del movimiento en que es igual y constante la velocidad. I m. Vestido peculiar y distintivo de los militares y de los individuos de otras colectividades.

unigeminal adj. Que pertenece o es relativo a uno de los dos gemelos.

unigénito, ta adj. Díc. del hijo único

unilateral adj. Que se refiere o circunscribe sólo a una parte o a un aspecto de alguna cosa.

uninuclear adj. Que tiene un solo núcleo.

unión f. Acción de unir o unirse. I Correspondencia y conformidad de una cosa con otra. I Conformidad y concordia de los ánimos. I Casamiento. I Alianza, confederación, compañía.

uníparo adj. Que da nacimiento a un solo hijo.

unípede adj. Ve un solo pie.

unipotencial adj. Díc. de las células que dan origen solamente a células del mismo orden.

unir tr. Juntar dos o más cosas entre sí, haciendo de ellas un todo.

unisonancia f. Concurrencia de voces o instrumentos en un mismo tono.

unisonar intr. Concurrir dos o más voces o instrumentos en un mismo tono.

unísono, na adj. Que tiene el mismo tono o sonido que otra cosa.

unitario, ria adj. y s. Perteneciente o relativo a la unidad.

unitivo, va adj. Que tiene virtud de unir. I Díc. del tejido conjuntivo.

univalvo, va adj. Díc. de la concha de una sola pieza. I Aplícase al molusco que tiene concha de esta clase. Ú. t. c. s.

universal adj. Que comprende o es común a todos en su especie. I Díc. de la persona muy erudita, versada en muchas ciencias. I Que lo comprende todo en la especie de que se trata.

universidad f. Institución de enseñanza superior que comprende diversas escuelas, denominadas facultades, colegios, institutos departamentos, según las épocas y países, y que confiere los grados académicos correspondientes. I I Edificio destinado a las cátedras y oficinas de una universidad.

universitario, ria adj. Relativo a la universidad, establecimiento docente. I m. Profesor, graduado o estudiante de universidad.

universo m. Mundo, conjunto de todas las cosas creadas.

univitelino, na adj. Que pertenece a un solo óvulo.

unívoco, ca adj. y s. Díc. de lo que tiene igual naturaleza o valor que otra cosa.

uno, na adj. Que no está dividido en sí mismo. I Díc. de la persona o cosa unida física o moralmente con otra. I Con sentimiento distributivo se usa contrapuesto a otro. I pl. Algunos. I Pronombre indeterminado que se usa para referirse a personas cuyo nombre se ignora o no quiere decirse. I m. Unidad. I Signo o guarismo con que se expresa la unidad sola.

untar tr. Ungir. I fig. y fam. Sobornar con dádivas. I r. Mancharse con una materia untuosa. I r. fig. Quedarse con algo de lo que se maneja, en especial dinero.

unto m. Materia pingüe o grasa, con que se puede untar. I Unguento.

untura f. Untamiento. I Materia con que se unta.

uña f. Parte dura, de naturaleza córnea que crece en el extremo de los dedos. I Casco o pezuña de los animales. I Punta corva de la cola del alacrán. I Espina corva de algunas plantas. I Garfio o punta corva de algunos instrumentos de metal.

uñarada f. Rasguño o araño hecho con la uña.

uñero m. Inflamación en la raíz de la uña. I Herida causada por una uña que crece viciosamente y se introduce en la carne.

uñeta f. dim. de uña. I Cincel de boca ancha, usado por los canteros. I Instrumento de calafate que sirve para sacar clavos pequeños.

uñir tr. En algunas partes, uncir.

uñuela f. dim. de uña.

¡upa! f. Voz usada para esforzar a los niños a que se levanten.

uralita f. Silicato doble de magnesia y cal, variedad alterada de augita.

uranio, nia adj. Relativo a los astros y al espacio celeste. I m. Metal muy denso, radiactivo, dúctil y maleable, y mal conductor de la electricidad.

uranografía f. Cosmografía.

uranometría f. Parte de la astronomía que trata de la medición de las distancias celestes.

urbanidad f. Cortesanía, buen modo, atención y comedimiento.

urbanismo m. Conjunto de conocimientos que se refieren al estudio de la creación, desarrollo, reforma y progreso de los poblados atendiendo a las necesidades materiales de la vida humana.

urbanización f. Acción de urbanizar. | Terreno delimitado artificialmente para establecer en él un núcleo residencial.

urbanizar tr. Hacer urbano y sociable a alguien. | Convertir en poblado una porción de terreno, o prepararlo para la edificación, abriendo calles y dotándolas de alumbrado y demás servicios municipales.

urbano, na adj. Relativo a la ciudad. | fig. Cortés, atento.

urbe f. Ciudad, en especial la muy populosa.

urca f. Embarcación grande de transporte, muy ancha por el centro. | f. orca, cetáceo.

urdidera f. Urdidora. | Instrumento que sirve para preparar los hilos de las urdimbres.

urdidor, ra adj. y s. Que urde. | m. Urdidera.

urdimbre f. Estambre urdido. | Conjunto de hilos que se ponen paralelamente en el telar para tejer.

urdir tr. Preparar en la urdidera los hilos para la urdimbre. | fig. Maquinar algo contra alguien, o para conseguir algo.

urea f. Sustancia muy nitrogenada constitutiva de la mayor parte de la materia orgánica de la orina.

uredíneo, a adj. Díc. de ciertos hongos parásitos de los vegetales, que producen en éstos la roya y el tizón.

uredo m. Sensación de escozor o quemadura de la piel. | Urticaria.

uremia f. Enfermedad causada por la acumulación en la sangre de las sustancias que normalmente elimina el organismo con la orina.

urémico, ca adj. Relativo a la uremia.

urente adj. Ardiente, abrasador, que escuece.

uréter m. Cualquiera de los conductos por donde pasa la orina de los riñones a la vejiga.

uretra f. Conducto por donde se expele la orina.

urganda f. Hada protectora de los caballeros, en los libros de caballerías.

urgencia f. Calidad de urgente. | Instancia, precisión, necesidad perentoria. | Actual obligación de cumplir las leyes o preceptos.

urgente p. a. de urgir. Que urge.

urgir intr. Precisar, apremiar, correr prisa una cosa. | Obligar actualmente la ley o el precepto.

úrico, ca adj. Relativo a la urea, o a la orina. | Calificativo de un ácido existente en la orina humana, en la de los animales carnívoros y en gran cantidad en los excrementos de las aves.

urinario, ria adj. Perteneciente a la orina. | m. Sitio destinado para orinar, y en especial el dispuesto para el público.

urna f. Caja de hechura de arquita, que tiene diversos usos. | Arquita en que se depositan las cédulas, números o papeletas en los sorteos y votaciones. | Caja de cristal a propósito para tener dentro objetos visibles.

uro m. Mamífero bóvido salvaje, parecido al bisonte.

urocianosis f. Coloración azul de la orina.

urodelos m. pl. Orden de anfibios que comprende los que tienen piel sin escamas y verrugosa, miembros cortos y cola larga.

urogallo m. Ave gallinácea silvestre que en la época del celo da gritos parecidos a los mugidos del uro.

urología f. Parte de la medicina referente al aparato urinario.

urólogo, ga m. y f. Médico especialista de las enfermedades de la orina.

uroscopia f. Inspección de la orina para esclarecer un diagnóstico.

urraca f. Pájaro córvido muy domesticable, que remeda palabras y trozos musicales, y suele llevarse al nido objetos pequeños y brillantes.

úrsidos m. pl. Familia de mamíferos, del orden de las fieras, que tiene por tipo el oso.

urticáceo, a adj. y s. Díc. de plantas dicotiledóneas, arbustos o hierbas, de hojas provistas de pelos que segregan un jugo urente, flores pequeñas, fruto seco o drupáceo y semilla de albumen carnoso, como la ortiga.

urticante adj. Que produce comezón.

urticaria f. Enfermedad eruptiva de la piel, caracterizada principalmente por un gran comezón.

urú m. Ave de plumaje pardo semejante a la perdiz.

urubú m. Especie de buitre grande americano.

usado, da p. p. de usar. | adj. Gastado, deslucido por el uso. | Habituado, ejercitado, práctico, ducho.

usagre m. Erupción pustulosa que suelen padecer los niños durante la primera dentición. | Sarna que el perro, el caballo y otros animales suelen padecer.

usanza f. Uso, modo, estilo.

usar tr. Utilizar una cosa. | Disfrutar alguna cosa. | Practicar habitualmente una cosa. | Ejercer un empleo u oficio. | intr. Acostumbrar, tener costumbre de alguna cosa.

usía com. Síncopa de señoría, vuestra señoría.

usina f. Fábrica establecimiento fabril.

uso Acción de usar. | Goce, manejo. | Práctica general de una cosa. | Moda. | Modo de obrar propio de una persona o una cosa. | Empleo habitual de una persona o cosa.

usted com. Voz del tratamiento cortesano y familiar.

ustible adj. Que se puede quemar fácilmente.

ustilagíneo, a adj. y s. Díc. de hongos parásitos de las vegetales, cuyas esporas forman un polvo negro, parecido al del carbón, que llena el órgano atacado.

ustorio, ria adj. Que quema. | Díc. del espejo cóncavo de metal que, puesto de frente al Sol, refleja sus rayos reuniéndolos en el punto llamado foco y produce en él un gran calor.

usual adj. Que se usa o se practica comúnmente.

usuario, ria adj. y s. Que usa ordinariamente una cosa.

usufructo m. Derecho a disfrutar bienes ajenos con la obligación de conservarlos, salvo que la ley autorice a otra cosa. | Utilidades, frutos o provechos que se obtienen de una cosa.

usufructuar tr. Gozar el usufructo de una cosa. | intr. Fructificar, producir utilidad una cosa.

usufructuario, ria adj. y s. Díc. de quien usufructúa una cosa.

usura f. Interés que se cobra por el dinero prestado. | Contrato de préstamo. | Interés excesivo en un préstamo. | fig. Ganancia, fruto o utilidad que se saca de una cosa, en especial si son excesivas.

usurar intr. Usurear.

usurear intr. Dar o tomar a usura. | fig. Ganar o adquirir con provecho.

usurero, ra m. y f. Persona que presta con usura o interés excesivo, o la que en cualquier contrato o granjería obtiene excesivo lucro.

usurpación f. Acción de usurpar.

usurpador, ra adj. y s. Que usurpa.

usurpar tr. Quitar a alguien lo que es suyo, o quedarse con ello, generalmente con violencia. Extiéndese también a las cosas no materiales. | Arrogarse la dignidad u oficio de otro, y usar de ellos como si fueran propios.

utensilio m. Cualquier objeto manual de uso frecuente. | Herramienta o instrumento de cualquier arte u oficio.

uteralgia f. Dolor del útero.

útero m. Matriz.

útil adj. Que trae utilidad, provecho, comodidad o interés. | Que sirve y aprovecha de algún modo.

utilidad r. Calidad de útil.

utilitario, ria adj. Que sólo procura conseguir lo útil, que antepone a todo la utilidad y el interés. | Díc. del vehículo de carácter modesto por su bajo precio y escaso consumo.

utilitarismo m. Doctrina filosófica que considera la utilidad como principio supremo de la moral.

utilizar tr. y r. Servirse de una cosa, aprovecharse de un uso.

utillaje m. Conjunto de útiles necesarios para una industria.

utopía r. Plan, doctrina o sistema halagueño, pero irrealizable.

utópico, ca adj. Relativo a la utopía.

uva f. Fruto de la vid consistente en una baya o grano más o menos redondo y jugoso, que nace apinado con otros en racimo.

uvada f. Abundancia de uva.

uvate m. Conserva de uvas, cocidas con el mosto.

uvayema f. Vid silvestre que sube por los troncos de los árboles y se enreda entre sus ramas.

uve f. Nombre de la letra v.

uvea adj. Díc. de la tercera túnica del ojo.

úvula f. Parte media del velo del paladar, constituida por una masa carnosa que pende del velo encima de la raíz de la lengua y divide el borde libre de aquél en dos mitades.

uxoricidio m. Muerte causada a la mujer por su marido.

v f. Vigesimotercera letra y decimoctava consonante del abecedario español. Su nombre es ve o uve.

vaca f. Hembra del toro.

vacación f. Suspensión de los negocios o estudios por algún tiempo.

vacada f. Manada de ganado vacuno.

vacante p. a. de vacar. Que vaca. I adj. Díc. del cargo, dignidad o empleo que está sin proveer.

vacar intr. Suspender temporalmente los estudios, negocios o trabajos. I Quedar un empleo, cargo o dignidad sin persona que lo desempeñe o posea.

vaciar tr. Dejar vacía una cosa.

vacilación f. Acción de vacilar. I fig. Perplejidad, indecisión.

vacilar intr. Moverse indeterminadamente una cosa. I Estar poco firme una cosa en su estado. I fig. Titubear, estar perplejo o indeciso.

vacío, a adj. Falto de contenido.

vacuidad f. Calidad de vacuo.

vacuna f. Cualquier virus o principio orgánico que convenientemente preparado se inocula a persona o animal para preservarlos de una enfermedad determinada.

vacunar tr. Inocular a una persona o animal un virus o principio orgánico convenientemente preparado, para preservarlos de una enfermedad determinada.

vacuno, na adj. Relativo al ganado bovino. I De cuero de vaca.

vacuo, cua adj. Vacío.

vacuola f. Cavidad del protoplasma de una célula, llena de un contenido líquido o gaseoso.

vadear tr. Pasar el río por el vado o por otro sitio donde se pueda hacer a pie.

vademécum m. Libro de poco volumen que puede uno llevar consigo, y que contiene las nociones más necesarias de una ciencia o de un arte.

vado m. Paraje de un río, con fondo poco profundo, por donde se puede pasar andando. I En la vía pública, toda modificación de estructura de la acera y bordillo destinada exclusivamente a facilitar el acceso de vehículos a locales sitos en las fincas frente a las que se practique.

vagabundear intr. Andar vagando.

vagabundo, da adj. y s. Que anda errante. I Holgazán, ocioso, y que no tiene domicilio fijo.

vagancia f. Acción de vagar o estar sin ocupación.

vagar intr. Andar por varios sitios sin determinado objeto y sin especial detención en ninguno. I Andar libre y suelta una cosa, o sin el orden y disposición que debe tener. I Tener tiempo y lugar suficiente para hacer una cosa. I Estar ocioso, sin oficio ni beneficio.

vagido m. Gemido o llanto del recién nacido.

vagina f. Conducto que en las hembras de los mamíferos se extiende desde la vulva hasta la matriz.

vago, ga adj. Vacío, desocupado, que está ocioso, sin oficio y mal entretenido. I Que anda vagando. I Indeciso, indeterminado. I Vaporoso, ligero, indefinido. I Díc. de un nervio que parte de la medula espinal, desciende por ambos lados del cuello penetra en las cavidades del pecho y vientre y termina en el estómago.

vagón m. Carruaje de viajeros o de mercancías y equipajes, en los ferrocarriles.

vagoneta f. Vagón pequeño y descubierto, para transporte.

vaguada f. Línea que marca el fondo de un valle, y es el camino por donde corren naturalmente las aguas.

vaguear intr. Vagar, andar de un sitio a otro.

vaguedad f. Calidad de vago. I Expresión vaga.

vahear intr. Echar de sí vaho o vapor.

vahído m. Desvanecimiento, turbación del sentido breve y pasajera.

vaho m. Vapor que despide el cuerpo.

vaina f. Funda de algunas armas o instrumentos. I Cáscara tierna y larga que encierra algunas simientes; como los guisantes, I Ensanchamiento del pecíolo o de la lioja que envuelve al tallo.

vainica f. Punto o deshilado menudo que como remate o por adorno se hace en tela.

vainilla f. Planta orquídea americana. I Este fruto.

vaivén m. Movimiento alternativo de un cuerpo que oscila. I fig. Inconstancia o variedad inestable de las cosas. I fig. Encuentro o riesgo que expone a malograr un intento o un deseo.

vajilla f. Conjunto de platos, vasos, jarros, etc., para el servicio de la mesa.

vale m. Documento que se entrega como dinero efectivo y que luego se canjea por la cantidad que representa. I Nota firmada, y a veces sellada, que se da a quien entrega una cosa, para que luego acredite la entrega y cobre el importe. I Papel que un maestro da como premio al discípulo para que pueda aspirar a alguna recompensa o redimir alguna falla.

valedero, ra adj. Que debe valer, ser firme.

valencia f. ant. Valor, valía. I Poder de un anticuerpo para combinarse con uno o más antígenos. I Término químico con el que se define la capacidad que tienen los átomos de los distintos elementos para combinarse, fijar o sustituir a uno, dos o más átomos de hidrógeno.

valentía f. Esfuerzo, arrojo. I Gallardía, arrojo feliz en la manera de concebir o ejecutar una obra literaria o artística, o alguna de sus partes. I Acción esforzada y vigorosa.

valentón, na adj. y s. Arrogante o que se jacta de guapo o valiente.

valentonada f. Jactancia o exageración del propio valor.

valer m. Valor, valía. I tr. Proteger, amparar, defender. I Tener precio una cosa. I intr. Equivaler. I Tener una persona fuerza, poder o autoridad. I Correr o pasar las monedas. I Prevalecer una cosa en contra de otra. I Servir de defensa o amparo una cosa. I Tener la fuerza o valor necesarios para la firmeza o susistencia de un afecto. I r. Servirse de una cosa. I Recurrir al favor o mediación de alguien para un fin.

valeriana f. Planta valerianácea. con flores en corimbo, blancas o rojizas, y rizoma fragante que se usa en medicina como antiespasmódico.

valerianáceo, a adj. y s. Díc. de plantas dicotiledóneas, herbáceas, con flores en corimbos terminales y fruto indehiscente, como una sola semilla, como la valeriana.

valeroso, sa adj. Eficaz, que puede mucho. I Valiente, esforzado animoso. I Que vale mucho.

valetudinario, ria adj. y s. Enfermizo, delicado.

valía f. Estimación, valor o aprecio de una cosa. I Valimiento, privanza.

validar tr. Hacer válida una cosa.

validez f. Calidad de válido.

válido, da adj. Firme, susistente, que tiene fuerza legal. I Robusto, fuerte o esforzado.

valido, da p. p. de valer. I Recibido, apreciado o estimado generalmente. I m. El que tiene el primer lugar en la gracia o favor de otro.

valiente p. a. ant. de valer. Que vale. I adj. Fuerte y robusto en su linea. I Esforzado, animoso y de valor. I Eficaz y activo en su línea.

valija f. Maleta o baulillo de cuero. I Maleta de cuero en donde los correos llevan la correspondencia. I El mismo correo.

valimiento m. Acción de valer una cosa o valerse de ella.

valioso, sa adj. De mucha estimación, valor o poder.

valla f. Vallado o estacada defensiva. I fig. Obstáculo o impedimento.

valladar m. Vallado. I fig. Obstáculo de cualquier clase para impedir que sea invadida o allanada una cosa.

vallado m. Cerco que sirve para defender un sitio e impedir la entrada en él.

vallar m. Valladar. I tr. Cercar o cerrar un sitio con valla o vallado.

valle m. Llanura entre montes. I Cuenca de un río.

valor m. Cualidad de las cosas, que las hace objeto de precio. I Alcance o importancia de una cosa. I Cualidad moral que mueve a acometer arriesgadas empresas, sin miedo a los peligros. I Osadía, desvergüenza. I pl. Títulos representativos de riqueza negociable.

valorar tr. Señalar el valor de una cosa; ponerle precio. I Aumentar el valor de una cosa.

valorizar tr. Valorar, evaluar. I Aumentar el valor de una cosa.

valquiria f. Cáda una de las deidades de la mitología escandinava, que en los combates designaban los héroes que habían de morir, y en el cielo les servían de escanciadoras.

vals m. Baile que se ejecuta con movimiento giratorio y de traslación. I Música de este baile.

valsar intr. Bailar el vals.

valuar tr. Valorar, poner precio.

valva f. Cualquiera de las dos piezas duras y movibles que constituyen la concha de los moluscos lamelibranquios y otros invertebrados.

válvula f. Pieza móvil que, colocada en una abertura sirve para interrumpir la comunicación entre dos órganos de una máquina o aparato, o entre éstos y el medio exterior. I Pliego membranoso que impide el retroceso de lo que circula por los vasos del cuerpo animal.

vampiresa f. Mujer atractiva y seductora.

vampiro m. Espectro o cadáver que, según creencia vulgar, sale de su tumba por las noches y va a chupar la sangre de los vivos para matarlos poco a poco. I Murciélago de gran tamaño.

vanadio m. Metal blando, dúctil y resistente al ataque de los agentes químicos.

vanagloria f. Jactancia del propio valer u obrar; elación.

vanagloriarse r. Jactarse de su propio valer u obrar.

vandalismo m. Devastación propia de los antiguos vándalos. I fig. Espíritu de destrucción que no respeta cosa alguna.

vanguardia f. Fracción o parte más avanzada de una tropa, y también el espacio que se extiende a su frente. I Avanzada de un movimiento ideológico, literario o artístico.

vanguardismo m. Movimiento artístico o literario que intenta hallar nuevas normas de expresión estética fuera de los cánones tradicionales.

vanidad f. Calidad de vano. I Fausto, pompa vana. I Palabra inútil e insustancial. I Ilusión o ficción de la fantasía.

vanidoso, sa adj. y s. Que tiene y ostenta vanidad.

vano, na adj. Falto de realidad, sustancia o entidad. I Hueco, falto de solidez. I Inútil, infructuoso. I Arrogante, presuntuoso. I Que no tiene fundamento, razón o prueba. I Hueco de ventana intercolumnio, etc.

vapor m. Fluido aeriforme en que, por la acción del calor, se convierte ciertos cuerpos, generalmente los líquidos; y por antonomasia, el de agua. I Buque de vapor.

vaporizador m. Aparato para la producción de vapor y aplicarlo al cuerpo humano con fines terapéuticos.

vaporizar tr. Convertir en vapor un cuerpo por la acción del calor.

vaporoso, sa adj. Que despide u ocasiona vapores. I fig. Tenue, ligero, sutil.

vapulear tr. Vapular, azotar.

vaquería f. Vacada. I Sitio donde hay vacas o se vende su leche.

vaqueriza f. Corral o lugar cobierto donde se recoge el ganado vacuno en el invierno.

vaquero, ra adj. Propio de los pastores de reses vacunas. I m. y f. Pastor o pastora de reses vacunas.

vaqueta f. Cuero de ternera, curtido y adobado.

vara f. Ramo delgado, largo, sin hojas y liso. I Palo largo y delgado. I Medida de longitud castellana, equivalente a 835 milímetros y 9 décimas.

varadero m. Paraje donde se varan las embarcaciones.

varadura f. Acción y efecto de varar un barco.

varal m. Vara larga y gruesa.

varano m. Reptil saurio varánido.

varar tr. Sacar a la playa y poner en seco una embarcación. I intr. Encallar el buque en la costa o en un banco de arena.

varazón f. Restos que el mar arroja después de la braveza.

varear tr. Derribar a varazos los frutos de algunos árboles. I Dar golpes con vara o palo. I Herir a los toros o fieras con vara larga. I Medir con la vara.

vareo m. Acción de varear. I Acción de medir con vara. I Acción de vender por vara

vareta f. dim. de vara. I Palito, mimbre o junco que, untado con liga, sirve para cazar pájaros. I Lista de distinto color del principal de un tejido.

várgano m. Cada uno de los palos o estacas de una empalizada.

variabilidad f. Calidad de variable.

variable adj. Que varía o puede variar. I Inconstante, mudable. I Díc. de la cantidad que no tiene valor constante.

variación f. Acción de variar. I Cada una de las imitaciones melódicas de un mismo tema.

variado, da p. p. de variar. I adj. Que tiene variedad.

variante p. a. de variar. Que varía. I f. Variedad o diferencia que se observara a veces en un texto cuando se cotejan diversos ejemplares de épocas o ediciones distintas.

variar tr. Hacer que una cosa difiera en algo de lo que antes era. I Dar variedad. I intr. Cambiar una cosa de forma, propiedad o estado. I Ser una cosa diferente de otra. I Hacer ángulo la aguja magnética con la línea meridiana.

várice o varice f. Dilatación permanente de una vena, debida a la acumulación de sangre en ella.

varicela f. Erupción cutánea, contagiosa, análoga a la viruela benigna.

varicoso, sa adj. Que padece varices. Ú. r. c. s. I Relativo a ellas.

variedad f. Calidad de vario. I Diferencia dentro de la unidad. I Inconstancia, inestabilidad, mudanza, variación. I Cualquiera de los grupos en que se dividen algunas especies y que se distinguen entre sí por ciertos caracteres secundarios.

varilla f. Barra delgada. | Cada una de las tiras que forman la armazón del abanico. | Cada una de las costillas que forman la armazón de los paraguas y quitasoles. | fam. Cada uno de los dos huesos largos que forman la quijada.

varillaje m. Conjunto de varillas de un utensilio.

vario, ria adj. Diferente o diverso. | Inconstante o mudable. | Indiferente o indeterminado. | Que tiene variedad o está compuesto de diversos adornos o colores. | pl. Algunos, unos cuantos.

varioloso, sa adj. Relativo a la viruela. | Virolento.

variopinto, ta adj. Que ofrece diversidad de colores o de aspecto.

variz m. Varice.

varón m. Persona del sexo masculino.

varonil adj. Relativo al varón. | Esforzado, valeroso.

vasallaje m. Vínculo que obliga a una persona a guardar fidelidad a otra y a estar bajo su dependencia. | Sumisión, sujeción. | Tributo que pagaba el vasallo al señor.

vasallo, lla adj. Sujeto a alguien es vínculo de vasallaje. | Feudatario. | m. y f. Súbdito de un soberano o de un gobierno supremo e independiente. | fig. Persona que reconoce a otra por superior o depende de ella.

vasar m. Poyo o anaquelería que sobresalen de la pared y sirve para poner vajilla.

vascular adj. y Perteneciente o relativo a los vasos de los seres orgánicos.

vaselina f. Sustancia grasa, de aspecto céreo, obtenida de la parafina y aceites densos del petróleo.

vasija f. Recipiente que sirve para contener líquidos u otras cosas. | Conjunto de cubas y tinajas de una bodega.

vaso m. Pieza cóncava capaz de contener alguna cosa; y en especial, la de metal, vidrio. etc., de forma cilíndrica o de cono truncado, que sirve para beber. | Cantidad de líquido que cabe en ella. | Bacín. | Receptáculo o depósito natural que contiene algún líquido. | Cualquiera de los conductos por donde circulan los fluidos, en los seres orgánicos.

vasoconstrictor m. Lo que disminuye la luz de los vasos sanguíneos por contracción de las fibras musculares de su pared.

vasodilatador m. lo que aumenta la luz de los vasos sanguíneos como consecuencia del relajamiento de las fibras musculares de la pared.

vástago f. Renuevo o ramo tierno de una planta. | fig. Persona descendiente de otra. | Barra o varilla que, sujeta el émbolo, sirve para darle movimiento o transmitir el suyo a un mecanismo.

vasto, ta adj. Dilatado, muy ancho, muy extendido, o muy grande.

vate m. Adivino. | Poeta.

vaticinar tr. Pronosticar, predecir.

vaticinio m. Pronóstico, predicción.

vatio m. Unidad de potencia eléctrica en el sistema basado en el metro, el kilogramo, el segundo y el amperio. Equivale a un julio por segundo.

vaya f. Burla, mofa.

¡vaya! Interjección. V. ir.

ve f. Nombre de la letra v.

vecindad f. Calidad de vecino. | Conjunto de las personas que viven en los distintos cuartos de una misma casa, o en varias inmediatas entre sí. | Vecindario. | Contorno o cercanías de un paraje.

vecindario m. Conjunto de los vecinos de un pueblo, o de un distrito, barrio, calle o casa. | Padrón de los vecinos de unas población. | Calidad de vecino.

vecino, na adj. y s. Que habita con otros en una misma población, barrio, calle o casa, en habitación independiente. | fig. Cercano, próximo o inmediato. | Semejante, parecido o coincidente.

vector adj. Díc. del radio que va desde el foco o desde uno de los focos de una curva a cualquier punto de la curva misma. | m. Recta de la que se conoce su magnitud, su dirección y sentido, es decir el valor de su longitud, la dirección en que está dibujada y el signo de que está afectada.

veda f. Acción de vedar. | Tiempo en que está vedado cazar o pescar.

vedado, da m. Sitio acotado por ley u ordenanza.

vedar tr. Prohibir por ley o mandato. | Impedir o estorbar.

vedette f. Estrella. Figura principal de una opereta, revista musical, etc.

vedija f. Mechón de lana. | Verija. | Pelo enredado y enmarañado.

vedijudo, da adj. Que tiene el pelo enredado o en vedijas.

veedor, ra adj. y s. Que mira con curiosidad las acciones ajenas. | El encargado de reconocer e inspeccionar las obras de un gremio u oficinas de bastimentos. | Criado que estaba encargado de vigilar al despensero en la compra de provisiones.

vega f. Parte de la tierra baja, llana y fértil.

vegetable adj. y s. p. us. Vegetal.

vegetación f. Acción de vegetar. | Conjunto de los vegetales propios de un terreno, comarca o país.

vegetal adj. Que vegeta. | Relativo a las plantas. | Díc. del carbón de leña. | m. Ser orgánico que crece y vive, pero no muda de lugar por impulso voluntario.

vegetar intr. Germinar, nutrirse, crecer y desarrollarse de las plantas. | fig. Vivir de un modo maquinal, con vida meramente orgánica. | fig. Disfrutar vida tranquila y monótona.

vegetarianismo m. Régimen alimenticio en el que entran exclusivamente vegetales u otras sustancias de origen vegetal.

vegetariano, na adj. Díc. de la persona que se alimenta sólo de vegetales o de sustancias de origen vegetal.

vegetativo, va adj. Que vegeta o tiene vigor para vegetar. | Que concurre a las funciones de nutrición o reproducción.

vehemencia f. Calidad de vehemente.

vehemente adj. Que mueve o se mueve u obra con ímpetu y violencia, con fuerza y eficacia. | Díc. de lo que se siente o se expresa con ímpetu y vigor.

vehículo m. Medio de transporte como carruaje, embarcación, auto, bicicleta, moto, etc. | fig. Lo que sirve para conducir o transmitir fácilmente una cosa.

veinte adj. Dos veces diez.

veintena f. Conjunto de veinte unidades.

vejación f. Acción de vejar.

vejamen m. Vejación. | Reprensión satírica y festiva. | Discurso burlesco que se leía en las academias literarias.

vejar tr. Maltratar, molestar, perseguir, avasallar. | Dar vejamen.

vejestorio m. despec. Persona muy vieja.

vejez f. Calidad de viejo | Senectud.

vejiga f. Organo muscular y membranoso, a manera de bolsa, que tienen muchos vertebrados, en donde se va depositando la orina segregada por los riñones. | Ampolla formada en la epidermis. | Pústula variolosa.

vela f. Acción y efecto de velar. | Tiempo que se vela. | Tiempo destinado por la noche a trabajar. | Romería. | Centinela o guardia que se ponía por la noche. | Cilindro o prisma de cera o sebo con un pabilo en el eje, y que sirve para alumbrar. | Pieza o conjunto de piezas cosidas, de lona o lienzo, que se amarra a las vergas de una embarcación, para recibir el viento.

velación f. Acción de velar. | pl. Ceremonia nupcial, que consiste en cubrir con un velo a los cónyuges en la misa que se celebra después del casamiento.

velada f. Acción de velar. | Concurrencia nocturna a un paraje, con motivo de una fiesta. | Fiesta musical o literaria que se hace por la noche.

velador, ra adj. y s. Que vela o está sin dormir el tiempo destinado para el sueño. | Que vigila y cuida de algo. | m. Candelero.

veladura f. Tinta transparente con que se suaviza el tono de lo pintado.

velamen m. Conjunto de velas de una embarcación.

velar adj. Perteneciente o relativo al velo del paladar. | Díc del sonido que se articula aproximando la lengua al velo del paladar. | | intr. Estar sin dormir el tiempo que suele destinarse para el sueño. | Seguir trabajando por la noche después de haber trabajado durante el día. | fig. Celar, vigilar. | tr. Hacer centinela o guardia nocturna. | Asistir de noche a un enfermo o acompañando a un difunto. | Cubrir con velo. | Celebrar la ceremonia de las velaciones. | Borrarse total o parcialmente una imagen fotográfica por la acción indebida de la luz.

velatorio m. Acto de velar a un difunto.

veleidad f. Voluntad antojadiza o deseo vano. | Inconstancia.

veleidoso, sa adj. Inconstante, mudable.

velejar intr. Utilizar las velas en la navegación.

velero, ra adj. y s. Díc. de quien asiste a velas y romerías. | Díc. de la embarcación muy ligera. | m. y f. Persona que hace o vende velas. | Barco que navega con velas.

veleta f. Pieza metálica, generalmente en forma de flecha, y giratoria alrededor de un eje vertical, que sirve para señalar la dirección del viento. | fig. Persona veleidosa.

velicar tr. Punzar en alguna parte del cuerpo para que salgan los humores.

vello m. Pelo sutil que nace en algunas partes del cuerpo humano. | Pelusilla de algunas frutas y plantas.

vellocino m. Vellón de lana sin la piel. | Piel de res lanar con su lana.

vellón m. Toda la lana junta de una res que se esquila.

vellosidad f. Abundancia de vello.

velludo, da adj. Que tiene mucho vello.

velo m. Cortina o tela que cubre algo. | Prenda de tul, gasa, etc., con que las mujeres se cubren la cabeza, el cuello y, a veces, el rostro. | fig. Pretexto, disimulación o excusa para ocultar u oscurecer la verdad. | Especie de membrana que separa la cavidad de la boca de la de las fauces.

velocidad f. Ligereza, rapidez, presteza o prontitud en el movimiento.| Es la relación entre el espacio recorrido y el tiempo empleado en recorrerlo. | Cualquiera de las posiciones motrices en un dispositivo de cambio de velocidades.

velocímetro m. Aparato que en un vehículo indica la velocidad de traslación de éste.

velocípedo m. Vehículo cuyas ruedas se hacen girar con los pies por el que va sentado en él.

velódromo m. Lugar destinado para carreras en bicicleta.

velomotor m. Bicicleta provista de un motor auxiliar.

velón m. Lámpara de metal, para aceite, compuesta de un vaso con mecheros, y de un eje terminado por arriba en un asa y por abajo en un pie.

veloz adj. Ligero, rápido, pronto en el movimiento. | Ágil en discurrir o ejecutar algo.

vena f. Cada uno de los órganos cilíndricos, largos, destinados a conducir la sangre desde los tejidos al corazón. | Filón metálico. | Cualquiera de los hacecillos de fibra que sobresalen en el anvés de las hojas de los vegetales. | Faja de tierra o piedra, que por su aspecto se distingue de la masa en que sehalla interpuesta. | Conducto natural por donde circula el agua subterránea. | fig. Inspiración poética.

venablo m. Dardo o lanza arrojadiza. | pl. fig. Expresiones de cólera y enojo.

venado m. Ciervo.

venaje m. Conjunto de venas de agua y manantiales que originan un río.

venal adj. Relativo a las venas. | Vendible. | fig. Que se deja sobornar.

venalidad f. Calidad de venal.

venático, ca adj. y s. fam. Que tiene vena de loco o ideas extravagantes.

vencedor, ra adj. y s. Que vence.

vencejo m. Ligadura con que se ata una cosa, especialmente las mieses. | Pájaro.

vencer tr. Rendir, someter al enemigo. | Aventajar en alguna línea a alguien. | Sujetar, dominar las pasiones y afectos. | Superar las dificultades y estorbos. | intr. Cumplirse un plazo. | Perder su fuerza obligatoria un contrato o hacerse exigible una deuda u otra obligación, por haberse cumplido la condición o el plazo necesarios. |

vencimiento m. Acción de vencer, o de ser vencido. | fig. Inclinación o torcimiento de una cosa. | fig. Cumplimiento del plazo de una obligación.

venda f. Tira de lienzo con que se liga un miembro o se sujeta un apósito.

vendaje m. Ligadura hecha con vendas o con otras piezas de lienzo, que sujetan el apósito y se acomodan a la forma del miembro o región del cuerpo a que se aplican.

vendar tr. Ligar o cubrir con la venda. | fig. Poner un impedimento o estorbo al conocimiento o a la razón, para que no vea las cosas como son en sí.

vendaval m. Viento fuerte. | Ventarrón.

vendedor, ra adj. y s. Que vende.

vender tr. Traspasar la propiedad de una cosa por algún precio. | Exponer al público las mercancías para quien las quisiere comprar. | Sacrificar al interés cosa de valor moral. | fig. Traicionar a una persona. | r. Dejarse, sobornar.

vendimia f. Recolección de la uva, y tiempo en que se hace | fig. Provecho que se saca de una cosa.

vendimiar tr. Hacer la recolección de la uva.

veneno m. Cualquier sustencia que, introducida en el cuerpo o aplicada a él, le ocasiona la muerte o graves trastornos.

venenoso, sa adj. Que encierra veneno.

venera f. Concha semicircular de la vieira. | Insignia que los caballeros de las órdenes llevan pendientes al pecho. | Venero, manantial.

venerable adj. Digno de veneración.

veneración f. Acción de venerar.

venerar tr. Respetar en sumo grado a una persona por su santidad, dignidad o grandes virtudes, o a una cosa por lo que representa o recuerda. | Dar culto a Dios o a los santos.

venéreo, a adj. Díc. de la enfermedad contagiosa transmitida por contacto sexual.

venero m. Manantial de agua. | Línea horaria en los relojes de sol. | fig. Manantial, principio, origen de una cosa. | Criadero de un mineral.

vengador, ra adj. y s. Que venga o se venga.

venganza f. Satisfacción o desquite que se toma de un agravio o daño.

vengar tr. Tomar venganza. Ú. t. c. r.

vengativo, va adj. Inclinación a tomar venganza.

venia f. Licencia o permiso pedido para ejecutar una cosa.

venial adj. Díc. de lo que se opone levemente a la ley o precepto.

venida f. Acción de venir | Regreso.

venir intr. Caminar una persona o moverse una cosa de allá hacia acá. | Llegar una persona o cosa a donde está el que habla. | Comparecer una persona ante otra. | Acomodarse o conformarse una cosa a otra o con otra. | Inferirse, deducirse o ser una cosa consecuencia de otra. | Acercarse o llegar el tiempo en que una cosa ha de acontecer. | Excitarse o empezarse a mover un afecto pasión o apetito. | Ofrecerse una cosa a la imaginación o a la memoria. | Acontecer, sobrevenir.

venoso, sa adj. Que tiene venas. | Relativo o perteneciente a la vena.

venta f. Acción de vender. | Contrato por el que se vende una cosa. | Mesón o posada que se establece en los caminos.

ventaja f. Superioridad de una persona o cosa respecto de otra. | Condición favorable que una persona o cosa tiene. | Sobresueldo o cantidad en que el sueldo de una persona excede al común que gozan otras. | Ganancia anticipada de tantos que un jugador concede a otro.

ventajista adj. y s. Díc. de la persona que sin miramientos procura obtener ventaja en los tratos, en el juego, etc.

ventajoso, sa adj. Que tiene o proporciona ventaja.

ventalle f. Válvula o un mecanismo.

ventana f. Abertura que se hace o deja en la pared de un edificio para dar luz y ventilación. | Hoja u hojas con que se cierra esa abertura. | Cada una de las dos aberturas de la nariz.

ventanal m. Ventana grande.

ventanilla f. dim. de ventana. | Abertura pequeña que hay en la pared o tabique de los despachos de billetes, bancos y otras oficinas, para que los empleados de éstas comuniquen desde dentro con el público que está fuera. | Cada uno de los dos orificios que hay en la base de la nariz.

ventar impers. Ventear, soplar el viento. | tr. Ventear, tomar el viento con el olfato.

ventarrón m. Viento muy fuerte.

ventear impers. Soplar el viento o hacer aire fuerte. | tr. Tomar los animales el viento con el olfato. | Airear una cosa. | fig. Andar indagando una cosa. | r. Rajarse o henderse una cosa por la diferente dilatación de sus moléculas. | Alterarse una cosa por la acción del aire. | Ventosear.

ventilación f. Acción de ventilar o ventilarse. | Abertura que sirve para ventilar un aposento.

ventilador m. Aparato que impulsa o remueve el aire de una habitación.

ventilar tr. Hacer que entre y corra el aire en algún sitio. Ú. t. c. r. | Agitar alguna cosa en el aire. | Exponer una cosa al viento. | Renovar el aire de un aposento.

ventisca f. Borrasca de viento, o de viento y nieve, que suele ser más frecuente en los puertos y gargantas de los montes. | Viento fuerte, ventarrón.

ventisquero m. Ventisca. | Paraje alto de un monte, expuesto a las ventiscas. | Sitio, en las alturas de los montes, donde la nieve amontonada se conserva. | Masa de nieve o hielo reunida en este sitio.

ventolera f. Golpe de viento fuerte y pasajero. | fig. Vanidad, jactancia, presunción y soberbia.

ventolina f. Viento leve y variable.

ventor, ra adj. Díc. del animal que, guiado por su olfato y el viento, busca un rastro o huye del cazador.

ventorro m. Venta de hospedaje pequeña o mala.

ventosa f. Orificio que se hace en una cosa para dar paso al aire. | Órgano de ciertos animales, propio para adherirse o agarrarse por medio del vacío. | Vaso que se aplica, después de enrarecer el aire en su interior, sobre alguna parte del cuerpo, para producir una irritación local.

ventosear intr. Peer, expeler del cuerpo las ventosidades.

ventosidad f. Gases intestinales, particularmente cuando se expelen.

ventoso, sa adj. Que contiene viento o aire. | Díc. del día o tiempo en que hace viento recio, y aplícase también al paraje azotado por los vientos. | Flatulento. | Ventor.

ventral adj. Relativo al vientre.

ventragada f. Conjunto de animalillos nacidos en un parto.

ventrera f. Faja con que se ciñe y aprieta el vientre. | Armadura que cubría el vientre.

ventrículo m. Nombre que reciben varias cavidades del cuerpo humano, principalmente en el cerebro y el corazón. | Cualquiera de las cavidades situadas en la masa encefálica de los vertebrados por las que circula el líquido encefalorraquídeo. | Cualquiera de las dos cavidades inferiores de este órgano de donde salen las arterias aorta y pulmonar.

ventril m. Madero con que se equilibra la viga en los molinos de aceite.

ventrílocuo, cua adj. y s. Aplícase a quien sabe modificar su voz de modo que parezca venir de lejos, e imitar otras voces o sonidos.

ventrón m. Túnica muscular que recubre el estómago de algunos rumiantes.

ventura f. Felicidad, dicha. | Casualidad, contingencia. | Riesgo, peligro.

venturanza f. Ventura, dicha.

venturero, ra adj. Díc. de quien anda ocioso, pero dispuesto a trabajar en lo que se saliere.| Aventurero.

venturina f. Cuarzo puro amarillento.

venturoso, sa adj. Afortunado.

venus m. Uno de los nueve planetas del sistema solar cuya órbita se halla situada entre las de Mercurio y la Tierra. | f. fig. Mujer muy hermosa. | Género de moluscos lamelibranquios, venéridos, de concha oval, adornada de laminillas concéntricas.

venustidad f. Hermosura perfecta o muy agraciada.

venusto, ta adj. Hermoso y agraciado.

ver m. Sentido de la vista. | Parecer o apariencia de una cosa . | tr. Percibir por los ojos la forma y color de los objetos. | Observar, considerar una cosa. | Reconocer, examinar con cuidado y atención una cosa. | Visitar a una persona o estar y hablar con ella en un sitio. | Experimentar o reconocer por el hecho. | Prevenir las cosas futuras. | Conocer, juzgar. | Asistir los jueces o letrados a la discusión en juicio de un pleito o causa. | Hallarse constituido en un estado o situación. | Avistarse una persona con otra.

vera f. Orilla. | Árbol cigofiláceo americano muy corpulento y de madera muy pesada.

veracidad f. Calidad de veraz.

veranda f. Galería o balcón a lo largo de una casa. | Mirador, balcón cubierto, con cierre de cristales.

veranear intr. Pasar el verano en lugar distinto en el que habitualmente se reside.

veraniego, ga adj. Relativo al verano.

verano m. Estío. | Época o temporada de sequía, que dura aproximadamente unos seis meses con algunas intermitencias y alteraciones, en los países intertropicales, donde las estaciones no son sensibles. | Época, la más calurosa del año, que en la zona templada boreal corresponde al período comprendido entre el 21 de junio y el 23 de septiembre o sea desde el solsticio de junio al equinoccio de septiembre.

verascopio m. Aparato fotográfico para tomar vistas aéreas.

veraz adj. Que dice y profesa siempre la verdad.

verba f. Labia, locuacidad.

verbal adj. Díc. de lo que se refiere a la palabra, o se sirve de ella. l Que se hace o estipula de palabra. l Relativo al verbo, o derivado de él.

verbalismo m. Propensión a fundar el razonamiento más en las palabras que en los conceptos. l Memorismo.

verbena f. Planta verbenácea medicinal, célebre en la antigüedad como planta sagrada de los celtas. l Fiesta popular nocturna que se celebra en la víspera de ciertas festividades.

verbenáceo, a adj. y s. Díc. de plantas dicotiledóneas, hierbas, arbustos o árboles con hojas opuestas o verticiladas, flores agrupadas en varias inflorescencias y fruto drupáceo o capsular como la verbena.

verberación f. Acción de verberar.

verberar tr. Azotar, fustigar. Ú. t. c. r. l fig. Azotar el agua o el viento en alguna parte.

verbo m. p. us. Palabra, representación oral de una idea. l Parte variable de la oración, que denota esencia, acción, pasión o estado, comúnmente con expresión de número y persona.

verborrea f. Locuacidad, verbosidad.

verbosidad f. Abundancia o flujo de palabras en la locución.

verdad f. Conformidad de las cosas con el concepto que de ellas forma la mente, o de lo que se dice con lo que se siente o se piensa. l Propiedad que tiene una cosa de mantenerse inmutable. l Juicio o proposición innegable o incontrovertible. l Veracidad.

verdadero, ra adj. Que contiene verdad. l Real y efectivo. l Ingenuo, sincero. l Veraz. l Díc. de cualquiera de las costillas que se apoyan en el esternón.

verdal adj. Díc. de ciertas frutas que aún en su madurez tienen color verde. l Aplícase tambien a las plantas que las producen.

verdasca f. Vara delgada, comúnmente verde.

verde adj. De color parecido al de la hierba fresca, la esmeralda, etc. Ú. t. c. s. Es el 4º color del espectro solar. l Díc. de las plantas que no están secas. l Díc. de la leña recién cortada del árbol vivo. l Díc. de las legumbres que se comen antes de que estén completamente granadas. l Díc. de lo que aún no está maduro. l fig. Díc. de los primeros años de la vida y de la juventud. l fig Díc. de las cosas que están a los principios y a las cuales falta mucho para perfeccionarse. l Follaje.

verdear intr. Mostrar una cosa el color verde que en sí tiene. l Dicho del color, tirar a verde.

verdecer intr. Reverdecer los campos o las plantas.

verdegal m. Paraje donde verdea el campo.

verdegay adj. y s. De color verde claro.

verdemar m. Color parecido al verdoso que suele tomar el mar.

verderón, na Verdino. l m. Pájaro fringílido, parecido al gorrión, pero con plumaje verde y manchas amarillas en las alas y la cola. Es ave canora. l Berberecho, molusco lamelibraquio.

verdete m. Cardenillo. l Color claro que se hace con el acetato o el carbonato de cobre.

verdiazul adj. De color verde azulado.

verdín m. Primer color verde de los vegetales que no han llegado a su sazón. l Estos mismos vegetales. l Capa ver-

de de plantas criptógamas que se cría en aguas estancadas, lugares húmedos, etc. l Cardenillo del cobre.

verdina f. Primer color verde las plantas nacientes.

verdolaga f. Planta portulacácea, con tallos tendidos y jugosos, hojas carnosas y flores amarillas que se usa como verdura.

verdor m. Color verde vivo de los vegetales. l Color verde. l fig. Vigor, fortaleza. l fig. Edad juvenil.

verdoso, sa adj. Que tira a verde.

verdugal m. Monte bajo que después de cortado o quemado se cubre de verdugos o renuevos.

verdugo m. Renuevo del árbol. l Estoque muy delgado. l Azote hecho de cuero u otra materia flexible. l Roncha o señal del golpe del azote. l Ejecutor de la justicia. l fig. Persona muy cruel o que castiga. l fig. Cosa que atormenta mucho.

verdugón m. Verdugo, renuevo del árbol o señal que levanta el golpe dado con verdugo.

verdulería f. Tienda o puesto de verduras.

verdulero m. El que vende verduras.

verdura f. Verdor. l Hortaliza. l Follaje pintado.

verdusco, ca adj. Que tira a verde obscuro.

verecundia f. Vergüenza.

verecundo, da adj. Vergonzoso.

vereda f. Senda o camino estrecho. l Vía pastoril para los ganados trashumantes.

veredicto m. Declaración sobre un hecho dictada por el jurado.

verga m. Falo, miembro genital de los mamíferos. l Arco de acero de la ballesta. l Percha a la cual se asegura el grátil de una vela.

vergajo m. Verga de toro, seca y retorcida, que se usa como látigo.

vergel m. Huerto con variedad de flores y árboles frutales.

vergonzante adj. Que tiene vergüenza. Suele decirse de quien pide limosna disimuladamente.

vergonzoso, sa adj. Que causa vergüenza. l Que se avergüenza con facilidad.

vergüenza f. Turbación del ánimo, ocasionada por alguna falta cometida, o por temor a la afrenta, al ridículo, etc. l Encogimiento, timidez, cortedad. l Pundonor, estimación de la honra propia. l Acción indecorosa que cuesta repugnancia ejecutar.

vericueto m. Lugar áspero, alto y quebrado, por donde no se puede andar sin gran dificultad.

verídico, ca adj. Que dice verdad o que la incluye.

verificación f. Acción de verificar.

verificar tr. Probar que es verdad una cosa que se dudaba. l Comprobar la verdad de una cosa.

verija f. Región de las partes pudendas.

verismo m. Realismo llevado al extremo en las obras de arte.

verja f. Enrejado que sirve de puerta o cerca.

verme m. Lombriz intestinal. l pl. Gusanos.

vermicida adj. y s. Vermífugo.

vermicular adj. Que se parece a los gusanos.

vermiforme adj. De figura de gusano. l Díc. del apéndice cecal.

vermut m. Licor aperitivo compuesto de vino, ajenjo y otras substancias amargas y tónicas.

vernáculo, la adj. Doméstico, nativo, propio de nuestra casa o país.

vernal adj. Relativo a la primavera. l Díc. también del solsticio de verano.

vero m. Piel de marta. l pl. Esmaltes del escudo heráldico en forma de campanillas alternadas y con las bocas contrapuestas.

verónica adj. Planta escrofulariácea. | Lance consistente en esperar el lidiador la acometida del toro presentándole la capa extendida o abierta con ambas manos.

verosímil adj. Que tiene apariencia de verdero. | Creíble por no ofrecer carácter alguno de falsedad.

verosimilitud f. Calidad de verosímil.

verraco m. Cerdo padre.

verraquear intr. fig. Gruñir o dar señales de enfado. | fig. Llorar mucho con rabia los niños.

verriondo, da adj. Díc. del cerdo y otros animales cuando están en celo. | Aplícase a las hierbas u otras cosas cuando están marchitas mal cocidas.

verruga f. Excrecencia cutánea, por lo general redonda.

versado, da adj. Ejercitado, práctico, instruido.

versal adj. y s. Díc. de la letra mayúscula.

versalilla, ta adj. y s. Imprenta. | Díc. de la letra mayúscula de igual tamaño que la minúscula de la misma fundición.

versar intr. Dar vueltas alrededor. | Tratar de tal o cual materia un libro o discurso.

versátil adj. Que se vuelve o se puede volver fácilmente. | fig. De genio voluble e inconstante.

versícula f. Lugar donde se ponen los libros del coro.

versículo m. Cualquiera de las breves divisiones de los capítulos de ciertos libros, y singularmente de la Biblia. | Cada uno de los versos de un poema escrito sin rima ni metro fijo y determinado, en especial cuando el verso constituye unidad de sentido.

versificar intr. Hacer versos. | tr. Poner en verso.

versión f. Traducción de una lengua a otra. | Modo que cada cual tiene de referir una misma cosa.

verso m. Palabra o reunión de palabras sujetas a medidas y cadencia. | Aplícase también en sentido colectivo, por contraposición a prosa. | Versículo.

vértebra m. y Cada uno de los huesos, enlazados entre sí, que forman el espinazo de los animales vertebrados.

vertebrado, da adj. Que tiene vértebras.

vertebral adj. Relativo a las vértebras.

vertebrar tr. fig. Articular una cosa, darle flexibilidad.

vertedera f. Orejera que voltea y extiende la tierra levantada por el arado.

vertedero m. Sitio adonde o por donde se vierte una cosa.

vertedor, ra adj. y s. Que vierte. | m. Canal que da salida a las aguas inmundas.

verter tr. Derramar o vaciar líquidos o cosas menudas. Ú. t. c. r. | Inclinar o volver boca abajo una vasija para vaciar su contenido. Ú. t. c. r. | Traducir.

vertical adj. Díc. de la recta o plano perpendicular al plano del horizonte.

verticalidad f. Calidad de vertical.

vértice m. Punto en que concurren los dos lados de un ángulo plano, o los tres o más de un ángulo poliedro.

verticilo m. Conjunto de hojas, flores, etc., que crecen en un mismo plano alrededor de un tallo.

vertiente f. Díc. de las aguas que bajan de las montañas y de las que vierten los tejados. | amb. Declive por donde corre o puede correr el agua. | fig. Aspecto, punto de vista.

vertiginoso, sa adj. Relativo al vértigo. | Que padece vértigo. | Que causa vértigo.

vértigo m. Vahído. | Turbación del juicio, repentina y pasajera.

vesania f. Demencia, locura.

vesícula f. Vejiga pequeña en la epidermis, llena generalmente de líquido seroso. | Cada una de las ampollas llenas de aire que algunas plantas acuáticas tienen en las hojas o tallos, y les sirven de flotadores. | Cualquiera de aquellas en que terminan las últimas ramificaciones bronquiales. | Vejiga de la bilis. | Núcleo del óvulo o del huevo.

vesicular adj. De forma de vesícula.

véspero m. El planeta Venus como lucero de la tarde.

vespertino, na adj. Relativo a la tarde.

vestal adj. Díc. de las doncellas romanas consagradas a la diosa Vesta.

vestíbulo m. Atrio, portal. | En los hoteles sala amplia que está próxima a la entrada del edificio. | Espacio cubierto dentro de la casa que comunica la entrada con los aposentos o con un patio.

vestido m. Prenda o conjunto de prendas de ropa que se cubre el cuerpo por abrigo y decencia, o para adorno.

vestidura f. Vestido. | Vestido que los sacerdotes usan sobre el ordinario para el culto divino.

vestigio m. Huella, reliquia. | Memoria que se guarda de las acciones de los antiguos para imitación y ejemplo. | Señal que queda de un edificio u otra fábrica antigua. | fig. Señal que queda de otras cosas, materiales o inmateriales.

vestimenta f. Vestido.

vestir tr. Poner el vestido; cubrir el cuerpo con él. | Guarnecer o cubrir una cosa con otra para defensa o adorno.

vestuario m. Vestido, conjunto de prendas necesarias para vestirse. | Conjunto de trajes necesarios para un espectáculo teatral. | Parte del teatro en que están los aposentos donde se visten los artistas.

vestugo m. Renuevo del olivo.

veta f. Vena, filón, en las minas. | Lista o faja de distinta calidad, materia o color, que se halla en alguna cosa.

vetar tr. Poner el veto a una proposición, acuerdo o medida.

vetear tr. Señalar o pintar vetas imitando a las del mármol, madera, etc.

veteranía f. Calidad de veterano.

veterano, na adj. y s. Díc. de los militares ya ejercitados y expertos. | fig. Antiguo y ejercitado en un arte o profesión.

veterinaria f. Ciencia y arte de precaver y curar las enfermedades de los animales.

veto m. Derecho de una persona o corporación para vedar o impedir algo. | Por extensión, acción de vedar.

vetustez f. Calidad de vetusto.

vetusto, ta adj. Muy antiguo o de mucha edad.

vez f. Alteración de cosas por turno u orden sucesivo. | Tiempo u ocasión de hacer una cosa por turno. | Vecera. | pl. Ministerio, jurisdicción o autoridad que una persona ejerce supliendo a otra.

veza f. Arveja, algarroba. | Su semilla.

vía m. Camino. | Espacio entre los carriles señalados por las ruedas de los carruajes. | El mismo carril. | Carril (rieles de la vía férrea).

viabilidad f. Calidad de viable.

viable adj. Que puede vivir. | fig. Díc. del asunto que tiene probabilidades de poderse llevar a cabo.

viador m. Criatura racional que está en esta vida y camina a la vida eterna.

viaducto m. Puente para el paso de un camino, y más particularmente de una vía férrea, sobre un hondonada.

viajante p. a. de viajar. Que viaja. Ú. t. c. s. | m. Empleado de comercio que viaja para negociar ventas o compras.

viajar íntr. Hacer viajes.

viaje m. Jornada que se hace de una parte a otra por aire, mar o tierra. | Camino por donde se hace. | Ida a cualquier parte. | Agua que se conduce por acueductos o cañerías para el consumo de la población. I fig. Acometimiento, golpe asestado con arma blanca corta.

viajero, ra adj. Que viaja. I m. y f. Persona que hace viajes, y en especial la que escribe acerca de ellos.

vial adj. Perteneciente o relativo a la vía. I m. Calle formada por dos filas de árboles u otras plantas. I Frasco o ampolla pequeños de vidrio conteniendo casi siempre un medicamento que puede administrarse en su totalidad o de una manera fraccionada.

vialidad f. Calidad de vial. I Conjunto de servicios que atañen a las vías públicas.

vianda f. Comida de los racionales. I La que se sirve a la mesa.

viandante com. Persona que va de camino. I Persona vagabunda.

viático m. Prevención de provisiones para el viaje. I Sacramento de la Eucaristía que se administra al enfermo cuya vida peligra.

víbora f. Reptil ofidio, serpiente venenosa de pequeño tamaño, color gris.

viborezno m. Cría de la víbora.

vibración f. Acción de vibrar. I Cada movimiento vibratorio de las moléculas o del cuerpo vibrante

vibrante p. a. de vibrar. Que vibra.

vibrar tr. Dar movimiento trémulo a alguna cosa larga, delgada y elástica. I Por extensión, díc. del sonido trémulo de la voz y de otras cosas inmateriales. I intr. Experimentar un cuerpo elástico cambios alternativos de forma, de tal modo que sus puntos oscilen sincrónicamente en torno a sus posiciones de equilibrio sin que el cuerpo cambie de lugar.

vibrátil adj. Capaz de vibrar.

vibratorio, ria adj. Que vibra o puede vibrar.

vibrión m. Cualquiera de las bacterias de forma encorvada.

vicaría f. Oficio o dignidad de vicario. I Oficina o tribunal en que despacha el vicario. I Territorio de la jurisdicción de éste.

vicario, ria adj. y s. Que substituye a otro o tiene sus veces y autoridad. I m. Juez eclesiástico.

vice- Prefijo que significa que la persona de quien se habla tiene las veces o autoridad de la expresada por la segunda parte del compuesto.

vicealmirante m. Oficial general de la Armada, inmediatamente inferior al almirante.

vicecónsul m. Funcionario de la carrera consular inmediatamente inferior al cónsul.

vicepresidente, ta m. y f. Persona que hace o puede hacer las veces del presidente o de la presidenta.

viceversa loc. lat. Al contrario, por lo contrario, recíprocamente, al revés. I m. Cosa, dicho o acción al revés de lo que debe ser.

viciado, da p. p. de viciar. I adj. Díc. del aire no renovado de un espacio habitado.

viciar tr. Dañar o corromper física o moralmente. I Falsear o adulterar los géneros. I Falsificar un escrito, modificándolo. I Anular o quitar el valor o validación de un acto. I Pervertir o corromper las buenas costumbres o modo de vida.I r. Entregarse uno a los vicios. I Enviciarse.

vicio m. Mala calidad, defecto o daño físico en las cosas. I Falta de rectitud o defecto moral en las acciones.

vicioso, sa adj. Que tiene vicio, o lo causa. I Entregado a los vicios.

vicisitud f. Orden, sucesión, mudanza de las cosas. I Alternativa de sucesos prósperos y adversos.

víctima f. Persona o animal sacrificado o destinado al sacrificio. I fig. Persona que se expone a un grave riesgo en obsequio de otra.

victoria f. Superioridad o ventaja obtenida sobre alguien en disputa o lid. I fig. Vencimiento, dominio de los vicios o pasiones. I Planta ninfeácea.

victorioso, sa adj. Que ha conseguido alguna victoria. I Díc. también de las acciones con que se obtiene.

vicuña f. Mamífero rumiante, camélido, de casi un metro de alzada, cuello largo y erguido, piernas también largas y cuerpo cubierto de fina lana de color amarillento rojizo.

vid f. Planta vitácea, trepadora, de tronco retorcido.

vida f. Fuerza o actividad interna substancial, mediante la que obra el ser que la posee. I Estado de actividad de los seres orgánicos.

vidalita f. Canción melancólica que suelen cantar los gauchos.

vidente p. p. de ver. Que ve. I m. Profeta.

video m. Procedimiento electrónico que permite grabar, para reproducirlos después, imágenes y sonidos sobre una cinta o disco magnéticos. I Todo lo referido a la señal eléctrica que elabora y transforma las informaciones gráficas.

videocasete m. Cinta magnética en la que están grabados imágenes y sonidos y se presentan en el mercado por el sistema de casetes.

videodisco m. Disco en el que se registran imágenes y sonidos, que, mediante un rayo láser, pueden ser reproducidos en un televisor.

vidriado, da p. p. de vidriar. I adj. Vidrioso, quebradizo. I m. Barro o loza con barniz vítreo. I Este barniz.

vidriar tr. Dar a las piezas de loza o barro un barniz que fundido al horno toma la transparencia y lustre del vidrio.

vidriera f. Bastidor con vidrios, con que se cierran puertas y ventanas.

vidriería f. Taller donde se labra y corta el vidrio. I Tienda donde se vende.

vidrio m. Sustancia dura, frágil, por lo común transparente, formada por la combinación de la sílice con potasa o sosa y pequeñas cantidades de otras bases, y fabricada en hornos o en crisoles.

vidriola f. Alcancía, hucha de barro vidriado.

vidrioso, sa adj. Frágil y quebradizo. I fig. Aplícase al suelo que está resbaladizo por haber helado. I fig. Díc. de los ojos que se vidrian o toman el aspecto del vidrio.

vieira f. Molusco lamelibranquio, con las dos valvas de la concha en forma de abanico abierto, una plana y otra convexa.

viejo, ja adj. y s. De mucha edad. I Antiguo o del tiempo pasado. I Que no es reciente ni nuevo. I Deslucido, deteriorado por el uso.

viento m. Corriente de aire producida en la atmósfera por causas naturales.

vientre m. Abdomen, cavidad que en el cuerpo del animal contiene el estómago, los intestinos y otras vísceras. I Conjunto de estas vísceras.

viernes m. Sexto día de la semana.

viga f. Madero largo y muy grueso que suele usarse para formar techos y sostener construcciones. I Barra de hierro que sirve para los mismos usos.

vigencia f. Calidad de vigente.

vigente adj. Díc. de las leyes, ordenanzas, usos y costumbres que están en vigor y observancia.

vigesimal adj. Aplícase al modo de contar o al sistema de subdividir de veinte en veinte.

vigésimo, ma adj. Que sigue inmediatamente en orden al o a lo decimonono. I Díc. de cada una de las veinte partes iguales de un todo.

vigía f. Atalaya. I Torre en alto para registrar el horizonte y dar aviso de lo que se descubre.

vigiar tr. Velar o cuidar de hacer descubiertas desde el paraje en que se está al efecto.

vigilancia f. Cuidado y atención en las cosas que uno tiene a su cargo. I Servicio ordenado y dispuesto para vigilar.

vigilante p. a de vigilar. Que vigila. I adj. Que vela o está despierto. I m. Persona encargada de velar por algo.

vigilar intr. Velar sobre una persona o cosa, o atender cuidadosamente a ella.

vigilia f. Acción de estar despierto o en vela. I Trabajo intelectual nocturno. I Víspera de una festividad de la Iglesia. I Oficio que se reza en la víspera de ciertas festividades. I Falta de sueño, insomnio.

vigor m. Fuerza o actividad. I Viveza o eficacia de las acciones. I Fuerza obligatoria de una ley u ordenanza, o duración de los usos y costumbres.

vigorizar tr. y r. Dar vigor.I fig. Animar, alentar, esforzar.

viguería f. Conjunto de vigas de un edificio u otra constitución.

vigueta f. dim. de viga. I Barra de hierro laminado, destinada a la edificación.

vihuela f. Guitarra.

vil adj. Abatido, bajo, abyecto o despreciable. I Indigno, infame.

vilano m. Apéndice de filamentos que corona el fruto de muchas plantas compuestas. I Flor del cardo.

vileza f. Calidad de vil. I Acción o expresión infame, baja o indigna.

vilipendiar tr. Tratar con vilipendio.

vilipendio m. Desprecio, denigración de una persona o cosa.

villa f. Casa de recreo en el campo. I Población que tiene algunos privilegios. I Consistorio, ayuntamiento.

villancico m. Composición poética popular con estribillo, y particularmente la de asunto religioso que por Navidad suele cantarse en las iglesias.

villanía f. Bajeza de nacimiento, condición o estado. I fig. Acción indigna o ruin. I fig. Expresión indecente, indecorosa.

villano, na adj. p. us. Individuo del estado llano en una villa o aldea, a diferencia del noble o hidalgo. Ú. t. c. s. I fig. Rústico o descortés. I fig. Ruin, indigno o indecoroso.

villorrio m. despect. Población pequeña y poco urbanizada.

vilorta f. Aro de madera flexible, que sirve para anilla o para vancejo. I Arandela metálica para evitar el roce entre dos piezas.

vinagre m. Líquido agrio producido por la fermentación ácida del vino, y compuesto principalmente de ácido acético y agua.

vinagrera f. Vasija para vinagre. I Acedera.

vinagreta f. Salsa hecha de aceite, cebolla y vinagre, que se sirve generalmente con pescados fríos.

vinajera f. Cada uno de los jarrillos con que se sirven el agua y el vino en la misa. I pl. Conjunto de ambos jarros con su bandeja.

vinatero, ra adj. Relativo al vino. I Díc. de la calabaza que forma cintura en medio y sirve, después de seca, para llevar vino u otro licor. I m. El que comercia o trafica con el vino.

vinaza f. Vino que se saca de los posos y las heces.

vinazo m. Vino muy fuerte y espeso.

vinculación f. Acción de vincular o vincularse.

vincular adj. Perteneciente al vínculo. I tr. Sujetar los bienes a vínculo, para perpetuarlos en empleo o familia determinados por el fundador. I fig. Atar o fundar una cosa en otra. I fig. Perpetuar o continuar una cosa o el ejercicio de ella. Ú. m. c. r.

vínculo m. Unión o atadura de una persona o cosa con otra. Ú. m. en sentido fig.

vindicar tr. Vengar. I Defender, principalmente por escrito, al que injustamente ha sido injuriado, calumniado o descalificado.

vindicativo, va adj. Vengativo. I Díc. del escrito o discurso en que se defiende a alguien que injustamente ha sido injuriado, calumniado o descalificado.

vinícola adj. Relativo a la fabricación del vino.

vinicultor, ra m. y f. Persona que se dedica a la vinicultura.

vinicultura f. Elaboración del vino.

vinilo m. Radical hipotético, origen de varios plásticos.

vino m. Bebida que se obtiene del zumo de las uvas exprimidas, y cocido naturalmente por la fermentación.

vinolencia f. Exceso en beber vino.

viña f. Terreno plantado de vides.

viñedo m. Terreno plantado de vides.

viñeta f. Dibujo que se pone para adorno en el principio y fin de los libros y capítulos.

viola f. Instrumento músico de la forma del violín, pero algo mayor y de cuerdas más fuertes. I com. Persona que toca este instrumento.

violáceo, a adj. Violado. I Dícese de plantas angiospermas dicotiledóneas, herbáceas o arbustivas, como la trinitaria y la violeta.

violación f. Acción y efecto de violar.

violar tr. Infringir o quebrantar una ley o precepto. I Profanar un lugar sagrado. I Abusar sexualmente de una mujer sin su voluntad, contra la misma o cuando no ha llegado a la edad de pubertar legal. Por ext., abusar sexualmente de otra persona siempre que medien estas circunstancias. I Revelar secretos una persona que los tiene por razón de su cargo. Por ext., revelar cualquier secreto.

violencia f. Calidad de violento. I Acción de violentar o violentarse.

violentar tr. Aplicar medios violentos para vencer alguna resistencia.

violento, ta adj. Que está fuera de su estado natural, situación, estado o modo. I Que obra impetuosamente. I Díc. también de las mismas acciones. I Aplícase a lo que uno hace con repugnancia o contra su gusto. I Díc. de la muerte que se le da a uno con hierro, veneno u otra cosa. I fig. Díc. del genio arrebatado e irascible.

violeta f. Planta violácea, de flores comúnmente moradas. I Flor de esta planta.

violín m. Instrumento músico de cuerda compuesto de una caja sonora, a modo de óvalo estrechado cerca del medio, con dos aberturas en forma de S y un mástil sin trastes. I Violinista.

violón m. Instrumento músico de la misma figura que el violín, pero mucho mayor y de diapasón más bajo. I Persona que toca este Instrumento.

violoncelo o violonchelo m. Instrumento músico de la misma figura que el violón, pero más pequeño que éste, aunque mayor que el violín y la viola.

vípera f. Víbora.

viperino, na adj. Relativo a la víbora.

vira f. Saeta delgada y de punta muy aguda.

virada f. Acción de virar.

virador m. Líquido que se usa en fotografía para virar.

viraje m. Acción de virar una fotografía. I Acción de virar o mudar de dirección en la marcha de un vehículo.

virar tr. Cambiar la sal de plata del papel fotográfico impresionado por otra más estable o que produzca un color determinado. I Mudar de rumbo o de bordada.

virgen com. Persona que no ha tenido relaciones sexuales. I Díc. de la tierra que no ha sido cultivada. I Aplícase a las cosas que no han servido aún para lo que se destinan.

virginal adj. Relativo a la virgen. I Puro, incólume, inmaculado.

virginidad f. Estado de la persona virgen.

virgo m. Sexto signo del Zodíaco.

vírgula f. Varita pequeña. I Rayita delgada.

virgulilla f. Todo signo ortográfico de figura de coma, rasquillo o trazo. I Cualquier rayita corta o muy delgada.

virigaza f. Clemátide, planta.

viril adj. Varonil. I Díc. de la edad en que el hombre ha adquirido ya todo su vigor y desarrollo. I m. Vidrio transparente que se pone delante de algunas cosas para resguardarlas, dejándolas manifiestas.

virilidad f. Calidad de viril. I Edad viril.

virola f. Abrazadera metálica que se pone como remate o adorno en algunos instrumentos.

virolento, ta adj. y s. Que tiene viruelas o está picado de ellas.

virolo, la adj. Bizco.

virología f. Estudio de los virus.

virote m. Saeta guarnecida con un casquillo.

virotismo m. Presunción, altivez.

virreinato m. Cargo de virrey. I Tiempo que dura. I Distrito gobernado por un virrey

virrey m. El que con este título gobierna en nombre y con autoridad del rey.

virtual adj. Que tiene virtud para producir un efecto. I Implícito, tácito. I Que tiene existencia aparente y no real. I Díc. del foco en que concurren las prolongaciones de los rayos luminosos reflejados en un espejo cóncavo o refractados por un lente cóncavo.

virtud f. Actividad de las cosas para producir sus efectos. I Eficacia de una cosa para conservar o restablecer la salud. I Fuerza, vigor o valor. I Potestad de obrar. I Integridad de ánimo y bondad de vida. I Hábito y disposición del alma para las buenas acciones. I Acción virtuosa o recto modo de proceder.

virtuosismo m. Dominio excepcional de la técnica de cualquier arte y en especial de un instrumento musical.

virtuoso, sa adj. Que se ejercita en virtud u obra según ella.

viruela f. Enfermedad aguda, contagiosa, esporádica o epidémica, que se caracteriza por la erupción de pústulas. I Cualquiera de estas pústulas.

virulencia f. Calidad de virulento.

virulento, ta adj. Ponzoñoso, maligno, producido por un virus o que participa de la naturaleza de éste.

virus m. Humor maligno. I Agente infeccioso, apenas visible en el microscopio ordinario y que pasa a través de los filtros de porcelana; está constituido por ácido nucleico y proteína. Es causa de numerosas enfermedades: gripe, rabia, poliomielitis, etc.

viruta f. Hoja delgada que se saca con el cepillo u otras herramientas al labrar la madera o los metales, y que, por lo común, sale arrollada en espiral.

visado, da p. p. de visar. I m. Acción y efecto de visar o dar validez a un pasaporte u otro documento.

visaje m. Gesto, mueca.

visar tr. Reconocer un documento, poniendo en él el visto bueno. I Dar validez, la autoridad competente, a un pasaporte u otro documento para determinado uso.

víscera f. Cada uno de los órganos contenidos en las principales cavidades del cuerpo humano y de los animales.

visceral adj. Relativo a las vísceras. I fig. Díc. de un sentimiento cuando es muy profundo y arraigado.

visco m. Liga para cazar pájaros.

viscosa f. Producto que se obtiene de la celulosa y que se usa principalmente para la fabricación de fibras textiles.

viscosidad f. Calidad de viscoso. I Materia viscosa.

viscoso, sa adj. Glutinoso, pegajoso.

visera f. Parte del yelmo que cubría el rostro y con hendeduras para ver, que se podía alzar y bajar. I Ala pequeña que las gorras, chacós, etc., tienen en su parte interior para resguardar la vista.

visibilidad f. Calidad de visible. I Mayor o menor distancia a que, según las condiciones atmosféricas, pueden reconocerse o verse los objetos.

visibilizar tr. Hacer visible artificialmente lo que no puede verse a simple vista, como los rayos X los cuerpos ocultos, o con el microscopio los microbios.

visible adj. Que se puede ver. I Cierto y evidente, manifiesto, patente. I Díc. de la persona notable que llama la atención por alguna particularidad.

visillo m. Cortinilla.

visión f. Acción de ver. I Agudeza visual. I Objeto que se ve, particularmente cuando es ridículo o espantoso. I Especie fantástica y sin realidad, que se toma como verdadera.

visionario, ria adj. y s. Díc. de quien, por tener una fantasía exaltada, se figura y cree con facilidad cosas quiméricas.

visir m. Ministro de un soberano musulmán.

visita f. Acción de visitar. I Persona que visita. I fig. Cualquier tipo de inspección, reconocimiento.

visitar tr. Ir a ver a alguno en su casa. I Ir el médico a casa del enfermo para asistirle, o recorrer las salas de un hospital o establecimiento sanitario atendiendo a los enfermos que hubiere en ellas.

vislumbrar tr. Ver tenue o confusamente un objeto. I fig. Conjeturar por leves indicios.

vislumbre m. Tenue resplandor de una luz lejana. I fig. Conjetura, sospecha o indicio. I fig. Apariencia o leve semejanza entre dos cosas.

viso m. Altura, eminencia. I Onda de resplandor que hacen algunas cosas heridas por la luz. I fig. Apariencia de las cosas.

visón m. Mamífero carnicero norteamericano parecido a la marta, cuya piel es muy estimada.

visor m. Prisma o sistema óptico que llevan ciertos aparatos fotográficos para enfocarlos rápidamente.

víspera f. Día inmediato anterior a otro respecto de éste. I fig. Cosa que antecede a otra, y de la cual es origen. I fig. Inmediación o proximidad a una cosa que ha de suceder.

vista f. Sentido corporal con que se ven las cosas y se distinguen sus formas y colores. I Acción y efecto de ver. I Campo o paisaje que se descubre desde un sitio. I Actuación en que se relaciona ante el tribunal una causa o pleito para dictar el fallo.

vistazo m. Mirada ligera o rápida.

vistosidad f. Calidad de vistoso.

vistoso, sa adj. Llamativo, que atrae mucho la atención por su brillantez, por sus colores o por su apariencia ostentosa.

visual adj. Relativo a la vista como medio para ver. I f. Línea recta que va desde el ojo del espectador hasta el objeto.

visualización f. Acción y efecto de visualizar.

visualizar tr. Visibilizar. I Representar mediante imágenes ópticas fenómenos de otro carácter.

vitáceo, a adj. y s. Díc. de plantas dicotiledóneas, generalmente trepadoras, con tallos nudosos, hojas alternas, flores en racimos y fruto en baya; como la vid. l f. pl. Familia de estas plantas.

vital adj. Relativo a la vida. l Que da la vida. l fig. De suma importancia o trascendencia.

vitalicio, cia adj. Díc. de los cargos, mercedes, rentas, etc., que duran desde que se obtienen hasta el fin de la vida. l m. Póliza de seguro sobre la vida.

vitalidad f. Calidad de tener vida. l Actividad o eficacia de las facultades mentales.

vitalizar tr. Dar o infundir vida.

vitamina f. Nombre genérico de ciertas sustancias orgánicas indispensables para la vida, que los animales no pueden sintetizar y que, por ello, han de recibir, ya formadas, con los alimentos. Favorecen el metabolismo, son base de fermentos e influyen sobre las hormonas, su deficiencia o falta produce enfermedades carenciales.

vitaminizar tr. Introducir vitaminas en los alimentos.

vitar tr. Evitar.

vitela f. Piel de vaca o ternera adobada y muy pulida, que sirve para pintar o escribir en ella.

vitelina adj. Díc. de la membrana que envuelve el óvulo de los animales.

vitelo m. Citoplasma del óvulo de los animales.

viticultura f. Arte de cultivar la vid. l El mismo cultivo.

vitivinicultura f. Arte de cultivar las vides y elaborar el vino.

vito m. Baile andaluz.

vitola f. Plantilla para calibrar las balas. l Regla de hierro para medir las vasijas en la bodegas. l Faja o anilla de cigarro puro.

vitorear tr. Aplaudir o aclamar con vítores.

vitral m. Vidriera de colores.

vitre m. Lona muy delgada.

vítreo, a adj. De vidrio o que tiene sus propiedades.

vitrificar tr. y r. Convertir en vidrio una sustancia. l Hacer que una cosa tenga la apariencia del vidrio.

vitrina Escaparate, armario o caja con puertas o tapas de cristal para tener expuestos a la vista objetos de arte u otras cosas.

vitriolo m. Acido sulfúrico. l Sulfato.

vitualla f. Conjunto de cosas necesarias para la comida.

vituperar tr. Censurar a una persona o reprobar una cosa, tachándola de viciosa o indigna.

vituperio m. Censura, reprobación, baldón u oprobio.

viudez f. Estado de viudo o viuda.

viudo, da adj. Díc. de la persona cuyo consorte ha muerto, y no ha vuelto a casarse.

¡viva! interj. de aplauso o alegría.

vivacidad f. Calidad de vivaz. l Viveza, esplendor de algunas cosas.

vivaquear m. Pasar la noche las tropas acampadas al raso o estar estacionadas al aire libre o bajo abrigos improvisados

vivar m. Sitio donde cría la caza menor, en especial los conejos. l Vivero de peces.

vivaracho, cha adj. fam. Muy vivo de genio; travieso y alegre.

vivaz adj. Que vive mucho tiempo. l Eficaz, vigorosa. l Agudo, perspicaz e ingenioso.

vivencia f. El hecho de vivir o experimentar algo.

víveres m. pl. Provisiones de boca de un ejército, plaza o buque. l Comestibles necesarios para el alimento de las personas.

vivero m. Sitio adonde se trasplantan desde la almáciga los arbolillos, para recriarlos. l Lugar donde se mantienen

vivos o se crían peces, moluscos u otros animales. l fig. Semillero.

viveza f. Prontitud, presteza, celeridad o agilidad en lo que se hace. l Agudeza, sagacidad, ingenio.

vividor, ra adj. Que vive. Ú. t. c. s. l Vivaz. l Hacendoso, laborioso, que sabe ganarse la vida honradamente. l m. El que vive a expensas de los demás, empleando para ello medios ilícitos.

vivienda f. Habitación, morada, domicilio.

vivificar tr. Dar vida. l Confortar.

vivíparo, ra adj. y s. Dic. de los animales cuyas hembras no ponen huevos y sus hijos nacen ya con la forma que han de tener; como los mamíferos.

vivir intr. Tener vida. l Durar con vida. l Durar las cosas. l Pasar y mantener la vida. l Morar en un lugar o país. Ú. t. c. tr. l fig. Obrar, proceder, conducirse de algún modo.

vivo, va adj. Que tiene vida. Ú. t. c. s. l Intenso, fuerte. l Sutil, agudo, ingenioso. l fig. Diligente, pronto y ágil.l fig. Vigente. l fig. Durable en la memoria. l fig. Muy expresivo.

vizcacha f. Roedor americano, parecido a la liebre, pero que tiene la cola tan larga como la del gato.

vizcondado m. Dignidad, título y territorio del vizconde.

vizconde m. Antiguo sustituto del conde. l Título de dignidad con que el soberano honra a una persona.

vocablo m. Palabra, término, voz gramatical.

vocabulario m. Diccionario, léxico, catálogo de palabras. l Conjunto de las palabras de un idioma o dialecto. l Catálogo o lista especial de palabras por orden alfabético.

vocación f. fig. Inclinación a un estado, profesión o carrera.

vocal adj. Relativo a la voz. l Que se expresa materialmente con la voz. l Sonido, el lenguaje humano producido por la aspiración del aire, generalmente con vibración laríngea, y modificado en su timbre, con oclusión ni estrechez, por la distinta posición que adoptan los órganos de la boca. l Letra vocal. l com. Persona que tiene voz en una junta o congregación.

vocalista com. Cantante que forma parte de ciertas orquestas.

vocalización f. Acción de vocalizar. l Ejercicio de canto consistente en ejecutar modulaciones, trinos, adornos, etc., valiéndose de una vocal cualquiera.

vocalizar tr. Solfear sin nombrar las notas, usando sólo una vocal. l Articular con la debida distinción las vocales, consonantes y sílabas de palabras.

vocativo m. Caso de la declinación, que sirve sólo para invocar, llamar o nombrar enfáticamente a una persona o cosa personificada.

vocear intr. Dar voces o gritos.

vocerío m. Vocería, gritería.

vocero m. El que habla en nombre y representación de otro.

vociferar tr. Publicar, pregonar algo jactanciosamente. l intr. Vocear o dar grandes voces.

vocinglero, ra adj. y s. Que da muchas voces, habla muy recio, o mucho y vanamente.

vodka f. Aguardiente aromatizado que se consume mucho en Rusia.

voladero, ra adj. Que puede volar. l fig. Que pasa o se desva nece prestamente, l m. Precipicio, derrumbadero.

voladizo, za adj. y s. Que sale de lo macizo en el muro o pared.

volador, ra adj. Que vuela. l Dic. de lo que pende de modo que el aire lo pueda mover. l m. Cohete. l Pez acantopterigio.

volandera f. Golondrina. | Arandela de los ejes de los carruajes, y de otras cosas, que evita el rozamiento. | Muela del molino.

volante p. a. de volar. Que vuela. | Que va de una parte a otra sin hacer asiento en ninguna. | Máquina donde se colocan los troqueles para acuñar. | Rueda grande y pesada que regulariza el movimiento de una máquina y lo transmite al resto del mecanismo. | Este mismo juego. | Pieza en forma de aro con radios, sobre la que actúa directamente con sus manos el conductor de un vehículo automóvil, para darle dirección.

volantón, na adj. y s. Díc. del ave que está para salir a volar.

volar intr. Ir por el aire sosteniéndose con las alas. | fig. Elevarse y moverse por el aire en un aparato de aviación. | fig. Ir con gran prisa. | fig. Ir por el aire una cosa arrojada con violencia. | fig. Hacer las cosas con mucha presteza y rapidez. | fig. Desaparecer rápidamente una cosa.

volatería f. Caza de aves que se hace con otras amaestradas para ello. | Conjunto de diversas aves.

volátil adj. y s. Que vuela o puede volar. | Díc. de las cosas que se mueven ligeramente y andan por el aire. | Díc. del aceite que procede de la destilación o infusión de flores aromáticas y que se volatiliza fácilmente

volatilizar tr. Transformar en vapor o gas un cuerpo líquido o sólido. | r. Exhalarse o disiparse fácilmente una sustancia.

volatín adj. Díc. del hilo de cáñamo con el cual se cosen las velas.

volatinero, ra m. y f. Persona que hace ejercicios acrobáticos, gimnásticos o de equilibrio.

volcán m. Abertura en la corteza terrestre, por donde salen de tiempo en tiempo humo, llamas y materias igneas.

volcánico, ca adj. Relativo al volcán. | fig. Ardiente, violento, apasionado.

volcanismo m. Conjunto de las manifestaciones volcánicas y de las teorias que explican sus causas. | Vulcanismo.

volcar tr. Torcer hacia un lado una cosa de manera que caiga o se vierta lo que contiene. Ú. t. c. intr., tratádose de carruajes. | Turbar a uno la cabeza algún licor y otra cosa de olor o fuerza eficaz. | r. Poner el máximo empeño a favor de una persona o de una empresa.

volea f. Palo que cuelga de una argolla en la punta de la lanza de los carruajes y en el cual se sujetan los tirantes de las caballerías delanteras.

volear tr. Golpear alguna cosa en el aire para darle impulso. | Sembrar a voleo.

voleo m. Golpe dado a una cosa en el aire antes que caiga al suelo.

volframio m. Metal muy duro, denso y de color plateado.

volición f. Acto de la voluntad.

volitivo, va adj. Aplícase a los actos y fenómenos de la voluntad.

volquearse prnl. Revolotear, revolcarse.

volquete m. Carro, camión o vagón que se puede vaciar girando sobre el eje.

voltaico, ca adj. Díc. del arco luminoso formado por un flujo de chispas que saltan en el punto donde se interrumpe un circuito eléctrico con un intervalo pequeño.

voltaje m. Cantidad de voltios que actúan en un sistema eléc trico.

voltámetro m. Aparato destinado a demostrar la descompo sición del agua por medio de la corriente eléctrica.

voltear tr. Dar vueltas a una persona o cosa. | Volver una cosa y ponerla al revés de como estaba. | Trastocar una cosa o mudarla de estado o sitio. | intr. Dar vueltas una persona o cosa.

volteo m. Acción de voltear.

voltereta f. Vuelta ligera dada en el aire.

voltímetro m. Aparato propio para medir potencias eléc tricas.

voltio m. Unidad de potencial elétrico y de fuerza electromotriz en el sistema basado en el metro, el kilogramo, el segundo y el amperio.

voluble adj. Que fácilmente se puede mover alrededor de algo. | fig. De carácter inconstante, voltario. | Aplícase al tallo que crece formando espiras airededor de los objetos.

volumen m. Magnitud, bulto, extensión de un cuerpo. | Libro encuadernado. | Intensidad de la voz o de otros sonidos. | Espacio ocupado por un cuerpo.

volumetría f. Ciencia que estudia la determinación y medida de los volúmenes.

voluminoso, sa adj. Que tiene mucho volumen o bulto.

voluntad f. Potencia o facultad del alma que mueve a hacer o no hacer una cosa. | Acto con que una potencia o facultad admite o rehuye una cosa.

voluntario, ria adj. Que nace o se hace de la voluntad o libre albedrío, espontáneamente, sin coacción alguna.

voluntarioso, sa adj. Deseoso, servicial, complaciente.

voluptuosidad f. Complacencia en los deleites sensuales.

voluta f. Adorno en forma de espiral o caracol que se coloca en los capiteles jónicos y compuesto, como para sostener el ábaco.

volver tr. Dar vueltas a una cosa. | Devolver, restituir. | Poner o constituir de nuevo a una persona o cosa en el estado que antes tenía.

vómer m. Huesecillo que forma la parte posterior del tabique de las fosas nasales.

vomitar Arrojar violentamente por la boca lo contenido en el estómago.

vómito m. Acción de vomitar. | Lo que se vomita.

vomitorio m. Puerta de entrada a las gradas en los circos y teatros antiguos.

voracidad f. Calidad de voraz.

vorágine f. Remolino impetuoso de las aguas.

voraz adj. Que come mucho y con ansia. | fig. Que consume una cosa rápidamente.

vórtice f. Torbellino, remolino. | Centro de un ciclón.

vos Forma del pronombre personal de segunda persona en género masculino o femenino y número singular y plural, cuando esta voz se emplea como tratamiento.

vosear tr. Dar a uno el tratamiento de vos.

vosotros, tras Nominativos masculino y femenino del pronombre personal de segunda persona en número plural.

votación f. Acción de votar. | Conjunto de votos emitidos.

votar intr. Echar votos o juramentos. | Emitir uno su voto, dictamen o sufragio. Ú. t. c. tr. | tr. Aprobar por votación.

voto m. Promesa hecha a Dios, a la Virgen, o a un santo. | Parecer, dictamen, sufragio. | Persona que da o puede dar su voto.

voz f. Sonido que el aire expelido de los órganos respiratorios produce al salir de la laringe, haciendo vibrar las cuerdas vocales. | Calidad, timbre o intensidad de este sonido. | Sonido que forman algunas cosas heridas del viento. | Accidente gramatical que expresa si el sujeto del verbo es agente o paciente.

vozarrón m. Voz muy fuerte y gruesa.

voznar intr. Graznar.

vudú m. Cuerpo de creencias y prácticas religiosas, que incluyen fetichismo, culto a las serpientes, sacrificios rituales y empleo del trance como medio de comunicación con sus deidades, procedente de África, y corriente entre los negros de las Indias Occidentales y sur de Estados Unidos. Ú.t.c.adj.

vuelco m. Acción de volcar o volcarse. I Movimiento con que se vuelve o transforma una cosa por completo.

vuelo m. Acción de volar. I Espacio que se corre volando. I Anchura del vestido en la parte que no se ajusta al cuerpo. las corrientes de aire.

vuelta f. Movimiento de una cosa en derredor de un punto. I Curvatura en una línea, recodo en un camino, etc. I Cualquiera de las circunvoluciones de una cosa alrededor de otra a la cual se aplica. I Regreso. I Devolución de una cosa a quien tenía o poseía. I Retorno o recompensa. I Adorno sobrepuesto al puño de las camisas y otras prendas. I Embozo de la capa.

vuestro, tra, tros, tras Pronombre posesivo de segunda persona en género masculino y femenino. Con la terminación del primero de estos dos géneros en singular, se emplea también como neutro. En sus cuatro formas suele referirse a un solo poseedor cuando se da el del número plural a una sola persona.

vulcanismo m. Sistema que atribuye la formación del globo terrestre a la acción fuego interior.

vulcanita f. Ebonita.

vulcanizar tr. Combinar azufre con la goma elástica para que ésta conserve su elasticidad.

vulcanología f. Estudio de los fenómenos volcánicos.

vulgar adj. Relativo al vulgo. I Común o general. I Díc. de las lenguas que se hablan actualmente. I Aplícase a la era cristiana. I Que no tiene especialidad particular en su línea.

vulgaridad f. Calidad de vulgar. I Especie hecho o dicho vulgar, que carece de novedad e importancia.

vulgarismo m. Dicho o frase especialmente usada por el vulgo.

vulgarizar tr. Hacer vulgar o común una cosa.

vulgo m. El común de la gente popular.

vulnerable adj. Que puede ser herido o recibir lesión, daño o menoscabo.

vulnerar tr. ant. Herir. I fig. Dañar, perjudicar. I Transgredir una ley o precepto.

vulpeja f. Zorra, animal.

vulpino, na adj. Relativo a la zorra. I fig. Astuto, sagaz.

vulturno m. Bochorno, aire caliente y molesto que se levanta en el estío.

vulva f. Partes que rodean y constituyen la abertura externa de la vagina.

W

w f. Vigesimocuarta letra del abecedario español y decimonovena de sus consonantes. Su nombre es uve doble; sólo se emplea en voces de procedencia extranjera Por lo general se pronuncia como b.

walkman m. Pequeño magnetófono portátil.

walón adj. Valón.

water m. Retrete dotado de agua corriente.

watt m. Nombre del vatio en la nomenclatura internacional.

wéber m. Nombre del weberio en la nomenclatura internacional.

weberio m. Unidad de flujo de inducción magnética en el sistema internacional de unidades.

wellingtonia f. Nombre científico de la velintonia.

whisky m. Aguardiente de semillas de cebada que se fabrica en el Reino Unido.

wolframio m. Volframio.

x f. Vigesimoquinta letra y vigésima consonante del abecedario español. Su nombre es equis.

xana f. Ninfa de las fuentes y de los montes en la mitología asturiana.

xenofilia f. Amor y benevolencia hacia los extranjeros.

xenofobia f. Aversión u horror al o a lo extranjero.

xenófobo, ba adj. y s. Que siente xenofobia.

xenón m. Gas incoloro, inodoro e insípido y que no forma compuestos químicos.

xerocopia f. Copia fotográfica obtenida por medio de la xerografía.

xerófilo, la adj. Díc. de las plantas que se adaptan a climas muy secos.

xerofítico adj. Xerófilo, pero con mayor precisión, aplícase a los vegetales por su estructura a los medios secos, por su temperatura a otraas causas.

xeroftalmía f. Enfermedad de los ojos caracterizada por la sequedad de la conjuntiva y opacidad de la córnea. Se produce por la falta de determinadas vitaminas en la alimentación.

xerografía f. Procedimiento fotográfico fundado en las alteraciones que experimenta una lámina de selenio cargada eléctricamente cuando se la somete a la acción de la luz.

xerógrafo m. Persona que tiene por oficio la xerografía.

xi f. Decimocuarta letra del alfabeto griego, correspondiente a nuestra x.

xifoideo, a adj. Relativo al apéndice xifoides.

xifoides adj. y s. Díc. del apéndice cartilaginoso en que termina el esternón, algo parecido a la punta de una espada.

xifosuros m. pl. Orden de animales artrópodos marinos de respiración branquial.

xilófago, ga adj. y s. Díc. de los insectos que se alimentan de madera.

xilófono m. Instrumento de percusión formado por una serie de listones de madera de dimensiones debidamente graduadas.

xilografía f. Arte de grabar en madera. | Impresión tipográfica hecha con planchas de madera grabadas.

xilógrafo, fa m. y f. Persona que graba en madera.

xiloprotector, ra adj. Dícese del producto, sustancia, etc., que sirve o se emplea para proteger la madera. Ú.t.c.s.

xilórgano m. Instrumento musical antiguo, compuesto de unos cilindros o unas varillas de madera compacta y sonora.

xilotila f. Hidrosilicato de magnesio y hierro, que con su estructura fibrosa y su color pardo, imita la madera fósil.

Y

y Vigesimosexta letra y vigesimoprimera consonante del abecedario español. Su nombre es ye, o también i griega. I Conjunción copulativa, que une palabras o clásulas en sentido afirmativo. I Símbolo químico del itrio.

ya adv. En tiempo pasado. I Actualmente, haciendo relación al pasado. I En tiempo u ocasión futura. I Finalmente o últimamente. I Luego, inmediatamente. I Usase como conjunción distributiva. I Sirve para conceder o apoyar lo que nos dicen.

yaca f. Arbol dipterocàrpeo.

yacaré m. Caimán.

yacer intr. Estar echada o tendida una persona. I Estar un cadáver en la sepultura. I Existir de algún modo o estar en algún sitio una persona o cosa. I Pacer en el campo de noche las caballerías.

yacija f. Lecho o cama, o cosa en que se está echado.

yacimiento m. Paraje donde se encuentra naturalmente una roca, un mineral o un fósil.

yacio m. Arbol euforbiáceo.

yagua f. Palma que se come como hortaliza.

yaguar m. Jaguar, mamífero carnívoro.

yaguré m. Mofeta, mamífero carnicero.

yak m. Mamífero bóvido, con cuernos largos y delgados, y cola semejante a la del caballo.

yambo m. Pie de la poesía clásica, compuesto de dos sílabas; la primera breve, y la otra larga. I Pie de la poesía española que tiene una sílaba átona seguida de otra tónica, como clavel. I m. Arbol mirtáceo de flores blancas.

yanqui adj. y s. Natural de los Estados Unidos de América del Norte.

yantar m. Antiguo tributo que los habitantes de los pueblos pagaban para el mantenimiento del soberano y del señor cuando éstos transitaban por ellos. I ant. Manjar o vianda. Usase todavía en algunas partes. I tr. ant. Comer al mediodia.

yapa f. Adehala, propina.

yarará Víbora muy venenosa que alcanza hasta un metro de largo.

yarda f. Medida inglesa de longitud, equivalente a 91 centímetros.

yare m. Jugo venenoso que se extrae de la yuca amarga.

yaro m. Aro, planta.

yatagán m. Especie de sable o alfanje que usan los orientales.

yate m. Embarcación de gala o de recreo para el uso privado de personas acomodadas, o para regatas.

yaya f. Arbol anonáceo.

yayo m. Abuelo.

yaz m. Cierto género de música de baile derivado de ritmos y melodías de los negros norteamericanos.

ye f. Nombre de la letra y.

yedra f. Hiedra.

yegua f. Hembra del caballo.

yeguada f. Piara de ganado caballar.

yeísmo m. Defecto consistente en pronunciar la elle como ye, diciendo, por ejemplo, poyino, por pollino, etc.

yeísta adj. Perteneciente o retátivo al yeísmo. I Que practica el yeísmo.

yelmo m. Parte de la armadura que resguardaba la cabeza y el rostro. Componíase de morrión, visera y babera.

yema f. Renuevo en forma de botón que nace en el tallo de las plantas y produce ramos, hojas o flores. I Porción central del huevo en los vertebrados ovíparos, que en las aves es de color amarillo, se halla en ella el embrión y está rodeada de la clara y ésta, a su vez, de la cáscara. I Punta del dedo en la parte opuesta a la uña.

yeral m. Terreno sembrado de yeros.

yerba f. hierba. I Producto industrializado de esta planta, que consiste en las hojas secas y molidas, empleadas para hacer la infusión llamada mate.

yerbatero m. Curandero, que cura con hierbas.

yerbera f. Vasija en que se echa el mate.

yermar tr. Despoblar o dejar yermo un terreno.

yermo, ma adj. Inhabitado. I Inculto, sin cultivo. Ú. t. c. s.

yerno m. Marido de la hija de una persona, respecto de ésta.

yero m. Planta leguminosa, espontánea, y que se cultiva para alimento del ganado. I Semilla de esta planta.

yerro m. Falta cometida por ignorancia o malicia. I Error por descuido o inadvertencia.

yerto, ta adj. Tieso, rígido o áspero. I Que se ha quedado tieso y sin movimiento por el mucho frío u otra causa.

yesar m. Terreno abundante en mineral de yeso beneficiable. I Cantera de yeso o aljez.

yesca f. Materia muy seca y muy combustible, que se prepara con trapo quemado, cargo u hongos secos. I fig. Lo que está muy seco y fácilmente puede encenderse o arder. I fig. Incentivo de alguna pasión o afecto.

yesería f. Fábrica de yeso. I Tienda o almacén donde se vende yeso. I Obra hecha de yeso.

yeso m. Sulfato de calcio hidratado, que se presenta en masas laminares, fibrosas o terrosas o en cristales sencillos.

yesquero adj. Díc. de un hongo que se emplea para hacer yesca. I m. El que fabrica o vende yesca. I Esquero.

yeta f. Mala suerte, mal de ojo.

yeti m. Supuesto ser cuyas huellas se dice que han sido vistas en las montañas del Tibet.

yeyuno m. Segunda porción del intestino delgado de los mamíferos, situado entre el duodeno y el íleon.

yezgo m. Planta caprifoliácea parecida al saúco, pero maloliente y con las hojuelas más estrechas y largas.

yirar intr. Andar sin rumbo.

yo Nominativo del pronombre personal de primera persona en género masculino o femenino y número singular.

yodismo m. Envenenamiento producido por el uso prolongado y abuso del yodo o de sus derivados.

yodo m. Metaloide sólido, de color negro grisáceo y brillo metálico. Se utiliza en farmacia y en tintorería.

yodoformo m. Sustancia de color amarillo y olor muy fuerte parecido al del azafrán, que se usa en medicina como antiséptico.

yoduro m. Sal del ácido yodhídrico.

yoga f. Doctrina y sistema ascético de los adeptos al brahmanismo, mediante los cuales pretenden éstos conseguir la perfección espiritual y la unión benéfica. I Sistemas que se practican modernamente para obtener mayor eficacia de la concentración anímica mediante procedimientos análogos a los que usan los yoguis de la India.

yogui m. Asceta hindú adepto al sistema filosófico del yoga.

yogur m. Nombre dado por los búlgaros a una variedad de leche fermentada, que constituye un gran alimento recomendado para los que padecen trastornos gastrointestinales o que degieren mal la leche.

yola f. Embarcación muy ligera movida a remo y con vela.

yo-yo m. Juguete consistente en un disco de madera, marfil, etc., cuyo borde tiene una ranura alrededor de la cual se arrolla un cordón que, mediante una sacudida, hace alternativamente subir y bajar el disco.

yuca f. Planta liliácea americana, de cuya raiz se saca harina alimenticia. I Nombre vulgar de algunas especies de mandioca.

yudo m. Antiguo sistema de lucha japonés.

yugada f. Extensión de terreno laborable que puede arar un par de bueyes en un día. I Yunta de bueyes.

yugo m. Instrumento de madera con que se unen formando yunta las bestias de labor. I Especie de horca, bajo la cual hacian pasar los antiguos romanos a los vencidos desarmados. I Armazón de madera unida a la campana, que sirve para voltearla. I Velo que en la misa de velaciones se pone a los desposados. I fig. Ley o dominio que sujeta y obliga a obedecer.

yugular adj. Relativo a la garganta. I Díc. de cada una de las dos venas que hay a uno y otro lado del cuello. Ú. t. c. s.

yunque m. Pieza de hierro acerado, generalmente prismática, y con una punta en uno de sus lados, o en los dos, la cual encajada en un tajo de madera fuerte, se usa para trabajar en ella a martillo los metales. I Uno de los tres huesecillos que hay en la parte media del oido de los mamíferos.

yunta f. Par de bestias de labor que eran uncidas al yugo.

yuntero m. Yuguero.

yusera f. Piedra grande circular o conjunto de dovelas que sirve de suelo en el alfarje de los molinos de aceite.

yusión f. Acción de mandar. I Mandato, precepto.

yute m Materia textil que se saca de la corteza interior de una planta tiliácea de la India parecida al tilo. I Tela hecha de esta materia.

yuxtalineal adj. Díc. de la traducción colocada al frente o al lado del texto de manera que se correspondan línea con línea.

yuxtaponer tr. Poner una cosa inmediata a otra. Ú. t. c. r.

yuxtaposición f. Acción de yuxtaponer o yuxtaponerse. I Modo de crecer los minerales por agregación.

yuyero, ra adj. Aficionado a tomar hierbas medicinales. I m. y f. Curandero o curandera que receta principalmente hierbas.

yuyo m. Yerbajo.

yuyuba f. Fruto del azufaifo.

Z

z f. Vigesimoséptima y última letra del abecedario español, y vigesimosegunda de sus consonantes. Su nombre es zeta o zeda.

zabordar intr. Tropezar y encallar el barco en tierra.

zaborra f. Residuo, desecho.

zabucar tr. Bazucar. | Mezclar.

zaca f. Zaque grande que se emplea en el desagüe de los pozos de las minas.

zacate m. Forraje, pasto, hierba. Ú. t. en México.

zacatín m. Plazuela o calle donde se venden ropas, en algunas poblaciones.

zarodija f. Pamplina, planta papaverácea.

zafacón m. Recipiente hecho comúnmente de hoja de lata, que se usa en las casas para recoger las basuras.

zafadura f. Dislocación, luxación.

zafar tr. Adornar, guarnecer, cubrir. | Desembarazar, libertar, quitar los estorbos de una cosa. | r. Escaparse o esconderse para evitar un encuentro o riesgo.

zafarrancho m. Acción de desembarazar una parte de la nave para dejarla dispuesta a alguna faena.

zafiedad f. Calidad de zafio.

zafio, fia adj. Tosco, rudo, inculto.

zafiro m. Corindón cristalizado de color azul.

zafo adj. Libre, desembarazado.

zafra f. Vasija metálica de gran tamaño propia para guardar el aceite. | Cosecha de la caña de azúcar. | Fabricación del azúcar de caña.

zaga f. Parte posterior de una cosa.

zagal m. Muchacho que ha llegado a la adolescencia. | Mozo fuerte, animoso y gallardo. | Pastor mozo, subordinado al rabadán.

zagala f. Muchacha soltera. | Pastora joven.

zagalón, na m. y f. Adolescente, muy crecido.

zagual m. Remo corto de una sola pieza, que no se apoya para remar.

zaguán m. Espacio cubierto situado dentro de una casa, que sirve de entrada a ella y está inmediato a la puerta de la calle.

zaguero, ra adj. Que va, se queda, o está atrás. | m. Jugador que se coloca detrás en el juego de pelota.

zahareño, ña adj. Díc. del pájaro difícil de amansar.

zaherir tr. Reprender a uno dándole en la cara con alguna acción o beneficio. | Mortificar a uno con represión maligna y acerba.

zahína f. Planta framínea, originaria de la India.

zahinar m. Tierra sembrada de zahína.

zahón m. Calzón de cuero o paño, con perniles abiertos que se atan a los muslos, el cual usan los cazadores y campesinos para preservar el vestido de la maleza. Ú. m. en pl.

zahonado, da adj. Díc. de los pies y manos que en algunas reses tienen distinto color por delante.

zahorí m. Persona que según creencia vulgar, tiene la facultad de ver lo que está oculto. | fig. Persona perspicaz y escudriñadora.

zahorra f. Lastre de una embarcación.

zahúrda f. Pocilga.

zaida f. Ave parecida a la grulla.

zaíno, na adj. Traidor, falso, poco seguro en el trato. | Díc. de la caballería que da indicios de ser falsa. | Aplícase al caballo o yegua castaño obscuro sin otro color. | En el ganado vacuno, el de color negro sin ningún pelo blanco.

zalagarda f. Emboscada. | Escaramuza. | fig. Astucia con que se procura engañar a alguien fingiendo obsequio y cortesía. | fig. Riña, pendencia ruidosa.

zalamería f. Arrumaco o demostración de cariño fingida o empalagosa.

zalamero, ra adj. y s. Que hace zalamerías.

zalea m. Cuero de oveja o carnero, curtido de modo que conserve la lana.

zalear tr. Arrastrar o menear fácilmente una cosa, como si se sacudiese una zalea.

zalema f. Zalamería. | fig. Reverencia o cortesía humilde.

zaleo m. Zalea. | Acción de zalear o sacudir.

zamacuco m. fam. Hombre estúpido, torpe o abrutado. | Hombre solapado, que calla y hace su voluntad. | fig. Embriaguez o borrachera.

zamacueca f. Baile popular en algunas partes de América, especialmente en Chile y en el Perú. | Música y canto con que se baila.

zamarra f. Piel de carnero. | Chaqueta rústica hecha con ella.

zamarrear tr. Sacudir a uno y otro lado el lobo, el perro, etc., la presa que tiene asida con los dientes. | fig. Maltratar a alguien zarandeándole y golpeándole con violencia.

zamarreo m. Zamarra. | fam. Hombre rústico y lerdo. | fig. Hombre astuto, pillo.

zamba f. Baile popular cubano, propio de los negros.

zambaigo, ga adj. Zambo, hijo de negro e india, o al contrario.

zambarco m. Correa ancha que ciñe el pecho de las bestias de tiro, para sujetar a ella los tirantes.

zambo, ba adj. y s. Que tiene separadas las piernas hacia afuera y juntas las rodillas. | Díc. del hijo de negro e india, o al contrario.

zambomba f. Instrumento músico, rústico y vulgar, de barro cocido o de madera, hueco, abierto por un extremo y cerrado por el otro con una piel muy tirante atravesada por un carrizo, el cual, frotado con la mano humedecida, produce un sonido ronco.

zambombazo m. Sonido de la zambomba. | Cañonazo u otra detonación fuerte. | Linternazo, garrotazo.

zambombo m. fam. Hombre tosco y rudo de ingenio.

zamborotudo, da adj. fam. Tosco, grueso y mal formado. | fig. Aplícase a quien hace las cosas toscamente.

zambra f. Fiesta morisca, que se celebra con bulla, regocijo y baile. | Fiesta semejante de los gitanos de Andalucía. | fig. Bulla, algazara y ruido de muchos.

zambucar tr. fam. Meter una cosa de pronto entre otras para ocultarla.

zambullir tr. Meter debajo del agua brusca o impetuosamente.

zampa f. Pilote que se hunde en un terreno poco firme, para hacer un cimiento.

zampar tr. Zambucar. | Comer de prisa y con exceso. | r. Meterse bruscamente en alguna parte.

zampeado, da m. Obra hecha de cadenas de madera y macizos de mampostería, para construir o edificar sobre terrenos falsos, fangosos o cubiertos de agua.

zampear tr. Afirmar el terreno con zampeados.

zampoña f. Instrumento rústico pastoril, a manera de flauta o compuesto de muchas flautas.

zanahoria f. Planta umbelífera de flores blancas y raíz fusiforme, amarilla o rojiza, jugosa y comestible. ǀ Raíz de esta planta.

zanca f. Pierna larga de las aves, desde el tarso hasta la juntura del muslo. ǀ fig. Pierna del hombre o de cualquier animal, sobre todo si es larga y delgada.

zancada f. Paso largo.

zancadilla f. Acción de cruzar una pierna por detrás de la de otro para derribarle. ǀ fig. Engaño, ardid dispuesto para perjudicar a alguien.

zancajear intr. Andar mucho de una parte a otra.

zancajera f. Parte del estribo del coche, donde se pone el pie.

zancajo m. Hueso del talón. ǀ Parte del pie donde sobresale el talón. ǀ fig. Parte del zapato o media, que cubre el talón.

zanco m. Cualquiera de los dos palos, con horquillas o travesaños a modo de estribos en que se afirman los pies, y que sirven para andar sin mojarse por donde hay agua, y para juegos de equilibrio.

zancudo, da adj. De zancas largas. ǀ Aplícase a las aves que tienen muy largos los tarsos y desnuda de plumas la parte inferior de la pierna; como la cigüeña. Ú. t. c. s. f. ǀ m. Mosquito. ǀ f. pl. Orden de las aves antes citadas.

zanganear intr. Andar vagando de una parte a otra y sin trabajar.

zángano m. Macho de la abeja reina. ǀ fig. Hombre holgazán que vive a costa del trabajo ajeno.

zangolotear tr. y r. Mover o sacudir continuamente una cosa. ǀ intr. fig. Moverse una persona de una parte a otra sin plan ni concierto. ǀ r. Moverse ciertas cosas por estar flojas o mal sujetas.

zangoloteo m. Acción de zangolotear o zangolotearse.

zanguango, ga adj. y s. Indolente, embrutecido por la pereza.

zanja f. Excavación larga y estrecha que se hace en la tierra con algún fin.

zanjar tr. Abrir zanjas. ǀ fig. Obviar todas las dificultades que puedan impedir el arreglo y terminación de un asunto o negocio.

zanjón m. Zanja grande y profunda.

zanquear intr. Torcer las piernas al andar. ǀ Andar mucho a pie y con prisa.

zanquilargo, ga adj. y s. Que tiene largas las zancas o piernas.

zanquilla, ta f. dim. de Zanca. ǀ com. fig. Persona que tiene las piernas delgadas y cortas.

zapa f. Pala herrada y con un corte acerado, que usan los zapadores. ǀ Lija, piel áspera y granujienta, propia para pulir metales y maderas. ǀ Labor que se hace en obras de platería imitando los granitos de la lija.

zapador m. Soldado que trabaja con la zapa.

zapallo m. Calabacero, árbol de Costa Rica, de cuyo fruto se hacen vasijas. ǀ Fruto de esta planta. ǀ Cierta calabaza comestible. ǀ fig. Persona muy gorda.

zapapico m. Herramienta con mango de madera y dos bocas opuestas, una puntiaguda, y la otra terminada en corte angosto, que se usa para excavar en tierras duras y para demoliciones.

zapar intr. Trabajar con la zapa.

zaparrastroso, sa adj. y s. Zarrapastroso.

zapata f. Calzado que llega a media pierna. ǀPieza del freno de los carruajes que actúa por fricción sobre las ruedas o sus ejes.

zapatazo m. Golpe dado con un zapato. ǀ fig. Caída y ruido que ésta produce.

zapateado m. Baile popular español que se ejecuta en compás ternario y con zapateo. ǀ Música de este baile.

zapatear tr. Golpear con el zapato. ǀ Golpear en el suelo con los pies calzados. ǀ Acompañar al tañido dando golpes en las manos y con ellas en los pies, siguiendo el compás. ǀ Golpear el conejo velozmente el suelo con las manos.

zapateo m. Acción de zapatear.

zapatería f. Taller o tienda de zapatos. ǀ Oficio de hacer zapatos.

zapatero, ra adj. El que por oficio hace zapatos, los arregla o los vende. ǀ Pez acontopterigio, de cabeza puntiaguda y cola ahorquillada, que vive en los mares tropicales de América. ǀ Tejedor (insecto hemíptero).

zapateta f. Golpe o palmada que se da en el pie o zapato brincando alegremente. ǀ Cabriola, brinco.

zapatilla f. Zapato fino y ligero, de suela delgada. ǀ Zapato casero, de comodidad o abrigo.

zapato m. Calzado exterior que no pasa del tobillo.

zapatudo, da adj. Que lleva zapatos muy grandes o fuertes. ǀ Aplícase al animal muy calzado de uña. ǀ Que está asegurado o reforzado con una zapata.

zapear tr. Ahuyentar al gato con la interj !zape!. ǀ fig. Ahuyentar a uno.

záping m. Cambio frecuente de canal de TV.

zapo m. Gusano de seda que no hila el capullo.

zapote m. Arbol sapotáceo americano.

zaque m. Odre pequeño. ǀ fig. y fam. Persona borracha.

zaquear tr. Trasegar líquidos de unos zaques a otros. ǀ Transportar líquidos en zaques.

zaquizamí m. Desván.

zar m. Título que usaban los emperadores de Rusia y los reyes de Bulgaria.

zarabanda f. Baile picaresco que usó en España durante los s.s XVI y XVII. ǀ Música alegre y ruidosa de este baile.

zaragatona f. Planta plantaginácea cuyas semillas, cocidas, dan una sustancia nucilaginosa, medicinal y útil para aprestar telas. ǀ Semilla de esta planta.

zaragüelles m. pl. Calzones anchos y follados, que se usaron antiguamente. ǀ fig. Calzones muy anchos, largos y mal hechos.

zaranda f. Criba.

zarandar tr. Cribar. ǀ fig. Mover o sacúdir una cosa con ligereza y facilidad. Ú. t. c. r. ǀ fig. Separar de lo común lo esencial y más preciso.

zarandear tr. Zarandar. Ú. t. c. r. ǀ fig. Ajetrear, azacanar, contornearse.

zarandeo m. Acción de zarandear o zarandearse.

zarapón m. Lampazo, planta.

zaratán m. Cordelería, taller u obrador donde se hacen cordeles.

zarazas f. pl. Masa de vidrio melido, agujas, sustancias venenosas, etc., para matar animales.

zarcear tr. Limpiar cañerías u otros conductos, introduciendo en ellos unas zarzas y moviéndolas para que se despegue la inmundicia. ǀ intr. Entrar el perro en los zarzales para buscar la caza.

zarceño, ña adj. Relativo a la zarza.

zarcero, ra adj. Díc. del perro pequeño y corto de pies, que con facilidad entra en los zarzales a buscar la caza.

zarcillo m. Pendiente, arete. ǀ Escardillo, almocafre. ǀ Cualquiera de los tallitos volubles que ciertas plantas trepadoras, como la vid, tienen para asirse.

zarco, ca adj. De color azul claro.

zarigüeya f. Mamífero didelfo americano, que tiene la cabeza parecida a la de la zorra, el hocico y las orejas negras, el pelaje pardo rojizo, y la cola prensil.

zarina f. Mujer del zar. l Emperatriz de Rusia.

zarismo m Gobierno del zar. l Forma de gobierno absoluto, propia de los zares.

zarpa f. Acción de zarpar. l Garra de ciertos animales. l Cazcarria.

zarpada f. Golpe dado con la zarpa.

zarpar tr. Levar anclas, hacerse a la mar un buque. Ú. t. c. r.

zarpazo m. Zarpada. l Batacazo.

zarrapastroso, sa adj. y s. Desaseado, desaliñado, andrajoso.

zario adj. Charro, basto.

zarza f. Arbusto rosáceo de tallos largos, con fuertes aguijones y cuyo fruto es la zarzamora.

zarzagán m. Cierzo frío y no muy fuerte.

zarzal m. Sitio poblado de zarzas.

zarzamora f. Fruto de la zarza. Es una baya parecida a la mora, pero más pequeña y redonda, y cuando madura, es negra y menos ácida. l Zarza.

zarzaparrilla f. Arbusto esmiliáceo de tallos volubles y espinosos y raíces fibrosas cuyo cocimiento es medicinal y se emplea como sudorífico y depurativo. l Raíz de esta planta.

zarzizo m. Hombre bonachón y de poco fuste.

zarzo m. Tejido plano, hecho de cañas, mimbres, juncos, etc. l Anillo.

zarzoso, sa adj. Que tiene zarzas.

zarzuela f. dim de zarza. l Obra dramática y musical en que alternan la declamación y el canto. l Letra de la obra de esta clase. l Música de la misma obra.

zascandil m. fam. Hombre despreciable, ligero y enredado.

zatara f. Armazón de madera a modo de balsa, que sirve para transportar cosas por los ríos caudalosos.

zebra f. Cebra.

zeda f. Nombre de la letra z.

zedilla f. Letra de la escritura española antigua, consistente en una c con una virgulilla debajo (ç) que expresa un sonido análogo al de la z. l Esta misma virgulilla.

zénit m. Cénit.

zepelín m. Globo dirigible de invención alemana.

zeta f. Zeda. l Sexta letra del alfabeto griego.

zeugma r. Figura de construcción, especie de elipsis, que se comete cuando un vocablo relacionado con dos o más miembros del período está expreso en uno de ellos y sobrentendido en los demás.

zigomiceto adj. y s. Díc. de los hongos con aparato vegetativo formado por hifas sin tabiques, con unas esporas especiales.

zigurat m. Torre escalonada característica de la arquitectura religiosa asirio-caldea.

zigzag m. Serie de rectas que forman alternativamente ángulos entrantes y salientes.

zigzaguear intr. Serpentear, andar en zig-zag.

zoca f. Plaza, lugar espacioso en un poblado.

zócalo m. Cuerpo interior de una construcción que sirve para elevar los basamentos a un mismo nivel. l Friso. l Especie de pedestal.

zocato, ta adj. Díc. de los frutos que, estando ya muy maduros, se ponen amarillos y como hinchados. l Zurdo.

zoco, ca adj. y s. fam. Zocato, zurdo. l m. Zueco. l Zócalo. l En Marruecos, mercado.

zodiacal adj. Concerniente al Zodiaco.

zodíaco m. Banda celeste, de 16° a 18° de ancho, cuya línea media es la eclíptica. Dentro de ella circulan el Sol, la Luna, los planetas (menos Plutón) y la gran mayoría de asteroides.

zollipo m. Sollozo con hipo.

zombi m. En Haití y sur de los Estados Unidos, cuerpo del que se dice que es inanimado y que ha sido revivido por arte de brujería. l Antiguamente, la deidad de la serpiente pitón en los cultos vudúes procedentes de África occidental. l adj. fig. Atontado.

zompo, pa adj. Zopo. l Torpe, tonto.

zona f. Lista, banda o faja. l Extensión grande de terreno que tiene forma de banda o faja.

zoncera f. Zoncería.

zonchiche m. Buitre de cabeza roja e implume.

zonzo, za adj. y s. Insulso, soso. l Tonto, simple, mentecato. l fig. Poco advertido.

zoófago, ga adj. y s. Que se nutre de materias animales.

zoófito adj. y s. Dícese de ciertos animales que tienen algunos caracteres propios de los vegetales. l m. pl. Grupo de una antigua clasificación zoológica que comprendía dichos animales.

zoofobia f. Temor morboso a los animales.

zoogenia f. Parte de la zoología que trata del desenvolvimiento progresivo de los animales y de sus órganos.

zoografía f. Parte de la zoología que tiene por objeto la descripción de los animales.

zoolatría f. Adoración, culto de los animales.

zoología f. Parte de las ciencias naturales, y especialmente de la biología, que estudia los animales, tanto vivos como extinguidos.

zoológico, ca adj. Relativo a la zoología. l Dícese del parque en que se cuidan fieras y otros animales no comunes, para el conocimiento de la zoología.

zoólogo, ga m. y f. Persona que profesa la zoología o que en ella tiene especiales conocimientos.

zoospora f. Espora de ciertas plantas talofitas que cuando queda en libertad; al abrirse el esporangio, emite uno o más cilios vibrátiles que le permiten moverse en el agua.

zootecnia f. Arte de la cría, multiplicación y mejora de los animales domésticos.

zootomía f. Parte de la zoología que estudia la anatomía de los animales.

zoótropo m. Aparato cilíndrico, móvil alrededor de un eje vertical, con unas hendeduras equidistantes y verticales, a través de las cuales se ven unas figuras dibujadas en un papel, que parece que se mueven cuando gira el aparato, debido a la persistencia de las imágenes en la retina.

zopas com. fam. Persona que cecea mucho.

zopenco, ca adj. y s. fam. Tonto, rudo y abrutado.

zopilote m. Aura, especie de buitre.

zopisa f. Brea. l Resina del pino.

zopo, pa adj. Aplícase al pie o mano torcidos o contrahechos y a quien así los tiene.

zoqueta f. Pieza de madera ahuecada, que los segadores adaptan a los dedos de la mano izquierda, dejando libre el pulgar, para resguardarlos de los cortes de la hoz.

zoquete m. Pedazo de madera grueso y corto l fig. Pedazo de pan grueso. l fig. Hombre feo y mal trazado, especialmente si es rechoncho. l fig. Hombre torpe, tardo en aprender.

zorongo m. Pañuelo doblado que los aragoneses y algunos navarros del pueblo llevan alrededor de la cabeza. l Moño ancho y aplastado. l Baile popular andaluz. l Música y canto de este baile.

zorra f. Mamífero carnicero, de pelaje largo y abundante, cabeza ancha, hocico agudo, orejas empinadas, pies cortos y cola recta y gruesa, persigue toda clase de caza y ataca a las aves de corral. I Hembra de esta especie. I fig. Persona astuta y solapada.

zorrera f. Cueva de zorros.

zorrería f. Astucia, cautela de la zorra, para cazar o para librarse de sus perseguidores. I fig. Astucia, cautela y disimulo del pícaro.

zorrero, ra adj. y s. Dícese del perro que se emplea en la caza de montería, y especialmente en la de zorras. I Dícese del perdigón grueso. I fig. Astuto, capcioso.

zorrillo m. Mofeta.

zorro m. Macho de la zorra. I Piel de la zorra curtida, con su pelo. I fig. El que por holgazanería finge simpleza y bobería, y es tardo y pesado en hacer las cosas. I fig. Hombre muy taimado y astuto.

zorruno, na adj. Relativo a la zorra (mamífero carnicero).

zorzal m. Pájaro dentirrostro, de canto agradable, congénere del tordo.

zote adj. y s. Ignorante, torpe y muy rudo de entendimiento.

zozobra f. Acción de zozobrar. I Oposición de los vientos que ponen en peligro la nave. I fig. Inquietud, congoja que no deja sosegar.

zozobrar intr. Peligrar la embarcación por la fuerza y oposición de los vientos. I Naufragar la embarcación. I fig. Estar en peligro de perderse una cosa que se pretende o que ya se posee.

zozobroso, sa adj. Intranquilo, afligido, acongojado.

zubia f. Lugar por donde corre, o adonde afluye, mucha agua.

zulacar tr. Untar con zulaque.

zulaque m. Betún hecho de estopa, cal, aceite y escorias o vidrios molidos, propio para tapar las juntas en las cañerías, y para otras obras hidráulicas.

zulla f. Planta leguminosa.

zulú adj. y s. Dícese del individuo de un pueblo de raza negra del África austral.

zumacar m. Zumacal. I tr. Curtir o adobar las pieles con zumaque.

zumaque m. Arbusto terebintáceo, de tallos leñosos, hojas compuestas de hojuelas obales, flores primero blanquecinas y después encarnadas y fruto redondo y rojozo.

zumaya f. Autillo. I Chotacabras.

zumba f. Cencerro grande. I fig. Chanza, broma. I *Amér.* Tunda, zurra.

zumbador, ra adj. Que zumba.

zumbar intr. Hacer una cosa ruido o sonido continuado y bronco. I fig. Estar una cosa inmaterial muy inmediata. I tr. Dar golpes, atizar.

zumbel m. Cuerda con que se hace bailar el trompo. I fam. Expresión de ceño y enojo en el semblante.

zumbido m. Ruido de una cosa que zumba. I fam. Golpe o porrazo fuerte que se da a alguien.

zumbilín m. Venablo o dardo, hecho de palma brava que se usa en Filipinas.

zumbo m. Zumbido.

zumbón, na adj. Dícese del cencerro que se pone a la guía o cabestro y que suele tener el sonido bronco y fuerte. I fig. Burlón.

zumo m. Líquido que se extrae de los vegetales exprimiéndolos o mojándolos. I fig. Utilidad, provecho.

zumoso, sa adj. Que tiene zumo.

zuncho m. Abrazadera sólida que sirve para reforzar o asegurar las cosas que requieren mucha resistencia.

zuño m. Ceño, sobrecejo del rostro.

zupia f. Poso o heces del vino. I Vino turbio y revuelto. I Líquido de mal aspecto y sabor. I fig. Lo más inútil y despreciable de una cosa.

zurano, na adj. Aplícase a las palomas y palomos silvestres.

zurarse prnl. Tener diarrea. I fig. Tener gran miedo.

zurcido, da p. p. de zurcir. I m. Costura de las cosas zurcidas.

zurcir tr. Coser la rotura de una tela uniendo con puntadas los pedazos de tal modo que la compostura resulte disimulada. I

zurdo, da adj. Que usa corrientemente de la mano izquierda de un modo natural y con más soltura y mejor que la derecha.

zurear intr. Hacer arrullos la paloma.

zuro, ra adj. Dícese de las palomas y palomos silvestres. I m. Raspa de la mazorca del maíz desgranada.

zurra f. Acción de zurrar o curtir las pieles. I fig. Castigo, azotaina, paliza.

zurrador, ra adj. y s. Que zurra. I m. El que se dedica a zurrar o curtir las pieles.

zurrar tr. Curtir o adobar las pieles quitándoles el pelo. I fig. Castigar con azotes o golpes. I fig. Dejar a mal traer al contrincante o adversario en una disputa, riña o controversia.

zurriagar tr. Dar o castigar con zurriago o látigo.

zurriagazo m. Golpe dado con el zurriago, o con alguna otra cosa flexible. I fig. Desgracia imprevista. I fig. Mal trato o desdén de una persona, de la cual no se esperaba.

zurriago m. Látigo con que se zurra o castiga. I Correa que usan los muchachos para hacer andar el trompo.

zurrido m. fam. Golpe, especialmente con palo; garrotazo. I Sonido ronco, confuso y desapacible.

zurrir intr. Sonar una cosa de un modo bronco, confuso y desagradable.

zurrón m. Bolsa grande de pellejo que usan los pastores. I Bolsa de cuero. I Cáscara primera y más tierna de ciertos frutos.

zurrusco m.fam. Churrusco. I Viento frío muy penetrante.

zurullo m. m. fam. Mojón, excremento.

zurupeto m. fam. Corredor de bolsa no matriculado.

zutano, na m. y f. fam. Vocablos que se usan con la misma significación que fulano y mengano, cuando se alude a tercera persona.